招标投标案件
裁 判 要 览

杨家学 主编

中国建筑工业出版社

图书在版编目（CIP）数据

招标投标案件裁判要览 / 杨家学主编 . —北京：中国建筑工业出版社，2022.10
ISBN 978-7-112-27904-3

Ⅰ. ①招… Ⅱ. ①杨… Ⅲ. ①招标投标法—审判—案例—中国 Ⅳ. ①D922.297.5

中国版本图书馆 CIP 数据核字（2022）第 166428 号

责任编辑：张智芊
责任校对：张辰双

招标投标案件裁判要览
杨家学　主编

*

中国建筑工业出版社出版、发行（北京海淀三里河路 9 号）
各地新华书店、建筑书店经销
华之逸品书装设计制版
北京同文印刷有限责任公司印刷

*

开本：787 毫米 ×1092 毫米　1/16　印张：57¾　字数：1229 千字
2022 年 10 月第一版　　2022 年 10 月第一次印刷
定价：146.00 元
ISBN 978-7-112-27904-3
（39940）

版权所有　翻印必究
如有印装质量问题，可寄本社图书出版中心退换
（邮政编码 100037）

《招标投标案件裁判要览》
委员会

主　　　编　杨家学

副 主 编　丁世忆　孙　超　陈登明

编委会成员　（按姓氏笔画为序）

丁世忆　孙　超　成　伟　许　滢

杨家学　孟宣作　陈登明　周旭鹏

前言

法律的生命不在于逻辑,而在于经验

霍姆斯在《普通法》一书中针对法律形式主义倾向,提出了"法律的生命不在于逻辑,而在于经验"的法律经验论和"法律是对法院将要做什么的预测"的法律预测论,阐述了有限遵循先例原则,为法官自由裁量权和判例法提供了法理支持,揭示了普通法的精神,吹响了法哲学的号角。法律不是被"被创造出来的",法律的生命力体现于被人们遵守和认同,而不是法律自身的逻辑化、精密化。

霍姆斯认为,对时代需要的感知,流行的道德和政治理论,对公共政策的直觉,不管承认与否,甚至法官共有的偏见对人们决定是否遵守规则所起的作用都远远大于相关理论。

判例在英美法系国家普遍受到重视,终审法院或者各个州和联邦的最高法院,对一个案件的判决,形成一个先例之后,所有下级法院,包括本级法院,就这类案件的判决,都必须要依循先例原则。如果没有一个案例指导制度,对同一类案件法官可能出现不同的判决结果。

当然,在大陆法系国家判例也开始发挥越来越重要的作用。我国历来也重视案例指导作用,案例指导制度作为总结审判经验、加强监督指导、统一法律适用、提高审判质量、维护司法公正而建立的一项具有中国特色的司法制度。

案例指导制度有利于统一法律适用和裁决、有利于提升审判效率。编写《招标投标案件裁判要览》一书,一方面是基于此;另一方面是因为《中华人民共和国招标投标法》(全书简称《招标投标法》)的法条过于原则,适法中易产生歧义。

《招标投标案件裁判要览》一书共收集200多个案例，包括最高人民法院共四级法院所公布的案例及部分行政机关行政处理的案例，涉及行政处理、行政诉讼、民事诉讼和刑事案件四个大类，比较集中反映了包括建设工程招标投标在内的典型常见案件类型。

本人长期从事招标投标法律实务研究，并参与地方招标投标政策制定，特别有幸全程参与了国家《招标投标法》的修订工作。

《招标投标案件裁判要览》所收集的案例既是对法条的深度理解，也是对法条的延伸丰富，同时对司法实践又具有较强的指导作用，编写《招标投标案件裁判要览》一书，很有意义。

杨家学

2022年10月16日

目 录

第一章 行政处理案件

一、评标委员会评标过程中的资料、打分情况等内容不属于行政公开内容 …… 002

二、招标文件条款理解有争议的,应当作出不利于招标人的解释 …… 005

三、项目负责人变更经发承包双方协商一致即生效,不以行政机关是否备案为生效要件 …… 008

四、招标文件需明确约定响应方式和评判标准 …… 017

五、网页不能全面反映项目业绩的,可通过其他资料佐证 …… 021

六、招标文件违反相关规定,招标人应修改招标文件后重新招标 …… 025

七、招标代理机构未严格履行自身职责,监督机构有权对招标代理机构进行处理 …… 029

八、投标人弄虚作假,行政监督机关有权对投标人进行行政处罚 …… 032

九、招标人对投标人提出的异议,逾期作出答复属于违法行为 …… 034

十、行政监督部门有权对评标委员会不履职的行为进行处理 …… 041

十一、建设工程企业资质证书有效期以建设工程信息网公布为准 …… 044

十二、养老保险参保证明材料的本质系证实职工真实的劳动关系 …… 048

十三、评标委员会评审和比较过程不得公开 …… 053

十四、注册建造师在本单位执业期间同时在其他企业担任了项目负责人属于"同时在两个或者两个以上单位受聘或者执业"的情形 …… 055

十五、对招标文件理解有争议,行政监督机构应当听取招标人等各方的意见,未经调查而直接援用评标委员会的结论做出的决定属于认定事实不清 …… 060

十六、行政行为被撤销后,又以同样的事实和理由做出与原行政行为相同或者基本相同的行政行为,违反法律规定 …… 063

十七、中标人虽然不是行政相对人，但行政监督机关作出的行政决定对中标人有实质性影响，中标人可以对行政决定提起诉讼 …… 066

十八、交易中心不是招标投标法定监督部门，其与法定部门联合作出的招标投标处理决定超越职权，应予撤销 …… 070

十九、评标委员会前后两次评审结论不一致的，行政监督机关没有调查不一致原因而直接作出决定的，不足以证明其履行了法定职责，作出的处理决定违法 …… 075

二十、母子公司均系独立法人，母公司业绩与子公司业绩也相互独立，母公司使用子公司业绩作为来投标的，构成虚假投标 …… 080

二十一、投标文件中填写的暂列金额与招标文件金额有细小差别，评标委员会认为属于细微偏差不予废标的，符合法律规定 …… 083

二十二、行政监督机关在投诉处理过程中允许招标人对招标文件进行澄清和说明，不符合法律规定 …… 085

二十三、原评标委员会无严重违法违规情况下，无需另行重新组建评标委员会评标，由原评标委员会复核更具效率和公正 …… 088

二十四、招标人对投标人异议未实质性回复，行政监督机关直接作出处理决定违法 …… 094

二十五、行政监督机构对投诉人的请求未明确回应的，应撤销后重新作出 …… 097

二十六、行政监督机关依据评标委员会错误评审结论作出的行政决定书亦错误 …… 100

二十七、弄虚作假骗取中标应当被处罚，不以投标人中标或成交为处罚前提条件 …… 103

二十八、行政监督部门针对非投标人的举报作出的处理决定书，举报人就系该行政处理行为的相对人 …… 108

二十九、行政监督机关在行政处罚时，除适用一般性规定外，还应写明具体的法律规定，以保障行政相对人的行使抗辩权 …… 111

三十、投诉书没有法定代表人或授权代表签字的，行政监督机关应当不予受理其投诉，已受理并作出的决定的，程序违法 …… 115

三十一、投标人对开标有异议的，应当在开标现场提出，招标人应当当场作出答复，并制作笔录，否则程序违法 …… 119

三十二、其他弄虚作假的行为作为兜底条款，应当考虑其弄虚作假的程度应当与其他规定的程度相当 …… 124

三十三、施工企业注册建造师不得在本单位执业期间的同时在其他企业担任法定代表人 …… 127

三十四、评标委员会以投标人存在串通投标的情形予以废标的，投标人的
串通投标行为对中标结果不产生实质性影响 ································· 131

三十五、行政监督机关认为投标人投诉不应支持时，应当作出驳回投诉的决定，
而不应作出维持招标人行为的决定 ·· 139

三十六、投诉人向行政监督部门中的派驻机构提出投诉时，投诉人无法要求
行政监督部门履行投诉处理的职责 ·· 142

三十七、行政监督机关作出的处理结果及相应告知不具有明确性的，
不符合法律规定 ··· 145

三十八、行政监督机关没有对投诉人的请求全面审查和回应的，属于认定
事实不清 ··· 152

三十九、投标人之一弄虚作假参与投标，且其余投标人符合继续开标条件的，
行政监督机关作出重新招标的决定违法 ····································· 155

四十、 行政监督机关发现评标委员会成员评标错误，可以依法重新评审，
但不能代替评标委员会作出评审结论 ·· 158

四十一、律师函不属于《工程建设项目招标投标活动投诉处理办法》规定的
投诉书范畴 ··· 163

四十二、招标文件未平等地给予所有潜在供应商公平竞争的机会，带有
明显的倾向性，违反法律规定 ·· 166

四十三、行政监督部门超过法律规定期限受理投诉的，程序违法 ············· 170

四十四、投标人没有在投标文件上签署代理人姓名违反招标文件废标要求的，
评标委员据此废标符合法律规定 ··· 172

四十五、行政监督机构在处理投诉时未依法听取当事人的陈述和申辩的，
程序违法 ··· 177

四十六、政府采购的工程项目应当适用招标投标法及实施条例，行政监督
机关适用政府采购法作出处理的，属于适用法律错误 ··················· 181

四十七、复议机关在取消第一中标候选人时应当通知第二中标候选人为利害
关系人参与复议程序，否则程序违法 ·· 184

四十八、法律规定的"暂停招标投标活动"并非暂停一切招标投标活动 ······ 186

第二章　行政诉讼案件

四十九、投标人根据行政机关制定的相关文件交纳投标诚信保证金，政府
机关不退回诚信保证金的行为属于行政行为 ······························ 194

五十、	招标人未经过有权机关查实投标人存在违法行为，也未经评标委员会审查确认，而直接取消中标候选人资格的，应予撤销	199
五十一、	法律法规并未赋予行政机关取消中标候选人中标资格的权力	202
五十二、	投标文件中技术部分得分不属于客观性评价，不属于评标委员会复核范围	205
五十三、	招标人未在期限内对异议作出答复或答复不认可的，投诉人可以在法定期限内提出投诉，超过投诉期限的，监督机构不予受理	211
五十四、	评标委员会发现招标文件含义不清时应当通知招标人补正或者说明，没有通知而直接作出决定的，属于不按照招标文件规定的评标标准和方法评标	216
五十五、	评标委员会认为投标人报价低于成本价，投标人作出的说明不足以支撑其报价的，评标委员会有权依据招标文件规定否决其投标	220
五十六、	投诉人对评标委员会的评审情况进行投诉并要求公开，虽然行政监督机关依法不能公开评审情况，但应依法对评审情况全面进行审查，以确定评审是否符合法律规定	224
五十七、	评标专家资格证，只是入选专家库的证明，并非行政许可	228
五十八、	投标人不是按照招标文件要求作出的自行承诺，即便该自行承诺存在虚假，也不能作为评标委员会评审范围，不能作为废标理由	231
五十九、	行政监督部门同意对评标进行复核并不直接影响投标人的，投标人对该同意复核行为提起诉讼的，人民法院不予受理	237
六十、	联合体成员明知另一方弄虚作假，仍作为联合体成员参与投标的，应被行政处罚	241
六十一、	财政部门在处理采购投诉时，在驳回投诉的请求同时可以宣布项目废标决定	245
六十二、	向社会公开披露不良记录不具有行政制裁的性质，不属于行政处罚	249
六十三、	投标人对评标结果提出的质疑未适用异议前置程序，行政机关直接对异议作出处理属于程序违法	254
六十四、	宣布中标无效是主管行政机关针对房屋建筑和市政基础设施工程施工等招标投标活动中存在的违法行为进行行政处理而作出的行政处理决定，不属于行政处罚的种类	259
六十五、	投标人的投诉是否符合法律规定要求，应采用实质性要求标准，不能仅以标题为"举报"为由否定其投诉的实质	265
六十六、	复议机关延期作出复议决定书，属于程序轻微违法，人民法院不撤销复议决定，仅确认复议决定违法	271

六十七、行政监督机构作出的处理决定书没有对投诉请求全部回应，
属于没有全面履行法定职责 ………………………………………… 276

六十八、投标人拟派项目经理虽然存在证书注册在其他单位，但不能据
此认定投标人有虚假投标行为 …………………………………… 282

六十九、行政监督部门暂停招标投标活动，系过程性行政行为，不具有
可诉性 ………………………………………………………………… 289

七十、 投标人部分报价明显低于成本价，但能通过其他部分予以填补的，
不属于低于成本价投标 …………………………………………… 292

七十一、在认定"不同投标人的投标文件异常一致或者投标报价呈规律性
差异"的情形时，可以结合司法鉴定报告等予以确认 ………… 295

七十二、招标人处理异议可以重新抽取评标委员会成员进行复核 ……… 301

七十三、行政监督部门和复议机关均撤销了行政决定书，行政相对人提起的
诉讼没有事实和法律依据，对其诉讼请求予以驳回 …………… 306

七十四、评标委员会未按照规定评标，但工程已在施工工程中，确认行政
行为违法，但不撤销该行政行为 ………………………………… 308

七十五、政府专题会议纪要明确要求取消投标人中标资格，招标人根据会议
纪要作出决定书，会议纪要具有可诉性 ………………………… 312

七十六、行政监督部门在作出招标投标处理决定前进行的集体讨论没有
依据的事实、理由及法律法规依据，行政程序轻微违法 ……… 314

七十七、招标人查实第一中标候选人不符合中标条件的，有权直接取消
其中标资格 ………………………………………………………… 317

七十八、行政机关作为招标人作出的决定书虽然依据相关法律法规规定，
但并非行使行政职权，故决定书引发的争议不属于行政诉讼范围 … 320

七十九、招标投标处理决定书应当依法听取相关当事人意见，否则程序
违法，应被撤销 …………………………………………………… 324

八十、 责令评标委员会成员改正通知书仅是过程性行政行为，不具有
可诉性 ……………………………………………………………… 328

八十一、招标人有权对中标候选人进行审核、确认，并决定重新招标或
直接确定其他候选人为中标人 …………………………………… 331

八十二、公示中标候选人属于定标的前置程序，公示中标候选人不代表
已决定中标人 ……………………………………………………… 334

八十三、未中标的投标文件不属于政府信息，书面评标报告的不公开与
中标投标文件可以有条件公开 …………………………………… 339

八十四、评标结束后，发现评标有误且依法不能采取补救措施纠正的情形，
应当依法重新招标或评标 ………………………………………… 342

八十五、行政机关作出的投诉处理决定没有载明调查的基本事实和法律
依据等要素的,应认定为违反法定程序,若不影响结果,应当
确认行政机关作出的行政处理决定违法,而不应撤销该行政处
理决定 ⋯⋯⋯⋯⋯⋯⋯⋯⋯⋯⋯⋯⋯⋯⋯⋯⋯⋯⋯⋯⋯⋯⋯⋯⋯ 345

八十六、投诉人投诉内容没有向招标人提出过质疑,而直接向行政监督
部门提出投诉,行政监督部门对未经质疑部分内容直接作出实
质性处理决定违法 ⋯⋯⋯⋯⋯⋯⋯⋯⋯⋯⋯⋯⋯⋯⋯⋯⋯⋯⋯⋯ 349

八十七、评标委员会未按照招标文件要求进行评标,对评标结果造成实
质性影响的,其评标无效 ⋯⋯⋯⋯⋯⋯⋯⋯⋯⋯⋯⋯⋯⋯⋯⋯⋯ 352

八十八、招标投标监督部门在受理投诉后未以法定的形式正式作出决定
书系程序违法 ⋯⋯⋯⋯⋯⋯⋯⋯⋯⋯⋯⋯⋯⋯⋯⋯⋯⋯⋯⋯⋯⋯ 357

八十九、招标投标活动中招标人设置超过规定的四类保证金的行为欠缺
法律依据,不予退还诚信保证金的行为属于行政诉讼的受案范围 ⋯⋯ 362

九十、 招标文件违反法律禁止性规定的中标无效,应修改招标文件重新
招标 ⋯⋯⋯⋯⋯⋯⋯⋯⋯⋯⋯⋯⋯⋯⋯⋯⋯⋯⋯⋯⋯⋯⋯⋯⋯⋯ 367

九十一、行政监督部门仅以评标专家在评标过程中进行了上网查询即认定
存在违法行为依据不足 ⋯⋯⋯⋯⋯⋯⋯⋯⋯⋯⋯⋯⋯⋯⋯⋯⋯⋯ 370

九十二、行政机关作出的决定书中所引用法律条文时未写明具体款项,
属于法律适用瑕疵 ⋯⋯⋯⋯⋯⋯⋯⋯⋯⋯⋯⋯⋯⋯⋯⋯⋯⋯⋯⋯ 375

九十三、行政监督机构在作出的处理决定书中应当依法包含当事人名称和主
张、各方的答辩意见和作出行政处理的法律依据,否则程序违法 ⋯⋯ 379

九十四、两个投标人的投标代表系夫妻关系,属于串标行为该次评标无效 ⋯⋯ 383

九十五、虽第三人陈述投标人上加盖的第三人公章系虚假,但没有进行
鉴定的情况下直接认定投标人虚假投标,属于认定事实不清 ⋯⋯⋯ 390

九十六、行政监督部门在招标人取消中标人决定书中加盖印章行为违法 ⋯⋯⋯ 395

九十七、招标投标活动的投诉信息来源要合法 ⋯⋯⋯⋯⋯⋯⋯⋯⋯⋯⋯⋯ 398

九十八、投标人对招标公告有异议的,应当向招标人提出异议或复议,
而不能直接以招标人为被告提起行政诉讼 ⋯⋯⋯⋯⋯⋯⋯⋯⋯⋯⋯ 403

九十九、招标文件修改或澄清后,对开标时间进行了相应的顺延,不用重新
进行招标 ⋯⋯⋯⋯⋯⋯⋯⋯⋯⋯⋯⋯⋯⋯⋯⋯⋯⋯⋯⋯⋯⋯⋯⋯ 407

一百、 行政监督部门作出的行政决定书未写明作出行政行为具体的法律
依据以及事实和理由的,应撤销行政决定,责令行政监督部门重
新作出 ⋯⋯⋯⋯⋯⋯⋯⋯⋯⋯⋯⋯⋯⋯⋯⋯⋯⋯⋯⋯⋯⋯⋯⋯⋯ 411

一百〇一、招标人可以设置资格条件和业绩,但不得具有针对性,否则构成
对投标人差别待遇或者歧视待遇的违法行为 ⋯⋯⋯⋯⋯⋯⋯⋯⋯ 414

一百○二、超出投诉期限的，行政监督部门有权不予受理 ············· 419

一百○三、仅有联合体成员之一盖章的，不符合法律规定的联合体要件，
评标委员会可以判定其投标无效 ····························· 422

一百○四、投标人未严格响应招标文件实质性要求和条件的，评标委员会
按照招标文件规定，可以否决其投标 ························· 427

一百○五、《中华人民共和国招标投标法实施条例》第七十一条规定不能作为
行政处罚的法律依据 ··· 432

一百○六、原评标委员会评标有误，招标人重新组建评标委员会来重新评标，
并未违反法律的强制性规定 ··································· 435

一百○七、评标委员会评标错误，行政监督部门可以依据招标投标法实施
条例八十一条规定，要求招标人重新评标 ······················ 440

一百○八、投标人投标业绩材料确系虚假，但业绩是真实的，不属于提供虚
假业绩骗取中标的情形 ······································· 445

一百○九、如项目已竣工验收合格，不再适用《招标投标法实施条例》
第八十一条规定的重新招标或评标 ····························· 450

一百一十、评标委员会在超过投标有效期后进行第二次复评的，其结果依然
具有法律效力 ··· 454

第三章 民事诉讼案件

一百一十一、招标文件的要求与招标项目实际需要不相适应，且与合同履行
无关，属于以不合理条件限制、排斥潜在投标人的行为 ··········· 460

一百一十二、必须依法招标项目，招标人在没有监督员现场监督情况下随机
抽取评标专家的行为违反法律规定，该次评标无效 ··············· 472

一百一十三、招标人与特定的投标人在招标投标之外，私下约定由招标人将
投标人的土地出让金返还，属于排除其他竞买者的违法行为 ······· 478

一百一十四、招标人将履约保证金水平设置高于中标合同金额的10%标准的
行为，违反法律禁止性规定 ····································· 486

一百一十五、中标后出现投标人不足三人的，应当重新招标投标，所签订的
中标合同应当认定无效 ··· 491

一百一十六、在招标投标前，招标人与投标人进行了非实质性谈判而未影响
中标结果的，中标有效 ··· 496

一百一十七、投标人之间仅有相同股东、或由同一股东控股,且该股东不属于两投标人的实际控制人时,不能认定为投标人之间存在控股和管理关系 …… 501

一百一十八、非公开招标项目,不能因文件中使用了招标、中标等特定词汇即判定为招标活动 …… 505

一百一十九、非必须招标投标项目,在招标程序进行前签订的合同并非当然无效 …… 510

一百二十、投标人中标后,招标人拒绝与投标人签订合同,招标人应赔偿投标人的直接损失和酌情赔偿部分可得利益损失 …… 516

一百二十一、程序不完备的招标投标行为无效 …… 520

一百二十二、承诺保证中标的居间合同无效 …… 524

一百二十三、不得提供以"确保中标"为内容的居间服务 …… 527

一百二十四、投标人对其投标文件拥有著作权 …… 530

一百二十五、中标后或招标截止时间之后不得修改投标文件 …… 534

一百二十六、中标人中标后弃标的,招标人有权不退还其投标保证金 …… 538

一百二十七、"一家投标、联合施工"涉嫌恶意串通、违法分包 …… 542

一百二十八、没有完全响应招标文件的实质性要求的投标文件应当否决 …… 546

一百二十九、中标人与第三人签订的合同可以自愿降价 …… 551

一百三十、中标人不得以合同条款缺失为由拒绝签订合同 …… 555

一百三十一、招标人逾期退还投标保证金应被追责 …… 559

一百三十二、评标委员会错误导致的赔偿责任应当由招标人承担 …… 561

一百三十三、投标人虚假投标,招标人有权确认招标行为和中标合同无效 …… 565

一百三十四、招标代理机构非招标文件当事人,不应承担相应责任 …… 570

一百三十五、书面合同进行实质性变更,相关约定条款属无效条款 …… 572

一百三十六、招标文件对标的物描述错误导致流拍,招标人承担过错责任 …… 576

一百三十七、超额收取的投标保证金应予退还 …… 581

一百三十八、招标文件与投标文件不一致的地方,以投标文件为准 …… 585

一百三十九、联合投标各方应具备邀标文件规定的资质要求,并在共同投标协议中明确约定各方拟承担的工作和责任 …… 598

一百四十、投诉人就在招标投标过程中存在串通招标投标事实承担证明责任 …… 602

一百四十一、投诉人就在招标投标过程中存在串通招标投标事实承担证明责任 …… 610

一百四十二、招标文件中约定投标人向第三人履行债务不违反法律规定 …… 613

一百四十三、招标人没有按照招标文件要求按时开标、评标,应当向投标人承担缔约过失责任,但投标人要求招标人继续履行开标、评标义务没有法律依据 …… 619

一百四十四、中标后投标人拒绝签订中标合同，应当赔偿招标人两次中标价的差价 …… 623

一百四十五、投标人拒绝签订中标合同，招标文件没有明确约定投标人应当赔偿两次中标价之间差价的，其主张不予支持 …… 625

一百四十六、投标人拒绝签订中标合同，招标人主张赔偿除投标保证金之外的其他损失，没有举证证明的，人民法院不予支持 …… 628

一百四十七、招标文件约定中标人弃标，招标人依次选择第二中标候选人的，两者之间的中标差额由弃标人承担的，人民法院予以支持 …… 632

一百四十八、以围标串标方式撮合招标人和投标人签订中标合同的居间合同，违反招标投标法强制性规定，应认定为无效 …… 636

一百四十九、居间人为投标人报告招标信息及撮合招标投标双方相关负责人相识为内容的居间合同，具有法律效力，但居间费用过分高于其付出的劳动报酬的，人民法院可以予以调减 …… 640

一百五十、 投标人工作人员以招标人身份作为评标委员会成员的，属于串通投标 …… 648

一百五十一、中标人与招标人协议约定，中标人弃标由第二候选人中标的，属于"招标人与投标人为谋求特定投标人中标而采取的其他串通行为" …… 654

一百五十二、必须招标项目未向行政监管部门备案，应受到行政处罚，但不影响合同效力 …… 657

一百五十三、投标人中标后，招标人无正当理由不与中标人签订合同，中标人有权要求招标人返还投标保证金 …… 661

一百五十四、联合体成员之一不符合招标文件资格要求的，其投标和中标行为无效 …… 664

一百五十五、非法定必须招标项目，招标人可自由选择订立合同的方式 …… 669

一百五十六、第一次招标存在瑕疵而进行第二次招标，两次招标相互独立无相互约束力 …… 674

一百五十七、投标人与招标人双方解除建设工程施工合同关系，招标人应当退还投标人已缴的保证金 …… 678

一百五十八、招标人与投标人签订的"标前协议"以及事后签订的中标协议均无效，双方结算以实际履行的合同为依据 …… 682

一百五十九、非法定必须招标工程，即使签订标前协议，该备案的中标合同亦有效 …… 688

一百六十、 不同投标人的投标文件异常一致或投标报价呈规律性差异的，应视为投标人相互串通投标 …… 693

一百六十一、联合体牵头人为履行中标合同对外以牵头人自己的名义签订
合同所产生的债务，由联合体成员共同负担 …………………………… 697

一百六十二、"先定后招"的招标备案合同无效 ………………………………… 702

一百六十三、联合体成员对承包合同的履行承担连带责任 …………………… 707

一百六十四、不同投标人的投标代表均为同一人办理投标事宜的，构成串通
投标 ……………………………………………………………………… 709

一百六十五、必须招标项目，第二次招标是在第一次招标基础上分拆进行
招标的，第二次招标不属于"重新招标" ………………………………… 715

一百六十六、电子投标文件中投标报价清单的加密锁序列信息相同，视为
投标人相互串通投标 …………………………………………………… 720

一百六十七、招标人对已发出的招标文件可依法进行必要的澄清或者修改，
并以书面形式通知所有招标文件收受人 ………………………………… 725

一百六十八、"低于成本"：指不低于自身个别成本 …………………………… 730

一百六十九、投标人提供虚假材料，招标单位有权按照招标文件之规定取消
其中标资格，没收其投标保证金 ………………………………………… 735

一百七十、联合体成员之一不符合招标文件资格要求的，其投标和中标行为
无效，无效的法律责任应由联合体成员对外承担连带责任 …………… 740

一百七十一、中标人无正当理由不与招标人订立合同，则中标人的投标保证金
不予退还 ………………………………………………………………… 745

一百七十二、建设工程必须进行招标而未招标或者中标的，建设工程施工合同
无效 ……………………………………………………………………… 749

一百七十三、评标委员会的重新评审行为不是具体行政行为，属于民法法律
关系调整 ………………………………………………………………… 754

一百七十四、"投标人不得低于成本报价"指投标人为完成投标项目所需支出的
企业个别成本 …………………………………………………………… 757

一百七十五、在招标开始之前许诺他人一定中标并收取报酬的行为应认定
无效 ……………………………………………………………………… 762

一百七十六、低于成本价中标的，其中标应认定为无效 ……………………… 765

一百七十七、《中华人民共和国招标投标法实施条例》第三十四条规定的
控股关系，应理解为参加同一招标项目投标的一单位为另一
单位的控股股东 ………………………………………………………… 773

一百七十八、投标人少于三人属于程序性瑕疵，不构成中标无效的法定事由，
所签订的中标合同有效 …………………………………………………… 775

一百七十九、投标人自行承诺虚假投标的投标保证金不予退还，但招标人没有因投标人的虚假投标行为造成实际损失，故招标人请求不予退还保证金，人民法院不予支持 ············ 784

一百八十、虽然投标人提供的项目经理证书已过期，但证书客观真实，不属于弄虚作假的情形 ············ 788

一百八十一、招标文件内容经投标人投标且缴纳保证金后对双方均发生法律效力，招标文件的内容在中标合同中没有约定的，也不影响招标文件对投标人的法律约束力 ············ 794

一百八十二、主张中标人与招标人存在利害关系可能影响招标公正性，需举证证明，否则承担举证不能的不利后果 ············ 799

一百八十三、投标人认为招标人控制价低于成本价的，应在投标前提出，嗣后提出的，不予支持 ············ 802

一百八十四、投标人系招标人的全资子公司，且高级管理人员也存在混同，投标人不符合投标人资格，投标无效 ············ 806

一百八十五、部分投标人串通投标而损害其他投标人利益，应当承担损害赔偿责任 ············ 812

一百八十六、未经招标人同意的定标行为无效 ············ 816

一百八十七、逾期签订中标合同仍合法有效 ············ 819

一百八十八、中标人因材料涨价，以投标报价低于成本价投标为由主张中标合同无效的，不予支持 ············ 824

一百八十九、"投标人不得以低于成本的报价竞标"不属于效力性强制规定，其中标合同并不因此无效 ············ 836

第四章　刑事诉讼案件

一百九十、　为多个投标人统一制作标书、统一交纳投标保证金、串通投标报价、统一参加开标，属于恶意围标、串通投标行为 ············ 842

一百九十一、为达到法定不低于三家投标单位之要求，未获利的陪标人所实施的陪标行为属于串通投标行为 ············ 845

一百九十二、借用多家其他资质单位，并安排员工代表其他单位投标的，属于串通投标行为 ············ 847

一百九十三、明知他人采用威胁、贿赂手段串通投标报价，仍协助他人实施串通投标行为，其行为构成串通投标罪 ············ 849

一百九十四、招标人借由相关信息与他人串通投标的，属于串通投标行为 ········ 851

一百九十五、明知他人系借用公司的资质参与围标，仍出卖公司资质并收取
公司资质费用的，属于串通投标行为 …………………………… 855

一百九十六、明知属于必须招标投标的工程，事后制作标书补签招标投标
文件的属于串通投标行为 ………………………………………… 858

一百九十七、合谋非法设置招标投标限制条件，属于串通投标行为 ……… 862

一百九十八、为取得中标结果，贿赂评标专家的，属于串通投标行为 …… 865

一百九十九、多次串通多家公司参与投标虽然不能控制投标结果，但能提高
中标概率，属于串通投标行为 …………………………………… 869

二百、未公开发布招标公告，私下安排投标人参与报价，属于串通
投标行为 …………………………………………………………… 874

二百〇一、招标投标中操控招标投标的行为不仅包括投标报价的串通，
对其他事项的串通也属于串通投标行为 ………………………… 876

二百〇二、招标代理机构受招标人的指使，帮助投标人完善投标材料的，
其行为属于串通投标行为 ………………………………………… 880

二百〇三、明知他人借用资质为串通投标，仍然为其联系有资质的公司，
其行为属于串通投标 ……………………………………………… 882

二百〇四、伪造其他公司印章，假冒他人公司名义参加投标，事发后虽
退出投标，但仍构成串通投标行为 ……………………………… 884

二百〇五、通过行贿方式串通投标的，行贿罪与串通投标罪数罪并罚 …… 887

二百〇六、行为人借用多家工作资质，出借单位对串通投标不知情的情
况下，单个行为人利用掌控的多个单位参与围标，应认定为串
通投标行为 ………………………………………………………… 891

二百〇七、帮助他人串通围标，虽然没有实际中标，应认定为犯罪既遂，
构成串通投标罪 …………………………………………………… 894

二百〇八、国有土地挂牌出让中串通竞买构成串通投标罪 ………………… 896

二百〇九、招标代理机构帮助买通评标专家，虽遭评标专家拒绝，仍构成
串通投标罪的从犯 ………………………………………………… 898

二百一十、帮助他人达到中标的目的，授意招标代理公司劝退其他公司，
构成串通投标罪 …………………………………………………… 902

第一章

行政处理案件

一、

评标委员会评标过程中的资料、打分情况等内容不属于行政公开内容

——甲公司与区发展和改革委员会行政复议案

【裁判要旨】

评标依法由招标人组建的评标委员会负责，评标委员会评标需在严格保密的情况下进行，任何单位和个人不得非法干预、影响评标的过程和结果。且评标委员会评标过程中的资料、视频、打分情况等信息等内容不属于行政公开内容。

【行政机构及文书号】

行政监督机关：区发展和改革委员会（以下简称"区发改委"）。

行政复议机关：市公共资源交易监督管理局（以下简称"市公管局"），市公管行复〔2021〕1号。

【当事人】

异议申请人、投诉人：甲公司。

被投诉人、招标人：区城市管理综合行政执法局（以下简称"区城管局"）。

行政监督机关、复议被申请人：区发改委。

行政复议机关：市公管局。

【案情介绍】

某环境综合整治PPP项目（以下简称"PPP项目"）于2020年8月25日在某市区公共资源交易中心开标，招标人是区城管局，项目评标方法为综合评估法，经评标委员会评审后，于2020年8月27日在区公共资源交易网公示中标候选人如下：第一中标候选人为A公司；第二中标候选人为甲公司。甲公司对评标结果公示存在异议，于2020年8月28日向该项目招标人递交了异议申请，要求公开中标候选人的得分及计算方式。招标人于8月31日作出答复称尊重评标委员会的评审结果。甲公司向区发改委提交了《关于PPP项目中标结果的投诉书》，请求对本项目的评标结果进行复核。

2020年9月9日，区发改委收到甲公司的投诉书并决定受理该投诉，依法调取、查阅了该项目有关资料，并听取了被投诉人区城管局的陈述和申辩，于2020年10月12日作出《招标投标投诉处理决定书》（以下简称《决定书》），驳回甲公司的投诉，并及时将《决定书》送达甲公司。甲公司不服，于2020年11月12日向市公管局提起行政复议。

【投诉处理情况】

投诉请求：

对本项目评标结果进行复核。

投诉人认为：

被投诉人发布中标候选人公示后，投诉人甲公司根据本项目招标文件第三章评标办法和招标补遗答疑公告，以及开标现场公开抄录的各投标人投标报价，对投标人得分进行了演算，认为本次评标甲公司得分为最高分，应为本项目的第一中标候选人，认为评标委员会未按照招标文件评标办法公平公正地开展评标工作。投诉人甲公司于2020年8月28日向被投诉人递交了《关于〈PPP项目中标候选人公示〉的异议》，被投诉人于2020年8月31日对该异议作出了答复，投诉人于2020年9月8日收到答复后认真研究，认为该答复没有公开评标委员会的得分评标情况，也未做出公正合理解释，且未公开此次评标的投标人得分及计算方式，故请求对本项目评标结果进行复核。

行政监督机关认为：

行政监督机关受理投诉后，依法听取了被投诉人的陈述与申辩，经调取、查阅该项目有关资料以及开评标现场视听资料，未发现该项目招标活动过程中存在违法、违规行为，评标委员会按照该项目最终评审得分高低依次推荐中标候选人符合招标文件以及相关法律法规和有关规定。

行政处理结果：

根据《工程建设项目招标投标活动投诉处理办法》第二十条规定，驳回投诉人的本次投诉。

【行政复议情况】

复议请求：

依法撤销被申请人（行政监督机关）作出的《决定书》，并责令被申请人重新作出相关行政行为，包括对PPP项目投标人的得分计算方式和结果进行复核，并公开本项目中标候选人的投标人得分及计算方式等相关评标过程资料及信息。

复议申请人认为：

本次评标未按照招标文件公平公正开展。根据招标文件第三章"评标办法（综合评估法）"第一条之规定："本次评标采用综合评估法。评标委员会按照本章第2.2款规定的评分标准进行打分，按得分由高到低顺序推荐中标候选人，或根据招标人授权直接确定中标人。综合评分相等时，以投标报价低的优先；投标报价也相等的，由综合评分相等且投标报价也相等的投标人在开标现场抽签确定。"申请人认为，按照本项目已公布的招标文件、补遗公告、答疑公告等资料中有关投标人得分计算的依据，对本次公示中的第一中标候选人、第二中标候选人的得分进行演算，演算结果为第一中标候选人、第二中标候选人的得分均为99.91分，且第二中标候选人的投标报价（183685.85万元）比第一中标候选人的投标报价（183732.58万元）低46.73万元，因此应确认申请人为第一中标候选人。被申请人作出的《决定书》未回应申请人要求对本项目投标人得分计算方式和结果进行复核的投诉请求，并且该行政行为违反了法律法规的有关规定。

行政复议机关认为：

申请人向被申请人投诉反映评标未按招标文件评标办法公平公正开展，被申请人依法受理处理投诉，未发现评标存在违法违规行为，其认定评标委员会评标行为合法，作出的投诉处理决定认定事实清楚，证据确凿，适用依据正确，程序合法，内容适当。需要指出的是，评标依法由招标人组建的评标委员会负责，申请人未提出证据证明评标委员会有影响评标结果的违法违规行为，被申请人经调查亦未发现有影响评标结果的违法违规行为，本机关调阅了开标评标现场视听资料，也未发现存在违法违规行为，因此，评标委员会评标结果依法具有法律效力。申请人自行对第一中标候选人和第二中标候选人投标人得分进行演算的结果，不能否定评标委员会根据招标文件评审投标文件得出的评标结果，申请人请求撤销被申请人作出的投诉处理决定并责令重新作出复核等相关行政行为的请求，本机关不予支持。同时，涉案项目中标候选人的得分及计算方式在招标文件、补遗公告、答疑公告均有明确规定，评标结果也依法在市公共资源交易网上进行了公示，申请人知情权已得到实现，其公开相关评标过程资料及信息的请求，明显违反《中华人民共和国招标投标法》第三十八条第一款和第四十四条第三款之规定，本机关也不予支持。

行政复议结果：

维持被申请人区发改委作出的《招标投标投诉处理决定书》。

二、

招标文件条款理解有争议的，应当作出不利于招标人的解释

——甲公司与县发展和改革委员会行政复议案

【裁判要旨】

根据《重庆市招标投标条例》第二十一条第一款"对资格预审文件或者招标文件的评标标准和方法，以及资格审查和否决投标条款理解有争议的，应当作出不利于招标人的解释，但违背国家利益、社会公共利益的除外"的规定，应当作出不利于招标人的解释。

【行政机构及文书号】

行政监督机关：县发展和改革委员会（以下简称"县发改委"），云发改函〔2021〕1号。

行政复议机关：市公共资源交易监督管理局（以下简称"市公管局"）。

【当事人】

投诉人、异议申请人：甲公司。

行政监督机关、复议被申请人：县发改委。

行政复议机关：市公管局。

【案情介绍】

某县道路及管网工程项目，全长2118.368米，设计车速60千米/小时，路幅宽度34米，双向六车道，该项目含143.6米1号桥和437米梁平安寨大桥各1座，最高限价397761671.59元。评标方法为经评审的最低投标价法。招标人为县建设有限公司，监督部门为县发改委。甲公司作为7家投标人之一参加了该项目的投标活动，2020年12月22日，该工程在市公共资源交易中心开标后，评标委员会以甲公司项目业绩不满足招标文件要求为由否决了甲公司的投标。具体理由为：招标文件规定需要提供80米以上桥梁施工业绩，该80米以上不包含80米。但甲公司提供的业绩仅有80米施工业绩，故甲公司业绩不满足招标文件要求。

甲公司不服提出异议，招标人审核后，于2020年12月26日回复维持了原评标结果。

2020年12月28日，甲公司向县发改委投诉。2021年1月5日，县发改委作出《招标投标驳回投诉通知书》（云发改函〔2020〕1号），驳回投诉。

甲公司不服，于2021年1月7日，向市公管局提起行政复议申请，请求撤销云发改函〔2020〕1号并责令县发改委重新作出具体行政行为。

【投诉处理情况】

投诉请求：

甲公司对某县道路及管网工程评标结果有异议提起投诉。

投诉人认为：

甲公司提供的桥梁工程业绩最大跨径为80米，甲公司业绩应满足招标文件要求。

行政监督机关认为：

根据《重庆市招标投标活动投诉处理实施细则》第二十四条"对招标文件、资格预审文件或者投标文件的理解发生争议，应当按照通常理解予以解释。解释应当按照发生争议条款所使用的词句、招标投标目的、交易习惯以及诚实信用原则，确定其真实意思"的规定。经研究，决定维持评标委员会的评标结果（甲公司提供的桥梁工程业绩最大跨径80米，评标委员会认为甲公司业绩不满足招标文件要求，最后决定否决甲公司的投标）。

行政处理结果：

驳回甲公司关于某县道路及管网工程评标结果的投诉。

【行政复议情况】

复议请求：

撤销被申请人于2021年1月5日作出的《招标投标驳回投诉通知书》（云发改函〔2020〕1号），责令被申请人重新作出具体行政行为。

复议申请人认为：

2020年12月22日，甲公司参加了县建设有限公司招标的某县道路及管网工程的投标活动。招标人以甲公司项目业绩不满足招标文件要求为由否决了甲公司的投标。甲公司向招标人提出异议，招标人2020年12月26日回复甲公司维持了原评标结果。2020年12月28日，甲公司向县发改委提出投诉申请，县发改委于2021年1月5日作出《招标投标驳回投诉通知书》（云发改函〔2020〕1号），驳回了甲公司的投诉。甲公司认为县发改委作出的驳回认定，主要事实不清、适用依据错误、违反法定程序。具体理由如下：

第一，县发改委作出的具体行政行为认定主要事实不清。《招标公告》第二章第1.4.1条第3项"业绩要求"规定"本次招标要求投标人具备以下其中一个业绩条件：1. 2017年1月1日起至投标截止日止（以竣工时间为准）有单个合同金额15000万元及以上的市政道路工程施工业绩1个和单个合同金额14000万元及以上的单跨80米以上的桥梁工程施工业绩1个；2. 2017年1月1日起至投标截止日止（以竣工时间为准）有单个合同金额29000万元及以上的市政道路工程（含14000万元及以上的单跨80米以上的桥梁工程）施工业绩1个。"

县发改委认为申请人只提交了单跨80米的桥梁工程业绩，不符合招标文件的要求，直接驳回了投诉。申请人认为，对招标文件关于"80米以上"的表述存在包含本数和不包含本数两种解释，《中华人民共和国民法通则》第一百五十五条、《中华人民共和国民法典》第一千二百五十九条规定"民法所称的以上、以下、以内、届满，包括本数"。其次，全国人大常委会法工委《立法技术规范（试行）（一）》第三条24项规定"规范年龄、期限、尺度、重量等数量关系，涉及以上、以下、以内、不满、超过的规定时，以上、以下、以内均含本数，不满、超过均不含本数"。

第二，县发改委作出的具体行政行为适用依据错误。招标投标活动属于民事行为，自《中华人民共和国民法通则》实施以来，"以上"二字均包括本数，我国的民事活动、民事行为均受我国民法的影响，所以现行《中华人民共和国民法典》承继该规定，同样规定"以上"均包含本数。县发改委认为"80米以上"存在解释的问题并根据相关依据驳回甲公司的行政行为，适用依据错误。即使认为80米以上可能不包含本数，那么80米以上的表述也有两种不同的解释，依据《市招标投标活动投诉处理实施细则》第24条第2款的规定，也应当作出不利于招标人的解释。

第三，县发改委作出的讼争具体行政行为违反法定程序。依据《市招标投标条例》第四十四条的规定"投标人或者其他利害关系人对评标结果进行投诉的，有关行政监督部门按照下列规定处理：属于评审依据明确，评分标准清晰的资格审查、否决投标、得分统计、商务得分等客观性评标行为的，责令招标人组织原评标委员会在评标基准价不变的基础上对相关投标文件进行复核，依法作出处理决定"；但县发改委直接驳回了甲公司的投诉，并没有责令招标人组织原评标委员会在评标基准价不变的基础上对相关投标文件进行复核，违反了《市招标投标条例》的规定，属于程序违法，严重侵害了申请人的合法权益。

行政复议机关认为：

国家法律法规对"以上""以下"是否包含本数有明确规定，"80米以上"也应当遵循法律法规的统一规定，包含本数。根据《重庆市招标投标条例》第二十一条第一款"对资格预审文件或者招标文件的评标标准和方法，以及资格审查和否决投标条款理解有争议的，应当作出不利于招标人的解释，但违背国家利益、社会公共利益的除外"的规定，应当作出不利于招标人的解释，即"80米以上"应当包含80米。

行政复议结果：

撤销县发改委作出的《招标投标驳回投诉通知书》（云发改函〔2020〕1号）。

三、

项目负责人变更经发承包双方协商一致即生效，不以行政机关是否备案为生效要件

——甲公司与区发展和改革委员会、市公共资源交易监督管理局等罚款及行政复议纠纷案

【裁判要旨】

无论项目负责人的变更是否申报备案，只要经发包方同意，应当视为有效。如若未申报备案，应当由项目所在地县级以上住房城乡建设主管部门按照有关规定予以纠正，但不影响对项目负责人发生实际变更的认定。可见，项目经理的变更需要双方真实意思表示一致。根据《注册建造师管理办法》第十条规定，发包方同意更换项目负责人的，承包人可以更换项目经理。项目经理变更属于民事行为，需要发承包双方真实意思表示一致。

【相关机构及文书号】

行政监督机关：区发展和改革委员会（以下简称"区发改委"），区发改标罚〔2020〕第4-1号。

行政复议机关：市公共资源交易监督管理局（以下简称"市公管局"），市公管行复〔2020〕17号。

一审：区人民法院，〔2021〕渝0109行初7号。

二审：第一中级人民法院，〔2021〕渝01行终581号。

【当事人】

被处罚人、异议申请人、一审原告、二审上诉人：甲公司。

行政监督机关、异议被申请人、一审被告、二审被上诉人：区发改委。

行政复议机关、一审被告、二审被上诉人：市公管局。

【案情介绍】

官网显示，2019年9月6日，甲公司成为"某县某段公路升级改造工程"第一中

标候选人。2020年1月8日，甲公司成为"某村组级公路通达通畅工程"第一中标候选人。前述工程的项目经理均为李某春。

案涉某镇"四好农村路"二标段道路改建工程招标人为某镇人民政府，监督部门为区发改委，该项目招标文件明确说明："项目经理及技术负责人不得在在建项目和未开工已中标工程任职，一旦发现，取消中标资格，由投标人承诺。格式详见第九章投标文件格式"。2020年5月22日，该项目在区公共资源交易中心现场开标评标。甲公司于当日将编制的《某镇"四好农村路"二标段道路改建工程施工招标投标文件》提交到区公共资源交易中心，附具向招标人某镇政府出具的《无在建承诺书》，承诺该公司在该项目中拟派的项目经理、技术负责人及主要管理人员未在在建工程任职。2020年5月25日，区公共资源交易网发布《拟中标结果公示表》，第一中标候选人为甲公司，项目经理为李某春（证书编号00587741），第二中标候选人为B公司。拟中标人甲公司，中标金额29850562元。

B公司不服，向招标人某镇政府提出异议。某镇政府于2020年5月29日作出《关于回复'某镇四好农村路,二标段道路改建工程'项目投标质疑的函》："甲公司向我单位提供了项目经理变更申请与情况说明等资料（详见附件），于2020年5月18日在'某村组级公路通达通畅工程''某县某段公路升级改造工程'中分别将李某春变更为崔某云和谭某。从现有资料反映，甲公司就我镇发包项目拟派的项目经理李某春未偏离招标文件的要求。"该函的附件是四份《项目经理变更申请表》，第一份《项目经理变更申请表》显示：建设单位"某镇人民政府"，工程名称"某村组级公路通达畅通工程"，项目工期起止时间"开工日期2020年2月9日竣工日期2020年9月9日"，变更前项目经理"李某春"，证书编号"01587741"，变更后项目经理"崔某云"，申请原因"经公司研究决定，同意将李某春变更为崔某云。请主管部门批准"，甲公司在"申请单位"处加盖公章，申请时间填写为"2020年5月18日"，建设单位意见"同意变更"，时间填写为"2020年5月19日"，某镇人民政府在建设单位处加盖公章，监理单位意见"同意变更"，时间填写为"2020年5月19日"，重庆市某咨询有限公司在监理单位处加盖公章；因第一份《项目经理变更申请表》的李某春项目经理证书编号填写错误，甲公司将证书编号修正为"00587741"后形成第二份《项目经理变更申请表》，该《申请表》的格式、内容与第一份大体一致，只是"监理单位意见栏"置于"建设单位意见栏"之前；第三份《项目经理变更申请表》显示：建设单位"重庆市某县交通有限责任公司"（以下简称"交通公司"），工程名称"某县某段公路升级改造工程"，项目工期起止时间"开工日期2019年10月10日竣工日期2020年10月10日"，变更前项目经理"李某春"，证书编号"01587741"，变更后项目经理"谭某"，申请原因"经公司研究决定，同意将李某春变更为谭某。请主管部门批准"，甲公司在申请单位处加盖公章，申请时间填写为"2020年5月18日"，监理单位意见"同意将李某春变更为谭某"，时间填写为"2020年5月19日"，云南某咨询有限公司某县某段公路升级改造工程监理部在监理单位处加盖公章，建设单位意见"同意变更"，时间填写为"2020年5月19日"，交通公司在建设单位处加盖公章。第四份《项目经理变更申请表》的格式、内容与第三份大体一致，只是将李某春项目经理证书编号更改为"00587741"。甲公司认可李某春证书编号为"00587741"。

2020年6月，B公司向区发改委投诉称："一、李某春经理违反建造师管理办法。李某春经理于2020年5月18日—2020年5月19日进行变更，而中华人民共和国建设部令第153号第二十一条规定注册建造师不得同时在两个及两个以上的建设工程项目上担任施工单位项目负责人，而该项目经理分别于2020年5月18日—2020年5月19日进行变更，那么在2020年5月18日之前同时兼任'某县某段公路升级改造工程'和'某村组级公路通达通畅工程'项目，严重违反建造师管理办法，不具备本项目的投标资格。二、该项目经理变更没有建设主管部门批示。该项目经理变更，建设行政主管部门意见一栏为空白，并没有得到主管部门批示，不是一个有效的项目经理变更。三、该项目经理变更申请表多次修改，前后不一。该项目经理变更提交多次多个不同版本资料，混淆是非，极其不严谨，甚至证书编号都写错，（证书编号为00587741，而其中一版变更申请表中为01587741），不能认定为一个有效的项目经理变更。四、请求查找投标文件里面是否附有项目经理变更说明。李某春经理的变更应当在投标文件里面有详细说明，应该在投标文件中体现，而不是在受到质疑后再补交资料，有失公允。五、违背《关于明确在建工程施工项目经理信息变更有关事宜的通知》。2018年11月6日，重庆市城乡建设行政审批服务中心发布《关于明确在建工程施工项目经理信息变更有关事宜的通知》，第二条（二）中规定，因其他原因变更项目经理的，更换后原则上系统自动将原项目经理锁定6个月。"

区发改委于2020年6月22日向建设单位交通公司发出《关于协助调查李某春在建信息的函》（区发改函〔2020〕25号）：我委接到投诉反映李某春于2019年9月6日作为项目经理中标"某县某段公路升级改造工程"项目，工期365日历天，项目建设单位为交通公司。甲公司于近日向某镇政府提交了由贵单位出具的《项目经理变更申请表》，对工程的项目经理进行了变更。该手续分两次出具，其中部分内容不一致。特请贵单位协助核实：1.李某春在"某县某段公路升级改造工程"项目中的任职情况；2.《项目经理变更申请表》的真实性。2020年6月23日，区发改委派员赴交通公司核查前述情况。当日，区发改委提取了交通公司5月份的印章使用登记表，发现交通公司5月19日并无盖章记录。同日，区发改委获取了交通公司出具的《关于某区发改函〔2020〕25号文件的复函》（云交司函〔2020〕47号，以下简称"云交司函〔2020〕47号《复函》"）：一是我司于2020年5月19日收到甲公司提交的《项目经理变更申请表》，申请将项目经理李某春变更为谭某，经审查我司于5月25日正式盖章签发，申请表落款时间为2020年5月19日。二是甲公司发现申请表的证书编号填写有误，于6月4日向我司申请重新盖章，申请表落款时间未做修改。

2020年7月1日，区发改委向甲公司作出并送达《行政处罚事先告知书》：现查明你（单位）在2020年5月22日开标的区某镇"四好农村路"二标段道路改建工程中，涉嫌提供虚假的项目经理无在建承诺书，涉嫌违反了《中华人民共和国招标投标法实施条例》（以下简称《招标投标法实施条例》）第四十二条的规定，依据《中华人民共和国招标投标法》（以下简称《招标投标法》）第五十四条、《招标投标法实施条例》第六十八条的规定，拟对你（单位）作出处以罚款149252.81元的行政处罚。同时告知甲公司享有陈述、申辩和听证权。

2020年7月3日，交通公司向区发改委出具《关于云交司函〔2020〕47号文件的补充说明》（以下简称"补充说明"）：我司于2020年5月19日收到甲公司提交的《项目经理变更申请表》，经公司当日研究，并同意将项目经理李某春变更为谭某属实。

因甲公司在法定期限内申请听证，区发改委于2020年7月16日组织听证。在听证中，针对云交司函〔2020〕47号《复函》，甲公司陈述"5月19日交通公司已经正式审查并同意我公司的变更申请，并解释了因当日交通公司公章不在单位，才未盖章，审查是19日当日就已经完成了。5月25日正式盖章签发只是对19日公司集体研究决定的一种追认，并非25日才同意我们的变更申请。"针对区发改委获取的交通公司5月份盖章使用登记表（照片，未见5月19日该项目盖章的记录），甲公司陈述"虽然没有5月19日的印章使用记录，印章记录只是公司在何时对公司作出的同意行为进行确认的行为，并非盖章才视为同意。"甲公司在听证中举示交通公司《补充说明》，并陈述"已经在听证前递交给区发改委，但区发改委未在证据中举示，该份《补充说明》就是对云交司函〔2020〕47号《复函》的一个补充解释和说明，还原案件真实"。甲公司在听证中还举示甲公司2020年5月20日任命文件，李某春不再担任"某县某段公路升级改造工程"项目的项目经理，而任命谭某为该项目的项目经理。

2020年7月22日，区发改委经党组讨论研究，同意对甲公司处以罚款149252.81元。

2020年7月28日，区发改委对甲公司作出发改标罚〔2020〕第4-1号《行政处罚决定书》（以下简称"行政处罚决定"），认定甲公司在2020年5月22日开标的某区某镇"四好农村路"二标段道路改建工程中，涉嫌提供虚假的项目经理无在建承诺书，违反了《招标投标法实施条例》第四十二条的规定。根据《招标投标法》第五十四条、《招标投标法实施条例》第六十八条规定，决定对甲公司处以罚款149252.81元。

2020年8月6日，甲公司履行了罚款义务。

2020年9月24日，甲公司向市公管局申请行政复议。市公管局于2020年9月3日向区发改委发出《行政复议答复通知书》。2020年11月11日，市公管局向交通公司总经理吴某成进行了询问。吴某成陈述"李某春原本是某县某段公路升级改造工程的项目经理，申请变更情况属实，但资料存在瑕疵。有2份变更申请表，第一份盖章是5月25日。盖章原则上至少需要甲方项目经理以上签字同意，才能盖章，电话请示同意后由我们综合部负责盖章的同志进行盖章，盖章有流水账，已经复印给区发改委。"

在被问及两份变更申请表上的"同意变更"签字是否其本人所签,吴某成陈述,"根据我公司盖章流水显示,'同意变更'签字不是我签字的'是周某副总同意签的"。经吴某成现场微信拍照截图给公司副总周某核实,周某称不是其本人所签,时间久了是否授权也记不太清楚了。吴某成还称,"初始变更申请表申报时间不清楚了,认可申请表时间。"2020年11月20日,市公管局根据《中华人民共和国行政复议法》第二十八条第一款第一项、《中华人民共和国行政复议法实施条例》第四十三条等规定作出渝公管行复〔2020〕17号《行政复议决定书》(以下简称《行政复议决定书》),维持原行政处罚决定。

【行政处罚情况】

行政监督机关认为:

经查,你单位在2020年5月22日开标的区某镇"四好农村路"二标段道路改建过程中,涉嫌提供虚假的项目经理无在建承诺书,违反了《中华人民共和国招标投标法实施条例》第四十二条的规定。

根据《中华人民共和国招标投标法》第五十四条、《中华人民共和国招标投标法实施条例》第六十八条的规定,决定给予你单位处以罚款149252.81元。

【行政复议情况】

复议请求:

依法撤销区发改委作出的《行政处罚决定书》(区发改标罚〔2020〕第4-1号)。

行政复议机关认为:

截至2020年5月22日,该工程开标当天,申请人拟派的项目经理李某春仍在有建项目担任项目经理的情况。根据《中华人民共和国行政复议法》第二十八条第一款第(一)项、《中华人民共和国行政复议法实施条例》第四十三条等规定,本机关决定如下:维持被申请人作出的《行政处罚决定书》(发改标罚〔2020〕第4-1号)。

【一审情况】

一审诉讼请求:

1.请求人民法院依法撤销《行政复议决定书》(公管行复〔2020〕17号);

2.请求人民法院依法一并撤销被告区发展和改革委员会作出的《行政处罚决定书》(发改标罚〔2020〕第4-1号)。

争议焦点:

一、关于本案是否属于必须招标项目的问题。

二、关于甲公司在2020年5月2日开标前是否取得了有效的项目经理变更手续的问题。

三、关于甲公司是否存在"以其他方式弄虚作假,骗取中标"的情形,区发改委处以罚款的金额是否显失公正的问题。

法院观点:

一、关于本案是否属于必须招标项目的问题。一审法院认为,本案属于必须招标项目。理由如下:

(1)《招标投标法》第三条规定:"在中华人民共和国境内进行下列工程建设项目包括项目的勘察、设计、施工、监理以及与工程建设有关的重要设备、材料等的采购,必须进行招标:(一)大型基础设施、公用事业等关系社会公共利益、公众安全的项目;(二)全部或者部分使用国有资金投资或者国家融资的项目;(三)使用国际组织或者外国政府贷款、援助资金的项目……"。

(2)《必须招标的工程项目规定》(中华人民共和国发展和改革委员会令第16号)第二条规定:"全部或者部分使用国有资金投资或者国家融资的项目包括:(一)使用预算资金200万元人民币以上,并且该资金占投资额10%以上的项目;……"第五条规定:"本规定第二条至第四条规定范围内的项目,其勘察、设计、施工、监理以及与工程建设有关的重要设备、材料等的采购达到下列标准之一的,必须招标:(一)施工单项合同估算价在400万元人民币以上;……"。

(3)《国家发展改革委关于印发〈必须招标的基础设施和公用事业项目范围规定〉的通知》(发改法规规〔2018〕843号)第二条规定:"不属于《必须招标的工程项目规定》第二条、第三条规定情形的大型基础设施、公用事业等关系社会公共利益、公众安全的项目,必须招标的具体范围包括:……(二)铁路、公路、管道、水运,以及公共航空和A1级通用机场等交通运输基础设施项目;……"。

(4)《国家发展改革委办公厅关于进一步做好〈必须招标的工程项目规定〉和〈必须招标的基础设施和公用事业项目范围规定〉实施工作的通知》第一条第五项规定:"关于总承包招标的规模标准。对于16号令第二条至第四条规定范围内的项目,发包人依法对工程以及与工程建设有关的货物、服务全部或者部分实行总承包发包的,总承包中施工、货物、服务等各部分的估算价中,只要有一项达到16号令第五条规定相应标准,即施工部分估算价达到400万元以上,或者货物部分达到200万元以上,或者服务部分达到100万元以上,则整个总承包发包应当招标。"本案中,区某镇"四好农村路"二标段道路改建工程,项目中标金额为29850562元,符合前述规定中必须进行招标的范围和标准,即涉案工程建设项目必须通过招标选择施工单位。

二、关于甲公司在2020年5月2日开标前是否取得了有效的项目经理变更手续的问题。一审法院认为,未取得有效的项目经理变更手续。理由如下:

首先,项目经理变更属于民事行为,需要双方真实意思表示一致。2017年8月25日,住房和城乡建设部建筑市场监管司《关于〈注册建造师执业管理办法〉有关条款解释的复函》(建市施函〔2017〕43号)指出,"根据《注册建造师执业管理办法》(建市〔2008〕48号）第十条规定，建设工程合同履行期间变更项目负责人的，经发包方同意，应当予以认可。企业未在5个工作日内报建设行政主管部门和有关部门及时进行网上变更的，应由项目所在地县级以上住房城乡建设主管部门按照有关规定予以纠正"。可见，无论项目负责人的变更是否申报备案，只要经发包方同意，应当视为有效。如若未申报备案，应当由项目所在地县级以上住房城乡建设主管部门按照有关规定予以纠正，但不影响对项目负责人发生实际变更的认定。可见，项目经理的变更需要双方真实意思表示一致。本案中，《项目经理变更申请表》能够证明施工单位甲公司与建设单位交通公司就项目经理变更达成了合意。

其次，意思表示依其是否需要受领，分为有相对人的意思表示和无相对人的意思表示。有相对人的意思表示，是指表意人应向相对人为意思表示，又称需受领的意思表示。本案中，项目经理变更申请属于有相对人的意思表示，表意人交通公司作出同意变更的意思表示后需要由相对人甲公司受领。

再次，民事法律行为意思表示到达生效。意思表示包括内在意思和外在表示。外在表示行为，是指行为人将其内在意思以一定的方式表示于外部，并足以为外界所客观理解的行为要素。为有效作出意思表示，表意人要将内心意思外在化，然后将其发出。《中华人民共和国民法总则》第一百三十五条、第一百三十六条、第一百三十七条规定，民事法律行为可以采用书面形式、口头形式或者其他形式，自成立时生效。以对话方式作出的意思表示，相对人知道其内容时生效。以非对话方式作出的意思表示，到达相对人时生效。所谓对话方式，指的是在相对人在场的情况下，表意人通过口头交谈、电话、视频等方式向相对人直接发出意思表示。非对话方式包括传真、邮件、电报、电传以及网络即时通讯等数据电文方式。非对话意思表示到达相对人时生效，意味着即使该意思表示到达相对人之前相对人已经知道其内容，仍然以到达时间为生效时间。本案中，云交司函〔2020〕47号《复函》称"公章于2020年5月25日正式加盖"，也即某交通公司同意变更项目经理的意思表示于2020年5月25日通过"盖章"才得以外化，而外化只是生效的一个步骤，外化后还要将意思表示发出并到达受领人方可生效，由于甲公司并未举示证据证明其何时受领《项目经理变更申请表》，因此也无法判断交通公司同意项目经理变更的生效时间，但至少可以明确该生效时间不早于2020年5月25日，晚于开标之日。

最后，甲公司于2020年5月22日开标时提交的《无在建承诺》明显与事实不符，基于前述分析，其时，李某春至少还在担任某县X550某段公路升级改造工程的项目经理。甲公司虽于听证中提交5月20日任命谭某为该项目的文件，但该文件仅是该公司的内部文件，即便该文件属实，也因《项目经理变更申请表》未生效而改变不了李某春仍在该项目担任项目经理的事实。

三、关于甲公司是否存在"以其他方式弄虚作假，骗取中标"的情形，区发改委处以罚款的金额是否显失公正的问题。一审法院认为，甲公司存在弄虚作假骗取中标的情形，罚款金额未显示公正。理由如下：

1.《招标投标法》第三十三条规定："投标人不得以低于成本的报价竞标，也不得以他人名义投标或者以其他方式弄虚作假，骗取中标。"《招标投标法实施条例》第四十二条第二款规定："投标人有下列情形之一的，属于招标投标法第三十三条规定的以其他方式弄虚作假的行为：（一）使用伪造、变造的许可证件；（二）提供虚假的财务状况或者业绩；（三）提供虚假的项目负责人或者主要技术人员简历、劳动关系证明；（四）提供虚假的信用状况；（五）其他弄虚作假的行为。"本案中，甲公司虽然于5月19日向建设单位提出了《项目经理变更申请表》，但因此时交通公司同意变更项目经理的意思表示尚未到达，故其出具《无在建承诺》属于弄虚作假骗取中标的情形。

2.关于区发改委处以的罚款金额是否显失公正。《招标投标法》第五十四条规定："投标人以他人名义投标或者以其他方式弄虚作假，骗取中标的，中标无效。……依法必须进行招标的项目的投标人有前款所列行为尚未构成犯罪的，处中标项目金额千分之五以上千分之十以下的罚款……"。《招标投标法实施条例》第六十八条第一款规定："投标人以他人名义投标或者以其他方式弄虚作假骗取中标的，中标无效；构成犯罪的，依法追究刑事责任；尚不构成犯罪的，依照招标投标法第五十四条的规定处罚。依法必须进行招标的项目的投标人未中标的，对单位的罚款金额按照招标项目合同金额依照招标投标法规定的比例计算。"本案中，项目中标金额为29850562元，区发改委对甲公司处中标项目金额千分之五的罚款149252.81元，符合前述规定，未显失公正。

3.应当指出，因变更项目经理的民事行为具有相当大的随意性和可串通作假性，监管部门应对此从严审查。区发改委在接到第二中标候选人的投诉后，积极履行了监管、查处义务。《注册建造师执业管理办法》第九条规定："注册建造师不得同时担任两个及以上建设工程施工项目负责人。"由于项目经理是由承包人任命并派驻施工现场，在承包人授权范围内负责合同履行的项目负责人，在招标文件中禁止项目经理同时兼任两个及以上建设工程施工项目，能更好地保障工程质量。为防止违法投标人事后与建设单位串通补办《项目经理变更申请表》从而逃避查处，工程建设项目招标投标的监管部门可以关口前移，对于必须招标的工程项目，一是落实项目经理"加锁"制度，正如重庆市城乡建设行政审批服务中心发布的《关于明确在建工程施工项目经理信息变更有关事宜的通知》第二条（二）中规定的，"因其他原因变更项目经理的，更换后原则上系统自动将原项目经理锁定6个月"。《招标文件》的资格审查条件中，可要求投标人承诺项目经理在开标日期的6个月前无在建项目或"已解锁"。二是指导各建设单位在《招标文件》的编制中，可在资格审查中注明：项目经理变更后，应向主管部门申请备案。投标人提交的投标文件需附具经备案的《项目经理变更申请表》。

裁判结果：

驳回甲公司的诉讼请求。

【二审情况】

争议焦点：

关于区发改委作出的《行政处罚决定书》及被上诉人市公管局作出的《行政复议决定书》是否合法的问题。

法院认为：

关于区发改委作出的《行政处罚决定书》及被上诉人市公管局作出的《行政复议决定书》是否合法的问题。二审法院认为，二决定书均合法。理由如下：

本案中，被上诉人举示的证据足以证明，在甲公司第一次向交通公司提交的申请落款时间为2020年5月18日、李某春证书编号为01587741的《项目经理变更申请表》交通公司同意变更并盖章的时间为2020年5月25日。从该事实看，李某春于2020年5月22日还在担任某县某段公路升级改造工程的项目经理。甲公司作为投标人于2020年5月22日参与区某镇"四好农村路"二标段道路改建工程投标时提交的承诺该公司在该项目中拟派的项目经理、技术负责人及主要管理人员未在在建工程任职的《无在建承诺》，明显与事实不符。被上诉人区发改委认为甲公司涉嫌提供虚假的项目经理无在建承诺书的行为，违反了《招标投标法实施条例》第四十二条的规定，根据《招标投标法》第五十四条、《招标投标法实施条例》第六十八条的规定，对甲公司作出罚款149252.81元的《行政处罚决定书》，认定事实清楚，适用法律正确，程序合法。被上诉人市公管局作出的维持该《行政处罚决定书》的《行政复议决定书》亦无不当。上诉人称其参与2020年5月22日的项目投标时李某春确无在建项目及上诉人提供的承诺真实的上诉理由，与本案现有证据证明的事实不符，对该争议问题一审法院已作了充分的评判且并无不当，故对上诉人的该上诉理由本院依法不予支持。

裁判结果：

驳回上诉，维持原判。

四、

招标文件需明确约定响应方式和评判标准

—— 甲公司与乙公司等行政投诉案

【裁判要旨】

招标文件中需对具体的要求明确约定，界定具体范围，给定评判标准。若招标文件约定不明确，违背了公平、公正和诚实信用的原则，将可能重新招标。

【行政机构及文书号】

行政监督机关：市公共资源交易监督管理局（以下简称"市公管局"）。

【当事人】

投诉人：甲公司。

被投诉人：乙公司。

被投诉人：招标代理公司。

行政监督机关：市公管局。

【案情介绍】

1. 项目招标投标基本情况

主城区智能交通工程标段二的项目业主为市公安局，招标人为乙公司，招标代理机构为招标代理公司。2021年6月1日发布招标公告，采用全流程电子招标投标和综合评估法，6月23日和8月6日分别发布答疑补遗，8月24日开标评标，8月27日至30日公示中标候选人，第一名A公司，第二名B公司，第三名C公司。8月27日，甲公司向招标人提出异议；9月15日，招标人书面回复甲公司；9月24日，甲公司不服招标人的回复，向本机关提起投诉。

2. 关于"质量要求"的相关规定

招标文件第二章投标人须知前附表1.3.3"质量要求"规定：所有设备、货物、材料要求为全新未使用，满足国家、地方及行业有关质量验收规范要求及招标人要求，质量合格，并一次性通过验收。工程质量未达到此标准时，一切返工费用及经济损失均由中标人承担。质保期：不低于36个月，其中主要设备和软件需提供三年原厂质保。本项目分为初验和竣工验收两个阶段，系统或设备安装调试完毕，各项功能实现和集成完成后，进行初验；初验合格后试运行满6个月，进行竣工验收；竣工验收合格之日起算质保期。根据实际情况，结合设计方案开展联合深化设计；配合标段一完成系统集成所涉及的开发任务，直至中心平台完成整体系统集成和全部应用的实现；投标人需按照标段一制定和确认的包括但不限于数据标准、接口及协议等进行对接；必须确保各子系统稳定、可靠、兼容、安全，符合相关规范；实现设计目标、标准、要求、性能和功能；并作出相关技术承诺。

招标文件第三章评标办法前附表2.1.3"响应性评审"中"工程质量"评审标准规定：符合第二章"投标人须知"前附表第1.3.3项规定。

3.关于"评标基准价计算方法"的相关规定

招标文件第三章评标办法前附表2.2.3"评标基准价计算方法"规定："1.所有通过初步评审和本章第2.2.2（2）目评审合格的投标人的投标总报价中去掉六分之一（不能整除的按小数点前整数取整，不足六家报价则不去掉）的最低价和相同加数的最高价后的算术平均值P1。2.算术平均值P1乘以本项目总价评标基准价浮动值（1-N1），即为本项目的投标总报价的评标基准价P2。（总价评标基准价浮动值N1范围为1%～5%，浮动值N1在开标现场随机抽取决定）评标基准价计算的最终结果取小数点后两位，第三位四舍五入。在评标基准价计算完成后（除计算错误外），在后续的评审中不得再对其做出调整。浮动值N1的范围百分数取整。"

上述规定中"本章第2.2.2（2）目"指招标文件第三章评标办法前附表2.2.2（2）"商务部分评分标准"，分为：维护能力（4分）、企业人员（6分）、企业业绩（10分）、企业资质（10分）。

4.甲公司对招标文件"质量要求"响应相关情况

（1）投标函部分。投标函中填报工程质量达到"所有设备、货物、材料为全新未使用，满足国家、地方及行业有关质量验收规范要求及招标人要求，质量合格，并一次性通过验收。工程质量未达到此标准时，一切返工费用及经济损失均由我司承担。"

（2）资格审查部分。资格审查资料中"（七）其他资料"提供了海康威视产品售后服务承诺函、B公司的制造商售后服务承诺函。其中，海康威视承诺产品在正常使用和维护条件下，因材料、工艺或制造问题导致性能故障，提供60个月的保修服务；B公司承诺所有产品均提供项目竣工验收合格后5年原厂质保服务。

（3）技术部分。技术部分附件3提供了主要材料或设备投标产品品牌说明，主要投标品牌包含新华三、海康威视、慧昌、时祺、莱斯五种。

5.评标委员会的相关评审情况

（1）关于"工程质量"。评标委员会按照招标文件第三章评标办法前附表2.1.3响应性评审对"工程质量"开展评审时,反复讨论了招标文件第二章投标人须知前附表1.3.3"质量要求",并经过表决,确定以"质保期不低于36个月,其中主要设备和软件需提供三年原厂质保"为评审重点,按照投标文件是否提供了"主要设备和软件提供三年原厂质保"的承诺进行初步评审,最终否决了6家投标人。

(2)关于"评标基准价"。评标委员会在完成初步评审后,直接利用招标代理提供的评标基准价计算表格,核对计算公式后,填入相关数据,计算得出了评标基准价。

【投诉处理情况】

投诉请求:

请市公管局组织核查甲公司的投标文件。

投诉人认为:

"主城区智能交通系统升级改造工程"中标候选人公示表显示,甲公司不满足招标文件招标人须知前附表1.3.3条"质量要求"被废标。甲公司向招标人乙公司提出异议,招标人回复"未在投标文件(包括投标函、商务部分、技术部分和资格审查资料)中对质量要求进行响应的,其投标文件被否决"。甲公司对中标候选人公示表中的第一中标候选人A公司和第三中标候选人C公司的质量目标一栏中的内容进行了对比,甲公司缺少的内容仅为"其中主要设备和软件提供五年原厂质保",而甲公司虽然在投标函中没有体现"其中主要设备和软件提供五年原厂质保",但在资格审查资料"(七)其他资料"中提供了主要设备和软件厂家的原厂售后服务承诺函(五年质保)的原件,以此响应了"其中主要设备和软件提供五年原厂质保"。

行政监督机关认为:

1.关于"质量要求"。招标文件对"质量要求"的规定,没有明确如何进行响应,没有界定"主要设备和软件"的具体范围,没有给定"原厂质保"的评判标准,造成投标人对"质量要求"理解不同,投标文件响应格式、内容和位置不统一,评标委员会难以确定评审标准和尺度。故,招标文件关于"质量要求"评标标准不清晰,违背了公平、公正和诚实信用的原则,影响了投标人编制投标文件。

2.关于"评标基准价计算方法"。按照招标文件第三章评标办法前附表2.2.3"评标基准价计算方法"规定,计算评标基准价P1值,需要同时满足"通过初步评审"和"第2.2.2(2)目评审合格"两个条件,而招标文件第三章评标办法前附表第2.2.2(2)目为商务部分评分标准,按该目进行评审仅能得到投标人的得分,不能判断投标人是否评审合格,因此,P1值是无法计算得出的,招标文件规定的"评标基准价计算方法"存在重大错误。

3.关于"评标委员会的评审"。评标委员会在"质量要求"评审中,面对招标文件无明确评标标准的情况,采取了简单化处理,影响了评标的客观公正;在"评标基准价"评审时,没有发现"评标基准价计算方法"相关规定的错误,继续计算得出评标基准价,对中标结果造成了实质性影响,且不能采取补救措施予以纠正。

投诉处理结果:

主城区智能交通系统升级改造工程重新招标。

五、

网页不能全面反映项目业绩的，可通过其他资料佐证

——甲公司与区公共资源交易监督管理局行政复议案

【裁判要旨】

招标文件有项目业绩要求的，当相关网页截图不能足以反映业绩要求对应的业绩信息，通过其他证明资料对业绩予以证实的，评标委员会应当予以认可。

【行政机构及文书号】

行政监督机关：区公共资源交易监督管理局（以下简称"区公管局"），区公管〔2021〕1号。

行政复议机关：市公共资源交易监督管理局（以下简称"市公管局"）。

【当事人】

投诉人、异议申请人：甲公司。

被投诉人：评标委员会。

行政监督机关、复议被申请人：区公管局。

行政复议机关：市公管局。

【案情介绍】

2021年4月8日，管网改造项目在市公共资源交易中心公开招标，评标办法为经评审的最低投标价法，项目最高限价为1856.69万元。评标委员会在投标人符合性评审合格的基础上，按照投标人投标报价由低到高排序，推荐第一中标候选人乙公司，第二中标候选人丙公司、第三中标候选人丁公司。拟中标价为1280.81万元。甲公司报价为1269.78万元，因业绩截图问题被评标委员会否决投标。

甲公司对评标结果存在异议，于2021年4月13日向该项目招标人及代理机构提出了异议。招标人及代理机构回复：甲公司提供的在全国建筑市场监管公共服务平台上的业绩截图总投资金额为647万元（小于1000万元），中标金额为1120.45万元（大于1000万元），二者不相吻合。按照招标文件投标人须知前附表第1.4.1项第3条

业绩要求"注：投标人应对其提供的业绩证明材料（含截图）的真实性负责。当以上业绩证明材料体现的竣工时间、工程类别、工程造价、工程规模等信息不一致时，按不利于投标人的原则进行解释。不满足上述业绩要求的业绩无效"的要求，根据招标文件《否决投标情形一览表》A—3投标人的业绩须满足投标人须知前附表第1.4.1项第3条的要求，评标委员会作否决投标处理。

2021年4月16日，甲公司向区公管局投诉，请求裁定其投标文件有效且满足招标文件的要求，并否决招标人及代理机构的异议回复内容。区公管局于2021年4月27日组织原评标委员会在市公共资源交易中心评标室对管网改造项目进行复核。评标委员会查验了投诉资料（包含情况说明）、投标文件后形成复核意见：甲公司"投标文件的工程业绩截图中总投资为647万元，中标价为1120.450253万元（因为漏录入了473万元），业绩不满足招标文件要求，评标委员会决定维持2021年4月8日的评标结果"。区公管局由此认定，该评标委员会的评定结果依法有效。甲公司不服区公管局作出的投诉处理决定，于2021年5月18日向市公管局提出行政复议申请。

【投诉处理情况】

投诉请求：

裁定甲投标文件有效且满足招标文件的要求，并否决招标人及代理机构的异议回复内容。

投诉人认为：

虽然甲公司提交的投标文件的工程业绩截图中总投资为647万元，如按照不少于1000万元（并且招标文件没有对此有要求）的要求，只是漏录入了473万元。决定书放弃了招标文件中的对业绩要求的标准，招标文件第二章投标人须知前附表第1.4.1条3.2项业绩规模要求（工程类别：排水管网工程，工程造价：不低于1000万元，工程规模：/）。该项目公示的乙公司（第一中标候选人）提交的业绩（某镇雨污分流工程）体现中标金额：1340.08万元，总投资为：/，足以说明招标文件实际上没有把"工程规模"纳入评标标准。

行政监督机关认为：

该项目要求业绩为2016年1月1日起至投标截止日止（以竣工时间为准）的1个类似项目业绩，即：工程造价不低于1000万元的排水管网工程。但甲公司提供的投标文件中关于"污水管网工程"在全国建筑市场监督公共服务平台上的截图，其内容显示总投资为647万元（小于1000万元），且投标时被答复人未提交相关情况说明。该项目的评标委员会是按照《中华人民共和国招标投标法实施条例》组建，其评标过程及评标结果严格按照《中华人民共和国招标投标法实施条例》和《评标委员会和评标方法暂行规定》及区排水管网改造二期项目（一标段）（以下简称"管网改造项目"）招标文件规定的评标标准和方法，对投标文件进行系统的比较和评审。评标委员会依据招标文件第二章投标人须知前附表第3条"注：投标人应对其提供的业绩证明材料（含截图）的真实性负责。当以上业绩证明材料体现的竣工时间、工程类别、工程造价、工程规模等信息不一致时，按不利于投标人的原则进行解释"等相关要求进行评审，因此，该评标委员会的评定结果依法有效。区公管局根据法定程序对投诉事实进行调查、取证，且在法定期限内做出的决定书，程序合法。

投诉处理结果：

该评标委员会的评定结果依法有效。

【行政复议情况】

复议请求：

撤销区公管局作出的《关于区排水管网改造二期项目（一标段）评选结果投诉的处理决定书》（区公管〔2021〕1号）。

复议申请人认为：

区公管局作出的《关于区排水管网改造二期项目（一标段）评选结果投诉的处理决定书》（区公管〔2021〕1号）认定事实错误，适用招标文件不当，违背公平、公正原则。虽然甲公司提交的投标文件的工程业绩截图中总投资为647万元，如按照不少于1000万元（并且招标文件没有对此有要求）的要求，只是漏录入了473万元。决定书放弃了招标文件中的对业绩要求的标准，招标文件第二章投标人须知前附表第1.4.1条3.2项业绩规模要求（工程类别：排水管网工程，工程造价：不低于1000万元，工程规模：/）。该项目公示的乙公司（第一中标候选人）提交的业绩（某镇雨污分流工程）体现中标金额：1340.08万元，总投资为：/，足以说明招标文件实际上没有把"工程规模"纳入评标标准。

行政复议机关认为：

区公管局依法受理投诉，召集原评标委员会复核业绩情况，且在法定期限内做出投诉的处理决定书，程序正当，但对事实认定不清。

在全国建筑市场监督公共服务平台上查询甲公司提供的业绩，"区污水管网工程"的项目截图招标投标信息一栏中显示中标人为甲公司，中标金额为1120.45万元。根据招标文件业绩要求为2016年1月1日起至投标截止日止（以竣工时间为准）的1个类似项目业绩，即：工程造价不低于1000万元的排水管网工程。该业绩中标金额符合招标文件的要求。

对于区公管局认定的截图内容中显示总投资为647万元（小于1000万元），中标金额为1120.45万元（大于1000万元），二者不相吻合且投标时甲公司未提供相关情况说明的问题。根据投标人须知3.3业绩证明材料要求，投标人须在投标文件资格审查部分提供该业绩在"全国建筑市场监管公共服务平台"的网页截图，截图数量不限但须能反映完整的网站名称、工程名称、中标单位名称（或承包单位名称或施工企业名称），每张截图需清晰并显示完整的网址方为有效。若截图能反映业绩要求对应的业绩信息（如竣工时间、工程类别、工程造价、工程规模等）的，则无需提供其他证明材料；若截图不能反映业绩要求对应的业绩信息（如竣工时间、工程类别、工程造价、工程规模等）的，应提供中标通知书（直接发包的项目可提供项目发包人出具的项目直接发包情况说明或证明文书代替）、合同协议书、工程竣工验收合格证明材料中的一种或几种作为证明材料。若提供的上述业绩证明材料不能体现工程类别、工程规模信息的，应提供业主证明。经查阅甲公司电子投标资料资格审查部分，甲公司提交的类似项目情况表中附有的业绩项目的中标通知书（中标金额1120.45万元）、招标投标情况确认书（中标金额1120.45万元）、合同协议书（签约金额1120.45万元）能够互相印证。甲公司提供的业绩截图和类似项目情况资料已能证明其业绩金额大于1000万元。另外，投诉时，甲公司提交了一份4月12日出具的加盖有区住房和城乡建设委员会公章的情况说明，用于证明区住房和城乡建设委员会工作人员录入该业绩信息时有误（漏录入了473万元），也能证明甲公司该项业绩满足招标文件工程造价大于1000万元的条件。

行政复议结果：

撤销区公管局作出的《关于区排水管网改造二期项目（一标段）评标结果投诉的处理决定书》（区公管〔2021〕1号）。

六、

招标文件违反相关规定，招标人应修改招标文件后重新招标

——甲公司与区公共资源交易监督管理局行政复议案

【裁判要旨】

根据《中华人民共和国招标投标法实施条例》第二十三条规定："招标人编制的资格预审文件、招标文件的内容违反法律、行政法规的强制性规定，违反公开、公平、公正和诚实信用原则，影响资格预审结果或者潜在投标人投标的，依法必须进行招标的项目的招标人应当在修改资格预审文件或者招标文件后重新招标。"

招标代理机构擅自修改招标文件范本一般性条款，造成实际发出的招标文件与范本格式不一致，招标文件前后表述不一，致使评审委员会理解产生歧义，违反公开、公平、公正和诚实信用原则，影响潜在投标人投标，行政监督部门有权责令招标人修改招标文件后重新招标。

【行政机构及文书号】

行政监督机关：区公共资源交易监督管理局（以下简称"区公管局"），区公管投诉决〔2020〕1号。

行政复议机关：市公共资源交易监督管理局（以下简称"市公管局"）。

【当事人】

投诉人、异议申请人：甲公司。

被投诉人、招标人：区土整中心。

被投诉人：招标代理公司。

被投诉人：评审委员会。

行政监督机关、复议被申请人：区公管局。

行政复议机关：市公管局。

【案情介绍】

2020年11月10日甲公司参与某村土地整理项目等5个项目的招标投标，该项

目的评标方法为经评审的最低投标价法。在评标过程中，专家取最低报价前7位投标人进行符合性审查，甲公司位于审查之列。2020年11月11日在区公共资源交易网公示拟中标候选人：乙公司（中标金额：2748.3086万元）。甲公司认为其投标价（2534.3350万元）低于第一中标候选人200余万元而未中标，甲公司对公示结果存在异议，于2020年11月12日向该项目招标人递交了异议申请，要求招标人就甲公司未中标的原因依法答复。

2020年11月13日，招标人与招标代理公司共同回复称：该项目的招标文件经评审委员会评审，投标函法定代表人未签字或盖章，未响应招标文件格式，评定为不合格。

2020年11月18日，甲公司向区公管局提出投诉，请求对本项目的投标结果进行复核，并纠正相应违法行为。

2020年11月19日，区公管局受理投诉，调查发现，招标代理公司私自修改招标文件范本，将投标函落款三处表述的一处由"法定代表人或其委托代理人（签字或盖章）"改为"法定代表人及其委托代理人（签字或盖章）"。造成招标文件废标一览表中A6/A5款的落款表述与投标函落款的表述不一致，致使评标专家在评标时否决了甲公司的投标，导致了甲公司对评标结果的异议。区公管局责令招标人组织原评标委员会在评标基准价不变的基础上对相关投标文件进行复核。

2020年12月10日，招标人组织了复核，评标委员会维持原评审结果。

2020年12月18日，区公管局作出《招标投标投诉处理决定书》（区公管投诉决〔2020〕1号），责令招标人修改招标文件后重新招标，对招标代理公司依法进行行政处罚。

甲公司不服投诉处理决定，于2021年1月11日向市公管局提出行政复议申请。

【投诉处理情况】

投诉请求：

甲公司对某村土地整理项目等5个项目评标结果有异议，要求复核。

投诉人认为：

（一）投诉事项一。投诉人甲公司认为被投诉人区土整中心、招标代理公司共同向投诉人作出回复，回复称"经查，贵公司对该项目的投标文件经评审委员会评审：'投标函法定代表人未签字或盖章，未响应投标文件格式'，评定为不合格"。投诉人对上述回复理由不认可，请求进行复核。

（二）投诉事项二。投诉人甲公司认为其投标价低于第一中标候选人乙公司200余万元，若因此废除投诉人投标文件，国家将为此多支付200余万元的工程款，严重损害国家利益。还根据投诉人投标参与人员陈述，开标后有人联系投诉人投标参与人员，提出以2万元的价格收购投诉人的投标并扬言若不同意其收购将废除投诉人投标，投诉人虽拒绝对方要求，但公布评标结果与其扬言内容一致，投诉人怀疑存在严重违法行为。

行政监督机关认为：

（一）关于投诉事项一。经查，招标代理公司擅自修改招标文件范本将投标函落款三处表述的一处由"法定代表人或其委托代理人（签字或盖章）"改为"法定代表人及其委托代理人（签字或盖章）"。致使评标专家在评标时否决了甲公司的投标。该行为造成招标文件与范本格式不一致，招标文件前后表述不一，致使评审委员会理解产生歧义，不但影响了项目建设进度，而且可能会增加政府投资，违反公开、公平、公正和诚实信用原则，影响潜在投标人投标。

根据《中华人民共和国招标投标法实施条例》第二十三条规定："招标人编制的资格预审文件、招标文件的内容违反法律、行政法规的强制性规定，违反公开、公平、公正和诚实信用原则，影响资格预审结果或者潜在投标人投标的，依法必须进行招标的项目的招标人应当在修改资格预审文件或者招标文件后重新招标。"

（二）关于投诉事项二。根据《工程建设项目招标投标活动投诉处理办法》（渝发改标〔2014〕1168号）第十六条第二项规定，该项投诉不符合受理条件，驳回投诉人所述存在严重违法行为内容投诉。

行政处理结果：

区公管局决定责令招标人区土整中心修改招标文件后重新招标。对招标代理公司依法进行行政处罚。

【行政复议情况】

复议请求：

请求依法撤销被申请人作出的《招标投标投诉处理决定书》（区公管投诉决〔2020〕1号），责令招标人区土整中心改正：把申请人的投标列为有效投标，按照《招标文件》认定申请人为"某村土地整理项目等5个项目"的中标人。

复议申请人认为：

一是被申请人认定事实不清，评标标准唯一且清晰，申请人的投标应当为有效投标。招标人发布的《招标文件》中"评标办法"应当系评标专家委员会唯一的评标标准，尽管《招标文件》中格式文本存在瑕疵，但格式文本并非评标标准，招标代理机构的过错不应当由投标人来承担，应当按照有利于投标人的解释，申请人由授权代表签字的"投标函"是有效的，申请人的投标应当为有效投标。二是被申请人适用依据错误，应当责令改正而非重新招标。因本次招标内容未违反法律、行政法规的强制性规定，未违反公开、公平、公正和诚实信用原则，虽有招标代理公司私自修改招标《投标函》文件范本，但没有无效事由，不影响招标文件的效力。本次招标设有采取责令改正的条件和方式，且责令改正更公平高效。整个招标投标程序系依法律、行政法规的规定进行，参与投标的人数符合法律法规的相关规定，也不存在其他严重违法的情形的情况下，本次招标没有无效事由，仅因评标委员会成员未按照评标标准和方法评标，完全可以责令评标委员会成员改正，认可申请人委托代理人签字的效力，把申请人的投标列为有效投标，认定申请人最低价中标。

行政复议机关认为：

招标代理公司私自修改招标文件范本，将投标函一处落款的表述由"法定代表人或其委托代理人（签字或盖章）"改为"法定代表人及其委托代理人（签字或盖章）"，造成招标文件废标一览表中A6/A5款的落款表述与投标函落款的表述不一致，致使评标专家在评标时否决了甲公司的投标。被申请人受理投诉后，按《市招标投标条例》第四十四条规定"属于评审依据明确，评分标准清晰的资格审查，否决投标、得分统计、商务得分等客观性评标行为的，责令招标人组织原评标委员会在评标基准价不变的基础上对相关投标文件进行复核，依法作出处理决定"。责令招标人组织原评标委员会在评标基准价不变的基础上对相关投标文件进行复核。评标委员会复核认为该投标文件不合格，故评标委员会作否决投标处理，复核结果为不合格。评标委员会按招标文件评标，评标标准清晰，无明显的过错和不当。招标代理公司的行为造成招标文件与范本格式不一致，招标文件前后表述不一，致使评审委员会理解产生歧义。根据《中华人民共和国招标投标法实施条例》第二十三条规定："招标人编制的资格预审文件、招标文件的内容违反法律、行政法规的强制性规定，违反公开、公平、公正和诚实信用原则，影响资格预审结果或者潜在投标人投标的，依法必须进行招标的项目的招标人应当在修改资格预审文件或者招标文件后重新招标。"被申请人决定责令招标人修改招标文件后重新招标，对招标代理公司依法进行行政处罚。审理认为，被申请人作出的投诉处理决定事实认定清楚，法律适用正确，程序正当。

行政复议结果：

维持被申请人区公管局作出的《招标投标投诉处理决定书》（区公管投诉决〔2020〕1号）。

七、

招标代理机构未严格履行自身职责，监督机构有权对招标代理机构进行处理

——甲公司与区发展和改革委员会行政复议案

【裁判要旨】

招标代理机构应当根据法律规定、合同约定的义务，履行自身维护招标投标活动现场秩序、规范投标人行为的职责。招标代理机构未严格履行自身职责，监督机构有权对招标代理机构进行处理。

【行政机构及文书号】

行政监督机关：区发展和改革委员会（以下简称"区发改委"），区发改标〔2021〕4号。

行政复议机关：市公共资源交易监督管理局（以下简称"市公管局"），市公管行复〔2021〕9号。

【当事人】

被处理人、异议申请人：甲公司。

行政监督机关、复议被申请人：区发改委。

行政复议机关：市公管局。

【案情介绍】

2021年1月29日，区八中宿舍项目在区公共资源交易平台开标。投标人乙公司委托代理人查看评标结果后，要求查看纸质投标文件，通过现场监督人员电话同意其查看本单位投标文件。乙公司委托代理人拆封了一份密封的投标文件进行查看、讨论后，向甲公司提出了对第一中标候选人丙公司投标文件的质疑。此时，区交易平台工作人员发现乙公司未经许可拆阅了丙公司的纸质投标文件。区发改委对此展开调查后，认定甲公司没有按照法律法规和规范性文件要求以及委托代理合同约定，规范组织开评标，致乙公司拆阅了其他投标人的投标文件。

2021年4月8日，区发改委依据《市工程建设领域招标投标信用管理暂行办法》有关规定，作出《关于给予甲公司不良行为记分的处理决定》（以下简称《处理决定书》），对甲公司不良行为记3分，记分周期12个月，并于2021年4月14日送达甲公司。

另查明：2019年11月11日，《市人民政府办公厅印发关于深化公共资源交易监督管理改革的意见（试行）的通知》（府办发〔2019〕114号），其附件9《市工程建设领域招标投标信用管理暂行办法》关于"招标代理机构及从业人员不良行为信息量化记分标准"规定，"招标投标行政监督部门认定的其他违法违规行为，按照不良行为严重程度分别扣3、6、12分"的规定，作出了对甲公司不良行为记3分，记分周期12个月的处理决定。该文件已于2019年11月26日施行。

【行政处理情况】

行政监督机关认为：

甲公司在专家评审出结果后，开标现场通知投标人对已提交的纸质文件拆封（项目为全流程电子招标投标项目，另要求投标人提供纸质招标文件），且未对投标人身份进行核对，出现投标人乙公司拆封查阅了其他投标人投标文件并提出质疑的情况。甲公司的上述行为属于组织开标不规范的行为，影响了交易秩序。

行政处理结果：

对甲公司的不良行为记3分，记分周期12个月（2021年4月8日至2022年4月7日）。

【行政复议情况】

复议请求：

撤销区发改委于2021年4月8日作出的《处理决定书》。

复议申请人认为：

1.《处理决定书》记载日期错误。将开标日期"2021年1月29日"错误记载为"2020年1月29日"。

2.《处理决定书》记载违法事实错误。一是甲公司在开标现场从未通知投标人拆封纸质投标文件。《处理决定书》记载的"你单位……在开标现场通知投标人对本公司已递交的纸质投标文件拆封"错误，事实是投标人乙公司提出查阅纸质投标资料，经区发改委派驻监督人员同意后开拆。在知悉乙公司对第一中标候选人丙公司提出质疑后，才发现被拆阅的是丙公司的纸质投标文件而不是乙公司自己的。二是《处理决定书》记载的"未对投标人身份进行核实"错误。事实是本项目为全流程电子招标投标，招标文件没有规定核实投标人代表的流程，甲公司不能擅自增加身份核实环节。

行政复议机关认为：

1.区发改委作出的《处理决定书》记载时间有误。区八中宿舍项目开标评标时间为2021年1月29日，《处理决定书》错误记载为2020年1月29日。区发改委已制发

《补正通知书》更正。

2.区发改委作出的《处理决定书》事实认定清楚。甲公司作为招标人的代理机构，按照合同应当履行维护招标投标活动现场秩序、规范投标人行为的职责。本案中，甲公司未核实乙公司拆阅的纸质投标文件情况，致使尚处于保密状态的丙公司投标文件被拆封、查阅。对此，甲公司负有组织处理不当的责任。区发改委依照职权，根据事实情况，对甲公司作出调查处理，认定事实清楚。

3.区发改委作出的《处理决定书》程序合法。2021年1月29日，区发改委开展立案调查。2021年4月8日，区发改委作出《处理决定书》。2021年4月14日送达甲公司，程序合法。

行政复议结果：

维持区发改委作出的《关于给予甲公司不良行为记分的处理决定》(区发改标〔2021〕4号)。

八、

投标人弄虚作假，行政监督机关有权对投标人进行行政处罚

——甲公司与区发展和改革委员会行政处理案

【裁判要旨】

投标人弄虚作假，提交虚假资料，行政监督机关对投标人进行行政处罚。

【行政机构及文书号】

行政监督机关：市公共资源交易监督管理局（以下简称"市公管局"），市公管投诉决〔2019〕4号。

【当事人】

投诉人：甲公司。

被投诉人：乙公司、丙公司。

行政监督机关：市公管局。

【案情介绍】

市轨道4号线项目于2019年9月3日至2019年10月12日发布公开招标公告，招标人为甲公司（即投诉人），招标代理机构为丁公司，市公管局为招标投标活动的行政监督部门。2019年10月16日开标评标，10月22日至24日公示评标结果，第一中标候选人为被投诉人联合体。2019年10月30日，投诉人就陈某、郑某兴业绩等问题向被投诉人联合体发出联系函说明业绩证明与事实不符。

2019年11月3日，被投诉人联合体回函认为与事实相符。

2019年11月7日，甲公司向本机关提出投诉，被投诉人联合体于2019年12月4日向本机关递交陈述书。目前，市轨道4号线项目尚未确定中标人。

【投诉处理情况】

投诉请求：

要求取消乙公司、丙公司联合体在市轨道交通4号线二期（某段）工程施工监理

二标段项目第一中标候选人的中标资格。

投诉人认为：

投诉人提出的事实及理由为：在市轨道4号线项目的投标中，被投诉人联合体提供的投标文件（资格审查资料含商务部分）第46页"某市城市轨道交通11号线工程监理112XX标业主证明"显示，陈某自2013年1月起担任项目总监理工程师，郑某兴自2014年7月担任项目总监理工程师代表，何某担任本项目铺轨专业监理工程师。经查证，（一）乙公司在深圳市城市轨道交通11号线工程中的监理范围不包括轨道工程；（二）某市城市轨道交通11号线工程监理112XX标项目（以下简称"112XX项目"），自2012年9月到2016年3月期间，总监理工程师为杨某林，2016年变更为"董某山"，竣工验收报告总监理工程师签字人为"董某山"；（三）112XX项目合同所附人员表中总监理工程师代表（以下简称"总监代表"）共三人，分别是土建总监代表王某东、盾构总监代表高某和安装装修总监代表王某钧，无郑某兴，相关过程资料也未见其履职记录；（四）郑某兴在2014年7月至2016年12月期间，在市轨道交通十号线BT投融资建设项目担任二分部总监。因此，被投诉人联合体业绩证明材料与事实不符。投诉中，投诉人提供了郑某兴在市轨道交通十号线履职证明资料、某市城建档案馆查询到的112XX项目合同、总监理工程师任命通知书等有关资料。

行政监督机关认为：

市公管局经调查认为，陈某于2013年1月至2017年12在112XX项目担任总监理工程师的经历不实。被投诉人联合体在市轨道4号线项目投标文件中，提供了虚假的项目负责人（拟任总监理工程师陈某）的简历。

市公管局经调查认为，郑某兴2014年7月至2016年12月在112XX项目任总监理工程师代表的经历不实。被投诉人联合体在市轨道4号线项目投标文件中，提供了虚假的项目主要技术人员（拟任总监理工程师代表郑某兴）简历。

投诉处理结果：

1.乙公司、丙公司组成的联合体，在参与市轨道交通4号线二期（某段）工程施工监理二标段的投标中，存在弄虚作假行为，市公管局将根据招标投标法及实施条例相关规定对其作出行政处罚。

2.关于市轨道交通4号线二期（某段）工程施工监理二标段项目中标人的确定，招标人甲公司应按照《中华人民共和国招标投标法实施条例》第五十五条之规定作出相应处理。

九、

招标人对投标人提出的异议，逾期作出答复属于违法行为

——乙集团与市公共资源交易监督管理局等行政处理案

【裁判要旨】

根据《中华人民共和国招标投标法实施条例》第七十七条第二款规定，招标人不按照规定对异议作出答复，继续进行招标投标活动的，由有关行政监督部门责令改正，拒不改正或者不能改正并影响中标结果的，依照本条例第八十一条的规定处理。

招标人对投标人或其他利害关系人提出的异议，应当在收到异议内3日内作出答复，而且，招标人对超过异议期限提出的质疑，依法不应受理，否则，招标人属于未按规定受理及处理异议，行政监督部门有权责令改正。

行政监督部门将招标人在招标投标活动中异议处置不力有关情况通报其主管部门属于内部行政处理，不具有外部普遍效力，不属于人民法院行政诉讼审查范围，人民法院不予审查。

【行政机构及文书号】

行政监督机关：市公共资源交易监督管理局（以下简称"市公管局"）。

一审法院：区人民法院，〔2020〕渝0112行初727号。

二审法院：第一中级人民法院，〔2021〕渝01行终624号。

【当事人】

投诉人、一审第三人、二审被上诉人：甲公司。

被投诉人、一审原告、二审上诉人：乙集团。

行政监督机关、一审被告、二审被上诉人：市公管局。

【案情介绍】

乙集团系某公路工程的业主单位，乙集团委托第三人招标代理公司对该项目进行公开招标。2020年4月1日，招标代理公司发布《某公路工程的中标候选人公示》，公示期为2020年4月1日至2020年4月3日，第一中标候选人为甲公司，第二中标候

选人为城建集团。

2020年4月3日，城建集团向乙集团提交《关于"甲公司相关业绩存疑"的质疑》及证明材料，其认为甲公司相关业绩存在两处疑点：一是企业业绩"某市政交通工程项目"，该工程为BT工程，甲公司提供的材料中均未明确标示出单独的施工部分金额，无法证明其独立承担的施工任务符合本次招标文件的业绩要求。二是甲公司拟派项目经理宋某某个人业绩"高速公路G12合同段"施工时间为2008年11月27日至2012年12月24日，而经查询"中国建造师网"，宋某某最早于2014年1月3日才取得一级建造师资格并注册于甲公司，其在此前不能担任大型工程施工项目经理一职，此外，该业绩还多次用于甲公司一级建造师曹某某个人业绩参加公开招标。综上，甲公司未提供材料证明其独立承担的施工任务符合招标文件要求（单项合同金额在8.6亿元以上），且其拟派项目经理宋某某业绩不实，其本次投标应作废标处理。

2020年4月13日，城建集团向乙集团提交《关于补充提交"甲公司项目经理宋某某业绩存疑"的质疑》及证据材料，一是宋某某在2014年5月前不具备担任项目经理的资格，其业绩不实。二是宋某某在本次投标期内有在建工程"高速公路二期工程某标段"，任该工程项目经理。三是经向全国公路建设市场信用信息管理系统网站查询，该工程项目经理为段某某，不是宋某某个人业绩。综上，结合首次质疑相关内容，可判断宋某某不符合本次招标文件的要求，甲公司此次投标应做废标处理。

2020年4月17日，乙集团和招标代理公司共同函告甲公司，要求其书面澄清城建集团两次质疑的问题。

2020年4月20日，甲公司向乙集团提交《关于对〈乙集团、招标代理公司关于对某公路工程的项目有关异议予以说明的函〉的回复》及《关于高速公路二期工程某标段项目经理、项目总工人员变更的批复》等证据材料，并于次日提交《补充回复》及证据材料，认为：一、经"高速公路二期工标段"业主方同意，该工程原项目经理宋某某已于2019年6月10日变更为备选项目经理董某跃，宋某某在甲公司参加本次招标投标时无在建工程。二、甲公司业绩"西部国际会展中心配套市政交通工程项目"满足本次招标文件要求，甲公司提供的《建设工程竣工验收意见书》明确载明相关情况，现补充提交《项目施工图算审核意见书》予以证明。三、宋某某个人业绩与本次招标无关，且宋某某当时具有建设部颁发的壹级项目经理证书，完全满足当时招标文件的任职资格要求。四、曹某彬在该项目的职务为副总经理，非项目经理，与宋某某业绩并无冲突。五、宋某某于2007年取得了铁道部颁发的铁建安B证，后因铁路政企分开等因素证件失效，宋某某分别于2014年、2017年再次取得了建安B证、交安B证。六、全国公路建设市场信用信息管理系统网站不同端口查询显示项目经理为段某强或宋某某，产生差异的原因不是甲公司原因，现提交《业主证明》进一步证明该工程项目经理为宋某某。综上，城建集团《质疑》均不成立，请予以公正处理。

2020年5月11日，乙集团会同招标代理公司向市公管局提交《关于某公路工程的项目评标结果复核的申请》,认为宋某某在"某市高速公路二期工程标段"的项目经理变更资料不符合《建设部关于发布〈注册建造师执业管理办法(试行)〉的通知》(建市〔2008〕48号)第十条"建设工程合同履行期间变更项目负责人的,企业应当于项目负责人变更后5个工作日内报建设行政主管部门和有关部门及时进行网上变更"的规定,甲乙双方的变更未经行政主管部门公布,不能否定"公共资源交易中心"查询网页截图的真实性,初步判断甲公司的澄清不能采信,城建集团的异议成立,即宋某某存在在建工程,不符合本次招标文件《投标人须知》前附表1.4.1条第5款"项目经理不能在在建项目担任项目经理,否则将作为否决投标处理。投标人须自行书面承诺:派驻项目经理没有在已中标但未开工的项目中担任项目经理职务;且拟派驻项目经理未在市外在建工程担任项目经理,否则将被否决投标"。为此,申请由原评标委员会进行复核,以确定本项目中标候选人。

2020年5月21日,市公管局对乙集团作出《关于某公路工程招标复核事宜的复函》,函复:一、你司随申请提供的材料不够充分,仅简单核对相关网站信息,未对异议人提出的问题和被异议人的澄清开展实质性调查核实,不能证明项目经理是否存在在建项目情况、有关业绩是否符合招标文件要求等事实。二、你司应认真履行招标投标活动主体责任,就该招标项目在公示期间收到的异议事项开展实质性调查核实,查明相关事实情况,依法依规处理异议事项。

2020年8月12日,乙集团对城建集团作出《招标投标异议答复》,并抄送甲公司,乙集团认为:城建集团提出的"公示项目经理宋某某投标期有在建工程"及"不能满足招标文件要求"的异议成立,根据招标文件规定"投标人须自行书面承诺:派驻项目经理没有在已中标但未开工的项目中担任项目经理职务;且拟派驻项目经理未在市外在建工程担任项目经理,否则将被否决投标。若投标人提供虚假承诺的,一经查实将视为投标人不能履约,其投标将被否决;已中标的,视作无故放弃中标,其投标保证金不予退还,并承担因此造成的相关责任并赔偿相应损失。招标人将按中标候选人名单排序依次确定中标人或重新招标"。

2020年8月20日,甲公司向市公管局提交《某公路工程施工招标投标投诉书》(以下简称《投诉书》)及证据材料,认为宋某某已于2019年6月10日不再担任"某市高速公路二期工程标段"项目经理,请求撤销乙集团作出的《招标投标异议答复》中对"公示项目经理宋某某投标期有在建工程"及"不能满足招标文件要求"的异议成立的认定,并按招标文件的规定向甲公司发放中标通知书及签订合同协议书。

2020年8月26日,市公管局作出公管函〔2020〕43号《关于征询被投诉人陈述和申辩意见的函》,一并向乙集团送达《投诉书》,告知乙集团陈述和申辩,要求提供"某市高速复线连接道工程(高速收费站—疏港复线隧道)施工招标项目"招标文件、开标评标及中标候选人投标文件等相关资料。

2020年9月4日,乙集团向市公管局提交《投诉答复书》及异议材料、澄清材料等，认为投诉人甲公司的投诉缺乏事实及法律依据，应当驳回。

2020年9月8日，市公管局向某市交通运输局发出《关于商请核查某市高速公路二期工程项目标段建设有关情况的函》（公管函〔2020〕49号），请求协助核查宋某某是否为该工程项目经理及履职时间等。2020年9月10日，某市交通运输局向市公管局发出《关于某市高速公路二期工程项目标建设有关情况说明的函》及附件，该局核查如下：项目为某市高速公路有限公司投资的高速公路项目，其中标于2019年3月12日由甲公司中标，公示项目经理为宋某某，备选项目经理董某跃。2019年6月10日，经项目业主某市高速公路有限公司同意，该标段施工单位项目经理宋某某变更为备选人员董某跃。后因董某跃个人身体原因，施工单位再次提出变更项目经理申请，并于2019年8月27日获得项目业主同意，现该标段履约项目经理由董某跃变为张某。

【投诉处理情况】

投诉请求：

撤销被投诉人关于"异议成立"的决定，并向投诉人发放中标通知书并签订合同协议书。

投诉人认为：

工程标段施工中标公示项目经理为宋某某、备选项目经理为董某跃，2019年6月10日进行了项目经理变更，原项目经理宋某某变更为董某跃，截至本项目投标截止日，宋某某不是高速项目经理，符合招标文件要求。

行政监督机关认为：

（一）关于异议及处理。某公路工程施工项目于2020年3月30日开标评标，4月1日—4月3日中标候选人公示。4月3日，乙集团收到城建集团对投诉人相关业绩存疑的质疑，质疑投诉人提供的企业业绩"工程项目"、项目经理宋某某个人业绩。4月13日，城建集团补充提交质疑，质疑公示项目经理宋某某个人业绩、公示项目经理宋某某投标期有在建工程。8月12日，乙集团回复城建集团，认为"公示项目经理宋某某投标期有在建工程"及"不能满足招标文件要求"的异议成立。故，在本次异议及处理中，城建集团补充提交的质疑未在中标候选人公示期间提出，违反《中华人民共和国招标投标法实施条例》第五十四条的规定，乙集团的回复仅涉及城建集团补充提交的异议，未按规定受理及处理异议。

（二）关于项目经理在建工程。经查，项目的施工许可申请由某市交通运输局核发，该局对项目经理变更进行了核查，项目为某市高速公路有限公司投资的高速公路项目，其中标于2019年3月12日由甲公司中标，公示项目经理为宋某某，备选项目经理董某跃。2019年6月10日，该标段施工单位项目经理宋某某变更为备选人员董某跃，后因董某跃个人身体原因，于2019年8月27日至今，该标段履约项目经理由董某跃变为张某。综上，某市高速公路有限公司主管部门某市交通运输局已认可上述项目经理变更事实，乙集团认为项目经理宋某某未按法定程序完成手续导致变更未生效、交易中心网站截图效力更高等理由均不成立。

行政处理结果：

1.乙集团在本次招标投标活动中未按规定处理异议，责令改正。

2.将乙集团在本次招标投标活动中异议处置不力有关情况通报其主管部门。

【一审情况】

争议焦点：

1.乙集团作出的异议回复在受理的程序上是否违反规定的问题。

2.通报乙集团的主管部门是否属于本案审查范围的问题。

法院观点：

1.关于乙集团作出的异议回复在受理的程序上是否违反规定的问题，一审法院认为其未按规定受理及处理异议，理由如下：

《中华人民共和国招标投标法实施条例》第五十四条第二款规定，投标人或者其他利害关系人对依法必须进行招标的项目的评标结果有异议的，应当在中标候选人公示期间提出。招标人应当自收到异议之日起3日内作出答复；作出答复前，应当暂停招标投标活动。本案中，根据乙集团、市公管局举示的证据及当庭陈述，能够证实案涉项目工程施工的中标候选人公示期为2020年4月1日至2020年4月3日，第二中标人城建集团于2020年4月3日向乙集团提出质疑，乙集团未在3日内作出书面答复，且城建集团于2020年4月13日再次提交补充质疑，其补充质疑超出原质疑的范围，属于超过异议期限，依法不应受理，故乙集团未在法定期限内答复异议，且受理了超期提出的异议，构成未按规定受理及处理异议。

《中华人民共和国招标投标法实施条例》第七十七条第二款规定，招标人不按照规定对异议作出答复，继续进行招标投标活动的，由有关行政监督部门责令改正，拒不改正或者不能改正并影响中标结果的，依照本条例第八十一条的规定处理。本案中，市公管局作为案涉工程的招标投标活动的行政监督部门，受理甲公司的投诉，依法对乙集团不按照规定对异议作出答复的行为责令改正，其认定事实、适用法律、程序并无不当之处。

关于乙集团诉称其在处置异议期间已停止招标投标活动，不应受到处理的主张。本院认为，《中华人民共和国招标投标法实施条例》第七十七条第二款限定"招标人继续进行招标投标活动的"立法本意在于要求招标人在查清异议后再公正地进行招标投标活动。本案市公管局虽未调查乙集团继续招标的情况，但乙集团确实存在调查异议事实不清楚影响招标活动的事实，乙集团受理超期提出的异议、作出《招标投标异议答复》前向市公管局申请"由原评标委员会进行复核，以确定本项目中标候选人"、作出《招标投标异议答复》的内容也包括"招标人将按中标候选人名单排序依次确定中标人或重新招标"等内容，应视为乙集团招标投标活动未停止，故本院对乙集团的该项主张不予支持。

2.关于通报乙集团的主管部门是否属于本案审查范围的问题，一审法院认为不属于人民法院审查范围，理由如下：

关于市公管局作出的行政处理决定第二项：将乙集团在本次招标投标活动中异议处置不力有关情况通报其主管部门。本院认为，该项处理属于内部行政处理，不具有外部普遍效力，不属于人民法院行政诉讼审查范围，本院不予审查。

裁判结果：
驳回乙集团的诉讼请求。

【二审情况】

争议焦点：
1.被上诉人市公管局作出的投诉处理决定是否成立的问题。
2.通报乙集团的主管部门是否属于本案审查范围的问题。

法院认为：
1.关于被上诉人市公管局作出的投诉处理决定是否成立的问题，二审法院认为成立。理由如下：

根据《中华人民共和国招标投标法》第六十五条和《中华人民共和国招标投标法实施条例》第六十条第一款的规定，被上诉人市公管局具有对案涉招标投标投诉作出行政处理的法定职权。

本案系因甲公司不服上诉人乙集团作出的《招标投标异议答复》而向被上诉人市公管局提出投诉书，继而被上诉人市公管局作出被诉的《招标投标投诉行政处理决定书》(公管投诉决〔2020〕4号)，上诉人乙集团又不服该《招标投标投诉行政处理决定书》而提起的行政诉讼。《招标投标投诉行政处理决定书》主要认定了两个方面的事实：第一，上诉人乙集团作出的异议回复在受理及处理的程序上违反了《中华人民共和国招标投标法实施条例》第五十四条的规定；第二，上诉人乙集团作出的关于甲公司项目经理投标期有在建工程的异议回复事实不成立。关于被诉的《招标投标投诉行政处理决定书》认定的第一个事实部分，有被上诉人市公管局举示的其向某市交通运输局发送的公函及某市交通运输局回复的公函及附件材料佐证，该部分事实认定证据确凿。关于被诉的《招标投标投诉行政处理决定书》认定的第一个事实部分，根据本案查明的事实，第二中标人城建集团于2020年4月3日向上诉人乙集团提出质疑，但乙集团并未在法定的3日内作出书面答复，且其受理了城建集团于2020年4月13日再次提交的补充质疑，其作出受理和处理的程序与《中华人民共和国招标投标法实施条例》第五十四条第二款的规定不相符合，故被上诉人市公管局认定的该部分事实亦有事实证据和法律依据。由于被上诉人市公管局调查认定的事实成立，其依据《中华人民共和国招标投标法实施条例》第七十七条第二款的规定，市公管局作出"乙集团在本次招标投标活动中未按规定处理异议，责令改正"的第一项决定，并无不当。

2.关于通报乙集团的主管部门是否属于本案审查范围的问题。二审法院认为不属于法院审查范围，理由如下：

对于被上诉人市公管局作出的第二项决定内容，因通报主管部门相关情况明显属于内部行政处理范围，一审法院对该项内容不予审查的评判理由正确，本院不再赘述。

裁判结果：

驳回上诉，维持原判。

十、

行政监督部门有权对评标委员会不履职的行为进行处理

—— 甲公司与区发展和改革委员会行政复议案

【裁判要旨】

在复核环节，评标委员会对该项目进行复核时未客观、公正履职，未完整按招标人提出的复核要求及投标人提出的异议内容进行复核并详细记录复核情况，作出否认复核结论有失公允，违反《中华人民共和国招标投标法实施条例》第四十九条、《重庆市市招标投标条例》第四十四条和《评标委员会和评标方法暂行规定》第十一条之规定，行政监督部门有权对其不良行为进行处理。

【行政机构及文书号】

行政监督机关：区发展和改革委员会（以下简称"区发改委"），区发改标〔2020〕8号。

行政复议机关：市公共资源交易监督管理局（以下简称"市公管局"）。

【当事人】

被处理人、异议申请人：樊某、王某莲、徐某、宋某强、董某慧。

行政监督机关、复议被申请人：区发改委。

行政复议机关：市公管局。

【案情介绍】

2020年3月4日下午，市综合评标专家库樊某等5名专家以随机抽取方式组成评标委员会，在区公共交易平台参与项目评标活动。该项目最高限价1536.1万元，采用综合评估法。经樊某等5位评标专家评审后评审结果为：9家投标人参与投标，6家被废标（其中：4家投标人因营业执照未盖制造商公章被废标），推荐3名中标候选人。招标人在中标候选人公示期间收到质疑，2020年3月13日向区住房和城乡建设委员会提出复核申请，2020年3月27日下午组织了4名原评标专家到交易平台开展复核工作（另外1名专家因出差未参加当天复核）。专家复核后取消了第二中标候选人资格，评标委员会以剩余两家合格投标人明显缺乏市场竞争力为由，作出项目流标的评审决定。

招标人于2020年3月30日发布流标公告。

区发改委收到该项目交易的问题线索，2020年9月27日批准立案调查，经提取相关书证、询问评标专家，调查组形成《调查情况报告》《案件调查终结报告》，认定樊某等5位评标专家在履职中存在不良行为事实，2020年12月21日印发《关于给予评标专家不良行为记分的处理决定》（区发改标〔2020〕8号），对评标专家樊某、王某莲、徐某、宋某强、董某慧给予记9分的处理，记分周期12个月（2020年12月21日至2021年12月20日），并按规定送达樊某等5人。

【行政处理情况】

行政监督机关认为：

在该项目的第一次评审过程中，5名评标专家未按照招标文件规定的评标标准和方法评标，对应当否决的第二中标候选人未提出否决意见，违反《中华人民共和国招标投标法实施条例》第五十一条之规定。根据《重庆市综合评标专家库和评标专家管理暂行办法》和《评标专家不良行为信息量化记分标准》第10项，应记6分；在复核环节，樊某、王某莲、徐某、宋某强4名专家对该项目进行复核时未客观、公正履职，未完整按招标人提出的复核要求及投标人提出的异议内容进行复核并详细记录复核情况，作出否认复核结论有失公允（未参与复核的专家董某慧在复核结束后签字认可复核结果），违反《中华人民共和国招标投标法实施条例》第四十九条、《市招标投标条例》第四十四条和《评标委员会和评标方法暂行规定》第十一条之规定，鉴于5名评标专家无主观恶意，且主动配合行政机关调查，根据《重庆市综合评标专家库和评标专家管理暂行办法》和《评标专家不良行为信息量化记分标准》第26项，对专家此项行为记3分。

行政处理结果：

区发改委对评标专家樊某、王某莲、徐某、宋某强、董某慧给予记9分的处理，记分周期12个月（2020年12月21日至2021年12月20日）。

【行政复议情况】

复议请求：

依法撤销区发改委作出的《关于给予评标专家不良行为记分的处理决定》，重新做出合理的处理决定，减轻处罚。

复议申请人认为：

区发改委作出处理决定处罚力度过大，请求重新做出合理的处理决定，减轻处罚。2020年3月4日的评审存在错误，但该错误并非是人为、主观、刻意造成的。

2020年3月27日复核时，专家组认为该项目招标标的——电梯属于特种设备，安全性要求高、技术难度大，特别是剩余两家投标人技术得分较低，按招标文件规定的综合评估法（而非最低投标价法）进行了后续评审工作，专家组综合考虑了经济、技术、市场口碑和售后服务等诸多因素，做出的流标处理的决定是客观、公平、公正的，复核过程并无过错，是对2020年3月4日《评标报告》的纠正。

行政复议机关认为：

在两次评审过程中，评标委员会专家存在以下问题：一是在第一次评审过程中，5名评标专家未按照招标文件规定的评标标准和方法评标，对应当否决的第二中标候选人未提出否决意见；二是复核未完整按招标人提出的复核要求及投标人提出的异议内容进行复核并详细记录复核情况。招标人在中标候选人公示期间收到3份异议（质疑）：甲公司无重大偏差被废标的结果异议；第二中标人对候选排名的结果质疑；第三中标候选人对商务、技术、报价分值评定的质疑。招标人在2020年3月13日提出书面复核申请，并提供了对甲公司、第二中标候选人、第三中标候选人投标资料的核查情况，在复核请示中明确要求原评标委员会专家对核查情况及3件异议（质疑）进行核实，但复核报告中只记录了对第二中标候选人的技术评定情况，没有体现相关当事人提出的对中标候选人的商务、技术、报价分值评定有异议的复核情况，复核工作不完整。以上问题违反《中华人民共和国招标投标法实施条例》第四十九条、第五十一条及《市招标投标条例》第三十一条规定。

行政复议结果：

维持被申请人区发改委作出的《关于给予评标专家不良行为记分的处理决定》（区发改标〔2020〕8号）。

十一、建设工程企业资质证书有效期以建设工程信息网公布为准

——甲公司与区发展和改革委员会行政复议案

【裁判要旨】

根据《住房和城乡建设部办公厅关于建设工程企业资质延续有关事项的通知》的规定,工程勘察、工程设计、建筑业企业、工程监理企业资质证书有效期将在全国建筑市场监管公共服务平台自动延期,企业无须换领资质证书,原资质证书仍可用于工程招标投标等活动。

【行政机构及文书号】

行政监督机关:区发展和改革委员会(以下简称"区发改委"),区发改委发〔2021〕51号。

行政复议机关:市公共资源交易监督管理局(以下简称"市公管局")。

【当事人】

投诉人、异议申请人:甲公司。

被投诉人:评标委员会。

行政监督机关、复议被申请人:区发改委。

行政复议机关:市公管局。

【案情介绍】

2021年1月13日,区修缮改造项目(一期)三标段(第二次)在区公共资源交易中心公开招标,评标办法为经评审的最低投标价法,项目最高限价为2140.47万元。参与该项目投标的企业共有5家。评标委员会在进行资格评审时,3家投标企业投标文件资格评审为合格,申请人和乙公司的投标文件资格评审不合格。评标委员会在投标人符合性评审合格的基础上,按照投标人投标报价由低到高排序,推荐丙公司为第一中标候选人,丁公司为第二中标候选人,戊公司为第三中标候选人,拟中标价为1713.86万元(申请人报价为1712.37万元)。

申请人对结果公示存在异议,于2021年1月14日向该项目招标人提出了异议,认为其投标文件符合招标文件要求,不应被废标。招标人在收到异议后,及时对异议的内容进行回复,其回复结果为:按照招标文件投标人须知前附表1.4.1第一条1.资质条件"(1)具备建设行政主管部门颁发的建筑工程施工总承包三级及以上资质。投标人须在投标文件资格审查部分提供有效的带二维码标识的资质证书复印件",经咨询评标委员会,评标委员会认为申请人资质证书过期不能满足招标文件的情况下应在投标文件中附解释说明并提供相关佐证材料,而申请人的投标文件中既没有解释说明又没有相关佐证材料,因此按招标文件评审,否决其投标。申请人收到招标人异议回复后,认为该回复不符合市建管〔2020〕82号文件精神,于2021年1月19日向被申请人投诉。被申请人收到投诉后,于2021年1月28日组织原评标委员会,在区公共资源交易中心对该项目进行了复核。在复核前,被申请人与招标人、区公共资源交易中心服务人员一道进入评标室,向评标委员会说明了本次复核的原因及理由,并递交了申请人的投诉资料及市建管〔2020〕82号文件,但评标委员会在复核过程中仍坚持原评标意见。被申请人认为评标委员会依法作出的评审及复核结论合法有效,决定维持评标委员会的评审复核结论,对申请人的投标文件作废标处理。

【投诉处理情况】

投诉请求:

甲公司的投标不应作废标处理,重新对此项目的投标资料进行评标。

投诉人认为:

区修缮改造项目(一期)三标段(第二次)于2021年1月13日上午10:00,在区公共资源交易中心开标、评标。评标委员会在进行资格评审时,认定甲公司因企业资质(建筑工程施工总承包三级资质证书有效期过期)不满足招标文件要求,并根据招标文件《否决投标情形一览表》A-3"投标人的资质条件、营业执照及安全生产条件须满足投标人须知前附表第1.4.1项第1条的要求,否则由评标委员会作否决投标处理"之规定,对甲公司作出的否决投标结论,不符合市住房和城乡建设委员会《关于建设工程企业资质延续有关事项的通知》(市建管〔2020〕82号文件)规定,须对甲公司提供的资质证书予以认可,不应作废标处理。

行政监督机关认为:

根据《中华人民共和国招标投标法》《中华人民共和国招标投标法实施条例》《工程建设项目招标投标活动投诉处理办法》《市招标投标活动投诉处理实施细则》和该项目的招标文件《否决投标情形一览表》A-3"投标人的资质条件、营业执照及安全生产条件须满足投标人须知前附表第1.4.1项第1条(具备建设行政主管部门颁发的建筑工程施工总承包三级及以上资质。投标人须在投标文件资格审查部分提供有效的带二维码标识的资质证书复印件)的要求,否则由评标委员会作否决投标处理"等相关规定，结合甲公司在投标文件提供的企业资质材料，区发改委认为评标委员会并无不当。

投诉处理结果：

评标委员会依法作出的评审及复核结论合法有效，决定维持评标委员会的评审复核结论，对甲公司的投标文件作废标处理。

【行政复议情况】

复议请求：

撤销被申请人作出的《处理决定》，重新组织新的评标专家和相关建设主管部门对此次废标原因重新评定，重新认定我司的投标资料是否应该被废标。同时希望建设主管部门依据事实，让评标专家都公平公正地参与招标投标评标活动，给投标单位一个公平竞争的环境。

复议申请人认为：

甲公司于2021年1月13日参加区修缮改造项目（一期）三标段（第二次）的投标，2021年1月14日公示了评标结果，甲公司被废标，原因是资质证书上的显示有效期为2021年1月11日，不在有效期内。由于住房和城乡建设部资质改革，专门下发了《住房和城乡建设部办公厅关于建设工程企业资质延续有关事项的通知》《市住房和城乡建设委员会关于建设工程企业资质延续有关事项的通知》(市建管〔2020〕82号)（以下简称"市建管〔2020〕82号文件"）明确了该事项。该项目招标文件投标人须知1.4.1中资质条件（1）要求是企业须具备建设行政主管部门颁发的建筑工程施工总承包三级及以上资质。投标人须在投标文件资格审查部分提供有效的带二维码标识的资质证书复印件。尽管资质证书载明的有效期是2021年1月11日，但根据市建管〔2020〕82号文件规定，资质证书是有效的，也是带有效的二维码标识的，而且该文件也明确了企业无需换领资质证书，原资质证书仍可用于工程招标投标等活动。因此资质证书上载的有效期到期，不能认定为资质证书过期无效，只是评标专家对执业范围内国家相关的法律法规不知晓。招标文件没有明确规定投标人需要提供此证书延期的有关文件及佐证材料，因而甲公司没有必要再提供解释说明和佐证材料，甲公司符合招标文件对企业资质的要求，评标委员会不应作出废标认定。

行政复议机关认为：

区发改委依法受理投诉，按规定启动复核程序，作出的《处理决定》程序正当，但事实认定不清楚。

1.市建管〔2020〕82号文件是为贯彻落实党中央、国务院决策部署和市委、市政府关于统筹推进新冠肺炎疫情防控和经济社会发展工作安排，根据《住房和城乡建设部办公厅关于建设工程企业资质延续有关事项的通知》(建办市函〔2020〕334号)精神，深化建筑业"放管服"改革，结合我市实际作出的具有普遍约束力的文件。该文件第二条规定市住房和城乡建设委员会和各区县住房和城乡建设主管部门核发的建筑业企业、工程监理企业资质,证书有效期于2020年7月1日至2021年12月30日届满的,统一延期至2021年12月31日。该文件第三条规定自本通知印发之前,我委的资质延续申请事项,不再进行审批,相关资质证书有效期延期至2021年12月31日。甲公司房建总承包三级资质证书显示有效期为2021年1月11日,根据市建管〔2020〕82号文件,其有效期自动延期至2021年12月31日。本机关经查询市建设工程信息网,甲公司房建总承包三级资质证书显示有效期止为2021年12月31日。该项目开评标时间为2021年1月13日,甲公司房建总承包三级资质证书仍在有效期内。

2.在复核阶段,区发改委与招标人、区公共资源交易中心服务人员一道进入评标室,向评标委员会说明了本次复核的原因及理由,并递交了甲公司的投诉资料及市建管〔2020〕82号文件。评标委员会在知晓该政策性文件的前提下,仍认为投标人未提交其他证明材料证实明显过期的资质证书的有效性。这明显违背市建管〔2020〕82号文件第四条之规定"上述资质证书有效期将在全国建筑市场监管公共服务平台自动延期,企业无需换领资质证书,原资质证书仍可用于程招标投标等活动"。该文件并非针对甲公司一家企业的资质证书延期的文件,具有普遍适用性和约束力,符合条件的资质证书自动延期,其有效性不以附文件为前提。另外,招标文件中投标人须知前附表第1.4.1项第1条的要求"投标人须在投标文件资格审查部分提供有效的带二维码标识的资质证书复印件"。招标文件并未明确规定原资质证书超过了有效期的需要附相应的政策性文件。因此,不应以甲公司资质证书有效期已过作为废标的理由。

行政复议结果:

撤销区发改委作出的《关于区修缮改造项目(一期)三标段(第二次)评标结果的投诉处理决定》(区发改委发〔2021〕51号)。

十二、

养老保险参保证明材料的本质系证实职工真实的劳动关系

—— 甲公司与区发展和改革委员会行政复议案

【裁判要旨】

招标文件要求提供养老保险参保证明（个人），主要目的是要求投标单位证实有关负责人员为本单位在职职工且身份真实有效，不存在弄虚作假、挂靠等行为。由于全国各地养老保险证明格式、内容没有规范统一，不应以养老保险参保证明无社会保险缴费明细而否认，应当回归提供养老保险参保证明材料的本质，即证实有关负责人员为本单位在职职工且身份真实有效。

【行政机构及文书号】

行政监督机关：区发展和改革委员会（以下简称"区发改委"），〔2021〕02号。

行政复议机关：市公共资源交易监督管理局（以下简称"市公管局"）。

【当事人】

投诉人、异议申请人：甲公司。

被投诉人：评标委员会。

行政监督机关、复议被申请人：区发改委。

行政复议机关：市公管局。

【案情介绍】

2021年3月1日至3日，中医药学院一期建设项目（EPC总承包）进行结果公示。3月3日，丙公司向招标人提交了质疑函，质疑：一是甲公司总承包项目经理高级工程师资质造假；二是甲公司联合体成员乙公司设计业绩不满足招标文件要求。3月9日，招标人向丙公司回复：质疑事项1佐证资料不齐，不予受理；质疑事项2将按程序对乙公司设计业绩开展复核。3月9日，招标人向区发改委申请对乙公司设计业绩进行复核。区发改委于3月10日书面同意开展复核工作。招标人于3月16日组织原评标委员会对该项目进行复核，评标委员会以"甲公司（乙公司）、丁公司设计负责人未提供养老保险参保证明（个人），不符合本项目招标文件投标人须知前附表第1.4.1条第7款'特别说明'第（4）项第2子项及答疑第81条第二款'各投标人按招标文件要求提供养老保险参保证明（个人）'要求"，按否决投标条件第A-8投标人的其他要求须满足投标须知前附表第1.4.1项第7条的要求，对其作否决投标处理。复核确定丙公司、丁公司、戊公司为第一、第二、第三中标候选人，投标报价下浮分别为5%、2.8%、1%。

3月18日，甲公司针对复核公示结果向招标人提出了异议，认为其投标文件符合招标文件要求，不应被废标，请求维持第一次评标结果。招标人在收到异议后，于2021年3月19日进行了回复，其回复结果为：尊重评标委员会的评标结论。甲公司在收到招标人对异议回复后，于3月22日向区发改委递交了投诉函。3月25日，区发改委向甲公司送达了投诉受理函，随即组织投诉调查工作。4月28日，区发改委制发《招标投标行政处理决定书》（〔2021〕02号），决定：根据《工程建设项目招标投标活动投诉处理办法》第二十条有关规定，驳回投诉人甲公司的投诉。

【投诉处理情况】

投诉请求：

甲公司对中医药学院一期建设项目（EPC总承包）复核后的中标候选人公示结果不予认可，要求维持3月1日公示的中标候选人结果。

投诉人认为：

（一）投诉人按照招标文件提交了相应人员的养老保险参保证明，该证明能够客观、真实、全面反应投标人的相应人员确属投诉人处正式职工，满足招标文件要求。养老保险参保证明格式的差异属于客观导致的细微偏差，根据《中华人民共和国招标投标法》等法律、法规的规定不得作为否决投标的依据。2021年3月1日公示的评标结果符合相关法律法规的规定，评标委员会的复核结果错误。

（二）目前某市社会保险事业管理中心针对企业职工的基本养老保险缴费情况证明可以出具两种格式的文件：《单位职工参加城镇基本养老保险情况》表或《参保人员城镇职工基本养老保险缴费情况》表，两种格式所提供的主要信息相同，均不能显示缴费金额或账户余额等"参保缴费明细"，也没有"（个人）"字样。复核后确定的中标候选人（丙公司和戊公司）的投标文件中所提供的施工单位人员养老保险参保证明同样不符合招标文件投标人须知前附表第1.4.1条"特别说明"第（4）项第2子项及答疑第81条第二款"各投标人按招标文件要求提供养老保险参保证明（个人）"的要求。

（三）启动复核程序的原因是有其他投标人或利害关系人对第一次中标公示有异议，异议理由是"第一中标候选人设计业绩"不符合招标文件要求，但复核结果证实投诉人设计业绩符合招标文件要求。原评标委员会超出异议事项范围开展复核并否决投诉人投标，有违复核合法性和公平性。

（四）第一次评标中投诉人的投标报价价格最低，如果确定复核后的第一中标候选人中标，将客观上造成国有资产流失。

行政监督机关认为：

第一，甲公司提供的设计人员养老保险参保证明不符合招标文件要求。本项目招标文件载明的"各投标人按招标文件要求提供养老保险参保证明（个人）"的要求，是根据《市房屋建筑和市政基础设施项目工程总承包标准招标文件（全流程电子招标2020年版）》的要求而提出。招标文件设置"养老保险参保证明"的要求，目的是确保投标单位项目负责人员身份真实有效，不存在弄虚作假、挂靠等行为；设置"个人"养老保险证明的本意和形式，是为了便于评标专家在繁杂的投标资料中能够迅捷、准确地判定和佐证相关人员的准确身份。某市社保部门提供《单位职工参加城镇基本养老保险情况》《参保人员城镇职工基本养老保险缴费情况》这两种出具方式，是为了便于不同场合、不同场景下达到对本质、形式的工作需求。本项目投标人中，丙公司、戊公司和丁公司联合体某船第九设计研究院工程有限公司等三家某市参标单位均提供了《参保人员城镇职工基本养老保险缴费情况》表，紧扣、领会、响应了招标人和招标文件的本意、形式表达，甲公司联合体乙公司提供的《单位职工参加城镇基本养老保险情况》表呈现集体社保方式，与招标人、招标文件要求的本意、形式表达要求不符。

第二，复核程序和内容符合相关法律法规要求，适用法律正确。招标人在中标候选人公示期收到异议后，向区发改委申请对乙公司的设计业绩进行复核。根据《市招标投标条例》第四十四条"招标人处理对评标结果的异议参照前款规定执行"，且招标人申请复核的"设计业绩"事项符合"属于评审依据明确，评分标准清晰的资格审查、否决投标、得分统计、商务得分等客观性评标行为"，区发改委同意招标人复核申请程序正当。根据《市招标投标条例》第四十四条"责令招标人组织原评标委员会在评标基准价不变的基础上对相关投标文件进行复核，依法作出处理决定"，原评标委员会复核设计业绩后，就投标文件其余内容也开展复核，复核内容仍聚焦于"相关投标文件"，符合《市招标投标条例》规定。

投诉处理结果：

驳回甲公司的投诉。

【行政复议情况】

复议请求：

请求依法撤销区发改委作出的《招标投标行政处理决定书》（〔2021〕02号）并责令区发改委重新作出支持甲公司投诉请求的行政决定。同时，请求责令区发改委依法行使职权，暂停此次招标投标工作。

复议申请人认为：

第一，甲公司的投标文件满足招标文件的要求。招标文件记载："养老保险参保证明（个人）"并非是针对养老保险参保证明的格式要求，即招标文件并未明确养老保险参保证明的具体格式，基于全国各地社会保险管理的现状，招标人也无法在招标文件中明确要求统一的格式。各投标人基于地域限制，提供由当地社保行政主管部门出具的养老保险参保证明，即应视为投标人按照招标文件提供了相应材料。甲公司的投标文件中提供的关于相应人员的社会保险参保证明是在某市社会保险事业管理中心获取的、具有法律效力的证明文件，完全可以证实甲公司相应人员的养老保险参保情况。某市社会保险事业管理中心就养老保险参保证明提供的两种不同的获取渠道和格式，是基于获取主体身份不同（用人单位和劳动者），在内容上并不存在差异性和优劣性。区发改委在作出行政决定时，主观地以结果为导向，认定其他投标人提供的格式紧扣、领会了招标文件的本意，而甲公司提供的格式与招标文件的本意不符，欠缺公正性、公平性，也不具有法律依据和事实依据。第二，原评标委员会开展复核时超越质疑内容不符合法律规定，且区发改委的行政行为欠缺公正性和公平性。首先，丙公司质疑甲公司业绩不符合招标文件要求，原评标委员会超越质疑事项，复核了甲公司的相应人员的资格，不符合《中华人民共和国招标投标法实施条例》规定。其次，《市招标投标条例》第44条是赋予行政监督部门的权力，即行政监督部门可在投诉法定程序启动后，责令原评标委员会对相关投标文件进行复核，并非是直接赋予招标人的权力。此次招标人启动复核程序是依据投标人的异议，并非是投诉，区发改委依据《市招标投标条例》第44条规定来评价招标人处理异议的事项，属于适用法律错误。最后，招标人对甲公司的投标文件已知悉，在收到《质疑函》质疑甲公司设计业绩不符合招标文件要求时，可以对业绩的质疑直接回复，但招标人仍然启动复核程序，明显有失公平。

行政复议机关认为：

区发改委依法受理投诉，按规定启动复核程序，作出的《处理决定》程序正当，但事实认定不清楚。

第一，《市招标投标条例》第四十四条规定了开展复核的条件及程序，并明确"招标人处理对评标结果的异议参照前款规定执行"，据此，招标人处理丙公司针对甲公司设计业绩的异议时，认为其"属于评审依据明确，评分标准清晰的资格审查、否决投标、得分统计、商务得分等客观性评标行为"，向区发改委提出复核申请，区发改委同意进行复核，符合《市招标投标条例》第四十四条之规定。

第二，招标文件要求提供养老保险参保证明（个人），主要目的是要求投标单位证实有关负责人员为本单位在职职工且身份真实有效，不存在弄虚作假、挂靠等行为。由于全国各地养老保险证明格式、内容没有规范统一，部分省市的养老保险证明中没有参保缴费明细。某市社会保险事业管理中心出具的《单位职工参加城镇基本养老保险情况》《参保人员城镇职工基本养老保险缴费情况》两种证明均无社会保险缴费明细,两者的区别是获取人身份不同,实质内容一致。甲公司提供的《单位职工参加城镇基本养老保险情况》虽未包含(个人)字样,但已包含身份证号(或社保号)和参保基本情况等要素,在投标人所在地方均不能提供参保缴费明细但其余要素均包含的情况下,应当回归提供养老保险参保证明材料的本质,即证实有关负责人员为本单位在职职工且身份真实有效,故应当认定甲公司提交的养老保险符合招标文件要求。

行政复议结果:

撤销区发改委作出的《招标投标投诉行政处理决定书》(〔2021〕02号)。

十三、

评标委员会评审和比较过程不得公开

—— 甲公司与区发展和改革委员会行政处理案

【裁判要旨】

评标委员会和参与评标的有关工作人员不得透露对投标文件的评审和比较、中标候选人的推荐情况以及与评标有关的其他情况。投标人无权要求公示评标扣分情况。

【行政机构及文书号】

行政监督机关：市公共资源交易监督管理局（以下简称"市公管局"），市公管投诉决〔2021〕8号。

【当事人】

投诉人：甲公司。

被投诉人：乙公司。

被投诉人：招标代理公司。

行政监督机关：市公管局。

【案情介绍】

铁路综合交通枢纽工程电扶梯设备采购及安装（第二批）项目（第四次）招标人为乙公司，招标代理机构为招标代理公司，2021年4月29日发布招标公告，采用综合评估法和全流程电子招标投标，2021年6月28日开标评标，6月30日—7月2日中标候选人公示，第一中标候选人为A公司，第二中标候选人为甲公司，第三中标候选人为B公司。2021年6月30日，甲公司向招标人提出异议，异议回复期间暂停了涉诉项目的招标投标活动，7月2日，招标人书面回复甲公司。7月8日，甲公司不服招标人的回复，向市公管局提起投诉。投诉人提供证据情况：投诉人在本次投诉中仅提供了异议书及回复函。

【投诉处理情况】

投诉请求：

（一）请求业主和代理公司明确公示拟中标人得分；（二）请求业主和代理公司明确指出其被扣分的具体情况；（三）请业主和代理公司明确指出在核查过程中，其扣分情况和得分情况是否完全一致，有无乱扣分、误扣分、扣分标准不统一的情况；（四）为了体现公平公正，请对拟中标人或全部有效投标人投标文件全面复核；（五）为了体现公平公正，请主管部门、业主、代理公司对复核过程进行全面监督。

投诉人认为：

（一）在铁路综合交通枢纽工程电扶梯设备采购及安装工程（第二批）项目（第四次）投标中，投诉人从现场的开标投标人报价计算，其在拟中标候选人中排名第一，而且认为其技术商务文件完全满足招标文件评分满分标准，因此，投诉人认为本次拟中标排名有误；（二）被投诉人乙公司和招标代理公司在异议回复中提到投诉人投标文件技术部分存在扣分情况，投诉人认为业主和招标代理的回复不明确、不透明，不具说服力。

行政监督机关认为：

（一）被投诉人公示的中标候选人排名为评标委员会评审结果，无证据表明被投诉人公示的中标候选人排名有误。

（二）投诉人在本次投诉中的请求和主张只有自己的陈述，没有提供证据，根据《市招标投标活动投诉处理实施细则》第十条"投诉人在投诉书中提出的请求和主张，有责任提供证据；只有自己陈述而不能提出其他相关证据的，其请求和主张一般不予支持"的规定，投诉人的请求和主张不予支持。

（三）根据《中华人民共和国招标投标法》第四十四条第三款"评标委员会和参与评标的有关工作人员不得透露对投标文件的评审和比较、中标候选人的推荐情况以及与评标有关的其他情况"之规定，投标文件的评审和比较、中标候选人的推荐情况以及与评标有关的其他情况依法保密，故投诉人的请求和主张缺乏法律依据，不予支持。

（四）被投诉人对投诉人的异议回复符合《中华人民共和国招标投标法实施条例》第五十四条第二款"投标人或者其他利害关系人对依法必须进行招标的项目的评标结果有异议的，应当在中标候选人公示期间提出。招标人应当自收到异议之日起3日内作出答复；作出答复前，应当暂停招标投标活动"的规定。

投诉处理结果：

驳回甲公司对乙公司和招标代理公司的投诉。

十四、

注册建造师在本单位执业期间同时在其他企业担任了项目负责人属于"同时在两个或者两个以上单位受聘或者执业"的情形

——甲公司与市住房和城乡建设局、第三人宋某柱、乙公司、丙公司撤销行政处理案

【裁判要旨】

《中华人民共和国招标投标法》第二十六条规定，投标人应当具备承担招标项目的能力，国家有关规定对投标人资格条件或者招标文件对投标人资格条件有规定的，投标人应当具备规定的资格条件。《注册建造师管理规定》第二十六条的规定，注册建造师不得同时在两个或者两个以上单位受聘或者执业。本案招标人乙公司在其招标文件中也明确，项目负责人不得同时在两个或者两个以上单位受聘或执业。本院认为，对《注册建造师管理规定》中"受聘"的含义，从严格建设工程质量管理，确保建设工程质量和安全出发，结合《注册建造师管理规定》第二十一条等规定，对"受聘"不应作限缩性的解释，即只要接受有关单位的安排，从事有关的工作即为"受聘"。根据本案有效证据，涉案项目的第一中标候选人为甲公司，项目负责人为宋某柱。宋某柱系一级建造师，2009年起在甲公司工作，其建造师资格证书于2009年起注册于甲公司，其社会保险自2014年起由甲公司为其缴纳。2018年1月至12月，宋某柱又同时服务于城建公司，主要为城建公司水电分公司做水电安装预决算及预决算业务指导工作，在城建公司有固定办公场所，按月领取报酬，全年累计96000余元。宋某柱的上述行为，应当认为属于《注册建造师管理规定》中"同时在两个或者两个以上单位受聘或者执业"的情形。

【法院及案号】

一审：江苏省苏州市张家港市人民法院，〔2019〕苏0582行初70号。

二审：江苏省苏州市中级人民法院，〔2019〕苏05行终516号。

【当事人】

一审原告、二审被上诉人：甲公司。

一审被告、二审上诉人：市住房和城乡建设局（以下简称"市住建局"）。

一审第三人：宋某柱、乙公司、丙公司。

【案情介绍】

2018年12月7日，乙公司发布招标公告，对其《巴城创业生活社区高层10号、11号楼室内装饰工程》进行招标。招标文件明确资格后审，投标申请人资格条件规定：……5.项目负责人必须满足下列条件：（1）项目负责人不得同时在两个或者两个以上单位受聘或执业，具体是指项目负责人不得同时在两个及以上单位签订劳动合同或缴纳社会保险，项目负责人不得将本人执（职）业资格证书同时注册在两个及以上单位等情况。2018年12月28日开标，经评标专家资格审查、评标，甲公司综合得分第一被推荐为第一中标人，评标结果在2018年12月29日至2019年1月2日在网上公示。公示期间，第二名中标人丙公司向招标人乙公司提出异议，并于2019年1月10日向市住建局进行投诉。提出的异议及投诉内容为：第一中标候选人甲公司项目负责人宋某柱为挂证项目经理，其本人实际一直在某城建公司工作，工资一直由该公司发放，甲公司与宋某柱的行为明显违反招标文件第五条第5项"项目负责人必须满足下列条件：（1）项目负责人不得同时在两个或者两个以上单位受聘或执业，……"内容的要求，同时证书挂靠也违反了相关法律规定，请求调查处理，取消甲公司中标候选人资格。

市住建局建设监察大队于2019年1月15日向城建公司水电分公司会计赵某芬进行调查。赵某芬述称：我是城建公司水电分公司会计，宋某柱在我公司工作，但不算正式职工，主要做水电预算和水电施工，给他发工资的，也给他报了个税，没有和他签订劳动合同，没有为他缴纳社会保险费，他在我公司上班时间不固定，在水电分公司有固定办公桌。市住建局提取了该公司发放宋某柱工资明细，同时调取了城建公司与苏州某公司的销货合同，该合同上宋某柱作为城建公司的合同签订经办人。

2019年1月17日，市住建局向宋某柱作调查。宋某柱述称（主要内容）：我叫宋某柱，是甲公司正式员工；我已取得建筑工程一级建造师执业资格证，我是在2009年到甲公司工作的，资格证在2009年起就一直注册在甲公司，担任项目经理；公司于2014年左右开始为我缴纳社会保险费，2014年之前是正信公司为我缴纳社保费的，因为2006年至2009年我是在正信公司工作的，这期间与正信公司签订劳动合同，正信公司为我缴纳社会保险费；2009年我辞职到甲公司工作，签订了劳动合同，工资也正常发放，但甲公司当时没有为我缴纳社会保险费，至于正信公司为何在我离开该公司后仍为我缴纳社保费我不清楚；甲公司每月发放工资5000元，年终考核15万元；我作为甲公司的项目经理，具体负责过昆山市档案馆新馆和兵希小学项目。我是利用业余时间在城建公司做水电安装预决算的业务指导，与城建公司没有签订劳动合同，主要为他们做水电安装预决算（主要以检查为主）和预决算指导工作，近期，在为该公司做项目预决算，但该项目没有开标，内容不便透露；我和城建公司水电分公司口头约定费用的，反正每年合计支付我税后10万元，具体个税缴纳情况我不清楚；他们平均每月打我农商行卡上7000元左右，不满10万元的部分年底补差额；社会保险费是甲公司缴纳的；我基本上是每周六到城建公司水电分公司一次，是借用的门禁卡；为了方便指导工作，该公司为我提供了办公桌。

2019年1月18日，市住建局向昆山市税务局发函调查城建公司为宋某柱缴纳个人所得税的情况。昆山市税务局作出回复，确认城建公司为宋某柱缴纳2018年1月至12月的个人所得税。

2019年2月25日，市住建局招标投标管理办公室向丙公司告知"因组织专家评审，延期作出处理决定"。

期间，市住建局调取了宋某柱与甲公司分别于2014年6月、2017年6月签订的劳动合同两份，并调取了宋某柱在甲公司的社会保险参保证明，证明自2014年7月起至2019年之间甲公司为宋某柱办理社会保险。

期间，市住建局调取了宋某柱建造师执业资格证，证明2009年起该证注册于甲公司。

2019年2月27日，市住建局作出2019-1号《投诉处理决定书》。主要内容为：投诉人丙公司参与了巴城创业生活社区高层宿舍10号、11号楼室内装饰工程的招标活动，其第一中标候选人甲公司的项目负责人宋某柱为证书挂靠项目经理，其本人实际一直在某城建公司工作，工资也由该公司发放。经查属实。根据招标文件的规定，取消甲公司第一中标候选人资格。甲公司不服，提起诉讼。

【一审情况】

争议焦点：

被告市住建局认定原告甲公司中标项目的负责人宋某柱同时受聘于两家企业，违反了招标文件规定的"项目负责人不得同时在两个或者两个以上单位受聘或执业"，因而取消了其第一中标候选人资格，而原告甲公司认为宋某柱不存在同时受聘两家企业的情况。

法院观点：

《注册建造师管理规定》第二十六条第六项规定，注册建造师不得同时在两个或者两个以上单位受聘或者执业。该规定也就是俗称的"人证分离""非法挂证"。

如何理解"同时在两个或者两个以上单位受聘或者执业"，2018年11月22日，住房和城乡建设部办公厅、人力资源和社会保障部办公厅、工业和信息化部办公厅、交通运输部办公厅、国家铁路局综合司、民用航空局综合司等发布《关于开展建设领域专业技术人员职业资格"挂证"等违法违规行为专项整治的通知》(以下简称《通知》)。《通知》指出,一、规定专项整治的内容和目标是:对工程建设领域勘察设计注册工程师、注册建筑师、建造师、监理工程师、造价工程师等专业技术人员及相关单位、人力资源服务机构进行全面排查,严肃查处持证人注册单位与实际工作单位不符、买卖租借(专业)资格(注册)证书等"挂证"违法违规行为……;二、全面排查,要结合参保缴费、人事档案等相关数据和信息,对工程建设领域专业人员进行全面对比排查,重点排查参保缴费单位与注册单位不一致情况。

本案中,宋某柱的建造师执业证自2009年起注册在甲公司,其本人也与甲公司建立有劳动关系,社会保险费由甲公司缴纳,因而,其人、证是一致的。至于宋某柱与城建公司水电分公司的是否是受聘关系,一审法院认为,受聘关系为劳动关系,市住建局认定宋某柱与城建公司水电分公司为受聘关系依据不足。

裁判结果:
撤销市住建局作出的〔2019〕1号《投诉处理决定书》。

【二审情况】

争议焦点:

一、宋某柱的行为,是否应当认为属于《注册建造师管理规定》中"同时在两个或者两个以上单位受聘或者执业"的情形。

二、市住建局作出的〔2019〕1号《投诉处理决定书》是否应予撤销。

法院观点:

一、宋某柱的行为,是否应当认为属于《注册建造师管理规定》中"同时在两个或者两个以上单位受聘或者执业"的情形。二审法院认为:建设工程领域的招标投标活动,与建设工程质量和人民群众的生命财产安全息息相关。参与招标投标活动的单位和个人,应当严格遵守相关的法律规定,有关的监督管理部门,也应当依法履行监管职责,切实维护招标投标活动的正常秩序。《中华人民共和国招标投标法》第二十六条规定,投标人应当具备承担招标项目的能力,国家有关规定对投标人资格条件或者招标文件对投标人资格条件有规定的,投标人应当具备规定的资格条件。《注册建造师管理规定》第二十六条的规定,注册建造师不得同时在两个或者两个以上单位受聘或者执业。本案所涉项目为"巴城创业生活社区高层宿舍10号、11号楼室内装饰工程",招标人乙公司在其招标文件中也明确,项目负责人不得同时在两个或者两个以上单位受聘或执业。对《注册建造师管理规定》中"受聘"的含义,市住建局认为,受聘不应从劳动法律关系理解为具有劳动关系,住房和城乡建设部办公厅的前述复函中,对此已进一步予以明确。而甲公司和宋某柱则认为,所谓受聘,即意味着具有劳动关系。对此本院认为,从严格建设工程质量管理,确保建设工程质量和安全出发,结合《注册建造师管理规定》第二十一条等规定,对"受聘"不应作限缩性的解释，即只要接受有关单位的安排，从事有关的工作即为受聘。根据本案有效证据，涉案项目的第一中标候选人为甲公司，项目负责人为宋某柱。宋某柱系一级建造师，2009年起在甲公司工作，其建造师资格证书于2009年起注册于甲公司，其社会保险自2014年起由甲公司为其缴纳。2018年1月至12月，宋某柱又同时服务于城建公司，主要为城建公司水电分公司做水电安装预决算及预决算业务指导工作，在城建公司有固定办公场所，按月领取报酬，全年累计96000余元。宋某柱的上述行为，应当认为属于《注册建造师管理规定》中"同时在两个或者两个以上单位受聘或者执业"的情形。上诉人市住建局的该上诉理由成立，本院予以采纳。甲公司以及宋某柱对此提出的抗辩理由，与法不符，本院不予支持。

二、市住建局作出的〔2019〕1号《投诉处理决定书》是否应予撤销。《工程建设项目招标投标活动投诉处理办法》第十一条、十四条、十六条、二十条、二十一条、二十二条规定，行政监督部门对招标投标当事人以及利害关系人的投诉，应当在三个工作日内进行审查；受理投诉后，应当调取、查阅有关文件，调查、核实有关情况；在投诉处理过程中，应当听取被投诉人的陈述和申辩；投诉情况属实的，应在三十个工作日内，依据《中华人民共和国招标投标法》《中华人民共和国招标投标法实施条例》以及其他法规、规章作出处理决定；投诉处理决定应当包括处理意见及依据。本案市住建局在受理投诉、调查取证、作出决定并送达以及告知当事人救济权利等方面，符合法定程序。《处理决定书》认定的事实，证据确凿。但决定"取消甲公司第一中标候选人资格"时，未具体明确法律依据，该行为存在瑕疵。鉴于甲公司确实不符合投标人的资格条件，取消其第一中标候选人的资格在实体上亦无明显不当，为避免对社会公共利益以及当事人合法权益的更大损害，对被上诉人作出的《处理决定书》，依法可不予撤销。

裁判结果：

一、撤销张家港市人民法院〔2019〕苏0582行初70号行政判决。

二、确认市住建局作出的〔2019〕1号《投诉处理决定书》违法。

十五、

对招标文件理解有争议，行政监督机构应当听取招标人等各方的意见，未经调查而直接援用评标委员会的结论做出的决定属于认定事实不清

——甲公司与县住房和城乡建设局行政处理案

【裁判要旨】

招标人在招标文件中设置相关投标条件，其目的应为考查投标人是否具有与本招标项目相应的施工能力和经验，因此，应主要根据此目的来理解该招标文件中类似项目业绩的真实意思。招标文件投标人须知前附表8.1.1规定类似项目是指合同金额及结构相似，也即投标人提交的类似项目业绩工程合同金额与本招标项目相近，工程结构与本招标项目相近。招标文件对业绩合同金额虽未明确是单位工程的合同金额或者是群体工程的合同金额，也没有明确上下限额，但不能理解为无论业绩项目合同金额多少均认定为类似业绩，这样理解就与招标人招标文件设置该要求的目的相违背。根据招标文件投标人须知前附表8.4条款规定，招标人自行编写的内容由招标人（招标代理机构）解释，有争议的，由备案的行政监督部门来确定该条款的真实意思。而被告在受理本案原告投诉后，未向招标人（招标代理机构）调查招标人对争议条款的解释，也未自己确定该条款的真实意思，仅仅依据评标委员会五位原评委的解释和重新评定结果即对原告投诉作出处理，明显不当。

【法院及案号】

一审：西华县人民法院，〔2014〕西行初字第5号。

【当事人】

一审原告：甲公司。
一审被告：县住房和城乡建设局（以下简称"县住建局"）。
一审第三人：乙公司、丙公司、丁公司。

【案情介绍】

2014年2月12日，县教育体育局作为招标人，对扶沟县高级中学整体搬迁异地新建工程发出招标公告，该项目建设规模79991m^2，资金来源为国有资金，总投资15400万元，分为两个标段，其中二标段为六幢学生宿舍、标段内道路及水电管网，招标投资额为6298.6361万元。该次招标实行资格后审，该工程的招标文件第一章投标人须知前附表1.3.2条款招标工程特征为房屋建筑工程，1.4.1条款投标人资质条件、能力和信誉业绩要求为近三年类似业绩不少于1个，8.1.1条款类似项目指合同金额及结构类似，8.4条款规定，对《标准施工招标文件》中不加修改地引用的解释，按照各职责分工，分别由发展改革部门、行业主管部门负责；招标人自行编写的内容由招标人（招标代理机构）解释；对招标人自行编写的内容理解有争议的，由备案的行政监督部门按照招标文件所使用的词句、招标文件的有关条款、招标目的、习惯以及诚实信用原则，确定该条款的真实意思；有两种以上解释的，作出不利于招标人一方的解释。该招标文件第一章总则1.4.3（12）条款中规定投标人不得存在最近三年内有骗取中标或严重违约或重大工程质量问题行为。该招标公告发出后，包括原告和本案三家第三人公司的九家公司参加了该项目二标段招标投标。2014年3月4日上午10时该项目在周口市公共资源交易中心开标、评标，该评标为全封闭式评标，经评标委员会五位评委评标，确定三个中标候选人，第一中标候选人为乙公司，第二中标候选人为丙公司，第三中标候选人为丁公司。该三个中标候选人公示后，原告对该评标结果有异议，向招标人县教育体育局提出，在招标人作出答复后，原告又于2014年3月7日向被告进行投诉。被告受理后，依据五位评委重新评定结果于2014年3月19日作出招标投标投诉处理决定书，对原告投诉不予支持。原告不服提起行政诉讼。

另查明，第三人乙公司在其提交的投标文件类似项目业绩中，中标通知书、施工合同、工程竣工验收备案表均为伪造；第三人丁公司因伪造工程业绩骗取中标资格于2012年12月2日被河南省交通运输厅豫交文〔2012〕1100号文决定将其信用评价等级由初评B级直接降为D级（黑名单），两年内不得参与河南省交通建设项目投标。

【一审情况】

争议焦点：

一、丁公司在2012年12月因伪造工程业绩骗取中标被河南省交通运输厅列入黑名单，其资格审查是否应合格的问题。

二、招标文件中对投标人类似项目业绩要求问题。

法院观点：

一、丁公司在2012年12月因伪造工程业绩骗取中标被河南省交通运输厅列入黑名单，其资格审查是否应合格的问题。《中华人民共和国招标投标法》第三十三条规定，投标人不得以低于成本的报价竞标，也不得以他人的名义投标或以其他方式弄虚作假，骗取中标。第五十四条规定，投标人以他人的名义投标或以其他方式弄虚作假，骗取中标的中标无效。《中华人民共和国招标投标法实施条例》第四十二条第二款第（二）项规定，投标人提供虚假的财务状况或者业绩的属于招标投标法第三十三条规定的以其他方式弄虚作假的行为。依据上述规定，本案中第三人乙公司，在投标文件中伪造工程业绩材料，弄虚作假，骗取中标，其中标候选人资格应属无效。七部委《工程建设项目施工招标投标办法》第十九条第二款规定，经资格后审不合格的投标人的投标应作废标处理。第二十条第一款规定，资格审查应主要审查潜在投标人或者投标人是否符合下列条件：……（四）在最近三年内没有骗取中标和严重违约及重大工程质量问题。招标文件中第一章投标人须知总则部分1.4.3（12）条款中规定，投标人不得存在最近三年内有骗取中标的行为。依据上述规章和招标文件中的规定，本案中投标人如存在最近三年内骗取中标行为的，应为资格后审不合格，其投标应作废标处理。本案第三人丁公司在2012年12月因伪造工程业绩骗取中标被河南省交通运输厅列入黑名单，因此其资格审查应为不合格，其投标应作废标处理，中标候选人资格应为无效。

二、招标文件中对投标人类似项目业绩要求问题。招标人在招标文件中设置该投标条件，其目的应为考查投标人是否具有与本招标项目相应的施工能力和经验，因此，应主要根据此目的来理解该招标文件中类似项目业绩的真实意思。招标文件投标人须知前附表8.1.1规定类似项目是指合同金额及结构相似，也即投标人提交的类似项目业绩工程合同金额与本招标项目相近，工程结构与本招标项目相近。招标文件对业绩合同金额虽未明确是单位工程的合同金额或者是群体工程的合同金额，也没有明确上下限额，但不能理解为无论业绩项目合同金额多少均认定为类似业绩，这样理解就与招标人招标文件设置该要求的目的相违背。根据招标文件投标人须知前附表8.4条款规定，招标人自行编写的内容由招标人（招标代理机构）解释，有争议的，由备案的行政监督部门来确定该条款的真实意思。而被告在受理本案原告投诉后，未向招标人（招标代理机构）调查招标人对争议条款的解释，也未自己确定该条款的真实意思，仅仅依据评标委员会五位原评委的解释和重新评定结果即对原告投诉作出处理，明显不当。

裁判结果：

一、撤销被告县住建局2014年3月19日对原告甲公司投诉作出的招标投标投诉处理决定书。

二、责令被告县住建局在本判决生效后三十个工作日内对原告甲公司的投诉重新作出处理决定。

三、驳回原告的其他诉讼请求。

十六、

行政行为被撤销后，又以同样的事实和理由做出与原行政行为相同或者基本相同的行政行为，违反法律规定

——甲公司与区住房和城乡建设局行政处理案

【裁判要旨】

《中华人民共和国行政复议法》第二十八条第二款规定："行政复议机关责令被申请人重新作出具体行政行为的，被申请人不得以同一的事实和理由作出与原具体行政行为相同或者基本相同的具体行政行为。"《最高人民法院关于适用〈中华人民共和国行政诉讼法〉的解释》第九十条第三款规定，行政机关以同一事实和理由重新作出与原行政行为基本相同的行政行为，人民法院应当根据行政诉讼法第七十条、第七十一条的规定判决撤销或者部分撤销，并根据行政诉讼法第九十六条的规定处理。被告作出《投诉处理决定书》（荔建管〔2018〕469号）被复议机关撤销后，又以同一的事实和理由作出与原具体行政行为相同或者基本相同的具体行政行为《投诉处理决定书》（荔建管〔2019〕10号），违反法律规定，该具体行政行为明显不当，不具有合法性，依法应予撤销。

【法院及案号】

一审：莆田市城厢区人民法院，〔2019〕闽0302行初144号。

二审：福建省莆田市中级人民法院，〔2019〕闽03行终235号。

【当事人】

一审原告、上诉人：甲公司。

一审被告、上诉人：区住房和城乡建设局（以下简称"区住建局"）。

【案情介绍】

2018年12月6日，被告区住建局对投诉人乙公司、被投诉人本项目评标委员会、被投诉人甲公司作出《投诉处理决定书》（荔建管〔2018〕469号），认为：该项目招标文件评标办法明确规定了评分标准，并没有规定类似业绩对应的相关专业序列的福

建省建筑业龙头企业，无需提供企业的类似业绩证明材料，企业的类似业绩作为加分条件的，该项得分认定为满分的条款。甲公司仅提供《福建省住房和城乡建设厅关于施工招标工程特殊性认定和类似工程业绩设置事项的通知》（闽建筑〔2017〕39号）和2016年度福建省建筑业龙头企业名单，不能符合该项目评分标准。评标委员在该项目其他评分因素类似施工项目业绩和工程总承包项目业绩评分中按《福建省住房和城乡建设厅关于施工招标工程特殊性认定和类似工程业绩设置事项的通知》（闽建筑〔2017〕39号）进行认定为满分与评标标准不符，且影响评标结果。根据《中华人民共和国招标投标法实施条例》第四十九条和《福建省招标投标条例》第七十条规定，区住建局作出决定如下：评标无效，招标人应当依法重新评标或重新招标。原告不服，向市住建局申请行政复议。2019年1月30日，市住建局作出《行政复议决定书》（莆建行复〔2019〕1号），认为：被申请人作出的投诉处理决定认定事实不清、证据不足，且程序违法。决定：撤销作出《投诉处理决定书》（荔建管〔2018〕469号）。

2019年2月18日，被告重新对该案进行了立案、调查，并告知当事人依法享有的陈述、申辩权利。2019年3月15日，被告重新作出《投诉处理决定书》（荔建管〔2019〕10号），认为：该项目招标文件并没有规定类似业绩对应的相关专业序列的福建省建筑业龙头企业无需提供企业的类似业绩证明材料，企业的类似业绩作为加分条件的，该项得分认定为满分的条款。甲公司仅提供《福建省住房和城乡建设厅关于施工招标工程特殊性认定和类似工程业绩设置事项的通知》（闽建筑〔2017〕39号）和2016年度福建省建筑业龙头企业名单，未提供符合招标文件要求的类似施工业绩和工程总承包项目业绩，不符合该项目招标评分标准中类似项目业绩得满分的标准。该项目评标委员会在该项目其他评分因素类似施工项目业绩和总承包项目业绩评分中，根据《福建省住房和城乡建设厅关于施工招标工程特殊性认定和类似工程业绩设置事项的通知》（闽建筑〔2017〕39号）认定甲公司类似施工项目业绩和总承包项目业绩为满分，但未能在该项目招标文件中找到类似业绩按闽建筑〔2017〕39号文可以认定为满分的相关规定，属于未按照招标文件规定的评标标准和方法评标，且影响评标结果。根据《中华人民共和国招标投标法实施条例》第四十九条和《福建省招标投标条例》第七十条规定，区住建局作出决定如下：评标无效，招标人应当依法重新评标或重新招标。原告不服，向原审法院提起行政诉讼。

【一审情况】

争议焦点：

行政机关以同一事实和理由重新作出与原行政行为基本相同的行政行为是否应予撤销的问题。

法院观点：

《中华人民共和国行政复议法》第二十八条第二款规定："行政复议机关责令被

申请人重新作出具体行政行为的,被申请人不得以同一的事实和理由作出与原具体行政行为相同或者基本相同的具体行政行为。"被告作出《投诉处理决定书》(荔建管〔2018〕469号)被复议机关撤销后,又以同一的事实和理由作出与原具体行政行为相同或者基本相同的具体行政行为《投诉处理决定书》(荔建管〔2019〕10号),违反法律规定,该具体行政行为明显不当,不具有合法性,依法应予撤销。

裁判结果:

撤销被告区住建局于2019年3月15日作出的《投诉处理决定书》(荔建管〔2019〕10号)。

【二审情况】

争议焦点:

行政机关以同一事实和理由重新作出与原行政行为基本相同的行政行为是否应予撤销的问题。

法院观点:

《最高人民法院关于适用〈中华人民共和国行政诉讼法〉的解释》第九十条第三款规定,行政机关以同一事实和理由重新作出与原行政行为基本相同的行政行为,人民法院应当根据行政诉讼法第七十条、第七十一条的规定判决撤销或者部分撤销,并根据行政诉讼法第九十六条的规定处理。上诉人在复议机关作出复议决定撤销其作出的《投诉处理决定书》(荔城建综〔2018〕469号)后,又重新作出《投诉处理决定书》(荔建管〔2019〕10号)。上诉人以同一事实和理由重新作出与原行政行为基本相同的行政行为,依法应予撤销。上诉人的上诉理由不能成立。原审法院认定事实清楚,适用法律、法规正确,程序合法,应予维持。

裁判结果:

驳回上诉,维持原判。

十七、

中标人虽然不是行政相对人，但行政监督机关作出的行政决定对中标人有实质性影响，中标人可以对行政决定提起诉讼

——甲公司与县财政局财政监督行政处理案

【裁判要旨】

根据《中华人民共和国行政诉讼法》第二十五条第一款"行政行为的相对人以及其他与行政行为有利害关系的公民、法人或其他组织，有权提起诉讼"的规定，中标人甲公司虽不是被告作出的处理决定的相对人，但处理决定责令重新采购的内容与其是否继续享有课间餐采购项目经营权有利害关系。故，甲公司是本案适格的原告。

【法院及案号】

一审：上饶市广信区人民法院，〔2017〕赣1121行初8号。

【当事人】

原告：甲公司。

被告：县财政局。

第三人：乙公司、县教育体育局（以下简称"县教体局"）。

【案情介绍】

2016年12月31日，第三人乙公司接受第三人县教体局的委托对农村义务教育学生营养改善计划课间餐采购在江西省公共资源交易网进行公开招标采购。2017年1月9日，丙公司向第三人乙公司提出质疑，同年1月12日，乙公司进行回复。2017年1月18日，丙公司再次向乙公司提出质疑，内容涉及"鸭腿"的GB/T23568错误等；乙公司当日进行回复，认为其该项质疑超过《政府采购法》的有效期，为无效质疑。2017年1月23日开标，本采购项目共有4个投标人，即甲公司、丁公司、戊公司和己公司。原告为中标单位，采购方对中标事宜进行公告。2月7日，乙公司向原告发出了中标通知书。2月8日，被告收到丙公司的举报，被告履行了立案受理相关手续，但未告知原告及相关供应商，并于2017年3月10日以文件的形式作出了上饶县财购

办〔2017〕3号关于对县教体局农村义务教育学生营养改善计划课间餐采购项目（项目编号：SRZMZFCC-2016-115）举报的问题处理决定书。原告得知处理决定内容后，向本院提起行政诉讼。

【一审情况】

争议焦点：

一、处理决定是否具有可诉性。

二、甲公司的原告主体是否适格。

三、处理决定是否合法。

法院观点：

一、关于处理决定是否具有可诉性的问题。本院认为，行政行为是行政主体为实现行政管理目标而行使行政权力，产生法律效果的行为。行政行为是否可诉还有以下特征：1.可诉性行政行为是对相对人的权力、义务发生实际影响的行为；2.可诉性行政行为是具有司法审查必要性的行为。根据《中华人民共和国政府采购法》第十三条第一款"各级人民政府财政部门是负责政府采购监督的部门，依法履行对政府采购活动的监督管理职责"的规定，本案中，被告作出的处理决定，就是在法律授权范围内对第三人县教体局的采购行为履行监督管理职责的行为。该决定虽以"文件"的形式出现，但其涉及的是特定的主体，且内容不具有可复制性，故不属于抽象行政行为。另，根据《中华人民共和国行政诉讼法》第十二条规定了行政诉讼的受案范围，其中该条第一款第（十二）项"认为行政机关侵犯其他人身权、财产权等合法权益的"及《最高人民法院关于执行〈中华人民共和国行政诉讼法〉若干问题的解释》第一条规定，排除性地确定了不属于人民法院行政诉讼的受理范围，根据该规定，本案的处理决定不属于第一条第二款第（一）项至第（五）项的情形，而其中第（六）项规定："对公民、法人或者其他组织权利义务不产生实际影响的行为。"上述规定将行政行为对他人权利义务是否产生实际影响作为可诉性的条件之一，且明确不具备法定排除司法审查的行政行为，均具有可诉性。本案中，原告作为采购项目的中标人，被告作出责令重新开展采购活动的处理决定势必对其权利义务产生实际影响。由此，被告提出处理决定不可诉的抗辩理由不成立，该处理决定属于行政诉讼受案范围。

二、关于甲公司的原告主体是否适格的问题。本院认为，甲公司是第三人县教体局课间餐采购项目的中标人，双方就采购项目产生了民事法律关系。根据《中华人民共和国行政诉讼法》第二十五条第一款"行政行为的相对人以及其他与行政行为有利害关系的公民、法人或其他组织，有权提起诉讼"的规定，甲公司虽不是被告作出的处理决定的相对人，但处理决定责令重新采购的内容与其是否继续享有课间餐采购项目经营权有利害关系。故，甲公司是本案适格的原告。

三、关于处理决定是否合法的问题。庭审中，被告依据《中华人民共和国政府采购法》第七十条："任何单位和个人对政府采购活动中的违法行为，有权控告和检举，有关部门、机关应当依照各自职责及时处理"的规定，主张处理决定是因举报而作出的内部行政行为，是被告履行法定监督职责的权利，法律对举报的处理程序没有特别规定，也无需遵循处理投诉的法律程序。本院认为，被告的答辩意见与"有权利就有救济"的法律原则相悖。《中华人民共和国政府采购法》虽对举报的处理程序没有具体规定，但第七十条规定中："违法行为→检举→职责"是相对应的，最终要以"职责"为根本。明确了举报应由哪个部门、依照什么程序处理，应以举报的内容是涉及违反哪方面的法律法规来确定。本案中，举报的内容是对质疑不予答复的问题，财政部门就应按投诉处理程序作出决定。结合被告所提交的第15至17号证据的证明对象，及处理决定对复议及诉讼权利的告知，被告对举报的事项是按政府采购投诉的程序处理的。合法的行政行为，理应事实清楚、程序正当、法律适用正确。

1.处理决定程序是否合法？

根据《政府采购供应商投诉处理办法》第十二条、第十三条的规定，财政部门应当在受理投诉后3个工作日内向被投诉人和与投诉事项有关的供应商发送投诉书副本；被投诉人和与投诉事项有关的供应商应当在收到投诉书副本之日起5个工作日内，以书面形式向财政部门作出说明，并提交相关证据、依据和其他有关材料。上述规定，明确了行政相对人及利害关系人在财政部门处理政府采购投诉行政程序中享有知情权、陈述及申辩权。赋予行政相对人及利害关系人知情权、陈述及申辩权也是正当行政程序原则的要求。本案中，被告在行政程序中未告知原告有关举报的处理事宜，亦未保障原告必要的陈述申辩权利，显属违反法定程序。

2.处理决定认定事实是否清楚？

招标文件第三章第（三）项"食品主要技术指标及要求"第七目"鸭腿"：……，应符合GB/T 23586，却错误写成了GB/T 23568，被告主张该错误存在《中华人民共和国政府采购法实施条例》第二十条第（二）项"设定的资格、技术、商务条件与采购项目的具体特点和实际需要不相适应或者与合同履行无关"的情形，属于该条例第二十条"以不合理的条件对供应商实行差别待遇或者歧视待遇"。GB/T 23586是酱卤肉制品的国家标准，GB/T 23568是工业机床的国家标准。"鸭腿"与GB/T 23568国家标准是毫不相干的，任何供应商都提供不出该类产品，事实上不能构成以不合理的条件对供应商实行差别待遇或者歧视待遇，而且，供应商作为业内人士，不会产生"鸭腿"与工业机床国家标准联系起来的误解。经原评标委员会证明，所有投标人提供鸭腿检测报告原件及电子文件中的国家标准均是GB/T 23586，评标委员会也是按照正确的国家标准进行评标。所以，招标文件中"鸭腿"国家标准的书写错误，不会影响或者可能影响中标、成交结果的。

招标文件第一章第（二）"投标人的资格要求"第3目："投标人为经销商，须提供所有产品制造商出具的本项目唯一产品授权书原件。"本案中，原告与戊公司针对食品蛋黄派出具的均是制造商某辉公司的授权书,但原告使用的是某辉公司巧克力口味50g盒装,分两个充气独立包装产品,而戊公司使用的是某辉公司香橙味、香蕉味、草莓味、蛋黄味规格为25g产品。双方授权的属于同一品牌不同规格和型号的产品。被告以原告与戊公司系同一制造商授权,不具唯一性,不响应招标文件的事实认定不成立。

3.处理决定适用法律是否正确?

《中华人民共和国政府采购法》第三十六条:"在招标采购中,出现下列情形之一的,应予废标:(一)符合专业条件的供应商或者对招标文件作实质响应的供应商不足三家的;(二)出现影响采购公正的违法、违规行为的;……。废标后,采购人应当将废标理由通知所有投标人"及《政府采购货物和服务招标投标管理办法》第五十七条第一款:"在招标采购中,有政府采购法第三十六条第一款第(二)至第(四)项规定情形之一的,招标采购单位应当予以废标,并将废标理由通知所有投标供应商"。上述规定,是为保护政府采购单位的合法权益,赋予招标采购单位依法作出废标或中标无效处理的法律依据,招标采购单位为有权废标主体。而被告在处理决定中依据《中华人民共和国政府采购法》第三十六条规定以原告与戊公司为同一制造商授权,不响应招标文件,作出无效投标的处理,属于适用法律错误。

裁判结果:

撤销被告县财政局于2017年3月10日作出的上饶县财购办〔2017〕3号关于对县教体局农村义务教育学生营养改善计划课间餐采购项目(项目编号:SRZMZFCG-2016-115)举报的问题处理决定书。

十八、

交易中心不是招标投标法定监督部门，其与法定部门联合作出的招标投标处理决定超越职权，应予撤销

——甲公司与县住房和城乡建设局、县资源交易中心和县人民政府行政处理复议案

【裁判要旨】

本案中，案涉的招标项目为工程建设项目，县住房和城乡建设局（以下简称"县住建局"）作为该行业的行政监督部门对案涉招标项目中的投诉作出处理决定有法律的明确授权，故县住建局上诉认为其具有处理县行政区域内工程建设项目招标投标活动投诉的职权的上诉理由成立，二审法院予以支持。县资源交易中心提交的证据及法律依据均不能证明其具有作出案涉处理决定的职权，县资源交易中心仅具有协调配合有关行政监督部门调查处理投诉事项的职责，市公共资源交易监督管理局（以下简称"市公管局"）为招标投标投诉处理部门。故县资源交易中心与县住建局联合作出案涉处理决定，缺少法律依据。县资源交易中心上诉称，其具有作出处理决定的职权的上诉理由，二审法院不予支持。两单位在办理投诉的过程中，未向甲公司发出投诉答复通知书及投诉书副本，亦未听取甲公司的陈述和申辩，办理程序亦违法。

【法院及案号】

一审：安徽省萧县人民法院，（2019）皖1322行初96号。
二审：安徽省宿州市中级人民法院，（2020）皖13行终70号。

【当事人】

一审原告、被上诉人：甲公司。
一审被告、上诉人：县住建局、县资源交易中心、县人民政府（以下简称"县政府"）。

【案情介绍】

2019年8月26日，乙公司向镇政府及丙公司提出质疑函，质疑甲公司自2016年

1月1日至投标截止日完成单项合同投资金额少于400万元，不符合企业业绩（2分）加分项。镇政府和丙公司于2019年8月29日，针对上述质疑作出"招标文件未要求投标人提供审计报告，评标委员会对投标人投标文件里的材料进行评审，我单位尊重评标委员会的评审结论"的回复。乙公司于2019年8月30日向县资源交易中心投诉，2019年9月9日县住建局与县资源交易中心联合作出关于《萧县2019省级财政扶贫资金马井镇温室大棚建设项目设计及施工一体化项目投诉处理决定》（以下简称"投诉处理决定"）。甲公司对该投诉处理决定不服，于2019年9月10日向县政府申请复议，县政府于9月26日作出萧复决字（2019）48号行政复议决定书（以下简称"48号复议决定"），确认投诉处理决定程序违法。甲公司不服，提起行政诉讼，请求撤销投诉处理决定和48号复议决定。

另查明，镇政府于2019年10月30日对涉诉工程项目作出终止招标说明。

另查明，县公共资源交易监督管理局和县公共资源交易中心于2020年1月3日整合为县资源交易中心。

【一审情况】

争议焦点：

县住建局和县资源交易中心是否具有针对投诉作出处理决定的法定职权。

法院观点：

《中华人民共和国招标投标法》（以下简称《招标投标法》）第六十五条规定，投标人和其他利害关系人认为招标投标活动不符合本法有关规定的，有权向招标人提出异议或者依法向有关行政监督部门投诉。《工程建设项目招标投标活动投诉处理办法》（以下简称《投诉处理办法》）第三条规定，投标人或者其他利害关系人认为招标投标活动不符合法律、法规和规章规定的，有权依法向有关行政监督部门投诉。《投诉处理办法》第四条规定，各级发展改革、工业和信息化、住房城乡建设、水利、交通运输、铁道、商务、民航等招标投标活动行政监督部门，依照《国务院办公厅印发国务院有关部门实施招标投标活动行政监督的职责分工的意见的通知》（国办发〔2000〕34号）（以下简称34号《通知》）和地方各级人民政府规定的职责分工，受理投诉并依法做出处理决定。《宿州市工程建设项目招标投标活动异议和投诉处理办法》（以下简称《宿州投诉处理办法》）第三条规定，市公共资源交易监督管理局为招标投标投诉处理部门，负责本行政区域内招标投标投诉受理、调查及处理工作。依据上述法律法规，可明确本区域受理工程建设项目招标投标活动投诉处理部门的行政机关为市公管局，故县住建局和县资源交易中心针对案涉投诉不具有作出处理决定的法定职权。本案中，县资源交易中心接到投诉人的投诉后，应当告知投诉人其非受理工程建设项目招标投标活动投诉处理部门，应当对其投诉不予受理或移送有受理该投诉职权的机关，但未有，而是联合县住建局径直作出了投诉处理决定，属于无法律依据超越职权的情形,明显违法。

《中华人民共和国行政复议法实施条例》第四十五条规定,具体行政行为有行政复议法第二十八条第一款(三)项规定情形之一的,行政复议机关应当决定撤销、变更该具体行政行为或者确认该具体行政行为违法;决定撤销该具体行政行为或者确认该具体行政行为违法的,可以责令被申请人在一定期限内重新作出具体行政行为。《中华人民共和国行政复议法》第二十八条规定,行政复议机关审查被申请人作出的具体行政行为,发现存在下列情形之一的:1.主要事实不清、证据不足的;2.适用依据错误的;3.违反法定程序的;4.超越或者滥用职权的;5.具体行政行为明显不当的,可作出行政复议决定撤销、变更或者确认该具体行政行为违法,并可责令被申请人在一定期限内重新作出具体行政行为。本案中,县资源交易中心和县住建局作出的投诉处理决定属于行政复议法第二十八条第一款(三)项第4目明确规定的超越职权的违法情形,行政复议机关应作出行政复议决定撤销该具体行政行为。然,行政复议机关以行政复议被申请人作出的投诉处理决定违反法定程序为由,作出确认该具体行政行为违法的复议决定,属于认定错误,适法不准,导致结果不当的情形。

《最高人民法院关于适用〈中华人民共和国行政诉讼法〉的解释》第一百三十六条规定,人民法院对原行政行为作出判决的同时,应当对复议决定一并作出相应判决。第三款规定,人民法院判决撤销原行政行为和复议决定的,可以判决作出原行政行为的行政机关重新作出行政行为。综上所述,县住建局和县资源交易中心超越职权联合作出的投诉处理决定依法应予以撤销,同时县政府认定错误、适用法律、法规错误,作出的48号复议决定结果不当,依法亦予以撤销。在本案中甲公司提出的是撤销投诉处理决定和48号复议决定的诉讼请求,事实清楚,证据充分,适法准确,符合法律规定,予以支持。

裁判结果:

一、撤销县住建局及县资源交易中心于2019年9月9日作出的关于《萧县2019省级财政扶贫资金马井镇温室大棚建设项目设计及施工一体化项目》投诉处理决定。

二、撤销县政府于2019年9月26日作出的萧复决字〔2019〕48号行政复议决定。

【二审情况】

争议焦点:

一、县住建局和县资源交易中心是否具有作出处理决定的职权。

二、县政府作出的行政复议决定是否合法。

法院观点:

一、县住建局和县资源交易中心是否具有作出处理决定的职权。《投诉处理办法》第四条规定,各级发展改革、工业和信息化、住房和城乡建设、水利、交通运输、铁道、商务、民航等招标投标活动行政监督部门,依照《国务院办公厅印发国务院有关部门实施招标投标活动行政监督的职责分工的意见的通知》(国办发〔2000〕34号)和地方各级人民政府规定的职责分工,受理投诉并依法做出处理决定。34号《通知》的第三条规定,对于招标投标过程(包括招标、投标、开标、评标、中标)中泄露保密资料、泄露标底、串通招标、串通投标、歧视排斥投标等违法活动的监督执法,按现行的职责分工,分别由有关行政主管部门负责并受理投标人和其他利害关系人的投诉。各类房屋建筑及其附属设施的建造和与其配套的线路、管道、设备的安装项目和市政工程项目的招标投标活动的监督执法,由建设行政主管部门负责。《宿州市公共资源交易监督管理办法》第六条规定,市、县(区)公管局具有依法协调配合有关行政监督部门调查处理投诉事项的职责。该办法第七条规定,市、县(区)发改委、财政局(国资委)、国土资源局、农委、住建委、交通运输局、水利局、教体局、卫计委等有关行政监督部门依法对本行业公共资源交易活动实施监督,主要履行下列职责:调查处理投诉事项,对项目单位、竞价人(投标人)、交易代理机构、评标专家的违法违规行为依法进行处理、处罚。《宿州市工程建设项目招标投标活动异议和投诉处理办法》第三条规定,市公共资源交易管理局为招标投标投诉处理部门,负责本行政区域内招标投标投诉受理、调查及处理工作。各相关行政监督部门对异议主体、投诉人和被投诉人有违法违规行为的,依据各自监督职能,履行与本行业有关的监督管理职责、查处违法行为,依法作出行政处理决定(处罚)。根据上述法律规定,县住建局作为县级建设行政主管部门具有对招标投标活动的监督职权,可以调查处理投诉事项,并作出处理决定。县资源交易中心仅具有协调配合有关行政监督部门调查处理投诉事项的职责,市公管局为招标投标投诉处理部门。本案中,案涉的招标项目为工程建设项目,县住建局作为该行业的行政监督部门对案涉招标项目中的投诉作出处理决定有法律的明确授权,故县住建局上诉认为其具有处理萧县行政区域内工程建设项目招标投标活动投诉的职权的上诉理由成立,本院予以支持。县资源交易中心提交的证据及法律依据均不能证明其具有作出案涉处理决定的职权,故其与县住建局联合作出案涉处理决定,缺少法律依据。县资源交易中心上诉称,其具有作出处理决定的职权的上诉理由,本院不予支持。两单位在办理投诉的过程中,未向甲公司发出投诉答复通知书及投诉书副本,亦未听取甲公司的陈述和申辩,办理程序亦违法。

二、县政府作出的行政复议决定是否合法。《中华人民共和国行政复议法》第二十八条第一款(三)项规定,行政复议机关审查被申请人作出的具体行政行为,发现存在下列情形之一的:1.主要事实不清、证据不足的;2.适用依据错误的;3.违反法定程序的;4.超越或者滥用职权的;5.具体行政行为明显不当的,可作出行政复议决定撤销、变更或者确认该具体行政行为违法,并可责令被申请人在一定期限内重新作出具体行政行为。本案中,县资源交易中心与县住建局联合作出的处理决定,存在违反法定程序及超越职权的情形,县政府作出的复议决定仅确认县资源交易中心与县住建局联合作出的处理决定的行政行为违法,与上述法律规定不符,依法应予撤销。

县政府上诉认为其作出的复议决定符合法律规定的上诉理由不能成立。

另需要指出的是，县资源交易中心和县住建局在收到同一招标项目的不同投诉人的投诉时，对其是否具有受理、调查即处理投诉的职权，作出了不同的回应，该做法有损政府的公信力，建议行政机关以后的工作中依法行政，建设法治政府。

综上，县资源交易中心与县住建局联合作出的处理决定，违反法定程序及超越职权。县政府作出的复议决定亦违反法律规定，依法应予撤销。鉴于案涉工程建设项目已终止招标，县住建局已不存在对案涉投诉重新作出处理决定的必要。故一审判决正确，本院予以维持。

裁判结果：

驳回上诉，维持原判。

十九、

评标委员会前后两次评审结论不一致的，行政监督机关没有调查不一致原因而直接作出决定的，不足以证明其履行了法定职责，作出的处理决定违法

——甲公司与区建筑工程局、区人民政府不履行城乡建设法定职责行政复议案

【裁判要旨】

《工程建设项目招标投标活动投诉处理办法》第十四条第一款规定："行政监督部门受理投诉后，应当调取、查阅有关文件，调查、核实有关情况。"第十六条规定："在投诉处理过程中，行政监督部门应当听取被投诉人的陈述和申辩，必要时可通知投诉人和被投诉人进行质证。"据此，区建筑工程局（以下简称"区建工局"）在收到甲公司的投诉书后，应当对涉案装饰工程的招标投标复议过程中有无明显不当进行调查核实。本案中，涉案装饰工程的招标投标复议行为由原评标委员会作出，而原评标委员会对于同一问题在第一次评标与复议时得出的结论相反，现区建工局在投诉处理过程中，既未听取原评标委员会的意见，也未向原评标委员会核实改变意见的原因，其提交的证据不足以证明其已依法履行了调查、处理的法定职责，亦不足以证明其在处理投诉过程中对相关主体是否存在违法行为进行了调查认定，现甲公司诉请要求区建工局重新作出处理决定，区建工局应当履行其职责。

【法院及案号】

一审：南京铁路运输法院，〔2018〕苏8602行初658号。
二审：南京市中级人民法院，〔2018〕苏01行终767号。

【当事人】

一审原告、被上诉人：甲公司。
一审被告、上诉人：区建工局。
一审被告：区人民政府（以下简称"区政府"）。

【案情介绍】

2017年12月8日，交通学院作为招标人发布招标文件，就涉案装饰工程进行公开招标，对招标、投标、开标、评标及后续合同签订事宜进行了明确规定，其中对投标人资格要求中包括项目负责人业绩要求一项：要求自2012年10月1日以来，项目经理承担过单项合同金额1600万元及以上的公寓或住宅室内装饰工程（公共建筑、厂房、仓储除外）；提供中标通知书、施工合同、竣工验收证明材料，三者缺一不可；类似业绩的时间以竣工验收证明材料中的竣工验收合格时间为准，金额以合同为准，提供的证明材料必须能反映出相关数据和内容，否则视为未提供；所有证明材料均以"e路阳光"信用平台中录入信息为准，项目经理业绩必须是投标人承接的。此次招标的招标代理机构为江苏建诚工程咨询有限公司（以下简称"建诚公司"），投标截止时间即开标时间为2017年12月22日。

2017年12月21日，甲公司就涉案装饰工程递交投标文件，其中项目负责人业绩材料包括尚逸华府住宅小区04号、05号、06号楼室内装饰项目中标通知书1份、施工合同1份、工程质量竣工验收记录（以下称投标竣工记录）3份，具体项目经理为何某俊，合同金额为2114.56万元，竣工日期为2013年10月25日。

2017年12月25日，经评标，涉案装饰工程在南京市公共资源交易平台发布项目中标候选人公示，中标候选人第一名为甲公司，第二名为乙公司，第三名为丙公司，拟定中标人为甲公司。

2017年12月28日，丁公司向建诚公司递交《关于交通学院的新校区建设项目青年教师公共租赁用房1号楼室内装饰工程质疑函》，认为甲公司递交的投标文件中，投标竣工记录上监理单位盖的章是"某京监理事务所项目监理部"，并非法人公章，故投标竣工记录不符合相关规定，应取消甲公司第一中标人的资格。

2017年12月29日，交通学院向区建工局递交申请1份，申请评标委员会就丁公司提出的质疑对涉案装饰工程的第一次评标结果进行复议，由评标委员会对相关问题进一步核实。

2018年1月2日，原评标委员会对涉案装饰工程的第一次评标结果进行了复议，复议后认为甲公司提交的投标竣工记录监理单位盖的章是项目监理部章，并非法人公章，认定甲公司资格审查不通过，重新确认中标候选人第一名为乙公司，第二名为丙公司，第三名为南京某装饰安装工程有限公司，拟定中标人为乙公司，并于次日在南京市公共资源交易平台公布。其后，甲公司向招标人交通学院递交异议书1份，认为复议结果不成立，请求撤回对甲公司资格审查不通过的判定，维持第一次评标结果，并要求提供认定甲公司资格审查不通过的法律或招标文件的具体条款。2018年1月8日，交通学院与建诚公司共同作出异议答复函，认为复议结果系原评标委员会经慎重考虑得出的结论，两单位认可评标委员会的最终结果。

2018年1月11日，甲公司向区建工局提交投诉书1份，就涉案装饰工程的评标复议结果提出投诉，请求区建工局维持评标委员会评定甲公司为第一中标候选人的第一次评标结果，同时提出，评标复议结果具有明显的倾向性，请求核实复议过程中有无明显的不当行为。

2018年1月16日，区建工局就投标竣工记录向某京监理事务所了解情况，相关工作人员称对涉及的投标竣工记录不了解，但该单位的竣工验收记录要求总监签名、盖单位公章。同时，区建工局调取了尚逸华府住宅小区04号、05号、06号楼室内装饰项目的备案竣工记录。备案竣工记录记载的竣工日期为2013年12月31日，参加验收单位处均有相关单位负责人员签名，并加盖单位公章，监理单位处的盖章为"某京监理事务所"公章。

2018年1月30日，区建工局作出涉案处理决定书，载明：尚逸华府住宅小区04号、05号、06号楼室内装饰项目的备案竣工记录与甲公司在南京市"e路阳光"系统信用库中上传的投标竣工记录不一致，投标竣工记录上监理单位盖的不是法人公章，且其他三家单位均未有负责人员签字，因此甲公司的投标竣工记录不符合竣工验收记录表的要求，认为评标复议程序符合相关规定，过程中未有不正当行为，决定驳回甲公司的投诉。

2018年2月12日，甲公司就涉案处理决定书向区政府申请行政复议，区政府于2018年2月14日受理后通知甲公司和区建工局受理事宜，于2018年3月7日通知双方将组织听证，并于2018年3月16日召开听证会。听证会上，主持人询问区建工局受理投诉后进行了哪些调查，区建工局称：查看了招标文件，调阅了投标文件，调取了备案竣工记录，约谈了监理公司核实用章问题，翻阅了法律文件，听取了甲公司的陈述和材料。

2018年3月28日，区政府作出19号复议决定书，决定维持区建工局作出的投诉处理决定书，并向甲公司和区建工局送达。

另查明，涉案装饰工程的评标委员会成员为应某宁、杨某平、叶某3人。在第一次评标过程中，应某宁评委以甲公司投标竣工记录上监理单位的盖章系项目部公章而非公司法人公章为由，认为甲公司资格审查不通过，但杨某平、叶某两位评委认为，投标竣工记录的业绩由信用库获取符合招标文件要求，根据招标文件3.6条评标争议处理办法，最终判定甲公司资格审查通过，并据此形成第一次评标结果后公示，甲公司为第一名中标候选人。在复议过程中，应某宁、杨某平、叶某三位评委仍以甲公司投标竣工记录上监理单位的盖章系项目部公章而非公司法人公章为由，最终判定甲公司资格审查不通过。

【一审情况】

争议焦点：

区建工局受理投诉后是否依法履行了调查、处理的法定职责。

法院观点：

《工程建设项目招标投标活动投诉处理办法》第十四条第一款规定："行政监督部门受理投诉后，应当调取、查阅有关文件，调查、核实有关情况。"第十六条规定："在投诉处理过程中，行政监督部门应当听取被投诉人的陈述和申辩，必要时可通知投诉人和被投诉人进行质证。"据此，区建工局在收到甲公司的投诉书后，应当对涉案装饰工程的招标投标复议过程中有无明显不当进行调查核实。本案中，涉案装饰工程的招标投标复议行为由原评标委员会作出，而原评标委员会对于同一问题在第一次评标与复议时得出的结论相反，现区建工局在投诉处理过程中，既未听取原评标委员会的意见，也未向原评标委员会核实改变意见的原因，其提交的证据不足以证明其已依法履行了调查、处理的法定职责，亦不足以证明其在处理投诉过程中对相关主体是否存在违法行为进行了调查认定，现甲公司诉请要求区建工局重新作出处理决定，区建工局应当履行其职责。

对于19号复议决定，《最高人民法院关于适用〈中华人民共和国行政诉讼法〉的解释》第一百三十六条第四款规定："人民法院判决作出原行政行为的行政机关履行法定职责或者给付义务的，应当同时判决撤销复议决定。"

裁判结果：

一、撤销被告区政府于2018年3月28日作出的〔2018〕江宁行复第19号行政复议决定书。

二、被告区建工局应于本判决生效之日起三十日内依法对原告甲公司于2018年1月11日的投诉履行法定职责。

【二审情况】

争议焦点：

区建工局针对甲公司的投诉进行的调查处理是否合法。

法院观点：

《中华人民共和国招标投标法》第十九条第一款规定："招标人应当根据招标项目的特点和需要编制招标文件。招标文件应当包括招标项目的技术要求、对投标人资格审查的标准、投标报价要求和评标标准等所有实质性要求和条件以及拟签订合同的主要条款。"该法第四十条第一款规定："评标委员会应当按照招标文件确定的评标标准和方法，对投标文件进行评审和比较；设有标底的，应当参考标底。评标委员会完成评标后，应当向招标人提出书面评标报告，并推荐合格的中标候选人。"江苏省住房和城乡建设厅《关于改革和完善房屋建筑和市政基础设施工程招标投标制度的实施意见》第二十条规定，凡招标文件未集中单列的无效标条款，评标委员会不得作为否决投标、判定无效标的依据。据此可知，评标的依据应当是招标文件规定的条件。本案中，招标文件2.1.2"资格评审标准"中"类似项目业绩"要求："类似业绩的时间以竣工验收证明材料中的竣工验收合格时间为准，金额以合同为准，提供的证明材料必须能反映出相关数据和内容，否则视为未提供；所有证明材料均以'e路阳光'信用平台中录入信息为准，项目经理业绩必须是投标人承接的。"该要求并未涉及竣工验收材料盖章的问题。且第一次评标时，两位评委认为甲公司的业绩材料由信用库获取，符合招标文件要求，甲公司资格审查通过。原评标委员会的复议结论却为甲公司资格审查不通过。对于案涉项目评标委员会作出的前后不同的评审意见，上诉人区建工局在调查处理甲公司的投诉时，应当进行查证。上诉人区建工局在投诉处理过程中，既未听取原评标委员会的意见，也未向原评标委员会核实改变意见的原因，原审法院认为区建工局提交的证据不足以证明其已依法履行了调查、处理的法定职责，亦不足以证明其在处理投诉过程中对相关主体是否存在违法行为进行了调查认定，责令区建工局重新进行调查处理、一并撤销区政府作出的19号复议决定并无不当。关于上诉人区建工局提出的原审法院适用法律错误的上诉意见，本院认为，原审法院应当判决撤销区建工局作出的案涉处理决定并责令其重新进行调查处理，原审判决责令区建工局在判决生效之日起三十日内对甲公司的投诉履行法定职责的表述虽不准确，但该表述的含义与责令区建工局重新进行调查处理没有实质区别，对于上诉人区建工局的上述上诉意见，本院不予支持。

综上，原审判决认定事实清楚，审判程序合法。

裁判结果：

驳回上诉，维持原判。

二十、

母子公司均系独立法人，母公司业绩与子公司业绩也相互独立，母公司使用子公司业绩作为来投标的，构成虚假投标

——甲客运公司与市公共资源交易监督管理局行政处理案

【裁判要旨】

公平竞争、诚实信用是政府采购所应遵循的基本原则之一。本案中，乙客运公司在投标文件中递交了五份合同，业主单位丙公司出具的情况说明证实，该五份合同均由乙客运公司委托丁公司实际履行，且租赁费用也由业主单位汇入丁公司账户。虽然丁公司系乙客运公司的唯一股东，但两公司系独立法人，有各自的权利义务，独立承担法律责任，由此该五份合同业绩不应认定为乙客运公司的真实业绩。

【法院及案号】

一审：安庆市大观区人民法院，〔2020〕皖0803行初14号。

【当事人】

原告：甲客运公司。

被告：市公共资源交易监督管理局（以下简称"市公管局"）。

第三人：乙客运公司、安庆师范大学。

【案情介绍】

2020年4月，安庆师范大学基建与后勤管理处教职工交通班车服务采购（三次）服务项目在安庆市公共资源交易中心公开招标，采购人为安庆师范大学。《招标文件》对投标人资格要求如下：符合《中华人民共和国政府采购法》第二十二条；本项目不接受联合投标；具有合法有效的营业执照；具有交通运输主管部门颁发的《道路运输经营许可证》。综合评分因素中对投标人的业绩评分中投标人业绩要求为"投标人自2016年7月1日以来有过政府机关、企事业的单项合同金额不少于20万元班车租赁业绩的（以合同的签订时间为准，投标文件中须提供合同的复印件或扫描件或影印件并加盖投标人公章），每有一份租赁业绩得3分，满分15分，未提供的不得分"；并备

注"投标人提供的业绩证明材料要能清晰反映业绩评分的实质内容,否则评标委员会不予认可。采购人应在中标通知书发放前依序对评标委员会推荐的中标候选人核实投标文件中提供的业绩合同真实性"。服务需求及技术要求中,学校看车标准有"合同签订时须提供车辆行驶证及机动车登记证及购车发票的原件,车牌号、车辆座位数、车辆行驶证、车辆登记证书必须与投标文件里提供的内容一致"。

为证明投标人业绩,乙客运公司提供了五份《租车协议》,分别系乙客运公司与丙公司下属的安庆某纺织科技有限公司、安徽某纺织有限公司、安徽某织染有限公司、安徽某纺织股份有限公司四家公司签署。

乙客运公司中标后,2020年5月21日甲客运公司向市公管局递交投诉函,投诉事项:1.乙客运公司标书提供的车辆,开标日之前未取得合法客运营运资格,属于非法营运车辆;2.乙客运公司标书提供的合同内容与事实不符,该合同为无效合同,不符合招标文件要求;3.乙客运公司本次投标报价明显低于成本价格,属于不正当恶意竞争行为。2020年6月1日,市公管局作出《投诉处理决定书》(庆公管〔2020〕86号),认定:1.该项目招标文件未要求投标人在投标文件中提供相应车辆的《中华人民共和国道路运输证》,仅要求投标人在合同签订前提供即可。且经核查,截至2020年5月28日,乙客运公司本次投标所提供的服务车辆已全部取得《中华人民共和国道路运输证》,具备本项目招标文件约定的履约条件。2.乙客运公司在参与本项目投标时,提供了5个企业业绩,业绩管理主体均为安庆市某实业总公司。经核对,乙客运公司投标文件中提供的业绩证明材料,与安庆市某实业总公司向市公管局出示的业绩材料内容一致,即乙客运公司提供的业绩证明材料真实、有效。3.本项目评标委员会在评审时,已对乙客运公司投标文件中的《投标函》及《服务报价表》进行详细评审,评标委员会一致认为,乙客运公司报价合理、有效,满足招标文件要求,由此认定投诉人投诉事项均不成立,予以驳回。并将《投诉处理决定书》送达甲客运公司。甲客运公司不服,向本院提起行政诉讼。

案件审理中,经本院调查,乙客运公司提供的五份《租车协议》履行过程中,丙公司的下属各单位应支付的租车费用,汇入了丁公司。丙公司向本院出具情况说明如下:1.丙公司下属公司与乙客运公司签订的《班车租赁合同》真实合法有效,合同现仍正在履行过程中;2.班车租赁合同履行过程中,丙公司对乙客运公司委托丁公司承担丙公司及其各分厂(公司)职工的上下班通勤任务的做法表示认可。因为乙客运公司是丁公司为适应形势发展、更好的方便服务丙公司各项用车需求而成立的全资公司,唯一股东就是丁公司。乙客运公司的员工、办公地点、停车场地、公司股东与丁公司完全一致。至于班车租赁费汇入了丁公司账户,一是双方历史形成的交易习惯,二是根据合同意思自治原则,也不违反法律规定。

另查,乙客运公司、丁公司均系独立法人,丁公司系乙客运公司的唯一股东。

【一审情况】

争议焦点：

市公管局作出的《投诉处理决定书》(庆公管〔2020〕86号)是否合法。

法院观点：

公平竞争、诚实信用是政府采购所应遵循的基本原则之一。本案中，乙客运公司在投标文件中递交了五份合同，业主单位丙公司出具的情况说明证实，该五份合同均由乙客运公司委托丁公司实际履行，且租赁费用也由业主单位汇入丁公司账户。虽然丁公司系乙客运公司的唯一股东，但两公司系独立法人，有各自的权利义务，独立承担法律责任，由此该五份合同业绩不应认定为乙客运公司的真实业绩。故市公管局作出《投诉处理决定书》(庆公管〔2020〕86号)中确定基本事实第二项对企业业绩的认定事实不清，证据不足，市公管局作出《投诉处理决定书》予以撤销，应重新作出具体行政行为。

裁判结果：

一、撤销被告市公管局作出的《投诉处理决定书》(庆公管〔2020〕86号)。

二、责令被告市公管局在本判决生效后三十日内重新作出行政行为。

二十一、

投标文件中填写的暂列金额与招标文件金额有细小差别，评标委员会认为属于细微偏差不予废标的，符合法律规定

—— 甲公司与县住房和城乡规划建设局招标投标投诉行政处理案

【裁判要旨】

本项目招标文件虽有"暂列金额不按招标工程量清单中列入金额填写的，评标委员会应当否决其投标"的条款，但是在原告提交的投标文件中，有4处涉及暂列金额填写，其中对投标报价有影响的《单位工程造价汇总表》中列入的暂列金额已按招标文件确定的金额填写，可以证明已经响应了招标文件中对暂列金额的要求，而对纯单列不作为合计报价的《暂列金额明细表》中出现的填写细微不一致，评标委员会可以因上述条款存在含义不清作出有利于相应投标人的结论，即按规定的暂列金额填写而不否决其投标，同时，该细微偏差不会对其他投标人竞标造成不公平的结果。

【法院及案号】

一审：上杭县人民法院，〔2017〕闽0823行初26号。

【当事人】

原告：县住房和城乡规划建设局。

被告：甲公司。

第三人：乙公司。

【案情介绍】

乙公司将工业园中心大道A段工程施工项目依法进行招标，经投标人竞标和评标委员会评审确定甲公司为第一中标候选人。在公示期间，参与投标的福建某建筑工程有限公司对此招标投标活动分别向县住房和城乡规划建设局等进行投诉。投诉人认为，甲公司在投标文件的《暂列金额明细表》中未按招标工程量清单的暂列金额填写，应取消甲公司作为本项目第一中标候选人资格，县住房和城乡规划建设局在调查、核实甲公司的投标文件《暂列金额明细表》中所填写的暂列金额3503571.25元与招标文件要求填写

的暂列金额3503571.22元不一致，相差0.03元后认为其违反招标文件详细评审办法和标准，9.1.6暂列金额、甲供材料费详见评标办法和标准数据表第10项不按招标工程量清单中列出的金额填写的，评标委员会应当否决其投标。据此，该局认定，评标委员会未按招标文件要求进行评审，且影响中标结果，根据《中华人民共和国招标投标法》第四十条、《福建省招标投标条例》第七十条第一款第（三）项及第二款规定，作出招标人乙公司依法重新评标和重新招标处理决定。甲公司以单位工程造价汇总表在市政工程、园林绿化工程其他项目清单与计价汇总表中暂列金额均是正确填写，仅暂列金额明细表中与招标文件确定的金额相差0.03元，属细微偏差不应当否决其中标为由，提起行政诉讼，请求撤销《关于福建龙岩稀土工业园中心大道道路工程A段工程招标投标活动投诉处理决定》（以下简称《投诉处理决定》）并确认原告为第一中标候选人的评标结果。

【一审情况】

争议焦点：

被告作出《投诉处理决定》认定的事实"评标委员会对原告的投标文件未按招标文件的要求进行评审，且影响中标结果"是否正确的问题。

法院观点：

本案中，评标委员会已经按照规定的评审程序完成了对参与投标人的评审。只是在评审中对原告提交的投标文件之一的《暂列金额明细表》中暂列金额的填写与招标文件确定的暂列金额相差0.03元，认为属细微偏差，未否决其投标。评标委员会是否按招标文件的评审办法和标准进行评审及该评审对其他投标人的中标结果是否造成影响是本案关键，经审理认为，本项目招标文件虽有"暂列金额不按招标工程量清单中列入金额填写的，评标委员会应当否决其投标"的条款，但是在原告提交的投标文件中，有4处涉及暂列金额填写，其中对投标报价有影响的《单位工程造价汇总表》中列入的暂列金额已按招标文件确定的金额填写，可以证明已经响应了招标文件中对暂列金额的要求，而对纯单列不作为合计报价的《暂列金额明细表》中出现的填写细微不一致，评标委员会可以因上述条款存在含义不清作出有利于相应投标人的结论，即按规定的暂列金额填写而不否决其投标，同时，该细微偏差不会对其他投标人竞标造成不公平的结果。据此，被告认定的事实错误。被告的《投诉处理决定》所依据的法律规范是《福建省招标投标条例》第七十条"评标委员会成员违反本条例规定，有下列情形之一的……（三）未按照招标文件规定的评标标准和方法评标的；……上述行为影响评标结果，评标无效，招标人应当依法重新评标或者重新招标的规定"，鉴于被告所认定的事实错误，以上述法条作为处理依据，属适用法律法规错误。

裁判结果：

撤销被告县住房和城乡规划建设局作出的《关于福建龙岩稀土工业园中心大道道路工程A段工程招标投标活动投诉处理决定》（汀建建〔2017〕81号）。

行政监督机关在投诉处理过程中允许招标人对招标文件进行澄清和说明，不符合法律规定

——甲公司与市住房和城乡建设委员会、市人民政府行政处理案

【裁判要旨】

被告市住房和城乡建设委员会（以下简称"市住建委"）受理原告投诉后，责成招标代理机构对招标文件中有歧义的条款督促原评审委员会，要求对被投诉人进行澄清说明，并于2015年11月5日向招标代理公司下发《关于对热电公司户用计量表采购项目招标文件相关条款进行澄清说明的通知》，该程序违反了《中华人民共和国招标投标法》。

【法院及案号】

一审：扎鲁特旗人民法院，〔2016〕内0526行初28号。

【当事人】

原告：甲公司。

被告：市住建委、市人民政府（以下简称"市政府"）。

第三人：热电公司、市公共资源交易中心、乙公司、丙公司、丁公司、戊公司。

【案情介绍】

第三人热电公司对户用热计量表四个标段采购项目公开招标，制订了《热电公司户用热计量表采购项目招标文件》。热电公司委托某公司为其招标代理单位。甲公司于2015年8月20日申请报名对热电公司户用热计量表四个标段采购项目进行投标。2015年9月7日，在第三人市公共资源交易中心公开唱标。原告于2015年9月11日对该项目招标活动提出质疑。原告向被告市住建委投诉称，评标委员会没按招标文件的要求公平打分，直接影响投诉人中标。要求：中止此次中标结果的公示；查阅其公司四个标段的投标文件评分表。同时，对其公司的上述四个标段评分结果进行复核并重新评审，要求相关单位依照有关法规在公示期内做出答复。市住建委于2015年9

月14日受理了甲公司的投诉。市住建委于2015年9月16日、2015年11月2日分别组织专家对甲公司投标的四个标段项目进行复核评分。市住建委于2015年9月22日组织原评标委员会对甲公司投标的四个标段项目进行重新复核评分。市住建委于2015年11月5日对通辽市某建设工程招标代理机构作出《关于对热电公司户用计量表采购项目招标文件相关条款进行澄清说明的通知》。市住建委于2015年11月24日作出《关于热电公司户用计量表采购项目投诉处理决定书》。该决定书对原告要求的重新评审问题不予支持；对要求查阅四个标段投标文件评分表不予支持，对于原告要求中止中标结果公示并要求做出回复的问题，以已责令被投诉人暂停本次招标活动的后续工作，本决定内容即为对投诉人的答复，故决定驳回投诉人的投诉，维持原评审结果。原告对被告的职权依据无异议。

另查明，甲公司向市政府申请行政复议，市政府于2015年12月4日受理，于2016年2月2日作出通政复决字〔2015〕第62号行政复议决定书，维持市住建委作出的《关于热电公司户用计量表采购项目投诉处理决定书》，并向原告甲公司送达。

【一审情况】

争议焦点：

市住建委作出的《关于热电公司户用计量表采购项目投诉处理决定书》是否合法有效，原告诉请有无事实和法律依据？市政府的行政复议程序是否合法？

法院观点：

根据《中华人民共和国招标投标法实施条例》规定，被告市住建委对工程建设项目招标投标活动投诉处理具有法定职责。《工程建设项目招标投标活动投诉处理办法》第十四条规定，行政监督部门受理投诉后，应当调取、查阅有关文件，调查、核实有关情况。《中华人民共和国招标投标法》第二十三条规定，招标人对已经发出的招标文件进行必要的澄清或者修改的，应当在招标文件要求提交投标文件截止时间至少十五日前，以书面形式通知所有招标文件收受人。本案中，被告市住建委受理原告投诉后，责成招标代理机构对招标文件中有歧义的条款督促原评审委员会，要求对被投诉人进行澄清说明，并于2015年11月5日向招标代理公司下发《关于对热电公司户用计量表采购项目招标文件相关条款进行澄清说明的通知》，该程序违反了《中华人民共和国招标投标法》。《工程建设项目招标投标活动投诉处理办法》第二十条规定，行政监督部门应当根据调查和取证情况，对投诉事项进行审查，按照下列规定做出处理决定：（一）投诉缺乏事实根据或者法律依据的，或者投诉人捏造事实、伪造材料或者以非法手段取得证明材料进行投诉的，驳回投诉；（二）投诉情况属实，招标投标活动确实存在违法行为的，依据《中华人民共和国招标投标法》《中华人民共和国招标投标法实施条例》及其他有关法规、规章做出处罚。本案市住建委对投诉人作出的驳回投诉人的投诉，维持原评审结果的处理决定，不符合《工程建设项目招标投标活动投诉处理办法》相关规定。综上，被告市住建委作出的该处理决定程序违法，故应对被告市住建委作出的处理决定与被告市政府作出的复议决定一并予以撤销。对于原告其他诉讼请求，无法律依据，本院不予支持。

裁判结果：

一、撤销被告市住建委于2015年11月24日作出的《关于热电公司户用计量表采购项目投诉处理决定书》及被告市政府于2016年2月2日作出的通政复决字〔2015〕62号行政复议决定。

二、由被告市住建委于本判决生效之日起30个工作日内重新作出处理决定。

三、驳回原告其他诉讼请求。

二十三、

原评标委员会无严重违法违规情况下，无需另行重新组建评标委员会评标，由原评标委员会复核更具效率和公正

——甲公司与省住房和城乡建设厅行政复议案

【裁判要旨】

重新招标或者评标一般适用于评标阶段违规行为性质比较严重，对中标结果造成实质影响，且无法补救纠正的情况。从甲公司此前提出异议事由看，与其业绩资格的审查有关。就此问题而言，相对于行政机关处理投诉部门，评审组技术标专家的集体复核意见更具权威性和专业性。随后，乙公司根据专家集体复核意见采纳甲公司的异议，并组织原评标委员会予以重新评审。省住建厅认定上述属于重新评标情形，并需要重新组成评审委员会进行评标，与招标投标工作公平与效率内在统一性要求不甚契合。

【法院及案号】

一审：厦门市思明区人民法院，〔2018〕闽0203行初61号。

二审：厦门市中级人民法院，〔2019〕闽02行终111号。

【当事人】

一审原告、被上诉人：甲公司。

一审被告、上诉人：省住房和城乡建设厅（以下简称"省住建厅"）。

一审第三人、上诉人：福建丙集团。

一审第三人：市建设局、乙公司。

【案情介绍】

案涉项目为海新路与疏港通道立交工程，位于厦门市某区通道交叉口，为四层全互通立交，按照一级公路结合城市快速路标准建设，建设单位为第三人乙公司。该项目工程可行性研究报告以及项目申请报告由厦门市发展与改革委员会批准，初步设计方案、施工图设计以及项目施工许可均由市交通运输局批准。该项目于2017年10月17日在厦门市建设工程交易中心开标，项目招标人为第三人乙公司，工程概算投资额约为45316万元。原告及第三人福建丙集团均参与投标。

2017年10月19日，第三人乙公司在厦门市工程招标投标信息网上公示了案涉项

目的施工招标评标初步结果：经评标委员会评审，福建丙集团被推荐为中标候选人，评标价得分99.9325分。公示内容还包括被废标的投标人及原因，其中显示甲公司因业绩证明材料不符合招标文件附录三第四、（2）要求，根据第三章第2.1.2中（4）条的规定，作废标处理。该公示内容还将评标委员会成员名单予以公布。评标结果公示期为2017年10月19日至10月21日，投标人对于评估结果有异议的可以在公示期内书面向招标人提出。

2017年10月19日，中铁某局集团第二工程公司和原告就所公示的评标结果分别向招标人乙公司提出异议。原告提出的异议事项主要是业绩评判存在误判，致使被废标，要求对其业绩予以重新核定。第三人乙公司收到相关异议申请后，向异议人作出复函表示暂停后续招标流程并予以复核。乙公司于2017年10月23日组织案涉项目技术标评标专家针对异议内容进行复核。原评委会技术标专家成员出具《关于海新路与疏港通道立交工程评标结果申诉的复核意见》认定：中铁某局集团第二工程公司的业绩材料按"不满足类似工程经验业绩合格条件"，申诉不成立；甲公司提供的投标业绩证明符合本项目招标文件要求。招标人于2017年11月1日向厦门市建设工程招标投标管理办公室进行报备，并组织原评标委员会对案涉项目异议内容进行重新评审。2017年11月3日，第三人乙公司根据专家组意见重新公示评标结果，其中载明：确定原告为推荐中标候选人，评标价得分为99.9550分，公示期为2017年11月3日至2017年11月5日。

2017年11月3日，第三人福建丙集团对重新公示的评标结果不服，向第三人乙公司提出异议，认为招标人组织原评标委员会进行重新评审违反《中华人民共和国招标投标法》禁止性规定，11月1日重新评标结果无效，应当予以纠正。第三人乙公司收到第三人福建丙集团的异议后，于2017年11月6日书面答复第三人福建丙集团，认为其异议内容不成立。第三人福建丙集团不服上述处理，于2017年11月10日向第三人市建设局提起投诉，认为评标委员会的评标过程应当独立进行，乙公司擅自组织原评标委员会进行重新评选，存在干预评标委员会评标的行为，请求市建设局依法认定重新评标结果无效，并确认其为中标人。

2017年11月14日，第三人市建设局作出厦建招诉决〔2017〕25号投诉不予受理决定，认为：福建丙集团要求彻底调查重新评审的情况，对原告的业绩证明材料做进一步调查认定，系对评标结果的异议，应当先行招标人提出异议并由招标人给予答复，故不予受理。2017年11月15日，福建丙集团向市建设局等作出关于投诉书的补充说明，认为其第二点投诉事项不存在不予受理的情形，请求市建设局依法受理并处理其投诉请求。2017年11月16日，福建丙集团再次提交补充投诉书，2017年12月8日，第三人市建设局作出《工程建设项目招标投标投诉处理决定书》（厦建招诉决〔2017〕28号），认为未发现招标人处理异议的过程有违反招标文件或《中华人民共和国招标投标法实施条例》第五十四条等相关法律法规的情形，投诉人的投诉缺乏事实根据和法律依据，决定驳回第三人福建丙集团的投诉。

第三人福建丙集团不服上述处理决定，于2017年12月18日向被告申请行政复议。被告受理该申请后，于2018年1月2日向第三人市建设局作出行政复议答复通知书。2018年1月12日，第三人市建设局作出行政复议答复书。被告还于2018年1月2日向第三人乙公司作出《关于追加第三人的通知》，并于2018年1月6日按照"莲前西路四楼"地址以挂号信方式邮寄，被告未再向第三人乙公司送达上述材料。

2018年1月25日，被告以邮寄方式向原告发出《关于追加第三人的通知》，告知原告追加其作为复议程序第三人，要求其于收到复议申请材料之日起十五日内提出书面答辩意见及相关证据材料。原告于2018年1月28日收到上述材料。

2018年1月31日，被告省住建厅作出案涉行政复议决定，其中认定：案涉项目在评标结果未被确定无效，公示结果并未撤销的情形下，招标人组织原评标委员会进行重新评审，再次确定中标候选人予以公示，客观上造成该工程项目同时存在两个评标结果，系在原评标行为未被确定为无效的情况下，进行重新评标的行为。该行为违反了《福建省招标投标条例》第七十条第（三）项之规定，市建设局作出的《投诉处理决定书》认定主要事实不清。根据《中华人民共和国行政复议法》第二十八条第一款第（三）项之规定，撤销市建设局作出的《工程建设项目招标投标投诉处理决定书》（厦建招诉决〔2017〕28号），并向相关当事人送达。原告甲公司不服上述行政复议行为，遂诉至本院。

二审另查明，一审法院对本案于一审时组织召开了两次公开庭审，第一次时间为2018年8月23日，第二次为2018年9月25日。还查明，2017年10月23日，乙公司重新召集案涉项目的技术标专家对甲公司及中铁某局集团第二工程公司投标文件中的业绩证明材料进行讨论，技术标专家一致认为甲公司提供的投标业绩证明符合案涉项目招标文件要求。2017年11月3日，乙公司组织原评标委员会委员（原评标委员会委员为10人，实际参加重新评审的为9人）对案涉项目异议内容进行重新评审，实际参加重新评审的9名委员作出一致的评判，甲公司评标价得分最高。

【一审情况】

争议焦点：

一、复议程序第三人的追加问题。

二、事实认定与法律适用方面的问题。

法院观点：

一、复议程序第三人的追加问题。《中华人民共和国行政复议法》第十条第三款规定，同申请行政复议的具体行政行为有利害关系的其他公民、法人或者其他组织，可以作为第三人参加行政复议。第二十二条规定，行政复议原则上采取书面审查的办法，但是申请人提出要求或者行政复议机关负责法制工作的机构认为有必要时，可以向有关组织和人员调查情况，听取申请人、被申请人和第三人的意见。《中华人民共和国行政复议法实施条例》第九条第一款规定，行政复议期间，行政复议机构认为申请人以外的公民、法人或者其他组织与被审查的具体行政行为有利害关系的，可以通知其作为第三人参加行政复议。从上述规定可以看出，复议程序第三人有其相应的法律地位以及权利。被告作为复议机关，既然已经将原告以及乙公司作为案涉复议程序的第三人，就应当依法保障其参加复议的权利。尤其是在向相对人发出书面追加通知，并要求其提供答辩材料后，被告无论基于程序正当还是审慎审查的原则出发，都应收到复议程序第三人相关答辩材料后，再依法审查并作出最终决定，否则明显有悖于程序正当及行政信赖原则。况且，案涉复议决定内容系不利于原告及乙公司，在这种情况下，被告更应当充分保障第三人的辩护权利，这也是行政复议第三人制度的应有之义。据此，原告主张被告作出案涉行政复议决定程序违法，本院予以支持。

二、事实认定与法律适用方面的问题。省住建厅适用的《福建省招标投标条例》第七十条第一款第（三）项规定如下：评标委员会成员违反本条例规定，有下列情形之一的，由有关行政监督部门给予警告；情节严重的，取消担任评标委员会成员的资格，不得再参加任何依法必须进行招标项目的评标，并处三千元以上一万元以下的罚款；构成犯罪的，依法追究刑事责任；……（三）未按照招标文件规定的评标标准和方法评标的；……上述行为影响评标结果的，评标无效，招标人应当依法重新评标或者重新招标。需要指出的是，省住建厅在行政复议决定主文当中援引上述规定时存在文字疏漏，载为"评标委员会违反本条例规定……"，遗漏"成员"两字，虽仅为两字之差，但亦有不同含义，应当引起省住建厅的重视。

从上述条文规定的内容看，系针对评标委员会成员违法违规行为法律责任的规定。换言之，该条文系规定有关行政监督部门可对评标委员会成员在评标过程中实施的违规行为予以处理。因此，该条文适用的事实依据必须是评标委员会成员存在所列的违规行为。其次，从上述规定第二款内容看，评标委员会成员违规行为在影响评标结果的情况下，评标无效，应当重新评标或者重新招标。就案涉行政复议的定案事实而言，省住建厅认为：乙公司作为招标人，在前一评标结果未被确认无效的情况下再次组织专家进行重新评审并确定新的中标候选人，违反《福建省招标投标条例》第七十条的规定。从省住建厅在庭审中发表的意见看，其认定乙公司上述行为属于重新评标，应当根据《福建省招标投标条例》第七十条第二款的规定，先确定评标无效后再行重新评标。

结合案涉行政复议决定中确认的事实及适用的法律依据，存在如下问题：

（一）省住建厅仅提及招标人因甲公司的异议组织评标委员会重新评审的事实，但并未提供评标委员会成员存在"未按照招标文件规定的评标标准和方法评标的"相关违规行为的基本事实，其认定的事实以及适用法律条文之间缺乏内在逻辑。省住建厅进而按照上述条款第二款规定认为应当确定评标无效并启动重新评标或者招标，缺乏事实依据。

（二）从案涉项目前后两次中标候选人公示情况看，均系对唯一确定的中标候选人的评标结果进行公示。乙公司在第二次公示时，载明系根据异议重新评审、公示，已经明确体现案涉项目有效的中标候选人为甲公司。省住建厅认为需要确定第一次评标结果无效并撤销公示结果，但未提供关于因异议成立取消原评标结果的程序规定，在没有明确的强制性法律规定的情况下，乙公司上述行为并无明显不当。省住建厅以此认定乙公司违法，不予认同。

（三）省住建厅还认为乙公司组织原评标委员会重新评审并确定新的中标候选人属于重新评标行为。现有规定对于重新评审或者重新评标缺乏明确的定义。《中华人民共和国招标投标法实施条例》第八十二条规定，依法必须进行招标的项目的招标投标活动违反招标投标法和本条例的规定，对中标结果造成实质性影响，且不能采取补救措施予以纠正的，招标、投标、中标无效，应当依法重新招标或者评标。从该条规定可以看出，重新招标或者评标一般适用于评标阶段违规行为性质比较严重，对中标结果造成实质影响，且无法补救纠正的情况。从甲公司此前提出异议事由看，与其业绩资格的审查有关。就此问题而言，相对于行政机关处理投诉部门，评审组技术标专家的集体复核意见更具权威性和专业性。随后，乙公司根据专家集体复核意见采纳甲公司的异议，并组织原评标委员会予以重新评审。省住建厅认定上述属于重新评标情形，并需要重新组成评审委员会进行评标，与招标投标工作公平与效率内在统一性要求不甚契合，值得商榷。

裁判结果：

撤销被告省住建厅于2018年1月31日作出的闽建复字〔2018〕3号行政复议决定。

【二审情况】

争议焦点：

省住建厅及福建丙集团上诉主张一审判决认定事实不清，适用法律不当的上诉理由是否成立的问题。

法院观点：

本案于一审时确存在福建丙集团上诉所称的2018年8月21日通知其作为案件第三人参加诉讼，即于2018年8月23日第一次开庭审理本案的问题，对此，一审法院已经认识到上述存在的问题，遂于2018年9月25日再次组织公开开庭，并对各方当事人提供的证据进行了举证、质证、庭审调查，因此，一审审判程序并无不当。

本案系因工程项目招标投标投诉所引发，被诉行政行为系省住建厅所作的行政复议决定。根据《中华人民共和国招标投标条例》第五十四条第二款规定：投标人或者其他利害关系人对依法必须进行招标的项目的评标结果有异议的，应当在中标候选人公示期间提出。招标人应当自收到异议之日起3日内作出答复；作出答复前，应当暂停招标投标活动。案涉项目第一次评审结果为福建丙集团为中标候选人，在公示期间，甲公司和中铁某局集团第二工程公司就评标结果向乙公司提出异议。因异议内容涉及业绩证明材料的认定，乙公司作为招标人，组织原评审委员会的技术标专家进行复核，得出一致结论后，再组织原评标委员会多数成员进行重新评审，并对重新评审结果进行公示。整个异议处置过程符合上述异议处理的规定，亦符合正当程序要求，并无不当。省住建厅受理福建丙集团的行政复议申请后，以案涉项目第一次评标结果未被确定无效，公示结果未被撤销的情形下，乙公司再次确定中标候选人的做法，造成同时存在两个评标结果的认定，与事实不符。

省住建厅及福建丙集团上诉主张一审判决认定事实不清，适用法律不当的上诉理由，本院不予支持。

至于行政复议程序存在的问题，本院认可一审法院的评判，不再赘述。

福建丙集团上诉主张的原评标委员会委员存在违反评标活动纪律、甲公司在投标中弄虚作假等理由，未经过行政投诉处理阶段及行政复议决定认定，不在本案的评判范围。

综上，一审判决认定事实清楚，适用法律正确，程序合法。

裁判结果：

驳回上诉，维持原判决。

二十四、

招标人对投标人异议未实质性回复，行政监督机关直接作出处理决定违法

——甲公司与青田县水利局水利行政处理案

【裁判要旨】

第三人乙公司对自身投标文件是否有效提出投诉，应当先向招标人提出异议，招标人应当对此作出实质答复。因乙公司的异议请求成立与否属于评标委员会评标的职责，并非被告的职责，故在异议程序不成就的前提下，乙公司直接向被告提出投诉，被告受理后作出驳回乙公司投诉，并以"招标人答复意见不明确，答复未解决异议问题"为由发函招标人责成其向乙公司作出实质答复，并无明显不当。招标人收到《行政监督通知书》（青水监〔2016〕1号）后，仍未对乙公司的异议作出正面、合理、实质性的答复，仍无法确认其作出青经司〔2016〕5号《答复函》"乙公司要求复评（重新评审）无法律依据"的结论的理由和依据是什么。故被告在招标人仍未履行责成事项、异议程序仍不成就的前提下，依乙公司的投诉启动监督程序并作出实体处理，明显不当。

【法院及案号】

一审：丽水市莲都区人民法院，〔2016〕浙1102行初58号。

【当事人】

原告：甲公司。
被告：青田县水利局。
第三人：丙公司、乙公司。

【案情介绍】

2015年10月16日，青田县温溪镇横溪流域治理工程新西—东岸防洪堤工程Ⅱ、呈岙—林岙防洪堤工程开标，招标人系第三人丙公司，招标代理机构系丁公司。2015年10月19日，《中标候选人公示》载明：原告甲公司为中标候选人；第三人乙公司提交的投标文件商务报价中临时工程报价单价，未执行招标文件第三章评标办

法4.4投标文件的商务评审4.4.2条款（5）—3）之规定，作商务评审不合格处理；公示时间：2015年10月20日—2015年10月26日。2015年10月19日，乙公司对本公司此次投标被评为商务评审不合格有异议，向招标人提交《要求复评的报告》，要求对本公司的投标文件商务部分重新评审。2015年10月20日，招标人作出《关于"要求复评的报告"的答复》，建议乙公司向有关行政监督部门投诉。2015年10月22日，乙公司向被告青田县水利局提交《申诉书》，对本公司商务标为无效标提出投诉。2015年10月26日，乙公司再次向被告青田县水利局提交《申诉书》，认为本公司商务评审应为合格，投标文件为有效标。同日，被告青田县水利局作出《投诉受理决定书》，决定予以受理。2015年11月3日，被告作出青水利〔2015〕145号《函》，由招标人解释招标文件并考虑是否按上述条款组织复评。2015年11月13日，招标人作出青经司〔2015〕13号《函》，请求被告处置。2015年11月18日，被告作出青水利〔2015〕159号《函》，要求代理人丁公司就相关问题作出说明。2015年11月20日，代理人作出浙万函〔2015〕1号《复函》。2015年12月7日，被告作出《投诉处理决定书》（青水利〔2015〕169号），要求招标人组织复评。2015年12月10日，原告向县人民政府提起行政复议。2016年1月12日，县人民政府作出《行政复议决定书》（青政复决字〔2015〕10号），认为被告作出的《投诉处理决定书》（青水利〔2015〕169号）未对投诉反映的事实认定部分进行阐述，且作出"请招标人按照上述条款组织复评"缺乏上位法依据，属于认定事实不清，适用法律依据不足，决定撤销青水利〔2015〕169号决定，责令被告重作。2016年3月1日，被告作出《投诉处理决定书》（青水利决〔2016〕1号）（已生效），认为乙公司在投诉中对招标文件内容及投标过程并没有异议，只是要求确认其提供的投标文件为有效标，总分应当是第一名；乙公司的这一请求属于评标委员会评标的职责并非行政监督主管部门的职责；乙公司的投诉缺乏事实和法律依据，决定驳回乙公司的投诉。2016年3月2日，被告向招标人发出《行政监督通知书》（青水监〔2016〕1号），认为招标人答复意见不明确，答复未解决异议问题，责成招标人向乙公司作出正式答复。2016年3月10日，招标人作出青经司〔2016〕5号《答复函》，认为乙公司要求复评（重新评审）无法律依据。乙公司不服，于2016年3月18日向被告提交《投诉书》，要求被告作为上级主管部门及招标投标监督部门，督促招标人对各投标人投标书有效性进行核查，对招标过程中的违法行为进行调查和处罚，责令招标人停止招标投标程序。2016年3月23日，被告予以受理。2016年4月25日，被告作出青水利〔2016〕56号《通知》，成立联合调查小组。2016年4月28日，联合调查小组作出《投诉调查报告》。《专家组意见》4点意见与《投诉调查报告》的第2-5点意见一致。2016年4月29日，被告作出《投诉处理决定书》（青水利决〔2016〕2号），认为评标委员会未按照招标文件确定的评标标准和办法，对投标文件进行评审和比较，决定责令招标人重新评标。2016年4月29日，原告向市水利局提起行政复议。2016年7月8日，市水利局作出丽水利复决字〔2016〕2号行政复议决定书，以被告适用法律错误为由撤销《投诉处理决定书》（青水利决〔2016〕2号）。2016年8月5日，被告作出《投诉处理决定书》（青水利决〔2016〕3号），责令招标人重新评标。原告不服，提起行政诉讼。

【一审情况】

争议焦点：

招标人丙公司对投标人乙公司异议程序是否成就以及被告依乙公司的投诉启动监督程序并作出实体处理是否合法的问题。

法院观点：

第三人乙公司对自身投标文件是否有效提出投诉，应当先向招标人提出异议，招标人应当对此作出实质答复。但招标人在法定期限内仅作出建议乙公司向被告投诉的答复，未对投标文件是否有效作出实质评价，应视为招标人未对乙公司的异议作出答复，故乙公司对自身投标文件是否有效的异议程序不成就。因乙公司的异议请求成立与否属于评标委员会评标的职责，并非被告的职责，故在异议程序不成就的前提下，乙公司直接向被告提出投诉，被告受理后作出驳回乙公司投诉，并以"招标人答复意见不明确，答复未解决异议问题"为由发函招标人责成其向乙公司作出实质答复，并无明显不当。招标人收到《行政监督通知书》（青水监〔2016〕1号）后，仍未对乙公司的异议作出正面、合理、实质性的答复，仍无法确认其作出青经司〔2016〕5号《答复函》"乙公司要求复评（重新评审）无法律依据"的结论的理由和依据是什么。故被告在招标人仍未履行责成事项、异议程序仍不成就的前提下，依乙公司的投诉启动监督程序并作出实体处理，明显不当。故原告起诉要求撤销被告作出的《投诉处理决定书》（青水利决〔2016〕3号）的请求，本院予以支持。原告要求对自身中标进行备案的请求，并非本案的审查范围，本院不予审查。

裁判结果：

一、撤销被告青田县水利局于2016年8月5日作出的《投诉处理决定》（青水利决〔2016〕3号），责令其自本判决生效之日起于法定期限内重新作出行政行为。

二、驳回原告的其他诉讼请求。

二十五、

行政监督机构对投诉人的请求未明确回应的，应撤销后重新作出

——甲公司与市水利局、市人民政府行政处理复议案

【裁判要旨】

案涉招标单位及其代理公司在对潜在投标人作出的答疑文件中明确：同类产品供货业绩及类似工程业绩是指近3年（开标日往前推算3年）以来的1600毫米口径及以上潜水轴（混）流泵供货业绩"；其对原告甲公司的质疑回复中也确认：同类产品供货业绩及类似工程业绩是指近3年（开标日往前推算3年）以来的1600毫米口径及以上潜水轴（混）流泵供货业绩，也就是说供货时间只要是开标日往前推算3年即可。案涉投标评标活动中，第三人乙公司潜水贯流泵的业绩作为供货业绩计入得分，原告甲公司有异议，认为偏离了招标文件的评标办法，对此提出投诉。被告市水利局作出的案涉投诉处理决定中认定"潜水轴（混）流泵与潜水贯流泵是同类型产品"，但并未全面准确地回应原告的该投诉请求，并据以认定原告的该投诉事项不成立，属内容不当。故被告市水利局作出的案涉投诉处理决定，部分内容不具体不明确，依法应予撤销重做。

【法院及案号】

一审：潍坊高新技术产业开发区人民法院，〔2019〕鲁0791行初25号。

【当事人】

原告：甲公司。

被告：市水利局、市人民政府（以下简称"市政府"）。

第三人：乙公司。

【案情介绍】

2018年9月，原告甲公司与第三人乙公司都参加了"峡山水库胶东地区调蓄战略水源地工程-潍河下游调水入库工程水泵（含电机）采购1标段合同（合同编号：XSZLSY-

WHDSRK-CG201801)"的投标。招标单位为峡山水库胶东地区调蓄战略水源地工程建设局,招标代理为某水务招标有限公司。第三人乙公司为第一中标候选人。

2018年10月10日,原告向招标单位及其代理公司发出质疑函,对中标人乙公司投标业绩得分等提出质疑。2018年10月12日,招标单位及其代理公司针对原告的质疑作出了两份回复,一份主要内容为:"经核实招标文件及答疑文件,本项目答疑文件中明确规定了同类产品供货业绩及类似工程业绩是指近3年(开标日往前推算3年)以来的1600毫米口径及以上潜水轴(混)流泵供货业绩,也就是说供货时间只要是开标日往前推算3年即可";另一份主要内容为:"答疑文件是对招标文件的修正与补充,经核实,本项目答疑文件中明确规定了同类产品供货业绩及类似工程业绩是指近3年(开标日往前推算3年)以来的1600毫米口径及以上潜水轴(混)流泵供货业绩,也就是说供货时间只要是开标日往前推算3年即可。"

招标文件中"投标人资格"要求投标人为水泵合法制造企业,具有独立法人资格,产品具有相关部门出具的检验报告,近3年内具有同类产品供货业绩、信誉良好。招标单位及其代理公司对潜在投标人作出的二次招标答疑文件中明确记载:"同类产品供货业绩"是指近3年(开标日往前推算3年)以来的1600毫米口径及以上潜水轴(混)流泵供货业绩,"类似工程业绩"是指近3年(开标日往前推算3年)以来的1600毫米口径及以上潜水轴(混)流泵供货业绩。

2018年10月14日,原告向被告市水利局提出投诉,主要投诉事项为案涉2018年9月的招标文件和答疑文件中确定的同类产品供货业绩是潜水轴(混)流泵的供货业绩,评标过程中专家组将潜水贯流泵业绩作为乙公司的得分点,偏离了招标文件的评标办法。

2018年11月6日,被告市水利局作出《关于对甲公司对峡山水库胶东地区调蓄战略水源地工程项目水泵采购1标段投诉的处理决定书》,对原告甲公司的主要投诉事项(即第一项投诉事项)认定为:评标专家委员会在本次评标过程中将潜水轴(混)流泵与潜水贯流泵认为是同类型产品,未违背事实。被告市水利局经过调查取证,依据《工程建设项目招标投标活动投诉处理办法》第二十条第(一)项的规定,驳回了原告的投诉。2018年11月14日,被告市政府收到原告邮寄的行政复议申请。2019年1月14日,被告市政府作出潍政复决字〔2018〕第690号行政复议决定,维持了被告市水利局作出的案涉行政投诉处理决定,并依法送达。

另查明,机械行业标准《混流潜水电泵》JB/T 10608—2017适用于混流潜水电泵,机械行业标准《贯流泵》JB/T 10811—2020适用于贯流泵,机械行业标准《混流式、轴流式潜水电泵》JB/T 10179—2016适用于混流式、轴流式潜水电泵。

【一审情况】

争议焦点:

市水利局作出的案涉投诉处理决定是否全面准确地回应了原告的投诉请求。

法院观点：

《水利大辞典》与《水泵及水泵站》等专业文献中将轴流泵、贯流泵、混流泵分别介绍，结合轴（混）流泵与贯流泵分别适用不同机械行业标准的实际，可以认定轴流泵、贯流泵不是同一泵的两个名称，两者有所不同。

案涉招标单位及其代理公司在对潜在投标人作出的答疑文件中明确："同类产品供货业绩及类似工程业绩是指近3年（开标日往前推算3年）以来的1600毫米口径及以上潜水轴（混）流泵供货业绩"；其对原告甲公司的质疑回复中也确认：同类产品供货业绩及类似工程业绩是指近3年（开标日往前推算3年）以来的1600毫米口径及以上潜水轴（混）流泵供货业绩，也就是说供货时间只要是开标日往前推算3年即可。案涉投标评标活动中，第三人乙公司潜水贯流泵的业绩作为供货业绩计入得分，原告甲公司有异议，认为偏离了招标文件的评标办法，对此提出投诉。被告市水利局作出的案涉投诉处理决定中认定"潜水轴（混）流泵与潜水贯流泵是同类型产品"，但并未全面准确地回应原告的该投诉请求，并据以认定原告的该投诉事项不成立，属内容不当。

综上所述，被告市水利局作出的案涉投诉处理决定，部分内容不具体不明确，依法应予撤销重做。

裁判结果：

一、撤销被告市水利局作出的《关于对甲公司对峡山水库胶东地区调蓄战略水源地工程项目水泵采购1标段投诉的处理决定书》，并于30个工作日内重新做出处理决定。

二、撤销被告市政府作出的潍政复决字〔2018〕第690号行政复议决定。

二十六、

行政监督机关依据评标委员会错误评审结论作出的行政决定书亦错误

——甲公司与县行政审批局投诉行政处理案

【裁判要旨】

第三人乙公司在公司经营范围变更后,未将该变更登记后的营业执照上传至企业诚信库,造成以失效的营业执照参加曲阳中心小学异地新建一期项目施工的投标,不符合该项目招标文件的规定,应当确认其资审不合格。该项目评标委员会作出的复议评审意见,认定乙公司上传企业诚信库中的变更登记前颁发的营业执照为有效证件,属于认定事实错误。被告县行政审批局在对原告的投诉进行查处过程中,依据评标委员会的错误复议评审意见,作出的《投诉处理决定书》认定的事实亦属错误,应当予以撤销。

【法院及案号】

一审:连云港经济技术开发区人民法院,〔2019〕苏0791行初578号。

【当事人】

原告:甲公司。
被告:县行政审批局(以下简称"县审批局")。
第三人:曲阳小学、乙公司。

【案情介绍】

2019年9月3日,原告甲公司与乙公司一同参与了曲阳中心小学异地新建一期项目施工标段的投标工作。2019年9月4日至6日,评标结果在江苏省工程建设招标网公布,乙公司为第一中标候选人,原告为第二中标候选人。乙公司在该项目投标文件中提交的营业执照系2016年3月28日颁发,而2018年9月26日该公司的营业执照已进行了变更登记,并换发了新的营业执照。2019年9月6日,原告针对评标结果向第三人曲阳小学提交《异议书》,认为乙公司投标截止时上传在连云港公共资源交易中心信用库中的营业执照为2016年3月28日颁发，但该公司于2018年9月26日已完成新的变更登记，依据相关规定，应判定乙公司在该项目投标文件中的营业执照为无效证件，其行为违反了该项目《招标文件》第三章评标办法2.2.2资格评审标准，主张取消乙公司为第一中标候选人资格，公布原告为第一中标候选人。曲阳小学同日受理了原告提出的异议申请，并要求乙公司就原告提出的异议进行澄清。2019年9月16日，乙公司对此提供了相关澄清材料，认为其在投标过程中所提供的营业执照真实有效，并附连云港市市场监督管理局出具的2016年3月28日颁发的营业执照照面登记信息合法有效的《证明》。2019年9月18日，该项目的评标委员会出具《复议评审意见书》，评审意见为乙公司上传诚信库中的营业执照满足招标文件资格审查要求，维持原评审结果。同日，曲阳小学针对原告的异议作出《异议答复函》，认为乙公司上传诚信库中的营业执照满足招标文件资格审查要求，维持原评审结果。本项目中标候选人公布截止日期延迟至2019年9月19日。原告不服该异议答复，遂向被告县审批局递交《投诉书》，要求取消乙公司第一中标候选人资格，公布其为第一中标候选人。被告于2019年9月20日收到并受理原告的《投诉书》，调查核实投诉事项。2019年9月24日，连云港市市场监督管理局行政审批处出具《证明》，内容为"乙公司2016年3月28日颁发的营业执照，照面登记信息合法有效"。2019年10月14日，该项目的评标委员会出具《第二次复议评审意见书》，评审意见认为乙公司上传诚信库中的营业执照有效（只针对诚信库上传的营业执照），满足招标文件资格审查要求，维持原评审结果。2019年10月30日，被告县审批局作出《投诉处理决定书》，决定驳回原告的投诉。原告对该处理决定不服，遂而成诉。

【一审情况】

争议焦点：

第三人乙公司在案涉工程投标文件中上传于企业诚信库中的营业执照是否有效。

法院观点：

首先，从法律规定来看。《中华人民共和国公司登记管理条例》第五十四条第一款规定，公司登记机关作出准予公司名称预先核准决定的，应当出具《企业名称预先核准通知书》；作出准予公司设立登记决定的，应当出具《准予设立登记通知书》，告知申请人自决定之日起10日内，领取营业执照；作出准予公司变更登记决定的，应当出具《准予变更登记通知书》，告知申请人自决定之日起10日内，换发营业执照；作出准予公司注销登记决定的，应当出具《准予注销登记通知书》，收缴营业执照。该条例第五十九条规定，……公司登记机关依法作出变更登记、注销登记、撤销变更登记决定，公司拒不缴回或者无法缴回营业执照的，由公司登记机关公告营业执照作废。根据上述规定，公司变更登记事项被准许的，应当缴回旧的营业执照，并换发新的营业执照；缴回的营业执照失效作废。

其次，从招标文件规定来看。曲阳中心小学异地新建一期项目施工招标文件第二章投标须知第3.6.3规定：……投标人有义务核查投标文件中相应链接，以及从企业诚信库中获取扫描件的有效性和真实性，如存在扫描件无效、不清晰、不完整或链接无效等情形的，投标人应及时更新企业诚信库相关材料，并重新链接获取相应信息。未按本项要求从企业诚信库中获取的材料，在评标时该材料不予认可。该项目招标文件第三章评标办法第2.2.2资格评审标准中的评标入围条件之一即是"具备有效的营业执照"。在该章最后"提醒"部分规定，所有投标人务必完善企业诚信库资料，将体现证件有效期、企业、建造师基本信息及变更等相关内容清晰完整上传，如果因企业诚信库不完善、上传的原件扫描件不完整、无法清晰辨认或链接打不开的，将视为资格审查不合格。未按要求上传导致资审不合格的投标企业，后果自负。从招标文件的以上规定来看，投标人有义务及时更新和完善企业诚信库登记的信息，有变更事项的应完整上传至企业诚信库；因企业诚信库不完善的，将视为资审不合格。

最后，具体到本案。本案中，第三人乙公司的经营范围在2018年9月26日即已发生变更，且换发了营业执照，则其换发前的营业执照即2016年3月28日颁发的营业执照自换发之日起失效。第三人乙公司在公司经营范围变更后，未将该变更登记后的营业执照上传至企业诚信库，造成以失效的营业执照参加曲阳中心小学异地新建一期项目施工的投标，不符合该项目招标文件的规定，应当确认其资审不合格。该项目评标委员会作出的复议评审意见，认定乙公司上传企业诚信库中的变更登记前颁发的营业执照为有效证件，属于认定事实错误。被告县审批局在对原告的投诉进行查处过程中，依据评标委员会的错误复议评审意见，作出的《投诉处理决定书》认定的事实亦属错误，应当予以撤销。况且，根据《江苏省房屋建筑和市政基础设施工程招标投标活动异议与投诉处理实施办法》第二十四条第一款的规定，只有当投诉事项涉及专业性或者技术性问题时，行政监督部门方可将评标委员会的复核说明作为处理投诉的依据；而本案中所涉的营业执照的效力问题并非技术性或专业性问题，而是属于常识性问题，因此，对被告辩称的依据评标委员会的复核意见作出处理决定符合法律、法规规定的辩称意见，本院依法不予采信。

综上，原告要求撤销被诉投诉处理决定并重新作出处理决定的诉讼请求，有事实和法律依据，本院依法予以支持。

裁判结果：

一、撤销被告县审批局于2019年10月30日对原告甲公司的投诉作出的《投诉处理决定书》。

二、被告县审批局于本判决生效之日起三十个工作日内对原告甲公司的投诉重新作出处理决定。

二十七、

弄虚作假骗取中标应当被处罚，不以投标人中标或成交为处罚前提条件

——甲公司与县财政局、县人民政府招标投标行政处罚复议案

【裁判要旨】

《中华人民共和国招标投标法实施条例》第六十八条第一款"投标人以他人名义投标或者以其他方式弄虚作假骗取中标的，中标无效；构成犯罪的，依法追究刑事责任；尚不构成犯罪的，依照招标投标法第五十四条的规定处罚。依法必须进行招标的项目的投标人未中标的，对单位的罚款金额按照招标项目合同金额依照招标投标法规定的比例计算。"《贵州省招标投标条例》第四十三条第三款规定"有下列情形之一的，投标保证金不予退还：(三)投标文件中提供虚假材料的"，《中华人民共和国政府采购法》第七十七条第一款第(一)项规定："供应商有下列情形之一的，处以采购金额千分之五以上千分之十以下的罚款，列入不良行为记录名单，在一至三年内禁止参加政府采购活动，有违法所得的，并处没收违法所得，情节严重的，由工商行政管理机关吊销营业执照；构成犯罪的，依法追究刑事责任：(一)提供虚假材料谋取中标、成交的"，以上规定并不以投标人中标或成交为处罚前提条件。本案甲公司主张其未获取中标或成交，故不应受到处罚的主张与上述法律法规规定不符。

【法院及案号】

一审：兴义市人民法院，〔2018〕黔2301行初80号。

【当事人】

原告：甲公司。

被告：县财政局、县人民政府（以下简称"县政府"）。

【案情介绍】

2018年2月13日，乙公司作为采购代理机构，对外发出《安龙财政局一事一议、美丽乡村项目太阳能路灯采购项目》（项目编号：州公易采[201801]-021号-1）公开招

标采购项目公告(以下简称《招标公告》),采购主要内容:太阳能路灯采购,采购预算:497.15万元,最高限价:497.15万元。《招标公告》第一章第8条规定"投标供应商需具备太阳能路灯主要部件(LED灯具、太阳能电池板、灯杆、锂电池、控制器)的生产能力,投标单位生产的(LED灯具、太阳能电池板、灯杆、锂电池、控制器)均具有省级及以上质监部门出具的检测报告(原件备查)"。2018年3月6日,原告甲公司向被告县财政局出具《同意招标文件条款声明》,载明"……我方完全同意招标文件的相关条款",法定地址:高邮市宋桥镇工业园区,并加盖甲公司的公章。之后,甲公司在其投标文件中提供有2017DPWA00819的产品编号的材料。

2018年4月20日,国家太阳能光伏产品质量监督检验中心出具国光检函〔2018〕5号《关于对"黔西南布依族苗族自治州监察委员会关于请求协助查询质检报告真伪的函"的复函》(以下简称"国光5号复函"),认定:本中心未出具过编号为2017DPWA00819的检验报告。

2018年8月6日,县财政局提供的《安龙财政局送达地址确认书》《安龙财政局送达回证》记载4号行政处罚决定权利、义务告知书签收人为"夏某辉",告知内容为拟对甲公司作出行政处罚的内容、权利义务告知等。2018年8月28日,县财政局以国家光伏监测中心未出具过投标人甲公司投标文件中编号为2017DPWA00819的检验报告,以甲公司在投标文件中提供虚假材料的行为,损害国家利益、社会公共利益和他人的合法权益为由,根据《中华人民共和国政府采购法》(以下简称《政府采购法》)第七十七条第一款、《中华人民共和国招标投标法》(以下简称《招标投标法》)第五十四条、《中华人民共和国招标投标法实施条例》(以下简称《招标投标法实施条例》)第六十八条、《贵州省招标投标条例》第四十三条第三款的规定,对甲公司作出4号行政处罚决定,其中告知甲公司可提起行政复议的机关为"县政府",告知提起行政诉讼的期限为"三个月"。甲公司签收后,向被告县政府提出复议申请,县政府受理后,于2018年9月12日向甲公司送达了《行政复议受理通知书》。同年11月27日,县政府向甲公司送达了9号行政复议决定。

另查明,国家认证认可监督管理委员会对国家质检总局筹建的国家太阳能光伏产品质量监督检验中心授权,其检验内容为太阳能光伏产品。

【一审情况】

争议焦点:

有关行政行为的实体问题和程序问题是否合法的问题。

法院观点:

本院认为,本案所涉州公易采〔201801〕-021号-1公开招标采购项目属于政府采购项目,县财政局作为政府采购活动的监督管理部门,其监督管理主体和本案行政诉讼主体适格,有权对相关政府采购、招标投标活动进行监督,对违法行为进行处罚。

投标人参与政府采购活动，应当遵循公平竞争和诚实信用原则，应向招标人如实提供投标文件。甲公司提起本案诉讼，请求将4号行政处罚决定和9号行政复议决定予以撤销，其实质是请求将法律关系恢复到上述行政处罚决定和行政复议决定作出之前的状态。本院据此对有关行政行为的实体问题和程序问题进行审查。

关于本案实体问题。

一、法律适用。甲公司主张4号行政处罚适用《政府采购法》第七十七条、《招标投标法》第五十四条和《招标投标法实施条例》第六十八条和《贵州省招标投标条例》第四十三条第三款规定，系适用法律错误，认为甲公司未中标或成交，故不应予以处罚。首先，因《招标投标法》实施于2000年1月1日，是针对招标投标过程的程序性法律规定；《政府采购法》实施于2003年，是调整政府采购项目的专门法律，该法第二条第一款"在中华人民共和国境内进行的政府采购适用本法"和第二款"本法所称政府采购，是指各级国家机关、事业单位和团体组织，使用财政性资金采购依法制定的集中采购目录以内的或者采购限额标准以上的货物、工程和服务的行为"，第四条"政府采购工程进行招标投标的，适用招标投标法"，本案所涉采购项目采购主体是政府，所用资金是政府财政性资金，案涉政府采购活动必须适用《招标投标法》和《政府采购法》。其次，针对政府招标投标活动，《招标投标法》属于程序法，《政府采购法》属于实体法，县财政局作为政府采购项目的监督管理部门，有权根据上述两部法律及其行政法规对参与招标投标活动的对象进行监督和管理，本案适用上述法律、行政法规对原告提供虚假材料行为进行评判和处理，适用法律正确。

二、认定事实方面。根据《招标投标法》第五十四条第一款规定"投标人以他人名义投标或者以其他方式弄虚作假，骗取中标的，中标无效，给招标人造成损失的，依法承担赔偿责任；构成犯罪的，依法追究刑事责任"，第二款规定"依法必须进行招标的项目的投标人有前款所列行为尚未构成犯罪的，处中标项目金额千分之五以上千分之十以下的罚款，对单位直接负责的主管人员和其他直接责任人员处单位罚款数额百分之五以上百分之十以下的罚款；有违法所得的，并处没收违法所得；情节严重的，取消其一年至三年内参加依法必须进行招标的项目的投标资格并予以公告，直至由工商行政管理机关吊销营业执照"；《招标投标法实施条例》第六十八条第一款"投标人以他人名义投标或者以其他方式弄虚作假骗取中标的，中标无效；构成犯罪的，依法追究刑事责任；尚不构成犯罪的，依照招标投标法第五十四条的规定处罚。依法必须进行招标的项目的投标人未中标的，对单位的罚款金额按照招标项目合同金额依照招标投标法规定的比例计算"，第二款第（一）项"投标人有下列行为之一的，属于招标投标法第五十四条规定的情节严重行为，由有关行政监督部门取消其一年至3年内参加依法必须进行招标的项目的投标资格：（一）伪造、变造资格、资质证书或者其他许可证件骗取中标"；《贵州省招标投标条例》第四十三条第三款规定"有下列情形之一的，投标保证金不予退还：（三）投标文件中提供虚假材料的"，上述法律、法规的适用明确了参与投标人弄虚作假可能产生的不同法律后果和招致的不同处罚，其中包含未中标、未构成犯罪情形下认定情节严重行为以及其处罚幅度、范围。《政府采购法》第七十七条第一款第（一）项规定："供应商有下列情形之一的，处以采购金额千分之五以上千分之十以下的罚款，列入不良行为记录名单，在一至三年内禁止参加政府采购活动，有违法所得的，并处没收违法所得，情节严重的，由工商行政管理机关吊销营业执照；构成犯罪的，依法追究刑事责任：（一）提供虚假材料谋取中标、成交的"，该法规定并不以投标人中标或成交为处罚前提条件。本案甲公司提供的投标文件中提供投标文件中编号为2017DPWA00819的检验报告属于虚假材料，其主张不是上述编号所涉材料的持有人，不应承担该材料虚假产生的法律后果。但是，并无证据显示甲公司要求退回其所交的投标保证金，其提供记载上述编号的材料依然是作为参与政府采购竞标的重要资料，上述事实均能证明甲公司积极参与此次政府采购投标活动，谋取中标，根据诚实信用原则，投标人应对其投标文件的真实性承担责任，故甲公司的上述主张不能成立。此外，甲公司主张其未获取中标或成交，故不应受到处罚的主张与上述法律法规规定不符，本院对其主张不予支持。被告县财政局对原告甲公司提供虚假材料谋取中标的行为进行处罚，其实体处罚得当。

关于本案处罚的程序问题。

首先，根据《中华人民共和国行政诉讼法》第四十六条第一款规定"公民、法人或者其他组织直接向人民法院提起诉讼的，应当自知道或者应当知道作出行政行为之日起六个月内提出。法律另有规定的除外。"本案被告县财政局告知原告甲公司的起诉期限是三个月，属于程序违法。其次，根据《中华人民共和国行政复议法》第十二条第一款规定"对县级以上地方各级人民政府工作部门的具体行政行为不服的，由申请人选择，可以向该部门的本级人民政府申请行政复议，也可以向上一级主管部门申请行政复议"，县财政局作出处罚决定后仅向甲公司告知可向县政府申请行政复议，其程序亦属违法。上述所涉起诉期限和复议机关的告知事项，均是行政相对人对行政行为不服的救济程序，本案原告甲公司在收到4号行政决定后，在法定期限内向复议机关之一被告县政府提出复议申请，经县政府复议后提出本案诉讼，其救济程序得到了保障，被告县财政局未依法准确告知原告甲公司起诉期限和复议机关的违法程序未对原告的实体权利产生实质影响，属于程序性瑕疵。第三，对于县财政局在作出4号处罚决定之前的处罚前程序告知事项送达问题。甲公司称签收4号行政处罚决定作出前的陈述、申辩和听证通知书的签收人"夏某辉"并非其委托签收人，从被告县财政局庭后提交的证据来看，原告甲公司在4号处罚决定作出过程中委托了相关人员办理有关手续，包括领取和签收有关文书，然而由于被告逾期举证导致证据失权，故此份证据本院不再组织双方质证，也不再作为本案定案依据。但是，由于本案涉及行政机关对政府采购活动领域履行法定监管职责，涉及的行政处罚是行政制裁的重要手段，其目的在于规范招标投标市场秩序，以维护招标投标活动的正常运行，对维护公共利益和其他参与投标活动的主体的合法权益有重大意义，对推进社会诚信体系建设也能够起到重要示范作用，本案若以此为由撤销有关行政行为，必然依据《最高人民法院关于适用〈中华人民共和国行政诉讼法〉的解释》第二款规定，判决被告重新作出行政行为，最终产生的结果必然累及各方当事人，浪费国家行政资源和司法资源，另一点，被告县政府在对县财政局的处罚决定复议过程中，认可其实体处理的正确性，县财政局也能够提供其处罚程序的合法性依据，从而做出维持的复议决定，如若将4号处罚决定以关键证据失权为由予以撤销，那么9号复议决定的存在就失去其依据，法律上亦无对9号复议决定效力的评价，综上分析，从维护社会公共利益，减少当事人诉累，有效利用国家司法资源和行政资源出发，本院不宜撤销4号行政处罚决定。

关于9号行政复议决定。被告县政府是本案所涉行政处罚的法定复议机关，其有权对4号行政处罚决定进行复议审查。其在收到原告甲公司的申请后，依法予以立案，并向相关当事人各方送达了有关文书材料，在进行必要的调查和阅卷后判定4号行政处罚决定的实体处理得当，随后作出的9号行政复议决定。县政府的复议过程符合《中华人民共和国行政复议法》第二十二条规定的书面审查原则，复议审查程序合法，事实清楚，证据确凿，适用依据正确，其作出维持的处理结果并无不当，依法应予维持。

综上所述，本案被告县财政局在作出4号行政处罚决定过程中存在未能准确告知原告甲公司享有的救济权利，即未能准确告知行政相对人起诉期限和法定复议机关，但是，并未对原告甲公司的实体权利产生实质影响，故应依法确认相关行政行为违法，驳回原告对复议决定的诉讼请求。

裁判结果：

一、被告县财政局作出的《县财政局行政处罚决定书》（安财采处〔2018〕4号），程序违法。

二、驳回原告甲公司对被告县政府的诉讼请求。

二十八、

行政监督部门针对非投标人的举报作出的处理决定书，举报人就系该行政处理行为的相对人

——彭某娥等与县交通运输局行政处理案

【裁判要旨】

行政监督部门对举报人是否属招标投标活动的参与者或者与投诉项目有无利害关系，应当在受理举报以前查明，再决定是否予以受理。行政监督部门既然已经受理该举报，且已经针对该举报作出了行政处理决定，举报人系该行政处理行为的相对人。

【法院及案号】

一审：隆回县人民法院，〔2016〕湘0524行初41号。

【当事人】

一审原告：彭某娥、胡某佩、郭某东、郭某、文某华。
一审被告：县交通运输局。

【案情介绍】

S219隆回县金石桥至六都寨公路工程（六都寨环城线）项目于2016年7月在互联网上公开发布了招标文件，招标人为隆回县公益性公路建设公司，招标代理为湖南某工程建设咨询有限公司。招标文件发布后，共有江西某工程集团有限公司等49家企业报名。湖南省某路桥建筑有限公司等36家企业通过身份验证并递交了有效招标文件，缴纳了保证金。2016年8月8日，经该项目的评标委员会评审，确定了两家不合格投标人，推荐中标候选人第一名为湖南某通路桥集团有限公司，第二名为湖南某建设集团有限公司，第三名为岳阳市某路桥工程建设有限公司。评标结果于2016年8月9日在湖南省招标投标监管网上公示。同年8月9日至11日，原告彭某娥等五人分别向隆回县纪律检查委员会、县交通运输局书面举报称，招标、评审中存在严重违规行为。县交通运输局收到举报后，于2016年8月25日向评审委员会专家评委中的主任评委调查询问了相关情况后，于同年9月1日作出《关于举报隆回县公益性公路建

设公司招标、评审中违规行为的处理决定》(隆交字〔2016〕56号),对本次招标、评审结果予以确认。同年9月7日,招标人隆回县公益性公路建设公司和招标代机构湖南某工程建设咨询有限公司联名向湖南某通路桥集团有限公司发出《中标通知书》,确定该单位为中标人。

原告彭某娥、郭某、胡某佩、文某华、郭某东对县交通运输局的处理决定不服,按照决定书告知的诉权于2016年9月7日向本院提起行政诉讼,请求人民法院撤销该行政处理决定,责令被告重新调查并作出新的处理决定。

【一审情况】

争议焦点:

一、关于彭某娥、郭某、胡某佩、文某华、郭某东是否具有本案原告资格的问题。

二、关于被诉行政行为程序是否违法的问题。

法院观点:

一、关于彭某娥、郭某、胡某佩、文某华、郭某东是否具有本案原告资格的问题。一审法院认为彭某娥等人为本案当事人,理由如下:

被告县交通运输局所作的行政处理决定所述,该行政行为就是针对上述五人的举报而作,至于彭某娥等五人是否属招标投标活动的参与者或者与投诉项目有无利害关系,被告作为受理其举报的行政机关应当在受理举报以前查明,再决定是否予以受理。被告既然已经受理该举报,且已经针对该举报作出了行政处理决定,彭某娥等五人应系该行政处理行为的相对人,根据《湖南省招标投标活动投诉处理办法》第二十八条中"当事人对行政监督部门的投诉处理决定不服可以依法提起行政诉讼"的相关规定,依法具有本案原告资格。

二、关于被诉行政行为程序是否违法的问题。一审法院认为被诉行政行为程序违法,理由如下:

原告彭某娥等五人所举报的是业主单位隆回县公益性公路建设公司在S219隆回县金石桥至六都寨公路(六都寨环城线)项目的招标、评审行为中存在严重违规行为,被举报人是隆回县公益性公路建设公司,接受举报并对该招标、评标行为作出评判的是被告县交通运输局。经查明,隆回县公益性公路建设公司的法定代表人和县交通运输局的法定代表人系同一人,隆回县公益性公路建设公司的工作人员同时也具备县交通运输局工作人员的身份。被告在作出行政处理决定时没有遵循回避原则,可能影响行政行为的公正性。故本院应当依法撤销该行政处理决定。鉴于被告所作的行政行为是因为被告应当回避而未回避被撤销,故原告请求本院在判令撤销被告所作的行政处理决定同时责令被告重新调查并作出新的行政行为,显然不妥当,本院对该项诉讼请求不予支持。综上所述,被告县交通运输局所作的《关于举报隆回县公益性公路建设公司招标、评审中违规行为的处理决定》(隆交字〔2016〕56号)

程序违法,应予撤销。

裁判结果:

一、撤销被告县交通运输局2016年9月1日所作的《关于举报隆回县公益性公路建设公司招标、评审中违规行为的处理决定》(隆交字〔2016〕56号)。

二、驳回原告彭某娥、胡某佩、郭某东、郭某、文某华其他诉讼请求。

二十九、

行政监督机关在行政处罚时，除适用一般性规定外，还应写明具体的法律规定，以保障行政相对人的行使抗辩权

——甲公司与县公共资源交易监督管理局行政处罚案

【裁判要旨】

行政监督机关对行政相对人存在的违法行为拟作出行政处罚决定时，除在适用法律法规的一般性规定外，还应适用涉及违法行为的具体条款，以保障行政相对人对具体的违法行为行使合法的抗辩权。

【法院及案号】

一审：谷城县人民法院，〔2018〕鄂0625行初9号。

【当事人】

一审原告：甲公司。
一审被告：县公共资源交易监督管理局。

【案情介绍】

2016年7月18日，原告甲公司与襄阳某建设投资有限公司签订一份《工程建设项目招标代理协议书》，双方就工程项目"国瑞苑2号住宅楼"工程施工招标代理事项协商一致。该工程招标规模约26085.39m^2，总投资额约4000万元。2015年8月13日，谷城县发展和改革局作出《谷城县发展和改革局关于核准襄阳某建设投资有限公司"国瑞苑"小区建设项目的通知》（谷发改审批〔2015〕119号），将该项目核准情况如下：一、襄阳某建设投资有限公司兴建国瑞苑小区建设项目，符合县城总体规划和相关要求，原则同意该项目实施。二、建设地址：谷城县城关镇三里桥社区和邱家楼社区。三、建设规模及主要建设内容：总建筑面积42160.89m^2，商住楼4栋。其中：2栋30层，1栋18层和1栋11层。四、总投资及资金筹措方案：该工程估算总投资5760万元，资金来源为单位自筹。五、文件要求项目在建设中严格执行国家建筑节能设计标准，严把质量关。该项目自发文之日起，有效期两年。六、建设工期三

年。七、核准同意该项目招标范围为全部招标，招标组织形式为委托招标，招标方式为公开招标。2016年8月6日，原告甲公司及其委托人分别向三家建筑安装公司发出了投标邀请书，邀请参加该项目施工投标。2016年8月16日，"国瑞苑"2号楼建设工程在谷城县财政局经济开发区分局综合招标中心平台开标，并经相关人员评标后，确定中标人为湖北某建筑安装工程有限责任公司。2016年8月26日，该公司与原告的委托人签了《建设工程施工合同》，签约合同价为3723.38万元。2017年7月5日，因原告代理该项目的招标未在谷城县公共资源交易中心进行公开招标，被告对原告作出（谷公监）罚字〔2017〕第（11）号《行政处罚决定书》，原告不服，向本院提起行政诉讼。

【一审情况】

争议焦点：

一、关于认定事实是否清楚的问题。

二、关于法律是否适用正确的问题。

法院观点：

一、关于认定事实是否清楚的问题。一审法院认为认定事实不清，理由如下：

行政处罚决定书是最重要的行政处罚文书，具有严肃性、强制性和对当事人的约束力，也是人民法院强制执行当事人财产的依据之一。《中华人民共和国行政处罚法》及相关法规对行政处罚决定书的制作要件有着严格的规定和要求，对行政处罚决定书的措辞、内容、格式和规范等都起到了一定的作用，保证了行政处罚决定书的质量，保护了当事人的合法权益。根据《中华人民共和国行政处罚法》第三十九条的规定，行政处罚决定书应当载明下列事项：（一）当事人的姓名或名称、地址；（二）违反法律、法规或者规章的事实和证据。①案件事实的表述要完整准确，包括案件来源，违法行为发生的时间、地点、经过、情节和结果等要素。相关单位和个人，涉案违法标的物、违法行为定性及相应的违法后果等内容应表述清楚。②证据的列举。违法事实必须经过调查核实、有充分证据证明违反法律法规和规章的行为。对于认定事实的证据要求明确、具体，全面列举认定违法事实的主要证据，认定的每个违法事实要素都要有证据支撑以及证据分析过程。③行政处罚决定前告知情况。对是否采纳当事人所提出观点的理由应当详尽说明，对不采纳的理由要援引法律法规。（三）行政处罚的种类和依据。对违法事实认定后实施处罚的理由和处罚的法律依据，应结合案情，对具体适用的法律条款作为处罚依据的理由进行解释；引用法律条款要准确，符合法律适用原则，自由裁量权的行使要规范合理。（四）行政处罚的履行方式和期限；（五）不服行政处罚决定，申请行政复议或者提起行政诉讼的途径和期限；（六）作出行政处罚决定的行政机关名称和作出决定的日期。最后，加盖作出行政处罚决定的行政机关的印章。上述内容是对行政处罚决定书的制作最基本要求。本案被告所作出的行政处罚决定书存在以下问题：（一）处罚决定书没有表述违法行为发生的时间、地点、经过、情节、结果以及案涉合同金额等，仅以未进入县公共资源交易中心进行交易，属于场外交易的行为的陈述，代表原告全部违法事实情况，显然不符合法律法规规定的要求，导致原告即使对被告认定的事实存在异议，也无法有针对性地行使合法抗辩权。故本案认定事实不清。（二）行政处罚决定书中无证据列举。①被告在法定期限内向本院提交的证据中无执法人员行政执法证件，不能证明办案人员在办理案件时具有合法资格；②被告所举证据均为复印件，庭审中也未提供原件供原告质证，原告在质证中除对部分复印件证据无异议外，对涉及违法行为的主要证据即原告代理项目招标投标的相关材料提出异议。根据《最高人民法院关于行政诉讼证据若干问题的规定》第十条规定："当事人向人民法院提供书证的，应当提供书证的原件，提供原件确有困难的，可以提供与原件核对无误的复印件、照片、节录本"。本案中，被告在对原告代理项目招标投标相关材料依法取证时，未经原件持有者核对无误予以确认，且部分复印件材料复印模糊不清，无法辨认，不能确定证据的真实性、合法性。故该项证据不能作为认定案件事实的根据，本案认定违法事实的证据不足。

二、关于法律适用是否正确的问题。一审法院认为适用法律错误，理由如下：

本案是对招标代理机构作出的行政处罚决定。（一）被告认定原告违反了《中华人民共和国招标投标法》第十五条和《中华人民共和国招标投标法实施条例》第十三条第二款，关于招标代理机构应当在招标人委托的范围内办理招标事宜，并遵守法律法规关于招标人的规定。本院认为，招标人和招标代理机构之间在法律上是委托代理关系，因此，代理权是招标代理机构代理活动的基础，代理权限范围即是代理机构以被代理人名义进行活动的全部业务范围。其法律意义在于招标代理机构在代理权限范围内从事招标活动，所造成的法律后果由被代理人即招标人承担。招标代理机构在没有代理权、超越代理权或代理权已终止的情况下都不是代理行为，其所造成的后果应有招标代理机构自行负责，给招标人造成损失的，还应对招标人承担赔偿责任。招标代理机构应当在招标人委托的范围内办理招标事宜。招标代理机构的法律地位决定了其既要遵守法律法规对招标代理人的法律规定，也要遵守法律法规关于招标人的规定。遵守法律法规关于招标人的规定，主要包括法律法规关于对招标人明确规定的行为，如招标人不得透露标底、依法必须招标的项目，招标人应当在法律期限内，向有关行政监督管理部门提交有关招标投标情况的书面报告等。因此行政相对人存在违法行为，行政机关在作出行政处罚决定时，除在适用上述两项法律法规的一般性规定外，还应适用涉及违法行为的具体条款。本案被告依据上述两项法律法规的规定，对原告进行处罚，适用法律不够具体、完整。也使原告不能针对具体的违法行为行使合法的抗辩权。（二）被告认定原告违反了《湖北省招标投标管理办法》第四十二条的规定："违反本办法规定，有下列行为之一的招标无效，由招标投标管理办公室责令限期改正，并对招标人处以3万元以下的罚款；对全部或者部分使用国有资金的项目，由有关行政主管部门按照职责范围暂停项目执行或者暂停资金拨付：(一)不按规定进入综合招标投标中心招标投标的或者有违反本办法第三十八条之规定的；(二)有违反本办法第四十条之规定的行为的"。从该条文表述中可以看出该条款是对招标人违反法律规定，应当承担的法律责任。本院认为，按照责任法定原则，即违法行为发生后应当按照法律法规规章规定的性质、范围、程序、期限、方式追究违法者的责任，作为一种否定性法律后果，它应当由法律规范预先规定，并排除无法律依据的责任，即责任擅断和"非法责罚"，在一般情况下要排除对行为人存在的既往追溯。本案中，虽然法律法规规定了招标代理机构应当遵守法律法规关于招标人的规定，但并未规定同一违法行为，应接受同样的行政处罚。因此该条款适用于"招标人"而不适用"招标代理机构"，故本案适用法律错误。

裁判结果：

撤销被告县公共资源交易监督管理局于2017年7月5日作出的（谷公监）罚字〔2017〕第（11）号《行政处罚决定书》。

三十、

投诉书没有法定代表人或授权代表签字的，行政监督机关应当不予受理其投诉，已受理并作出的决定的，程序违法

——市住房和城乡建设局与甲公司等行政复议案

【裁判要旨】

根据《工程建设项目招标投标活动投诉处理办法》第七条规定："……投诉人是法人的，投诉书必须由其法定代表人或者授权代表签字并盖章；……"，法人工程建设项目招标投标活动进行投诉的，投诉书必须由其法定代表人或者授权代表签字并盖章。投诉书没有法定代表人或授权代表签字的，行政监督机关应当不予受理其投诉，已受理并作出的决定的，程序违法。

【法院及案号】

一审：济南市历下区人民法院，〔2019〕鲁0102行初56号。

二审：山东省济南市中级人民法院，〔2019〕鲁01行终867号。

再审：山东省高级人民法院，〔2020〕鲁行申577号。

【当事人】

一审原告、二审被上诉人、再审被申请人：甲公司。

一审被告、二审上诉人、再审申请人：市住房和城乡建设局（以下简称"市住建局"）。

一审第三人：某投集团、某招标公司、乙公司。

一审被告：市人民政府。

【案情介绍】

济南西部会展中心（展览中心部分）消防天窗自动开启器（系统）采购项目的主要招标人系济南某投资开发集团有限公司（以下简称"某投集团"），招标代理机构为山东省某招标中心有限公司（以下简称"某招标公司"）。该项目于2018年1月26日开标，于2018年4月23日发布中标公告，甲公司为中标单位。在中标公告公示期间，

山东某信息科技有限公司(以下简称"乙公司")向某投集团提出异议,认为甲公司提供的样品不满足招标文件要求。某投集团、某招标公司于2018年4月26日作出回复,告知乙公司其将积极组织相关部门及专家对提出的问题进行复审。乙公司于该回复作出当日向市住建局提交《投诉函》,投诉甲公司在投标中提供的样品未实质响应招标文件,不能作为中标人。该《投诉函》中法定代表或授权代表签字处署名为"刘某"。而本案无证据证明刘某是该公司的法定代表人,亦无证据证明刘某为授权代表。2018年6月26日,甲公司向市住建局提出对乙公司及对某投集团、某招标公司的两份投诉。其两份《投诉书》中仅加盖了公司公章,没有法定代表人或授权代表签字。市住建局于2018年10月11日作出《济南西部会展中心(展览中心部分)消防天窗自动开启器(系统)采购项目投诉处理决定书》,主要内容为:"依据《工程建设项目招标投标活动投诉处理办法》(国家七部委第11号令)第二十一条规定,根据上述专家评审委员会的评审意见,甲公司在本次招标项目中,未实质响应招标文件要求,中标无效;乙公司投标文件中提供的品牌业绩不应作为业绩加分项予以加分,应当予以调整;招标人及招标代理发布第二名为中标候选人的形式欠缺合理性,责令其整改,并依据相关规定和招标文件重新完善后续手续。"甲公司不服该决定,向市人民政府提起行政复议,市人民政府于2019年1月23日作出济政复决字〔2018〕369号行政复议决定,维持市住建局于2018年10月11日作出《济南西部会展中心(展览中心部分)消防天窗自动开启器(系统)采购项目投诉处理决定书》的具体行政行为。一审另查明,市住建局在收到甲公司对某投集团和某招标公司的投诉后,无证据证明其在处理投诉过程中听取了被投诉人的陈述和申辩。

【一审情况】

争议焦点:

关于案涉行政行为是否合法的问题。

法院观点:

一审法院认为案涉行政行为违法,理由如下:

《工程建设项目招标投标活动投诉处理办法》第七条规定:"投诉人投诉时,应当提交投诉书。投诉书应当包括下列内容:(一)投诉人的名称、地址及有效联系方式;(二)被投诉人的名称、地址及有效联系方式;(三)投诉事项的基本事实;(四)相关请求及主张;(五)有效线索和相关证明材料。对招标投标法实施条例规定应先提出异议的事项进行投诉的,应当附提出异议的证明文件。已向有关行政监督部门投诉的,应当一并说明。投诉人是法人的,投诉书必须由其法定代表人或者授权代表签字并盖章;其他组织或者个人投诉的,投诉书必须由其负责人或者投诉人本人签字,并附有效身份证明复印件。投诉书有关材料是外文的,投诉人应当同时提供其中文译本"。本案中,乙公司向市住建局提交的《投诉函》中,法定代表人或授权代表签字中署名为"刘某",而本案无证据证明"刘某"是该公司的法定代表人,亦无证据证明其为授权代表,应认为乙公司的《投诉函》无法定代表人或授权代表签字。甲公司向市住建局提交的两份《投诉书》中仅加盖了公司公章,没有法定代表人或授权代表签字,不符合上述规定。《工程建设项目招标投标活动投诉处理办法》第十二条规定:"有下列情形之一的投诉,不予受理:(一)投诉人不是所投诉招标投标活动的参与者,或者与投诉项目无任何利害关系;(二)投诉事项不具体,且未提供有效线索,难以查证的;(三)投诉书未署具投诉人真实姓名、签字和有效联系方式的;以法人名义投诉的,投诉书未经法定代表人签字并盖章的;(四)超过投诉时效的;(五)已经作出处理决定,并且投诉人没有提出新的证据的;(六)投诉事项应先提出异议没有提出异议、已进入行政复议或者行政诉讼程序的"。按照上述规定,市住建局对乙公司、甲公司的投诉,均应不予受理。市住建局受理两公司投诉的行政行为缺少证据和依据,故市住建局受理投诉并作出《济南西部会展中心(展览中心部分)消防天窗自动开启器(系统)采购项目投诉处理决定书》的行政行为违法。《工程建设项目招标投标活动投诉处理办法》第十四条规定:"行政监督部门受理投诉后,应当调取、查阅有关文件,调查、核实有关情况。对情况复杂、涉及面广的重大投诉事项,有权受理投诉的行政监督部门可以会同其他有关的行政监督部门进行联合调查,共同研究后由受理部门作出处理决定";第十六条规定:"在投诉处理过程中,行政监督部门应当听取被投诉人的陈述和申辩,必要时可通知投诉人和被投诉人进行质证"。市住建局在收到甲公司对某投集团、某招标公司的投诉后,无证据证明其对投诉事项逐一进行调查、核实有关情况,亦无证据证明其在处理投诉过程中听取被投诉人的陈述和申辩。综上,市住建局于2018年10月11日作出《济南西部会展中心(展览中心部分)消防天窗自动开启器(系统)采购项目投诉处理决定书》的行政行为主要证据不足,程序违法。市人民政府于2019年1月23日作出济政复决字〔2018〕369号行政复议决定,维持了市住建局上述投诉处理决定的复议行为亦违法。

裁判结果:

一、撤销市住建局于2018年10月11日作出《济南西部会展中心(展览中心部分)消防天窗自动开启器(系统)采购项目投诉处理决定书》的行政行为。

二、撤销市人民政府于2019年1月23日作出济政复决字〔2018〕369号行政复议决定的行政行为。

【二审情况】

争议焦点:

关于案涉行政行为是否合法的问题。

法院观点:

二审法院认为案涉行政行为违法,理由如下:

《工程建设项目招标投标活动投诉处理办法》第七条及第十二条规定，投诉人投诉时应当提交投诉书，投诉人是法人的，投诉书必须由其法定代表人或者授权代表签字并盖章；以法人名义投诉的，投诉书未经法定代表人签字并盖章的，不予受理。本案中，乙公司的《投诉函》中法定代表或授权代表签字中署名为"刘某"，而上诉人并未向原审法院提交证据证明"刘某"是该公司的法定代表人或授权代表；甲公司的两份《投诉书》均仅加盖了公司公章，没有法定代表人或授权代表签字，乙公司、甲公司的投诉书均不符合上述规定，市住建局对两公司的投诉，均应不予受理。市住建局受理两公司的投诉并作出处理决定的行政行为主要证据不足，程序违法。

裁判结果：

驳回上诉，维持原判。

【再审情况】

争议焦点：

关于案涉行政行为是否合法的问题。

法院观点：

再审法院认为案涉行政行为违法，理由如下：

《工程建设项目招标投标活动投诉处理办法》第七条规定："……投诉人是法人的，投诉书必须由其法定代表人或者授权代表签字并盖章；……"。本案中，乙公司向市住建局提交的《投诉函》中，法定代表人或授权代表签字中署名为"刘某"，而本案无证据证明"刘某"是该公司的法定代表人，亦无证据证明其为授权代表，应认为乙公司的《投诉函》无法定代表人或授权代表签字。甲公司向市住建局提交的两份《投诉书》中仅加盖了公司公章，没有法定代表人或授权代表签字，不符合上述规定。《工程建设项目招标投标活动投诉处理办法》第十二条规定："有下列情形之一的投诉，不予受理：……（三）投诉书未署具投诉人真实姓名、签字和有效联系方式的；以法人名义投诉的，投诉书未经法定代表人签字并盖章的；……"。按照上述规定，市住建局对乙公司、甲公司的投诉，均应不予受理。市住建局在收到甲公司对某投集团、某招标公司的投诉后，无证据证明其对投诉事项逐一进行调查、核实有关情况，亦无证据证明其在处理投诉过程中听取被投诉人的陈述和申辩。因此，市住建局受理两公司投诉的行政行为缺少证据和依据，程序违法。故市住建局受理投诉并作出《济南西部会展中心（展览中心部分）消防天窗自动开启器（系统）采购项目投诉处理决定书》的行政行为违法。市人民政府于2019年1月23日作出济政复决字〔2018〕369号行政复议决定，维持了市住建局上述投诉处理决定的复议行为亦违法。

裁判结果：

驳回市住建局再审申请。

投标人对开标有异议的，应当在开标现场提出，招标人应当当场作出答复，并制作笔录，否则程序违法

——甲公司与市住房和城乡建设局等行政处理案

【裁判要旨】

投标人对开标有异议的，应当在开标现场提出，招标人应当当场作出答复，并制作笔录。若招标人未制作笔录，招标人作出的处理不符合法律规定。

【法院及案号】

一审：日照市东港区人民法院，〔2016〕鲁1102民初3892号

二审：山东省日照市中级人民法院，〔2016〕鲁11民终1942号。

【当事人】

一审原告、二审被上诉人：甲公司。

一审被告、二审上诉人：市住房和城乡建设局（以下简称"市住建局"）。

原审第三人、二审上诉人：乙公司、丙公司。

原审第三人：某置业公司。

【案情介绍】

2017年1月20日，第三人某置业公司作为招标人，某监理公司作为招标代理机构发出项目编号：YWHW20170120003YQ义乌市中福广场项目（A、B组团）立体停车位设备及其伴随服务项目招标文件，该文件其中第一章招标公告3.投标人资格要求：3.1.1制造商参投的：（4）制造商停车设备须通过有效的ISO 9000系列质量管理认证、ISO14001系列环境体系认证、OHSAS18001职业健康认证体系，且认证范围内包含本次招标设备的设计、生产（制造）、安装。3.4开标顺序：一标→二标依序开标。该项目于2017年3月7日开标，包括原告甲公司，两第三人乙公司、丙公司在内有十家公司最终作为投标人在义乌市××资源交易中心××开标室参加开标。在开标过程宣读技术分时，原告甲公司就两第三人乙公司、丙公司是否具备体系认证中安

装和服务内容提出质疑;同时,因两个商务标同时开标,原告甲公司就开标顺序亦提起异议,资格异议由现场负责人向评标委员会进行了反映;开标顺序的异议经现场负责人询问义乌市公共资源交易中心和义乌市建设工程招标投标中心后以"系通常做法"当场予以答复并继续开标。两个异议及现场答复均未制作笔录。商务标开标有开标记录,由招标人冯某、唱标人王某、记录人和监标人代表签字。同日,经评标委员会评审,确定第三人丙公司、乙公司分别为一、二标段中标候选人并予以公示,公示日期为3月10日至3月14日。评标报告记载,在评审过程中,第三人某置业公司代表亦是评审委员会专家蒋某军、陈某斌对两中标候选人即本案第三人丙公司、乙公司认证体系中服务内容未明确安装内容,不符合文件要求提出异议。当日,原告甲公司即向第三人某置业公司、某监理公司和义乌市建设工程招标投标中心一并提出"关于义乌市中福广场项目(A、B组团)立体停车位设备及其伴随服务项目质疑函",质疑两第三人丙公司、乙公司和另一家深圳公司体系认证书认证范围内均不包含涉及"安装"的专业体系认证,违反文件要求的开标顺序同时开出商务标,建议该项目重新招标。3月13日某监理公司收文后于3月15日作出回复,称"现我方和招标人正在调查取证中,将按相关规定给予回复"。3月29日,原告甲公司又向第三人某置业公司等三家单位发出书面质疑函2,要求给予正面书面回复,并尽快公布结果。5月5日,第三人某置业公司、某监理公司针对原告甲公司的两项质疑作出书面回复,认为"经多次实地取证,取消丙公司和乙公司中标资格的理由不充分,按评标委员会评审意见处理,未违反招标文件规定程序开标"。2017年5月10日,原告甲公司向义乌市建设工程招标投标中心书面投诉,投诉:在义乌市中福广场项目(A、B组团)立体停车位设备及伴随服务项目的整个投标过程中,第三人某置业公司与某监理公司出现了重大的不合法违规操作。1.中标人丙公司、乙公司的资质不符合招标文件。2.某置业公司与某监理公司对甲公司对该项目的质疑不严肃对待。要求拿出废标理由不充分的法律依据及多次实地取证的证明文件。3.2017年3月10日时,在查询平台上发现丙公司没有相关安装的资质,而在5月10日查询时发现丙公司已经在5月5日通过安装的认证,说明在2017年5月5日前该公司没有安装的资质。4.关于招标文件中对开标程序有明确规定:开标顺序:一标、二标依序开标,但在开标现场一标、二标同时开出商务标,且中间还插进了另一个项目开标。希望按照法律法规作出合理解释及回复。随函附有两次查询第三人丙公司认证体系的附件和3月10日查询第三人乙公司认证体系的附件及认证证书。义乌市建设工程招标投标中心收到投诉函后,于5月17日向第三人某置业公司发函,"请贵公司在五日内向我中心递交答辩书"。经过调取评标报告、两第三人认证证书、开标记录,参考两第三人的情况说明及证明,并于5月23日对现场唱标人王某就开标顺序情况作了调查,2017年6月9日,被告市住建局对原告甲公司的投诉作出投诉处理决定书,认为:"1.中标候选人的资格经评标委员会再三讨论,认为符合招标文件要求,且中标候选人的原认证单位均已出具了有关证明，认为其中的服务涵盖设备安装等。本次评标委员会依据招标文件载明的要求和评标方法进行评审，未发现评标活动中存在违反法律、法规的情形。2.开标顺序确实是按通常的做法开标的，且不会对评标结果产生实质性影响。根据《中华人民共和国招标投标法实施条例》第六十一条等有关规定，本机关针对投诉人的投诉事项及主张作出如下处理决定：投诉缺乏事实根据、法律依据，驳回投诉"。同日，该投诉处理决定书送达原告甲公司和第三人某置业公司。

另查明，第三人丙公司随投标文件一并提交的质量管理体系认证证书记载的覆盖范围为资质范围内简易升降类和升降横移类机械式停车设备的设计和制造及服务，环境管理体系认证证书记载的覆盖范围为资质范围内简易升降类和升降横移类机械式停车设备的设计、制造相关的环境管理活动，职业健康安全管理体系认证证书记载的覆盖范围为资质范围内简易升降类和升降横移类机械式停车设备的设计、制造相关的职业健康安全管理活动。2017年4月6日，第三人丙公司的质量管理体系认证证书覆盖范围修改为设计、制造及安装改造维修。第三人乙公司随投标文件一并提交的质量管理体系认证证书记载的覆盖范围为机械式停车设备的设计、制造及售后服务（资质范围内），环境管理体系认证证书记载的覆盖范围为机械式停车设备的设计、制造（资质范围内）的相关环境管理活动，职业健康安全管理体系认证证书记载的覆盖范围为机械式停车设备的设计、制造（资质范围内）的相关职业健康安全管理活动。庭审中，被告市住建局认可两第三人丙公司和乙公司三项体系认证中的环境管理体系认证和职业健康安全管理体系认证覆盖范围不包含安装这一内容。义乌市公共资源交易中心保存有本次招标投标现场过程的录像，原审法院曾要求被告市住建局予以提供。据原告甲公司庭审陈述，除涉案两第三人丙公司和乙公司及另一家投标单位不符合招标文件要求的投标人资格要求以外，其余投标人且系制造商的体系认证的覆盖范围均含有设计、生产（或制造）、安装。

【一审情况】

争议焦点：

关于被告市住建局作出的涉案投诉处理意见书是否合法。

法院观点：

一审法院认为市住建局涉案投诉处理意见书违法，理由如下：

第一，关于两第三人丙公司和乙公司是否符合涉案招标文件要求的投标人资格的问题。首先，涉案招标文件第三条对投标人资格有明确约定，两第三人丙公司和乙公司递交的投标文件所附的三项体系认证书中环境管理体系认证和职业健康安全管理体系认证的覆盖范围是不符合涉案招标文件所要求的须包含安装的内容，对这一点从被告市住建局在庭审中陈述应是明确的。体系认证证书系专业的评定机构依据严格程序和要求作出的具有公示效力的证书，也是大众和评标委员会对于投标人资格是否符合招标文件要求的唯一的判断标准和依据。如果允许投标人事后提供的说明或证明来补充证明体系认证证书中覆盖范围的内容，那第三人丙公司并无此必要在2017年4月6日对质量管理体系认证证书覆盖范围如涉案招标文件要求进行修改。其次，就本案的证据而言，被告市住建局在作出涉案投诉处理意见书并未对其他投标人的资格和体系认证证书进行调查，也未向招标人即本案第三人某置业公司及其招标代理机构某监理公司核实回复中提及的"多次实地调查取证"的情况或材料。若正如原告甲公司所述的其余投标人且系制造商的体系认证的覆盖范围均含有设计、生产（或制造）、安装的话，被告市住建局仅凭涉案两第三人事后的补充说明和证明就认定其具有符合招标文件要求的资格，而忽略体系认证证书本身记载的内容，亦有违公平原则。

第二，关于开标顺序。涉案招标文件第3.4开标顺序约定为一标→二标依序开标。针对原告甲公司此项投诉，被告市住建局的处理决定书的答复意见是"这是通常做法"，字里行间现场开标顺序是不符合涉案招标文件第3.4关于开标顺序的约定。同时，本次招标投标现场过程有全程录像，录像可以真实客观地还原整个招标投标开标过程。开标顺序是否如原告甲公司投诉所述，被告市住建局应该调取录像进行调查核实，可被告市住建局却采取向现场唱标人王某作调查询问的方式进行核实，而王某的询问笔录属证人证言，从证据角度应为孤证，且庭审中被告市住建局也未向法庭提供现场录像，可见，被告市住建局就此项投诉未尽到尽职调查义务。

第三，关于本案的开标异议程序处理和投诉处理程序是否合法。《中华人民共和国招标投标法实施条例》第四十四条第三款规定，投标人对开标有异议的，应当在开标现场提出，招标人应当当场作出答复，并制作笔录。对原告甲公司现场的两项异议，招标人仅对其中一项当场作出了答复，但均未制作笔录。招标人作出的处理不符合该法规定。同时，被告市住建局未根据《工程建设项目招标投标活动投诉处理办法》第二十一条和第二十二条的规定，向两第三人丙公司和乙公司书面通知处理决定及处理决定书中未包含被投诉人即第三人某置业公司答辩及请求，程序违法。

裁判结果：

一、撤销被告市住建局于2017年6月9日作出的投诉处理意见书。

二、责令被告市住建局按照《工程建设项目招标投标活动投诉处理办法》等规定重新作出处理。

【二审情况】

争议焦点：

关于案涉开标异议程序和投诉处理程序是否违法的问题。

法院认为：

二审法院认为，案涉开标异议程序和投诉处理程序违法，理由如下：

甲公司认为在义乌市中福广场项目（A、B组团）立体停车位设备及伴随服务项目的整个投标过程中，某置业公司与某监理公司存在重大的不合法违规操作，故向义乌市建设工程招标投标中心投诉。上诉人市住建局经审查，作出涉案投诉处理决定书对甲公司的投诉进行了回复。对于甲公司主张的丙公司和乙公司投标人资格的问题。评标专家在资格评审过程中已经注意到该问题，并对该问题进行了讨论，最终以多数意见通过，认为符合招标文件要求，通过资格评审。且本案中亦无证据证明专家组的组成或专家评审的程序等存在违反法律法规、规范性文件或招标文件之处。因此，原则上应当认可专家评审对投标人资格认定的结论性意见。另外，为上述两家被投诉公司颁发相应认证证书的认证机构分别出具了证明，认可乙公司的认证证书范围包括机械式停车设备的设计及制造、安装（资质范围内）；认可丙公司的认证证书范围涵盖机械式停车设备安装、改造及维修。综上，专家评审和原认证机构都已认可投标人资格，在没有证据证明投标人不具备资格的情况下，司法审查不宜否定行政机关对此问题作出的处理意见。关于本案所涉的开标顺序问题。根据市住建局所做的调查，对案涉商务标是按照一标二标的顺序进行的，从对现场唱标人王某的笔录中可以印证。市住建局经调查认为该做法并不对评标结果产生实质性影响，亦不违反法律法规的禁止性规定。该处理结果不足以作为确认本案行政行为是否违法的理由。对于涉案开标异议及投诉处理等程序问题。原审法院经审查，认为本案的开标异议程序和投诉处理程序存在违反《中华人民共和国招标投标法实施条例》以及《工程建设项目招标投标活动投诉处理办法》中的规定，程序存在违法，原审法院对此认定并无不当。

裁判结果：

一、撤销义乌市人民法院作出的〔2017〕浙0782行初97号行政判决。

二、确认上诉人义乌市住房和城乡建设局作出的涉案投诉处理意见书违法。

三十二、

其他弄虚作假的行为作为兜底条款，应当考虑其弄虚作假的程度应当与其他规定的程度相当

——刘某与县综合行政执法局、甲公司行政处罚案

【裁判要旨】

《中华人民共和国招标投标法实施条例》第四十二条规定到"以其他方式弄虚作假的行为"，虽然该条规定有其他弄虚作假的行为作为兜底条款，但是在适用该条文中兜底条款时，需要慎重考虑其主观恶意以及其弄虚作假的程度应当与其他规定的程度相当，否则可能会存在适用法律错误，被认定违法。

【法院及案号】

一审：广安市前锋区人民法院，〔2020〕川1603行初215号。

【当事人】

一审原告：刘某。

一审被告：县综合行政执法局（以下简称"县综合执法局"）。

第三人：甲公司。

【案情介绍】

2019年7月，第三人甲公司就武胜县城东道路建设工程（商业中路西街、创新路南一段）发布招标公告，2019年7月18日第三人甲公司提供《招标文件》，其中第二章《投标人须知》10.9"项目经理、项目主要技术负责人电子锁定制度和压证施工制度：实行项目经理、项目主要技术负责人电子锁定制度，如项目经理（项目负责人）、项目主要技术负责人在我市未完工项目施工的，其将不能参加我市其他项目投标。待合同标的的主体工程完工后才能解锁……同时，实行项目经理、项目主要技术负责人压证施工制度。项目业主须在中标人提供投标文件承诺的项目经理和技术负责人的执业资格证书原件后才能签订合同，至合同标的的主体工程完工后才能退还。"10.15"投标文件的真实性要求：投标人所递交的投标文件应真实可信，不存在

虚假（包括隐瞒）……如投标文件（包括承诺内容）存在虚假，在评标阶段，评标委员会应将该投标文件作废标处理；中标候选人确定后发现的，招标人和招标投标行政监督部门可以取消中标候选人或中标资格。"

2019年8月13日，乙公司（原告刘某为该公司法定代表人）提交的投标书中附件（二）《投标文件真实性和不存在限制投标情形的声明及遵纪守法诚信承诺》3.……投标文件中拟派项目管理班子的所有人员没有在建项目……

2019年8月15日，广安市公共资源交易中心发布武胜县城东道路建设工程（商业中路西街、创新路南一段）中标公示，公示期为2019年8月20日到2019年8月22日，原告乙公司作为第一中标候选人，原告的项目管理机构主要人员有项目负责人刘某宏、项目技术负责人柯某明，投标报价11400031元，经评审的投标价10850722.37元。2019年8月21日，案外人四川某路桥建设有限公司向第三人提出《投标结果异议书》，反映原告乙公司投标文件中拟派项目管理班子成员存在在建项目。2019年8月22日，第三人派人到仪陇县核实相关情况，四川省建筑市场监管与诚信信息一体化工作平台显示柯某明有三个工程系安全负责人。2019年9月5日，第三人认为基本确定异议内容属实，乙公司拟派本项目负责人柯某明在南充市某县存在三个在建工程，其作出"投标文件中拟派项目管理班子的所有人员没有在建项目"的承诺，系虚假（隐瞒）行为，遂向武胜县住房和城乡建设局请示。2019年9月6日武胜县住房和城乡建设局向第三人回函称，异议处理的主体是招标人，该局行政执法权已划转至武胜县综合执法局，若招标过程中存在违法违规行为，移交有行政处罚权的单位依法查处。2019年9月24日，第三人向被告县综合执法局请示，认为乙公司存在虚假（隐瞒）承诺行为，请审核并依法作出处理。2019年10月10日，被告武胜县综合执法局对乙公司的委托代理人刘某燕进行询问调查，乙公司向被告提供了某县公安局于2019年10月10日出具的情况说明，说明载明该局三河、板桥、灯塔、张公、檬垭派出所工程于2019年4月基本完工，由于招标时，没有把属于保密范围内的监控、审讯、督察系统列入招标，致该工程至今都无法竣工验收；还提供了乙公司向该县公安局申请竣工验收的报告，该县公安局在报告上签署"该项目有漏项和工程中涉密的问题。待办案系统和督察系统完工后一并验收。"2019年10月11日，被告县综合执法局对乙公司以提供虚假资料骗取中标予以立案，10月15日立案得到批准。2019年10月17日，被告向乙公司的委托代理人刘某燕送达了《行政处罚告知书》，告知对原告拟处罚的内容及享有陈述、申辩和听证的权利。2019年10月31日，被告作出《行政处罚决定书》（武县综执罚字〔2019〕第101001-1号），对刘某作出下列行政处罚：对单位直接负责的主管人员刘某处单位罚款数额5%罚款2850.00元。原告不服，遂起诉至一审法院，请求撤销被告作出的《行政处罚决定书》（武县综执罚字〔2019〕第101001-1号）并退还原告已交罚款2850.00元。

另查明，2019年4月26日起，武胜县住房城乡建设领域法律法规规章规定的全部行政处罚权,由城市综合行政执法局行使。

【一审情况】

争议焦点:

关于行政处罚决定是否合法的问题。

法院观点:

一审法院认为行政处罚决定违法,理由如下:

《中华人民共和国招标投标法实施条例》第四十二条规定,投标人有下列情形之一的,属于招标投标法第三十三条规定的以其他方式弄虚作假的行为:(一)适用伪造、变造的许可证件;(二)提供虚假的财务状况或者业绩;(三)提供虚假的项目负责人或者主要技术人员简历、劳动关系证明;(四)提供虚假的信用状况;(五)其他弄虚作假的行为。本案中原告乙公司提交的投标书附件(二)作出的"投标文件中拟派项目管理班子的所有人员没有在建项目"承诺,是否符合该条例规定的弄虚作假行为,明显不属于该条(一)至(四)项规定的情形,虽然该条规定有其他弄虚作假的行为作为兜底条款,但是应当考虑其弄虚作假的程度应当与其他规定的程度相当。结合案涉招标文件《投标人须知》中"对项目经理、项目主要技术负责人电子锁定制度和压证施工制度;对投标文件真实性的要求"的规定。原告乙公司作出的承诺,认定为以其他方式弄虚作假的行为,明显不妥,不符合《中华人民共和国招标投标法》第三十三条规定的以其他方式弄虚作假的规定。因此,被告县综合执法局以乙公司提供虚假资料行为,违反《中华人民共和国招标投标法》第三十三条的规定,作出行政处罚,证据不充分,适用该法第五十四条的规定对其作出处罚,属于适用法律错误,相应对单位负责人刘某作出此处罚证据不充分,适用法律错误。

裁判结果:

一、撤销被告县综合执法局于2019年10月31日作出《行政处罚决定书》(武县综执罚字〔2019〕第101001-1号)。

二、被告县综合执法局在本判决书生效之日起十五日内返还原告刘某缴纳的罚款2850.00元。

三十三、

施工企业注册建造师不得在本单位执业期间的同时在其他企业担任法定代表人

——甲集团与区行政审批局行政处理案

【裁判要旨】

关于投标人应当具备规定的资格条件的理解，应当将招标文件对投标人资格条件的规定与国家有关规定对投标人资格条件的规定进行综合比较、考量，而不应该对该条款人为割裂、片面解读。而根据江苏省住房和城乡建设厅的相关答复"施工企业注册建造师在本单位执业期间同时在其他企业担任了法定代表人"违反《注册建造师管理规定》相关规定。

【法院及案号】

一审：江苏省泰州市海陵区人民法院，〔2020〕苏1202行初177号。
二审：江苏省泰州市中级人民法院，〔2021〕苏12行终91号。

【当事人】

一审原告、二审被上诉人：区行政审批局（以下简称"区审批局"）。
一审被告、二审上诉人：甲集团。

【案情介绍】

2020年4月，白米镇4800m³/d污水处理工程发布招标公告，招标人为泰州市姜堰某环境科技发展有限公司。在该招标文件的第二章投标人须知的1.4.1投标人资质条件、能力和评价部分，明确：项目负责人不得同时在两个或者两个以上单位受聘或者执业：（1）同时在两个及以上单位签订劳动合同或交纳社会保险；（2）将本人执（职）业资格证书同时注册在两个及以上单位。

2020年4月21日，江苏省工程建设项目评标结果公示，显示泰州市姜堰某环境科技发展有限公司白米镇4800m³/d污水处理工程的评标工作已经结束，中标候选人已经确定。本项目采用经评审的最低投标价法的评价办法，现将评标结果公示如下：

中标候选人名称：第一名江苏某集团有限公司、项目负责人戴某，第二名甲集团、项目负责人梅某光，第三名扬州某环境工程有限公司、项目负责人仇某国。公示期自2020年4月21日至2020年4月23日。

2020年4月22日，原告甲集团提出异议，认为戴某在白米镇4800m³/d污水处理工程中担任某集团有限公司项目经理及法人，同时受聘于某环境公司，担任法人及总经理职务，违背了招标文件1.4.1条款即项目负责人不得同时在两个或者两个以上单位受聘或者执业。中标公示单位某集团有限公司所用项目经理不符合招标文件要求，请求取消其中标第一候选人资格。

2020年5月7日，泰州市姜堰某环境科技发展有限公司作出异议回复函："1.招标文件1.4.1投标人资质条件、能力和评价条款中规定项目负责人不得同时在两个或者两个以上单位受聘或者执业。具体表现为：（1）同时在两个及以上单位签订劳动合同或者缴纳社会保险；（2）将本人执（职）业资格证书同时注册在两个及以上单位。经我单位调查，未发现该项目负责人存在违反上述条款中具体表现的两种情形。2.贵公司依据《中华人民共和国住房和城乡建设部办公厅关于〈注册建造师管理规定〉有关条款适用问题的复函》提出，戴某因同时担任其他单位法定代表人违反了《注册建造师管理规定》相关规定，对此，我公司认为，上述复函系对注册建造师个人执业行为的行业、行政管理要求，我公司通过江苏省建筑信息监管平台查询，戴某持有的建造师证书现为有效注册。若贵公司认为，戴某存在违反注册建造师管理规定的情形，贵公司可以持相关证据向行业主管部门反映，此情形是否需要查处，我公司无相应职权，亦不在本次招标投标活动核查答复范围。综上，我公司认为，评标委员会推荐的江苏某集团有限公司为本项目招标投标活动的第一中标候选人，未违反招标文件1.4.1条款内容及相关法律、法规的规定。"

2020年5月8日，原告甲集团不服投标人泰州市姜堰某环境科技发展有限公司的异议答复函，以泰州市姜堰某环境科技发展有限公司为被投诉人向被告提交投诉书，主张白米镇4800m³/d污水处理工程中标公示单位某集团有限公司所用项目负责人不符合《注册建造师管理规定》相关规定，不具备投标条件，请求取消其中标第一候选人资格。

2020年5月9日，被告作出投诉处理决定书，调查认定："1.经查阅全国建筑市场监管公共服务平台、中国建造师网，未发现戴某的注册建造师证书在投标期间为无效状态；2.本项目招标文件第二章投标人须知附表中1.4.1条款明确，项目负责人不得同时在两个或者两个以上单位受聘或者执业的具体表现形式仅有：（1）同时在两个及以上单位签订劳动合同或者缴纳社会保险；（2）将本人执（职）业资格证书同时注册在两个及以上单位。经查，未发现注册建造师戴某违反上述两种表现形式。"处理意见及依据："1.《住房和城乡建设部办公厅关于〈注册建造师管理规定〉有关条款适用问题的复函》（建办法函〔2019〕507号）中明确，'施工企业注册建造师在本单位执业期间同时在其他企业担任了法定代表人'违反了《注册建造师管理规定》，但并未明确是否影响其注册建造师执业资格的有效性。2.对照本项目招标文件评标办法中否决投标的条款，未发现戴某存在招标文件第二章投标人须知前附表中1.4.1条款列举的两种表现形式。3.甲集团提供的投诉材料并不能表明在白米镇4800m³/d污水处理工程中戴某的注册建造师资格处于无效状态。综上，我局对甲集团关于白米镇4800m³/d污水处理工程的投诉事项及主张不予支持"。原告不服，向本院提起行政诉讼，要求撤销被告作出的投诉处理决定书，重新进行处理，取消涉案项目中标第一候选人资格。

另查，评标结果公示的中标候选人名称第一名某集团有限公司，该项目负责人为戴某，戴某亦是某集团有限公司法定代表人、股东。同时，戴某原是某环境公司的法定代表人、股东，但2020年4月24日某环境公司法定代表人变更为戴某发。

【一审情况】

争议焦点：

关于被告作出处理决定所依据的事实认定是否正确的问题。

法院观点：

一审法院认为不正确，理由如下：

《中华人民共和国招标投标法》第二十六条规定："投标人应当具备承担招标项目的能力；国家有关规定对投标人资格条件或者招标文件对投标人资格条件有规定的，投标人应当具备规定的资格条件。"《注册建造师管理规定》第二十六条规定，"注册建造师不得同时在两个或者两个以上单位受聘或者执业"。涉案项目招标文件第二章投标人须知1.4.1条款亦明确，项目负责人不得同时在两个或者两个以上单位受聘或者执业。

根据前述规定，关于投标人应当具备规定的资格条件的理解，应当将招标文件对投标人资格条件的规定与国家有关规定对投标人资格条件的规定进行综合比较、考量，而不应该对该条款人为割裂、片面解读。关于"注册建造师不得同时在两个或者两个以上单位受聘或者执业"的理解问题。涉案招标文件中明确的两种情况，系源于2018年1月2日江苏省建设工程招标投标办公室作出的《省招标办关于在招标文件中载明"项目负责人不得同时在两个或者两个以上单位受聘或者执业"具体情形的通知》（苏建招函〔2018〕2号），该通知的目的是规范建设工程招标投标监督管理，减少前述规定在招标投标过程中出现的争议。该通知同时载明，上述问题如住房和城乡建设部、省住房和城乡建设厅有新的规定，从其规定。2018年5月16日，江苏省住房和城乡建设厅向住房和城乡建设部市场司招标投标管理处作出《关于"项目负责人不得同时在两个或者两个以上单位受聘或者执业"有关问题的请示》（苏建招函〔2018〕11号）。住房和城乡建设部建筑市场监管司于2018年6月27日进行函复，明确中标候选人项目负责人在另外两个法人单位任职的情况，属于"同时在两个或者两个以上单位受聘或者执业"的情况。2019年9月28日江苏省住房和城乡建设厅作出转发住房和城乡建设部办公厅关于《〈注册建造师管理规定〉有关条款适用问题的复函》的通知（苏建函建管〔2019〕474号），附件《住房和城乡建设部办公厅关于〈注册建造师管理规定〉有关条款适用问题的复函》（建办法函〔2019〕507号）。函复明确，"施工企业注册建造师在本单位执业期间同时在其他企业担任了法定代表人"违反《注册建造师管理规定》相关规定。

综上，虽然涉案招标文件仅载明了两种情况，但对"注册建造师不得同时在两个或者两个以上单位受聘或者执业"的理解，还应结合上述现行法律法规以及相关职能部门的解释予以认定。根据本案已查明的事实，案涉项目第一中标候选人某集团有限公司的项目负责人戴某在投标、评标及公示前，同时担任某环境公司的法定代表人，显然违反了上述要求。被告认为具体解释仅限于招标文件载明的两种情况，即同时在两个及以上单位签订劳动合同或者缴纳社会保险、将本人执（职）业资格证书同时注册在两个及以上单位。不符合上述规定，亦不符合立法本意。事实上，2020年8月6日泰州市住房和城乡建设局业已作出《关于近期房建和市政工程项目招标投标活动中有关事项提醒的通知》，明确注册建造师不得同时在两个或者两个以上单位受聘或者执业。施工企业注册建造师在本单位执业期间，同时在其他企业担任了法定代表人，违反《注册建造师管理规定》相关规定。故被告基于上述理解作出的涉案投诉处理决定书，主要证据不足，适用法律、法规错误。

裁判结果：

一、撤销被告区审批局于2020年5月9日作出的投诉处理决定书。

二、被告区审批局应于本判决生效之日起三十个工作日内对原告甲集团的投诉重新作出处理决定。

【二审情况】

上诉人区审批局上诉后在指定期限内未向本院缴纳二审案件受理费，按上诉人区审批局自动撤回上诉处理。

三十四、

评标委员会以投标人存在串通投标的情形予以废标的，投标人的串通投标行为对中标结果不产生实质性影响

——中某有限公司与区住房和城乡建设局行政处罚案

【裁判要旨】

投标人虽存在串通投标情形，但投标人被评标委员会认定存在串标行为，评标委员会将取消投标人在第二阶段投标人的排序，不能进入经济标审查的下一环节，当然不能进入候选人名单，因此，投标人串通投标的行为对中标结果不产生影响。

【法院及案号】

一审：广州铁路运输法院，〔2019〕粤7101行初634号。

二审：广州铁路运输中级法院，〔2019〕粤71行终3539号。

【当事人】

一审原告、二审被上诉人：中某有限公司。

一审被告、二审上诉人：区住房和城乡建设局（原区住房和建设局）。

原审第三人：长某有限公司。

【案情介绍】

2016年9月，招标人广州市某发展有限公司、招标代理广州某股份有限公司就某服务业总部项目专业承包（重新招标）项目（以下简称"涉案项目"）发布《招标文件》，该文件对投标须知，开标、评标及定标，合同条款，投标文件格式，技术条件（工程建设标准），图纸及勘察资料、工程量清单及招标控制价作出规定。其中第二章中"开标评标办法程序和细则"规定：40.开标和评标程序：40.1投标人递交技术标、经济标投标文件；40.2技术标与经济标投标文件同时公开开标；40.3技术标投标文件有效性审查；40.4技术标详细审查评分；40.5计算第一阶段得分，并按照总分从高到低排列先后次序，编写第一阶段评审报告；40.6按投标须知前附表第26项规定，确定进入第二阶段评审的投标人；40.7将进入第二阶段评审的投标人进行排序；40.8按

排序对经济标投标文件进行有效性审查（含投标报价算术校核），直至评出所有中标候选人；40.9评标委员会编写评标报告，向招标人推荐中标候选人名单。42.1评标委员会的组成：技术标评审由技术标评标组负责，经济标评审由经济标评标组负责，各评标组应依法组建。42.3.4经济标的有效性审查：按照投标人第二阶段排序，依次对进入第二阶段评审的投标文件进行有效性审查，投标文件中没有任何一种列于本办法附表二《经济标有效性审查表》中情形的，为有效标书。否则其投标文件将被否决。如评标委员会经济标评审组成员的评审意见不一致时，以评审组过半数成员的意见作为评审组对该情形的认定结论。42.4评标委员会经济标评审组按只有通过有效性审查的投标人的投标文件方可进入下一阶段评审的评审原则，根据有效性审查结果，取消被否决投标的投标人的排序，其余通过有效性审查的投标人的排序依次上升替补确定，以此类推。直至评审出3名投标人通过经济标有效性审查，经济标有效性审查结束。42.5评标委员会经济标评审组应在通过投标文件经济有效性审查的投标人中，按步骤42.4确定的投标人第二阶段排序，推荐前3名依次为第一中标候选人至第三中标候选人，并编制评标报告。

2016年11月16日，涉案项目技术标评标委员会就涉案项目作出《技术标评标报告》，主要内容为：涉案项目于2016年11月16日在广州某市交易中心进行开标和技术标评标工作。经技术评标委员会对包括原告及第三人在内的10家正式投标人进行技术标有效性审查，原告及第三人等8家公司通过技术标有效性审查，进入评标第二阶段。

次日，涉案项目经济标评标委员会就涉案项目作出《经济标评标报告》，主要内容为：涉案项目于2016年11月17日在广州某市交易中心进行经济标评标工作。评标委员会按照招标文件规定的评标办法对进入第二阶段评审的8家投标人的投标文件进行审查，并对投标报价进行审查，结果为原告、第三人分别位列第一、三位。随后按排序依次进行经济标的有效性审查以及算数复核，结果显示原告及第三人均没有通过经济标有效性审查，不通过的原因均为不符合招标文件附表二经济标有效审查表中第8点：存在串通投标情形（串通投标情形以《中华人民共和国招标投标法实施条例》的规定为准）。评标委员会推荐的中标候选人为：第一中标候选人为广东省某设计院有限公司、第二中标候选人为广州某科技股份有限公司、第三中标候选人为广东省某有限公司。

据被告提交的日期为2016年11月17日，并有5名评标委员会委员签名确认的《投标人串通投标评审表》显示，串通投标的存在形式有8种，原告存在"不同投标人的投标文件异常一致或者投标报价呈规律性差异"以及"不同投标人的投标文件相互混装"的情形，"澄清核查"一栏显示：无澄清；"认定"一栏显示：串通投标；第三人存在"不同投标人的投标文件异常一致或者投标报价呈规律性差异"的情形，"澄清核查"一栏显示：无澄清；"认定"一栏显示：串通投标。

2016年12月1日，广州某交易中心向广州市某管理办公室作出涉案项目的开评标见证报告，该报告对涉案项目的技术标评标结果、经济标评标结果及评标委员会推荐的中标候选人均予以说明，并载明：在评标过程中，评标委员会评标专家发现原告经济标电子光盘出现第三人的经济标报价文件，属异常情况，第三人电子光盘无异常。发现问题之后，见证人员将专家发现的情况向其部门反映情况。该部门回复由评标委员会通知两家投标单位对此情况作出澄清回复再作定论，但评标委员会成员一致认为不需要进行澄清，直接认定这两家投标单位串标行为（过程在评标室视频监控下进行）。

2016年12月30日，发包人广州市某发展有限公司与承包人广东省某设计院有限公司签订《广州市建设工程施工合同》，约定涉案项目合同总价暂定为12922287.39元。

2016年12月27日，被告对原告涉嫌串通投标案件立案调查。

2018年2月1日，被告作出《番禺区住房和建设局行政执法调查通知书》（番住建调〔2018〕9号）通知原告，因原告在涉案项目的投标过程中涉嫌串通投标，请原告携带相关资料于2018年2月6日上午9时到广州市某区管理办公室配合调查并如实回答有关询问。并于次日送达原告。

2月6日，被告对原告委托代理人郑某某进行询问并制作《番禺区住房和建设局行政执法调查询问笔录》载明，郑某某是原告参与涉案项目投标的拟委派项目负责人，主要负责涉案项目投标时所有技术人员和编制人员的工作安排，以及负责投标文件的审查和审核工作。涉案项目的投标文件是由原告制作，原告参与的涉案项目投标的经济标电子光盘出现第三人的经济标报价文件应该是刻录光盘的图文公司在刻录光盘时出现了问题，原告的电子投标文件是在2016年11月15日在某图文公司刻录的，涉案项目在第二天就要进行投标，因时间太仓促，在某图文公司刻录电子投标文件后原告没有检查就将其和纸质投标文件一起封装，才会有此情况出现。原告对投标的管理比较严谨，对投标文件的编制、审查和审核都有具体的人员负责，且各公司自行制作的投标文件都要上传到总公司的OA系统进行审查，对涉嫌存在串通投标行为的问题出现后，原告马上进行了内部的自查工作。经查，在总公司的OA系统上查找不到第三人的经济标报价文件的痕迹。原告不承认在涉案项目中存在串通投标的行为。原告委托代理人郑某某对上述笔录予以签认。

同日，被告对原告委托代理人陈某某进行询问并制作《番禺区住房和建设局行政执法调查询问笔录》载明，陈某某为中某公司客户经理，负责涉案项目参与投标和开标的相关工作。涉案项目的投标文件由原告制作，投标文件的编制工作具体是由中某公司的郑某某副总经理等人负责。原告涉案项目投标的经济标电子光盘出现第三人的经济标报价文件后，对此原告进行排查，但在总公司的OA系统上查找不到第三人的经济标报价文件的痕迹。经初步推判可能是因为某图文公司在刻录光盘时将第三人的经济标报价文件一并刻入原告的电子投标文件中。原告对被告认为其存在串通投标的行为表示有异议,原告是按照相关流程去编制投标文件和开展投标活动,并一直以来都是独立参与投标,不会和其他公司串通起来投标,故不接受被告的认定。原告委托代理人陈某某对上述笔录予以签认。

原告盖章确认第三人制作的《某服务业总部项目专业承包一期工程(重新招标)工程投标总价》和《某服务业总部项目专业承包二期工程(重新招标)工程投标总价》与其参与涉案项目投标的电子光盘中的投标报价资料相一致。

5月17日,广州市某咨询公司作出《中某有限公司与长某有限公司投标报价对比分析说明(第一期)》载明,一、对比内容:第三人与原告提供的电子文件中的Excel文件。二、对比结果:通过对两家投标单位提供的Excel文件中的工程量清单及主材项进行了比对,对比情况如下:两家投标单位编制的清单数量均为207条。207条清单工程量、清单综合单价都相同。两家投标单位导出的主材表也完全一致,第三人和原告都导出了178条主材项。全部主材项目价格相同。另外,两家投标报价资料的排版格式也完全一致。综上所述:第三人与原告投标报价中存在异常类同。

同日,广州市某咨询公司作出《中某有限公司与长某有限公司投标报价对比分析说明(第二期)》载明,一、对比内容:第三人与原告提供的电子文件中的Excel文件。二、对比结果:通过对两家投标单位提供的工程量清单及主材项进行了比对,对比情况如下:两家投标单位编制的清单数量均为113条。113条清单工程量、清单综合单价都相同。两家投标单位导出的主材表也完全一致,第三人和原告都导出了72条主材项。全部主材项目价格相同。另外,两家投标报价资料的排版格式也完全一致。综上所述:第三人与原告投标报价中存在异常类同。

6月28日,被告作出《番禺区住房和建设局行政处罚告知书》(番住建罚告〔2018〕27号)和《番禺区住房和建设局行政处罚听证告知书》(番住建听告〔2018〕17号)告知原告,被告拟对原告在涉案项目中串通投标行为作出行政处罚,并告知原告享有陈述、申辩和要求举行听证的权利。并于7月5日送达原告。同日,原告作出《对行政处罚事项陈述申辩、听证的说明》表示,对被告告知的事实、理由、依据及拟作出的处罚决定均无异议,不提出陈述、申辩、听证的要求。

7月13日,被告对原告作出《番禺区住房和建设局行政处罚决定书》(番住建罚〔2018〕28号)(以下简称《行政处罚决定》),主要内容为:被告于2016年12月27日对原告在涉案项目过程中存在投标人互相串通投标行为案进行立案调查。经查明,原告在上述项目招标过程中存在投标人互相串通投标行为,违法行为事实清楚,该行为违反了《中华人民共和国招标投标法》第三十二条第一款"投标人不得相互串通投标报价,不得排挤其他投标人的公平竞争,损害招标人或者其他投标人的合法权益"和《中华人民共和国招标投标法实施条例》第三十九条第一款"禁止投标人相互串通投标"的规定。根据《中华人民共和国招标投标法》第五十三条"投标人相互串通投标或者与招标人串通投标的,投标人以向招标人或者评标委员会成员行贿的手段谋取中标的，中标无效，处中标项目金额千分之五以上千分之十以下的罚款，对单位直接负责的主管人员和其他直接责任人员处单位罚款数额百分之五以上百分之十以下的罚款；有违法所得的，并处没收违法所得；情节严重的，取消其一年至二年内参加依法必须进行招标的项目的投标资格并予以公告，直至由工商行政管理机关吊销营业执照；构成犯罪的，依法追究刑事责任。给他人造成损失的，依法承担赔偿责任"以及《中华人民共和国招标投标法实施条例》第六十七条第一款"投标人相互串通投标或者与招标人串通投标的，投标人向招标人或者评标委员会成员行贿谋取中标的，中标无效；构成犯罪的，依法追究刑事责任；尚不构成犯罪的，依照招标投标法第五十三条的规定处罚。投标人未中标的，对单位的罚款金额按照招标项目合同金额依照招标投标法规定的比例计算"之规定，被告决定对原告处招标项目合同金额千分之八的罚款（即12922287.39×8‰=103378.30元）。并载明了履行行政处罚决定的期限、地点、方式及救济途径，于7月17日送达原告。

2019年1月14日，被告作出《关于番禺区住房和建设局行政处罚决定书（番住建罚〔2018〕28号）的补充说明》载明，原告在涉案项目中为非中标单位，违法情节较轻，未造成他人损失，亦未构成犯罪，不属于情节严重情况。根据《中华人民共和国招标投标法》第五十三条，被告仅作罚款处罚，不对其作出取消一至二年内参加依法必须进行招标的项目的投标资格等其他处罚。

另查明，被告亦对第三人作出相应的行政处罚。

再查明，《广东省住房和城乡建设系统行政处罚自由裁量权基准（工程建设与建筑业类）》B101.53条对于《中华人民共和国招标投标法》第五十三条的违法情节和后果分为一般和严重两种，其中，一般违法情节和后果是指3年内串通投标1次，该违法行为对中标结果未产生影响的，所对应的处罚自由裁量基准为对投标人处中标项目金额千分之五以上千分之七点五以下的罚款……严重违法情节和后果分为三种情形，第一种情形为3年内串通投标1次，虽未中标，但该违法行为对中标结果产生影响的，所对应的处罚自由裁量基准为对投标人处中标项目金额千分之七点五以上千分之十以下的罚款……原告认为本案应适用上述基准中一般违法情节和后果的情形，被告认为上述基准已经失效。

另查明，2015年1月7日广东省住房和城乡建设厅印发了《广东省住房和城乡建设系统行政处罚自由裁量权基准适用规则（工程建设与建筑业类）》和《广东省住房和城乡建设系统行政处罚自由裁量权基准（工程建设与建筑业类）》（粤建执〔2015〕4号），2016年10月1日施行的《广东省住房和城乡建设厅关于住房和城乡建设系统行政处罚自由裁量权基准适用的规则》第十四条规定2015年1月7日广东省住房和城乡建设厅公告的《广东省住房和城乡建设系统行政处罚自由裁量权基准适用规则（工程建设与建筑业类）》同时废止，但同日公告的《广东省住房和城乡建设系统行政处罚自由裁量权基准（工程建设与建筑业类）》是至2020年6月30日到期失效。

2019年1月31日,根据广州市番禺区人民政府机构改革方案,原区住房和建设局更名为区住房和城乡建设局,承继原有职责。

原告要求撤销被告作出的《番禺区住房和建设局行政处罚决定书》(番住建罚〔2018〕28号)。

【一审情况】

争议焦点:

关于被告对本案的法律法规适用是否正确和处罚幅度是否适当的问题。

法院观点:

一审法院认为不当,理由如下:

《中华人民共和国招标投标法》第五十三条规定:"投标人相互串通投标或者与招标人串通投标的,投标人以向招标人或者评标委员会成员行贿的手段谋取中标的,中标无效,处中标项目金额千分之五以上千分之十以下的罚款,对单位直接负责的主管人员和其他直接责任人员处单位罚款数额百分之五以上百分之十以下的罚款;有违法所得的,并处没收违法所得;情节严重的,取消其一年至二年内参加依法必须进行招标的项目的投标资格并予以公告,直至由工商行政管理机关吊销营业执照;构成犯罪的,依法追究刑事责任。给他人造成损失的,依法承担赔偿责任。"《中华人民共和国招标投标法实施条例》第六十七条第一款、第二款规定:"投标人相互串通投标或者与招标人串通投标的,投标人向招标人或者评标委员会成员行贿谋取中标的,中标无效;构成犯罪的,依法追究刑事责任;尚不构成犯罪的,依照招标投标法第五十三条的规定处罚。投标人未中标的,对单位的罚款金额按照招标项目合同金额依照招标投标法规定的比例计算。投标人有下列行为之一的,属于招标投标法第五十三条规定的情节严重行为,由有关行政监督部门取消其1年至2年内参加依法必须进行招标的项目的投标资格:(一)以行贿谋取中标;(二)3年内2次以上串通投标;(三)串通投标行为损害招标人、其他投标人或者国家、集体、公民的合法利益,造成直接经济损失30万元以上;(四)其他串通投标情节严重的行为。"《广东省住房和城乡建设系统行政处罚自由裁量权基准(工程建设与建筑业类)》B101.53条规定:一般违法情节和后果是指3年内串通投标1次,该违法行为对中标结果未产生影响的,所对应的处罚自由裁量基准为对投标人处中标项目金额千分之五以上千分之七点五以下的罚款……严重违法情节和后果分为三种情形,第一种情形为3年内串通投标1次,虽未中标,但该违法行为对中标结果产生影响的,所对应的处罚自由裁量基准为对投标人处中标项目金额千分之七点五以上千分之十以下的罚款……被告认为上述基准已经失效缺乏依据。根据涉案项目的《招标文件》前述第二章中"开标评标办法程序和细则"的规定,对涉案项目投标人标的审查分为技术标审查和经济标审查两个阶段;对经济标的审查大致分为以下几个环节:技术标有效性审查结果排序——经济标的有效性审查——经济标的算数校核——根据有效性审查结果取消被否决投标的投标人排序——确定投标人第二阶段排序，经济标评审委员会推荐前3名中标候选人。具体到本案，在经济标有效性审查环节，原告被经济标评审委员会成员一致认定不符合招标文件附表二经济标有效审查表中第8点：存在串通投标情形（串通投标情形以《中华人民共和国招标投标法实施条例》的规定为准），即原告未能通过经济标的有效性审查，其将被取消在第二阶段投标人的排序，不能进入经济标审查的下一环节，当然不能进入候选人名单，因此，原告串通投标的行为对中标结果不产生影响。鉴于此，应适用前述《广东省住房和城乡建设系统行政处罚自由裁量权基准（工程建设与建筑业类）》中对投标人处中标项目金额千分之五以上千分之七点五以下的罚款这个处罚幅度对原告进行处罚，而被告所作的涉案处罚决定对原告处中标项目金额千分之八的罚款，不符合《中华人民共和国行政处罚法》第五条"设定和实施行政处罚必须以事实为依据，与违法行为的事实、性质、情节以及社会危害程度相当"的规定，显属不当，根据《中华人民共和国行政诉讼法》第七十七条"行政处罚明显不当，或者其他行政行为涉及对款额的确定、认定确有错误的，人民法院可以判决变更"的规定，原审法院依法判决变更被告作出的《番禺区住房和建设局行政处罚决定书》（番住建罚〔2018〕28号），将对原告的处罚金额变更为对原告处招标项目合同金额千分之七点四的罚款（即12922287.39×7.4‰=95624.93元）。

裁判结果：

将原区住房和建设局于2018年7月13日作出的被诉行政处罚决定中的处罚金额变更为95624.93元。

【二审情况】

争议焦点：

关于上诉人在作出被诉行政处罚决定中对被上诉人的确定罚款数额是否适当的问题。

法院认为：

二审法院认为并无不当，理由如下：

《中华人民共和国行政诉讼法》第七十七条第一款规定："行政处罚明显不当，或者其他行政行为涉及对款额的确定、认定确有错误的，人民法院可以判决变更。"《中华人民共和国政府采购法》第二十二条第一款第五项规定，供应商参与政府采购活动应当具备"参加政府采购活动前三年内，在经营活动中没有重大违法记录"的条件。《中华人民共和国政府采购法实施条例》第十九条规定，政府采购法第二十二条第一款第五项所称重大违法记录，是指供应商因违法经营受到刑事处罚或者责令停产停业、吊销许可证或者执照、较大数额罚款等行政处罚。供应商在参加政府采购活动前3年内因违法经营被禁止在一定期限内参加政府采购活动，期限届满的，可以参加政府采购活动。《广东省行政处罚听证程序实施办法》第五条第二款规定"前款所称较大数额罚款,是指对公民的违法行为处以5000元以上罚款,对法人或者其他组织的违法行为处以10万元以上罚款。"本案中,涉案项目在2016年11月16日进行开标和技术标评阶段共有10家投标人进入技术标有效性审查,包括被上诉人及原审第三人在内共有8家投标人通过此阶段审查。在进入评标第二阶段审查时,因被上诉人与原审第三人被查证存在投标文件相互混装的情形属于串通投标行为,没有通过审查,评标委员会依次推荐了另外3家公司为中标候选人。鉴于评标委员会在进行评标第二阶段开始审查已发现被上诉人与原审第三人存在互相串通投标行为,并及时予以制止,被上诉人没有进入中标候选人名单,涉案违法行为对中标结果的影响有限,且该违法行为系被上诉人与原审第三人三年来的首次,对中标结果未产生影响,亦未造成他人损失,依照《广东省住房和城乡建设系统行政处罚自由裁量权基准(工程建设与建筑业类)》B101.53规定上述行为属于一般违法情节和后果,应处以中标项目金额千分之五以上千分之七点五以下的罚款。上诉人认为被上诉人的违法行为严重,已对中标结果产生影响,并按违法情节严重处罚标准对上诉人处以中标项目金额千分之八即103378.30元罚款,该罚款数额认定标准与涉案违法行为情节不符,确有错误,且由于罚款数额超过10万元,有可能对被上诉人今后三年内参加政府采购活动造成重大影响。原审法院在查明事实基础上,将被诉行政处罚决定的处罚金额变更为中标项目金额千分之七点四即95624.93元,符合法律规定,并无不当,二审法院予以支持。

裁判结果:

驳回上诉,维持原判。

三十五、

行政监督机关认为投标人投诉不应支持时，应当作出驳回投诉的决定，而不应作出维持招标人行为的决定

——甲公司与市城乡建设委员会行政处理案

【裁判要旨】

招标投标监管方面法律、法规、规章没有具体授权行政监督部门对招标人的决定作出维持决定一样，法律、法规、规章也没有授权行政监督部门维持投标人的第一中标人资格、没有授权行政监督部门取消招标人的二次公示。若行政监督部门对招标人的决定作出维持行为，超越职权，行政监督部门涉嫌违法。

【法院及案号】

一审：南京铁路运输法院，〔2018〕苏8602行初761号。

【当事人】

一审原告：甲公司。
一审被告：市城乡建设委员会（以下简称"市建委"）。

【案情介绍】

2017年10月13日，省消防总队发布涉案招标项目公告，投标截止日为2017年12月20日。招标文件规定投标的建造师无在建工程，如有在建工程必须符合苏建规字〔2013〕4号文规定，在建工程认定按照苏建招〔2015〕29号文规定执行。甲公司、乙公司等单位参加了此次招标投标活动。2017年12月29日，省消防总队发布中标候选人公示，第一中标候选人甲公司（项目负责人徐某财）、第二中标候选人乙公司（项目负责人芮某）、第三中标候选人江苏扬州某建设集团有限公司（项目负责人沈某明），拟定中标人甲公司。嗣后，乙公司向省消防总队提出异议书。2018年3月19日，省消防总队发布拟中标候选人二次公示，拟中标候选人乙公司（项目负责人芮某）。2018年3月21日，甲公司向省消防总队提出异议书。同日，甲公司向市建委投诉省消防总队，投诉请求为：1.维持甲公司第一中标人资格，取消二次公示；2.出具

市建委对该项目取消第一中标人资格的批示或批复的复印件。2018年3月28日，省消防总队向甲公司送达涉案异议回复，称徐某财在某彩公司的执业行为违反了《注册建造师管理规定》第二十六条，无法判定徐某财的工程项目是否已完成竣工验收，徐某财无法在涉案招标项目中担任项目负责人。2018年4月8日，市建委执法人员询问徐某财并制作调查询问笔录一份。2018年4月10日，乙公司向市建委作出情况说明一份，称该公司与某彩公司于2017年7月签订了施工合同，项目经理为徐某财，该项目竣工验收并未办结。同日，南京经济技术开发区管理委员会作出说明一份，称新港营区工程于2017年12月底完工，未组织竣工验收。2018年4月26日，市建委向甲公司作出涉案投诉回复，内容为"经查，你单位项目负责人徐某财属于有在建情形，并且同时在两个单位受聘或执业，不符合招标文件要求，维持江苏省消防总队决定。" 2018年5月4日，甲公司向本院提起本案行政诉讼。

另查明，某彩公司成立于2014年4月16日，法定代表人为徐某财。2017年7月，某彩公司就新港营区工程与乙公司签订施工合同，项目负责人为徐某财。

案件审理过程中，市建委代理人陈述该机关没有对招标人撤销中标候选人行为进行查处的权力、没有责令招标人停止招标投标活动的权力。

原告提出诉讼请求：1.撤销被告于2018年4月26日作出的涉案投诉回复中维持省消防总队决定的行政行为；2.被告依据招标投标法对省消防总队在涉案招标项目中撤销原告中标人资格进行查处；3.被告承担本案诉讼费用。庭审时，甲公司提出将诉讼请求变更为：1.撤销被告于2018年4月26日作出的涉案投诉回复中维持省消防总队决定的行政行为；2.被告责令招标人省消防总队停止招标投标活动；3.被告承担本案诉讼费用。

【一审情况】

争议焦点：

一、关于涉案投诉回复的合法性的问题。

二、关于要求市建委履行职责的问题。

法院观点：

一、关于涉案投诉回复的合法性的问题。一审法院认为不合法，理由如下：

本案中，省消防总队涉案异议回复称徐某财在某彩公司的执业行为违反了《注册建造师管理规定》第二十六条，无法判定徐某财的工程项目是否已完成竣工验收，徐某财无法在涉案招标项目中担任项目负责人。市建委所作涉案投诉回复认定甲公司不符合招标文件要求，维持省消防总队决定。涉案投诉回复将优越的意思效果施加于招标人的决定之上，在其影响下，即便招标人亦不能再任意改变原决定，甲公司显然受其拘束。故涉案投诉回复并非单纯观念通知，而是含有意思表示内容的行政法律行为。《国务院全面推进依法行政实施纲要》规定，行政机关实施行政管理，应当依照法律、法规、规章的规定进行。《江苏省行政程序规定》第六十条第二款第三项规定，行政执法决定应当载明适用的法律规范。《工程建设项目招标投标活动投诉处理办法》第二十条规定："行政监督部门应当根据调查和取证情况，对投诉事项进行审查，按照下列规定做出处理决定：（一）投诉缺乏事实根据或者法律依据的，驳回投诉；（二）投诉情况属实，招标投标活动确实存在违法行为的，依据《中华人民共和国招标投标法》及其他有关法规、规章做出处罚。"第二十二条规定："投诉处理决定应当包括下列主要内容：（一）投诉人和被投诉人的名称、住址；（二）投诉人的投诉事项及主张；（三）被投诉人的答辩及请求；（四）调查认定的基本事实；（五）行政监督部门的处理意见及依据。"首先，涉案投诉回复未明确引用任何法律规范，适用法律错误。其次，在招标投标监管方面，法律、法规、规章并无具体授权市建委对招标人的决定作出维持行为的依据，涉案投诉回复超越职权。

二、关于要求市建委履行职责的问题。一审法院认为甲公司要求市建委履职之请求的理由不能成立，理由如下：

《中华人民共和国行政诉讼法》第六十九条规定，原告申请被告履行法定职责或者给付义务理由不成立的，人民法院判决驳回原告的诉讼请求。故要求行政机关履职的诉讼请求能否得到法院支持，取决于其理由是否成立。请求法院判决行政机关给付具有外部法律效力的行政处分，前提是有法律具体授权行政机关作出该处分。本案中，甲公司投诉请求为"1.维持甲公司第一中标人资格，取消二次公示；2.出具市建委对该项目取消第一中标人资格的批示或批复的复印件。"涉案招标项目中，省消防总队的法律地位是招标人，甲公司是投标人。正如招标投标监管方面法律、法规、规章没有具体授权市建委对招标人的决定作出维持决定一样，法律、法规、规章也没有授权市建委维持投标人的第一中标人资格、没有授权市建委取消招标人的二次公示。至于请求市建委出具相应文件复印件，不属于招标投标活动投诉处理需要解决的法律关系，甲公司可以通过其他途径请求给付。因此，甲公司要求市建委履职之请求的理由不能成立。此外，市建委代理人陈述该机关没有对招标人撤销中标候选人行为进行查处的权力、没有责令招标人停止招标投标活动的权力，本院认同该意见。

裁判结果：

一、撤销市建委于2018年4月26日向甲公司作出的《关于江苏省消防应急指挥中心项目土建及水电安装工程招标投诉的回复》。

二、驳回甲公司的其他诉讼请求。

三十六、

投诉人向行政监督部门中的派驻机构提出投诉时，投诉人无法要求行政监督部门履行投诉处理的职责

——某大酒店与市国有资产监督管理委员会行政处理案

【裁判要旨】

投诉人向行政监督部门中的派驻机构而非内设机构提出投诉时，在无法证明派驻机构已将投诉转交相应内设机构的情况下，投诉人无法要求行政监督部门履行投诉处理的职责。

【法院及案号】

一审：温州市鹿城区人民法院，〔2015〕温鹿行初字第209号。

二审：浙江省温州市中级人民法院，〔2015〕浙温行终字第477号。

【当事人】

一审原告、二审被上诉人：某大酒店。

一审被告、二审上诉人：市国有资产监督管理委员会（以下简称"市国资委"）。

原审第三人：市股权营运公司、某置业公司。

【案情介绍】

温州市交通运输集团有限公司系温州市市属国有独资企业，第三人市股权营运公司受温州市交通运输集团有限公司委托，采取公开招标方式转让温州鹿城路42号旅游集散综合服务中心项目地上建筑物20年物业经营权，并将该转让公告在温州国资网予以公告。原告与第三人某置业公司为涉案招标投标活动的投标人。2015年3月2日，第三人市股权营运公司召开涉案招标投标项目的开标会议，经招标投标，第三人某置业公司中标。原告某大酒店于当日知道评标结果后，认为涉案招标投标活动不符合法律、行政法规规定，于次日通过邮寄方式向第三人市股权营运公司递交评标结果质疑书，第三人市股权营运公司于2015年3月4日签收。2015年3月12日，原告通过邮寄方式向被告递交投诉书及附件，邮寄单上收件人栏填写的收件人为纪工委书记，

单位名称为被告,地址为被告单位地址。同年3月16日,市国资委纪工委书记签收了该份邮件,后市国资委纪工委将原告的投诉作为信访案件进行查处,并于2015年4月7日作出涉案答复意见书。原告因认为被告一直未对其投诉进行处理,故提起本案诉讼。

原告请求法院依法确认被告拒不履行法定职责违法,并判令被告对涉案招标投标活动予以立案查处并将有关情况和结果书面告知原告。

【一审情况】

争议焦点:

一、关于市国资委对招标投标活动是否合法有无监管职责的问题。

二、关于市国资委是否构成不履行职责的问题。

法院观点:

一、关于市国资委对招标投标活动是否合法有无监管职责的问题。一审法院认为有监督职责,理由如下:

根据《企业国有产权转让管理暂行办法》第二条第三款规定,本办法所称企业国有产权,是指国家对企业以各种形式投入形成的权益、国有及国有控股企业各种投资所形成的应享有的权益,以及依法认定为国家所有的其他权益;第五条规定,企业国有产权转让可以采取拍卖、招标投标、协议转让以及国家法律、行政法规规定的其他方式进行;第七条规定,国有资产监督管理机构负责企业国有产权转让的监督管理工作。本案中,温州市交通运输集团有限公司系温州市市属国有独资企业,涉案招标投标项目根据上述法律规定,属于企业国有产权。被告市国资委作为温州市市级国有资产监督管理机构对涉案招标投标活动负有监督管理职责。故被告主张其仅对国有资产有无进行招标投标有监管职责,对其招标投标活动是否合法无监管职责,与法不符,不予支持。

二、关于市国资委是否构成不履行职责的问题。一审法院认为市国资委构成不履行职责,理由如下:

根据《中华人民共和国招标投标法实施条例》第五十四条第二款、第六十条、第六十一条第二款规定,投标人或者其他利害关系人对依法必须进行招标的项目的评标结果有异议的,应当在中标候选人公示期间提出。招标人应当自收到异议之日起3日内作出答复;作出答复前,应当暂停招标投标活动。投标人或者其他利害关系人认为招标投标活动不符合法律、行政法规规定的,可以自知道或者应当知道之日起10日内向有关行政监督部门投诉。投诉应当有明确的请求和必要的证明材料。就本条例第二十二条、第四十四条、第五十四条规定事项投诉的,应当先向招标人提出异议。行政监督部门应当自收到投诉之日起3个工作日内决定是否受理投诉,并自受理投诉之日起30个工作日内作出书面处理决定;需要检验、检测、鉴定、专家评审的,所需时间不计算在内。本案中，原告在法定期限内依法定程序向被告邮寄了投诉书及附件，明确要求对涉案招标投标活动进行查处，其邮寄单上填写的收件人虽为纪工委书记，但邮寄单上的单位名称及地址均为被告，且市国资委纪工委内设于被告处，其书记亦为被告的党委委员，应视为原告向被告提出投诉，被告应根据上述法律规定进行处理。被告将原告的投诉事项定性为信访事项，并按信访有关规定进行查处，不符合上述法律规定。综上，被告收到原告的投诉后，未在法定期限内对其作出答复，违反了上述规定，应认定被告未依法履行职责。原告要求判令被告履行法定职责的诉讼请求，理由成立，予以支持。

裁判结果：

责令被告市国资委于本判决生效之日起三十个工作日内对原告某大酒店的投诉作出书面处理决定。

【二审情况】

争议焦点：

关于市国资委是否构成不履行职责的问题。

法院认为：

二审法院认为市国资委不构成不履行职责，理由如下：

根据温政办〔2012〕49号通知和温委办发〔2012〕149号通知，市国资委纪工委是温州市纪律检查会员会和监察局的派驻机构，并非市国资委的内设机构，纪工委书记担任驻在部门领导班子成员，参加驻在部门党政领导班子会议，可以分管与纪检监察直接相关的工作，不承担驻在部门职责范围内的其他工作。本案中，被上诉人某大酒店向市国资委纪工委书记邮寄投诉件，在没有证据证明市国资委纪工委书记已经将投诉件转交市国资委相关内设机构处理的情况下，不能认定某大酒店已经向市国资委提出投诉处理的申请。某大酒店直接向人民法院起诉要求市国资委履行投诉处理的法定职责，不符合法律规定，其起诉应予驳回。原判认为某大酒店向市国资委纪工委书记邮寄投诉件应视为向市国资委投诉，缺乏事实和法律依据，本院予以纠正。

裁判结果：

一、撤销温州市鹿城区人民法院〔2015〕温鹿行初字第209号行政判决。

二、驳回某大酒店的起诉。

三十七、

行政监督机关作出的处理结果及相应告知不具有明确性的，不符合法律规定

——邵某平与区住房和城乡建设局、区人民政府行政处理案

【裁判要旨】

行政监督机关对投诉进行处理事后，需要对有关情况进行了充分调查、核实，行政监督部门作出的处理结果及相应告知需要具有明确性，否则涉嫌违法。

【法院及案号】

一审：徐州铁路运输法院，〔2019〕苏8601行初510号。

二审：江苏省徐州市中级人民法院，〔2020〕苏03行终45号。

【当事人】

一审原告、二审被上诉人：邵某平。

一审被告、二审上诉人：区住房和城乡建设局（以下简称"区住建局"）。

一审被告：区人民政府（以下简称"区政府"）。

【案情介绍】

邵某平不服区住建局于2017年3月20日对邵某平提出的涉矿大工程监理项目相关投诉作出的不予受理通知书，向本院提起行政诉讼。本院于2017年9月6日作出〔2017〕苏8601行初644号行政判决，本院经审理查明：2016年9月8日，江苏省某招标投标有限公司发布矿大训练中心工程监理招标公告，对该项目的工程概况及投标人资质要求等内容予以公告，并邀请合格的投标申请人参加该工程的投标。南京某京事务所作为投标人委托原告邵某平参加该项目的投标。9月19日，市建设局在网络上发布关于监理企业入库信息造假情况的通报（徐建通〔2016〕8号），通报南京某京事务所入库的李某信高级工程师证书造假，并对该事务所通报批评，记不良行为记录1次。10月19日，矿大训练中心工程监理项目的招标人中国矿业大学通过徐州市建设工程交易网对矿大训练中心工程监理中标候选人予以公示，南京某建被评为该项目第

一中标候选人,南京某京事务所为第二中标候选人。2016年10月24日,原告邵某平向招标人中国矿业大学提交异议书及附件,要求按省招标投标管理办公室网上公示各投标人的报价、业绩、技术标得分情况等信息;取消南京某建第一中标候选人资格。10月28日,招标人对原告作出异议答复函,认为南京某建未违反招标文件的有关规定,如不服此回复,需提供新的有效证据。同日,招标人发布矿大训练中心工程监理的中标公告,公布南京某建为该项目的中标单位。

11月1日,南京某建向招标人、区工程建设服务中心及江苏省某招标投标有限公司提交放弃矿大训练中心工程监理第一中标候选人资格的声明,因其投标总监尹某成身体原因需长时间休养,且该公司暂无相同条件总监替换,决定放弃矿大训练中心工程监理第一中标候选人资格。11月2日,招标人向被告的招标投标管理办公室提交关于对矿大训练中心工程监理项目重新招标的申请,载明因南京某建自愿放弃中标人资格,第二中标候选人南京某京事务所有不良行为记录,故申请对该项目重新招标。11月10日,江苏省某招标投标有限公司重新发布矿大训练中心工程监理项目招标公告,对该项目重新招标。

2016年11月18日,原告邵某平以个人名义向被告区住建局提交投诉书,认为招标人中国矿业大学重新招标的行为违法。同日,被告向原告出具不予受理通知书,认为原告的投诉超过投诉时效,且相关内容已经有处理决定,投诉人没有提出新的证据。12月1日,区招标投标管理办公室作出关于徐州市建设局招标处转来材料的回复,该回复载明:"1.评标委员会确定南京某建为第一中标候选人,经过复议后,维持原评标结果。2.第一中标人自动退出,招标人于11月2日作出重新招标的决定,符合《中华人民共和国招标投标法实施条例》第五十五条和招标文件的规定。综上,针对邵某平提出的投诉不予受理。"12月21日,原告针对上述不予受理通知书及关于徐州市建设局招标处转来材料的回复向市建设局提出复议申请。

2017年3月17日,市建设局作出行政复议决定书(徐建复决〔2017〕1号),撤销被告区住建局的上述不予受理通知书及关于徐州市建设局招标处转来材料的回复,并责令其重新对原告的投诉进行答复。3月20日,被告区住建局再次作出不予受理通知书,主要内容为:"依据徐州市城乡建设局行政复议决定书(徐建复决〔2017〕1号),对你于2016年11月18日递交的对中国矿业大学大学生创新训练中心监理工程的投诉材料进行重新复查……你的投诉存在以下问题:你投诉代理公司存在违法违规行为的问题。代理公司在编制的招标文件中,确实要求投标人开标携带营业执照原件,招标投标管理办公室在现场开标时要求招标人取消了此项要求,并且对代理公司进行了警告。你投诉中要求查处南京某建总监尹某成高工证造假。徐州市建设局于12月12日公示的关于建立企业入库信息造假情况的通报(二)徐建通(2016)9号中,已有处理决定。……按照《中华人民共和国招标投标法实施条例》第五十五条规定:排名第一的中标候选人放弃中标……等情形,不符合中标条件的,招标人可以按照评标委员会提出的中标候选人名单排序依次确定其他中标候选人为中标人,也可以重新招标。招标人选择重新招标,符合政策规定。经研究决定,对你投诉仍然不予受理"。

判决"一、撤销被告徐州市××区住建局于2017年3月20日对原告邵某平关于中国矿业大学大学生创新训练中心工程监理项目的投诉作出的不予受理通知书。二、责令被告区住建局于本判决生效之日起30日内对原告邵某平的投诉重新予以处理"。区住建局不服该判决,向徐州市中级人民法院提起上诉。徐州市中级人民法院审理后,于2018年9月25日作出〔2017〕苏03行终447号行政判决,认为"原审判决对证据和事实的认定正确,二审予以确认",判决"驳回上诉,维持原判"。

被告区住建局收到〔2017〕苏03行终447号行政判决书后,对原告邵某平提出的涉矿大工程监理项目投诉进行了包括开展组织招标投标参与方及有关机关工作人员参加的质证会、听取各方陈述意见在内的调查处理,于2018年12月24日作出投诉处理决定,决定"1.投诉书中涉及代理公司在本次招标投标活动中招标文件的编制、中标候选人得分公示等问题,将按照《江苏省工程招标代理机构及从业人员信用管理办法(试行)》进行处理。2.南京某建总监理工程师尹某成造假问题已被上级部门查证属实,且有处罚结论。3.驳回投诉人邵某平投诉招标人违规重新招标事项"。区建设工程招标投标办公室制作落款日期为2018年12月29日的处理决定通知,载明的内容为其向江苏省某招标投标有限公司通知对该公司作出"日常考核扣1分处理"。

后原告不服24日投诉处理决定,于2019年1月7日向被告区政府申请行政复议。被告区政府受理、审查后,于2019年2月26日作出行政复议决定(〔2019〕铜行复第1号),决定"维持被申请人区住建局对申请人邵某平作出的投诉处理决定"。

另查明:

南京某京事务所登记机关为南京市秦淮区市场监督管理局,法定代表人为帅某泉,类型为股份合作制,登记状态为存续(在营、开业、在册)。南京某京事务所徐州分所登记机关为徐州市市场监督管理局,负责人为邵某平,类型为集体分支机构(非法人),登记状态为存续(在营、开业、在册)。

本案一审开庭审理时,矿大工程监理项目正在进行,尚未完工。

原告认为被告区住建局作出24日投诉处理决定、被告区政府作出行政复议决定(〔2019〕铜行复第1号)违反了《中华人民共和国招标投标法》等相关法律法规的规定应当予以撤销,给原告、南京某京事务所造成了经济损失应当予以赔偿。

【一审情况】

争议焦点:

一、关于被告区住建局对原告邵某平投诉所作处理的合法性问题。

二、关于被告区政府所作行政复议决定的合法性问题。

三、关于原告提出的行政赔偿请求依法是否应当支持的问题。

法院观点：

一、关于被告区住建局对原告邵某平投诉所作处理的合法性问题。一审法院认为不合法，理由如下：

根据《中华人民共和国招标投标法》第七条第二款规定，有关行政监督部门依法对招标投标活动实施监督，依法查处招标投标活动中的违法行为。根据《中华人民共和国招标投标法实施条例》第四条第二款规定，县级以上地方人民政府有关部门按照规定的职责分工，对招标投标活动实施监督，依法查处招标投标活动中的违法行为。参照《关于国务院有关部门实施招标投标活动行政监督的职责分工的意见》第三条规定，各类房屋建筑及其附属设施的建造和与其配套的线路、管道、设备的安装项目和市政工程项目的招标投标活动的监督执法，由建设行政主管部门负责。参照《工程建设项目招标投标活动投诉处理办法》第四条第一款规定，各级住房城乡建设等招标投标活动行政监督部门，依照《国务院办公厅印发国务院有关部门实施招标投标活动行政监督的职责分工的意见的通知》（国办发〔2004〕34号）和地方各级人民政府规定的职责分工，受理投诉并依法做出处理决定。结合本院〔2017〕苏8601行初644号行政判决及徐州市中级人民法院〔2017〕苏03行终447号行政判决，在原、被告均未提交证据证明被告区政府对其所属部门有关招标投标活动的监督职责分工另有规定的情况下，被告区住建局作为区建设行政主管部门、招标投标活动行政监督部门，具有受理原告提出的区范围内的矿大工程监理项目招标投标活动相关投诉并依法做出处理决定的职权、职责。

参照《工程建设项目招标投标活动投诉处理办法》第十四条等规定，行政监督部门受理投诉后，应当调取、查阅有关文件，调查、核实有关情况；对情况复杂、涉及面广的重大投诉事项，有权受理投诉的行政监督部门可以会同其他有关的行政监督部门进行联合调查，共同研究后由受理部门做出处理决定。根据《中华人民共和国招标投标法实施条例》第六十一条第二款规定，行政监督部门应当自受理投诉之日起30个工作日内作出书面处理决定。参照《工程建设项目招标投标活动投诉处理办法》第二十条规定，行政监督部门应当根据调查和取证情况，对投诉事项进行审查，按照下列规定做出处理决定，（一）投诉缺乏事实根据或者法律依据的，驳回投诉；（二）投诉情况属实，招标投标活动确实存在违法行为的，依据《中华人民共和国招标投标法》及其他有关法规、规章做出处罚。参照《工程建设项目招标投标活动投诉处理办法》第二十一条第一款规定，负责受理投诉的行政监督部门应当自受理投诉之日起三十日内，对投诉事项做出处理决定，并以书面形式通知投诉人、被投诉人和其他与投诉处理结果有关的当事人。被告区住建局作为行政监督部门，应当对原告提出的矿大工程监理项目相关投诉有关情况依法依规进行调查、核实，但原、被告提交的证据不足以证明被告区住建局已经就原告提出的矿大工程监理项目相关投诉述称的"在异议未处理完成的情况下进行中标公告"等可能影响招标投标活动结果的案外人违法违规有关情况进行了充分调查、核实，且被告区住建局对已经查明的问题仅向原告告知"将按照《江苏省工程招标代理机构及从业人员信用管理办法（试行）》进行处理"，该处理结果及相应告知不具有明确性，不符合前述法律、法规的要求。被告区住建局作出24日投诉处理决定主要证据不足，存在不当。

根据《中华人民共和国招标投标法实施条例》第六十一条第二款规定，行政监督部门应当自收到投诉之日起3个工作日内决定是否受理投诉，并自受理投诉之日起30个工作日内作出书面处理决定；需要检验、检测、鉴定、专家评审的，所需时间不计算在内。被告区住建局自述其于2018年9月28日收到徐州市中级人民法院作出的〔2017〕苏03行终447号行政判决书，并依照判决要求于2018年10月24日受理矿大工程监理项目原告个人投诉，后于2018年12月24日作出投诉处理决定，且未向本院举证证明其投诉处理因存在符合法律、法规规定的事由而不违反前述期限要求，被告区住建局作出24日处理决定超过法定期限，违反法定程序。

根据《中华人民共和国行政诉讼法》第七十条规定，行政行为有主要证据不足、违反法定程序等情形之一的，人民法院判决撤销或者部分撤销，并可以判决被告重新作出行政行为。被告区住建局作出的24日投诉处理决定有主要证据不足、违反法定程序等情形，本院依法应当判决撤销24日投诉处理决定，并判决被告区住建局对原告提出的矿大工程监理项目相关投诉重新作出处理。

关于原告提出的判令被告区住建局查处矿大工程监理项目招标投标过程中招标人中国矿业大学、招标代理公司及投标人南京某建的违法违规行为相关诉讼请求。该请求实质上是请求本院对被告区住建局重新作出处理的内容作出限定。被告区住建局作为招标投标活动行政监督部门应当认真听取原告投诉意见，但被告区住建局对原告提出的矿大工程监理项目相关投诉具体作出何种处理及原告前述诉求能否得到支持，取决于原告述称的案外人违法违规行为是否应当受到查处。对原告提出的矿大工程监理项目相关投诉的具体处理应以被告区住建局重新作出调查等处理的结果为依据，并由被告区住建局作为行政机关作出初次判断。被告区住建局重新作出处理后，如原告认为该处理结果侵犯其合法权益，可依法通过包括另行提起行政诉讼在内的方式寻求救济。

二、关于被告区政府所作行政复议决定的合法性问题。一审法院认为不合法，理由如下：

根据《中华人民共和国行政复议法》第十二条规定，对县级以上地方各级人民政府工作部门的具体行政行为不服的，由申请人选择，可以向该部门的本级人民政府申请行政复议，也可以向上一级主管部门申请行政复议。原告对作为县级地方人民政府工作部门的被告区住建局作出的投诉处理决定不服，可以向作为被告区住建局的本级人民政府的被告区政府申请行政复议，被告区政府具有对原告相关行政复议申请作出处理的职权、职责。

根据《中华人民共和国行政复议法》第二十八条第一款规定，具体行政行为认定事实清楚，证据确凿，适用依据正确，程序合法，内容适当的，决定维持；具体行政行为有主要事实不清、证据不足等情形之一的，决定撤销、变更或者确认该具体行政行为违法。被告区住建局作出的24日投诉处理决定具有主要事实不清、证据不足等情形，不符合认定事实清楚、证据确凿、适用依据正确、程序合法、内容适当的条件，被告区政府依法应当决定撤销或变更而不应决定维持24日投诉处理决定。

根据《中华人民共和国行政诉讼法》第七十九条规定，复议机关与作出原行政行为的行政机关为共同被告的案件，人民法院应当对复议决定和原行政行为一并作出裁判。根据《中华人民共和国行政诉讼法》第七十条规定，行政行为有主要证据不足等情形之一的，人民法院判决撤销或者部分撤销。被告区政府作出行政复议决定（〔2019〕铜行复第1号）主要证据不足，本院依法应当判决撤销被告区政府作出的行政复议决定（〔2019〕铜行复第1号）。

关于原告提出的判令被告区政府责成被告区住建局履行前述查处案外人违法违规行为等职责的诉讼请求。对本院是否应当径行判决被告区住建局应如何具体履行前述查处案外人违法违规行为，本院已经作出说明。同时，根据《最高人民法院关于适用〈中华人民共和国行政诉讼法〉的解释》第一条第二款第（八）项规定，上级行政机关基于内部层级监督关系对下级行政机关作出的听取报告、执法检查、督促履责等行为不属于人民法院行政诉讼的受案范围。原告前述诉讼请求，本质上是请求本院判决作为上级行政机关的被告区政府基于内部层级监督关系对作为下级行政机关的被告区住建局作出督促履责的行为，不属于行政诉讼的受案范围，本院依法不予审理，亦不予支持。

三、关于原告提出的行政赔偿请求依法是否应当支持的问题。一审法院认为不应支持，理由如下：

关于原告提出的二被告共同赔偿原告及原告所属单位南京某京事务所经济损失3273600元（其中原告个人损失1145760元）的诉讼请求。对于其中原告主张其个人损失的1145760元部分，原告认为其作为南京某京事务所徐州分所负责人组织相关项目而应当在中标、完工后获得该部分利益，但因二被告未履行查处或责成下级行政机关查处案外人违法违规行为等职责造成原告所在南京某京事务所未能实际中标，故二被告应当承担赔偿责任。根据《中华人民共和国国家赔偿法》第四条规定，行政机关及其工作人员在行使行政职权时有造成财产损害的违法行为侵犯财产权情形的，受害人有取得赔偿的权利；第三十六条第（八）项规定，侵犯公民财产权造成该条第（一）项至第（七）项之外其他损害的，按照直接损失给予赔偿。根据《中华人民共和国行政诉讼法》第三十八条第二款规定，在行政赔偿、补偿的案件中，原告应当对行政行为造成的损害提供证据；因被告的原因导致原告无法举证的，由被告承担举证责任。原、被告提交的证据不足以证明二被告对原告提出的矿大工程监理项目相关投诉的处理造成了原告具体的直接损失，亦不足以证明前述情形系二被告造成。原告主张其在中标后能够取得的收益,属于期待利益,不属于国家赔偿法规定的直接损失。即使原告述称的前述案外人违法违规行为存在并造成原告未能中标进而造成原告损失,原告亦应当依法先行向在矿大工程监理项目招标投标活动中直接造成其损失的案外人主张权利。在被告尚未就原告提出的矿大工程监理项目相关投诉重新作出处理的情况下,原告认为二被告对原告提出的矿大工程监理项目相关投诉的处理对原告造成直接损失并要求赔偿,无事实、法律依据。对于原告主张的其个人损失之外的部分,根据《中华人民共和国国家赔偿法》第六条第一款、第三款规定,受害的公民、法人和其他组织有权要求赔偿;受害的法人或者其他组织终止的,其权利承受人有权要求赔偿。在南京某京事务所处于存续(在营、开业、在册)状态的情况下,原告以南京某京事务所工作人员身份提起本案诉讼,要求二被告赔偿原告个人损失之外的南京某京事务所损失,不符合法律、法规的规定,本院依法不予支持。根据《最高人民法院关于审理行政赔偿案件若干问题的规定》第三十三条规定,被告的具体行政行为违法但尚未对原告合法权益造成损害的,或者原告的请求没有事实根据或法律根据的,人民法院应当判决驳回原告的赔偿请求。本案中,原告相关赔偿诉讼请求缺乏必要的事实根据、法律根据,本院依法应当判决驳回原告的赔偿请求。

裁判结果:

一、撤销被告区住建局于2018年12月24日对原告邵某平提出的涉中国矿业大学大学生创新训练中心工程监理项目相关投诉作出的投诉处理决定。

二、撤销被告区政府于2019年2月26日作出的行政复议决定(〔2019〕铜行复第1号)。

三、被告区住建局于本判决生效之日起30个工作日内对原告邵某平提出的涉中国矿业大学大学生创新训练中心工程监理项目相关投诉重新作出书面处理决定,需要检验、检测、鉴定、专家评审的,所需时间不计算在内。

四、驳回原告邵某平其他诉讼请求。

【二审情况】

在二审法院审理过程中,上诉人区住建局和被上诉人邵某平以双方自行庭外协商解决争议问题为由,向本院申请撤回上诉和起诉。

裁判结果:

一、准许上诉人区住建局撤回上诉。

二、准许被上诉人邵某平撤回起诉。

三、徐州铁路运输法院〔2019〕苏8601行初510号行政判决书不发生法律效力。

三十八、

行政监督机关没有对投诉人的请求全面审查和回应的，属于认定事实不清

—— 甲公司与被告市公共资源交易监督管理局等行政处理案

【裁判要旨】

投诉人向行政监督部门提出多项投诉请求且行政监督部门均已受理的，行政监督部门应针对全部投诉请求所涉问题全部进行调查，唯有全面，方能清晰，并在此基础上作出处理决定。行政监督机关没有对投诉人的请求全面审查和回应的，属于认定事实不清。

【法院及案号】

一审：安徽省合肥市包河区人民法院，〔2018〕皖0111行初138号。

【当事人】

一审原告：甲公司。

一审被告：市公共资源交易监督管理局、市人民政府。

第三人：某信项目管理有限公司。

【案情介绍】

1986年7月31日，甲公司经登记成立。2017年9月30日，某信项目管理有限公司受合肥市庐阳区重点工程建设管理局的委托发布招标公告，对庐阳区长江中路（环城西路—马鞍山路）改造提升项目道排工程项目进行公开招标，甲公司系投标人之一。2017年10月30日，涉案项目开标，工作单位为合肥市庐阳区重点工程建设管理局的阮某系评标委员会成员之一，评标委员会推荐安徽某开发股份有限公司为第一中标候选人。同日，某信项目管理有限公司发布公示，安徽某开发股份有限公司为第一中标（成交）候选人，载明投标人有权自该日起至2017年11月2日以书面形式提出质疑。2017年11月7日，甲公司向某信项目管理有限公司提出异议，后者不予受理。2017年11月8日，甲公司向市公共资源交易监督管理局投诉，提出5项请求。2017

年11月13日,市公共资源交易监督管理局以其未在公示期内提出异议为由决定不予受理。2018年1月25日,市人民政府作出合复决〔2017〕215号行政复议决定书,撤销该不予受理决定并责令该局限期受理该起投诉。2018年2月11日,市公共资源交易监督管理局就投诉所涉问题对阮某进行询问。2018年2月12日,阮某以书面形式向市公共资源交易监督管理局作出情况说明。同日,某信项目管理有限公司根据市公共资源交易监督管理局的要求,就投诉所涉问题以书面形式作出情况说明。2018年3月14日,市公共资源交易监督管理局就有关问题向安徽合肥公共资源交易中心发出协查函,该中心同日复函予以说明。2018年3月16日,市公共资源交易监督管理局作出合公决〔2018〕52号投诉处理决定书,当日邮寄送达甲公司。2018年5月15日,甲公司不服该决定,向市人民政府申请行政复议,市人民政府予以受理。2018年5月18日,市人民政府向市公共资源交易监督管理局邮寄送达提出答复通知书。2018年5月29日,该局向市人民政府提出书面答复。2018年7月9日,市人民政府作出合复决〔2018〕122号行政复议决定书,维持原行政行为,同日分别送达行政复议参加人。2018年7月24日,甲公司不服该复议决定,向本院提起行政诉讼。2018年8月1日,本院依法通知某信项目管理有限公司作为第三人参加诉讼。

原告要求撤销投诉处理决定书和行政复议决定书。

【一审情况】

争议焦点:

关于投诉处理决定书是否合法的问题。

法院观点:

一审法院认为不合法,理由如下:

《中华人民共和国招标投标法》第六十五条规定:"投标人和其他利害关系人认为招标投标活动不符合本法有关规定的,有权向招标人提出异议或者依法向有关行政监督部门投诉。"根据《中华人民共和国招标投标法》第二、三、四章的规定,招标投标活动包括招标、投标、开标、评标和中标,这些活动若违反《中华人民共和国招标投标法》的规定,则投标人和其他利害关系人有权向招标人提出异议或者依法向有关行政监督部门投诉。本案中,原告作为投标人向被告市公共资源交易监督管理局投诉,其所提出的请求共有5项,指向涉案项目评标活动但不限于此,就其内容而言,是否均属于招标投标活动的范畴,被告市公共资源交易监督管理局在受理时并未予以说明。换言之,可以认为,被告市公共资源交易监督管理局业已受理了原告包含5项请求的投诉,既然如此,该被告应对该5项请求所涉问题全部进行调查,唯有全面,方能清晰,并在此基础上作出处理决定。然而,被告市公共资源交易监督管理局侧重对涉案项目评标活动是否违法进行调查,而未涵盖全部投诉请求,于此情形,该被告即径直决定驳回原告的投诉,存在主要证据不足的情形,依法应予撤销,被告市人民政府作出的合复决〔2018〕122号行政复议决定书亦应随之撤销。

裁判结果：

一、撤销被告市公共资源交易监督管理局作出的合公决〔2018〕52号投诉处理决定书。

二、责令被告市公共资源交易监督管理局于本判决生效之日起30个工作日内重新作出行政行为。

三、撤销被告市人民政府作出的合复决〔2018〕122号行政复议决定书。

三十九、

投标人之一弄虚作假参与投标，且其余投标人符合继续开标条件的，行政监督机关作出重新招标的决定违法

——甲公司与市住房和城乡规划建设局行政处理案

【裁判要旨】

投标人之一弄虚作假参与投标，其余投标人符合继续开标条件的，且不符合法定依法重新招标情形下，行政监督部门责令重新组织招标投标，行政监督机关作出重新招标的决定违法。因为重新组织招标投标，招标人和各投标人又将面临重新准备，是对社会资源的浪费。

【法院及案号】

一审：浙江省平湖市人民法院，〔2011〕嘉平行初字第9号。

【当事人】

一审原告：甲公司。
一审被告：市住房和城乡规划建设局（以下简称"市建设局"）。

【案情介绍】

2011年5月，嘉兴港区中山花苑电梯设备采购安装工程进行公开招标投标。招标人为嘉兴港区某建设投资有限公司，招标代理人为嘉兴市某工程咨询有限公司。招标文件规定投标人资质要求：（1）具有独立法人资格的电梯生产厂家且注册资金人民币1亿元及以上或美元1500万元及以上。（2）生产厂家2010年度主营业务收入在人民币10亿元及以上（以2010年度经有资质的审计部门盖章的财务审计报表为准）。（3）具有国家质监总局颁发的特种设备制造许可证曳引式A级证书、特种设备安装改造维修许可证A级证书的独立法人或联合体，允许投标产品生产厂家与其唯一授权代理商组成联合体参加投标。联合体投标必须出具联合体共同投标协议书，联合体各方不得多头联合参加本项目的投标。（4）具有嘉兴地区电梯的使用业绩，并在本市设有完善的售后服务网点。（5）所投电梯须为中外合资（合作）或外商独资企业生产的知名品牌，

贴牌产品（oem产品）不在本次招标范围。(6)本项目不接受代理商单独投标。(7)投标人法定代表人为同一个人的两个及两个以上法人，母公司、全资子公司及其控股公司，不得同时参加投标。本项目共有12个潜在投标人报名，到投标截止时间，共收到10个投标人的投标文件，经评审委员会评审，确定沈阳乙公司（杭州工程公司）为中标候选人第一名，甲公司（某电梯有限公司）为中标候选人第二名，上海某大电梯设备有限公司为中标候选人第三名。评标结果在嘉兴市公共资源交易中心网站公示，公示期间甲公司等三家单位先后投诉，经调查核实，嘉兴港区招标投标站于2011年8月3日作出《投诉处理决定》(嘉港招〔2011〕第1号)。原告不服，认为该决定认定事实的主要依据不足、责令招标人依法重新招标无事实和法律依据，要求依法对本次投标进行重新评标为由，向嘉兴市建设委员会申请行政复议，要求撤销该投诉决定。2011年10月13日，嘉兴市建设委员会依据《评标委员会和评标方法暂行规定》第二十四条、第二十五条和《工程建设项目货物招标投标办法》第五十七条的规定，作出《行政复议决定书》（嘉建复决字〔2011〕第03号），维持嘉兴港区招标投标站《投诉处理决定书》(嘉港招〔2011〕第1号)。

另查，根据市建设局的委托，对涉及嘉兴港区的规划建设管理职能和事权，包括建设市场的管理、招标投标等行业管理，授权委托给嘉兴港区规划建设局，经嘉兴市机构编制委员会同意，嘉兴港区规划建设局增挂嘉兴港区招标站牌子，承担港区建设工程设计招标的监督管理职责。又查，平湖市规划与建设局于2011年12月14日更名为平湖市住房和城乡规划建设局。

【一审情况】

争议焦点：

关于投诉处理决定是否合法的问题。

法院观点：

一审法院认为不合法，理由如下：

根据《浙江省招标投标条例》第五条第（一）项的规定，建设行政主管部门对各类房屋建筑及其附属设施的建造和与其配套的线路、管道、设备的安装项目和市政工程项目的招标投标活动的实施监督，依法受理和处理投诉是其法定职责。嘉兴港区招标投标站（嘉兴港区规划建设局）受被告授权委托，对涉及嘉兴港区建设市场的招标投标活动实施监督管理，其作出的被诉行政行为，应当以授权委托的单位为被告，因此，市建设局作为本案被告是适格的。沈阳乙公司投标文件未响应招标文件的实质性要求，且提供虚假经营业绩，存在弄虚作假的行为，在评标委员会未作出否决其投标或将其废标情况下，嘉兴港区招标投标站作出取消沈阳乙公司中标候选人资格的决定正确，但嘉兴港区招标投标站作出责令招标人重新招标的决定不当，理由：1.嘉兴港区招标投标站认定评标委员会在评标过程中有显失公正行为，无证据证实。沈阳乙公司不是中外合资（合作）或外商独资企业，所投电梯不是中外合资（合作）或外商独资企业生产的知名品牌，评标委员会未能发现，这与从专业技术角度审查无关系，与评标是否公正更无联系，评标委员会及其成员未能发现，只是可能存在疏忽。沈阳乙公司提供虚假的财务审计报告，伪造经营业绩，评标委员会仅是书面审查，未能发现属正常，故不能适用《浙江省招标投标条例》第三十七条、《工程建设项目货物招标投标办法》第五十七条规定。2.法律、法规规定的重新招标的情形不适用本次招标活动。法律、法规规定应当依法重新招标的情形为：《中华人民共和国招标投标法》第四十二条规定：评标委员会经评审，认为所有投标都不符合招标文件要求的，可以否决所有投标。依法必须进行招标的项目的所有投标被否决的，招标人应当依照本法重新招标。第二十八条规定：投标人少于三个的，招标人应当依照本法重新招标。《浙江省招标投标条例》第二十四条规定：投标截止时间届满时投标人少于三个的，招标人应当依法重新招标。第三十五条规定：评标委员会将认定的废标的投标排出后，有效投标少于三个，使得投标明显缺乏竞争的，可以否决全部投标。所有投标被否决的，招标人应当依法重新招标。从以上规定可以看出，沈阳乙公司被取消中标人资格后，有效投标尚有9个，招标可继续进行。3.责令重新招标的决定不符合立法精神，也不符合行政法上的效率原则。《中华人民共和国招标投标法》第五条规定，招标投标活动应当遵循公开、公平、公正和诚实信用的原则。在不符合法定依法重新招标情形下，责令重新招标对其他9个无过错的投标人不公平。重新组织招标投标，招标人和各投标人又将面临重新准备，是对社会资源的浪费。嘉兴港区招标投标站作出责令招标人重新招标的决定，部分事实认定不清，适用法律、法规错误，应当予以撤销。至于原告提出投诉决定属行政处罚，本院认为，取消中标候选人资格，虽对行政相对人是比较严厉的行政措施，但对照行政处罚法及相关规定，不宜当作一种行政处罚，且嘉兴港区招标投标站在作出决定前，听取了沈阳乙公司的陈述和申辩，也送达了投诉决定，履行了行政行为应当履行的正当程序。

裁判结果：

一、维持嘉兴港区招标投标站《投诉处理决定书》（嘉港招〔2011〕第1号）第1项即沈阳乙公司（杭州工程公司）的投标文件不响应招标文件规定的实质性要求，取消其中标候选人资格。

二、撤销嘉兴港区招标投标站《投诉处理决定书》（嘉港招〔2011〕第1号）第2项即责令招标人嘉兴港区某建设投资有限公司依法重新招标。

四十、

行政监督机关发现评标委员会成员评标错误，可以依法重新评审，但不能代替评标委员会作出评审结论

——甲公司与区财政局政府等行政处理案

【裁判要旨】

行政监督机关发现评标委员会成员评标错误的，可以依法组织重新评审，但不能代替评标委员会作出评审结论，否则作出的决定将会超过投诉处理决定的职责范围，属于适用法律错误，滥用职权，将被确定为违法决定。

【法院及案号】

一审：汕头市金平区人民法院，〔2015〕汕金法行初字第18号。
二审：广东省汕头市中级人民法院，〔2016〕粤05行终18号。

【当事人】

一审原告、二审被上诉人：甲公司。
一审被告、二审上诉人：区财政局。
原审第三人：区环境卫生管理局（以下简称"区环卫局"）。

【案情介绍】

2015年4月14日，采购代理机构广州某生招标代理有限公司（以下简称"某生公司"）受采购人龙湖区环卫局的委托，就《汕头市龙湖道路清扫保洁及垃圾收集作业服务项目》进行全国公开招标。投标人甲公司、广州某银环保技术有限公司（下称"某银公司"）等六家公司投标。经评审，并经采购人确认，甲公司中标。2015年5月13日，采购代理机构发布中标公告。同月14日，某银公司就采购项目中标结果向龙湖区环卫局及某生公司提出质疑。同月21日，采购代理机构某生公司答复某银公司，该采购项目评审过程符合相关法律法规要求。某银公司对答复不满意，遂向龙湖区财政局投诉，认为：评标专家不按评分标准规定进行评分、带有倾向性。同年6月16日，龙湖区财政局受理了某银公司的投诉。同日及次日，龙湖区财政局分别向某银

公司、甲公司、某生公司及龙湖区环卫局送达投诉书副本及通知书。2015年7月17日，龙湖区财政局经审查，根据《中华人民共和国采购法》第三十六条第一款第（二）项、第三十七条和《政府采购供应商投诉处理办法》第十九条第（一）项的规定，作出《政府采购投诉处理决定书》（汕龙财采决〔2015〕1号），决定：（一）、《汕头市龙湖道路保洁及垃圾收集作业服务项目》的采购项目予以废标。（二）、《汕头市龙湖道路保洁及垃圾收集作业服务项目》的采购项目重新开展采购活动。同日，龙湖区财政局在广东省政府采购网公告该投诉处理决定书。

另查明，2015年6月16日，龙湖区环卫局向甲公司发送函件，函告该局已接到龙湖区财政局《关于暂停政府采购活动的通知》（汕龙财采函〔2015〕04号），要求该局暂停该采购项目。2015年7月17日，龙湖区环卫局作出《关于采购项目废标的告知函》（下简称《告知函》），函告各投标人，根据2015年7月17日龙湖区财政局《政府采购投诉处理决定书》（汕龙财采决〔2015〕1号）文件精神：一、《汕头市龙湖道路清扫保洁及垃圾收集作业服务项目》的采购项目予以废标。二、《汕头市龙湖道路清扫保洁及垃圾收集作业服务项目》的采购项目重新开展采购活动。龙湖区环卫局通过传真形式将告知函送达甲公司。

二审法院另查明，2015年5月14日，某银公司就本案采购项目中标结果向原审第三人及采购代理机构某生公司提出质疑。5月21日，某生公司出具《质疑答复函》，答复某银公司：原评标委员会在环卫保洁实施方案、应急方案、项目人员配备、环卫工人的权益和福利、机械化数量及新旧程度、业绩问题等多方面进行评审内容复核和讨论，认为原评审并无评分差错情况，评审结果符合公平、公正原则。本项目评审过程符合相关法律法规要求。2015年6月16日，龙湖区财政局受理某银公司的投诉，于2015年7月13日出具《关于对〈汕头市龙湖道路保洁及垃圾收集作业服务项目〉采购活动投诉事项的审查情况》，认为关于招标文件中服务评分的"公司机械化能力方面"的专家评分错误，该评分无效；关于商务评分项目"管理人员荣誉"专家评分错误；关于服务评分的"安全生产"项目一位专家评分超出招标文件规定该项评分最高分范围，评分无效。因此认为，专家的多项评分不符合招标投标文件的要求，采购项目的采购过程存在专家评分不公正、评分错误且影响中标结果的违规违法行为。2015年7月17日，龙湖区财政局根据审查情况，认为"本次采购项目的采购过程因评分差错问题影响中标结果"，遂作出涉案《政府采购投诉处理决定书》。

【一审情况】

争议焦点：

关于龙湖区财政局作为政府采购监督部门，是否享有对政府采购中的公开招标作出废标处理决定的权利的问题。

法院观点：

关于龙湖区财政局作为政府采购监督部门，是否享有对政府采购中的公开招标作出废标处理决定的权利的问题。一审法院认为龙湖区财政局无权利，理由如下：

《中华人民共和国政府采购法》第三十六条规定："在招标采购中，出现下列情形之一的，应予废标：（一）符合专业条件的供应商或者对招标文件作实质响应的供应商不足三家的；（二）出现影响采购公正的违法、违规行为的；（三）投标人的报价均超过了采购预算，采购人不能支付的；（四）因重大变故，采购任务取消的。废标后，采购人应当将废标理由通知所有投标人。"《政府采购货物和服务招标投标管理办法》第五十七条第一款规定："在招标采购中，有政府采购法第三十六条第一款第（二）项至第（四）项规定情形之一的，招标采购单位应当予以废标，并将废标理由通知所有投标供应商。"根据上述规定，当招标采购中出现应予废标情形时，应当由招标采购单位予以废标，而不是由政府采购监督管理部门予以废标。故龙湖区财政局不具有对政府采购中的公开招标作出废标处理决定的权利，龙湖区财政局作出的处理决定属超越职权的情形，应予以撤销。龙湖区环卫局与龙湖区财政局虽是不同的行政机关，但为了方便当事人的诉讼，且龙湖区环卫局是根据龙湖区财政局决定书的精神作出《告知函》的，《告知函》已失去相应的依据，故应予撤销。

裁判结果：

一、撤销龙湖区财政局作出的《政府采购投诉处理决定书》（汕龙财采决〔2015〕1号）。

二、撤销龙湖区环卫局作出的《关于采购项目废标的告知函》。

【二审情况】

争议焦点：

关于龙湖区财政局作为政府采购监督部门，是否享有对政府采购中的公开招标作出废标处理决定的权利的问题。

法院观点：

二审法院认为龙湖区财政局无权利，理由如下：

根据《中华人民共和国政府采购法》第五十五条、第五十六条、《政府采购货物和服务招标投标管理办法》第六十三条以及《政府采购供应商投诉处理办法》第七条的规定，本案某银公司对采购代理机构的答复不满意，向龙湖区财政局投诉。龙湖区财政局受理某银公司的投诉并作出处理决定，系其依法履行职责的行为。《政府采购供应商投诉处理办法》第二条规定，供应商依法向财政部门提起投诉，财政部门受理投诉、作出处理决定，适用本办法。龙湖区财政局应当依照《政府采购供应商投诉处理办法》的规定，依法处理某银公司的投诉事项。《政府采购供应商投诉处理办法》第十七条规定，财政部门经审查，对投诉事项分别作出下列处理决定：（一）投诉人撤回投诉的,终止投诉处理;(二)投诉缺乏事实依据的,驳回投诉;(三)投诉事项经查证属实的,分别按照本办法有关规定处理。第十九条规定,财政部门经审查,认定采购文件、采购过程影响或者可能影响中标、成交结果的,或者中标、成交结果的产生过程存在违法行为的,按下列情况分别处理:(一)政府采购合同尚未签订的,分别根据不同情况决定全部或者部分采购行为违法,责令重新开展采购活动;(二)政府采购合同已经签订但尚未履行的,决定撤销合同,责令重新开展采购活动;(三)政府采购合同已经履行的,决定采购活动违法,给采购人、投诉人造成损失的,由相关责任人承担赔偿责任。本案中,龙湖区财政局审查认为"本次采购项目的采购过程因评分差错问题影响中标结果",作出"采购项目予以废标"的决定,超出其作出政府采购供应商投诉处理决定的职责范围。且根据上诉人在龙湖区政府官方网站上公布的责权清单,其"政府采购供应商投诉处理"职权,属行政裁决范围,而"废标、责成重新组织招标"的职权属其他行政职权,适用的是《政府采购货物和服务招标投标管理办法》第四十三条规定"投标截止时间结束后参加投标的供应商不足三家或者在评标期间,出现符合专业条件的供应商或者对招标文件作出实质响应的供应商不足三家"的情形,与本案情形明显不符。因此,上诉人龙湖区财政局在本案处理某银公司的投诉,并在处理决定中作出"采购项目予以废标"的决定属适用法律错误,滥用职权,依法应予撤销。原审判决认为上诉人"不具有对政府采购中的公开招标作出废标处理决定的权利,作出的处理决定属超越职权的情形",属表述不当,应予纠正,但原审判决撤销上诉人作出"采购项目予以废标"的处理决定正确,应予维持。上诉人上诉提出其对本案的投诉处理有权作出废标决定的意见,缺乏法律依据,理由不能成立,本院不予采纳。

《政府采购货物和服务招标投标管理办法》第四十四条规定,评标工作由招标采购单位负责组织,具体评标事务由招标采购单位依法组建的评标委员会负责,并独立履行下列职责:(一)审查投标文件是否符合招标文件要求,并作出评价;(二)要求投标供应商对招标文件有关事项作出解释或者澄清;(三)推荐中标候选供应商名单,或者受采购人委托按照事先确定的办法直接确定中标供应商;(四)向招标采购单位或者有关部门报告非法干预评标工作的行为。第四十六条规定,评标专家应当熟悉政府采购、招标投标的相关政策法规,熟悉市场行情,有良好的职业道德,遵守招标纪律,从事相关领域工作满八年并具有高级职称或者具有同等专业水平。第四十九条第(二)项规定,评标委员会成员应当按照招标文件规定的评标方法和评标标准进行评标,对评审意见承担个人责任。上述规定表明,具体评标事务属评标委员会独立履行的专业判断职责,评标专家除了应当熟悉政府采购、招标投标的相关政策法规,熟悉市场行情,有良好的职业道德,遵守招标纪律外,还必须具有从事相关领域工作满八年并具有高级职称或者具有同等专业水平,因此,除存在违法违规等实质性影响评标结果的情形外,其评标结果应当受到充分的信任及尊重。本案中,投诉人某银公司针对评委的评分提出质疑后,某生公司召集原评标委员会对环卫保洁实施方案、应急方案、项目人员配备、环卫工人的权益和福利、机械化数量及新旧程度、业绩问题等事项进行复核和讨论,最终复核结果维持原评标结论。本案的证据材料表明,涉案招标投标项目的专家评分中,除专家"夏某国"在安全生产评分项目的评分超出招标文件规定的最高分范围,评分无效外,上诉人在没有组织具备相应资质的专家重新评审的情况下,以自己的评判标准代替专家评分,认定"专家评分差错",依据不足。且专家"夏某国"一人一个项目的评分无效并没有实质性影响中标结果。因此,上诉人在没有证据证明评标专家在评标过程中存在违法违规,且存在实质影响评标结果行为的情况下,以"评分差错问题影响中标结果"为由作出"采购项目重新开展采购活动"的处理决定,属事实不清,证据不足,依法应予撤销。

因此,上诉人龙湖区财政局作出《政府采购投诉处理决定书》(汕龙财采决〔2015〕1号),适用法律错误,认定事实不清,证据不足,依法应予撤销。原审第三人龙湖区环卫局根据上述《政府采购投诉处理决定书》的决定作出《关于采购项目废标的告知函》,原审法院认为龙湖区环卫局作出的《关于采购项目废标的告知函》已失去相应的依据,在本案判决中一并予以撤销并无不当,本院予以维持。

裁判结果:

驳回上诉,维持原判。

四十一、

律师函不属于《工程建设项目招标投标活动投诉处理办法》规定的投诉书范畴

——甲公司与虎丘区住房和城乡建设局招标投标行政处理案

【裁判要旨】

上诉人委托江苏某盛律师事务所向被上诉人投诉，江苏某盛律师事务所未按《工程建设项目招标投标活动投诉处理办法》第七条、第十条的规定提交投诉书、授权委托书，仅向被上诉人发律师函，其形式及内容均不符合规定，该律师函不属于《工程建设项目招标投标活动投诉处理办法》规定的投诉书范畴。被上诉人对该律师函不作回复不构成不履行《工程建设项目招标投标活动投诉处理办法》规定职责的情形。

【法院及案号】

一审：江苏省苏州市虎丘区人民法院，〔2015〕虎行初字第00050号。

二审：江苏省苏州市中级人民法院，〔2016〕苏05行终138号。

【当事人】

一审原告、二审上诉人：甲公司。

一审被告、二审被上诉人：虎丘住房和城乡建设局（以下简称"住建局"）。

【案情介绍】

苏州国发资产管理有限公司所属国发资管金融创新业务楼改造项目的装修装饰工程，在2015年3月30日由招标代理人苏州某星工程造价咨询有限公司代理挂牌招标，甲公司进行了投标。2015年4月20日开标，4月23日由招标代理人操作发布公示，公示期自2015年4月23日至2015年4月26日，甲公司中标为第一候选人，公示拟确定甲公司为中标人。2015年4月28日苏州某星工程造价咨询有限公司操作发布公示（公示期自2015年4月28日至5月1日）的中标第一候选人为苏州某达装饰股份有限公司，甲公司被废标，原因是企业有不良行为。经核实系宜兴招标投标管理办公室（以下简称"招标办"）2015年4月20日在网上公布因甲公司有不良行为而作出"关于限制甲公司市场准入的通知"的决定，甲公司遂向宜兴招标办发出投诉书。2015年4月29日宜兴招标办作出《关于撤销"关于限制甲公司市场准入的通知"的决定》。甲公司在4月30日向苏州高新区招标办申诉，招标代理人苏州某星工程造价咨询有限公司在5月19日作出《关于"甲公司的〈申诉书〉"的回复》：根据贵公司2015年4月30日提交的关于国发资管金融创新业务楼改造项目的《申诉书》及《关于撤销"关于限制甲公司市场准入的通知"的决定》，经苏州国发资产管理有限公司同意，报苏州高新区招标办备案，原评标委员会对本项目进行了复议，复议意见如下，维持4.27的复议。苏州高新区招标办在该回复上盖章。甲公司委托江苏某盛律师事务所就苏州国发资产管理有限公司所属国发资管金融创新业务楼改造项目的装修装饰工程招标投标活动向虎丘住建局投诉。2015年5月21日，江苏某盛律师事务所发律师函给虎丘住建局，函告受甲公司委托，指派郭某新律师负责处理甲公司投诉事项，请求虎丘住建局进行审查，纠正错误做法，并请求在收到函后三日内作出回复，逾期将按司法程序办理。甲公司在律师函委托单位处盖章。虎丘住建局在5月25日收到律师函后没有作出回复。甲公司不服，提起本案诉讼。

根据苏州国家高新技术产业开发区工作委员会、苏州市虎丘区委员会于2015年9月15日联合下发的苏高新委〔2015〕106号文件，苏州高新区、虎丘区建设局更名为苏州高新区（虎丘区）住房和建设局，即本案被告。

【一审情况】

争议焦点：

律师函是否属于《工程建设项目招标投标活动投诉处理办法》规定的投诉书范畴。

法院观点：

根据《工程建设项目招标投标活动投诉处理办法》第七条、第十条规定，投诉人投诉时，应当提交投诉书。投诉书应当包括：（一）投诉人的名称、地址及有效联系方式；（二）被投诉人的名称、地址及有效联系方式；（三）投诉事项的基本事实；（四）相关请求及主张；（五）有效线索和相关证明材料。投诉人是法人的，投诉书必须由其法定代表人或者代表签字并盖章。投诉人可以自己直接投诉，也可以委托代理人办理投诉事务，代理人办理投诉事务时，应将授权委托书连同投诉书一并提交给行政监督部门，授权委托书应当明确有关委托代理权限和事项。甲公司委托江苏某盛律师事务所向虎丘住建局投诉，江苏某盛律师事务所未按《工程建设项目招标投标活动投诉处理办法》第七条、第十条的规定向被告提交投诉书、授权委托书，仅向虎丘住建局发律师函，其形式及内容均不符合规定，该律师函不属于《工程建设项目招标投标活动投诉处理办法》规定的投诉书范畴。虎丘住建局在收到该律师函后，未作回应和指导欠妥，但虎丘住建局对该律师函不作回复不构成未履行《工程建设项目招标投标活动投诉处理办法》规定的职责，故对虎丘住建局的答辩意见，予以采纳，对甲公司的诉讼请求不予支持。

裁判结果：

判决驳回甲公司的诉讼请求。

【二审情况】

争议焦点：

律师函是否属于《工程建设项目招标投标活动投诉处理办法》规定的投诉书范畴。

法院观点：

根据《工程建设项目招标投标活动投诉处理办法》第七条、第十条规定，投诉人投诉时，应当提交投诉书。投诉书应当包括：（一）投诉人的名称、地址及有效联系方式；（二）被投诉人的名称、地址及有效联系方式；（三）投诉事项的基本事实；（四）相关请求及主张；（五）有效线索和相关证明材料。投诉人是法人的，投诉书必须由其法定代表人或者代表签字并盖章。投诉人可以自己直接投诉，也可以委托代理人办理投诉事务，代理人办理投诉事务时，应将授权委托书连同投诉书一并提交给行政监督部门，授权委托书应当明确有关委托代理权限和事项。上诉人委托江苏某盛律师事务所向被上诉人投诉，江苏某盛律师事务所未按《工程建设项目招标投标活动投诉处理办法》第七条、第十条的规定提交投诉书、授权委托书，仅向被上诉人发律师函，其形式及内容均不符合规定，该律师函不属于《工程建设项目招标投标活动投诉处理办法》规定的投诉书范畴。被上诉人对该律师函不作回复不构成不履行《工程建设项目招标投标活动投诉处理办法》规定职责的情形。上诉人的上诉请求不能成立，本院不予支持。

裁判结果：

驳回上诉，维持原判。

四十二、

招标文件未平等地给予所有潜在供应商公平竞争的机会，带有明显的倾向性，违反法律规定

——甲公司因政府采购行政处理案

【裁判要旨】

招标文件中设定的"欧美一线品牌，近两年发布最新机型……"条件，显然对本次政府采购产品的品牌作出了限定，排斥了非欧美品牌产品的供应商。通过公告发布的招标文件系向不特定的对象公示，其受众并不仅仅针对上诉人等四家供应商，品牌条件的设定排斥了部分供应商参加投标的资格，未平等地给予所有潜在供应商公平竞争的机会。故上诉人认为歧视性待遇对象审查范围仅限于参加投标供应商，缺乏依据。上诉人以参加投标的四家未提出异议，主张原审第三人制订的招标文件不存在歧视待遇，理由不能成立。被上诉人认定招标文件条款存在歧视性，认定事实清楚。同时，根据《中华人民共和国政府采购法》(以下简称《政府采购法》)第十条的规定，政府采购应当优先采购本国货物、工程和服务。招标文件对采购产品的品牌限定为欧美品牌，亦不符合上述规定。鉴于采购活动尚未完成，被上诉人根据《政府采购法》第二十二条第二款、《政府采购供应商投诉处理办法》第十八条第(二)项规定，决定确认采购活动违法，责令原审第三人重新开展采购活动，适用法律并无不当。

【法院及案号】

一审：上海市崇明县人民法院，〔2012〕崇行初字第31号。

二审：上海市第二中级人民法院，〔2013〕沪二中行终字第188号。

【当事人】

一审原告、二审上诉人：甲公司。

一审被告、二审被上诉人：崇明县财政局。

一审第三人：崇明县政府采购中心。

【案情介绍】

崇明采购中心受崇明县妇幼保健所委托，于2012年6月1日发布关于对崇明县妇幼保健所高频X线摄片机设备采购项目竞争性谈判的公告。在公告规定时间内，甲公司、上海某满实业有限公司等四家企业参与报名，并领取采购编号为CMZFCG2012-057《高频X线摄片机设备采购项目招标文件》（以下简称"招标文件"）。2012年6月13日，甲公司致函崇明采购中心及崇明县妇幼保健所，提出："对招标文件中十二（10.本项目不允许进口产品的报价）与技术规格中四、欧美一线品牌，近2年发布最新机型，提供SFDA、CE、3C条件存在冲突"，并建议"将技术规格中四、欧美一线品牌，近2年发布最新机型，提供SFDA、CE、3C"修改成"设备核心部件（球管、高压发生器）为欧美一线品牌，提供SFDA、CE、3C"。对此，崇明采购中心及崇明妇幼保健所未予采纳。2012年7月11日，采购项目经竞争性谈判，崇明采购中心根据评审专家的推荐，于当日发布公告，内容为：本采购项目的中标单位为甲公司，中标金额为人民币318000元，如对中标结果有异议，请于本中标公告公布之日起7个工作日内，以书面形式向崇明采购中心或崇明县妇幼保健所提出质疑。2012年7月16日，供应商上海某满实业有限公司就中标结果向崇明采购中心提出质疑，并于2012年7月19日递交质疑补充函，其中一条认为甲公司投标设备为国产品牌，不属于标书中要求的欧美一线品牌。2012年7月20日，甲公司向崇明采购中心作出质疑回复，认为产品符合技术要求，质疑方为恶意质疑。2012年7月25日，崇明采购中心组织评审专家进行复评，并作出复评报告，认为中标人在投标文件中未对招标文件货物需求一览表及技术规格偏离表的第一至第四条款作全面响应。因此，全体专家组成员一致认为该投标文件未作实质性响应，作废标处置，同时建议此次投标作流标处置。2012年7月27日，崇明采购中心向上海某满实业有限公司作出了质疑回复并抄送甲公司。2012年7月30日，甲公司向崇明采购中心陈述了不同意作废标处理的理由及法律依据，并提供了相关材料。2012年8月6日，崇明采购中心向甲公司回复："我中心维持2012年7月25日原评审小组专家的复审意见，对你公司投标文件未作实质性响应，作废标处置。同时建议此次投标作流标处置。"2012年8月13日，甲公司以不同意崇明采购中心的回复为由向崇明县财政局提起投诉。崇明县财政局收到后进行了审查，在法律规定时间内予以受理，并向其他供应商发送了投诉书副本。崇明县财政局审查了投诉项目的采购程序和招标文件后，于2012年9月10日作出了《关于甲公司就"崇明县妇幼保健所高频X线摄片机设备采购项目"投诉的处理决定》（崇财库〔2012〕9号），认为：招标文件中设定产品欧美品牌，且作为实质性条款加以限制，具有明显歧视性，对其他品牌产品、其他供应商有失公允。鉴于采购文件具有歧视性，可能损害相关供应商的合法权益，根据《政府采购供应商投诉处理办法》（以下简称《处理办法》）第十八条之规定，本局决定责令重新开展采购活动。甲公司不服，向上海市财政局提出行政复议，复议结论为维持崇明县财政局的处理决定。2012年12月4日，甲公司提起行政诉讼，要求撤销崇明县财政局所作的《投诉处理决定》（崇财库〔2012〕9号）。

【一审情况】

争议焦点：

崇明县财政局所作处理决定是否合法。

法院观点：

根据《政府采购法》第十三条第一款及《处理办法》第三条之规定，崇明县财政局对政府采购活动具有监督管理的职责，有权依法受理和处理供应商的投诉。本案中，甲公司向崇明县财政局提起投诉后，崇明县财政局依法予以受理，对投诉所涉政府采购活动进行了全面审查，认定招标文件中设定欧美品牌，且作实质性条款加以限制，具有明显歧视性，有违《政府采购法》第二十二条第二款之规定，故依据《处理办法》第十八条之规定，于法定期限内作出责令重新开展采购活动的投诉处理决定，程序合法，事实清楚，适用法律正确，并无不当。

裁判结果：

判决驳回甲公司的诉讼请求。

【二审情况】

争议焦点：

被上诉人认定原审第三人制订的招标文件违反非歧视性原则是否成立，被上诉人作出的投诉处理决定，是否合法。

法院观点：

《政府采购法》第三条规定，政府采购应当遵循公开透明原则、公平竞争原则、公正原则和诚实信用原则。公平竞争就是要求给予每一个有兴趣参加竞争的供应商平等机会，享有同等的权利并履行相应的义务，不得歧视任何一方，竞争机会对每一位供应商来说都是均等公正的。《政府采购法》第二十二条第二款规定，"采购人可以根据采购项目的特殊要求，规定供应商的特定条件，但不得以不合理的条件对供应商实行差别待遇或者歧视待遇。"因此，采购方发布的采购招标文件，对所有供应商应当平等对待，不得带有明显的歧视性、倾向性。本案中，原审第三人发布的招标文件中的《货物需求一览表及技术规格》设定了"欧美一线品牌，近两年发布最新机型……"的条件，对该招标文件是否存在歧视性条款，从而违反公开竞争原则，上诉人与被上诉人产生分歧。上诉人认为针对"欧美一线品牌，近两年发布最新机型……"的要求，参加投标的供应商均未提出异议，且这是采购方根据《政府采购法》第二十二条第二款的规定可以对供应商规定的特定条件，对参加投标的供应商一视同仁，不存在歧视。被上诉人经审查认为，本案所涉的招标文件对产品品牌加以限制，对生产经营其他品牌的供应商显然有失公允，具有明显的歧视性。对此，本院认为，招标文件中设定的"欧美一线品牌，近两年发布最新机型……"条件，显然对本次政府采购产品的品牌作出了限定，排斥了非欧美品牌产品的供应商。通过公告发布的招标文件系向不特定的对象公示，其受众并不仅仅针对上诉人等四家供应商，品牌条件的设定排斥了部分供应商参加投标的资格，未平等地给予所有潜在供应商公平竞争的机会。故上诉人认为歧视性待遇对象审查范围仅限于参加投标供应商，缺乏依据。上诉人以参加投标的四家未提出异议，主张原审第三人制订的招标文件不存在歧视待遇，理由不能成立。被上诉人认定招标文件条款存在歧视性，认定事实清楚。同时，根据《政府采购法》第十条的规定，政府采购应当优先采购本国货物、工程和服务。招标文件对采购产品的品牌限定为欧美品牌，亦不符合上述规定。鉴于采购活动尚未完成，被上诉人根据《政府采购法》第二十二条第二款、《处理办法》第十八条第（二）项规定，决定确认采购活动违法，责令原审第三人重新开展采购活动，适用法律并无不当。但是，被上诉人在投诉处理决定书中仅写适用《处理办法》第十八条，而未明确到法律条款具体的项，存在不尽完善之处。其次，关于上诉人提出的被上诉人未审查其质疑原审第三人不应废标异议的问题。鉴于采购文件本身存在明显倾向性或歧视性问题，可能对潜在供应商合法权益造成损害，采购活动应重新开展，故对包括上诉人在内的供应商是否实质响应招标文件已无必要进行审查。上诉人认为被上诉人未审查上诉人提出的对废标的异议而作出投诉处理决定不公正的理由，本院不予支持。综上，被上诉人作出驳回上诉人投诉的处理决定，依法有据。上诉人的上诉请求，缺乏法律依据，本院不予支持。原审法院判决驳回上诉人的诉讼请求，并无不当。

裁判结果：

驳回上诉，维持原判。

四十三、

行政监督部门超过法律规定期限受理投诉的，程序违法

——甲公司与县招标采购管理局等行政处理案

【裁判要旨】

县招标采购管理局2015年9月21日收到原告邮寄的投诉意见书，于9月25日向原告的法定代表人送达不予受理答复函，已超过法定的期限，其行为程序违法。

【法院及案号】

一审：安徽省潜山县人民法院，〔2015〕潜行初字第00041号。

【当事人】

一审原告：甲公司。

一审被告：县招标采购管理局（以下简称"县招采局"）。

一审第三人：潜山县财政局、潜山某建。

【案情介绍】

2015年9月，甲公司参与潜山县国家农业综合开发2015年土地治理项目土建工程Ⅱ标段的投标，2015年9月11日评标委员会将原告的投标以甲公司投标文件中二级建造师的临时执业证书的注册单位与企业注册名称不符为由予以废除。2015年9月14日，第三人潜山县财政局公示潜山某建中标。原告于当日向县招采局及第三人潜山县财政局进行了投诉。县招采局法定代表人以甲公司应先向招标单位提出异议为由未受理。2015年9月16日，第三人潜山县财政局作出《对甲公司关于要求重新评标的报告回复》，同意评标委员会对原告的招标文件按废标处理。2015年9月18日甲公司又向县招采局邮寄了《关于要求重新评标的报告》，同月21日县招采局收到原告的投诉材料。2015年9月25日被告向甲公司法定代表人送达了《关于甲公司对评标结果投诉的答复函》，认为甲公司投诉书没注明投诉人和被投诉人的名称、地址及有效联系方式，法定代表人未签字并盖章，被授权委托人不符合要求，决定不予受理。甲公司不服，遂提起诉讼。

【一审情况】

争议焦点：

《答复函》是否合法。

法院观点：

《中华人民共和国招标投标法实施条例》第六十一条规定："行政监督部门应当自收到投诉之日起3个工作日内决定是否受理投诉……"。被告县招采局2015年9月21日收到原告邮寄的投诉意见书，于9月25日向原告的法定代表人送达不予受理答复函，已超过法定的期限，其行为程序违法。在投诉尚未受理的情况下，原告要求判令被告县招采局对原告的投诉作出实体处理的请求于法无据，依法不予支持。

裁判结果：

一、撤销被告县招采局2015年9月24日作出的《关于甲公司对评标结果投诉的答复函》。

二、驳回原告甲公司其他诉讼请求。

本案受理费50元，由被告县招采局负担。

四十四、

投标人没有在投标文件上签署代理人姓名违反招标文件废标要求的，评标委员据此废标符合法律规定

——瓯海区住房和城乡建设局与甲公司行政处理案

【裁判要旨】

现甲公司提供的授权委托书代理人未签字或盖章，明显不符合上述招标文件有关投标文件签字盖章的要求，评标委员会据此否决其投标，事实清楚，依据充分。根据涉案招标文件第三章评标办法前附表2.1.1内容，授权委托书签字盖章属于形式评审范围，甲公司主张涉及投标人资格，没有依据。即便如甲公司所述，授权委托书代理人签字盖章涉及投标人资格审查，因涉案招标采用资格后审办法对投标人进行资格审查，根据招标投标法实施条例第二十条的规定，应当在开标后由评标委员会按照招标文件规定的标准和方法对其资格进行审查。

【法院及案号】

一审：浙江省温州市瓯海区人民法院，〔2016〕浙0304行初21号。

二审：浙江省温州市中级人民法院，〔2017〕浙03行终20号。

【当事人】

一审被告、二审上诉人：瓯海区住房和城乡建设局（以下简称"瓯海区住建局"）。

一审原告、二审被上诉人：甲公司。

一审第三人：某桥公司、乙公司。

【案情介绍】

2016年3月26日，某桥公司发布招标公告，就瓯海区新桥街道新桥社区保障性安居工程（I-31地块）建设项目的施工进行公开招标，该项目的招标人为某桥公司，招标代理机构为浙江某力工程项目管理有限公司，招标公告包括投标人须知、评标办法等内容。甲公司、乙公司等单位参加该项目的投标。2016年4月27日，该工程在温州市行政审批与公共资源交易服务管理中心瓯海分中心公开招标。经评审委员会评

审,入围评审区间的共3家单位,按商务标加资信标得分从高到低分别是甲公司、乙公司及浙江某信建设工程公司。在招标评审中,评审委员会发现甲公司提交的授权委托书(开标时携带)委托代理人未签字或盖章。经评审委员会评审决议,该投标不符合招标文件第二章投标人须知前附表3.7.3中第2点"授权委托书应加盖单位章,法定代表人应签字或盖章,委托代理人应签字或盖章"的规定。根据涉案工程招标文件第三章评标办法(综合评估法)3.4投标人文件审查、第三章评标办法前附表2.1.1"形式评审标准"中的"投标文件签字盖章"必须符合第二章投标人须知前附表3.7.3的规定,评审委员会一致否决甲公司的投标文件。继而,涉案工程第一中标人为乙公司,第二中标人为浙江某信建设工程公司。2016年4月28日,甲公司向某桥公司提出异议,某桥公司于同年5月4日作出答复,对其提出的异议不予支持。同月5日,甲公司向瓯海区住建局投诉,要求纠正错误的评标结果。瓯海区住建局于2016年5月6日受理该投诉,并向某桥公司、浙江某力工程项目管理有限公司、乙公司、该工程评标委员会送达告知书,要求被告知人提交陈述和申辩意见,受送达人均提交了书面的陈述、申辩意见。2016年6月12日,瓯海区住建局认为上述投诉缺乏法律依据,作出《瓯海区新桥街道新桥社区保障性安居工程(I-31地块)投诉处理决定书》(温瓯住建〔2016〕114号),决定驳回甲公司的投诉。2016年6月17日,某桥公司向乙公司发出中标通知,确定其为涉案招标项目的中标单位,现该工程已开工建设。甲公司不服,提起本案诉讼要求撤销上述投诉处理决定。

【一审情况】

争议焦点:

评标委员会作出的决议是否符合法律规定。

法院观点:

一、根据《中华人民共和国招标投标法》(以下简称《招标投标法》)第六十五条及住房和城乡建设部《工程建设项目招标投标活动投诉处理办法》第三条、第四条的规定,瓯海区住建局作为工程建设项目招标投标活动行政主管部门,依法具有监督工程建设项目招标投标活动、作出投诉处理决定的法定职权。二、甲公司在投标中提交的涉案授权委托书是投标文件的组成部分。招标文件第二章3.1投标文件组成含"投标人须知前附表规定的其他材料",第二章投标人须知前附表3.1.1"构成投标文件的其他材料"中规定"由投标人根据招标文件的要求进行提供"。招标文件第二章10.6到场要求规定"所有投标人的法定代表人或其委托代理人必须携带本人居民身份证原件参加开标会议,委托代理人还必须携带授权委托书,否则否决其投标"。招标文件第八章投标文件格式,其中特别注明"本授权委托书开标时携带,不装入标函袋内"。据此,可以认定授权委托书属于投标文件的组成部分。根据授权委托书的授权内容,代理人有签署、澄清、说明、补正、递交、撤回、修改施工投标文件、签订合同和处理相关事宜等权利,甲公司认为授权委托书不是投标文件组成部分,其作用仅是对投标人到场的要求,理由不足,应予以不支持。三、本案的招标文件要求"授权委托书应加盖单位章,法定代表人应签字或盖章,委托代理人应签字或盖章",该规定并不违反法律的强制性规定。甲公司认为招标文件中规定的授权委托书要求代理人签字盖章,违反民法通则的规定,瓯海区住建局在备案时没有严格审查,以致招标文件出现错误,其理由不足,应不予采纳。四、涉案授权委托书代理人未签字属于细微偏差。《评标委员会和评标办法暂行规定》(以下简称《评标办法》)第二十六条第一款规定:"细微偏差是指投标文件在实质上响应招标文件要求,但在个别地方存在漏项或者提供了不完整的技术信息和数据等情况,并且补正这些遗漏项或不完整不会对其他投标人造成不公平的结果。细微偏差不影响投标文件的有效性"。本案甲公司在投标中出具的授权委托书上已有该公司及法定代表人盖章,虽然代理人没有签字、盖章,但代理人已持该委托书参加开标会议,且已通过评标委员会参加开标会议的到场人员要求的审查,故该授权委托书的瑕疵,不影响甲公司投标文件的有效性。五、评标委员会作出的决议不符合法律规定。《中华人民共和国招标投标法实施条例》(以下简称《招标投标法实施条例》)第四十九条第一款规定:"评标委员会成员应当依照招标投标法和本条例的规定,按照招标文件规定的评标标准和方法,客观、公正地对投标文件提出评审意见,招标文件没有规定的评标标准和方法不得作为评标的依据"。《评标办法》第二十六条第二款规定:"评标委员会应当书面要求存在细微偏差的投标人在评标结束前予以补正。拒不补正的,在详细评审时可以对细微偏差作不利于该投标人的量化,量化标准应当在招标文件中规定"。《浙江省人民政府关于进一步严格规范建设项目招标投标活动的意见》(浙政发〔2014〕39号)(以下简称《省招标投标意见》)第(十五)条规定:"评标委员会在评标时,对投标文件中含义不明确、明显文字错误或计算错误等各类疑点,应先通知投标人进行书面澄清。拟否决其投标的,应先向投标人进行书面询问核对。"本案评标委员会在未通知甲公司补正细微偏差的情况下,直接决定否决其投标,有失客观公正。六、瓯海区住建局作出的被诉处理决定适用法律错误。根据《招标投标法实施条例》第七十一条规定,对评标委员会成员不客观、不公正履行职务行为的,由有关行政监督部门责令改正;情节严重的,禁止其在一定期限内参加依法必须进行招标项目的评标;情节特别严重的,取消其担任评标委员会成员的资格。本案中,甲公司的委托代理人未在委托书上签字,属于细微偏差,在招标人已准许其委托代理人作为该公司到场人员参加开标会议的情况下,评标委员会应要求该公司代理人补正其委托书的偏差,评标委员会直接否决其投标不当。甲公司投诉后,瓯海区住建局未责令评标委员会成员改正,而驳回其投诉,其作出的处理决定适用法律错误,应予撤销。由于本案某桥公司已向乙公司发出中标通知,招标项目工程已开工建设,撤销被诉处理决定并重新作出处理已无实际意义,但被诉处理决定的违法性仍应予以确认。

裁判结果：

判决确认瓯海区住建局作出的《瓯海区新桥街道新桥社区保障性安居工程（I-31地块）投诉处理决定书》（温瓯住建〔2016〕114号）的行政行为违法。

【二审情况】

争议焦点：

一、关于涉案授权委托书是否属于评标文件的组成部分。

二、关于涉案招标文件将授权委托书代理人未签字或盖章作为否决投标条款是否合法。

三、关于涉案授权委托书代理人未签字或盖章是否属于重大偏差问题。

四、关于评标委员会否决投标是否有法律依据问题。

五、关于评标委员会否决投标行为是否程序违法问题。

法院观点：

一、关于涉案授权委托书是否属于评标文件的组成部分。涉案招标文件第八章投标文件格式明确"商务标包括授权委托书"；第二章投标人须知3.7.5装订要求规定"商务标（不包括授权委托书）、电子投标文件、证书原件应分册装订"；3.1投标文件的组成包括"（8）投标人须知前附表规定的其他材料"，而前附表3.1.1"构成投标文件的其他材料"系"由投标人根据招标文件的要求进行提供"。现招标文件第二章投标人须知前附表3.7.3对签字或盖章要求作了明确规定，其中"授权委托书应加盖单位章、法定代表人应签字或盖章、委托代理人应签字或盖章"，故甲公司据此编制的授权委托书属于评标文件的组成部分。甲公司以涉案招标文件并不要求投标文件的授权委托书制作电子文档为由主张涉案授权委托书不属于投标文书组成部分，缺乏事实依据，本院不予采纳。

二、关于涉案招标文件将授权委托书代理人未签字或盖章作为否决投标条款是否合法。《招标投标法实施条例》第二十三条规定，招标文件的内容违反法律、行政法规的强制性规定，违反公开、公平、公正和诚实信用原则，影响潜在投标人投标的，依法必须进行招标项目的招标人应当在修改招标文件后重新招标。《评标办法》第十七条第二款规定，招标文件中规定的评标标准和评标方法应当合理，不得含有倾向性内容，不得妨碍或者限制投标人之间的竞争。本案中，涉案招标文件将授权委托书代理人未签字或盖章作为否决投标的效力性条款，不存在上述违反招标文件合法性或评标标准、评标方法合理性的情形。被上诉人甲公司认为该条款违反《中华人民共和国民法通则》第六十五条有关民事委托代理的一般规定，不利于鼓励交易等，并据此主张该内容无效，缺乏法律依据，本院不予采纳。

三、关于涉案授权委托书代理人未签字或盖章是否属于重大偏差问题。《评标办法》第二十四条规定，评标委员会应当根据招标文件，审查并逐项列出投标文件的全部投标偏差。投标偏差分为重大偏差和细微偏差。第二十五条第二款规定，招标文件对重大偏差另有规定的，从其规定。根据涉案招标文件评标程序3.4投标人文件审查有关应当否决投标情形的规定，足以认定该招标文件已对重大偏差作了另行规定，其中包括涉案授权委托书代理人未签字或盖章的情形，评标时应从其规定。被上诉人甲公司主张涉案授权委托书代理人未签字或盖章属于细微偏差中的漏项，理由不能成立，本院不予采纳。

四、关于评标委员会否决投标是否有法律依据问题。《评标办法》第十七条规定，评标委员会应当根据招标文件规定的评标标准和方法，对投标文件进行系统的评审和比较。招标文件中没有规定的标准和方法不得作为评标的依据。涉案招标文件第三章评标办法前附表、评标程序3.4投标人文件审查均规定，"评标委员会认定投标人的投标文件不符合评标办法前附表形式评审、资格评审、响应性评审中的任何一项评审标准的，应当否决其投标"，其中投标文件签字盖章要符合第二章"投标人须知前附表"3.7.3规定，即授权委托书代理人应签字或盖章。现甲公司提供的授权委托书代理人未签字或盖章，明显不符合上述招标文件有关投标文件签字盖章的要求，评标委员会据此否决其投标，事实清楚，依据充分。根据涉案招标文件第三章评标办法前附表2.1.1内容，授权委托书签字盖章属于形式评审范围，甲公司主张涉及投标人资格，没有依据。即便如甲公司所述，授权委托书代理人签字盖章涉及投标人资格审查，因涉案招标采用资格后审办法对投标人进行资格审查，根据《招标投标法实施条例》第二十条的规定，应当在开标后由评标委员会按照招标文件规定的标准和方法对其资格进行审查。因此，甲公司以已准许其代理人参加开标会即认为符合资格评审要求，理由不能成立，本院不予采纳。

五、关于评标委员会否决投标行为是否程序违法问题。《评标办法》第二十六条规定，评标委员会应当要求存在细微偏差的投标人在评标结束前予以补正。《招标投标法实施条例》第五十二条规定，投标文件中有含义不明确的内容、明显文字或者计算错误，评标委员会认为需要投标人作出必要澄清、说明的，应当书面通知该投标人。涉案授权委托书代理人未签字或盖章，属于重大偏差，不存在上述条文规定的应当予以澄清、说明或补正的情形。同时，涉案招标文件第三章评标办法3.5.1投标文件的澄清和补正规定，在评标过程中，评标委员会可以书面形式要求投标人对所提交的投标文件中不明确的内容进行书面澄清或说明，或者对细微偏差进行补正。评标委员会不接受投标人主动提出的澄清、说明或补正。本案评标委员会否决甲公司投标行为，不违反上述涉案招标文件有关投标文件的澄清和补正的规定，甲公司据此主张否决投标行为程序违法，理由不能成立，本院不予采纳。

裁判结果：

一、撤销浙江省温州市瓯海区人民法院〔2016〕浙0304行初21号行政判决。

二、驳回甲公司的诉讼请求。

三、本案一、二审案件受理费各50元，由甲公司负担。

四十五、

行政监督机构在处理投诉时未依法听取当事人的陈述和申辩的，程序违法

——甲建设集团诉高新区建筑工程管理处行政处理案

【裁判要旨】

被告作为受理投诉的行政监督部门在受理原告提出的投诉后，虽调取、查阅有关文件，但未对第三人拟派建造师王某鹏在该次招标投标过程中是否存在在建工程情况进行调查、核实，而仅依天津市建筑市场监管与信用信息平台王某鹏锁定状态为未锁定的中标工程人员查询信息，及向住房和城乡建设部（以下简称"住建部"）电话咨询为依据，认定王某鹏无在建工程，显属事实不清；另在处理投诉的过程中，被告亦未听取被投诉人的陈述、申辩，显属程序违法。

【法院及案号】

一审：河南省安阳县人民法院，〔2017〕豫0522行初88号。

【当事人】

一审原告：甲建设集团。
一审被告：高新区建筑工程管理处。
一审第三人：乙建工。

【案情介绍】

2017年3月17日安阳职业技术学院作为招标人发布了安阳职业技术学院工程训练中心综合楼项目施工标段施工招标文件，对所建项目进行招标。2017年4月10日安阳职业技术学院工程训练中心综合楼项目施工标段施工招标，第三人乙建工被推荐为第一中标候选人。2017年4月13日原告甲建设集团对第三人乙建工作为第一中标候选人提出质疑，认为：乙建工建造师王某鹏于2016年3月24日中标天津港某置业锦荣苑定单式限价商品住房项目，项目中标工期2016年3月25日至2018年2月20日，显然项目经理有在建工程，不符合招标文件中项目经理无在建工程的要求，存

在作假情况，认为应取消乙建工作为第一中标候选人资格。2017年4月24日专家委员会作出回复，认为："1.甲建设集团关于"安阳市职业技术学院训练中心综合楼项目施工"第一中标候选人资格质疑中，提出的"全国建筑市场监管公共服务平台"网站，不在招标文件规定的查询网站范围；2.乙建工已经按照招标文件提供"无在建工程承诺"；3.经查"天津建设工程信息网"，王某鹏处于未锁定状态。所以经专家委员会一致认为乙建工项目经理王某鹏无在建工程。"

2017年4月25日安阳职业技术学院对原告提出的上述质疑作出回复，"安阳职业技术学院工程训练中心综合楼项目施工招标于2017年4月10日9：00，在安阳市公共资源交易中心，市民之家四层开标一厅进行。经专家评审，推荐第一中标候选人的项目经理王某鹏有在建工程。经与第一中标候选人和第二中标候选人沟通，决定就质疑情况由原评审专家进行复审，在公共资源交易中心完成相关手续后，确定复审时间定于2017年4月24日下午3点在交易中心第七评标室进行，并通知了第一中标候选人和第二中标候选人，双方均表示同意参加复审并遵守复审意见和时间安排。按照相关程序，经评标专家复审，一致认为：乙建工项目经理王某鹏无在建工程。"当天，原告就上述质疑向安阳市公共资源交易中心提出质疑，2017年6月2日安阳职业技术学院和高新区建筑工程管理处向安阳市公共资源交易中心提出"关于安阳市职业技术学院工程训练中心综合楼项目施工专家复核二次场地安排申请"，2017年6月14日安阳职业技术学院工程训练中心综合楼项目施工评标委员会作出回复：一、评标委员会严格按照招标文件进行了评标。在乙建工按照招标文件要求提供了"无在建工程承诺"的基础上，评标委员会又按照招标文件规定的网站进行了查询，未发现乙建工项目经理王某鹏有在建工程信息。二、招标文件第14页规定："3.如在投标文件中未提供上述证明文件，且在中国采购与招标网、各地相关行业行政主管部门和公共资源交易中心官网有在建工程信息，一律认定为有在建工程"。评标委员会认为：招标文件规定需要查询的网站包括两个层级：各地相关行业行政主管部门和公共资源交易中心官网。评标委员会依据招标文件规定和投标文件内容，认为乙建工项目经理王某鹏无在建工程。2017年6月15日安阳职业技术学院就安阳职业技术学院工程训练中心综合楼项目施工评标委员会作出的上述回复向原告进行了回复。原告对该回复不服，向安阳市基本建设招标投标办公室提出投诉，被告高新区建筑工程管理处于2017年7月13日作出投诉处理决定，查明：一、评标专家对投诉人异议回复"全国建筑市场监管公共服务平台"不在招标文件规定的查询网站范围，但未给予合理的解释，仅依据乙建工出具的"无在建工程承诺书"和"天津市建设工程信息网"查询到的项目经理王某鹏处于未锁定状态，就认定项目经理王某鹏无在建工程，依据尚不够充分。二、"全国建筑市场监管公共服务平台"显示项目经理王某鹏在天津港某置业锦荣苑定单式限价商品住房项目有在建工程的记录登记时间为2016年4月7日，而某市城乡建设委员会出具的项目经理王某鹏在天津港某置业锦荣苑定单式限价商品住房项目的《更换在施工程项目经理批准决定书》时间显示为2016年5月12日，并在"天津建设工程信息网"可以查询到项目经理王某鹏处于未锁定状态，无在建工程。就两网站就同一工程显示内容不一致的问题，我单位致函请示了住建部有关部门，并得到了明确答复："全国建筑市场监管公共服务平台"为住建部官方信息展示平台，非业务管理系统，信息和数据来源于各地市建设行政主管部门审核上报，建设项目所在地建设行政主管部门的信息更新更为及时、准确。据此，我单位认为：当住建部网站与某市城乡建设委员会网站显示内容不一致时，应以建设项目所在地建设行政主管部门公示的信息为准。三、招标文件中规定的"如在投标文件中未提供上述证明文件（变更材料），且在中国采购与招标网、各地相关行业行政主管部门和公共资源交易中心官网有在建工程信息，一律认定为有在建工程"。由于未在规定的网站中查询到项目经理王某鹏有在建工程信息，因此，在投标文件中不必提供相应变更材料。综上，依据《中华人民共和国招标投标法实施条例》和《工程建设项目招标投标活动投诉处理办法》，我单位支持评标委员会的评标和复核意见，维持原评标结果。

另查明，2013年安阳职业技术学院工程训练中心综合楼项目施工招标文件第一章招标公告第10.13.3第二项规定：投标人拟派建造师须无在建工程。拟派建造师以外承担的工程是否在建工程认定，按下列原则进行：1.承担的工程停工超过120天的，应提供建设单位同意其担任其他工程项目负责人且已报相关行业行政主管部门备案证明文件，原件评标时备查。2.承担的工程变更建造师的，应提供经建设单位同意并报相关行业行政主管部门备案的证明文件，原件评标时备查。3.如在评标文件中未提供上述文件，且在中国采购网与招标网、各地相关行业行政主管部门和公共资源交易中心官网有在建工程信息，一律认定为有在建工程。4.审理中，原告提供了全国建筑市场监管公共服务平台于2016年4月7日的显示信息，内容为：天津港某置业锦荣苑定单式限价商品住房项目的项目经理/总经理工程师为：王某鹏。以此证明第三人拟派建造师王某鹏在该次招标投标过程中有在建工程，不符合招标文件规定的要求。被告提供了2017年5月10日天津市建筑市场监管与信用信息平台，王某鹏锁定状态为未锁定的中标工程人员查询信息，及住建部电话录音及电话内容整理文字记录等证据，以证明第三人拟派建造师王某鹏在该次招标投标过程中无在建工程。

【一审情况】

争议焦点：

被告作出的处理决定是否合法。

法院观点：

本院认为，根据《工程建设项目招标投标活动投诉处理办法》第四条规定，被告高新区建筑工程管理处作为招标投标活动行政主管部门，依法具有受理投诉并做出处理的职权。

另根据《工程建设项目招标投标活动投诉处理办法》第十四条规定：行政监督部门受理投诉后，应当调取、查阅有关文件，调查、核实有关情况。对情况复杂、涉及面广的重大投诉事项，有权受理投诉的行政监督部门可以会同其他有关的行政监督部门进行联合调查，共同研究后由受理部门做出处理决定。第十六条：在投诉处理过程中，行政监督部门应当听取被投诉人的陈述、申辩，必要时可通知投诉人和被投诉人进行质证。据此，依据上述规定，被告作为受理投诉的行政监督部门在受理原告提出的投诉后，虽调取、查阅有关文件，但未对第三人拟派建造师王某鹏在该次招标投标过程中是否存在在建工程情况进行调查、核实，而仅依天津市建筑市场监管与信用信息平台王某鹏锁定状态为未锁定的中标工程人员查询信息，及向住建部电话咨询为依据，认定王某鹏无在建工程，显属事实不清；另在处理投诉的过程中，被告亦未听取被投诉人的陈述、申辩，显属程序违法。综上，被告作出的投诉处理决定事实不清、程序违法。

裁判结果：

一、撤销被告高新区建筑工程管理处 2017 年 7 月 13 日作出投诉处理决定。

二、案件受理费 50 元，由被告高新区建筑工程管理处负担。

四十六、

政府采购的工程项目应当适用招标投标法及实施条例，行政监督机关适用政府采购法作出处理的，属于适用法律错误

——甲公司与肥西县公共资源交易监督管理局资源行政处理案

【裁判要旨】

《中华人民共和国政府采购法》第四条规定："政府采购工程进行招标投标活动的，适用招标投标法。"《中华人民共和国政府采购法实施条例》第七条第一款规定："政府采购工程以及与工程建设有关的货物、服务，采用招标方式采购的，适用《中华人民共和国招标投标法》及其实施条例；采用其他方式采购的，适用政府采购法及本条例。"因此"刘铭传纪念馆展览工程设计施工一体化"项目作为政府采购的工程建设项目，理应适用《中华人民共和国招标投标法》及其实施条例对该项目的招标投标活动进行监督管理。

【法院及案号】

一审：肥西县人民法院，〔2015〕肥西行初字第00051号。

【当事人】

一审原告：甲公司。
一审被告：肥西县公共资源交易监督管理局（以下简称"肥西公管局"）。

【案情介绍】

2015年4月1日，甲公司、乙公司、丙公司组成的联合体被推荐为怀远县规划展示馆布展工程设计施工一体化项目的第一中标候选人。后因他人向怀远县招标采购局投诉，该局经调查，查明丙公司存在业绩造假，于2015年4月7日根据《中华人民共和国招标投标法》（以下简称《招标投标法》）及其实施条例的规定决定取消三公司组成的联合体的第一中标候选人资格。此后该局又于2015年4月13日根据《招标投标法》及其实施条例的规定，决定对三公司组成的联合体做不良行为记录，并从决定之日起3年内不接受其联合体在怀远县公共资源交易中心投标。2015年4月15日，甲公

司与某邦公司组成的联合体被评审确定为"刘铭传纪念馆展览工程设计施工一体化"项目的第一预中标人。2015年5月14日，肥西公管局作出《关于对刘铭传纪念馆展览工程设计施工一体化项目招标投标质疑事项的处理决定》（肥公管字〔2015〕26号），以"根据招标文件相关规定和业主不接受受到不良行为记录的意见"为由，决定取消甲公司（联合体单位：某邦公司）的预中标资格，对项目作重新招标处理；甲公司对此决定不服，向肥西县人民政府提起行政复议。2015年8月25日肥西县人民政府作出行政复议决定，认为肥西公管局作出的行政决定没有适用具体的法律、法规和规章，不符合法律规定，决定撤销该局作出的行政决定，并责令其在收到行政复议决定书之日起30日内重新作出具体行政行为；2015年9月22日，肥西公管局作出前述行政决定，再次取消了甲公司的预中标资格，对涉案项目作重新招标处理。甲公司对此不服，遂向提起前述诉讼请求。

【一审情况】

争议焦点：

肥西公管局作出的行政处理决定是否合法。

法院观点：

本院认为：《合肥市公共资源交易管理条例》第六条第一款规定："市、县（市）人民政府公共资源交易监督管理机构，对本行政区域内公共资源交易实行统一监督管理。……"因此肥西公管局作为本县公共资源交易监督管理机构，负有对本县行政区域内公共资源交易活动进行监督管理，并对违法违规行为依法进行查处的法定职责。本案中"刘铭传纪念馆展览工程设计施工一体化"项目系政府采购的工程建设项目，属于公共资源范畴，其招标投标活动亦在本县范围内进行，故肥西公管局有权对该工程的交易活动进行监督管理并依法查处有关违法违规行为。

《中华人民共和国政府采购法》第四条规定："政府采购工程进行招标投标活动的，适用招标投标法。"《中华人民共和国政府采购法实施条例》第七条第一款规定："政府采购工程以及与工程建设有关的货物、服务，采用招标方式采购的，适用《招标投标法》及其实施条例；采用其他方式采购的，适用政府采购法及本条例。"因此"刘铭传纪念馆展览工程设计施工一体化"项目作为政府采购的工程建设项目，理应适用《招标投标法》及其实施条例对该项目的招标投标活动进行监督管理。而肥西公管局却依据《中华人民共和国政府采购法》及其实施条例的相关规定作出取消甲公司预中标资格的处理决定，显属适用法律、法规错误。

《合肥市公共资源交易管理条例》第二十三条、第三十一条、第三十二条对公共资源交易过程中的异议、投诉、处理程序作了明确的规定，即公共资源交易竞争主体或者其他利害关系人认为交易文件、交易过程、交易结果侵害了自身合法权益的，可以在法定时限内以书面形式向公共资源项目单位或者公共资源交易中心提出异议。公共资源项目单位或者公共资源交易中心应当在收到异议之日起七日内作出书面答复。对异议答复不满意的，可以依法向公共资源交易监督管理机构投诉。公共资源交易监督管理机构应当根据调查和取证情况，对投诉事项进行审查，并应当在收到投诉之日起三十日内作出书面处理决定。公共资源交易监督管理机构就工程建设项目招标投标活动的投诉所作出的书面处理决定，根据《工程建设项目招标投标活动投诉处理办法》第二十二条的规定，应当包括："（一）投诉人和被投诉人的名称、住址；（二）投诉人的投诉事项及主张；（三）被投诉人的答辩及请求；（四）调查认定的基本事实；（五）行政监督部门的处理意见及依据"等内容。而本案中，肥西公管局所作出的书面处理决定中仅显示是肥西交易中心在开标当天和公示期间收到了相关投标人对涉案项目评审结果的书面质疑，该中心按程序受理了质疑并进行了调查。并不能反映也无其他证据证明肥西公管局是否收到了投标人和其他利害关系人的投诉，该局本身是否依法进行了调查取证，且其作出的处理决定缺失了投诉人和被投诉人的名称及住址、投诉人的投诉事项及主张等必备的内容，确已违反了法定的程序。

裁判结果：

一、撤销被告肥西县公共资源交易监督管理局作出的《关于对刘铭传纪念馆展览工程设计施工一体化项目招标投标质疑事项的处理决定》（肥公管字〔2015〕40号）。

二、本案收取案件受理费50元，由被告肥西县公共资源交易监督管理局负担。

四十七、

复议机关在取消第一中标候选人时应当通知第二中标候选人为利害关系人参与复议程序，否则程序违法

——甲公司与温州市住房和城乡建设委员会行政复议案

【裁判要旨】

原告甲公司作为乐清市特警及反恐训练基地智能化系统安装工程第二中标候选人及投诉人，与乐清市住房和城乡建设局（以下简称"住建局"）作出的《处理意见》具有法律上的利害关系。在该《处理意见》认定原告的投诉事项成立并决定取消第三人杭州某源公司该工程第一中标候选人资格的情况下，被告温州市住房和城乡建设委员会（以下简称"住建委"）未通知作为利害关系人的原告参与到行政复议程序，未听取原告意见，做出被诉复议决定，撤销该《处理意见》，违背程序正当原则，程序违法，依法应予撤销。

【法院及案号】

一审：温州市鹿城区人民法院，〔2014〕温鹿行初字第89号。

【当事人】

一审原告：甲公司。
一审被告：温州市住建委。

【案情介绍】

甲公司系乐清市特警及反恐训练基地智能化系统安装工程第二中标候选人，第三人杭州某源公司系该工程第一中标候选人。2014年1月30日，甲公司以第三人派任该工程的项目负责人王某明有在建工程，第三人在投标过程中有弄虚作假违法行为为由，向乐清市住建局投诉。2014年3月18日，乐清市住建局作出《处理意见》，认定甲公司的投诉事项成立，取消了第三人该工程第一中标候选人资格。第三人不服，向温州市住建委申请行政复议。被告于2014年4月16日向乐清市住建局送达行政复议答复通知书。在乐清市住建局提交行政复议答复意见及相关证据材料后，温州市住建

委于2014年5月26日作出被诉复议决定，并分别于同月30日、6月3日送达乐清市住建局及第三人。甲公司不服，提起本案诉讼。

【一审情况】

　　争议焦点：

　　温州市住建委所作的行政复议决定是否合法。

　　法院观点：

　　本院认为，《中华人民共和国行政复议法》第十条第三款规定："同申请行政复议的具体行政行为有利害关系的其他公民、法人或者其他组织，可以作为第三人参加行政复议。"《中华人民共和国行政复议法实施条例》第九条第一、二款规定："行政复议期间，行政复议机构认为申请人以外的公民、法人或者其他组织与被审查的具体行政行为有利害关系的，可以通知其作为第三人参加行政复议。行政复议期间，申请人以外的公民、法人或者其他组织与被审查的具体行政行为有利害关系的，可以向行政复议机构申请作为第三人参加行政复议。"根据上述法律规定并结合正当程序原则，行政复议机关作出对申请人以外的利害关系人不利的决定时，应追加其作为行政复议第三人，听取其意见，否则构成程序违法。本案中，原告甲公司作为乐清市特警及反恐训练基地智能化系统安装工程第二中标候选人及投诉人，与乐清市住建局作出的《处理意见》具有法律上的利害关系。在该《处理意见》认定原告的投诉事项成立并决定取消第三人杭州某源公司该工程第一中标候选人资格的情况下，被告温州市住建委未通知作为利害关系人的原告参与到行政复议程序，未听取原告意见，做出被诉复议决定，撤销该《处理意见》，违背程序正当原则，程序违法，依法应予撤销。被告及第三人提出是否需要追加原告为行政复议第三人属被告自由裁量权范畴的主张，与法不符，本院不予支持。

　　裁判结果：

　　一、撤销被告温州市住房和城乡建设委员会于2014年5月26日作出的《行政复议决定》（温住建行复决字〔2014〕2号）；责令被告温州市住房和城乡建设委员会在本判决生效之日起60日内重新作出具体行政行为。

　　二、本案受理费50元，由被告温州市住房和城乡建设委员会负担。

四十八、

法律规定的"暂停招标投标活动"并非暂停一切招标投标活动

——甲公司与沙洋县公共资源交易监督管理局、沙洋县建设中心行政处理案

【裁判要旨】

在中标候选人公示期间，有投标人提出异议，沙洋县建设中心即暂停招标投标活动，推迟招标活动的下一程序，处理异议相关事项。甲公司认为应"暂停一切招标投标活动"的意见，未予综合考虑效益与质量，不利于兼顾目标的实现和当事人权益的保护，本院不予支持。

【法院及案号】

一审：湖北省荆门市掇刀区人民法院，〔2020〕鄂0804行初31号。
二审：湖北省荆门市中级人民法院，〔2020〕鄂08行终76号。

【当事人】

一审原告、二审上诉人：甲公司。
一审被告、二审被上诉人：沙洋县公共资源交易监督管理局（以下简称"沙洋县公管局"）。
一审第三人：沙洋县建设中心。

【案情介绍】

2020年3月26日，沙洋县建设中心委托湖北某成建设工程项目管理有限公司作为招标代理人在荆门市公共资源交易网上发布沙洋县2019年度高标准农田建设项目泵站设备采购及安装工程（一标段）《招标文件》，该招标文件载明，不授权评标委员会确定中标人，仅推荐3名中标候选人。后包括甲公司在内的多家企业进行了投标。2020年4月16日，评标委员会进行了开标评标，并于4月17日在荆门市公共资源交易网上对评标结果进行了公示，公示期为2020年4月20日至4月22日，并告知若投标人或者其他利害关系人对评标结果有异议的，应在评标结果公示期内以书面形式向

招标人提出，招标人将自收到异议之日起3日内作出书面答复。作出答复前，将暂停招标投标活动。投标人或者其他利害关系人对招标人答复仍有异议的，应当在收到答复之日起10日内持招标人的答复或者投诉书，向行业主管部门或者公共资源交易综合监督机构提出投诉。

2020年4月20日和4月22日，江苏某进等公司对该公示结果提出书面异议。4月22日，沙洋县建设中心向沙洋县公管局提出《关于"沙洋县2019年度高标准农田建设项目泵站设备采购及安装工程（一标段）"复核申请》和《关于纠正"沙洋县2019年度高标准农田建设项目泵站设备采购及安装工程（一标段）"评标结果的申请》，认为在异议期内收到对评标结果公示的异议函，针对投标人的异议，沙洋县建设中心委托招标代理公司对异议进行了复核，确认异议人提出的问题情况属实，向沙洋县公管局申请召集原评标委员会对错误进行纠正。4月23日，招标代理公司电话告知甲公司因其他投标人对招标投标活动存在异议而暂停招标投标活动。同日下午，甲公司在荆门市公共资源交易网上看到发布的《沙洋县2019年度高标准农田建设项目泵站设备采购及安装工程（一标段）（复议）评标结果公示》和《沙洋县2019年度高标准农田建设项目泵站设备采购及安装工程（一标段）评标结果公示》，评标结果为：江苏某进公司为第一名，甲公司为第二名，公示期为2020年4月24日至4月26日。

2020年4月24日，甲公司向沙洋县建设中心提交书面异议函，要求对2020年4月23日发布的评标结果公示变更情况及暂停招标投标活动期间产生的同一评标时间不同的评标结果予以解释说明。同年4月26日，沙洋县建设中心针对甲公司提出的招标人在收到异议后未在第一时间予以通知、招标人未暂停招标投标活动、招标人借复核之名行重新评标之实三点异议作出书面回复，内容为：1.根据《中华人民共和国招标投标法实施条例》（以下简称《招标投标法实施条例》）的规定，"招标人应当自收到异议之日起3日内作出答复；作出答复前，应当暂停招标投标活动"，"异议答复期间不计算在前款规定的期限内"，在我单位作出答复前，招标投标活动暂停，招标活动的下一程序即2020年4月23日发布中标结果公告推迟，甲公司于2020年4月23日接到招标代理公司的电话属正常流程；2.4月21日在公示期内，我单位接到其他投标人的异议函后，委托招标代理公司处理异议相关事宜，代理公司根据《招标投标法实施条例》，对投标文件进行了复核，查看了评标委员会的详细评分表和评标报告，发现有提供相关证明资料未得分的情况，因此我单位向沙洋县公管局反映并申请本标段进行复核。该项目评标委员会经过复核后，对投标单位类似业绩、售后服务机构、免费保养维护等得分进行纠正，重新确定中标候选人，并进行评标结果公示；3.我单位于2020年4月16日委托招标代理公司进行评标，4月20日发布中标候选人公示；4月22日，针对其他投标人的质疑，评标委员会复核纠正评标结果，4月23日发布中标候选人公示，两次评标结果公示为不同的时间发布。

2020年4月30日，甲公司对沙洋县建设中心作出的回复不服，并对沙洋县建设中心及招标代理人向沙洋县公管局提出投诉,认为招标人及招标代理人在招标过程中违反《招标投标法实施条例》第五十四条的规定不暂停招标投标活动并违反规定重新评标。沙洋县公管局于同日受理后,针对甲公司的投诉分别对沙洋县建设中心及招标代理人进行了调查核实,并查阅复制了有关招标投标文件资料,后沙洋县公管局于同年5月11日作出处理决定,认为甲公司投诉反映的三个问题缺乏事实根据和法律依据,驳回了甲公司的投诉。同时决定对该评标委员会五名评标专家通报批评并暂停评标资格三个月。甲公司对该处理决定不服,诉至法院。

【一审情况】

争议焦点:

关于沙洋县公管局的行为是否合法。

法院观点:

沙洋县公管局系沙洋县公共资源交易的监管机构,有对公共资源交易活动进行监督管理、受理公共资源交易投诉、依法查处交易中违法违规行为等的法定职责。

《招标投标法实施条例》第七十一条:"评标委员会成员有下列行为之一的,由有关行政监督部门责令改正;情节严重的,禁止其在一定期限内参加必须进行招标的项目的评标;情节特别严重的,取消其担任评标委员会成员的资格:(三)不按照招标文件规定的评标标准和方法评标",第八十一条:"依法必须进行招标的项目的招标投标活动违反招标投标法和本条例的规定,对中标结果造成实质性影响,且不能采取补救措施予以纠正的,招标、投标、中标无效,应当依法重新招标或者评标",上述法条规定了在招标投标过程中违反招标投标法的规定可以进行"责令改正""采取补救措施"等方法对有关事项进行补救。本案中,在其他投标人提出异议后,经评标委员会专家予以复核,发现确实存在其他投标人提供了证明资料但未得分的情况,应该说该问题并非改变评标标准等实质性影响招标投标公平、公正和诚实信用原则的行为,是完全可以通过重新复核投标人提交的投标文件予以纠正的,该复核纠错行为是符合行政法的比例原则、效率原则的。若按照甲公司的理解,一旦有异议人提出异议后,所有的招标投标活动予以暂停,既不能纠错亦不能重新启动其他程序,那么该招标投标活动就将面临"左右为难,动弹不得"的尴尬境地。再加之,沙洋县建设中心及评标委员会复核后对中标候选人重新进行了公示,且目前该招标投标项目程序暂停在重新公示中标候选人阶段,尚未确定中标人,甲公司亦有相关的救济途径进行权利救济,故对甲公司提出评标委员会复核行为系重新评标行为、沙洋县建设中心重新公示复核结果及中标候选人违反《招标投标法实施条例》第五十四条的规定的意见,不予采纳。

甲公司提出江苏某进公司等提出异议后,沙洋县建设中心未予以书面答复,仅对甲公司进行了答复,采用公示复核结果的方式对其他异议人予以回复不符合法定的形式。一审法院认为,招标人采用何种方式对其他异议人予以回复,系招标人与其他异议人之间的法律关系，对甲公司的权利义务不产生实际影响，且与本案审查的沙洋县公管局作出投诉处理决定这一行政行为无关，故对甲公司提出招标人对其他投诉人的回复形式不合法的意见，不予审查。

甲公司对评标委员会于2020年4月22日出具的情况说明的真实性予以了质疑，认为系事后补签字，为非法证据，并由此认为沙洋县建设中心以复核之名行了重新评标之实。一审法院认为，该份证据系对异议人提出异议后，评标委员会进行复核后的一个情况说明，其内容能够与复核档案以及相关的询问笔录相互印证，能证明评标委员会在评标过程中存在投标人有提供相关证明资料未得分这一情况，故对甲公司的该意见，不予采纳。

裁判结果：

驳回甲公司的诉讼请求。

【二审情况】

争议焦点：

一、一审法院认定事实是否清楚、正确。

二、一审法院适用法律是否正确。

三、沙洋县公管局作出的涉案处理决定认定事实是否清楚，是否合法。

法院观点：

本院认为，《招标投标法实施条例》第四条第二款规定，"县级以上地方人民政府按照规定的职责分工，对招标投标活动实施监督，依法查处招标投标活动中的违法行为。县级以上地方人民政府对其所属部门有关招标投标活动的监督职责分工另有规定的，从其规定。"《中共沙洋县委办公室沙洋县政府办公室关于印发沙洋县行政审批局职能设置、内设机构和人员编制规定的通知》（沙办文〔2019〕26号）明确了被上诉人沙洋县公管局的主要职责包含统筹协调全县公共资源交易专项督查和法律法规执行情况检查工作，依法受理查处公共资源交易平台交易活动中的投诉举报等内容。本案中，沙洋县建设中心委托湖北某成建设工程项目管理有限公司作为招标代理人在荆门市公共资源交易网上发布沙洋县2019年度高标准农田建设项目泵站设备采购及安装工程（一标段）《招标文件》，被上诉人沙洋县公管局有依法对公共资源交易平台上的招标投标行为进行监督、受理查处投诉举报的法定职责。

一、一审法院认定事实是否清楚、正确。

（1）上诉人主张，一审法院认为第三人可以重新公示中标候选人并认为其是自行纠错的行为并非重新评标的行为，该观点完全错误。

本院认为，《招标投标法实施条例》第八十一条规定，"依法必须进行招标的项目的招标投标活动违反招标投标法和本条例的规定，对中标结果造成实质性影响，且不能采取补救措施予以纠正的，招标、投标、中标无效，应当依法重新招标或者评标。"

本案中,2020年4月23日重新公示中标候选人,是对错误的部分采取补救措施予以纠正的行为,一审法院对此已充分阐述,认定并无不当。

(2)上诉人主张,一审法院认为第三人尚未确定中标人,上诉人有相关救济途径进行权利救济错误。

本院认为,《招标投标法实施条例》第六十条对投诉和提出异议作了明确规定,上诉人亦通过异议、投诉、行政诉讼等方式进行权利救济,故上诉人的该理由不能成立。

(3)上诉人主张,一审法院没有查明案件事实中关于招标文件的要求,一审法院也没有查明第三人进行的所谓复核并进行统计。

本院认为,《中华人民共和国行政诉讼法》第六条规定,"人民法院审理行政案件,对行政行为是否合法进行审查。"本案依法应对被诉行政行为是否合法进行审理,关于招标文件的要求、第三人的复核等情况,属于沙洋县公管局在作出处理决定前的调查内容,且该局已将相关证据在一审中提交,故上诉人的该理由不能成立。

(4)上诉人主张,一审法院认为第三人对上诉人异议进行了书面回复,对江苏某进等公司没有回复,与上诉人无权利上的实际影响,与投诉处理这一行政行为无关的观点明显错误。原审第三人在收到其他投标人的异议后以公示结果作为答复,明显不符合法定形式。

本院认为,一审法院对此评判正确,不再重复。

(5)上诉人主张,被上诉人提供的评标委员会成员的相关笔录及说明等证据都是在行政行为之后补做的,是非法证据,不应采信。

本院认为,沙洋县公管局于2020年4月30日受理甲公司的投诉后,分别于2020年5月6日、5月8日向招标人、招标代理人的相关人员进行了调查询问,并查阅复制了有关文件资料,收集证据程序合法。沙洋县公管局提供的评标委员会成员的相关笔录及说明是对评标专家处罚前所作的调查,并非作出本案行政行为之后的补充调查证据,故上诉人的该理由不能成立。

(6)上诉人主张,江苏某进公司实际上不存在计分遗漏的问题,根本不需要所谓的纠正和复核,上诉人有理由相信有权利干预、潜在利益等因素。

本院认为,对于江苏某进公司的计分遗漏问题,评标委员会相关成员已作出说明。上诉人认为不存在计分遗漏的问题,但并未提交证据证实,该主张不能成立。上诉人认为招标投标活动中存在权利干预、潜在利益等因素的,应通过其他合法途径提出。

二、一审法院适用法律是否正确。

(1)上诉人主张,一审法院没有正确适用《招标投标法实施条例》第五十四条,对该法条的理解应为在答复前应暂停一切招标投标活动。

本院认为,《招标投标法实施条例》第五十四条第二款规定,"投标人或者其他利害关系人对依法必须进行招标的项目的评标结果有异议的,应当在中标候选人公示期间提出。招标人应当自收到异议之日起3日内作出答复;作出答复前,应当暂停招投标活动。"对该条中"暂停招标投标活动"的理解应当结合该法的指导原则、招标投标活动的具体实际全面理解。《招标投标法实施条例》第一条规定,"为了规范招标投标活动,根据《中华人民共和国招标投标法》,制定本条例。"《中华人民共和国招标投标法》(以下简称《招标投标法》)第一条规定,"为了规范招标投标活动,保护国家利益、社会公共利益和招标投标活动当事人的合法权益,提高经济效益,保证项目质量,制定本法。"本案中,在中标候选人公示期间,有投标人提出异议,沙洋县建设中心即暂停招标投标活动,推迟招标活动的下一程序,处理异议相关事项。上诉人认为应"暂停一切招标投标活动"的意见,未予综合考虑效益与质量,不利于兼顾目标的实现和当事人权益的保护,本院不予支持。

(2)上诉人主张,一审法院将《招标投标法实施条例》第八十一条规定的采取补救措施与第五十四条规定的暂停招标投标活动混为一谈。

本院认为,一审法院结合《招标投标法实施条例》第八十一条、第五十四条的规定,论述行政法的比例原则、效率原则,并非将二者混为一谈。

(3)上诉人主张,一审法院把对评标委员会的惩戒条件及惩戒措施的法律条款适用到招标投标实体活动的程序中是完全错误的;《招标投标法实施条例》第八十一条不能成为被上诉人辩称的自行纠正的法律依据。

本院认为,一审法院结合《招标投标法实施条例》第八十一条的规定,依法评判"采取补救措施"等复核纠错行为正确。对评标委员会的惩戒条件及惩戒措施的法律条款适用并不影响该招标投标活动中复核纠错行为合法性的评判。

三、沙洋县公管局作出的涉案处理决定认定事实是否清楚,是否合法。

本院认为,《中华人民共和国行政诉讼法》第三十四条第一款规定,"被告对作出的行政行为负有举证责任,应当提供作出该行政行为的证据和所依据的规范性文件。"行政机关在作出行政处理决定之前,必须调查核实相关事实。在一审举证期限内,沙洋县公管局提交了对招标人及招标代理人的调查询问笔录、沙洋县建设中心出具的情况说明、收件证明、评标委员会初评和复评档案、招标文件、评标结果公示及网站截图、对评标专家的处罚材料等证据,以上证据能够证实沙洋县公管局对甲公司的投诉进行过调查核实,沙洋县公管局在处理决定中也逐一载明调查核实情况,认定事实清楚,证据确凿。

《招标投标法实施条例》第六十一条第二款规定,"行政监督部门应当自收到投诉之日起3个工作日内决定是否受理投诉,并自受理投诉之日起30个工作日内作出书面处理决定"。《湖北省公共资源招标投标投诉处理办法》第二十五条规定,"综合监督管理机构或行政监督部门应当根据调查和取证情况,对投诉事项进行审查,按照下列规定做出处理决定:(一)投诉缺乏事实根据或者法律依据的,驳回投诉;(二)投诉情况属实,招标投标活动确实存在违法行为的,依据《招标投标法》《招标投标法实施条例》《湖北省公共资源招标投标监督管理条例》及其他有关法规、规章做出处罚……"本案中，沙洋县公管局于2020年4月30日受理甲公司的投诉，2020年5月11日作出处理决定，在该处理决定中载明甲公司投诉反映的问题、调查核实情况、具体适用的法律法规条款规定、处理结果、不服处理决定的救济途径等，2020年5月13日送达该处理决定。被上诉人作出处理决定有法律依据，程序符合法律规定。

裁判结果：
驳回上诉，维持原判。

第二章
行政诉讼案件

四十九、

投标人根据行政机关制定的相关文件交纳投标诚信保证金，政府机关不退回诚信保证金的行为属于行政行为

——甲公司与芜湖市人民政府不予返还投标诚信保证金案

【裁判要旨】

投标人交纳投标保证金系根据行政机关制定的相关文件，诚信保证金制度的实施明显具有行政机关对招标投标活动进行行政管理的属性，并非民事主体之间通过意思表示达成的合意，行政机关不予退还诚信保证金的行为属于行政行为的范畴。

【法院及案号】

一审：安徽省芜湖市中级人民法院，〔2015〕芜中行初字第00030号。
二审：安徽省高级人民法院，〔2016〕皖行终208号。
再审：最高人民法院，〔2017〕最高法行申362号。

【当事人】

一审原告、二审上诉人、再审被申请人：甲公司。
一审被告、二审被上诉人、再审申请人：芜湖市人民政府。

【案情介绍】

2014年11月24日，招标人芜湖市公路管理局委托招标代理机构山东某正招标代理有限公司发布"合芜高速二坝（长安）互通立交改建工程"项目《招标文件》。2014年12月17日，原告甲公司向芜湖市公共资源交易中心（以下简称"市交易中心"）交付了保证金1160万元（其中投标保证金860万元，诚信保证金300万元），报名参加项目投标。2014年12月18日，甲公司与市交易中心签订了《投标诚信合同》，双方依据《芜湖市招标采购诚信保证金管理制度》（以下简称《诚信保证金制度》），对项目招标过程中应遵守诚信义务以及诚信保证金的交纳和退还作出了约定。2014年12月22日，甲公司被确定为第二中标候选人，后因甲公司被举报在投标时借用注册建造师资质证书的问题，2015年1月23日芜湖市交通运输局向原告送达《投诉处理决定

书》，取消原告的候选人资格，该决定书已生效。2015年8月10日，市交易中心《诚信保证金制度》第六条的规定："投标人（供应商）应当在投标文件中提交投标诚信合同（见附件二），并按要求交足投标诚信保证金。否则，其投标文件即被拒绝接收。"第八条的规定："投标人（供应商）有本制度第七条规定行为之一的，其所提交的诚信保证金不予退还的金额按差额定率累进方式计算，计算标准按本制度附件一执行"作出《招标投标活动保证金收款通知书》并向甲公司送达了，决定不予退还其缴纳的部分诚信保证金137.5万元；当日，甲公司按《通知书》的内容办理了其余诚信保证金162.5万元的财务退还手续。原告对不予返还诚信保证金137.5万元的行为不服，提起诉讼，要求人民法院撤销市交易中心作出的《招标投标活动保证金收款通知书》中所做出的行政处罚，并责令被告返还其投标诚信保证金137.5万元及利息。

【一审情况】

争议焦点：

一、关于被告主体资格是否适格问题。

二、关于被诉行为是否属于行政处罚行为及是否应当返还其投标诚信保证金的问题。

法院观点：

一、关于被告主体资格是否适格问题。一审法院认为，根据《最高人民法院关于执行〈中华人民共和国行政诉讼法〉若干问题的解释》第二十一条的规定，市交易中心的行为应视为芜湖市政府对其内设机构的委托。芜湖市人民政府辩称其作为本案被告资格不适格的理由不能成立，不予认可。

二、关于被诉行为是否属于行政处罚行为及是否应当返还其投标诚信保证金的问题。一审法院认为，根据《诚信保证金制度》第六条规定，投标人应当在投标文件中提交投标诚信合同，并按要求交足诚信保证金。否则，其投标文件即被拒绝接收。市交易中心与甲公司签订《投标诚信合同》，并收取诚信保证金的职权，是依据上述诚信保证金管理制度文件，并非法律、法规或规章的授权。本案中，甲公司被认定违反招标投标诚信制度，有关处理决定已生效，依据《投标诚信合同》的约定，甲公司的部分诚信保证金将不予返还，芜湖市人民政府决定不予返还诚信保证金137.5万元，显然是履行合同的权利，甲公司已按约定办理了诚信保证金余款退款手续，事实上履行了相应的合同义务，双方相关合同权利、义务已履行完毕。甲公司诉称芜湖市人民政府不予返还其137.5万元诚信保证金系行政处罚行为无事实和法律依据，不予认可；其诉请撤销市交易中心作出的《招标投标活动保证金收款通知书》中所作出的行政处罚，并责令芜湖市人民政府返还其投标诚信保证金137.5万元及利息的理由不成立，不予支持。甲公司以《诚信制度》为行政处罚依据为由，要求一并审查该制度合法性的理由不成立，故不予审查。

裁判结果：

驳回原告诉讼请求。

【二审情况】

争议焦点：

1. 关于被诉行为是否属于行政行为问题。
2. 关于被告主体资格是否适格问题。
3. 关于被诉行为是否合法问题。

法院认为：

1. 关于被诉行为是否属于行政行为问题。二审法院认为市交易中心收取及不予返还甲公司涉案诚信保证金，是基于其与甲公司签订投标诚信合同的约定，该《投标诚信合同》虽具有民事合同的外在形式，但其实质却是政府部门对招标投标活动的一种监督管理方式，不予返还涉案诚信保证金具有行政处罚的性质，故本案当事人之间的争议属于行政争议。

2. 关于被告主体资格是否适格问题。二审法院认为《诚信保证金制度》第六条规定，投标人（供应商）应当在投标文件中提交投标诚信合同，并按要求交足投标诚信保证金。否则，其投标文件即被拒绝，作废标处理。市交易中心取得与投标人签订书面投标诚信合同并收取保证金以及处理违约行为的职权，是基于芜湖市人民政府在《诚信保证金制度》中的赋予，并非相关法律、法规直接规定或授权。根据《最高人民法院关于执行〈中华人民共和国行政诉讼法〉若干问题的解释》第二十一条规定，行政机关在没有法律、法规或者规章规定的情况下，授权其内设机构、派出机构或者其他组织行使其行政职权的，应当视为委托。当事人不服提起诉讼的，应当以该行政机关为被告。因此，芜湖市人民政府是本案适格被告。

3. 关于被诉行为是否合法问题。二审法院认为根据《中华人民共和国招标投标法》及《中华人民共和国招标投标法实施条例》等法律法规规定，芜湖市人民政府依法具有对招标投标活动实施监督的职权，可以依法调查处理招标投标活动中的弄虚作假等违法行为。芜湖市人民政府在查处招标投标活动中的违法行为时，应依照法律、法规或者规章规定的行政处罚种类，并依照《中华人民共和国行政处罚法》规定的程序实施。

《中华人民共和国行政处罚法》第三十二条第一款规定，当事人有权进行陈述和申辩。行政机关必须充分听取当事人的意见，对当事人提出的事实、理由和证据，应当进行复核；当事人提出的事实、理由或者证据成立的，行政机关应当采纳。第四十二条规定，行政机关作出责令停产停业、吊销许可证或者执照、较大数额罚款等行政处罚决定之前，应当告知当事人有要求举行听证的权利；当事人要求听证的，行政机关应当组织听证。当事人不承担行政机关组织听证的费用。本案中，芜湖市人民政府在作出不予返还涉案诚信保证金行为时，未能依据上述法律规定，赋予当事人陈述、申辩及要求听证的权利，违反了法定程序，依法应予撤销。

裁判结果：

1. 撤销安徽省芜湖市中级人民法院〔2015〕芜中行初字第00030号行政判决。

2. 撤销芜湖市人民政府2015年8月10日作出的不予返还甲公司137.5万元投标诚信保证金行为。

3. 责令芜湖市人民政府依法重新作出处理。

【再审情况】

争议焦点：

1. 关于被诉行为是否属于行政行为问题。

2. 关于被告主体资格是否适格问题。

3. 关于被诉行为是否合法问题。

法院认为：

1. 关于被诉行为是否属于行政行为问题。再审法院认为本案行政争议系因市交易中心于2015年8月10日通知再审被申请人甲公司对其预先交纳的部分诚信保证金不予退还而引发。再审申请人芜湖市人民政府在一审中所举证据第11项为其于2014年3月27日通过的《芜湖市公共资源交易管理办法》。该办法第九条第三项规定："市公共资源交易中心是隶属于市公共资源交易管理局的事业法人，是全市公共资源交易活动的集中交易场所、专业服务平台和市场服务主体，主要履行下列职责：……（三）接受竞价人（投标人）报名，负责收退交易保证金和保管档案等工作。"再审申请人在一审中所举证据第12项为芜湖市招标采购交易中心管委会于2014年3月21日研究通过、市交易中心于2014年4月1日印发的《诚信保证金制度》。该制度第六条规定："投标人（供应商）应当在投标文件中提交投标诚信合同，并按要求交足投标诚信保证金。否则，其投标文件即被拒绝接收。"第八条规定："投标人（供应商）有本制度第七条规定行为之一的，其所提交的诚信保证金不予退还的金额按差额定率累进方式计算，计算标准按本制度附件一执行。"对于营造诚实守信的营商环境，保障政府招标采购活动的有序开展，促进公共资源交易的公平竞争而言，规制投标人的弄虚作假行为具有目的正当性。对于政府招标活动中投标人的弄虚作假行为，行政机关可以依法作出处理。

尽管诚信保证金制度的相关要求载明于招标文件中，具体落实到市交易中心与再审被申请人所签《投标诚信合同》中，但市交易中心并非招标人，再审被申请人要参加投标，不得不遵照《诚信保证金管理制度》第六条的规定，向该中心交足诚信保证金，没有选择余地，亦对是否退还诚信保证金，没有协商空间，只得听由该中心依照《诚信保证金制度》第九条单方决定。可见，诚信保证金制度的实施明显具有行政机关对招标投标活动进行行政管理的属性,并非民事主体之间通过意思表示达成的合意。市交易中心不予退还诚信保证金的行为属于行政行为的范畴。由此引发的行政争议也就属于人民法院行政诉讼的受案范围。

2.关于被告主体资格是否适格问题。再审法院认为,尽管再审申请人并非《诚信保证金制度》的制定主体,但该制度系由芜湖市招标采购交易中心管委会研究通过,该管委会则系再审申请人成立,且本案亦无证据证明该管委会具有行政主体资格,故其行为的法律后果应当由再审申请人承担。再者,再审申请人在一审中提交的《芜湖市公共资源交易管理办法》亦可为据。该办法第九条第三项授权市交易中心收退诚信保证金。本案并无证据证明此种授权在法律、法规或规章层面存在依据,亦无证据证明市交易中心具有行政主体资格,故其行为的法律后果亦应当由再审申请人承担。二审法院对一审法院将再审申请人列为本案被告予以确认正确。

3.关于被诉行为是否合法问题。再审法院认为依照法律、法规、规章的规定实施行政管理,是行政机关依法行政的基本要求。对于政府招标活动中投标人弄虚作假行为的行政处理,应当依据《中华人民共和国招标投标法》《中华人民共和国招标投标法实施条例》等法律、法规、规章进行。本案没有证据证明不予退还诚信保证金在法律、法规、规章层面存在依据。再审申请人在向本院申请再审中提及的49号通知第一条亦规定:"一、全面清理各类保证金。对建筑业企业在工程建设中需缴纳的保证金,除依法依规设立的投标保证金、履约保证金、工程质量保证金、农民工工资保证金外,其他保证金一律取消。对取消的保证金,自本通知印发之日起,一律停止收取。"对于取消的保证金,该通知第三条要求各地要抓紧制定具体可行的办法,于2016年底前退还相关企业。诚信保证金欠缺法定依据,显然位处被取消之列。就本案而言,二审法院已判决撤销再审申请人于2015年8月10日作出的不予返还再审被申请人137.5万元投标诚信保证金的行为。在二审判决生效之后,再审申请人应当采取积极举措,以49号通知为指导,切实履行二审判决确定的义务。

裁判结果:

驳回再审申请人芜湖市人民政府的再审申请。

五十、

招标人未经过有权机关查实投标人存在违法行为，也未经评标委员会审查确认，而直接取消中标候选人资格的，应予撤销

——甲出租汽车公司与天柱县交通管理局等撤销中标资格纠纷案

【裁判要旨】

天柱县交通管理局未经县级以上地方人民政府有关部门依法查实上诉人甲出租汽车公司在招标投标活动中存在违法行为的情形，也未经原评标委员会审查确认其存在违法行为的情况下，作出《关于天柱县2015年新增出租汽车经营权服务质量公开招标项目变更中标人的通知》，撤销上诉人的中标资格，将中标人依次变更为第二中标候选人乙公司，属事实不清，证据不足，应依法撤销该通知，由天柱县交通管理局重新作出新增出租汽车经营权招标中标人的通知。

【法院及案号】

一审：黎平县人民法院，〔2016〕黔2631行初5号。

二审：贵州省黔东南苗族侗族自治州中级人民法院，〔2016〕黔26行终63号。

【当事人】

一审原告、二审上诉人：甲出租汽车公司。

一审被告、二审被上诉人：天柱县交通管理局（以下简称"交管局"）。

一审第三人、二审被上诉人：乙公司。

【案情介绍】

天柱县交管局按照《天柱县2015年新增出租汽车实施方案》的要求，于2015年8月10日委托贵州某禹智汇项目管理有限公司对天柱县新增60辆出租汽车经营权进行招标投标工作。2015年9月2日在黔东南州公共资源交易网发布招标公告，公告规定报名时间为2015年9月2日至16日，开标时间为2015年10月8日下午2时30分。甲出租汽车公司参加了本次公开招标投标活动，2015年9月15日通过资格预审。2015年10月8日经评标委员会综合评判，原告被评为第一中标候选人，第三人乙公司为第

二中标候选人，天柱县某禧出租汽车有限公司为第三中标候选人。2015年10月9日公示中标候选人名单后，有5家投标人对这次招标活动进行投诉，天柱县交管局通过调查发现甲出租汽车公司在提交资格预审材料和报名投标的材料中，没有提供贵州某中药发展有限公司与县人民政府签订的《投资协议书》，该《投资协议书》第三条第七项约定贵州某中药发展有限公司积极开展项目筹建工作，确保一年内项目建成竣工投产，不得擅自改变土地的用途，不得转让和挪作他用。否则，天柱县人民政府有权收回土地。同时通过天柱县国土资源局对三个中标候选人租用场地土地使用权进行调查，2015年11月4日该局作出天国土资函〔2015〕123号文件，确认甲出租汽车公司租用贵州某中药发展有限公司的场地系厂房和办公楼建设用地，且尚未取得土地使用权，第三人租用天柱公路管理段的土地属于天柱公路管理段使用的交通基础设施用地。天柱县交管局以"甲出租汽车公司在投标活动中未提供贵州某中药发展有限公司与县人民政府签订的《投资协议书》，隐瞒租用场地土地使用性质，租用场地未满足招标文件对停车场地、驾驶员学习场所及办公场所面积的实质性要求"为由，根据《中华人民共和国招标投标法实施条例》第五十五条"国有资金占控股或者主导地位的依法必须进行招标的项目，招标人应当确定排名第一的中标候选人为中标人。排名第一的中标候选人放弃中标、因不可抗力不能履行合同、不按照招标文件要求提交履约保证金，或者被查实存在影响中标结果的违法行为等情形，不符合中标条件的，招标人可以按照评标委员会提出的候选人名单排序依次确定其他中标候选人为中标人，也可以重新招标"，第六十八条"投标人以他人的名义或者以其他方式弄虚作假骗取中标的，中标无效，……"的规定，于2015年11月26日作出了《关于天柱县2015年新增出租汽车经营权服务质量公开招标项目变更中标人的通知》，撤销了甲出租汽车公司的中标资格，中标人依次变更为第二中标候选人乙公司，并在黔东南州公共资源交易网进行公示。天柱县交管局于2015年12月7日向乙公司发出了《中标通知书》。甲出租汽车公司于2016年1月20日提起行政诉讼，请求确认2015年11月26日作出的《关于天柱县2015年新增出租汽车经营权服务质量公开招标项目变更中标人的通知》无效。

【一审情况】

争议焦点：

关于《关于天柱县2015年新增出租汽车经营权服务质量公开招标项目变更中标人的通知》是否有效的问题。

法院观点：

根据《中华人民共和国招标投标法》第三十三条"投标人不得以低于成本的报价竞标，也不得以他人名义投票或者以其他方式弄虚作假，骗取中标"的规定，原告在提交投标预审材料和投标文件时，隐瞒了天柱县某中药发展有限公司与天柱县人民政府签订的《中药种植收购加工项目投资协议》，其租赁的场地不符合招标文件规定的实质性要求，不能满足招标文件对停车场地、驾驶员学习场所及办公场所面积的要求，其行为属于弄虚作假。被告撤销其中标资格，将中标人依次变更为第二中标候选人乙公司证据确凿，适用法律正确，程序合法。关于原告提出在原告尚未得到质询异议答复，被告就向第三人发出了《中标通知书》不符合法律规定的问题。对原告提出的质询异议，被告收到后已于2015年12月3日作出答复文件，原告未及时到被告处领取答复文件，不影响招标程序的进行。

裁判结果：

驳回原告甲出租汽车公司的诉讼请求。

【二审情况】

争议焦点：

关于《关于天柱县2015年新增出租汽车经营权服务质量公开招标项目变更中标人的通知》是否有效的问题。

法院认为观点：

按照《中华人民共和国招标投标法实施条例》第四条第二款的规定，县级以上地方人民政府有关部门按照规定的职责分工，对招标投标活动实施监督，依法查处招标投标活动的违法行为。该条例第五十五条规定，国有资金占控股或者主导地位的依法必须进行招标的项目，招标人应当确定排名第一的中标候选人为中标人；排名第一的中标候选人放弃中标、因不可抗力不能履行合同、不按照招标文件要求提交履约保证金，或者被查实存在影响中标结果的违法行为等情形，不符合中标条件的，招标人可以按照评标委员会提出的候选人名单排序依次确定其他中标候选人为中标人，也可以重新招标。该条例第五十六条规定，中标候选人的经营、财务状况发生较大或者存在违法行为，招标人认为可能影响其履行能力的，应当在发出中标通知书前由原评标委员会按照招标文件规定的标准和方法审查确认。天柱县交管局未经县级以上地方人民政府有关部门依法查实上诉人甲出租汽车公司在招标投标活动中存在违法行为的情形，也未经原评标委员会审查确认其存在违法行为的情况下，作出《关于天柱县2015年新增出租汽车经营权服务质量公开招标项目变更中标人的通知》，撤销上诉人的中标资格，将中标人依次变更为第二中标候选人乙公司，属事实不清，证据不足，应依法撤销该通知，由天柱县交管局重新作出新增出租汽车经营权招标中标人的通知。原审判决事实不清，证据不足，应依法予以改判。

裁判结果：

一、撤销黎平县人民法院作出的〔2016〕黔2631行初5号行政判决。

二、撤销天柱县交管局于2015年11月26日作出的《关于天柱县2015年新增出租汽车经营权服务质量公开招标项目变更中标人的通知》；由其重新作出新增出租汽车经营权招标中标人的通知。

五十一、

法律法规并未赋予行政机关取消中标候选人中标资格的权力

——甲公司与南京市发展和改革委员会不履行招标投标监管法定职责纠纷案

【裁判要旨】

根据《中华人民共和国招标投标法》第四章开标、评标和中标，第五章法律责任的规定，以及《中华人民共和国招标投标法实施条例》第四章开标、评标和中标，第五章投诉与处理，第六章法律责任的规定，法律法规并未赋予行政机关取消中标候选人中标资格的权力。

【法院及案号】

一审：南京铁路运输法院，〔2018〕苏8602行初509号。

【当事人】

一审原告：甲公司。
一审被告：市发展和改革委员会（以下简称"市发改委"）。
第三人：乙公司。

【案情介绍】

"南京钓鱼台酒店改造项目空调采购"招标项目（招标编号NJHW-170386-1）的招标人为城之旅公司，招标代理机构为某设计集团股份有限公司。该项目于2017年12月29日进行开标评标，2018年1月2日发布了中标候选人公示，第一中标候选人为江苏某特制冷有限公司，第二中标人为乙公司，第三中标人为甲公司。2018年1月5日，甲公司向城之旅公司提交质疑函一份，认为江苏某特制冷有限公司和乙公司的投标文件都存在弄虚作假行为。2018年2月1日，甲公司向市发改委下属南京市工程建设项目货物招标投标管理办公室提交投诉函一份，投诉江苏某特制冷有限公司和乙公司在涉案招标投标中存在违法行为，请求市发改委取消第一、第二中标候选人的中标资格并依据《中华人民共和国招标投标法实施条例》第五十五条和第六十八条的规定进行处理。市发改委受理后进行了调查，某金电子（天津）电器有限公司、高某林、乙公司等配合了调查。2018年3月14日，甲公司向市发改委下属南京市工程建设项目货物招标投标管理办公室提交变更投诉函一份，撤销对江苏某特制冷有限公司的全部投诉内容。2018年3月15日，市发改委对甲公司送达涉案决定书，认为投诉人反映的问题缺乏事实根据，依照《工程建设项目招标投标活动投诉处理办法》第二十条的规定，决定驳回甲公司的投诉。嗣后，城之旅公司发布了"南京钓鱼台酒店改造项目空调采购"招标项目（招标编号NJHW-170386-1b）公告。2018年3月30日，甲公司提起本案行政诉讼。

【一审情况】

争议焦点：

南京市发改委是否具有取消中标候选人中标资格的权力。

法院观点：

本案中，原告起诉请求本院判决撤销被告作出的《投诉处理决定书》（宁发改招标投标字〔2018〕28号），要求被告继续履行查处职责，则本案诉讼类型属于履职之诉。原告向被告投诉的请求为：1.取消第一、第二中标候选人的中标资格；2.依据《中华人民共和国招标投标法实施条例》第五十五条和第六十八条的规定进行处理。则本案判决的关键为原告要求被告履行相应法定职责的理由是否成立。

首先，根据《中华人民共和国招标投标法》第四章开标、评标和中标，第五章法律责任的规定，以及《中华人民共和国招标投标法实施条例》第四章开标、评标和中标，第五章投诉与处理，第六章法律责任的规定，法律法规并未赋予行政机关取消中标候选人中标资格的权力。

其次，《中华人民共和国招标投标法实施条例》第五十五条规定："国有资金占控股或者主导地位的依法必须进行招标的项目，招标人应当确定排名第一的中标候选人为中标人。排名第一的中标候选人放弃中标、因不可抗力不能履行合同、不按照招标文件要求提交履约保证金，或者被查实存在影响中标结果的违法行为等情形，不符合中标条件的，招标人可以按照评标委员会提出的中标候选人名单排序依次确定其他中标候选人为中标人，也可以重新招标。"该条亦未赋予行政机关相应职责。

再次，《中华人民共和国招标投标法实施条例》第六十八条第一款规定："投标人以他人名义投标或者以其他方式弄虚作假骗取中标的，中标无效；构成犯罪的，依法追究刑事责任；尚不构成犯罪的，依照招标投标法第五十四条的规定处罚。依法必须进行招标的项目的投标人未中标的，对单位的罚款金额按照招标项目合同金额依照招标投标法规定的比例计算。"第二款规定："投标人有下列行为之一的，属于招标投标法第五十四条规定的情节严重行为，由有关行政监督部门取消其1年至3年内参加依法必须进行招标的项目的投标资格：（一）伪造、变造资格、资质证书或者其他许可证件骗取中标；（二）3年内2次以上使用他人名义投标；（三）弄虚作假骗取中标给招标人造成直接经济损失30万元以上；（四）其他弄虚作假骗取中标情节严重的行为。"第三款规定："投标人自本条第二款规定的处罚执行期限届满之日起3年内又有该款所列违法行为之一的，或者弄虚作假骗取中标情节特别严重的，由工商行政管理机关吊销营业执照。"可以看到，该条第三款是第二款的加重情形，第二款是第一款的加重情形。因此，适用该条，符合该条第一款的构成要件是必备条件。本案中，乙公司作为投标人，未以他人名义投标；"弄虚作假骗取中标"构成要件存在主观和客观双重要素，本案中，市发改委经过调查，在行政程序中搜集的证据不足以证实乙公司在涉案项目中提供的制造商专项委托书和产品样册存在弄虚作假，故市发改委不适用该条对乙公司作出行政处分并无不当。

因此，甲公司请求本院判决市发改委履行取消中标候选人的中标资格，并依据《中华人民共和国招标投标法实施条例》第五十五条和第六十八条的规定进行处理的职责，理由均不能成立。

裁判结果：

驳回原告甲公司的全部诉讼请求。

五十二、

投标文件中技术部分得分不属于客观性评价，不属于评标委员会复核范围

——电梯公司与区公共资源交易监督管理局招标投标投诉处理决定案

【裁判要旨】

投标文件中技术部分和商务部分二者并非属于同一类型评审对象。技术部分的评审通常包含客观性评价和主观性评价双重属性，法律对于具有高度属人性评定和高度科技性判断，基于尊重其不可替代性、专业性及法律授权的专属性，承认评标委员会对此等事项的决定具有裁量余地，需要尊重专业余地的判断。技术部分的评审决定时，并非只有客观性评价或主观性评价非此即彼单向性考量，可能会考量相关因素之后基于专业知识和特定经验综合考量各种价值或利益等作出权衡，且评标由评标委员会作出结果其特性在于由各个不同属性的代表根据不同观点共同作出决定。投标人对于技术评审事项得尊重评标人以及评标委员会的评审结论。

《重庆市招标投标活动投诉处理实施细则》第三十条规定投诉事项涉及投标文件的客观评审可以召集评标委员会复核，但技术得分因包含主观性评价因素，故并不属于复核评审的范围。虽然技术得分事项并未纳入客观评审复核范围，但根据《重庆市招标投标条例》第四十四条第二项规定，技术得分事项并不排除行政机关可以依职权进行相关的调查核实范围。

【法院及案号】

一审：重庆市万州区人民法院，〔2019〕渝0101行初210号。

二审：重庆市第二中级人民法院，〔2020〕渝02行终162号。

再审：重庆市高级人民法院，〔2020〕渝行申367号。

【当事人】

一审原告、二审上诉人、再审申请人：电梯公司。

一审被告、二审被上诉人、再审被申请人：区公共资源交易监督管理局（以下简称"区公管局"）。

【案情介绍】

第三人三峡监狱对万州监狱三期工程电梯采购及安装（第三次）拟实行招标，委托重庆招标采购公司作为招标代理机构办理招标事宜。2019年11月8日招标人三峡监狱发布万州监狱三期工程电梯采购及安装（第三次）招标公告，原告电梯公司参加了该工程的投标。2019年11月28日招标人三峡监狱依法组建的评标委员会对11家投标单位的投标文件进行了初步评审，3家投标单位初步评审合格，评标委员会对三家初评合格的单位（包括原告）对其投标文件的报价得分、商务得分、技术得分进行了详细评审并量化打分。评标委员会根据综合评审得分高低向招标人推荐得分由高到低排序前三名的投标人作为中标候选人，原告排名拟中标候选人第三名。2019年11月29日中标结果在重庆市万州区公共资源交易信息网上予以公告。

原告对其得分情况有异议，于2019年11月29日向招标代理机构重庆招标采购公司提交书面质疑函，认为其得分应为90.5分，要求对投标文件得分重新复核，重新计分。2019年12月3日，三峡监狱和重庆招标采购公司向原告作出回复，称原告提出的自评分是基于对本单位投标产品技术及商务响应条件的自我评判，未考虑因其他投标人参与综合评分对其得分排序的影响，其自评分不符合国家招标投标相关规定，本项目依法组建的评标委员会是唯一可做出评审结论的机构，评标委员会依照相关法律法规及招标文件规定，对所有参与投标的投标文件进行综合评判，最终确定本项目中标候选人。

原告不服三峡监狱和重庆招标采购公司的回复，于2019年12月9日以重庆招标采购公司作为被投诉人向被告区公管局提交投诉书，请求对投诉人投标文件的报价得分、技术得分、商务得分进行复核审查，并重新统计总分。被告2019年12月10日受理原告的投诉，并于同日向三峡监狱发出暂停万州监狱三期工程电梯采购及安装（第三次）招标投标活动的通知。2019年12月12日，被告通知三峡监狱组织原评标委员会复核原告投诉事项，三峡监狱遂组织原评标委员会对原告投诉事项进行复核。2019年12月19日原评标委员会复核后作出回复，"根据《重庆市招标投标条例》和《重庆市招标投标活动投诉处理实施细则》第30条对质疑作出回复：经评标委员会对电梯公司投标文件的得分统计、商务得分复评无误。"2019年12月20日，被告采用原评标委员会的复核结论，依据《重庆市招标投标活动投诉处理实施细则》第二十九条之规定，作出驳回原告投诉的投诉处理决定并送达双方当事人。原告不服，遂向一审法院提起行政诉讼，请求人民法院撤销被告2019年12月20日作出的投诉处理决定，判令被告重新作出投诉处理决定的具体行政行为。

【一审情况】

争议焦点：

被告作出的投诉处理决定事实认定是否清楚，程序是否合法，适用法律是否正确；技术得分是否属于评标委员会复评的范围。

法院观点：

《重庆市招标投标条例》第四十四条第一款规定，投标人或者其他利害关系人对评标结果进行投诉的，有关行政监督部门按照下列规定处理：（一）属于评审依据明确，评分标准清晰的资格审查、否决投标、得分统计、商务得分等客观性评标行为的，责令招标人组织原评标委员会在评标基准价不变的基础上对相关投标文件进行复核，依法作出处理决定。《重庆市招标投标活动投诉处理实施细则》第三十条第一款规定，投诉事项涉及投标文件的客观评审，行政监督部门必要时应当召集原评标委员会复核。前款所称客观评审，是指评审依据明确、评分标准清晰，基本没有离散性或者离散性很小，属于硬性指标的评审行为，包括招标文件规定的资格条件审查、法律法规规定的否决投标以及得分统计、商务得分等。从上述规定可以看出，原评标委员会复核的内容为资格审查、否决投标、得分统计、商务得分等内容。本案中，被告针对原告的投诉，责令招标人三峡监狱组织原评标委员会对原告的投标文件进行复核，原评标委员会按上述规定的复核内容进行了复核，即在评标基准价不变的基础上对原告得分统计、商务得分进行复评，得出的结论是得分统计、商务得分无误，故评标委员会复核的内容及结论符合法律法规的规定。

《中华人民共和国招标投标法》第三十七条第一项规定，评标由招标人依法组建的评标委员会负责。第三十八条第二款规定，任何单位和个人不得非法干预、影响评标的过程和结果。从上述规定可以看出，依法组建的评标委员会依法评审后作出的评标结果和复核结论不受任何行政机关和个人的非法干预，包括监督机关。本案中，针对原告的投诉事项，原评标委员会对属于复核范围的部分依法进行复核，其作出的复核结论合法有效。被告采用评标委员会的复核结论作出的投诉处理决定符合法律规定。

对于原告提出被告未按照《工程建设项目招标投标活动投诉处理办法》（2013年修订）第十四条、第十六条、第二十一条的规定进行处理，且未对原告投标文件的报价得分、技术得分进行复核，故作出的投诉处理决定程序违法。本案中，从被告提交的证据看，被告受理原告的投诉后，向招标人三峡监狱调取了招标文件、原告的投标文件、评标委员会的评标报告及详细评审材料（部分涉密材料未提交，之后法院责令其提交）等证据材料，同时向招标人三峡监狱发出暂停万州监狱三期工程电梯采购及安装（第三次）招标投标活动的通知，并通知招标人组织原评标委员会对原告投诉事项进行复核审查。招标人将原评标委员会的复核结论提交被告后，被告依据调取的证据及原评标委员会的复核结论作出的驳回原告投诉的投诉处理决定并无不当。遵循了《工程建设项目招标投标活动投诉处理办法》（2013年修订）和《重庆市招标投标活动投诉处理实施细则》的相关程序规定，故原告主张不成立，一审法院不予支持。

对于原告提出技术得分属于复评的范围，被告未组织对原告投标文件中的技术得分进行复核审查（复评）属违法行为的主张。一审法院认为，《重庆市招标投标活动投诉处理实施细则》第三十条第一款规定，投诉事项涉及投标文件的客观评审，行政监督部门必要时应当召集原评标委员会复核。复核限于对中标候选人的投标文件进行审查。第二款规定，前款所称客观评审，是指评审依据明确、评分标准清晰，基本没有离散性或者离散性很小，属于硬性指标的评审行为，包括招标文件规定的资格条件审查、法律法规规定的否决投标以及得分统计、商务得分等。从上述规定可以看出，复核审查的范围为客观评审行为，该条文中规定客观评审的事项为资格审查、否决投标、得分统计、商务得分。即对评审结果有异议的，评标委员会复核事项仅限于条文明确列举的事项范围。技术得分不属于复核审查的范围。原评标委员会未对原告投标文件中的技术得分进行复核符合上述规定。故原告主张不成立，一审法院不予支持。

裁判结果：

驳回原告电梯公司的诉讼请求。

【二审情况】

争议焦点：

关于"技术得分"事项是否纳入复核评审范围的问题。

法院观点：

二审法院认为，《重庆市招标投标活动投诉处理实施细则》第三十条规定："投诉事项涉及投标文件的客观评审，行政监督部门必要时应当召集原评标委员会复核。复核限于对中标候选人的投标文件进行审查。前款所称客观评审，是指评审依据明确，评分标准清晰，基本没有离散性或者离散性很小，属于硬性指标的评审行为，包括招标文件规定的资格条件审查、法律法规规定的否决投标认定以及得分统计、商务得分等。"结合《评标委员会和评标方法暂行规定》第三十六条规定："评标委员会对各个评审因素进行量化时，应当将量化指标建立在同一基础或者同一标准上，使各投标文件具有可比性。对技术部分和商务部分进行量化后，评标委员会应当对这两部分的量化结果进行加权，计算出每一投标的综合评估价或者综合评估分"，故投标文件中技术部分和商务部分不属于同一类型评审对象。技术部分的评审通常包含客观性评价和主观性评价双重属性，技术部分的评审决定时，并非只有客观性评价或主观性评价非此即彼单向性考量，可能会考量相关因素之后基于专业知识和特定经验综合考量各种价值或利益等作出权衡，且评标由评标委员会作出结果其特性在于由各个不同属性的代表根据不同观点共同作成决定，对于技术评审事项投标人得尊重评标人以及评标委员会的权衡结果。按照《重庆市招标投标活动投诉处理实施细则》第三十条规定投诉事项涉及投标文件的客观评审可以召集评标委员会复核，但技术得分因包含有主观性评价因素故并不属于复核评审的范围。原评标委员会未对电梯公司投标文件中的技术得分进行复核符合上述规定，区公管局依据《重庆市招标投标条例》第四十四条第一款规定责令招标人组织原评标委员会对投诉人的投诉事项进行复核，并依据评标委员会复核结论决定驳回电梯公司的投诉，并无不当。虽然技术得分事项并未纳入客观评审复核范围，但《重庆市招标投标条例》第四十四条第二项规定：不属于前项规定的情形，依法作出处理决定。即技术得分事项并不排除行政机关可以依职权进行相关调查核实的范围，区公管局受理投诉之后，依法调取了《招标文件》《招标报告》等招标投标相关材料，并进行查阅和核实，同时采信原评标委员会复核投标报价、商务部分的得分结论，依据《重庆市招标投标活动投诉处理实施细则》第二十九条的规定，作出驳回电梯公司投诉的投诉处理决定，符合上述条例规定。一审法院据此判决驳回电梯公司的诉讼请求并无不当。

裁判结果：

驳回上诉，维持原判。

【再审情况】

争议焦点：

"技术得分"事项是否纳入复核评审范围的问题。

法院观点：

"技术得分"事项是否纳入复核评审范围的问题。再审法院认为，从《重庆市招标投标活动投诉处理实施细则》第三十条第一款的规定来看，复核审查的范围为客观评审行为，该条文中列举客观评审的事项为资格审查、否决投标、得分统计、商务得分等，结合《评标委员会和评标方法暂行规定》第三十六条规定："评标委员会对各个评审因素进行量化时，应当将量化指标建立在同一基础或者同一标准上，使各投标文件具有可比性。对技术部分和商务部分进行量化后，评标委员会应当对这两部分的量化结果进行加权，计算出每一投标的综合评估价或者综合评估分"的内容来看，投标文件中技术部分和商务部分二者是有区别的，并非属于同一类型评审对象。技术部分的评审通常包含客观性评价和主观性评价双重属性，法律对于具有高度属人性评定和高度科技性判断，基于尊重其不可替代性、专业性及法律授权的专属性，承认评标委员会专家对此等事项的决定具有裁量余地，需要尊重专业余地的判断。技术部分的评审决定时，并非只有客观性评价或主观性评价非此即彼单向性考量，可能会考量相关因素之后基于专业知识和特定经验综合考量各种价值或利益等作出权衡，且评标由评标委员会作出结果其特性在于由各个不同属性的代表根据不同观点共同作出决定。例如招标文件中关于"整机性能"中制造能力评审标准为："货梯报价同型号无机房电梯产品提供最大载重达到2500kg的型式试验报告的得3分；其他不得分（提供型式实验报告）；货梯报价同型号无机房电梯产品提供最大速度达到3m/s的型式试验报告的得3分；其他不得分（提供型式实验报告）。"上述评审标准涉及投标人提供货梯是否仅需要分别达到上述条件之一即可均得分,还是应当同时符合最大载重达到2500kg和最大速度达到3m/s条件才能分别得分,则涉及单独客观性评价或主观性评价以及客观性评价与主观性评价综合考量。因此,对于技术评审事项投标人得尊重评标人以及评标委员会的权衡结果。《重庆市招标投标活动投诉处理实施细则》第三十条规定投诉事项涉及投标文件的客观评审可以召集评标委员会复核,但技术得分因包含有主观性评价因素故并不属于复核评审的范围。

原评标委员会未对电梯公司投标文件中的技术得分进行复核符合上述规定,区公管局依据《重庆市招标投标条例》第四十四条第一款规定责令招标人组织原评标委员会对投诉人的投诉事项进行复核,并依据评标委员会复核结论决定驳回电梯公司的投诉,并无不当。虽然技术得分事项并未纳入客观评审复核范围,但《重庆市招标投标条例》第四十四条第二项规定:不属于前项规定的情形,依法作出处理决定。即技术得分事项并不排除行政机关可以依职权进行相关调查核实的范围,区公管局受理投诉之后,依法调取了《招标文件》《招标报告》等招标投标相关材料,并进行查阅和核实,同时采信原评标委员会复核投标报价、商务部分的得分结论,依据《重庆市招标投标活动投诉处理实施细则》第二十九条的规定,作出驳回电梯公司投诉的投诉处理决定,符合上述条例规定。一审法院据此判决驳回电梯公司的诉讼请求,二审法院裁定予以维持并无不当。

裁判结果:

驳回电梯公司的再审申请。

五十三、

招标人未在期限内对异议作出答复或答复不认可的，投诉人可以在法定期限内提出投诉，超过投诉期限的，监督机构不予受理

——F公司不服北京市商务委员会作出的评标结果投诉告知书案

【裁判要旨】

《中华人民共和国招标投标法实施条例》第六十条的规定，投标人或者其他利害关系人认为招标投标活动不符合法律、行政法规的，可以自知道或者应当知道之日起10日内向有关行政监督部门投诉。第五十四条规定，投标人或者其他利害关系人对依法必须进行招标的项目的评标结果有异议的，应当在中标候选人公示期间提出，招标人应当自收到异议之日起3日内作出答复。对评标结果的投诉期限为异议答复期加10日。投标人或者其他利害关系人没有及时行使投诉权，最终导致其投诉超过法定期限的，监督机构不予受理。

【法院及案号】

一审：北京市丰台区人民法院，〔2014〕丰行初字第313号。
二审：北京市第二中级人民法院，〔2015〕二中行终字第738号。

【当事人】

一审原告、二审上诉人：F公司。
一审被告、二审被上诉人：北京市商务委员会（以下简称"市商委"）。

【案情介绍】

神华物资集团2013年新疆煤基新材料项目高压煤浆泵项目的招标人为神华物资集团有限公司，神华国际工程公司是该项目的招标代理机构。2013年6月8日，该项目开标。2013年6月24日，神华国际工程公司在招标网上公示评标结果，显示：候选人排名第一名（建议中标人）为某尔矿业荷兰分公司。公示截止日期为2013年7月1日。2013年6月26日，F公司在招标网上提出异议，认为某尔矿业荷兰分公司以虚

假泵型投标来降低投标价格，属于恶意竞争。2013年6月27日，神华国际工程公司组织神华物资集团有限公司、F公司代表就异议问题当场沟通，神华国际工程公司代表当场表示F公司关于泵型的异议不成立。F公司当场对某尔矿业荷兰分公司泵的重量和该公司的业绩提出异议，并于2013年6月28日以增加附件的形式，将对泵重和业绩的异议上传招标网。同日，神华国际工程公司在招标网异议"答复内容"项中录入"我们正在核实贵公司提出的异议问题，将尽快做出异议处理"。此后，F公司与神华国际工程公司先后多次通过电子邮件就异议问题进行沟通。2013年7月30日，神华国际工程公司书面答复F公司："本招标文件未对泵的重量、缸径和冲程做出具体要求，对招标文件中提出的关键技术要求，某尔矿业荷兰分公司在投标文件中均响应且满足；某尔矿业荷兰分公司的业绩满足招标文件要求。"之后，双方又反复交涉，神华国际工程公司分别于2013年8月7日、2013年8月28日、2013年9月30日再次书面答复F公司，答复内容与2013年7月30日答复内容基本一致。2014年3月17日，F公司代表到市商委机电处口头反映某尔矿业荷兰分公司已经与招标人签订合同，要求查处。2014年3月20日，F公司代表向市商委机电处提交书面材料，反映某尔矿业荷兰分公司与招标人签订合同，要求查处，并要求市商委督促招标机构就其关于某尔矿业荷兰分公司的业绩的异议作出异议处理。市商委机电处接到材料后，要求神华国际工程公司与F公司沟通。2014年3月26日，神华国际工程公司再次书面答复F公司："某尔矿业荷兰分公司的投标文件中业绩满足招标文件条款要求，本项目尚未发放中标通知书，未签订合同。如没有新的具体问题，将按照相关程序继续办理后续事宜。"2014年4月11日、2014年4月18日，神华国际工程公司又分别书面答复F公司，某尔矿业荷兰分公司的业绩满足招标文件要求。

2014年4月25日，市商委机电处与F公司代表董某强当面沟通，听取了董某强的相关陈述后，告知董某强如认为双方违法签约可以向执法机构投诉，其关于业绩异议答复的投诉已经超期，如其坚持投诉，应该按照2014年4月1日实施的商务部《机电产品国际招标投标实施办法（试行）》（以下简称《实施办法（试行）》）关于投诉的规定办理，并将投诉书样表交给董某强。

2014年4月28日，F公司向市商委提交投诉书，认为某尔矿业荷兰分公司的业绩不满足招标文件要求，招标机构对其关于业绩的异议没有作出令人信服的答复，招标网上显示截至2014年4月26日该项目异议处理结果尚未作出，仍处于异议答复期间，要求确定F公司自动成为中标人，并对相关机构和人员进行处罚。2014年4月30日，市商委作出不予受理告知书，认为F公司的投诉超过投诉期限，依据《中华人民共和国招标投标法实施条例》（以下简称《招标投标法实施条例》）第六十条、商务部《实施办法（试行）》第八十二条、第八十五条第（七）项之规定，对其投诉不予受理。当日，市商委将不予受理告知书送达F公司，并将处理结果告知神华国际工程公司。F公司不服，于2014年6月20日向商务部申请行政复议。2014年9月10日，商务部作出《行政复议决定书》（商复字〔2014〕2号），维持市商委的不予受理决定。

原告向一审法院起诉，请求人民法院依法判决：1.撤销被告2014年4月30日作出的不予受理告知书；2.判令被告受理原告的投诉并依法重新作出处理意见；3.本案诉讼费由被告承担。

【一审情况】

争议焦点：

F公司的投诉是否超过法定期限的问题。

法院观点：

一审法院认为，关于投标人不服评标结果的救济途径，商务部原《机电产品国际招标投标实施办法》（商务部2004年第13号，2014年4月1日废止，以下简称商务部原《实施办法》）第四十五条规定："投标人如对评标结果有异议，可以在公示期内在网上向相应的主管部门提出质疑。投标人应首先在公示期内在招标网上在线填写《评标结果质疑表》，并在公示期内及结束后三日内，将由投标人法定代表人签字或法定代表人的授权人签字或者盖章的《评标结果质疑表》及相关资料送达相应主管部门方为有效。投标人也可在评标结果公示期先向招标机构提出书面异议意见，招标机构收到投标人书面意见后，应当在公示期结束前给予书面或者口头答复。如果投标人未得到招标机构的答复或者对答复结果仍有异议的，可在公示期内在网上向相应的主管部门提出质疑。"此一规定，确定了以下几个基本理念：第一，质疑以书面材料送达主管部门为生效要件，即投标人对评标结果不服的，应当通过招标网向主管部门提出质疑，并最迟在公示期结束后三日内将书面材料送达主管部门，投诉方成立；第二，质疑有严格的期限限制，即质疑应在公示期内提出，书面材料最迟在公示期结束后三日内送达；第三，异议答复期并非无限期延续，即不服答复或者未得到答复的，质疑期限均为公示期内；第四，异议答复形式为书面或者口头形式。2012年2月1日实施的《招标投标法实施条例》，将投标人不服评标结果的救济程序规定为招标人的异议答复程序和主管行政部门的投诉处理程序，并将异议答复程序设置为行政投诉的前置程序。条例实施后，按照上位法优先原则，商务部原《实施办法》有关质疑的提出、异议答复选择适用等内容因与上位法相抵触不再执行。《招标投标法实施条例》没有对招标人异议答复的形式、内容、投诉途径作具体规定，由此，则涉及对相关规定的理解适用问题。其中，关于投诉与招标网的线上操作之间的关系问题，本院认为，由于网上质疑程序已被取消，从保护投标人合法权益、维护招标投标秩序角度考虑，投诉程序不应再受招标网限制，只要在投诉期限内向主管部门提交合格投诉材料的，主管部门都应该依法受理，同样，招标人在招标网上对异议的处理亦不影响投标人依照《招标投标法实施条例》行使投诉权。关于投诉期限，本院认为，根据《招标投标法实施条例》第六十条的规定，投标人或者其他利害关系人认为招标投标活动不符合法律、行政法规的，可以自知道或者应当知道之日起10日内向有关行政监督部门投诉，就条例第五十四条规定事项投诉的，应当先向招标人提出异议，异议答复期间不计算在前款规定的期限内。因而，对评标结果的投诉期限为异议答复期加10日。关于异议答复期，根据《招标投标法实施条例》第五十四条的规定，投标人或者其他利害关系人对依法必须进行招标的项目的评标结果有异议的，应当在中标候选人公示期间提出，招标人应当自收到异议之日起3日内作出答复。该期限设置是规范招标人异议答复，促使招标投标争议及时、有效解决，维护招标投标秩序的确定性规范，《招标投标法实施条例》以及其他法律、法规没有异议答复期延长、中断等相关规定，故而3天异议答复期应为法规确定的固定期间，《招标投标法实施条例》第六十条规定的不计算在投诉期限内的异议答复期间，亦应为3天，答复期满即发生相应法律后果。投标人对招标人在3日答复期内作出的答复不接受的，应当在答复作出后的10日内向主管行政部门投诉；对招标人在3日答复期内未作出答复的，应当在答复期满后的10日内向主管行政部门投诉，此亦与商务部原《实施办法》关于异议答复的规定精神相一致。此外，机电产品国际招标投标涉及招标人、招标机构、投标人、中标人等多个主体，对于异议答复和投诉期限的把握，应该综合平衡各参与主体的程序利益，对异议答复期的无限扩大解释将导致对其他参与主体，尤其是中标人程序利益的侵害，亦不利于机电产品国际招标投标的有序进行。

具体到本案，F公司2013年6月28日的异议系在公示期内提出的有效异议，招标机构应该在3日内，即2013年7月1日前作出答复。"我们正在核实贵公司提出的异议问题，将尽快做出异议处理"的意见，是招标网异议答复栏内的内容，投标人如果认可该答复内容是有效答复但对其结果不认可的，应当在该答复作出之日起10日内向主管行政部门投诉；投标人如果认为该答复没有实质内容，属于无效答复或者视同没有作出答复的，应当在答复期满之日（2013年7月1日）起10日内向主管部门投诉。因而，对于2013年6月28日异议的投诉期，依法最长至2013年7月11日止，即使考虑到招标机构网上答复内容不确定的因素，适当从宽把握原告的投诉期，原告最迟应也在2013年7月30日招标机构书面答复原告所提异议不成立后的10日内向有关行政监督部门投诉。

商务部《实施办法（试行）》于2014年4月1日开始施行，原告在此前已经超过《招标投标法实施条例》规定的投诉期限，其投诉期限不应因新规章的实施而接续。因而，对原告以商务部《实施办法（试行）》的相关规定作为其未超过投诉期限的依据，本院不予支持。

裁判结果：

驳回原告F公司的诉讼请求。

【二审情况】

争议焦点：

F公司的投诉是否超过法定期限的问题。

法院观点：

二审法院认为，根据商务部原《实施办法》第四十五条规定："投标人如对评标结果有异议，可以在公示期内在网上向相应的主管部门提出质疑。投标人应首先在公示期内在招标网上在线填写《评标结果质疑表》，并在公示期内及结束后三日内，将由投标人法定代表人签字或法定代表人的授权人签字或者盖章的《评标结果质疑表》及相关资料送达相应主管部门方为有效。投标人也可在评标结果公示期先向招标机构提出书面异议意见，招标机构收到投标人书面意见后，应当在公示期结束前给予书面或者口头答复。如果投标人未得到招标机构的答复或者对答复结果仍有异议的，可在公示期内在网上向相应的主管部门提出质疑。"2012年2月1日实施的《招标投标法实施条例》，将投标人不服评标结果的救济程序规定为招标人的异议答复程序和主管行政部门的投诉处理程序，并将异议答复程序设置为行政投诉的前置程序。条例实施后，按照上位法优先原则，商务部原《实施办法》有关质疑的提出、异议答复选择适用等内容因与上位法相抵触不再执行。《招标投标法实施条例》没有对招标人异议答复的形式、内容、投诉途径作具体规定。

关于投诉与招标网的线上操作之间的关系问题，由于网上质疑程序已被取消，从保护投标人合法权益、维护招标投标秩序角度考虑，投诉程序不应再受招标网限制，只要在投诉期限内向主管部门提交合格投诉材料的，主管部门都应该依法受理；同样，招标人在招标网上对异议的处理亦不影响投标人依照《招标投标法实施条例》行使投诉权。

关于投诉期限，根据《招标投标法实施条例》第六十条的规定，投标人或者其他利害关系人认为招标投标活动不符合法律、行政法规的，可以自知道或者应当知道之日起10日内向有关行政监督部门投诉，就条例第五十四条规定事项投诉的，应当先向招标人提出异议，异议答复期间不计算在前款规定的期限内。因而，对评标结果的投诉期限为异议答复期加10日。关于异议答复期，根据《招标投标法实施条例》第五十四条的规定，投标人或者其他利害关系人对依法必须进行招标的项目的评标结果有异议的，应当在中标候选人公示期间提出，招标人应当自收到异议之日起3日内作出答复。该期限设置是规范招标人异议答复，促使招标投标争议及时、有效解决，维护招标投标秩序的确定性规范，《招标投标法实施条例》以及其他法律、法规没有异议答复期延长、中断等相关规定，故而3天异议答复期应为法规确定的固定期间。《招标投标法实施条例》第六十条规定的不计算在投诉期限内的异议答复期间，亦应为3天，答复期满即发生相应法律后果。投标人对招标人在3日答复期内作出的答复不接受的，应当在答复作出后的10日内向主管行政部门投诉；对招标人在3日答复期内未作出答复的，应当在答复期满后的10日内向主管行政部门投诉，此亦与商务部原《实施办法》关于异议答复的规定精神相一致。

裁判结果：

驳回上诉，维持一审判决。

五十四、

评标委员会发现招标文件含义不清时应当通知招标人补正或者说明，没有通知而直接作出决定的，属于不按照招标文件规定的评标标准和方法评标

——某际公司与江山市水利局，第三人甲公司行政处理案

【裁判要旨】

《中华人民共和国招标投标法实施条例》第四十九条第一款规定："评标委员会成员应当依照招标投标法和本条例的规定，按照招标文件规定的评标标准和方法，客观、公正地对投标文件提出评审意见，招标文件没有规定的评标标准和方法不得作为评标的依据"。《评标委员会和评标办法暂行规定》第十九条第一款规定："评标委员会可以书面方式要求投标人对投标文件中含义不明确、对同类问题表述不一致或者有明显文字和计算错误的内容作必要的澄清、说明或者补正。澄清、说明或者补正应以书面方式进行并不得超出投标文件的范围或者改变投标文件的实质性内容"。涉案《招标文件》的人员配备表中"社保由投标人或其在衢州市区（市本级、柯城区）分公司缴纳的，均予认可"的表述，意思表示不明确，社保在衢州区以外的分公司缴纳的，是否属于认可的范围，从文义解释中不能予以确定。且招标文件的其他条款中也未涉及社保缴纳的规定。对该条款的解读涉及对投标人投标资格的认定，故属于含义不明确。在此情形下，评标委员会在评标时应要求招标人作出必要的说明或补正。本案评标委员会在未通知招标人补正或说明的情况下，直接对投标人的资格作出决定，系违反法律规定。根据《中华人民共和国招标投标法实施条例》第七十一条规定，对评标委员会成员有不按照招标文件规定的评标标准和方法评标的，由有关行政监督部门责令改正。

【法院及案号】

一审：衢州市柯城区人民法院，〔2019〕浙0802行初41号。

【当事人】

一审原告：某际公司。

一审被告：江山市水利局。
一审第三人：甲公司。

【案情介绍】

2018年6月22日，第三人甲公司作为招标人，通过衢州公共资源交易中心发布了江山市江山港流域综合治理工程全过程造价控制服务项目的招标公告。某正公司作为该项目的招标代理机构。《江山市江山港流域综合治理工程全过程造价控制服务项目招标文件》(以下简称《招标文件》)第56页人员配备表注明：…3."以上填写的信息与递交的附件不能自相矛盾，项目组代理人员社保关系在'全国社保查询网'进行核实，请现场提供查询密码。如所填写信息与递交的附件自相矛盾或社保关系无法在开标现场查询证实的（社保由投标人或其在衢州市区（市本级、柯城区）分公司缴纳的，均予认可），资格审查不予通过；弄虚作假的将作为企业不良行为记录"。原告某际公司作为投标人参加了投标。2018年7月16日，该工程在衢州公共资源交易中心公开开标，经评标委员会评议，推荐第一中标候选人为某经公司，原告某际公司为第二中标候选人。

2018年7月16日，原告某际公司向甲公司和某正公司发出《质疑函》，认为某经公司的部分投标人员的社保由台州分公司和临海分公司缴纳，与招标文件《人员配备表》不符，该单位的社保不是在投标人或衢州分公司缴纳应不予认可，资格审查不予通过。评标委员会评审结果为资格审核通过，违反了《中华人民共和国招标投标法实施条例》第四十九条的规定。同时，原告在开标现场提出了异议，招标人和代理机构未进行答复和制作书面记录，违反了《中华人民共和国招标投标法实施条例》第四十四条的规定。同日，甲公司和某正公司向原告作出《回复函》，认为经了解分公司并非独立法人，是总公司的派驻机构，分公司是投标人的构成部分，分公司缴纳的社保属于投标人缴纳的社保范畴。

2018年7月18日，招标人甲公司在衢州公共资源交易网站中对评标结果进行公示，公示期为同年7月18日至7月23日。

2018年7月19日，原告某际公司再次向甲公司和某正公司发出《质疑函》，认为招标文件中明确约定"社保由投标人或其在衢州市区（市本级、柯城区）分公司缴纳的，均予认可"，台州分公司和临海分公司既不是投标人，也不属于衢州区的分公司，应当不予认可。评标委员会的行为违反了《中华人民共和国招标投标法实施条例》第四十九条规定及《评标委员会和评标办法暂行规定》第十七条的规定。同年7月20日，甲公司和某正公司向原告作出《回复函》，认为第一中标候选人项目部全部人员的社保关系已经开标现场查验核实，符合《招标文件》第37.1条第⑤项规定。《招标文件》第56页人员配备表注明第3点的语义是要求投标人填写的信息必须真实、无矛盾，项目组成员的社保关系在开标现场可查实。而"（社保由投标人或其在衢州市区（市本级、柯城区）

分公司缴纳的，均予认可）"内容是对前述要求的进一步说明而非限制性的规定，该部分内容注明投标人的相关人员在衢州分公司缴纳社保予以认可，但并未规定有人员在其他地区分公司参保的投标人无资格参与竞标。当前衢州正全力打造中国最优营商环境，创造公平、公正、公开的竞争环境是本次招标投标活动追求的目标，因此本次招标投标不会也不应该限制非本地企业的公平竞争权利。

2018年7月20日，原告向衢州公共资源市场化配置监督管理办公室就上述事实进行投诉，要求招标人重新组织专家进行评审或要求原评标委员会依据相关法律法规和招标文件的约定对评标结果予以纠正。同年7月23日，衢州公共资源市场化配置监督管理办公室向被告江山市水利局作出衢监管办〔2018〕4号《移送函》，内容系该办公室受理了某际公司的投诉，反映江山市江山港流域综合治理工程全过程造价控制服务项目招标中，第一中标候选人某经公司人员社保与招标文件约定的不符合，要求招标人重新组织专家进行评审或要求原评标委员会依据相关法律法规的招标文件的约定对评标结果予以纠正。根据《衢州招标投标投诉处理办法》有关规定，移送江山市水利局处理，江山市水利局收到移送函之日起25日内作出处理决定。

2018年8月16日，被告作出《关于对某际公司的投诉处理决定书》（江水投诉处理〔2018〕1号），调查认定事实：1.投标人设立分公司行为合法有效。分公司不具有法人资格，其民事责任由公司承担。2.第一中标候选人项目部人员与投标人之间隶属关系合法有效。《招标文件》设立现场核查社保关系的条款，目的是为了界定项目组人员与投标人之间是否存在劳动关系，确保项目组工作人员身份真实和工作稳定。3.《招标文件》中关于社保约定条款并无歧义，不具有排他性。人员配备表的注明条款仅进一步明确投标人的相关人员在衢州分公司缴纳社保予以认可，但并未限制相关人员在其他地区分公司参保的投标人的投标资格，内容不具有排他性。评标委员会推荐的评标结果符合《招标文件》及法律法规规定。4.《招标文件》不存在限制潜在投标人的条款。被告作出处理决定，对某际公司的投诉要求"招标人重新组织专家进行评审或要求原评标委员会依据相关法律法规和招标文件的约定对评标结果予以纠正"的主张不予采纳，并告知行政复议和行政诉讼的期限。

2018年9月1日，第三人甲公司和招标代理机构向某经公司发出中标通知书，确定某经公司为中标人，要求中标通知书发出之日起30天内到甲公司签订项目合同。后双方签订了《江山市江山港流域综合治理工程全过程造价控制服务委托合同》，约定服务期限为合同签订之日起开始实施至通过竣工验收之日终结。原告对上述投诉处理决定书不服，诉至法院，诉讼请求如前。

另查明，2010年衢州监管办、衢州发改委等八部门联合作出《关于印发衢州招标投标投诉处理办法（试行）》（衢监管办发〔2010〕16号）的通知。《衢州招标投标投诉处理办法（试行）》第二条规定，在市公共资源交易中心进行招标投标活动中的投诉和处理，适用本规定。第三条规定，市公共资源市场化配置监督管理办公室负责统一受理有关投诉，协调和督促行政监督部门查处、答复等工作。对已受理的投诉，市监管办可视情组织协调查处，或移交有关行政监督部门查处。

【一审情况】

争议焦点：

《招标文件》的人员配备表中关于投标人资格审查的内容是否明确，评标委员会作出的评审结果是否合法。

法院观点：

根据《中华人民共和国招标投标法实施条例》第四十九条第一款规定："评标委员会成员应当依照招标投标法和本条例的规定，按照招标文件规定的评标标准和方法，客观、公正地对投标文件提出评审意见，招标文件没有规定的评标标准和方法不得作为评标的依据"。《评标委员会和评标办法暂行规定》第十九条第一款规定："评标委员会可以书面方式要求投标人对投标文件中含义不明确、对同类问题表述不一致或者有明显文字和计算错误的内容作必要的澄清、说明或者补正。澄清、说明或者补正应以书面方式进行并不得超出投标文件的范围或者改变投标文件的实质性内容"。涉案《招标文件》的人员配备表中"社保由投标人或其在衢州市区（市本级、柯城区）分公司缴纳的，均予认可"的表述，意思表示不明确，社保在衢州区以外的分公司缴纳的，是否属于认可的范围，从文义解释中不能予以确定。且招标文件的其他条款中也未涉及社保缴纳的规定。对该条款的解读涉及对投标人投标资格的认定，故属于含义不明确。在此情形下，评标委员会在评标时应要求招标人作出必要的说明或补正。本案评标委员会在未通知招标人补正或说明的情况下，直接对投标人的资格作出决定，系违反法律规定。根据《中华人民共和国招标投标法实施条例》第七十一条规定，对评标委员会成员有不按照招标文件规定的评标标准和方法评标的，由有关行政监督部门责令改正。

本案原告投诉后江山市水利局未责令评标委员会成员改正，而驳回其投诉，其作出的处理决定适用法律错误，应予撤销。由于本案甲公司已向中标人发出中标通知，招标项目工程已开工建设，撤销被诉处理决定并重新作出处理已无实际意义，但被诉处理决定的违法性仍应予以确认。

裁判结果：

一、确认被告江山市水利局作出的《关于对某公司的投诉处理决定书》（江水投诉处理〔2018〕1号）的行政行为违法。

二、驳回原告某际公司的其他诉讼请求。

五十五、

评标委员会认为投标人报价低于成本价，投标人作出的说明不足以支撑其报价的，评标委员会有权依据招标文件规定否决其投标

——甲建筑公司与城市管理综合行政执法局撤销行政行为案

【裁判要旨】

甲建筑公司投标文件单价分析表中商品混凝土工程量为负数，三个标段加起来即为专家认定的商品混凝土合计负数为500821.5元，且甲建筑公司提交的书面说明和相关证明材料不能有效说明其不低于成本价。甲建筑公司在投诉及诉讼中提交的相关材料不足以证明上述项目存在围标、串通中标行为且其应为第一中标人的主张，也不足以证明城市管理综合行政执法局的《处理意见》不合法。

【法院及案号】

一审：重庆市北碚区人民法院，〔2018〕渝0109行初169号。

【当事人】

一审原告：甲建筑公司。

一审城管局：城市管理综合行政执法局（以下简称"城管局"）。

【案情介绍】

2017年6月26日，甲建筑公司向城管局递交了《招标投标投诉书》，要求：1.责令被投诉人某城公司暂停"重庆市长寿区桃花河城区段环境综合整治绿化景观工程——北部新城段及桃花新城段"项目的招标投标活动；2.依法确认上述项目中标结果无效，并重新确认甲建筑公司为中标人。主要事实是：甲建筑公司系"重庆市长寿区桃花河城区段环境综合整治绿化景观工程——北部新城段及桃花新城段"项目的投标企业之一，该项目拟中标结果公示已于2017年6月13日发布，确定了宁波某正园林建设有限公司为该项目的第一中标人。甲建筑公司对中标结果不服，于2017年6月15日向该项目的招标人某城公司提出异议，该公司于次日以书面形式驳回了甲建

筑公司的异议。甲建筑公司因对该项目的评标活动、评标结果以及某城公司的书面回复不服，遂向城管局投诉。主要理由是：一、根据该项目的《招标文件》(ZX-2017-058)第40页明确："1.评标办法本次评标采用经评审的最低投标价法"，甲建筑公司的投标报价最低，应依法确定为第一中标人，但该项目的评标委员会最终确定了报价更高的公司为第一中标人，且某城公司对该结果予以了确认。二、1.该项目评标委员会认定甲建筑公司的投标为废标且被投诉人予以确认的行为和决定违反了法律和招标文件的规定，系违法决定。2.《招标文件》10.2的规定，若认定甲建筑公司的投标价低于成本价，招标人仅能要求甲建筑公司在发出中标通知书之前提供书面担保即可，而并未规定要求对低于成本价的情况作出书面说明，所以该认定及要求违反了《招标文件》的规定。3.根据《中华人民共和国招标投标法》第三十九条，评标委员会仅能要求投标人对投标文件中含义不明确的内容进行必要的澄清或者说明，而甲建筑公司在投标文件中的含义是非常明确的内容，评标委员会无权也不能要求甲建筑公司进行澄清和说明。评标委员会的决定完全是基于故意刁难、打压甲建筑公司的出发点，在甲建筑公司投标报价及其含义非常明确的情况下擅自违法要求甲建筑公司对投标报价作出书面说明。该行为明显违法，且该违法行为的目的就是要为预设甲建筑公司的投标为废标奠定基础。4.评标委员会以某单项报价低于成本价为由要求甲建筑公司进行澄清和说明的行为违反法律和《招标文件》的规定。5.评标委员会要求甲建筑公司进行澄清和说明的行为违反法律和《招标文件》的规定，构成程序违法。6.评标委员会认定甲建筑公司说明无效的行为没有客观依据，纯属主观臆断。三、甲建筑公司合理怀疑该项目存在围标、串通中标的违法行为。城管局于同日受理甲建筑公司的投诉后，于2017年6月28日向招标人某城公司发函要求其按照招标投标程序对评审结果重新复核。2017年7月1日上午10时30分，在发展和改革委员会、城管局的监督下，在公共交易中心组织专家再次对照《招标文件》进行独立评审，专家维持了原告的《投标文件》为废标的评审报告。根据专家评审结果，城管局于2017年7月5日作出《回复》。甲建筑公司不服该回复，向区人民政府提起行政复议，该府于2017年11月28日作出《行政复议决定书》(长寿府行复〔2017〕31号)，以城管局作出的书面回复不符合相关程序规定为由，决定撤销其于2017年7月5日作出的《回复》，并责令其在三十个工作日内重新作出处理回复。城管局于2017年11月30日收到该《行政复议决定书》后，于2017年12月18日作出《处理意见》，并于同月21日送达甲建筑公司。现甲建筑公司不服该《处理意见》，以前述请求起诉来院。

【一审情况】

    争议焦点：

    城管局作出的《处理意见》是否合法。

法院观点：

《重庆市招标投标条例》第四十四条第一款第一项规定，投标人或者其他利害关系人对评标结果进行投诉的，属于评审依据明确，评分标准清晰的资格审查、否决投标、得分统计、商务得分等客观性评标行为的，责令招标人组织原评标委员会在评标基准价不变基础上对相关投标文件进行复核，依法作出处理决定。根据《重庆市招标投标活动投诉处理实施细则》的相关规定，行政监督部门在收到投诉书后，应当在三个工作日内审查完毕，视情况分别作出不予受理、转交办理或者正式受理的决定。行政监督部门应当自受理投诉之日起三十个工作日内，根据调查和取证情况，审查投诉事项作出处理决定。若投诉缺乏事实根据或者法律依据，或者投诉人的证据、线索属于伪造材料或者以非法手段取得，驳回投诉。本案中，被告在接到原告的投诉后当日决定受理，向招标人某城公司发函要求其按照招标投标程序对评审结果重新复核并组织人员调查处理，然后在法定期限内作出《处理意见》，程序合法。

《工程建设项目招标投标活动投诉处理办法》第二十二条规定，投诉处理决定应当包括投诉人和被投诉人的名称、住址，投诉人的投诉事项及主张，被投诉人的答复及请求，调查认定的基本事实，行政监督部门的处理意见及依据。被告作出的《处理意见》包含了上述要件，并且告知了投诉人、被投诉人拥有行政复议和行政诉讼的权利，载明了作出处理决定的行政机关和日期，符合形式要件的规定。

《中华人民共和国招标投标法》第三十三条规定："投标人不得以低于成本的报价竞标，也不得以他人名义投标或者以其他方式弄虚作假，骗取中标。"第四十一条规定："中标人的投标应当符合下列条件之一：（一）能够最大限度地满足招标文件中规定的各项综合评价标准；（二）能够满足招标文件的实质性要求，并且经评审的投标价格最低；但是投标价格低于成本的除外。"《中华人民共和国招标投标法实施条例》第五十一条第五项规定："投标报价低于成本或者高于招标文件设定的最高投标限价的，评标委员会应当否决其投标。"《重庆市招标投标条例》第三十二条第四款规定："超过半数的评标委员会成员认为投标人的报价可能低于其成本的，评标委员会应当要求该投标人在指定时间内书面说明并提供相关证明材料。投标人拒绝书面说明、不能提供相关证明材料或者理由不充分的，评标委员会应当认定该投标人以低于成本报价竞标，否决其投标。"涉案《招标文件》（ZX-2017-058）第三章"评标办法"第3.2.4款明确"在评审过程中，评标委员会认为投标人的投标报价低于成本价，工程量清单单价中存在重大不平衡报价，要求投标人在规定时限内做出书面说明，并提供相关证明材料。投标人不能在规定时限内作出书面说明并提供相关证明材料的，或者提交的说明和相关证明材料不能有效地说明不低于成本价（投标人以自有机械设备闲置、自有材料不计成本为由的说明无效）和不存在重大不平衡报价的，经评标委员会认定后，其投标文件作废标处理。"本案中，原告投标文件"（2）156项清单项目综合单价报价表"中4、5、9标段的"50mm仿木压模混凝土"单价报价为1.24元/m^2，综合单价最高限价为55元/m²；同时在4、5、9标段的"50mm仿木压模混凝土"单价分析表中商品混凝土工程量为负数，三个标段加起来即为专家认定的商品混凝土合计负数为500821.5元，且原告提交的书面说明和相关证明材料不能有效说明其不低于成本价。《重庆市招标投标活动投诉处理实施细则》第十条规定："投诉人在投诉书中提出的请求和主张，有责任提供证据；只有自己陈述而不能提出其他相关证据的，其请求和主张一般不予支持。"原告在投诉及诉讼中提交的相关材料不足以证明上述项目存在围标、串通中标行为且其应为第一中标人的主张，也不足以证明被告的《处理意见》不合法。故对于原告诉称被告未针对其投诉内容依法作出调查和认定且未说明在其本应中标而未中标的事实和理由的主张，本院不予认可。

裁判结果：

驳回原告甲建筑公司的诉讼请求。

五十六、

投诉人对评标委员会的评审情况进行投诉并要求公开，虽然行政监督机关依法不能公开评审情况，但应依法对评审情况全面进行审查，以确定评审是否符合法律规定

——甲印刷厂与昭通市昭阳区财政局，第三人昭通市昭阳区教育局、某海外咨询昭通分公司行政撤销纠纷案

【裁判要旨】

《中华人民共和国招标投标法》第四十四条第三款规定"评标委员会成员和参与评标的有关工作人员不得透露对投标文件的评审和比较、中标候选人的推荐情况以及与评标有关的其他情况"，但在本次招标投标已经结束、原告对本次招标投标及评标过程是否公平、公正存在质疑的情况下，被告昭阳区财政局在对原告的投诉进行处理过程中应当要求第三人某海外咨询昭通分公司提交相应的开标记录及评标委员会作出的评标报告进行全面审查，从而确定本次招标投标是否公平、公正。被告昭阳区财政局在未要求第三人某海外咨询昭通分公司提交相应的开标记录及评标委员会作出的评标报告进行全面审查的情况下作出的《昭通市昭阳区财政局政府采购投诉处理决定书》属事实不清、证据不足，故依法应予撤销。

【法院及案号】

一审：昭通市昭阳区人民法院，〔2018〕云0602行初99号。

【当事人】

一审原告：甲印刷厂。
一审被告：昭通市昭阳区财政局。
第三人：昭通市昭阳区教育局、某海外咨询昭通分公司。

【案情介绍】

2018年，昭通市昭阳区教育局委托某海外咨询昭通分公司作为代理公司办理"昭通市昭阳区教育局试卷印刷服务采购（二次）"招标事宜。2018年5月，某海外咨询

昭通分公司制作了《昭通市昭阳区教育局试卷印刷服务采购（二次）招标文件》，载明：招标编号：YNZZ2018-ZT159（2）号；招标人：昭通市昭阳区教育局；代理机构：某海外咨询昭通分公司；预算资金：每年119.9803万元，共三年；采购内容：试卷印刷服务，规格、技术参数、性能要求（详见招标文件）。投标截止时间为2018年5月29日下午14：30时。原告昭通市昭阳区甲印刷厂按上述招标公告的要求参与竞标。2018年5月30日，昭通市昭阳区教育局在云南省政府采购网发布了《昭通市昭阳区教育局试卷印刷服务采购（二次）中标公告》编号：zys2018051，公告载明："拟中标人：昭通市昭阳区乙印刷有限公司。"2018年6月7日，原告昭通市昭阳区甲印刷厂向某海外咨询昭通分公司提交《关于昭通市昭阳区教育局试卷印刷服务采购（二次）招标项目的质疑函》，对此次招标、投标的有关问题提出质疑。2018年6月8日，昭通市昭阳区教育局和某海外咨询昭通分公司联合向原告作出了《回复》1份，针对原告提出的质疑内容进行了回复。原告昭通市昭阳区甲印刷厂收到《回复》后不服，遂于2018年6月25日向被告昭通市昭阳区财政局提出投诉。被告昭通市昭阳区财政局于同日向昭通市昭阳区教育局发出《昭阳区财政局政府采购供应商投诉处理暂停采购活动通知书》、《昭阳区财政局政府采购投诉答复通知书》；向某海外咨询昭通分公司发出《昭阳区财政局政府采购投诉答复通知书》。2018年7月11日，被告昭通市昭阳区财政局作出〔2018〕第2号《昭通市昭阳区财政局政府采购投诉处理决定书》，处理决定载明：1.投诉人的投诉缺乏事实依据，根据《政府采购质疑和投诉办法》（财政部令第94条）第二十九条第（二）项的规定，驳回投诉人的投诉；2.恢复昭通市昭阳区教育局试卷印刷服务采购（二次）项目的政府采购活动。2018年10月17日，原告向本院起诉，请求撤销被告昭通市昭阳区财政局作出的〔2018〕第2号《昭通市昭阳区财政局政府采购投诉处理决定书》。

【一审情况】

　　争议焦点：

　　一、某海外咨询昭通分公司是否是本案适格被告？

　　二、被告昭阳区财政局作出的〔2018〕第2号《昭通市昭阳区财政局政府采购投诉处理决定书》程序是否合法？事实是否清楚？适用法律是否正确？

　　法院观点：

　　一、关于某海外咨询昭通分公司是否是本案适格被告的问题。行政诉讼的被告是指由原告指控其具体行政行为违法侵犯原告的合法权益的行政机关或法律法规授权的组织。本案中，某海外咨询昭通分公司系受昭阳区教育局招标委托，代为从事招标组织活动的中介公司，其性质系从事生产经营的企业。原告提起诉讼要求撤销的行政行为系被告昭通市昭阳区财政局作出，故昭阳区财政局应为本案适格的被告。本案的处理，与某海外咨询昭通分公司及昭通市昭阳区教育局具有法律上的利害关系，故某海外咨询昭通分公司及昭阳区教育局应当作为具有利害关系的第三人参加诉讼,故其不是本案适格的被告。

二、关于被告昭阳区财政局作出的〔2018〕第2号《昭通市昭阳区财政局政府采购投诉处理决定书》程序是否合法?事实是否清楚?适用法律是否正确的问题。被告昭阳区财政局收到原告昭阳区甲印刷厂的投诉书后,进行了立案审查,在30个工作日内对原告昭阳区甲印刷厂的投诉事项作出处理决定,并以书面形式通知了原告,故被告昭阳区财政局作出的〔2018〕第2号《昭通市昭阳区财政局政府采购投诉处理决定书》的程序合法。根据《中华人民共和国政府采购法》第三条规定"政府采购应当遵循公开透明原则、公平竞争原则、公正原则和诚实信用原则"及《政府采购质疑和投诉办法》第十四条规定"供应商对评审过程、中标或者成交结果提出质疑的,采购人、采购代理机构可以组织原评标委员会、竞争性谈判小组、询价小组或者竞争性磋商小组协助答复质疑";第三十二条规定"被投诉人和其他与投诉事项有关的当事人应当在收到投诉答复通知书及投诉副本之日起5个工作日内,以书面形式向财政部门作出说明,并提交相关证据、依据和其他有关材料";第三十三条规定"财政部门处理投诉事项原则上采用书面审查的方式。财政部门认为有必要时,可以进行调查取证或者组织质证。财政部门可以根据法律、法规规定或者职责权限,委托相关单位或者第三方开展调查取证、检验、检测、鉴定。质证应当通知相关当事人到场,并制作质证笔录。质证笔录应当由当事人签字确认。"本案中,针对原告昭阳区甲印刷厂提出的"评标公告发出后,对于未中标的投标人,并未公开开标记录和评标情况及说明,未中标人至今没了解未中标的原因"的质疑。被告昭阳区财政局以《中华人民共和国招标投标法》第四十四条第三款规定"评标委员会成员和参与评标的有关工作人员不得透露对投标文件的评审和比较、中标候选人的推荐情况以及与评标有关的其他情况",故评审过程系涉及商业秘密,第三人昭阳区教育局在云南省政府采购网公布的中标公告内容仅公告拟中标人相关信息、未公布开标记录及未中标人的相关信息符合法律相关规定为由未对原告提出的该质疑进行审查。在本案庭审过程中,被告昭阳区财政局也认可在对原告提出的投诉处理过程中第三人昭阳区教育局及某海外咨询昭通分公司并未向其提供"开标记录和评标情况"供其审查时予以参考。本院认为,虽《中华人民共和国招标投标法》第四十四条第三款规定"评标委员会成员和参与评标的有关工作人员不得透露对投标文件的评审和比较、中标候选人的推荐情况以及与评标有关的其他情况",但在本次招标投标已经结束、原告对本次招标投标及评标过程是否公平、公正存在质疑的情况下,被告昭阳区财政局在对原告的投诉进行处理过程中应当要求第三人某海外咨询昭通分公司提交相应的开标记录及评标委员会作出的评标报告进行全面审查,从而确定本次招标投标是否公平、公正。被告昭阳区财政局在未要求第三人某海外咨询昭通分公司提交相应的开标记录及评标委员会作出的评标报告进行全面审查的情况下作出的〔2018〕第2号《昭通市昭阳区财政局政府采购投诉处理决定书》属事实不清、证据不足，故依法应予撤销。

裁判结果：

撤销被告昭阳区财政局作出的〔2018〕第2号《昭通市昭阳区财政局政府采购投诉处理决定书》，限其于本判决生效之日起三十个工作日内重新作出处理决定。

五十七、

评标专家资格证，只是入选专家库的证明，并非行政许可

——宋某火诉被告安徽省公共资源交易监督管理办公室、合肥市公共资源交易监督管理局其他行政行为案

【裁判要旨】

根据《中华人民共和国行政处罚法》的规定，法律、法规、规章可以设定行政处罚的种类。本案原告无法再登录专家库网站，被禁用该网站，并不是由法律、法规、规章所设定，因此其被禁用网站以及其主张的被清退出专家库的行为均不是行政处罚行为。原告所取得的"安徽省评标专家资格证"，系专家库中的专家自愿申请，经省发展和改革委员会同相关部门对材料进行审查通过，经考试方能进入专家库，即市公共资源交易监督管理局日常考评管理对象为专家库的内部范围，不属于对外部相对人的权利和义务产生影响的范围。原告所取得的"安徽省评标专家资格证"，只是其入选安徽省综合评标专家库的证明，并非是行政许可。

【法院及案号】

一审：合肥市包河区人民法院，〔2018〕皖0111行初114号。

【当事人】

一审原告：宋某火。

一审被告：安徽省公共资源交易监督管理办公室（以下简称"省公管办"）、合肥市公共资源交易监督管理局（以下简称"市公管局"）。

【案情介绍】

2017年7月12日，原告宋某火等五位评标专家组成评标委员会，对繁华大道集贤路互通立交二期、明珠路西延二标工程项目进行评标，评审时对一名投标人的投标资格认定出现错误，使该名投标人通过资格评审并被推荐为中标候选人，造成了严重后果。2017年12月15日原告等四位评标专家参加巢湖第三水厂工程配水管网施工项目评标委员会评标，招标文件要求投标人"投标时须提供人民检察院出具的投标人、

法定代表人和拟派项目经理近三年内（以开标截止时间向前追溯）无行贿犯罪行为记录的有效证明文件"，评标时，其中一名投标人没有按照规定提供有效证明文件，但评标委员会仍予以通过并推荐为第一中标候选人，影响了项目招标工作的正常进行，造成了严重后果。市公管局于2017年12月11日、2018年1月29日分别作出《关于对违规评标专家予以处理的通报》《关于对评标专家予以处理的通报》，两份通报均依据《安徽省评标评审专家考评办法》第六条第二款第四项第3目的规定，决定对原告等每位专家每次分别扣20分。两份通报的内容市公管局均在本单位的网站上予以公布。

市公管局对原告两次共扣40分后，将考评结果录入专家库管理系统，该系统即自动设定为"禁用"，原告输入自己的用户名和密码后无法再登录专家库网站。2015年4月8日，省发展和改革委员会向原告颁发《安徽省评标专家资格证书》，聘请原告为安徽省评标专家，聘期三年。

另查明：《安徽省综合评标评审专家库管理办法》（皖政办〔2016〕56号）规定，专家库由省人民政府依法组建。省公管办会同有关行业公共资源交易监督管理办公室承担专家库组建和管理的具体工作。符合条件的人员申请入选专家库，采取个人申请或单位推荐方式。省发展和改革委员会在省有关行政监督管理部门，以及各市、县公共资源交易综合管理部门配置专家库监管终端，在依法设立的公共资源交易平台运行服务机构配置专家库抽取终端。市、县公共资源交易综合管理部门或有关行政监督管理部门，履行负责专家的日常考核和信用管理等职责。《安徽省评标评审专家考评办法》（皖发改公管〔2017〕75号）规定，省有关行政监督管理部门，各市、县公共资源交易综合管理部门或有关行政监督管理部门按照规定的职责分工，负责专家日常考评工作。日常考评采用一项目一考评。日常考评累计扣分周期为12个月，从专家证书印发之日起计算。12个月期满后分数自动清零。专家日常考评周期内累计被扣40分及以上的，清退出专家库，并予以通报，同时将处罚信息推送至省公共信用信息共享服务平台。

原告认为省公管办、市公管局两次扣分未通知原告，直接将原告"清退"。原告一直不知情，直到2018年4月10日，原告无法登陆"安徽省评标专家网"，经询问后才知道原告已经被"清退"，原告的"安徽省评标专家资格证"作废。原告认为省市公管办行政处罚时实体及程序均违法，行政处罚应当按照无效处理，遂向一审法院起诉，要求：一、撤销省公管办与市公管局联合吊销原告评标专家资格证的行政处罚（即"清退"原告出专家库）；二、恢复原告评标专家的工作；三、被告承担本案诉讼费。

【一审情况】

争议焦点：

关于原告被禁用网站以及其主张的被清退出专家库的行为是否属于行政处罚行为的问题。

法院观点:

本院认为,根据《中华人民共和国行政处罚法》的规定,法律、法规、规章可以设定行政处罚的种类。本案原告无法再登录专家库网站,被禁用该网站,并不是由法律、法规、规章所设定,因此其被禁用网站以及其主张的被清退出专家库的行为均不是行政处罚行为。原告所取得的"安徽省评标专家资格证",只是其入选安徽省综合评标专家库的证明,并非是行政许可,况且二被告亦未作出吊销其"安徽省评标专家资格证"的行为。

根据《安徽省评标评审专家考评办法》及《安徽省综合评标评审专家库管理办法》的规定,当专家日常考评周期内累计扣分达到40分时,市公管局将考评结果录入专家库监管系统,该系统即自动设定为"禁用",而清退专家出专家库则由省公管办作出清退决定,由此可知,"禁用"和"清退"是两个行为,原告无法登录专家库网站并不能当然等同于被清退出专家库,并且二被告亦均否认对原告作出了清退出专家库的决定。对日常考评周期内累计被扣分达到40分的专家禁用专家库,是专家库监管系统自动设定,该自动设定是对入库专家的内部监管行为,不对外部产生法律效力,不具有可诉性。

裁判结果:

驳回原告起诉。

五十八、

投标人不是按照招标文件要求作出的自行承诺，即便该自行承诺存在虚假，也不能作为评标委员会评审范围，不能作为废标理由

——甲建筑公司与丰都县人民政府、乙建工集团行政复议案

【裁判要旨】

投标人不是按照招标文件要求而作出的自行承诺，即便该自行承诺存在虚假，也不能作为评标委员会评审范围，不能作为废标理由。投标人就自行承诺事实的隐瞒行为与评标结果之间没有因果关系，投诉人对隐瞒行为的投诉不属于对评标结果的投诉。

【法院及案号】

一审：重庆市第三中级人民法院，〔2017〕渝03行初25号。

二审：重庆市高级人民法院，〔2017〕渝行终715号。

【当事人】

一审原告、二审被上诉人：甲建筑公司。

一审被告、二审上诉人：丰都县人民政府。

一审第三人、二审上诉人：乙建工集团。

【案情介绍】

"丰都县25个福利院消防安全隐患整改工程"（以下简称"丰都福利院消防整改工程"）由丰都县发展和改革委员会（以下简称"丰都县发改委"）批准建设，该项目的业主为丰都县民政局。2016年，丰都县民政局委托招标代理人重庆某正建筑工程经济技术有限公司（以下简称"某正公司"）编制并发布了《招标文件》。该《招标文件》第二章投标人须知前附表1.4.1投标人资质条件、能力和信誉条款中规定："本工程施工招标实行资格后审，投标人应具备以下资格条件：近年发生诉讼及仲裁情况的年份要求指2012年1月1日起至今"。《招标文件》第八章投标文件格式第三部分第（四）规定："说明：近年发生的诉讼和仲裁情况仅限于投标人败诉的，且与履行施工承包

合同有关的案件，不包括调解结案以及未裁决的仲裁或未终审判决的诉讼。注：1.由投标人自行声明是否满足资格审查标准中的信誉要求。如声明与实际不符，将被取消投标或中标资格，其投标保证金不予退换。2.该条为附加合格条件，招标人要求必备时投标人必须响应。"

2016年11月29日，作为"丰都福利院消防整改工程"投标人之一的乙建工集团，在《投标文件》信誉声明中声明："自2012年1月1日起至今，我公司未被有关行政部门暂停投标资格，也无行贿犯罪记录；在近年来履行施工承包合同中，没有发生诉讼和仲裁案件。"

2016年12月5日，重庆市工程建设招标投标交易信息网公示了"丰都福利院消防整改工程"的评标结果，公示了中标候选人的得分及排名情况。2016年12月6日，重庆市工程建设招标投标交易信息网公示了"丰都福利院消防整改工程"中标候选人，公示乙建工集团为第一中标候选人及拟中标人。公示时间为2016年12月6日至2016年12月8日，投诉受理部门为丰都县城乡建设委员会（以下简称"丰都县建委"）。同日，署名为"本项目一投标人"以乙建工集团多年不讲信誉、转包工程、拖欠工程款、拖欠民工工资、诉讼案件非常多、多起案件未执行为由，向丰都县民政局提出书面质疑，要求核查。丰都县民政局领导在质疑书上批示，要求及时向丰都县发改委、丰都县建委、代理公司报告和衔接，妥善处理。2016年12月8日，招标代理人某正公司向丰都县民政局出具书面报告，称乙建工集团在投标文件中的自行声明存在与实际情况不符的情况。2016年12月11日，丰都县民政局就质疑中的问题函询乙建工集团。乙建工集团于2016年12月21日、2017年1月3日两次书面回复丰都县民政局，称其投标文件响应了招标文件的要求。

2016年12月9日，作为"丰都福利院消防整改工程"投标人之一的甲建筑公司，书面向丰都县建委投诉乙建工集团，称乙建工集团在经营活动中不讲信誉、非法转包工程、拖欠工程款、诉讼案件非常多，投标时隐瞒了事实真相，不能满足《招标文件》第八章第三部分第（四）的要求，诉请取消乙建工集团的中标资格。

2016年12月13日，丰都县建委以弄虚作假骗取中标为由，立案受理了甲建筑公司的投诉。2017年3月28日，丰都县建委作出《关于"丰都县25个福利院消防安全隐患整改工程"招标投标投诉案件处理决定》（丰建发〔2017〕46号）（以下简称《处理决定》），认定被投诉人乙建工集团2012年以来确存在非法转包工程等诉讼案件且败诉的违法事实，投诉人的投诉情况属实。根据"丰都福利院消防整改工程"《招标文件》第二章1.4.1条2款、第八章第三部分第（四）的规定，认定乙建工集团违反了招标文件中对投标人信誉的有关规定，决定取消乙建工集团的中标资格。

2017年5月3日，乙建工集团以《处理决定》超越职权、未适用法律法规等为由，向丰都县人民政府申请行政复议。丰都县人民政府于2017年6月29日作出《行政复议决定》（丰都复〔2017〕17号）（以下简称《复议决定》）。该《复议决定》认为："丰都福利院消防整改工程"依法属于必须公开招标的建设项目。根据《中华人民共和国招标投标法实施条例》第四条、《工程建设项目招标投标活动投诉处理办法》第四条和《重庆市招标投标活动投诉处理实施细则》第四条之规定，丰都县建委作为"丰都福利院消防整改工程"公开招标活动行政监督部门，具有对涉案工程项目的招标投标活动的投诉依法作出是否受理的决定，以及对受理的案件进行调查处理的行政职权。根据《中华人民共和国招标投标法实施条例》第五十四条第二款和《重庆市招标投标条例》第四十三条第一款规定，投标人或者其他利害关系人对必须公开招标的建设项目的招标投标活动中评标结果等的投诉，应当先向招标人提出异议。投标人或者其他利害关系人向招标人提出异议的应当在中标候选人公示期间提出。本案中，甲建筑公司于2016年12月9日向丰都县建委提出投诉，诉请取消乙建工集团的中标资格。该投诉所主张的理由，不论是乙建工集团有非法转包的情形，还是存在诉讼及败诉案件的事实没有如实声明，其投诉指向是乙建工集团的中标候选人资格，实质是对评标结果的投诉，应当在中标候选人公示期间先向招标人丰都县民政局提出异议。丰都县建委收到投诉人甲建筑公司投诉书后，应先审查甲建筑公司在中标候选人公示期间是否向招标人丰都县民政局提出了异议。丰都县民政局虽于2016年12月6日收到名为"本项目一投标人"对乙建工集团的质疑，但不能认定是甲建筑公司在中标候选人公示期间提出的异议。根据《中华人民共和国招标投标法实施条例》第五十四条第二款之规定，只有投标人或者其他利害关系人，才有权向招标人提出异议，即应当要求提出异议人实名提出，以判明其是否有权提出异议。故本案没有证据证明甲建筑公司在中标候选人公示期间，已向招标人丰都县民政局提出异议。丰都县建委本应根据《工程建设项目招标投标活动投诉处理办法》第十二条第（六）项和《重庆市招标投标活动处理实施细则》第十六条第（七）项之规定，认定甲建筑公司的投诉事项应先提出异议而没有提出异议，不符合投诉受理条件，属于不予受理情形，并应依据《工程建设项目招标投标活动投诉处理方法》第十一条第一款第（一）项、《重庆市招标投标活动处理实施细则》第十五条第一款第（一）项的规定，作出不予受理的决定。丰都县建委受理甲建筑公司的投诉并作出处理决定的行为，违反了法定程序，依照《中华人民共和国行政复议法》第二十八条第一款第（三）项第3目之规定，对丰都县建委作出的处理决定，应当予以撤销。据此，依照《中华人民共和国行政复议法》第二十八条第一款第（三）项第3目的规定，决定撤销《处理决定》。甲建筑公司不服，遂提起本案诉讼。

二审补充查明，《招标文件》第二章《投标人须知》投标人须知前附表第1.4.1投标人资质条件、能力和信誉条款中规定："本案工程施工招标实行资格后审，投标人应具备以下资格条件：近年发生的诉讼和仲裁情况，被有关行政部门暂停投标资格期限已满（受到行政处罚的须提供行政处罚情况说明及真实性承诺，由投标人自行承诺）"，表末列明"注：本附表与后文不一致的以本附表为准。"

《投标文件》第八章投标文件格式（资格审查资料），在"近年发生的诉讼和仲裁情况"项下，"说明：近年发生的诉讼和仲裁情况仅限于投标人败诉的，且与履行施工承包合同有关的案件，包括调解结案以及未裁决的仲裁或未终审判决的诉讼"，并"备注：1.由投标人自行声明是否满足资格审查标准中的信誉要求。如声明与实际不符，将被取消投标或中标资格，其投标保证金将不予退还。2.该条为附加合格条件，招标人要求必备时投标人必须响应。"

2016年12月9日，甲建筑公司向丰都县建委投诉乙建工集团，认为乙建工集团在经营活动中不讲信誉，非法转包工程、拖欠工程款、诉讼案件非常多，在投标时隐瞒了有关信誉的事实真相，不能满足《招标文件》第八章三、（四）"近年发生的诉讼和仲裁情况"的要求，请求依法取消乙建工集团的中标资格。

【一审情况】

争议焦点：

关于甲建筑公司向丰都县建委对乙建工集团的投诉是否属于对评标结果的投诉的问题。

法院观点：

关于甲建筑公司向丰都县建委对乙建工集团的投诉是否属于对评标结果的投诉的问题。一审法院认为该投诉是对投标人投标行为的投诉，不属于对评标结果的投诉，理由如下：

《中华人民共和国招标投标法实施条例》第六十条第一款规定："投标人或者其他利害关系人认为招标投标活动不符合法律、行政法规规定的，可以自知道或者应当知道之日起10日内向有关行政监督部门投诉。投诉应当有明确的请求和必要的证明材料。"第二款规定："就本条例第二十二条、第四十四条、第五十四条规定事项投诉的，应当先向招标人提出异议，异议答复期间不计算在前款规定的期限内。"该条例第一款规定了投诉的权利及时限要求，第二款规定了异议前置的三种情形。与本案相关的异议前置的情形为该条例第五十四条第二款规定的"投标人或者其他利害关系人对依法必须进行招标的项目的评标结果有异议的，应当在中标候选人公示期间提出。即对评标结果进行投诉的，应当异议前置"。

本案在"丰都福利院消防整改工程"中标候选人公示之后，甲建筑公司以乙建工集团在投标时有违法行为而提出的投诉，是否属于对评标结果的投诉？从《中华人民共和国招标投标法实施条例》第六十条第一款的内容表述来看，投诉对象包括招标行为和投标行为，即招标人与投标人的行为均受主管部门监督。第六十条第二款规定的三种异议前置，即该条例第二十二条、第四十四条第三款、第五十四条的规定，都属于投诉人对招标人或评标人的行为不服进而投诉的情形，不涉及其他投标人的行为。针对投标人在投标过程中违法行为的投诉涉及的是投标人的行为，对投标人在投标过程中违法行为的投诉与对评标结果的投诉之间可能存在一定联系，但也只是因素和结论的关系，二者有所区别。如果把对投标人在投标过程中违法行为的投诉等同于对评标结果的投诉，将会造成监管部门实际操作上的混乱，也有悖立法之精神。故甲建筑公司对乙建工集团的投诉，是对投标人投标行为的投诉，不在法定异议前置范围，不属于对评标结果的投诉。

根据《中华人民共和国招标投标法实施条例》第六十条的规定，在招标投标活动中，法定的投诉时限是"自知道或者应当知道之日起10日内"，该时限是适用于整个招标投标活动的普遍性规定。由此可知，对投标人在招标投标活动中作出的行为进行投诉，应适用10日的法定投诉时限，不受异议前置限制。本案中，重庆市工程建设招标投标交易信息网于2016年12月6日公示"丰都福利院消防整改工程"中标候选人，甲建筑公司于2016年12月9日以中标候选人乙建工集团在投标活动中有违法行为为由，向丰都县建委提出投诉，属于对投标人在招标投标活动中作出的行为进行投诉，应适用10日的法定投诉时限，不受异议前置限制，投诉没有超过时限。丰都县建委依法应当受理，并应依法作出处理决定。

裁判结果：

判决撤销丰都县人民政府《行政复议决定》（丰都复〔2017〕17号）；责令丰都县人民政府在六十日内重新作出行政复议决定。

【二审情况】

争议焦点：

关于甲建筑公司向丰都县建委对乙建工集团的投诉是否属于对评标结果的投诉的问题。

法院观点：

关于甲建筑公司向丰都县建委对乙建工集团的投诉是否属于对评标结果的投诉的问题。二审法院认为该投诉是对投标人投标行为的投诉，不属于对评标结果的投诉，理由如下：

本案中，案涉工程"丰都福利院消防整改工程"中标候选人公示之后，甲建筑公司查询到乙建工集团存在涉诉情况，遂以乙建工集团在经营活动中不讲信誉，非法转包工程、拖欠工程款、诉讼案件非常多，在投标时隐瞒了有关信誉的事实真相，不能满足《招标文件》第八章三、（四）"近年发生的诉讼和仲裁情况"的要求为由，向丰都县建委投诉请求依法取消乙建工集团的中标资格。在招标投标实践中，投诉人对招标投标活动中违法行为的投诉多数情况下都会诉请取消中标资格，需根据投诉的具体内容及个案具体情况进行分析。对违法行为的投诉与诉请取消中标资格之间系因素和结论的关系，二者不能混淆，不能因诉求取消中标资格就直接判定为投诉中标资格。本案中，甲建筑公司投诉的是乙建工集团在投标活动中对其涉诉情况的隐瞒行为，上诉人认为本案系甲建筑公司对中标资格投诉的上诉理由不能成立。

《中华人民共和国招标投标法实施条例》第五十四条第二款规定，"投标人或者其他利害关系人对依法必须进行招标的项目的评标结果有异议的，应当在中标候选人公示期间提出。"该条设置了对评标结果不服的异议制度。《中华人民共和国招标投标法实施条例》第六十条第二款规定，"就本条例第二十二条、第四十四条、第五十四条规定事项投诉的，应当先向招标人提出异议，异议答复期间不计算在前款规定的期限内。"该条确立了评标结果投诉前的异议前置制度，对评标结果不服，投诉前应当向招标人先行异议。招标人、评标人或投标人甚至其他相关人员的行为均有可能成为引发对评标结果不服的原因，将五十四条第二款异议前置的适用范围限定为投诉人对招标人或评标人的行为不服进行投诉的情形，与立法本意不符，二审法院予以指出。

本案中，《投标文件》第八章投标文件格式（资格审查资料）"近年发生的诉讼和仲裁情况"规定，由投标人在投标文件中自行声明是否存在涉诉和涉仲裁情况，如声明与实际不符，将被取消投标或中标资格。乙建工集团向招标人提交了《投标文件》信誉声明，并声明："自2012年1月1日起至今，我公司未被有关行政部门暂停投标资格，也无行贿犯罪记录；在近年来履行施工承包合同中，没有发生诉讼和仲裁案件"。根据《招标文件》的上述规定，涉诉情况系由投标人自行声明，非评标人根据招标文件规定的评标标准和方法所能审查的范围。因此，乙建工集团的隐瞒行为与评标结果之间没有因果关系，甲建筑公司对隐瞒行为的投诉不属于对评标结果的投诉，不应当适用《中华人民共和国招标投标法实施条例》第五十四条第二款的规定。上诉人认为本案属于对评标结果的投诉，应当异议前置的上诉理由不能成立。

《招标文件》第二章《投标人须知》"投标人须知前附表"中的"1.4.1投标人资质条件、能力和信誉条款"和《投标文件》第八章投标文件格式（资格审查资料）都对"近年发生的诉讼和仲裁情况"进行了规定，两者的文字表述确实不尽相同，但《招标文件》第二章《投标人须知》表末列明"注：本附表与后文不一致的以本附表为准"，应理解为与该附表同一条款号和条款名称的内容应与该附表的表述为准，因第八章投标文件格式（资格审查资料）并非是对"1.4.1投标人资质条件、能力和信誉条款"作出与前文不同的表述，两者之间并不存在冲突之处，应当理解为后者是对前者的补充或详细说明，此两条均为招标人对投标人资格信誉提出的要求，均是投标人在投标时必须响应的条款。乙建工集团提交的《投标文件》信誉声明亦对上述两条均进行了响应。上诉人认为本案中工程投标人资格信誉要求应仅以《投标人须知》规定为准的上诉理由不能成立。因该问题系上诉人在上诉过程中提出的新的理由和争点，亦非本案争议的主要问题，故一审判决未对该问题进行事实查明及说理论述，不构成遗漏案件重要事实，不属于认定事实不清。

裁判结果：

驳回上诉，维持原判。

五十九、

行政监督部门同意对评标进行复核并不直接影响投标人的，投标人对该同意复核行为提起诉讼的，人民法院不予受理

——甲公司与涪陵区发展和改革委员会、重庆某投资咨询公司、重庆某烟草公司其他行政行为案

【裁判要旨】

行政监督部门具有对招标投标工作进行指导、协调和综合监督的职责，行政监督部门同意对评标进行复核，从法律后果上看，同意行为本身不具备具体行政行为的全部构成要件，不具有完整的法律效力（确定力、拘束力、执行力），没有可执行的内容，不直接涉及当事人的权利义务，对投标人不直接发生法律效力，行政监督部门同意复核的行为不属于人民法院受案范围。

【法院及案号】

一审：重庆市涪陵区人民法院，〔2014〕涪法行初字第00111号。

二审：重庆市第三中级人民法院，〔2014〕渝三中法行终字第00088号。

【当事人】

一审原告、二审上诉人：甲公司。

一审被告、二审被上诉人：涪陵区发展和改革委员会（以下简称"涪陵区发改委"）。

一审第三人、二审第三人：重庆某投资咨询公司。

一审第三人、二审第三人：重庆某烟草公司。

【案情介绍】

经审理查明，2014年1月13日，第三人重庆某投资咨询公司、重庆某烟草公司向涪陵区发改委提出"重庆烟草工业有限公司涪陵分厂易地技术改造项目异味处理设备购置及安装工程（第二次）评标情况提请复核的申请报告"，以部分候选人投标文件

中无2011、2012年度《财务情况说明书》，不满足招标文件的要求，以及投标人上海某泰克生态科技对自己的评分有异议为由，申请原评标委员会复核。

2014年1月16日，涪陵区发改委签署同意并加盖印章。

2014年1月24日，原评标委员会进行复核，认为甲公司等未按招标文件要求提供《财务情况说明书》，投标人资格不合格，不进入评审。两公司关键技术参数缺乏竞争性，按《重庆市招标投标条例》第三十四条规定，否决所有招标，本次招标流标。

2014年2月9日，重庆某投资咨询公司对甲公司作出回复，说明未发中标通知书的理由。

2014年2月23日，甲公司向涪陵区发改委投诉招标代理人，认为重庆某投资咨询公司不向甲公司发中标通知书、在中标公示期满后组织复核违法。请求撤销复评结论；责令重庆某烟草公司确认甲公司为中标人；纠正被投诉人的违法行为并依法予以处理。涪陵区发改委调查核实后，于2014年3月17日向甲公司作出《关于异味处理设备购置及安装工程投诉事项的回复》(以下简称《回复》)：一、关于复核和复评的问题。本项目从招标文件备案、招标公告和招标文件发布、组织开标、评标及中标结果的公示，都是按法定程序进行。评标结果公示后，按照招标人提供的清标材料和投标人的异议材料，依据《重庆市招标投标条例》第三十六条的规定进行复核。对投标文件、原评标结果的复核都是评标委员会按招标文件规定的标准和方法进行。复核结果有效。网络误将复核公布为复评。二、关于财务和标准问题。评标委员会复核时按招标文件规定的财务和标准要求执行，是依据《中华人民共和国招标投标法实施条例》第四十九条和《重庆市招标投标条例》第三十五条的规定，有法可依。三、关于评标结果公示问题。依据《中华人民共和国招标投标法实施条例》第五十四条和《重庆市招标投标条例》第三十七条的规定，评标结果公示后3日内，没有异议、投诉或异议、投诉不成立的，可确定中标人，确定中标人后5日内发出中标通知书。本项目在评标结果公示期间收到异议，招标人按法定程序复核，所以未发中标通知书合法有效。甲公司不服，申请复议。

2014年6月6日，重庆市发展和改革委员会作出《行政复议决定书》(渝发改复决〔2014〕3号)，维持了该《回复》。甲公司仍不服，向重庆市涪陵区人民法院提起行政诉讼，请求撤销涪陵区发改委作出的《回复》并重新作出处理。

涪陵区人民法院于2014年7月22日作出〔2014〕涪法行初字第00091号行政判决，认为招标人或有关部门对异议或投诉事项查实需要复核的，由原评标委员会复核。未规定招标人发现问题如何处理，也未禁止评标委员会对投标人无异议的事项进行复核。招标人对投标人资格有异议时申请评标委员会对此进行复核不违反法律禁止性规定，涪陵区发改委同意复核并不影响复核程序的合法性。涪陵区发改委作出的《回复》认定事实清楚，证据充分，符合法律规定，判决驳回了甲公司的诉讼请求。甲公司不服一审判决，向重庆市第三中级人民法院提起上诉，要求撤销一审判决和该《回复》，责令涪陵区发改委对投诉重新作出处理。重庆市第三中级人民法院于2014年10月9日作出〔2014〕渝三中法行终字第00077号行政判决，认为重庆某烟草公司对投标人投标文件有异议，在其他人投标人在中标候选人公示异议期内提出异议的情况下，经涪陵区发改委同意后，组织原评标委员会对相关事项进行复核，符合前述法律规定之原则。甲公司认为招标人无异议、投诉权利，复核程序启动不合法的上诉理由不成立。被诉《回复》载明的处理决定事实清楚，适用法律正确，判决驳回上诉，维持原判。

【一审情况】

争议焦点：

关于本案是否属于人民法院受案的问题。

法院观点：

关于本案是否属于人民法院受案的问题。一审法院认为，不属于人民法院行政诉讼的受案范围，理由如下：

根据《中华人民共和国招标投标法实施条例》第四条第二款、《重庆市招标投标条例》第四条和重庆市涪陵区人民政府《关于规范和加强全区工程建设招标投标监督管理工作的通知》(涪陵府发〔2013〕92号）的规定，涪陵区发改委具有对招标投标工作进行指导、协调和综合监督的职责。虽然法律没有明确规定原评标委员会对项目评标情况进行复核是否需要涪陵区发改委审查同意，但招标人向涪陵区发改委书面申请报告，涪陵区发改委签署同意并加盖公章，是为了便于履行监督职责。涪陵区发改委签署同意并加盖公章的行为对应的是本案第三人，而不是甲公司，也没有向甲公司送达。从内容上看，涪陵区发改委只是同意原评标委员会对项目评标情况进行复核，并没有直接以涪陵区发改委的名义对外作出任何涉及甲公司权利义务的具体行政行为。从法律后果上看，同意行为本身不具备具体行政行为的全部构成要件，不具有完整的法律效力（确定力、拘束力、执行力），没有可执行的内容，不直接涉及当事人的权利义务，对甲公司不直接发生法律效力。原评标委员会在评标复核报告上载明，甲公司等五投标人未按招标文件要求提供《财务情况说明书》，资格审查不合格，不再进入下一步评审。两家公司关键技术参数缺乏竞争性，按《重庆招标投标条例》第三十四条规定，评标委员会否决了所有投标，本次招标流标。所以，涪陵区发改委的行为不是甲公司丧失中标人资格的原因。综上，涪陵区发改委对申请报告签署同意并加盖公章的行为不是具体行政行为，不属于人民法院行政诉讼的受案范围。

裁判结果：

裁定驳回甲公司的起诉。

【二审情况】

争议焦点：

关于本案是否属于人民法院受案的问题。

法院观点：

关于本案是否属于人民法院受案的问题。二审法院认为，不属于人民法院行政诉讼的受案范围，理由如下：

根据《最高人民法院关于执行〈中华人民共和国行政诉讼法〉若干问题的解释》第一条第二款第（六）项之规定，对公民、法人或者其他组织权利义务不产生实际影响的行为，不属于人民法院行政诉讼的受案范围。《中华人民共和国招标投标法实施条例》第四条第二款、《重庆市招标投标条例》第四条第二款之规定，涪陵区发改委负有指导、协调和综合监督其行政区域招标投标工作。《重庆市招标投标条例》第三十六条第三款规定："招标人或有关行政部门对异议或投诉事项查实需要复核的，应当由原评标委员会复核"。在该项目的招标文件10.4规定了招标人保留对项目投标人投标文件进行复核的权利。因此，招标人有申请复核的权利。因招标人发现有中标候选人的投标文件不符要求，且有投标人在公示期间对评标报告提出异议。重庆某烟草公司和重庆某投资咨询公司提出提请复核的申请报告。因实施复核的主体是原评标委员会，对甲公司的权利义务产生实际影响的是原评标委员会的复核结果。涪陵区发改委在该申请报告上签署同意并加盖公章应属其对招标投标工作履行程序性监督职责的行为，该行为对原评标委员会的复核结果无直接影响力。涪陵区发改委签署同意的行为在涪陵区发改委对本次招标投标的监督中属于一个中间行为，在甲公司诉涪陵区发改委作出的《回复》案中对该行为已经作为事实进行了审查，并被生效判决所认定，且该行为未对甲公司的权利义务产生实际影响。故甲公司不能单独对涪陵区发改委签署同意的行为提起行政诉讼。

裁判结果：

驳回上诉，维持原裁定。

六十、

联合体成员明知另一方弄虚作假，仍作为联合体成员参与投标的，应被行政处罚

——武汉某禹公司因诉浙江省发展和改革委员会行政处罚决定及浙江省人民政府行政复议案

【裁判要旨】

联合体的牵头人负有审慎行为之义务。具体到本案，武汉某禹公司通过与武汉某美公司组成联合体的方式，弥补了自身在常规蝶阀及其附属设备制造领域的相对不足。而作为联合体牵头人，武汉某禹公司将武汉某美公司的虚假业绩证明材料予以了递交，并在材料上加盖了本公司印章。该业绩证明又是联合体投标人提交的证明具有公称直径≥2.4米的蝶阀制造业绩的唯一材料。故对于案涉违法行为的发生，武汉某禹公司至少在客观上发挥了助推作用。作为未尽审慎职责的联合体牵头人，其辩称自己不应承担行政责任的主张不能成立。

【法院及案号】

一审：浙江省杭州市中级人民法院，〔2019〕浙01行初3号。

【当事人】

一审原告：武汉某禹公司。

一审被告：省发展和改革委员会（以下简称"省发改委"）、省人民政府（以下简称"省政府"）。

第三人：武汉某美公司、熊某、曾某云。

【案情介绍】

2016年11月22日，杭州市千岛湖原水股份有限公司作为招标人，发布了《杭州市第二水源千岛湖配水工程常规蝶阀、偏心半球阀等及其附属设备采购标招标公告》。2016年12月12日，武汉某禹公司与武汉某美公司签订《联合体协议书》，双方约定自愿组成联合体投标，共同参加杭州市第二水源千岛湖配水工程常规蝶阀、偏心

半球阀等及其附属设备采购标投标。同日，武汉某禹公司以联合体牵头人之身份向杭州市千岛湖原水股份有限公司发出《投标函》，并确认"我方将严格按照有关建设工程招标投标法规及招标文件的规定参加投标"。该投标函明确，投标人最终的报价为人民币23880000元。关于招标文件中要求的"投标人自2006年11月1日至投标截止日具有公称直径≥2.4米的蝶阀制造业绩"。武汉某美公司提供了业绩名称为《安徽省舒城县黄河水电总站购销合同》的证明材料。该材料载明，安徽省舒城县黄河水电总站与武汉某美公司于2011年11月17日签订了购销合同，向武汉某美公司采购规格型号为SDHX7K42X-25-3200的水轮机组液控蝴蝶阀1台。武汉某禹公司在该购销合同材料上加盖了本公司印章，并连同其他材料一并予以了提交。在《业绩公示表》中，武汉某禹公司在"投标人满足招标公告条件业绩"说明中，将该购销协议作为"具有公称直径≥2.4米的蝶阀制造业绩"的证明材料。2016年12月16日，该采购标开标，武汉某禹公司（联合体）成为中标候选人，投标总价23880000元。2016年12月18日，浙江省公共资源交易中心电子招标投标交易平台对中标候选人武汉某禹公司投标的业绩基本情况进行公示。

2017年1月12日，上海某特莱阀门机械有限公司向省发改委下属机构省招标投标管理办公室（以下简称"招标办"）投诉，认为在杭州市第二水源千岛湖配水工程常规蝶阀、偏心半球阀等及其附属设备采购标中，中标候选人武汉某禹公司提供的"安徽省舒城县黄河水电总站"业绩不符合招标文件要求，要求核查该业绩真伪。调查组初步调查结论为，被投诉人提供的"安徽省舒城县黄河水电总站"类似业绩存在造假嫌疑。2017年2月21日，省招标办召集武汉某禹公司、武汉某美公司召开案件调查会。2017年3月13日，省发改委作出《杭州市第二水源千岛湖配水工程常规蝶阀、偏心半球阀等及其附属设备采购投诉处理意见书》（浙发改基综〔2017〕210号），该处理意见认为，杭州市第二水源千岛湖配水工程常规蝶阀、偏心半球阀等及其附属设备采购中标候选人的投标资格条件业绩"安徽省舒城县黄河水电总站"存在以其他方式弄虚作假，投诉情况属实。根据《工程建设项目招标投标活动处理办法》第二十条第二项规定，认定投诉成立。2017年3月27日，省招标办就该投诉处理意见书向武汉某禹公司进行了直接送达。

2018年4月19日，省发改委决定就上述情况正式启动行政立案调查程序。对武汉某禹公司与武汉某美公司组成的联合体在参加杭州市第二水源千岛湖配水工程常规蝶阀、偏心半球阀等及其附属设备采购项目中涉嫌业绩弄虚作假行为进行查处。2018年7月18日，省发改委作出《行政处罚事先告知书》（浙发改法字〔2018〕10号），告知武汉某禹公司、武汉某美公司、熊某、曾某云等拟进行行政处罚的结果，并告知其有提出陈述申辩的权利。武汉某禹公司、武汉某美公司在收到告知书后均提出了陈述和申辩。2018年8月2日，省发改委通过省招标办向武汉某禹公司、武汉某美公司发送《听证通知书》。2018年8月14日，省发改委就该案件举行听证会，听取了武汉某禹公司、武汉某美公司等拟被处罚主体的意见。8月30日，省发改委作出案涉13号行政处罚决定，并向各方当事人予以送达。武汉某禹公司不服，于2018年9月25日向省政府申请复议。省政府于9月30日予以受理。后因认为案情复杂，省政府于2018年11月14日决定延长一个月的复议审理期限。2018年12月24日，省政府作出了463号行政复议决定。武汉某禹公司仍不服，提起本案诉讼。

另查明，武汉某禹公司与武汉某美公司签订的联合体协议书，主要内容如下："1.武汉某禹公司为联合体投标牵头人。2.联合体牵头人合法代表联合体各成员负责本标段服务招标投标文件递交和合同谈判活动，并代表联合体提交和接受相关的资料、信息及指示，处理与之有关的一切事务，并负责合同实施阶段的主办、组织和协调工作。3.联合体将严格按照招标文件的各项要求，编制投标文件、履行合同，并对外承担连带责任。4.联合体内部各成员单位的职责分工如下：武汉某美公司负责蝶阀及其附属设备的制造交货及相关技术、售后服务等；武汉某禹公司负责除蝶阀外其他所有投标产品的制造交货及相关技术、售后服务。"

再查明，武汉某禹公司在庭审中明确，因为武汉某禹公司本身没有常规蝶阀方面的生产资质，故而采取与武汉某美公司组成联合体之方式参加本次投标。

【一审情况】

争议焦点：

关于武汉某禹公司作为联合体牵头人，应否一并予以处罚的问题。

法院观点：

关于武汉某禹公司作为联合体牵头人，应否一并予以处罚的问题本院认为，根据《中华人民共和国招标投标法》第三十一条、第三十三条、第五十四条规定，两个以上法人或者其他组织可以组成一个联合体，以一个投标人的身份共同投标。联合体各方应当签订共同投标协议，明确约定各方拟承担的工作和责任，并将共同投标协议连同投标文件一并提交招标人。联合体中标的，联合体各方应当共同与招标人签订合同，就中标项目向招标人承担连带责任。

经各方确认，对武汉某美公司在案涉招标投标过程中提供的《安徽省舒城县黄河水电总站购销合同》系虚假业绩材料的事实均无异议。因该合同直接关系到投标人的投标资格，该行为构成了以其他方式弄虚作假，骗取中标行为，应当予以行政处罚。

另外，本院认为，组成联合体投标意味着成员单位可以同一投标主体的身份参与招标投标。该组合形式的动因在于，各成员之间可通过共享优势资源，弥补各自技术力量的相对不足，以达到增强投标竞争能力等目的。各成员既通过组成联合体之方式享有相关权益，就应承担成员的相应义务，互相督促依法依规参加招标投标活动。联合体的牵头人更是负有审慎行为之义务。具体到本案，武汉某禹公司通过与武汉某美公司组成联合体的方式，弥补了自身在常规蝶阀及其附属设备制造领域的相对不足。而作为联合体牵头人，武汉某禹公司将武汉某美公司的虚假业绩证明材料予以了递交，并在材料上加盖了本公司印章。该业绩证明又是联合体投标人提交的证明具有公称直径≥2.4米的蝶阀制造业绩的唯一材料。故对于案涉违法行为的发生，武汉某禹公司至少在客观上发挥了助推作用。作为未尽审慎职责的联合体牵头人，其辩称自己不应承担行政责任的主张不能成立。省发改委经调查，对作为牵头人的武汉某禹公司和直接实施违法行为的武汉某美公司并处以行政处罚，并无不当之处。处罚金额方面，因案涉中标项目金额为23880000元，省发改委决定对武汉某禹公司与武汉某美公司处119400元罚款，在法定的千分之五以上千分之十以下的范围内。省政府经复议，作出维持的复议决定，实体结论亦无不当。

裁判结果：

驳回武汉某禹公司的诉讼请求。

六十一、

财政部门在处理采购投诉时，在驳回投诉的请求同时可以宣布项目废标决定

——甲公司与大连市财政局、大连市人民政府行政复议案

【裁判要旨】

财政部门在处理投诉过程中的行政职权，应参照财政部对投诉处理的职权，认定财政部门在处理投诉过程中有直接否定投标人资格、直接认定投标人不属于实质响应、直接宣布废标、责令招标人废标、超越投诉事项直接进行监督处理等行政职权。

【法院及案号】

一审：大连经济技术开发区人民法院，〔2017〕辽0291行初47号。

二审：大连市中级人民法院，〔2017〕辽02行终588号。

【当事人】

一审原告、二审上诉人：甲公司。

一审被告、二审被上诉人：财政局、市人民政府（以下简称"市政府"）。

第三人：城市建设管理局、乙公司。

【案情介绍】

大连市政府采购项目"大连市中心城区生活垃圾焚烧处理发电二期BOT项目"，招标人为城市建设管理局，招标代理机构为大连某招标代理有限公司。2016年6月21日，项目发布资格预审公告，7月26日进行资格预审，共有6家联合体投标人通过资格预审，其牵头人分别为原告甲公司和乙公司以及重庆某峰环境产业集团有限公司、中国某环境保护集团有限公司、某鑫智慧能源（苏州）有限公司、中国某大国际有限公司。招标公告发布后，除中国某大国际有限公司之外的5家投标单位参与投标。经采用综合评分法评审，综合得分第一名为乙公司，第二名为原告。2016年9月28日，预中标结果在大连市政府采购网发布公示，宣布乙公司为预中标人。预中标结果公示后，原告于2016年9月29日向招标人递交《政府采购质疑书》，质疑评委会

对其投标文件的商务部分评分。招标人和采购代理机构受理质疑后，于10月8日组织原评委会针对质疑提出的相关问题进行复查，评委会复查后修正了对原告的评分，原告综合得分由第二名变为第一名。

2016年10月28日，乙公司对复查修正向招标人提出质疑，招标人于2016年11月7日进行了书面答复，因对答复有异议，乙公司于2016年11月28日向财政局提出投诉。之后财政局作出的《政府采购投诉处理决定书》除上述驳回乙公司投诉内容外，另载明："因本项目各联合体投标人被发现存在着有成员被法院强制执行及参加本项目前三年受到过较大数额罚款的行政处罚情况，不符合《招标文件》对投标人资格的相关要求及《中华人民共和国政府采购法》（以下简称《政府采购法》）第二十二条第一款第五项、《中华人民共和国政府采购法实施条例》（以下简称《政府采购法实施条例》）第十九条第一款关于供应商的资格要求。本项目对招标文件作实质响应的供应商不足三家，根据《政府采购法》第三十六条第一款第一项规定，本局决定本项目废标。"原告对废标处理决定不服，于2017年2月22日向市政府申请行政复议。市政府以财政局的行政行为认定事实清楚，适用依据正确，程序合法为由，依据《中华人民共和国行政复议法》第二十八条第一款第（一）项之规定，维持财政局作出的废标处理决定。

另查，案涉项目《招标文件》的第一部分投标人须知及前附表第一章总则3.合格的投标人3.7法律要求，投标人必须声明并保证3.7.3项规定："投标人不是无力清偿债务者"。财政局在处理乙公司投诉过程中，对参与此次投标的五家联合体的资格进行了审核。财政局据此认定四家联合体均不符合招标文件规定的"合格投标人"条件。原审法院认为，财政局作为大连市人民政府财政部门，具有对本辖区政府采购行使监督管理的法定行政职权。市政府作为财政局的同级人民政府，依法具有对财政局的行政行为进行行政复议的法定职权。

【一审情况】

争议焦点：

一、关于财政局是否具有废标权以及能否在处理投诉过程中废标的问题。

二、关于财政局作出行政行为的事实依据是否充分的问题。

法院观点：

一、关于财政局是否具有废标权以及能否在处理投诉过程中废标的问题。《政府采购货物和服务招标投标管理办法》第四十三条规定，在投标截止时间结束后参加投标的供应商不足三家，或在评标期间出现符合专业条件的供应商或者对招标文件作出实质性响应的供应商不足三家，采购人应报告相关财政部门，财政部门认为招标文件存在不合理条款、招标公告时间及程序不符合规定的，应予废标。经查询政府采购网，国家财政部直接处理的投诉案件中，有认定投诉人投诉无据，驳回投诉，同时在调查中发现未按招标文件进行评标，依据财政部18号令决定中标无效，责令重新招标等。由此可见，财政部在处理投诉过程中，直接否定投标人资格、直接认定投标人不属于实质响应、直接宣布废标、责令招标人废标、超越投诉人的投诉事项直接进行监督处理等均存在。因此，对财政部门在处理投诉过程中的行政职权，应参照财政部对投诉处理的职权，认定财政部门在处理投诉过程中有直接否定投标人资格、直接认定投标人不属于实质响应、直接宣布废标、责令招标人废标、超越投诉事项直接进行监督处理等行政职权。据此，原告主张财政局不具有作出废标处理决定的职权，其作出案涉废标处理决定，属于超越职权的意见，该院不予采纳。

二、关于财政局作出行政行为的事实依据是否充分的问题。财政局依据其在最高人民法院网站的查询结果认定相关当事人存在被执行案件，取证方式适当。虽然最高人民法院网站说明中有仅供参考的字样，但作为行政机关确信最高人民法院的信息并无不妥，因此无需再行向相对人核实。依据上述理由，原告提供的证据36—44即甲公司联合体成员湖南省某工业设备安装有限公司所涉（2015）芦法执字第786号案《执行案件结案通知书》、所涉（2015）芦法执字第284号案《执行案件结案通知书》属于与案件无关的证据，故不作为定案依据。财政局依据其调查的相关证据直接否定五家投标人的投标资格后，认定政府采购项目对招标文件作实质响应的供应商不足三家，根据《政府采购法》第三十六条第一款第（一）项规定，作出项目废标的决定。该行政行为证据充分，程序合法，适用法律法规正确。被告市政府受理原告的复议申请后，依法履行了听证程序，并在法定六十日内作出行政复议决定，程序合法，适用法律正确。

裁判结果：

驳回原告甲公司的诉讼请求。

【二审情况】

争议焦点：

一、关于若案涉政府采购项目存在对招标文件作实质响应的供应商不足三家的法定废标情形，被上诉人财政局是否具有在评标结束后直接作出废标处理决定的行政职权的问题。

二、关于案涉废标处理决定认定事实是否清楚，证据是否充分的问题。

三、案涉废标处理决定作出的程序是否合法的问题。

法院认为：

一、关于若案涉政府采购项目存在对招标文件作实质响应的供应商不足三家的法定废标情形，被上诉人财政局是否具有在评标结束后直接作出废标处理决定的行政职权的问题。财政部门作为政府采购的监督管理部门，依法具有对参加政府采购活动的采购人、采购代理机构和供应商进行监督管理的职责，并有权依照相关法律规定纠正其所发现的违法行为，其监督管理的对象主要是使用财政性资金进行采购的政府采购人。在招标采购单位应予废标而未废标的情况下，作为监督招标采购单位的有权机关，财政部门直接作出废标处理决定，属于其对政府采购活动履行监督管理职责的必要内容。若按照上诉人甲公司的观点，财政部门在评标结束后无权针对法定废标情形直接废标，则会出现应予废标而未废标的情形，这显然违背《政府采购法》第一条规定的"规范政府采购行为"、"维护国家利益和社会公共利益"的立法宗旨，也不符合《政府采购法》第三条规定的公正原则。据此，上诉人甲公司主张被上诉人财政局作出案涉废标处理决定，属于超越职权的主张，本院不予支持。

二、关于案涉废标处理决定认定事实是否清楚，证据是否充分的问题。

（一）关于对某鑫智慧能源（苏州）有限公司联合体成员不符合《政府采购法》规定的供应商条件的事实认定。根据《政府采购法》第二十二条第一款第（五）项之规定，供应商参加政府采购活动前三年内，在经营活动中不得有重大违法记录。在辽宁省，法人被处以1万元以上的罚款，属于《政府采购法》第二十二条第一款第（五）项规定的重大违法记录。本案中，某鑫智慧能源（苏州）有限公司联合体成员中建某局集团有限公司在2015年及2016年分别受到两起各罚款1万元的行政处罚。被上诉人财政局据此认定某鑫智慧能源（苏州）有限公司联合体不符合法定的政府采购供应商条件，事实清楚，证据充分。

（二）关于除某鑫智慧能源（苏州）有限公司外的其他四家联合体投标人有不符合招标文件规定的供应商条件的事实认定投标人不得处于受司法机关的审查、调查或者监管状态，并成为被任何第三方申请执行司法强制措施的对象。这即是说，投标人不得有被申请人民法院强制执行的案件。否则，即构成不合格的投标人。此外，尊重司法权威，按照生效的司法裁判文书自动履行义务，是诚信守法之人的应有态度。有被申请人民法院强制执行的案件，意味着不按照生效的司法裁判文书自动履行义务，属于典型的不诚信、不守法行为，不符合案涉《招标文件》关于"2011年至2015年五年间不得有任何不诚信的行为"的要求。据此，在有证据证明自2011年至2016年9月22日开标当日，上述四家联合体成员有被申请人民法院强制执行案件的情况下，被上诉人财政局认定上述四家联合体投标人不符合招标文件规定的供应商条件，并无不妥。

综上，被上诉人财政局认定案涉五家联合体投标人不符合法定或者案涉《招标文件》规定的投标人的资格要求，并据此认为，在案涉政府采购项目中，对招标文件作实质响应的供应商不足三家，事实清楚，证据充分，并无不妥。

三、关于案涉废标处理决定作出的程序是否合法的问题。被上诉人财政局作出案涉废标处理决定职权依据充分，事实清楚，适用法律正确，程序合法，并无不当。被上诉人市政府受理上诉人甲公司的复议申请后，履行了通知、听证等程序，并在法定的六十日审查期限内作出行政复议决定，符合相关法律规定，程序合法，亦无不妥。上诉人甲公司的上诉请求及理由，缺乏事实和法律依据，本院不予支持。

裁判结果：

驳回上诉，维持原判。

六十二、

向社会公开披露不良记录不具有行政制裁的性质，不属于行政处罚

——江苏某通公司因诉安庆市公共资源交易监督管理局行政处理及安庆市人民政府行政复议案

【裁判要旨】

记不良记录并向社会公开披露，是安庆市公共资源交易监督管理局对上诉人弄虚作假骗取中标的不诚信行为记入档案并对该不诚信行为通过一定的方式和途径向社会公开，由于记不良记录并向社会公开披露并未对上诉人直接给予额外义务、也未直接限制上诉人的权利，不具有行政制裁的性质，不符合行政处罚的特征，亦不属于行政处罚。

【法院及案号】

一审：安徽省桐城市人民法院，〔2020〕皖08行初4号。
二审：安庆市中级人民法院，〔2020〕皖08行终147号。

【当事人】

一审原告、二审上诉人：江苏某通公司。

一审被告、二审被上诉人：安庆市公共资源交易监督管理局（以下简称"安庆市公管局"）、安庆市人民政府（以下简称"安庆市政府"）。

【案情介绍】

2019年3月7日，安庆市第一人民医院龙山院区净化工程施工建设项目在安庆市公共资源交易中心公开开标。经评标委员会评审，推荐第一中标候选人江苏某通公司，投标报价44447604.07元。同年4月11日，招标人向第一中标候选人江苏某通公司发放了中标通知书。同年4月30日，安庆市公管局收到自然人洪某发递交的《关于江苏某通公司采取出借资质、挂靠手段获取第一中标人的举报函》（以下简称《举报函》）。《举报函》称江苏某通公司属于出借资质以供挂靠的违法行为。安庆市公管局

经调查核实，于 2019 年 5 月 17 日作出《关于对江苏某通公司出让资质供他人投标行为的处理决定》（以下简称《处理决定》）（庆公管〔2019〕117 号），取消江苏某通公司的第一人中标资格，投标保证金 80 万元不予退还，对不良行为记录一次，并向社会公开披露，披露时间自 2019 年 5 月 17 日起，至 2019 年 11 月 16 日止。原告认为《处理决定》证据不充分，适用法律错误，遂于 2019 年 5 月 24 日向安庆市政府提起行政复议申请，同年 9 月 6 日，安庆市政府作出《行政复议决定书》（宜府行复决〔2019〕32 号），决定维持《处理决定》。原告江苏某通公司不服，2019 年 9 月 29 日向安庆市大观区人民法院提起行政诉讼，要求撤销两被告的行政行为，安庆市大观区人民法院报请安庆市中级人民法院指定管辖，安庆市中级人民法院指定桐城市法院审理。

【一审情况】

争议焦点：

关于安庆市公管局作出的《处理决定》是否属于事实认定清楚，证据确实充分，程序合法的问题。

法院观点：

关于安庆市公管局作出的《处理决定》是否属于事实认定清楚，证据确实充分，程序合法的问题。首先，根据《中华人民共和国招标投标法实施条例》第四条第二款"县级以上人民政府对其所属部门有关招标投标活动的监督管理职责分工另有规定的，从其规定"。据此，被告安庆市公管局具有处置、受理公共资源交易活动中的投诉，依法查处公共资源交易中的违法行为职能。其次，依据原告签订的《诚信投标承诺书》第五项承诺"在本项目投标活动中，我公司承诺不存在出借资质给他人投标，与招标人、招标代理机构或其他投标人串通投标，向招标人或评标委员会成员行贿牟取中标等违纪违法违规行为"，原告与招标人、被告安庆市公管局自愿协商签订《诚信投标承诺书》，签约各方当事人在招标投标活动中的行为理应受《诚信投标承诺书》约束。本案中，原告江苏某通公司出让资质供他人投标的违法行为已被陈某祥、羊某声等人提供与原告的微信聊天记录截图、保证金交纳委托书、保证金汇入银行转账记录和约谈笔录证明属实。据此，被告安庆市公管局作为该招标投标活动的监督机关，依据《诚信投标承诺书》约定的内容，取消原告的安庆市第一人民医院龙山院区净化工程施工项目中标资格，不予退还保证金 80 万元，符合《诚信投标承诺书》所约定的内容，且该处理决定并未明示对投标保证金上交国库，故该处理决定于法不能视为行政处罚。最后，依据《中华人民共和国招标投标法实施条例》第七十八条"国家建立招标投标信用制度。有关行政监督部门应当依法公告对招标人、招标代理机构、投标人、评标委员会成员等当事人违法行为的行政处理决定"等相关规定，故此，被告安庆市公管局作出的《处理决定》事实认定清楚，证据确实充分，程序合法，虽适用法律有瑕疵，但对原告权利不产生实际影响。

裁判结果：

驳回江苏某通公司的诉讼请求。

【二审情况】

争议焦点：

一、关于安庆市公管局是否有对案涉的行为进行处理的职权的问题。

二、关于安庆市公管局在处理决定中认为江苏某通公司出让资质供他人投标，是否有证据证实的问题。

三、关于安庆市公管局对江苏某通公司取消中标资格，不予退还保证金，记不良记录，并向社会公开披露的决定，属于行政处理还是行政处罚的问题。

四、关于安庆市公管局作出上述处理或处罚决定是否有法律依据的问题。

法院认为：

一、关于安庆市公管局是否有对案涉的行为进行处理的职权的问题。《中华人民共和国招标投标法》第七条第三款规定，对招标投标活动的行政监督及有关部门的具体职权划分，由国务院规定。《中华人民共和国招标投标法实施条例》第四条第二款规定，县级以上人民政府对其所属部门有关招标投标活动的监督管理职责分工另有规定的，从其规定。根据上述法律、法规等规范性文件以及安庆市委市政府关于安庆市公管局职能配置的文件规定，安庆市公管局具有对公共资源交易活动中的违法违规行为进行依法查处的职能。《中华人民共和国招标投标法》第三十三条规定，投标人不得以低于成本的报价竞标，也不得以他人名义投标或者以其他方式弄虚作假，骗取中标。出借资质给他人投标是招标投标活动中的一种虚假行为，是公共资源交易活动中的一种违法违规行为。查处这种违法违规行为属于安庆市公管局职责范围。因此，上诉人主张安庆市公管局无权对出借资质给他人投标的行为进行处理或处罚的上诉理由与法律规定不符，不能成立。

二、关于安庆市公管局在处理决定中认为江苏某通公司出让资质供他人投标，是否有证据证实的问题。安庆市公管局在《处理决定》中认定上诉人出让资质供他人投标的事实，不仅有其提交的举报人洪某发的《举报函》，羊某声委托江苏某通公司交纳保证金的委托书，保证金汇款单，羊某声、陈某祥与江苏某通公司耿某芬的微信聊天记录截图、江苏某通公司中间人韩某俊要求羊某声不要提供具体材料给举报人的和解协议，还有安庆市公管局对羊某声、蒋某新、陈某祥以及江苏某通公司的约谈记录等。上述证据均经一、二审庭审质证，足以证明上诉人出让资质供他人投标的事实存在，因此安庆市公管局作出该事实认定并无不当。江苏某通公司认为一审认定事实不清的上诉理由与二审查明的情况不符，不能成立。

三、关于安庆市公管局对江苏某通公司取消中标资格，不予退还保证金，记不良记录,并向社会公开披露的决定,属于行政处理还是行政处罚的问题。《中华人民共和国招标投标法》第五十四条对投标人违反诚实信用原则,采取以他人名义投标或者以其他方式弄虚作假,骗取中标的行为规定了民事、刑事、行政三种法律责任,其中"中标无效,给招标人造成损失的,依法承担赔偿责任"的规定,是针对上述不诚信投标行为应承担的民事责任所作的规定。本案中,被上诉人安庆市公管局取消上诉人的中标资格,正是对中标无效民事责任的具体落实,并非对不诚信投标人科以的行政制裁,不是行政处罚。不予退还保证金是作为投标人的上诉人在《诚信投标承诺书》中承诺的,如果自己存在不诚信投标行为而自愿承担的后果。《中华人民共和国行政处罚法》明确规定,除法律、行政法规、地方性法规及地方规章可以设立行政处罚之外,其他规范性文件不得设定行政处罚。《中华人民共和国招标投标法》第五十四条对投标人以他人名义投标或者以其他方式弄虚作假,骗取中标尚未构成犯罪的,区分不同的情节,明确规定了不同的行政处罚。安庆市公管局作出的不予退还保证金决定并不符合《中华人民共和国招标投标法》第五十四条规定的行政处罚的种类和金额,其所依据是上诉人在《诚信投标承诺书》中所作的承诺,按照行政处罚法规定的处罚法定原则,不予退还保证金的决定显然不属于行政处罚。

四、安庆市公管局作出上述处理或处罚决定是否有法律依据的问题。

《中华人民共和国招标投标法》第五十四条第一款规定,投标人以他人名义投标或者以其他方式弄虚作假,骗取中标的,中标无效,给招标人造成损失的,依法承担赔偿责任;构成犯罪的,依法追究刑事责任。安庆市公管局作为安庆市域内对公共资源交易进行监督管理的行政机关,根据查明的事实,认定上诉人在涉案的招标投标活动过程中存在弄虚作假,骗取中标的违法行为,依据上述规定,作出对上诉人取消中标资格,记不良记录并公开披露的处理决定,显然被上诉人的上述处理决定有明确的法律、法规及规章依据。

至于不予退还投标保证金的问题,按照依法行政的原则,行政机关从事行政管理,作出行政行为应当有法律、法规及规章依据。而安庆市公管局对被上诉人作出不予退还投标保证金的处理决定,所依据的是招标人的招标文件及上诉人向招标人和安庆市公管局作出的诚信投标承诺,而招标文件和诚信投标承诺均不是法律法规或规章,不能作为行政机关作出具体行政行为的依据,因此,被上诉人安庆市公管局作出的投标保证金80万元不予退还的处理决定,不是依法作出的行政行为,该处理决定没有法律依据,应予撤销。

综上所述,被上诉人安庆市公管局作出的《处理决定》中对上诉人江苏某通公司"投标保证金人民币80万元不予退还"的处理决定内容没有法律依据,应予撤销,上诉人的该部分上诉理由成立,应予支持。一审认定的事实清楚,但适用法律错误,依法应予纠正。

裁判结果：

一、撤销安徽省桐城市人民法院〔2020〕皖0881行初4号行政判决。

二、撤销安庆市人民政府于2019年9月6日作出的《行政复议决定》（宜府行复决〔2019〕32号）。

三、撤销安庆市公共资源交易监督管理局于2019年5月17日作出的《处理决定》（庆公管〔2019〕117号）第（二）项，即"江苏某通公司的投标保证金人民币捌拾万元整不予退还"的内容。

四、驳回上诉人江苏某通公司的其他诉讼请求。

六十三、

投标人对评标结果提出的质疑未适用异议前置程序，行政机关直接对异议作出处理属于程序违法

——甲科技股份有限公司与哈尔滨市人民政府、乙公司行政复议决定案

【裁判要旨】

《中华人民共和国招标投标法实施条例》第五十四条、第六十条第二款，《工程建设项目招标投标活动投诉处理办法》第十一条第一款第（一）项的规定，投标人或者其他利害关系人对依法必须进行招标的项目的评标结果有异议的，应当在中标候选人公示期间提出；就《中华人民共和国招标投标法实施条例》第五十四条规定事项投诉的，应当先向招标人提出异议。本案中，乙公司在中标候选人公示期间未向招标人提出异议，而是直接向哈尔滨市水务局提出投诉，哈尔滨市水务局未予审查即予受理并作出处理决定书，属程序违法。

【法院及案号】

一审：大庆市中级人民法院，〔2017〕黑06行初23号。
二审：黑龙江省高级人民法院，〔2017〕黑行终577号。

【当事人】

一审原告、二审上诉人：甲科技股份有限公司。
一审被告、二审被上诉人：哈尔滨市人民政府（以下简称"哈尔滨市政府"）。
一审第三人、二审被上诉人：乙公司。

【案情介绍】

2014年8月5日，南京某电气有限公司取得《高新技术企业证书》，证书编号为GF201432000667，有效期三年。2014年8月31日，南京某电气有限公司取得《水文、水资源调查评价资质证书》，证书编号为水文证乙字第101420号，资质等级为乙级，有效期自2014年9月1日至2019年8月31日止。

2015年12月29日，江苏省南京市工商行政管理局进行公司准予变更登记，企业

名称由南京某电气有限公司变更为甲科技股份有限公司，注册资本由3700万元人民币变更为5017万元人民币，企业类型由有限责任公司（自然人投资或控股）变更为股份有限公司（非上市）。

2016年10月17日，尚志市幸福沟资产管理有限公司委托天津某工程咨询有限责任公司发布尚志市幸福沟水库工程（第三标段）招标公告，招标文件要求投标人应具备水文、水资源调查评价资质（乙级及以上）及具有有效的高新技术企业证书。本案甲科技股份有限公司、乙公司等多家公司参与投标。甲科技股份有限公司在投标过程中提交了该企业更名前取得的南京某电气有限公司《高新技术企业证书》《水文、水资源调查评价资质证书》及甲科技股份有限公司出具的"关于企业名称等变更的说明"、江苏省南京市工商行政管理局出具的"公司准予变更登记通知书"。2016年11月9日，经评标委员会评审，拟评定甲科技股份有限公司为尚志市幸福沟水库工程（第三标段）中标人，并出具了《尚志市幸福沟水库工程评标报告》。2016年11月10日，招标人在黑龙江省水利网对尚志市幸福沟水库工程中标情况予以公示，确定尚志市幸福沟水库工程（第三标段）中标人为甲科技股份有限公司，公示中告知投标人及其他利害关系人，如有问题或异议均可进行投诉，投标人投诉时，应当按照《工程建设项目招标投标活动投诉处理办法》的规定提交投诉书，并公布了哈尔滨市水务局的举报电话及电子邮箱。

2016年11月11日，乙公司向哈尔滨市水务局提交《建设工程招标投标投诉书》，认为甲科技股份有限公司在投标过程中使用的《高新技术企业证书》和《水文、水资源调查评价资质证书》的真实性及公司名称与投标人不一致，违反了招标文件中投标人须知前附表2.1.3.1中的第3、5条要求，甲科技股份有限公司不具备投标人资格，请求哈尔滨市水务局撤销该公司的中标候选人资格。针对乙公司的投诉，甲科技股份有限公司向哈尔滨市水务局提交了2016年11月29日南京市高新技术企业协会出具的证明，主要内容为"我协会于2016年3月10日受理南京某电气有限公司提出该公司更名为甲科技股份有限公司的申请，该申请于2016年8月16日通过江苏省认定机构办公室审核，目前正在等待全国高新技术企业认定管理工作领导小组办公室发证。"2016年12月5日，甲科技股份有限公司又向哈尔滨市水务局提交了中国水利水电勘测设计协会向其发放的《水文、水资源调查评价资质证书》。2016年12月16日，哈尔滨市水务局组织原评标委员会对投诉事项进行复审。评标委员会出具了复审决议，认定甲科技股份有限公司的《高新技术企业证书》和《水资源调查评价资质（乙级及以上）》符合招标文件的相关要求，维持原评审结果。2016年12月19日，哈尔滨市水务局作出《尚志市幸福沟水库工程（第三标段）投诉处理决定书》（以下简称《处理决定书》），维持原《尚志市幸福沟水库工程评标报告》确定的第三标段评标结果。

乙公司不服该《处理决定书》，向哈尔滨市政府申请行政复议。2016年12月27日，哈尔滨市政府立案受理。2017年2月10日，哈尔滨市政府举行了听证会。2017年2月23日，因案情复杂，哈尔滨市政府决定延期，并向双方当事人送达延期通知书。2017年3月26日,哈尔滨市政府作出《行政复议决定书》(哈政复决〔2017〕59号),认为哈尔滨市水务局作出的处理决定书认定事实不清、违反法定程序,决定撤销该处理决定,责令哈尔滨市水务局依法重新作出处理决定。甲科技股份有限公司于2017年3月31日收到该行政复议决定书,并于2017年4月11日向大庆市中级人民法院提起诉讼,请求撤销哈尔滨市政府作出的《行政复议决定书》(哈政复决〔2017〕59号),并由哈尔滨市政府承担诉讼费用。另,甲科技股份有限公司自认其取得更名后的《高新技术企业证书》时间为2017年1月份。

二审法院另查明,2017年8月7日,哈尔滨市水务局作出《关于尚志市幸福沟水库工程(第三标段)投诉事项的处理决定》,主要内容为:"甲科技股份有限公司在尚志市幸福沟水库工程招标(第三标段)活动中,企业名称已由'南京某电气有限公司'变更为'甲科技股份有限公司'。在投标文件中提交更名前取得的《高新技术企业证书》和《水文、水资源调查评价资质证书》,不符合《尚志市幸福沟水库工程(第三标段)招标文件》的资格条件,其中标候选人资格无效,尚志市幸福沟资产管理有限公司应按照相关规定依法处理。"

【一审情况】

争议焦点:

哈尔滨市政府作出的《行政复议决定书》(哈政复决〔2017〕59号)是否合法的问题。

法院观点:

一审法院认为:《中华人民共和国招标投标法实施条例》(以下简称《招标投标法实施条例》)第五十一条第(三)项规定,投标人不符合招标文件规定的资格条件,评标委员会应当否决其投标。《高新技术企业认定管理办法》第十七条规定,"高新技术企业发生更名或与认定条件有关的重大变化(如分立、合并、重组以及经营业务发生变化等)应在三个月内向认定机构报告。经认定机构审核符合认定条件的,其高新技术企业资格不变,对于企业更名的,重新核发认定证书,编号与有效期不变;不符合认定条件的,自更名或条件变化年度起取消其高新技术企业资格。"《水文、水资源调查评价单位水平评价与从业监督管理办法》第二十四条、第二十五条规定,持证单位在证书有效期内,名称、注册地址、注册资金、法定代表人、技术负责人等发生变化的,应在变更后30个工作日内向协会提出变更申请;持证单位发生分立、改制的,需按该办法相关规定,依法经重新评审和认定后,核发相应的资质证书。根据上述规定,本案甲科技股份有限公司进行更名改制后,依法应向相应认定机构申请重新核发《高新技术企业证书》和《水文、水资源调查评价资质证书》,经认定机构审核,符合认定条件后,重新取得上述资质证书。而甲科技股份有限公司在投标文件中提交的系其更名前取得的《高新技术企业证书》和《水文、水资源调查评价资质证书》,应视为其不符合《招标文件》中规定的资格条件,评标委员会应当否决其投标。甲科技股份有限公司虽然提交了2016年11月29日南京市高新技术企业协会出具的证明以及中国水利水电勘测设计协会向其发放的《水文、水资源调查评价资质证书》，但因上述证据均系甲科技股份有限公司在哈尔滨市水务局审查投诉期间提交，系在2016年11月9日甲科技股份有限公司被评定为尚志市幸福沟水库工程（第三标段）中标人之后，故其提交的证据不能证实该公司在投标文件中提交了符合要求的资质证书。

根据《招标投标法实施条例》第五十四条第二款规定："投标人或者其他利害关系人对依法必须进行招标的项目的评估结果有异议的，应当在中标候选人公示期间提出。招标人应当自收到异议之日起3日内作出答复；作出答复前，应当暂停招标投标活动"。该条例第六十条第二款规定："就本条例第二十二条、第四十四条、第五十四条规定事项投诉的，应当先向招标人提出异议"。《工程建设项目招标投标活动投诉处理办法》第十一条第一款第（一）项规定："行政监督部门收到投诉书后，应当在三个工作日内进行审查，视情况分别作出以下处理决定：（一）不符合投诉处理条件的，决定不予受理，并将不予受理的理由书面告知投诉人。"本案中招标人在中标公示中未告知投标人应先向招标人提出异议，而是告知投标人如有问题或异议可向哈尔滨市水务局投诉。乙公司据此直接向哈尔滨市水务局进行投诉后，哈尔滨市水务局未依法对乙公司投诉前是否向招标人提出异议进行审查，即作出维持原评审结果的投诉处理决定，违反法定程序。

根据《中华人民共和国行政复议法》第二十八条第一款第（三）项第1、3目的规定，"（三）具体行政行为有下列情形之一的，决定撤销、变更或者确认该具体行政行为违法；决定撤销或者确认该具体行政行为违法的，可以责令被申请人在一定期限内重新作出具体行政行为：1.主要事实不清、证据不足的；3.违反法定程序的"。哈尔滨市政府决定撤销哈尔滨市水务局于2016年12月19日作出的处理决定书，并责令哈尔滨市水务局依法重新作出处理决定，符合上述法律规定。

根据《中华人民共和国行政复议法》第二十二条之规定，行政机关复议审查阶段，听证并不是其必经程序。本案中哈尔滨市政府虽然未在法律规定的举证期限内提交其举行听证会的相关证据，但庭审中甲科技股份有限公司、乙公司对哈尔滨市政府举行听证会及参加该听证会的事实无异议，故哈尔滨市政府未提交听证会的相关证据，不影响其复议程序的合法性。哈尔滨市政府在复议审查期间，履行了法律规定的程序，该复议决定程序合法。综上所述，哈尔滨市政府作出的《行政复议决定书》（哈政复决〔2017〕59号），认定事实清楚，证据确凿充分，适用法律、法规正确，符合法定程序。

裁判结果：

驳回诉讼请求。

【二审情况】

争议焦点：

哈尔滨市政府作出的《行政复议决定书》（哈政复决〔2017〕59号）是否合法的问题。

法院观点：

本院认为，根据《中华人民共和国招标投标法》(以下简称《招标投标法》)第七条第二款、第三十七条第一款、第四十条第一款，《招标投标法实施条例》第四十九条第一款、第五十一条第（三）项规定，评标由招标人依法组建的评标委员会负责；评标委员会应当按照招标文件确定的评标标准和方法，对投标文件进行评审；投标人不符合国家或者招标文件规定的资格条件，评标委员会应当否决其投标。据此，投标人在参加投标过程中是否符合招标文件规定的资格条件，认定权在评标委员会。行政监督部门经查实认为招标投标活动存在违反《招标投标法》及其实施条例规定情形的，应当依法进行处理，但无权对投标文件是否符合招标文件进行直接认定。同理，行政复议机关也无权对投标文件是否符合招标文件进行认定。就本案而言，甲科技股份有限公司在参与尚志市幸福沟水库工程（第三标段）施工投标中提交的《高新技术企业证书》和《水文、水资源调查评价资质证书》是否符合招标文件的要求，应由案涉招标工程的评标委员会进行认定。哈尔滨市政府在行政复议决定中直接评价认定甲科技股份有限公司的投标文件不符合招标文件规定的资格条件不当，不符合前述法律规定。

根据《招标投标法实施条例》第五十四条、第六十条第二款，《工程建设项目招标投标活动投诉处理办法》第十一条第一款第（一）项的规定，投标人或者其他利害关系人对依法必须进行招标的项目的评标结果有异议的，应当在中标候选人公示期间提出；就《招标投标法实施条例》第五十四条规定事项投诉的，应当先向招标人提出异议。本案中，乙公司在中标候选人公示期间未向招标人提出异议，而是直接向哈尔滨市水务局提出投诉，哈尔滨市水务局未予审查即予受理并作出处理决定书，属程序违法。哈尔滨市政府行政复议决定以此理由撤销哈尔滨市水务局的处理决定书正确，应予维持。因乙公司对案涉评标结果提出投诉前，未向招标人提出异议是前置程序，故哈尔滨市政府责令哈尔滨市水务局重新作出处理决定没有法律依据，应予撤销。

综上，甲科技股份有限公司的部分上诉请求成立，依法应予支持。原审判决认定事实清楚，但适用法律错误，依法应予撤销。

裁判结果：

一、撤销大庆市中级人民法院〔2017〕黑06行初23号行政判决。

二、维持哈尔滨市人民政府《行政复议决定书》(哈政复决〔2017〕59号)中"撤销被申请人哈尔滨市水务局于2016年12月29日作出的《尚志市幸福沟水库工程（第三标段）投诉处理决定书》"部分。

三、撤销哈尔滨市人民政府《行政复议决定书》(哈政复决〔2017〕59号)中"责令被申请人依法重新作出处理决定"部分。

六十四、

宣布中标无效是主管行政机关针对房屋建筑和市政基础设施工程施工等招标投标活动中存在的违法行为进行行政处理而作出的行政处理决定，不属于行政处罚的种类

——甲公司诉区城乡建设委员会行政处罚决定、市城乡建设委员会
行政复议决定案

【裁判要旨】

根据《房屋建筑和市政基础设施工程施工招标投标管理办法》第五十条"招标投标活动中有《中华人民共和国招标投标法》规定中标无效情形的，由县级以上地方人民政府建设行政主管部门宣布中标无效，责令重新组织招标，并依法追究有关责任人责任"的规定，宣布中标无效是主管行政机关针对房屋建筑和市政基础设施工程施工等招标投标活动中存在的违法行为作出的行政处理决定，不属于行政处罚的种类。

【法院及案号】

一审：重庆市梁平区人民法院，〔2018〕渝0155行初8号。

二审：重庆市第二中级人民法院，〔2018〕渝02行终182号。

再审：重庆市高级人民法院，〔2019〕渝行申223号。

【当事人】

一审原告、二审上诉人、再审申请人：甲公司。

一审被告、二审被上诉人、再审被申请人：区城乡建设委员会（以下简称"区建委"）、市城乡建设委员会（以下简称"市建委"），因机构改革职能调整原因，再审被申请人确认为区公共资源管理局、市区公共资源管理局。

【案情介绍】

2015年9月7日，重庆某学院发布招标公告，对新校区二期工程进行公开招标。2015年10月21日公示中标结果，原告甲公司为第一中标候选人。2015年10月30日，重庆某学院向被告区建委书面投诉称原告在该招标投标活动中提供的养老保险证明为

虚假资料。2015年12月7日被告区建委作出《关于重庆某学院实验实训楼施工招标投标投诉的处理决定》,认定投诉事项不成立,驳回了重庆某学院的投诉。2016年2月4日,重庆三峡学院再一次向被告区建委投诉,被告区建委以投诉事项系重复投诉为由未予受理。2016年3月14日,重庆市教育委员会(以下简称"重庆市教委")向被告区建委提交《关于商请对重庆某学院文科组团施工招标重评标的函》。被告区建委收到函件后,于2016年3月23日向重庆市教委作出复函,明确回复不予启动评标复核、复查程序。2016年5月17日,重庆某学院向原告发出了中标通知书。2016年5月27日经备案,原告依法取得《重庆市建设工程招标投标情况确认书》。2016年6月16日,举报人向重庆市人民政府(以下简称"重庆市政府")举报甲公司参加重庆某学院文科组团项目施工招标投标活动中存在串通投标、弄虚作假、伪造主要管理人员养老保险参保证明、篡改社会保险信息、骗取中标等违法行为。重庆市政府责成区人民政府(以下简称"区政府")调查处理。2016年7月区政府责成区公安局调查,区公安局于2016年8月调查核实,调查结论为"一是无明显证据证明甲公司及其法人代表张某全有涉嫌串通投标的犯罪行为;二是甲公司在投标资料中的主要管理人陶某友、陈某、向某、龚某辉4人养老保险由该公司购买,起算时间为2015年9月,符合规定。但安全员向某菊养老保险由云阳县青龙街道办事处为其购买,不符合规定。"根据调查结论,区政府责成区建委对甲公司参加重庆某学院文科组团项目施工投标情况进行调查处理。2017年1月10日被告区建委决定立案调查。经被告区建委查证,认定甲公司在重庆某学院文科组团项目施工投标文件中,伪造安全员向某菊参保证明材料编制投标文件,骗取中标。2017年5月24日,被告区建委作出了《行政处罚决定》(万州建罚字〔2017〕第7号),对原告作出了内容为"一、中标无效。二、处中标金额千分之五的罚款,罚款金额为492485.29元"的行政处罚。原告依法申请复议后,被告市建委于2017年8月9日作出了《行政复议决定》(渝建复〔2017〕5号),维持了被告区建委的行政处罚决定。

【一审情况】

争议焦点:

一、关于区建委处理程序的问题。

二、关于甲公司是否属于弄虚作假骗取中标的问题。

三、关于区建委把宣布中标无效的行政处理决定放在行政处罚决定中来宣布是否导致该行政处理决定被撤销的问题。

法院观点:

一、关于区建委处理程序的问题。区建委作出的《关于重庆某学院实验实训楼施工招标投标投诉的处理决定》是针对重庆某学院关于"甲公司所提供的安全员龚某辉和质检员向某的养老保险证明均为虚假资料"的这一投诉事项而作出。《关于重庆三峡学院文科组团施工招标重新评标的复函》是针对重庆某学院提出的对甲公司投标文件中向某、龚某辉的养老保险缴纳证明真实情况再进行复核的诉求而作出的回复。2016年3月31日给重庆市教委的复函是针对重庆市教委反映第二中标候选人对甲公司安全员龚某辉、质检员向某的参保情况提出质疑，商请重新评标的问题而作出。2017年5月24日对原告作出的行政处罚决定则是针对甲公司伪造向某菊社保信息，弄虚作假骗取中标的行为作出的行政处理和处罚，是行政机关基于新证据、认定新事实作出的处理和处罚，不属于重复处理。行政机关办理行政案件来源于举报、检查中发现、移送、交办等多种方式，案件来源的相关资料是否在听证程序中展示且必须听取行政相对人的意见并无明确的规定，且案件来源的方式对行政机关认定案件事实、作出处理或处罚决定并不产生直接的影响。原告称被告区建委听证程序中未提供案件来源的事实材料听取原告意见，属程序违法的主张不能成立。

二、关于甲公司是否属于弄虚作假骗取中标的问题。重庆某学院在招标文件中对投标人资质条件、能力和信誉提出了明确要求，投标人应符合《建筑企业资质管理规定》的资质。《建筑企业资质管理规定》第二十八条规定，"取得建筑业企业资质证书的企业，应当保持资产、主要人员、技术装备等方面满足相应建筑业企业资质标准要求的条件"。《建筑企业资质管理规定和资质标准实施意见》第五部分有关说明和指标解释第（三十八）企业主要人员明确"1.企业主要人员包括：注册执业人员、技术职称人员（包括技术负责人）、现场管理人员、技术工人4类人员。……3.现场管理人员是指与企业依法签订1年以上劳动合同，由企业依法为其缴纳社会保险，并按规定取得省级住房城乡建设主管部门或有关部门颁发的相应岗位证书的人员，以及住房城乡建设部或国务院有关部门认可的行业协会颁发的相应岗位证书的人员"。原告甲公司法定代表人张某全投标前打电话让向某菊将养老保险转到原告公司，向某菊因考虑到手续麻烦、同时影响其工龄计算等问题，没有同意。但原告甲公司在编制投标文件时，仍将并非由原告单位缴纳养老保险费的向某菊编制入了由原告单位缴纳养老社会保险参保证明（单位）——参保人员明细表中，提交重庆市云阳县人力资源和社会保障局（以下简称"社保局"）审查，重庆市云阳县社保局在未严格审查的情况下，在明细表上加盖了印章，原告将明细表作为投标文件的内容之一提交参加招标投标活动，通过了资格审查，客观上达到了满足招标文件相关要求的目的，并最终取得中标资格。原告在明知自己单位并未为向某菊缴纳养老保险的情况下，仍将其编制写入自己单位缴纳养老保险人员明细表，主观上存在故意。区建委认定原告伪造安全员向某菊参保证明材料编制投标文件，骗取中标的事实清楚，证据充分。

三、关于区建委把宣布中标无效的行政处理决定放在行政处罚决定中来宣布是否导致该行政处理决定被撤销的问题。宣布中标无效是主管行政机关针对房屋建筑和市政基础设施工程施工等招标投标活动中存在的违法行为进行行政处理而作出的行政决定，不属于行政处罚的种类，被告区建委把宣布中标无效的行政处理决定放在行政处罚决定中来宣布的方式不当,但宣布中标无效方式的不当并不足以成为法院应当撤销被告区建委宣布原告中标无效的决定的理由。被告市建委在作出行政复议决定时,遵循了行政复议的法定程序,程序合法。

裁判结果:

驳回原告的诉讼请求。

【二审情况】

争议焦点:

一、关于区建委处理程序的问题。

二、关于甲公司是否属于弄虚作假骗取中标的问题。

法院观点:

一、区建委处理程序问题。行政机关办理行政案件的立案依据有投诉、举报、检查中发现、其他部门移送、上级交办等多种方式。本案所涉行政行为的立案依据是案外人向重庆市政府举报,市政府责成区政府全面核查、区政府责成区建委调查处理。因此,本案所涉行政行为的立案依据应是案外人举报导致的上级交办。案件来源的相关资料是否在听证程序中展示且必须听取行政相对人的意见并无明确的规定,且案件来源的方式对行政机关认定案件事实、作出处理或处罚决定并不产生直接的影响。同时,为畅通投诉举报渠道,便于行政机关更好地履行行政监督职责,保护举报人的人身财产安全,对举报人的相关情况予以保密并无不当。区建委在听证中已明确立案查处的原因是遭人举报。因此甲公司称区建委听证程序中未提供案件来源的事实材料听取其意见,听证程序违法的理由不能成立。

二、甲公司是否属于弄虚作假骗取中标。重庆某学院在招标文件中对投标人资质条件、能力和信誉提出了明确要求,投标人应符合《建筑企业资质管理规定》的资质条件。《建筑企业资质管理规定》第二十八条、《建筑企业资质管理规定和资质标准实施意见》第五部分有关说明和指标解释对企业现场管理人员应具备的条件予以了明确。现场管理人员应与企业依法签订1年以上劳动合同,由企业依法为其缴纳社会保险,并取得相应岗位证书。甲公司并未为向某菊投保养老保险,其法定代表人张某全投标前打电话让向某菊将养老保险转到甲公司,向某菊没有同意。但甲公司在编制投标文件时,仍将并非由甲公司缴纳养老保险费的向某菊编制入了由甲公司缴纳养老社会保险参保证明(单位)—参保人员明细表中,提交重庆市云阳县社保局审查后将明细表作为投标文件的内容之一提交参加投标活动,虽然甲公司辩称自己并不存在故意弄虚作假,仅是工作失误所致。但从其法定代表人与向某菊的电话联系来看,甲公司在编制投标文件前已意识到向某菊的社会保险情况不符合招标要求,后向某菊拒绝将养老保险转到甲公司后在明知自己单位并未为向某菊缴纳养老保险的情况下,仍将其编制入由自己单位缴纳养老保险人员明细表,通过了资格审查,客观上达到了满足招标文件相关要求的目的，并最终取得中标资格。综合分析，其主观上存在作假骗取中标的故意。区建委认定甲公司伪造安全员向某菊参保证明材料编制投标文件，骗取中标的事实清楚，证据充分。

裁判结果：

驳回上诉，维持原判。

【再审情况】

争议焦点：

一、关于甲公司是否属于弄虚作假骗取中标的问题。

二、关于区建委处理程序的问题。

法院观点：

一、关于甲公司是否属于弄虚作假骗取中标的问题。重庆三峡学院制作的招标文件中主要在1.4.1项规定了投标人资质条件、能力和信誉。其中在"其他要求"中明确载明主要管理人员持有有效证件的施工员不少于5人，安全员不少于4人，质量员不少于4人，材料员不少于2人，造价员或造价工程师不少于2人，并附执业证或上岗证书、养老保险缴纳证明扫描件。本案中，区建委在一审程序中向法院提交并举示的云阳县青龙街道办事处及青龙嘴社区出具的向某菊证明材料以及区公安局对向某菊的询问笔录等证据材料，能够形成证据锁链，足以证明向某菊于2009年10月开始到云阳县青龙街道滨江社区任社区干部，2013年11月到2017年2月16日期间任云阳县青龙街道青龙嘴社区综合服务专干，并由云阳县青龙街道办事处缴纳养老保险费。甲公司在一审程序中向法院提交并举示的劳动合同书、安全员向某菊安全考核合格证、安全员向某菊专业技术资格证书以及向某菊个人社会保险参保明细等证据材料，不足以证明甲公司为向某菊缴纳养老保险以及其在投标过程中与向某菊存在真实劳动关系的事实。且根据区公安局对向某菊的询问笔录内容，甲公司系在明知向某菊未同意将养老保险转到甲公司的情况下，仍将其编制入由自己单位缴纳养老保险人员明细表，主观上存在故意。区建委据此根据《中华人民共和国招标投标法》第五十四条、《中华人民共和国招标投标法实施条例》第六十八条之规定，对甲公司作出宣告中标无效的行政处理决定，并按上述规定对甲公司作出处中标金额千分之五的罚款，罚款金额为492485.29元的行政处罚，并无不当。宣布中标无效是主管行政机关针对房屋建筑和市政基础设施工程施工等招标投标活动中存在的违法行为作出的行政处理决定，不属于行政处罚的种类，区建委把宣布中标无效的行政处理决定放在行政处罚决定中来宣布的方式不当，但该方式的不妥未对本案被诉处罚决定的合法性产生实质性影响，甲公司的再审申请理由不能成立，本院依法不予支持。

二、关于市建委、区建委处理程序的问题。区建委作出的《关于重庆某学院实验实训楼施工招标投标投诉的处理决定》是针对重庆某学院关于"甲公司所提供的安全员龚某辉和质检员向某的养老保险证明均为虚假资料"的这一投诉事项而作出。其作出的《关于重庆某学院文科组团施工招标重新评标的复函》是针对重庆某学院提出的对甲公司投标文件中向某、龚某辉的养老保险缴纳证明真实情况再进行复核的诉求而作出的回复。其于2016年3月31日给重庆市教委的复函是针对重庆市教委反映第二中标候选人对甲公司安全员龚某辉、质检员向某的参保情况提出质疑,商请重新评标的问题而作出。而本案被诉行政处罚决定系针对甲公司伪造向某菊社保信息,弄虚作假骗取中标的行为作出的行政处理和处罚,是行政机关基于新证据、认定新事实作出的处理和处罚,不属于重复处理行为。行政机关办理行政案件来源于举报、检查中发现、移送、交办等多种方式,案件来源的相关资料是否在听证程序中展示且必须听取行政相对人的意见并无明确的规定,且案件来源的方式对行政机关认定案件事实、作出处理或处罚决定并不产生直接的影响。甲公司称区建委听证程序中未提供案件来源的事实材料听取甲公司的意见,属程序违法的主张不能成立。市建委在作出行政复议决定时,遵循了行政复议的法定程序,程序合法。

裁判结果:

驳回再审申请。

六十五、

投标人的投诉是否符合法律规定要求，应采用实质性要求标准，不能仅以标题为"举报"为由否定其投诉的实质

——甲公司与晋江市水利局行政处理决定、晋江市人民政府复议决定案

【裁判要旨】

《福建省招标投标条例》第五十八条第一款规定："投标人和其他利害关系人认为招标投标活动违反法律、法规规定的，可以向招标人提出异议，也可以向有关行政监督部门投诉。"乙公司提交的《晋江市外溪河道整治工程第一中标候选人临时建造师不符合资格的举报》，反映的具体事项明确，理由清楚，加盖公司公章，留有联系电话，符合投诉的实质要求，并不能因为标题中的"举报"字样而否定其投诉性质，故乙公司向晋江市水利局提出投诉，符合法律规定。

【法院及案号】

一审：晋江市人民法院，〔2015〕晋行初字第75号。

二审：泉州市中级人民法院，〔2016〕闽05行终60号。

再审：福建省高级人民法院，〔2016〕闽行申385号。

【当事人】

一审原告、二审上诉人、再审申请人：甲公司。

一审被告、二审被上诉人、再审被申请人：晋江市水利局、晋江市人民政府（以下简称"晋江市政府"）。

一、二审第三人：乙公司、安海镇人民政府（以下简称"安海镇政府"）。

【案情介绍】

安海镇政府于2014年7月1日发布了涉诉工程施工项目的《招标公告》。《招标公告》及《招标须知》规定了投标人的资格要求之一："投标人拟派的项目经理应持有水利水电专业贰级以上建造师（含临时）注册证书"，"拟派项目经理经年检合格的注册（含临时）建造师证书复印件"。《评标定标办法》规定："评标委员会审查每一投标文

件是否对招标文件提出的所有实质性要求和条件做出响应，未能在实质上响应的按废标处理。"原告参加了投标，并在投标文件截止日向安海镇政府提交了拟派项目经理陈某的《二级建造师临时执业证书》（以下简称《执业证书》）等投标文件。该《执业证书》载明：聘用企业"甲公司"，发证机关栏加盖了"江西省住房和城乡建设厅"公章，签发日期为2010年2月10日。2014年7月28日9时涉诉工程开标，原告为第一中标候选人。安海镇政府在《中标候选人公示》公示期间届满后发布了中标人为原告的《中标结果公示》，在公示期间内的2014年8月15日，晋江市水利局收到第三人乙公司投诉原告项目经理陈某的《执业证书》未按规定办理延续注册，要求取消原告第一中标候选人资格的《举报件》等投诉材料。晋江市水利局受理后于同年9月1日作出《处理意见》。乙公司不服，向泉州市水利局提起行政复议申请。同年12月22日，泉州市水利局作出《复议决定书》，决定撤销《处理意见》并责令晋江市水利局在30日内重新作出处理决定。晋江市水利局收到该决定书后，进行重新调查，于2015年5月6日作出《投诉处理决定》，决定"取消甲公司第一中标候选人资格"。原告不服，于同年6月26日向晋江市政府申请行政复议，晋江市政府依法受理后作出《复议决定书》，决定维持《投诉处理决定》。原告不服于同年8月3日诉至一审法院。

【一审情况】

争议焦点：

关于陈某持有的江西省住房和城乡建设厅（以下简称"住建厅"）签发的《执业证书》效力及适用法律、法规的问题。

法院观点：

法院认为，《招标公告》及《招标须知》规定了投标人的资格要求之一："投标人拟派的项目经理应持有水利水电专业贰级以上建造师（含临时）注册证书"，"拟派项目经理经年检合格的注册（含临时）建造师证书复印件"。《注册建造师管理规定》《注册建造师执业管理办法（试行）》《江西省二级建造师注册实施办法》均规定：注册建造师注册证书与执业印章有效期为3年。注册有效期满需继续执业的，应当在注册有效期届满30日前按规定办理续期注册手续。"建办市〔2013〕7号""赣建建〔2013〕9号"文件规定"符合条件的取得建造师临时执业证书的人员，应在2013年12月31日前按要求参加继续教育并向单位所在地住房和城乡建设主管部门提出延续注册申请。""赣建建〔2013〕26号文"规定：已取得二级建造师临时执业证书，年龄60周岁以下，需继续执业的人员，应向聘用企业提出申请，聘用企业初审后汇总报设区市建设行政主管部门，设区市建设行政主管部门同意后汇总报省住建厅建筑监管处。各设区市建设行政主管部门（有关厅局、公司）于2013年12月27日前将《二级临时建造师延续注册人员汇总表》报省住建厅建筑监管处。本案原告递交给安海镇政府的陈某《执业证书》有效期限至2013年2月9日，未能提供陈某申请延续注册，或于2013

12月27日前按规定程序完成提出、初审、审核、报送等相关程序的证据。据此，陈某在涉诉工程开标日期前没有按规定申请《执业证书》延续注册手续。根据《注册建造师管理规定》第十六条规定"注册建造师有下列情形之一的，其注册证书和执业印章失效：……；（五）注册有效期满且未延续注册的；……"，建办市〔2013〕7号、赣建建〔2013〕9号文件规定"符合条件的取得建造师临时执业证书的人员，……没有申请延续注册的，自2014后1月1日起，不得再担任施工单位项目负责人，……"。陈某的《执业证书》在注册届满日即2013年2月9日后开始失效，自2014年1月1日起，不得再担任施工单位项目负责人。据此，原告拟派的项目经理陈某的《执业证书》在涉诉工程开标之时已失效且未申请延续注册，不符合《招标公告》及《招标须知》规定的投标人的资格要求，不具备担任项目经理的资格。因此，晋江市水利局根据建办市〔2013〕7号、赣建建〔2013〕9号文件及《投标须知》规定作出的《投诉处理决定》，事实清楚，证据充分。虽晋江市水利局适用"闽建筑〔2013〕25号"文件存在瑕疵，但该瑕疵不足以成为撤销之理由。涉诉工程资金来源于财政拨款，属于《中华人民共和国招标投标法》规定必须进行招标的项目。《招标及合同文件》中《评标定标办法》规定："评标委员会审查每一投标文件是否对招标文件提出的所有实质性要求和条件做出响应，未能在实质上响应的按废标处理。"《中华人民共和国招标投标法》第四十一条规定"中标人的投标应当符合下列条件之一：……（二）能够满足招标文件的实质性要求，……"。第六十四条规定"依法必须进行招标的项目违反本法规定，中标无效的，应当依法本法规定的中标条件从其余投标人中重新确定中标人或者依照本法重新进行招标。"《中华人民共和国招标投标法实施条例》第五十一条规定"有下列情形之一的，评标委员会应当否决其投标：……；（三）投标人不符合国家或者招标文件规定的资格条件；……"。《水利工程建设项目招标投标管理规定》第八条"水行政主管部门依法对水利工程建设项目的招标投标活动进行行政监督，内容包括：……；（二）可派员监督开标、评标、定标等活动。对发现的招标投标活动的违法违规行为，应当立即责令改正，必要时可做出包括暂停开标或评标以及宣布开标、评标结果无效的决定，对违法的中标结果予以否决；……"。但晋江市水利局则作出决定"取消甲公司第一中标候选人资格"的《投诉处理决定》，该决定缺乏法律、法规依据，属于适用法律、法规错误。晋江市水利局收到乙公司投诉件后予以受理，后作出《处理意见》并履行送达程序，符合《中华人民共和国招标投标法实施条例》第六十一条第二款之规定。乙公司不服《处理意见》向泉州市水利局申请行政复议。晋江市水利局在收到《复议决定书一》后重新调查，并作出《投诉处理决定》，履行送达程序。但晋江市水利局未能按照《复议决定书一》确定期限即30日内重新作出处理决定，在处理期限上存在瑕疵；晋江市水利局作出的《投诉处理决定》格式不符合《投诉处理办法》第二十二条之规定，可作为瑕疵；但这些瑕疵均不足以成为撤销该决定的理由。据此，晋江市水利局作出的《投诉处理决定》认定事实清楚、证据充分、程序基本合法、但适用法律、法规错误，依法应予撤销。晋江市政府受理原告行政复议申请后，经审查并履行了相关程序，作出了《复议决定书二》，行政程序符合《行政复议法》的相关规定。但该《复议决定书二》认定《投诉处理决定》认定事实清楚，证据确实充分，适用法律正确，决定维持《投诉处理决定》，明显存在不当，依法也应予以撤销。原告诉请责令晋江市水利局确定原告为涉诉工程的第一中标候选人资格，不属于本案审理范围。

裁判结果：

一、撤销晋江市水利局作出的《晋江市水利局关于外曾溪河道整治工程招标投标投诉处理的决定》（晋水〔2015〕74号）。

二、撤销晋江市政府作出的《晋江市政府行政复议决定书》（晋政行复〔2015〕22号）。

三、晋江市水利局应在本判决生效之日起三十日内对乙公司于2014年8月21日的投诉事项重新作出行政行为。

【二审情况】

争议焦点：

晋江市水利局认定的"陈某不具备担任涉诉工程项目经理的资格，不符合《投标须知》的要求"事实是否清楚的问题。

法院观点：

《注册建造师管理规定》第十条第二款规定，注册证书与执业印章有效期为3年。第十二条第一款规定，注册有效期满需继续执业的，应当在注册有效期届满30日前，按照第七条、第八条的规定申请延续注册。延续注册的，有效期为3年。《江西省二级建造师注册实施办法》第九条规定：二级注册建造师注册有效期为3年，注册期满需继续执业的，应在注册有效期满前30日前申请延续注册。在注册有效期届满30日前未提出延续注册申请的，在有效期满后，其注册执业证书和执业印章自动失效，需继续执业的，应申请重新注册。住房和城乡建设部办公厅《关于做好取得建造师临时执业证书人员有关管理工作的通知》（建办市〔2013〕7号）第二条规定，符合条件的取得建造师临时执业证书的人员，应在2013年12月31日前按要求参加继续教育并向单位所在地住房和城乡建设主管部门提出延期注册申请。没有申请延期注册的，自2014年1月1日起，不得再担任施工单位项目负责人。江西省住建厅赣建建〔2013〕9号转发该通知，要求遵照执行。本案中，根据《招标及合同文件》和陈某的《二级建造师临时执业证书》，《招标及合同文件》中的招标公告、投标须知中对投标人资格要求规定为："投标人拟派的项目经理应持有水利水电专业贰级以上建造师（含临时）注册证书"，"拟派项目经理经年检合格的注册（含临时）建造师证书复印件"。陈某的《执业证书》，签发日期为2010年2月10日。根据上述规章、规范性文件规定，陈某的《执业证书》有效期至2013年2月9日，后未申请延续注册，自2014年1月1日起，陈某不得再担任施工单位项目负责人。因此，上诉人在2014年7月参加投标时提供拟派项目经理陈某的《执业证书》，而此时该证书有效期已过，且未参加继续教育并申请延续注册，对照招标公告、投标须知中对投标人资格要求，晋江市水利局认定陈某不具备担任涉诉工程项目经理的资格，不符合《投标须知》的要求并无不当。但晋江市水利局《关于外曾溪河道整治工程招标投标投诉处理的决定》决定"取消甲公司第一中标候选人资格"没有引用相应的法律依据，属于适用法律错误，应予撤销。晋江市政府在行政复议中未能审查晋江市水利局《关于外曾溪河道整治工程招标投标投诉处理的决定》没有引用相应的法律依据问题而决定维持该投诉处理决定不当，应予撤销。虽然上诉人提供了江西省住建厅建筑监管处2015年1月9日出具的函件，证明陈某的《执业证书》仍然有效，但根据住房和城乡建设部办公厅《关于做好取得建造师临时执业证书人员有关管理工作的通知》（建办市〔2013〕7号）的规定，取得建造师临时执业证书的人员，应在2013年12月31日前按要求参加继续教育并向单位所在地住房和城乡建设主管部门提出延期注册申请。因此，《执业证书》是否有效并不以某个单位的证明予以认定，而是以是否参加继续教育并向单位所在地住房和城乡建设主管部门提出延期注册申请为前提，故上诉人以陈某的《执业证书》仍然有效为由，请求撤销原审判决第三项的主张不能成立。

裁判结果：

驳回上诉，维持原判。

【再审情况】

争议焦点：

一、关于申请人拟任项目经理陈某是否具备担任涉案标段项目经理的资格，是否符合《投标须知》的要求的问题。

二、关于申请人认为被申请人晋江市水利局所作被诉处理决定严重违反法定程序的问题。

法院观点：

一、关于陈某是否具备担任涉案标段项目经理的资格，是否符合《投标须知》的要求的问题。根据《注册建造师管理规定》第十条、第十二条的规定，注册证书有效期为3年，注册有效期满需继续执业的，应当在注册有效期届满30日前，按规定申请延续注册。同时，依照住房和城乡建设部办公厅《关于做好取得建造师临时执业证书人员有关管理工作的通知》（建办市〔2013〕7号）的规定，建造师临时执业证书的延续注册、变更注册、执业管理和继续教育等，参照注册建造师制度的有关规定执行。符合条件的取得建造师临时执业证书的人员，应在2013年12月31日前按要求参加继续教育并向单位所在地住房和城乡建设主管部门提出延续注册申请。没有申请延续注册的,自2014年1月1日起,不得再担任施工单位项目负责人。此后,江西省住建厅相继出台了《转发住房和城乡建设部办公厅关于做好取得建造师临时执业证书人员有关管理工作的通知》(赣建建〔2013〕9号)、《关于开展二级建造师临时执业证书人员延续注册工作的通知》(赣建建〔2013〕26号)等文件,进一步明确要求符合条件的取得建造师临时执业证书的人员,应在2013年12月31日前按要求参加继续教育并向单位所在地住房和城乡建设主管部门提出延续注册申请;没有申请延续注册的,自2014年1月1日起,不得再担任施工单位项目负责人。本案所涉工程项目开标时间为2014年7月28日,《招标公告》要求投标人拟派出的项目经理应持有水利水电专业贰级及以上建造师(含临时)注册证书;《投标须知》要求有拟派项目经理经年检合格的注册(含临时)建造师证书复印件。而申请人投标时,提供的陈某的二级建造师临时执业证书发证日期为2010年2月10日,有效期至2013年2月9日,按照相关规定的要求,陈某本应在有效期届满前,依照规定提交材料申请延续注册,但申请人并未提供陈某已按规定办理延续注册的相关材料,不能证明2014年7月28日开标时陈某的二级建造师临时执业证书尚在有效期内。因此,被申请人晋江市水利局认定陈某不具备担任涉案标段项目经理的资格,不符合《投标须知》的要求,并无不当。

二、关于申请人认为被申请人晋江市水利局所作被诉处理决定严重违反法定程序的问题。法院认为,第三人乙公司提交的《晋江市外曾溪河道整治工程第一中标候选人临时建造师不符合资格的举报》,反映的具体事项明确,理由清楚,加盖公司公章,留有联系电话,符合投诉的实质要求,并不能因为标题中的"举报"字样而否定其投诉性质,申请人主张系举报书而非投诉书的理由不能成立。根据《福建省招标投标条例》第五十八条第一款规定:"投标人和其他利害关系人认为招标投标活动违反法律、法规规定的,可以向招标人提出异议,也可以向有关行政监督部门投诉。"乙公司向晋江市水利局提出投诉,符合法律规定。

裁判结果:

驳回再审申请。

六十六、

复议机关延期作出复议决定书，属于程序轻微违法，人民法院不撤销复议决定，仅确认复议决定违法

——甲公司与夹江县财政局财政行政监督及夹江县人民政府行政复议案

【裁判要旨】

《中华人民共和国行政复议法》第三十一条关于"行政复议机关应当自受理申请之日起六十日内作出行政复议决定；但是法律规定的行政复议期限少于六十日的除外。情况复杂，不能在规定期限内作出行政复议决定的，经行政复议机关的负责人批准，可以适当延长，并告知申请人和被申请人；但是延长期限最多不超过三十日"的规定，被告县人民政府于2019年6月9日收到原告邮寄的《行政复议申请书》后，于同年8月16日作出《行政复议决定书》，被告县人民政府没有提交其作出《行政复议决定书》存在批准延长情形的相应证据，故被告县人民政府作出的《行政复议决定书》已超过前述法律的期限。但被告的该行为对原告依法享有的听证、陈述、申辩等重要程序性权利不产生实质损害，属于程序轻微违法。县人民政府作出的维持原行政行为的结果正确，故确认被告夹江县人民政府于2019年8月16日作出《行政复议决定书》(夹府复决字〔2019〕5号)违法。

【法院及案号】

一审：乐山市市中区人民法院，〔2019〕川1102行初220号。

【当事人】

一审原告：甲公司。

一审被告：夹江县财政局（以下简称"县财政局"）、夹江县人民政府（以下简称"县政府"）。

第三人：县农业农村局、乙公司。

【案情介绍】

原县农业局为进行案涉项目的政府采购，委托原乙公司为采购代理机构。2019

年1月30日,原乙公司在四川政府采购网发布案涉项目的采购公告,明确标书发售起止时间为2019年1月31日9:00到2019年2月12日17:00,开标时间为2019年2月27日10:00,标书(售价)300元,预算金额152万元,同时该公告还载明有投标截止时间、投标地点、开标地点、采购人及代理机构的联系方式等相关信息。

2019年2月1日,原告向原乙公司转款300元购买了一份标书。

2019年2月27日,原乙公司组织案涉项目的开标和评标,评标过程中,共有包括原告在内的三家公司通过资格性审查,三家公司报价分别为150万元、148万元、76万元,评标委员认为原告报价76万元明显低于其他通过资格性审查投标人的报价,遂向原告发出《问题澄清通知》,要求原告在2019年2月27日18:00前提供成本构成书面说明,并提交相关证明材料。原乙公司同日向原告的法定代表人许某刚打电话,要求其澄清,许某刚明确表示拒绝澄清。评标委员会遂以原告"拒绝澄清,按低于成本价处理,未响应招标文件实质性要求"为由,作出"通过符合性审查的投标人不足三家,故终止本次采购活动"的评标结果。

2019年2月28日,原乙公司在四川省政府采购网发布案涉项目因通过符合审查的投标人不足三家,流标。

2019年3月5日,原告向原县农业局和原乙公司提交《质疑书》,质疑内容主要有以下四项:一、采购文件第七章"评标办法—综合评分明细表中第6~9条"要求投标人提供技术路线、工作思路和重点分析等投标方案,但标书缺少上位规划、城乡总体规划等,投标人根本无法做出招标文件评分要求,要求原告提交资料清单违反《中华人民共和国政府采购法》(以下简称《政府采购法》)第五条规定,涉嫌围标串标和未招先定;二、采购文件第二章投标人须知附表第2条"低于成本价不正当竞争预防措施"项缺少明确的事实和法律依据,违反《四川省政府采购评审工作规程(修订)》第三十一条的规定;三、采购过程中,评标人非法刁难甲公司,剥夺了供应商的中标权利;四、招标文件售价300元,违反《中华人民共和国招标投标法实施条例》第十六条及《采购管理办法》第二十四条规定,涉嫌以高价营利手段抬高投标成本,非法排斥阻挠潜在供应商投标(简称第一至四项)。

2019年3月13日,县农业农村局和原乙公司作出《质疑回复》,认为原告第一、二项质疑从其购买招标文件后已超过七个工作日,故不再接受质疑;对原告第三项质疑,认为原告报价仅为最高限价的50%,存在"低于成本价的恶性竞争"的嫌疑,在评标过程中,评标委员会严格按照法律法规,依法要求原告进行澄清,采购人及采购代理人两次联系甲公司,但均拒绝澄清(第一次在电话内拒绝澄清,第二次拒绝接电话),导致通过符合性审查的投标公司不足三家,不存在非剥夺供应商的中标权利的情况;对原告质疑的第四项,认为本项目招标文件售价300元/份并非以营利为目的,招标文件收费符合印刷、邮寄的成本支出。

2019年4月8日,县财政局收到原告对原县农业局和原乙公司的上述行为进行投诉的《投诉书》。4月12日，县财政局向原告作出《补正通知书》，要求原告对《投诉书》的投诉内容补充完整。4月23日，县财政局收到原告的《投诉书》（补正）。同年5月5日，县财政局分别向县农业农村局和原乙公司作出《政府采购供应商投诉答复及副本发送通知书》。5月9日，县农业农村局和乙公司分别向县财政局作出《关于案涉项目投诉的回复》。5月27日，县财政局作出《投诉处理决定书》并邮寄送达原告。同年6月9日，县政府收到原告的《行政复议申请书》。同年8月16日，县政府作出《行政复议决定书》，维持县财政局作出的投诉处理决定意见。原告于8月20日前收到该复议决定书。

另查明：1.夹江县委、县政府于2019年2月15日下发《关于印发〈夹江县机构改革方案〉的通知》（夹委发〔2019〕3号），该通知附件《夹江县机构改革方案》载明：组建县农业农村局，将县农业局的职责整合，不再保留县农业局。

2.原乙公司名称于2019年4月24日变更为乙公司。

【一审情况】

争议焦点：

一、县财政局作出的《投诉处理决定书》是否合法。

二、县政府作出的《行政复议决定书》是否合法。

三、原告要求县财政局、县政府处理相关人员是否属于行政诉讼的受案范围。

法院观点：

一、关于县财政局作出的《投诉处理决定书》是否合法的问题。本院认为，本案因原告不服《质疑回复》向县财政局进行投诉而引发的诉讼，根据原告提交的《质疑书》载明的内容来看，其第一、二项质疑内容是针对标书载明的内容提出的，第四项是针对标书售价提出的，该三项质疑实质上均属于对招标文件的质疑；其第三项质疑的是评标过程中评标人非法刁难原告，剥夺原告的中标权利，实为对采购过程的质疑。对原告的质疑内容，本院分项评析如下：1.对于第一、二、四项质疑内容。根据《政府采购法》第五十二条关于"供应商认为采购文件、采购过程和中标、成交结果使自己的权益受到损害的，可以在知道或者应知其权益受到损害之日起七个工作日内，以书面形式向采购人提出质疑"及《中华人民共和国政府采购法实施条例》第五十三条第一项关于"政府采购法第五十二条规定的供应商应知其权益受到损害之日，是指：（一）对可以质疑的采购文件提出质疑的，为收到采购文件之日或者采购文件公告期限届满之日；……"的规定，对采购文件提出质疑的，应在收到采购文件之日起七个工作日内以书面形式向采购人提出质疑。本案原告于2019年2月1日收到标书，原告对标书提出质疑的最晚期限应为2019年2月12日。原告于2019年3月5日向采购人即原县农业局邮寄《质疑书》已明显超过该期限，故原告的第一、二、四项质疑确属超过法定期限提出质疑。2.对于第三项质疑内容。根据《采购管理办法》第六十条关于"评标委员会认为投标人的报价明显低于其他通过符合性审查投标人的报价,有可能影响产品质量或者不能诚信履约的,应当要求其在评标现场合理的时间内提供书面说明,必要时提交相关证明材料;投标人不能证明其报价合理性的,评标委员会应当将其作为无效投标处理"的规定,评标委员会有权根据投标人的报价来判断投标人是否有可能影响产品质量或者不能诚信履约,而要求投标人提供书面说明;在投标人不能证明其报价合理性的,评标委员会有权将其作为无效投标处理。本案中,案涉项目符合资格性审查的投标人包括原告在内共有三家,其他两家分别报价为150万元、148万元,而原告报价仅76万元,在案涉项目预算最高限价为152万元的情况下,原告的报价明显低于另外两家投标人的报价。此种情形下,评标委员会要求原告在评标当日即2019年2月27日18:00前作出澄清符合前述规定;在原告明确拒绝作出澄清的情况下,评标委员会将原告的投标作为无效投标处理亦符合前述规定。另外,案涉项目因为原告的投标为无效投标,导致通过符合性审查的投标人仅为两家而流标。因此,被告县财政局根据《政府采购质疑和投诉办法》(财政部令第94号)第二十九条第一项、第二项关于"投诉处理过程中,有下列情形之一的,财政部门应当驳回投诉:(一)受理后发现投诉不符合法定受理条件;(二)投诉事项缺乏事实依据,投诉事项不成立"的规定驳原告的投诉,并无不当。故原告请求撤销县财政局做出的《投诉处理决定书》的理由不成立,本院不予支持。

关于原告主张其质疑的四项均是评标过程问题。本院认为,即便原告提出的质疑为评标过程质疑,但其提交的证据亦不能证明其质疑的内容。对原告的该项主张,本院不予支持。

二、关于县政府作出的《行政复议决定书》是否合法的问题。本院认为,根据《中华人民共和国行政复议法》第三十一条关于"行政复议机关应当自受理申请之日起六十日内作出行政复议决定;但是法律规定的行政复议期限少于六十日的除外。情况复杂,不能在规定期限内作出行政复议决定的,经行政复议机关的负责人批准,可以适当延长,并告知申请人和被申请人;但是延长期限最多不超过三十日"的规定,被告县政府于2019年6月9日收到原告邮寄的《行政复议申请书》后,于同年8月16日作出《行政复议决定书》,被告县政府没有提交其作出《复议决定书》存在批准延长情形的相应证据,故被告县政府作出的《行政复议决定书》已超过前述法律的期限。但被告的该行为对原告依法享有的听证、陈述、申辩等重要程序性权利不产生实质损害,属于程序轻微违法。县政府作出的维持原行政行为的结果正确。故原告要求撤销《行政复议决定书》的请求不成立,本院不予支持。

对于原告主张县政府、县财政局履行监督职责的问题。本院认为,原告的该主张实为要求县财政局、县政府监督处理其对县农业农村局和乙公司的投诉事宜。如前所述,县财政局、县政府已履行了其职责。

三、关于原告要求被告县财政局、县政府处理相关人员是否属于行政诉讼的受案范围的问题。本院认为，原告的该请求实为要求上级行政机关行使对下级行政机关的内部监督职责。县财政局、县政府是否行使该监督职责并不会为原告设定新的权利义务，且本案原告也已通过投诉、复议、起诉的方式进行了救济。根据《中华人民共和国行政诉讼法》第一条第十项关于"公民、法人或者其他组织对行政机关及其工作人员的行政行为不服，依法提起诉讼的，属于人民法院行政诉讼的受案范围。下列行为不属于人民法院行政诉讼的受案范围：……（十）对公民、法人或者其他组织权利义务不产生实际影响的行为"的规定，原告主张的该内部行政监督不属于人民法院行政诉讼的受案范围。

另外，对于原告主张县财政局、县政府支付其因此次诉讼而产生的交通及住宿费等费用支出问题。本院认为，原告的该主张或因无证据，或因不符合法律规定，本院不予支持。

裁判结果：

一、确认被告夹江县人民政府于2019年8月16日作出《行政复议决定书》（夹府复决字〔2019〕5号）违法。

二、驳回原告甲公司的其他诉讼请求。

六十七、

行政监督机构作出的处理决定书没有对投诉请求全部回应，属于没有全面履行法定职责

——甲公司与中国民用航空中南地区管理局、中国民用航空局行政处理、行政复议案

【裁判要旨】

甲公司向中国民用航空中南地区管理局（以下简称"民航中南局"）投诉请求之一是公开并核实乙公司业绩的真实性，并同时公开乙公司和甲公司的评分明细。民航中南局对甲公司的该项请求，未采取要求甲公司进一步明确说明的步骤程序，在《处理意见》中对是否支持该项请求也没有明确予以答复，系遗漏投诉请求，属于没有全面履行法定职责的情形。中国民用航空局（以下简称"民航局"）在《复议决定书》中作出"维持被申请人于2015年6月9日作出的处理意见，乙公司的有关业绩是否向申请人公开，由被申请人依法做出处理"的决定，亦不符合法律规定。甲公司向民航中南局投诉主张之一是乙公司没有足够的业绩，且出具的业绩属于长沙某雅特公司。民航中南局对甲公司的该项主张，在《处理意见》中认定评标委员会仅对乙公司签署实施的业绩作为有效业绩进行打分，且乙公司符合招标文件要求的业绩个数最多，排名第一。依照举证责任的有关法律规定，民航中南局应当对上述认定事实承担证明责任，但民航中南局提交的在案证据，不能对上述情形予以充分必要的证明，该情形属于《处理意见》认定事实所依据的证据不足。民航中南局作为监管部门也未要求评审委员会对上述争议问题进行补充说明和解释，故其作出的《处理意见》，明显缺乏事实依据，故民航中南局作出的《处理意见》主要证据不足，未全面履行法定职责，应予撤销。依照相关司法解释的规定，《复议决定书》亦应一并撤销。民航中南局对甲公司的涉案投诉，应当在法定期限内重新作出行政行为。

【法院及案号】

一审：北京市东城区人民法院，〔2015〕东行初字第809号。

二审：北京市第二中级人民法院，〔2017〕京02行终349号。

【当事人】

一审原告、二审上诉人：甲公司。

一审被告、二审上诉人：中国民用航空中南地区管理局（以下简称"民航中南局"）、中国民用航空局（以下简称"民航局"）。

一审第三人、二审被上诉人：乙公司。

【案情介绍】

招标代理机构广东省某设备招标中心有限公司（以下简称广东某招标中心）受招标人白云国际机场指挥部的委托，组织广州白云国际机场扩建供油工程自控系统第二次采购项目的公开招标，并登载招标公告，招标截止时间为2015年4月10日9：30分。共有4家投标人递交了投标文件，分别为乙公司、甲公司、中油某慧公司及某鼎源公司。经评标委员会5名专家评议，第一中标候选人为乙公司，第二中标候选人为甲公司，第三中标候选人为中油某慧公司。评标报告中的初步评审情况载明，某鼎源公司的投标文件未能满足招标文件用户需求书中1.8.1.2的要求，不符合招标文件的要求，故未能通过符合性审查；2015年4月15日至22日，广东某招标中心发布了中标候选人公示。公示期间，甲公司于2015年4月16日向招标人提交投诉信，并在招标人作出复函后，又于同年5月12日向民航中南局递交投诉信，投诉事项一是认为第一中标候选人乙公司没有足够业绩，乙公司出具的业绩证明采用了长沙某雅特公司的业绩，违反本次招标条款和细则规定。二是要求公开并核实乙公司业绩的真实性及评分明细。三是本次招标过程存在明显串标、围标与操纵投标行为。四是请求核查某鼎源公司与乙公司资金款项往来，是否存在围标行为。民航中南局同日收到申请，并于同年5月14日向招标工作主管单位华南某天航空油料有限责任公司（以下简称华南某公司）发函，要求华南某公司对举报涉及的问题进行调查并提交书面报告。同时告知投诉处理期间，该招标工作暂停。2015年5月22日，华南某公司作出关于甲公司投诉招标有关情况的调查报告，并提交附件材料招标投标情况报告、乙公司与长沙某雅特公司联合声明文件、乙公司网上查询资料、长沙某雅特公司网上查询资料。2015年6月1日，民航中南局对白云国际机场指挥部发出询问函，要求针对甲公司提出乙公司没有足够类似业绩及业绩证明采用长沙某雅特公司的业绩有违招标法问题，请评标委员会对业绩打分（乙公司）与招标文件和相关法律规章规定的符合性进行说明。2015年6月5日，白云国际机场指挥部作出复函，并提交了评标委员会2015年6月3日作出的关于广州白云机场航油管道项目自控系统招标评标委员会对乙公司业绩打分情况的说明4份。主要内容为："一、乙公司在其投标文件中提供了多个由其实施的民航供油项目业绩的合同复印件，其中部分为长沙某雅特公司实施，并同时提供了关于乙公司与长沙某雅特公司关系的证明文件。二、评标委员会对乙公司所提供业绩进行审查打分。其中对于由长沙某雅特公司实施的项目，评标委员会认为此类项目为长沙某雅特公司并入乙公司之前的业绩，并不能作为有效业绩进行打分，评标委员会仅对乙公司签署实施的业绩作为有效业绩进行打分。三、最终，经评标委员会评审，乙公司符合招标文件要求的业绩个数最多，排名第一。本项目评标打分程序符合招标文件及相关法律法规规定"。民航中南局在调查期间，还调取了招标文件、乙公司和某鼎源公司的投标文件以及评标报告等材料。此外，民航中南局查询了乙公司与长沙某雅特公司的工商登记信息，该信息显示两家公司的法定代表人均为周某强，且同为两家公司股东之一。2015年6月9日，民航中南局作出《处理意见》。甲公司不服，向民航局提交行政复议申请及补充申请材料。民航局收到申请当天即受理，并向民航中南局发送行政复议提出答复通知书。民航中南局于2015年7月15日作出答复，并提交了相关证据材料。2015年8月31日，民航局作出《复议决定书》；另查明，此次招标文件确定的评标标准和方法是，评审采用综合评分法。评标委员会对通过初步评审的投标人的综合得分从高到低进行排序，其中综合得分最高的投标人推荐为第一中标人。评标委员会首先对各投标人进行初步评审，通过初步评审的投标人全部进入技术商务和价格评审。技术商务、价格评分权重分别为60%、40%；再查，评标中，评委对4家投标人的资格初审时，在"符合性审查表"中第5项"投标报价是否低于成本"、第7项"投标人是否有串通投标、弄虚作假、行贿等违法行为"，5位评委均打○。

【一审情况】

争议焦点：

一、关于《处理意见》是否符合法定程序。

二、关于甲公司投诉某鼎源公司被废标存在串标、围标等问题。

三、关于乙公司在其投标文件中提供的工程业绩采用了长沙某雅特公司的业绩参与投标是否属于以其他方式弄虚作假，骗取中标的行为。

四、关于符合性审查表中存在的资格审查问题。

五、关于甲公司的第3项诉讼请求。

法院观点：

一、关于《处理意见》是否符合法定程序。《中华人民共和国招标投标法实施条例》第六十一条第二款、第六十二条规定，行政监督部门应当自收到投诉之日起3个工作日内决定是否受理投诉，并自受理投诉之日起30个工作日内作出书面处理决定。需要检验、检测、鉴定、专家评审的，所需时间不计算在内。行政监督部门处理投诉，有权查阅、复制有关文件、资料，调查有关情况。必要时，行政监督部门可以责令暂停招标投标活动。本案中，民航中南局于2015年5月12日收到甲公司对涉案采购项目招标的投诉信，在当日受理投诉后，依法调取、查阅该采购项目的招标文件、投标文件、评标报告等评审材料，对投诉人质疑的问题进行了调查核实，要求评审委员会对质疑问题进行说明，并要求暂停招标工作。后其于法定期限内作出《处理意见》，该投诉处理程序合法。

二、关于甲公司投诉某鼎源公司被废标存在串标、围标等问题。本案中，招标人是采用资格后审方式对投标人进行资格审查。资格后审一般在评标过程中的初步评审开始时进行。根据《工程建设项目货物招标投标办法》第二十条的规定，对资格后审不合格的投标人，评标委员会应当对其投标作出废标处理。根据查明的事实，本次招标文件在1.8.1条款中规定的投标人的资格要求为"卖方在从事民用航空SCADA系统工程中有着丰富的业绩和经验，应提供同类工程业绩表。近五年中在机场供油或成品油管道SCADA系统中至少能从一个已完工的同类工程中取得证明，并应提供用户评价文件（即1.8.1.2条款）"。根据上述招标文件的规定，某鼎源公司在招标文件中提供的业绩不是机场供油或成品油管道SCADA系统中的同类工程，不符合招标文件的资格要求。因此，民航中南局认定评标委员会对某鼎源公司因资格审查未通过作出废标处理的结论是正确的，具有事实依据和法律依据。甲公司主张本次招标过程中某鼎源公司被废标存在串标、围标等问题，证据不足。

三、关于乙公司在其投标文件中提供的工程业绩采用了长沙某雅特公司的业绩参与投标是否属于以其他方式弄虚作假，骗取中标的行为。根据乙公司在投标文件中提供的10个工程业绩可以看出，有些业绩是长沙某雅特公司为承包人与业主签约并实施的工程合同，有些业绩是乙公司作为承包人实施了发包方长沙某雅特公司承揽的业务，有些业绩是乙公司直接与业主签订并实施的工程项目。对此，评标委员会一致认为长沙某雅特公司并入乙公司之前实施的业绩，不能作为乙公司的有效业绩进行打分，评标委员会仅对乙公司签署实施的业绩作为有效业绩进行打分。由此看出，乙公司采用同一控股人的关联公司之前的真实业绩参与投标的行为，属于该类业绩能否作为投标人有效业绩的范畴，并且评标委员会在进行业绩审查时也予以排除，只对乙公司直接签署实施的有效业绩进行打分。故民航中南局认为乙公司的上述情形不属于提供虚假的业绩，即不足以构成以其他方式弄虚作假，骗取中标的行为，并无不当；根据本次招标文件规定，评审委员会对评标结果负责。此次招标文件确定的评标标准和方法是采用综合评分法，综合得分最高的投标人推荐为第一中标人。其中，业绩在技术评分项中所占权重为20分。本案中，针对甲公司投诉乙公司没有足够类似业绩的问题，评审委员会在所出具的业绩打分情况说明中称在评标时排除了乙公司提供的长沙某雅特公司的业绩，但其未明示乙公司的有效业绩个数及该公司的有效业绩是否超过甲公司的有效业绩个数。而民航局在行政复议决定中认定乙公司的有效业绩为2个。因此，根据现有证据无法判断乙公司的业绩个数最多，排名第一的结论。民航中南局作为监管部门也未要求评审委员会对上述争议问题进行补充说明和解释，故其作出的《处理意见》，明显缺乏事实依据。

四、关于符合性审查表中存在的资格审查问题。评标过程中，评审委员会对4家投标人进行资格初审时形成了评审意见，所有评委均对4家投标人的"投标报价是否低于成本"、"投标人是否有串通投标、弄虚作假、行贿等违法行为"等内容在符合性审查表中选择标记为"○"（"是"标记为"○"），而民航中南局对该有悖常理的评审意见未要求评审委员会进行说明和解释，显系未尽到形式审查的职责；综上，民航中南局作出的《处理意见》存在认定事实不清，且对评审程序未尽到形式审查义务，故对甲公司提出的第1、2项诉讼请求，应予支持。民航局收到甲公司的行政复议申请并依法受理，在履行相应的复议程序后，在法定期限内作出《复议决定书》，该复议程序合法。但因民航中南局作出的《处理意见》存在事实不清等情形，故《复议决定书》应予撤销。

五、关于甲公司的第3项诉讼请求。因尚需行政机关裁量后重新作出判断或属于评审委员会确定的事项，不宜直接作出判决，故对该项诉讼请求，应予驳回。

裁判结果：

撤销《处理意见》、《复议决定书》，并由民航中南局对甲公司的投诉重新作出行政处理意见。

【二审情况】

争议焦点：

关于上诉人的上诉请求能否成立的问题。

法院观点：

甲公司向民航中南局投诉请求之一是公开并核实乙公司业绩的真实性，并同时公开乙公司和甲公司的评分明细。民航中南局对甲公司的该项请求，未采取要求甲公司进一步明确说明的步骤程序，在《处理意见》中对是否支持该项请求也没有明确予以答复，系遗漏投诉请求，属于没有全面履行法定职责的情形。民航局在《复议决定书》中作出"维持被申请人于2015年6月9日作出的处理意见，乙公司的有关业绩是否向申请人公开，由被申请人依法做出处理"的决定，亦不符合法律规定。甲公司向民航中南局投诉主张之一是乙公司没有足够的业绩，且出具的业绩属于长沙某雅特公司。民航中南局对甲公司的该项主张，在《处理意见》中认定评标委员会仅对乙公司签署实施的业绩作为有效业绩进行打分，且乙公司符合招标文件要求的业绩个数最多，排名第一。依照举证责任的有关法律规定，民航中南局应当对上述认定事实承担证明责任，但民航中南局提交的在案证据，不能对上述情形予以充分必要的证明，该情形属于《处理意见》认定事实所依据的证据不足。一审法院判决认为"未明示乙公司的有效业绩个数及该公司的有效业绩是否超过甲公司的有效业绩个数"、"根据现有证据无法判断乙公司的业绩个数最多，排名第一的结论。民航中南局作为监管部门也未要求评审委员会对上述争议问题进行补充说明和解释，故其作出的《处理意见》，明显缺乏事实依据"，本院对一审法院的上述论述，不持异议。综上，民航中南局作出的《处理意见》主要证据不足，未全面履行法定职责，应予撤销。依照相关司法解释的规定,《复议决定书》亦应一并撤销。民航中南局对甲公司的涉案投诉,应当在法定期限内重新作出行政行为。

民航中南局、民航局上诉认为《处理意见》《复议决定书》合法,应改判驳回甲公司全部诉讼请求的主张,没有事实根据,本院对民航中南局、民航局的上诉请求不予支持。甲公司上诉所提确定其为广州白云国际机场扩建供油工程自控系统第二次采购项目的中标人或重新招标投标的诉讼请求,不属本案裁判范围,相关调查处理尚需民航中南局进行工作,本院对甲公司的上诉请求不予支持。

裁判结果:

驳回上诉,维持一审判决。

六十八、

投标人拟派项目经理虽然存在证书注册在其他单位，但不能据此认定投标人有虚假投标行为

——甲公司与晋江市水利局、泉州市水利局、乙公司水利行政管理投诉处理及行政复议案

【裁判要旨】

虽孙某博安全生产考核证书在原告投诉时仍注册在河南某标营造建工集团有限公司，但第三人作为孙某博的用人单位，其使用孙某博材料员证书进行投标，不属于上述"挂证"情形。且即便孙某博存在"挂证"行为，也是其个人与接受挂证单位河南某标营造建工集团有限公司之间的行为，并非孙某博与其用人单位第三人之间存在"挂证"行为，不应影响案涉项目招标投标效力。综上，第三人在案涉项目招标投标中提供真实的孙某博材料员资质证书，符合《招标文件》及《中华人民共和国招标投标法》的规定，不存在违反法律、法规的情形，原告主张孙某博"挂证"应取消第三人中标候选人资格，于法无据，不予支持。

【法院及案号】

一审：泉州市洛江区人民法院，〔2020〕闽0504行初121号。

【当事人】

一审原告：甲公司。
一审被告：晋江市水利局、泉州市水利局。
一审第三人：乙公司。

【案情介绍】

2019年12月11日，晋江市池店镇人民政府作为案涉项目招标人发布编号晋水施招20191126011《招标文件》，约定投标文件递交的截止时间为2019年12月20日10时，投标人资格审查采用资格后审方式。其中第二章投标人须知约定：1.4.1投标人须具备有效的不低于水利水电工程施工总承包，二级资质；材料员和质检员需具备

水行政主管部门核发的合格有效的岗位证书（包含中国水利工程协会颁发的岗位培训合格证书）；项目机构成员均应本单位人员；1.4.3投标人不得存在的情形有：在本招标项目（标段）中有以他人名义投标、串通投标、弄虚作假、行贿等违法行为等法律、法规规定的其他情形；3.5.1投标人基本情况表应附投标人营业执照和组织机构代码证的复印件（按照"三证合一"或"五证合一"登记制度进行登记的，可仅提供营业执照复印件）等；3.5.5其他主要人员应附身份证、学历证书、职称证、有关证书和社保缴费证明复印件；关于项目机构成员的其他要求：1.本工程拟派出的施工现场管理人员各个岗位必须一人一职，不得兼任；16.在招标投标过程中，如发现企业有弄虚作假行为的，取消其中标资格。8.5.1投标人或其他利害关系人认为招标投标活动不符合法律、行政法规规定的，可以自知道或应当知道之日起10日内向有关行政监督部门投诉。8.5.2投标人或其他利害关系人对招标文件、开标和评标结果提出投诉的，应当按照投标人须知的规定先向招标人提出异议。异议答复期间不计算在8.5.1项规定的期限内；2019年12月20日开标，第一中标候选人为第三人乙公司；第二中标候选人为原告甲公司。中标候选人公示时间为2019年12月23日至2019年12月26日。

晋江市池店镇人民政府于2019年12月26日收到原告《关于对"晋江市池店南片区景观水利工程一期"中标候选人乙公司投标文件的质疑函》，原告于2019年12月31日向晋江市池店镇人民政府提供《关于对"晋江市池店南片区景观水利工程一期"中标候选人乙水文建设集团有限公司投标文件的质疑函补充材料（一）》。晋江市池店镇人民政府经向第三人的工商登记机关林州市市场监督管理局调查，林州市市场监督管理局于2020年1月15日出具说明，称第三人于2019年12月9日经该局核准变更登记，2019年12月23日，第三人委托其员工李某红到该局市民中心窗口领取变更后的营业执照。林州市市场监督管理局将纸质营业执照领取台账及委托书一并提供给晋江市人民政府。其中纸质营业执照领取台账显示"领取执照正本1个、副本10个，缴回执照正本1个、副本20个"。晋江市池店镇人民政府于2020年2月14日作出《关于对"晋江市池店南片区景观水利工程一期"中标候选人乙公司投标文件的质疑复函》，认为原告提出的质疑不能成立，乙公司投标文件符合招标文件要求，其第一中标候选人资格有效，依法确定中标人，并按规定进行中标结果公示。

2020年2月21日，被告晋江市水利局收到原告提交的《关于对晋江市池店南片区水利景观工程一期中标候选人乙公司投标文件的投诉信》，认为第三人提供的营业执照属于作废执照以及孙某博存在"挂证"行为。被告晋江市水利局于2020年2月28日对原告的投诉予以立案，向原告作出《投诉受理通知书》，并向第三人发出《配合调查函》，要求第三人就投诉事项提交陈述和申辩意见。于2020年3月9日分别向林州市市场监督管理局、山西省公共交易中心发函，请求就第三人营业执照变更登记及入库情况进行回复。林州市市场监督管理局于2020年3月16日作出回复，内容与其2020年1月15日出具说明一致。后于2020年4月3日再次发函山西省公共交易中心，该中心均未予以回复。2020年3月24日，被告向第三人发出《询问通知书》，要求第三人法定代表人及孙某博接受调查。被告晋江市水利局于2020年4月1日向原告作出《告知函》，决定驳回原告投诉，要求原告在2020年4月2日上午下班前向被告晋江市水利局提交书面陈述和申辩材料。原告于2020年4月2日向被告晋江水利局补充提交落款为2020年3月31日《补充说明》，要求被告晋江市水利局前往山西调取第三人在山西省公共交易平台入库信息，于2020年4月24日就第三人首次入主体库提交的材料向被告晋江市水利局补充提交《补充材料二》，于4月28日向被告晋江水利局补充提交《补充材料三》，要求被告晋江市水利局向临汾市行政审批服务管理局及临汾市公共资源交易中心调取第三人2019年12月16日首次入库材料。被告晋江市水利局于2020年5月8日作出《投诉处理决定》，驳回原告的投诉，维持第三人第一中标候选人资格。

原告不服该决定，于2020年5月25日向被告泉州市水利局申请行政复议，认为被告晋江市水利局未对其于2020年3月21日提供的《补充材料》中投诉的孙某豪学历造假问题进行审查，程序违法等。泉州市水利局于2020年7月29日作出《行政复议决定书》（泉水行复决字〔2020〕2号），维持答辩人作出晋水〔2020〕124号处理决定。

另查明，第三人2016年12月28日的营业执照上载明其经营范围为"水利水电、水井勘察及钻井……"，第三人因增加经营范围，变更其营业期限，向林州市市场监督管理局申请变更登记，该局于2019年12月9日核准其变更登记。第三人于2019年4月22日取得水利水电工程施工总承包二级资质证书。

在案涉项目招标投标中，孙某博作为第三人项目材料员，其有中国水利工程协会颁发的全国水利水电施工现场管理人员培训合格证书，批准期限为2017年3月24日，有效期限至2020年6月30日，工作单位为乙公司。孙某博河南省社会保险个人参保证明（2019）载明其单位名称为乙公司，起始年月为2015年6月至今。另在原告投诉前，孙某博在河南某标营造建工集团有限公司下有安全生产考核证书，证书状态为正常，在原告投诉后，该证书状态变为注销。

在案涉招标投标中，孙某豪作为第三人项目质检员，其有中国水利工程协会颁发的全国水利水电施工现场管理人员培训合格证书，批准期限为2017年3月24日，有效期限至2020年6月30日，工作单位为乙公司。另其于2018年7月31日获得国家开放大学水利水电工程与管理专业专科毕业证书。孙某豪在案涉招标投标投标人主要人员作为质检员，其简历表中毕业院校记录为"2018年7月31日毕业于国家开放大学水利水电工程与管理专业"，但毕业证书提供为"郑州电子信息职业技术学院应用电子技术专业专科"，在拟在本项目任职被记录为"材料员"。

【一审情况】

争议焦点：

一、原告是否有向被告晋江市水利局提供落款为 2020 年 3 月 21 日的《补充材料》；

二、第三人在案涉招标投标中是否存在使用作废的营业执照，以及孙某博是否存在"挂证"情形。

法院观点：

一、原告是否有向被告晋江市水利局提供落款为 2020 年 3 月 21 日的《补充材料》。

如前所述，原告作为投标人之一，对中标结果有异议而向被告晋江市水利局投诉，被告根据原告的投诉进行审查的行政行为属于依申请履职。根据《中华人民共和国行政诉讼法》第三十八条"在起诉被告不履行法定职责的案件中，原告应当提供其向被告提出申请的证据。"原告应提供证据证明其有就该《补充材料》向被告晋江市水利局提出申请。庭审中原告主张其于 2020 年 4 月 7 日将该材料提供给被告晋江市水利局的工作人员，该说法与其在行政复议申请书中"2020 年 3 月 21 日提供"给被告晋江市水利局的陈述矛盾。另就原告在被告晋江市水利局投诉期间提交的材料次数，原告在起诉状及举证阶段均主张为 4 次，即 2020 年 2 月 21 日、3 月 21 日（即补充材料）、4 月 24 日及 4 月 28 日，但质证时又认可除上述 4 次外，也有向被告晋江市水利局提供落款时间为 2020 年 3 月 31 日但实际提供时间为 2020 年 4 月 2 日的《补充说明》，前后陈述再次矛盾。另原告在被告晋江市水利局作出《告知函》，已知被告晋江市水利局拟决定驳回其投诉，在申辩期间先提交与之前投诉事项一致的《补充说明》，在几日后才提交全新投诉事项的《补充材料》，与常理不符。虽在《补充材料二》《补充材料三》中均有体现"3 月 21 日"，但两份材料也未体现《补充说明》的提供，也就意味着其上记录存在与事实不一致情形。且原告在 2020 年 3 月 30 日、5 月 8 日向晋江市纪律检查委员会、晋江市人民政府信访材料中，均未提到关于孙某豪学历问题。《最高人民法院关于行政诉讼证据若干问题的规定》第四条第二款第二项规定"在起诉被告不作为的案件中，原告应当提供其在行政程序中曾经提出申请的证据材料。但有下列情形的除外：（二）原告因被告受理申请的登记制度不完备等正当事由不能提供相关证据材料并能够作出合理说明的。"虽被告晋江市水利局在接收原告提供的投诉材料上均未予以登记或出具收据，但原告对《补充材料》的提供无法做出合理说明，原告仍应提供其有向被告晋江市水利局提供《补充材料》的证据。结合以上证据及双方在庭审中的陈述，现原告未能提供证据证明其有向被告晋江市水利局提供《补充材料》，应承担举证不能的法律后果。

原告在复议阶段提供《补充材料》，视为原告在复议阶段提出孙某豪学历问题的新投诉。根据《中华人民共和国行政复议法》第二十八条"行政复议机关负责法制工作的机构应当对被申请人作出的具体行政行为进行审查……"的规定，被告泉州市水利局仅对被告晋江市水利局作出的《投诉处理决定》进行审查。且根据《中华人民共和国招标投标法实施条例》"投标人或者其他利害关系人认为招标投标活动不符合法律、行政法规规定的,可以自知道或者应当知道之日起10日内向有关行政监督部门投诉。"《福建省招标投标条例》第五十九条"投诉应当自中标结果公示之日起十日内以书面形式提出"的规定,按原告自认其在2020年3月21日就已知道孙某豪学历问题,但至复议阶段才提出,已超过投诉时效,根据《工程建设项目招标投标活动投诉处理办法》第十二条"有下列情形之一的投诉,不予受理:(四)超过投诉时效的"规定,被告泉州市水利局未对孙某豪学历问题进行审查,并无不当。

二、第三人乙公司在案涉招标投标中是否存在使用作废的营业执照,以及孙某博是否存在"挂证"情形影响本案招标投标。

根据《中华人民共和国行政诉讼法》第六条规定,"人民法院审理行政案件,对行政行为是否合法进行审查。"因此,被告晋江市水利局作出的《投诉处理决定》是否合法,是本院应当审查的关键问题。

首先,第三人于2019年12月9日核准变更工商登记,于2019年12月23日缴回旧营业执照、领取新营业执照,该事实可由第三人的工商登记机关系林州市市场监督管理局出具的说明可以证实,对此本院予以确认。对于原告在山西省公共资源交易中心平台入主体库情况,对比原告提供的《公证书》中显示第三人上传的营业执照为"5-10"及被告晋江市水利局调取的全国公共资源交易平台(山西)网站显示第三人上传的营业执照为"6-10",且平台时间均显示第三人入库时间为2019年12月16日,可以证明该平台信息更新不等于入库时间会同步更新,原告以此主张第三人乙公司在2019年12月16日首次入库时就已经使用新的营业执照,依据不足,不予采纳。

其次,认定第三人在更换新的营业执照期间,使用旧的营业执照行为是否属于弄虚作假,应判断营业执照新旧交替期间,旧的营业执照效力问题。应明确现阶段对于该问题并无相关法律、法规直接的规定,应综合各法律、法规的规定予以理解适用。根据《中华人民共和国企业法人登记管理条例》第二十五条"登记主管机关核发的《企业法人营业执照》是企业法人凭证,除登记主管机关依照法定程序可以扣缴或者吊销外,其他任何单位和个人不得收缴、扣押、毁坏"的规定,营业执照仅因登记主管机关依法定程序才会产生被扣缴或吊销情形。另根据《中华人民共和国公司登记管理条例》第三十九条的规定,变更登记事项涉及《企业法人营业执照》载明事项的,公司登记机关应当换发营业执照。"换发"这一表述就是更换营业执照,并非吊销旧的营业执照。再根据《中华人民共和国公司登记管理条例》第五十九条第三款规定"公司登记机关依法作出变更登记、注销登记、撤销变更登记决定,公司拒不缴回或者无法缴回营业执照的,由公司登记机关公告营业执照作废。"从上述法律、法规规定可知,现阶段对于营业执照无法继续使用的情形仅有登记机关的收缴(缴回和登记作废)和吊销,即其他任何单位和个人不得扣缴、吊销。在公司变更登记后,公司应向登记机关缴回旧的营业执照,用以更换新的营业执照。故在公司登记机关换发新的营业执照,缴回旧的营业执照或公司登记机关公告营业执照作废前,旧的营业执照仍有效,是公司企业法人的有效凭证。故第三人乙公司在此期间,即2019年12月20日案涉项目开标时,使用同样具有相关资质的旧营业执照并无不当,不属于弄虚作假。

最后,就孙某博是否存在"挂证"情形影响本案招标投标。根据《中华人民共和国招标投标法》第二十六条"投标人应当具备承担招标项目的能力;国家有关规定对投标人资格条件或者招标文件对投标人资格条件有规定的,投标人应当具备规定的资格条件"的规定,孙某博作为第三人案涉项目材料员,其具有《招标文件》要求的中国水利工程协会颁发的岗位培训合格证书。另孙某博材料员培训合格证书自2017年起注册在第三人,其本人也与第三人建立有劳动关系,社会保险由第三人缴纳,故其人、证是一致的,亦符合《招标文件》"项目机构成员均应为本单位人员"的要求。根据《中华人民共和国招标投标法》第三十三条"投标人不得以低于成本的报价竞标,也不得以他人名义投标或者以其他方式弄虚作假,骗取中标。"《中华人民共和国招标投标法实施条例》第四十二条"使用通过受让或者租借等方式获取的资格、资质证书投标的,属于招标投标法第三十三条规定的以他人名义投标。投标人有下列情形之一的,属于招标投标法第三十三条规定的以其他方式弄虚作假的行为:(一)使用伪造、变造的许可证件;(三)提供虚假的项目负责人或者主要技术人员简历、劳动关系证明;(五)其他弄虚作假的行为"的规定,投标人不得存在租借、使用与其不存在劳动关系的主要技术人员的资质证书,即以"挂证"方式取得资质证书予以投标。在本案中,虽孙某博安全生产考核证书在原告诉讼时仍注册在河南某标营造建工集团有限公司,但第三人作为孙某博的用人单位,其使用孙某博材料员证书进行投标,不属于上述"挂证"情形。且即便孙某博存在"挂证"行为,也是其个人与接受挂证单位河南某标营造建工集团有限公司之间的行为,并非孙某博与其用人单位第三人之间存在"挂证"行为,不应影响案涉项目招标投标效力。综上,第三人在案涉项目招标投标中提供真实的孙某博材料员资质证书,符合《招标文件》及《中华人民共和国招标投标法》的规定,不存在违反法律、法规的情形,原告主张孙某博"挂证"应取消第三人中标候选人资格,于法无据,不予支持。

综上,被告晋江市水利局《投诉处理决定》认定事实清楚,证据确凿充分,适用法律正确,在调查取证、告知当事人救济权利等方面符合《中华人民共和国招标投标法实施条例》及《工程建设项目招标投标活动投诉处理办法》的规定。但其于2020年2月21日收到原告投诉,至2月28日才做出立案受理通知,且至5月8日才做出《投诉处理决定》,超过《中华人民共和国招标投标法实施条例》第六十一条第二款"行政监督部门应当自收到投诉之日起3个工作日内决定是否受理投诉,并自受理投诉之日起30个工作日内作出书面处理决定"规定的期限,程序违法,鉴于该程序违法对原告的权利义务并未产生实际影响,故本院确认被告前述两项行为违法。被告泉州市水利局认定被告晋江市水利局程序合法错误,故其作出的复议决定应予以撤销。另被告晋江市水利局在收取行政相对人提供的材料时未能按照规定予以登记或出具收据，该行为对其行政公信力产生较大的不良影响，在日后工作中应当予以重视。

裁判结果：

一、确认被告晋江市水利局超过立案期限及办理期限作出《关于晋江市池店南片区水利景观工程一期项目招标投标投诉处理决定》(晋水〔2020〕124号)行为违法。

二、撤销被告泉州市水利局于2020年7月29日作出《行政复议决定书》(泉水行复决字〔2020〕2号)。

三、驳回原告甲公司的其他诉讼请求。

六十九、

行政监督部门暂停招标投标活动，系过程性行政行为，不具有可诉性

——润城东方业主委员会与海州区住房和城乡建设局、海州区人民政府行政复议案

【裁判要旨】

本案中，被诉行政行为的载体是《告知函》，该《告知函》涉及三项内容，分别是告知原告其取消万某物业公司参与项目招标投标资格的行为涉嫌违反相关规定，应予以改正；其在未整改前暂停润城东方物业管理招标投标活动；整改完毕后请书面告知，以便润城东方物业管理招标投标下一步程序的正常进行。即使《告知函》中包含有暂停润城东方物业管理招标投标活动的告知内容，亦因其属于过程性行为而不属于行政诉讼受案范围。同理，被诉的《告知函》亦不属于行政复议范围，被告海州区政府对原告的复议申请应当不予受理；其受理并作出涉案被诉行政复议决定，不影响人民法院对案件的依法审理。

【法院及案号】

一审：连云港经济技术开发区人民法院，〔2020〕苏0791行初97号。

【当事人】

一审原告：润城东方业主委员会（以下简称"业委会"）。

一审被告：海州区住房和城乡建设局（以下简称"海州住建局"）、海州区人民政府（以下简称"海州区政府"）。

【案情介绍】

2019年3月1日，润城东方业委会成立。2019年10月8日，润城东方业委会在连云港智慧物业网发布《润城东方小区物业管理招标公告》，委托某达公司向社会公开招聘物业服务企业。2019年10月14日，万某物业公司参与了该招标项目的报名，并通过了某达公司的资格初审。2019年10月16日，某达公司将《物业管理招标报名企

业初审表》提交给润城东方业委会复审,润城东方业委会的复审意见为:万某物业公司作为润城东方小区现物业,因服务质量及服务态度严重不达标,经业主大会决定解聘现有物业不再续聘。业委会服从业主大会决定,取消万某物业公司参与投标资格。2019年10月18日,某达公司通过发送微信的方式,将以上复审结果告知了万某物业公司。2019年11月11日,万某物业公司就此及其他事项向海州住建局进行投诉。同日,海州住建局受理该投诉,并分别向润城东方业委会及某达公司发送了《关于万某物业反映润城东方小区物业管理相关问题的函》。2019年11月12日,润城东方业委会及某达公司分别作出《回函》,就海州住建局的函询事项予以书面回复。同日,海州住建局向某达公司发送《关于暂停润城东方小区开标评标活动的通知》,通知该公司暂停润城东方小区物业管理开标评标活动。2019年11月18日,海州住建局作出《告知函》,告知润城东方业委会以下内容:1.在万某物业公司按某达物业招标投标代理公司发布的公告要求参与润城东方小区物业管理项目招标投标后,你会作出的取消万某物业公司参与项目投标资格行为,无充分事实依据及法律依据,涉嫌违反《中华人民共和国招标投标法》第18条及住房和城乡建设部《前期物业管理招标投标管理暂行办法》第6条、第43条之规定,应于2019年11月30日前予以改正;2.在未整改前暂停润城东方物业管理招标投标活动;3.整改完毕后请即书面告知我局,以便润城东方物业管理招标投标下一步程序的正常进行。2019年11月19日,海州住建局将《告知函》送达原告。润城东方业委会对此不服,遂于2019年11月27日向被告海州区政府申请行政复议。2020年2月27日,海州区政府作出《行政复议决定书》(〔2019〕海行复第16号),认为海州住建局作出的《告知函》认定事实清楚,证据确凿,适用依据正确,程序合法,内容适当,维持了海州住建局作出的《告知函》。

【一审情况】

  争议焦点:
  本案是否属于行政诉讼受案范围。
  法院观点:
  本院认为,《中华人民共和国行政诉讼法》第四十九条规定:"提起诉讼应当符合下列条件:(一)原告是符合本法第二十五条规定的公民、法人或者其他组织;(二)有明确的被告;(三)有具体的诉讼请求和事实根据;(四)属于人民法院受案范围和受诉人民法院管辖。"同时,该法第十二条对行政诉讼受案范围作出明确规定。《最高人民法院关于适用〈中华人民共和国行政诉讼法〉的解释》第一条第二款规定:"下列行为不属于人民法院行政诉讼的受案范围:(一)公安、国家安全等机关依照刑事诉讼法的明确授权实施的行为;(二)调解行为以及法律规定的仲裁行为;(三)行政指导行为;(四)驳回当事人对行政行为提起申诉的重复处理行为;(五)行政机关作出的不产生外部法律效力的行为;(六)行政机关为作出行政行为而实施的准备、论证、研究、层报、咨询等过程性行为;(七)行政机关根据人民法院的生效裁判、协助执行通知书作出的执行行为,但行政机关扩大执行范围或者采取违法方式实施的除外;(八)上级行政机关基于内部层级监督关系对下级行政机关作出的听取报告、执法检查、督促履责等行为;(九)行政机关针对信访事项作出的登记、受理、交办、转送、复查、复核意见等行为;(十)对公民、法人或者其他组织权利义务不产生实际影响的行为。"本案中,被诉行政行为的载体是《告知函》,该《告知函》涉及三项内容,分别是告知原告其取消万某物业公司参与项目招标投标资格的行为涉嫌违反相关规定,应予以改正;其在未整改前暂停润城东方物业管理招标投标活动;整改完毕后请即书面告知,以便润城东方物业管理招标投标下一步程序的正常进行。从《告知函》的上述内容来看,均系告知性的内容,没有禁止性规定,且不具有强制性,因而对相对人的权利义务不产生实质性影响。原告对此不服提起诉讼,不属于行政诉讼受案范围。另外,《中华人民共和国招标投标法实施条例》第六十二条规定:"行政监督部门处理投诉,有权查阅、复制有关文件、资料,调查有关情况,相关单位和人员应当予以配合。必要时,行政监督部门可以责令暂停招标投标活动。"根据该条规定,责令暂停招标投标活动系行政监督部门在查处涉及招标投标投诉的过程中根据需要所采取的过程性行为,不是最终的处理结果,行政监督部门对投诉的处理应当作出相应的处理决定。因此,即使《告知函》中包含有暂停润城东方物业管理招标投标活动的告知内容,亦因其属于过程性行为而不属于行政诉讼受案范围。同理,被诉的《告知函》亦不属于行政复议范围,被告海州区政府对原告的复议申请应当不予受理;其受理并作出涉案被诉行政复议决定,不影响人民法院对案件的依法审理。

裁判结果:

驳回原告润城东方业主委员会的起诉。

七十、

投标人部分报价明显低于成本价，但能通过其他部分予以填补的，不属于低于成本价投标

——甲公司与涪陵区建设委员会、烟草公司、园林公司招标投标行政处理案

【裁判要旨】

工程项目实施设计施工总承包一体化招标的，并非分别独立招标的，对于投标人的报价是否低于成本价应当将投标人设计施工总报价作为考量对象，投标人部分报价明显低于成本价，但能通其他部分予以填补的，不构成"低于成本价中标"的废标情形。

【法院及案号】

一审：重庆市丰都县人民法院，〔2014〕丰法行初字第00042号。

二审：重庆市第三中级人民法院，〔2015〕渝三中法行终字第00049号。

【当事人】

一审原告、二审上诉人：甲公司。

一审被告、二审被上诉人：涪陵区建设委员会（以下简称"涪陵建委"）。

一审第三人、二审第三人：烟草公司、园林公司。

【案情介绍】

2013年4月，烟草公司在网上发布《烟草公司涪陵分厂易地技术改造项目绿化及环境景观工程设计施工总承包招标公告》，其《招标文件》明确了招标范围，对投标人资格的资质类别及等级要求为：同时具备住房和城乡建设部颁发的风景园林工程设计甲级资质（或省级园林主管部门颁发的园林景观设计甲级资质）和住房和城乡建设部颁发的城市园林绿化企业一级资质的独立法人，并在人员、设备、资金等方面具有相应的设计、施工能力。对最高投标限价要求为：招标人对本项目的设计费报价和方案设计的最高限价两部分设有投标最高限价，其设计费最高限价为196.00万元，各投标人的设计费报价不得超过其最高限价，否则按废标处理；方案设计预算价最高限价为3900万元，各投标人的方案设计预算价应控制在招标限制范围内，不得超

限，否则按废标处理；本项目的工程施工部分不设最高限价，由各投标人自行填报下浮百分比率。对设计部分的投标报价还要求：投标价应是本工程招标范围内的设计费报价，投标人应根据本次招标文件规定的设计工作内容和计划工作量，参照有关文件，由投标人结合自身实力和市场行情，自行测算后填报投标设计费报价。

重庆国际投资公司受烟草公司委托，组织对烟草公司涪陵分厂易地技术改造项目绿化及环境景观工程设计施工总承包进行国内公开招标。甲公司与园林公司作为投标人均参与了该工程建设项目的投标活动。2013年6月3日，烟草公司、招标代理机构重庆国际投资公司在重庆市工程建设招标投标交易中心举行开标活动，重庆市涪陵区发展和改革委员会代表、烟草公司纪检监察部门代表参与监督，在综合评标专家库随机抽取6名评标专家，并由6名评标专家和1名业主代表共同组成评标委员会。开标前，甲公司、园林公司等9家投标人对《招标文件》及招标工作无质疑、对进入开标评标程序无异议进行了签字确认。评标委员会分别从设计费得分、技术部分得分（施工组织设计）、施工下浮比例得分、技术部分得分（方案设计）对9家投标人的《投标文件》进行了评审，其中园林公司总得分第一。评标委员会于2013年6月3日向烟草公司出具《评标报告》，经综合评议，一致推荐排名第一的园林公司为第一中标候选人。从总得分情况看，9家投标人差距体现在技术部分得分（施工组织设计）、技术部分得分（方案设计）方面，9家投标人的设计费得分、施工下浮比例得分均相同，诚信综合得分未纳入评审范围。开标后，甲公司发现园林公司工程设计费用仅报价为0.01元人民币，认为明显低于设计成本价，遂对此提出异议，并向有关部门投诉。2013年7月1日，重庆市涪陵区建设工程招标管理站作出《关于烟草公司涪陵分厂易地技术改造项目绿化及环境景观工程设计施工总承包招标投标情况的复函》（涪建招标函〔2013〕9号）。甲公司对此不服，诉至重庆市涪陵区人民法院。之后，重庆市涪陵区建设工程招标管理站撤销了该复函，甲公司撤回起诉。2013年12月26日，甲公司向被告涪陵建委投诉。涪陵建委于2013年12月31日受理后，于2014年1月17日组织甲公司、烟草公司、园林公司进行了质证，并于2014年1月27日作出了《招标投标投诉处理决定》（涪建投决字〔2014〕1号），认为该工程招标投标过程不存在违法行为，根据《工程建设项目招标投标活动投诉处理办法》第二十条第（一）项规定，驳回甲公司的投诉。甲公司不服，提起本案诉讼，请求人民法院撤销涪陵建委作出的《招标投标投诉处理决定》（涪建投决字〔2014〕1号），并责令其重新作出行政行为。

【一审情况】

争议焦点：

园林公司在此次建设工程项目的投标活动中以设计费报价为0.01元竞标的行为能否认定为明显低于成本价。

法院观点：

关于园林公司在此次建设工程项目的投标活动中以设计费报价为0.01元竞标的行为能否认定为明显低于成本价的问题。一审法院认为，不应认定为明显低于成本价。理由如下：

虽然《中华人民共和国招标投标法》规定了投标人不得以低于成本的报价竞标，但是烟草公司涪陵分厂易地技术改造项目绿化及环境景观工程建设项目实行的是设计施工总承包一体化招标，不是分别独立招标。若设计和施工分别进行独立招标，则园林公司设计费投标报价显然低于成本价格。根据此次《招标文件》要求，投标人必须同时具有相应的设计和施工的资质、能力，这是投标人在此次设计和施工一体化招标中参与投标的前提条件。各投标人在方案设计预算价控制范围内，实行设计和施工分别报价。当方案设计预算价不变时，设计费用高，则施工费用降低；反之，设计费用低，则施工费用增高。对招标人而言，显然希望获得优质优价的服务，希望投标报价低、服务质量好、施工组织方案好的投标人能中标。工程建设项目实行设计施工一体化招标投标，既能展示投标人设计和施工的综合实力，又能为招标人节约工程建设项目成本，提高工程建设项目质量。甲公司对此次《招标文件》并无异议，园林公司的设计费报价并未偏离《招标文件》规定的投标报价要求。

裁判结果：

驳回原告诉讼请求。

【二审情况】

争议焦点：

关于涪陵建委的投诉处理决定是否存在问题的问题。

法院认为：

关于涪陵建委的投诉处理决定是否存在问题的问题。二审法院认为涪陵建委的投诉处理决定不存在问题，理由如下：

涉案招标实行工程设计和施工总承包招标，对于投标人的报价是否低于成本价应当将投标人设计施工总报价作为考量对象，单独将设计费分割出进行考量不符合本次一体化招标的初衷，并无实际意义。甲公司对园林公司竞标总报价不持异议，仅以该公司竞标报价中设计费报价低于市场成本价，就认为该公司竞标中存在违反《中华人民共和国招标投标法》第三十三条禁止的以低于成本价竞标行为，系对涉案《招标文件》及有关招标要求的误读，无事实和法律根据。且实际评标中，九家投标人的设计费得分相同，园林公司关于设计费的报价并未影响最终的评标结果。故，甲公司的投诉缺乏事实根据和法律依据，涪陵建委作出的被诉处理决定认定事实清楚，驳回甲公司的投诉适用法律正确。

裁判结果：

驳回上诉，维持原判。

七十一、

在认定"不同投标人的投标文件异常一致或者投标报价呈规律性差异"的情形时，可以结合司法鉴定报告等予以确认

——甲公司与长寿区住房和城乡建设委员会行政处罚案

【裁判要旨】

行政监督机关在认定"不同投标人的投标文件异常一致或者投标报价呈规律性差异"的情形时，可以结合司法鉴定报告、公安机关移交的讯问、询问笔录、投标文件等，予以确认。

【法院及案号】

一审：重庆市渝北区人民法院，〔2018〕渝0112行初356号。
二审：重庆市第一中级人民法院，〔2019〕渝01行终145号。

【当事人】

一审原告、二审上诉人：甲公司。
一审被告、二审被上诉人：长寿区住房和城乡建设委员会（以下简称"长寿住建委"）。

【案情介绍】

2015年11月16日，重庆市长寿公益工程建设管理有限公司发布招标编号为JQZY2015-11-09的《招标文件》，对长寿区人民法院审判法庭建设项目及长寿区胜天人防工程的施工进行公开招标。

2015年12月10日，长寿区人民法院审判法庭建设项目及长寿区胜天人防工程的评标工作在长寿区公共资源交易中心开展。重庆某虹建筑工程有限公司的法定代表人陈某波在评标工作展开当日将事先准备好的10000元现金、一张写有原某峰集团（福建）有限公司（现已变更名称为中交建某峰集团有限公司）、福建省某隆建设工程有限公司、重庆某环建设有限公司、四川某能建筑工程有限公司、甲公司、江西某鑫建设工程有限公司六家公司名字以及技术标办公室场地面积90m²的小纸条分不同的时间、

地点分别交给评标专家梁某、黄某弟和陈某勤，希望三名评标专家对小纸条上记载的六家公司予以关照。同日晚上19时左右，因代理机构重庆市长寿公益工程建设管理有限公司发现评标专家和投标人在厕所有交头接耳行为，遂上报相关情况，经过长寿区发展和改革委员会工作人员对评标专家进行纪律强调，梁某、黄某弟和陈某勤三人分别将收受的10000元现金上交。2015年12月15日，陈某波到重庆市长寿区公安局经济犯罪侦查支队主动投案，并如实交代了其联系原某峰集团（福建）有限公司、福建省某隆建设工程有限公司、重庆某环建设有限公司、四川某能建筑工程有限公司、甲公司、江西某鑫建设工程有限公司六家公司对长寿区人民法院审判法庭建设项目及胜天人防工程进行串通投标的事实以及为达到中标目的，对三位评标专家行贿的事实。

重庆市长寿区公安局经过侦查，由于三名评标专家受贿金额每人只有1万元，不构成非国家工作人员受贿罪，陈某波的总行贿金额只有3万元，金额较小，不构成向非国家工作人员行贿罪，遂于2016年5月27日作出《关于移送黄某弟等人非国家工作人员受贿案的函》（渝长公函〔2016〕59号），将该案所有案卷材料移送至长寿住建委。

2016年9月26日，长寿住建委对长寿区人民法院审判法庭建设项目及长寿区胜天人防工程项目招标投标过程中评标成员涉嫌收受投标人利害关系人财物案进行立案调查。在对原某峰集团（福建）有限公司委托代理人范某蓉、福建省某隆建设工程有限公司委托代理人陈某炜、重庆某环建设有限公司委托代理人母某、甲公司法定代表人熊某玉、江西某鑫建设工程有限公司委托代理人朱某昭、四川某能建筑工程有限公司委托代理人郭某伟进行调查时，前述人员均否认六家公司之间互相串通投标以及向评标专家进行行贿的事实。长寿住建委对重庆某虹建筑工程有限公司法定代表人陈某波、评标专家梁某、黄某弟和陈某勤进行调查询问时，该四位人员的《调查询问笔录》承认的事实与公安机关移送的《讯问笔录》相符合，即前述六家公司对长寿区人民法院审判法庭建设项目及胜天人防工程进行串通投标的事实以及为达到中标目的，对三位评标专家行贿的事实。

2017年10月13日，长寿住建委对原某峰集团（福建）有限公司、福建省某隆建设工程有限公司、重庆某环建设有限公司、四川某能建筑工程有限公司、甲公司、江西某鑫建设工程有限公司六家公司的相关人员进行了约谈，长寿住建委告知该六家公司其将对串通投标以及投标文件中存在异常一致的情况予以立案调查。长寿住建委于2017年10月31日对前述六家公司涉嫌投标人相互串通投标案作出立案决定，决定对前述六家公司涉及的相关情况进行调查。2018年1月18日，经内部审批后，长寿住建委作出案件编号：长建罚〔2017〕14号《行政执法案件延期审批表》，决定延长办案期限30个工作日。

2018年1月15日，长寿住建委（甲方）与重庆市某澳工程造价咨询有限公司（乙方）签订《建设工程造价咨询鉴定委托书》（渝某澳〔2018〕第219号），委托重庆市某澳工程造价咨询有限公司对原某峰集团（福建）有限公司、福建省某隆建设工程有限公司、重庆某环建设有限公司、四川某能建筑工程有限公司、甲公司、江西某鑫建设工程有限公司六家公司关于长寿区人民法院审判庭及胜天人防工程的投标文件商务部分是否存在不同投标人串通投标的报价情形进行鉴定。2018年3月27日，重庆市某澳工程造价咨询有限公司作出渝淇澳〔2018〕第219号《关于对长寿区人民法院审判法庭及长寿区胜天人防工程六家投标单位是否存在串通投标行为的鉴定报告》，该鉴定报告第四部分"分析说明"记载如下：1.投标总价分析：本工程招标限价为35125800元，四川某能建筑工程有限公司投标报价为34072023.07元，相对招标限价下浮比例为3%；福建省某隆建设工程有限公司投标报价为33720784.03元，相对招标限价下浮比例为4%；江西某鑫建设工程有限公司投标报价为33369510.73元，相对招标限价下浮比例为5%；重庆某环建设有限公司投标报价为33018223.35元，相对招标限价下浮比例为6%；某峰集团（福建）有限公司投标报价为32666970.77元，相对招标限价下浮比例为7%；甲公司投标报价为32315753.75元，相对招标限价下浮比例为8%，投标总价相对招标限价下浮比例存在规律性差异。2.综合单价分析表中的定额子目套用、定额工程量及取费费率分析：投标综合单价为施工单位结合施工图纸及招标清单自主进行报价，每份投标文件的分部分项综合单价分析表中定额子目套用及定额工程量不应完全一致，根据投标文件，本工程共有29个单位工程，分部分项工程合计1050个清单，通过对六家投标单位所有清单综合单价分析表逐项对比分析，本工程所有分部分项清单的定额子目套用、定额工程量、取费费率（含管理费及利润）均完全一致（详见附件1）。综合单价分析表中的定额子目套用、定额工程量及取费费率异常一致。在第五部分"鉴定结果"中认定以上六家投标单位投标总价呈规律性差异，投标文件综合单价分析表（定额套用、定额工程量及取费费率）异常一致，可视为投标人相互串通投标。

长寿住建委调查后，经内部审批，于2018年4月8日向甲公司作出《行政处罚告知书》（长建罚告字〔2017〕第14-4号），告知甲公司在长寿区人民法院审判法庭建设项目及长寿区胜天人防工程项目中存在（一）不同投标人的投标报价呈规律性差异、（二）不同投标人的投标文件异常一致的行为，拟对甲公司罚款人民币238361元，告知了甲公司享有陈述、申辩的权利。同日，长寿住建委向甲公司作出《行政处罚听证告知书》（长建听告字〔2017〕第14-4号），告知甲公司依法享有申请听证的权利。长寿住建委于同日向甲公司的法定代表人熊某玉作出《行政处罚告知书》（长建罚告字〔2017〕第14-10号）、《行政处罚听证告知书》（长建听告字〔2017〕第14-10号），并于同月11日向甲公司法定代表人熊某玉直接送达该四份文书。甲公司法定代表人熊某玉于收到该四份文书当日向长寿住建委递交甲公司及其本人的《行政处罚听证申请书》，向长寿住建委申请听证。2018年4月19日，长寿住建委向甲公司作出《听证通知书》（长建听通字〔2018〕第4号）、向熊某玉作出《听证通知书》（长建听通字

〔2018〕第5号），告知听证的时间、地点、听证组成人员以及相应的注意事项，并依法送达该两份听证通知书。2018年4月26日14时30分至18时00分，长寿住建委在其建筑大楼610会议室举行了听证会，甲公司法定代表人熊某玉及其委托代理人黄某功参加了听证会。2018年5月25日，长寿住建委召开内部会议，决定对六家涉案企业处以相同的罚款金额238361元，取消对六家公司法定代表人的行政处罚。2018年5月28日，长寿住建委向甲公司作出《行政处罚决定书》（长建罚字〔2017〕第14-4号），并依法向甲公司邮寄送达。甲公司于同月31日用单位收发章予以签收。

另查明，2015年12月29日，重庆市长寿公益工程建设管理有限公司（甲方）与重庆建工住宅建设有限公司（乙方）签订GYSG-〔2015〕181号《长寿区人民法院审判法庭建设项目及长寿区胜天人防工程施工合同》，双方约定由重庆建工住宅建设有限公司负责承包该工程，该工程合同总价款为31781526.88元。

甲公司不服长寿住建委作出的《行政处罚决定书》（长建罚字〔2017〕第14-4号），向一审法院提起行政诉讼。

【一审情况】

争议焦点：

关于行政处罚是否合法合理的问题。

法院观点：

关于行政处罚是否合法合理的问题。一审法院认为，行政处罚合法合理，理由如下：

《中华人民共和国招标投标法》第五十三条规定："投标人相互串通投标或者与招标人串通投标的，投标人以向招标人或者评标委员会成员行贿的手段谋取中标的，中标无效，处中标项目金额千分之五以上千分之十以下的罚款，对单位直接负责的主管人员和其他直接责任人员处单位罚款数额百分之五以上百分之十以下的罚款；有违法所得的，并处没收违法所得；情节严重的，取消其一年至二年内参加依法必须进行招标的项目的投标资格并予以公告，直至由工商行政管理机关吊销营业执照；构成犯罪的，依法追究刑事责任。给他人造成损失的，依法承担赔偿责任。"《中华人民共和国招标投标法实施条例》第四十条："有下列情形之一的，视为投标人相互串通投标……（四）不同投标人的投标文件异常一致或者投标报价呈规律性差异。"第六十七条第一款规定："投标人相互串通投标或者与招标人串通投标的，投标人向招标人或者评标委员会成员行贿谋取中标的，中标无效；构成犯罪的，依法追究刑事责任；尚不构成犯罪的，依照《招标投标法》第五十三条的规定处罚。投标人未中标的，对单位的罚款金额按照招标项目合同金额依照招标投标法规定的比例计算。"本案中，根据长寿住建委举示的证据，能够证明甲公司在长寿区人民法院审判法庭建设项目及长寿区胜天人防工程项目投标过程中与案涉其余5家公司的投标总价相对招标限价下浮比例存在规律性差异、投标文件综合单价分析表（定额套用、定额工程量及取费费率）异常一致的事实，其行为构成投标人相互串通投标。长寿住建委据此认定甲公司存在不同投标人的投标文件异常一致以及不同投标人的投标报价呈规律性差异的违法事实，从而对甲公司作出《行政处罚决定书》（长建罚字〔2017〕第14-4号），对其处以中标项目金额31781526.88元的7.5‰的罚款，予以罚款人民币238361元的行政处罚，事实清楚，证据确凿，程序合法。

裁判结果：

驳回甲公司的诉讼请求。

【二审情况】

争议焦点：

关于行政处罚是否合法合理的问题。

法院观点：

关于行政处罚是否合法合理的问题。二审法院认为，行政处罚合法合理，理由如下：

本案系重庆市长寿区公安局经过侦查，移送被上诉人长寿住建委办理的行政处罚案件。由于招标投标活动中串通投标行为的隐蔽性，为增强该类行政处罚案件的可操作性，《中华人民共和国招标投标法实施条例》在制定时即规定了"投标人相互串通投标"的情形，亦规定了"视为投标人相互串通投标"的情形。可见对"投标人相互串通投标"违法情形的处罚，重点考量的是投标人所提交投标文件所呈现和具备的客观违法性，即是否符合《中华人民共和国招标投标法实施条例》第四十条（四）项规定的"不同投标人的投标文件异常一致或者投标报价呈规律性差异"。

首先，本案中，重庆市长寿区公安局移交的多份讯问、询问笔录均证实包括甲公司在内的六家公司在长寿区人民法院审判法庭建设项目及长寿区胜天人防工程公开招标活动中存在串通投标的行为。公安机关移交的讯问、询问笔录属于国家机关及其职能部门依职权制作形成的文书，是书证的一种，被上诉人提交上述讯问、询问笔录作为作出被诉行政处罚决定书的证据，客观真实、来源合法、与本案具有关联性，经庭审举证质证，能够作为本案认定案件事实的证据。上诉人甲公司虽然对上述讯问、询问笔录所反映的事实予以否认，但并未举示相应的证据予以反驳。

其次，关于《鉴定报告书》（渝某澳〔2018〕第219号）能否作为本案证据予以采信的问题。因重庆市某澳工程造价咨询有限公司是合法成立的工程造价咨询有限公司，属于具有甲级资质的工程造价咨询企业，且经重庆市司法局颁证许可，能够从事工程造价（甲级）司法鉴定业务。本案中，上诉人甲公司是否构成《中华人民共和国招标投标法实施条例》第四十条（四）项规定的"不同投标人的投标文件异常一致或者投标报价呈规律性差异"情形，主要体现其提交的工程投标文件（商务部分）的定额套用、定额工程量、管理费率等项目是否与其他投标公司投标文件存在一致；以及其所报项目价格与其他公司是否存在规律性差异。被上诉人长寿住建委委托重庆市某澳工程造价咨询有限公司通过工程造价咨询的形式出具相应司法鉴定报告，符合行政诉讼证据规则。故《鉴定报告书》（渝某澳〔2018〕第219号）合法有效，能够作为本案认定事实的证据予以采信。

另外，经比对，原某峰集团（福建）有限公司、福建省某隆建设工程有限公司、重庆某环建设有限公司、四川某能建筑工程有限公司、甲公司、江西某鑫建设工程有限公司六家公司投标文件（商务部分），对案涉工程共有29个单位工程，分部分项工程合计1050余个清单的定额子目套用、定额工程量及取费费率异常一致。同时，六家公司的投标总价报价相对招标限价下浮比例存在规律性递减。对此上诉人虽予以否认，但并未能对其投标文件与其他公司投标文件异常一致进行合理的说明。

综合公安机关移交的讯问、询问笔录，原某峰集团（福建）有限公司、福建省某隆建设工程有限公司、重庆某环建设有限公司、四川某能建筑工程有限公司、甲公司、江西某鑫建设工程有限公司六家公司投标文件（商务部分），以及重庆市某澳工程造价咨询有限公司作出《鉴定报告书》（渝某澳〔2018〕第219号），能够形成证据链条证明甲公司和其余五家公司在案涉项目招标投标活动中存在《中华人民共和国招标投标法实施条例》第四十条（四）项规定的"不同投标人的投标文件异常一致或者投标报价呈规律性差异"，属于法律法规规定的"视为投标人相互串通投标"的情形。

被上诉人长寿住建委经公安机关移交，对案涉公司进行立案调查，在作出处罚决定前，告知了上诉人甲公司拟处罚的事实和法律依据，以及享有陈述、申辩和要求听证的权利，并根据甲公司的申请，组织了听证；在作出被诉处罚决定前经过了集体研究决定。故被上诉人长寿住建委作出的《行政处罚决定书》（长建罚字〔2017〕第14-4号）事实清楚、证据充分、程序合法。

裁判结果：

驳回上诉，维持原判。

七十二、

招标人处理异议可以重新抽取评标委员会成员进行复核

——北京市市政某院与来安县发展和改革委员会、来安县人民政府等其他行政管理纠纷案

【裁判要旨】

北京市市政某院收到《告知函》后不服向来安县发展和改革委员会进行投诉，来安县发展和改革委员会对其投诉事项进行审查核实，未发现相关人员有泄密行为，且对复议结论重新抽取专家进行复核，在复核结果与原复议结论一致的情况下作出被诉处理决定。足以认定北京市市政某院、北京市市政某建（联合体）提交的投标文件不符合本次项目招标文件中的相关要求。

【法院及案号】

一审：安徽省来安县人民法院，〔2020〕皖1122行初12号。

【当事人】

一审原告：北京市市政某院。

一审被告：来安县发展和改革委员会（以下简称"发改委"）、来安县人民政府。

第三人：来安县住房和城乡建设局（以下简称"住建局"）、北京市市政某建。

【案情介绍】

2020年1月19日，来安县住建局作为招标人、来安县建设工程招标事务所作为招标代理机构在滁州市公共资源交易中心网站发布编号为"czgc202001-137"的《来安县自来水总厂供水工程设计、采购、施工（EPC）总承包项目招标公告》及《来安县自来水总厂供水工程设计、采购、施工（EPC）总承包项目招标文件》。此次项目的招标方式为：公开招标。2020年2月20日，来安县住建局、来安县建设工程招标事务所又在滁州市公共资源交易中心网站发布来安县自来水总厂供水工程设计、采购、施工（EPC）总承包项目更正公告。当日，北京市市政某院与北京市市政某建自愿组成联合体参加本次项目投标，并由北京市市政某院作为联合体牵头人。

2020年3月6日9时，来安县住建局在县资源交易中心（县高新技术创业服务中心7楼）第一标室准时开标。经评审，评标委员会确定前三名中标候选人，其中第一中标候选人为北京市市政某院、北京市市政某建（联合体），第二中标候选人为上海市政工程设计研究某院（集团）有限公司、中建某局集团有限公司（联合体），第三中标候选人为南某市市政设计研究院有限责任公司、中铁某海工程局集团有限公司（联合体）。2020年3月9日，滁州市公共资源交易中心网站对《来安县自来水总厂供水工程设计、采购、施工（EPC）总承包项目》的上述三名中标候选人的企业名称、投标资格响应条件、投标价（元）/费率%、项目设计负责人、项目施工负责人、项目技术负责人、工期（天）、质量标准、企业业绩、项目设计负责人业绩情况进行公示，公示期为2020年3月10日至2020年3月12日，并明确提出若投标人对公示结果有异议，可在公示期的工作时间内以书面形式向招标人或招标代理机构提出异议。2020年3月10日，第二中标候选人联合体成员中建某局集团有限公司按招标文件、中标候选人公示等规定的途径向本项目招标代理机构递交《来安县自来水总厂供水工程设计、采购、施工（EPC）总承包项目异议文件》，提出第一中标候选人所提交的项目设计负责人业绩应在合同中体现拟派设计负责人姚某钢，且提交的企业业绩不属于给水厂工程总承包业绩，故不可作为相关项目的加分项。2020年3月11日，来安县住建局组织原评标委员会针对中建某局集团有限公司提出的异议进行复议，经复议，北京市市政某院、北京市市政某建（联合体）所提交的企业施工业绩项目不符合《来安县自来水总厂供水工程设计、采购、施工（EPC）总承包项目招标文件》第三章评标办法2.2.4（1）企业施工业绩加分标准，故将该企业施工业绩加分项由10分重新评定为0分；项目设计负责人业绩经重新评定后仍为10分。复议结论为：依据《中华人民共和国招标投标法实施条例》第五十五条及《工程建设项目施工招标投标办法》第五十八条规定，由招标人决定中标候选人或重新招标。2020年3月13日，招标人来安县住建局与招标代理机构来安县建设工程招标事务所向北京市市政某院、北京市市政某建（联合体）发出《告知函》，告知北京市市政某院、北京市市政某建（联合体）因提交的企业施工业绩经复议不符合《来安县自来水总厂供水工程设计、采购、施工（EPC）总承包项目招标文件》第三章评标办法2.2.4（1）企业施工业绩加分标准，确定取消其作为第一中标候选人资格。因招标代理机构来安县建设工程招标事务所工作人员失误，误将《告知函》中接收异议文件的时间2020年3月10日写为异议文件落款时间2020年3月9日。北京市市政某院、北京市市政某建（联合体）对该《告知函》不服，于2020年3月16日向来安县发改委递交《关于来安县自来水总厂供水工程设计、采购、施工（EPC）总承包项目的投诉函》，认为：1.招标人及招标代理机构受理质疑人提交的质疑文件的时效性及有效性未按招标投标工作标准规范流程执行，受理过程违规，结果应属无效；2.招标代理机构收到的异议文件中举证内容已涉及其投标文件中的业绩资料细节，涉及招标投标过程向第三方泄密，属违规行为；3.要求公开质疑人身份及质疑文件原件，并对此次质疑的提交过程及质疑内容的真实性、有效性、合法性进行全面审查。综上，故对招标人及招标代理机构取消其第一中标候选人资格不予认可。来安县发改委接收投诉后针对投诉事项进行审查，通过对相关人员的询问调查及相关材料的调查查实：北京市市政某院、北京市市政某建（联合体）提交的投标文件材料中无中建某局集团有限公司递交的《来安县自来水总厂供水工程设计、采购、施工（EPC）总承包项目异议文件》附图3-2《设计人主要设计人员表》资料。同年3月19日，来安县发改委依法从安徽省综合评标评审专家库中重新抽取评审专家，对北京市市政某院、北京市市政某建（联合体）提交的投标文件中企业施工业绩及本项目原评标委员会复议结论进行复核，复核结果与原评标委员会复议结论一致。来安县发改委遂于2020年3月27日作出《关于对来安县自来水总厂供水工程设计、采购、施工（EPC）总承包项目投诉的处理决定书》（来发改复〔2020〕1号），决定维持来安县住建局取消第一中标候选人资格的《告知函》。北京市市政某院对来安县发改委作出的《关于对来安县自来水总厂供水工程设计、采购、施工（EPC）总承包项目投诉的处理决定书》（来发改复〔2020〕1号）不服，于2020年3月31日向来安县人民政府申请行政复议。来安县人民政府依法受理后分别向来安县发改委、来安县住建局送达《行政复议答复通知书》《第三人参加行政复议通知书》，来安县发改委于同年4月16日向来安县人民政府提交《行政复议答复书》，来安县住建局于同年4月17日向来安县人民政府提交《第三人参加行政复议答复书》。2020年5月8日，来安县人民政府作出《行政复议决定》（来复决〔2020〕4号），决定维持来安县发改委作出的《关于对来安县自来水总厂供水工程设计、采购、施工（EPC）总承包项目投诉的处理决定书》（来发改复〔2020〕1号），并将该行政复议决定送达给北京市市政某院、来安县发改委及来安县住建局。北京市市政某院仍不服，遂向本院提起行政诉讼。

【一审情况】

争议焦点：

来安县发改委作出的《关于对来安县自来水总厂供水工程设计、采购、施工（EPC）总承包项目投诉的处理决定》（来发改复〔2020〕1号）与被告来安县人民政府作出的《行政复议决定》（来复决〔2020〕4号）是否合法。

法院观点：

一、根据《中华人民共和国招标投标法实施条例》第四条第二款规定："县级以上地方人民政府发展改革部门指导和协调本行政区域的招标投标工作"。本案中，被告来安县发改委对本辖区内招标投标工作，有权进行指导和协调，是本案适格的行政主体。

二、《最高人民法院关于行政诉讼证据若干问题的规定》第五十三条规定："人民法院裁判行政案件，应当以证据证明的案件事实为依据"。《中华人民共和国招标投标法》第十二条第一款："招标人有权自行选择招标代理机构，委托其办理招标事宜",第十八条第一款规定:"招标人可以根据招标项目本身的要求,在招标公告或者投标邀请书中,要求潜在投标人提供有关资质证明文件和业绩情况,并对潜在投标人进行资格审查;国家对投标人的资格条件有规定的,依照其规定",第二十七条第一款规定:"投标人应当按照招标文件的要求编制投标文件。投标文件应当对招标文件提出的实质性要求和条件作出响应",第六十五条规定:"投标人和其他利害关系人认为招标投标活动不符合本法有关规定的,有权向招标人提出异议或者依法向有关行政监督部门投诉"。《中华人民共和国招标投标法实施条例》第五十四条第一、二款规定:"依法必须进行招标的项目,招标人应当自收到评标报告之日起3日内公示中标候选人,公示期不得少于3日。投标人或者其他利害关系人对依法必须进行招标的项目的评标结果有异议的,应当在中标候选人公示期间提出。招标人应当自收到异议之日起3日内作出答复;作出答复前,应当暂停招标投标活动",第五十五条规定:"国有资金占控股或者主导地位的依法必须进行招标的项目,招标人应当确定排名第一的中标候选人为中标人。排名第一的中标候选人放弃中标、因不可抗力不能履行合同、不按照招标文件要求提交履约保证金,或者被查实存在影响中标结果的违法行为等情形,不符合中标条件的,招标人可以按照评标委员会提出的中标候选人名单排序依次确定其他中标候选人为中标人,也可以重新招标"。

本案中,来安县住建局作为招标人委托招标代理机构来安县建设工程招标事务所办理此次招标事宜,北京市市政某院与北京市市政某建组成联合体、上海市市政工程设计研究某院(集团)有限公司与中建某局集团有限公司组成联合体参加本次项目的投标工作,并向来安县住建局提交投标文件。来安县住建局在网上平台公示此次项目前三名中标候选人名称后,作为利害关系人的联合体成员中建某局集团有限公司在公示期内向招标代理机构提出异议。招标人及招标代理机构接受质疑文件后,对第一中标候选人提交的企业施工项目业绩及项目设计负责人业绩进行复议,复议结论为将其企业施工项目业绩由10分重新评定为0分。同年3月13日,来安县住建局与来安县建设工程招标事务所向北京市市政某院、北京市市政某建(联合体)发出《告知函》,取消其第一中标候选人资格,并按名单排序确定第二中标候选人为中标人。北京市市政某院收到《告知函》后不服向来安县发改委进行投诉,来安县发改委对其投诉事项进行审查核实,未发现相关人员有泄密行为,且对复议结论重新抽取专家进行复核,在复核结果与原复议结论一致的情况下作出被诉处理决定。上述事实足以认定北京市市政某院、北京市市政某建(联合体)提交的投标文件不符合本次项目招标文件中的相关要求。故来安县发改委作出的处理决定事实清楚,证据确凿,适用法律、法规正确、符合法定程序,取消北京市市政某院、北京市市政某建(联合体)第一中标候选人资格适当。

三、来安县人民政府依法受理复议申请并在法定期限内作出行政复议决定,行政复议程序合法。

四、关于北京市市政某院主张《告知函》中质疑人递交质疑文件的时间未在公示期间内，招标代理机构无权接受质疑文件，故程序违法，结果应属无效。本院认为，根据来安县发改委提供的视频监控记录显示，质疑人确系在公示期间内递交质疑文件，系由招标代理机构工作人员工作失误错写接收时间，但此失误行为不影响质疑人在公示期内递交质疑文件的客观事实。此外，根据相关规定，招标人委托招标代理机构办理招标事宜，故招标代理机构有权接收投标人和其他利害关系人递交的质疑文件，对北京市市政某院的该项主张本院不予支持。对于北京市市政某院认为其投标文件相关资料细节被泄露的主张，来安县住建局已明确查实北京市市政某院、北京市市政某建（联合体）提交的投标文件材料中无中建某局集团有限公司递交的《来安县自来水总厂供水工程设计、采购、施工（EPC）总承包项目异议文件》附图3-2《设计人主要设计人员表》资料，故不存在其所述的泄密情形，对其该项主张本院亦不予采纳。

综上所述，被告来安县发改委对北京市市政某院、北京市市政某建（联合体）作出的《关于对来安县自来水总厂供水工程设计、采购、施工（EPC）总承包项目投诉的处理决定》（来发改复〔2020〕1号），认定事实清楚，证据确凿，适用法律、法规正确，符合法定程序。被告来安县人民政府作出的《行政复议决定》（来复决〔2020〕4号）适用法律、法规正确，复议程序合法。原告北京市市政某院要求撤销行政处罚决定、行政复议决定并责令来安县发改委对来安县住建局关于取消其第一中标候选人资格的行为重新作出处理决定的诉讼请求，缺乏事实和法律依据，本院不予支持。

裁判结果：

驳回原告北京市市政某院的诉讼请求。

七十三、

行政监督部门和复议机关均撤销了行政决定书，行政相对人提起的诉讼没有事实和法律依据，对其诉讼请求予以驳回

——甲公司与来宾市住房和城乡建设委员会城乡建设行政管理：其他（城建）纠纷案

【裁判要旨】

在诉讼过程中，武宣县住房和城乡建设局以及来宾市住房和城乡建设委员会分别撤销了《招标投标活动投诉处理决定书》和《行政复议决定书》，因此，原告的第一项诉讼请求"依法撤销被告武宣县住房和城乡建设局作出的处理决定书（武建发〔2018〕1号）及被告来宾市住房和城乡建设委员会作出的《行政复议决定书》（来建复决〔2018〕1号）"，该请求因决定书已撤销而没有了事实根据。

【法院及案号】

一审：广西省来宾市兴宾区人民法院，〔2018〕桂1302行初31号。

【当事人】

一审原告：甲公司。

一审被告：武宣县住房和城乡建设局（以下简称"住建局"）、来宾市住房和城乡建设委员会（以下简称"住建委"）。

【案情介绍】

甲公司与某蓝设计（集团）有限公司组成的投标联合体于参加了武宣县湖畔华庭一期（其中国资A区620户、仙投360户）总承包工程项目的投标活动，并取得了该项目工程第一中标候选人资格。招标人及招标代理机构向原告来函，以联合体拟投入的个别安全员在其他项目已任项目经理，为无效安全员，拟投入项目的有效施工员专职安全员仅为2人，没有达到3人，不符合招标文件关于安全员人数的要求为由，取消甲公司中标资格。收到招标人的来函后，甲公司先后向武宣县住建局、来宾市住建委提出申诉和申请复议，两者均维持招标人及招标代理机构取消原告中标资

格的决定,对甲公司的诉求不予支持。武宣县住建局因投诉人甲公司、某蓝设计(集团)有限公司(联合体投标人)的投诉,作出《招标投标活动投诉处理决定书》(武建发〔2018〕1号),该决定书的决定为:投标人武宣县某众房地产开发有限公司取消甲公司、某蓝设计(集团)有限公司(联合体投标人)中标资格符合该项目招标文件的规定要求,事实清楚、证据充分、依据正确。该局认为联合体投标人的投诉理由不成立,甲公司、某蓝设计(集团)有限公司提出的投诉主张不予支持。甲公司、某蓝设计(集团)有限公司不服,向来宾市住建委申请行政复议,来宾市作出《行政复议决定书》(来建复决〔2018〕1号),决定维持武宣县住建局的行政处理决定。甲公司遂向本院提起行政诉讼,请求依法判决。庭审后,武宣县住建局于作出《武宣县住建局关于撤销〈招标投标活动投诉处理决定书〉(武建发〔2018〕1号)的决定》,撤销《招标投标活动投诉处理决定书》(武建发〔2018〕1号),来宾市住建委作出《来宾市住建委关于撤销来建复决〔2018〕1号〈行政复议决定书〉的决定》,撤销来建复决〔2018〕1号《行政复议决定书》。

【一审情况】

法院观点:

本案由于在诉讼过程中,被告(原行政机关)武宣县住建局以及被告(复议机关)来宾市住建委分别撤销了《招标投标活动投诉处理决定书》和《行政复议决定书》,因此,原告的第一项诉讼请求"依法撤销被告武宣县住建局作出的处理决定书(武建发〔2018〕1号)及被告来宾市住建委作出的行政复议决定书(来建复决〔2018〕1号)",该请求因决定书已撤销而没有了事实根据;同时,原告第二项诉讼请求中的"恢复原告在武宣县湖畔华庭一期总承包工程项目的投标第一中标人资格"不属法院受案范围。因此,原告的起诉,不符合人民法院的受案范围,应予以驳回。

裁判结果:

驳回原告甲公司的起诉。

七十四、

评标委员会未按照规定评标，但工程已在施工工程中，确认行政行为违法，但不撤销该行政行为

——甲公司与江海区住房城乡建设和水务局、江门市住房和城乡建设局，第三人某平设计公司、乙公司、某科技园公司行政处理纠纷案

【裁判要旨】

江海区住房城乡建设和水务局作出涉案的《招标投标活动投诉处理决定书》依法应予撤销。但是，由于该行政行为所指向的涉案招标项目已重新确定中标人为第三人某平设计公司、乙公司，并且已与招标人某科技园公司签订了施工合同，且工程已经在施工中。若撤销《招标投标活动投诉处理决定书》将会给国家或者社会公共利益造成重大损害，故本院确认江海区住房城乡建设和水务局作出涉案的《招标投标活动投诉处理决定书》违法，但不撤销。

【法院及案号】

一审：广东省江门市中级人民法院，〔2017〕粤07行初54号。

【当事人】

一审原告：甲公司。

一审被告：江海区住房城乡建设和水务局（以下简称"住建水务局"）、江门市住房和城乡建设局（以下简称"住建局"）。

第三人：某平设计公司、乙公司、某科技园公司。

【案情介绍】

2017年8月2日，江门高新创智城项目之6号楼装修工程设计–施工总承包招标项目的评标工作结束。2017年8月4日至2017年8月8日，招标人某科技园公司将评标委员会推荐的中标候选人情况在江门市公共资源交易中心网站上进行公示。公示期间，招标人某科技园公司收到投标人之一某川公司以甲公司为被异议人提出的异议事项。某川公司对招标人某科技园公司回复的内容不服，于2017年8月21日以甲公司

为被投诉人向江海区住建水务局投诉。2017年8月23日，江海区住建水务局向某川公司发出《关于投诉受理的函》，决定受理某川公司的投诉事项。2017年8月24日，江海区住建水务局向甲公司发出《关于江门高新创智城项目之6号楼装修工程设计-施工总承包项目投诉事项的告知函》。该函告知甲公司，相关投诉事项为：（一）投诉函中投标人报价下浮率仅保留小数后两位，没有响应招标文件的要求的下浮率保留小数点后四位；（二）项目经理陈某某提供的缴纳养老保险证明材料中的现单位名称与投标人的公章不一致，不响应招标文件要求；（三）暖通空调与制冷工程师梁某某所附的身份证是"香港居民身份证"，与招标文件要求的"居民二代身份证"不相符，且与提供的缴纳养老保险证明材料中的身份证资料不一致；（四）项目管理机构中装饰工程设计师朱某所附的居民第二代身份证复印件有效期为2016年12月27日，已过有效期，按招标文件的要求，属于无效证件；（五）项目管理机构组成表中的人员信息与所提供的证件信息不一致；（六）投标函附录中，工程名称与本工程不一致，不响应招标文件要求；（七）甲公司在投标人诚信承诺书中郑重承诺甲公司提供的一切材料都是真实、有效、合法。1.投标文件装饰工程设计师朱某身份证的有效性；2.暖通空调与制冷工程师梁某某的香港居民身份在国内购买养老保险的合法性。并告知甲公司对上述投诉事项如有不同意见，需要解析、答辩的，应在收到通知之后五个日历天内提出，并提供真实、充分的证明材料。

甲公司复函后，2017年8月30日，江海区住建水务局又向甲公司发出《关于江门高新创智城项目之6号楼装修工程设计-施工总承包项目投诉事项补充取证的函》，要求甲公司在收到本函之日起提供用人单位拟聘雇或者接受被派遣的香港居民梁某某的《台港澳人员就业证》。针对该补充取证函，甲公司于2017年9月6日虽作出复函，但未能提供相关的证明材料。江海区住建水务局经过对前述投诉事项的调查核实，确认上述投诉事项第（一）、（三）、（四）、（五）项属实，对此，甲公司在庭审中予以认可。江海区住建水务局于2017年9月11日作出《招标投标活动投诉处理决定书》（江海住水函〔2017〕658号），决定责令评标委员会予以改正。招标人某科技园公司于2017年9月12日组织原评标委员会进行江门高新创智城项目之6号楼装修工程设计-施工总承包（责令改正）评标，最后评标的结果为废除甲公司的投标，由某平设计公司、乙公司成为新的中标候选人。甲公司于2017年9月15日向招标人某科技园公司就重新评标的结果提出异议，某科技园公司没有受理。然后又向江海区住建水务局提出投诉，江海区住建水务局于2017年9月21日作出《投诉不予受理通知书》决定不予受理该投诉。2017年9月25日，甲公司向江门市住建局申请行政复议。复议期间，甲公司向江门市住建局申请停止执行具体行政行为，2017年10月17日，江门市住建局作出《关于行政复议期间停止执行具体行政行为的复函》，决定不予停止执行。江门市住建局于2017年11月30日作出《行政复议决定书》（江建行复〔2017〕7号），决定维持江海区住建水务局作出的《招标投标活动投诉处理决定书》（江海住水函〔2017〕

658号)。甲公司仍不服,遂提起本案诉讼。

另查明:某科技园公司庭审中确认,江门高新创智城项目之6号楼装修工程设计-施工总承包在2017年9月15日另行公示期满后,其已经与第三人某平设计公司、乙公司签订了施工合同,目前工程已经在施工中。

【一审情况】

争议焦点:

一、江海区住建水务局作出涉案的《招标投标活动投诉处理决定书》是否合法。

二、江门市住建局作出涉案的《行政复议决定书》是否合法。

法院观点:

一、关于江海区住建水务局作出涉案的《招标投标活动投诉处理决定书》是否合法的问题。

《中华人民共和国招标投标法》(以下简称《招标投标法》)第三十七条第一款规定:"评标由招标人依法组建的评标委员会负责。"第四十条规定:"评标委员会应当按照招标文件确定的评标标准和方法,对投标文件进行评审和比较;设有标底的,应当参考标底。评标委员会完成评标后,应当向招标人提出书面评标报告,并推荐合格的中标候选人。招标人根据评标委员会提出的书面评标报告和推荐的中标候选人确定中标人。招标人也可以授权评标委员会直接确定中标人……"。可见,评标委员会由招标人组建,向招标人提出书面评标报告和推荐中标候选人或者经招标人授权直接确定中标人。《招标投标法》第四十一条规定,"中标人的投标应当符合下列条件之一:(一)能够最大限度地满足招标文件中规定的各项综合评价标准……"。本案现有的证据显示,招标人某科技园公司根据评标委员会的推荐确定并公示中标候选人后,某川公司在公示期间提出异议。在对招标人某科技园公司对其异议的回复不服后,某川公司又以甲公司为被投诉人向江海区住建水务局投诉。江海区住建水务局依法受理并调查取证后,认定被招标人确定的中标人(被投诉人)甲公司的投标文件中存在投标报价下浮率没有按照招标文件要求保留后四位小数点;投标文件中提供梁某某的身份证明是香港籍的身份证明,并且梁某某为香港居民,没有办理就业许可;提供朱某已经过期的身份证;提交的投标文件的信息可以显示,相关资质人员的资质证号和实际记载的不一致共计四处与招标文件不相符合的地方。对于前述情况,甲公司认可属实。江海区住建水务局认为甲公司的投标文件没有实质性响应招标文件的要求,本院予以支持。

根据《工程建设项目招标投标活动投诉处理办法》第二十条"行政监督部门应当根据调查和取证情况,对投诉事项进行审查,按照下列规定做出处理决定:……(二)投诉情况属实,招标投标活动确实存在违法行为的,依据《招标投标法》及其他有关法规、规章做出处罚"的规定,甲公司的投标文件存在没有实质性响应招标文件的要求的情况属实，该次招标投标活动存在违法行为，江海区住建水务局可依据《招标投标法》及其他有关法规、规章做出处理决定。而《中华人民共和国招标投标法实施条例》第七十一条规定的是："评标委员会成员有下列行为之一的，由有关行政监督部门责令改正；情节严重的，禁止其在一定期限内参加依法必须进行招标的项目的评标；情节特别严重的，取消其担任评标委员会成员的资格：……（三）不按照招标文件规定的评标标准和方法评标……"。显见，依本条的规定，行政监督部门责令改正应当是评标委员会成员而不是评标委员会。因此，江海区住建水务局依据《中华人民共和国招标投标法实施条例》第七十一条的规定决定责令评标委员会改正，适用法律应属错误。江海区住建水务局作出涉案的《招标投标活动投诉处理决定书》依法应予撤销。但是，由于该行政行为所指向的涉案招标项目已重新确定中标人为第三人某平设计公司、乙公司，并且已与招标人某科技园公司签订了施工合同，且工程已经在施工中。若撤销《招标投标活动投诉处理决定书》将会给国家或者社会公共利益造成重大损害，故本院确认江海区住建水务局作出涉案的《招标投标活动投诉处理决定书》违法，但不撤销。

二、关于江门市住建局作出涉案的《行政复议决定书》是否合法的问题。《中华人民共和国行政复议法》第三十一条规定："行政复议机关应当自受理申请之日起六十日内作出行政复议决定；……情况复杂，不能在规定期限内作出行政复议决定的，经行政复议机关的负责人批准，可以适当延长，并告知申请人和被申请人；但是延长期限最多不超过三十日……"。本案中，江门市住建局于2017年9月26日依法受理甲公司的复议申请，由于案情较为复杂，已依法作出涉案《延长行政复议审查期限通知书》，并送达双方当事人。江门市住建局经过对涉案材料的调查核实，于2017年11月30日作出涉案的《行政复议决定书》，程序符合法律规定。但是，江海区住建水务局作出涉案的《招标投标活动投诉处理决定书》本院基于前述理由并确认违法，故江门市住建局作出涉案的《行政复议决定书》亦失去了合法性基础，应属于主要证据不足，本院对该复议行政行为予以撤销。

裁判结果：

一、确认江门市江海区住房和城乡建设局和水务局作出的《招标投标活动投诉处理决定书》（江海住水函〔2017〕658号）违法。

二、撤销江门市住房和城乡建设局作出的《行政复议决定书》（江建行复〔2017〕7号）。

七十五、

政府专题会议纪要明确要求取消投标人中标资格，招标人根据会议纪要作出决定书，会议纪要具有可诉性

——瓯海某建工公司诉温州市人民政府其他行政行为案

【裁判要旨】

行政机关的会议纪要主要适用于记载和传达会议情况和事项，是否具有可诉性，不能仅从其名称或形式加以判断，而应通过其内容予以确定。若会议纪要的内容对公民、法人或者其他组织的权利义务产生实际影响，且已通过送达等途径予以外化，则应当属于可诉的具体行政行为。

【法院及案号】

一审：浙江省温州市中级人民法院，〔2016〕浙03行初155之一号。

二审：浙江省高级人民法院，〔2016〕浙行终980号。

【当事人】

一审原告、二审上诉人：瓯海某建工公司。

一审被告、二审被上诉人：温州市人民政府。

一审第三人、二审被上诉人：瓯江口某投资集团。

【案情介绍】

2016年5月18日，由温州市瓯江口某投资集团开发建设的瓯江口新区邻里中心建设工程在温州市行政审批与公共资源交易服务管理中心公开开标，经评审委员会评定，瓯海某建工公司成为第一中标候选人。2016年6月13日，温州瓯江口产业集聚区管理委员会作出〔2016〕24号专题会议纪要，其中载明：因瓯海某建工公司投标承诺不实，会议决定取消其瓯江口新区邻里中心建设工程第一中标候选人资格，具体由温州市瓯江口某开投集团执行并重新组织招标。

【一审情况】

法院认为：

《中华人民共和国行政诉讼法》第四十九条第（四）项规定，当事人向人民法院提起行政诉讼的请求事项应当属于人民法院行政诉讼的受案范围。根据《最高人民法院关于执行〈中华人民共和国行政诉讼法〉若干问题的解释》第一条第二款第（六）项的规定，对公民、法人或者其他组织权利义务不产生实际影响的行为，当事人不服提起行政诉讼的，不属于人民法院行政诉讼的受案范围。被告温州市人民政府派出机构温州瓯江口产业集聚区管理委员会作出的〔2016〕24号专题会议纪要虽决定"取消原告中标资格并要求第三人重新组织招标"，但上述决定在转化为对外发生效力的行政行为之前并不具有法律上的强制执行力，不具有涉案工程中标人变更的法律效力，对原告的权利义务并不产生实际影响。故原告对该行为不服提起行政诉讼，依法不属于人民法院行政诉讼的受案范围，应予以驳回。

裁判结果：

驳回原告瓯海某建工公司的起诉。

【二审情况】

法院认为：

行政机关的会议纪要主要适用于记载和传达会议情况和事项，是否具有可诉性，不能仅从其名称或形式加以判断，而应通过其内容予以确定。若会议纪要的内容对公民、法人或者其他组织的权利义务产生实际影响，且已通过送达等途径予以外化，则应当属于可诉的具体行政行为。本案中，依据《中华人民共和国招标投标法实施条例》第六十条、《温州瓯江口产业集聚区管理委员主要职责内设机构和人员编制规定》的有关规定，温州市人民政府派出机构温州瓯江口产业集聚区管理委员会对招标投标活动具有行政监督的职责。由于该管委会针对瓯江口新区邻里中心建设工程招标投标投诉事项作出涉案〔2016〕24号专题会议纪要，且该会议纪要明确"取消上诉人中标资格并由瓯江口某开投集团重新组织招标"，同时要求瓯江口某开投集团据此执行。瓯江口某开投集团公司随后向上诉人作出的《关于取消瓯江口新区邻里中心建设工程第一中标候选人资格的函》亦明确其系根据管委会专题会议纪要〔2016〕24号文件决定而取消其瓯江口新区邻里中心建设工程中标资格。据此，被诉会议纪要系被上诉人温州市人民政府依职权针对特定主体就特定工程招标项目作出的行政决定，且明确要求瓯江口某开投集团据此执行。而瓯江口某开投集团亦通过发函方式将该决定事项予以外化，依法属于可诉的行政行为范畴。

裁判结果：

一、撤销温州市中级人民法院〔2016〕浙03行初155之一号行政裁定。

二、指令温州市中级人民法院继续审理。

七十六、

行政监督部门在作出招标投标处理决定前进行的集体讨论没有依据的事实、理由及法律法规依据，行政程序轻微违法

——甲公司与桑植住房和城乡建设局、桑植职业学校招标投标处理决定案

【裁判要旨】

桑植住房和城乡建设局在受理甲公司投诉前，调查核实甲公司涉税违法行为，程序上有瑕疵；桑植住房和城乡建设局没有根据查明的事实形成调查报告，集体讨论笔录反映不出处理意见所依据的事实、理由及法律法规依据，行政程序轻微违法。

【法院及案号】

一审：湖南省张家界市武陵源区人民法院，〔2019〕湘0811行初27号。

【当事人】

一审原告：甲公司。
一审被告：桑植住房和城乡建设局（以下简称"住建局"）、桑植职业学校。

【案情介绍】

2018年7月6日，招标人桑植职业学校委托招标代理机构对其学校实训基地项目进行公开招标，投标人甲公司参与了该项目招标投标活动，并被项目评标委员会推荐为第一中标候选人。后因其他投标人对评标结果提出异议、投诉，2018年12月21日，项目评标委员会对原评标结果进行复核，评标复核结果：甲公司仍为第一中标候选人，某天集团为第二中标候选人，张家界某宇建筑工程有限责任公司为第三中标候选人。同年12月24日，桑植职业学校将评标复核结果公示。公示期内，投标人某胜公司对评标结果提出了异议、投诉。2019年1月7日，桑植职业学校以甲公司于2017年偷税漏税被税务行政处罚影响中标结果为由，决定取消甲公司第一中标候选人资格，确定某天集团为第一中标候选人、张家界某宇建筑工程有限责任公司为第二中标候选人，并予公示。甲公司不服，先后向桑植职业学校、桑植住建局提出异议、投诉。2019年1月16日，桑植住建局对甲公司的投诉作出不予受理决定书。甲公司

不服，于2019年2月20日向张家界市住房和城乡建设局申请行政复议。2019年3月4日，桑植住建局向国家税务总局湘阴县税务局核实甲公司涉税违法行为被行政处罚的情况，处罚决定认定甲公司2014年1月—2016年12月少申报纳税54.0584万元，被湘阴县税务局处以罚款27.0292万元。2019年4月22日，张家界市住房和城乡建设局作出复议决定撤销了桑植住建局的不予受理决定。2019年5月21日，桑植住建局根据复议决定受理了甲公司的投诉，并向甲公司送达受案通知书，向桑植职业学校送达投诉书副本和投诉答辩通知书。2019年5月28日，桑植住建局对甲公司的投诉进行集体讨论。2019年6月21日，桑植住建局作出处理决定，认为甲公司存在少申报纳税的违法行为，并受到税务机关的行政处罚，不符合招标人对合格投标人的要求，其违法行为严重影响中标结果，桑植职业学校取消甲公司中标候选人资格符合《中华人民共和国招标投标法实施条例》第五十五条规定。根据《工程建设项目招标投标活动投诉处理办法》第二十条第一项的规定，桑植住建局决定驳回甲公司的投诉。甲公司不服，诉至本院。

另查，桑植职业学校实训基地项目总投资2500万元，其中中央预算内资金2000万元。该项目招标文件投标人须知1.4.3规定，投标人不得存在下列情形之一：……（15）违反法律、法规和招标文件规定的其他条件。废标条件B1.1规定，投标人或其投标文件有下列情形之一的，其投标作废标处理：有第二章投标人须知第1.4.3项规定的任何一种情形的。2019年1月28日，桑植职业学校向某天集团发出中标通知书，同年3月11日，双方签订建设工程施工合同，该项目主体工程已完成。

【一审情况】

争议焦点：

被诉《处理决定》是否合法。

法院观点：

《中华人民共和国招标投标法》第七条规定："招标投标活动及其当事人应当接受依法实施的监督。有关行政监督部门依法对招标投标活动实施监督，依法查处招标投标活动中的违法行为。"第六十五条规定："投标人和其他利害关系人认为招标投标活动不符合本法有关规定的，有权向招标人提出异议或者依法向有关行政监督部门投诉。"《中华人民共和国招标投标法实施条例》第四条规定："县级以上地方人民政府有关部门按照规定的职责分工，对招标投标活动实施监督，依法查处招标投标活动中的违法行为。"第五十五条规定："国有资金占控股或者主导地位的依法必须进行招标项目，招标人应当确定排名第一的中标候选人为中标人。排名第一的中标候选人放弃中标、因不可抗力不能履行合同、不按照招标文件要求提交履约保证金，或者被查实存在影响中标结果的违法行为等情形，不符合中标条件的，招标人可以按照评标委员会提出的中标候选人名单排序依次确定其他中标候选人为中标人，也可以重新招标。"

第六十一条规定:"行政监督部门应当自收到投诉之日起3个工作日内决定是否受理投诉,并自受理投诉之日起30个工作日内作出书面处理决定。"第六十二条规定:"行政监督部门处理投诉,有权查阅、复制有关文件资料,调查核实有关情况。必要时,行政监督部门可以责令暂停招标投标活动。"《工程建设项目招标投标活动投诉处理办法》第五条规定:"行政监督部门处理投诉时,应当坚持公平、公正、高效原则,维护国家利益、社会公共利益和招标投标当事人的合法权益。第十六条规定,在投诉处理过程中,行政监督部门应当听取被投诉人的陈述和申辩,必要时可通知投诉人和被投诉人进行质证。"第二十条规定:"行政监督部门应当根据调查和取证情况,对投诉事项进行审查,按照下列规定作出处理决定:(一)投诉缺乏事实根据或者法律依据的,或者投诉人捏造事实、伪造材料或者以非法手段取得证明材料进行投诉的,驳回投诉;(二)投诉情况属实,招标投标活动确实存在违法行为的,依据《中华人民共和国招标投标法》《中华人民共和国招标投标法实施条例》及其他有关法规、规章作出处罚。"根据上述法律、法规及规范性文件规定,桑植住建局作为招标投标行政监督部门,依法具有对桑植职业学校实训基地项目招标投标活动中的投诉进行处理的行政职权。桑植住建局在处理甲公司投诉桑植职业学校取消其第一中标候选人资格过程中,听取了甲公司、桑植职业学校的陈述和申辩,根据调查核实的情况认定甲公司存在涉税违法行为,并受到税务行政处罚的事实,证据确凿。桑植住建局以甲公司存在违法行为,不符合招标文件对投标人资格的要求为由,认为甲公司投诉桑植职业学校的理由不成立,桑植职业学校取消甲公司中标候选人资格符合《中华人民共和国招标投标法实施条例》第五十五条规定,根据《工程建设项目招标投标活动投诉处理办法》第二十条规定,在法定期限内作出的处理决定并不违法。甲公司主张被诉《处理决定》严重违法,请求撤销的理由不能成立,本院不予支持。但需指出的是,桑植住建局在受理甲公司投诉前,调查核实甲公司涉税违法行为,程序上有瑕疵;桑植住建局没有根据查明的事实形成调查报告,集体讨论笔录反映不出处理意见所依据的事实、理由及法律法规依据,行政程序轻微违法。甲公司请求桑植住建局和桑植职业学校共同赔偿其因参与本次招标投标产生的实际损失和因未中标而丧失获得的利润,没有事实根据和法律依据,本院依法不予支持。

裁判结果:

一、确认桑植县住建局作出的《招标投标活动投诉处理决定书》(桑建决字〔2019〕004号)违法。

二、驳回甲公司的赔偿请求。

七十七、

招标人查实第一中标候选人不符合中标条件的，有权直接取消其中标资格

——甲公司与永康市公共资源交易管理委员会办公室、
永康市酥溪流域管理所确认案

【裁判要旨】

永康市公共资源交易管理委员会办公室是经授权取得对招标投标活动进行监督的行政部门，永康市酥溪流域管理所作为招标人，在招标投标活动中发现甲公司的控股股东虞某平有行贿记录且原告报名时法定代表人是虞某平后，作出撤销其中标候选人资格，符合法律规定，程序合法，依法予以维持。

【法院及案号】

一审：浙江省金华市永康市人民法院，〔2015〕金永行初字第5号。
二审：浙江省金华市中级人民法院，〔2015〕浙金行终字第43号。

【当事人】

一审原告、二审上诉人：甲公司。
一审被告、二审被上诉人：永康市公共资源交易管理委员会办公室。
一审被告、二审被上诉人：永康市酥溪流域管理所。

【案情介绍】

2014年10月25日，永康市酥溪流域管理所发布《建设工程招标公告》，对永康市中小河流治理重点县综合整治及水系连通试点工程（东城街道项目区）施工向社会公开招标。原告甲公司将法定代表人虞某平变更为徐某伟。2014年11月20日，甲公司提交投标文件，载明法定代表人为徐某伟，并提供证明，已认真阅读工程招标公告及招标文件等关于本工程招标的所有资料。经评标委员会评标，评标结果及推荐意见，甲公司为第一中标候选人，浙江某昌建设有限公司为第二中标候选人，并于当日进行公示。2014年11月25日，永康市公共资源交易管理委员会办公室和永康市酥溪流

管理所以甲公司单位人员虞某平（甲公司实际控股人）有行贿犯罪记录视同法定代表人有此记录，作出取消原告的第一中标候选人资格。甲公司不服，遂提起行政诉讼。

【一审情况】

争议焦点：

永康市酥溪流域管理所撤销中标候选人资格是否合法。

法院观点：

被告永康市公共资源交易管理委员会办公室是经授权取得对招标投标活动进行监督的行政部门，被告永康市酥溪流域管理所作为招标人，在招标投标活动中发现原告甲公司的控股股东虞某平有行贿记录且原告报名时法定代表人是虞某平后，作出撤销其中标候选人资格，符合法律规定，程序合法，依法予以维持。原告甲公司要求撤销永资交办〔2014〕20号通知的依据不足，不予支持。

裁判结果：

维持被告永康市公共资源交易管理委员会办公室、永康市酥溪流域管理所于2014年11月25日作出的〔2014〕20号"关于取消永康市中小河流治理重点县综合整治及水系连通试点工程东城街道项目区甲公司第一中标候选人资格的通知"。

【二审情况】

争议焦点：

一、永康市酥溪流域管理所撤销中标候选人资格是否合法。

二、永康市公共资源交易管理委员会办公室是否有权对涉案的招标投标活动进行监督。

法院认为：

一、根据《中华人民共和国招标投标法实施条例》第五十五条规定，国有资金占控股或者主导地位的依法必须进行招标的项目，招标人应当确定排名第一的中标候选人为中标人。排名第一的中标候选人放弃中标、因不可抗力不能履行合同、不按照招标文件要求提交履约保证金，或者被查实存在影响中标结果的违法行为等情形，不符合中标条件的，招标人可以按照评标委员会提出的中标候选人名单排序依次确定其他中标候选人为中标人，也可以重新招标。上诉人甲公司的控股股东虞某平有行贿犯罪记录事实清楚，据此，被上诉人永康市酥溪流域管理所作为招标人，认为上诉人不符合中标条件，作出取消上诉人第一中标候选人资格的涉案通知，有事实依据。

二、根据《永康市人民政府关于建立永康市招标投标统一平台的实施意见》（永政〔2005〕11号）的相关规定，被上诉人永康市公共资源交易管理委员会办公室的工作职责包括对招标投标行为及诸环节进行审查、审核、监督和备案，督促规范交易，处理招标投标工作产生的争议和纠纷等，根据《永康市工程建设项目招标投标管理办法》第五条第二款规定，永康市公共资源交易管理委员会办公室有会同相关职能部门查处招标投标活动中的违法、违规行为的职责，故其在本案中对涉案的招标投标活动履行监督职能，并无不当。综上，上诉人的上诉请求理由不能成立，本院不予支持。原审法院判决并无不当，予以维持。

裁判结果：

驳回上诉，维持原判。

七十八、

行政机关作为招标人作出的决定书虽然依据相关法律法规规定，但并非行使行政职权，故决定书引发的争议不属于行政诉讼范围

——甲公司、宜黄县文物管理所行政管理案

【裁判要旨】

宜黄县文物管理所依据《中华人民共和国文物保护法》的规定，具有相应的文物管理行政职能，但在涉案工程招标过程中，其作为业主单位与投标人之间属于平等的民事法律关系，其依据的招标投标法等相关规定，作出《取消决定》并非行使其行政职权，亦不属于行政行为。故本案不属于行政诉讼受案范围，对甲公司的起诉依法应予驳回。

【法院及案号】

一审：江西省抚州市临川区人民法院，〔2019〕赣1002行初15号。
二审：江西省抚州市中级人民法院，〔2019〕赣10行终123号。

【当事人】

一审原告、二审上诉人：甲公司。
一审被告、二审上诉人：宜黄县文物管理所（以下简称"文管所"）。

【案情介绍】

2018年1月15日，宜黄县文管所编制江西省房屋建筑和市政基础设施工程施工招标文件，招标的项目为宜黄县中央苏区中央局旧址维修（东陂点、黄陂点、新丰点、中港点、圳口点、桃陂点）工程，该招标的监管机关为宜黄文化局（已改名宜黄县文化广电新闻出版局）。该招标文件在网上予以公示。该招标文件的第一部分的招标文件专用要约条款中12.1.1-8中对投标企业业绩要求做了规定，要求"开标时须提供经建设行政主管部门或文物行政主管部门备案的竣工验收备案表或竣工备案表、经备案的施工合同、经备案的中标通知书和经建设官方网站公示的中标结果截图等四项

证明材料复印件并加盖投标人公章"。甲公司获知招标文件后，以投标人的身份报名参加招标活动。开标前，甲公司向宜黄县文管所提交相应的投标资料，其中提供的业绩截图为千里马招标网站上的业绩截图。2018年9月27日上午，该工程招标在宜黄县公共资源交易中心举行，经该项目的评标委员会评定，甲公司被确认为第一中标候选人。当日下午，宜黄县文管所电话通知正在返回南昌的甲公司的委托人返回宜黄，并对其提供的千里马招标网站上的业绩截图提出质疑，认为千里马网站不属于建设官方网站，甲公司对宜黄县文管所的质疑作出解释，甲公司认为千里马网站就是官方网站。2018年9月27日下午，宜黄县文管所在宜黄县资源交易网上公示中标候选人为福建省泉州市某古建筑有限公司（原第二中标候选人）。9月28日，甲公司到宜黄县文管所处提交关于业绩的补充资料，得知宜黄县文管所已经已于2018年9月27日作出《关于宜黄县中央苏区中央局旧址维修（东陂点、黄陂点、新丰点、中港点、圳口点、桃陂点）工程取消评标委员会提出的书面报告里第一中标候选人的决定》（以下简称《取消决定》），取消了甲公司第一中标候选人资格。该《取消决定》主要内容：评标委员会提出书面报告确认的第一中标候选人甲公司委托人下午14：50分至16：37分未提供招标文件要求经建设官方网站公示的中标结果截图，第一中标候选人不符合招标文件12.1.1说明事项第8条要求，依据《中华人民共和国招标投标法实施细则》第五十五条规定，经我单位研究决定对宜黄旧址维修工程的第二中标候选人福建省泉州市某古建筑有限公司拟定第一中标候选人。落款人为宜黄县文管所，落款时间2018年9月27日，并盖有宜黄县文管所、宜黄县文化广电新闻出版局公章。甲公司得知该《取消决定》，多次向宜黄县文管所及其上级机关反映未果，故诉至法院。要求：1.撤销宜黄县文管所作出的《取消决定》；2.判令按原评标委员会作出的甲公司为第一中标候选人的评标结果进行公示。

【一审情况】

  争议焦点：

  本案是否属于行政诉讼受案范围，被告是否适格。

  法院观点：

  宜黄县文管所虽属事业单位，在其业务范围内有依据《中华人民共和国文物保护法》的规定，具有管理本区的地面文物和地下文物的行政职能，对具有政府采购性质的宜黄旧址维修工程的招标投标过程中履行相关管理职能，宜黄县文管所属于法律、法规授权行使行政职权的其他组织，是本案的适格被告。

  《中华人民共和国政府采购法》第二条规定"本法所称政府采购，是指各级国家机关、事业单位和团体组织，使用财政性资金采购依法制定的集中采购目录以内的或者采购限额标准以上的货物、工程和服务的行为。本法所称工程，是指建设工程，包括建筑物和构筑物的新建、改建、扩建、装修、拆除、修缮等。"第四条规定"政府采购工程进行招标投标的，适用招标投标法"。上述规定显示，因政府的采购由此进行的招标投标活动，具有行政管理性质。本案的旧址维修工程使用宜黄县财政性资金的建设工程，系政府采购项目，宜黄县文管所作为政府采购人，在涉及该项目的招标投标活动中，与投标人之间的关系应分别为行政协议签订过程中的要约方和承诺方，其行为亦应受到《中华人民共和国政府采购法》《中华人民共和国招标投标法》的约束。甲公司鉴于宜黄县文管所在缔结行政协议过程中取消其中标候选人资格，与之形成的纠纷，应属行政协议缔约纠纷，宜黄县文管所作出的《取消决定》属于一种行政决定，对甲公司合法权益产生影响，属于可诉行政行为，故对宜黄县文管所辩称本案是平等主体关系的民事行为，不属于具体行政行为的意见，不予采信。

依据《江西省房屋建筑和市政基础设施工程施工招标投标资格审查办法》第二十八条规定："中标候选人确定后，招标人可对中标人或资格审查合格人是否符合招标人根据本办法拟定的相关资格条件进行核实，发现不符合上述资格条件的，有权取消其投标资格"。宜黄县文管所对中标候选人资格有权进行审查，作出是否取消甲公司第一中标候选资格的行政决定，对甲公司主张宜黄县文管所无权作出《取消决定》的意见不予采信。

行政机关作出涉及行政相对人重大权益的决定，应查清事实，程序正当。被告宜黄县文管所取消评标委员会作出的甲公司为第一中标候选人的决定，涉及甲公司重大权益，宜黄县文管所应对事实进行调查取证，作出行政决定前，保障甲公司在合理期间内行使陈述申辩权。本案中，甲公司、宜黄县文管所对在招标文件中"经建设官方网站公示的中标结果截图"的规定是否明确及"建设官方网站"理解均存在偏差的情况下，宜黄县文管所既未听取评标委员会的意见，也未对甲公司业绩及其查询路径是否符合投标文件的事实进行调查取证，就认定甲公司提供业绩截图不符合招标文件中的"建设官方网站"截图要求，而应提供"江西省公共资源交易网"业绩截图，在程序上，未充分听取甲公司的陈述申辩，且评标委员会确定甲公司为第一中标候选人资格与宜黄县文管所作出取消第一中标人资格的《取消决定》之间的时间在同一天，相隔仅数小时，不能保证甲公司在合理时间内充分行使陈述申辩权。宜黄县文管所作出的《取消决定》证据不足，事实不清，违反正当程序，应予撤销。宜黄县文管所辩称《取消决定》事实清楚，证据充分，程序合法的意见不予采信。因宜黄县文管所有依法审查中标候选人资格的行政职权，本案甲公司是否符合第一中标候选人资格，有待宜黄县文管所另行调查取证，查明事实后再作出行政决定，故对甲公司诉讼要求宜黄县文管所公示其为第一中标候选人的诉讼请求不予支持。

裁判结果：

一、判决撤销宜黄县文管所作出的《关于宜黄县中央苏区中央局旧址维修（东陂点、黄陂点、新丰点、中港点、圳口点、桃陂点）工程取消评标委员会提出的书面报告里第一中标候选人的决定》。

二、驳回甲公司其他诉讼请求。

【二审情况】

争议焦点：

本案是否属于行政诉讼受案范围，被告是否适格。

法院认为：

公民、法人、其他组织提起行政诉讼，应当符合行政诉讼法规定的起诉条件。《中华人民共和国行政诉讼法》第二条第一款规定，公民、法人或者其他组织认为行政机关和行政机关工作人员的行政行为侵犯其合法权益，有权依照本法向人民法院提起诉讼。该条对于行政诉讼法调整范围作出了规定，行政诉讼法所调整的应当是公民、法人或者其他组织与行政主体之间的行政法律关系。这意味着：在民事争议中，如政府采购过程中产生的争议，行政机关处于民事主体地位，不应作为行政诉讼的被告，当事人对争议可以提起民事诉讼，而不是行政诉讼。本案中，江西省文物局《关于做好赣南等原中央苏区革命遗址和江西省中国传统村落整体保护文物保护工程的通知》(赣文物局字〔2015〕8号)及宜黄县中央苏区中央局旧址维修(东陂点、黄陂点、新丰点、中港点、圳口点、桃陂点)工程招标文件载明，上诉人宜黄县文管所系涉案工程的招标人，亦是业主单位。虽然上诉人宜黄县文管所依据《中华人民共和国文物保护法》的规定，具有相应的文物管理行政职能，但在涉案工程招标过程中，其作为业主单位与投标人之间属于平等的民事法律关系，其依据的招标投标法等相关规定，作出《取消决定》并非行使其行政职权，亦不属于行政行为。故本案不属于行政诉讼受案范围，对甲公司的起诉依法应予驳回。原审认定宜黄县文管所为本案适格被告，并判决撤销宜黄县文管所作出的《取消决定》，属于认定事实、裁判结果错误，依法应予撤销。故对上诉人宜黄县文管所的上诉理由，本院予以采信。

裁判结果：

一、撤销抚州市临川区人民法院〔2019〕赣1002行初15号行政判决。

二、驳回上诉人甲公司的起诉。

七十九、

招标投标处理决定书应当依法听取相关当事人意见，否则程序违法，应被撤销

——甲公司诉浙江省发展和改革委员会其他行政行为案

【裁判要旨】

浙江省发展和改革委员会于2020年5月6日收到浙江省人民政府《关于转送〔2019〕浙01行初641号行政判决的函》被告知重新作出处理意见。浙江省发展和改革委员会于2020年6月9日作出案涉处理意见书，在此之前，被告已书面告知甲公司、乙公司和案涉评标委员会拟作出相关举报处理意见的事实、理由、依据、内容以及其享有陈述和申辩的权利，就拟作出举报处理意见听取原告的陈述和申辩，并向招标人、评标委员会成员进行调查，程序并无不当。

【法院及案号】

一审：杭州市西湖区人民法院，〔2020〕浙0106行初85号。

【当事人】

一审原告：甲公司。

一审被告：浙江省发展和改革委员会（以下简称"发改委"）。

【案情介绍】

330国道丽水市塔下至腊口段公路改建工程（以下简称"案涉工程"）系2018年浙江省重点建设项目。2018年11月21日，第三人乙公司（招标人）和第三人某正公司（招标代理人）共同在浙江省公共资源交易中心电子招标投标交易平台发布案涉工程（莲都段）第1施工标段招标公告及招标文件。

该招标文件"第二章投标人须知"第1.4.1条"投标人资质条件、能力和信誉"规定，业绩要求见附录3。附录3"资格审查条件（业绩最低要求）"规定，自2013年7月1日（以实际交工日期为准）以来，按一个标段成功完成过一级及以上新建（或改建）公路工程的施工；自2013年7月1日（以实际交工日期为准）以来，成功完成过

一座隧道单洞长度不小于500米（含）的二级及以上公路隧道的施工。该招标文件"第三章评标办法"第2.1.2条"资格评审标准"规定，投标人的类似项目业绩符合招标文件规定，并在《2013年7月1日以来完成的类似项目情况表》后应同时附a.中标通知书扫描件；b.合同协议书扫描件；c.质量证明文件扫描件；d.从"浙江省交通运输厅建设市场诚信信息系统"打印的含有该系统水印的《主要业绩信息一览表》。上述资料中的施工单位名称必须与投标人名称一致（施工单位名称发生合法变更的除外，但需提供合法变更的有效文件），否则业绩不予认可。投标人提供的任一项类似项目《主要业绩信息一览表》与投标文件所附的业绩证明材料不一致的，资格审查不予通过。

甲公司提交材料参与投标，并于2018年12月14日被作为中标候选人进行公示。甲公司提交的投标材料中作为类似项目业绩的为"S325（82省道）延伸线黄岩北洋至宁溪段工程第1标段"，其《中标通知书》中的中标人（施工单位）和《合同协议书》中的承包人（施工单位）均为"某吉集团有限公司"。

2019年2月2日，案涉工程项目投标人某交路桥华北工程有限公司向浙江省招标投标管理中心（系浙江省发改委举办的事业单位法人）提交《举报信》及相关材料，认为甲公司存在业绩造假、财务履约能力不足、管理混乱等问题，要求予以处理。同年3月5日，该公司提交《补充说明》，重申甲公司提交的业绩无效，无投标资格、无财务履约能力等意见。2019年2月3日，浙江省招标投标管理中心收到后进行调查。

经调查后，2019年7月4日，浙江省发改委作出浙发改公管〔2019〕310号《通知》，认为甲公司投标文件中提供的业绩证明材料均真实，但《中标通知书》中的中标人（施工单位）和《合同协议书》中的承包人（施工单位）均为"某吉集团有限公司"而非甲公司，不符合招标文件对投标人资格条件的规定。甲公司本次投标时提供的主要类似项目业绩虽非虚假，但应认定为无效业绩。本项目评标委员会未按照招标文件规定的评标标准和方法评标。评标委员会的行为违反了《中华人民共和国招标投标法》第四十条："评标委员会应当按照招标文件确定的评标标准和方法，对投标文件进行评审和比较"的规定，按照《中华人民共和国招标投标法实施条例》第七十一条："评标委员会成员有下列行为之一的，由有关行政监督部门责令改正……（三）不按照招标文件规定的评标标准和方法评标"的规定，作出如下处理：责令评标委员会改正。

该份处理意见书经浙江省人民政府复议。复议决定认为省发改委在作出《处理意见书》前，没有向乙公司、甲公司和案涉项目评标委员会书面告知拟作出行政执法决定的事实、理由、依据和决定内容，以及其享有的陈述权、申辩权，因此程序严重违法，决定撤销该《处理意见书》。甲公司认为该份处理意见书认定事实不清，而行政复议决定对此没有纠正，向杭州市中级人民法院提起诉讼，经判决驳回甲公司诉讼请求。

2020年5月6日，浙江省发改委收到浙江省行政复议局《关于转送〔2019〕浙01行初641号行政判决的函》，浙江省发改委被告知重新作出处理意见。随后，浙江省发改委作出拟处理意见的事先告知函并送达甲公司、乙公司和案涉项目评标委员会。甲公司收到后向浙江省发改委提交了《申辩意见书》及相关材料。2020年5月28日，浙江省发改委向乙公司法定代表人吴某东进行调查并制作调查笔录。2020年6月1日，浙江省发改委向评标委员会各成员马某新、王某东、徐某、方某征、韩某坤、吴某、卢某荣作出《配合调查函》，调查核实评标过程中是否对相关问题进行过讨论、表决，包括对招标文件中"资格审查条件（业绩最低要求）"和"资格评审标准"的理解，甲公司投标使用的资格业绩是否符合招标文件规定的投标资格审查条件和资格评审标准。评标委员会各成员书面回复浙江省发改委，未对上述问题进行讨论和表决。

2020年6月9日，浙江省发改委作出案涉198号处理意见书，邮寄送达甲公司及其他当事人。

另查明，浙江省招标投标管理中心（原浙江省招标投标办公室）系浙江省发改委所属监督管理类事业单位，具体承担浙江省重点建设工程招标投标活动的指导与监督管理，调查有关招标投标活动中的违法、违规行为。

【一审情况】

争议焦点：

浙江省发改委认定评标委员会未按照招标文件规定的评标标准和方法评标是否合法。

法院观点：

本院认为，根据《浙江省招标投标条例》第五条第二款规定："省重点工程建设项目的招标投标活动由省发展改革行政部门实施监督。"案涉工程系浙江省重点工程建设项目，因此，被告对案涉工程招标投标活动负有监督职责，具有作出案涉处理意见书的法定职权。

《中华人民共和国招标投标法》第四十条规定："评标委员会应当按照招标文件确定的评标标准和方法，对投标文件进行评审和比较"。《中华人民共和国招标投标法实施条例》第七十一条规定"评标委员会成员有下列行为之一的，由有关行政监督部门责令改正……（三）不按照招标文件规定的评标标准和方法评标"。本案中，案涉招标文件第三章"评标办法"第2.1.2条"资格评审标准"中规定：投标人的类似项目业绩符合招标文件规定，并在《2013年7月1日以来完成的类似项目情况表》后应同时附中标通知书扫描件、合同协议书扫描件、质量证明文件扫描件、从"浙江省交通运输厅建设市场诚信信息系统"打印的含有该系统水印的《主要业绩信息一览表》。上述资料中的施工单位名称必须与投标人名称一致（施工单位名称发生合法变更的除外，但需提供合法变更的有效文件），否则业绩不予认可。投标人提供的任一项类似项目《主要业绩信息一览表》与投标文件所附的业绩证明材料不一致的，资格审查不予通过。而原告提交的项目业绩材料中，《中标通知书》中的中标人（施工单位）和《合同协议书》中的承包人（施工单位）均为某吉集团有限公司而非原告。某吉集团有限公司与原告是不同的法人，不是名称变更关系，并不属于招标文件中"施工单位名称发生合法变更的除外"的情形。本院注意到，原告主张2020年4月30日浙江省交通运输厅与被告发布通知，修订了《浙江省公路工程施工招标文件范本（2015年版）》，将原范本中第2.1.2条"资格评审标准：上述资料中的施工单位名称与投标人名称必须一致（施工单位名称发生合法变更的除外，但需提供合法变更的有效文件），否则业绩不予认可"，除外情形增加了一项"2.施工单位业绩发生合法承继的，但需提供业绩合法承继的有效证明，相关业绩信息在浙江省交通运输厅建设市场诚信信息系统完成公开的可认定为合法承继"。但该修订系发生在案涉项目招标投标之后，不能溯及既往。案涉项目的招标文件系按修订前的范本制作，评标委员会应当按照案涉项目招标文件确定的评标标准和方法，对投标文件进行评审。原告还主张招标文件应由浙江省交通运输厅解释，原告提供的《主要业绩信息一览表》系该厅审核通过。且不论原告该主张是否属实，本案招标文件的"资格评审标准"中已明确规定"投标人提供的任一项类似项目《主要业绩信息一览表》与投标文件所附的业绩证明材料不一致的，资格审查不予通过"。可见，《主要业绩信息一览表》必须与业绩证明材料一致，方能通过资格审查。因此，被告认定评标委员会未按照招标文件规定的评标标准和方法评标，并责令评标委员会改正，认定事实清楚，适用依据正确。程序方面，被告原处理意见书被依法撤销，杭州市中级人民法院〔2019〕浙01行初641号行政判决书生效后，被告于2020年5月6日收到浙江省人民政府《关于转送〔2019〕浙01行初641号行政判决的函》被告知重新作出处理意见。被告于2020年6月9日作出案涉处理意见书，在此之前，被告已书面告知原告、乙公司和案涉评标委员会拟作出相关举报处理意见的事实、理由、依据、内容以及其享有陈述和申辩的权利，就拟作出举报处理意见听取原告的陈述和申辩，并向招标人、评标委员会成员进行调查，程序并无不当。

裁判结果：

驳回甲公司的诉讼请求。

八十、

责令评标委员会成员改正通知书仅是过程性行政行为，不具有可诉性

——公共资源交易监督管理局与甲公司及第三人园林管理处要求撤销重新评标通知案

【裁判要旨】

重新评标并未开始，评标结果并不确定，责令评标委员会成员改正的《通知》仅是过程性行为，对甲公司的权利义务并不产生实际影响，甲公司与该《通知》不具有利害关系，而能够对甲公司的权利义务产生实际影响的是重新评标行为。故该《通知》不属于人民法院行政诉讼的受案范围，甲公司不具有提起行政诉讼的原告主体资格。

【法院及案号】

一审：安徽省蚌埠市蚌山区人民法院，〔2018〕冀民初116号。
二审：安徽省蚌埠市中级人民法院，〔2020〕皖03行终25号。

【当事人】

一审被告、二审上诉人：公共资源交易监督管理局（以下简称"公共资源局"）。
一审原告、二审被上诉人：甲公司。
第三人：园林管理处。

【案情介绍】

2019年6月28日，招标人市园林管理处对《南山公园景观提升改造工程》进行公开招标。同年7月19日，市园林管理处在公共资源交易中心网站公告甲公司为第一中标候选人。2019年8月2日，市园林管理处对各投标人发出《复审通知》，主要内容为：因有投标人对本项目的评标结果提出异议，经招标人申请，市公共资源交易监督管理部门同意，本项目提交原评委会进行复审。2019年8月6日，评标委员会对投标人提出的异议进行重新复审。同年8月7日，市园林管理处对重新评审结果进行了公示，复审结论为，"评委会维持2019年7月18日作出的评审结果，经招标人确认，

本项目中标结果公告如下：中标人甲公司；中标价12993.192499万元；项目经理杨某"。同年8月9日，案外人（投标人）深圳某科公司对评委会复审公示结果有异议，向市公共资源局投诉该工程评标委员会。园林管理处再次向各投标人发出《复审通知》，主要内容为：因收到投标人对本项目评标结果的投诉，根据市公共资源交易监督管理部门的通知，本项目提交原评委会进行复审。2019年8月28日，市园林管理处对第二次重新评审进行公示，结论为"投诉事项不成立，本次复审，评委会维持2019年8月6日作出的复审结果，本项目中标结果不变。"

2019年9月6日，公共资源局对市园林管理处发出《通知》，《通知》载明："园林管理处，我局在调查处理南山公园工程投诉事项中发现，评标委员会成员存在《中华人民共和国招标投标法实施条例》（以下简称《招标投标法实施条例》）第七十一条第（三）款规定的情形，按照《招标投标法实施条例》第八十一条的规定，责令改正，重新评标。"同年9月9日市园林管理处向各投标人发出《重新评标通知》，主要内容为：接市公共资源局通知，该项目提交原评标委员会进行重新评标。同年9月10日对评标委员会亦作出《责令改正通知书》。当日15时，评标委员会作出重新评标，结论为深圳某科公司和安徽某建设集团有限公司组成的联合体评为第一中标候选人，甲公司为第二候选人。2019年9月11日，第三人园林管理处公示《南山公园景观提升改造工程》重新评标结果。

2019年9月12日，公共资源局就深圳某科公司的投诉作出了《投诉处理决定书》并向深圳某科公司送达。2019年9月16日，甲公司对重新评标公示结果向园林管理处提出异议。2019年9月19日，园林管理处就所提异议作出初步答复，2019年10月28日作出正式答复。2019年10月23日，甲公司向蚌山区人民法院起诉，要求撤销公共资源局向第三人发出的《通知》。甲公司对第三人初步答复不服，于2019年11月5日向被告进行投诉，公共资源局于2019年11月7日就上述投诉作出不予受理通知书。

【一审情况】

争议焦点：

蚌埠市公共资源局对蚌埠市园林管理处作出的《通知》是否合法。

法院观点：

一审法院认为，根据《招标投标法实施条例》第四条规定："国务院工业和信息化、住房城乡建设、交通运输、铁道、水利、商务等部门，按照规定的职责分工对有关招标投标活动实施监督。县级以上地方人民政府有关部门按照规定的职责分工，对招标投标活动实施监督，依法查处招标投标活动中的违法行为。县级以上地方人民政府对其所属部门有关招标投标活动的监督职责另有规定的，从其规定。"以及《蚌埠市人民政府关于印发蚌埠市公共资源交易领域相对集中行政处罚权工作实施方案的通知》（蚌政〔2015〕55号）的规定，被告作为本市招标投标活动的行政监管部门，对招标活动中具有违反《中华人民共和国招标投标法》和《招标投标法实施条例》的行为具有处理的法定职责。

本案被告接到案外人的投诉后,认为评标委员会成员存在没有按照招标文件规定的评标标准和方法评标的事实,对招标人发出责令改正、重新评标的《通知》。但是被告未对评标委员会成员作出责令改正时,先通知第三人责令改正,重新评标,再责令评标委员会成员改正,以及原告作为中标人已经公告,被告对原告作为中标人的评标结果未作出任何处理意见的情况下,通知第三人重新评标,程序违法。

裁判结果:

判决撤销被告蚌埠市公共资源局于2019年9月6日对蚌埠市园林管理处作出的《通知》。

【二审情况】

争议焦点:

《通知》是否属于行政诉讼受案范围;被上诉人甲公司是否具有提起行政诉讼的原告主体资格。

法院认为:

本院认为,依据《招标投标法实施条例》第四条、蚌埠市人民政府《关于印发蚌埠市公共资源交易领域相对集中行政处罚权工作实施方案的通知》(蚌政〔2015〕55号)的规定,上诉人公共资源局对本辖区内违反招标投标法及实施条例的行为具有行政监督管理之责。

《中华人民共和国行政诉讼法》第二十五条第一款规定,行政行为的相对人以及其他与行政行为有利害关系的公民、法人或者其他组织,有权提起行政诉讼。《最高人民法院关于适用〈中华人民共和国行政诉讼法〉的解释》第一条第二款第(六)项规定,行政机关作出的过程性行为,不属于人民法院行政诉讼的受案范围;第(十)项规定,对公民、法人或者其他组织权利义务不产生实际影响的行政行为,不属于人民法院行政诉讼的受案范围。本案涉诉《通知》是上诉人在监管过程中针对第三人作出,《通知》认为评标委员会成员存在《招标投标法实施条例》第七十一条第(三)款规定的情形,按照《招标投标法实施条例》第八十一条的规定,责令第三人改正,重新评标。此时重新评标并未开始,评标结果并不确定,《通知》仅是过程性行为,对被上诉人的权利义务并不产生实际影响,被上诉人与该《通知》不具有利害关系,而能够对被上诉人的权利义务产生实际影响的是重新评标行为。故该《通知》不属于人民法院行政诉讼的受案范围,被上诉人不具有提起行政诉讼的原告主体资格。

裁判结果:

一、撤销安徽省蚌埠市蚌山区人民法院作出的〔2019〕皖0303行初92号行政判决。

二、驳回被上诉人甲公司的起诉。

八十一、

招标人有权对中标候选人进行审核、确认，并决定重新招标或直接确定其他候选人为中标人

——甲公司与永康市综合行政执法局案

【裁判要旨】

永康市综合行政执法局作为涉案智能化停车收费管理系统特许经营项目招标人，有权对中标候选人进行审核、确认，并在不符合中标条件的法定情形下决定重新招标或直接确定其他候选人为中标人。

【法院及案号】

一审：金华市婺城区人民法院，〔2019〕浙0702行初496号。

【当事人】

一审原告：甲公司。
一审被告：永康市综合行政执法局（以下简称"永康执法局"）。

【案情介绍】

2018年10月23日，招标人永康执法局委托采购代理机构浙江某力工程项目管理有限公司（以下简称"某力公司"）对"永康市城区智能化停车收费管理系统特许经营"项目进行公开招标投标，并在浙江政府采购网发布招标信息。公开招标公告载明：项目授权主体永康市人民政府，项目实施机构永康执法局，本项目属特许经营项目（非政府采购），即永康市人民政府或政府指定的部门通过特许权协议，将永康市城区智能化停车收费管理系统的特许权授予承包商（即中标人），中标人在特许权内负责项目的设计、投资、建设、运营和维护，并回收成本、偿还债务和赚取利润，特许权结束后将项目所有权无偿移交给永康市人民政府或政府指定的部门；采用综合评分法，评标结果公示时间为评标结束后2个工作日，签订合同时间为中标通知书发出后30日内；中标人需无条件接收前期由浙江某泰科技有限公司、永康某易泊停车管理有限公司正常运营的试点停车收费区域内的公共停车泊位及相关设施设备；

不论投标结果如何，投标人应自行承担所有与投标有关的全部费用；投标截止时间为2018年11月14日；投标保证金20万元。

同年11月14日，甲公司参与竞标，并交纳保证金20万元。2018年11月14日，经公开招标投标，评标委员会认定甲公司总分第一（与第二名总分差为1.94分），拟推荐该公司为第一中标候选人。同月19日，某力公司在浙江采购网公示中标结果。同日，参与投标的另一供应商浙江某泰科技有限公司向被告永康执法局提交中标结果质疑函。为此，永康执法局决定对该投诉举报事项进行调查，因而未向原告发送中标通知。同年12月26日，因甲公司法定代表人蒋某提出永康执法局未向其发送中标通知的信访，永康执法局作出告知，因该项目招标投标评标结果受到质疑、投诉，将在相关部门调查清楚后再发送中标通知。

永康市监察委员会接举报介入该案调查，发现：公司法定代表人蒋某对公司业务及本次永康市停车收费项目情况均不清楚，业务由刘某燕负责；甲公司账户于2018年6月1日至12月1日期间没有相关营业收入及收购杭州某江金属制品有限公司的资金往来；经现场勘查，杭州某瑞莱克斯大酒店目前由瑞莱克斯大酒店出租给他人经营，停车位200余个，由酒店自行管理，停车收费设备及系统由"某停车"公司提供，该酒店与甲公司不存在合作关系，此外，杭州某香瑞莱克斯大酒店的300余个车位系向其所在房产管理公司租赁，酒店自行负责车位管理和收费工作；该次招标投标过程中另一供应商浙江某泊信息技术有限公司与甲公司蒋某等人通话频繁，涉嫌串通招标投标。2019年1月14日，永康市监察委员会将甲公司投标业绩造假线索移送永康执法局，并于同年1月28日将串通招标投标线索移送永康市公安局。

2019年2月18日，甲公司就业绩争议事项作出书面说明。同年5月30日，永康执法局及某力公司共同向原告甲公司发送通知函，要求甲公司法定代表人本人携带投标资料原件于同年6月5日到永康执法局处就投诉相关问题进行说明，但甲公司未到永康执法局处配合调查。同月11日，永康执法局审核全案调查情况，认为甲公司在本次投标过程中存在弄虚作假为由，决定甲公司本次投标无效，其投标保证金不予退还，本项目重新招标。同日，某力公司在浙江政府采购网上公示了上述废标公告。甲公司不服，于同年7月25日提起本案诉讼。

【一审情况】

争议焦点：

一、被告决定废标并重新招标的行为是否合法。

二、被告没收原告保证金的行为是否合法。

法院观点：

《中华人民共和国招标投标法》第五条规定，招标投标活动应当遵循公开、公平、公正和诚实信用的原则。根据《中华人民共和国招标投标法实施条例》第五十五条规定:"国有资金占控股或者主导地位的依法必须进行招标的项目,招标人应当确定排名第一的中标候选人为中标人。"排名第一的中标候选人放弃中标、因不可抗力不能履行合同、不按照招标文件要求提交履约保证金,或者被查实存在影响中标结果的违法行为等情形,不符合中标条件的,招标人可以按照评标委员会提出的中标候选人名单排序依次确定其他中标候选人为中标人,也可以重新招标。据此,被告永康执法局作为涉案智能化停车收费管理系统特许经营项目招标人,有权对中标候选人进行审核、确认,并在不符合中标条件的法定情形下决定重新招标或直接确定其他候选人为中标人。因此,原告主张被告无权处理投诉招标投标质疑、决定废标,理由不成立。

投标人在招标投标活动中应当遵守招标投标法及实施条例等法律法规规定。《中华人民共和国招标投标法》第三十三条规定:"投标人不得以低于成本的报价竞标,也不得以他人名义投标或者以其他方式弄虚作假,骗取中标。"同时,原告向被告永康执法局报名参加投标,其提交诚信竞标承诺书、标书,并缴纳投标保证金的行为,应当视为原告对招标文件内容的认可。因此,招标文件内容、原告报名投标所作承诺,均对原告具有约束力。本案争议焦点是原告投标是否存在弄虚作假,以及被告的废标决定程序是否合法。一般而言,招标人在招标公告及文件中对投标人资格、评分方式、项目、分值等作出详尽规定,意在以公开、公平方式,告知各竞标人涉案项目在资金、人员、技术、价格等方面具体要求,以便遴选综合实力强、较好信誉、产品质量过硬的企业承接涉案政府工程项目。《中华人民共和国招标投标法》第二十七条规定,投标书应对招标文件提出的实质性要求和条件作出响应。据此,投标文件所附材料及描述均应客观反映企业经营状况、实力。根据现有证据,原告成立于2018年5月25日,注册资本1000万元、股东未实缴注册资本,截至2018年11月14日(开标日)公司入账资金162万元,公司账户未见向个别员工发放工资以外其他工资流水或员工社保缴纳记录。上述事实与"自有流动资金5000万元、工程人员70名(含高级工程师7人)"的投标书记载不符。同时,原告投标文件中附与某瑞莱克斯停车场委托经营管理项目协议及业主单位证明"甲公司完全满足合同及实际使用需求,承接了停车泊位运营管理且安全有序良好",足以让人误解其具有相关规模管理业绩,是在智慧停车行业领域的运营良好、发展成熟公司,存在虚构、伪造事实嫌疑。原告为获取中标利益,在投标文件中所作虚假陈述,足以影响其他供应商公平竞争权利,对中标结果产生不利影响,其所获利益不应受法律保护。被告永康执法局作为签订行政协议相对方,根据招标投标法规定,认定招标无效,并根据招标投标协议决定没收保证金20万元,并无不当。被告在认定相应事实过程中已保障原告陈述申辩权利,程序也无不当。为公平起见,被告决定重新招标投标,符合法律法规规定。原告请求与被告签订特许经营协议,于法无据。

裁判结果:

驳回原告甲公司的诉讼请求。

八十二、

公示中标候选人属于定标的前置程序，公示中标候选人不代表已决定中标人

——上海某宝科技公司与区发展和改革委员会招标投标行政处理上诉案

【裁判要旨】

公示中标候选人属于定标的前置程序，但不能据此认定已经确定为中标人。《中华人民共和国招标投标法实施条例》第五十四条第一款规定："依法必须进行招标的项目，招标人应当自收到评标报告之日起3日内公示中标候选人，公示期不得少于3日"，《重庆市招标投标条例》第三十六条第二款规定："公开招标项目，招标人应当在评标结束后三日内，将评标委员会推荐的中标候选人在发布招标公告的指定媒介上公示"，第三十七条第一款规定："公示期间无异议或者投诉、异议不成立的，招标人应当在公示期结束后五日内，按照招标文件规定的定标办法确定中标人"、第三款规定："招标人应当在确定中标人后五日内发出中标通知书"。可见，评标后，在确定中标人之前，招标人应当公示中标候选人；公示中标候选人并非是确定中标人；招标人确定中标人后，应在5日内发出中标通知书，不需经过公示异议程序。本案中，招标人发布的《中标结果公示表》中载明了三个中标候选人，告知了投诉异议权利和期限，是对中标候选人的公示，不能据此得出上海某宝科技公司已经被确定为中标人。

【法院及案号】

一审：重庆市涪陵区人民法院，〔2014〕涪法行初字第00091号

二审：重庆市第三中级人民法院，〔2014〕渝三中法行终字第00077号。

【当事人】

一审原告、二审上诉人：上海某宝科技公司。

一审被告、二审被上诉人：区发展和改革委员会（以下简称"区发改委"）。

【案情介绍】

上海某宝科技公司诉区发改委及第三人某投资咨询公司、烟草公司招标投标行政

处理案,一审原告上海某宝科技公司不服重庆市涪陵区人民法院于2014年7月22日作出的〔2014〕涪法行初字第00091号行政判决,向二审法院提起上诉。

一审法院经审理查明,2013年12月2日,烟草公司及其招标代理人某投资咨询公司在"重庆招标投标综合网"和"重庆市工程建设招标投标交易信息网"发布烟草公司某分厂技改项目某工程招标文件及公告。同月24日9时,该公司在区发改委及烟草公司纪检部门监督下在专家库中随机抽取了4名评标专家,与1名业主代表组成评标委员会。2013年12月24日10时开标,评标委员会确认上海某宝科技公司为第一中标候选人。2014年1月8日,烟草公司发布评标结果及中标候选人公示,《中标结果公示表》中"评标结果"中的"第一中标候选人"和"中标人"栏均载明为上海某宝科技公司。该表同时载明"公示期:2014年1月8日—2014年1月10日"及公示期内投标人有权提出异议,对异议答复不服有权投诉的等内容。2014年1月9日,投标人上海某泰克生态科技有限公司就自己的得分向招标人提出异议。同月13日,烟草公司、某投资咨询公司向区发改委提出报告,以复核发现部分候选人投标文件中无2011、2012年度《财务情况说明书》,不满足招标文件的要求以及投标人上海某泰克生态科技有限公司对自己的评分有异议为由,申请原评标委员会复核。2014年1月16日,区发改委签署意见同意复核,并于同月21日公示了复核会议时间和场地。2014年1月21日,上海某宝科技公司向某投资咨询公司提出异议,认为自己已经中标,烟草公司应当向自己发出中标通知书,而不应再启动复核程序。同月24日,原评标委员会复核认为:上海某宝科技公司等5投标人未按招标文件要求提供《财务情况说明书》,资格不合格,不进入评审;上海某泰克生态科技有限公司异议不成立;按《重庆招标投标条例》第三十四条规定,否决所有招标,本次招标流标。同年2月9日,某投资咨询公司对上海某宝科技公司作出回复,说明未发中标通知书的理由。同月23日,上海某宝科技公司向涪陵区发改委投诉招标代理人,认为某投资咨询公司不向上海某宝科技公司发中标通知书、在中标公示期满后组织复核违法。请求:1.撤销复评结论;2.责令烟草公司确认上海某宝科技公司为中标人;3.纠正被投诉人的违法行为并依法予以处理。区发改委调查核实后,于2014年3月17日向上海某宝科技公司作出《关于异味处理设备购置及安装工程投诉事项的回复》:一、关于复核和复评的问题。本项目从招标文件备案、招标公告和招标文件发布、组织开标、评标及中标结果的公示,都是按照法定程序进行。评标结果公示后,按照招标人提供的清标材料和投标人的异议材料,依据《重庆市招标投标条例》第三十六条的规定进行复核。对投标文件、原评标结果的复核都是评标委员会按招标文件规定的标准和方法进行。复核结果有效。网络误将复核公布为复评。二、关于财务和标准问题。评标委员会复核时按招标文件规定的财务和标准要求执行,是依据《中华人民共和国招标投标法实施条例》第四十九条和《重庆市招标投标条例》第三十五条的规定,有法可依。三、关于评标结果公示问题。依据《中华人民共和国招标投标法实施条例》第五十四条和《重庆市招标投标条例》第三十七条的规定，评标结果公示后3日内，没有异议、投诉或异议、投诉不成立的，可确定中标人，确定中标人后5日内发出中标通知书。本项目在评标结果公示期间收到异议，招标人按法定程序复核，所以未发中标通知书合法有效。上海某宝科技公司不服，申请复议。2014年6月6日，重庆市发改委作出《行政复议决定书》（渝发改复决〔2014〕3号），维持了该《回复》。上海某宝科技公司仍不服，向一审法院提起本案诉讼，请求撤销区发改委作出的《关于异味处理设备购置及安装工程投诉事项的回复》并责令被告重新作出处理。

另查明：烟草公司在招标公告中载明的《招标文件》第二章"投标人须知"中明确要求投标人至少提供《资产负债表》《现金流量表》《利润表》和《财务情况说明书》以表明财务情况。

【一审情况】

争议焦点：

关于中标候选人公示期间，招标人是否有异议、投诉权利，复核程序启动是否合法的问题。

法院观点：

一审法院为，根据《中华人民共和国招标投标法实施条例》第四条第二款、《重庆市招标投标条例》第四条、《工程建设项目招标投标活动投诉处理办法》第四条第一款和重庆市涪陵区人民政府《关于规范和加强全区工程建设招标投标监督管理工作的通知》（涪陵府发〔2013〕92号）的规定，区发改委具有受理招标投标投诉申请并依法作出处理的主体资格。区发改委收到投诉后，进行了调查核实，认为投诉理由不成立，根据《工程建设项目招标投标活动投诉处理办法》第二十条第（一）项的规定应当驳回投诉，被告作出的回复存在瑕疵，但不影响其行政行为的合法性。

虽然在确定中标候选人之前评标委员会依法应对投标人的资格进行审查，但投标人资格确有问题时，评标委员会对投标人资格再次进行审查并不违反法律禁止性规定且符合公平公正的基本原则。根据《重庆招标投标条例》第三十六条规定，候选人公示期内，投标人和利害关系人有权提出异议或投诉。招标人或有关部门对异议或投诉事项查实需要复核的，由原评标委员会复核。未规定招标人发现问题如何处理，也未禁止评标委员会对投标人无异议的事项进行复核。招标人对投标人资格有异议时申请评标委员会对此进行复核不违反法律禁止性规定，区发改委同意复核并不影响复核程序的合法性。

裁判结果：

驳回原告诉讼请求。

【二审情况】

争议焦点：

一、关于上海某宝科技公司投标文件是否符合招标文件要求的问题。

二、关于能否以已公示中标候选人，就据此认定已经确定为中标人的问题。

三、关于招标人是否有异议、投诉权利，复核程序启动是否合法的问题。

法院观点：

一、关于上海某宝科技公司投标文件是否符合招标文件要求的问题。《中华人民共和国招标投标法》第二十七条规定："投标人应当按照招标文件的要求编制投标文件"。本案中，烟草公司在招标文件中明确要求投标人提供《资产负债表》《现金流量表》《利润表》和《财务情况说明书》，投标人编制的投标文件中应当包括上述全部材料。本案现有证据表明，上海某宝科技公司投送的投标文件中，没有《财务情况说明书》，不符合招标文件的要求。上海某宝科技公司认为其投标时，提供了《资产负债表》《现金流量表》《利润表》，足以全面说明公司财产情况，符合招标文件的要求的上诉理由不成立。

二、关于能否以已公示中标候选人，就据此认定已经确定为中标人的问题。《中华人民共和国招标投标法实施条例》第五十四条第一款规定："依法必须进行招标的项目，招标人应当自收到评标报告之日起3日内公示中标候选人，公示期不得少于3日"，《重庆市招标投标条例》第三十六条第二款规定："公开招标项目，招标人应当在评标结束后三日内，将评标委员会推荐的中标候选人在发布招标公告的指定媒介上公示"，第三十七条第一款规定："公示期间无异议或者投诉、异议不成立的，招标人应当在公示期结束后五日内，按照招标文件规定的定标办法确定中标人"、第三款规定："招标人应当在确定中标人后五日内发出中标通知书"。可见，评标后，在确定中标人之前，招标人应当公示中标候选人；公示中标候选人并非是确定中标人，前者是后者的前置程序；招标人确定中标人后，应在5日内发出中标通知书，不需经过公示异议程序。本案中，招标人发布的《中标结果公示表》中载明了三个中标候选人，告知了投诉异议权利和期限，是对中标候选人的公示，不能据此得出上海某宝科技公司已经被确定为中标人。上海某宝科技公司认为其已经被该《公示表》确定为中标人并经公示的上诉理由不能成立。

三、关于招标人是否有异议、投诉权利，复核程序启动是否合法的问题。根据《中华人民共和国招标投标法实施条例》第五条、五十四条、第六十条第一款、第六十五条，《重庆市招标投标条例》第三十六条，国家发展和改革委员会、住房和城乡建设部、铁道部、交通运输部、工业和信息化部、水利部、中国民用航空总局令（第11号）《工程建设项目招标投标活动投诉处理办法》第三条之规定，招标投标活动应当遵循公开、公平、公正和诚实信用的原则；投标人、与招标项目或者招标活动有直接和间接利益关系人，认为招标投标活动不合法的，有权依法向有关部门投诉；投标人和其他利害关系人在中标候选人公示期间，可以依法提出异议或投诉。对异议和投诉，招标人或有关行政部门需要复核的，应由原评标委员会复核。可见，在招标投标活动中，投标人被公示为中标候选人并不代表其投标文件完全得到认可并已经被确定为中标人，为贯彻公平、公正原则，招标人或有关部门可要求原评标委员会复核相关事项。本案中，烟草公司对投标人投标文件有异议，在其他投标人在中标候选人公示异议期内提出异议的情况下，经区发改委同意后，组织原评标委员会对相关事项进行复核，符合前述法律规定之原则。上海某宝科技公司认为招标人无异议、投诉权利，复核程序启动不合法的上诉理由不成立。

裁判结果：

驳回上诉，维持原判。

八十三、

未中标的投标文件不属于政府信息，书面评标报告的不公开与中标投标文件可以有条件公开

——薛某与苏州市住房和城乡建设局信息公开上诉案

【裁判要旨】

对于未中标的投标文件，《房屋建筑和市政基础设施工程施工招标投标管理办法》和《工程建设项目货物招标投标办法》等相关法律法规均未规定行政监管部门对该类文件有保存的义务，不属于政府信息。对于中标的投标文件，根据《中华人民共和国招标投标法》第四十四条第三款、《江苏省招标投标条例》第四十一条、《关于禁止侵犯商业秘密行为的若干规定》第二条的规定，属于涉及第三人商业秘密的信息。对于涉及第三人商业秘密的政府信息的公开申请，行政监管部门应当按照《中华人民共和国政府信息公开条例》第十四条第四款、第二十三条的规定，征求相关第三人是否同意公开的意见。本案中，被上诉人自行直接决定不予公开，适用法律、法规错误，程序违法。对于书面评标报告，根据《中华人民共和国招标投标法》第四十四条第三款、《江苏省招标投标条例》第四十一条的规定，评标报告中有关"对投标文件的评审和比较、中标候选人的推荐情况以及与评标有关的其他情况"的内容不得泄露。行政监管部门据此不公开书面评标报告，符合《中华人民共和国政府信息公开条例》第十四条的规定。

【法院及案号】

一审：苏州市姑苏区人民法院，〔2013〕姑苏行初字第0069号。
二审：江苏省苏州市中级人民法院，〔2014〕苏中行终字第0009号。

【当事人】

一审原告、二审上诉人：薛某。
一审被告、二审被上诉人：苏州市住房和城乡建设局（以下简称"苏州市住建局"）。

【案情介绍】

原告薛某受吴江某通力电器成套有限公司委托，向被告苏州市住建局申请公开"苏州市轨道交通4号线及支线工程400V开关柜采购项目"招标投标中，苏州开关某厂有限公司、某能集团有限公司、江苏某冠电器集团有限公司、上海某灵开关厂有限公司、某耐德电气（中国）有限公司之全部投标文件及书面评标报告。被告受理该申请后，于2013年8月30日根据《中华人民共和国招标投标法》（以下简称《招标投标法》）第四十四条第三款、《江苏省招标投标条例》第四十一条、《中华人民共和国政府信息公开条例》（以下简称《信息公开条例》）第十四条的规定，以原告申请公开的信息法律、法规直接规定不得泄露为由，对原告所提申请作出了不予公开的答复。

【一审情况】

争议焦点：

关于上诉人申请公开的事项是否符合政府信息公开的条件，被上诉人拒绝公开依据的事实是否清楚、程序是否合法、适用法律是否正确的问题。

法院观点：

根据《信息公开条例》第二条的规定，政府信息是指行政机关在履行职责过程中制作或者获取的，以一定形式记录、保存的信息。而根据《招标投标法》第四十七条、住房和城乡建设部《房屋建筑和市政基础设施工程施工招标投标管理办法》第四十五条的规定，未中标的投标文件不是被告在履行招标投标监管职责过程中获取并记录、保存的材料，不属于本案中的政府信息。本案中，原告是政府信息公开的申请人，法律并无规定律师在申请政府信息公开时有区别于一般申请人的特别权利，故其主张律师因履行代理业务而申请政府信息公开时不受商业秘密、个人隐私保护条款限制的观点，原审法院不予采纳。原告主张被告不公开相关政府信息可能对公共利益造成重大影响，因无事实依据，亦不予采信。根据《招标投标法》第四十四条第三款、《江苏省招标投标条例》第四十一条的规定，属于评标报告中的"对投标文件的评审和比较、中标候选人的推荐情况以及与评标有关的其他情况"的内容不得泄露，被告据此不公开评标报告，符合《信息公开条例》第十四条的规定。评标报告属于一个整体的信息载体，原告认为可以区分处理的观点，不予支持。有关招标投标的法律规定与《信息公开条例》的规定中，对于商业秘密保护的规定并不冲突，若中标人的投标文件中涉及商业秘密，被告仍应同时按《信息公开条例》第十四条第三款、第二十三条的规定，在履行征求中标人意见的法定程序后，才能决定是否予以公开。本案中，被告自行直接决定不予公开，适用法律、法规不当，程序违法。综上，被告作出的不予公开决定中涉及未中标人的投标文件及书面评标报告部分符合法律规定，但涉及中标人的投标文件部分违反法定程序，适用法律、法规错误，应予撤销。

裁判结果：

一、撤销被告于2013年8月30日作出的对原告申请公开的苏州开关某厂有限公司的投标文件不予公开的决定，并限被告依法自判决生效之日起一个月内重新作出答复。

二、驳回原告申请公开某能集团有限公司、江苏某冠电器集团有限公司、上海某灵开关厂有限公司、某耐德电气（中国）有限公司的投标文件及书面评标报告的诉讼请求。

【二审情况】

争议焦点：

关于上诉人申请公开的事项是否符合政府信息公开的条件，被上诉人拒绝公开依据的事实是否清楚、程序是否合法、适用法律是否正确的问题。

法院观点：

关于上诉人申请公开的事项是否符合政府信息公开的条件，被上诉人拒绝公开依据的事实是否清楚、程序是否合法、适用法律是否正确的问题。二审法院认为，对于未中标的投标文件，《房屋建筑和市政基础设施工程施工招标投标管理办法》和《工程建设项目货物招标投标办法》等相关法律法规均未规定被上诉人对该类文件有保存的义务，不属于政府信息。被上诉人作出的不予公开答复虽未就该理由进行详细说明，做法欠妥，但未影响上诉人的实体权利。上诉人要求被上诉人公开此信息，缺乏依据，本院不予支持。

对于中标的投标文件，根据《招标投标法》第四十四条第三款、《江苏省招标投标条例》第四十一条、《关于禁止侵犯商业秘密行为的若干规定》第二条的规定，属于涉及第三人商业秘密的信息。对于涉及第三人商业秘密的政府信息的公开申请，被上诉人应当按照《信息公开条例》第十四条第四款、第二十三条的规定，征求相关第三人是否同意公开的意见。本案中，被上诉人自行直接决定不予公开，适用法律、法规错误，程序违法。原审法院责令被上诉人重新作出答复并无不当。

对于书面评标报告，根据《招标投标法》第四十四条第三款、《江苏省招标投标条例》第四十一条的规定，评标报告中有关"对投标文件的评审和比较、中标候选人的推荐情况以及与评标有关的其他情况"的内容不得泄露。被上诉人据此不公开书面评标报告，符合《信息公开条例》第十四条的规定。评标报告属于一个整体的信息载体，上诉人认为可以区分处理的观点，本院不予支持。

裁判结果：

驳回上诉，维持原判。

八十四、

评标结束后，发现评标有误且依法不能采取补救措施纠正的情形，应当依法重新招标或评标

——甲公司与漳州市龙文区住房和城乡建设局、漳州市住房和城乡建设局、第三人乙公司招标投诉行政管理案

【裁判要旨】

根据评标时适用的《中华人民共和国招标投标法实施条例》第四十九条第一款规定："评标委员会成员应当依照招标投标法和本条例的规定，按照招标文件规定的评标标准和方法，客观、公正地对投标文件提出评审意见。"招标文件没有规定的评标标准和方法不得作为评标的依据。因评标委员会对投标人评分有误，将对评审结果造成实质性影响的情形下，鉴于项目评标已结束，无法采取补救措施予以纠正，符合《中华人民共和国招标投标法实施条例》第八十二条的规定："依法必须进行招标的项目的招标投标活动违反招标投标法和本条例的规定，对中标结果造成实质影响，且不能采取补救措施予以纠正的，招标、投标、中标无效，应当依法重新招标或者评标。"

【法院及案号】

一审：漳州市芗城区人民法院，〔2018〕闽0602行初31号。
二审：漳州市中级人民法院，〔2018〕闽06行终150号。

【当事人】

一审原告、二审上诉人：甲公司。
一审被告、二审被上诉人：漳州市龙文区住房和城乡建设局（以下简称"龙文区住建局"）、漳州市住房和城乡建设局（以下简称"漳州市住建局"）。

【案情介绍】

原告甲公司、第三人乙公司于2017年2月20日参加漳州市龙文区城市建设开发中心组织的"惠山花园斑鸠坑安置小区1号、2号、3号、4号、5号楼及地下室工程电梯采购及安装项目"的投标，第一中标候选人为甲公司，第二中标候选人为乙公

司。评标结果公示期间，第三人乙公司对此提出投诉，投诉期间龙文区住建局驳回第三人投诉，漳州市住建局作出《行政复议决定书》（漳建法复〔2017〕02号）撤销龙文区住建局的决定书；此后，龙文区住建局于2017年11月8日重新作出《漳州市龙文区住建局关于惠山花园电梯采购及安装项目招标投诉处理决定书》（漳龙建综〔2017〕147号），作出处理决定：被投诉人漳州市龙文区城市建设开发中心的"惠山花园斑鸠坑安置小区1号、2号、3号、4号、5号楼及地下室工程电梯采购及安装项目（二次）"应根据《中华人民共和国招标投标法实施条例》第八十二条规定依法重新招标或者评标。原告不服，向漳州市住建局申请行政复议。漳州市住建局于2018年1月4日作出的《行政复议决定书》（漳建法复〔2017〕04号），维持龙文区住建局于2017年11月8日作出的〔2017〕147号决定书。原告不服，于2018年1月23日向一审法院提起诉讼。另查明，原告在上述工程电梯采购及安装项目投标时提供的"某力"牌电梯的注册人是某力电梯有公司，公司注册地址是江苏省昆山市，不属于外国原产地原品牌。

【一审情况】

争议焦点：

龙文区住建局作出惠山花园电梯项目应依法重新招标或者评标的处理决定是否符合法律程序，适用法律是否正确的问题。

法院观点：

本院认为，本案中惠山花园电梯项目招标文件中规定的技术因素第6条："所投电梯为外国原产地原品牌的得2分（须提供国家工商局颁发的商标注册证，且注册人地址要与所投电梯品牌同一原产地，否则不得分）"，所投电梯为外国原产地品牌是该项得分的前提条件。原告所提供的"某力"牌电梯的注册人是某力电梯有限公司，公司注册地址是江苏省昆山市，不属于外国原产地原品牌。该品牌电梯不符合该招标文件技术因素第6条，而惠山花园电梯项目评标委员会对原告的该项予以得分，系评分有误。惠山花园电梯项目经评标委员会评审后，排名第一名的甲公司总分为99.91分，第二名乙公司总分为99分，二者只相差0.91分，若甲公司没有技术因素第6条的加分，必对评审结果造成实质性的影响。惠山花园电梯项目评标已结束，无法采取补救措施予以纠正，符合《中华人民共和国招标投标法实施条例》第八十二条的规定"依法必须进行招标的项目的招标投标活动违反招标投标法和本条例的规定，对中标结果造成实质影响，且不能采取补救措施予以纠正的，招标、投标、中标无效，应当依法重新招标或者评标。"故龙文区住建局依法作出惠山花园电梯项目应依法重新招标或者评标的处理决定符合法律程序，适用法律正确。另被告漳州市住建局在收到原告复议申请后，依照《中华人民共和国行政复议法》，经过依法审查，在法定期限内作出《行政复议决定书》（漳建法复〔2017〕04号），程序合法。

裁判结果：

驳回原告甲公司的诉讼请求。

【二审情况】

争议焦点：

龙文区住建局在未责令评标委员会改正存在评分有误的技术因素6的评分，并得出改正后的评分结果就作出处理决定书，该行政行为认定事实是否错误，程序是否违法的问题。

法院观点：

本院认为，根据评标时适用的《中华人民共和国招标投标法实施条例》第四十九条第一款规定，评标委员会成员应当依照招标投标法和本条例的规定，按照招标文件规定的评标标准和方法，客观、公正地对投标文件提出评审意见。招标文件没有规定的评标标准和方法不得作为评标的依据。本案中，惠山花园电梯项目招标文件中技术因素第6条规定："所投电梯为外国原产地原品牌的得2分（须提供国家工商局颁发的商标注册证，且注册人地址要与所投电梯品牌同一原产地，否则不得分）"，上诉人所提供的"某力"牌电梯的注册人是某力电梯有限公司，公司注册地址是江苏省昆山市，不属于外国原产地原品牌。该品牌电梯不符合该招标文件技术因素第6条，而惠山花园电梯项目评标委员会对上诉人的该项予以得分，明显不符合上述规定。因此，被上诉人龙文住建局受理乙公司的投诉后，依照《中华人民共和国招标投标法》《中华人民共和国招标投标法实施条例》的有关规定开展调查后，依据《中华人民共和国招标投标法实施条例》第八十二条规定，作出本案被诉《投诉处理决定书》，事实清楚、证据充分、适用法律正确、程序合法。被上诉人漳州市住建局受理行政复议申请后，依法进行了审查，并在法定期限内作出被诉行政复议决定，并无不妥。上诉人提出，原审认定"若甲公司没有技术因素第6条的加分，必对评审结果造成实质性的影响，惠山花园电梯项目评标已结束，无法采取补救措施予以纠正"的事实缺乏依据，若评标违法存在错误，应先予责令评标委员会改正评标，以该改正后的评分结果来评判是否有实质性影响；而不是由被上诉人龙文区住建局自行简单加减分数后就直接作出认定。本院认为，根据惠山花园电梯项目招标文件中第9.3综合得分的评分标准载明，本项目评标采用百分制评分法。第10.中标候选人的确定载明："评标委员会推荐最终得分最高的合格投标人为中标候选……"。因此，对于每个投标人每项评分因素是否得分均会对评审结果造成实质性的影响，且惠山花园电梯项目评标已结束，无法采取补救措施予以纠正。因此，上诉人的该上诉理由不能成立，不予采纳。综上所述，上诉人的上诉理由及上诉请求均不能成立，本院不予支持。原审判决认定事实清楚，适用法律、法规正确，应予维持。

裁判结果：

驳回上诉，维持一审判决。

八十五、

行政机关作出的投诉处理决定没有载明调查的基本事实和法律依据等要素的，应认定为违反法定程序，若不影响结果，应当确认行政机关作出的行政处理决定违法，而不应撤销该行政处理决定

——甲装饰公司与合山市住房和城乡建设局招标投标投诉行政处理案

【裁判要旨】

合山市住房和城乡建设局作出的行政处理决定中没有载明调查认定的基本事实及适用相关法律法规依据，即作出认同评标复核意见的处理决定，违反了国家发展和改革委员会、住房和城乡建设部等七部委第11号文件《工程建设项目招标投标活动投诉处理办法》第二十二条关于"投诉处理决定应当包括被投诉人的答辩及请求、调查认定的基本事实、行政监督部门的处理意见及依据"及第二十五条关于"当事人对行政监督部门的投诉处理决定不服，可以依法申请行政复议或者向人民法院提起行政诉讼"的规定，应认定为违反法定程序。虽然被告作出的行政处理决定存在违反相关法律法规之处，程序上轻微违法，但不影响被告最终作出处理结果的正确性，即对原告权利不产生实际影响，如判决撤销、重新作出行政行为，会造成程序空转，浪费国家行政、司法资源，因此，应当确认被告作出的行政处理决定违法，不应支持原告撤销行政处理决定的诉讼请求。

【法院及案号】

一审：广西壮族自治区来宾市合山市人民法院，〔2017〕桂1381行初22号。

二审：广西壮族自治区来宾市中级人民法院，〔2018〕桂13行终30号。

【当事人】

一审原告、二审上诉人：甲装饰公司。

一审被告、二审被上诉人：合山市住房和城乡建设局（以下简称"合山市住建局"）。

一审第三人：乙装饰公司。

【案情介绍】

2017年7月31日，原告甲装饰公司向被告合山市住建局提交了一份投诉书，认为广西合山国家矿山公园博物馆展陈项目的第一中标人乙装饰公司不符合招标文件的要求，其类似工程业绩应不予承认，并提供了线索及相关证明材料，要求依法否决乙装饰公司投标资格，同时招标人有权依法依规选择符合条件和法律认可的中标候选人，请合山市住建局协调相关部门核查，给其他投标人一个公平、公正的机会。被告合山市住建局收到原告投诉书后，于2017年8月14日作出处理决定书，决定书的标题上无制作单位名称，无文书编号，在写投诉人和被投诉人及地址后，全部文书格内容体现为："投诉人的投诉事项：一、第一中标人乙装饰公司不符合招标文件要求，其类似工程业绩应不予承认。投诉人主张：否决乙装饰公司投标资格，同时招标人有权依法依规选择符合条件和法律认可的中标候选人。合山市住建局回复投诉如下：一、针对投诉人的投诉事项，2017年3月15日已组织评标委员会成员进行复核且评标委员会已作出复核意见，我局认同评标复核意见。相关当事人如对本处理决定不服，可以依法申请行政复议或者向来宾市住房和城乡建设委员会、合山市人民法院提起行政诉讼。"甲装饰公司不服该处理决定，遂诉至本院。另查明，广西合山国家矿山公园博物馆展陈项目位于合山市东矿，项目招标人为合山市国土资源局，2016年11月3日，进行第一次项目招标，有包括本案原告和第三人在内的四家投标人参加竞标，经评标委员会评审，四家投标人资格审查均不通过，本次招标项目流标。第二次项目招标于2017年2月8日在来宾市公共资源交易中心举行，有包括本案原告和第三人在内的五家投标人参加竞标，评标结果，第三人乙装饰公司综合得分为95.80分，排名第一，原告甲装饰公司得分为91.76分，排名第二。2017年2月14日，进行网上公示，公示期为2017年2月14日至2017年2月16日。2017年2月15日，甲装饰公司提出异议，招标人合山市国土资源局经过复核，致函评标委员会，并于2017年3月15日组织原评标委员会成员对本项目评标结果进行复核，评标委员会针对乙装饰公司的业绩问题，复核意见为：一、招标文件"招标公告"3.2条及"投标人须知"1.4.1条款认可在建类似工程作为业绩，而"招标公告"3.6条要求"投标人信息以广西建筑业企业诚信信息库为准"是矛盾的，在现行的信息库管理条件下，在建工程无法入库。二、根据《中华人民共和国合同法》第四十一条规定"对格式条款的理解发生争议的，应当按照通常理解予以解释"，本项目评标委员会理解为：1.从招标公告3.2条和投标人须知1.4.1条款业绩要求来看，在建工程可以作为业绩，这符合工程经验的初衷和要求；2.招标公告3.6条所指的投标人信息，应理解为在正常情况下可以入库的信息，而不是投标文件中所有的信息，否则本项目所有投标人的投标文件都无法进行资格审查评分。三、《中华人民共和国合同法》第四十一条同时规定"对格式条款有两种以上解释的，应当作出不利于提供格式条款一方的解释"，换言之，应当作出对投标人有利的解释。在评标实践中，当招标文件出现歧义或矛盾时，作出对投标人有利的评审亦是通行的原则。综上所述，评标委员会认为，乙装饰公司的"乐业天坑地质博物馆室内布展设计施工一体化项目"在建工程业绩应予认可，该公司同时也满足招标文件资格审查的其他要求，甲装饰公司提出的质疑不成立，乙装饰公司具备投标资格。甲装饰公司接到该评标复核意见后，于2017年3月23日再次向招标人合山市国土资源局提出质疑。2017年6月8日，合山市人民政府组织合山市国土资源局、合山市住建局等相关部门召开关于确定广西合山国家矿山公园博物馆展陈项目最终中标人问题会议，会议认为，第一中标候选人乙装饰公司不符合招标文件第一章招标公告中"3.投标人资格要求"所列的6项要求，不符合中标条件，应当否决其中标资格，也可重新招标。因该项目的完成是矿山公园验收条件之一，建设时间紧，选择重新招标已来不及，会议最后议定，否决乙装饰公司中标资格，最终确定第二中标候选人甲装饰公司为中标人。2017年6月30日，合山市人民政府将会议议定的事项作出合政阅〔2017〕41号会议纪要，并发送相关单位。但在办理相关报批手续时，来宾市公共资源交易中心未认可该会议纪要，该会议纪要未能得到实际实施。2017年10月24日，合山市国土资源局向乙装饰公司发出中标通知书，之后，乙装饰公司完成了招标投标情况书面报告并进行了备案，还按招标文件要求完成了交纳履约保证金等工作，现已进行到商谈签合同等事宜。甲装饰公司向一审法院提起诉讼，请求撤销合山市住建局作出的行政处理决定书。

【一审情况】

争议焦点：

被告作出的行政处理决定程序上轻微违法，是否应予撤销的问题。

法院观点：

一审法院认为，虽然被告作出的行政处理决定存在违反相关法律法规之处，程序上轻微违法，但不影响被告最终作出处理结果的正确性，即对原告权利不产生实际影响，如判决撤销、重新作出行政行为，会造成程序空转，浪费国家行政、司法资源，因此，应当确认被告作出的行政处理决定违法，不应支持原告撤销行政处理决定的诉讼请求。

裁判结果：

确认被告作出的《广西合山国家矿山公园博物馆展陈项目投诉处理决定书》违法。

【二审情况】

争议焦点：

被告作出的行政处理决定程序上轻微违法，是否应予撤销的问题。

法院观点：

本院认为，被上诉人合山市住建局受理上诉人甲装饰公司的投诉后，应当根据

《工程建设项目招标投标活动投诉处理办法》的规定，调取、查阅有关文件，调查、核实有关情况，并根据调查和取证情况，对投诉事项进行审查后依法作出处理决定。但被上诉人合山市住建局作出的行政处理决定中没有载明调查认定的基本事实及适用相关法律法规依据，即作出认同评标复核意见的处理决定，违反法定程序，一审法院判决确认被诉行政行为违法正确。根据庭审查明的事实，上诉人甲装饰公司以第三人乙装饰公司不符合中标条件向招标人合山市国土资源局提出异议后，招标人已于2017年3月15日组织原评标委员会对评标结果进行复核，经评标委员会复核后认为上诉人质疑依据的事实与理由不成立，维持第一次评标结果。本案评标活动没有出现法律法规禁止的行为，评标委员会作出的"评标复核意见"是合法的。被上诉人根据评标委员会的复核意见对上诉人的投诉作出认同评标复核意见的处理决定，处理结果是正确的。一审判决认定被上诉人作出的行政处理决定程序违法，但不影响被上诉人最终作出处理结果的正确性，如撤销并重新作出行政行为会造成程序空转，浪费国家行政、司法资源是正确的，应予以维持。

裁判结果：

驳回上诉，维持原判。

八十六、

投诉人投诉内容没有向招标人提出过质疑，而直接向行政监督部门提出投诉，行政监督部门对未经质疑部分内容直接作出实质性处理决定违法

——甲公司与县财政局，第三人荣昌某职教中心、荣昌某交易中心、乙公司财政行政其他案

【裁判要旨】

根据《政府采购供应商投诉处理办法》第十条规定，"投诉人提起投诉应当符合下列条件：（二）提起投诉前已依法进行质疑"，财政部门受理的投诉，应当符合供应商已经提出了质疑并对质疑答复不服或对质疑逾期不予答复的情形，本案中第三人乙公司虽然对中标结果提出了质疑，但质疑的内容没有包含对公示期不满15日的问题，所提及的招标过程中的违法违规及腐败没有具体内容，采购人荣昌某职教中心已对质疑内容依据有关规定进行了回复，被告县财政局依法仅应对质疑事项和回复内容进行审查处理，对超过质疑的投诉内容或其他不符合投诉的事项，可以根据《政府采购供应商投诉处理办法》等相关规定处理。本案第三人乙公司向被告投诉内容已超出其质疑的范围，被告县财政局对没有进行质疑的内容进行受理并作出处理决定，超越其受理投诉职权范围。

【法院及案号】

一审：重庆市荣昌县人民法院，〔2014〕荣法行初字第00068号。

【当事人】

一审原告：甲公司。
一审被告：县财政局。
一审第三人：荣昌某职教中心、荣昌某交易中心、乙公司。

【案情介绍】

2014年6月10日采购人荣昌某职教中心在采购代理人荣昌某交易中心开办的重

庆市荣昌县公共资源交易网发布采购公告,以公开招标方式发出政府采购招标文件(项目编号:14A0477),项目名称为荣昌县职业教育中心示范校重点专业建筑专业实训基地软件。公告确定的获取招标文件的时间是2014年6月9日至2014年7月1日,投标文件递交时间为2014年7月1日10:00—10:30,开标时间为2014年7月1日10:30。2014年6月15日重庆某元软件有限公司对招标文件中技术规格与整个软件招标打包方案提出质疑。2014年6月18日荣昌某职教中心对技术参数及整体打包采购问题进行了回复且在网页上进行了公布,并通知评审专家将该回复作为招标文件的有效组成部分予以评审。2014年7月1日经公开招标评审后开标,开标结果第一中标候选人为甲公司,第三中标候选人乙公司。2014年7月6日,乙公司向荣昌某职教中心提出质疑书,以项目评审中判定其公司技术参数不满足、技术标分数为零的行为缺乏事实依据和法律基础为由进行质疑,要求取消第一中标人的中标资格。同时提出对招标过程中的违法违规及腐败行为进行调查,但并未作具体说明。2014年7月6日,荣昌某职教中心根据《重庆市政府采购供应商质疑投诉处理暂行规定》第十三条(一)规定,以"1.质疑供应商参与了投标(竞争性谈判、询价)活动后,再对采购文件内容提出质疑的;……3.对同一事项重复质疑的"为由,对乙公司的质疑作出不予受理的回复。2014年8月4日,乙公司向县财政局提交投诉书,提出此次公开招标投标活动中从2014年6月18日网上发布澄清说明至2014年7月1日开标,时间间隔不满15日,违反了政府采购法规定,应判定本次招标投标无效。2014年8月5日县财政局向荣昌某职教中心和荣昌某交易中心送达了投诉书副本。2014年9月15日,县财政局作出《县财政局关于对"荣昌县职业教育中心示范校重点专业建筑专业实训基地软件"项目的处理决定》(荣财库〔2014〕43号),因招标文件于2014年6月10日公示,2014年6月18日进行补遗,2014年7月1日开标,补遗后公示时间不足15天的事实,违反《政府采购货物和服务招标投标管理办法》第二十七条的规定,根据《重庆市政府采购供应商质疑投诉处理办法》第三十二条规定,决定荣昌某职教中心"招标采购活动违法,责令你单位重新开展采购活动。"并将决定书抄送荣昌某交易中心,荣昌某交易中心收到决定书后停止了该项目招标投标活动。原告甲公司认为该决定侵犯其合法权益,遂诉至本院。

【一审情况】

争议焦点:

县财政局对超过质疑的投诉内容或其他不符合投诉的事项进行受理并作出处理决定是否正确的问题。

法院观点:

本院认为,《中华人民共和国政府采购法》第十三条规定,各级人民政府财政部门是负责政府采购监督管理的部门,依法履行对政府采购活动的监督管理职责;《政府采购供应商投诉处理办法》(财政部令第20号)第三条第一款规定,县级以上各级人民政府财政部门负责依法受理和处理供应商投诉,因此被告县财政局对其主管的行政区域内的供应商投诉具有审查并作出处理决定的职权。根据《政府采购供应商投诉处理办法》第十条规定,"投诉人提起投诉应当符合下列条件:(二)提起投诉前已依法进行质疑",所以被告受理的投诉,应当符合供应商已经提出了质疑并对质疑答复不服或对质疑逾期不予答复的情形,本案中第三人乙公司虽然对中标结果提出了质疑,但质疑的内容没有包含对公示期不满15日的问题,所提及的招标过程中的违法违规及腐败没有具体内容,采购人荣昌某职教中心已对质疑内容依据有关规定进行了回复,被告县财政局依法仅应对质疑事项和回复内容进行审查处理,对超过质疑的投诉内容或其他不符合投诉的事项,可以根据《政府采购供应商投诉处理办法》等相关规定处理。所以本案第三人乙公司向被告投诉内容已超出其质疑的范围。被告对没有进行质疑的内容进行受理并作出处理决定,超越其受理投诉职权范围;同时被告在作出的处理决定中没有说明适用具体的法律法规,应视为没有法律依据。

裁判结果:

撤销县财政局作出的《县财政局关于对"荣昌县职业教育中心示范校重点专业建筑专业实训基地软件"项目的处理决定》(荣财库〔2014〕43号)。

八十七、

评标委员会未按照招标文件要求进行评标，对评标结果造成实质性影响的，其评标无效

——甲集团与霞浦县住房和城乡规划建设局行政处理决定案

【裁判要旨】

根据《中华人民共和国招标投标法实施条例》第八十二条（现第八十一条）规定，"依法必须进行招标的项目的招标投标活动违反招标投标法和本条例的规定，对中标结果造成实质性影响，且不能采取补救措施予以纠正的，招标、投标、中标无效，应当依法重新招标或者评标。"本案中，评标委员会未按照招标文件要求进行评标，没有认真查询、核实，错误评定投标人为不合格投标人，对评标结果造成实质性影响的，应予以纠正。

【法院及案号】

一审：蕉城区人民法院，〔2017〕闽0902行初42。
二审：宁德市中级人民法院，〔2017〕闽09行终56号。
再审：福建省高级人民法院，〔2017〕闽行申613号。

【当事人】

一审原告、二审被上诉人、再审申请人：甲集团。
一审被告、二审上诉人、再审被申请人：霞浦县住房和城乡规划建设局（以下简称"霞浦县住建局"）。
一、二审第三人：霞浦县医院、中建某局公司、乙公司。

【案情介绍】

霞浦县医院新院二期医疗综合楼建设项目于2017年4月6日上午9:00在霞浦县公共资源交易中心开标，招标人为第三人霞浦县医院，招标代理机构为第三人乙公司，原告甲公司、第三人中建某局公司等企业参加投标。在评标过程中，评标委员会认为中建某局公司因被列入"欠薪黑名单"，资格审查不合格，经专家评审，否决其

投标。中建某局公司不服，于2017年4月7日向霞浦县医院提交《申诉函》，要求霞浦县医院准确查询中建某局公司相关情况，作出准确评标结果。霞浦县医院于当日回复，认为中建某局公司不符合条件要求。2017年4月10日，陈某龙向被告霞浦县住建局提交投诉书，其中《授权委托书》载明的代理权限为："代理人根据授权，以我方名义签署、澄清、说明、补正、提交、撤回、修改霞浦县医院新院二期医疗综合楼建设项目/标段（项目名称及标段）施工投标文件、签订合同和处理相关事宜，其法律后果由我方承担。"被告于2017年4月10日对该投诉予以立案，经调查、询问、集体讨论等程序，被告于2017年5月15日作出《招标投标投诉处理决定书》（霞建招标投标诉字〔2017〕01号），根据《中华人民共和国招标投标法实施条例》（以下简称《实施条例》）第八十二条规定，决定确认"霞浦县医院新院二期医疗综合楼建设项目"本次评标结果无效，依法重新招标。原告不服，提起本案行政诉讼。

另查明，2015年9月15日，福建省住房和城乡建设厅以《关于将重庆某科建设（集团）有限公司等17家企业列入"欠薪黑名单"的通知》（闽建办筑函〔2015〕22号），将中建某局公司列入"欠薪黑名单"中。2015年12月24日，福建省住房和城乡建设厅以《关于中建某局公司等4家企业移出"欠薪黑名单"的通知》（闽建办筑函〔2015〕45号），将中建某局公司移出企业"欠薪黑名单"，并指出有关单位对"欠薪黑名单"认定工作不够认真、严谨，给有关企业和行业工作造成不良影响。

【一审情况】

争议焦点：

关于代理人陈某龙是否取得中建某局公司授权，陈某龙在投诉书中署名，是否具有法律效力的问题。

法院观点：

一审法院认为，首先，《实施条例》第五十四条第二款规定："投标人或者其他利害关系人对依法必须进行招标的项目的评标结果有异议的，应当在中标候选人公示期间提出。招标人应当自收到异议之日起3日内作出答复；作出答复前，应当暂停招标投标活动。"《实施条例》第六十条第二款规定："就本条例第二十二条、第四十四条、第五十四条规定事项投诉的，应当先向招标人提出异议，异议答复期间不计算在前款规定的期限内。"本案中，中建某局公司对评标结果有异议，于2017年4月7日向招标人霞浦县医院书面提出异议。但该项目中标候选人公示时间为2017年4月8日至2017年4月11日。因此，中建某局公司未依法在中标候选人公示期间提出异议，应视为其未依法提出异议。其次，《工程建设项目招标投标活动投诉处理办法》（以下简称《处理办法》）第十条规定："投诉人可以自己直接投诉，也可以委托代理人办理投诉事务。代理人办理投诉事务时，应将授权委托书连同投诉书一并提交行政监督部门。授权委托书应当明确有关委托代理权限和事项。"本案中，陈某龙向被告提交投诉书时提交的授权委托书载明的委托权限为"以我方名义签署、澄清、说明、补正、提交、撤回、修改霞浦县医院新院二期医疗综合楼建设项目/标段（项目名称及标段）施工投标文件、签订合同和处理相关事宜"，但并未明确委托陈某龙代为提出投诉，因此其授权委托书不符合法定要件，应视为陈某龙未取得中建某局公司授权，陈某龙在投诉书中署名，不具有法律效力。《处理办法》第十二条第（三）项、第（六）项规定："有下列情形之一的投诉，不予受理：……（三）投诉书未署具投诉人真实姓名、签字和有效联系方式的；以法人名义投诉的，投诉书未经法定代表人签字并加盖公章的；……（六）投诉事项应先提出异议没有提出异议、已进入行政复议或行政诉讼程序的。"本案中，被告受理投诉并作出被诉投诉处理决定，程序违法，依法应予撤销。原告诉请有理，应予以支持。被告及第三人抗辩无理，不予支持。

裁判结果：

一、撤销被告霞浦县住建局2017年5月15日作出的《招标投标投诉处理决定书》（霞建招标投标诉字〔2017〕01号）。

二、被告霞浦县住建局在法定期限内对本案投诉重新作出行政行为。

【二审情况】

争议焦点：

关于代理人陈某龙是否取得中建某局公司授权，陈某龙在投诉书中署名，是否具有法律效力的问题。

法院观点：

人民法院审理行政案件是对行政行为的合法性进行审查。根据《处理办法》第三条规定"投标人和其他利害关系人认为招标投标活动不符合法律、法规和规章规定的，有权依法向有关行政监督部门投诉"及第十四条规定"行政监督部门受理投诉后，应当调取、查阅有关文件，调查、核实有关情况。对情况复杂、涉及面广的重大投诉事项，有权受理投诉的行政监督部门可以会同其他有关的行政监督部门进行联合调查，共同研究后由受理部门做出处理决定"，本案中，中建某局公司对涉案招标投标活动有异议，向上诉人提出投诉，上诉人作为行政监督部门具有受理投诉和作出处理决定的行政职权。2017年4月7日，中建某局公司收到资格审查不合格的通知，中建某局公司对此不服向霞浦县医院提出了异议、向上诉人提出了投诉。上诉人受理投诉后，经过调查查明福建省住房和城乡建设厅于2015年9月15日作出《关于将重庆某科建设（集团）有限公司等17家企业列入"欠薪黑名单"的通知》，将中建某局公司列入"欠薪黑名单"；但因有关单位对"欠薪黑名单"认定工作不够认真、严谨，福建省住房和城乡建设厅核实后于2015年12月24日作出《关于中建某局公司等4家企业移出"欠薪黑名单"的通知》，将中建某局公司移出企业"欠薪黑名单"，中建某局公司不属于不符合招标文件中"投标人应当具备五年内未因拖欠农民工工资进入欠薪黑名单资格"的情形，应是合格的投标人。据此，上诉人认为乙公司及霞浦县医院没有认真查询、核实，错误评定中建某局公司为不合格投标人，对评标结果造成实质性影响，应予以纠正，并根据《实施条例》第八十二条规定作出处理决定书，确定本次评标无效，依法重新招标。可见，上诉人在作出本案的投诉处理决定中，认定事实清楚，适用法律正确，处理结果适当。根据《实施条例》第六十条规定"投标人或者其他利害关系人认为招标投标活动不符合法律、行政法规规定的，可以自知道或者应当知道之日起10日内向有关行政监督部门投诉。投诉应当有明确的请求和必要的证明材料。就本条例第二十二条、第四十四条、第五十四条规定事项投诉的，应当先向招标人提出异议，异议答复期间不计算在前款规定的期限内。"中建某局公司于2017年4月7日向招标人霞浦县医院提出异议，霞浦县医院予以受理并于同日向中建某局公司作出了书面答复，应认定中建某局公司已经履行了上述法律规的异议程序。2017年4月10日，中建某局公司向上诉人提出投诉，亦在上述法律规定的期限内，且上诉人收到投诉后，履行了受理、告知、调查、处理、送达等法定程序。故，上诉人作出本案的投诉处理决定，符合法律规定，程序合法。

根据《处理办法》第十条规定："投诉人可以自己直接投诉，也可以委托代理人办理投诉事务。代理人办理投诉事务时，应将授权委托书连同投诉书一并提交行政监督部门。授权委托书应当明确有关委托代理权限和事项。"虽然陈某龙向上诉人提交《投诉书》时，在授权委托书中没有明确注明具有代为提出投诉的权限和事项，但上诉人在受理投诉后于2017年4月12日向中建某局公司发出了《招标投标确认函》，对陈某龙提交的投诉书是否属实进行核实，中建某局公司于2017年4月18日给上诉人书面回复称陈某龙提交的投诉书情况实属，并会配合投诉调查事宜。根据《中华人民共和国民法通则》第六十六条"没有代理权、超越代理权或者代理权终止后的行为，只有经过被代理人的追认，被代理人才承担民事责任。未经追认的行为，由行为人承担民事责任。本人知道他人以本人名义实施民事行为而不作否认表示的，视为同意"的规定，中建某局公司对陈某龙提交《投诉书》进行投诉的行为进行了追认，其提出的投诉是有效的，具有代理的权限，符合《处理办法》的相关规定。故，原审判决适用法律错误。

裁判结果：

一、撤销蕉城区人民法院〔2017〕闽0902行初42号行政判决书。

二、驳回甲公司诉讼请求。

【再审情况】

争议焦点：

关于代理人陈某龙是否取得中建某局公司授权，陈某龙在投诉书中署名，是否具有法律效力的问题。

法院观点：

法院认为，《实施条例》第六十条规定："投标人或者其他利害关系人认为招标投标活动不符合法律、行政法规规定的，可以自知道或者应当知道之日起10日内向有关行政监督部门投诉。投诉应当有明确的请求和必要的证明材料。就本条例第二十二条、第四十四条、第五十四条规定事项投诉的，应当先向招标人提出异议，异议答复期间不计算在前款规定的期限内"。《处理办法》第九条规定："投诉人应当在知道或者应当知道其权益受到侵害之日起十日内提出书面投诉"。本案中，招标人霞浦县医院及招标代理机构乙公司于2017年4月7日向中建某局公司发出通知，以中建某局公司因不符合"投标人应当具备五年内未因拖欠农民工工资进入欠薪名单资格"的资格要求将中建某局公司列入不合格投标人。中建某局公司收到上述通知后，于4月7日向招标人霞浦县医院提出异议，霞浦县医院于同日作出书面答复，中建某局公司收到回复函后，于当日向被申请人投诉，履行了法定异议程序。

《处理办法》第十条规定："投诉人可以自己直接投诉，也可以委托代理人办理投诉事务。代理人办理投诉事务时，应将授权委托书连同投诉书一并提交给行政监督部门。授权委托书应当明确有关委托代理权限和事项"。本案中，陈某龙向被申请人投诉时，提交的《授权委托书》载明："代理人根据授权，以我方名义签署、澄清、说明、补正、递交、撤回、修改霞浦县医院新院二期医疗综合楼建设项目/标段（项目名称及标段）施工投标文件、签订合同和处理相关事宜，其法律后果由我方承担"。该授权委托书中虽然没有"投诉"的字眼，但其中的"澄清""说明""处理相关事宜"等表述，可以理解为包括与招标投标活动相关的投诉事项的处理。并且，被申请人在受理投诉后亦于2017年4月12日向中建某局公司发出了《招标投标确认函》，对陈某龙投诉是否属实进行核实，中建某局公司于2017年4月18日书面回复确认委托代理人陈某龙提交的投诉书情况属实。据此，应认定陈某龙作为中建某局公司的委托代理人，提交的投诉书符合法定形式要件。被申请人在受理中建某局公司的投诉后，经调查查明：福建省住房和城乡建设厅于2015年12月24日作出《关于中建某局公司等4家企业移出"欠薪黑名单"的通知》，已将中建某局公司移出企业"欠薪黑名单"，中建某局公司应为合格的投标人。被申请人依据调查查明的事实，依法作出被诉处理决定，并无不当。

综上，二审判决驳回申请人的诉讼请求，认定事实清楚，适用法律正确，程序合法。申请人申请再审的理由不能成立，其再审申请不符合《中华人民共和国行政诉讼法》第九十一条规定的情形。

裁判结果：

驳回再审申请。

八十八、

招标投标监督部门在受理投诉后未以法定的形式正式作出决定书系程序违法

——甲有限公司与曲江财政局财政行政管理案

【裁判要旨】

如果不属于本部门监管的事项，应当在收到投诉之日起3个工作日内作出书面不予受理的决定；如果属于本部门监管的事项，应当在收到投诉之日起30个工作日内作出书面的处理决定。曲江财政局在收到甲有限公司的投诉后，如果认为不属于本部门受理事项，应当在3个工作日内以不予受理决定的形式作出书面处理决定，而该局却在超过3个工作日的情况下，以非法定的形式，采用回复函处理甲有限公司的投诉，违反了法定程序。

【法院及案号】

一审：广东省韶关市武江区人民法院，〔2016〕粤0203行初80号。

二审：广东省韶关市中级人民法院，〔2017〕粤02行终31号。

【当事人】

一审原告、二审被上诉人：甲有限公司。

一审被告、二审上诉人：曲江财政局。

第三人：曲江区公共资源交易中心。

【案情介绍】

2016年6月27日，第三人曲江区公共资源交易中心受韶关市曲江区公共资源管理中心的委托，发出《韶关市曲江区第一中学食堂（含超市）招租采购项目公开招标公告》，就韶关市曲江区第一中学食堂（含超市）公开招租。原告、天某见餐饮公司等7家公司对该项目进行投标。2016年7月20日，第三人曲江区公共资源交易中心发出《韶关市曲江区第一中学食堂（含超市）招租采购项目中标供应商公示》，公告中标人为天某见餐饮公司。因原告对开标结果存在异议，于2016年7月22日向第三人提交书面质疑函,主要内容为:"我们对开标结果存在异议,请贵司给予核实。根据'中国国家认证认可监督管理委员会'官方网站公开信息查询的资料可以得知,作为本项目的第一中标人天某见餐饮公司,其'ISO 22000食品安全管理体系'和'ISO 19001质量管理体系'认证无此项显示。换而言之,该企业目前不具备ISO 22000食品安全管理体系与ISO 19001质量管理体系的认证资格。根据贵司所发布的招标文件《第三章开标、评标和定标》的第五项《定标》中的第(一)条第1款之规定'提供虚假材料谋取中标的为无效中标'。我公司认为该项目中标单位天某见餐饮公司所使用ISO 9001-2008质量管理体系认证、ISO 22000-2005食品安全管理体系认证为虚假材料,给评委们造成评标计分的误差。另外,贵公司在未经查验任何相关资质原件材料的前提下,便公布中标结果。我司认为很不严肃,违反了公平、公正的原则。根据中标公告的要求,我司特向贵司提出书面质疑,请贵司核实我们所提出的质疑后,给予我司明确的书面答复。"

2016年7月27日,第三人曲江区公共资源交易中心就原告的质疑作出《韶关市曲江区第一中学食堂(含超市)招租采购项目质疑答复函》,主要内容为:"针对贵公司提出的质疑,现答复如下:贵公司提出质疑本项目的第一中标人'天某见餐饮公司'不具备ISO食品安全管理体系与ISO质量管理体系认证资格,并根据招标文件《第三章开标、评标和定标》的第五项《定标》中的第(一)条第1款之规定'提供虚假材料谋取中标的为无效中标'。针对质疑,我中心组织评审小组本着公平、公开、公正的原则进行复审,根据评分细则中商务评定内容:'提供食品质量体系认证书、食品安全管理体系证书(ISO质量体系认证及相关食品安全证书),且证书必须在有效期内的,每提供一个得2分。满分为4分。无证、证书过期得0分。提供证书复印件,否则本项不得分。'其中并未指定认证体系必须为投标人本身所拥有的资质,评审小组认为提供了合作供应商的食品质量体系认证书、食品安全管理体系证书符合得分条件,并且该投标人同时提供了与食品质量体系认证书、食品安全管理体系证书的合作方的采购合同,因此评审小组认为'天某见餐饮公司'符合该项目的得分条件。"

原告收取上述复函后,仍不服,于2016年8月13日向被告递交《关于对韶关市曲江区公共资源交易中心玩忽职守、违规评标的投诉》,主要内容为:"作为投标人之一,我们对当天该交易中心官网公布的中标结果产生了异议,并于2016年7月22日向该交易中心提出了两点质疑:1.作为本项目的第一中标人'天某见餐饮公司'目前不具备ISO 22000食品安全管理体系与ISO 19001质量管理体系的认证资格(招标文件第18页《四》商务评定中有此项要求),并断定该公司提供的证书复印件为虚假材料。根据该中心发布的招标文件《第三章开标、评标和定标》的第五项《定标》中的第(一)条第1款之规定'提供虚假材料谋取中标的为无效中标,并移交政府采购监管部门依法处理'。2.韶关市曲江区公共资源交易中心在不查验任何相关资质原件材料的前提下便公布中标结果,违反了公正、公平的原则。被质疑人韶关市曲江区公共资源交易中心于2016年7月27日只就第一个问题作出了答复。该交易中心首先承认'天某见餐饮公司'不具备ISO 22000食品安全管理体系与ISO 19001质量管理体系的认证资格，但同时认为标书中并未指定认证体系必须为投标人本身所拥有的资质。在他们看来，只要与该公司'合作'的供应商具备这两个认证条件就可以认为该公司符合该项目的得分条件。我们认为，第一，按照这个逻辑，任何从事餐饮业的个人和团体都可以具备应有的资质条件，只要与其合作供应商具备即可。如果这样，该中心制定招标文件中的'投标人应具备的条件一栏'便是自欺欺人。第二，曲江区公共资源交易中心公然违背《中华人民共和国招标投标法》第三十一条'同一专业的单位组成的联合体，按照资质等级较低的单位确定资质等级'条文规定。第三，我们注意到该中心参与制定的招标文件中多处指出：'本项目不接受联合体投标'，这足以说明：投标人的资质条件必须是投标人本人所具备，任何张冠李戴的行为都应视为违规。其次，韶关市曲江区公共资源交易中心未就我司提出的第二个质疑作出回答，采取了回避的态度。这等于默认了他们操作上的失误，违背了公正、公平的原则。从整个答复函来看，韶关市曲江区公共资源交易中心是在对自己违规评标行为作解脱，同时又对'天某见餐饮公司'的违法行为公然包庇，明目张胆地充当保护伞角色。我们完全有理由怀疑这里面暗藏着'见不得人'的交易行为。因此，我们迫切希望曲江财政局采购办责成有关单位作出认真翔实的调查，对此次玩忽职守等违规违法行为进行严肃的查处和纠正，并追究相关责任人和单位的法律责任。"

被告经审查，于2016年9月13日作出《关于投诉韶关市曲江区公共资源交易中心玩忽职守、违规评标的回复函》。原告不服，向本院提起行政诉讼。

【一审情况】

争议焦点：

被告曲江财政局作出的《关于投诉韶关市曲江区公共资源交易中心玩忽职守、违规评标的回复函》是否合法的问题。

法院观点：

一审法院认为，被告作出的《关于投诉韶关市曲江区公共资源交易中心玩忽职守、违规评标的回复函》不合法。本案中，涉案招标项目的招标人为韶关市曲江区公共资源管理中心，涉案招标项目招租的韶关市曲江区第一中学食堂（含超市）属国有资产，将韶关市曲江区第一中学食堂（含超市）出租给他人承包经营，并收取承包费，属国有资产的经营活动。被告系韶关市曲江区公共资源管理中心的上级管理部门，从《韶关市曲江区财政局主要职责内设机构和人员编制规定》也可知，被告有负责本级行政事业单位国有资产监管的职责。因此，被告对涉及国有资产经营的招标投标活动有实施监督的职责。原告向被告投诉韶关市曲江区第一中学食堂（含超市）招标采购项目中存在的问题，被告以《关于投诉韶关市曲江区公共资源交易中心玩忽职守、违规评标的回复函》回复原告,不符合《中华人民共和国招标投标法实施条例》第六十一条第一款:"投诉人就同一事项向两个以上有权受理的行政监督部门投诉的,由最先收到投诉的行政监督部门负责处理"及第二款:"行政监督部门应当自收到投诉之日起3个工作日内决定是否受理投诉,并自受理投诉之日起30个工作日内作出书面处理决定;需要检验、检测、鉴定、专家评审的,所需时间不计算在内"的规定。原告要求撤销被告作出的《关于投诉韶关市曲江区公共资源交易中心玩忽职守、违规评标的回复函》,责令被告对原告的投诉作出处理的诉讼请求,理由充分,证据确凿,依法应予支持。

裁判结果:

撤销被告曲江财政局作出的《关于投诉韶关市曲江区公共资源交易中心玩忽职守、违规评标的回复函》,限其于本判决发生法律效力后于法定期限内对原告甲有限公司的投诉作出处理。

【二审情况】

争议焦点:

被告曲江财政局作出的《关于投诉韶关市曲江区公共资源交易中心玩忽职守、违规评标的回复函》是否合法的问题。

法院观点:

二审法院认为:曲江财政局作出的《关于投诉韶关市曲江区公共资源交易中心玩忽职守、违规评标的回复函》不合法。

一、曲江财政局具有对国有资产通过招标投标方式进行出租行为的监督职责。虽然,本案招标文件写了采购之类内容。但是,对照《政府采购品目类目录》,曲江公共资源管理中心招租韶关市曲江区第一中学食堂(含超市)的行为,属于以招标投标方式对外出租而非向外租用的行为。《中华人民共和国招标投标法实施条例》第六十条规定:"投标人或者其他利害关系人认为招标投标活动不符合法律、行政法规规定的,可以自知道或者应当知道之日起10日内向有关行政监督部门投诉。投诉应当有明确的请求和必要的证明材料。就本条例第二十二条、第四十四条、第五十四条规定事项投诉的,应当先向招标人提出异议,异议答复期间不计算在前款规定的期限内。"明确了投标人或者其他利害关系人有权依法向有关行政监督部门对招标投标行为进行投诉。至于何为该规定当中的"行政监督部门",应当依照相关的法律、法规、规章确认。《事业单位国有资产管理暂行办法》第六条规定:"各级财政部门是政府负责事业单位国有资产管理的职能部门,对事业单位的国有资产实施综合管理。其主要职责是:……(三)按规定权限审批本级事业单位有关资产购置、处置和利用国有资产对外投资、出租、出借和担保等事项,组织事业单位长期闲置、低效运转和超标准配置资产的调剂工作,建立事业单位国有资产整合、共享、共有机制;……(五)负责本级事业单位国有资产收益的监督管理。"第七条规定："事业单位的主管部门（以下简称主管部门）负责对本部门所属事业单位的国有资产实施监督管理。其主要职责是：……（三）审核本部门所属事业单位利用国有资产对外投资、出租、出借和担保等事项，按规定权限审核或者审批有关资产购置、处置事项；……（五）督促本部门所属事业单位按规定缴纳国有资产收益。"上列规定，从部门规章的层面，明确了以下法律关系：（一）总体上，对于事业单位的国有资产，财政部门是职能部门，实施综合管理权，主管部门实施监督管理权。即从广义上授予财政部门及主管部门不同程度和范围的管理权。（二）对于国有资产的出租等行为，主管部门行使审核权，而财政部门行使审批权，即财政部门具有最终决定权。（三）对于事业单位缴纳国有资产的收益，财政部门负责监督管理，主管部门负责督促，延伸到涉案事业单位出租的收益，应由财政部门负责直接监督管理，主管部门只负责督促。由于招标投标活动属于实现出租行为的一种形式，故为实现出租而开展的招标投标活动及有关投诉，应由行使决定权的财政部门负责处理。由此可见，一审法院判决确定由本级财政部门对投诉进行处理，符合相关法律、法规和规章的规定。

二、曲江财政局以"回复函"的形式对甲有限公司的投诉作出处理不符合法定程序。依照《中华人民共和国行政诉讼法》第六条有关："人民法院审理行政案件，对行政行为是否合法进行审查"以及第七十条有关："行政行为有下列情形之一的，人民法院判决撤销或者部分撤销，并可以判决被告重新作出行政行为：（一）主要证据不足的；（二）适用法律、法规错误的；（三）违反法定程序的；（四）超越职权的；（五）滥用职权的；（六）明显不当的"的规定，人民法院对行政行为合法性审查，必须严格依照法律、法规的规定，参照规章进行。不仅如此，人民法院进行合法性审查，不能只审查行政机关提供的证据，还应当严格依照法律的规定审查行政机关作出行政行为的程序。《中华人民共和国招标投标法实施条例》第六十一条第二款规定："行政监督部门应当自收到投诉之日起3个工作日内决定是否受理投诉，并自受理投诉之日起30个工作日内作出书面处理决定；需要检验、检测、鉴定、专家评审的，所需时间不计算在内。"明确了各行政监管部门，无论对投诉事项是否有监督权，皆应作出是否受理的决定。按照上述规定，如果不属于本部门监管的事项，应当在收到投诉之日起3个工作日内作出书面不予受理的决定；如果属于本部门监管的事项，应当在收到投诉之日起30个工作日内作出书面的处理决定。本案曲江财政局在收到甲有限公司的投诉后，如果认为不属于本部门受理事项，应当在3个工作日内以不予受理决定的形式作出书面处理决定，而该局却在超过3个工作日的情况下，以非法定的形式，采用回复函处理甲有限公司的投诉，违反了法定程序。

裁判结果：

驳回上诉，维持原判。

八十九、

招标投标活动中招标人设置超过规定的四类保证金的行为欠缺法律依据，不予退还诚信保证金的行为属于行政诉讼的受案范围

——中铁某局与芜湖市人民政府不予返还投标诚信保证金案

【裁判要旨】

对建筑业企业在工程建设中需缴纳的保证金，除依法依规设立的投标保证金、履约保证金、工程质量保证金、农民工工资保证金外，其他保证金已一律取消。本案中的诚信保证金亦属取消之列，本案中诚信保证金制度的实施明显具有行政机关对招标投标活动进行行政管理的属性，并非民事主体之间通过意思表示达成的合意。代理处不予退还诚信保证金的行为属于行政行为的范畴。由此引发的行政争议也就属于人民法院行政诉讼的受案范围。

【法院及案号】

一审：芜湖市中级人民法院，〔2015〕芜中行初字第00028号〔裁判文书未公开〕。

二审：安徽省高级人民法院，〔2016〕皖行终197号。

再审：最高人民法院，〔2017〕最高法行申442号。

【当事人】

一审原告、二审上诉人、再审被申请人：中铁某局。

一审被告、二审被上诉人、再审申请人：芜湖市人民政府（以下简称"芜湖市政府"）。

【案情介绍】

2013年7月12日，安徽省芜湖市港航管理局与代理处签订一份《政府招标采购委托代理协议》，约定"芜湖市荆山桥改建工程"由代理处代理招标。2013年10月12日，中铁某局向代理处交付了投标保证金420万元和诚信保证金600万元。2013年11月14日，中铁某局与代理处盖章签署了《诚信保证合同》。双方依据《诚信制度》，

对项目招标过程中应遵守诚信义务及诚信保证金的交纳和退还作出了约定，中铁某局提交了投标文件。2013年11月15日，代理处书面告知芜湖市招标采购交易中心管理委员会办公室（以下简称"市管委办"），经评审中铁某局被评审为首选中标单位。公示期间，他人举报中铁某局中标项目经理在蚌埠市怀远县有在建项目。经市管委办调查核实后，代理处于2013年12月3日向中铁某局下达了54号函，认定中铁某局在投标过程中违反了《诚信制度》第四条第25项之规定，依据双方所签订的《诚信保证合同》，中铁某局的投标诚信保证金不予返还，由代理处代缴国库。中铁某局对不予返还诚信保证金600万元的行为不服，提起本案诉讼。

【一审情况】

争议焦点：

一、关于被告主体资格是否适格的问题。

二、关于被诉行为是否合法的问题。

法院观点：

一、关于被告主体资格是否适格的问题。《诚信制度》第三条规定，投标人（供应商）应当在提交投标文件时与政府采购代理机构签订书面诚信保证合同，并按要求交足投标诚信保证金。否则，其投标文件即被拒绝，作废标处理。代理处与中铁某局签订《诚信保证合同》，并收取诚信保证金的职权，是依据上述诚信制度文件，并非法律、法规或规章的授权。根据《最高人民法院关于执行〈中华人民共和国行政诉讼法〉若干问题的解释》第二十一条的规定，代理处的行为应视为芜湖市政府对其内设机构的委托。芜湖市政府辩称其作为本案被告资格不适格的理由不能成立，不予认可。

二、关于被诉行为是否合法的问题。本案中，中铁某局被认定违反招标投标诚信制度，有关处理决定已生效，依据《诚信保证合同》的约定，中铁某局的诚信保证金将不予返还，芜湖市政府决定不予返还诚信保证金600万元，显然是履行合同的权利。综上，中铁某局诉称芜湖市政府不予返还其600万元诚信保证金系行政处罚行为无事实和法律依据，不予认可；其诉请撤销代理处作出的行政处罚，并责令芜湖市政府返还其投标诚信保证金600万元及利息的理由不成立，不予支持。中铁某局以《诚信制度》为行政处罚依据为由要求一并审查该制度合法性的理由不成立，故不予审查。

裁判结果：

驳回原告诉讼请求。

【二审情况】

争议焦点：

一、关于被诉行为是否属于行政行为的问题。

二、关于被告主体资格是否适格的问题。

三、关于被诉行为是否合法的问题。

法院观点：

一、关于被诉行为是否属于行政行为问题。本案中，代理处收取及不予返还中铁某局涉案诚信保证金，是基于其与中铁某局签订的诚信保证合同的约定，该"诚信保证合同"虽具有民事合同的外在形式，但其实质却是政府部门对招标投标活动的一种监督管理方式，不予返还涉案诚信保证金具有行政处罚的性质，故本案当事人之间的争议属于行政争议。

二、关于被告主体资格是否适格问题。《诚信制度》第三条规定，投标人（供应商）应当在提交投标文件时与政府采购代理机构签订书面诚信保证合同，并按要求交足投标诚信保证金。否则，其投标文件即被拒绝，作废标处理。本案中，代理处作为芜湖市政府的采购代理机构，其取得与投标人签订书面诚信保证合同并收取保证金以及处理违约行为的职权，是基于芜湖市政府在上述《诚信制度》中的赋予，并非相关法律、法规直接规定或授权。根据《最高人民法院关于执行〈中华人民共和国行政诉讼法〉若干问题的解释》第二十一条规定，行政机关在没有法律、法规或者规章规定的情况下，授权其内设机构、派出机构或者其他组织行使其行政职权的，应当视为委托。当事人不服提起诉讼的，应当以该行政机关为被告。因此，芜湖市政府是本案适格被告。

三、关于被诉行为是否合法问题。根据《中华人民共和国招标投标法》及《中华人民共和国招标投标法实施条例》等法律法规规定，芜湖市政府依法具有对招标投标活动实施监督的职权，可以依法调查处理招标投标活动中的弄虚作假等违法行为。芜湖市政府在查处招标投标活动中的违法行为时，应依照法律、法规或者规章规定的行政处罚种类，并依照《中华人民共和国行政处罚法》规定的程序实施。

《中华人民共和国行政处罚法》第三十二条第一款规定，当事人有权进行陈述和申辩。行政机关必须充分听取当事人的意见，对当事人提出的事实、理由和证据，应当进行复核；当事人提出的事实、理由或者证据成立的，行政机关应当采纳。第四十二条规定，行政机关作出责令停产停业、吊销许可证或者执照、较大数额罚款等行政处罚决定之前，应当告知当事人有要求举行听证的权利；当事人要求听证的，行政机关应当组织听证。当事人不承担行政机关组织听证的费用。本案中，芜湖市政府在作出不予返还涉案诚信保证金行为时，未能依据上述法律规定，赋予当事人陈述、申辩及要求听证的权利，违反了法定程序，依法应予撤销。

综上，一审判决驳回中铁某局的诉讼请求不当。上诉人中铁某局的主要上诉理由成立，依法应予支持。

裁判结果：

一、撤销安徽省芜湖市中级人民法院〔2015〕芜中行初字第00028号行政判决。

二、撤销芜湖市政府2013年12月3日作出的不予返还中铁某局600万元投标诚信保证金行为。

三、责令芜湖市政府依法重新处理。

【再审情况】

争议焦点：

代理处不予退还诚信保证金的行为是否属于行政行为以及被告芜湖市政府主体资格是否适格的问题。

法院观点：

本案行政争议系因代理处于2013年12月3日通知再审被申请人中铁某局对其预先交纳的诚信保证金不予退还而引发。再审申请人芜湖市政府在一审中所举证据第9项为市管委办于2008年5月19日发布的《诚信制度》。该制度第三条规定："三、投标人（供应商）应当在提交投标文件时与政府采购代理机构签订书面诚信保证合同，并按要求交足投标诚信保证金。否则，其投标文件即被拒绝，作废标处理。"第五条规定："投标人（含中标人）有上述第四条规定的行为之一的，其所提交的诚信保证金归国家所有，由采购代理机构代缴国库。同时1-3年内不得参加本地区政府采购活动。"对于营造诚实守信的营商环境，保障政府招标采购活动的有序开展，促进政府招标投标的公平竞争而言，规制投标人的弄虚作假行为具有目的正当性。对于政府招标活动中投标人的弄虚作假行为，行政机关可以依法作出处理。

尽管诚信保证金制度的相关要求体现在代理处与再审被申请人所签《诚信保证合同》中，但代理处并非招标人，再审被申请人要参加投标，不得不遵照《诚信制度》第三条的规定，向代理处交足诚信保证金，没有选择余地，亦对是否退还诚信保证金，没有协商空间，只得听由代理处依照《诚信制度》第五条单方决定。可见，诚信保证金制度的实施明显具有行政机关对招标投标活动进行行政管理的属性，并非民事主体之间通过意思表示达成的合意。代理处不予退还诚信保证金的行为属于行政行为的范畴。由此引发的行政争议也就属于人民法院行政诉讼的受案范围。

尽管《诚信制度》的发布主体为市管委办，芜湖市政府并非制定主体，但该办公室系芜湖市招标采购交易中心管理委员会的常设办事机构，本案亦无证据证明该管理委员会具有行政主体资格，故其行为的法律后果应当由芜湖市政府承担。二审法院对一审法院将芜湖市政府列为本案被告予以确认正确。

依照法律、法规、规章的规定实施行政管理，是行政机关依法行政的基本要求。对于政府招标活动中投标人弄虚作假行为的行政处理，应当依据《中华人民共和国招标投标法》《中华人民共和国招标投标法实施条例》等法律、法规、规章进行。本案没有证据证明不予退还诚信保证金在法律、法规、规章层面存在依据。再审申请人在向本院申请再审中提及的49号通知第一条亦规定："一、全面清理各类保证金。对建筑业企业在工程建设中需缴纳的保证金,除依法依规设立的投标保证金、履约保证金、工程质量保证金、农民工工资保证金外,其他保证金一律取消。对取消的保证金,自本通知印发之日起,一律停止收取。"对于取消的保证金,该通知第三条要求各地要抓紧制定具体可行的办法,于2016年底前退还相关企业。诚信保证金欠缺法定依据,显然位处被取消之列。就本案而言,二审法院已判决撤销再审申请人于2013年12月3日作出的不予返还再审被申请人600万元投标诚信保证金的行为。在二审判决生效之后,再审申请人应当采取积极举措,以49号通知为指导,切实履行二审判决确定的义务。

综上,芜湖市政府的再审申请不符合《中华人民共和国行政诉讼法》第九十一条规定的情形。

裁判结果:

驳回再审申请。

九十、

招标文件违反法律禁止性规定的中标无效，应修改招标文件重新招标

——甲物业公司诉松原市财政局松原市人民政府政府采购行政处理决定案

【裁判要旨】

依据《中华人民共和国招标投标法实施条例》第二十三条"招标人编制的资格预审文件、招标文件的内容违反法律、行政法规的强制性规定，违反公开、公平、公正和诚实信用原则，影响资格预审结果或者潜在投标人投标的，依法必须进行招标的项目的招标人应当在修改资格预审文件或者招标文件后重新招标"。本案中，松原市中心医院在安装使用的电梯设备免保期过后，对电梯维修保养项目进行公开招标。在招标过程中，其编制的招标文件，体现出的招标内容包括电梯维护保养和修理。而依据《中华人民共和国特种设备安全法》的规定，电梯的修理具有专属性，必须由电梯制造单位或者其委托的取得相应许可的单位进行。但此次招标文件中，未明确要求投标人需具备电梯修理资质，导致本案上诉人虽然中标，但因其未经电梯生产厂家授权，不具备修理电梯的资格，故中标无效，应修改招标文件后重新招标。

【法院及案号】

一审：松原市宁江区人民法院，〔2020〕吉0702行初56号。

二审：吉林省松原市中级人民法院，〔2021〕吉07行终15号。

【当事人】

一审原告、二审上诉人：甲物业公司。

一审被告、二审被上诉人：松原市财政局、松原市人民政府。

第三人：某捷电梯公司。

【案情介绍】

松原市中心医院（松原市儿童医院）安装使用了某迅达电梯有限公司生产的电梯设备，免保期过后，2020年1月22日，松原市中心医院（松原市儿童医院）对电梯维

修保养项目进行招标，委托吉林省某项目管理有限公司作为代理机构开展招标工作，2020年4月，经吉林省某项目管理有限公司开标、评标，五家投标单位中的甲物业公司中标。甲物业公司不是某迅达电梯有限公司委托的电梯安装、改造及修理单位。五家投标单位之一、本案第三人某捷电梯公司对中标结果不满，向吉林省某项目管理有限公司三次质疑后，于2020年4月27日向被告松原市财政局投诉，提出电梯维修保养招标项目未完全按照招标文件的要求进行评审、中标人不具备中标资格两项投诉事项，要求取消中标单位的中标资格。被告松原市财政局于2020年6月3日作出《政府采购供应商投诉处理决定》（松财采购投诉〔2020〕5-3号），认为该项目包括电梯的维护保养及维修，招标人的招标文件中资格条件不明确，处理决定如下：投诉事项1缺乏事实依据，驳回投诉；投诉事项2成立，决定中标结果无效，责令采购人修改采购文件后重新开展采购活动。原告不服，于2020年6月29日向被告松原市人民政府申请行政复议，松原市人民政府于2020年8月28日作出松府复决字〔2020〕17号行政复议决定，维持松原市财政局作出的松财采购投诉〔2020〕5-3号政府采购供应商投诉处理决定。原告仍然不服，向法院提起行政诉讼，请求撤销被告松原市财政局作出的《政府采购供应商投诉处理决定》（松财采购投诉〔2020〕5-3号）及被告松原市人民政府作出的《行政复议决定》（松府复决字〔2020〕17号）。

【一审情况】

争议焦点：

招标文件违反《中华人民共和国特种设备安全法》的禁止性规定，未明确要求投标人需具备电梯修理资质，导致未经电梯生产厂家授权，不具备修理电梯资格的甲物业公司中标，是否导致中标无效的问题。

法院观点：

一审法院认为，《中华人民共和国特种设备安全法》第二十二条规定："电梯的安装、改造、修理，必须由电梯制造单位或者其委托的依照本法取得相应许可的单位进行。"本案中，招标的项目名称为"松原市中心医院（松原市儿童医院）电梯维修保养招标项目"；招标文件中第五章服务标准及要求中"电梯免费配件清单列表"中所列的免费更换钢丝绳，按照《电梯施工类别划分表》的规定，钢丝绳系悬挂装置，更换钢丝绳属于一般修理。因此，从招标文件的项目名称及项目内容看，该招标项目涉及电梯的维护保养也涉及维修，而按照前述法律规定，电梯的维修具有专属性，即电梯的修理必须由电梯制造单位或者其委托的依照《中华人民共和国特种设备安全法》取得相应许可的单位进行，而松原市中心医院在招标文件中对主体资格未作明确规定，导致未取得电梯制造单位某迅达电梯有限公司授权的原告中标，违反了上述规定。按照《中华人民共和国招标投标法实施条例》第二十三条"招标人编制的资格预审文件、招标文件的内容违反法律、行政法规的强制性规定，违反公开、公平、公正和诚实信用原则,影响资格预审结果或者潜在投标人投标的,依法必须进行招标的项目的招标人应当在修改资格预审文件或者招标文件后重新招标"的规定,被告松原市财政局作出中标结果无效、责令采购人修改采购文件后重新开展采购活动的处理决定并无不当。被告松原市人民政府作出的复议决定程序合法。对原告要求撤销被告松原市财政局作出的《政府采购供应商投诉处理决定》(松财采购投诉〔2020〕5-3号)及被告松原市人民政府作出的《行政复议决定》(松府复决字〔2020〕17号)的诉讼请求,法院不予支持。

裁判结果:

驳回原告诉讼请求。

【二审情况】

争议焦点:

招标文件违反《中华人民共和国特种设备安全法》的禁止性规定,未明确要求投标人需具备电梯修理资质,导致未经电梯生产厂家授权,不具备修理电梯资格的甲物业公司中标,是否导致中标无效的问题。

法院观点:

二审法院认为:依据《中华人民共和国招标投标法实施条例》第二十三条"招标人编制的资格预审文件、招标文件的内容违反法律、行政法规的强制性规定,违反公开、公平、公正和诚实信用原则,影响资格预审结果或者潜在投标人投标的,依法必须进行招标的项目的招标人应当在修改资格预审文件或者招标文件后重新招标"。本案中,松原市中心医院在安装使用的电梯设备免保期过后,对电梯维修保养项目进行公开招标。在招标过程中,其编制的招标文件,体现出的招标内容包括电梯维护保养和修理。而依据《中华人民共和国特种设备安全法》的规定,电梯的修理具有专属性,必须由电梯制造单位或者其委托的取得相应许可的单位进行。但此次招标文件中,未明确要求投标人需具备电梯修理资质,导致本案上诉人虽然中标,但因其未经电梯生产厂家授权,不具备修理电梯的资格。原审第三人对此次中标结果进行了投诉,经被上诉人松原市财政局依法调查取证,依据《政府采购质疑和投诉办法》第三十二条第一款第(二)项之规定,于2020年6月3日作出《政府采购供应商投诉处理决定》(松财采购投诉〔2020〕5-3号),认定此次中标结果无效,责令采购人修改采购文件后重新开展采购活动,符合上述法律规定,并无不当。松原市人民政府作出的行政复议决定,依法维持该处理决定亦正确。

裁判结果:

驳回上诉,维持原判。

九十一、

行政监督部门仅以评标专家在评标过程中进行了上网查询即认定存在违法行为依据不足

——沈阳某通建设工程有限公司与庄河市建设工程招标投标
管理办公室行政处理案

【裁判要旨】

评标专家在评标过程中委托招标代理机构工作人员对"结构专业高级工程师"专业是否属于市政专业职称问题进行上网查询并将查询结果进行显示的行为，是评标专家对专业问题所做的查询，应视为依照《中华人民共和国招标投标法实施条例》第四十八条规定，由招标人向评标委员会提供评标所必需的信息。被告提供的评标委员会人员王某哲、尤某红、崔某、林某、刘某菊《询问（调查）笔录》中，评标委员会成员均否认在评标过程中存在相关单位和个人的干扰或不当要求。被告提供的证据中也没有评标委员会成员违法沟通、协调行为的记载，故被告行政处理决定认定的事实缺乏证据支持，其仅以评标专家在评标过程中进行了上网查询即认定存在违法行为依据不足。并且，案涉行政处理决定系依照《评标专家和评标专家库管理暂行办法》第十三条规定的评标专家应"依法对招标文件进行独立评审"，但该规定是评标专家在评标过程中享有的权利，而非禁止性规定。

【法院及案号】

一审：大连市普兰店区人民法院，〔2019〕辽0214行初134号。

【当事人】

一审原告：沈阳某通建设工程有限公司。
一审被告：庄河市建设工程招标投标管理办公室。

【案情介绍】

2014年11月5日，庄河市机构编制委员会下发《关于设立庄河市建设工程招标投标管理办公室的通知》（庄编发〔2014〕30号），决定成立庄河市建设工程招标投管理办公室，设在市公共行政服务中心。主要职责为：承担招标代理机构行为监督；负责建设工程招标投标工作的相关备案管理，监督其开标、评标、定标过程；负责招标单位自行招标能力和招标代理机构的资格（资质）审查；受理招标投标中的投诉，调解招标投标纠纷并依法查处和纠正招标投标活动中的违法违规行为；协调做好综合评标专家库动态管理。

2017年1月22日，大连北黄海经济区管理委员会规划建设部作为庄河市疏港路南段海绵改造工程EPC总承包项目的招标人，在大连建设工程信息网发布招标公告，招标文件要求设计阶段项目负责人为市政专业高级工程师及以上职称。后原告、中国某西工程设计建设有限公司（以下简称"某西公司"）与大连某迪市政工程有限公司组成的投标联合体等10家单位参与投标。2017年2月24日，该项目公开招标。评标委员会由5名专家组成，评标专家在评审过程中，对某西公司与大连某迪市政工程有限公司组成的投标联合体提交的投标文件中设计阶段项目负责人"结构专业高级工程师"专业是否属于市政专业职称产生疑问，委托招标代理公司工作人员上网查询，并将查询结果显示给专家。后经评标委员会5名专家评审，评标委员会将某西公司投标文件做废标处理，并确定原告和深圳某市政设计研究院有限公司联合体为第一中标候选人。2017年2月27日，该项目中标候选人情况在大连建设工程信息网公示。

2017年2月28日，因某西公司质疑，招标人于2017年3月2日针对某西公司投标文件为废标问题作出书面回复并抄送被告。2017年3月3日，被告作出《关于暂停庄河市疏港路南段海绵改造工程EPC总承包项目招标投标活动的通知》，告知招标人暂停该项目的招标投标活动。2017年3月16日，被告作出《关于庄河市疏港路南段海绵改造工程EPC总承包项目异议答复的函》，以招标人答复不符合要求为由要求招标人对某西公司的异议给予答复。2017年3月17日，招标人作出《关于申请庄河市疏港路南段海绵改造工程EPC总承包项目异议界定的函》，请被告协调评标委员会对某西公司提供的依据进行界定。2017年3月21日，招标人和被告组织原评标委员会对某西公司的质疑问题进行了专项审查。经审查，其中一位评委改变了第一次评标意见，其余四位评委仍坚持初次意见"认为设计阶段的设计负责人结构专业高级工程师不属于市政专业高级工程师，认定该单位废标合理"，维持原评审结果。2017年3月27日，招标人将《异议答复书》和《复议情况说明》通知某西公司。

2017年3月30日，某西公司再次向被告投诉，被告作出《关于暂停庄河市疏港路南段海绵改造工程EPC总承包项目招标投标活动的通知》，并对某西公司的投诉材料进行审查，于2017年4月11日出具《不予受理决定书》。后某西公司与大连某迪市政工程有限公司联合体向庄河市纪委投诉，并提交了《大连市人力资源和社会保障局出具的有关市政专业职称问题的答复意见》。

2017年5月31日，被告做出《关于庄河市疏港路南段海绵改造工程EPC总承包项目依法重新确定中标候选人的函》，建议招标人组织重新招标；同年7月19日，招标人作出《关于庄河市疏港路南段海绵改造工程EPC总承包项目确定中标人审查结果的通知》，决定案涉项目重新组织招标。

2017年8月2日，原告向被告投诉，请求：1.撤销招标人《关于庄河市疏港路南段海绵改造工程EPC总承包项目确定中标人审查结果的通知》；2.责令招标人依法确定原告、深圳某市政设计研究院有限公司联合体为庄河市疏港路南段海绵改造工程EPC总承包项目中标人。2017年9月1日，被告作出《关于庄河市疏港路南段海绵改造工程EPC总承包项目招标投标活动投诉案件延期作出处理决定的通知》，决定对原告的处理期限进行延期，处理决定的作出期限将视案情具体进展情况确定。2018年3月7日至9日，被告对案涉项目的4位评标专家做出《行政处罚决定书》，决定禁止4名专家参加案涉项目评标。

2018年4月2日，被告做出《行政处理决定书》（庄招处字〔2018〕第1号），该决定书除对案涉项目的投诉处理过程进行记录外，针对原告的投诉，其认定事实主要为：在案涉项目评标时，评标委员会相关成员未按照有关规定作出判断，而是凭主观臆断作出了选择性的符合性审查；评标委员会成员在评标过程中实施了沟通、协调、上网等行为，直接影响了本项目的评标结果。相关成员因受处罚导致评标委员会成员缺额四人，故被告决定：由招标人择日补充抽取缺额专家，形成完整的评标委员会组织重新评标。原告对该行政处理决定不服，在规定时间内向本院提起诉讼。

【一审情况】

争议焦点：

一、关于评标委员会成员违法沟通、协调、上网的事实认定是否成立的问题。

二、关于评标委员会在审查投标文件时所依据的标准与大连市相关部门的意见不符，审查结果存在偏差的问题。

三、关于法律适用及投诉案件的处理期限问题。

法院观点：

一、关于评标委员会成员违法沟通、协调、上网的事实认定。本院认为，根据《中华人民共和国招标投标法》（以下简称《招标投标法》）第三十八条第二款之规定，任何单位和个人不得非法干预、影响评标的过程和结果。《中华人民共和国招标投标法实施条例》（以下简称《招标投标法实施条例》）第四十八条规定，招标人应当向评标委员会提供评标所必需的信息，但不得明示或者暗示其倾向或者排斥特定投标人。同时，《评标委员会和评标方法暂行规定》第十三条第二款也对评标委员会成员不得私下接触投标人及利害关系人，以及其他不客观、不公正履职行为做出了规定。具体到本案，评标专家在评标过程中委托招标代理机构工作人员对"结构专业高级工程师"专业是否属于市政专业职称问题进行上网查询并将查询结果进行显示的行为，是评标专家对专业问题所做的查询，应视为依照《招标投标法实施条例》第四十八条规定,由招标人向评标委员会提供评标所必需的信息。被告提供的评标委员会人员王某哲、尤某红、崔某、林某、刘某菊《询问(调查)笔录》中,评标委员会成员均否认在评标过程中存在相关单位和个人的干扰或不当要求。被告提供的证据中也没有评标委员会成员违法沟通、协调行为的记载,故被告行政处理决定认定的事实缺乏证据支持,其仅以评标专家在评标过程中进行了上网查询即认定存在违法行为依据不足。并且,案涉行政处理决定系依照《评标专家和评标专家库管理暂行办法》第十三条规定的评标专家应"依法对招标文件进行独立评审",但该规定是评标专家在评标过程中享有的权利,而非禁止性规定。因此,被告依照上述规定认定评标委员会成员在评标过程中违法进行沟通、协调、上网行为依据不足,本院对此不予确认。

二、关于评标委员会在审查投标文件时所依据的标准与大连市相关部门的意见不符,审查结果存在偏差问题。因被告提供的大连市人力资源和社会保障局出具的《关于大连某迪市政工程有限公司有关"市政专业"职称问题的答复意见》为复印件,不能在本案中作为认定事实的依据。并且,就"结构专业高级工程师是否属于市政专业"问题,被告和招标人已经于2017年3月21日组织原评标委员会进行了专项审查,结论与原评审结果一致。根据《招标投标法》第三十七条第一款,第四十条及《招标投标法实施条例》第四十九条第一款、第五十一条之规定,评标由招标人依法组建的评标委员会负责;评标委员会应当按照招标文件所确定的评标标准和方法对投标文件进行审查;评标委员会认为投标文件没有对招标文件的实质性要求和条件作出响应的,应当否决其投标。据此,投标人的投标文件是否符合要求,认定权在评标委员会,被告作为招标投标活动的监督管理部门,无权对招标文件是否符合要求进行直接认定。此外,被告依照自己所做的禁止四名专家参与该项目评标的行政处罚,认定评标委员会成员缺额四人,应由招标人重新形成完整的评标委员会组织重新评标,与《招标投标法》第三十七条规定的"评标由招标人依法组建的评标委员会负责"相悖,与庄河市机构编制委员会(庄编发〔2014〕30号)通知中列明的被告职责亦不相符,存在超越职权情形。

三、关于法律适用及投诉案件的处理期限问题。在法律适用上,被告行政处理决定系依照《招标投标法》第三十七条、《评标委员会和评标办法暂行规定》第十二条规定作出。其中,《招标投标法》第三十七条规定,评标由招标人依法组建的评标委员会负责,并对评标委员会成员组成、招标方式、人员回避等作出规定;《评标委员会和评标办法暂行规定》第十二条对不得担任评标委员会成员的情形进行了明确。被告在庭审中主张除上述法律规定外,被告作出行政处理决定还依据了《招标投标法》第三十八条、《招标投标法实施条例》第八十一条及《评标专家和评标专家库管理暂行办法》第十三条之规定,对此,本院认为,虽然被告在诉讼过程中对所依据的法律规定进行了补充,但不能否认其行政处理决定中适用法律存在瑕疵,故对被告主张的其适用法律正确的意见,本院不予采纳。

在执法程序上,被告在庭审中自认该投诉案件的处理期限一般为30日,本案从2017年8月3日受理到2018年4月3日送达,已明显超出规定期限,被告对此也没有提供其处理期限合理合法的依据,故本院认定,被告所做行政处理决定程序违法。

裁判结果:

撤销被告庄河市建设工程招标投标管理办公室于2018年4月2日做出的《行政处理决定》(庄招处字〔2018〕第1号)。

九十二、

行政机关作出的决定书中所引用法律条文时未写明具体款项，属于法律适用瑕疵

——福建某企鹅管家服务有限公司与泉州市财政局行政决定案

【裁判要旨】

《政府采购供应商投诉处理办法》第八条规定："……投诉书应当包括下列主要内容：……（二）具体的投诉事项及事实依据"。因此，上诉人的投诉缺乏事实依据，被上诉人决定驳回该投诉事项并无不当。《政府采购供应商投诉处理办法》第十条、第十一条、第十七条、第二十一条条文有多个款项，被上诉人作出的《泉州市财政局政府采购投诉处理决定》（泉财采〔2012〕418号）在引用上述条文时未写明具体款项，法律适用存在瑕疵，应以指正。

【法院及案号】

一审：泉州市丰泽区人民法院，〔2013〕丰行初字第153号。

二审：福建省泉州市中级人民法院，〔2014〕泉行终字第22号。

【当事人】

一审原告、二审上诉人：福建某企鹅管家服务有限公司。

一审被告、二审被上诉人：泉州市财政局。

第三人：泉州某报投资经营有限责任公司。

【案情介绍】

市经贸委于2011年11月21日与市采购中心签订《泉州市政府采购委托代理协议》，委托该中心组织"泉州市家政服务网络中心建设"项目的招标投标活动。2011年12月7日，市采购中心在泉州市人民政府采购网发布《泉州市人民政府采购中心关于市家政项目〈采购文件〉征求意见公告》。在规定时间内，原告向该中心提交了《关于〈泉州市家政服务网络中心建设项目（公示稿）〉的建议》。2011年12月28日，市采购中心在泉州市人民政府采购网发布《泉州市人民政府采购中心关于市家政项

目公开招标公告》(采购编号QZCZZ2011064)。原告、第三人及泉州市某都市传媒有限公司参加项目投标,2012年2月7日开标,经评标委员会评定,第三人为中标候选人。同月14日原告因对第三人投标资格是否符合要求、参与此次评标的评委会成员是否符合法定条件等事项有疑义,向市采购中心提交质疑,该中心于同月20日对质疑予以答复,因对答复不满,原告于次月9日向被告提出投诉。被告组织原评标委员会对所有投标人的资格进行复查,发现在"较熟悉家政服务行业"和"有稳定的家政服务人员队伍"方面,3家投标人都不符合规定的投标资格要求,据此,被告于2012年4月20日作出《泉州市财政局政府采购投诉处理决定书》(泉财采〔2012〕113号),决定本项目中标结果无效,重新进行招标。

2012年6月9日市经贸委对采购文件相关投标人资格要求进行修改,重新进行招标,次月23日市采购中心在规定媒体公告采购项目(采购编号QZCZZ2012028)公开招标信息,原告、第三人和福建某都市传媒有限公司参加项目投标。2012年8月15日开标,经评标委员会评定,第三人为中标候选人,同月17日原告因对招标文件是否存在倾向潜在投标人的内容和采购中心是否对参与此次评标的评委会成员尽职进行调查以让利害关系人进行回避等事项有疑义,向市采购中心提交质疑,市采购中心于同月21日予以答复。因对答复不满,原告于同年9月17日向被告提出投诉,被告于2012年10月23日作出《泉州市财政局政府采购投诉处理决定书》(泉财采〔2012〕418号),驳回原告的投诉。原告不服该决定,向泉州市人民政府申请行政复议,复议机关于2013年2月21日作出《行政复议决定书》(泉政行复〔2013〕25号),维持被告作出的具体行政行为。原告仍不服,向原审法院提起行政诉讼。

【一审情况】

争议焦点:

一、原告关于"招标文件存在倾向潜在投标人"的投诉,被告认为原告投诉已失去质疑、投诉时效,不予受理是否事实清楚、适用法律正确。

二、原告关于"采购中心未对参与此次评标的评委会成员尽职进行调查以让利害关系人进行回避"的投诉,被告以原告未能提交参与评标的评委与中标候选人存在利害关系的事实依据,对投诉予以驳回是否正确。

法院观点:

一、原告关于"招标文件存在倾向潜在投标人"的投诉,被告认为原告投诉已失去质疑、投诉时效,不予受理是否事实清楚、适用法律正确。一审法院认为,市采购中心《投标邀请函》第八条的规定,是根据《中华人民共和国政府采购法》第五十二条制定的,且参考本省省级政府采购文件格式范本,其明确质疑要以书面形式提出,口头及公告发布之日起7个工作日后提出的不予接收。另外,《国务院法制办就〈中华人民共和国政府采购法实施条例(征求意见稿)〉公开征求意见的通知》第六十七条关于"(一)对采购文件提出质疑的,自供应商获得采购文件之日起计算,且应当在投标截止之日或递交谈判、询价响应性文件截止之日前提出。……",进一步佐证招标文件质疑日期的起算应该从供应商获得采购文件之日起计算。市采购中心公告采购项目公开招标信息日期为2012年7月23日,原告至2012年8月17日才提出质疑,超过期限。且原告于2012年8月15日参加投标,投标前对采购文件没有异议,其标书第3条声明已详细审查全部招标文件,自行承担理解不正确或误解而产生的后果。所以,原告未在规定的时间内提出质疑,市采购中心对其质疑答复不予受理、被告对其投诉不予受理,认定事实清楚,适用法律正确。

二、原告关于"采购中心未对参与此次评标的评委会成员尽职进行调查以让利害关系人进行回避"的投诉,被告以原告未能提交参与评标的评委与中标候选人存在利害关系的事实依据,对投诉予以驳回是否正确。一审法院认为,被告提供的《泉州市政府采购评审专家责任书》,当中就有多条关于告知评委回避的条款,如"违规处罚规定中"的第(四)条第1项和第(六)条第2项等,各评委成员均在责任书上签名,确认对其内容知悉并完全理解其条款,承担回避责任。市采购中心投标前告知7位评委遵守并执行回避制度,做其他审查及告知回避的工作,足以证明已尽职审查。原告的投诉没有具体的回避问题及相应事实证据。故原审法院认为,根据《政府采购供应商投诉处理办法》第八条关于投诉应当有具体的投诉事项及事实根据的规定,被告对原告此项投诉,认为未能提交参与本次评标的评委会成员中与中标候选人存在利害关系的事实依据,根据《政府采购供应商投诉处理办法》第十七条关于投诉缺乏事实依据的,驳回投诉等的规定,驳回投诉,并无不当。故原告的主张,没有事实和法律依据,原审法院不予支持。

裁判结果:

驳回原告福建某企鹅管家服务有限公司的诉讼请求。

【二审情况】

争议焦点:

被上诉人对投诉事项的处理是否合法的问题。

法院观点:

法院认为,本案上诉人投诉事项:一、招标文件存在倾向潜在投标人;二、采购中心未对参与此次评标的评委会成员尽职进行调查以让利害关系人进行回避。被上诉人在本案被诉《泉州市财政局政府采购投诉处理决定》(泉财采〔2012〕418号)中逐一进行了认定,对投诉事项一,以上诉人已失去质疑、投诉时效,决定对该投诉事项不予受理;对投诉事项二,以上诉人投诉缺乏事实依据,决定驳回该投诉事项。被上诉人的处理结果并无不当。

《中华人民共和国政府采购法》第五十二条规定,供应商认为采购文件、采购过程和中标、成交结果使自己的权益受到损害的，可以在知道或者应知其权益受到损害之日起七个工作日内，以书面形式向采购人提出质疑。《政府采购供应商投诉处理办法》第七条规定，供应商认为采购文件、采购过程、中标和成交结果使自己的合法权益受到损害的，应当首先依法向采购人、采购代理机构提出质疑。对采购人、采购代理机构的质疑答复不满意，或者采购人、采购代理机构未在规定期限内作出答复的，供应商可以在答复期满后15个工作日内向同级财政部门提起投诉。本案中，采购文件《投标邀请函》第八条规定"根据《中华人民共和国政府采购法》第五十二条规定，投标人认为本文件、采购过程和中标结果使自己的权益受到损害的，可以在知道或者应知其权益受到损害之日起7个工作日内，以书面形式向采购中心提出质疑，口头质疑不予接受。公告发布之日起7个工作日后提出的质疑将不予接收。"泉州市采购中心公告采购文件日期为2012年7月23日，上诉人对采购文件已全面审查，同时按要求提交了投标文件，并表示已详细审查全部招标文件，包括修改文件、附件，并同意自行承担因对全部招标文件理解不正确或误解而产生的相应后果。表明上诉人已接受招标文件的要求，上诉人至2012年8月17日才对"招标文件存在倾向潜在投标人"提出质疑，已超过质疑期限。因此，被上诉人认定上诉人未在规定的时间内提出质疑，已失去质疑、投诉时效，决定对该投诉事项不予受理并无不当。原审法院引用尚未生效的《国务院法制办就〈中华人民共和国政府采购法实施条例（征求意见稿）〉公开征求意见的通知》不当，但不影响对上诉人投诉事项"招标文件存在倾向潜在投标人"未在规定的时间内提出质疑的认定。

《政府采购货物和服务招标投标管理办法》第四十五条规定，评标委员会成员由采购人代表和有关技术、经济等方面的专家组成。本案采购评标委员会成员由7人组成，其中，采购人代表2人，从市政府采购专家库随机抽取专家5人，符合前述条文规定。被上诉人督请7位评委签订《泉州市政府采购评审专家责任书》，遵守并执行回避制度，已尽审查职责。上诉人投诉"采购中心未对参与此次评标的评委会成员尽职进行调查以让利害关系人进行回避"，但没有提供相应的证据。《政府采购供应商投诉处理办法》第八条规定："……投诉书应当包括下列主要内容：……（二）具体的投诉事项及事实依据。"因此，上诉人的投诉缺乏事实依据，被上诉人决定驳回该投诉事项并无不当。《政府采购供应商投诉处理办法》第十条、第十一条、第十七条、第二十一条条文有多个款项，被上诉人作出的《泉州市财政局政府采购投诉处理决定》（泉财采〔2012〕418号）在引用上述条文时未写明具体款项，法律适用存在瑕疵，应以指正。

裁判结果：

驳回上诉，维持原判。

九十三、

行政监督机构在作出的处理决定书中应当依法包含当事人名称和主张、各方的答辩意见和作出行政处理的法律依据，否则程序违法

——成都某环金属制品有限公司与剑阁县发展和改革局、剑阁县水务局招标投标行政纠纷案

【裁判要旨】

行政监督部门在作处理决定时应当按照《工程建设项目招标投标投诉处理办法》第二十二条"投诉处理决定应当包括下列主要内容：（一）投诉人和被投诉人的名称、住址；（二）投诉人的投诉事项及主张；（三）被投诉人的答辩及请求；（四）调查认定的基本事实；（五）行政监督部门的处理意见及依据。"查明该条规定中所要求的相关事实，而该处理决定书只有投诉人投诉反映的事实，没有投诉人的主张，没有被投诉人的答辩及请求，也没有行政监督部门在作出处理决定时所适用的法律、法规或者规章。而且该处理决定不是向投诉人、被投诉人作出的，而是向招标人作出的。该处理决定书主体错误，事实不清，适用法律错误。

【法院及案号】

一审：苍溪县人民法院，〔2014〕苍溪行初字第4号。

【当事人】

一审原告：成都某环金属制品有限公司。
一审被告：剑阁县发展和改革局、剑阁县水务局。

【案情介绍】

剑阁县龙清连通工程于2013年9月5日由剑阁县发展和改革局（以下简称"发改局"）以剑发改发〔2013〕250号文件批准建设，项目业主为剑阁县乡镇供水服务公司。该工程确定为全部委托、公开招标，是一重点民生工程，位于剑阁县剑门关下寺镇境内，主要内容是新建龙王潭水库至清江河输水管道7.2公里及附属设施。2014

年3月14日经剑阁县水务局和剑阁县发改局招标投标备案后，进行了公开招标活动。2014年4月14日该项目的施工标段招标在广元市公共资源交易中心开标，经五位评标委员会专家评审成都某环金属制品有限公司和四川某盛管业有限公司分别被推荐为第一和第二中标候选人。4月11日至4月18日在网上对评标结果进行了公示。2014年4月16日江苏某腾管业有限公司以第一中标候选人成都某环金属制品有限公司不具备PE钢丝网骨架聚乙烯电熔管件及PE钢丝网骨架聚乙烯复合管DN560管材的生产能力为由，向剑阁县水务局、广元市发展和改革委员会（以下简称"发改委"）、剑阁县纪律检查委员会（以下简称"纪委"）、招标投标监督办公室（以下简称"招监办"）、剑阁县乡镇供水服务公司投诉。剑阁县水务局于4月25日以投诉人的投诉要件不齐为由书面回复不予受理。4月26日江苏某腾管业有限公司向剑阁县纪委、剑阁县水务局、剑阁县招监办、发改委再次对第一中标候选人成都某环金属制品有限公司不具备本次招标工程量材料清单中DN560规格PE钢丝网骨架聚乙烯管件的自主生产能力进行投诉。5月20日剑阁县乡镇供水服务公司对投诉人的投诉进行了回复，以第一中标候选人成都某环金属制品有限公司虽没有提供PE钢丝网骨架DN560管材的检测报告，但经考察组考察一致认为第一中标候选人具备本次招标管材管件的生产能力对履约能力没有实质性的影响，经县相关行政监督部门和行业主管部门以及业主公司研究决定，维持原评标委员会的评审意见。6月3日经请示剑阁县招监办同意，招标人剑阁县乡镇供水服务公司于6月4日向中标第一候选人成都某环金属制品有限公司发出中标通知书。投诉人江苏某腾管业有限公司接到回复后，仍不服，又分别向市发改委、市纪委等相关单位投诉，6月24日剑阁县法制办公室、发改局、水务局以及发改局邀请的三位评标专家和水务局的法律顾问召开了对投诉事宜的咨询会议，三位评标专家、县水务局法律顾问及某律师事务所律师均认为中标第一候选人没有响应招标文件，应当废标，一致建议质询本次招标评标委员会。期间经剑阁县相关领导和相关行政监督部门与投诉人多次座谈解释，投诉人一直不服。7月9日县发改局以文件形式向省发改委提出质询的请示，经批示，7月15日县发改局召集相关单位在剑阁县公共资源交易中心参加质询。咨询的流程为：先由发改局给评标专家讲解质询的原因，然后由水务局纪检组长以问答方式逐一进行质询。评标委员会专家单独讨论出具质询意见并签字。评标委员会质询意见为第一次评标推荐的中标第一候选人成都某环金属制品有限公司、第二中标候选人四川某盛管业有限公司以及被废标的四川某泰集团有限公司均不符合招标文件和招标文件前附表1.4.1中第四条的资质要求，均作废标处理。

2014年8月26日剑阁县发改局、剑阁县水务局以剑发改发〔2014〕221号文件对剑阁县龙清连通工程招标投标信访有关问题做出调查处理决定。该处理决定的被决定单位是剑阁县乡镇供水服务公司，具体内容为：根据2014年7月8日县人民政府和7月31日县招监办召开的剑阁县龙清连通工程督办会议精神，就江苏某腾管业有限公司反映的剑阁县龙清连通工程第一中标候选人成都某环金属制品有限公司投标文件中无DN560规格PE钢丝网骨架聚乙烯管材在有效期内的省级以上塑料制品或国家建材产品监督检验中心检验合格报告（不符合招标公告3.1.1.4规定）的信访事项，我们分别于7月15日和8月4日在剑阁县公共资源交易中心对评标专家和招标代理机构及有关投标企业进行了质询和调查，成都某环金属制品有限公司和四川某盛管业有限公司投标文件均不符合该项目招标公告3.1.1.4要求。为维护招标投标活动的公平、公正，经研究决定对剑阁县龙清连通工程招标投标信访作如下处理决定：1.取消成都某环金属制品有限公司中标资格。2.取消四川某盛管业有限公司中标候选人资格。3.依法重新开展该项目施工招标活动。如有关当事人对本处理意见不服，按照《工程建设项目招标投标活动投诉处理办法》（国家发改委等七部委令第11号）第二十五条的规定，依法申请行政复议或向剑阁县人民法院提起行政诉讼。该处理决定向剑阁县纪委、成都某环金属制品有限公司、四川某盛管业有限公司、江苏某腾管业有限公司进行了抄送。原告成都某环金属制品有限公司收到该处理决定后不服向人民法院提起诉讼。

【一审情况】

  争议焦点：
  关于本案有权管辖的行政监督部门的认定及投诉处理决定书是否合法的问题。
  法院观点：
  本院认为：本案是一水利工程的招标投标活动，在招标投标过程中，行政监督机关可以按照《国务院办公厅印发国务院有关部门实施招标投标活动行政监督职责分工意见的通知》（国办发〔2000〕34号）通知的分工对招标投标活动进行监督。投标人或者其他利害关系人认为招标投标活动不符合法律、法规、规章的规定的，也有权向有关行政监督部门投诉。从本案来看，启动行政监督机关进行处理的原因是因投标人之一的江苏某腾管业有限公司因评标结果公布后就一直信访投诉不断所引起的，而且两被告所作的处理决定书中也按照《工程建设项目招标投标活动投诉处理办法》第25条的规定，告知了相关利害关系人，对处理决定不服的，可以申请行政复议或向人民法院起诉。故此行政监督机关在处理投诉的过程中就应当按照《国务院办公厅印发国务院有关部门实施招标投标活动行政监督职责分工意见的通知》（国办发〔2000〕34号）通知的第三条"对于招标投标过程（包括招标、投标、开标、评标、中标）中泄露保密资料、泄露标底、串通招标、歧视排斥投标等违法活动的监督执法，按现行的职责分工，分别由有关行政部门负责并受理投标人和其他利害关系人的投诉。按照这一原则，工业（含内贸）、水利、交通、铁道、民航、信息产业等行业和产业项目的招标投标活动的监督执法，分别由经贸、水利、交通、铁道、民航、信息产业等行政主管部门负责；各类房屋建筑及其附属设施的建造和其与配套的线路、管道、设备的安装项目和市政工程项目的招标投标活动的监督立法，由建设行政主管部门负责；进口机电设备采购项目的招标投标活动的监督执法,由外经贸行政主管部门负责。有关行政主管部门须将监督过程中发现的问题,及时通知项目审批部门,项目审批部门根据情况依法暂停项目执行或者暂停资金拨付"的规定分工,并由有权管辖的行政监督部门剑阁县水务局按照《工程建设项目招标投标活动投诉处理办法》的规定进行受理、调查、决定,该《工程建设项目招标投标活动投诉处理办法》第十一条"行政监督部门收到投诉书后,应当在三个工作日内进行审查,视情况分别做出以下处理决定。(一)不符合投诉处理条件的,决定不予受理,并将不予受理的理由书面告知投诉人;(二)对符合投诉处理条件,但不属于本部门受理的投诉,书面告知投诉人向其他行政监督部门提出投诉;对于符合投诉处理条件并决定受理的,收到投诉书之日即为正式受理。"第二十一条"负责受理投诉的行政监督部门应当自受理投诉之日起三十个工作日内,对投诉事项做出处理决定,并以书面形式通知投诉人、被投诉人和其他与投诉处理结果有关的当事人。需要检验、检测、鉴定、专家评审的,所需时间不计算在内"的规定,审查受理并在规定的时间内作出处理。在投诉处理过程中,并应当按照该《工程建设项目招标投标投诉处理办法》第十六条"在投诉处理过程中,行政监督部门应当听取被投诉人的陈述和申辩,必要时可通知投诉人和被投诉人进行质证"之规定,给被投诉人陈述和申辩的权利,同时在作处理决定时还应当按照《工程建设项目招标投标投诉处理办法》第二十二条"投诉处理决定应当包括下列主要内容:(一)投诉人和被投诉人的名称、住址;(二)投诉人的投诉事项及主张;(三)被投诉人的答辩及请求;(四)调查认定的基本事实;(五)行政监督部门的处理意见及依据。"查明该条规定中所要求的相关事实,而该处理决定书只有投诉人投诉反映的事实,没有投诉人的主张,没有被投诉人的答辩及请求,也没有行政监督部门在作出处理决定时所适用的法律、法规或者规章。而且该处理决定不是向投诉人、被投诉人作出的,而是向招标人作出的。

综上原因,该处理决定书主体错误,事实不清,适用法律错误,剑阁县发展和改革局超越职权作出处理决定,程序错误。

裁判结果:

撤销剑阁县发改局、剑阁县水务局于2014年8月26日作出的《招标投标投诉行政处理决定》(剑发改发〔2014〕221号)。

九十四、

两个投标人的投标代表系夫妻关系，属于串标行为 该次评标无效

——甲公司与靖江市财政局政府采购投诉行政处理案

【裁判要旨】

同一单位或个人因主体同一，在处理不同事务时存在认识与行动的一体化，故其代理不同投标人，得以推定不同投标人之间存在谋求中标或排斥特定投标人的联合行动。而夫妻关系以财产共有制为基础，系社会观念上最为普遍认同的利益趋同体，虽不属"同一单位或个人"之情形，却具有与"同一单位或个人"所高度一致的认识与行动上的一体性。虽然这一推定在实践中受夫妻感情状况、财产所有制情况等因素的影响，但该些因素应待投诉处理部门予以核查后再予具体判定，不宜据此直接否定夫妻关系在考量是否存在串通投标时的重要价值。靖江市财政局在处理投诉时有意忽略夫妻关系之事实，属对法律的理解与适用错误。

【法院及案号】

一审：江苏省泰州医药高新技术产业开发区人民法院，〔2016〕苏1291行初321号。
二审：江苏省泰州市中级人民法院，〔2017〕苏12行终194号。

【当事人】

一审原告、二审上诉人：甲公司。
一审被告、二审上诉人：靖江市财政局。
一审第三人：交易中心、乙公司。

【案情介绍】

2016年7月，靖江市人民医院委托交易中心就确定医疗设备进行招标投标（JJZC2016GK079）。甲公司、乙公司均参加了投标。甲公司以第一名中标，乙公司列第二名。后因公示中标总价错误，该次投标作废标处理。

2016年9月，交易中心受靖江市人民医院的委托，就超高清腹腔镜设备重新组织

招标投标（JJZC2016GK0129），并发布招标公告。招标文件第24条之24.4约定：供应商不得以任何方式或者方法提供投标以外的任何附赠条款，否则投标无效。第46条之46.2约定：有下列情形之一的，视为供应商相互串通投标：46.2.2不同供应商委托同一单位或个人办理投标事宜。第61条第一款第14项扩展性约定：可提供并兼容同一品牌各科内窥镜（腹腔镜、宫腔镜、胸腔镜、单极双极电切镜、膀胱镜、输尿管镜、脑室镜、鼻窦镜、支气管镜、椎间孔镜、关节镜），避免重复采购，节约成本。第61条第六款末文约定：另提供选配1套设备可升级为3D腔镜系统，并报配置清单和价格，作为评标依据。

2016年9月28日，交易中心组织JJZC2016GK0129招标投标项目的开标、评标工作，包含甲公司、乙公司在内的五家公司的法人代表或授权代表参与该活动。马某琴（居民身份证号码）作为乙公司代表到场，陈某清（居民身份证号码）作为南京某硕贸易有限公司（以下简称某硕公司）代表到场。现场随机抽取了评审专家（靖江市财政局确认本次抽取的专家与JJZC2016GK079招标投标程序中抽取的专家相同），并有监督人员在场监督。经开标，乙公司报价2620000元（另加配赠送设备一套），甲公司报价2800000元（另提供选配设备一套），某硕公司报价2900000元。经评审，确定本次招标投标项目中标候选人为乙公司。2016年9月29日，交易中心发布公告公布乙公司预中标。

2016年10月10日，甲公司向靖江市财政局采购办公室、交易中心、靖江市人民医院提出质疑。质疑内容涉及：1.JJZC2016GK079、JJZC2016GK0129两次招标投标项目招标参数配置相同，中标结果截然不同；且甲公司将第一次投标降价17万元，而乙公司价格保持不变却中标。因此，第二次评标不合规。2.从产品参数来看，乙公司有造假嫌疑：（1）技术指标方面，甲公司的产品技术参数远优于招标要求。乙公司提供的日本某林巴斯品牌不具有椎间孔镜等设备，故根据招标文件有关产品扩展性的要求，乙公司该项应为负偏离；（2）市场占有率方面，甲公司的产品在泰州等地区市场占有率较高，而乙公司的产品在腹腔镜领域并无优势，占有率也较少；（3）商务条款方面，中标人投标应能满足招标文件的实质要求，产品本身应是主要考量因素。甲公司、乙公司的投标文件中都包含了商务条款，仅乙公司获得加分并无依据。3.预中标人相互串通投标报价，排挤其他投标人的公平竞争，乙公司与另一家投标单位的投标代表系夫妻关系，且该两家公司为关联企业，存在串通投标行为。请求：1.对涉案招标投标项目重新评标；2.暂停采购活动。

2016年10月17日，交易中心就甲公司质疑作出回复：1.因JJZC2016GK079项目废标，故该次投标内容不予采纳。本次JJZC2016GK0129招标投标、评标过程合法。因投标人的投标文件相应内容有变化，故甲公司关于中标结果一致的主张没有依据。2.根据法律规定，招标品牌不具备唯一性和排他性，且扩展性条款并非"*"号条款，"可提供"不是要求"必须提供"，扩展性条款本身也未限定"同一品牌"，否则有违公平竞争之义。3.现无依据证明供应商之间存在直接控股、管理关联关系，无依据证明存在恶意串通情形。

2016年10月30日，甲公司向靖江市财政局提交投诉书，投诉请求为：1.对涉案招标投标项目重新评标；2.暂停采购活动；3.严厉查处串通投标行为；4.严厉查处投标技术参数造假行为。投诉事项：一、JJZC2016GK0129项目完全是JJZC2016GK079项目的第二次招标活动，二次招标标文内容及评委均为一致。因此，参考第一次评标结果，是完全具备充足依据和理由的。二、公开招标技术部分是采购单位选择设备的一个方式，是不应该具有唯一性和排他性的。但各厂家产品性能不同，各有优劣，产品不可能在技术参数和性能方面完全一样。根据招标文件扩展性的约定，明确要求"可提供同一品牌"，如不提供同一品牌，则参数偏离表应记载负偏离。据了解，乙公司提供的某林巴斯产品不具有椎间孔镜、脑室镜等设备，故该公司无法提供这一品牌的上述产品，请查实乙公司该项有无注明负偏离。三、乙公司、某硕公司投标代表为夫妻关系，两公司亦存在利益关系，属同一利益集团。

2016年11月7日，靖江市人民医院就涉案采购项目出具情况说明，述称第一次招标投标时，甲公司提供两套设备投标，价格为148万元。因价格填写错误，此标作废标处理。就第二次招标投标，该院尊重评标结论，购买价格便宜、综合性能好的设备。至于甲公司的质疑，请交易中心进行核实。

2016年11月7日，靖江市财政局向甲公司发出调查函，要求其回复以下问题并提供证明材料：1.夫妻二人不能代表两个公司参加同一项目招标活动的法律依据；2.对同一利益集团给出法律解释，提供乙公司、某硕公司属同一利益集团的证据；3.乙公司、某硕公司串通投标的具体行为。2016年11月10日，甲公司作出回复，就上述问题予以说明并提及乙公司技术参数造假。

2016年11月7日，靖江市财政局向乙公司发出调查函，要求其回复以下问题并提供证明材料：针对招标文件有关扩展性的要求，提供某林巴斯的原厂证明。2016年11月8日，乙公司提交某林巴斯（北京）销售服务有限公司上海分公司（以下简称"某林巴斯销售分公司"）出具的证明，载明：针对招标文件有关扩展性的要求，该公司提供的产品能够满足。乙公司还向靖江市财政局提交关于投诉处理调查的回复和意见，其在意见中确认于2016年11月3日知晓甲公司投诉与质疑的全部内容。

2016年11月15日，靖江市财政局作出涉案处理决定，并于2016年11月21日、2016年11月23日分别送达乙公司、甲公司。

另查明，陈某清、马某琴于2003年10月20日登记结婚。

【一审情况】

争议焦点：

靖江市财政局针对甲公司所提投诉事项所作处理是否准确、合法。

法院观点：

一、关于甲公司的第一个投诉事项。靖江市人民医院委托交易中心实施的招标投标项目，先后组织过JJZC2016GK079、JJZC2016GK0129两次招标投标程序。第一次招标投标程序因预中标人报价错误而作废标处理。废标后再行组织的招标投标程序与首次程序并无实际关联，首次招标投标中的评标结果不应成为复次招标投标评标结果的任何依据。原则上，财政部门在处理投诉时以及法院在司法审查时，均不得介入评审委员会的专业意见。然而，行政法上有"平等原则"，旨在要求行政机关处理行政事务应同等对待相同之情形。本案中，在两次评标人与供应商投标内容均为一致的条件下，若评标结果差异过大，则显然有悖上述法律原则，投诉处理部门与司法机关因此具有对评审结果予以形式审查的余地。

现已经查明甲公司、乙公司在本次招标投标中就选配设备的供给方式与首次招标投标时发生了重大变化，该事实构成对适用平等原则所需"相同情形"这一涵摄条件的破坏，故甲公司虽然对投标价作下调处理以提升投标竞争力，因客观上欠缺予以"同等对待"之基础，致首次评标结果丧失参照价值。至于甲公司在审理中主张乙公司附赠选配设备的行为违反招标文件与《中华人民共和国反不正当竞争法》之规定，因其并未作为投诉事项提出，故靖江市财政局未予考量并无不当。

综上，靖江市财政局就甲公司第一个投诉事项所作处理应为正确、合法。

二、关于甲公司的第二个投诉事项。根据甲公司对该事项的描述，并关注其中以粗体记载部分，可以判定甲公司的主要异议在于：乙公司投标产品为日本某林巴斯品牌，而该品牌不具备生产扩展性要求中部分设备的能力，故乙公司就扩展性要求部分所提供的设备不可能与招标投标设备系"同一品牌"，故该项投标、评标均应认定为"负偏离"。因此，甲公司质疑乙公司存在提供虚假技术参数。

根据招标文件第61条第一款第14项扩展性约定，（供应商）可提供并兼容同一品牌各科内窥镜。按照文义理解，"可"是"可以"的意思，并不指代"必须"；结合文件体系，所谓"同一"品牌应指与供应商提供的"超高清腹腔镜"设备为同一品牌；而"兼容"则将对内窥镜的要求放宽到与供应商提供的"超高清腹腔镜"设备品牌兼容即可，并非甲公司所投诉的"（乙公司）必须提供某林巴斯品牌的各科内科镜"之要求。因此，甲公司该项投诉本身即存在对招标文件扩展性要求的错误认识，其基于该认识所提投诉事项，当然欠缺事实依据。

再者，在投诉处理程序中，乙公司亦提交了上游供应商的证明文件，而甲公司未提交乙公司所供内窥镜无法满足扩展性要求的初步证据，故靖江市财政局就甲公司第二个投诉事项所作处理亦无不当。至于甲公司所提市场占有率问题，因甲公司在投诉程序中未明确作为投诉事项，故本案不予理涉。关于甲公司要求法院调取部分招标投标资料的申请，因上述资料与本案并无关联，故不予准许。

三、关于甲公司的第三个投诉事项。靖江市财政局认为法律无明文禁止夫妻二人代表不同投标人参加同一招标投标活动，本次招标投标不存在串通投标行为，故驳回甲公司该项投诉。一审法院认为，靖江市财政局该项处理存在不当，理由如下：

1. 法律构成要件可以列举式及概括式的方法予以规定。《中华人民共和国招标投标法实施条例》第三十九条第二款在列举四项投标人串通投标的情形外，第五项概括规定："投标人之间为谋取中标或者排斥特定投标人而采取的其他联合行动"。《中华人民共和国政府采购法实施条例》第七十四条在列举六项恶意串通行为之外，第七项亦概括规定："供应商与采购人或者采购代理机构之间、供应商相互之间，为谋求特定供应商中标、成交或者排斥其他供应商的其他串通行为"。因此，恶意串通投标行为，若未在法律明确列举的特定情形之中，仍需考察是否符合法律的概括规定。根据上列兜底条款，对投标人之间谋求中标或排斥特定投标人的联合行动均应认定为恶意串通投标的行为，故即使法律未明确禁止夫妻二人代表不同投标人参加同一招标投标活动，并不当然可以排除存在串通投标的事实。

2. 招标文件第46条之46.2约定："有下列情形之一的，视为供应商相互串通投标：46.2.2不同供应商委托同一单位或个人办理投标事宜"。《中华人民共和国招标投标法实施条例》第四十条规定："有下列情形之一的，视为投标人相互串通投标：（二）不同投标人委托同一单位或者个人办理投标事宜"。从上述规（约）定本意进行分析，同一单位或个人因主体同一，在处理不同事务时存在认识与行动的一体化，故其代理不同投标人，得以推定不同投标人之间存在谋求中标或排斥特定投标人的联合行动。而夫妻关系以财产共有制为基础，系社会观念上最为普遍认同的利益趋同体，虽不属"同一单位或个人"之情形，却具有与"同一单位或个人"所高度一致的认识与行动上的一体性。虽然这一推定在实践中受夫妻感情状况、财产所有制情况等因素的影响，但这些因素应待投诉处理部门予以核查后再予具体判定，不宜据此直接否定夫妻关系在考量是否存在串通投标时的重要价值。靖江市财政局在处理投诉时有意忽略夫妻关系之事实，属对法律的理解与适用错误。

3. 政府采购通过招标投标程序的公平竞价机制，尽可能地消除暗箱操作，公开透明地分配公共资源。财政部门处理招标投标投诉时，对具体的投诉事项应结合投诉人的初步举证审慎开展调查，切实发挥招标投标机制的作用，消除违法招标行为，维护正常的招标投标秩序。经查明，甲公司在投诉书中表明乙公司、某硕公司投标代表系夫妻，靖江市财政局已经知晓且未持异议；甲公司还初步阐述两公司之间的利害关系。而靖江市财政局仅就法律的解释与适用问题要求甲公司予以答复，并未就可能构成串通投标的关联事实向乙公司等展开必要的调查与核实，这一行为方式本身即有违调查为查明客观事实之目的，也当然导致事实无以查明。因此，靖江市财政局所作该部处理决定认定事实不清，证据不足，应为违法。

综上，靖江市财政局针对甲公司第一、二个投诉事项所作处理决定正确、合法，对第三个投诉事项所作处理事实认定不清，适用法律错误，依法应予撤销，并责令其重新作出处理。

裁判结果：

一、撤销靖江市财政局作出的《投诉处理决定》（靖财购决〔2016〕4号）中针对甲公司投诉书中第三个投诉事项所作处理部分；

二、责令靖江市财政局于判决生效后45日内针对甲公司投诉书中第三个投诉事项重新作出处理；

三、驳回甲公司要求撤销靖江市财政局作出的《投诉处理决定》（靖财购决〔2016〕4号）中其他处理部分的诉讼请求。

一审案件受理费50元，由甲公司、靖江市财政局各半负担（甲公司已预交50元，靖江市财政局应交25元于判决生效后径交甲公司）。

【二审情况】

争议焦点：

靖江市财政局对甲公司投诉作出的处理决定是否合法。

法院观点：

关于投诉事项一，两次招标投标均为采用公开招标方式进行的政府采购项目，在第一次废标后，第二次公开招标经过了完整的招标投标程序，包括但不限于发布采购文件、投标、评标等，所以第二次公开招标与第一次公开招标之间相互独立，甲公司认为第二次评标结果应当参考第一次评标结果的观点没有法律依据，本院不予支持。至于甲公司提出乙公司附赠行为违法问题，因投诉时并未提出，故投诉处理决定未予理涉并无不当。

关于投诉事项二，《中华人民共和国政府采购法实施条例》第五十五条规定，"供应商质疑、投诉应当有明确的请求和必要的证明材料。"甲公司认为乙公司提供了虚假的技术参数，但并未提供任何证明材料。相反，乙公司提供了其上游供应商某林巴斯销售分公司的证明，进一步证明其能够满足采购文件中规定的扩展性要求。故对于甲公司认为乙公司提供了虚假技术参数的观点，本院亦不予支持。

关于投诉事项三，甲公司在投诉中提出乙公司与某硕公司串通投标的理由有二：一是两公司的投标代表为夫妻；二是两公司存在利益关系，属于同一利益集团。而靖江市财政局仅核查了两家公司是否属于单位负责人为同一人或者是否存在直接控股、管理关系。《中华人民共和国政府采购法实施条例》第七十四条规定了多种供应商之间串通投标的行为，包括列举的六种情形及概括的兜底情形。固然《中华人民共和国政府采购法》及实施条例中并未明确禁止夫妻分别代表不同的供应商参加同一项目的投标活动，但基于法律规定本身不可能穷尽生活事实的特征以及政府采购中禁止供应商之间串通投标的立法本意，只要是符合"供应商与采购人或者采购代理机构之间、供应商相互之间，为谋求特定供应商中标、成交或者排斥其他供应商"的串通行为,均是立法禁止的行为。甲公司在投诉时已经提出乙公司、某硕公司投标代表为夫妻,靖江市财政局已经知晓这一情况。在得知存在夫妻分别代表不同供应商投标及可能存在串标行为时,靖江市财政局应当就此向乙公司及某硕公司进行进一步调查,如是否存在协商报价、技术方案等投标文件或者响应文件的实质性内容等情形,而靖江市财政局甚至都未调查乙公司与某硕公司委派的投标代表是否为夫妻,如情况属实是否存在串通投标行为,即以没有法律依据为由驳回投诉,显属不当。

综上,一审判决正确,甲公司、靖江市财政局的上诉理由均不能成立,其上诉请求本院不予支持。

裁判结果:

驳回上诉,维持原判。

九十五、

虽第三人陈述投标人上加盖的第三人公章系虚假，但没有进行鉴定的情况下直接认定投标人虚假投标，属于认定事实不清

——甲公司与涟水县招标投标管理办公室行政处罚案

【裁判要旨】

上诉人甲公司提交的《单位工程竣工验收证明书》业已经四方盖章确认。结合被上诉人涟水县招标投标管理办公室提供的证据，被上诉人在未确定设计单位南京某夏天成建设有限公司公章真伪的情况下，仅以事后南京某夏天成建设有限公司不予认可以及项目负责人"孙某明"签名不是本人所签为由，认定上诉人提供虚假证明材料，进而对上诉人作出行政处罚决定，属认定事实不清，证据不足，依法应予撤销。

【法院及案号】

一审：江苏省涟水县人民法院，〔2018〕苏0826行初55号。

二审：江苏省淮安市中级人民法院，〔2018〕苏08行终239号。

【当事人】

一审原告、二审上诉人：甲公司。

一审被告、二审被上诉人：涟水县招标投标管理办公室（以下简称"涟水招标办"）。

【案情介绍】

2018年4月招标人某世缘集团有限公司发布招标公告，就国缘宾馆室内装修工程进行公开招标。在招标公告中，对投标人资格要求及其他资格要求均作了明确规定和说明。原告甲公司参加投标并提供了相关材料。2018年5月28日被告对国缘宾馆室内装修工程评标结果予以公示，原告被确定为第一中标候选人。在公示期间，深圳某外装饰工程有限公司向被告进行投诉、举报，称原告施工的泰州市人民医院新区医院（一期）二标段室内装饰工程尚未进行竣工验收，原告在投标中却提供了该工程已竣工的虚假竣工验收报告，该公司同时向县纪委、监委信访反映。被告经调查，认定原

告提供的业绩资料《单位工程竣工验收证明书》中，设计单位项目负责人"孙某明"签名不是孙某明本人所签，认为原告行为违反了《中华人民共和国招标投标法》第三十三条和《中华人民共和国招标投标法实施条例》第四十二条的规定，属于提供虚假的业绩证明文件，以其他方式弄虚作假来骗取中标。2018年8月24日被告对原告作出《行政处罚决定书》(涟招管罚〔2018〕3号)。原告不服该处罚决定，向一审法院提起行政诉讼。

【一审情况】

争议焦点：

一、被告是否有权对原告作出行政处罚。

二、被告作出的《行政处罚决定书》(涟招管罚〔2018〕3号)认定事实是否清楚，处罚程序是否合法，处罚结果是否适当。

法院观点：

一、被告是否有权对原告作出行政处罚。《中华人民共和国招标投标法实施条例》第四条第二款规定，县级以上地方人民政府发展改革部门指导和协调本行政区域的招标投标工作。县级以上地方人民政府有关部门按照规定的职责分工，对招标投标活动实施监督，依法查处招标投标活动中的违法行为。县级以上地方人民政府对其所属部门有关招标投标活动的监督职责分工另有规定的，从其规定。涟水县委、县政府涟发〔2002〕6号文件规定，为统一规范全县公有资金采购和招标投标活动，决定成立涟水县招标投标管理委员会、涟水县招标投标管理办公室、涟水县招标投标服务中心，负责全县公有资金采购、公有资产拍卖、招标投标工作的管理和监督。涟水县招标投标管理办公室主要职责是：……管理、监督、规范全县公有资金采购、公有资产拍卖和招标投标活动，依法查处公有资金采购、公有资产拍卖和招标投标活动中违法违规行为；……涟水县委、县政府涟发〔2002〕6号文件依据招标投标法的相关规定决定成立涟水县招标投标管理办公室作为其所属职能部门，并对其在招标投标活动的监督职责作出明确规定，即对招标投标活动中的违法违规行为由涟水县招标投标管理办公室负责查处。该文件虽然在《中华人民共和国招标投标法实施条例》实施前制定，但其内容并不违反《中华人民共和国招标投标法实施条例》第四条第二款的规定，符合该条例精神。涟发〔2002〕6号文件依据相关法律制定，不违反现行法律、法规的规定，其内容并不违法。依据该文件规定，对本县区域内招标投标活动中的违法违规行为，被告有权进行查处。

二、被告作出的《行政处罚决定书》(涟招管罚〔2018〕3号)认定事实是否清楚，处罚程序是否合法，处罚结果是否适当。《江苏省招标投标条例》第二十六条规定，投标人申请投标应当提供下列资料，并对所提供资料的真实性、准确性负责：(一)营业执照和资质证书或者其他证明文件；(二)资信证明、履约情况和业绩材料；……。

《中华人民共和国招标投标法实施条例》第四十二条第二款规定，投标人有下列情形之一的，属于招标投标法第三十三条规定的以其他方式弄虚作假的行为：……（二）提供虚假的财务状况或者业绩；……。具体到该案，设计单位原项目负责人孙某明在2017年1月已从设计单位南京某夏天成建设有限公司离职，孙某明本人未参加亦未委托他人参加泰州医院新区医院（一期）二标段内装饰工程的验收，原告在投标活动中提供《单位工程竣工验收证明书》作为其业绩资料，但《单位工程竣工验收证明书》中"孙某明"签名并不是孙某明本人所签，项目负责人署名存在不真实情况，根据上述法规的规定，投标人应当对所提供资料的真实性、准确性负责，原告的行为属于提供虚假的业绩资料，原告在投标过程中有违反法规规定的违法行为，被告依职权可以对其进行调查处罚。对于原告庭审中要求对《单位工程竣工验收证明书》中设计单位南京某夏天成建设有限公司印章及"孙某明"签名进行重新鉴定的申请。一审法院认为，被告处罚决定书中并未认定某夏天成建设有限公司印章为假章，故无需对某夏天成公司印章真伪进行鉴定；关于"孙某明"签名是否需要重新进行鉴定，因原告并未举证证明据以认定案件事实的北京某正司法鉴定中心出具的《司法鉴定意见书》可能有错误，故原告要求对"孙某明"签名进行重新鉴定的申请一审法院亦不予支持。被告经受理、立案、调查，告知、听证、作出处罚决定并送达当事人，程序合法。结合该案案情，被告取消原告第一中标候选人资格，并处处罚幅度相对较轻的罚款，处罚结果并无不当，适用法律正确。综上，原告请求撤销被告作出的处罚决定书无事实和法律依据，一审法院不予支持。

裁判结果：

判决驳回原告甲公司要求撤销被告涟水招标办于2018年8月24日作出的《行政处罚决定书》（涟招管罚〔2018〕3号）的诉讼请求。

【二审情况】

争议焦点：

一、被上诉人涟水招标办是否具有作出涉案行政处罚的法定职责。

二、被上诉人作出的涉案《行政处罚决定书》是否符合法律规定。

法院观点：

一、被上诉人涟水招标办是否具有作出涉案行政处罚的法定职责。

本院认为，《中华人民共和国招标投标法》第七条规定："招标投标活动及其当事人应当接受依法实施的监督。有关行政监督部门依法对招标投标活动实施监督，依法查处招标投标活动中的违法行为。对招标投标活动的行政监督及有关部门的具体职权划分，由国务院规定。"《关于国务院有关部门实施招标投标活动行政监督的职责分工的意见》（国办发〔2000〕34号）第三条规定："……各类房屋建筑及其附属设施的建造和与其配套的线路、管道、设备的安装项目和市政工程项目的招标投标活动的执法监督，由建设行政主管部门负责；……"。《中华人民共和国招标投标法实施条例》第四条第二款规定："县级以上地方人民政府发展改革部门指导和协调本行政区域的招标投标工作。县级以上地方人民政府有关部门按照规定的职责分工，对招标投标活动实施监督，依法查处招标投标活动中的违法行为。县级以上地方人民政府对其所属部门有关招标投标活动的监督职责分工另有规定的，从其规定。"《江苏省房屋建筑和市政基础设施工程招标投标异议与投诉处理实施办法》第三条第二款规定："县级以上人民政府住房和城乡建设行政主管部门按照职责分工和监管权限，受理和处理招标投标投诉，对招标投标的异议处理进行监督。县级以上人民政府对招标投标活动监督职责分工另有规定的，从其规定。"从上述法律、法规等规定可以看出，在一般情况下，县级以上人民政府住房和城乡建设行政主管部门按照职责分工和监管权限，受理和处理建设工程领域招标投标投诉，对异议处理进行行政监督。但法律法规同时又授权县级以上人民政府可以对招标投标活动行政监督职责进行分工。

本案中，为加强全县招标投标管理工作，2002年2月10日涟水县委员会、涟水县人民政府联合下发《关于进一步加强公有资金采购和招标投标管理工作的意见》（涟发〔2002〕6号）（以下简称"县委县政府6号文件"），决定成立涟水招标办，负责全县招标投标工作实施日常管理和监督，并依法查处招标投标活动中违法违规行为。可见，县委县政府6号文件就有关招标投标活动监督职责进行了分工，确定由本案被上诉人涟水招标办依法查处招标投标活动中的违法行为。县委县政府6号文件的制定虽然在《中华人民共和国招标投标法实施条例》之前，但其内容并不违反上述法律、法规等规定。相反，还契合了相关法律法规的精神。县委县政府6号文件在《中华人民共和国招标投标法实施条例》正式实施后取得合法性依据，被上诉人涟水招标办依据县委县政府6号文件的规定，有权查处招标投标活动中的违法行为，是本案适格的被告。上诉人甲公司认为县委县政府6号文件不能作为被上诉人行使招标投标领域行政处罚权依据的主张不能成立，一审判决并无不当，本院予以支持。

二、被上诉人作出的涉案《行政处罚决定书》是否符合法律规定。

本院认为，《中华人民共和国招标投标法》第三十三条规定："投标人不得以低于成本的报价竞标，也不得以他人名义投标或者以其他方式弄虚作假，骗取中标。"《中华人民共和国招标投标法实施条例》第四十二条第二款规定："投标人有下列情形之一的，属于招标投标法第三十三条规定的以其他方式弄虚作假的行为：（一）使用伪造、变造的许可证件；（二）提供虚假的财务状况或者业绩；（三）提供虚假的项目负责人或者主要技术人员简历、劳动关系证明；（四）提供虚假的信用状况；（五）其他弄虚作假的行为。"被上诉人涟水招标办以上诉人在招标过程中弄虚作假，提供虚假证明文件，上诉人提交的泰州市人民医院新区医院（一期）内装饰工程二标段项目《单位工程竣工验收证明书》设计单位南京某夏天成建设有限公司不予认可，项目负责人"孙某明"签名不是本人所签，进而对上诉人甲公司作出《行政处罚决定书》。

本案中，涉案招标文件要求《验收合格证明》须经建设单位、施工单位、设计单位和监理单位四方盖章。上诉人甲公司提交的《单位工程竣工验收证明书》业已经四方盖章确认。结合被上诉人涟水招标办提供的证据，被上诉人在未确定设计单位南京某夏天成建设有限公司公章真伪的情况下，仅以事后南京某夏天成建设有限公司不予认可以及项目负责人"孙某明"签名不是本人所签为由，认定上诉人提供虚假证明材料，进而对上诉人作出行政处罚决定，属认定事实不清，证据不足，依法应予撤销。一审判决认定该事实错误，本院予以纠正。

裁判结果：

一、撤销江苏省涟水县人民法院〔2018〕苏0826行初55号行政判决。

二、撤销被上诉人涟水招标办于2018年8月24日作出的《行政处罚决定书》（涟招管罚〔2018〕3号）。

九十六、

行政监督部门在招标人取消中标人决定书中加盖印章行为违法

——甲公司与县文化广电新闻出版旅游局行政诉讼案

【裁判要旨】

行政监督部门在招标投标过程中负有监督行政职能，而非对外作出《取消中标人决定》的决定人。若行政监督部门在《取消中标人决定》加盖公章，行政相对人有理由认为《取消中标人决定》是行政监督部门和招标人共同作出的，故行政监督部门在《取消中标人决定》作出的行为明显不妥，应确认违法。

【法院及案号】

一审：抚州市临川区人民法院，〔2019〕赣1002行初36号。

【当事人】

一审原告：甲公司。
一审被告：县文化广电新闻出版旅游局。

【案情介绍】

2018年1月15日，宜黄县文物管理所编制江西省房屋建筑和市政基础设施工程施工招标文件，招标的项目为宜黄县中央苏区中央局旧址维修（东陂点、黄陂点、新丰点、中港点、圳口点、桃陂点）工程。该招标文件在网上予以公示。该招标的监管机关为宜黄文化局（已改名县文化广电新闻出版旅游局），该招标文件的第一部分的招标文件专用要约条款中12.1.1-8中对投标企业业绩要求做了规定，其中规定："开标时须提供经建设行政主管部门或文物行政主管部门备案的竣工验收备案表及竣工备案表、经备案的施工合同。经备案的中标通知书和经建设官方网站公示的中标结果截图等四项证明材料复印件并加盖投标人公章。"原告甲公司获知被告招标文件后，以投标人的身份报名参加招标活动，开标前，原告向宜黄县文物管理所提交相应的投标资料，其中提供的业绩截图为千里马招标网站上的业绩截图。

2018年9月27日上午，该工程招标在宜黄县公共资源交易中心举行，经该项目的评标委员会评定，原告被确认为第一中标候选人。当日下午，宜黄县文物管理所电话通知正在返回南昌的原告工作人员回到宜黄，对原告提供的千里马招标网站上的业绩截图提出质疑，并认为千里马网站不属于建设官方网站，原告工作人员对宜黄县文物管理所的质疑作出解释，原告认为千里马网站就是官方网站。2018年9月27日下午，被告在宜黄县资源交易网上公示中标候选人为福建省泉州市某古建筑有限公司（原第二中标候选人）。9月28日，原告到宜黄县文物管理所处提交关于业绩的补充资料，得知被告县文化广电新闻出版旅游局和宜黄县文物管理所已经作出取消原告第一中标候选人的《取消决定》，该《取消决定》主要内容：评标委员会提出书面报告确认的第一中标候选人甲公司委托人下午14：50分至16：37分未提供招标文件要求经建设官方网站公示的中标结果截图，第一中标候选人不符合招标文件12.1.1说明事项第8条，依据《中华人民共和国招标投标法实施条例》第五十五条规定，经我单位研究决定对宜黄旧址维修工程的第二中标候选人福建省泉州市某古建筑有限公司拟定第一中标候选人。落款单位为宜黄县文物管理所，落款时间2018年9月27日，在决定上加盖公章有宜黄县文物管理所和宜黄县文化广电新闻出版局（后更改名称为县文化广电新闻出版旅游局）。原告得知此《取消决定》，多次向有关部门反映未果，故诉至法院。

【一审情况】

争议焦点：

关于案涉行政行为是否合法的问题。

法院观点：

一审法院认为案涉行政行为违法，理由如下：

依据《江西省房屋建筑和市政基础设施工程施工招标投标资格审查办法》第二十八条规定："中标候选人确定后，招标人可对中标人或资格审查合格人是否符合招标人根据本办法拟定的相关资格条件进行核实，发现不符合上述资格条件的，有权取消其投标资格。"《国务院办公厅印发国务院有关部门实施招标投标活动行政监督的职责分工的意见的通知》第三条规定："各类房屋建筑及其附属设施的建造和与其配套的线路、管道、设备的安装项目和市政工程项目的招标投标活动的监督执法，由建设行政主管部门负责。"本案中，宜黄县文物管理所为宜黄旧址维修工程的招标人，具有取消投标人的投标资格的行政职权，县文化广电新闻出版旅游局作为宜黄县文物管理所上级行政主管部门及工程的监管机关，对宜黄县文物管理所进行的宜黄县中央苏区中央局旧址维修工程的招标投标过程中负有监督行政职能，而非对外作出《取消决定》的决定人。县文化广电新闻出版旅游局在《取消决定》加盖公章，行政相对人有理由认为《取消决定》是被告县文化广电新闻出版旅游局和宜黄县文物管理所共同作出的，而非被告辩称加盖公章是被告同意宜黄县文物管理所作出《取消决定》的行为，故被告在《取消决定》作出的行为明显不妥，应确认违法。

裁判结果：

确定被告县文化广电新闻出版旅游局对《关于宜黄县中央苏区中央局旧址维修（东陂点、黄陂点、新丰点、中港点、圳口点、桃陂点）工程取消评标委员会提出的书面报告里第一中标候选人的决定》上作出的行为违法。

九十七、

招标投标活动的投诉信息来源要合法

——南京某消防公司与市住房和城乡建设委员会行政诉讼案

【裁判要旨】

投诉人或者其他利害关系人认为招标投标活动不符合法律法规的，可以行使其投诉的法定权利。但行使投诉权必须依法有据，对此法律法规在赋予投诉权的同时也作出必要的限制，不能仅因为投诉人认为招标投标活动不符合有关规定即可无条件启动投诉，投诉人还必须有明确的请求并附必要的证明材料，应当说明其投诉材料的合法来源。《中华人民共和国招标投标法实施条例》第六十一条第三款的规定，"投诉人捏造事实、伪造材料或者以非法手段取得证明材料进行投诉的，行政监督部门应当予以驳回"。

【法院及案号】

一审：北京市海淀区人民法院，〔2014〕海行初字第434号。
二审：北京市第一中级人民法院，〔2015〕一中行终字第112号。

【当事人】

一审原告、二审上诉人：南京某消防公司。
一审被告、二审被上诉人：市住房和城乡建设委员会（以下简称"市住建委"）。

【案情介绍】

2014年5月26日，被告市住建委作出京建招投诉处理决定〔2014〕001号关于"数控机房等5项—消防工程"投诉调查处理决定，认定中国建筑某公司作为项目招标人于2014年4月23日组织了资格预审评审，2014年4月28日原告南京某消防公司投诉时，中国建筑某公司尚未到行政监督部门办理投标人投标资格登记。根据《中华人民共和国招标投标法》（以下简称《招标投标法》）第二十二条第一款、第四十四条第三款的规定，各潜在投标人的资格预审申请文件内容、资格预审评分的打分情况、评审结果和入围情况不应被投诉人知悉。因此，根据《工程建设招标投标活动投诉处理办法》(以下简称《处理办法》)第二十条的规定,驳回南京某消防公司的投诉。

在法定的举证期限内,被告市住建委提交了如下证据并当庭出示:1.投诉书及投诉材料,证明被告于2014年4月28日收到了原告的投诉材料;2.《关于请南京某消防公司补充数控机房等5项-消防工程项目投诉材料的函》、南京某消防公司回函、投诉书(二),证明原告的证据材料中没有提供信息的合法来源;3.《资格预审评审报告中的基本情况一览表》《资格预审评审报告中的专家评审意见表》《资格预审情况书面报告》《投标人投标资格登记表》,证明招标人于2014年4月23日组织了资格预审评审,5月20日进行了投标人投标资格登记;且在原告投诉时,各投标人信息处于保密阶段,原告不能证明其投诉时提供的信息和资料的合法来源;4.快递回执,证明被告将处理决定邮寄送达给原告。同时,被告出示了《招标投标法》第二十二条、第四十四条,《中华人民共和国招标投标法实施条例》(以下简称《招标投标法实施条例》)第六十一条,《处理办法》第二十条第(一)项,《关于国务院有关部门实施招标投标活动行政监督的职责分工的意见》(国办发〔2000〕34号)(以下简称《职责分工意见》)作为其作出被诉行政行为的法律规范依据。

原告南京某消防公司诉称,原告参与招标人中国建筑某公司公开招标的数据机房等5项-消防工程,并于2014年4月30日对本次招标活动中存在的项目经理执业资格证书、职称证书、学历及技术负责人的职称证书、学历造假的情况进行了举报,被告置之不理,未作任何调查处理。之后,原告于2014年5月15日递交了投诉书(二)对本次投标活动中部分投标人近三年财务状况涉嫌造假等情况进行举报,并要求被告予以查实处理。被告应对原告提供的有效线索进行核实调查或成立调查小组,但事实上被告未对原告的上述举报进行核实调查就驳回了原告的投诉和举报,存在严重的行政不作为。根据《招标投标法》第六十五条、《北京市招标投标条例》第四十四条和《处理办法》第十四条的规定,被告对于原告的投诉应当予以调查核实。被告的行政不作为严重侵害了原告的合法权益,因此请求法院撤销被告作出的处理决定,诉讼费由被告负担。

在法院指定的证据交换期限内,原告南京某消防公司提交了如下证据并当庭出示:1.投诉书;2.投诉书(二),证明原告作为此次招标投标活动的利害关系人对此次招标投标活动中的违法违规行为向被告举报并提供有效线索;3.投诉调查处理决定,证明被告对原告的举报予以驳回,存在严重的行政不作为。

被告市住建委辩称,一、被告作出的处理决定职权合法。依据相关规定,被告作为本市建筑业的行政管理机关,有权作出相关处理决定。二、被告作出的处理决定认定事实清楚、适用法律正确,并无任何违法之处。被告受理原告的投诉后,立即进行了调查,发现项目招标人中国建筑某公司于2014年4月23日组织了资格预审评审,在原告投诉时,招标人尚未到行政监督部门办理投标人的投标资格登记,各投标人的信息处于保密阶段。被告要求原告能够说明其投诉材料的合法来源,但原告未予提供,因此被告作出上述处理决定。三、被告已经履行了法定职责。被告在职责范围内已经履行了法定职责,不存在原告所说的不作为的情形。综上,请求人民法院依法驳回原告的诉讼请求。

上述证据经过庭审质证,各方当事人发表质辩意见如下:

对于被告提交的证据,原告对证据的真实性予以认可,但对于证据的证明目的不予认可,原告认为被告应当调查核实,被告没有调查核实构成了行政不作为,其作出的处理决定不合法。

对于原告提交的证据,被告对证据的真实性予以认可,但对于证据的证明目的不予认可,被告认为原告无法说明其举报材料的合法来源。

一审法院在听取了各方当事人的质辩意见并经评议后,认证如下:

被告提交全部证据,形式上符合《最高人民法院关于行政诉讼证据若干问题的规定》中规定的证据形式的要求,证据内容真实、来源合法,与本案被诉的行政行为具有关联性,本院予以采信。

原告提交的证据1和证据2的真实性本院予以认可,但对于上述证据的证明目的本院不予采信;原告提交的证据3系本案被诉具体行政行为,不能作为证据使用。

根据以上经过认证的证据以及庭审查明的情况,可以确认如下事实:

2014年4月28日,南京某消防公司向市住建委进行投诉,认为在招标人中国建筑某公司进行的关于建设单位中国某银行股份有限公司数据机房等五项一消防工程招标投标过程中,北京某泰信达消防工程有限公司等众多投标人中,涉嫌存在项目经理职业资格证书、职称证书、学历及技术负责人的职称证书和学历造假等情况,要求市住建委对相关违法行为予以处理并给投诉人书面回复,同时提交了相关投诉材料。2014年5月4日,市住建委向南京某消防公司发出《关于请南京某消防公司补充数控机房等5项一消防工程项目投诉材料的函》,要求南京某消防公司补充提交有关资格预审结果的信息来源说明和其他投标人资格预审申请文件中内容的信息来源说明。同年5月7日,南京某消防公司向市住建委回复,认为市住建委要求其提交补充材料没有法律依据,并要求市住建委立即依法履行调查监督职责,并对其投诉所取得的任何调查结果进行书面报告。2014年5月15日,南京某消防公司再次向市住建委提交了投诉书(二)和补充材料,但补充材料中并无市住建委要求其提供的说明材料合法来源的相关材料。经市住建委调查,项目招标人中国建筑某公司于2014年4月23日组织了资格预审评审;在南京某消防公司于2014年4月28日投诉时,中国建筑某公司尚未到市住建委办理投标人投标资格登记。2014年5月20日,中国建筑某公司办理了投标人投标资格登记。同年5月26日,市住建委作出上述处理决定,驳回南京某消防公司的投诉。同年5月27日,市住建委通过邮寄的方式向南京某消防公司进行了送达。南京某消防公司不服上述处理决定,于2014年7月29日向一审法院提起行政诉讼。

【一审情况】

争议焦点：

投诉人在向行政监督部门投诉时，是否应当说明其投诉材料的合法来源；如不能说明投诉材料合法来源的，行政监督部门是否可以驳回其投诉的问题。

法院观点：

投诉人在向行政监督部门投诉时，是否应当说明其投诉材料的合法来源；如不能说明投诉材料合法来源的，行政监督部门是否可以驳回其投诉的问题。《招标投标法》第二十二条第一款规定："招标人不得向他人透露已获取招标文件的潜在投标人的名称、数量以及可能影响公平竞争的有关招标投标的其他情况。"《招标投标法》第四十四条第三款规定："评标委员会成员和参与评标的有关工作人员不得透露对投标文件的评审和比较、中标候选人的推荐情况以及与评标有关的其他情况。"因此，对于潜在投标人的名称、资产情况等与投标有关的情况，不应被他人所知悉。《招标投标法实施条例》第六十一条第三款规定："投诉人捏造事实、伪造材料或者以非法手段取得证明材料进行投诉的，行政监督部门应当予以驳回。"《处理办法》第二十条第（一）项亦规定："行政监督部门认为投诉缺乏事实根据或者法律依据的，应当驳回投诉。"依据上述规定，投诉人在向行政监督部门投诉时，应当说明其投诉材料的合法来源。如不能说明投诉材料合法来源的，行政监督部门可以驳回其投诉。本案中，市住建委收到南京某消防公司的投诉书和投诉材料后，要求南京某消防公司提交投诉材料中有关招标投标信息的来源说明，以证明其投诉材料的合法来源，但南京某消防公司未予提供；市住建委依据上述规定，认定南京某消防公司的"投诉缺乏事实根据或者法律依据的，或者投诉人捏造事实、伪造材料或者以非法手段取得证明材料进行投诉……"，据此驳回了南京某消防公司的投诉并无不当。

裁判结果：

驳回原告南京某消防器材公司的诉讼请求。

【二审情况】

争议焦点：

南京某消防公司未就投诉信息的合法来源予以说明的情况下，市住建委驳回南京某消防公司的投诉是否合法的问题。

法院观点：

《招标投标法》第二十二条第一款规定："招标人不得向他人透露已获取招标文件的潜在投标人的名称、数量以及可能影响公平竞争的有关招标投标的其他情况。"《招标投标法》第四十四条第三款规定："评标委员会成员和参与评标的有关工作人员不得透露对投标文件的评审和比较、中标候选人的推荐情况以及与评标有关的其他情况。"因此，在招标人未办理投标人投标资格登记前，已获取招标文件的潜在投标人的名称、数量、资格预审申请文件内容等均应保密。

本案中,中国建筑某公司于2014年5月20日办理投标人投标资格登记,南京某消防公司于2014年4月28日进行的投诉,此时,被投诉对象北京某泰信达消防工程有限公司等尚属于潜在投标人,其相关信息理应不为外人所知悉。因此,根据《实施条例》第六十一条第三款的规定,"投诉人捏造事实、伪造材料或者以非法手段取得证明材料进行投诉的,行政监督部门应当予以驳回",市住建委要求投诉人南京某消防公司对其投诉信息来源予以补充说明,要求合理,并无不当。故,在南京某消防公司未就投诉信息的合法来源予以说明的情况下,市住建委依据《处理办法》第二十条第(一)项的规定,"投诉缺乏事实根据或者法律依据的,驳回投诉",驳回南京某消防公司的投诉,并无不当。南京某消防公司的上诉理由缺乏事实和法律依据,其上诉请求本院不予支持。

裁判结果:

驳回上诉,维持一审判决。

九十八、

投标人对招标公告有异议的，应当向招标人提出异议或复议，而不能直接以招标人为被告提起行政诉讼

——甲管道燃气公司与市住房和城乡建设局及市人民政府行政诉讼案

【裁判要旨】

潮阳发展和改革局接受原告甲管道燃气公司的投诉后，认为该《投诉书》没有法定代表人签字和有效联系方式，决定不予受理。原告对投诉处理决定不服，本应依照上述这一规定，就监督部门的投诉处理决定提起复议或诉讼。但是，原告不依法定途径维权，却对招标人的招标公告提起行政复议和行政诉讼，原告的做法显然不符合上述法律规定。

【法院及案号】

一审：汕头市金平区人民法院，〔2018〕粤0511行初12号。
二审：汕头市中级人民法院，〔2018〕粤05行终35号。

【当事人】

一审原告、二审上诉人：甲管道燃气公司。
一审被告、二审被上诉人：市住房和城乡建设局（以下简称"市住建局"）。
一审被告、二审被上诉人：市人民政府（以下简称"市政府"）。
一审第三人、二审被上诉人：乙公司。

【案情介绍】

2017年10月25日，被告市住建局委托第三人乙公司发布《汕头市潮阳区管道燃气特许经营》（潮阳建交〔2017〕26号）招标公告。根据招标公告的安排，报名登记及招标文件发售起止时间为：2017年10月30日至2017年11月3日（上午9：00—11：30，下午2：30—5：00）。2017年11月2日，原告向被告市住建局及第三人乙公司提出质疑与投诉书，认为公告中对投标单位的条件要求涉嫌违法。2017年11月7日，第三人乙公司对原告的《质疑与投诉书》予以回复：1.根据《中华人民共和国招标投

标法》第十八条和《中华人民共和国招标投标法实施条例》第二十三条、第三十二条的规定,招标公告不存在违法情况;2.招标不适用于《中华人民共和国政府采购法》。2017年11月10日,原告向潮阳发展和改革局(以下简称"发改局")提出《投诉书》。2017年11月15日,潮阳发改局作出《关于汕头市潮阳区民安管道燃气有限公司投诉书的复函》(潮阳发改函〔2017〕91号),认为投诉书没有法定代表人签字和有效联系方式,决定不予受理。

2017年11月23日,原告向被告市政府提出行政复议申请。2018年1月22日,被告市政府作出《驳回行政复议申请决定书》(汕行复案〔2017〕277号),认为原告应遵循招标投标过程中的异议、投诉制度,对处理结果不服的,再寻求法律救济途径,因此原告的行政复议申请不属于行政复议受案范围,决定驳回原告的行政复议申请。原告不服被告市住建局的《招标公告》及被告市政府的《驳回行政复议申请决定书》,故于2018年2月1日向一审法院提起行政诉讼。

另查明,在招标公告规定的时间内,原告未向被告市住建局咨询过报名事宜,也未向被告市住建局提交报名资料。

【一审情况】

争议焦点:

一、本案所诉的《招标公告》是否可诉,是否属于行政诉讼受案范围的问题。

二、关于被告市政府是否是适格被告的问题。

法院观点:

一、本案所诉的《招标公告》是否可诉,是否属于行政诉讼受案范围的问题。一审法院认为,《中华人民共和国招标投标法》第七条规定:"招标投标活动及其当事人应当接受依法实施的监督。有关行政监督部门依法对招标投标活动实施监督,依法查处招标投标活动中的违法行为。对招标投标活动的行政监督及有关部门的具体职权划分,由国务院规定。"第六十五条规定:"投标人和其他利害关系人认为招标投标活动不符合本法有关规定的,有权向招标人提出异议或者依法向有关行政监督部门投诉。"《广东省实施〈中华人民共和国招标投标法〉办法》第五条规定:"县级以上人民政府行政监督部门依法对招标投标活动实施监督,依法查处招标投标活动中的违法行为。县级以上人民政府发展计划部门负责本行政区域内招标投标活动的指导和协调,对重大建设项目招标投标进行监督检查。"根据上述规定,本案中的招标人为被告市住建局,行政监督部门是潮阳发改局,被告市住建局委托第三人乙公司发布涉案招标公告,系在招标投标活动过程中的一个中间环节,原告认为被告市住建局发布的招标公告不符合法律规定,可以依法向招标人市住建局提出异议、向行政监督部门潮阳发改局投诉。原告也已于2017年11月2日、11月10日提出了异议和投诉。

《工程建设项目招标投标活动投诉处理办法》第二十五条规定:"当事人对行政监

督部门的投诉处理决定不服或者行政监督部门逾期未做处理的,可以依法申请行政复议或者向人民法院提起行政诉讼。"本案中,潮阳发改局接受原告的投诉后,认为该《质疑与投诉书》没有法定代表人签字和有效联系方式,决定不予受理。原告对投诉处理决定不服,本应依照上述这一规定,就监督部门的投诉处理决定提起复议或诉讼。但是,原告不依法定途径维权,却对被告市住建局的招标公告提起行政复议和行政诉讼,原告的做法显然不符合上述法律规定。

二、关于被告市政府是否是适格被告的问题。《中华人民共和国行政诉讼法》第二十六条第二款规定:"经复议的案件,复议机关决定维持原行政行为的,作出原行政行为的行政机关和复议机关是共同被告;复议机关改变原行政行为的,复议机关是被告。"《最高人民法院关于适用〈中华人民共和国行政诉讼法〉的解释》第一百三十三条规定:"行政诉讼法第二十六条第二款规定的'复议机关决定维持原行政行为',包括复议机关驳回复议申请或者复议请求的情形,但以复议申请不符合受理条件为由驳回的除外。"本案被告市政府是以该复议申请不属于行政复议的受案范围,即不符合受理条件而驳回原告的复议申请。因此根据上述法律规定,被告市政府作出的复议决定不是维持原行政行为,不是本案适格的被告,不应当被列为共同被告。

裁判结果:

驳回原告甲管道燃气公司的起诉。

【二审情况】

争议焦点:

涉案驳回复议申请决定不属于法律规定的行政复议机关维持原行政行为的情形,是否能同时列复议机关和原行政行为作出的机关为共同被告的问题。

法院观点:

二审法院认为:《中华人民共和国行政诉讼法》第二十六条规定:"公民、法人或者其他组织直接向人民法院提起诉讼的,作出行政行为的行政机关是被告。经复议的案件,复议机关决定维持原行政行为的,作出原行政行为的行政机关和复议机关是共同被告;复议机关改变原行政行为的,复议机关是被告。复议机关在法定期限内未作出复议决定,公民、法人或者其他组织起诉原行政行为的,作出原行政行为的行政机关是被告;起诉复议机关不作为的,复议机关是被告。……"上述法律,对行政诉讼适格被告的确定作了规定。经复议的案件,复议机关决定维持原行政行为的,作出原行政行为的机关和复议机关是共同被告;复议机关改变原行政行为的,复议机关是单独被告。本案中,被上诉人市政府系因上诉人的复议申请不符合行政复议受理条件而驳回其复议申请,根据《最高人民法院关于适用的解释》第一百三十三条"行政诉讼法第二十六条第二款规定的'复议机关决定维持原行政行为',包括复议机关驳回复议申请或者复议请求的情形,但以复议申请不符合受理条件为由驳回的除外"的规定，涉案驳回复议申请决定不属于上述法律规定的行政复议机关维持原行政行为的情形，不能同时列复议机关和原行政行为作出的机关为共同被告。上诉人要么选择以被上诉人市政府为单独被告，起诉该不予受理决定，由人民法院裁决是否应当责令该府重新予以受理；要么选择以原作出行为机关为被告，由人民法院裁决是否对该行为的合法性进行审查。现经法院释明后，上诉人仍坚持对上述两个不同的行政行为一并提起诉讼，其起诉不符合《中华人民共和国行政诉讼法》第二十六条规定，依法应予驳回。综上所述，原审裁定认定事实清楚，驳回上诉人的起诉处理正确，依法应予维持。上诉人的上诉请求理据不足，依法应予驳回。

裁判结果：

驳回上诉，维持原裁定。

九十九、

招标文件修改或澄清后，对开标时间进行了相应的顺延，不用重新进行招标

——甲监理公司与县住房和城乡建设局、第三人乙公司行政诉讼案

【裁判要旨】

所谓强制性规定，表现为禁止性和义务性强制规定，也即法律和行政法规中使用了"应当""不得""必须"等字样的条款。所谓影响指已经造成影响，其时点是招标文件提交截止后也即开标后才发现。在此之前发现的违法行为，按照第二十一条的规定对已发出的资格预审文件或者招标文件进行必要的澄清或者修改。本案中，由于发现招标人乙公司违法行为时尚未开标，招标人也已通过修改招标文件、延期开标的方式进行了改正，违法行为得到纠正且对潜在投标人的影响并未实际发生，重新招标的两个条件未同时具备，投标人或潜在投标人主张应当采取重新招标的方式进行纠正，理由不足。

【法院及案号】

一审：浙江省衢州市柯城区人民法院，〔2016〕浙0802行初129号。

二审：浙江省衢州市中级人民法院，〔2017〕浙08行终13号。

【当事人】

一审原告、二审上诉人：甲监理公司。

一审被告、二审被上诉人：县住房和城乡建设局（以下简称"县住建局"）。

一审第三人、二审被上诉人：乙公司。

【案情介绍】

2016年6月7日，第三人乙公司作为招标人在开化县公共资源交易网就"开化县火车站站前广场及周边配套设施工程施工监理"项目发布招标公告并上传招标文件，公告投标条件等事宜并定于2016年6月29日开标。同年6月17日，原告甲监理公司向第三人乙公司提交了异议书，异议事项是在招标文件中设置不合理条件限制排斥潜

在投标人参与投标。同年6月27日，招标人第三人乙公司发布"开化县火车站站前广场及周边配套设施工程施工监理更正公告（一）"，将开标时间延后。同年6月28日，第三人乙公司发布更正公告（二），修改了投标资质、资信评分办法等招标文件的部分内容并同时上传了修改后的招标文件，开标时间更改为2016年7月13日。同年7月3日，原告甲监理公司向被告县住建局提交投诉书，要求被告责令第三人删除招标文件中限制和排斥潜在投标人条款及依法重新发布招标公告。同年7月12日，被告县住建局作出了关于火车站站前广场监理招标投诉的答复函，认为招标人已经对潜在投标人提出的异议，以补充公告的方式进行了统一答复并对招标文件进行了修改，符合相关规定，修改后的招标文件对原告不构成利益损害，且开标时间也延迟了15天，对原告投标不存在实质性影响，经研究，决定不予支持原告的请求。同年7月14日公布中标公示，浙江某工程咨询监理有限公司为第一中标候选人，原告未参与投标。同年7月18日，原告向本院起诉，请求：1.要求撤销被告于2016年7月12日作出的答复函，判令被告依法行使管理职能，纠正第三人在招标投标过程中的违法行为，并重新招标；2.被告承担本案诉讼费。

【一审情况】

争议焦点：

被告县住建局作出的答复函是否合法的问题。

法院观点：

一审法院认为，其一，根据《中华人民共和国招标投标法实施条例》第六十一条规定："行政监督部门应当自收到投诉之日起3个工作日内决定是否受理投诉，并自受理投诉之日起30个工作日内作出书面处理决定。"原告甲监理公司于2016年7月3日向被告提交投诉书，被告于同年7月12日作出答复函并送达原告，程序并无不当。其二，根据《中华人民共和国招标投标法实施条例》第二十一条规定："招标人可以对已发出的资格预审文件或者招标文件进行必要的澄清或者修改。澄清或者修改的内容可能影响资格预审申请文件或者投标文件编制的，招标人应当在提交资格预审申请文件截止时间至少3日前，或者投标截止时间至少15日前，以书面形式通知所有获取资格预审文件或者招标文件的潜在投标人；不足3日或者15日的，招标人应当顺延提交资格预审申请文件或者投标文件的截止时间。"包括原告甲监理公司在内的潜在投标人对招标文件提出异议后，第三人乙公司作为招标人根据异议对招标文件进行修改，并以更正公告的形式公开通知包括原告在内的所有潜在投标人，且将投标截止时间延长15日，符合前述规定。其三，根据《中华人民共和国招标投标法实施条例》第二十三条规定："招标人编制的资格预审文件、招标文件的内容违反法律、行政法规的强制性规定，违反公开、公平、公正和诚实信用原则，影响资格预审结果或者潜在投标人投标的，依法必须进行招标的项目的招标人应当在修改资格预审文件或者招标文件后重新招标。"可见，适用本条规定应当满足两个条件：一是资格预审文件或者招标文件内容违法；二是违法内容影响了资格预审结果或者潜在投标人投标，所谓影响指已经造成影响，其时点是资格预审文件评审结束后或者投标文件提交截止后也即开标后才发现的，在此之前发现的违法行为，按照第二十一条的规定修改资格预审文件或者招标文件。本案中，原告甲监理公司投诉的时间是在开标之前，且在公告修改后并未参与投标，不适用本条规定的情形。综上，被告就原告的投诉已在法定期限内作出答复，内容合法。原告认为涉案工程应重新招标的主张于法无据，本院不予支持。

裁判结果：

驳回原告甲监理公司的诉讼请求。

【二审情况】

争议焦点：

被上诉人开化住建局作出的答复函是否符合法律规定的问题。

法院观点：

二审法院认为，《中华人民共和国招标投标法实施条例》第二十一条规定："招标人可以对已发出的资格预审文件或者招标文件进行必要的澄清或者修改。澄清或者修改的内容可能影响资格预审申请文件或者投标文件编制的，招标人应当在提交资格预审申请文件截止时间至少3日前，或者投标截止时间至少15日前，以书面形式通知所有获取资格预审文件或者招标文件的潜在投标人；不足3日或者15日的，招标人应当顺延提交资格预审申请文件或者投标文件的截止时间。"由此可见，招标人可以依法对已发出的招标文件进行必要的修改，相应的修改并应符合"截止时间至少15日前"的条件，不足15日的，应当顺延投标的截止时间。《中华人民共和国招标投标法实施条例》第二十三条还规定："招标人编制的资格预审文件、招标文件的内容违反法律、行政法规的强制性规定，违反公开、公平、公正和诚实信用原则，影响资格预审结果或者潜在投标人投标的，依法必须进行招标的项目的招标人应当在修改资格预审文件或者招标文件后重新招标。"所谓强制性规定，表现为禁止性和义务性强制规定，也即法律和行政法规中使用了"应当""不得""必须"等字样的条款。所谓影响指已经造成影响，其时点是招标文件提交截止后也即开标后才发现。在此之前发现的违法行为，按照第二十一条的规定修改招标文件。本案中，被上诉人乙公司2016年6月7日发布的涉案招标公告不合理限制排斥潜在投标人参与投标，违反了《中华人民共和国招标投标法实施条例》第三十二条关于"招标人不得以不合理的条件限制、排斥潜在投标人或者投标人"的规定，属于内容违法。被上诉人开化住建局答辩中认为被上诉人乙公司的行为未达到内容违法的程度的意见，与法不符，相关意见本院不予采纳。但由于发现上述违法行为时尚未开标，被上诉人乙公司也已通过修改招标文件、延期开标的方式进行了改正，违法行为得到纠正且对潜在投标人的影响并未实际发生，重新招标的两个条件未同时具备，上诉人主张应当采取重新招标的方式进行纠正，理由不足。被上诉人乙公司收到上诉人提出的异议后，于2016年6月28日公告了修改后的招标文件，并相应顺延了开标日期至7月13日，其相关措施符合法律、法规的规定。被上诉人开化住建局以招标行为对上诉人不存在实质性影响，决定对上诉人的投诉请求不予支持并无不当。上诉人与此相悖的上诉意见，本院不予支持。原审判决结果正确。

裁判结果：

驳回上诉，维持原判。

一百、

行政监督部门作出的行政决定书未写明作出行政行为具体的法律依据以及事实和理由的，应撤销行政决定，责令行政监督部门重新作出

——甲公司与市公共资源交易监督管理局行政诉讼案

【裁判要旨】

行政监督部门作出决定书认定涉案项目招标无效，实质是对招标人对投标人资格条件设置的否定，但是并未就投标人资格条件的设置不符合相关规定作出明确说明，并未援引相关依据，作出行政决定缺乏事实依据、主要证据不足，致使有关各方均不信服，该行政决定应予撤销并责令其重新作出。

【法院及案号】

一审：合肥市包河区人民法院，〔2018〕皖0111行初26号。

二审：合肥市中级人民法院，〔2019〕皖01行终174号。

【当事人】

一审原告、二审被上诉人：甲公司。

一审被告、二审上诉人：市公共资源交易监督管理局（以下简称"市公管局"）。

【案情介绍】

1999年10月24日，原告甲公司经登记成立，注册资本为壹亿壹仟万元。2016年8月19日，该公司取得建筑机电安装工程专业承包一级资质。2017年7月25日，第三人安徽某信项目管理有限公司受托就庐江县自来水二厂机械设备采购及安装项目（项目编号：2017AFCZ1587）发布标前需求公示。2017年8月11日，第三人安徽某信项目管理有限公司就标前反馈问题组织专家论证，同意将投标人的资格条件第2项修改为"具备机电工程施工总承包一级资质或建筑机电安装工程专业承包一级资质（理由：建筑机电安装工程专业承包一级资质同样能满足本项目建设要求）"。2017年9月6日，第三人安徽某信项目管理有限公司发布公开招标公告，投标人的资格条

件第2项为：具备机电工程施工总承包一级资质。2017年9月8日，第三人安徽某信项目管理有限公司发布变更公告，投标人的资格条件第2项变更为：具备机电工程施工总承包一级资质或建筑机电安装工程专业承包一级资质。2017年9月28日，第三人安徽某信项目管理有限公司发布中止公告。2017年9月30日，第三人安徽某信项目管理有限公司重新发布公开招标公告，投标人的资格条件第2项为："具备以下资质之一：1）机电工程施工总承包一级资质；2）建筑机电安装工程专业承包一级资质。"2017年11月2日，第三人安徽某信项目管理有限公司发布延期、补充及答疑公告及其附件。2017年11月15日，原告甲公司参加投标，次日开标。2017年11月17日，第三人安徽某信项目管理有限公司发布公示，原告甲公司系第一中标（成交）候选人。2017年11月20日，第三人合肥某业电子有限公司以涉案项目投标人身份向第三人安徽某信项目管理有限公司提出异议，认为涉案项目只能由具备机电工程施工总承包一级资质的企业承包，第一中标（成交）候选人不符合国家规定的投标人资格条件，评标委员会应当否决其投标。2017年11月23日，第三人安徽某信项目管理有限公司作出异议答复，认为原告甲公司符合招标文件规定的投标人资格条件。2017年11月30日，第三人合肥某业电子有限公司就此向被告市公管局提起投诉，后者决定予以受理。2018年1月11日，被告市公管局作出《投诉处理决定书》（合公决〔2018〕4号），决定涉案项目招标无效。2018年1月15日，被告市公管局将该决定书送达原告甲公司。2018年1月26日，原告甲公司不服该决定，向一审法院提起行政诉讼。2018年1月29日，一审法院依法通知安徽某信项目管理有限公司、合肥某业电子有限公司作为第三人参加诉讼。

【一审情况】

争议焦点：

市公管局作出涉案项目招标无效的决定是否存在主要证据不足的问题。

法院观点：

本院认为，《中华人民共和国招标投标法》第十八条第一款规定："招标人可以根据招标项目本身的要求，在招标公告或者投标邀请书中，要求潜在投标人提供有关资质证明文件和业绩情况，并对潜在投标人进行资格审查；国家对投标人的资格条件有规定的，依照其规定。"该款规定表明，对依法必须进行招标的工程建设项目，招标人或者招标代理机构在发布招标公告、编制招标文件时，若国家对投标人的资格条件有规定的，则应依照其规定。否则，招标人或者招标代理机构的行为即违反招标投标法的上述规定，该行为若对中标结果造成实质性影响，且不能采取补救措施予以纠正，则招标无效，应当依法重新招标。本案中，被告作为公共资源交易监督管理部门在决定受理投诉后，于30个工作日内作出书面处理决定，程序并不违法。然而，该行政行为确定涉案项目招标无效，存在主要证据不足的情形，依法应予撤销，理由为：被告在书面处理决定中援引的部门规章与资质标准，只能用以说明建筑机电安装工程专业承包一级资质具备承担何种项目的能力，但就涉案项目为何属于市政公用工程项目、国家对涉案项目投标人的资格条件是否有规定、若有规定则其具体内容是什么、涉案招标代理机构编制的招标文件是否未依照该规定、涉案招标代理机构未依照该规定而进行的招标活动是否足以导致招标无效，被告均未予以查明。于此情形，被告作出涉案项目招标无效的决定缺乏事实依据，致使有关各方均不信服。

裁判结果：

一、撤销被告市公管局作出的《投诉处理决定书》（合公决〔2018〕4号）。

二、责令被告市公管局自本判决生效之日起30个工作日内重新作出行政行为。

【二审情况】

争议焦点：

市公管局作出的《投诉处理决定书》（合公决〔2018〕4号）是否存在主要事实未查清的情形的问题。

法院观点：

本院认为，招标投标活动及其当事人应当接受依法实施的监督。《中华人民共和国招标投标法》第十八条第一款规定："招标人可以根据招标项目本身的要求，在招标公告或者投标邀请书中，要求潜在投标人提供有关资质证明文件和业绩情况，并对潜在投标人进行资格审查；国家对投标人的资格条件有规定的，依照其规定。"《中华人民共和国招标投标法实施条例》第八十二条规定："依法必须进行招标的项目的招标投标活动违反招标投标法和本条例的规定，对中标结果造成实质性影响，且不能采取补救措施予以纠正的，招标、投标、中标无效，应当依法重新招标或者评标。"本案中，上诉人市公管局认定庐江县自来水二厂机械设备采购及安装项目招标无效，实质是对招标人对投标人资格条件设置的否定，但是并未就投标人资格条件的设置不符合相关规定作出明确说明，并未援引相关依据，一审法院以主要证据不足为由判决撤销投诉处理决定适用法律正确。上诉人上诉理由不成立，其上诉请求不予支持。

裁判结果：

驳回上诉，维持一审判决。

一百〇一、

招标人可以设置资格条件和业绩，但不得具有针对性，否则构成对投标人差别待遇或者歧视待遇的违法行为

——某江物业与城区财政局、第三人某医院行政诉讼案

【裁判要旨】

招标人可以从项目本身具有的技术管理特点和实际需要，对供应商提出类似业绩要求作为资格条件或者评审加分标准，但不得违背《中华人民共和国政府采购法实施条例》第二十条之规定，否则属于以不合理的条件对供应商实行差别待遇或者歧视待遇。

【法院及案号】

一审：广东省博罗县人民法院，〔2018〕粤1322行初144号。

【当事人】

一审原告：某江物业。

一审被告：城区财政局。

一审第三人：某医院。

【案情介绍】

2018年2月23日，第三人对外公开发布《公开招标文件》，《公开招标文件》项目名称：惠州市某医院后勤社会化购买服务项目；项目编号：惠公易采惠城〔2018〕005号；采购单位：惠州市某医院；开标日期：2018年3月16日。2018年2月23日，原告参加上述购买服务项目投标。2018年3月5日，原告向第三人、交易中心提交《关于惠州市某医院后勤社会化购买服务项目的质疑函》，对以下评标标准提出质疑：一、本项目评标标准2.1.4之安保、消防荣誉（8.0）。1.投标人或投标人正在服务的项目获得市级或以上公安部门颁发的"先进保安组织奖"得4分；2.投标人获得县区级或以上消防安全委员会"消防安全工作优秀"表彰荣誉证书得4分；无不得分（提供证明材料，无证明不得分，原件备查）。提供一个证书得4分，满分得8分；无不得分：0.0。二、此项标准有笔误。本项目评标标准，5.1.1物业保洁服务（3.0），评

委会对比各投标人物业秩序维护工作方案进行评价，评委会对比各投标人清洁保洁工作方案，对本项目室内公用区域及室外的清洁保洁、垃圾收集工作方案的合理性、完整性进行评价。优：3.0；良：2.0；一般：1.0；无：0.0。三、本项目评标标准。6.2.1之拟派出项目负责人（6.0）投标人的拟派本项目负责人：持有人力资源和社会保障部门（或原人事厅）核发的机电或机械类高级职称证得6分，中级得2分（提供持证人的证书证明文件及由社保局出具的近三个月社保缴纳证明文件，无或未提供持证人证书证明文件及近三个月社保证明文件，不得分；原件备查，无原件不得分）。高级：6.0分，中级2.0分，无提供不得分。四、本项目评标标准6.2.2.1，设备运行维护人员能力（11.0）。1.国家能源局或国家安全生产监督总局颁发的高压电工进网工作证1个得1分，满分3分；2.政府质检部门颁发的电梯司机特种操作证1个得1分，满分1分；3.政府质检部门颁发压力容器特种操作证2个，每个1分，满分2分；4.政府质检部门颁发锅炉特种操作证2个，每个1分，满分2分；5.国家安全生产监督部门颁发的高低压或低压特种操作证3个，每个得1分，满分得3分。满分11分。2018年3月5日，第三人发布《惠州市某医院后勤社会化购买服务项目的澄清变更公告》，将原招标文件的5.1.1物业保洁服务（3.0）的内容修改为：评委会对比各投标人清洁保洁工作方案，对本项目室内公用区域及室外的清洁保洁、垃圾收集工作方案的合理性、完整性进行评价。

2018年3月13日，第三人对原告的质疑作出《关于惠州市某医院后勤社会化购买服务项目的质疑答复函》，就原告质疑进行了答复，并发布《惠州市某医院后勤社会化购买服务项目的（第二次）澄清变更公告》："一、删除原招标文件73页6.2.2.3内容。二、2.1.4安保、消防荣誉（8.0）内容修改为2.1.4安保、消防（10.0）。1.投标人或投标人正在服务的项目获得市级或以上公安部门颁发的保安（或安保）方面的先进类或优秀类奖项得5分；2.投标人获得县区级或以上消防安全委员会颁发的消防安全方面的先进类或优秀类奖项得5分。无不得分（提供证明材料，无证明不得分，原件备查）"。2018年3月23日，原告对第三人答复不服，向被告提出投诉：投标文件中评标标准2.1.4安保、消防荣誉；6.2.1拟派出项目负责人；6.2.2.1设备运行维护人员能力，请求对此次招标活动依法纠正。2018年3月23日，被告收到原告投诉书，并于2018年3月26日受理。2018年3月27日，被告分别向第三人及交易中心送达《政府采购投诉答复通知书》《关于暂停政府采购活动的通知》，并要求第三人就投诉的事项进行说明。2018年3月29日，第三人对被告作出《关于后勤社会化购买服务采购项目的投诉答复》，就原告投诉的具体事项进行答复。2018年4月19日，被告组织5名专家对原告投诉的事项所涉内容进行论证，认定经过修改后的招标文件符合法律规定。2018年4月25日，被告作出《政府采购投诉处理决定书》（惠城财采决〔2018〕2号）及《关于恢复政府采购活动的通知》，驳回原告的投诉，并恢复政府采购活动。2018年5月18日，原告签署《投标承诺函》，并作出投标承诺：我方在参与投标前已仔细研究了招标文件和所有相关资料,我方完全明白并认为此招标文件没有倾向性,也没有存在排除斥潜在投标人的内容,我方同意投标文件的相关条款。2018年5月23日,交易中心发布《惠州市第三人民医院后勤社会化购买服务项目中标公告》。

另查明,《惠州市某医院后勤社会化购买服务项目》(惠公易采惠城〔2018〕005号)公开招标文件,明确医院内主要设备有:供电系统主要设备、消防设施主要设备、给排水系统主要设备、空调系统主要设备、通信系统、锅炉、电梯、供热水系统主要设备、供氧负压系统主要设备等。共计招标岗位为483人,管理人员3人,保安113人、保洁191人、运送143人、工程33人。修改后项目评标标准如下:1.价格20分;2.信誉17分(修改后为17分,包含获得信用报告2分、获得纳税信用等级3分、获得重合同守信用2分、安保、消防荣誉10分);3.财务状况3分;4.业绩10分;5.技术18分;6.服务29分[修改后为29分,包含服务经营机构3分、拟派人员26分(包括企业管理规章制度)];7.对招标文件的响应程度3分。根据上述评标标准,企业的诚信为17分。其中,修改后的2.1.4安保、消防荣誉为10分。另,拟派人员26分(经修改,删除6.2.2.3绿化人员能力),其中6.2.1拟派出项目负责人6分、6.2.2.1设备运行维护人员能力11分、6.2.2.2秩序维护人员能力7分,企业管理规章制度2分。2018年5月23日,交易中心发布《惠州市某医院后勤社会化购买服务项目中标公告》,在价格得分方面,四个中标供应商均相差不大,在技术商务方面,第一名74分,第二名53.43分,第三名17.43分,第四名15.14分。

再查明,第三人是一所三级甲等综合医院,总服务面积约142502.24平方米,医院现设有56个专业学科学组、13个医技科室、7个医疗辅助科室和22个行政科室,实际开放床位1380张。

原告提出如下诉讼请求:请求依法撤销被告作出的《政府采购投诉处理决定书》(惠城财采决〔2018〕2号)并责令被告重新作出处理决定。

【一审情况】

争议焦点:

关于第三人后勤社会化购买服务项目投标文件中评标标准2.1.4安保、消防荣誉;6.2.1拟派出项目负责人;6.2.2.1设备运行维护人员能力是否属于以不合理的条件对供应商实行差别待遇或者歧视待遇的问题。

法院观点:

本院认为,《中华人民共和国政府采购法》第二十二条第二款规定:"采购人可以根据采购项目的特殊要求,规定供应商的特定条件,但不得以不合理的条件对供应商实行差别待遇或者歧视待遇"。《中华人民共和国政府采购法实施条例》第二十条规定:"采购人或者采购代理机构有下列情形之一的,属于以不合理的条件对供应商实行差别待遇或者歧视待遇:……(四)以特定行政区域或者特定行业的业绩、奖项作为加分条件或者中标、成交条件"。《中华人民共和国招标投标法》第十八条规定："招标人可以根据招标项目本身的要求，在招标公告或者投标邀请书中，要求潜在投标人提供有关资质证明文件和业绩情况，并对潜在投标人进行资格审查；国家对投标人的资格条件有规定的，依照其规定。招标人不得以不合理的条件限制或者排斥潜在投标人，不得对潜在投标人实行歧视待遇"。《中华人民共和国招标投标法实施条例》第三十二条第二款规定："招标人有下列行为之一的，属于以不合理条件限制、排斥潜在投标人或者投标人：……（三）依法必须进行招标的项目以特定行政区域或者特定行业的业绩、奖项作为加分条件或者中标条件；（四）对潜在投标人或者投标人采取不同的资格审查或者评标标准；……"。根据上述规定，采购人可以根据采购项目的技术管理特点和客观需要，对供应商提出类似业绩要求作为资格条件或者评审加分标准，但不得以不合理的条件对供应商实行差别待遇或者歧视待遇。

关于案涉项目评标标准"2.1.4之安保、消防荣誉"中是否存在以不合理条件限制或者排斥潜在供应商的问题。经查明，第三人是一所大型的三级甲等综合医院，医院必须担负起保护人民群众、医务工作人员及病人人身安全及财产安全，保障医院正常治安秩序及医院顺利开展各项医疗科研工作及其他安保方面、消防安全保障方面的责任，确保医院安保消防各方面安全。根据《中华人民共和国政府采购法实施条例》有关规定，第三人可以从项目本身管理特点和客观需要，对供应商提出类似业绩要求作为资格条件或者评审加分标准。而交易中心在原告就该"2.1.4之安保、消防荣誉"的评分项提出质疑后，在广东省政府采购网发布澄清变更公告，将原公告中的"2.1.4之安保、消防荣誉"评分项修改为："2.1.4之安保、消防荣誉（10.0）1.投标人或投标人正在服务的项目获得市级或以上公安部门颁发的保安（或安保）方面的先进类或优秀类奖项得5分；2.投标人获得县区级或以上消防安全委员会颁发的消防安全方面的先进类或优秀类奖项得5分；无不得分（提供证明材料，无证明不得分，原件备查）。提供一个证书得5分，满分得10分；无不得分：0.0"。因此，评标标准：2.1.4之安保、消防荣誉方面没有特定针对性。更改后的事项，被告已经组织专家论证会对原告投诉事项所涉内容进行专家论证后，论证专家一致认为该事项未违反《中华人民共和国政府采购法实施条例》（国务院令第658号）等有关规定，不构成差别待遇或歧视待遇，且第三人并未将其设置为不可偏离项作为实质性条款，对此，被告提供证据证实在全国范围内存在三家及以上物业管理类公司获得过公安部门颁发的保安（或安保）方面的先进类或优秀类奖项，存在三家及以上物业管理类公司获得过消防安全委员会颁发的消防安全方面的先进类或优秀类奖项，故被告认定该评分项不构成以不合理条件对供应商实行差别或歧视待遇，事实清楚、证据充分。

关于案涉项目评标标准"6.2.1之拟派出项目负责人"中是否存在以排斥、歧视不合理性的问题。本项目机电或机械的设备设施众多，包括大量的大型机电、消防、空调制冷、电梯等特种设备，为保证项目顺利实施，确保项目中设施设备正常安全运转保护维修等，第三人需要项目负责人具有比较高的技术方面的管理能力而设置该评分项是符合法律规定，并且第三人未将该评分项设置为不可偏离项作为实质性条款，且被告已组织专家论证会对原告投诉事项所涉内容进行专家论证，专家一致认为：该评审细则的项目评分是第三人根据项目特点对拟派项目负责人的要求，并未设置为不可偏离项目，不构成以不合理的条件对供应商实行差别或歧视待遇。故被告认定该评分项不构成以不合理条件对供应商实行差别或歧视待遇，事实清楚、证据充分。

关于案涉项目评标标准：6.2.2.1是否存有设定不合理条件限制或者排斥潜在供应商的问题。从招标文件中的采购项目内容可知，本项目机电或机械的设备设施众多，包括大供电系统设备、消防设施设备、监控系统、给水排水系统、空调系统设备、电梯压力容器、锅炉、供热系统设备，其中有大量特种设备，为保证项目顺利实施，确保项目中设施设备正常安全运转保护维修等，第三人需要项目负责人具有比较高的技术方面的管理能力而设置该评分项是符合法律规定，该评分项与采购内容、第三人的客观需求基本相符，并且第三人未将该评分项设置为不可偏离项作为实质性条款，且被告已组织专家论证会对原告投诉事项所涉内容进行专家论证后，专家一致认为，该评审细则的项目评分是第三人根据项目特点对设备运行维护人员的要求，并未设置为不可偏离项目，不构成以不合理的条件对供应商实行差别或歧视待遇。故被告认定该评分项不构成以不合理的条件对供应商实行差别或歧视待遇，事实清楚、证据充分。

裁判结果：

驳回原告诉讼请求。

一百〇二、

超出投诉期限的，行政监督部门有权不予受理

——甲公司诉国家发展和改革委员会行政诉讼案

【裁判要旨】

《中华人民共和国招标投标法实施条例》第六十条规定："投标人或者其他利害关系人认为招标投标活动不符合法律规定、行政法规规定的，可以自知道或者应当知道之日起10日内向有关行政监督部门投诉。"第六十一条第二款规定："行政监督部门应当自收到投诉之日起3个工作日内决定是否受理投诉。"《工程建设项目招标活动投诉处理办法》第二条规定："该办法适用于工程建设项目招标投标活动的投诉及其处理活动。"第九条规定："投诉人应当在知道或者应当知道其权益受到侵害之日起十日内提起书面投诉。"本案中，原告向招标人、招标代理机构提出异议后，于2014年11月18日收到回函，招标人并未认定评标结果或招标过程存在违法，故原告至迟于上述时点应当知道其权益可能已经受到侵害，但原告直至2015年4月8日方才就此向河南发展和改革委员会进行投诉，明显已经超过了《中华人民共和国招标投标法实施条例》和《工程建设项目招标活动投诉处理办法》规定的投诉期限，河南发展和改革委员会据此作出《告知书》，对原告的投诉不予受理，并无不当。

【法院及案号】

一审：北京市第一中级人民法院，〔2017〕京01行初1113号。

【当事人】

一审原告：甲公司。
一审被告：国家发展和改革委员会（以下简称"发改委"）。

【案情介绍】

2014年10月6日，原告甲公司向招标人河南机场集团有限公司、招标代理机构某国际招标有限公司递交异议书，对郑州新郑国际机场二期扩建工程航空配餐中心工艺设备采购及安装项目（招标编号：TC149171A）招标过程中的评标结果提出异议。

郑州机场二期工程建设指挥部于11月17日作出《关于对甲公司异议书的回函》，对原告提出的异议进行了答复，未认定招标过程或评标结果违法，原告于11月18日收到上述回函。2015年4月8日，原告向河南发改委提出关于郑州新郑国际机场二期扩建工程航空配餐中心工艺设备招标采购的投诉。河南省人民政府重点项目建设办公室于5月19日作出《告知书》，以原告投诉超过《工程建设项目招标投标活动投诉处理办法》第九条规定的投诉期限为由，对原告的上述投诉不予受理，原告于5月20日收到《告知书》。后原告针对《告知书》向被告国家发改委申请行政复议，被告于5月28日收到原告提交的行政复议申请材料。6月2日，被告作出《补正行政复议申请通知书》，并于当日向原告邮寄。原告于6月4日提交补正材料，同日被告受理该复议申请。6月11日，被告向河南发改委送达《行政复议答复通知书》，河南发改委于6月29日作出《被申请人答复书》，并于当日向被告邮寄该答复书、作出原行政行为的证据、依据。8月6日，被告作出《延期审理通知书》，并于8月7日向原告邮寄。9月2日，被告作出被诉复议决定。原告于9月9日收到被诉复议决定，并于9月23日向本院邮寄立案材料，提起本案诉讼，请求法院撤销被诉复议决定，判令被告重新作出复议决定。

另查，在本案庭审过程中，原告明确表示对被告作出被诉复议决定的程序无异议。

【一审情况】

争议焦点：

国家发改委认为河南发改委作出的招标投标投诉不予受理的告知书虽然程序违法，但符合法定权限、结论符合法规规定，处理结果并无不当，责令河南发改委重新作出告知书并无实际意义，国家发改委以此确认河南发改委作出的告知书违法而不责令其重新作出告知书的复议决定是否违法的问题。

法院观点：

本院认为，《中华人民共和国招标投标法实施条例》第六十条规定："投标人或者其他利害关系人认为招标投标活动不符合法律规定、行政法规规定的，可以自知道或者应当知道之日起10日内向有关行政监督部门投诉。"第六十一条第二款规定："行政监督部门应当自收到投诉之日起3个工作日内决定是否受理投诉。"《工程建设项目招标活动投诉处理办法》第二条规定："该办法适用于工程建设项目招标投标活动的投诉及其处理活动。"第九条规定："投诉人应当在知道或者应当知道其权益受到侵害之日起十日内提起书面投诉。"本案中，原告向招标人、招标代理机构提出异议后，于2014年11月18日收到回函，招标人并未认定评标结果或招标过程存在违法，故原告至迟于上述时点应当知道其权益可能已经受到侵害，但原告直至2015年4月8日方才就此向河南发改委进行投诉，明显已经超过了《中华人民共和国招标投标法实施条例》和《工程建设项目招标活动投诉处理办法》规定的投诉期限，河南发改委据此作出《告知书》，对原告的投诉不予受理，并无不当。但河南发改委在2015年4月8日收到原告投诉后，于2015年5月19日作出《告知书》，决定对原告的投诉不予受理，超过了《中华人民共和国招标投标法实施条例》规定的期限，属于程序违法。被诉复议决定认定《告知书》程序违法，但处理结果并无不当，决定确认《告知书》违法，符合相关法律规定，处理结果亦无不当。原告所提诉讼请求，无事实与法律依据，本院不予支持。关于被告作出被诉复议决定的行政程序，原告明确表示无异议，本院经审查，对该行政程序的合法性予以确认。

裁判结果：

驳回原告诉讼请求。

一百○三、

仅有联合体成员之一盖章的，不符合法律规定的联合体要件，评标委员会可以判定其投标无效

——甲所与市财政局、省财政厅行政诉讼案

【裁判要旨】

案涉《联合体协议书》中规定"联合体牵头人（即甲所）与业主签订合同书，并就中标项目向业主承担合同规定的义务、责任和风险"以及《法定代表人授权书》只有甲所的签字和盖章。据此，21号处理决定认为该《联合体协议书》不符合《中华人民共和国政府采购法》第二十四条的规定，实质上不具有法律意义上的联合体协议要件，评审委员会判定其联合体投标无效符合法律规定。

【法院及案号】

一审：杭州市西湖区人民法院，〔2016〕浙0106行初116号。

二审：杭州市中级人民法院，〔2016〕浙01行终796号。

【当事人】

一审原告、二审上诉人：甲所。

一审被告、二审被上诉人：市财政局、省财政厅。

一审第三人、二审被上诉人：乙公司。

一审第三人：丙公司、市公共资源交易中心、市公安局。

【案情介绍】

2015年8月31日，"杭州市公安局指挥中心系统集成项目（编号：HZZFCG-2015-255）"招标信息发布，原告甲所及丙公司参加该项目投标。同年10月14日，市公共资源交易中心发布原告和丙公司联合体预中标的公告。10月16日，乙公司针对预中标结果提出质疑。市公共资源交易中心以电话和短信方式通知原告和丙公司参加10月22日组织的原评标委员会对项目评审有关情况进行的复核。10月22日，原告及丙公司向市公共资源交易中心提交《质疑书》，并参加复核会议，向评审委员会提供了

品牌选型说明等材料且发表意见。经复核，评标委员会认定原告和丙公司虽然提供了联合体协议书，但不符合联合体协议的其他法律要件，不符合相关法律法规的规定，认为原评审审查失误，应予纠正，认定原告和丙公司联合体投标无效，根据招标文件及相关法规规定，推荐下一顺序单位乙公司为预中标公示单位。10月23日，市公共资源交易中心向原告和丙公司作出《关于对"杭州市公安局指挥中心系统集成项目"质疑的回复》，认为质疑事项不符合法律规定，对原告及丙公司的投诉不予处理。

原告及丙公司对该质疑回复不服，于次日向市财政局提出投诉。经补正，市财政局于2015年11月9日受理，并分别向原告及丙公司寄送《政府采购供应商投诉受理通知书》（杭财采监投受〔2015〕7号），向市公安局、市公共资源交易中心、乙发送《政府采购供应商投诉副本发送通知书》（杭财采监投受副〔2015〕7号）。11月20日，市公共资源交易中心向市财政局提交《关于对"杭州市公安局指挥中心系统集成项目"投诉的答辩意见》及《关于告知甲所参与复核会议的说明》，对案涉项目的采购情况、复核会议情况等作出说明，并针对投诉事项发表答辩意见。12月17日，市财政局作出21号投诉处理决定，驳回原告及丙公司的投诉。

原告及丙公司不服，于12月28日向省财政厅申请行政复议，要求：1.撤销市财政局作出的21号投诉处理决定；2.撤销市公共资源交易中心2015年10月23日作出的《关于对"杭州市公安局指挥中心系统集成项目"质疑的回复》；3.撤销市公共资源交易中心2015年10月27日作出的《关于对"杭州市公安局指挥中心系统集成项目"质疑的答复》复核意见中的第二、三项；4.认定市公共资源交易中心2015年10月22日复核程序违法；5.行政复议期间，暂停本项政府采购活动；6.向纪律检查委员会等部门移送违规、违法线索；7.向纪律检查委员会等部门移送市财政局部分工作人员行政不作为等线索；8.追究评标委员会专家的责任；9.赔偿申请人经济损失。

省财政厅于2016年1月4日向原告及丙公司作出《补正通知书》；经补正，省财政厅于1月13日分别向原告及丙公司作出《受理通知书》，向市财政局作出《提出答复通知书》，向市公共资源交易中心、市公安局、乙公司作出《参加复议通知书》。1月22日，原告及丙公司向省财政厅提出听证申请。1月26日，市财政局向省财政厅作出答复、提供作出行政行为的证据及法律依据，并认为因复核过程视频记录涉及其他供应商商业秘密和专家评审意见，向省财政厅提出对复核过程视频记录予以保密的申请。2月22日，省财政厅向各方当事人作出《延期通知书》《听证通知书》。3月4日，省财政厅举行第一次听证。3月11日，省财政厅向各方当事人作出再次举行听证的《听证通知书》，并于3月28日举行第二次听证。4月5日，省财政厅作出1号复议决定，并于次日向各方当事人送达。原告仍不服，于4月20日向本院提起行政诉讼。经补正，本院于5月4日予以立案。

另查明，2015年11月2日，市公安局对复核结果予以确认，市公共资源交易中心向市财政局发送《关于杭州市公安局指挥中心系统集成项目预中标结果变更的函》。

次日，市公共资源交易中心发布了案涉项目采购结果更正公告。

再查明，"杭州市公安局指挥中心系统集成项目招标文件》（编号：HZZFCG-2015-255）第20.1条规定："投标文件资格性审查：评标委员会依据法律法规和招标文件的规定，对投标文件中的资格证明、投标保证金等进行审查，以确定投标人是否具备投标资格"；第22条规定："投标文件有下列情况之一的，其投标文件作无效处理……（4）投标人不具备投标资格的，或者未按规定缴纳投标保证金的……"。

又查明，原告与丙公司签订的《联合体协议书》中约定原告为联合体牵头人，丙公司为联合体成员。该《联合体协议书》第2(5)a约定："联合体牵头人与业主签订合同书，并就中标项目向业主承担合同规定的义务、责任和风险。"《联合体协议书》后所附《法定代表人授权书》主要内容如下："杭州市公安局、杭州市公共资源交易中心（杭州市政府采购中心）：兹委派我公司殷某强先生，代表我公司全权处理杭州市公安局指挥中心系统集成项目[编号：HZZFCG-2015-255]政府采购投标的一切事项，若中标则全权代表本公司签订相关合同，并负责处理合同履行等事宜。本授权书有效期：自2015年9月1日起至2015年12月31日止。特此告知。"投标人名称（公章）处加盖甲所公章，法定代表人（签字或盖章）处为原告法定代表人李某明签字。

根据予以采信的证据，二审法院另查明，经通知补正，甲所与丙公司于2015年11月7日向市财政局提交投诉书。具体投诉事项为：1.被投诉人（市公共资源交易中心）程序违规。被投诉人组织本项目的复核会议前，未将质疑书副本送达投诉人。被投诉人未要求投诉人就质疑事项进行书面说明及举证。投诉人联合体投标资格属于纯法律争议，被投诉人不应组织复核。被投诉人模糊供应商质疑内容，扩大复核范围。被投诉人两个投标项目，区别对待，在其他项目中均以甲所和丙公司联合体名义参加，均通过了投标资格和投标文件符合性审查。被投诉人复核会议过程，有利害关系人进入评标区域。2.被投诉人出具的质疑答复，违反规定，存在多处明显问题。被投诉人混淆了"回复"与"答复"的含义。被投诉人的答复文件格式不符合《浙江省政府采购招标投标管理具体实施办法》第三十三条规定。被投诉人答复投诉人质疑意见"不予受理"，适用法律法规条款错误。被投诉人答复的落款单位名称错误。3.被投诉人混淆了法人代表、法定代表人及法人的法律概念。投诉人投标文件中出具的《法定代表人授权书》，符合法律法规要求。4.被投诉人违背利害关系人应主动回避原则。5.被投诉人工作人员存在玩忽职守、滥用职权、徇私舞弊的行为。6.部分评审专家存在徇私舞弊、工作失职。

【一审情况】

争议焦点：

原告甲所及丙公司组成的投标人资格是否符合法律、法规对参与投标活动联合体的相关规定的问题。

法院观点:

本院认为,《中华人民共和国政府采购法》(以下简称《政府采购法》)第二十四条所规定的"以一个供应商的身份"参加政府采购是指各供应商以一个联合体的身份而非以其中任一一个供应商的身份参加政府采购。本案中,尽管原告与丙公司的法定代表人实际为同一人,但从案涉《法定代表人授权书》的内容及投标人签章来看,仅载明原告法定代表人授权委托事项,未载明丙公司法定代表人或案涉联合体牵头人与成员各法定代表人的共同授权委托情况,不能当然认为丙公司或整个联合体同样明确授权同一代理人处理案涉投标事宜。其次,根据原告与丙公司签订的《联合体协议》第2(5)a条款,意味着如中标,即由作为联合体牵头人的原告而非联合体与业主签订采购合同,并向业主承担合同规定的义务、责任和风险。该条款与《政府采购法》第二十四条第二款"联合体各方应当共同与采购人签订采购合同,就采购合同约定的事项对采购人承担连带责任"的规定不符。由此,从《联合体协议》及所附《法定代表人授权书》的形式、内容上都无法得出原告与丙公司是以一个供应商的身份参加本次政府采购的结论。故市财政局作出驳回原告投诉的行政处理决定,属认定事实清楚,适用法律正确。

行政程序方面,《政府采购法》第五十六条规定:"政府采购监督管理部门应在收到投诉后三十个工作日内,对投诉事项作出处理决定,并以书面形式通知投诉人和与投诉事项有关的当事人。"《政府采购供应商投诉处理办法》第十四条规定:"财政部门处理投诉事项原则上采取书面审查的办法。财政部门认为有必要时,可以进行调查取证,也可以组织投诉人和被投诉人当面进行质证。"本案中,市财政局于2015年11月9日受理原告及丙公司的投诉后进行了调查,于12月17日作出行政处理决定,并向原告及四位第三人进行了送达,符合上述规定。

裁判结果:

驳回原告诉讼请求。

【二审情况】

争议焦点:

关于甲所(联合体)投标资格及《联合体协议》的效力问题。

法院观点:

本院认为,《政府采购法》第二十四条规定:"两个以上的自然人、法人或者其他组织可以组成一个联合体,以一个供应商的身份共同参加政府采购。以联合体形式进行政府采购的,参加联合体的供应商均应当具备本法第二十二条规定的条件,并应当向采购人提交联合协议,载明联合体各方承担的工作和义务。联合体各方应当共同与采购人签订采购合同,就采购合同约定的事项对采购人承担连带责任。"本案中,案涉《联合体协议书》中规定"联合体牵头人(即甲所)与业主签订合同书,并就中标项目向业主承担合同规定的义务、责任和风险",以及《法定代表人授权书》只有甲所的签字和盖章。据此,21号处理决定认为该《联合体协议书》不符合《政府采购法》第二十四条的规定,实质上不具有法律意义上的联合体协议要件,评审委员会判定其联合体投标无效符合法律规定,属于认定事实清楚,适用法律正确。

《浙江省政府采购供应商质疑处理办法》第二十三规定:"被质疑人认为有必要的,可以采取下列方式对质疑事项进行核实:(一)向相关单位或人员进行调查核实;(二)委托专业机构或提请有关部门出具专业意见;(三)邀请专家论证并独立出具意见;(四)组织原评审小组成员进行复核;(五)组织质疑人、质疑事项相关的单位或人员进行辩论、质证;(六)组织听证会进行调查论证;(七)其他合法的方式。"第二十四条第一款规定:"供应商如对评审程序或评审结果提出质疑的,被质疑人可以组织原评审小组成员复核。通过复核发现原评审过程或评审结果存在程序违规、审查失误、评分不当、统计错误或其他差错的,应当予以纠正。"针对乙公司提出的质疑,市公共资源交易中心于2015年10月22日组织原评审小组成员进行复核,符合上述规定,上诉人认为中心未征求专业机构、司法部门意见,程序违规的上诉理由不能成立。评审小组在复核中发现评审结果存在审查失误予以纠正亦符合规定,21号处理决定认定上诉人扩大复核范围的投诉请求不能成立,于法有据。上诉人所述参与投标的其他项目,分别由独立的评审委员会进行评审,与案涉项目的评审复核不具备直接关联性。上诉人认为市公共资源交易中心存在差别待遇,采取不同审查标准的上诉理由不能成立。

裁判结果:

驳回上诉,维持原判。

一百〇四、

投标人未严格响应招标文件实质性要求和条件的，评标委员会按照招标文件规定，可以否决其投标

——甲建设公司与市建设工程招标投标办公室行政诉讼案

【裁判要旨】

招标文件是项目招标投标活动的主要依据，对招标方和投标方均具有法律约束力。涉案建设工程项目的招标投标活动均应按该项目《招标文件》的规定进行。投标人《投标文件》基本资料《承诺书》中关于施工工期的承诺为"施工工期：计划工期：300个日历天"与《招标文件》的《承诺书》需要承诺一个明确的工期多了"计划工期"四个字，评标委员会成员一致认为"计划工期"是可变的，并非明确工期，属于对于招标文件的要求没有明确响应。按照招标文件第52页响应性评审标准《承诺书》内容未响应招标文件要求，认定投标人的《承诺书》不满足《招标文件》要求，因此，对投标人的投标予以否决的处理符合法律法规及招标文件的规定。

【法院及案号】

一审：广东省中山市第一人民法院，〔2018〕粤2071行初586号。

【当事人】

一审原告：甲建设公司。
一审被告：市建设工程招标投标办公室。

【案情介绍】

2018年4月28日，原告向被告提交《关于中山市西区裕福南路工程评标结果投诉书》，载明：……对2018年4月20日在中山市公共资源交易中心的'中山市西区裕福南路工程'开标结果存在异议，……收到中山市西区住房和城乡建设局（以下简称"西区住建局"）、中山市代建项目管理办公室（以下简称"市代建项目办"）、广东某茂建设管理有限公司（以下简称"广东某茂公司"）对我司提出书面异议的回复，现我司对该回复有异议，异议如下："我司在基本资料评审中，专家评审结果以我司的承

诺书施工工期为计划工期而认定我司承诺书不满足招标文件要求。我司认为承诺书中施工工期中填写的：'计划工期：300个日历天，计划开工日期：2018年4月21日，计划竣工日期：2019年2月14日，除上述总工期外，发包人还要求以下区段，工期：/，计划开工及计划竣工日期为暂定日期，投标人可根据计划工期按实际情况编排进度计划，最终以合同签订时间为准'已是对施工工期作出承诺。……请求专家重新评审。"被告收到原告的上述投诉后，2018年5月11日、5月14日分别向市代建项目办、西区住建局送达《中山市住房和城乡建设局关于召回中山市西区裕福南路工程评标委员会的函》（中建函〔2018〕899号），要求上述单位尽快召回裕福南路工程评标委员会，并要求评标委员会以书面形式详细说明投标单位甲建设公司被否定投标的理由和依据。同年5月16日，上述单位出具《移送函》，并提交了裕福南路工程评标委员会于2018年5月16日出具的《关于中山市西区裕福南路工程评标结果的补充说明》，该补充说明载明："……，并于投标单位甲建设公司被否定投标的理由和依据说明如下：投标文件属于合同缔约过程中的要约环节，要约需要对建设单位发出的要约邀请作出明确的清晰的回应，而甲建设公司的承诺书中施工工期表述为'计划工期：300个日历天'属于对招标文件的要求没有明确响应。按照招标文件第52页响应性评审标准承诺书内容未响应招标文件要求，因此其投标文件被否定。"该份补充说明由裕福南路工程评标委员会五名成员共同签名确认。2018年5月24日，被告作出《并于中山市西区裕福南路工程投诉的复函》（以下简称《复函》），载明："……2018年5月16日，评标委员会在市公共资源交易中心针对你单位投诉问题进行复核。经复核，评标委员会认为'投标文件属于合同缔约过程中的要约环节，要约需要对建设单位发出的要约邀请作出明确的清晰的回应，而甲建设公司的承诺书中施工工期表述为'计划工期：300个日历天'属于对于招标文件的要求没有明确响应。按照招标文件第52页响应性评审标准承诺书内容未响应招标文件要求，因此其投标文件被否定。'综上，我办尚未发现评标委员会在中山市西区裕福南路工程评审过程中存在违法违规行为。"并将上述复函送达给原告。被告又于2018年6月11日作出《投诉处理决定书》，驳回原告的投诉。原告对此不服，遂向本院提起诉讼，主张前述诉讼请求。

另查明，2018年3月，裕福南路工程在中山市公共资源交易中心公开招标。该项目建设单位为市代建项目办，招标单位为西区住建局，编制单位为广东某茂公司。《中山市西区裕福南路工程施工招标文件》（以下简称《招标文件》）载明："第二章投标人须知1.3.2计划工期：300个日历天，计划开工日期：2018年4月21日，计划竣工日期：2019年2月24日，除上述总工期外，发包人还要求以下区段，工期：/，计划开工及计划竣工日期为暂定日期，投标人可根据计划工期按实际情况编排进度计划，最终以合同签订时间为准。"2018年4月18日，原告向西区住建局、市代建项目办递交了《中山市西区裕福南路工程（项目名称）施工招标投标文件》（以下简称《投标文件》），该《投标文件》当中的《承诺书》载明："……1.施工工期：计划工期：

300个日历天，计划开工日期：2018年4月21日，计划竣工日期：2019年2月24日，除上述总工期外，发包人还要求以下区段，工期：/，计划开工及计划竣工日期为暂定日期，投标人可根据计划工期按实际情况编排进度计划，最终以合同签订时间为准……"。2018年4月25日西区住建局、市代建项目办发布裕福南路工程《中标候选人公示》，公布的中标候选单位当中没有原告。为此，原告对评标结果有异议，于同日向被告、西区住建局、市代建项目办、广东某茂公司递交了《中山市西区裕福南路工程评标结果投诉书》，载明："……我公司在基本资料评审中，专家评审结果以我公司的承诺书施工工期多加了'计划工期'四个字眼，为填写有误原因导致废标，我公司在投标时对整个项目的招标文件及清单图纸慎重考量后，精心制作投标文件，完全响应招标文件的要求。'计划工期'四个字眼亦是招标文件明确列出，工期均为300个日历天，何来工期填写有误？综上所述，我公司基本资料承诺书中的承诺工期完全符合招标文件要求，因此，我对以上废标理由提出异议，请求专家重新评审。"西区住建局、市代建项目办于2018年4月27日分别向原告复函，复函载明："……，现回复如下：贵司基本资料承诺函中关于施工工期的承诺的确有'计划工期300个日历天'的字样，评委认为招标文件中可以写计划工期，而投标文件的承诺书则需要承诺一个明确的工期，不能像贵司所承诺的是可变的计划的工期，因此认定贵司承诺书不满足招标文件要求。招标代理单位在评标过程中也再次确认了评委的评审意见及废标理由，五位评委一致认定贵司承诺书工期不符合招标文件的要求……"。广东某茂公司于同年4月28日，以上述同样理由对原告投诉作出回复。

又查明，裕福南路工程《招标文件》中规定，"第二章投标人须知，3.招标文件，3.1.1.3基本资料（须按招标文件要求编写并打印，按招标文件要求签字盖章扫描后上传。）……（3）承诺书；3.7投标文件的编制 3.7.1投标文件应按第八章'投标文件格式'进行编写……。其中，基本资料在满足招标文件实质性要求的基础上，可以提出比招标文件要求更有利于招标人的承诺；3.7.2投标文件应当对招标文件工期、投标有效期、质量要求、技术标准和要求、招标范围等实质性内容作出响应；6.3评标，评标委员会按照第三章'评标办法'规定的方法、评审因素、标准和程序对投标文件进行评审。第三章评标办法（一次平均值法），2.1.3响应性评审标准，其中评审因素中'承诺书'符合第二章'投标人须知'第3.1.1.3项规定。第八章投标文件格式，基本资料，一、承诺书，……1.施工工期：日历天；……。"裕福南路工程中，公示三名中标候选人的《承诺书》对施工工期的表述均为："1.施工工期：300个日历天。"

【一审情况】

争议焦点：

一、关于裕福南路工程评标委员会否决原告对涉案建设工程项目的投标行为是否符合法律法规和招标文件的要求的问题。

二、关于原告的《投标文件》基本资料《承诺书》中对施工工期的承诺是否属于"实质性未响应招标文件要求和条件"的问题。

三、关于被告作出的《投诉处理决定书》是否应当撤销的问题。

法院观点：

一、关于裕福南路工程评标委员会否决原告对涉案建设工程项目的投标行为是否符合法律法规和招标文件的要求。根据《中华人民共和国招标投标法》第十九条"招标人应当根据招标项目的特点和需要编制招标文件，招标文件应包括招标项目的技术要求、对投标人资格审查的标准、投标报价要求和评标标准等所有实质性要求和条件……"以及第三十七条"评标由招标人依法组建的评标委员会负责"的规定可知，评标是由依法组建的评标委员会根据法律法规以及招标文件的要求进行的，招标文件是项目招标投标活动的主要依据，对招标方和投标方均具有法律约束力。因此，涉案建设工程项目的招标投标活动均应按裕福南路工程《招标文件》的规定进行。又根据《评标委员会和评标办法暂行规定》第二十三条"评标委员会应当审查每一投标文件是否对招标文件提出的所有实质性要求和条件作出响应。未能在实质上响应的投标，应当予以否决"的规定。本案中，原告的《投标文件》基本资料《承诺书》中关于施工工期的承诺为"施工工期：计划工期：300个日历天"，与《招标文件》的《承诺书》需要承诺一个明确的工期多了"计划工期"四个字，评标委员会成员一致认为"计划工期"是可变的，并非明确工期，属于对于招标文件的要求没有明确响应。按照招标文件第52页响应性评审标准《承诺书》内容未响应招标文件要求，认定原告的《承诺书》不满足《招标文件》要求，因此，对原告的投标予以否决的处理符合法律法规及招标文件的规定。对于原告认为其《投标文件》的项目完全响应《招标文件》要求的主张，与本案查明事实相悖，本院不予支持。

二、关于原告的《投标文件》基本资料《承诺书》中对施工工期的承诺是否属于"实质性未响应招标文件要求和条件"的问题。根据《中华人民共和国招标投标法》第二十七条关于"投标人应当按照招标文件的要求编制投标文件。投标文件应当对招标文件提出的实质性要求和条件作出响应。"《中华人民共和国招标投标法实施条例》第五十一条"有下列情形之一的，评标委员会应当否决其投标：……（六）投标文件没有对招标文件的实质性要求和条件作出响应……"及《评标委员会和评标办法暂行规定》第二十五条关于"下列情况属于重大偏差：……（七）不符合招标文件中规定的其他实质性要求。投标文件有上述情形之一的，为未能对招标文件作出实质性响应，并按本规定第二十三条规定作否决投标处理"的规定，投标人编制的投标文件应对招标文件的实质要求和条件作出响应，即投标文件应当符合招标文件中明确规定的实质内容，若投标文件被认定为重大偏差的属未对招标文件作出实质性响应，应作否决投标处理。本案中，原告承诺履行期限即施工工期为"计划工期"，与《招标文件》基本资料"承诺书"中对施工工期要求明确的清晰的回应的要求不同，评标委员会成员一致认为，原告的《承诺书》中施工工期表述为"计划工期：300个日历天"属于对于《招标文件》的要求没有明确响应。按照《招标文件》第52页响应性评审标准承诺书内容未响应招标文件要求，因此，评标委员会否决原告《投标文件》符合法律法规和投标文件的规定。至于原告提出评标委员会未予其公司作出澄清、说明机会，便直接作否决处理，属于不客观、不公正履行评标职务行为的主张，本院认为，本案中，评标委员会认为原告的《投标文件》对施工工期的承诺不符合《招标文件》要求，应当否决其投标，因此未要求原告对《投标文件》作出澄清、说明，评标委员会的做法并不违反招标投标法律规定，亦不构成"违反招标文件规定的标准和方法进行评标"或"不公正、不客观履行评标职务"。另外，原告提出据其了解中山市其他建设工程招标投标活动中，投标人关于施工工期的表述与其公司"计划工期"的表述相同，但并未导致废标的主张，本院认为，每一个工程项目的要求、评标委员会的组成、招标文件的规定各有不同，不能用简单类比的方法，一概而论。因此，对原告的上述主张，本院不予采纳。

三、关于被告作出的《投诉处理决定书》是否应当撤销的问题。被告作为中山市住房和城乡建设局下属归并事业单位，受其委托具体负责中山市建设工程招标投标的监督管理工作，属于法定的建设工程招标活动的行政监督部门，对涉案建设工程项目的招标投标活动具有监督执法及对当事人的投诉有作出处理决定的法定职责。本案中，被告收到原告对于招标投标评审结果提出异议的投诉后，经调查核实，根据《中华人民共和国招标投标法》《中华人民共和国招标投标实施办法》和《工程建设项目招标投标活动投诉处理办法》的规定和复核情况，作出《投诉处理决定书》，决定：在中山市西区裕福南路工程施工招标评审中，评标委员会认为"承诺书中工期为计划工期"，否决投诉人的投标的行为符合招标投标法律法规和招标文件的要求。因此，驳回投诉人投诉。该处理决定事实清楚，证据充分，程序合法，并无不妥。故原告提出撤销上述投诉处理决定的诉讼请求，缺乏事实和法律依据，本院不予支持。

裁判结果：

驳回原告诉讼请求。

一百○五、

《中华人民共和国招标投标法实施条例》第七十一条规定不能作为行政处罚的法律依据

——陈某光与市住房和城乡建设委员会行政诉讼案

【裁判要旨】

行政处罚是指行政机关或者其他行政主体依法定职权和程序对违反行政法规尚未构成犯罪的相对人给予行政制裁的具体行政行为；而行政处分是指国家机关、企事业单位对所属的国家工作人员违法失职行为尚未构成犯罪，依据法律、法规所规定的权限而给予的一种惩戒。《中华人民共和国招标投标法实施条例》第七十一条并未明确规定其内容系行政处罚，依照行政处罚法的规定，行政处罚必须要有明确规定，上诉人行政处罚决定书中的《评标专家和评标专家库管理暂行办法》第十五条也未明确其属于行政处罚，故上诉人的行政处罚缺乏法律依据。依照《中华人民共和国行政处罚法》第二十三条的规定，行政机关实施行政处罚时，应当责令当事人改正或者限期改正违法行为，故实施行政处罚的前提应当是当事人有违法行为，但从上诉人的行政处罚决定来看，上诉人并未认定被上诉人有违法行为，而是认为评标过程中睡觉、室内走动"违反了评标纪律"，上诉人在诉讼中也未提供证据证明被上诉人的上述违纪行为严重影响了评标活动的客观、公正构成违法。

【法院及案号】

一审：来宾市兴宾区人民法院，〔2016〕桂1302行初48号。

二审：广西壮族自治区来宾市中级人民法院，〔2017〕桂13行终1号。

【当事人】

一审原告、二审被上诉人：陈某光。

一审被告、二审上诉人：市住房和城乡建设委员会（以下简称"市住建委"）。

【案情介绍】

陈某光于2016年1月29日由来宾市公共资源交易中心通过电脑抽取为评标专家，

同日,陈某光参与评审来宾市污水收集系统(一期)—华侨高新区污水临时提升泵站及管线工程(项目编号:2015GZ第35号)评标工作,从13:17分至15:42分期间,陈某光在来宾市公共资源交易中心第一评标室参与评标过程中有频繁走动和睡觉的情况。2016年6月14日,市住建委作出《行政处罚决定书》(来建罚〔2016〕1号),决定暂停陈某光评标资格,半年内不得参加来宾市政务和公共资源交易中心任何项目的评标活动,并公开通报批评。陈某光不服,提起行政诉讼,请求法院依法判决撤销《行政处罚决定书》(来建罚〔2016〕1号)。

【一审情况】

争议焦点:

市住建委作出的《行政处罚决定书》(来建罚〔2016〕1号)是否违法的问题。

法院观点:

一审法院认为,行政处罚是指行政机关或者其他行政主体依法定职权和程序对违反行政法规尚未构成犯罪的相对人给予行政制裁的具体行政行为;而行政处分是指国家机关、企事业单位对所属的国家工作人员违法失职行为尚未构成犯罪,依据法律、法规所规定的权限而给予的一种惩戒。本案中,市住建委对陈某光作出行政处罚,依据的是国家发展计划委员会审议通过的《评标专家和评标专家库管理暂行办法》第十五条第(二)项的规定,但该办法第二条规定"本办法适用于评标专家的资格认定、入库及评标专家库的组建、使用、管理活动",即《评标专家和评标专家库管理暂行办法》只是被告市住建委对其所建评标专家库及评标专家管理工作中适用的规章。陈某光在市住建委组织的评标过程中有违规的现象,市住建委依据《评标专家和评标专家库管理暂行办法》第十五条第(二)项的规定,对陈某光进行处理正确,但市住建委应适用行政处分,而不是行政处罚。综上所述,市住建委作出的《行政处罚决定书》(来建罚〔2016〕1号)适用法律错误,应予以撤销;陈某光的诉讼请求,应予以支持。

裁判结果:

撤销市住建委作出的《行政处罚决定书》(来建罚〔2016〕1号)。

【二审情况】

争议焦点:

关于上诉人市住建委作出的《行政处罚决定书》(来建罚〔2016〕1号)是否违法的问题。

法院观点:

二审法院认为:关于上诉人市住建委作出的《行政处罚决定书》(来建罚〔2016〕1号)是否违法的问题,依照《中华人民共和国行政处罚法》第八条、第九条、第十

条、第十二条的规定，行政处罚必须要有明确的法律、行政法规依据，国务院部、委员会制定的规章可以在法律、行政法规规定的给予行政处罚的行为、种类和幅度的范围内作出具体规定。本案上诉人在行政处罚决定书中依据《评标专家和评标专家库管理暂行办法》第十五条第（二）项的规定认为被上诉人"擅离职守"，但"擅离职守"通常是指未经批准离开工作岗位造成工作无法正常开展及完成，本案中上诉人没有提供充分证据证明被上诉人离开了评标现场，以及被上诉人的行为导致评标工作无法正常开展及完成，故上诉人的行政处罚缺乏事实依据。上诉人上诉称依据《中华人民共和国行政处罚法》第十二条第一款及《中华人民共和国招标投标法实施条例》第七十一条的规定其行政处罚并无不当，但该部分条款并未在上诉人的行政处罚决定书中明示，依照《中华人民共和国行政处罚法》第三十九条的规定不能作为上诉人行政处罚合法的依据，且《中华人民共和国招标投标法实施条例》第七十一条并未明确规定其内容系行政处罚，依照前述行政处罚法的规定，行政处罚必须要有明确规定，上诉人行政处罚决定书中的《评标专家和评标专家库管理暂行办法》第十五条也未明确其属于行政处罚，故上诉人的行政处罚缺乏法律依据。依照《中华人民共和国行政处罚法》第二十三条的规定，行政机关实施行政处罚时，应当责令当事人改正或者限期改正违法行为，故实施行政处罚的前提应当是当事人有违法行为，但从上诉人的行政处罚决定来看，上诉人并未认定被上诉人有违法行为，而是认为评标过程中睡觉、室内走动"违反了评标纪律"，上诉人在诉讼中也未提供证据证明被上诉人的上述违纪行为严重影响了评标活动的客观、公正构成违法。因此，上诉人的行政处罚决定缺乏事实和法律依据，应予撤销，被上诉人的诉讼请求成立，应予支持。综上，上诉人的上诉请求不成立，应予驳回，一审法院判决认定事实清楚，适用法律正确，应予维持。

裁判结果：

驳回上诉，维持原判。

一百〇六、

原评标委员会评标有误，招标人重新组建评标委员会来重新评标，并未违反法律的强制性规定

——甲公司与市发展和改革委员会行政诉讼案

【裁判要旨】

《中华人民共和国招标投标法》第三十七条第一款规定："评标由招标人依法组建的评标委员会负责。"《评标委员会和评标方法暂行规定》第八条第一款规定："评标委员会由招标人负责组建。"本案中，招标人收到乙公司的异议后，经核查发现确有问题，即向市发展和改革委员会作出了重新组建评标委员会评标的说明，市发展和改革委员会也向南京市社会保险管理中心咨询了招标人发现的问题，后由招标人于2018年12月10日重新组建评标委员会来重新评标，并未违反法律的强制性规定。

【法院及案号】

一审：南京铁路运输法院，〔2019〕苏8602行初583号。

【当事人】

一审原告：甲公司。

一审被告：市发展和改革委员会（以下简称"市发改委"）。

第三人：高新科技公司（原新城科技园公司）。

【案情介绍】

2018年7月16日，原新城科技园公司发布招标文件，就涉案电梯项目进行公开招标，对招标、投标、评标等事宜进行了明确规定。在评标办法的2.2.4（4）售后服务一项评审标准为："投标人所投品牌制造商注册地在南京（注册地在南京地区分公司），具有电梯安装维修A级资质。南京地区参保员工数量最多得分3分；其次得2分；第三得1分；其他不得分。（近半年参加劳动保险的员工社保缴费证明清单原件（依据南京市社会保险参保缴费证明验证平台数据为准，加盖社保中心公章或社保中心参保缴费证明电子专用章），原件扫描入投标文件中，否则不得分"。在评标办

法的2.2.4(5)其他因素评分标准一项满分为4分,其中业绩评审因素的评审标准为:"2015年6月1日以来,所投品牌制造商签署金额6000万以上且有梯速3.0m/s及以上类似业绩合同,提供一份的1分,最高不超过2分(以供应商库中合同及中标通知书原件为准并挑选至电子投标文件中)"。

2018年10月18日,乙公司就涉案电梯项目递交投标文件,其中包括:《NO.2011G14青奥城地块项目青奥中心(塔楼2)所需垂直电梯设备供应及安装合同》及中标通知书,中标金额6300万元;《南京某鹰世界项目电/扶梯设备采购合同》及中标通知书,中标金额为11197万元;《南京市社会保险单位参保缴费证明》,加盖南京市社会保险管理中心电子专用章,载明自2017年10月至2018年9月的参保缴费人数自最低461人逐渐增加至506人。同日,甲公司就涉案电梯项目递交投标文件,其中包括:《南京市企业养老保险参保人员(全部或部分)缴费清单》,加盖南京市社会保险管理中心电子专用章,载明自2018年4月至2018年9月的养老保险参保人数为378人。另外,还有4家公司为涉案电梯项目有效投标人,其中3家公司提供了南京市企业养老保险参保人员(全部或部分)缴费清单证明南京地区参保员工数量。

2018年10月18日,原评标委员会就涉案电梯项目进行评标:在售后服务一项认定乙公司得2分,甲公司得3分;在其他因素评分标准一项认定乙公司得2.86分,甲公司得3.91分;综合其他项的评分,推荐第一中标候选人甲公司,第二中标候选人乙公司。

2018年10月19日,原新城科技园公司认为在涉案电梯项目评标打分中,可能存在以下错误:售后服务机构地点及人员配置打分中,评委认定的人员配置数量与投标所提供的资料不吻合,此项得分存在问题;部分投标单位提供的业绩材料,与评标认定情况不符,故申请进行评标复议。

2018年10月25日,原评标委员会进行复议,针对招标人复议申请的内容,进行了核实,重新评分认为:乙公司提交的南京市社会保险单位参保缴费证明不能明确员工缴费情况,在售后服务一项认定乙公司得0分,甲公司得3分;乙公司在其他因素评分标准的业绩一项提交的类似业绩为2个,但第一次评标时因系统顺序问题只认定了1个,故在其他因素评分标准一项认定乙公司得3.86分,甲公司得3.91分;综合其他项的评分,推荐第一中标候选人甲公司,第二中标候选人乙公司。

2018年10月29日,涉案电梯项目第一次公示中标候选人:第一名为甲公司;第二名为乙公司;公示期间为2018年10月29日至2018年11月1日。

2018年10月30日,乙公司向原新城科技园公司提交质疑函,认为原评标委员会明显未按照招标文件确定的标准进行评标,无理由认定乙公司提交的社保参保缴费证明材料有瑕疵,要求招标人重新评标。2018年11月7日,原新城科技园公司向乙公司作出《关于质疑函的回复》。同日,乙公司向市发改委提交投诉书,投诉涉案电梯项目的招标代理机构及原评标委员会,认为未按照招标文件确定的标准评标,应当重新评标。2018年11月23日，原新城科技园公司向市发改委提出《重新组建评标委员会评标的说明》，称收到乙公司的投诉后，经仔细核查，认为原评标委员会认定可能存在偏差，建议重新组建新的评标委员会进行评标。2018年11月26日，市发改委向南京市社会保险管理中心去函咨询：参保单位可以打印的社会保险参保缴费证明的名称和格式；哪些文件可以证明单位参保员工数量。2018年11月30日，南京市社会保险管理中心回函称："单位参保缴费证明只有一种形式，名称为《南京市社会保险单位参保缴费证明》主表，其附件一为《南京市参加社会保险人员（全部或部分）清单》，附件二为《南京市企业养老保险参保人员（全部或部分）缴费清单》；主表可以证明单位指定缴费期间的参保员工数量，附件一是当月清单，可以证明部分或全部人员当前是否在该单位参保，附件二是指定期间清单，可以选择险种和时间段打印，证明某段时间里部分或全部人员是否在该单位参加某项保险。"

2018年12月10日，原新城科技园公司重新组建涉案电梯项目评标委员会，并于次日进行重新评标。新评标委员会评审认为："售后服务一项评审标准在于参保人数，乙公司提交的《南京市社会保险单位参保缴费证明》符合招标文件要求，认定乙公司得3分，甲公司得2分；在其他因素评分标准一项认定乙公司得4分，甲公司得3.86分；综合其他项的评分，推荐第一名中标候选人乙公司，第二名中标候选人甲公司。"

2018年12月17日，涉案电梯项目第二次公示中标候选人：第一名为乙公司，第二名为甲公司。同日，乙公司向市发改委提交撤诉函，称："经重新复议评审，于2018年12月17日收到公示结果，乙公司为第一中标候选人，乙公司对投诉结果满意，现撤回该投诉。"

2018年12月18日，甲公司向原新城科技园公司提交异议函。2018年12月20日，甲公司收到原新城科技园公司的异议回复函。同日，甲公司向市发改委提交招标投标投诉书，请求市发改委责令原新城科技园公司暂停涉案电梯项目的招标投标活动，并确认2018年12月17日重新公示的中标结果无效，依法确认甲公司为中标人。

2018年12月21日，市发改委通知原新城科技园公司暂停涉案电梯项目的招标投标活动。2019年1月7日，原新城科技园公司向市发改委就甲公司的投诉作出书面情况说明。2019年1月17日，市发改委就乙公司提供的《南京某鹰世界项目电/扶梯设备采购合同》及中标通知书向某鹰集团核实情况，确认中标单位为乙公司所投品牌制造商。经调查取证，2019年1月29日，市发改委作出涉案处理决定书，查明涉案电梯项目招标投标及评标开标的经过，认为甲公司的投诉缺乏事实根据，决定驳回甲公司的投诉请求。

【一审情况】

争议焦点：

被告与第三人重新组建新的评标委员会进行第二次评标是否违法的问题。

法院观点：

一审法院认为，对于甲公司要求市发改委责令原新城科技园公司暂停涉案电梯项目的招标投标活动的第一项投诉请求。《中华人民共和国招标投标法实施条例》第六十二条第一款规定："行政监督部门处理投诉，有权查阅、复制有关文件、资料，调查有关情况，相关单位和人员应当予以配合。必要时，行政监督部门可以责令暂停招标投标活动。"本案中，涉案电梯项目历经招标人要求复议、乙公司向市发改委提出投诉、招标人重新组建评标委员会重新评标等情况，市发改委收到甲公司投诉后，于次日通知招标人暂停涉案电梯项目招标投标活动，系依法履行法定职责。

对于甲公司要求市发改委确认2018年12月17日重新公示的中标结果无效、依法确认甲公司为中标人的第二项投诉请求。第一，2018年12月17日重新公示的是中标候选人，而非中标人。第二，《中华人民共和国招标投标法》第三十八条第二款规定："任何单位和个人不得非法干预、影响评标的过程和结果。"第四十条规定："评标委员会应当按照招标文件确定的评标标准和方法，对投标文件进行评审和比较；设有标底的，应当参考标底。评标委员会完成评标后，应当向招标人提出书面评标报告，并推荐合格的中标候选人。招标人根据评标委员会提出的书面评标报告和推荐的中标候选人确定中标人。招标人也可以授权评标委员会直接确定中标人。国务院对特定招标项目的评标有特别规定的，从其规定。"据此，在一般招标投标活动中，中标候选人由评标委员会评审结论确定，中标人由招标人确定或授权评标委员会确定。第三，甲公司要求确认2018年12月17日公示的中标候选人无效，实质上是要求确认评标委员会的评审结论无效。第四，并未有法律法规授权发展改革部门来认定评审结论无效，也未有法律法规授权发展改革部门确定招标投标活动中的中标人，法律授予的县级以上地方人民政府发展改革部门在招标投标活动中的指导和协调职责，明显不包括认定评审结论无效或确定中标人的职责，故甲公司的第二项投诉请求无法律依据。

对于甲公司在投诉中提出的涉案电梯项目招标投标活动中存在的问题。第一，对2018年10月25日第一次复议后未按规定时间公示评标结果的问题，市发改委已在投诉处理过程中查明系招标代理机构操作不当及恰逢节假日导致，并非招标人故意违法延后，并告知原告，处理并无不当。第二，对2018年12月10日重新组建评标委员会的问题，《中华人民共和国招标投标法》第三十七条第一款规定："评标由招标人依法组建的评标委员会负责。"《评标委员会和评标方法暂行规定》第八条第一款规定："评标委员会由招标人负责组建。"本案中，招标人收到乙公司的异议后，经核查发现确有问题，即向市发改委作出了重新组建评标委员会评标的说明，市发改委也向南京市社会保险管理中心咨询了招标人发现的问题，后由招标人于2018年12月10日重新组建评标委员会来重新评标，并未违反法律的强制性规定。第三，对2018年12月11日新评标委员会重新评标问题，《中华人民共和国招标投标法》第四十条第一款规定："评标委员会应当按照招标文件确定的评标标准和方法，对投标文件进行评审和比较；设有标底的，应当参考标底。评标委员会完成评标后，应当向招标人提出书面评标报告，并推荐合格的中标候选人。"本案中，市发改委对2018年12月11日的评标情况进行了调查，并无证据证明该次评标存在违法违规行为，市发改委据此认定该项投诉无事实根据并无不当。第四，对乙公司提供的业绩材料问题，招标文件对此有明确要求，原评标委员会与新评标委员会均依据招标文件判定乙公司的业绩材料符合要求，市发改委对此也进行了调查核实，能够认定甲公司的该项投诉无事实根据。

综上，市发改委对甲公司于2018年12月20日的投诉已依法履行法定职责，作出的涉案处理决定书具有事实和法律依据。

裁判结果：

驳回原告甲公司的诉讼请求。

一百○七、

评标委员会评标错误，行政监督部门可以依据招标投标法实施条例八十一条规定，要求招标人重新评标

——中铁某公司与区住房和城乡建设局行政诉讼案

【裁判要旨】

《福建省招标投标条例》第七十条（三）项规定："未按照招标文件规定的评标标准和方法评标的，影响评标结果的，评标无效，招标人应当依法重新评标或者重新招标。"《中华人民共和国招标投标法实施条例》第八十一条："依法必须进行招标的项目的招标投标活动违反招标投标法和本条例的规定，对中标结果造成实质性影响，且不能采取补救措施予以纠正的，招标、投标、中标无效，应当依法重新招标或者评标。"本案根据评标委员会错误认定某富建设公司为失信被执行人，从而否决其投标资格，被告认定评标委员会未按照招标文件规定的评标标准和方法评标的，影响评标结果，且对中标结果造成了实质性影响，被告据此认定招标人公示原告为中标人行为无效、中标通知书无效，要求重新组织评标，有事实依据和法律依据。

【法院及案号】

一审：福建省上杭县人民法院，〔2018〕闽0823行初31号。
二审：福建省龙岩市中级人民法院，〔2019〕闽08行终67号。

【当事人】

一审原告：中铁某公司。
一审被告：区住房和城乡建设局（以下简称"区住建局"）。
第三人：某富建设公司、某岩交发公司。

【案情介绍】

"交发-龙岩印象工程"项目建设单位为第三人某岩交发公司，招标人为某岩交发公司，委托招标单位为福建省某融工程咨询有限公司，招标投标监督机构为区住建局。该项目于2018年4月18日至2018年5月7日通过龙岩市公共资源交易电子公共

服务平台发布招标公告。该项目招标文件"推荐中标候选人"规定：应通过查询全国法院失信被执行人名单信息公布与查询平台或者全国企业信用信息公示系统进行查询，中标候选人是否被人民法院列为"失信被执行人"或者被工商行政管理机关列为"严重违法失信企业名单"，若被人民法院列为"失信被执行人"或者被工商行政管理机关列为"严重违法失信企业名单"应当否决其投标。原告和第三人某富建设公司均为投标人。2018年5月8日，"交发-龙岩印象工程"在龙岩市公共资源交易中心会议室公开开标。评标委员会对入围投标人按照评标办法和标准数据表排序数据计算的投标人投标报价与评标基准价差价绝对值由小到大依次排序，选取前5名投标人的投标文件进行评审，投标人排名顺序依次是：某富建设公司、某腾建设集团有限公司、陕西某公路工程建设有限公司、中铁某公司和中国某冶集团有限公司。2018年5月9日，招标人某岩交发公司发布"交发-龙岩印象工程"中标候选人公示，公示内容：评标委员会评审结果向招标人推荐中标候选人为中铁某公司，在推荐中标候选人前，通过全国法院失信被执行人名单信息公布与查询平台查询，某富建设公司秦皇岛分公司于2017年8月16日被立案执行（案号〔2017〕冀0302执2502号），根据公司法第十四条规定，分公司不具有法人资格，其民事责任由公司承担，据此依据，某富建设公司被列为"失信被执行人"，否决其投标。公示时间为2018年5月9日至2018年5月12日。

2018年5月10日，某富建设公司向招标人对评标结果提出书面异议，认为评标委员会以某富建设公司秦皇岛分公司被列为"失信被执行人"为理由，认定某富建设公司亦为"失信被执行人"，进而否决某富建设公司投标的决定是错误的，某富建设公司被列为第一顺序中标候选人依法应当被确认为中标人。2018年5月11日，招标人及招标代理机构福建省某融工程咨询有限公司回复某富建设公司其投诉不属招标人及招标代理机构认定及回复范畴，可向本项目的建设行政主管部门进行反映并提出异议。2018年5月14日，某富建设公司向区住建局发出《关于"交发-龙岩印象工程"评标结果的投诉书》，要求：责令招标人暂停招标投标活动，确认投诉人的投标为有效投标，确认投诉人为中标候选人，并责令招标人将中标候选人改正为某富建设公司。同日，被告发出《关于暂停交发-龙岩印象招标投标活动的函》（龙新建〔2018〕220号），要求招标人某岩交发公司暂停招标投标活动。5月17日，被告对该投诉作出受理决定。6月29日，被告作出《关于交发-龙岩印象工程施工招标投标活动投诉处理决定书》（龙新建〔2018〕345号）认定：评标委员会不按照招标文件规定的评标标准和方法进行评标，依据《中华人民共和国招标投标法实施条例》第七十一条第（三）款的规定，责令该项目评标委员会改正原告作为中标候选人的评标结果。7月9日，评标委员会经复核原评标结果，向被告出具了《评标委员关于交发-龙岩印象工程施工招标投标投诉处理决定评议意见的报告》，认为2018年5月8日的评标结论并无过错，建议被告请示省住房和城乡建设厅及省高院作出书面回复后，再行作出是否更改评标结果的决定。7月10日，某岩交发公司向被告提交《关于继续开展交发-龙岩印象工程施工招标投标活动请示》，认为评标委员会经复核原评标结果并无过错，请示被告区住建局书面同意继续开展"交发-龙岩印象工程"中标人为中铁某公司的公示。7月19日，被告作出《"关于继续开展交发-龙岩印象工程施工招标投标活动请示"的复函》（龙新建414号）认为：目前市住建局未作书面答复意见，长时间暂停招标投标活动势必影响某岩交发公司的经营活动，鉴于此情况下，经研究，同意某岩交发公司继续开展"交发-龙岩印象工程"招标投标活动，某岩交发公司应依法依规开展本项目的招标投标工作。7月20日，招标人及招标机构发布了"交发-龙岩印象工程"中标结果公示，第三人中铁某公司为中标人，公示期间为2018年7月20日至7月30日。

2018年7月23日，因对"交发-龙岩印象工程"招标投标活动中公示中标人结果有异议，某富建设公司向被告投诉，投诉认为，被告对某富建设公司第一次投诉作出345号行政处理决定，根据《福建省综合性评标专家库管理办法（试行）》（闽政办〔2007〕221号）第三十一条的规定，应重新评标，但被投诉人并未依法重新组织评标，仍然根据原评标专家的意见确定中标人，无视被告作出的345号行政处理决定的要求，违法公示原告为中标，要求：责令被投诉人某岩交发公司立即停止公示中铁某公司为中标人的行为；责令被投诉人某岩交发公司按照345号行政处理决定的要求，改正中铁某公司为中标人的评标结果；责令被投诉人依法重新组织评标。7月27日，被告作出《新罗区住房和城乡局不予受理告知函》（龙新建〔2018〕437号），对某富建设公司投诉不予受理。某富建设公司不服向龙岩市住建局申请复议，龙岩市住建局于9月3日作出《行政复议决定》（龙建法〔2018〕40号）：撤销区住建局作出的《新罗区住房和城乡局不予受理告知函》（〔2018〕437号），要求对投诉人的投诉重新作出处理决定。同日，被告区住建局对投诉作出受理决定，并于9月14日向第三人某岩交发公司及投标代理机构送达了《新罗区住房和城乡建设局关于招标投标活动被告投诉通知书》，要求招标人及招标代理机构作出陈述、申辩和提交相关证据材料，招标人及招标代理机构也作出了陈述和申辩。10月12日，被告作出《关于交发-龙岩印象工程施工招标投标活动第二次投诉处理决定书》（龙新建〔2018〕564号），该处理决定认为：之前投诉争议某富建设公司是否属于"失信被执行人"的问题，其局已依法认定投诉人某富公司不是"失信被执行人"；本投诉的焦点是投诉人某富公司是否属于"失信被执行人"，根据专家组评标时查询结果，未查询到某富建设公司是"失信被执行人"。现根据省住建厅2018年9月17日"关于印发《福建省房屋建筑和市政基础设施工程标准施工招标文件（2017年修订版）》的通知"（闽建筑〔2018〕30号），对"失信被执行人"进一步明确不包括其分支机构。交发-龙岩印象工程施工招标的原评标委员会7月9日进行的复审工作，原评标委员会未按照345号处理决定执行，仍以某富建设公司秦皇岛分公司被列为"失信被执行人"为理由，投诉人还是被否决，该行为违反了《福建省招标投标条例》第七十条第（三）项规定，评标无效；其局答复招标人某岩交发公司依法依规开展招标工作，本意是要求招标人某岩交发公司按照招标投标的法律法规和345号处理决定规定依法依规进行招标投标工作，现招标人某岩交发公司未遵守345号处理决定的规定，发出的中铁某公司为该项目中标人的行为无效，投诉人某富建设公司投诉理由成立，依据《中华人民共和国招标投标法》第三十七条第一款、《中华人民共和国招标投标法实施条例》第六十一条第二款及《福建省招标投标条例》第七十条第（三）项的规定，其局决定如下：1.认定本项目2018年7月31日中标通知书无效。2.责令招标人依照交发－龙岩印象工程施工招标文件及相关法律、法规、规章的规定重新评标。

另查明，2018年5月11日，秦皇岛市海港区人民法院向某富建设公司发出通知，确认目前未将某富建设公司追加为被执行人，也未列入失信被执行人名录。

【一审情况】

争议焦点：

一、关于某富建设公司是否属"失信被执行人"问题。

二、关于被告作出的564号处理决定书是否合法的问题。

法院观点：

一、关于某富建设公司是否属"失信被执行人"问题。交发－龙岩印象工程项目招标文件"推荐中标候选人"规定：应通过查询全国法院失信被执行人名单信息公布与查询平台或者全国企业信用信息公示系统进行查询，中标候选人是否被人民法院列为"失信被执行人"或者被工商行政管理机关列为"严重违法失信企业名单"，若被人民法院列为"失信被执行人"或者被工商行政管理机关列为"严重违法失信企业名单"应当否决其投标。《最高人民法院关于公布失信被执行人名单信息的若干规定》第一条规定："被执行人未履行生效法律文书确定的义务，并具有下列情形之一的，人民法院应当将其纳入失信被执行人名单，依法对其进行信用惩戒：……"纳入失信被执行人名单有六种情形；第五条规定，被执行人具有第一条规定情形之一的，申请执行人可向人民法院申请将被执行人纳入失信被执行人名单；人民法院认为被执行人具有第一条规定情形之一的，人民法院也可依职权决定将被执行人纳入失信被执行人名单。人民法院决定将被执行人纳入失信被执行人名单的应当制作决定书，并依法送达当事人。

根据招标文件规定及上述法律规定，须经查询为"失信被执行人"或"经人民法院审查决定纳入失信被执行人"，否则，不能扩大解释。本案中，评标委员会对前5名投标人的投标文件进行评审，某富建设公司排名为第一顺序，评标委员会依据某富建设公司秦皇岛分公司为失信被执行人，从而推定某富建设公司为失信被执行人，否决其中标候选人资格。评标委员会无权擅自扩大"失信被执行人"的范围，评标委员会认定某富建设公司为"失信被执行人"属认定事实错误，属未按招标文件评标。被告的处理决定认定评标委员会未按招标文件评标，评标无效，符合法律规定。

二、关于被告作出的564号处理决定书是否合法的问题。被告作为新罗区负责建设行政管理的部门，依法有权监督案涉项目工程的招标投标活动，对其中的违法行为受理投诉，并依法进行查处，被告有对招标投标活动的违法行为受理投诉并作出处理的职权。《福建省招标投标条例》第七十条（三）项规定："未按照招标文件规定的评标标准和方法评标的，影响评标结果的，评标无效，招标人应当依法重新评标或者重新招标。"《中华人民共和国招标投标法实施条例》第八十一条："依法必须进行招标的项目的招标投标活动违反招标投标法和本条例的规定，对中标结果造成实质性影响，且不能采取补救措施予以纠正的，招标、投标、中标无效，应当依法重新招标或者评标。"根据前述评标委员会错误认定某富建设公司为失信被执行人，从而否决其投标资格，被告认定评标委员会未按照招标文件规定的评标标准和方法评标的，影响评标结果，且对中标结果造成了实质性影响，被告据此认定招标人公示原告为中标人行为无效、中标通知书无效，要求重新组织评标，有事实依据和法律依据。

裁判结果：

驳回原告诉讼请求。

【二审情况】

在本院审理过程中，上诉人中铁某公司于2019年5月16日以涉案项目已重新进行评标，评标委员会一致认为因超过投标有效期，原招标投标活动无法继续开展评标工作，因此被上诉人区住建局作出的《关于交发-龙岩印象工程施工招标投标活动第二次投诉处理决定书》（龙新建〔2018〕564号）已无法实施，上诉人的诉求已没有意义为由，自愿向本院申请撤回上诉。

裁判结果：

一、准许上诉人中铁某公司撤回上诉。

二、各方当事人均按一审判决执行。

一百〇八、

投标人投标业绩材料确系虚假，但业绩是真实的，不属于提供虚假业绩骗取中标的情形

——某锐德公司与市发展和改革委员会行政诉讼案

【裁判要旨】

《中华人民共和国招标投标法实施条例》第四十二条第二款第（二）项所规定的提供虚假业绩应当是指业绩本身并不存在或者业绩存在但并非投标人实施的情况下，投标人提供虚假材料证明业绩存在或者是业绩是由投标人实施的情形。本案某湾公司虽然在投标时提交的业绩证明材料存在虚假信息，但业绩本身客观真实，该行为不属于《中华人民共和国招标投标法实施条例》第四十二条第二款第（二）项所规定的提供虚假业绩骗取中标的情形。但鉴于某湾公司提交的证明材料存在虚假内容，该业绩是否能认定为有效业绩应由评标委员会予以认定。因此，被告作出要求招标人依法依规组织评标委员会对该项目评标结果进行复核的处理意见结论并无不当。

【法院及案号】

一审：峨眉山市人民法院，〔2016〕川1181行初13号。

【当事人】

一审原告：某锐德公司。

一审被告：市发展和改革委员会（以下简称"市发改委"）。

第三人：某能建公司、某湾公司、某蜀公司。

【案情介绍】

2015年7月15日，市发改委批复某电公司，同意建设峨眉110kV大为输变电工程项目，同时核准对该项目勘察、设计、施工、监理、重要材料及设备进行公开招标。某电公司作为招标人，某诚公司作为招标代理机构发布招标公告，对峨眉110kV大为输变电工程箱式预装式变电站及配套附属设施、监理进行公开招标，原告某锐德公司和第三人某能建公司、某湾公司、某蜀公司组成的联合体均参与了该工程招标。

2015年9月1日，峨眉110kV大为输变电工程箱式预装式变电站及配套附属设施、监理项目开标，确定中标候选人为：某能建公司为第一中标候选人，某锐德公司为第二中标候选人。2015年9月6日，某锐德公司向某电公司和某诚公司递交《关于峨眉110kV大为输变电工程箱式预装式变电站及配套附属设施招标项目中标候选人的异议》，对公示的中标结果提出异议，要求某电公司和某诚公司进行答复。2015年9月8日和9月10日，某锐德公司又向某电公司和某诚公司提交了《关于峨眉110kV大为输变电工程箱式预装式变电站及配套附属设施招标项目中标候选人的异议的补充函》和《关于峨眉110kV大为输变电工程箱式预装式变电站及配套附属设施招标项目中标候选人的异议的补充函（2）》。针对某锐德公司的提出的上述异议，某诚公司分别于2015年9月8日和9月11日进行了回复。某锐德公司对回复不服，于2015年9月11日向市发改委提出投诉。被告受理原告提出的投诉后经调查，于2015年10月28日作出《关于对"峨眉110kV大为输变电工程箱式预装式变电站及配套附属设施"项目投诉的处理决定》，其中调查情况部分载明：某湾公司因未按《企业信息公示暂行条例》第八条的规定公示年报信息被该公司登记机关于2015年7月14日列入了经营异常名录，同年10月10日被移出。招标人在本项目招标文件中，对投标企业是否列入经营异常名录事宜，没有要求必须注明，且对列入经营异常名录的企业未提出限制或禁止条件。针对"四川宝兴县某福光伏材料有限公司的雅安宝兴碳化硅110kV输变电工程"是虚假的投诉，某湾公司答辩表示因工作人员失误在投标材料中装入了与某福公司签订的勘察设计合同，没有执行该合同，而履行了与"宝兴县某润光伏材料有限公司"签订的雅安宝兴碳化硅110kV输变电工程勘察设计合同，该工程真实存在，且相关勘察设计工作确由某湾公司完成。"四川宝兴县某福光伏材料有限公司"未在雅安市工商行政管理局登记。处理意见为：1.在本项目招标文件中，对列入经营异常名录的投标企业未提出限制或禁止条件。2.被投诉人提交的"四川宝兴县某福光伏材料有限公司"的雅安宝兴碳化硅110kV输变电工程勘察设计合同确未履行，提供的资料含有虚假信息，投标文件有瑕疵。3.请招标人依法依规组织评标委员会对该项目评标结果进行复核。原告不服该处理决定诉至本院请求判如前所述。

另查明：某湾公司于2015年7月14日因未按照《企业信息公示暂行条例》第八条规定的期限公示年度报告被成都市高新工商局列入了经营异常名录，在补报未报年份的年度报告并公示后于同年10月10日被移出经营异常名录。某湾公司在峨眉110kV大为输变电工程箱式预装式变电站及配套附属设施招标投标文件中提交了德阳万腾110kV输变电工程、雅安宝兴碳化硅110kV输变电工程、重庆桥嘉110kV输变电工程、三洞变电站安全隐患技改扩建工程、35kV北山变电站升压110kV技改、35kV小庙变电站升压110kV技改6个业绩项目，其中项目2雅安宝兴碳化硅110kV输变电工程载明发包人名称："四川宝兴县某福光伏材料有限公司"，所附合同扫描件为"四川宝兴县某福光伏材料有限公司"和某湾公司签订的工程勘察设计合同。经核实，工商部门无"四川宝兴县某福光伏材料有限公司"登记信息。

又查明：2006年9月19日，宝兴县发展改革和经济商务局作出批复，同意宝兴县某鑫铁合金有限公司建设2×1.25万kVA光伏辅料碳化硅及0.5万kVA精炼炉生产线技改项目。2011年1月12日，宝兴县发展改革和经济商务局作出《关于同意宝兴县某鑫铁合金有限公司成立宝兴县某润光伏材料有限公司的批复》，同意宝兴县某鑫铁合金有限公司成立宝兴县某润光伏材料有限公司，在宝兴县灵关工业集中区大渔溪载能工业组团内进行"2×1.25万kVA光伏辅料碳化硅及0.5万kVA精炼炉"生产线技改项目建设。2014年7月16日，宝兴县某润光伏材料有限公司出具《说明函》，主要内容为：某湾公司，我公司"雅安宝兴碳化硅110kV输变电工程"项目，因我公司对电力系统不熟悉，为便于办理相关供电手续，尽快完成设计、施工等相关工作。由我公司委托一位中间人办理供电部门手续和联系设计和施工单位。在项目开展过程中，我公司发现中间人有不合规行为，及时终止与其合作。为使项目顺利实施，我公司认同原中间人联系的设计及施工单位，原由四川宝兴县某福光伏材料有限公司签署的《雅安宝兴碳化硅110kV输变电工程》勘察设计合同作废，现由我公司重新与贵公司签署，合同条款按原合同约定执行。同时，宝兴县某润光伏材料有限公司另出具《说明函》说明原四川宝兴县某福光伏材料有限公司同某湾公司签署的《雅安宝兴碳化硅110kV输变电工程》项目勘察设计合同，此合同项目是我公司宝兴碳化硅110kV输变电工程项目，项目真实存在。所签署的勘察设计委托合同，合同内容真实。勘察设计工作确是由某湾公司相关人员完成，并提供全套设计图纸。

再查明：《峨眉110kV大为输变电工程箱式预装式变电站及配套附属设施、监理招标公告》第一章第3.1.2勘察资格要求：要求投标人须具备在①中华人民共和国境内注册，具有独立企业法人资格；②具有工程勘察专业类（工程测量）专业丙级及以上设计资质；③2012年以来已完成110kV送电、变电设计业绩各2个，并在人员、设备、资金等方面具有相应的设计能力。第3.1.3设计资格要求：①中华人民共和国境内注册，具有独立企业法人资格；②具有电力行业（送电、变电）专业丙级及以上设计资质；③2012年以来已完成110kV送电、变电设计业绩各2个，并在人员、设备、资金等方面具有相应的设计能力。第二章投标人须知第10.14投标文件的真实性要求：投标人所递交的投标文件（包括有关资料、澄清）应真实可信，不存在虚假（包括隐瞒）。投标人声明不存在限制投标情形但被发现存在限制投标情形的，构成隐瞒，属于虚假投标行为。如投标文件存在虚假，在评标阶段，评标委员会应将该投标文件作废标处理；中标候选人确定后发现的，招标人和招标投标行政监督部门可以取消中标候选人或中标资格。2015年10月19日，某电公司向市发改委提交了《关于对峨眉110kV大为输变电工程招标投标活动投诉相关意见的回函》，说明经对招标文件核实，在该项目招标文件中，对投标企业是否列入经营异常名录事宜，没有要求必须注明。在该项目招标文件中，对列入经营异常名录的投标企业，未提出限制或禁止条件。

【一审情况】

争议焦点：

一、某湾公司被列入经营异常名录是否属于应限制或禁止进入本次招标投标的情况。

二、某湾公司是否存在弄虚作假骗取本次中标的行为。

法院观点：

一、某湾公司被列入经营异常名录是否属于应限制或禁止进入本次招标投标的情况。法院认为，虽然《企业信息公示暂行条例》（国务院令第654号）第十八条规定："县级以上地方人民政府及其有关部门应当建立健全信用约束机制，在政府采购、工程招标投标、国有土地出让、授予荣誉称号等工作中，将企业信息作为重要考量因素，对被列入经营异常名录或者严重违法企业名单的企业依法予以限制或者禁入。"但该条款仅为原则性规定，同时该条款也明确将建立健全信用约束机制的职责赋予了县级以上地方人民政府及其有关部门。因此，对列入经营异常名录企业参与工程招标投标实施限制和禁止的具体措施，应当依据相关县级以上地方人民政府及其有关部门制定并公布的规定要求执行。由于在本案所涉及工程项目招标时国家、四川省及乐山市均尚未制定对列入经营异常名录企业在参与工程招标投标中实施限制和禁止的具体措施，同时某电公司也说明在本次招标投标中，对投标企业是否列入经营异常名录事宜，没有要求必须注明；在该项目招标文件中，对列入经营异常名录的投标企业，也未提出限制或禁止条件。因此，被告经调查，作出在本项目招标文件中，对列入经营异常名录的投标企业未提出限制或禁止条件的处理意见并无不当。

二、某湾公司是否存在弄虚作假骗取本次中标的行为。《中华人民共和国招标投标法》第三十三条规定，投标人不得以低于成本的报价竞标，也不得以他人名义投标或者以其他方式弄虚作假，骗取中标。《中华人民共和国招标投标法实施条例》（国务院令第613号）第四十二条第二款规定，投标人有下列情形之一的，属于招标投标法第三十三条规定的以其他方式弄虚作假的行为：（一）使用伪造、变造的许可证据；（二）提供虚假的财务状况或者业绩；（三）提供虚假的项目负责人或者主要技术人员简历、劳动关系证明；（四）提供虚假的信用状况；（五）其他弄虚作假的行为。法院认为，《中华人民共和国招标投标法实施条例》第四十二条第二款第（二）项所规定的提供虚假业绩应当是指业绩本身并不存在或者业绩存在但并非投标人实施的情况下，投标人提供虚假材料证明业绩存在或者是业绩是由投标人实施的情形。而根据本案审理查明事实，虽然某湾公司在竞标文件中提交的与"四川宝兴县某福光伏材料有限公司"签订的工程勘察设计合同未实际履行，且经核实无四川宝兴县某福光伏材料有限公司工商登记信息，该合同内容存在虚假信息，但本案中没有证据显示该份工程勘察设计合同系某湾公司伪造。同时，宝兴县发展改革和经济商务局作出的相关批复、某湾公司与宝兴县某润光伏材料有限公司签订的《雅安宝兴碳化硅110kV输变电工程》勘察设计合同以及宝兴县某润光伏材料有限公司出具的有关《说明函》可以相互印证，能够证明"雅安宝兴碳化硅110kV输变电工程"真实存在，且因宝兴县某润光伏材料有限公司委托的中间人存在违规行为导致某湾公司与"四川宝兴县某福光伏材料有限公司"签订的工程勘察设计合同未实际履行，之后某湾公司又与宝兴县某润光伏材料有限公司重新签订了勘察设计合同，工程实际是由某湾公司相关人员完成，并提供全套设计图纸。因此，某湾公司虽然在投标时提交的业绩证明材料存在虚假信息，但业绩本身客观真实，该行为不属于《中华人民共和国招标投标法实施条例》第四十二条第二款第（二）项所规定的提供虚假业绩骗取中标的情形。但鉴于某湾公司提交的证明材料存在虚假内容，该业绩是否能认定为有效业绩应由评标委员会予以认定。因此，被告作出要求招标人依法依规组织评标委员会对该项目评标结果进行复核的处理意见结论并无不当。

根据《中华人民共和国招标投标法》第五十四条和《中华人民共和国招标投标法实施条例》第六十八条第一、二款之规定，是否取消投标人中标资格并取消其一年至三年内参加依法必须进行招标的项目的投标资格并予以公告，属于有关行政监督部门履行法定职权范畴，不属于本案审查范围，故本院对原告要求责令被告作出取消"某能建公司、某湾公司、某蜀公司组成的联合投标体"在峨眉110kV大为输变电工程箱式预装式变电站及配套附属设施项目中第一中标候选人资格，同时作出取消其一年至三年内参加依法必须进行招标的项目的投标资格并予以公告的诉讼请求依法不予处理。

裁判结果：

驳回原告诉讼请求。

一百○九、

如项目已竣工验收合格，不再适用《招标投标法实施条例》第八十一条规定的重新招标或评标

——苏州甲公司与市高新区住房和城乡建设局行政诉讼案

【裁判要旨】

招标文件评标办法和相关规范性文件中已经明确评标基准价是否改变或是否重新评标的情形；《中华人民共和国招标投标法实施条例》第八十一条的规定应为建设工程施工进行或完成前依法应当重新招标或评标的情形，如果是在保证质量的建设工程施工后发现招标投标违法情形，为了避免给国家利益、社会公共利益造成重大损失，应慎重决定是否重新招标或评标。本案中，涉案建设工程已经竣工验收合格，不能重新建设，重新评标已无实际意义，故苏州高新区住房和城乡建设局作出的"对投诉人的其他投诉请求不予支持"的投诉处理决定并无不当。

【法院及案号】

一审：江苏省苏州市虎丘区人民法院，〔2017〕苏0505行初61号。

二审：江苏省苏州市中级人民法院，〔2018〕苏05行终196号。

【当事人】

一审原告、二审上诉人：苏州甲公司。

一审被告、二审被上诉人：市高新区住房和城乡建设局（以下简称"住建局"）。

一审第三人：苏州科技城服务中心、苏州乙公司。

【案情介绍】

2016年7月21日，苏州乙公司受苏州科技城服务中心委托，就苏州科技城外国语学校新建项目（内装工程）装饰工程施工发布招标公告。本次招标投标采用综合评估法，经随机抽取采用投标报价方法一。2016年8月10日开标公示，第一名中标候选人是苏州某螳螂建筑装饰股份有限公司，第二名中标候选人是苏州甲公司，第三名中标候选人是苏州市某实业有限公司。2016年8月12日，苏州甲公司提出异议，要

求否决投标人江苏某洋公司的投标，并对符合投标资格的投标人重新评标。2016年8月15日，苏州科技城服务中心、苏州乙公司答复苏州甲公司，确认江苏某洋公司提供的项目经理确实有在建工程，但根据招标文件评标办法，本工程评标工作已经结束，评标报告已经完成。苏州甲公司对该答复不服，向苏州高新区住建局提出投诉，要求重新计算基准价，重新评标。2016年8月24日，苏州科技城服务中心、苏州乙公司组织评委进行复议，认为评标基准价不变，不重新评标。2016年8月30日，苏州高新区住建局作出《投诉处理决定书》，决定：该项目招标投标活动继续，不支持苏州甲公司提出的请求和主张；将对本次招标投标活动中涉及弄虚作假的投标人根据相关法规进行查处。处理决定的依据为《苏州市建设工程招标投标活动异议和投诉处理办法（试行）》、苏住建规〔2013〕4号文、苏住建规〔2011〕12号文、苏建招办〔2016〕3号文。苏州甲公司不服，向江苏省苏州市虎丘区人民法院提起诉讼。江苏省苏州市虎丘区人民法院经审理，作出〔2016〕苏0505行初46号行政判决，判决驳回苏州甲公司的诉讼请求。

【一审情况】

争议焦点：

关于涉案《投诉处理决定书》是否合法的问题。

法院观点：

首先，关于苏州高新区住建局履行监督职责情况，《工程建设项目招标投标活动投诉处理办法》（以下简称《招标投标投诉办法》）第十四条规定，行政监督部门受理投诉后，应当调取、查阅有关文件，调查、核实有关情况。第二十条规定，行政监督部门应当根据调查和取证情况，对投诉事项进行审查，按照下列规定做出处理决定：（一）投诉缺乏事实根据或者法律依据的，或者投诉人捏造事实、伪造材料或者以非法手段取得证明材料进行投诉的，驳回投诉；（二）投诉情况属实，招标投标活动确实存在违法行为的，依据《中华人民共和国招标投标法》及其他有关法规、规章做出处罚。第二十二条规定，投诉处理决定应当包括下列主要内容：（一）投诉人和被投诉人的名称、住址；（二）投诉人的投诉事项及主张；（三）被投诉人的答辩及请求；（四）调查认定的基本事实；（五）行政监督部门的处理意见及依据。苏州高新区住建局在收到苏州甲公司提交的《要求重新作出投诉处理决定申请书》后，按照规定听取了投诉人的投诉事项和主张、被投诉人的答辩、被调查人的主张，调查核实了有关情况，作出处理意见并列明依据，及时将处理结果告知了投诉人，履行了投诉处理和监督职责。其次，关于投诉处理期限问题，《中华人民共和国招标投标法实施条例》（以下简称《招标投标法实施条例》）第六十一条规定，行政监督部门应当自收到投诉之日起3个工作日内决定是否受理投诉，并自受理投诉之日起30个工作日内作出书面处理决定；需要检验、检测、鉴定、专家评审的，所需时间不计算在内。《招标投标投诉办法》第二十一条规定，负责受理投诉的行政监督部门应当自受理投诉之日起三十个工作日内，对投诉事项做出处理决定，并以书面形式通知投诉人、被投诉人和其他与投诉处理结果有关的当事人。需要检验、检测、鉴定、专家评审的，所需时间不计算在内。苏州高新区住建局于2017年7月7日收到苏州甲公司提交的《要求重新作出投诉处理决定申请书》，于2017年8月11日作出《投诉处理决定书（重新作出）》，符合法律法规关于投诉处理期限的规定。至于苏州甲公司提出的此前投诉处理的期限问题，因已经江苏省苏州市虎丘区人民法院〔2016〕苏0505行初46号案件和江苏省苏州市中级人民法院〔2017〕苏05行终181号案件审理，且苏州高新区住建局的相关投诉处理决定书已被依法撤销，故本案不予理涉。另外，江苏省苏州市中级人民法院作出的〔2017〕苏05行终181号行政判决并未责令苏州高新区住建局限期重新作出投诉处理决定书，故本案苏州高新区住建局的《投诉处理决定书（重新作出）》应认定为对苏州甲公司提交的《要求重新作出投诉处理决定申请书》作出的投诉处理决定。再次，关于投诉的实体处理是否合法正当的问题，苏州高新区住建局应针对苏州甲公司的投诉请求进行回应。第一，关于苏州甲公司提出的否决江苏某洋公司投标的投诉请求，《招标投标法实施条例》第五十一条规定，有下列情形之一的，评标委员会应当否决其投标：……（三）投标人不符合国家或者招标文件规定的资格条件。江苏某洋公司未如实申报投标材料，隐瞒了其不符合投标资格条件的事实，苏州高新区住建局要求评标委员会否决江苏某洋公司的投标，符合法律法规的规定。第二，关于苏州甲公司提出的重新评标后确定其为中标候选人的投诉请求，苏州高新区住建局依据招标文件评标办法8.2条、《省招标办关于实施房屋建筑和市政基础设施工程招标投标改革调整措施的通知》（苏建招办〔2016〕3号）第十三项、《关于进一步推行政府投资建筑工程预选承包商制度和网上招标投标工作的意见》（苏住建规〔2011〕12号）第七项规定，认为不应重新评标；且基于涉案项目已经竣工验收合格的客观事实，已无再次进行招标投标、重新计算投标基准价并重新确定中标人的必要性。原审法院认为，招标文件评标办法和相关规范性文件中已经明确评标基准价是否改变或是否重新评标的情形；《招标投标法实施条例》第八十一条规定，依法必须进行招标的项目的招标投标活动违反招标投标法和本条例的规定，对中标结果造成实质性影响，且不能采取补救措施予以纠正的，招标、投标、中标无效，应当依法重新招标或者评标。该规定应为建设工程施工进行或完成前依法应当重新招标或评标的情形，如果是在保证质量的建设工程施工后发现招标投标违法情形，因涉及重新招标或评标可能会给国家利益、社会公共利益造成重大损害，故应在是否会造成国家利益、公共利益重大损失以及个人利益和国家利益、公共利益之间进行衡量，慎重决定是否重新招标或评标。另外，招标投标法律制度的重要意义在于提高经济效益、保障建设工程的高质量，现涉案建设工程已经竣工验收合格，不能重新建设，重新评标已无实际意义，至于确定哪家公司为中标候选人并非行政监督部门的职责和职权范围，不应越俎代庖。故苏州高新区住建局作出的"对投诉人的其他投诉请求不予支持"的投诉处理决定并无不当。

关于苏建招办〔2016〕3号通知、苏住建规〔2011〕12号意见是否合法，经审查，上述文件的相关规定与上位法并不冲突。

综上，苏州甲公司请求撤销苏州高新区住建局于2017年8月11日作出的《投诉处理决定书（重新作出）》中"对投诉人的其他投诉请求不予支持"的内容、责令苏州高新区住建局限期重新作出投诉处理决定并确定苏州甲公司中标的诉讼请求不能成立。

裁判结果：

驳回原告诉讼请求。

【二审情况】

争议焦点：

关于该项目是否适用重新评标或再次进行招标投标、重新计算投标基准价并重新确定中标人的问题。

法院观点：

一审法院认为，招标文件评标办法和相关规范性文件中已经明确评标基准价是否改变或是否重新评标的情形；《招标投标法实施条例》第八十一条的规定应为建设工程施工进行或完成前依法应当重新招标或评标的情形，如果是在保证质量的建设工程施工后发现招标投标违法情形，为了避免给国家利益、社会公共利益造成重大损失，应慎重决定是否重新招标或评标。本案中，涉案建设工程已经竣工验收合格，不能重新建设，重新评标已无实际意义，故苏州高新区住建局作出的"对投诉人的其他投诉请求不予支持"的投诉处理决定并无不当。

裁判结果：

驳回上诉，维持原判。

一百一十、

评标委员会在超过投标有效期后进行第二次复评的，其结果依然具有法律效力

——中铁某公司与区住房和城乡建设局行政诉讼案

【裁判要旨】

现有法律法规尚无明文规定超过投标有效期进行重新评标的法律效力问题，从立法本意上来讲，招标投标法的制定是为了规范招标投标活动，保护国家利益、社会公共利益和招标投标活动当事人的合法权益等，根据《工程建设项目施工招标投标办法》第二十九条"招标文件应当规定一个适当的投标有效期，以保证招标人有足够的时间完成评标和与中标人签订合同。投标有效期从投标人提交投标文件截止之日起计算"。可见，投标有效期的设置，是为了保证招标人有足够的时间完成评标和与中标人签订合同。联系本案而言，招标投标项目第一次开标、评标时间尚在规定的投标有效期内，之后因招标投标过程中出现多次投诉和处理、行政诉讼才导致第二次重新评标。为了保护社会公共利益及招标投标活动当事人的合法权益，招标人在区住房和城乡建设局的监督指导下另行组成专家组对项目进行第二次重新评标。第二次重新评标是根据原招标文件规定的标准和方法针对第一次错误的评标结果而进行的重新评标，重新评标应在原评标基础和条件下进行，重现招标文件规定的开标当日和当时的条件进行，故重新评标与投标有效期无直接关系，虽然本案第二次重新评标时间已过规定的投标有效期，但不应受投标有效期的限制。

【法院及案号】

一审：福建省上杭县人民法院，〔2019〕闽0823行初29号。

二审：龙岩市中级人民法院，〔2020〕闽08行终53号。

【当事人】

一审原告、二审上诉人：中铁某公司。

一审被告、二审被上诉人：区住房和城乡建设局（以下简称"住建局"）。

一审第三人：某岩交发公司、某富建设公司。

【案情介绍】

"交发龙岩印象工程"项目是由龙岩市新罗区发展和改革局批准建设的项目，建设单位为第三人某岩交发公司，招标人为某岩交发公司，委托招标单位为福建省某融工程咨询有限公司，招标投标监督机构为区住建局。该项目于2018年4月18日至2018年5月7日通过龙岩市公共资源交易电子公共服务平台发布招标公告。2018年5月8日，该项目公开开标。评标委员会对入围的50家投标人按照评标办法和标准数据表排序数据选取5名投标人包括第三人某富建设公司、某腾建设集团有限公司、陕西某路工程建设有限公司、原告和中国某冶集团有限公司，对其投标文件进行评审，根据评审结果，从合格投标人中推荐一名作为中标候选人。评标委员会在推荐中标候选人前查询发现某富建设公司秦皇岛分公司在2017年8月16日被立案执行，被列入失信被执行人名单，根据公司法第十四条规定，否决某富建设公司投标资格。评标委员会向招标人某岩交发公司推荐原告作为中标候选人。2018年5月9日，招标人发布"交发龙岩印象工程"中标候选人公示。2018年5月14日，第三人某富建设公司向被告投诉，要求改正中标候选人。2018年6月29日，被告区住建局作出345号处理决定，责令该项目评标委员会改正原告作为中标候选人的评标结果。2018年7月9日，评标委员会根据345号处理决定经复核原评标结果，认为2018年5月8日的评标结论符合招标投标文件规定，并向被告出具了《评标委员关于交发龙岩印象工程施工招标投标投诉处理决定评议意见的报告》。

2018年7月10日，某岩交发公司向被告提交《关于继续开展交发龙岩印象工程施工招标投标活动请示》，请求被告区住建局书面同意继续开展"交发龙岩印象工程"中标人为中铁某公司的中标人公示。2018年7月19日，被告新罗区住建设局回复同意某岩交发公司继续开展"交发龙岩印象工程"中标人为中铁某公司的中标人公示。中标人公示期满，某岩交发公司依法与中铁某公司签订了施工合同。2018年7月23日第三人某富建设公司再次向被告投诉，要求某岩交发公司改正评标结果，并重新组织评标。2018年10月12日，被告区住建局作出564号处理决定，认定本项目2018年7月31日中标通知书（招标编号：E3508000801002300）无效，并责令招标人依照交发龙岩印象工程施工招标文件及相关法律、法规、规章的规定重新评标。

【一审情况】

争议焦点：

一、关于被告区住建局作出的30号处理决定书的程序是否合法的问题。

二、关于第二次重新评标行为是否合法有效的问题。

三、关于适用法律法规问题。

法院观点：

一、关于被告区住建局作出的30号处理决定书的程序是否合法的问题。经审查，原告作为投诉人于2019年6月26日向被告提出投诉，被告经审查后认为符合规定，依法予以受理。《工程建设项目招标投标活动投诉处理办法》第十四条规定："行政监督部门受理投诉后，应当调取、查阅有关文件，调查、核实有关情况。"第十六条规定："在投诉处理过程中，行政监督部门应当听取被投诉人的陈述和申辩，必要时可通知投诉人和被投诉人进行质证。"本案被告受理投诉后，于2019年7月9日向招标人某岩交发公司及及第三人某富建设公司发出了陈述申辩告知书，招标人某岩交发公司认为该问题不属于其能够认定和回复的范畴，其没有更多新的意见。某富建设公司未答辩。被告在2019年7月29日作出了30号处理决定书并分别于2019年7月31日、8月1日送达给某岩交发公司、某富建设公司及中铁某公司。关于原告认为被告未遵循《工程建设项目招标投标活动投诉处理办法》第十五条"行政监督部门调查取证时，应当由两名以上行政执法人员进行，并做笔录，交被调查人签字确认"的规定程序进行调查取证、签字确认的问题，被告作出30号处理决定书依据的是其已有证据，查阅其已有的相关文件，核实情况，被投诉人某岩交发公司及第三人某富建设公司均无新的证据及陈述申辩，被告未再进行新的一轮调查取证，故该条规定不适用于本案。因此，被告对投诉的处理过程符合有关招标投标及投诉处理办法相关法律法规的程序规定要求。

二、关于第二次重新评标行为是否合法有效的问题。经审查，被告作出的《关于交发龙岩印象工程施工招标投标活动第二次投诉处理决定书》（龙新建〔2018〕564号）中"责令招标人依照'交发龙岩印象工程'施工招标文件及相关法律、法规、规章的规定重新评标"的合法性已经被人民法院的生效判决所确认。因此，某岩交发公司根据被告作出的决定组织第二次重新评标于法有据。关于原告主张第二次重新评标的时间已经超过投标有效期的问题。现有法律法规尚无明文规定超过投标有效期进行重新评标的法律效力问题，从立法本意上来讲，招标投标法的制定是为了规范招标投标活动，保护国家利益、社会公共利益和招标投标活动当事人的合法权益等，根据《工程建设项目施工招标投标办法》第二十九条"招标文件应当规定一个适当的投标有效期，以保证招标人有足够的时间完成评标和与中标人签订合同。投标有效期从投标人提交投标文件截止之日起计算。"可见，投标有效期的设置，是为了保证招标人有足够的时间完成评标和与中标人签订合同。就本案而言，招标投标项目第一次开标、评标时间为2018年5月8日，尚在规定的投标有效期内，之后因招标投标过程中出现多次投诉和处理，并引起了行政诉讼才导致需要第二次重新评标这种特殊情况的出现。为了保护社会公共利益及招标投标活动当事人的合法权益，第三人某岩交发公司在被告新罗区住建局的监督指导下另行组成专家组对项目进行第二次重新评标。第二次重新评标是根据原招标文件规定的标准和方法针对第一次错误的评标结果而进行的重新评标，不应受投标有效期的限制。因此，原告的主张不成立，第二次重新评标行为合法有效。

三、关于适用法律法规问题。被告区住建局在经审查后，认为原告的投诉缺乏事实依据和法律依据，依据《工程建设项目招标投标活动投诉处理办法》第二十条第一款规定"投诉缺乏事实根据或者法律依据的，驳回投诉"，作出驳回投诉的处理结果，适用法律正确。

裁判结果：
驳回原告诉讼请求。

【二审情况】

争议焦点：
一、关于本案被诉行政行为的程序是否合法的问题。
二、关于本案第二次重新评标行为是否合法有效的问题。

法院观点：

一、关于本案被诉行政行为的程序是否合法的问题。《工程建设项目招标投标活动投诉处理办法》第十四条规定："行政监督部门受理投诉后，应当调取、查阅有关文件，调查、核实有关情况。"第十六条规定："在投诉处理过程中，行政监督部门应当听取被投诉人的陈述和申辩，必要时可通知投诉人和被投诉人进行质证。"联系本案而言，从本案查明的事实来看，上诉人作为投诉人于2019年6月26日向被上诉人提出投诉，被上诉人经审查后认为符合规定，依法予以受理。被上诉人受理投诉后，于2019年7月9日向招标人某岩交发公司及第三人某富建设公司发出了陈述申辩告知书，招标人某岩交发公司认为该问题不属于其能够认定和回复的范畴，其没有更多新的意见，某富建设公司未答辩。被上诉人依据其已有《关于交发龙岩印象工程施工招标投标活动第二次投诉处理决定书》（某新建〔2018〕564号）证据，查阅其已有的相关文件，核实情况，在2019年7月29日作出了被诉行政行为并分别于2019年7月31日、8月1日送达给某岩交发公司、某富建设公司及中铁某公司，符合前述规定，程序合法。由于被上诉人未再进行新的一轮调查取证，故《工程建设项目招标投标活动投诉处理办法》第十五条"行政监督部门调查取证时，应当由两名以上行政执法人员进行，并做笔录，交被调查人签字确认"规定不适用于本案。上诉人主张被诉行政行为程序违法的理由不成立，本院依法不予采纳。

二、关于本案第二次重新评标行为是否合法有效的问题。首先，从本案查明的事实来看，被上诉人作出的《关于交发龙岩印象工程施工招标投标活动第二次投诉处理决定书》（某新建〔2018〕564号）中"责令招标人依照交发龙岩印象工程施工招标文件及相关法律、法规、规章的规定重新评标"的合法性已经被人民法院的生效判决所确认。因此，某岩交发公司根据被上诉人作出的该决定组织第二次重新评标于法有据。其次，现有法律法规尚无明文规定超过投标有效期进行重新评标的法律效力问题，从立法本意上来讲，招标投标法的制定是为了规范招标投标活动，保护国家利益、社会公共利益和招标投标活动当事人的合法权益等，根据《工程建设项目施工招标投标办法》第二十九条"招标文件应当规定一个适当的投标有效期，以保证招标人有足够的时间完成评标和与中标人签订合同。投标有效期从投标人提交投标文件截止之日起计算。"可见，投标有效期的设置，是为了保证招标人有足够的时间完成评标和与中标人签订合同。联系本案而言，招标投标项目第一次开标、评标时间为2018年5月8日，尚在规定的投标有效期内，之后因招标投标过程中出现多次投诉和处理，并引起了行政诉讼才导致需要第二次重新评标这种特殊情况的出现。为了保护社会公共利益及招标投标活动当事人的合法权益，某岩交发公司在被上诉人的监督指导下另行组成专家组对项目进行第二次重新评标。第二次重新评标是根据原招标文件规定的标准和方法针对第一次错误的评标结果而进行的重新评标，重新评标应在原评标基础和条件下进行，重现招标文件规定的开标当日和当时的条件进行，故重新评标与投标有效期无直接关系，不应受投标有效期的限制。因此，上诉人主张被诉行政行为适用法律、法规错误的理由不成立，第二次重新评标行为合法有效。

裁判结果：

驳回上诉，维持原判。

第三章
民事诉讼案件

一百一十一、

招标文件的要求与招标项目实际需要不相适应，且与合同履行无关，属于以不合理条件限制、排斥潜在投标人的行为

——甲公司与余干高新技术产业园区管理委员会、第三人乙公司建设工程施工合同纠纷案

【裁判要旨】

余干高新技术产业园区管理委员会于2017年8月10日、2017年8月23日通过余干县公共资源交易中心网站发布的关于余干城西创新创业产业园设计施工一体化（EPC）项目的两次招标公告在第三部分"资格条件"的第14项均要求投标人如中标本项目，则需出具承诺函，承诺同期在该县投资兴建装配式建筑生产项目，并明确表述若未充分兑现承诺则自愿无条件退出项目、签订的本项目及其他相关合同无效、赔偿招标人的各项损失、无需补偿投标人的所有投入。上述资格条件的设置与案涉项目的实际需要不相适应，且与本案合同履行无关，属于以不合理条件限制、排斥潜在投标人的行为。

【法院及案号】

一审：江西省高级人民法院，〔2019〕赣民初28号。

二审：最高人民法院，〔2020〕最高法民终115号。

【当事人】

一审原告（反诉被告）、二审上诉人：甲公司。

一审被告（反诉原告）、二审上诉人：余干高新技术产业园区管理委员会（以下简称"余干管委会"）。

一审第三人：乙公司。

【案情介绍】

2017年8月10日，江西省余干县公共资源交易中心网站发布了"余干城西创新创业产业园设计施工一体化（EPC）项目招标公告"，余干管委会为招标人，招标范围为

余干城西创新创业产业园设计施工一体化（EPC）项目的设计、采购、施工及项目管理工作，报名时间为2017年8月11日至2017年8月17日，甲公司与乙公司、案外人某萧钢构股份有限公司组成联合体提交了报名资料。2017年8月23日，余干县公共资源交易中心网站发布了"余干城西创新创业产业园设计施工一体化（EPC）项目第二次招标公告"，载明因第一次招标时符合要求的投标人不足三家，故进行第二次公开招标，报名时间为2017年8月24日至2017年8月30日，甲公司与乙公司、案外人某萧钢构股份有限公司组成联合体再次报名。两次招标公告未规定获取招标文件或者资格预审文件的地点和时间，招标公告载明本项目投资38200万元，招标文件明确："投标企业应根据自身企业及本项目特点的实际情况及扩大初步设计阶段图纸进行项目概（预）算等造价文件编制并投标报价；本项目中标价为暂定合同价，中标后，招标人组织对中标人提交的扩大初步设计及前期设计文件进行综合评审，中标人依照评审结果进行设计修改和完善，并接续展开施工图设计。开工前，中标人需在投标造价文件及施工图设计的基础上编制施工图预算造价文件（全部费用总额不得高于中标价），经财政等部门审核后，作为施工造价控制及竣工结算的重要依据。"

2017年9月12日，余干县发展和改革委员会下发《关于余干城西创新创业产业园设计施工一体化（EPC）项目不再进行招标备案的通知》，主要内容："余干管委会，你单位报来的有关材料收悉，鉴于该项目两次公开招标均流标，根据《工程建设项目施工招标投标办法》规定，对余干城西创新创业产业园设计施工一体化（EPC）项目不再进行招标予以备案，望你单位妥善选择符合条件的设计施工单位，保证项目建设效益。"

2017年11月10日，甲公司、余干管委会、乙公司签订了《总承包合同》，约定工程内容及规模为余干城西创新创业产业园设计施工一体化（EPC）项目的设计、采购、施工及项目管理工作，建设规模约25万平方米，约定竣工时间为2017年12月31日，合同价格为36768.26万元。

第一部分《合同协议书》主要约定工程概况、承包范围及要求，在第六条合同价格和付款写明，合同价格为36768.26万元；合同价格说明及有关要求：本合同价为完成本项目招标范围内所有工作的全部费用总额；主材设备按照合同生效日期同期《江西省造价信息》中发布的当日信息价调差，其未收入的按有关规定规范执行；本合同价格有关要求：（一）承包人须准确响应本项目招标文件中关于造价文件编制的有关规定；（二）造价文件的编制须按照：江西省住房和城乡建设厅《关于做好我省装配式建筑工程计价工作的通知》文件内容执行，其他非装配式建筑的工程计价按照国家现行规范和江西省现行工程定额；（三）造价文件须采用工程量清单计价，并出具各清单项分析表；（四）发包人组织对承包人提交的扩大初步设计及前期设计文件进行综合评审，承包人依照评审结果进行设计修改和完善，并接续展开施工图设计，承包人需在投标造价文件及施工图设计的基础上编制施工预算造价文件（全部费用不得高于合同价);(五)承包人提交的预算造价文件须经余干县财政局等部门审核后,作为项目全过程造价控制及竣工结算的重要依据,结算造价文件须经余干县审计局等部门审计,终审结论造价即为本项目最终结算价。

第二部分《通用条款》,在第1.2条合同文件中明确,除专用条款另有约定外,组成合同的文件及优先解释顺序如下:(一)本合同协议书;(二)本合同专用条款;(三)中标通知书;(四)招标投标文件及其附件;(五)合同通用条款;(六)合同附件。

第三部分《专用条款》对发包人、承包人、进度计划、延误和暂停、技术与设计、合同总价和付款、施工、竣工、违约等作出了约定。第14.4.1条约定:(一)项目工程款的支付分四个阶段,第一阶段:完成整体工程量40%付全部工程款20%;第二阶段:主体工程完工付到全部工程款的40%;第三阶段:完工验收合格后付到全部工程款80%;第四阶段:完工验收合格后一年内付清;(二)第二阶段以内外围护结构及两条主干道路面工程完成为形象进度标准,第三阶段须完成承包范围内的全部内容;(三)付款申请报告等材料,由各工段分别提交各监理单位,监理单位审核汇总后提交发包人;(四)发包人收到监理单位材料后,在两个工作日审核并答复;(五)在支付第一阶段工程款前,该项目预算造价文件须经余干县财政局等部门审核,其核定造价即为第一、二、三阶段工程款支付的计算基数,在支付第四阶段工程款前,该项目结算造价文件须经余干县审计局等部门审计,终审结论造价即为本项目最终结算价;(六)支付阶段工程款前提条件:1.承包人完整履行了本项目招标文件中载明所有对中标人的要求、条件;2.各工程阶段涉及的技术、财务、保险、监理、审批各类资料均正确合规完整到位。第16.3条争议和裁决中明确:发包人如未按期支付工程款的,应向承包人支付违约金,违约金以每天10万元计。延期支付2个月以上承包人有权中止合同,直至发包人支付应付款项。本合同为EPC总包合同,承包人如资金能力不足导致合同不能履行的,发包人有权没收履约保证金。履约保证金不足以支付发包人损失的,还可以追究承包人损失赔偿责任。如因承包人原因致使工期延误,每延误一天按10万元追究违约责任。超过2个月发包人有权解除合同。履约保证金不足以支付发包人损失的,发包人还可追究承包人损失赔偿责任。

2017年11月10日,余干管委会出具《授权委托书》,全权委托余干县创新创业产业园服务中心对余干城西创新创业产业园设计施工一体化(EPC)项目进行建设管理。

甲公司自认其进场施工时间为2017年9月15日,即在2017年11月10日签订《总承包合同》之前。案涉工程开工令和开工报告显示的开工时间为2017年10月15日,鉴定机构出具的《工程造价鉴定意见书》(赣中达价鉴〔2019〕002号)中确定"从现有的施工记录资料上看,最早开工的为B01号楼的打桩工程是2017年10月3日"。甲公司在进场施工时,余干管委会就案涉工程尚未取得《建设用地规划许可证》和《建设工程规划许可证》,也没有施工图纸和预算造价,是边施工边出图边审查。2018年1月8日案涉工程取得《建设用地规划许可证》,2018年1月10日案涉工程取得《建设工程规划许可证》，2018年5月17日案涉工程取得《建筑工程施工许可证》。

2017年10月，余干管委会与三家监理单位签订了监理合同，对工程进行监理，监理期限为2017年10月20日至项目竣工。三家监理单位根据合同约定对案涉工程进行监理，第一次监理会议于2017年11月3日召开，第二次监理例会为2017年11月23日，记载"图审工作尚未完成"，第三次监理例会为2017年12月14日，记载"此时图审已好，要求施工单位尽快提供给监理单位"。图审后甲公司于2017年12月18日向余干管委会提交按照上述施工图纸编制的包含土建、装饰、幕墙、钢构、市政、安装、消防等分项在内的预算造价文件共11册，并报送余干县财政局财审，送审总价为72970.44388万元。但余干管委会至今尚未作出最终的正式财审意见，余干县财政局余干城西创新创业产业园项目科员胡某华、财审主任徐某平通过邮件形式回复甲公司员工揭某开，B地块共12栋楼的工程审计造价为30034.743298万元，C01号楼审计造价为3919.456428万元。监理单位向余干管委会提交了监理月报8期，多数反映"施工进度有所滞后，要求施工单位增加施工人员，科学管理，合理安排施工，增进施工进度"。第八期《监理月报》反映："由于工程款与工程量和招标投标造价问题，施工单位自2018年6月18日端午节以来至今，施工现场基本上停工状态，影响施工进度。"

在施工过程中，余干管委会于2017年11月15日向甲公司发出《工程施工进度督促函》、2017年11月28日发出《要求尽快提供施工图纸事宜告知函》、2017年12月11日发出《要求加快小高层施工进度的督促函》和《要求尽快将市政和厂区道路设计提交图审单位的催促函》。2018年3月6日、2018年3月8日、2018年5月18日余干管委会向甲公司发出《工程施工进度督促函》。2018年8月13日，余干管委会以工期延误为由向甲公司出具《解除合同通知书》，写明："我方多次发出催促进度函，但时至今日工程已停工数月，且你方存在多项违约事项，根据合同约定，我方有权解除合同。现通知你方，我方将解除与你方之间的项目合同，请接函后一周内派员来就已完工工程进行核定事宜"。甲公司于2018年8月16日回函不同意余干管委会将单方解除合同的行为，余干管委会签收了回函未做任何回复，之后双方未就合同终止事宜有协商记录。2018年11月6日，余干管委会在余干县公共资源交易中心网站发布《余干县创新创业产业园B01号钢结构大楼招标公告》，2018年12月19日，余干管委会又在余干县公共资源交易中心网站发布《余干高新技术产业园区高速连接线北段道路工程招标公告》《余干高新技术产业园区锦星路西段道路工程招标公告》。2018年12月1日，双方对案涉项目设计修改情况进行书面确认并形成《设计修改汇编》，2018年12月8日，双方对甲公司已完工程量进行核对，对无异议的工程量制定《现场工程完成量》并由双方盖章签字确认，对缺项、缺量、漏算等问题制定《工程核量情况汇编》并由双方盖章签字确认。

2017年12月18日甲公司向三家监理单位提出《工程款支付申请》，三家监理单位向建设单位出具《工程进度证书》，明确"现场已完工量45%，按约定可支付进度款20%，但因本项目控制价仅2017年12月18日送财审，短期内难于形成财审报告，为响应县委、县政府号召加快本项目顺利推进，请政府领导批示。"余干县人民政府2017年12月20日发文，要求余干县国有资产经营有限公司（以下简称余干县国资公司）借支7000万元，待工程项目符合付款条件时归还。2018年2月12日甲公司出具借条，写明借到余干管委会工程款4000万元，利率按月0.49%计算。甲公司2018年9月17日向余干县人民政府出具《关于要求预借项目农民工工资的请示》，余干县人民政府2018年9月25日发文同意借款3000万元，并明确此期间产生的利息由甲公司负担。针对已付工程款金额问题，甲公司在庭审中主张余干管委会累计已付工程进度款为16000万元；余干管委会对该金额无异议，但在庭审质证时主张已付的16000万元中有7000万元为借款，剩余9000万元才是工程款，并反诉主张借款利息。一审法院对余干管委会向甲公司累计支付的款项金额为16000万元予以确认。此外，甲公司、余干管委会确认，余干管委会尚有735.2万元履约保证金未返还甲公司。

根据甲公司的申请，一审法院委托江西某达造价咨询有限公司对甲公司承建的余干城西创新创业产业园设计施工一体化（EPC）项目的造价及合理工期进行了鉴定。结论为：本次鉴定工程完成量的工程造价合计为35040.624661万元，本项目工程总工期为671.9天。

另外，2017年8月10日、2017年8月23日，余干县公共资源交易中心网站发布的关于余干城西创新创业产业园设计施工一体化（EPC）项目的两次招标公告在第三部分"资格条件"的第14项均载明："投标人（联合体内的所有施工单位）须承诺：如中标本项目，则同期在我县投资兴建装配式建筑生产项目。（出具加盖单位公章和法定代表人签章的承诺函，并明确表述若未充分兑现承诺则：自愿无条件退出项目、签订的本项目及其他相关合同无效、赔偿招标人的各项损失、无需补偿投标人的所有投入等内容）。"甲公司确认在招标时提交了上述承诺函。

【一审情况】

争议焦点：

一、关于《总承包合同》的效力问题。

二、关于甲公司主张按实际施工量结算工程款应否支持的问题。

三、关于余干管委会反诉要求没收甲公司履约保证金及支付违约金的诉请能否成立的问题。

四、关于案涉《总承包合同》应否解除的问题。

五、关于甲公司应否向余干管委会支付借款利息221.97万元的问题。

六、关于甲公司对案涉工程是否享有建设工程价款优先受偿权的问题。

法院观点：

一、关于《总承包合同》的效力问题。根据《中华人民共和国招标投标法》（以下简称《招标投标法》）第三条的规定，全部或部分使用国有资金或者国家融资的项目属于必须招标项目。《工程建设项目招标范围和规模标准规定》进一步明确了使用国有资金投资项目的范围及必须进行招标的规模标准。案涉工程建设使用的全部是国有资金，总投资数亿元，属于必须招标工程。《招标投标法》第二十四条规定，依法必须进行招标的项目，自招标文件开始发出之日起至投标人提交投标文件截止之日止，最短不得少于二十日（余干管委会自行设定报名时间7天）。案涉工程于2017年8月10日发布第一次招标公告，2017年8月23日第二次招标公告，在13天内进行了两次招标投标，违反了《招标标投标法》关于最低不得少于二十日的规定。《招标投标法》第三十二条规定，投标人不得与招标人串通投标，损害国家利益、社会公共利益或者他人的合法权益。EPC工程对总承包人的要求很高，而对发包人而言，通过公开招标选择一个既有技术能力又有管理能力的承包人是重中之重的举措。案涉工程虽然形式上履行了招标投标程序，但两次《招标公告》均未规定获取招标文件或者资格预审文件的地点和时间，致使不特定的潜在投标人无法知晓招标文件内容及投标截止时间，导致两次《招标公告》规定的报名截止时间（7天）等同于投标截止时间，显然对中标结果造成实质性影响，且目前已不能采取补救措施予以纠正。两次招标仅甲公司一家参与，甲公司庭审中承认没有在第一次招标报名期限内报名，提交文件是在两次报名的间歇时间。按规定第二次公开招标投标人提交投标文件截止为2017年9月14日，而余干县发展和改革委员会《关于余干城西创新创业产业园设计施工一体化（EPC）项目不再进行招标备案的通知》2017年9月12日就下发，甲公司自认于2017年9月15日就提前进场，鉴定机构鉴定报告也明确"从现有施工记录资料上看，最早开工的为B01号楼的打桩工程是2017年10月3日"，但双方签订的《总承包合同》时间为2017年11月10日，故现有证据表明甲公司与余干管委会之间存在明标暗定的串通行为，违反了法律强制性规定。综合本案事实，案涉《总承包合同》应依法认定为无效。

　　二、关于甲公司主张按实际施工量结算工程款应否支持的问题。严格来说，本案是EPC工程项目，其特点就是承包方设计、采购、施工一体化，最终交付工程成果，发包方支付价款，承包价相对是固定的。但本案存在一定的特殊性（并非正常流程的EPC工程），甲公司主张固定总价与事实不符：（一）合同约定的36768.26万元不应视为固定总价，招标文件中明确"本项目中标价为暂定合同价"；（二）双方在《总承包合同》第六条中合同价格说明及有关要求中明确：……④发包人组织对承包人提交的扩大初步设计及前期设计文件综合评审，承包人根据评审结果进行设计修改和完善，并接续展开施工图设计，承包人需在投标造价文件及施工图设计的基础上编制施工图预算造价文件（全部费用不得高于合同价）；⑤承包人提交的预算造价文件须经余干县财政局等部门审核后，作为项目全过程造价控制及竣工结算的重要依据，结算造价文件须经余干县审计局等部门审计，终审结论造价即为本项目最终结算价。故仅从合同的约定也不能得出固定总价的结论。（三）该合同的签订及履行就未按正常流程进行，正常程序是先签订合同办理许可证，在承包人完成扩大初步设计及前期设计文件并由发包人综合评审后，承包人进行设计修改和完善，再出施工图设计，图审后编制施工图预算造价文件交财审，之后进场施工。而本案完全是为赶进度并导致后续一系列不规范的操作及行为，虽然余干管委会表面上两次网上招标，但在程序及内容上均存在违法，实质上该工程就是内定由甲公司承建。双方明确知道在2017年底是不可能完成25万平方米的项目建设，仍然签订工期仅51天的合同（经鉴定合理工期为671.9天），甲公司在相关证照未办理的情况下就提前进场施工，项目仅有立项文件，无初步设计、无概算、无图纸。这种边施工边设计出图的赶工模式，很难控制合同总价。甲公司提交的证据表明，在甲公司2017年12月18日提交施工预算后，余干县财政局相关人员通过邮件回复甲公司，仅B地块12栋楼初审造价已达30000多万元，C01号楼造价也达3900余万元。虽然余干管委会对预算至今没有作出最终正式的财审意见，但也从另一侧面证实案涉工程并非固定总价合同。故综合本案事实，最终导致该项目严重超合同价，双方均存在明显过错。（四）从目前完成的工程量来看，甲公司认为超过60%，余干管委会认为仅为50%，该工程已完工程造价经鉴定超过35000万元，也即如果全部完工，总价应超过70000万元，如果根据余干管委会主张的按全部工程总价36768.26万元的50%支付给甲公司，与实际工程价款相比差异巨大，双方权利义务明显失衡，对甲公司有失公允。考虑余干管委会在甲公司不同意解除合同、双方对合同终止事项尚未协商处理好的情况下，仍然将剩余的工程发包给他人，本案《总承包合同》在诉讼前已实际终止，故甲公司提出按实际工程量结算价款并从起诉之日起计算利息的诉请公平合理，予以支持。经鉴定案涉工程已完工程造价合计为35040.624661万元，扣除余干管委会已支付的16000万元，余干管委会还应支付工程款19040.624661万元。

三、关于余干管委会反诉要求没收甲公司履约保证金及支付违约金的诉请能否成立的问题。因本案《总承包合同》无效，违约责任条款亦无效，余干管委会的违约金主张无法律依据。即便按照合同约定，本案现有证据也不足以支持余干管委会该主张，理由如下：（一）合同约定的工期明显不合理。鉴定结论表明本案合理工期为671.9天，即便甲公司提前进场赶工，也难以在51天的工期内完成案涉工程。根据《建设工程工程量清单计价规范》规定，招标人应依据相关工程的工期定额合理计算工期，压缩工期天数不得超过定额工期的20%。超过者，应在招标文件中明示增加赶工费用。本案余干管委会严重压缩工期的行为，明显有悖行业规定。（二）实际履行过程中，双方并未按约定的51天工期执行。前已阐述，本案工程履行过程并非正常流程，余干管委会提交的2017年11月23日第二次监理例会内容反映，此时图审工作还未完成；2017年12月14日的第三次监理例会纪要内容反映，图审才完成，要求施工单位尽快提供给监理单位；余干管委会提交的2017年12月18日三家监理单位盖章的《工程进度证书》中反映,现场已完成总工程量45%,2017年12月18日送"财审"短期内难以形成财审报告;2018年余干管委会才陆续取得相关许可证照;这些客观事实均进一步证实案涉工程不可能在2017年底完工,之后双方也未就工期变更有过协商并达成一致意见。(三)关于甲公司是否存在资金不足且导致合同不能履行的问题。一审庭审时余干管委会的证人(监理)明确表示,甲公司的资金问题不是其监理内容。根据合同约定,余干管委会应按形象进度支付工程款,但由于甲公司提交的预算造价迟迟未通过财审,导致甲公司以借款方式向余干管委会主张支付工程进度款,经鉴定,案涉工程已完工造价为35040.624661万元,如果全部完工造价将超出70000万元,而余干管委会仅支付相关款项16000万元,而证人庭审时证实案涉工程形象进度已超过50%,已支付的进度款大约22%(按甲公司预算价70000万元),与合同约定的付款条件基本符合。故甲公司是否存在资金不足并导致工程进度问题,余干管委会并未提交充足的证据予以证实,对余干管委会该两项反诉请求不予支持。

四、关于案涉《总承包合同》应否解除的问题。《中华人民共和国合同法》第五十六条规定,"无效的合同或者被撤销的合同自始没有法律约束力",合同无效违约金条款亦自始无效。根据前述分析,导致本案合同无效,甲公司、余干管委会均有明显过错,故由此产生的相关损失应由甲公司、余干管委会双方各自承担。余干管委会主张解除合同的反诉请求应以合同有效为前提,故对此反诉请求不予支持。

五、关于甲公司应否向余干管委会支付借款利息221.97万元的问题。对于案涉16000万元相关款项,余干管委会主张其中的7000万元应支付利息。该7000万元分两笔:2018年2月12日4000万元(工程款)及2018年9月28日3000万元,利率均为月利率0.49%。其中的3000万元是明确拨付至余干县劳动监察大队专款用于农民工工资。因前期余干管委会根据三家监理公司出具的《工程进度证书》及甲公司的《工程款支付申请表》,已按合同约定支付了20%共计7000万元的工程进度款。而余干管委会主张利息的7000万元款项性质虽然也是工程款,但双方对此明确约定了利息。甲公司主张以借条形式支付工程款系余干管委会要求的,但未提交证据证实,故甲公司愿意承担利息的行为系其对自身民事权利的处分,其应按约定履行,利息从款项出借之日起计算至余干管委会2018年11月6日另行将剩余工程发布公告之日止。余干管委会反诉主张甲公司支付借款利息有事实依据,部分予以支持。本案甲公司诉请包含工程款支付的内容,而余干管委会反诉的借款利息亦与工程款有关,故为了减少当事人诉累,应合并审理。甲公司认为余干管委会借款利息的反诉请求应另案主张,于法无据,不予支持。

六、关于甲公司对案涉工程是否享有建设工程价款优先受偿权的问题。《中华人民共和国合同法》第二百八十六规定:"发包人未按照约定支付价款的,承包人可以催告发包人在合理期限内支付价款。发包人逾期不支付的,除按照建设工程的性质不宜折价、拍卖的以外,承包人可以与发包人协议将该工程折价,也可以申请人民法院将该工程依法拍卖。建设工程的价款就该工程折价或者拍卖的价款优先受偿。"从该条文表述分析，规定承包人就未付工程款对所承建工程享有建设工程价款优先受偿权，系为保护承包人对工程价款的实际受偿；规定没有要求承包人优先受偿工程款以工程完工并经竣工验收为先决条件。因此，在合同解除的情形下，承包人也对未完工程享有优先受偿的权利。本案中双方签订的《总承包合同》诉讼前实际已终止，余干管委会尚欠甲公司工程款未支付，故甲公司诉请对未完工程享有建设工程价款优先受偿权的主张，有法律依据，应予支持。

因案涉《总承包合同》无效，甲公司、余干管委会均有明显过错，甲公司诉请及余干管委会反诉均部分成立，本案诉讼费、反诉费及鉴定费应由双方分担。综合全案情况，确认由甲公司与余干管委会按3:7比例负担。

裁判结果：

一、余干管委会、甲公司和乙公司2017年11月10日签订的《总承包合同》无效。

二、余干管委会于判决生效之日起十日内向甲公司支付工程款19040.624661万元及利息（利息计算自2019年2月19日起至实际给付之日止，按中国人民银行发布的同期同类贷款基准利率计算）。

三、余干管委会于判决生效之日起十日内向甲公司返还履约保证金735.2万元。

四、甲公司就其承建的余干城西创新创业产业园设计施工一体化（EPC）项目拍卖或折价款享有优先受偿权，受偿范围以所欠工程款19040.624661万元为限。

五、甲公司于判决生效之日起十日内向余干管委会支付7000万元借款产生的利息（利率按月0.49%计算：其中4000万元本金利息从2018年2月12日至2018年11月6日止，3000万元本金利息从2018年9月28日至2018年11月6日止）。

六、驳回甲公司的其他诉讼请求。

七、驳回余干管委会的其他反诉请求。

【二审情况】

争议焦点：

一、《总承包合同》是否合法有效。

二、案涉《总承包合同》是否为固定总价合同；若不属于固定总价合同，一审法院采信鉴定意见确定工程价款是否正确。

三、甲公司、乙公司应否承担1838.413万元违约金。

四、余干管委会应否向甲公司返还剩余履约保证金。

五、甲公司应否向余干管委会支付7000万元款项的利息。

六、甲公司主张的建设工程价款优先受偿权应否予以支持。

法院观点：

一、关于《总承包合同》的效力问题。案涉工程属于依法应当进行招标的项目。

《招标投标法》第十八条第二款规定，招标人不得以不合理的条件限制或者排斥潜在投标人。《中华人民共和国招标投标法实施条例》第三十二条第二款规定："招标人有下列行为之一的，属于以不合理条件限制、排斥潜在投标人或者投标人：……（二）设定的资格、技术、商务条件与招标项目的具体特点和实际需要不相适应或者与合同履行无关；……"。本案中，余干管委会于2017年8月10日、2017年8月23日通过余干县公共资源交易中心网站发布的关于余干城西创新创业产业园设计施工一体化（EPC）项目的两次招标公告在第三部分"资格条件"的第14项均要求投标人如中标本项目，则需出具承诺函，承诺同期在该县投资兴建装配式建筑生产项目，并明确表述若未充分兑现承诺则自愿无条件退出项目、签订的本项目及其他相关合同无效、赔偿招标人的各项损失、无需补偿投标人的所有投入。上述资格条件的设置与案涉项目的实际需要不相适应，且与本案合同履行无关，属于以不合理条件限制、排斥潜在投标人的行为。招标公告设置上述不合理资格条件，对潜在投标人的投标意愿造成影响，与案涉工程连续两次招标均流标具有一定的因果关系。案涉工程最终未通过招标投标程序确定中标人，即由余干管委会与甲公司签订施工合同。结合一审法院查明和认定的余干管委会违反《招标投标法》关于"依法必须进行招标的项目，自招标文件开始发出之日起至投标人提交投标文件截止之日止，最短不得少于二十日"的规定，在13天内进行两次招标、两次招标公告均未规定获取招标文件或者资格预审文件的地点和时间、甲公司一审自认的提前进场施工日期2017年9月15日早于《总承包合同》签订日期2017年11月10日等事实，一审判决认定余干管委会与甲公司在案涉工程招标投标程序中违反《招标投标法》的强制性规定，对中标结果造成实质影响，且不能采取补救措施予以纠正，案涉《总承包合同》无效，有事实和法律依据，并无不当。甲公司关于案涉《总承包合同》有效的主张，本院不予支持。

二、关于案涉《总承包合同》是否为固定总价合同；若不属于固定总价合同，一审法院采信鉴定意见确定工程价款是否正确问题。案涉《总承包合同》第一部分合同协议书第六条约定合同价格为36768.26万元，虽该合同无效，但其约定的合同价格在具有相应事实基础且公平合理的情况下可以参照结算工程价款。案涉《总承包合同》于2017年11月10日签订，约定竣工日期为2017年12月31日。对于甲公司在《总承包合同》签订前已入场施工的事实，各方均不否认。案涉项目开始施工时仅有立项文件，无初步设计、无图纸，属于边施工边设计出图的模式，工程总价难以控制。一审法院委托江西某达造价咨询有限公司对甲公司已完工程造价以及该项目的总工期进行了鉴定，结论是甲公司已完工程造价为35040.624661万元，案涉项目总工期为671.9天。二审中，余干管委会认为甲公司已完工程量约为总工程量的58%。余干管委会主张案涉《总承包合同》为固定总价合同，即工程总价款为合同约定的36768.26万元，而如果依此固定工程价款，结合余干管委会主张的已完工程比例来计算甲公司已完工程价款，将与鉴定结论确定的已完工程造价35040.624661万元相差甚远。从合同对工期的约定看，与鉴定结论亦有很大差距。基于此，一审判决认定如按照余干管委会主张的合同约定的工程总价结合其认可的甲公司已完工程量占比来确定工程价款，双方权利义务将失衡，甲公司、余干管委会对案涉工程实际施工成本高于合同价均具有过错，并无不当。余干管委会在本案二审庭审中自认，其后续将甲公司未施工部分的工程发包给案外人的合同总价约24000万元，也能印证《总承包合同》第一部分合同协议书第六条约定合同价格与客观事实不相符。一审判决结合在案证据及本案实际情况，采信江西某达造价咨询有限公司出具的鉴定结论认定余干管委会应支付给甲公司的工程价款，对案涉工程进行据实结算，并无不妥。余干管委会一审中申请对甲公司已完工程量在其总工程量中所占比例进行鉴定，一审法院为此向相关鉴定机构进行咨询，鉴定机构认为上述比例值难以确定，故一审法院未启动此鉴定程序，不构成程序违法。

三、关于甲公司、乙公司应否承担1838.413万元违约金问题。根据前述分析，案涉《总承包合同》无效，故违约责任条款亦无效，一审判决对余干管委会关于违约金的主张未予支持，并无不妥。

四、关于余干管委会应否向甲公司返还剩余履约保证金问题。《中华人民共和国合同法》第五十八条规定，合同无效或者被撤销后，因该合同取得的财产，应当予以返还；不能返还或者没有必要返还的，应当折价补偿。因案涉《总承包合同》无效，甲公司支付给余干管委会的履约保证金应予返还。余干管委会尚有735.2万元履约保证金未归还给甲公司，一审判决余干管委会予以返还，于法有据。余干管委会关于其有权没收该部分履约保证金的上诉理由，依据不足，本院不予支持。

五、关于甲公司应否向余干管委会支付7000万元款项的利息问题。双方对余干管委会在案涉合同履行过程中已向甲公司支付16000万元的事实均无异议，但余干管委会主张其中7000万元系其为缓解甲公司资金压力而出借给甲公司的借款，且约定了利息，故甲公司应就其中7000万元支付借款利息。在案证据显示，甲公司2018年2月12日出具了借款金额为4000万元的借条，在款项性质内容部分载明"工程款（借款按月利率0.49%计息，以后按进度计算）"；甲公司2018年9月28日出具的借款金额为3000万元的借条载明"付农民工工资，直拨县劳动监察大队专项账户发放，其间利息按干府办抄字〔2018〕902号抄告单执行"。可见，双方对上述款项约定了利息。一审判决据此认定案涉款项虽用于工程款支付，但双方明确约定了利息，甲公司愿意支付利息的行为系其对自身民事权利的处分，故判令甲公司对上述7000万元借款支付利息，符合双方约定，并无不当。对于利息标准，甲公司在二审中表示，如二审法院认为其应当支付利息，其对一审判决确定的利息标准并无异议，故本院对一审判决认定的利息标准予以确认。该7000万元款项用于案涉工程，且余干管委会对此提出了明确的反诉请求，一审法院为减少诉累，对此一并审理，亦无不当。根据2017年11月10日余干管委会出具的《授权委托书》，其全权委托余干县创新创业产业园服务中心对余干城西创新创业产业园设计施工一体化（EPC）项目进行建设管理，结合案涉两份借条的付款单位名称处载明"余干城西创新创业产业园设计施工一体化（EPC）项目（县创新创业产业园服务中心）"等证据，甲公司关于即便案涉7000万元为借款，出借人为余干县创新创业产业园服务中心，余干管委会无权以出借人身份提出借款利息的诉请的主张，与事实不符，本院亦不予支持。

六、关于甲公司主张的建设工程价款优先受偿权应否予以支持问题。《最高人民法院关于审理建设工程施工合同纠纷案件适用法律问题的解释（二）》第二十条规定，未竣工的建设工程质量合格，承包人请求其承建工程的价款就其承建工程部分折价或者拍卖的价款优先受偿的，人民法院应予支持。甲公司承建的案涉工程虽未竣工验收，但本案并无证据证实工程质量不合格。且在案涉工程尚未完工时，余干管委会即将工程发包给第三人续建。因余干管委会欠付工程款，一审判决认定甲公司就其承建工程部分享有建设工程价款优先受偿权，符合上述规定。余干管委会以案涉项目建设至今未竣工验收为由，主张甲公司不享有建设工程价款优先受偿权，于法无据。案涉工程系余干城西创新创业产业园设计施工一体化（EPC）项目，余干管委会未能提供证据证实该项目为公益设施，故其关于案涉工程具有公益性，属于不宜折价、拍卖的财产的主张，依据不足，本院不予支持。

另余干管委会在本院2020年7月8日组织的庭前会议中申请增加一项上诉请求，即请求解除案涉《总承包合同》。首先，余干管委会提出增加上诉请求的申请已过上诉期，且甲公司明确表示不同意；其次，即便允许余干管委会增加上诉请求，因案涉《总承包合同》无效，不存在解除问题，其该项请求亦无法得到支持。故对余干管委会的该项申请，本院不予准许。

裁判结果：

驳回上诉，维持原判。

一百一十二、

必须依法招标项目，招标人在没有监督员现场监督情况下随机抽取评标专家的行为违反法律规定，该次评标无效

——某克公司与金城江区教育局合同纠纷案

【裁判要旨】

采购项目为必须依法招标项目，某元华公司没有在监督员现场监督情况下随机抽取评标专家的行为违反《中华人民共和国招标投标法》《中华人民共和国招标投标法实施条例》的规定，该次评标无效，基于无效评标而发给某克公司的《中标通知书》也属无效。

【法院及案号】

一审：广西壮族自治区河池市金城江区人民法院，〔2015〕金民初字第1346号。

二审：广西壮族自治区河池市中级人民法院，〔2016〕桂12民终580号。

【当事人】

一审原告、二审上诉人：某克公司。

一审被告、二审被上诉人：金城江区教育局。

一审第三人：某元华公司。

【案情介绍】

2014年8月5日，金城江区教育局（甲方）与某元华公司（乙方）签订一份《招标采购项目委托代理协议书》，合同约定：一、甲方依法委托乙方作为"河池市金城江区学生校服生产企业入围资格采购项目"的采购代理机构，公开招标，项目编号SYH（HC）ZB2014004G，项目要求在2014年9月15日前完成。二、根据委托采购项目的要求，乙方应当严格按照《中华人民共和国政府采购法》及配套的法规、规章规定的采购方式和采购程序，对委托人委托的采购项目及时实施采购。根据有关法律、法规及规章规定以及本协议未授权的事项，乙方不得越权代理。三、甲方职责约定：……3.按规定审定或者确认采购活动的工作计划及采购文件（包括采购需求、评分办法、

中标（成交）标准、中标（成交）原则）；……5.委派代表或者委托乙方抽取项目的评审专家；……7.审定评标报告，并按规定确定乙方经合法采购程序产生的中标（成交）人；8.与中标（成交）人签订采购合同，履约和组织合同验收，所签订合同不得对与项目相关的采购文件进行实质性修改；……四、乙方职责约定：……2.编写招（竞）标公告，在指定的网上发布招（竞）标公告；……7.按规定抽取专家评委，评委费；8.组织开标、评标会，复核评标报告；……10.发出中标（成交）通知书；11.按规定收取中标（成交）服务费；12.公布中标（成交）结果，印制合同书并组织甲方与中标（成交）人签订订合同。五、根据有关收费规定并经双方商定，招标代理酬金按6万元收取，由中标人均摊支付。

合同签订后，2014年7月28日，某元华公司在中国政府采购网发布了《关于河池市金城江区学生校服生产企业入围资格采购项目招标公告》，该公告载明：资金自筹，公开招标。采购信息："金城江区学生校服的协议供货资格，服务期限为3个学年，2014～2017年，具体时间以签订合同为准。"公告还对投标人的资格要求、报名方式和所需资料、报名的时间地点、招标文件的获取、开标的时间地点等进行了交代。某克公司等七家公司参与于2014年8月29日的第一次开标，该次评标委员会一致评定，七家公司存在投标文件组成缺陷，不响应招标文件要求，视为无效投标文件故作流标处理。2014年9月19日，某元华公司在中国政府采购网发布了《关于河池市金城江区学生校服生产企业入围资格采购项目重新招标公告》，对该项目进行第二次招标，某克公司及福建某格乐实业发展有限公司等四家公司参与投标。2014年10月14日下午15时30份开标前，某元华公司在随机抽取评标专家史某崎、石某良、周某、申某宝四人时，由其工作人员陈某放一个人自行抽取，未通知招标单位和监督部门等相关人员到场，对抽取评标专家的过程无视频录像资料及其他相关材料记载保存。参加当日开标的监督人员韦某及黄某到庭证实，监督单位即物价局、工商局、检察院、金城江区教育局纪检室、副局长等五位监督人员在开标当日的《监督人员签到表》上的签名均为补签，即五位监督人员均并未参与监督某元华公司工作人员陈某放抽取评标专家的过程，参加当时开标的监督人员韦某及黄某到庭予以证实该事实。2014年10月14日下午开标后，经评审专家评定，推荐第一入围供应商为某克公司，第二入围供应商为福建某格乐实业发展有限公司。2014年10月15日，某元华公司在中国政府采购网发布了《关于河池市金城江区学生校服生产企业入围资格采购项目重新招标中标公告》，公布入围供应商情况：即第一入围供应商为某克公司（本案原告），第二入围供应商为福建某格乐实业发展有限公司。公告说明：各方当事人对中标结果有异议的，可以在中标公告发布之日起七个工作日内以书面形式向广西某元华工程造价咨询有限公司提出质疑，逾期将不再受理。

2014年11月6日，参与本次投标人广西梧州市某裕实业有限公司向被告金城江区教育局提出《关于要求河池市金城江区学生校服生产企业入围资格采购项目重新评标定标的投诉》，其投诉书认为："1.第二次评标委员会组成不合法。2.资格审查不严。3.评标办法与评分标准'量身定制'。4.招标项目程序不合法。"2014年11月18日，第三人某元华公司向本次项目中标入围的供应商福建泉州某克体育用品有限公司（本案原告）及福建某格乐实业发展有限公司发出《中标通知书》，并通知上述入围供应商在三十日内与采购人现场考察确认后签订合同，并按招标文件要求和招标文件的承诺履行合同。2014年11月26日，广西梧州市某裕实业有限公司再次投诉，同年12月24日，河池市金城江区人民政府组成联合调查组就金城江区学生校服招标工作有关问题进行调查，并于次日作出《关于金城江区学生校服招标有关问题的调查报告》，该报告指出在第二次招标中，某元华公司在抽取评标委员会成员时既没有通知有关行政监督部门到场监督，也未能提供随机抽取确定评标委员会专家的文字记录和视频资料证明其确定评标委员会成员的方式是合法的，违反了《中华人民共和国招标投标法实施条例》第七十条的规定，建议将第二次评审结论作无效处理，然后重新启动招标程序。

2015年1月15日，金城江区教育局向某元华公司发出《关于要求对河池市金城江区学生校服生产企业入围资格采购项目重新进行招标的通知》，该通知反映，针对广西梧州市某裕实业有限公司对河池市金城江区学生校服生产企业入围资格采购项目评标委员会专家的确定等方面持有异议的问题，第二次评审结论无效。同时，因未能在招标文件规定的投标有效期内完成该项目的采购任务，要求某元华公司做好该项目的重新招标工作，并妥善处理相关问题。2015年1月20日，某元华公司根据金城江区教育局的上述"通知"向参与投标该项目的投标单位发出《关于对河池市金城江区学生校服生产企业入围资格采购项目重新进行招标的通知》，通知原评标委员会作出的评审结论无效，现决定重新进行招标。该通知书的发送范围包含某克公司、第二次入围的福建某格乐实业发展有限公司、广西梧州市某裕实业有限公司等共6家投标公司，也向招标单位被告金城江区教育局发送。尔后，金城江区教育局根据《未成年人保护法》及《中华人民共和国政府采购法》的相关规定，继续委托某元华公司对"河池市金城江区学生校服生产企业入围资格采购项目"重新进行第三次招标投标，某克公司未参与本次投标。

上述项目于2015年4月8日第三次重新公开开标，评标委员会确定了推荐入围供应商共四名，第一名广西梧州市某裕实业有限公司，第二名广州某立尔服装实业有限公司，第三名某贵鸟股份有限公司，第四名厦门市某新工贸有限责任公司，取前三名于2015年4月10日在中国政府采购网站予以公告，期满后，同年5月29日被告金城江区教育局在《中标结果确认书》盖章签字，同日，某元华公司及被告金城江区教育局共同在向上述中标的前三名入围供应商发出的《中标通知书》上签字盖章，确定该项目的入围供应商的供货资格，服务期为3个学年，2015～2018年，具体时间以签订合同为准。现该项目的合同已经履行。

另有如下情况，1.某克公司于2015年4月8日向洪某金出具《授权委托书》，委托书意思载明：洪某金以公司名义对广西河池市金城江区校服采购招标项目进行相应后期跟进工作，并代表其办理针对上述项目具体事务。2.根据国家教委印发《关于加强城市中小学生穿学生装（校服）管理工作的意见》，金城江区教育局具体负责本地区的学生校服的规划、计划、步骤、办法等，以服务为目的，严把质量关和价格关，做好售前售后服务工作。要制定生产厂家的考核条件，严格执行制作标准和质量监督制度。某克公司认为金城江区教育局单方确认其2014年11月18日的《中标通知书》失效，改变中标结果，遂诉至该院。

【一审情况】

争议焦点：

一、关于《招标采购项目委托代理协议书》的效力。

二、关于金城江区教育局的行为是否违法的问题。

法院观点：

首先，金城江区教育局与某元华公司于2014年8月5日签订的《招标采购项目委托代理协议书》，系双方当事人的真实意思表示，协议内容未违反法律法规的强制性规定，合法有效，该协议对双方当事人具有拘束力，双方当事人均应按合同履行自己的义务。

其次，从本案查明的事实及证据可知，金城江区教育局公开招标的"河池市金城江区学生校服生产企业入围资格采购项目"系自筹资金项目，应为一般招标项目。因此，根据《中华人民共和国招标投标法》第三十七条"评标由招标人依法组建的评标委员会负责。依法必须进行招标的项目，其评标委员会由招标人的代表和有关技术、经济等方面的专家组成。由招标人从国务院有关部门或者省、自治区、直辖市人民政府有关部门提供的专家名册或者招标代理机构的专家库内的相关专业的专家名单中确定；一般招标项目可以采取随机抽取方式，特殊招标项目可以由招标人直接确定"之规定，某元华公司为该项目的采购代理机构，具有招标投标代理资格的公司，但在2014年10月14日的开标程序中，其所组建的评标委员会并未依法进行，表现在其工作人员一人自行抽取并确定评审专家，并未邀请监督员在场参与随机抽取评审专家的监督过程，同时其也无法提供现场随机抽取评审专家的视频资料及其他书面资料记载，其行为违反了《中华人民共和国招标投标法》第五条："招标投标活动应当遵循公开、公平、公正和诚实信用的原则"的规定，亦违反了《中华人民共和国招标投标法实施条例》第四十六条"除招标投标法第三十七条第三款规定的特殊招标项目外，依法必须进行招标的项目，其评标委员会的专家成员应当从评标专家库内相关专业的专家名单中以随机抽取方式确定。任何单位和个人不得以明示、暗示等任何方式指定或者变相指定参加评标委员会的专家成员。有关行政监督部门应当按照规定的职责分工，对评标委员会成员的确定方式、评标专家的抽取和评标活动进行监督"之规定。另外，某元华公司在2014年10月14日对金城江区教育局公开招标"河池市金城江区学生校服生产企业入围资格采购项目"的开标程序中，也未遵守其与被告金城江区教育局协议的约定："严格按照《中华人民共和国政府采购法》及配套的法规、规章规定的采购方式和采购程序"，履行其代理职责，其应负有导致上述项目第二次流标的责任。而根据《中华人民共和国招标投标法实施条例》第八十二条之规定："依法必须进行招标的项目的招标投标活动违反招标投标法和本条例的规定，对中标结果造成实质性影响，且不能采取补救措施予以纠正的，招标、投标、中标无效，应当依法重新招标或者评标。"经调查组查实，本案某元华公司在开标前抽取评审专家的程序中违反了招标投标法及招标投标条例的规定，因此，金城江区教育局对上述项目宣布第二次中标无效，并进行第三次重新招标符合法律规定。故对某元华公司述称其在2014年10月14日对上述项目进行第二次招标的程序合法，导致该项目第二次流标的原因系某克公司与金城江区教育局双方超过30日未按《中标通知书》签订合同而第三次重新招标的理由，本院不予采信。

第三，由于某元华公司在2014年10月14日对"河池市金城江区学生校服生产企业入围资格采购项目"的开标程序中违反与金城江区教育局的委托代理协议的约定及招标投标法及招标投标条例的规定，未认真履行招标代理理机构职责，导致其组织第二次开标的评标结果被金城江区教育局宣布无效，则其向某克公司发出的《中标通知书》亦应当无效，故某克公司认为金城江区教育局对上述项目在招标、投标、开标、评标的程序合法，金城江区教育局擅自单方确认其中标结果无效的理由不成立，据此，某克公司诉请金城江区教育局在30日内与其签订合同也无事实和法律依据，故本院不予支持。

裁判结果：

驳回某克公司的诉讼请求。

【二审情况】

争议焦点：

某克公司请求确认《中标通知书》有效是否有事实与法律依据。

法院观点：

根据《中华人民共和国招标投标法》第三条第一款第一项关于大型基础设施、公用事业等关系社会公共利益、公众安全的项目必须进行招标的规定，本案中，金城江区教育局招标的项目为金城江区学生校服采购，涉及广大中小学学生的安全，依法属于必须招标的项目。根据《中华人民共和国招标投标法实施条例》第四十六条第一款："依法必须进行招标的项目，其评标委员会的专家成员应当从评标专家库内相关专业的专家名单中以随机抽取方式确定。任何单位和个人不得以明示、暗示等任何方式指定或者变相指定参加评标委员会的专家成员"及该条例第八十二条:"依法必须进行招标的项目的招标投标活动违反招标投标法和本条例的规定,对中标结果造成实质性影响,且不能采取补救措施予以纠正的,招标、投标、中标无效,应当依法重新招标或者评标"的规定,本案中,采购项目为必须依法招标项目,某元华公司没有在监督员现场监督情况下随机抽取评标专家的行为违反上述条例规定,该次评标无效,基于无效评标而发给某克公司的《中标通知书》也属无效。因此,某克公司请求确认《中标通知书》有效的理由不成立,本院不予支持。

裁判结果:

驳回上诉,维持原判。

一百一十三、

招标人与特定的投标人在招标投标之外,私下约定由招标人将投标人的土地出让金返还,属于排除其他竞买者的违法行为

——乙投资公司与商务区开发公司、某人民建置业公司土地出让金损害赔偿纠纷案

【裁判要旨】

乙投资公司与商务区开发公司在涉案地块土地使用权拍卖出让前以约定土地出让金返还的方式排除其他竞买者,违反了拍卖出让土地使用权应当遵循的公平公开原则。并且,双方约定的返还标的直接指向土地出让金,亦损害了国家利益,属于《中华人民共和国合同法》第五十二条第(二)项规定的情形。原审法院依法认定上述协议无效,并无不当。

【法院及案号】

一审:山东省高级人民法院,〔2016〕鲁民初49号民事判决。

二审:最高人民法院,〔2017〕最高法民终359号。

【当事人】

一审原告、二审上诉人:乙投资公司。

一审被告、二审被上诉人:商务区开发公司。

一审第三人:某人民建置业公司。

【案情介绍】

2004年4月2日,青岛市市北区区委、区政府研究决定,成立商务区开发公司。主要职责是在青岛中央商务区开发建设管理委员会的领导下,认真贯彻委员会制定的发展规划和作出的决策,搞好商务区规划设计、项目运作、招商引资、基础设施配套、对外合作、拆迁安置等工作,完成好区委、区政府交办的相关任务,独立行使法人职责,独立承担民事责任。

青岛市市北区人民政府、青岛市建设委员会、青岛市国土资源和房屋管理局作出的《关于青岛中央商务区和小港湾旅游开发区开发建设有关问题的请示》（青北政呈〔2004〕17号）及青岛市市北区人民政府、青岛市国土资源和房屋管理局作出的《关于青岛中央商务区规划范围内建设用地使用权收回及出让有关问题的请示》（青北政呈〔2008〕6号）均规定青岛中央商务区土地出让金扣除必要费用后市区按1∶9分成。

2009年7月13日，商务区开发公司（甲方）与乙投资公司（乙方）签订《协议书》一份，主要内容：甲方代表青岛中央商务区，乙方代表乙青岛市委员会会内众多企业，就乙方拟投资开发建设青岛中央商务区范围内A-2-2-1-1A、A-2-2-1-3、A-2-2-1-4地块（以下简称三地块）的有关事宜达成以下协议。

一、项目基本情况。本协议约定项目位于青岛市中央商务区范围内，连云港路以东、现荣昌花园以西、敦化路以南。控制性规划编号为A-2-2-1-1A、A-2-2-1-3、A-2-2-1-4。乙方对三地块投资12亿元人民币，建设"民建大厦（暂定名）"。二、双方合作原则。三、土地出让金约定。三地块采取整体净地出让方式公开挂牌或拍卖，起始价最终以市国土部门确定为准。三地块土地出让金即为土地成功摘牌（或竞拍）的土地成交总价，为挂牌（或拍卖）时经批准的规划设计条件或规划方案确定的地上总建筑面积与成功摘牌（或竞拍）的楼面地价的乘积，由乙方在竞得三地块土地使用权后，根据土地出让合同约定支付。四、项目操作程序。本协议约定项目保证金计人民币5000万元整，按如下方式支付：乙方在本协议签订当日，向甲方支付人民币2000万元整；三地块土地集中整理完毕，并纳入储备后15个工作日内，乙方再向甲方支付人民币3000万元整。本协议签订且生效后60日内，乙方按照控制性详细规划编制规划参考方案，甲方按照参考方案向市规划局申请三地块规划设计条件及批复意见。甲方在取得规划设计条件及批复意见后，积极协调市国土部门，发布土地挂牌（或拍卖）公告。乙方根据土地挂牌（或拍卖）公告的时间要求，按时参与本协议约定地块的竞买，并在竞买成功后按照市国土部门要求签订土地出让合同，缴纳土地出让金、契税等相关费用。五、甲方权利和义务。甲方负责对地块内所有现状单位进行拆迁补偿、土地纳入储备。甲方负责按本协议第四条约定，积极及时协调市国土部门发布土地挂牌（或拍卖）公告。甲方负责及时向乙方提供本协议约定地块的地形图、规划指标等相关资料，供乙方规划设计使用。甲方应保证三地块规划设计条件批复与本协议第一条第二款约定的建筑规划指标相符，并以相同的条件进行土地挂牌。六、乙方权利义务。乙方在本协议签订后30日内，在青岛市市北区成立项目公司（注册资本金不低于5000万元）并办理税务登记手续，该项目公司及后期入住该项目的公司有权享受青岛市市北区招商引资的有关优惠政策，具体内容另行协商。乙方项目公司成立后，本协议约定的乙方名下之责任、权利与义务，由乙方项目公司拥有和承担。乙方应保证成功竞得土地使用权后（以签订土地成交确认书之日为准）三个月内开工，如因甲方原因造成乙方不能按合同约定开工的，责任由甲方承担。如因非乙方原因造成不能按合同约定开工的，甲方不得追究乙方责任。七、特别条款。如甲方在本协议签订且生效后与其他单位就本协议约定地块开展与本协议相同或类似合作，则甲方应双倍退还乙方投入的项目保证金。甲方协调市国土部门按本协议第四条约定的条件和时间将地块挂牌（或拍卖），乙方（含乙方项目公司）届时不参加摘牌（或竞拍）或虽报名参加但在无其他单位竞价的情况下放弃摘牌（或竞拍），造成本协议约定的地块未能成功出让，则乙方所付项目保证金不予退还。本协议约定地块依法出让完成后，如乙方按本协议约定成功摘牌（或竞拍）并按照土地出让合同约定支付首笔土地出让金后，甲方应将乙方向甲方支付的项目保证金按土地出让合同约定的第二次土地出让金缴纳日期前10日全额无息返还乙方，逾期视为甲方违约，乙方有权立即向甲方催要，甲方应无条件立即返还乙方项目保证金，并按照所占用资金额的日万分之五向乙方支付违约金。乙方按土地出让合同约定的第二笔土地出让金缴纳时间向青岛市土地管理部门缴纳。如出现下列情况之一，造成乙方未能获得土地使用权，则甲方在土地挂牌（或拍卖）结束后60日内，将乙方前期向甲方支付的项目保证金全额退还给乙方，并按照银行同期贷款利率向乙方支付占用资金期间的利息。1.该地块挂牌（或拍卖）设定的条件使乙方无法参与摘牌（或竞拍）；2.乙方按合同约定参与摘牌（或竞拍），但由于其他单位竞价较高而成功摘牌（或竞拍）。乙方付清全部项目保证金人民币5000万元整之日起半年内，无论何种原因（包括但不限于不可抗力），市国土部门未发布地块土地挂牌（或拍卖）公告，则乙方有权选择解除本协议或继续履行本协议；如乙方选择解除本协议，则甲方应将全部项目保证金立即返还乙方，并按照银行同期贷款利率向乙方支付占用资金期间的利息。乙方应按照本协议第四条第一款约定向甲方支付项目保证金，如不能按期履约，则甲方有权选择解除本协议或继续履行本协议；如甲方选择解除本协议，则乙方前期已付项目保证金不再退还。八、纠纷解决。本协议一经签订，任何一方当事人都不得随意变更，确因特殊情况需要修改的，需经甲乙双方协商同意后进行修改。九、不可抗力。十、协议生效及其他。

同日，商务区开发公司（甲方）与乙投资公司（乙方）签订《补充协议》一份，主要内容：鉴于三地块开发任务重、建设周期长，为保障开发建设品质，如乙方竞得该地块且签订土地成交确认书之日起三个月内开工，甲方同意给予乙方（含乙方项目公司）如下优惠政策：一、甲方承诺，经乙方同意，A-2-2-1-1A地块最终确认的楼面地价为人民币1700元/m²，A-2-2-1-3、A-2-2-1-4地块最终确认的楼面地价为人民币2600元/m²。二、甲方在乙方缴纳完成全部土地出让金，并取得三地块土地使用权证且按协议约定开工后，依乙方最终挂牌（拍卖）成交的楼面地价（即与青岛市国土资源和房屋管理局签订的《国有土地使用权出让合同》确定的成交楼面地价）与甲方上述承诺的三地块的楼面地价的差额部分，分别乘以各地块成交面积计算得出应返还的总土地出让金差额，由甲方按时、足额返还乙方。三、双方约定按如下方式返还：1.乙方按协议约定日期三个月内开工，甲方将按照本补充协议上述承诺执行；2.乙方按协议约定日期六个月内开工,甲方将按照本补充协议上述承诺,由甲方按50%返还;3.乙方按协议约定开工日期晚于一年开工,甲方将不再给予返还。上述每宗土地返还时间确定为乙方缴纳完该宗土地出让金之日起两个月内,具体返还方式另行协商。

2009年12月18日,青岛市规划局向商务区开发公司下发通知,同意商务区开发公司上报的规划设计条件。

2011年2月1日,青岛市国土资源和房屋管理局发布了A-2-2-1-1A、A-2-2-1-4地块的出让公告。2011年2月24日,A-2-2-1-1A、A-2-2-1-4地块均以4000元/m^2的拍卖成交价(楼面地价)由山东某洋投资有限公司竞得。

2011年5月6日,青岛市国土资源和房屋管理局发布了A-2-2-1-3地块的出让公告。2011年5月27日,乙投资公司参与了A-2-2-1-3地块的公开竞拍,最终以8310元/m^2的价格竞得,并与青岛市国土资源和房屋管理局签订了《成交确认书》,成交总价623873250元。

2011年5月23日,乙投资公司缴纳保证金6010万元(后抵扣土地出让金)。2011年6月1日,乙投资公司出资5000万元设立乙置业公司。2011年6月10日,乙投资公司与青岛市国土资源和房屋管理局签订了《国有建设用地使用权出让合同》。2011年6月23日,青岛市国土资源和房屋管理局、乙投资公司及乙置业公司签订《变更协议》,将A-2-2-1-3地块的受让人变更为乙置业公司。2011年7月8日、8月8日,乙置业公司先后缴纳土地出让金563773250元。至此,乙投资公司与乙置业公司合计缴纳土地出让金623873250元。2011年8月9日,青岛市国土资源和房屋管理局向青岛市房地产交易中心出具证明,主要内容为乙置业公司于2011年8月8日缴纳A-2-2-1-3地块出让金623873250元。

2011年6月20日,青岛市市北区城市管理行政执法局作出《责令限期改正通知书》,责令乙投资公司于2011年6月30日前按规定设置围挡。2012年9月25日、10月8日,青岛市城乡建设委员会共作出5份《行政处罚决定书》,以乙置业公司建设的民建大厦工程存在土石方施工对道路污染、将工程发包给不具有承包条件单位建设、未办理招标投标手续擅自开工建设、未办理施工许可手续擅自开工建设等问题为由,对乙置业公司进行处罚。

2011年8月5日,乙投资公司向商务区开发公司发出《关于民建大厦项目顺延开工的请示报告》,主要内容为商务区开发公司将另外两地块交由其他公司投资建设,乙投资公司拍得A-2-2-1-3地块后,因土地面积及规划方案变化较大,需要重新进行各项前期工作,无法按照双方原先约定的期限开工。请求商务区开发公司同意将开工日期顺延三个月。2011年8月11日,商务区开发公司向乙投资公司发出《关于民建大厦项目顺延开工请示报告的复函》,主要内容为民建大厦项目至今未提交相关设计方案等资料,希望乙投资公司能按照青岛市现行的有关工程建设程序,尽快进行规划设计、完善项目手续，积极推进项目开发进程。

2011年9月20日、2012年6月11日，青岛中央商务区管理委员会两次向市北区发改局发出《关于民建大厦项目办理立项的函》，主要内容为因开发需要，现有乙置业公司拟开发民建大厦项目需在贵局办理立项，请贵局加快立项审批工作，以便项目尽快开工建设。

2012年1月13日，乙置业公司注册资本变更为11000万元，股东变更为乙投资公司（出资5390万元，占比49%）、日照某泰房地产开发有限公司（出资5610万元，占比51%）。

2012年2月13日，乙投资公司（出质人）、日照某泰房地产开发有限公司（质权人）、乙置业公司（出质股权所在公司）出具了《质权消灭证明》，主要内容：因乙投资公司与日照某泰房地产开发有限公司签订的《投资合作协议》已于2012年1月13日履行完毕，现已无任何债权关系，质权人日照某泰房地产开发有限公司同意将出质人乙投资公司质押在日照某泰房地产开发有限公司的乙置业公司股权注销登记，特此说明。同日，乙投资公司（出质人）、日照某泰房地产开发有限公司（质权人）作出《股权出质注销登记申请书》，载明出质股权数额5000万元/万股，注销原因为质权实现。

2013年2月22日，南通某建筑工程总承包有限公司、山东某昌隆建设咨询有限公司分别通过公开招标投标中标民建大厦项目施工和监理。后经施工单位报告、监理单位审核，民建大厦1号办公楼、3号住宅楼分别定于2013年6月10日、6月2日开工。

2013年3月22日，青岛市城乡建设委员会向乙置业公司核发建筑工程施工许可证。

2013年7月30日、8月21日、9月22日，乙投资公司分别作出《关于尽快支付返还款的函》《律师函》《关于尽快支付合同款项的函》，要求商务区开发公司根据《协议书》和《补充协议》约定支付返还款428678250元，并向商务区开发公司邮寄上述函件。

2013年10月14日，乙投资公司（甲方）与乙置业公司（乙方）签订《备忘录》一份，主要内容为：1.民建大厦开发建设的法律主体已经依据有关土地使用权出让合同等变更为乙方，《协议书》及《补充协议》中除有关民建大厦开发权利已经转让给乙方外，其他权利及义务均与乙方无关，包括甲方与青岛中央商务区开发建设有限公司之间存在的利益返还或纠纷及违约责任等仍由甲方享有和承担。2.甲方因《协议书》及《补充协议》提起诉讼、仲裁等争议解决程序的，均由甲方自行承担，乙方不承担其费用、风险及相关法律后果。

另，涉案项目已取得商品房预售许可证。《协议书》第二条第2项约定，本协议签订且生效后6日内，乙投资公司按照控制性详细规划编制规划参考方案，商务区开发公司按照参考方案向市规划局申请三块地规划设计条件及批复意见。第3项约定，商务区开发公司在取得规划设计条件及批复意见后，积极协调青岛市国土部门，发布土地挂牌（或拍卖）公告。第七条第4项约定，如出现下列情况之一，造成乙投资公司未能获得土地使用权,则商务区开发公司在土地挂牌(或拍卖)结束后60日内,将乙投资公司前期支付的项目保证金全额退还给乙投资公司,并按照银行同期贷款利率向乙投资公司支付占用资金期间的利息。(1)该地块挂牌(或拍卖)设定的条件使乙投资公司无法参与摘牌(或竞拍);(2)乙投资公司按合同约定参与摘牌(或竞拍),但由于其他单位竞价较高而成功摘牌(或竞拍)。

【一审情况】

争议焦点:

一、乙投资公司是否具有本案诉讼主体资格。

二、乙投资公司关于赔偿经济损失及利息的诉讼请求应否支持。

法院观点:

乙投资公司与商务区开发公司于2009年7月13日签订《协议书》《补充协议》各一份,约定商务区开发公司代表青岛中央商务区,完成涉案地块拆迁补偿、土地储备,协调国土部门发布土地使用权拍卖公告,乙投资公司竞得土地使用权,享受返还土地出让金差额的优惠。一审法院认为,乙投资公司与商务区开发公司在涉案地块土地使用权拍卖出让前以约定土地出让金返还的方式排除其他竞买者,违反了政府拍卖出让土地使用权应当遵循的公开竞价原则。因此,《协议书》及《补充协议》无效。

一、关于乙投资公司是否具有本案诉讼主体资格的问题。尽管青岛市国土资源和房屋管理局、乙投资公司及乙置业公司签订了《变更协议》,将A-2-2-1-3地块的受让人变更为乙置业公司,但乙投资公司与乙置业公司于2013年10月14日签订了《备忘录》,约定《协议书》及《补充协议》中除有关民建大厦开发权利已经转让给乙置业公司外,其他权利义务包括乙投资公司与商务区开发公司之间存在利益返还或纠纷及违约责任等均由乙投资公司享有和承担。商务区开发公司主张《备忘录》属于以合法形式掩盖非法目的,但未提供充分证据证明,其主张不能成立。因此,一审法院认定,根据《备忘录》的约定,乙置业公司将其受让于乙投资公司的权利义务又部分转让给乙投资公司,乙投资公司据以提起本案诉讼,具有诉讼主体资格。

二、关于乙投资公司赔偿经济损失及利息的诉讼请求应否支持的问题。乙投资公司对因协议无效而遭受的经济损失提出主张,应对其因协议无效而遭受损失及损失数额承担举证责任。首先,A-2-2-1-3地块土地使用权系乙投资公司参与公开竞拍而竞得,乙投资公司作为独立法人,具有民事权利能力和民事行为能力,8310元/m^2价格系乙投资公司自主竞价而最终成交的价格。乙投资公司在竞得土地使用权后,依约成立了项目公司,对A-2-2-1-3地块进行了开发建设,涉案项目也已取得商品房预售许可证。故,现有证据不足以证明乙投资公司遭受了损失。其次,乙投资公司申请对《协议书》签订时和土地出让时A-2-2-1-3地块所在区域的市场价进行鉴定,并主张该市场价与其最终竞得A-2-2-1-3地块土地使用权成交价之间的差价即为其遭受的损失。一审法院认为，乙投资公司参与A-2-2-1-3地块土地使用权竞拍，即便未约定返还土地出让金，乙投资公司为最终竞得A-2-2-1-3地块土地使用权亦需自主竞价。故，乙投资公司关于其申请鉴定的市场价与最终竞得A-2-2-1-3地块土地使用权成交价之间的差价即为其遭受的损失的主张不能成立，一审法院不予支持。对于乙投资公司的上述鉴定申请，一审法院亦不予准许。

裁判结果：

驳回乙投资公司的诉讼请求。

【二审情况】

争议焦点：

一、关于案涉《协议书》及《补充协议》的效力。

二、关于乙投资公司关于赔偿经济损失及利息的诉讼请求是否应予支持。

法院观点：

一、关于案涉《协议书》及《补充协议》的效力问题

《中华人民共和国招标投标法》第五条规定，招标投标活动应当遵循公开、公平、公正和诚实信用的原则。第十八条第二款规定，招标人不得以不合理的条件限制或者排斥潜在投标人，不得对潜在投标人实行歧视待遇。本案中，尽管商务区开发公司不是涉案土地使用权的招标人，但是根据《市北区人民政府关于成立商务区开发公司的通知》（青北政发〔2004〕11号），商务区开发公司系青岛市市北区区委、区政府决定成立。主要职责是在青岛中央商务区开发建设管理委员会的领导下，认真贯彻委员会制定的发展规划和作出的决策，搞好商务区规划设计、项目运作、招商引资、基础设施配套、对外合作、拆迁安置等工作，完成好区委、区政府交办的相关任务，独立行使法人职责，独立承担民事责任，公司法定代表人等由市北区政府聘任。在此情况下，商务区开发公司基于其担负的职责，事实上能够对涉案土地使用权的拍卖有着相当的推动作用和影响力。

商务区开发公司与乙投资公司签订《协议书》，约定了商务区开发公司依约取得涉案土地规划设计条件及批复意见、积极协调青岛市国土部门按照约定条件和时间发布土地挂牌（或拍卖）公告的内容。同日，双方签订《补充协议》，明确约定商务区开发公司在乙投资公司缴纳完成全部土地出让金，并取得三地块土地使用权证且按协议约定开工后，依乙投资公司最终挂牌（拍卖）成交的楼面地价（即与青岛市国土资源和房屋管理局签订的《国有土地使用权出让合同》确定的成交楼面地价）与商务区开发公司上述承诺的三地块的楼面地价的差额部分，分别乘以各地块成交面积计算得出应返还的总土地出让金差额，由商务区开发公司按时、足额返还乙投资公司。乙投资公司与商务区开发公司在涉案地块土地使用权拍卖出让前以约定土地出让金返还的方式排除其他竞买者，违反了拍卖出让土地使用权应当遵循的公平公开原则。并且，双

方约定的返还标的直接指向土地出让金，亦损害了国家利益，属于《中华人民共和国合同法》第五十二条第（二）项规定的情形。原审法院依法认定上述协议无效，并无不当。乙投资公司关于案涉《协议书》及《补充协议》应为有效的上诉理由，缺乏法律依据，本院不予支持。

二、关于乙投资公司主张赔偿经济损失及利息的诉讼请求是否应予支持问题。

本案中，乙投资公司主张案涉《协议书》及《补充协议》有效，诉请商务区开发公司返还428678250元，并支付逾期付款利息。经一审法院释明后，乙投资公司变更诉讼请求为判令商务区开发公司赔偿经济损失428678250元及利息。乙投资公司诉请赔偿的损失数额，是乙投资公司基于《协议书》及《补充协议》的约定，预期其可获得的土地出让金返还金额得出。而《协议书》及《补充协议》依法应为无效，乙投资公司预期可获得的该部分利益不具有合法性，乙投资公司该主张，缺乏依据。

涉案A-2-2-1-3地块土地使用权系乙投资公司通过公开竞拍而竞得，8310元/平方米价格系乙投资公司自主竞价而最终成交的价格。乙投资公司在竞得土地使用权后，已经对A-2-2-1-3地块进行了开发建设。乙投资公司关于以A-2-2-1-3地块土地使用权最终成交价与其申请鉴定的市场价之间的差价计算损失数额的主张，缺乏依据。根据《最高人民法院关于适用〈中华人民共和国民事诉讼法〉的解释》第一百二十一条第一款之规定，一审法院对乙投资公司所提出的评估鉴定申请未予准许，并无不当。二审中，乙投资公司提交了其与日照某泰房地产开发有限公司签订的《股权转让协议》及其补充协议，但上述证据不能证明股权转让与案涉合同无效导致其遭受的损失之间的因果关系。乙投资公司关于商务区开发公司应赔偿其经济损失及利息的上诉理由，缺乏依据，本院不予支持。

裁判结果：

驳回上诉，维持原判。

一百一十四、

招标人将履约保证金水平设置高于中标合同金额的10%标准的行为,违反法律禁止性规定

——甲建设公司与重庆某医院缔约过失责任纠纷案

【裁判要旨】

招标人将履约保证金水平设置高于合同金额10%标准的行为,违反了《中华人民共和国招标投标法实施条例》第五十八条关于履约保证金的上限是中标合同金额的10%的禁止性规定,导致中标人未在中标通知书规定的时间内按照招标文件的规定提交履约保证金并签订合同的,招标人应当对中标人承担缔约过失责任。

【法院及案号】

一审:南昌县人民法院,〔2018〕赣0121民初1758号。
二审:南昌市中级人民法院,〔2019〕赣01民终1756号。

【当事人】

一审原告、二审被上诉人:甲建设公司。
一审被告、二审上诉人:重庆某医院。

【案情介绍】

2015年9月10日,案外人某矿国际招标公司(招标代理)代理重庆某医院(招标人)发布招标文件,就重庆某医院内科综合大楼新建项目土建及装饰工程对外进行公开招标,招标编号0716-1410CQ850774。该招标文件19.1款载明投标保证金的金额为150万元。

该招标文件第50.1条还规定:履约保函应在中标通知书规定之日前按特殊合同条款规定的金额,以无条件银行保函的格式提供给业主。招标文件第八章特殊合同条款针对一般合同条款第50.1款规定:履约保函金额为合同金额的10%,根据投标人须知第32.5条,若有必要,业主可提高履约担保的金额。

2015年10月,甲建设公司委托案外人某合银融资担保公司向建行深圳市景苑支

行申请开具银行投标保证金保函。2015年10月16日,建行深圳市景苑支行开具了受益人为重庆某医院的投标保证金银行保函,保函载明为满足甲建设公司响应0716-1410CQ850774号"投标邀请函"和邀请,参加重庆某医院实施重庆某医院内科综合大楼新建项目土建及装饰工程的投标需要,景苑支行在此无条件地和不可撤销地保证,在收到贵方书面要求后即向你方支付无追索权的人民币150万元。该保证对本行、本行的继任人、受让人都具有约束力。

2016年1月11日,某矿国际招标公司向甲建设公司发出中标通知书,通知甲建设公司中标,并要求甲建设公司在收到中标通知书后28天内,根据招标文件投标人须知第32.5条及评标报告的规定,提交履约保证金比例为合同金额30%即13585953元的履约保证金。2016年2月24日,重庆某医院向景苑支行发函称,因甲建设公司在投标有效期内收到中标通知书后,未能按照招标文件的规定提交履约保证金并签订合同,特函请景苑支行向该院支付150万元。2016年2月26日,景苑支行向某合银融资担保公司发出《索赔通知书》,称该行已于2016年2月25日收到该保函受益人出具的索赔函,索赔金额150万元。现该行要求某合银融资担保公司根据《综合融资额度合同》及《保证额度使用申请书》承担责任,请某合银融资担保公司抓紧落实还款资金,承担的150万元的赔偿责任。2016年4月5日景苑支行向重庆某医院发出《关于保函索赔款项支付事宜的确认函》称经与保函申请人某合银融资担保公司协商,某合银融资担保公司同意该笔保函的索赔款直接由其代景苑支行支付,请重庆某医院确认收款金额、账户及赔付方式。重庆某医院于2016年4月7日确认收款金额、账户,同时确认某合银融资担保公司按上述金额及收款账户代景苑支行支付上述款项,即视为景苑支行已履行保函项下责任和义务,该单位放弃任何提出异议的权利,景苑支行在该保函项下的责任和义务即告解除。2016年4月15日,某合银融资担保公司向重庆某医院转款150万元。2016年4月18日重庆某医院向景苑支行发出《担保责任解除的函》确认景苑支行担保责任解除。2016年4月20日,景苑支行向某合银融资担保公司发出《保函代偿证明》,确认某合银融资担保公司代其履行了涉案保函赔偿责任,自该行收到受益人出具的已收款及保函责任已解除的相关书面证明之日起,某合银融资担保公司在该笔保函业务项下的保证责任将自动解除。

2016年4月20日,某合银融资担保公司向深圳市福田区人民法院起诉,要求甲建设公司向某合银融资担保公司偿还赔付款150万元及相应利息并承担违约金45万元等。2016年11月8日,该法院做出判决,判令甲建设公司向某合银融资担保公司偿还赔付款150万元及利息、违约金(利息、违约金自2016年4月15日起,以150万元为本金,按年利率24%付至债务履行完毕之日止)。后因甲建设公司提起上诉,深圳中院于2017年5月12日做出〔2017〕粤03民终2926号民事判决书,判决驳回上诉,维持原判。

2017年8月29日,甲建设公司将执行款150万元本金转至深圳市福田区人民法院账户，2017年9月6日，甲建设公司将执行款利息561864.24元转至深圳市福田区人民法院账户。2018年5月，甲建设公司将重庆某医院诉至南昌县人民法院，要求重庆某医院偿还甲建设公司已交付给深圳市福田区人民法院的甲建设公司与某合银融资担保公司保证合同纠纷案件的执行款本金及利息等共计200余万元。

涉案工程重庆某医院内科综合大楼系利用世界银行贷款重庆市城乡统筹发展与改革二期卫生项目子项目之一。重庆某医院根据评标委员会专家意见和建议，并委托重庆某诚天行造价咨询有限公司对甲建设公司投标报价进行分析，参照咨询机构出具的咨询意见，综合考虑后，将甲建设公司的履约保证金比例由招标文件约定的10%提高至总报价的30%，金额为13585953.00元，于2015年12月28日报重庆市利用世界银行贷款统筹城乡发展与改革项目办公室审批同意后，由某矿国际招标公司于2016年1月11日书面通知甲建设公司。甲建设公司于2016年1月13日收到中标通知书，后甲建设公司未在中标通知书规定的时间内交纳总报价的30%即13585953.00元的履约保证金，双方亦未签订涉案工程承包合同书。

在甲建设公司依法中标后重庆某医院却单方违法的将履约保证金的比例由合同金额的10%提高至30%，导致甲建设公司无法及时缴纳及与重庆某医院签订合同，重庆某医院据此要求某合银融资担保公司按投标保函承担了150万元保证金的责任。2016年4月20日，某合银融资担保公司向深圳市福田区人民法院起诉本案甲建设公司，要求甲建设公司偿还其保证金赔付款及利息等各项损失共计200余万元，后经深圳市中级人民法院终审判决本案甲建设公司承担赔偿150万元保证金及年利率24%计算的利息约为56.19万元的责任并被强制执行完毕。

甲建设公司承担200多万元赔偿责任的原因是重庆某医院违法违约擅自提高履约保证金所致，甲建设公司遂向一审法院提起诉讼，请求依法判令：1.请求判令重庆某医院偿还执行款本金150万元，并自支付之日2017年8月29日起按中国人民银行同期贷款利率的四倍计算利息至付清本金止（利息暂计算至2018年3月16日止为144275元）；2.请求判令重庆某医院承担执行款利息及执行费用561864.24元，并自支付之日2017年9月6日起按照中国人民银行同期贷款利率的四倍计算利息至付清本金止（利息暂计算至2018年3月16日止为51869.43元）；3.本案诉讼费、交通费、律师费由重庆某医院承担。

【一审情况】

争议焦点：

一、重庆某医院委托招标代理机构发给甲建设公司的中标通知书上载明的履约保证金比例为合同金额的30%，是否违反了《中华人民共和国招标投标法实施条例》第五十八条关于履约保证金的上限是合同金额的10%的禁止性规定的问题。

二、关于甲建设公司是否有损失，损失的范围确定问题。

法院观点：

一、关于重庆某医院委托招标代理机构发给甲建设公司的中标通知书上载明的履约保证金比例为合同金额的30%，是否违反了《中华人民共和国招标投标法实施条例》第五十八条关于履约保证金的上限是合同金额的10%的禁止性规定的问题。一审法院认为，重庆某医院将履约保证金提高至合同金额的30%，虽经过了一系列风险评估，并报经重庆市利用世界银行贷款统筹城乡发展与改革项目办公室审批同意，但《中华人民共和国招标投标法实施条例》已规定了履约保证金比例不得超过合同金额的10%，重庆某医院单方将履约保证金提高至合同金额30%的行为，违反了诚实信用原则，亦违反了行政法规的禁止性规定，即便"项目办公室"的同意行为，属政府的行政行为，其行为亦不能逾越法律界限，由于重庆某医院单方行为，导致甲建设公司与重庆某医院不能签订工程合同，其过错仅在重庆某医院。

二、关于甲建设公司是否有损失，损失的范围确定问题。本案中，因重庆某医院将履约保证金比例由招标文件的10%提高至合同金额的30%，导致甲建设公司未能在中标通知书规定的期限内交纳履约保证金并签订合同，案外人某合银融资担保公司在代建行深圳市景苑支行承担担保责任即支付投标保证金150万元给重庆某医院后，向深圳市福田区人民法院起诉甲建设公司，甲建设公司被判令赔付某合银融资担保公司本金150万元及违约金561864.24元，共计2061864.24元，该款项已由甲建设公司交付至深圳市福田人民法院，属于由于重庆某医院的过错导致的甲建设公司直接损失，甲建设公司的该项损失，与重庆某医院的缔约过失存在直接因果关系，故甲建设公司的该项诉讼请求，于法有据，应予以支持。

裁判结果：

一、被告重庆某医院在本判决生效后十日内赔付原告甲建设公司150万元及利息（利息自2017年8月29日起计至该款项付清之日止，按照中国人民银行同期同类贷款利率）。

二、被告重庆某医院在本判决生效后十日内赔付原告甲建设公司561864.24元及利息（利息自2017年9月6日起计至该款项付清之日止，按中国人民银行同期同类贷款利率）。

三、驳回原告甲建设公司其他诉讼请求。

【二审情况】

争议焦点：

一、本案案由是否应定为建设工程施工合同纠纷，属于专属管辖？

二、上诉人重庆某医院将履约保证金提高至合同金额的30%是否合法有据，应否承担缔约过失责任？

法院观点：

一、本案案由是否应定为建设工程施工合同纠纷，属于专属管辖问题。二审法院认为，《招标文件》第37.3条规定"在合同协议书签订之前，中标通知书的送达将视为合同成立。"但上诉人没有按《招标文件》的规定，单方将履约保证金提高到合同价的30%，属于变更《招标文件》的主要内容，被上诉人对此没有表示同意，不能视为合同成立；上诉人与被上诉人也没有按照招标文件和中标人的投标文件订立书面合同，故本案不属于建设工程施工合同纠纷，不适用专属管辖。

二、上诉人重庆某医院将履约保证金提高至合同金额的30%是否合法有据，应否承担缔约过失责任问题。《中华人民共和国招标投标法》第六十七条规定："使用国际组织或者外国政府贷款、援助资金的项目进行招标，贷款方、资金提供方对招标投标的具体条件和程序有不同规定的，可以适用其规定，但违背中华人民共和国的社会公共利益的除外"。该条并没有对履约保证金的相关内容作出规定。虽然财政部关于发布范本的通知及《国际金融组织项目国内竞争性招标文件范本》第32.5条规定，业主可以要求投标人将履约保证金提高到一定的水平，但根据《国际金融组织项目国内竞争性招标文件范本》中209注释"履约保函金额通常为合同价的5%～10%"，据此，在保证金低于合同价10%的情况下才可提高保证金，且提高后的履约保函金不能超过合同价的10%。《国际金融组织项目国内竞争性招标文件范本》对保证金的规定与《中华人民共和国招标投标法实施条例》第五十八条规定的履约保证金不得超过中标合同金额的10%一致。对比二审法院查明事实中《国际金融组织项目国内竞争性招标文件范本》与《招标文件》对保证金的规定可以看出，《招标文件》并没有严格依照《范本》条款，《范本》规定履约保函金额通常为合同价的5%～10%，而《招标文件》中将履约保函金额规定为合同价的10%，到达了履约保证金的最高上限，在此情形下，上诉人又依据第32.5条将履约保函金提至合同价的30%，与《范本》的本意也不符。故上诉人将履约保证金提高至30%没有法律依据。另外，上诉人依据第32.5条将履约保函金额提至合同金额的30%时，没有按照第32.5条的规定，通知被上诉人就工程量清单中的任何或全部项目提供详细的价格分析，并考虑了建议的合同付款进度后，要求被上诉人将履约保证金提高到一定水平。上诉人没按规定单方提高履约保证金的行为违反了诚实信用原则，构成缔约过失。深圳市福田区人民法院判令甲建设公司赔付某合银公司本金150万元及违约金561864.24元，被上诉人已经履行义务。被上诉人的以上损失，与上诉人擅自提高履约保证金存在直接因果关系，上诉人应承担损害赔偿责任。故此，上诉人的上诉请求及理由不予支持。

裁判结果：

驳回上诉，维持原判。

一百一十五、

中标后出现投标人不足三人的，应当重新招标投标，所签订的中标合同应当认定无效

——甲中心与某苗幼儿园、罗岗经济社合同纠纷案

【裁判要旨】

在甲中心的竞标资格被否决后，涉案物业的投标人实际少于三人，故根据《中华人民共和国招标投标法》第二十八条第一款"投标人少于三个的，招标人应当依照本法重新招标"及《中华人民共和国招标投标法实施条例》第四十四条第二款"投标人少于3个的，不得开标；招标人应当重新招标"的规定，涉案物业的出租应该重新招标，故原审法院直接判令罗岗经济社与某苗幼儿园签订合同不当，本院予以纠正。罗岗经济社可依法通过民主议事程序决定是否重新将涉案物业公开招租。

【法院及案号】

一审：广东省佛山市南海区人民法院，〔2013〕佛南法狮民二初字第204号。

二审：广东省佛山市中级人民法院，〔2014〕佛中法民二终字第91号。

【当事人】

一审被告、二审上诉人：甲中心。

一审原告、二审被上诉人：某苗幼儿园。

一审第三人：罗岗经济社。

【案情介绍】

2013年7月8日，罗岗经济社作为出租人、佛山市南海区狮山镇招标采购和资产交易中心西区社会管理处工作站（以下简称"西区招标工作站"）的代理单位，发布竞租文件（编号为：〔2013〕物业第39号），包括：罗岗经济社物业使用权租赁公告、罗岗经济社物业使用权的竞租说明和须知、竞租报价确认书、成交确认书样本、物业使用权租赁合同样本等。其中物业使用权租赁公告称，定于2013年7月17日上午9：30在佛山市南海区狮山镇新境村委会会议室，举办罗岗经济社物业使用权租赁项目竞

租会；出租项目为原罗岗小学校舍，出租年限为2015年9月1日至2021年8月31日，每年底价为10万元，每3年递增10%，竞租诚意金为2万元；物业的用途仅限幼儿园办学；竞租人的资格要求为在佛山市南海区狮山镇范围内注册的法人，并持有相关的幼儿园办学牌照；采用现场递交报价文件的方式进行租赁，按照总价价高者得的原则确定竞得人等。

2013年7月17日，罗岗经济社14名代表对参加竞租的三家单位进行了资格评审，确认某苗幼儿园、甲中心及佛山市南海区懿德西堤幼儿园（以下简称懿得西堤幼儿园）符合竞租人资格（其中4名代表对甲中心投了反对票）。同日，邓某莲代表甲中心交纳了2万元诚意金。竞投结果为：某苗幼儿园报价200077元、甲中心报价237300元、懿德西堤幼儿园报价138000元。罗岗经济社经集体讨论，确认甲中心报价最高，价高者得。同日，代理单位西区招标工作站发布成交确认书，确认甲中心以年承租起始价237300元成为本次竞租的竞得人，取得罗岗经济社物业使用权，竞得人应在2013年7月24日前与出租人签订《物业使用权租赁合同书》，本成交确认书自双方签字盖章之日起生效等。

另查明：一、某苗幼儿园领取的民办非企业登记证书注明其业务主管单位为佛山市南海区教育局，业务范围为3~6岁学前儿童教育；佛山市南海区教育局颁发给某苗幼儿园的民办学校办学许可证注明某苗幼儿园的学校类型为幼儿园，办学内容为3~6岁幼儿、全日制。甲中心领取的民办非企业登记证书注明其业务主管单位为佛山市南海区教育局，业务范围为儿童早期教育、舞蹈培训、小学文化辅导；佛山市南海区教育局颁发给其的民办学校办学许可证注明学校类型为非学历教育，办学内容为文化技术培训。本案在诉讼期间，原审法院向佛山市南海区教育局发函，询问至2013年7月17日止，甲中心是否具有幼儿园办学资格和相关证书。该局复函原审法院称：甲中心不具备学前教育办学资格。二、2013年6月21日，罗岗经济社召开社委代表扩大会议，讨论租赁罗岗小学校舍问题。会议决定将原罗岗小学校舍出租，仅限于办幼儿园，持有幼儿园营业执照方可投标等。会议应到人数17人，实际到会15人，到会人员一致同意。三、某苗幼儿园目前正在租赁原罗岗小学校舍经营幼儿园。四、代表甲中心交纳竞租诚意金的邓某莲为罗岗村村民。

【一审情况】

争议焦点：

甲中心是否符合招标公告要求的竞租人资格？其中标是否有效？

法院观点：

招标投标是一种有效的选择交易对象的市场行为，以竞争性、公开性、公平性为原则。根据《中华人民共和国合同法》第十五条的规定，招标公告属于要约邀请。招标公告虽然只是邀请他人向自己发出要约，但招标人并非完全不受招标公告的约束。

根据法律规定，招标人可以在招标公告中设定投标人的资格，投标人根据设定的条件参加竞标，但相关条件必须适用于所有投标人，招标人不能随意更改投标人的竞标资格，也不能允许不符合资格条件的竞标人参与竞标，否则会对其他符合条件的竞标人不公平。

本案中，罗岗经济社作为招标人，其在招标公告中设定的竞租人资格为：1.在佛山市南海区狮山镇范围内注册的法人；2.持有相关的幼儿园办学牌照。这两项资格应同时具备，其中第2项资格要求与罗岗经济社召开的社委代表扩大会议的表决结果也是一致的。上述资格的要求是很明确的，即竞标人必须持有幼儿园办学牌照，且在竞标时已经持有。根据南海区教育局的复函，甲中心不具有学前教育的办学资格，亦即不具有幼儿园办学资格。因此，甲中心不符合第2项竞标资格的要求，不具有参加本案竞标的资格。甲中心辩称其具有幼儿园的办学资格，与查明的事实不符，法院不予采信，至于其今后能不能取得，不影响对其在本案中投标资格的认定。罗岗经济社辩称其招标投标过程公平合法，因其在甲中心明显不符合投标资格要求的情况下，仍强行同意某中心参加投标，已经违反了法律法规的规定，法院对其相关答辩意见亦不予采纳。

综上所述，本案的合格竞标人为某苗幼儿园和懿德西堤幼儿园，某苗幼儿园的出价高于后者，根据招标公告的要求，某苗幼儿园成为中标人。罗岗经济社的招标代理单位西区招标工作站与甲中心签订的成交确认书不具有法律效力。罗岗经济社应根据其发布的竞租文件中《物业使用权租赁合同》的内容，某苗幼儿园应按照其投标文件的内容，双方签订租赁合同。某苗幼儿园的诉讼请求合法有理，法院予以支持。

裁判结果：

一、确认某苗幼儿园为2013年7月17日举行的罗岗经济社物业（即原罗岗小学校舍）使用权租赁项目招标投标活动的中标人。

二、罗岗经济社应按照其发布的竞租文件（编号：〔2013〕物业第39号）中《物业使用权租赁合同》的内容，某苗幼儿园应按照其投标文件的内容，双方于判决发生法律效力后三十日内签订租赁合同。

三、驳回某苗幼儿园的其他诉讼请求。案件受理费减半收取50元，由甲中心、罗岗经济社各负担25元。

【二审情况】

争议焦点：

一、关于某苗幼儿园是否具备本案诉讼主体资格的问题。

二、关于原审法院可否直接认定甲中心不具备中标人资格的问题。

三、关于原审法院可否直接判令罗岗经济社与某苗幼儿园签订合同的问题。

四、关于招标公告中对竞租人的资格要求是否经过罗岗经济社内部的民主议事程序的问题。

法院观点：

一、关于某苗幼儿园是否具备本案诉讼主体资格的问题。甲中心主张其与罗岗经济社均是涉案合同的当事人，某苗幼儿园并非该合同当事人，故其无权请求确认涉案租赁合同无效。在涉案物业的招标投标过程中，某苗幼儿园为投标人之一，是涉案物业招标投标活动的参与人，某苗幼儿园与涉案合同存在利害关系，其认为罗岗经济社及甲中心在投标招标活动中存在违反招标公告及法律规定的行为从而损害其利益，其有权主张甲中心中标无效，故某苗幼儿园在本案中作为原告提起诉讼并无违反法律规定，甲中心主张某苗幼儿园不具备本案诉讼主体资格缺乏法律依据，本院不予支持。

二、关于原审法院可否直接认定甲中心不具备中标人资格的问题。甲中心认为投标人资格应由招标人或评标委员会审核或解释，原审法院直接认定其不具备投标人资格违反了当事人意思自治原则。因涉案合同为招标人及投标人等平等民事主体之间设立、变更、终止民事权利义务关系的行为，现当事人对甲中心是否具备投标资格发生争议，而该争议也在上述民事权利义务关系范围之内，故法院有权对此进行审理及裁判。罗岗经济社在招标公告中已明确涉案物业用途仅限于幼儿园办学，并要求竞租人应持有相关的幼儿园办学牌照，故上述内容足以明确竞租人必须具备开办幼儿园的资质，并无歧义。原审法院已查明甲中心不具备学前教育办学资格，根据《中华人民共和国招标投标法》第二十六条"投标人应当具备承担招标项目的能力；国家有关规定对投标人资格条件或者招标文件对投标人资格条件有规定的，投标人应当具备规定的资格条件"的规定、《中华人民共和国招标投标法实施条例》第五十一条"有下列情形之一的，评标委员会应当否决其投标：……（三）投标人不符合国家或者招标文件规定的资格条件……"的规定以及招标文件中竞租说明和须知的第四条第6款"无效报价的认定，如发现下列情况之一，竞租人的报价将被拒绝：（1）竞租人不符合合格竞租人的基本条件……"之规定，甲中心不具备招标公告规定的资格条件，其投标及中标行为均违反了上述法律法规及招标文件的规定，原审法院认定其中标无效并无不当，本院予以维持。

三、关于原审法院可否直接判令罗岗经济社与某苗幼儿园签订合同的问题。在涉案物业出租的招标投标过程中，因作为投标人之一的甲中心不具备投标资格，故本案的招标投标在程序上存在瑕疵。而且在甲中心的竞标资格被否决后，涉案物业的投标人实际少于三人，故根据《中华人民共和国招标投标法》第二十八条第一款"投标人少于三个的，招标人应当依照本法重新招标"及《中华人民共和国招标投标法实施条例》第四十四条第二款"投标人少于3个的，不得开标；招标人应当重新招标"的规定，涉案物业的出租应该重新招标，故原审法院直接判令罗岗经济社与某苗幼儿园签订合同不当，本院予以纠正。罗岗经济社可依法通过民主议事程序决定是否重新将涉案物业公开招租。

四、关于招标公告中对竞租人的资格要求是否经过罗岗经济社内部的民主议事程序的问题。甲中心主张投标人资格中具有相关幼儿园牌照的要求并未经过罗岗经济社全体村民代表一致同意确认,由于罗岗经济社所发布的招标公告得到西区招标工作站的盖章确认,其中已明确载明了竞租人需持有相关幼儿园牌照的资格要求,该内容对外产生公信力并对罗岗经济社本身具有法律约束力,至于该项要求是否经过全体村民代表表决同意并不影响其对外法律效力,故原审法院未对甲中心提交的联名意见书进行质证并予以采纳并无不当,本院予以支持。

裁判结果:

一、撤销广东省佛山市南海区人民法院〔2013〕佛南法狮民二初字第204号民事判决。

二、确认佛山市南海区甲中心在2013年7月17日举行的佛山市南海区狮山镇新境村罗岗股份合作经济社物业(即原罗岗小学校舍)使用权租赁项目招标投标活动中的中标无效。

三、驳回佛山市南海区狮山某苗幼儿园的其他诉讼请求。

一百一十六、

在招标投标前，招标人与投标人进行了非实质性谈判而未影响中标结果的，中标有效

——甲房地产开发有限公司与乙大桥工程局建设工程施工合同纠纷案

【裁判要旨】

双方虽在招标投标前进行了谈判并达成合作意向，签订了《建筑施工合作框架协议书》。但该协议书中并没有约定投标方案等实质内容，双方约定"具体规划指标与建设内容以政府相关部门最终的批复文件为准"，《建筑施工合作框架协议书》签订后，双方按照《中华人民共和国招标投标法》（以下简称《招标投标法》）的规定，履行了招标投标相关手续，也没有证据证明涉案工程在招标投标过程中存在其他违法违规行为可能影响合同效力的情形。因此，双方签订的《建筑施工合作框架协议书》及《建设工程施工合同》当属有效。

【法院及案号】

一审：新疆维吾尔自治区高级人民法院，〔2017〕新民初26号。
二审：最高人民法院，〔2019〕最高法民终347号。

【当事人】

一审原告、二审被诉人：乙大桥工程局。
一审被告、二审上诉人：甲房地产公司。

【案情介绍】

2011年7月11日，甲房地产公司（甲方）与乙大桥工程局（乙方）签订《建筑施工合作框架协议书》，该协议书约定了建筑施工内容、履约保证金、履约保证金的退付等内容。2012年5月9日，甲房地产公司（发包人）与乙大桥工程局（承包人）签订《建设工程施工合同》，该施工合同约定了工程概况、工程承包范围、工程量的确认、工程款（进度款）支付、竣工验收、竣工结算、合同解除等内容。上述合同履行过程中，就乙大桥工程局已施工完成合同工程项目的工程价款，甲房地产公司委托新疆某

光建设工程项目管理咨询有限公司分期进行了工程进度款审核,并形成15期《进度款审核价》,15期工程价款计量金额合计371295038.02元。经质证,乙大桥工程局与甲房地产公司对上述15期工程价款计量金额的数额均予认可。

一审庭审中,乙大桥工程局与甲房地产公司共同确认,甲房地产公司就涉案工程已支付工程款数额为246327250.69元(247327250.69元-1000000元)。2013年5月24日、6月9日、6月20日、6月27日、7月11日、7月19日、7月25日、8月8日、9月9日,建设单位甲房地产公司与施工单位乙大桥工程局及监理单位、设计单位、勘察单位对涉案合作区蓝领公寓1号楼、2号楼、3号楼、4号楼、5号楼、6号楼、8号楼、9号楼、10号楼进行工程验收,并出具27份《建设、监理、设计、施工、勘察单位主体工程质量验收意见表》。2014年5月13日、5月14日,建设单位甲房地产公司与施工单位乙大桥工程局及监理单位、设计单位、勘察单位对涉案合作区蓝领公寓7号楼、11号楼进行工程验收,并出具4份《建设、监理、设计、施工、勘察单位主体工程质量验收意见表》,以上验收意见均为:经验收符合施工图纸及设计变更要求,满足施工规范要求,工程质量达到国家规范规定的合格标准。上述质量验收意见表经五方单位签章确认。涉案工程于2014年11月停工。

乙大桥工程局于2011年7月26日、2012年5月15日、2012年5月24日、2012年8月13日分四次向甲房地产公司支付履约保证金,合计39849215.27元。2013年12月15日,乙大桥工程局乌鲁木齐合作区蓝领公寓项目经理部向甲房地产公司出具《蓝领公寓项目情况汇报》载明,至2011年底甲房地产公司未拨付任何资金,2012年8月5日,甲房地产公司第一笔款到位,到2012年底资金拨付勉强正常,2013年甲房地产公司计量拨付不按时,不足额,不到位,乙大桥工程局乌鲁木齐合作区蓝领公寓项目经理部分别于2013年4月27日、2013年7月8日、2013年7月11日、2013年7月12日、2013年7月15日、2013年7月30日、2013年8月8日、2013年8月24日、2013年9月4日、2013年11月6日10次向甲房地产公司上报申请支付工程计量款及返还履约保证金报告,报告均已签收,但都未予解决。2016年4月18日,甲房地产公司、乙大桥工程局及乌鲁木齐经济技术开发区(头屯河区)房产规划局就涉案工程项目建设资金、工程款支付、项目复工问题共同召开会议,形成《会议备忘录》,甲房地产公司认可其前期拖欠工程款共计37293062.38元。

【一审情况】

争议焦点:

一、涉案《建设工程施工合同》是否有效以及应否解除。

二、工程款及工程款利息的计算问题。

三、返还履约保证金及逾期利息、乙大桥工程局就涉案工程折价或拍卖变卖后价款是否享有优先受偿权的问题。

四、保全费及保函费用的问题。

法院观点：

一、关于涉案《建设工程施工合同》是否有效以及应否解除的问题。一审法院认为，乙大桥工程局与甲房地产公司签订的《建筑施工合作框架协议书》及《建设工程施工合同》系当事人真实意思表示，内容不违反相关法律法规强制性禁止性规定，当属有效。《最高人民法院关于审理建设工程施工合同纠纷案件适用法律问题的解释》（以下简称《施工合同司法解释》）第九条规定："发包人具有下列情形之一，致使承包人无法施工，且在催告的合理期限内仍未履行相应义务，承包人请求解除建设工程施工合同的，应予支持：（一）未按约定支付工程价款的……"。本案中，涉案工程自2014年11月停工至今已有将近四年时间。虽然涉案《建设工程施工合同》附加条款中有"在工程进度款暂时不到位的情况下，要确保工程质量，且保证工程顺利进行，不得延误工期。除不可抗力因素外，必须按完工期限和阶段性工期期限完工"的内容，甲房地产公司亦以此为由抗辩不同意解除合同，但从甲房地产公司在合同履行过程中的付款情况来看，甲房地产公司建设资金紧缺的状况已经持续了几年时间，从目前情况来看，亦无短期内缓解的可能。故，一审法院对甲房地产公司不同意解除合同的抗辩理由不予支持。乙大桥工程局要求解除涉案《建设工程施工合同》的诉讼请求有事实及法律依据，一审法院予以支持。甲房地产公司于2017年5月15日收到乙大桥工程局的起诉状，一审法院依法确定甲房地产公司与乙大桥工程局于2012年5月9日就涉案工程项目签订的《建设工程施工合同》自2017年5月15日起解除。

二、关于工程款及工程款利息的计算问题。一审庭审中，甲房地产公司答辩称其于2016年11月支付2000万元工程款，对此乙大桥工程局未提出异议。一审法院依据上述事实综合考虑确定，利息起算日为2016年11月15日，利率为中国人民银行发布的同期同类一年期贷款基准利率4.35%，故涉案欠付工程款利息自2016年11月15日至2017年2月28日期间的利息为利息合计1585528.8元[（124967787.33元×4.35%÷12月×3月）+（124967787.33元×4.35%÷12月÷30天×15天）]。综上，乙大桥工程局主张支付工程款及逾期付款利息的诉讼请求有事实及法律依据，一审法院对其主张支付工程款127373291.91元中的124967787.33元部分予以支持，对其主张支付利息5781184.83元中的1585528.8元部分予以支持。

三、关于返还履约保证金及逾期利息、乙大桥工程局就涉案工程折价或拍卖变卖后价款是否享有优先受偿权的问题。一审法院认为，本案中，乙大桥工程局主张支付履约保证金及逾期返还利息的诉讼请求有事实及法律依据，一审法院对其主张支付履约保证金39849215.2元予以支持，对其主张支付利息4569376.68元中的4283790.64元部分予以支持。本案中，甲房地产公司未按约支付工程款，并导致涉案《建设工程施工合同》予以解除，双方当事人在一审诉讼之前就涉案工程款未进行过结算，涉案工程价款及欠付工程款的数额系通过一审诉讼予以确定，乙大桥工程局在主张解除合同的同时主张就涉案建设工程价款行使优先权,因此,一审法院对乙大桥工程局的该项诉讼请求予以支持,乙大桥工程局涉案工程折价或者拍卖的价款依法享有优先受偿权。

四、关于保全费及保函费用的问题。一审法院认为,根据《诉讼费用交纳办法》第三十八条第三款的规定,申请财产保全措施的申请费应当由申请人负担,但是申请人可以将该申请费列入诉讼请求。本案中,乙大桥工程局就本案诉讼缴纳申请财产保全费5000元,该费用属于因甲房地产公司违约乙大桥工程局为索要涉案工程款而发生的费用。因此,一审法院对乙大桥工程局要求甲房地产公司承担其因申请保全措施而交纳的申请财产保全费5000元的诉讼请求予以支持。

裁判结果:

一、乙大桥工程局与甲房地产公司签订的《合作区蓝领公寓项目建设工程施工合同》于2017年5月15日予以解除。

二、甲房地产公司于该判决生效后十五日内向乙大桥工程局支付工程款124967787.33元及利息1585528.8元。

三、甲房地产公司本判决生效后十五日内向乙大桥工程局返还履约保证金39849215.2元,并支付利息4283790.64元。

四、乙大桥工程局就涉案工程折价或拍卖的价款在124967787.33元工程款范围内享有优先受偿权。

五、甲房地产公司该判决生效后十五日内向乙大桥工程局支付申请财产保全费5000元。

六、驳回乙大桥工程局的其他诉讼请求。

【二审情况】

争议焦点:

一、关于涉案《建设工程施工合同》是否有效的问题。

二、关于甲房地产公司是否应支付履约保证金利息4283790.64元的问题。

法院认为:

一、关于涉案《建设工程施工合同》是否有效的问题。《中华人民共和国民法总则》(以下简称《民法总则》)第五条规定:"民事主体从事民事活动,应当遵循自愿原则,按照自己的意思设立、变更、终止民事法律关系。"《中华人民共和国合同法》第六条规定:"当事人行使权利、履行义务应当遵循诚实信用原则。"第八条规定:"依法成立的合同,对当事人具有法律约束力。当事人应当按照约定履行自己的义务,不得擅自变更或者解除合同。"本案中,乙大桥工程局2012年5月8日通过招标投标取得合作区蓝领公寓项目工程,2012年5月9日,甲房地产公司与乙大桥工程局签订涉案《建设工程施工合同》。该合同系当事人真实意思表示,内容不违反相关法律法规强制性规定，系合法有效的合同，双方当事人应严格履行合同约定的义务。《中华人民共和国招标投标法》第四十三条规定："在确定中标人前，招标人不得与投标人就投标价格、投标方案等实质性内容进行谈判。"第五十五条规定："依法必须进行招标的项目，招标人违反本法规定，与投标人就投标价格、投标方案等实质性内容进行谈判的，给予警告，对单位直接负责的主管人员和其他直接责任人员依法给予处分。前款所列行为影响中标结果的，中标无效。"

本案中，双方在招标投标前进行了谈判并达成合作意向，签订了《建筑施工合作框架协议书》。该协议书中没有约定投标方案等内容，未载明开工时间，合同条款中还存在大量不确定的约定，如关于施工内容，双方约定"具体规划指标与建设内容以政府相关部门最终的批复文件为准"，《建筑施工合作框架协议书》签订后，双方按照《中华人民共和国招标投标法》的规定，履行了招标投标相关手续，没有证据证明涉案工程在招标投标过程中存在其他违法违规行为可能影响合同效力的情形。

二、关于甲房地产公司是否应支付履约保证金利息4283790.64元的问题。本案中，《建设工程施工合同》第41.3条约定："……合同价款10%的履约保证金（现金或银行转账支票）担保合同作为本合同附件……"。一审判决甲房地产公司以中国人民银行发布的同期同类一年期贷款基准利率为6%为标准，向乙大桥工程局支付自2013年8月1日起至一审起诉状确定的2017年2月28日期间占用50%履约保证金的利息并无不当，本院予以维持。

裁判结果：

驳回上诉，维持原判。

一百一十七、

投标人之间仅有相同股东、或由同一股东控股，且该股东不属于两投标人的实际控制人时，不能认定为投标人之间存在控股和管理关系

——某尔特公司与某辉公司、某鑫辉公司、甲公司串通投标不正当竞争纠纷案

【裁判要旨】

两公司投资人之一相同，并不属于某尔特公司主张的投资参股关系。吴某秋在某鑫辉公司中持股比例仅有20%，对公司决策并不享有决定性的表决权，其担任的职务为监事，亦不能决定公司的决策。故不能认定吴某秋为两公司的实际控制人，更不能认定两公司存在财产利益、盈余分配等方面人格混同的情形。此外，某辉公司与某鑫辉公司的关系亦不属于《中华人民共和国招标投标法实施条例》第三十四条规定的"单位负责人为同一人或者存在控股、管理关系的不同单位，不得参加同一标段投标或者未划分标段的同一招标项目投标"的情形，由此不能得出某辉公司、某鑫辉公司在涉案项目中存在串通投标的结论。

【法院及案号】

一审：广西壮族自治区南宁市中级人民法院，〔2018〕桂01民初319号。

【当事人】

一审原告：某尔特公司。
一审被告：某辉公司、某鑫辉公司、甲公司。

【案情介绍】

2017年12月27日，甲公司通过广西某龙招标集团有限公司（以下简称"某龙公司"）就南宁轨道交通2号线通风空调系统水处理、风管内部及风道清洗项目Ⅰ标段（水处理）发布招标公告。某尔特公司、某辉公司、某鑫辉公司均参加了该项目的投标。2018年1月22日，甲公司及某龙公司发布中标结果公示，拟中标单位为某辉公司，公示时间自2018年1月22日至2018年1月25日。2018年1月24日，某尔特公

司向甲公司及某龙公司发出《中标结果公示的异议》,认为某辉公司与某鑫辉公司具有相同的股东吴某秋,具有投资参股关系,涉案招标投标应当按废标处理。甲公司收到异议书后,于2018年1月25日分别向某辉公司和某鑫辉公司发出异议协助处理函,要求两公司在2个工作日内提供相关证明材料及说明。2018年1月26日,某鑫辉公司向南宁市行政审批局申请变更公司股东,并于当日完成变更,股东由陆某坚、吴某秋变为吴某、陆某坚。某鑫辉公司向行政审批局提交的吴某秋与吴某签订的股权转让协议书、股东会决议以及公司章程签订时间均为2017年11月5日。2018年1月29日,某辉公司及某鑫辉公司向某龙公司致函,提供了上述协议书、股东会决议、章程及股东变更申请材料等材料,上述材料均为复印件加盖公章,并主张某鑫辉公司原股东吴某秋已于2017年11月5日将股权转让给吴某,不再担任监事。2018年2月11日,甲公司向某尔特公司发出复函称,吴某秋已于2017年11月5日将其某鑫辉公司的股权转让给吴某,并于2017年11月26日完成股东变更,且某鑫辉公司新股东资格在记载于公司章程和股东名册后即确认取得,对外公示对股权转让的完成并无影响,以此认为在涉案招标公告发布时某辉公司与某鑫辉公司不具有同一股东吴某秋的情形。2018年3月5日,某龙公司发布中标结果公告,中标供应商为某辉公司。

某尔特公司认为,根据《中华人民共和国公司法》(以下简称《公司法》)的相关规定,只有依法向工商部门进行变更登记后,才具有对抗第三人的法律效力。某鑫辉公司通过股东会、章程等方式进行的任何变更在向工商部门申请变更登记前,对外均不能发生效力。某辉公司、某鑫辉公司及甲公司在涉案项目的招标投标过程中联合围标、相互串通投标,严重扰乱了正常的市场竞争秩序。某尔特公司在准备涉案招标项目中投入大量的人力物力,因某辉公司、某鑫辉公司及甲交通公司的行为致使涉案招标项目无效而致上述投入落空,故某辉公司、某鑫辉公司及甲交通公司应向某尔特公司赔偿经济损失共计5万元并进行公开道歉。

另查明,吴某秋为某辉公司股东及监事,占股比例为60%。某辉公司2001年章程第五条规定监事行使的职权包括:1.检查公司财务;2.对执行董事、经理执行公司职务时违反法律、法规或者章程的行为进行监督;3.执行董事和经理的行为损害公司利益时,要求执行董事和经理予以纠正;4.提议召开临时股东会。

吴某秋曾为某鑫辉公司股东并任监事,占股比例为20%。某鑫辉公司2017年章程第十九条规定了监事的职权包括:1.检查公司财务;2.对执行董事、高级管理人员执行公司职务的行为进行监督,对违反法律、行政法规、公司章程或者股东会决议的董事、高级管理人员提出罢免的建议;3.当执行董事、高级管理人员的行为损害公司的利益时,要求执行董事、高级管理人员予以纠正;4.提议召开临时股东会议,在执行董事不履行本法规定的召集和主持股东会议职责时召集和主持股东会议;5.向股东会议提出议案;6.依照《公司法》第一百五十二条的规定,对执行董事、高级管理人员提起诉讼。同时规定了监事可以列席股东会议。2018年1月26日,某鑫辉完成股东变更登记,原股东吴某秋变更为吴某。现吴某秋亦不担任公司监事。

【一审情况】

争议焦点:

一、关于某辉公司、某鑫辉公司、甲公司的行为是否构成反串通投标不正当竞争的问题。

二、关于如本案侵权成立,应如何承担责任的问题。

法院观点:

《中华人民共和国招标投标法》第三十二条第一、第二款规定:"投标人不得相互串通投标报价,不得排挤其他投标人公平竞争,损害招标人或者其他投标人的合法权益。投标人不得与招标人串通投标,损害国家利益、社会公共利益或者他人的合法权益"。根据《最高人民法院关于适用〈中华人民共和国民事诉讼法〉的解释》第一百零九条:"当事人对欺诈、胁迫、恶意串通事实的证明,以及对口头遗嘱或者赠予事实的证明,人民法院确信该待证事实存在的可能性能够排除合理怀疑的,应当认定该事实存在"的规定,串通投标事实的证明标准应达到排除合理怀疑的程度。

某尔特公司主张本案存在两项不正当竞争行为,一是某辉公司与某鑫辉公司在投标时存在相同的股东,该股东均为两公司的实际控制人,两公司属于具有投资参股关系、人格混同的关联企业,在此情形下两公司仍同时参加涉案项目投标,其行为属于《中华人民共和国招标投标法实施条例》第三十九条第(五)规定的投标人之间为谋取中标或者排斥特定投标人而采取的其他联合行动。二是甲交通公司对某辉公司、某鑫辉公司违规投标的情形审查不严,存在过错,三者的行为属于《中华人民共和国招标投标法实施条例》第四十一条第(六)规定的招标人与投标人为谋求特定投标人中标而采取的其他串通行为。

关于第一项行为,串通投标是指在具体的招标投标活动中存在串通的行为,其行为表现也必然体现在投标活动中。本案中,某尔特公司并无直接证据证明某辉公司、某鑫辉公司在具体的投标活动中存在何种形式的联合行为,其提供的是吴某秋在两公司投资占股、任职情况的证据及两公司章程,均为间接证据。上述间接证据对串通投标事实的认定只能结合推论的方式进行。本院认为,两公司投资人之一相同,并不属于某尔特公司主张的投资参股关系。吴某秋在某鑫辉公司中持股比例仅有20%,对公司决策并不享有决定性的表决权,根据两公司的公司章程,其担任的监事亦不能决定公司的决策。仅根据上述事实,不能认定吴某秋为两公司的实际控制人,更不能认定两公司存在财产利益、盈余分配等方面人格混同的情形。此外,某辉公司与某鑫辉公司的关系亦不属于《中华人民共和国招标投标法实施条例》第三十四条规定的"单位负责人为同一人或者存在控股、管理关系的不同单位,不得参加同一标段投标或者未划分标段的同一招标项目投标"的情形。某尔特公司主张的证明逻辑不能成立。而根据某尔特公司提交的证据，亦不能通过其他推理、印证等间接证明的方式得出某辉公司、某鑫辉公司在涉案项目中存在串通投标的结论。需要说明的是，串通投标行为既可能发生在投标前也可能在投标后，股东登记变更时间并不是认定该事实存在的关键，且本案涉及的是两公司是否存在同一控制人即内部控制权由谁行使的问题，并不涉及公示公信效力，股东权利的转移以完成转让并记载于股东名册时完成，不以变更登记为准。某尔特公司需要的是提交对串通投标事实的证明达到排除合理怀疑程度的证据，但其无法完成该证明要求，故本院对其主张不予支持。

关于第二项行为，某尔特公司亦没有直接证据证实甲公司与某辉公司、某鑫辉公司存在何种形式的串通行为，其提供的是甲公司对两公司是否存在违规投标进行审查情况的证据，证明逻辑是建立在某辉公司、某鑫辉公司串通投标的基础上，通过主张甲公司没有严格审查并作出错误认定，进而推论三公司存在互相串通的行为。首先，如前所述，某辉公司与某鑫辉公司串通投标的事实不能成立；其次，就甲公司的行为来看，主要体现为在处理异议的过程中没有审查原件，以及没有到行政部门核实便作出答复。甲公司审查不严，工作中确实存在漏洞，但这些事实与串通投标之间并不存在常态联系，据此推论其与某辉公司、某鑫辉公司互相串通，不符合日常生活经验。综上，某尔特公司主张三公司串通投标的事实证据不足，本院不予支持。

裁判结果：

驳回原告的诉讼请求。

一百一十八、

非公开招标项目，不能因文件中使用了招标、中标等特定词汇即判定为招标活动

——陈某生与罗定市农业机械供应公司合同纠纷案

【裁判要旨】

两被上诉人的招租行为，不属于法定应当进行招标的项目，虽然招租公告中使用了招标、中标等词语，但并非使用相关名词就可认定两被上诉人组织实施的招租是招标投标行为。招标投标活动的流程是招标、投标、开标、评标、中标，而非以公开竞拍的方式对标的物自由竞价。因此，两被上诉人的招租行为并非招标投标行为，不属《中华人民共和国招标投标法》予以规范的范围。

【法院及案号】

一审：广东省罗定市人民法院，〔2017〕粤5381民初1755号。

二审：广东省云浮市中级人民法院，〔2018〕粤53民终687号。

【当事人】

一审原告、二审上诉人：陈某生。

一审被告、二审被上诉人：农机公司。

【案情介绍】

农机公司是全民所有制企业，永盛公司是有限责任公司（国有独资），永盛公司是农机公司的管理者，位于罗定市某处土地登记的使用权人为永盛公司，该处地上建造的部分房屋登记的所有权人为农机公司。2017年6月1日，农机公司、永盛公司共同以农机公司的名义在罗定市新闻中心主办的《今日罗定》刊登《招租公告》，招租公告约定了项目位置、项目概况、招租原则、租金标准、报名地点、报名时间等内容。2017年6月15日，陈某生到农机公司、永盛公司处填写了《投标报名表》，该表下方载明"投标人参与竞价投标，即对招租文件及标的物无异议，愿恪守信誉"，2017年6月16日早上，陈某生到罗定市农机公司办公室参与涉案租赁土地、房屋的

招租活动，该活动只有陈某生一人到场参与，后陈某生以12万元的价格参与举牌竞价，并在《罗定市永盛资产经营有限公司不动产公开招租竞价记录表》上签字确认。同日，农机公司、永盛公司向陈某生发出《罗定市永盛资产经营有限公司、罗定市农业机械供应公司不动产公开竞价招租中标确认书》，内容如下："罗定市永盛资产经营有限公司、罗定市农业机械供应公司不动产整体公开竞价招租于2017年6月16日开标，经投标人参与竞价投标，现公布投标结果，确定你为中标者。中标价为每月租金人民币（大写）壹拾贰万零仟元整（小写：120000.00元），请接通知后，于2017年6月20日前到罗定市农业机械供应公司，地址：罗定市某处，与招标人签订《房屋租赁合同》和《安全责任书》。限期内不来办理有关手续的作放弃中标违约处理，投标保证金不退。特此确认。"

2017年6月26日，陈某生委托广东业信律师事务所向农机公司、永盛公司发出《律师法律建议书》，内容如下："一、根据《中华人民共和国招标投标法》（以下简称《招标投标法》）第3条规定，贵公司组织的招租行为不属于《招标投标法》适用范围。二、根据《招标投标法》第12条规定，贵公司没有依法定程序委托有资质的招标代理机构，贵公司亦没有编制招标文件和组织评标能力。三、根据《招标投标法》第16条规定，贵公司没有通过国家指定的报刊、信息网络或者其他媒体发布招标公告，更没有注明获取招标文件的办法等事宜。四、根据《招标投标法》第19条规定，贵公司没有根据招标项目的特点和需要编制招标文件以及技术要求、审查标准、投标报价要求以及拟签合同的主要条款。五、根据《招标投标法》第22条和《中华人民共和国招标投标法实施条例》（以下简称《招标投标法实施条例》）第27条规定，贵公司违反'标底必须保密'的规定。六、根据《招标投标法》第28条以及《招标投标法实施条例》第19条规定，贵公司违反'招标人少于3个的，不得开标，招标人应当依照本法重新招标'的规定。七、根据《招标投标法》第24条以及《招标投标法实施条例》第15条规定，贵公司违反招标人应当确认投标人编制投标文件所需要的合理时间；以及自招标文件开始发出之日起需要投标人提交投标文件截止之日止，最短不得少于20日的规定，以及应对投标人进行资格审查等等。综上所述，本所律师认为贵公司的招标投标违法无效，招标投标保证金依法予退还。现特依据《招标投标法实施条例》第64条规定，全权代表陈某生向贵公司提出申诉，要求退还30万元投标保证金。请予参考研究并作出合法正确的处理。"

2017年7月12日，农机公司、永盛公司向陈某生发出《复函》，内容如下："1.关于本单位之招租行为，不属于《招标投标法》规定的范围，不适用《招标投标法》。2.本单位招租及贵所之委托人陈某生参加招租活动的行为，符合《合同法》规定的要约、承诺行为，本单位发布的《招租公告》及有关附件是属于要约方式，贵所之委托人陈某生参加了本单位组织的招租活动并根据要约内容中标，是属于承诺方式。《合同法》第二十六条规定，'承诺通知到达要约人时生效'；第二十五条规定'承诺生效时合同成立'。陈某生已对本单位之招租要约发出了承诺,双方的租赁合同已成立。

3.根据《招租须知》及《租赁合同》规定,合同成立后,陈某生交付的投标保证金已变更为租赁抵押金,若陈某生违反《招租须知》及《租赁合同》之规定不履行《租赁合同》,则构成违约,应承担相应的包括但不限于无权要求返还30万元租赁抵押金的违约责任。请贵所将有关正确适用的法律规定如实向陈某生做出解释,并督促其依约履行租赁合同,否则,本单位将依照租赁合同约定追收租金,并追究其违约责任"。因双方协商未果,陈某生遂诉至一审法院,请求处理。

二审查明的案件事实与一审认定事实一致,二审法院予以确认。

【一审情况】

争议焦点:

一、农机公司、永盛公司的招租行为是否应适用《招标投标法》。

二、陈某生请求农机公司、永盛公司返还保证金30万元的主张是否应予支持。

法院观点:

一、关于农机公司、永盛公司的招租行为是否应适用《招标投标法》。一审法院认为,首先,农机公司对于涉案租赁项目在《今日罗定》所刊登的标题是《招租公告》,而非招标投标公告。其次,农机公司、永盛公司将位于罗定市某处的临街商铺11间、办公室、仓库、空地对外公开招租,不属于法律规定必须进行招标投标的项目。再次,依照《招标投标法》第二十五条规定,投标人是响应招标、参加投标竞争的法人或者其他组织。依法招标的科研项目允许个人参加投标的,投标的个人适用本法有关投标人的规定。本案中,农机公司、永盛公司的涉案招租项目并未限制参与竞租人的主体资格,而该项目亦并非属于依法允许个人参加投标的科研项目,不符合自然人作为投标人的法定情形。故此,本案租赁项目不属于招标投标法所规定必须进行招标投标的项目,并不适用《招标投标法》。农机公司、永盛公司的招租项目在招租文件中虽然使用了投标、中标的字眼,但属于普通的招租行为,也无需因此而适用《招标投标法》。农机公司、永盛公司的招租行为并无违反国家的强制性法律规定,其行为合法有效,一审法院予以确认。

二、关于陈某生请求农机公司、永盛公司返还保证金30万元的主张是否应予支持。一审法院认为,陈某生参与了涉案租赁标的物的竞价活动,并自愿在《罗定市永盛资产经营有限公司不动产公开招租竞价记录表》上签字确认以12万元的价格竞价,是其真实意思表示,而作为招租人的农机公司、永盛公司亦于当日向陈某生发出《罗定市永盛资产经营有限公司、罗定市农业机械供应公司不动产公开竞价招租中标确认书》,确认陈某生竞拍成功。故此,依照《招租公告》第四条规定,陈某生负有与农机公司、永盛公司签订《房屋租赁合同》《安全责任书》的义务。但陈某生未在《罗定市永盛资产经营有限公司、罗定市农业机械供应公司不动产公开竞价招租中标确认书》载明的期限内与农机公司、永盛公司签订《房屋租赁合同》《安全责任书》，而诉讼中陈某生亦明确表示不与农机公司、永盛公司签订租赁合同，故此，陈某生的行为已构成违约，应承担相应的违约责任，陈某生以投标保证金名义向被告交纳的30万元，是陈某生与农机公司、永盛公司自愿约定的担保方式，其具有担保合同义务人履行订立合同的作用，现陈某生未履行订立合同的义务，又主张要求农机公司、永盛公司返还该30万元，理据不足，一审法院不予支持。

裁判结果：

驳回陈某生的诉讼请求。

【二审情况】

争议焦点：

一、两被上诉人的对外招租行为是否属于《招标投标法》的招标投标行为？是否属该法的约束范围？

二、两被上诉人与上诉人之间是否成立合同关系，是否有效？若有效，上诉人请求返还保证金应否予以支持？

法院认为：

一、关于两被上诉人的对外招租行为是否属于《招标投标法》的招标投标行为？是否属该法的约束范围？根据《招标投标法》第三条："在中华人民共和国境内进行下列工程建设项目包括项目的勘察、设计、施工、监理以及与工程建设有关的重要设备、材料等的采购，必须进行招标：（一）大型基础设施、公用事业等关系社会公共利益、公众安全的项目；（二）全部或者部分使用国有资金投资或者国家融资的项目；（三）使用国际组织或者外国政府贷款、援助资金的项目。前款所列项目的具体范围和规模标准，由国务院发展计划部门会同国务院有关部门制订，报国务院批准。法律或者国务院对必须进行招标的其他项目的范围有规定的，依照其规定"的规定，两被上诉人的招租行为，不属于法定应当进行招标的项目，虽然招租公告中使用了招标、中标等词语，但并非使用相关名词就可认定两被上诉人组织实施的招租是招标投标行为。招标投标活动的流程是招标、投标、开标、评标、中标，而非以公开竞拍的方式对标的物自由竞价。因此，两被上诉人的招租行为并非招标投标行为，不属《招标投标法》予以规范的范围。

二、关于两被上诉人与上诉人之间是否成立合同关系的问题。根据《中华人民共和国合同法》第十五条："要约邀请是希望他人向自己发出要约的意思表示。寄送的价目表、拍卖公告、招标公告、招股说明书、商业广告等为要约邀请"的规定，两被上诉人以登报的形式向社会公众发布《招租公告》，向不特定人发出要约邀请，而上诉人在明确了解要约邀请内容后，同意按照要约邀请内容参与竞价，并填写了《投标报名表》，向被上诉人缴纳保证金，上诉人通过其举牌竞价的行为，向两被上诉人发出了要约,上诉人应受自身作出的意思表示约束。对于上诉人的要约,两被上诉人向上诉人送达《罗定市永盛资产经营有限公司、罗定市农业机械供应公司不动产公开竞价招租中标确认书》,对上诉人的要约予以承诺,同意与上诉人达成租赁合意。若两被上诉人作出的承诺与上诉人的要约内容一致,则双方合同关系成立。但两被上诉人在其要约邀请即《招租公告》中虽约定"中标者该保证金直接转为租赁抵押金,未中标者保证金在五个工作日内全额退还",但并未作出《罗定市永盛资产经营有限公司、罗定市农业机械供应公司不动产公开竞价招租中标确认书》中"限期不来办理有关手续的作放弃中标违约处理,投标保证金不退"的违约需没收保证金的该种意思表示。虽然两被上诉人在一审提交了《招租须知》拟证明其已对违约没收保证金作出了约定,但《招租公告》上并未说明招标文件中包括有《招租须知》,两被上诉人亦未提供证据证实该《招租须知》在上诉人向两被上诉人发出要约前已知悉并收到该《招租须知》。因此,两被上诉人的承诺内容已对上诉人的要约内容作出实质性变更。根据《中华人民共和国合同法》第三十条:"承诺的内容应当与要约的内容一致。受要约人对要约的内容作出实质性变更的,为新要约。有关合同标的、数量、质量、价款或者报酬、履行期限、履行地点和方式、违约责任和解决争议方法等的变更,是对要约内容的实质性变更"的规定,两被上诉人作出的《罗定市永盛资产经营有限公司、罗定市农业机械供应公司不动产公开竞价招租中标确认书》属于新的要约,而上诉人并未在该确认书上签名确认同意,即双方并未就新的要约达成一致意见,双方合同关系并未成立。两被上诉人要求没收上诉人的保证金的主张,并无法律和合同依据。上诉人虽然是向农机公司缴纳的保证金,但该次招租行为,是两被上诉人的共同行为。因此,上诉人要求两被上诉人返还保证金的主张,本院予以支持。

裁判结果:

一、撤销罗定市人民法院〔2017〕粤5381民初1755号民事判决。

二、罗定市农业机械供应公司、罗定市永盛资产经营有限公司于本判决发生法律效力之日起十日内返还保证金300000元给陈某生。

一百一十九、

非必须招标投标项目，在招标程序进行前签订的合同并非当然无效

——甲公司与乙公司建设工程施工合同纠纷一案

【裁判要旨】

认定招标投标之前签订的合同的效力，要结合合同的实际履行情况进行考量。如果履行的是备案合同，那么先定后招影响公平竞争，违反招标投标市场监管秩序。反之，如果履行的是招标投标之前的合同，则并未实际影响招标投标市场的公平竞争和市场监管，不宜认定招标投标之前的协议无效。

【法院及案号】

一审：湖北省汉江中级人民法院，〔2018〕鄂96民初271号。

二审：湖北省高级人民法院，〔2020〕鄂民终511号。

再审：最高人民法院，〔2021〕最高法民申3933号。

【当事人】

一审原告、二审被上诉人、再审被申请人：甲公司。

一审被告、二审上诉人、再审申请人：乙公司。

【案情介绍】

2016年3月1日，乙公司与甲公司签订的《唐街C地块商住楼C3、C4、C5项目施工协议书》(以下简称《项目施工协议书》)，约定由乙公司对甲公司开发的竞陵唐街C地块商住楼开发项目进行施工，工程承包范围为经审查修改及备案后C地块C3、C4、C5号楼施工图纸中的土建工程等施工内容(含图纸会审)。工程承包方式为包工、包料、包质量、包工期、包安全文明施工、包验收达标。施工协议书还约定了工程款计价办法、工程款支付方式、保修金支付方式等事项，甲公司逾期支付工程款或者逾期退还履约保证金，15天后按照每月到期未支付金额的2%向乙公司支付逾期付款的违约金。逾期三个月未支付的，乙公司有权停止施工，因此给乙公司造成的一切

损失由甲公司承担。甲公司指派陈某新为甲公司驻工地代表，负责合同履行，对工程质量、进度、安全进行监督检查，办理验收、变更、登记手续及其他事宜。

2017年6月20日，甲公司与乙公司签订《竟陵唐街C地块商住楼工程补充协议》（以下简称《补充协议》），约定了付款方式、工期等问题。另外，《补充协议》还确认了相关事件：1.本工程2017年春节前已基本完成主体结构，依据双方协议书约定应支付2300万元，截至本协议签订前，甲公司已支付995万元。因甲公司支付工程进度款不足，导致乙公司资金周转困难，造成工程无法正常施工，即2017年3月1日至2017年5月1日处于半停工状态；2017年5月1日至本协议签订止，工程已处全面停工状态。2.甲公司认定上述工程现状责任归甲公司。3.如甲公司后期仍未能按本协议时间节点足额支付相应进度款，乙公司有权停工，并追诉甲公司责任，且一并追索上述停工损失（停工损失金额，含应付工程款未支付金额）月利息按2.4%计。

乙公司陈述，2017年3月1日至5月1日，处于半停工状态，2017年5月1日至6月25日，处于全面停工状态，2017年6月25日至2017年7月20日，乙公司曾施工过20多天，因甲公司未按照《补充协议》的约定支付200万元，乙公司就于此后至今全面停工。

乙公司已完成的工程为，C3、C4、C5号楼地下室主体完工、二次结构（砌体）未完工，C3号楼基本完工，C5号楼主体已完工、二次结构（砌体）未完工。乙公司认可其已收到工程款1145万元，其中2017年6月20日之前支付了995万元，2017年9月1日代付商混款50万元、人工费100万元。甲公司对乙公司认可收到的工程款数额没有异议。

二审中另查明，甲公司曾就案涉工程项目进行公开招标投标，经评标委员会评定并报招标管理机构核准，甲公司于2016年11月7日向乙公司发出中标通知书，确定乙公司为甲公司竟陵唐街C区3号、4号、5号楼及地下室工程项目的中标施工单位。2016年11月10日，甲公司与乙公司签订《湖北省建设工程施工合同书》，该合同约定了建筑面积、竣工日期等情况。

【一审情况】

争议焦点：

一、关于乙公司与甲公司订立的《项目施工协议书》是否有效的问题。

二、关于甲公司是否应向乙公司给付拖欠工程款的问题。

三、关于乙公司在涉案工程款内是否享有优先受偿权的问题。

法院观点：

一、关于乙公司与甲公司订立的《项目施工协议书》是否有效以及如果双方合同有效，是否应当解除。乙公司与甲公司签订的《项目施工协议书》、《补充协议》，系双方真实意思表示，不违反法律、行政法规强制性规定，合法有效。《最高人民法院关于审理建设工程施工合同纠纷案件适用法律问题的解释》第九条第一项规定，发包人未按约定支付工程价款，致使承包人无法施工，且在催告的合理期限内仍未履行相应义务，承包人请求解除建设工程施工合同的，应予支持。甲公司迟延给付工程进度款，在《补充协议》签订后，仍未按约履行给付工程进度款，导致乙公司无法继续施工完成建设工程的合同目的，乙公司有权解除合同。

本案中，乙公司与甲公司签订的《补充协议》已经明确因甲公司支付工程进度款不足，导致乙公司资金周转困难，造成工程无法正常施工，工程处于半停工或全面停工状态。甲公司在履行该《补充协议》时，仍未能按该协议时间节点足额支付相应进度款，故乙公司要求甲公司赔偿停工、窝工损失，有事实和法律依据，一审法院予以支持。

二、关于乙公司已完工的工程价款和停工、窝工损失。一审法院根据乙公司的申请，委托丙公司对乙公司施工的唐街C3、C5号及C3、C4、C5地下室的工程造价和停工、窝工损失进行鉴定，丙公司于2019年12月19日出具了《关于竟陵唐街C地块商住楼开发项目的工程造价鉴定意见书》（武同鉴字〔2019〕第121号），鉴定意见为可以确定的竟陵唐街C地块商住楼开发项目工程总价款为34452851.77元，可以确定的竟陵唐街C地块商住楼开发项目停工、窝工损失为556216.64元。故一审法院确定涉案工程已完工的工程价款为34452851.77元，停工、窝工损失为556216.64元。因甲公司已向乙公司支付工程款1145万元，故甲公司应向乙公司支付工程价款为23002851.77元（计算方式为34452851.77元-1145万元）。

三、乙公司在涉案工程款内是否享有优先受偿权。根据《中华人民共和国合同法》第二百八十六条规定，发包人未按照约定支付价款的，承包人可以催告发包人在合理期限内支付价款。发包人逾期不支付的，除按照建设工程的性质不宜折价、拍卖的以外，承包人可以与发包人协议将该工程折价，也可以申请人民法院将该工程依法拍卖。建设工程的价款就该工程折价或者拍卖的价款优先受偿。本案经审理确认甲公司还应向乙公司支付工程价款为23002851.77元，如甲公司不按本判决指定的期间履行付款义务，乙公司则在23002851.77元工程款范围内对其施工的涉案工程折价或者拍卖的价款享有优先受偿权，故一审法院对乙公司请求在甲公司应支付的工程价款23002851.77元的范围内对涉案工程价款享有优先受偿权予以支持，超出部分，一审法院不予支持。

裁判结果：

一、确认乙公司与甲公司于2016年3月1日订立的《项目施工协议书》解除。

二、甲公司于本判决生效之日起十日内向乙公司支付工程价款为23002851.77元及利息。

三、乙公司在甲公司欠付工程价款23002851.77元的范围内有优先受偿权。

四、甲公司于本判决生效之日起十日内向乙支付停工、窝工损失为556216.64元。

五、驳回乙公司的其他诉讼请求。

【二审情况】

争议焦点：

一、关于《项目施工协议书》和《补充协议》是否有效的问题。

二、关于原审判决按年利率24%计算甲公司欠付乙公司工程款的损失是否适当的问题。

法院认为：

一、关于《项目施工协议书》和《补充协议》的合同效力问题。本院认为，案涉建设工程项目虽不属于招标投标法规定必须进行招标的情形，但发包人采用招标方式确定承包人的，则应遵守招标投标法的相关规定。本案中，在甲公司对案涉建设工程项目招标之前，甲公司已与乙公司签订《项目施工协议书》，乙公司也已进场施工并完成过半工作量。甲公司先确定乙公司为承包人又履行招标投标程序的行为，属于先定后招，系招标投标法禁止的串标行为。甲公司和乙公司招标投标后签订的《湖北省建设工程施工合同书》，并非当事人履行招标投标程序的真实意思表示，根据《中华人民共和国民法典》第一百四十六条的规定，甲公司与乙公司签订的《湖北省建设工程施工合同书》无效。

《湖北省建设工程施工合同书》无效，并不必然导致《项目施工协议书》及《补充协议》无效。第一，维持招标投标秩序的目的是为了保持公平的市场环境，杜绝采取不当行为违反市场监管。第二，认定招标投标之前签订的合同的效力，还要结合合同的实际履行情况进行考量。如果履行的是备案合同，那么先定后招影响公平竞争，违反招标投标市场监管秩序。反之，如果履行的是招标投标之前的合同，则并未实际影响招标投标市场的公平竞争和市场监管，不宜认定招标投标之前的协议无效。第三，认定先定后招的立足点应该基于双方在订立合同的时候是否清楚要进行招标，是否具有破坏招标投标市场的公平竞争的故意。如果案涉工程必须要进行招标，就推定双方知道需要进行招标，而本案并不是必须进行招标投标的工程，无证据显示双方在签订《项目施工协议书》时知晓或准备将案涉工程履行招标投标程序，故此甲公司和乙公司在签订项目协议书时并未违反招标投标法的强制性规定。综上，《项目施工协议书》及工程《补充协议》是双方当事人真实的意思表示，且不违反法律法规的强制性规定，应认定有效。

二、关于原审判决按年利率24%计算甲公司欠付乙公司工程款的损失是否适当的问题。

《最高人民法院关于审理建设工程施工合同纠纷案件适用法律问题的解释》第十七条规定，当事人对欠付工程价款利息计付标准有约定的，按照约定处理；没有约定的，按照中国人民银行发布的同期同类贷款利率计息。本案中，已经约定了甲公司逾期支付工程款或者逾期退还履约保证金的，15天后按照每月到期未支付金额的2%向乙公司支付逾期付款违约金。工程《补充协议》第三条第3款约定，如甲公司后期仍未能按本协议时间节点足额支付相应进度款，乙公司有权停工，并一并追索上述停工损失按月利息2.4%计。按照当事人的上述约定，以及乙公司关于按月息2分标准计算未付工程款损失的诉请，一审法院按年利率24%的标准计算甲公司欠付乙公司工程款的利息，具有事实依据和法律依据。甲公司的该项上诉理由不能成立。

裁判结果：

驳回上诉，维持原判。

【再审情况】

争议焦点：

一、关于原审适用法律是否错误。

二、关于乙公司是否有权主张工程款。

三、关于涉案鉴定意见能否作为认定相关事实的依据。

法院认为：

一、关于原审适用法律是否错误。《中华人民共和国民法总则》第一百四十六条规定："行为人与相对人以虚假的意思表示实施的民事法律行为无效。以虚假的意思表示隐藏的民事法律行为的效力，依照有关法律规定处理。"具体到本案中，根据一、二审查明的事实，在甲公司对涉案建设工程项目招标之前，甲公司已与乙公司签订标前合同，乙公司也已进场施工并完成了过半工程量，双方之间实际履行的系标前合同，且甲公司、乙公司所签订的标前合同与中标合同在工程价款、建设工期、工程质量等方面均存在实质差异。因涉案项目并非必须招标投标的工程项目，甲公司在一、二审中也未提供充分证据证明乙公司在签订标前合同时知晓涉案工程将履行招标投标程序，结合甲公司在一审法院组织质证时明确表示同意以标前合同以及《补充协议》作为确定双方当事人之间权利义务关系的依据，二审据此认定标前合同以及《补充协议》系双方当事人真实意思表示应为有效并不缺乏依据。二审法院在本院认为部分引用当时尚未施行的《中华人民共和国民法典》确有瑕疵，但处理结果并无明显不当。对甲公司该部分再审申请理由，本院不予采信。

二、关于乙公司是否有权主张工程款。根据一、二审查明的事实，甲公司在2017年6月20日《补充协议》中认可工程无法正常施工的原因系"甲公司支付工程款进度款不足"，而在《补充协议》签订后，甲公司仍未按照协议约定履行工程进度款支付义务，导致涉案诉讼发生。结合甲公司未提供证据证明乙公司已完工工程存在质量问题，且涉案协议已被确认解除的情况下，一、二审认定乙公司有权向甲公司主张工程价款并不缺乏依据。甲公司该部分再审申请理由，本院不予采信。

三、关于涉案鉴定意见能否作为认定相关事实的依据。甲公司申请再审称标前合同以及《补充协议》不能作为鉴定依据,这与其在一审法院组织质证时所作陈述并不一致。且甲公司所称部分鉴材存在缺陷,但其在再审申请环节并未举证证明上述鉴材所记载内容与事实不符,也未提供充分证据证明鉴定结论确有错误。甲公司在一、二审中未提出重新鉴定的申请,对其该部分再审申请理由,本院不予采信。

裁判结果:

驳回甲公司的再审申请。

一百二十、

投标人中标后，招标人拒绝与投标人签订合同，招标人应赔偿投标人的直接损失和酌情赔偿部分可得利益损失

——甲公司与乙公司缔约过失责任纠纷案

【裁判要旨】

缔约过失责任人对于相对人客观合理的间接损失承担赔偿责任也是贯彻诚实信用原则，保护无过错方利益的应有之义。虽然交易机会本身存在的不确定性对相应损害赔偿数额的认定存在影响，但不应因此而一概免除缔约过失责任人的间接损失赔偿责任。人民法院可根据案涉工程施工情况、结合案涉工程标的、违约责任、商业风险等因素，酌情确定违约人赔偿受约人部分可得利益损失。

【法院及案号】

一审：安徽省凤阳县人民法院，〔2020〕皖1126民初1414号。
二审：安徽省滁州市中级人民法院，〔2020〕皖11民终2155号。

【当事人】

一审原告、二审上诉人：甲公司。
一审被告、二审被上诉人：乙公司。

【案情介绍】

2018年1月10日，凤阳县公共资源交易监督管理局组织实施凤阳宁国现代产业园标志性雕塑工程施工项目市场化公开招标，招标代理机构为安徽某技工程咨询有限公司，招标文件规定投标保证金为40000元，并要求中标人承担招标代理费。后甲公司参与投标。2018年1月29日，甲公司向凤阳县公共资源交易监督管理局交纳投标保证金40000元。2018年2月23日，凤阳县公共资源交易监督管理局、乙公司、安徽某技工程咨询有限公司向甲公司发出中标通知书，确定该公司为中标人，中标通知书未载明签订合同时间。2018年5月11日，甲公司向招标代理人安徽某技工程咨询有限公司支付招标代理费16695元。

后因甲公司雕塑创意、样模方案未被乙公司选中，乙公司拒绝与该公司签订雕塑建设工程施工合同。2020年3月7日，乙公司主管单位安徽凤阳宁国现代产业园管理委员会在涉及甲公司信访事项处理意见书中，确认园区已经取消甲公司中标雕塑工程，并提出相关经费退付、损失补偿意见，但双方未能达成一致。

另查明，甲公司支出标书制作费用3010元、雕塑深化设计及样模制作费用15000元、相关事项差旅费用2000元及部分燃油交通费。

甲公司向一审法院起诉请求：判决乙公司赔偿各项损失662596元（投标文件编制、打印、装订费用3000元、双倍返还投标保证金80000元及保证金利息6040.90元、中标项目经理工资及社保费用合计107357.21元、雕塑深化设计费用10000元、招标代理费48854元及利息7294.21元、差旅费及加油费12310元、雕塑样品模制作费5000元、中标工程可得利润382730.64元）。

【一审情况】

争议焦点：

关于缔约过失责任赔偿范围的问题。

法院观点：

关于缔约过失责任赔偿范围的问题。一审法院认为，缔约过失责任赔偿范围仅包括直接损失，理由如下：

本案乙公司、甲公司公开招标、投标等行为合法有效，乙公司为招标人，甲公司为投标人。依照《中华人民共和国招标投标法》第四十六条规定，招标人和中标人应当自中标通知书发出之日起三十日内，按照招标文件和中标人的投标文件订立书面合同。凤阳县公共资源交易监督管理局、乙公司、安徽某技工程咨询有限公司向甲公司发出的中标通知书合法有效，该中标通知书对招标人和中标人具有法律效力，即双方均享有主张缔约权利、负有缔约义务。本案所涉雕塑工程项目招标文件中包括设计、施工内容，但乙公司在招标文件中对雕塑设计创意、艺术表现力、设计人员的身份、资质、所属单位或知名度、影响力等未提出具体标准，在依法确定招标人后，乙公司又以甲公司提供的方案不符合其要求为由拒绝签订雕塑建设合同施工合同，理由不正当，违反法律规定和诚信原则，应依法承担相应赔偿责任。甲公司主张的标书制作费用、深化设计及样模制作费用、相关人员差旅费及燃油交通费、招标代理费等属投标过程中的必要支出或中标后应乙公司要求进行合同实质磋商的实际支出。甲公司交纳的投标保证金属定金性质，甲公司中标后，乙公司拒不履行法定缔约义务，应当双倍返还投标保证金。甲公司提供的非招标文件载明的招标代理人收取的招标代理费该院不予确认，其燃油交通费该院酌定为3000元。甲公司损失该院审查核定为119705元（标书制作费用3010元、双倍返还投标保证金80000元、招标代理费16695元、深化设计及样模制作费15000元、差旅及交通燃油费5000元）。甲公司交纳的保证金、招标代理费利息损失可从中标通知书发出后法定30天签约时限期满次日即2018年3月24日起计付。甲公司其他诉讼请求不符合法律规定，该院不予支持。

裁判结果：

一、被告乙公司于本判决生效后五日内向原告甲公司双倍返还投标保证金、赔偿各项损失等合计119705元并按56695元为基数支付招标代理费、招标保证金利息（2018年3月24日至2019年8月20日间按中国人民银行公布的贷款基准利率支付利息，2019年8月20日后按全国银行间同业拆借中心公布的贷款市场报价利率支付利息）。

二、驳回原告甲公司其他诉讼请求。

【二审情况】

争议焦点：

关于乙公司是否应赔偿甲公司项目经理薪酬损失及可得利益的问题。

法院认为：

关于乙公司是否应赔偿甲公司项目经理薪酬损失及可得利益的问题。二审法院认为应支付部分可得利益，理由如下：

关于项目经理薪酬损失。该项目经理李某定系甲公司员工，双方在劳动合同中已经约定按照标准工时工作制计发工资。甲公司认为李某定资格证书在安徽省工程建设监管和信用管理平台备案增加了其公司薪酬负担没有合同及法律依据，对于甲公司的薪酬管理办法，系甲公司自身管理规范，对外不具有约束力，故二审法院对甲公司关于项目经理薪酬损失的上诉意见不予采纳。

关于可得利益损失。甲公司中标后，乙公司又以甲公司提供的方案不符合其要求为由拒绝签订雕塑建设合同施工合同，违反法律规定和诚实信用原则，对于甲公司主张的可得利益损失应予适当赔偿。《中华人民共和国合同法》第四十二条规定的"损失"并未限定于直接损失。缔约过失责任人对于相对人客观合理的间接损失承担赔偿责任也是贯彻诚实信用原则，保护无过错方利益的应有之义。虽然交易机会本身存在的不确定性对相应损害赔偿数额的认定存在影响，但不应因此而一概免除缔约过失责任人的间接损失赔偿责任。鉴于案涉工程未实际施工、结合案涉工程标的、一审法院判决乙公司双倍返还投标保证金、商业风险等因素，二审法院酌情确定乙公司赔偿甲公司可得利益4万元。即甲公司损失为159705元（标书制作费用3010元、双倍返还投标保证金80000元、招标代理费16695元、深化设计及样模制作费15000元、差旅及交通燃油费5000元、可得利益损失40000元），对于56695元（投标保证金40000元、招标代理费16695元）自2018年3月24日起计付利息。

裁判结果：

一、维持安徽省凤阳县人民法院〔2020〕皖1126民初1414号民事判决第二项，即"驳回原告甲公司其他诉讼请求"。

二、变更安徽省凤阳县人民法院〔2020〕皖1126民初1414号民事判决第一项,即"被告乙公司于本判决生效后五日内向原告甲公司双倍返还投标保证金、赔偿各项损失等合计119705元并按56695元为基数支付招标代理费、招标保证金利息(2018年3月24日至2019年8月20日间按中国人民银行公布的贷款基准利率支付利息,2019年8月20日后按全国银行间同业拆借中心公布的贷款市场报价利率支付利息)"为"被上诉人乙公司于本判决生效后五日内向上诉人甲公司双倍返还投标保证金、赔偿各项损失等合计159705元并按56695元为基数支付招标代理费、招标保证金利息(2018年3月24日至2019年8月20日间按中国人民银行公布的贷款基准利率支付利息,2019年8月20日后按全国银行间同业拆借中心公布的贷款市场报价利率支付利息)"为"被上诉人乙公司于本判决生效后五日内向上诉人甲公司双倍返还投标保证金、赔偿各项损失等合计159705元并按56695元为基数支付招标代理费、招标保证金利息(2018年3月24日至2019年8月20日间按中国人民银行公布的贷款基准利率支付利息,2019年8月20日后按全国银行间同业拆借中心公布的贷款市场报价利率支付利息)"。

一百二十一、

程序不完备的招标投标行为无效

——丁某成与甲公司合同纠纷案

【裁判要旨】

招标投标活动必须严格按照《中华人民共和国招标投标法》及相关法律规定履行，严格按照相关法律法规对于招标、投标、开标等程序规定执行。未按规定程序执行的招标投标行为无效。

【法院及案号】

一审：嘉兴市秀洲区人民法院，〔2009〕嘉秀商初字第1188号。

二审：嘉兴市中级人民法院，〔2009〕浙嘉商终字第597号。

【当事人】

一审原告、二审被上诉人：丁某成。

一审被告、二审上诉人：甲公司。

【案情介绍】

2009年7月21日，甲公司在其网站上发布大型学校食堂、工厂食堂的招标公告。招标公告内容，一、招标项目为：本次招标适用于三所大学食堂和四个工厂食堂的租赁经营，投标人一旦参加报名投标，即被认为自愿接受本招标文件中所有条件规定。二、投标人资格为：1.法人餐饮服务机构，注册资金10万元以上，具有独立法人资格，能独立承担民事责任，经营业绩良好的餐饮经营户；2.投标人在以往餐饮经营中无食品卫生、消防安全等方面的不良记录；3.必须具有和熟悉高校这一特殊服务对象，懂得高校后勤餐饮服务和遵循教育事业特殊属性等原则，并具有与工厂和学校领导的沟通能力。三、报名时需提交资料：1.工商行政管理部门颁发的《营业执照》复印件；2.税务行政管理部门核发的《税务登记证》复印件；3.卫生防疫管理部门颁发的《卫生许可证》复印件；4.投标企业法定代表人身份证复印件；5.企业法人委托代理人投标的，必须具有委托书，6.以上材料必须加盖单位公章。四、投标报名方法：1.报名及领取招标文件时间为2009年7月22日—25日；2.报名及领取招标文件地点：浙江嘉兴中山西路财富广场某室；3.报名费和文件工本费200元。附件一中明确5万元是押金。

2009年7月23日，丁某成到甲公司处缴纳报名资料费200元，押金50000元。甲公司出具收据两份，其中报名资料费收据中注明"不做退还"。2009年8月3日，甲公司电话通知丁某成参加招标活动。丁某成出具甲公司投标一览表一份，投标人为丁某成，报价为12万元，备注：1.如以上网点投标失败者，可全额退还所交押金（无银行利息）；2.如中标者，押金自动转为保证金（如自行放弃，不予退还）；3.本次投标报价根据不同标段，设置不同标价，若低于标价或高于标价60%者均视为废标；4.投标人一旦参加报名投标，即被认为自愿接受本招标文件中所有条件规定；5.自愿遵守甲公司合同条款。同日，丁某成出具申请书一份，内容为我自愿加入甲公司，申请做公司下属某辉照明网点的管理部长。甲公司盖章批准。后甲公司通知丁某成到甲公司处协商签订合同等相关事宜，由于双方对有关合同条款分歧很大，未能签订合同。丁某成要求退还50000元押金和200元报名资料费，并委托律师发函，但未果，丁某成故向嘉兴市秀洲区人民法院提起诉讼，要求甲公司退还押金50000元及报名资料费200元。

【一审情况】

争议焦点：

一、案涉招标行为是否有效的问题。

二、本案是否应当退还押金和报名资料费的问题。

法院观点：

一、关于案涉招标行为是否有效的问题，一审法院其招标投标行为无效，理由如下：

1.甲公司只发布了招标公告，没有编制招标文件，也没有向丁某成发布相应的招标文件；

2.甲公司发布的招标公告中明确了投标人资格为法人餐饮服务机构，注册资金10万元以上，具有独立法人资格，能独立承担民事责任，经营业绩良好的餐饮经营户，但在明知丁某成是个人的情况下依然收取报名资料费和押金，并电话邀请其参与所谓的招标投标活动；

3.甲公司没有依法进行开标和评标活动，甲公司称在2009年8月3日电话通知报名者进行了公开招标，并当场口头通知丁某成中标，但甲公司没有提供相应的证据予以证实。甲公司辩称丁某成出具的投标一览表就是投标文件，丁某成出具了申请书就作为对中标者的通知。《中华人民共和国招标投标法》第十九条明确规定，招标文件应当包括招标项目的技术要求、对投标人资格审查的标准、投标报价要求和评标标准等所有实质性要求和条件以及拟签订合同的主要条款。第二十七条规定,投标文件应当对招标文件提出的实质性要求和条件作出响应;第四十五条规定,中标人确定后,招标人应当向中标人发出中标通知书,并同时将中标结果通知所有未中标的投标人;第四十六条规定,招标人和中标人应当自中标通知书发出之日起三十日内,按照招标文件和中标人的投标文件订立书面合同。本案中,甲公司没有向丁某成发布相应的招标文件,投标一览表和申请书均是甲公司事先印好的格式文本,也没有列明拟签订合同的主要条款,不符合投标文件和中标通知书的要件。从实质上看,该申请书只是一份意向性的文件,并不具有中标通知书的效力。双方也没有就承包食堂事宜签订具体的协议。综上,甲公司所进行的招标投标行为是无效的。

二、关于本案是否应当退还押金和报名资料费的问题,法院认为应退押金50000元,报名资料费无需退还。理由如下:

甲公司所进行的招标投标行为是无效的,双方并没有就承包食堂一事达成合意。民事法律行为从成立时起具有法律约束力。本案中,双方没有就承包食堂事宜达成具体协议,甲公司所谓的投标文件即投标一览表中规定的条款对双方没有法律约束力。甲公司辩称押金50000元是履约保证金的理由不成立。甲公司收取丁某成押金50000元不予退还没有相应的法律依据。至于200元报名资料费,甲公司开具的收据中事先注明"不做退还",且丁某成也签字确认,可不予退还。

裁判结果:

一、被告甲公司于本判决生效之日起十日内返还原告丁某成押金50000元。

二、驳回原告丁某成的其他诉讼请求。

【二审情况】

争议焦点:

一、关于双方之间的合同是否成立、合同效力的问题。

二、关于甲公司是否应当返还丁某成5万元的问题。

法院认为:

一、关于双方之间的合同是否成立、合同效力的问题。二审法院认为合同不成立,故并不涉及合同的效力问题。理由如下:

当然一般而言,合同的成立要件有三:(1)存在双方或者多方当事人;(2)当事人就合同的主要条款达成一致;(3)合同成立须经历要约和承诺两个阶段。首先,根据合同法相关规定,所谓要约邀请,又称要约引诱,是邀请或者引诱他人向自己发出订立合同的要约的意思表示,要约邀请可以是向特定人发出的,也可以是向不特定的人发出的;而要约是希望和他人订立合同的意思表示,该意思表示需要符合两个要件:(1)内容具体确定;(2)表明一经受要约人承诺,要约人即受该意思表示约束。甲公司在网站上发布的"甲公司大型学校食堂、工厂食堂招标公告"是向不特定的公众发出的，其内容多为投标人资格、报名提交资料和报名方法，而对于标的物的介绍十分笼统，也没有明确双方之间的权利义务，因此，该"招标公告"只是一份要约邀请，而之后丁某成出具的投标一览表和申请书，其内容也多为申请在某辉照明供职等内容，不具备要约所体现的确定性的特点，且甲公司亦并未就此作出承诺。其次，在本案中，双方当事人在庭审中也均承认，在8月3日丁某成交付5万元后就具体承包食堂的实施事项虽经过磋商，但就其实质结果来看，对于招标公告、申请书中缺失的合同必备条款如12万元如何支付，双方之间采用何种方式进行合作、合作期限、权利义务的承担等并未达成一致的意思表示，因此，本院认为，双方当事人之间的合同并未成立，故并不涉及合同的效力问题。

二、关于甲公司是否应当返还丁某成5万元的问题。二审法院认为甲公司应当返还丁某成5万元，理由如下：

甲公司上诉称，在丁某成提交的"甲公司投标一览表"中备注第2条载明"如中标者，押金自动转为保证金（如自动放弃，不予退还）"，故丁某成无权请求甲公司返还5万元。对此，本院认为，当事人双方之间的合同并没有成立，尚处于订立合同阶段，且对于该合同未成立丁某成并无过错，故本案在双方合同不成立的情况下，甲公司关于不退还保证金的主张，不具有法律依据。

裁判结果：

驳回上诉，维持原判。

一百二十二、

承诺保证中标的居间合同无效

—— 胜某、高某与甲公司和甲新疆分公司居间合同纠纷案

【裁判要旨】

居间合同中约定居间人承诺委托人中标。违反了招标投标活动中要求遵循的公开、公平、公正和诚实信用原则，扰乱了建筑市场的正常秩序，损害了其他参与招标投标活动当事人的合法权益，故居间合同无效。

【法院及案号】

一审：新疆维吾尔自治区博尔塔拉蒙古自治州中级人民法院，〔2013〕博中民二初字第32号。

二审：新疆维吾尔自治区高级人民法院，〔2014〕新民一终字第91号。

【当事人】

一审原告、二审上诉人：胜某、高某。

一审被告、二审被上诉人：甲公司和甲新疆分公司。

【案情介绍】

2012年4月11日，胜某、高某（乙方）与甲新疆分公司（甲方）签订了一份《建设工程居间服务合同书》（以下简称"居间合同"），该居间合同约定：一、委托事项。1.乙方接受甲方委托，负责就博尔塔拉蒙古自治州投资经营公司拟将城市综合服务设施一期建设项目（1号、2号、3号、4号、5号楼及小区园林道路建设等）对外招标为甲方提供居间服务，并使甲方获得该工程项目一个或分期多个工程标段的中标。2."居间成功"是指完成该工程项目与甲方签订承包合同，即视为全部完成居间服务委托事项。甲方未签订承包合同，未取得实质性施工权，均视为委托事项未完成。二、乙方的义务。1.乙方必须向甲方提供有关该工程项目前期工作的主要信息，并提供相关的业务咨询服务。开展对建设单位与甲方进行有效的协调、洽谈，并促成甲方取得工程施工承包权。2.乙方承诺向甲方提供的关于该工程项目重要信息真实可靠，

最终促成甲方能够如约进场进行实质性施工。否则视为乙方提供信息不真实，居间服务不成功，甲方不予支付任何居间报酬。3.乙方应尽到作为居间人的谨慎和诚实义务，协助甲方做好各项项目争取的前期系列工作。为甲方协调争取并达成施工合同后乙方仍有义务协助甲方协调好与建设单位、有关部门的关系。三、甲方义务。1.甲方负责提供资质证书、营业执照等相关材料，负责施工所需要的各类资金的筹措，并做好签订合同前需要的手续准备。2.如果居间成功，则由甲方全面履行和建设单位所签订的承包施工合同。3.如果居间成功，则甲方应按本合同约定，向乙方分别按照本合同约定支付居间报酬。4.甲方需自行承担在投标过程中有关履约保证金、标书制作、联络、运作等全部费用。四、居间报酬的计算方法、支付时间和支付方式。1.本项目居间费用为工程总造价金额3%～5%作为酬金（税后）。该居间费用应缴纳的全部税款由甲方承担。2.本合同签字生效后，甲方在接受第一次业主支付工程预付款的同时向乙方支付50%的居间服务费，工程进行到按照合同工期一半时间即开工令签发开始计算为第二次兑付日，兑付第二笔25%居间服务费，当工程完工验收后10天内兑现最后25%的居间服务费。合同还约定了居间费用的承担等其他事项。该合同落款处有高某、胜某签名，甲方法定代表人处由杨某龙签名并加盖了甲新疆分公司的印章。

2012年5月25日，博尔塔拉蒙古自治州投资经营公司与甲公司签订了《博州城市综合服务设施一期建设项目合作协议》。2012年8月12日，博尔塔拉蒙古自治州创业公司与甲公司签订了城市综合服务设施一期建设项目1号楼及2号楼土建主体工程承包合同，其中1号楼合同总价款31205809.63元，2号楼合同总价款38042559.61元。

另查明：2012年5月2日，甲新疆分公司（甲方）与高某（乙方）签订一份劳动合同。合同约定劳动期限为2012年5月3日至2013年5月30日，高某担任甲新疆分公司副总经理职务，如高某牵头为甲新疆分公司获得工程项目承包权，甲新疆分公司同意从工程造价中按比例提成作为高某奖金。2012年5月11日，甲新疆分公司与胜某签订了一份《土石方承包合同》，合同约定甲新疆分公司将城市综合服务设施一期建设项目1、2号楼基础土石方开挖、外运承包给胜某施工。

再查明，甲新疆分公司系甲公司依法设立的分支机构。

二原告请求判令二被告共同向原告支付居间报酬4000000元。

【一审情况】

争议焦点：

案涉居间合同是否有效的问题。

法院观点：

关于案涉居间合同是否有效的问题。一审法院认为，案涉居间合同无效，理由如下：

居间合同是居间人向委托人报告订立合同的机会或者提供订立合同的媒介服务，委托人支付报酬的合同。二原告与被告甲新疆分公司签订的居间合同加盖有甲新疆分公司的印章，且与甲新疆分公司和高某签订的劳动合同的内容相互印证，可以认定该居间合同系双方当事人的真实意思表示。本案所涉及的博尔塔拉蒙古自治州城市综合服务设施一期建设项目系根据法律规定以招标投标方式对外进行发包的。《中华人民共和国招标投标法》第五条规定，"招标投标活动应当遵循公开、公平、公正和诚实信用的原则"。二原告与被告甲新疆分公司签订的居间合同约定：甲新疆分公司委托二原告为其提供居间服务，并使甲新疆分公司获得该工程项目一个或分期多个工程标段的中标。该约定明显违反了招标投标活动中要求遵循的公开、公平、公正和诚实信用原则，扰乱了建筑市场的正常秩序，损害了其他参与招标投标活动当事人的合法权益。对于这种以"获得中标"为条件收取费用，明显违反招标投标活动应遵循的"三公原则"，扰乱市场正常秩序的行为，应依法不予以支持。故本院认定二原告与被告甲新疆分公司于2012年4月11日签订的《建设工程居间服务合同书》无效，对二原告要求二被告依照合同约定支付居间报酬的诉讼请求不予支持。

裁判结果：

驳回原告胜某、高某的诉讼请求。

【二审情况】

争议焦点：

案涉居间合同是否有效的问题。

法院认为：

关于案涉居间合同是否有效的问题。二审法院认为案涉居间合同无效，理由如下：《中华人民共和国合同法》第四百二十四条规定：居间合同是居间人向委托人报告订立合同的机会或者提供订立合同的媒介服务，委托人支付报酬的合同。居间合同的主体：委托人可以是任何公民、法人；居间人是经过有关国家机关登记核准的从事居间营业的法人或公民。本案中，胜某、高某未能举证其具有国家机关登记核准的从事居间营业资格，故不是居间合同的适格主体。本案涉案工程项目系根据法律规定应以招标投标方式对外进行发包。《中华人民共和国招标投标法》第五条规定，招标投标活动应当遵循公开、公平、公正和诚实信用的原则。胜某、高某与甲新疆分公司签订的《建设工程居间服务合同书》约定，甲新疆分公司委托胜某、高某为其提供居间服务，并使甲新疆分公司获得该工程项目一个或分期多个工程标段的中标。该约定违反了招标投标活动中要求遵循的公开、公平、公正和诚实信用原则，扰乱了建筑市场的正常秩序，损害了其他参与招标投标活动当事人的合法权益。故原审法院认定胜某、高某与甲新疆分公司于2012年4月11日签订的《建设工程居间服务合同书》无效，对胜某、高某要求甲公司、甲新疆分公司依照合同约定支付居间报酬的诉讼请求不予支持正确。

裁判结果：

驳回上诉，维持原判。

一百二十三、

不得提供以"确保中标"为内容的居间服务

—— 甲公司与乙公司居间合同纠纷案

【裁判要旨】

《居间合同》若存在提供投标方项目决策人信息、负责运作与该项目业主及决策方的关系，以确保中标等内容，《居间合同》无效。

【法院及案号】

一审：宁夏回族自治区银川市金凤区人民法院，〔2011〕金民商初字第172号。

二审：宁夏回族自治区银川市中级人民法院，〔2012〕银民商终字第19号。

再审：宁夏回族自治区高级人民法院，〔2013〕宁民申字第327号和〔2015〕宁民提字第12号。

【当事人】

一审原告、二审被上诉人、再审申请人、申诉人：甲公司。

一审被告、二审上诉人、再审被申请人、被申诉人：乙公司。

【案情介绍】

2009年7月7日，甲公司与乙公司签订了一份《合作协议书》，合作内容为甲公司帮助乙公司获得某市二电项目扩建工程的电除尘器合同。协议约定乙公司负责该项目招标前期的技术交流、投标以及中标后的设备生产、安装调试、技术培训服务等工作。甲公司负责该项目的商务运作，提供该项目的基本信息、决策人信息，负责运作与该项目业主及决策方的关系，以确保中标该项目。双方互不承担对方在各自分工负责范围内产生的各类费用。甲公司帮助乙公司获得该项目合同后，乙公司需支付甲公司咨询费128万元，并在业主支付预付款后一周内一次性支付。后乙公司中标该项目，中标价为5760万元。乙公司于2009年9月17日与某市二电项目筹建处签订了《国电某市第二发电厂 $2 \times 600MW$ 项目扩建工程电除尘器设备合同》。2009年9月底某市二电项目筹建处向乙公司支付10%的预付款。甲公司于2009年10月6日向乙公司出具了128万元的咨询费发票，乙公司未能按期支付该笔咨询费，故甲公司起诉至宁夏回族自治区银川市金凤区人民法院，要求乙公司支付甲公司居间服务费128万元，利息217643元（2009年10月1日至2011年3月1日，利率为年息10.56%）；乙公司承担案件受理费。

【一审情况】

争议焦点：

乙公司是否应当按照约定支付居间服务费的问题。

法院观点：

关于乙公司是否应当按照约定支付居间服务费的问题，一审法院认为，乙公司应当支付居间服务费。理由如下：

甲公司与乙公司签订的《合作协议书》合法有效，双方当事人均应依照约定全面履行各自的义务。甲公司按约定履行了相关义务，并促使乙公司在某市二电项目扩建工程中标，与之签订了电除尘器设备合同。乙公司应当按照协议约定的期限支付甲公司咨询费128万元，其未能按期付款的行为已构成违约，应承担支付甲公司咨询费128万元的民事责任，并承担逾期付款的利息。乙公司关于双方签订的《合作协议书》违反了相关法律规定及甲公司的居间服务行为损害了招标人和其他竞标人的利益，合同应属无效的辩护意见，因其出示的证据无法证明其上述观点，其辩护意见不予采纳。甲公司诉讼请求中关于利息217643元的请求，其利率计算标准过高，可酌情予以调整，参照2010年金融机构人民币贷款一至三年基准利率计算。

裁判结果：

乙公司支付甲公司咨询费128万元，并承担违约金107120元（128万元×5.85%÷360×515天），合计1387120元。

【二审情况】

争议焦点：

《合作协议书》是否有效的问题。

法院认为：

关于《合作协议书》是否有效的问题。二审法院认为《合作协议书》无效。理由如下：

本案所涉及的某市二电项目工程系国电某市第二发电厂根据法律规定以招标投标方式进行了发包。《中华人民共和国招标投标法》第五条规定："招标投标活动应当遵循公开、公平、公正和诚实信用的原则。"第三十七条第五款规定："评标委员会成员的名单在中标结果确定前应当保密。"第三十八条第二款规定："任何单位和个人不得非法干预、影响评标的过程和结果。"但甲公司与乙公司在双方签订的《合作协议书》中却约定由甲公司负责提供项目的决策人信息，负责运作与该项目业主及决策方的关系,以确保中标,该约定明显违反了招标投标活动中要求遵循的公开、公平、公正和诚实信用的原则,属于以合法形式掩盖非法目的,扰乱了正常的市场秩序,损害了其他参与招标投标活动当事人的合法权益。甲公司与乙公司在《合作协议书》中约定的居间活动符合《中华人民共和国合同法》第五十二条规定的以合法形式掩盖非法目的;违反法律、行政法规的强制性规定的情形,应为无效合同,双方当事人对此均负有过错。综上,乙公司关于其与甲公司签订的《合作协议书》系无效协议的上诉理由成立。

裁判结果:

一、撤销宁夏回族自治区银川市金凤区人民法院〔2011〕金民商初字第172号民事判决。

二、乙公司与甲公司签订的《合作协议书》无效。

三、驳回甲公司的诉讼请求。

【再审情况】

争议焦点:

关于《合作协议书》是否有效的问题。

法院认为:

关于《合作协议书》是否有效的问题。再审法院认为《合作协议书》无效。理由如下:

原判认定甲公司与乙公司签订的《合作协议书》为居间合同并无不当,双方当事人对此亦无异议。从合同内容看,双方签订协议的目的是甲公司使用其人脉等关系进行活动,在招标方国电某市第二发电厂与投标方乙公司之间建立联系,为乙公司在投标中获取优势,确保招标投标双方签订承包合同,为此甲公司履行合同后可获得一定的经济效益。甲公司主张其已履行合同并要求依法判令乙公司支付咨询费等相关费用,但甲公司未向法庭提交证明其已履行合同及为履行合同所花费的咨询服务劳务等相关费用的证据。同时,本案所涉某市二电项目是国电某市第二发电厂以招标投标方式进行发包、属于公开招标的项目。《中华人民共和国招标投标法》第五条规定:"招标投标活动应当遵循公开、公平、公正和诚实信用的原则。"第三十八条第二款规定:"任何单位和个人不得非法干预、影响评标的过程和结果。"《中华人民共和国招标投标法实施条例》第四十一条规定:"禁止招标人与投标人串通投标。"根据上述规定,公开招标过程中,除招标投标正常程序外,并不允许招标人与投标人进行私下接触、串通等行为。甲公司与乙公司签订的《合作协议书》中关于甲公司向乙公司提供招标方国电某市第二发电厂2×600MW项目决策人信息、负责运作与该项目业主及决策方的关系,以确保中标等内容,与《中华人民共和国招标投标法》的相关规定不符,也与招标投标活动应遵循的"公开、公平、公正"原则相悖,本院不予支持。

裁判结果:

维持宁夏回族自治区银川市中级人民法院〔2012〕银民商终字第19号民事判决。

一百二十四、

投标人对其投标文件拥有著作权

——环境公司与设备公司侵犯著作权纠纷案

【裁判要旨】

投标文件(主要是其中的技术、施工方案等)系投标人智力活动的产物,具有独创性和可复制性,符合我国著作权法关于"作品"的构成要件,投标人对投标文件依法拥有著作权,非经权利人同意,他人不得擅自复制使用。

【法院及案号】

一审:浙江省杭州市中级人民法院,〔2009〕浙杭知初字第463号。
二审:浙江省高级人民法院,〔2010〕浙知终字第60号。

【当事人】

一审原告、二审上诉人:环境公司。
一审被告、二审被上诉人:设备公司。

【案情介绍】

2008年2月28日,环境公司为参加杭州市转塘高级中学污水处理工程项目的招标,向招标人杭州市教育资产运营管理中心递交《工程采购投标文件》进行竞标。2008年3月12日,教管中心通知环境公司中标。其后,在2009年丁桥高级中学综合楼污水处理工程招标投标过程中,环境公司未参入,该工程由设备公司竞得。环境公司发现,设备公司在竞标丁桥中学综合楼污水处理工程中,向招标人递交的标书《施工报价文件》(载明日期为2009年3月6日),其中的技术方案、施工方案等内容与环境公司在转塘中学污水处理工程项目中所使用的投标文件存在雷同和相似之处。为此,环境公司以设备公司侵犯著作权为由诉至法院,请求损害赔偿。

设备公司在竞标丁桥中学综合楼污水处理工程中使用的《施工报价文件》,与环境公司在竞标转塘中学污水处理工程中使用的《工程采购投标文件》,在下列内容方面存在雷同或相似:技术说明书部分,其中的"处理工艺"一节,工艺流程图除个别箭头有所变化，其他基本相同；"主要池体及设备"一节，内容完全一致。"运行费用"部分，大同小异，仅部分数据有所调整，且最终处理费用相同。施工组织设计部分，仅个别数据有变更，其余完全相同。服务承诺部分，内容基本相同；质量承诺部分，内容完全一致。环境公司认为，设备公司未经其许可，在招标投标过程中使用环境公司投标文件内容的行为构成侵权，侵犯了环境公司对上述作品所享有的署名权、修改权、保护作品完整权以及作品的使用权、获得报酬权等权利，给环境公司造成了重大损失。

为此，环境公司诉请法院判令设备公司：1.立即停止对环境公司著作权的侵权行为并公开赔礼道歉；2.赔偿环境公司经济损失20万元；3.赔偿环境公司因维权所花费的费用2万元；4.承担本案诉讼费用。

【一审情况】

争议焦点：

一、关于环境公司对《工程采购投标文件》是否拥有著作权的问题。

二、关于设备公司是否构成对争讼著作权的侵犯的问题。

三、关于赔偿数额的问题。

法院观点：

一、关于环境公司对《工程采购投标文件》是否拥有著作权的问题。一审法院认为，环境公司对《工程采购投标文件》享有著作权。理由如下：

我国《著作权法实施条例》第2条规定"著作权法所称的作品，是指文学、艺术和科学领域内具有独创性并能以某种有形形式复制的智力成果。"本案《工程采购投标文件》，是环境公司为参加转塘中学污水处理工程的招标投标，而专门针对该工程的要求、特性所编制的工程标书。作为标书核心内容的技术方案、施工方案等，是为阐述和介绍投标人（即本案环境公司）对该招标投标工程污水处理设施的功能、原理、工艺流程及相关技术指标和施工计划等思想意图而创作的表达形式，其包含文字和图形两方面的内容，是凝结了投标人的劳动和创造力的智力成果（系工程技术领域的智力成果）。对污水处理工程设施的设计、施工进行阐述、介绍之表达形式可以有多种，环境公司通过文字与图形相结合的表达方式，对相应工程设施的功能、原理、工艺流程、技术指标和施工计划等进行设计和描述，以确定的载体即工程投标文件之形式表现出来。该投标文件的编排制作，特别是其中的技术方案、施工方案等内容，系采用独特、具有个性特征的表达形式，是环境公司智力活动的产物，具有独创性和可复制性，符合我国著作权法关于"作品"的构成要件。据此，本院认定原告环境公司对其编制并署名的《工程采购投标文件》（主要是其中的技术、施工方案等）依法拥有著作权，非经权利人同意，他人不得擅自复制使用。

设备公司认为，环境公司编制使用的《工程采购投标文件》一部分是客观情况的数据表示，一部分是通用的工艺流程，一部分是商业承诺、服务承诺，均不具有独创性，不属于著作权法中作品的保护范围。对此本院认为，著作权法中关于作品的独创性要求，是就作品的表现形式而言的，并不是指作品所反映的思想、观点、工艺、技术本身，而承载和体现这些思想、观点、工艺、技术等内容的具体表达形式，如作为技术、施工方案的文字表述、图形示例等，才是作品的独创性所要求的。著作权法要求的作品独创性，只要该作品是作者独立创作完成，而不是抄袭他人或来自公知公用领域，就能够满足独创性的要求。尽管环境公司对投标文件中技术、施工方案的设计制作可能具有某种程度的功能性的成分，但其并不属于简单地对事实和数据进行罗列，而是表达了制作者的思想意图，是制作者智力劳动的产物，具有相应独创性，符合著作权法所要求的作品之构成要件。而且，设备公司也未提供相关证据证明环境公司创作的技术、施工方案系抄袭、剽窃他人成果或系属公共资源。

二、关于设备公司是否构成对争讼著作权的侵犯的问题。一审法院认为，设备公司构成对争讼著作权的侵犯。理由如下：

就本案当事人双方的投标文件来看，其中的技术方案（即"技术说明书"部分）、施工方案（即"施工组织设计"部分）是其核心的内容，也是体现制作者独创性思维的主要方面。根据已查明的事实，在上述内容方面，设备公司的投标文件与环境公司在语句表述上几乎一致，甚至连错别字也如出一辙。显然，设备公司是在环境公司标书的基础上，仅仅对其中的某些指标数据做了改动，所附工艺流程示意图也只是个别箭头有所变换。设备公司标书的这些变化只是在环境公司作品基础上的微小改动，其并不具有实质性变化，不构成设备公司的独创性成果。而且服务承诺与质量承诺部分，设备公司标书与环境公司基本完全一致。由此表明，设备公司的技术、施工方案采用了与环境公司实质上相同的制作表达形式，对此设备公司又未能提供证据证明系自己独立完成或来自公有领域。据此，足以认定设备公司非正当性地复制和使用了环境公司作品的独创性成果。设备公司抗辩投标文件是自己独立创作，不存在侵犯环境公司著作权的行为，因缺乏事实依据，本院不予采纳。

三、关于赔偿数额的问题。一审法院认为，设备公司赔偿数额为2万元。理由如下：

设备公司出于商业使用之目的，未经环境公司许可而复制环境公司依法享有著作权的投标文件，应当对此承担相应民事责任。本案中环境公司诉请设备公司赔偿经济损失20万元及因起诉而支付的必要费用，因环境公司未能提供充分的证据证明其受到的实际损失，同时设备公司的违法所得也难以确定，根据最高人民法院《关于审理著作权民事纠纷案件适用法律若干问题的解释》第二十五条、第二十六条的规定，本案适用法定赔偿原则。本院综合考虑争讼作品的类型及其制作费用、侵权行为的性质、造成的后果等因素，酌情判令设备公司赔偿环境公司2万元，其中包括合理的律师费支出。关于环境公司要求设备公司公开赔礼道歉的诉讼请求，考虑到设备公司的侵权行为对环境公司的信誉度及市场形象的影响有限，而且设备公司在丁桥高级中学综合楼污水处理工程招标投标中竞标成功，与其自身资质和竞争价格优势也不无关系，故本院对环境公司该诉讼请求不予支持。

裁判结果：

一、设备公司赔偿环境公司人民币2万元，于本判决生效之日起十日内支付。

二、驳回环境公司的其余诉讼请求。

【二审情况】

争议焦点：

一、关于原审法院确定的赔偿数额是否过低的问题。

二、关于设备公司是否应当公开赔礼道歉。

法院认为：

一、关于原审法院确定的赔偿数额是否过低的问题。二审法院认为赔偿数额合理。理由如下：

作品是指文学、艺术和科学领域内具有独创性并能以某种有形形式复制的智力成果。其凝结的是著作权人的智力劳动成果，当权利人的智力劳动成果受到侵权时，其受到的损失应是权利人智力劳动成果所体现的价值的减少或者由此可以带来的利益的减少。本案中，设备公司抄袭他人作品，其目的是商业中的使用，不会造成权利人可得利益的直接损失，其损害的是智力劳动的价值本身，故原审法院以被侵权作品的制作成本，作为确定被侵权人损失依据之一并无不当。我国著作权侵权纠纷的赔偿原则，是以实际损失为限，且损失与侵权之间必须存在直接的因果关系。本案中，设备公司本案工程投标文件中的抄袭行为，与其中标后通过工程施工所获利润，不存在直接的因果关系，环境公司要求将设备公司承揽工程所获利润，作为确定其损失依据不当。

二、关于设备公司是否应当公开赔礼道歉。二审法院认为无需再公开道歉。理由如下：

我国著作权法规定的，著作权侵权行为应承担的民事责任种类为，停止侵害、消除影响、赔礼道歉、赔偿损失等。但同时规定上述民事责任的适用，应当根据情况而定。本案中，设备公司含有抄袭内容的投标文件，仅向特定的对象投送，并无公开发表或发行，故原审法院认定本案侵权行为对著作权人的信誉及市场形象影响有限并无不当，况且设备公司在二审中已口头向环境公司表示歉意，实际上已承担了赔礼道歉的民事责任。故本院对环境公司要求设备公司公开赔礼道歉的上诉请求不再支持。

裁判结果：

驳回上诉，维持原判。

一百二十五、

中标后或招标截止时间之后不得修改投标文件

—— 甲公司与乙公司招标投标买卖合同纠纷案

【裁判要旨】

投标人在递交投标文件后，在规定的投标截止时间之前，可以修改或撤回其投标文件。在规定的投标截止时间之后，投标人不能修改或撤回投标文件，否则投标人将承担相应的违约责任。

【法院及案号】

一审：广东省广州市天河区人民法院，〔2014〕穗天法民二初字第4070号。
二审：广东省广州市中级人民法院，〔2015〕穗中法民二终字第1279号。

【当事人】

一审原告、二审上诉人：甲公司。
一审被告、二审被上诉人：乙公司。

【案情介绍】

2013年12月，乙公司就内蒙古某塔煤矿35kV变电站设备采购发出招标文件，确定设备范围主变压器。发标时间2013年12月20日，投标截至2014年1月2日，开标时间1月3日、投标保证金5万元。投标有效期为90日历日，在投标有效期内，投标人不得要求撤销或修改其投标文件。有下列行为时，招标人将没收投标保证金包括在投标有效期内撤回投标文件、中标人收到中标通知后10日内由于中标人原因未能或拒绝签订合同协议书、投标人采用不正当的手段骗取中标、符合本招标文件有规定的其他情形。投标人可以在递交投标文件后，在规定的投标截止时间以前，以书面形式向招标人递交修改或撤回其投标文件的通知。在投标截止时间以后，不能修改或撤回其投标文件，否则取消其投标资格并没收投标保证金等。2013年12月21日，甲公司向乙公司交付投标保证金5万元，并于2014年1月3日向乙公司发出投标书确定投标报价316万元，并注明对招标文件、合同及技术要求全面阅读和研究并经过了解现场、问题澄清。掌握了本项目招标的全部有关情况，并按此确定本项目投标的各项承诺内容，以本投标书向乙公司招标项目的全部内容进行投标。另附金额5万元投标保证金作为投标担保。由唐某于2014年1月6日签名确定经谈判最终供货价为221万元。

2014年1月9日，甲公司向乙公司发出《投标项目报价表》确定主变压器2台价格2358000元，另注有变压器含有载调压开关，且其为V型真空开关。并注明调价原因，因此次项目开标时间与其他项目冲突，授权代表张某委托项目经理唐某参加此次投标，但唐某前期未跟进此项目，对此次项目没有了解，不知我公司初次报价所用开关非真空开关，在开标答疑时多次确定我公司有载调压开关为真空开关，然而唐某与张某二人未及时沟通开标信息，故张某不知道开标时招标方要求投标方使用真空开关。张某于今日才得知开标情况，因真空开关与普通开关价格差异较大，故重新进行变压器报价，将价格调整为2358000元。

一审庭审时，乙公司提供主变压器技术规范书，确定有载分接开关为真空（贵州长征）。另唐某以甲公司名义于2014年1月6日在乙公司的《经济标开标说明及定标原则》上签名确定招标人定于2014年1月6日14时30分在广州珠江投资大厦当场开经济标，投标人必须由法定代表人或授权代理人亲临现场。招标人根据中标人的报价、合同履行能力等进行综合评价，并结合本项目具体要求，由招标人最终确定中标单位（以中标通知书为准）。另《评标委员会评标质询表》中反映唐某签名，确定请公司看清楚下列要求，提供符合招标文件的成套设备，包括有载分接开关采用真空式，选用澄清函中三家产品之一。由评标人于2014年1月5日签名，由唐某于2014年1月6日16时45分（开标时间定为14时30分）签名确定。对于上述证据甲公司不予确认，认为其未收取技术规范书。另乙公司称，甲公司中标后曾口头通知甲公司中标，现甲公司否认曾收到口头或书面中标通知。

甲公司一审诉讼请求：1.请求乙公司退还招标保证金5万元整；2.请求由乙公司承担诉讼费。

【一审情况】

争议焦点：
乙公司是否有权不予退还甲公司所交付的投标保证金的问题。

法院观点：
关于乙公司是否有权不予退还甲公司所交付的投标保证金的问题。一审法院认为，不应退还。理由如下：

招标文件已明确不予退还招标保证金的情形，包括"在投标有效期内撤回投标文件、中标人收到中标通知后10日内由于中标人原因未能或拒绝签订合同协议书、投标人采用不正当的手段骗取中标、符合本招标文件有规定的其他情形的。投标人可以在递交投标文件后，在规定的投标截止时间以前，以书面形式向招标人递交修改或撤回其投标文件的通知。在投标截止时间以后，不能修改或撤回其投标文件，否则取消其投标资格并没收投标保证金"，综合甲公司、乙公司双方所提供的证据表明甲公司已知道其对涉案项目的中标并已由甲公司授权的代理人唐某签名确定其所提供的设备为有载分接开关采用真空式、经谈判最终供货价221万元，另由甲公司于2014年1月9日发送调价说明予以确定因其工作人员的未及时沟通导致确认中标后要求进行调价，故中标或投标截止时间后调价违反了招标投标文件的承诺或要求，据此乙公司以甲公司中标或投标截止时间后修改投标文件为由，不予退还投标保证金并无不当，一审法院予以采纳。甲公司在收取中标通知或投标截止时间后，自行调整供货价格，其认为未收取相关的技术规范要求及自认为对招标文件中的开关不了解有违招标投标的操作规程，甲公司该陈述本院不予采信。招标文件属于公开文件，甲公司在不明所投设备技术要求的情况下进行投标，视为对权利的放弃或认可投标技术规范的要求。

裁判结果：
驳回甲公司的诉讼请求。

【二审情况】

争议焦点：
乙公司是否有权不予退还甲公司所交付的投标保证金的问题。

法院认为：
关于乙公司是否有权不予退还甲公司所交付的投标保证金的问题。二审法院认为，不应退还。理由如下：

甲公司、乙公司各自发出的招标投标文件，属于各方当事人的真实意思表示，双方均应按各自所制作的招标投标文件承诺履行各自的义务。甲公司于2014年1月9日发送调价说明，乙公司以甲公司中标或投标截止时间后修改投标文件，违反了招标投标文件的承诺或要求为由，不予退还投标保证金；甲公司认为未收取相关的技术规范要求及自认为对招标文件中的开关不了解有违招标投标的操作规程，其并不构成中标或投标截止时间后修改投标文件，要求退还投标保证金。

本院认为，首先，甲公司称乙公司曾通过电子邮件澄清对是否使用真空开关不硬性要求，乙公司对此不予认可，甲公司未在原审法院释明的期限内提交相关电子邮件的公证文书，视为对其举证权利的放弃，应依法承担举证不能的不利后果。原审法院对该电子邮件不予采信并无不当。其次，根据《中华人民共和国招标投标法》第二十三条规定："招标人对已发出的招标文件进行必要的澄清或者修改的，应当在招标文件要求提交投标文件截止时间至少十五日前，以书面形式通知所有招标文件收受人。该澄清或者修改的内容为招标文件的组成部分。"现甲公司未能举证证明乙公司以书面形式进行澄清和修改，故其主张乙公司招标过程违反法律规定，缺乏理据，本院不予采信。第三，根据乙公司提供的《主变压器技术规范书》及甲公司授权的代理人唐某签名的《评标委员会评标质询表》，均确定有载分接开关为真空开关，甲公司在2014年1月9日向乙公司发出的《投标项目报价表》中也称因唐某与其司工作人员未及时沟通，在开标时多次确定有载分接开关为真空开关。甲公司称未收到乙公司提供的《主变压器技术规范书》，但《主变压器技术规范书》为招标公开文件，且在其提交的电子邮件答疑纪要中有涉及《主变压器技术规范书》中内容，故本院对此不予采信。经审查，上述证据相互佐证，形成了有效的证据链，原审法院据此认定甲公司已知悉投标设备的有载分接开关为真空开关并无不当，本院予以维持。

甲公司由其授权的代理人唐某签名确定其所提供的设备为有载分接开关采用真空式、经谈判最终供货价221万元，甲公司于2014年1月9日向乙公司发送调价说明的行为，已构成招标文件中设定的中标或投标截止时间后修改投标文件的条件，乙公司不予退还投标保证金的主张依约有据，二审法院予以支持。

裁判结果：

驳回上诉，维持原判。

一百二十六、

中标人中标后弃标的,招标人有权不退还其投标保证金

——甲清洁公司与乙科技公司服务合同纠纷案

【裁判要旨】

投标人中标后弃标的,招标人有权不退还其投标保证金。但超额收取的投标保证金不得没收,应退还中标人。

【法院及案号】

一审:上海市浦东新区人民法院,〔2014〕浦民二(商)初字第469号。

【当事人】

一审原告:甲清洁公司。
一审被告:乙科技公司。

【案情介绍】

2013年4月17日,乙科技公司向甲清洁公司发送邮件,告知其此次清洁招标方式采用电子报价,甲清洁公司至乙科技公司现场报价的时间待排定后另行通知。该邮件附件为2013年保洁服务招标相关规格书与招标区域清洁标准及内容。乙科技公司在给甲清洁公司的《E-BID价格标之厂商注意事项》中载明:竞标人需支付竞标保证金10万元,对于得标后弃标者,乙科技公司将没收竞标保证金,本次竞标预设底标,竞标时间结束后以系统中的投标价格作为最终价格,得标厂商必须保证配合乙科技公司的清洁作业时间需求,本次合约有效期限为六个月(2013年6月1日—2013年11月30日);参加竞标前务必将《生活区宿舍楼栋公共区域(9F)清洁标准及要求》《宿舍Roomservice清洁标准及要求》《E-BID价格标之厂商注意事项》等加盖公司公章后交予乙科技公司以参与竞标。其中《宿舍Roomservice清洁标准及要求》中载明,宿舍内卫生间蹲位清洁,浴室墙壁、门板、地面清洁,卫生间垃圾回收,房间地面垃圾回收、地面清洁,阳台地面、水池清洁,宿舍内窗台清洁服务频次为每日1次,服务时间为做六休一,卫生间排风清洁为每季度1次。

甲清洁公司按照乙科技公司的要求提交了相关材料，并于2013年4月23日、2013年4月24日参加了乙科技公司组织的电子报价，在电子投标中，甲清洁公司就人才公寓日保统包的投标价格为34350元。审理中，乙科技公司表示就该部分清洁项目，在竞标结束后，因乙科技公司内部需求发生变化，需调整人才公寓的清洁服务范围，故与甲清洁公司协商后变更为3815元/月。

甲清洁公司于2012年12月、2013年4月23日向乙科技公司交付押金计10万元。审理中，双方确认该押金系投标保证金性质。

2013年6月14日，乙科技公司通过邮件向甲清洁公司发出《中标通知书》，确定甲清洁公司为中标单位之一，中标项目及价格为：9-14号楼宿舍内公共区域22890元/月（6栋，3815元/栋）、综合楼37600元/月、人才公寓公共区域3815元/月（1栋，3815元/栋）、9-14号楼Roomservice单价60元/间/月。乙科技公司另通知甲清洁公司，新合约日期从2013年7月1日起生效，进驻日期为2013年7月1日；餐厅清洁费用将另行通知等。甲清洁公司之后在该《中标通知书》上盖章确认。

2013年7月4日，甲清洁公司向乙科技公司发送通知一份，内容为：甲清洁公司于2013年6月14日收到乙科技公司的中标通知书，甲清洁公司于2013年7月1日进场清洁过程中，发现在9-14号楼宿舍内清洁服务项目中60元/间/月的单价有争议，甲清洁公司认为是每间每次60元，每月一次，乙科技公司认为是每间每月60元，每天一次，因双方对该争议不能达成一致，故甲清洁公司现通知乙科技公司，甲清洁公司将退出此项服务，由于合同还未签订，请乙科技公司尽快解决善后事宜，将收取的招标押金款10万元退还甲清洁公司。

同日，乙科技公司回函称，乙科技公司在招标时发给甲清洁公司的《宿舍Roomservice清洁标准及要求》以及竞标结束后发给甲清洁公司的《中标通知书》中针对Roomservice清洁项目的服务频次及单价都有明确规定，并且前述两份文件都经甲清洁公司加盖公章确认接受，故双方就此并无任何争议；甲清洁公司得标后弃标的行为给乙科技公司造成恶劣影响，乙科技公司将没收甲清洁公司于投标时所缴纳的10万元竞标保证金，不再退还；甲清洁公司自2013年7月1日开始入驻乙科技公司处提供清洁服务以来，相应的服务质量未达到《宿舍Roomservice清洁标准及要求》的相应标准，故乙科技公司将保留按照相应《奖惩细则》规定执行违约罚则的权利。

2013年7月12日，甲清洁公司向乙科技公司发出公函一份，内容为：在收到乙科技公司的《中标通知书》中，并未明确单价60元/间/月是每月一次还是每间每月每天一次，导致双方在9-14某宿舍内清洁服务项目中60元/间/月的单价问题上发生巨大争议，甲清洁公司实际进场后发现乙科技公司对单价存在重大误解，乙科技公司单方面认为的60元/间/月，甲清洁公司至今从未予以确认，也即是说双方并未达成一致，且每天做一次的要求也与市场行情及行业现状严重不符。在合同至今未签的情况下，经与乙科技公司多次沟通未果，甲清洁公司只能于2013年7月4日通知乙科技公司仅退出此项目服务，并在2013年7月4日18：00收到乙科技公司回函，表示要没收投标押金10万元，故甲清洁公司再次函告乙科技公司，请在收到此函后5个工作日内立即退回全部投标押金10万元。

关于招标项目估算价，乙科技公司在审理中陈述为13435395元。

另查，2012年12月左右，乙科技公司曾为其F7、F6厂及生活区二期的日常保洁项目对外进行招标。甲清洁公司进行投标，提交了资格标标书，报价单等。甲清洁公司在2012年12月20日出具的报价单中，针对员工宿舍Roomservice报价为"每次费用33元/次，1850间每天一次，清洁单价25/次、间"。

甲清洁公司现诉至法院要求判令：1.乙科技公司返还竞标保证金10万元；2.乙科技公司支付保洁费用22086.35元。

【一审情况】

争议焦点：

一、被告是否有权没收投标保证金的问题。

二、被告是否应当退还清洁费的问题。

法院观点：

一、关于被告是否有权没收投标保证金的问题。一审法院认为，被告有权没收部分投标保证金，但超额收取的投标保证金应予退还。理由如下：

1.被告提出招标项目进行招标，而原告作为投标人参与招标竞争，并向被告缴纳了投标保证金，原、被告之间系通过招标投标以建立服务合同关系。原告在2013年4月参与被告组织的电子竞标后，被告于2013年6月14日向原告发出《中标通知书》，其中载明中标项目及中标价格为9-14号楼宿舍内公共区域22890元/月（6栋，3815元/栋）、综合楼37600元/月、人才公寓公共区域3815元/月（1栋，3815元/栋）、9-14号楼Roomservice单价60元/间/月。原告在该《中标通知书》上盖章的行为，表明原告确认被告列明的中标项目及中标价格。原告现认为，被告在《中标通知书》中变更了招标投标内容及投标价格，被告以《中标通知书》形式作出的承诺不生效，对原告不具有任何约束力。对此，本院认为，虽被告发出的《中标通知书》对中标项目及金额确有调整，但并非背离了合同实质性内容，且原告在当时也未对此提出任何异议，而是盖章予以认可，并在之后按照被告要求的日期进场提供保洁服务，故该《中标通知书》对当事人具有法律约束力，当事人应当按照约定履行自己的义务。原告称其对9-14号楼Roomservice的单价存在重大误解，因被告在事先提交给原告的《宿舍Roomservice清洁标准及要求》中已经明确宿舍内房间垃圾回收、地面清洁，阳台地面清洁，窗台清洁等服务频次为1次/日，原告在该文件上盖章，表明原告知晓服务频次等要求。故原告在2013年7月4日的函件中称以为是"每间每次60元，每月一次"与其之前在清洁标准及要求上的盖章行为不符，原告称存在重大误解，本院不予采纳。本院认为，原告报价失误的后果应由其自行承担，原告在中标后仅为被告提供了4天的清洁服务即要求退出宿舍Roomservice的服务，属于中标后弃标的行为。根据被告提交给原告的《E-BID价格标之厂商注意事项》中的约定，被告有权没收投标保证金。

2.《中华人民共和国招标投标法》第二十六条规定："招标人在招标文件中要求投标人提交投标保证金的，投标保证金不得超过招标项目估算价的2%"。现被告认为投标项目估算价为13435395元。对此，本院认为，被告对其陈述的招标项目估算价并未提供证据证实，同时考虑到被告在发给原告的《中标通知书》中确实存在缩小原告中标范围等不规范行为，以及双方尚未签订正式服务合同等因素，本院酌定以被告发送给原告的《中标通知书》中确定的中标价格计算投标保证金金额。根据被告发给原告的《E-BID价格标之厂商注意事项》中关于合约有效期限为6个月的约定，原告应交付的投标保证金为21036.60元〔(22890元+37600元+3815元+60元×1850间)×6个月×2%〕。原告要求返还该部分投标保证金，本院不予支持，而剩余款项78963.40元应由被告予以返还。

二、关于被告是否应当退还清洁费的问题。一审法院认为，应当退还。理由如下：

被告确认原告在2013年7月1日至2013年7月4日期间提供过清洁服务，但认为没有达到被告的清洁标准和要求，故不同意支付原告清洁费。对此，本院认为，被告如认为原告未按照相关清洁标准和要求提供服务，应即时提出，现并无证据证明被告在清洁当天提出过异议，故本院对被告在审理中所提出的异议不予采纳。被告对原告计算的综合楼日常清洁和综合楼2楼外包餐厅日常清洁月工作日有异议，认为应按照30.40天计算，原告现同意按照被告提出的30.40天计算，故被告应支付原告2013年7月1日至2013年7月4日期间的清洁费用19810.52元（综合楼日常清洁费4947.37元+人才公寓公共区域日常清洁费500.33元+9-14号楼楼宿舍公共区日常清洁费3001.97元+9-14号楼Roomservice1121间清洁费10347.69元+综合楼2楼外包餐厅日常清洁费1013.16元）。

裁判结果：

一、被告乙科技公司于本判决生效之日起十日内返还原告甲清洁公司投标保证金78963.40元。

二、被告乙科技公司于本判决生效之日起十日内支付原告甲清洁公司服务费19810.52元。

一百二十七、

"一家投标、联合施工"涉嫌恶意串通、违法分包

—— 甲四局与乙集团建设工程施工合同纠纷案

【裁判要旨】

招标人明确拒绝联合体投标的,投标人不得与他人恶意串通,于中标后向他人转让中标项目,也不得将中标项目肢解后分别向他人转让,否则涉嫌违法转包、分包。

【法院及案号】

一审:丹东市中级人民法院,〔2008〕丹民一初字第22号。

二审:辽宁省高级人民法院,〔2009〕辽民一终字第70号。

【当事人】

一审原告、二审上诉人:甲四局。

一审被告、二审被上诉人:乙集团。

【案情介绍】

2007年4月19日,乙集团与甲四局签订《合作投标协议书》,该协议书约定:双方共同投标辽宁中部环线高速公路本溪至辽宁段路面工程第一、第二、第三合同段;铁岭(毛家店)至朝阳(三十家子)高速公路阜新至朝阳段路面工程第一、第二、第三、第八合同段;双方同意以乙集团名义参加投标,如工程中标则乙集团为中标工程总承包方,与业主辽宁省高等级公路建设局(以下简称"辽宁公路建设局")签订"承包主合同",双方共同协商处理与业主合同的一切事宜;在乙集团监督管理的原则下,乙集团根据"主合同"文件的精神与甲四局签订《联合施工协议书》,并将全部中标工程的49%(按里程桩号或按工程总价划分)交由甲四局实施;甲四局同意向乙集团交纳甲四局施工项目总金额的1%作为乙集团项目管理费,甲四局所承建工程的营业税金及地方规费由乙集团或业主代扣代缴,乙集团负责将完税证明复印件交给甲四局;项目中标后,乙集团负责设立统一财务账户,获得业主支付的工程款,扣除管理费、税金、质保金及其他应扣款后,甲四局每月产值的余额在收到业主支付工

程款3个工作日内全部支付给甲四局。工程款账户由双方各持一章进行双控，项目部财务专用章由乙集团财务负责人保管，项目法人印章由甲四局财务人员保管，乙集团财务人员负责项目财务监督的职能；本协议签订后，甲四局应以现金方式出具人民币1400万元汇入乙集团账户内，供乙集团做上述项目的投标保证金使用；若工程中标，乙集团与甲四局签订《联合施工协议书》；若工程中标后，因乙集团原因未能与甲四局签订该工程的《联合施工协议书》，属乙集团违约，乙集团应向甲四局支付中标有效清单总金额10%违约金等。当日，甲四局汇入乙集团账户1400万元。乙集团将1400万元汇入业主账户，用于7个标段的投标保证金，每个标段的投标保证金200万元。

2007年5月22日，建设单位辽宁公路建设局向乙集团发出中标通知书，乙集团为铁岭毛家店（辽吉界）至朝阳三十家子（辽冀界）高速公路项目阜新至朝阳段路面工程第一合同段中标单位，中标金额为210817704.00元。2007年6月1日，乙集团与辽宁公路建设局签订《工程承包合同》，该合同约定：乙集团承建铁岭毛家店（辽吉界）至朝阳三十家子（辽冀界）高速公路项目阜新至朝阳段路面工程第一合同段，本项工程2007年6月开工，2008年9月末竣工。该工程的工程量清单小计195201578.00元，不可预见费（8%清单小计，含业主优质优价基金）15616126.00元，工程总造价为210817704.00元。乙集团中标后，未与甲四局签订《联合施工协议书》，亦未将工程49%交给甲四局施工。乙集团于2007年6月13日和9月28日退还甲四局1200万元和200万元。

另查明：2007年2月，辽宁公路建设局在招标文件投标第1篇的投标邀请书第3条规定：通过多个合同段资格预审的投标人最多只允许中1个标。第2篇投标人须知3.3条规定：投标人应独家参与投标，本项目拒绝联合体投标。第2篇投标人须知3.5条规定：本项目禁止转包和违规分包。甲四局曾参加该项目路面工程投标并中标。

二审法院另查明：2007年2月，辽宁公路建设局向社会公开发布铁岭毛家店（辽吉界）至朝阳三十家子（辽冀界）高速公路项目路面工程施工招标文件。2007年4月，乙集团和甲四局参加了投标，双方均向招标人辽宁公路建设局递交了投标文件。2007年5月22日，辽宁公路建设局向乙集团发出中标通知书，乙集团为铁岭毛家店（辽吉界）至朝阳三十家子（辽冀界）高速公路项目阜新至朝阳段路面工程第一合同段的中标单位。之后，辽宁公路建设局向甲四局发出中标通知书，甲四局为铁岭毛家店（辽吉界）至朝阳三十家子（辽冀界）高速公路项目阜新至朝阳段路面工程第八合同段的中标单位。

甲四局请求判令乙集团立即给付违约金9564877.00元。

【一审情况】

争议焦点：

被告是否应当支付违约金。

法院观点：

关于被告是否应当支付违约金问题。一审法院认为，不应支付违约金，应支付资金占用损失。理由如下：

甲四局和乙集团签订的合作投标协议的意思表示是以乙集团名义参加投标，中标后将全部中标工程的49%交甲四局施工，甲四局向乙集团交纳管理费。该协议形式上为合作，但在乙集团参加投标过程中，双方未按法律规定签订共同投标协议，也未将共同投标协议提交招标人，中标后亦未共同与招标人签订合同。乙集团中标后，甲四局也未按法律规定共同与招标人签订合同。故双方签订的合同实际是工程分包协议，该分包行为非经建设单位认可，违反法律强制性规定属违法分包，因此双方签订的协议应认定无效。此外，建设单位辽宁公路建设局在招标文件中规定拒绝联合体投标，不允许重复中标。甲四局和乙集团对此均是明知的，甲四局曾参加了高速公路项目路面工程的投标并中标，双方签订合作招标协议，就是为了规避建设单位的要求，是一种恶意串通行为，侵害了建设单位的合法权益，据此也应当确认甲四局和乙集团签订的合作投标协议无效。甲四局依据无效的协议请求乙集团支付违约金于法无据，不应得到支持。鉴于甲四局已向乙集团提供1400万元的投标保证金，乙集团也实际使用保证金进行投标，故乙集团应赔偿使用甲四局投标保证金期间的利息。

裁判结果：

一、乙集团于本判决发生法律效力之日起15日内，按中国人民银行规定的同期同类贷款利率赔偿甲四局1400万元的利息（自2007年4月19日至2007年6月12日止，承担1400万元的利息；自2007年6月13日至2007年9月27日止，承担200万元的利息）。

二、驳回甲四局的其他诉讼请求。

【二审情况】

争议焦点：

甲四局与乙集团签订的合作投标协议书是否合法有效的问题。

法院认为：

关于甲四局与乙集团签订的合作投标协议书是否合法有效的问题。二审法院认为合作投标协议书无效。理由如下：

辽宁公路建设局向社会公开发布高速公路项目路面工程施工招标文件的时间在前，乙集团和甲四局签订合作投标协议书的时间在后，乙集团和甲四局均购买了招标文件，双方对招标文件中规定的"通过多个合同段资格预审的投标人最多只允许中1个标及投标人应独家参与投标，本项目拒绝联合体投标，本项目禁止转包和违规分包"的内容是清楚的，乙集团和甲四局为了规避招标文件的规定，双方在签订的合作投标协议书中约定：以乙集团名义参加投标，如工程中标则乙集团为中标工程总承包方,与辽宁公路建设局签订"承包主合同",乙集团根据"主合同"文件的精神与甲四局签订《联合施工协议书》,并将全部中标工程的49%交由甲四局实施。乙集团和甲四局签订合作投标协议书的行为有欲损害辽宁公路建设局合法利益的主观故意,是恶意串通行为。《中华人民共和国招标投标法》第四十八条第一款规定:中标人应当按照合同约定履行义务,完成中标项目。中标人不得向他人转让中标项目,也不得将中标项目肢解后分别向他人转让。《中华人民共和国建筑法》第二十八条规定,禁止承包单位将其承包的全部建筑工程肢解以后以分包的名义分别转包给他人。国务院发布的《建设工程质量管理条例》第七十八条第二款规定,本条例所称违法分包是指下列行为:……(二)建设工程总承包合同中未有约定,又未经建设单位认可,承包单位将其承包的部分建设工程交由其他单位完成的。《中华人民共和国合同法》第五十二条第二款和第五款规定,有下列情形之一的,合同无效:……(二)恶意串通,损害国家、集体或者第三人利益;……(五)违反法律、行政法规的强制性规定。最高人民法院《关于审理建设工程施工合同纠纷案件适用法律问题的解释》第四条规定,承包人非法转包、违法分包建设工程或者没有资质的实际施工人借用有资质的建筑施工企业名义与他人签订建设工程施工合同的行为无效。人民法院可以根据民法通则第一百三十四条规定,收缴当事人已经取得的非法所得。

根据上述法律规定,一审法院认定甲四局和乙集团签订的合作投标协议书无效正确。

裁判结果:

驳回上诉,维持原判。

一百二十八、

没有完全响应招标文件的实质性要求的投标文件应当否决

——营口甲公司与河口国有资产运营管理中心、河口城市管理综合行政执法局招标投标买卖合同纠纷案

【裁判要旨】

投标文件没有完全响应招标文件的实质性要求和条款，属于无效投标文件，应当认定其不具备中标资格，即使中标，其资格应当予以取消。

【法院及案号】

一审：东营市中级人民法院，〔2013〕东商初字第131号。
二审：山东省高级人民法院，〔2014〕鲁商终字第184号。

【当事人】

一审原告、二审上诉人：营口甲公司。
一审被告、二审被上诉人：河口国有资产运营管理中心（以下简称"国资运营中心"）、河口城市管理综合行政执法局（以下简称"河口城管局"）。

【案情介绍】

2012年9月21日，河口国资运营中心下发《东营市河口区城市管理局集中供暖链条式热水锅炉项目政府采购招标文件》（东河国资政采〔2012〕044号），该文件第一章"基本情况说明"中第二项"招标内容"载明：本次采购主要内容为3台链条式热水锅炉，采购项目预算资金1800万人民币，具体设备清单及设备技术标准详见附件6。附件6中"设备一览表"载明的设备名称有"链条锅炉本体""平台扶梯""集汽罐""链条炉排""炉排减速机""分层给煤机""烟箱""钢架""炉墙护板""炉墙保温及炉门""仪表阀门""空气预热器"等，数量均为3台。第三章"投标文件应对招标文件实质性响应的要求和条款"第十五项规定：投标人投标产品（设备）齐全，符合招标文件要求，并规定投标文件未全部响应以上实质性要求和条款的，应当认定为无效投标文件。第六章"开标、评标、定标"中第二部分"评标"部分规定：评标由评标委

员会负责;评标委员会必须按法律法规规定及招标文件中规定的评标办法、评标方式,公平、公正、择优确定中标人;在评标过程中,有关涉及产品技术、功能和性能是否符合需求等问题出现各类带有争议性或不明确性问题均由评标委员会共同研究确定;在符合性检查过程中,评标委员会应依据招标文件的规定,从投标文件的有效性、完整性和对招标文件的响应程度进行检查,以确定是否对招标文件的实质性要求作出响应;为了有助于投标文件的审查、评价和比较,评标委员会可以书面形式要求投标人以书面形式澄清其投标文件内容。澄清的内容不得超出投标文件的范围或者改变投标文件的实质性内容;投标人投标产品(设备)不齐全,不符合招标文件要求的,应视为招标文件未全部响应招标文件规定的实质性条款,投标文件无效。第七章"中标通知书及合同"中载明:采购中心应当在中标结果公告之日起七个工作日内,向中标人发出中标通知书;中标通知书由招标人加盖公章,采购中心作为见证方加盖公章;中标通知书是合同的有效组成部分;中标通知书发出后,招标人改变中标结果,或者中标人放弃中标,应当承担相应的法律责任;如果中标人放弃中标,在依照法律规定和招标文件约定对其处理后,按照程序确定第二名中标候选人为中标人。招标人和中标人应当自中标通知书发出之日起三十日内书面签订政府采购合同,招标人无正当理由拒签合同的,双倍返还投标保证金;中标人无正当理由拒签合同的,招标人不予退还投标保证金;政府采购合同由招标人、中标人双方签订,国资运营中心为见证方,见证方的责任是监督证明所签合同内容与招标文件等要求和约定条款相一致。第九章"投标人责任"第一条规定:投标人应认真审阅招标文件及有关资料的所有内容。投标人对招标文件及相关资料的任何误解和忽略,导致发生的任何风险及结果,其责任一律自负。

2012年10月15日,营口甲公司针对河口国资运营中心下发的招标文件进行投标,其投标文件第27页、28页《投标分项报价明细表》《投标货物描述表》中载明的项目名称均为"东营市城市管理局供热站辽河路供热站搬迁改造工程锅炉"。《投标分项报价明细表》载明的设备名称为"锅炉本体""炉排""分层给煤""减速机""仪表阀门""吹灰器""卸运费""本体安装费",数量均为3台(套),标价为1639.5万元;《投标货物描述表》中载明的设备名称为"锅炉本体""炉排""分层给煤""减速机""仪表阀门""吹灰器",数量均为2台(套)。

2012年10月17日,该项目开标并评定营口甲公司为第一顺位中标供应商。

2012年10月18日,河口国资运营中心在东营政府采购网对涉案项目中标结果进行了公示,公示拟中标供应商为营口甲公司,中标价格1639.5万元;第二名供应商为山东某乐采暖设备有限责任公司,报价为1677万元;第三名供应商为某锅炉厂有限公司,报价为1620万元。公示期为三个工作日。公示期满后,河口国资运营中心未向营口甲公司发放中标通知书。

2012年10月25日,河口国资运营中心在东营政府采购网上发布涉案项目中标结果变更公示，以营口甲公司在投标文件中未全部响应招标文件的实质性要求为由，取消了其中标资格，并将拟中标供应商变更为山东某乐采暖设备有限责任公司。

营口甲公司请求确认本案招标投标采购合同成立并合法有效，河口国资运营中心和河口城管局承担全部诉讼费用。

【一审情况】

争议焦点：

一、河口国资运营中心、河口城管局对营口甲公司的投标进行废标处理是否合法的问题。

二、涉案招标投标采购合同是否已经成立的问题。

法院观点：

一、关于河口国资运营中心、河口城管局对营口甲公司的投标进行废标处理是否合法的问题。一审法院认为，废标合法。理由如下：

根据一审庭审查明的事实可知，河口国资运营中心下发的招标文件中明确规定招标项目主要内容为3台链条式热水锅炉，并在设备一览表中明确注明各项设备数量均为3台，而营口甲公司在投标文件《投标货物描述表》中列明的锅炉本体、炉排、分层给煤、减速机、仪表阀门等设备数量均为2台，与河口国资运营中心、河口城管局的招标文件不符，且与其投标文件中《投标分项报价明细表》中所载货物数量亦不相符。根据《中华人民共和国招标投标法》第二十七条规定"投标人应当按照招标文件的要求编制投标文件，投标文件应当对招标文件提出的实质性要求和条件作出响应"，涉案招标文件中明确规定投标人投标产品（设备）不齐全，不符合招标文件要求的，应视为投标文件未全部响应招标文件规定的实质性条款，投标文件无效。那么，本案营口甲公司在投标文件的《投标分项报价明细表》中将所招标的锅炉数量更改为2台，是否属于未响应招标文件的实质性要求。一审法院认为，所谓实质性要求是涉及招标项目的名称、内容、数量、价款等构成主要合同条款的内容，河口国资运营中心涉案招标项目主要内容即为购买3台链条式锅炉，因而营口甲公司在投标文件的《投标货物描述表》中将所供设备数量更改为2台，应属于未响应招标文件的实质性要求，营口甲公司主张该项内容为笔误，没有证据证实，不予采纳。根据招标投标法和涉案招标文件的相关规定，营口甲公司的投标应属无效。一审法院认为，由于营口甲公司在投标文件中未响应招标文件的实质性要求，故其投标为无效投标，评标委员会在评标过程中应当对此予以认定但未予认定，河口国资运营中心、河口城管局在中标公示期满后合同签订前，发现营口甲公司投标无效的该项事由并作废标处理，不违反相关法律规定，应属合法有效，予以确认。

二、关于涉案招标投标采购合同是否已经成立的问题。一审法院认为，合同未成立。理由如下：

原审法院认为，《中华人民共和国合同法》第二十五条规定"承诺生效时合同成立"，《中华人民共和国招标投标法》第四十五条规定"中标人确定后，招标人应当向中标人发出中标通知书，并同时将中标结果通知所有未中标的投标人。中标通知书对招标人和中标人具有法律效力。中标通知书发出后，招标人改变中标结果的，或者中标人放弃中标项目的，应当依法承担法律责任"。根据上述法律规定，在通过招标投标方式缔约时，中标通知书是招标人作出承诺的意思表示，投标人收到招标人发出的中标通知书时该承诺生效即合同成立。本案中，在河口国资运营中心、河口城管局发出营口甲公司为第一中标人的公示公告并期满后，由于其发现营口甲公司提供的投标文件未响应涉案招标文件的实质性要求，进而对营口甲公司的投标作废标处理，并未发放中标通知书，因而涉案招标投标采购合同成立要件并未齐备，该合同并未成立并生效。故营口甲公司关于合同已经成立并生效的诉讼请求，没有事实和法律依据，不予支持。

裁判结果：

驳回营口甲公司的诉讼请求。

【二审情况】

争议焦点：

一、营口甲公司的中标资格是否应当取消的问题。

二、本案招标投标买卖合同是否成立并合法有效的问题。

法院认为：

一、关于营口甲公司的中标资格是否应当取消的问题。二审法院认为营口甲公司的中标资格应当予以取消。理由如下：

河口国资运营中心发布的〔2012〕044号招标文件载明，项目名称为河口城管局集中供暖链条式热水锅炉项目，所购设备链条式热水锅炉数量为3台，投标文件必须响应"投标人投标产品（设备）齐全，符合招标文件要求"等全部实质性要求和条款，否则应当认定为无效投标文件。营口甲公司所投标书中《投标分项报价明细表》《投标货物描述表》载明的项目名称均为东营市城管局供热站辽河路供热站搬迁改造工程锅炉，《投标货物描述表》中载明"锅炉本体""炉排""分层给煤""减速机""仪表阀门""吹灰器"等设备数量均为2台（套）。因此，营口甲公司的投标文件没有完全响应招标文件的实质性要求和条款，属于无效投标文件，应当认定其不具备中标资格，营口甲公司的中标资格应当予以取消。

二、关于本案招标投标买卖合同是否成立并合法有效的问题。二审法院认为合同未成立。理由如下：

合同法规定，承诺通知到达要约人时生效，当事人采用合同书形式订立合同的，自双方当事人签字或者盖章时合同成立。河口国资运营中心发布的〔2012〕044号招标文件载明，招标人和中标人应当自中标通知书发出之日起三十日内书面签订政府采购合同，中标通知书是合同的有效组成部分。本案中，取消营口甲公司的中标资格并进行变更公示之时，河口国资运营中心和河口城管局并未向营口甲公司发出中标通知书，更没有与营口甲公司订立书面合同。因此，河口国资运营中心和河口城管局没有向营口甲公司作出订立合同的承诺，涉案招标投标买卖合同尚未成立，亦不需确定该招标投标买卖合同的法律效力。

裁判结果：

驳回上诉，维持原判。

一百二十九、

中标人与第三人签订的合同可以自愿降价

——杭州甲公司与浙江乙公司买卖合同纠纷案

【裁判要旨】

中标人与第三人（非招标投标当事人）签订的合同中约定以中标价格为结算依据，后中标人自愿降价，在无证据表明存在损害其他投标主体或者发包方利益，客观上也不影响其他投标主体平等参与竞争的权利的情形下，中标人的降价行为，不违反法律、法规强制性规定，应认定有效。

【法院及案号】

一审：杭州市余杭区人民法院，〔2011〕杭余商初字第497号。
二审：杭州市中级人民法院，〔2012〕浙杭商终字第5号。
再审：浙江省高级人民法院，〔2012〕浙商提字第57号。

【当事人】

一审原告、二审被上诉人、再审被申请人：浙江乙公司。
一审被告、二审上诉人、再审申请人：杭州甲公司。

【案情介绍】

杭州甲公司在"一校两院"新校园建设一期工程（不锈钢管）材料项目邀请招标中中标，从招标文件和中标通知书载明的内容看，招标单位为浙江省工程有限公司。杭州甲公司根据中标通知书与浙江乙公司签订"一校两院"新校园建设一期工程不锈钢买卖合同一份，杭州甲公司的签署时间为2007年3月23日，浙江乙公司的签署时间为2007年3月31日，合同主要约定：杭州甲公司为浙江乙公司承建的"一校二院"新校园建设一期工程供应创通牌SUS304卡压式不锈钢管及配件，具体产品名称、型号规格、单价及金额在合同附件，双方根据招标投标文件，单价按招标投标文件结算，金额按实际供货数量结算，保修期为工程竣工验收之日起2年；货送到工地30天内，浙江乙公司支付杭州甲公司每批产品55%的货款，竣工验收合格后的30

天内,浙江乙公司支付杭州甲公司合同总价的25%供货款,竣工结算完成后的30天内,浙江乙公司支付杭州甲公司15%的供货款,剩余5%的质量保证金,在保修期结束后的10天内付清。杭州甲公司签署上述不锈钢买卖合同的同日,出具承诺函给浙江乙公司,"水管和配件的单价按我公司投标价下浮30%,工程量按实际供货量结算"。事后,杭州甲公司依约定向浙江乙公司发货,按合同金额为558061.01元。浙江乙公司收货后先后付款270000元,退货按合同金额为109682.22元,尚余合同金额178378.79元未付。另浙江乙公司承建的工程已于2008年9月竣工验收合格。

杭州甲公司诉至法院请求判令：1.浙江乙公司立即支付杭州甲公司货款178378.79元,承担自2009年1月1日至2011年8月15日共计955天的利息损失26334.49元,以及2011年8月16日至生效判决确定的履行期限届满时止的利息损失(以货款基数178378.79元,按一至三年期银行贷款基准利率计算)。2.浙江乙公司承担本案诉讼费。

【一审情况】

争议焦点：

浙江乙公司是否应支付尚余货款178378.79元及利息损失的问题。

法院观点：

关于浙江乙公司是否应支付尚余货款178378.79元及利息损失的问题。一审法院认为,应当支付。理由如下：

杭州甲公司在浙江乙公司"一校两院"新校园建设不锈钢材料项目招标投标中中标,双方签订了不锈钢买卖合同,并约定双方根据招标投标文件,单价按照招标投标文件结算。杭州甲公司签署日期为2007年3月23日,同日杭州甲公司向浙江乙公司出具了承诺书,同意水管和配件的单价按我公司投标价下浮30%,后浙江乙公司于2007年3月31日签署合同,也即案涉合同成立时间在杭州甲公司出具承诺书之后,即便浙江乙公司接受该承诺视为双方形成合意,浙江乙公司在签署合同时,也未对合同约定以单价按照招标投标文件结算的条款作出变更,故该合同的效力应当予以确认。另外,承诺书实际上违反了有关法律规定,侵害了其他投标主体平等参与竞争的权利,构成对招标活动的基本原则的违反,与招标中标合同实质相背离,应认定无效,浙江乙公司应按合同约定的招标投标文件确定的价格结算。杭州甲公司要求浙江乙公司支付承建的工程已于2008年9月竣工验收合格,至今也超过了约定的两年保修期,浙江乙公司应支付剩余的5%质保金。另浙江乙公司称与业主方竣工结算未能完成,但未举证证明,且也不能构成不给付款项的事由。综上,杭州甲公司要求浙江乙公司支付尚余货款178378.79元及逾期付款利息损失中的合理部分,理由正当,一审法院予以支持。

裁判结果：

一、浙江乙公司支付杭州甲公司货款178378.79元,于判决生效后十日内付清。

二、浙江乙公司支付杭州甲公司逾期付款利息损失（从2009年1月1日起算至判决确定支付之日止，按扣除质保金后的货款金额150475.73元，按同期银行贷款年利率计算），于判决生效后十日内付清。

三、驳回杭州甲公司的其余诉讼请求。

【二审情况】

争议焦点：

案涉货款应当以双方不锈钢管买卖合同约定的投标价格结算还是以杭州甲公司出具的承诺函价格结算的问题。

法院认为：

关于案涉货款应当以双方不锈钢管买卖合同约定的投标价格结算还是以杭州甲公司出具的承诺函价格结算的问题。二审法院认为应以投标价格结算。理由如下：《中华人民共和国招标投标法》第四十六条规定"招标人和中标人应当自中标通知书发出之日起三十日内，按照招标文件和中标人的投标文件订立书面合同。招标人和中标人不得再行订立背离合同实质性内容的其他协议"。杭州甲公司就不锈钢管单价向浙江乙公司出具的承诺书与双方根据招标投标文件签订的不锈钢管买卖合同之实质性内容不一致，违反了上述法律规定，亦侵害了其他投标主体平等参与竞争的权利，构成对招标投标活动基本原则的违反，应认定无效。双方应按其招标投标文件所签不锈钢管买卖合同约定的价格进行结算。涉案工程于2008年9月通过竣工验收，合同约定的自工程竣工验收之日起算的两年产品保修期已届满，浙江乙公司应向杭州甲公司付清全部货款。浙江乙公司的上诉理由不能成立，对其上诉请求不予支持。

裁判结果：

驳回上诉，维持原判。

【再审情况】

争议焦点：

案涉货款应当以双方不锈钢管买卖合同约定的投标价格结算还是以杭州甲公司出具的承诺函价格结算的问题。

法院认为：

关于案涉货款应当以双方不锈钢管买卖合同约定的投标价格结算还是以杭州甲公司出具的承诺函价格结算的问题。再审法院认为，应当以承诺函价格结算。理由如下：

杭州甲公司在"一校两院"新校园建设一期工程（不锈钢管）材料项目邀请招标中中标，从招标文件和中标通知书载明的内容看，招标单位为浙江省工程有限公司。杭州甲公司根据中标通知书与浙江乙公司签订案涉货物买卖合同，合同文本第二项载明，双方根据招标投标文件，单价按投标文件计算，金额按实际供货数量结算。杭州甲公司在签署合同当天2007年3月23日出具承诺函，承诺价格按照投标价下浮30%，浙江乙公司在收到承诺函后于2007年3月31日签署了合同文本。浙江乙公司的行为表明其接受了承诺函的价格，双方当事人就买卖合同货物价格重新达成合意，该合意为双方真实意思表示，在不违反法律、法规强制性规定的情形下应当认定有效。杭州甲公司主张承诺函违反《中华人民共和国招标投标法》第四十六条的规定无效，但该条款系对招标人和中标人在招标投标活动中民事行为的约束，而浙江乙公司并非本案不锈钢管材料项目招标投标关系的当事人，无需受该项目招标投标文件和上述法律条款的约束，即便其不与杭州甲公司签订案涉货物买卖合同，也无需向杭州甲公司担违约责任，杭州甲公司也不能依招标文件和中标通知书向浙江乙公司主张权利。杭州甲公司中标后在与浙江乙公司签订的买卖合同中自行让利，并无证据表明存在损害其他投标主体或者发包方利益的情形，客观上也不影响其他投标主体平等参与竞争的权利。故浙江乙公司与杭州甲公司间的买卖合同及承诺函系双方真实意思表示，不违反法律、法规强制性规定，应认定有效。案涉货款应当以杭州甲公司出具的承诺函价格结算。申请再审人浙江乙公司提出的申请再审理由成立。一、二审判决认定事实不清，适用法律不当，应予纠正。

裁判结果：

一、撤销杭州市中级人民法院〔2012〕浙杭商终字第5号民事判决和杭州市余杭区人民法院〔2011〕杭余余商初字第497号民事判决。

二、浙江乙公司支付杭州甲公司货款43865.15元。

三、浙江乙公司支付杭州甲公司上述款项的逾期付款利息损失（从2009年1月1日起计算至本判决确定的支付之日止，按中国人民银行规定的同期同档次贷款基准利率计算），以上款项于本判决送达之日起十日内付清。

四、驳回杭州甲公司其他诉讼请求。

一百三十、

中标人不得以合同条款缺失为由拒绝签订合同

—— 甲公司与开发区管理委员会招标投标买卖合同纠纷案

【裁判要旨】

招标文件中已经规定了相关合同的主要条款,投标人如果认为招标文件有遗漏,应在投标前向招标人提出。若投标人未在招标投标过程中提出,投标人在中标后不得以缺乏合同条款拒绝签订合同。

【法院及案号】

一审:延庆县人民法院,〔2008〕延民初字第02404号。

二审:北京市第一中级人民法院,〔2008〕一中民终字第13564号。

【当事人】

一审原告、二审上诉人:甲公司。

一审被告、二审被上诉人:开发区管理委员会(以下简称"管委会")。

【案情介绍】

2008年4月,开发区管委会就2008年冬季供暖燃煤采购事项进行招标。开发区管委会编制的招标文件对招标项目进行了介绍,规定了项目数量、规模和质量要求,并对投标人资格、投标文件、投标有效期等提出了具体要求。招标文件要求中标公司必须在签订供煤合同前交纳保证金,金额为中标总煤价的20%。中标公司必须在中标后一周内签订供煤合同,否则视为自动放弃;6月底必须储存总用煤量80%以上。竞标方案及报价表的递交时间为2008年4月的21日至24日9时。投标公司应在递交竞标方案的同时向招标方缴纳竞标保证金5万元,未按规定缴纳竞标保证金的方案将被视为无效方案;未中标的投标公司竞标保证金,在评选结束后当时退还;中标的投标公司竞标保证金不退还,转为信誉保证金;如果中标的投标公司不按规定签订供煤合同,竞标保证金视为放弃不予退还。竞标方案在合同主要条款部分规定了招标方和投标方的权利义务。

2008年4月24日，甲公司向开发区管委会缴纳了竞标保证金5万元。同日经公开竞标，甲公司成为开发区管委会一区锅炉房供煤的中标单位，开发区管委会向甲公司送达了中标通知书。后开发区管委会要求甲公司按照招标文件规定交纳20%的保证金并签订书面供煤合同，甲公司认为开发区管委会未将付款方式和时间写入招标文件，对开发区管委会提供的供煤合同文本中的付款方式和时间不能接受，故不同意签订书面供煤合同，双方因此发生纠纷，经协商未果。

另查明：如果中标的投标公司不按规定签订供煤合同，竞标保证金视为放弃不予退还，该内容系招标文件第六条第6项的规定；招标文件第八条（"合同主要条款及协议书写格式"）中未载明开发区管委会付款的时间。

经询问，双方当事人均认可煤炭价格已经发生较大变化，即便开发区管委会同意甲公司提出的付款方式，签订书面供煤合同亦已无可能。

甲公司请求判令开发区管委会退还竞标保证金5万元。

【一审情况】

争议焦点：

开发区管委会是否应退还竞标保证金5万元问题。

法院观点：

关于开发区管委会是否应退还竞标保证金5万元问题。一审法院认为，不应退还竞标保证金5万元。理由如下：

开发区管委会为解决冬季供暖燃煤采购事项编制招标文件进行公开招标，甲公司接受开发区管委会提供的招标文件，按招标文件规定缴纳了竞标保证金，并且在整个招标投标过程中未对招标文件提出异议，所以招标文件应认定为双方当事人的真实意思表示、不违反国家法律法规的强制性规定，合法有效，双方当事人应严格遵守。开发区管委会发出的招标公告是要约邀请，甲公司针对招标文件的内容进行响应是要约，开发区管委会确定甲公司中标并向甲公司发出中标通知书是承诺，整个招标投标过程合法有效。甲公司收到中标通知后，应按招标文件规定交纳中标总煤价的20%的保证金、签订书面供煤合同，而甲公司未与开发区管委会签订书面供煤合同，导致供煤合同最终不能成立。对此，甲公司应承担相应的缔约过失责任。就甲公司提出的导致供煤合同不能签订的原因是招标文件未规定付款方式和时间，这属于开发区管委会的过失，应由开发区管委会承担相应的责任之主张，招标文件第八条已经规定了供煤合同的主要条款，甲公司如果认为招标文件有遗漏，应在投标前向开发区管委会提出，而甲公司未在招标投标过程中提出，且付款方式和时间可以依据《中华人民共和国合同法》的有关规定补正，所以甲公司以此为由拒绝签订书面供煤合同显然不能成立。所以，开发区管委会的抗辩理由成立，应予支持。

裁判结果：

驳回甲公司的诉讼请求。

【二审情况】

争议焦点：

一、本案是否因招标文件的重大瑕疵影响了供煤合同签订的问题。

二、供煤合同不能成立的责任在于哪一方当事人的问题。

三、一审法院是否有违公平正义的问题。

法院认为：

一、关于本案是否因招标文件的重大瑕疵影响了供煤合同签订的问题。二审法院认为，甲公司不能有效证明影响供煤合同签订的原因是招标文件的重大瑕疵。理由如下：

①招标文件虽然应当包括拟签订的合同的主要条款，且其中未载明付款期限，但甲公司在投标前和投标过程中未就此提出异议的情形表明：要么开发区管委会在此间已将付款期限告知甲公司，要么就是甲公司愿意于中标后再与开发区管委会协商付款期限。如果是第一种情况，即与开发区管委会一审中以"甲公司在领取招标文件时对付款方式进行了咨询，当时招标投标管理办公室工作人员已经明确答复从2008年12月20日至2009年4月20日分五次平均支付"为由，抗辩提出甲公司对付款方式了解且认可之主张吻合；如果是第二种情况，甲公司即应预知与开发区管委会协商后可能产生的不同后果。基于此，甲公司以付款方式直接关系供方的期待利益为由，将供煤合同未能签订的责任归于开发区管委会在招标文件第八条未将供煤合同的履行方式载明，亦属于理不合。根据以上评述，甲公司上诉提出的开发区管委会系供煤合同未能签订的有过错一方一说不能确凿成立，因而甲公司上诉提及的合同法理不能有效证明影响供煤合同签订的原因是招标文件的重大瑕疵。所以，甲公司上诉提出的开发区管委会应退还5万元投标保证金一说之事实根据不足。

②甲公司无证据证明其在招标人不明示付款期限的情况下有理由相信供煤合同的付款方式是即时清结属行业惯例，故其基于上诉提出的所谓行业惯例而提出的相关意见，不足以支持其上诉请求。

二、关于供煤合同不能成立的责任在于哪一方当事人的问题。二审法院认为，供煤合同不能成立的责任在甲公司。理由如下：

①《中华人民共和国合同法》第十二条第一款和第六十一条关于履行期限和方式是合同的一般性条款，当事人如果在已生效的合同中未约定付款期限，可以协议补充等规定，表明付款期限一般应为合同中的应有条款。基于此，招标文件中缺少拟签供煤合同的应有条款，实质上并非甲公司以与开发区管委会另行磋商供煤合同的付款方式为由，上诉提出的供煤合同的主要条款是招标投标合同之外的条款。根据以上第一

点评述，本院不采信甲公司上诉提出的由于双方就付款方式不能达成一致的意思表示才使供煤合同不能成立一说。

②根据以上针对"关于因招标文件的重大瑕疵影响了供煤合同的签订，开发区管委会应向甲公司退还5万元投标保证金"问题的第1点评述，甲公司以"其中标后发现拟签订的合同之付款时间未予列出，遂向开发区管委会提出异议，双方为此进行了多次磋商，开发区管委会还组织召开了两次党委会研究此事"为由，上诉提出双方最终未能达成一致意见，使供煤合同未签订一说，不足以有效支持其提出的"一审法院认定供煤合同不能成立的责任在甲公司，未考虑涉案招标投标合同的特殊情形"之上诉理由。甲公司上诉提出的"一审法院认定甲公司在投标前和投标过程中未采取补正措施，与实际情况不符"一说因缺乏事实根据而不能成立。

三、关于一审法院是否有违公平正义的问题。二审法院认为，一审法院不存在有违公平正义的情形。理由如下：

①结合以上针对"关于因招标文件的重大瑕疵影响了供煤合同的签订，开发区管委会应向甲公司退还5万元投标保证金"问题的第1点评述，在投标人未于投标前和投标过程中就付款期限事宜提出质疑的情况下，甲公司以"根据《中华人民共和国招标投标法》的规定，招标文件的内容一旦确定，招标方即不能随意更改"为由，上诉提出的"更改招标文件的内容（确定付款期限）会侵犯其他投标人的平等竞争权"一说不能成立。根据以上针对"关于一审法院认定供煤合同不能成立的责任在甲公司，未考虑涉案招标投标合同的特殊情形"问题的第1点评述，本院不采信甲公司上诉提出的开发区管委会与甲公司就付款方式的另行协商是对招标投标合同的抛弃一说。

②根据以上针对"关于一审法院认定供煤合同不能成立的责任在甲公司，未考虑涉案招标投标合同的特殊情形"问题的第1点评述，甲公司以"开发区管委会在对招标投标合同的要约承诺制后又拿出另外一份合同与甲公司进行协商，实质上是重新签订一份供煤合同"为由，上诉提出的涉案招标投标与《中华人民共和国招标投标法》规定的招标投标合同之内容、程序严重不符一说，不能确凿成立。

裁判结果：

驳回上诉，维持原判。

一百三十一、

招标人逾期退还投标保证金应被追责

——辽宁甲公司与乙纸业公司招标投标买卖合同纠纷案

【裁判要旨】

招标人最迟应当在书面合同签订后五日内向中标人和未中标的投标人退还投标保证金及银行同期存款利息,招标人逾期退还投标保证金会被追责。

【法院及案号】

一审:河北省唐山市曹妃甸区人民法院,〔2015〕曹民初字第1483号。

【当事人】

一审原告:辽宁甲公司。

一审被告:乙纸业公司。

【案情介绍】

2014年7月,乙纸业公司拟就年产170万吨高档包装纸板和特种纸板项目一期工程PM6/7/8制浆造纸生产线室外非标槽罐进行公开招标,按PM6、PM7、PM8制浆造纸车间划分,共计三个包,投标保证金每包30万元人民币。《招标文件》第3.7.4条约定:未中标的投标单位的投标保证金将于招标人最终定标并签订合同后三十日内无息退还。辽宁甲公司参与了全部三个标的投标,并于2014年7月17日向乙纸业公司交纳投标保证金90万元。辽宁甲公司最终并未中标,乙纸业公司已于2014年9月26日与中标方签订合同,但未向未中标方辽宁甲公司退还投标保证金90万元。

辽宁甲公司请法院依法判令被告向原告退还投标保证金90万元,并按原告的实际贷款利率支付自被告与中标方签订合同的五日后至退还投标保证金之日的欠款利息。

【一审情况】

争议焦点:

乙纸业公司逾期退还保证金是否合法的问题。

法院观点:

关于乙纸业公司逾期退还保证金是否合法的问题。一审法院认为,乙纸业公司逾期退还保证金不合法。理由如下：

辽宁甲公司参与乙纸业公司建设项目的投标，并按《招标文件》的要求向乙纸业公司交纳投标保证金90万元，在确定未能中标后，乙纸业公司应向未中标的辽宁甲公司退还投标保证金90万元。就投标保证金的退还时间，《招标文件》约定应于签订合同后30日内无息退还，但该约定违反《中华人民共和国招标投标法实施条例》第五十七条第二款"招标人最迟应当在书面合同签订后五日内向中标人和未中标的投标人退还投标保证金及银行同期存款利息"的规定，应视为无效，乙纸业公司应于与中标方签订合同后五日内（即2014年10月1日前）向辽宁甲公司退还投标保证金及银行同期存款利息。辽宁甲公司未要求该期间的利息，属于其自行放弃权利；乙纸业公司未能在该期间内返还投标保证金，应自2014年10月2日起按中国人民银行发布的同期同类贷款利率向辽宁甲公司支付利息。辽宁甲公司要求按其实际贷款利率支付利息的诉讼请求，理据不足，本院不予支持。

裁判结果：

一、被告乙纸业公司于本判决生效之日起十日内向原告辽宁甲公司返还投标保证金90万元，并就该应返还投标保证金90万元，按中国人民银行同期同类贷款利率向原告辽宁甲公司支付自2014年10月2日起至本判决指定的履行期间内实际履行之日止的利息。

二、驳回原告辽宁甲公司的其他诉讼请求。

一百三十二、

评标委员会错误导致的赔偿责任应当由招标人承担

——甲公司与市林科所、市建院监理公司、市招标投标管理办公室招标投标纠纷案

【裁判要旨】

因评标委员会认识错误下的行为造成投标人的损失时，投标人有权获得司法救济，评标委员会的非实体及无自身利益的性质决定了其不应作为承担民事责任的主体。评标委员会虽以独立于招标人的意志进行评标，但其工作任务在于确定招标人提出的招标项目的中标人，类似于受托人完成委托人的委托事项。故评标委员会与招标人可界定为委托关系，评标委员会行为的法律后果由招标人承担。

【法院及案号】

一审：江西省市中级人民法院，〔2004〕九中民一初字第09号。

【当事人】

一审原告：甲公司。
一审被告：市林科所、市建院监理公司、市招标投标管理办公室。

【案情介绍】

2003年8月，原告甲公司获悉第一被告市林科所有天花井森林公园道路、隧道工程准备招标，同年8月2日原告甲公司向市林科所天花井国家森林公园建设指挥部出具介绍信及法人委托书，委托刘某以公司的名义参加市林科所天花井国家森林公园建设指挥部隧道、桥梁、道路、土石方及房屋建筑工程的业务投标活动。2003年8月30日市林科所编制出工程施工招标文件，8月31日市林科所与第二被告市建院监理公司签订建设工程招标代理委托合同。2003年9月15日，市林科所以专家库抽取方式组建了评标委员会，共5名成员，包括四名专家和一名业主代表。2003年9月15日，天花井森林公园道路（隧道）工程的开标评标会在市建筑交易市场进行，包括原告甲公司在内的七家单位参加了投标。在开标前由市工商局进行资格预审，市建设局进行资质预审。同日上午8:30分，原告甲公司的代表刘某文、刘某在开标会签到簿

上签到。当天，市林科所收到两份甲公司关于参加开标评标事宜的授权委托书，代理人分别为冯某军与刘某文。在工商局进行资格预审时，建设局提出："甲公司的代理人更换了，到场的代理人刘某文在建设部门没有备案"。2003年9月15日，评标委员会作出初审报告，涉案内容为："在对甲公司的投标文件进行审查时，发现甲公司擅自变更法人委托人，又不澄清和说明，依据2003年中华人民共和国七部委30号令及《评标委员会和评标方法暂行规定》之规定，评标委员会对其投标按废标处理"。原告甲公司不服废标决定，遂向本院提起诉讼。

另查明，第二被告市建院监理公司向原告甲公司收取投标保证金10000元、图纸押金1500元、工本费350元。原告甲公司制作标书花费6000元，因投标及处理投标纠纷花费旅差费1342.3元。

甲公司请求法院判令：1.判决三被告取消我公司天花井森林公园道路、隧道工程投标资格的行为无效；2.判令各被告共同赔偿我公司人民币581013.68元；3.本案诉讼费由各被告共同承担。

【一审情况】

争议焦点：

一、评标委员会基于错误认识作出的废标决定，对投标人造成的损失应由谁承担的问题。

二、投标人损失金额的问题。

法院观点：

一、关于评标委员会基于错误认识作出的废标决定，对投标人造成的损失应由谁承担的问题。一审法院认为，应由招标人承担。理由如下：

根据《中华人民共和国招标投标法》第四十五、四十六、四十八条关于中标的规定，应认为招标人进行招标，投标人参加投标，直到最后中标人确定前，整个招标投标活动都处于合同的缔约阶段。缔约过程中的赔偿责任应适用《中华人民共和国合同法》第四十二条关于缔约过失责任的规定。根据《中华人民共和国招标投标法》第三条的规定，本案所涉工程是必须进行招标的项目。招标人在缔约阶段虽依《中华人民共和国招标投标法》的强性规定必须以招标投标的形式确定中标人，但在合同的缔约过程中招标人与投标人地位是平等的，缔约活动是自由的，主要应以民法来调整双方之间的权利义务关系。《中华人民共和国招标投标法》第三十七条规定："评标由招标人依法组建的评标委员会负责"。评标委员会的专家委员虽是招标人从符合法律规定条件的专家库中抽取的，但专家委员的专业素养并不保证其认识及评标行为永远正确。在因评标委员会认识错误下的行为造成投标人的损失时，投标人有权获得司法救济，评标委员会的非实体及无自身利益的性质决定了其不应作为承担民事责任的主体。专家委员在评标过程中的认识错误实质是专家依凭专业知识进行主观性判断时难以彻底避免的风险。招标人虽不能控制这种风险，但这种风险早已隐藏在招标人组建评标委员会时所包含的对专家委员的信任关系之中，即便此等信任是因国家强制力而引起，信任中的风险亦应由招标人承担。另评标委员会虽以独立于招标人的意志进行评标，但其工作任务在于确定招标人提出的招标项目的中标人，类似于受托人完成委托人的委托事项。故评标委员会与招标人可界定为委托关系，评标委员会行为的法律后果由招标人承担。评标委员会的评标活动应依法进行，做到客观、公正。本案中，评标委员会以原告甲公司擅自变更法人委托人为由作出了废标决定，但是评标委员会依据的2003年中华人民共和国七部委第30号令及《评标委员会和评标方法暂行规定》均没有规定投标人擅自变更委托人可予以废标。参加投标作为投标人的一种经营活动，委托及变更委托均为投标人的意志自由，受托人行为的法律后果由委托人承担，受托人的变更并不影响委托人的信用，对于合同缔约相对方而言不形成任何商业风险。投标人甲公司的工作人员持投标人的委托书参加投标，评标委员会作出废标决定属错误理解行政法规，违背了合同缔约过程中的诚实信用则，对投标人造成的损失应由评标委员会的委托人招标人市林科所承担。

二、关于投标人损失金额的问题。二审法院认为投标人损失金额应调整为29192.3元，理由如下：

原告甲公司诉请"判决三被告取消我公司天花井森林公园道路、隧道工程投标资格的行为无效"，虽然评标委员会的废标决定没有法律和行政法规的依据，但鉴于该工程已确定了中标人，中标人的施工亦接尾声，投标人的投标资格是否有效没有现实意义，且对原告要求赔偿损失的支持足已包含对评标委员会废标决定的否定性评价。故在判决主文中对该项诉请不作为一项判决内容单独进行确认。原告甲公司诉请"三被告共同赔偿581013.6元"，包括了原告认为的预期利润550163.68元，因本案适用缔约过失责任，赔偿范围不能包括预期利益损失，故550163.68元的损失赔偿本院不予支持。关于投标保证金10000元，招标文件约定："投标截止以后，投标人不得撤回投标文件，否则其投标保证金将被没收"，按照投标人与招标人平等地位的理解，投标保证金于特定情况下的惩罚性质应对等适用于双方，故此投标保证金具有定金的特征。投标人于招标人违反招标文件和法律、行政法规的规定时，有权利要求招标人双倍返还投标保证金即20000元。评标委员会违反行政法规的规定作出废标决定，此行为后果理应由招标人承担，招标人应向投标人双倍返还投标保证金20000元。关于旅差费1342.3元，虽有部分发生于2003年9月15日开标评标会之后，但原告为处理此纠纷发生的旅差费系因错误的废标决定而起，理应包括在赔偿范围之内。原告已花费的标书制作费6000元、工本费350元、图纸押金1500元，均为原告甲公司缔约过程中的直接损失，招标人第一被告市林科所亦应予以赔偿。第二被告市建院监理公司与第一被告市林科所形成委托关系，市建院监理公司的行为的法律后果，理应由市林科所承担，原告起诉市建院监理公司没有法律依据。第三被告市招标投标管理办公室作为招标投标活动的行政管理部门，依法行使行政职权，原告对其提起民事诉讼没有事实和法律依据。

裁判结果：

一、被告市林科所双倍返还投标保证金20000元给原告甲公司，并赔偿原告甲公司经济损失9192.3元。上述应给付的款项共计29192.3元，被告市林科所于本判决生效之日起十日内支付。

二、驳回原告甲公司的其他诉讼请求。

一百三十三、

投标人虚假投标，招标人有权确认招标行为和中标合同无效

——甲水利管理处与乙水利水电公司确认合同无效纠纷案

【裁判要旨】

投标人提交的投标材料弄虚作假并中标的，招标人有权直接向法院提起民事诉讼，请求确认招标投标行为无效和中标合同无效。

【法院及案号】

一审：吉林省安图县人民法院，〔2018〕吉2426民初290号。
二审：吉林省延边朝鲜族自治州中级人民法院，〔2018〕吉24民终1005号。

【当事人】

一审原告、二审被上诉人：甲水利管理处。
一审被告、二审上诉人：乙水利水电公司。

【案情介绍】

2016年11月，甲水利管理处委托招标代理机构北京某华公司进行招标，发布的招标文件投标人须知中关于投标人业绩要求和类似项目要求："近五年完成过至少1项单项合同金额为7000万元及以上新建中型及以上水利工程（建设内容应包括土石坝工程或重力坝工程或溢洪道工程或隧洞工程）"。招标文件中分值构成与评分标准载明："关于企业综合实力为10分，投标人近5年承担3项类似工程施工的，得3分；承担2项的，得2分；承担1项的，得1分；近5年承担过寒冷地区的水利工程施工，有1项为类似项目得1分，最多得3分"。乙水利水电公司作为投标人于2016年12月7日提供的投标文件中载明："投标人近5年承担3项类似工程施工、近5年承担过3项寒冷地区的类似水利工程施工（3项类似工程与3项寒冷地区类似水利工程相同）。1.某县九龙潭水库枢纽工程（寒冷地区）；2.某省中部引黄工程施工02标（寒冷地区）；3.某县齐古水库工程施工第一标段（寒冷地区）"。乙水利水电公司提供的近五年完成的类似项目情况表中载明："某县九龙潭水库枢纽工程，开工日期为2012

年7月20日,完工日期2015年9月8日(验收日期)"。乙水利水电公司提供了四川省水利厅文件《关于印发某县九龙潭水库枢纽工程竣工验收鉴定书的通知》(川水建发〔2015〕1022号),附件《某县九龙潭水库枢纽工程竣工验收鉴定书》验收结论为:"工程竣工验收委员会认为,某县九龙潭水库枢纽工程按照批准的设计规模、设计方案全部建成,形象面貌达到工程竣工的要求,施工过程属于受控状态,质量合格,工程已完成各项专项验收的全部工作,各专项验收报告均有明确的可以通过的验收结论。工程竣工验收委员会同意通过工程竣工验收"。投标人乙水利水电公司经评标后被推荐为中标候选人,2016年12月16日,甲水利管理处向乙水利水电公司发出《中标通知书》。2017年1月17日,双方签订《某县水利枢纽工程(枢纽部分)施工合同》,发包人为某县水利枢纽工程建设管理处,承包人为乙水利水电公司。签约后,乙水利水电公司进入工地现场,并作了施工准备。

2017年,有人反映某县水利枢纽工程招标投标存在问题,某省水利厅于2017年5月4日向四川省水利厅建设管理处发函:"商请辨别《某县九龙潭水库枢纽工程》竣工验收鉴定书的通知的真伪,商请《某县九龙潭水库枢纽工程》的建设状态"。四川省水利厅建设与管理处于2017年5月5日复函:"某县九龙潭水库工程2015年6月主体工程基本完工,现正在进行工程扫尾和下闸蓄水阶段验收相关准备工作,我厅尚未组织竣工验收"。2017年5月29日,某省水利厅向反映人作出《某省水利厅关于某县水利枢纽工程招标投标存在有关问题的处理意见》,内容为:"乙水利水电工程局有限责任公司在某县水利枢纽工程投标中提供虚假材料一事属实。将乙水利水电工程局有限责任公司在我省的企业信用等级由A级降为B级,在评标过程中的相应信用等级分由5分降为4分,并作为不良行为记录进行全省通报"。2017年6月9日,某省水利厅在省水利建设信息平台发布通报,内容为:"乙水利水电工程局有限责任公司在某县水利枢纽工程招标投标活动中提供的《某县九龙潭水库枢纽工程竣工验收鉴定书》经核实为虚假材料。将乙水利水电工程局有限责任公司在我省的企业信用等级由A级降为B级,在评标过程中的相应信用等级分由5分降为4分,自处理决定印发之日起执行,执行期限3年"。2017年10月28日,甲水利管理处向乙水利水电公司发出《关于解除某县水利枢纽工程(枢纽部分)施工合同的通知》。2017年11月6日,乙水利水电公司向甲水利管理处回函,要求继续履行某县水利枢纽工程(枢纽部分)施工合同,甲水利管理处未同意。乙水利水电公司于2018年1月17日将甲水利管理处诉至二审法院,要求确认甲水利管理处于2017年10月28日给乙水利水电公司下达的《关于解除某县水利枢纽工程(枢纽部分)施工合同的通知》无效。

另查明,二审审理期间,二审法院于2018年7月17日依职权向北京某华国金工程咨询有限公司调取乙水利水电公司的招标投标综合得分情况。经查,按照招标分值构成与评分标准计算,乙水利水电公司提交"某县九龙潭水库枢纽工程"的相关竣工验收材料,使其在本次招标中分值增加2分,综合得分为95.62分,排名第一;位列本次招标第二名的投标人综合得分为94.48分。

甲水利管理处向一审法院起诉请求：1.判决撤销2017年1月17日双方签订的某县水利枢纽工程（枢纽部分）施工合同；2.案件诉讼费由乙水利水电公司承担。

【一审情况】

争议焦点：

一、关于中标效力产生的纠纷是否属于民事诉讼受理范围的问题。

二、关于中标效力的问题。

三、关于建设工程施工合同效力的问题。

法院观点：

一、关于中标效力产生的纠纷是否属于民事诉讼受理范围的问题。一审法院认为，中标效力产生的纠纷是属于民事诉讼受理范围。理由如下：

招标是指招标人为了完成特定标的的交易行为，通过公告或其他方式，邀请符合其交易条件的投标人，在规定的时间、地点向其发出签约意向，然后按照一定程序确定签约人的活动。由此可见，招标投标活动属于一种民事活动，民事活动中所产生的纠纷属于人民法院受理民事诉讼的范围，并受《中华人民共和国招标投标法》的调整，故甲水利管理处主张中标无效的诉讼请求属于人民法院民事诉讼的受理范围。

二、关于中标效力的问题。一审法院认为，中标无效。理由如下：

投标人在投标过程中应当诚实守信，公平竞争，在竞标时提供虚假业绩，影响了评标的分数，是对其他竞标人不公平，有违公平竞争的原则。依据《中华人民共和国招标投标法实施条例》第四十二条第二款第（二）项的规定，提供虚假业绩属于弄虚作假的行为。《中华人民共和国招标投标法》第三十三条规定，投标人不得以其他方式弄虚作假，骗取中标。第五十四条第一款规定，投标人以其他方式弄虚作假，骗取中标的，中标无效。乙水利水电公司在投标过程中提供的《某县九龙潭水库枢纽工程竣工验收鉴定书》经省水利厅核实系虚假材料，投标时该工程尚未完成、尚未竣工验收。乙水利水电公司属于以弄虚作假的方式骗取中标，该中标无效。

三、关于建设工程施工合同效力的问题。一审法院认为，建设工程施工合同无效。理由如下：

中标是签订建设工程施工合同的前提条件，只有符合法律规定的中标，才会形成合法的建设工程施工合同。中标无效，必然导致建设工程施工合同无效。本案中，已认定乙水利水电公司中标无效，依据《最高人民法院关于审理建设工程施工合同纠纷案件适用法律问题的解释》第一条第（三）项的规定，建设工程必须进行招标而未招标或者中标无效的，建设工程施工合同应当根据《中华人民共和国合同法》第五十二条第（五）项的规定，认定无效。

裁判结果：

一、被告乙水利水电公司关于某县水利枢纽工程的中标无效。

二、原告甲水利管理处与被告乙水利水电公司签订的某县水利枢纽工程施工合同无效。

【二审情况】

争议焦点：

一、关于中标效力产生的纠纷是否属于民事诉讼受理范围的问题。

二、关于乙水利水电公司是否存在以弄虚作假方式骗取中标行为以及中标效力的问题。

三、关于建设工程施工合同效力的问题。

法院认为：

一、关于中标效力产生的纠纷是否属于民事诉讼受理范围的问题。二审法院认为，中标效力产生的纠纷是属于民事诉讼受理范围。理由如下：

招标人发出招标公告和招标文件均属"要约邀请"，既表示招标人希望投标人向其发约的意愿，也表达了招标人对标的物的要求。投标人递交投标文件，代表投标人接受要约邀请，向招标人提出"要约"，明确按何种价格、方式提供招标人需要的标的物。招标人发出中标通知书，属于"承诺"。因此，招标投标活动属于一种民事活动。《中华人民共和国招标投标法》及其他法律中规定的行政主管部门的监督权与招标投标活动属于民事诉讼范围之间并不冲突。一审法院确认甲水利管理处主张中标无效的诉讼请求属于人民法院民事诉讼的受理范围正确，二审法院予以确认。

二、关于乙水利水电公司是否存在以弄虚作假方式骗取中标行为以及中标效力的问题。二审法院认为，中标行为无效。理由如下：

乙水利水电公司在招标投标过程中提交的《某县九龙潭水库枢纽工程竣工验收鉴定书》验收结论为："工程竣工验收委员会认为，某县九龙潭水库枢纽工程按照批准的设计规模、设计方案全部建成，形象面貌达到工程竣工的要求，施工过程属于受控状态，质量合格，工程已完成各项专项验收的全部工作，各专项验收报告均有明确的可以通过的验收结论。工程竣工验收委员会同意通过工程竣工验收"。上述招标投标中提交的业绩材料，已经由省水利厅核实系虚假材料，投标时该工程尚未完成、尚未竣工验收。乙水利水电公司提交"某县九龙潭水库枢纽工程"的相关竣工验收材料，使其在评标中的综合得分增加2分，综合得分95.62分，排名第一，与排名第二名的投标人分差为1.14分。乙水利水电公司虽承建上述工程，但其未按照招标须知要求如实提交工程业绩，上述行为直接导致其在评标中的排名超过其他投标人获取中标资格。乙水利水电公司主张其提交的"某县九龙潭水库枢纽工程竣工验收鉴定书"并未实质影响到招标投标活动的合法性，与事实不符。根据《中华人民共和国招标投标法实施条例》第四十二条第二款第(二)项的规定,乙水利水电公司存在以弄虚作假的方式骗取中标行为。关于中标效力问题。《中华人民共和国招标投标法》第三十三条规定"投标人不得以低于成本的报价竞标,也不得以他人名义投标或者以其他方式弄虚作假,骗取中标。"第五十四条第一款规定:"投标人以他人名义投标或者以其他方式弄虚作假,骗取中标的,中标无效,给招标人造成损失的,依法承担赔偿责任;构成犯罪的,依法追究刑事责任。"因涉案工程中标违反了法律、行政法规的禁止性规定,该中标无效。

三、关于建设工程施工合同效力的问题。二审法院认为,建设工程合同无效。理由如下:

乙水利水电公司经评标后被推荐为中标候选人,据此,甲水利管理处向其发出《中标通知书》并于2017年1月17日与其签订《某县水利枢纽工程(枢纽部分)施工合同》。即,双方签订合同系以乙水利水电公司中标有效为前提。根据《最高人民法院关于审理建设工程施工合同纠纷案件适用法律问题的解释》第一条第(三)项的规定,中标无效的,应当根据合同法第五十二条第(五)项的规定,认定建设施工合同无效。现已确认乙水利水电公司中标无效,一审依法确认双方签订的建设施工合同无效正确。

裁判结果:

驳回上诉,维持原判。

一百三十四、

招标代理机构非招标文件当事人，不应承担相应责任

——福建甲公司与闽江学院、乙公司招标投标合同纠纷案

【裁判要旨】

招标代理机构与招标人委托代理关系，招标文件应该直接约束作为投标人与招标人，招标人未按招标文件约定履行对应义务，相应责任应由招标人承担而非招标代理机构承担。

【法院及案号】

一审：福州市鼓楼区人民法院，〔2013〕鼓民初字第4696号。

【当事人】

一审原告：福建甲公司。
一审被告：闽江学院、乙公司。

【案情介绍】

2011年10月，被告闽江学院作为招标人、被告乙公司作为招标代理机构，就闽江学院北大门景观改造工程发布《福建省房屋建筑和市政基础设施工程标准施工招标文件》。招标文件中的招标公告约定，投标保证金提交时间为投标截止时间；投标保证金提交的方式从投标人所在地企业账户银行以电汇或银行转账的形式，汇到招标人指定的投标保证金账户；投标保证金金额10万元。招标文件通用本《招标须知》中规定，公示期满后，五个工作日内应将投标保证金退还中标候选人之外的投标人。

2011年10月25日，原告进行投标，按招标公告的要求，向被告乙公司在华夏银行福州分行营业部的账户汇入投标保证金10万元。

2012年1月6日，被告闽江学院发布招标公告中标结果，中标单位为福建省某城建司。2012年1月16日公示期满。

被告闽江学院、被告乙公司后未将10万元投标保证金返还原告。为此，原告提起诉讼，请求法院：1.判令两被告共同向原告返还投标保证金人民币10万元及逾期

还款利息（按中国人民银行规定的同期同类贷款利率计算，自2011年11月1日起计至判决确定还款之日止）；2.本案诉讼费由两被告承担。

【一审情况】

争议焦点：

招标代理机构是否应承担责任的问题。

法院观点：

关于招标代理机构是否应承担责任的问题。一审法院认为，招标代理机构不应承担责任，应由招标人承担责任。理由如下：

被告闽江学院作为招标人发布招标文件进行招标，原告进行投标，原告与被告闽江学院形成招标投标法律关系。《中华人民共和国招标投标法实施条例》第五十七条规定"招标人最迟应当在书面合同签订后5日内向中标人和未中标的投标人退还投标保证金及银行同期存款利息"。招标文件也约定，招标人在中标公示期结束后的五个工作日内应将投标保证金退还中标候选人之外的投标人。原告未中标，被告闽江学院作为招标人，应在公示期满后五个工作日内将投标保证金返还给原告，并按中国人民银行规定的同期同类贷款利率计付利息。被告乙公司是被告闽江学院的招标代理机构，二被告系委托代理法律关系，且原告对二被告之间的代理关系是明知的。根据合同法的规定，招标文件应该直接约束作为投标人的原告与作为招标人的被告闽江学院。原告要求被告乙公司返还投标保证金并支付逾期付款利息，没有法律依据，本院不予支持。

裁判结果：

一、被告闽江学院于本判决生效之日起十日内返还原告福建甲公司投标保证金10万元，并按中国人民银行规定的同期同类贷款利率计付从2012年1月21日起至判决确认还款之日止的逾期还款利息。

二、驳回原告福建甲公司的其他诉讼请求。

一百三十五、

书面合同进行实质性变更，相关约定条款属无效条款

——甲公司与质检中心建设工程监理合同纠纷案

【裁判要旨】

招标人与中标人订立的书面合同不得对合同价款、施工范围等实质性内容变更，否则即便订立的书面合同经过备案，相关约定条款属无效条款，相关内容将按照招标投标文件执行。

【法院及案号】

一审：建瓯市人民法院，〔2018〕闽0783民初874号。

二审：南平市中级人民法院，〔2018〕闽07民终1478号。

【当事人】

一审原告、二审上诉人：甲公司。

一审被告、二审被上诉人：质检中心。

【案情介绍】

2013年2月，质检中心筹建工作领导小组办公室就质检中心建设项目中施工监理对社会公开招标。在招标文件中的第二章《招标须知》前附表中注明，第4项建设规模：投资约1250万元；第7项监理服务期：监理工期270天日历天，开工日期以发包人书面通知开工的日期为准；监理费总价包干；第8项承包方式：见"第五章，监理费计费标准及说明"（第五章，监理费计费标准及说明中，第1条说明了监理费计算方法，并确定总包干价为24.5792万元。第2条说明："投标人在投标报价时应充分考虑延期风险，如工期延长不另行计取其他监理服务费"）；第9项资金来源为财政资金。招标文件第三章合同条款及合同文件格式第三部分专用条件第39条第（2）约定，若因非监理人员原因造成工期延误，委托人将按照国家规定支付监理人附加工作报酬（附加工作报酬=附加工作日数×合同报酬监理服务日），但该条最后一款又约定："委托人同意按以下的计算方法、支付时间与金额，支付附加工作报酬：不计取"。

合同附加协议条款第四条约定，项目监理部实行每天签到签退登记制，并于每周一上午将登记表送交委托人委派的工程师。

2013年2月22日，甲公司向质检中心筹建工作领导小组办公室递交《投标承诺书》。承诺书第1条开标情况一览表第（1）项：投标总报价人民币245792元；第（4）项承诺：监理工期（270日历天），开工日期以发包人书面通知开工的日期为准，监理服务期包括施工阶段及保修阶段的监理。第2条承诺：经现场考察和研究上述项目监理招标文件、合同条款、答疑纪要、补充通知和其他有关文件后，我方愿以"开标情况一览表"中承诺的监理费用，承包上述全部过程施工阶段及保修阶段的监理任务。

2013年3月5日，质检中心向甲公司发出《中标通知书》，确定甲公司为中标人，中标价为245792元，中标工期为：从监理合同签订之日起至施工合同约定的缺陷责任期满之日止。

2013年3月11日，甲公司与质检中心签订《建设工程委托监理合同》，约定，监理服务期限：监理工期270天日历天，开工日期以发包人书面通知开工的日期为准；合同第三部分专用条件第39条第1点监理报酬的计算中约定，监理服务收费为245792元。第2点监理费用的支付中第（2）项约定，若因非监理人员原因造成工期延误，委托人将按照国家规定支付监理人附加工作报酬（附加工作报酬＝附加工作日数×合同报酬监理服务日）。该条最后一款约定："委托人同意按以下的计算方法、支付时间与金额支付附加工作报酬：附加工作报酬＝附加工作日数×合同报酬监理服务日。"附加协议条款第四条约定，项目监理部实行每天签到签退登记制，并于每周一上午将登记表送交委托人委派的工程师。

2013年3月30日，案涉质检中心项目开工建设。

2014年10月14日，工程通过工程竣工验收。

2015年5月5日，甲公司向质检中心发出《关于支付合同延期监理费的函》，要求质检中心支付工期延误期间的附加工作报酬266728元。同年5月22日，质检中心向甲公司作出《关于回复贵公司要求支付延期监理费的函》，复函认为，招标文件已规定监理费采取总价包干，且工期延长不另行计取其他监理服务费，不同意甲公司的要求。

质检中心向甲公司支付超出合同监理期限的监理费用266728元（监理延期期限为2014年1月11日至2014年10月14日）。

【一审情况】

争议焦点：

甲公司要求质检中心支付超出合同约定工期的监理费用能否成立的问题。

法院观点：

关于甲公司要求质检中心支付超出合同约定工期的监理费用能否成立的问题。一审法院认为，不成立。理由如下：

《中华人民共和国招标投标法》第一条开宗明义地阐明了立法目的，即为了规范招标投标活动，保护国家利益、社会公共利益和招标投标活动当事人的合法权益，提高经济效益，保证项目质量。公开招标投标使得交易行为公开、公平，有效防范当事人恶意串通，损害国家利益和社会公共利益。因此，招标人、投标人在招标投标过程中通过招标文件、投标承诺书或投标行为以及中标通知书等作出的意思表示都具有法律约束力，且在中标之后不得作出实质性变更，否则就失去了公开招标投标的意义。《中华人民共和国招标投标法》第四十六条规定：招标人和中标人应当自中标通知书发出之日起三十日内，按照招标文件和中标人的投标文件订立书面合同。招标人和中标人不得再行订立背离合同实质性内容的其他协议。该条款对合同的内容作出了强制性规定，应为对合同效力性的强制性规定。涉案工程系国家财政资金投资的建设项目，依法应当进行招标投标，并适用《中华人民共和国招标投标法》的规定。在招标时，甲公司公布的招标文件第五章监理费计费标准及说明中，已明确告知监理费为总价包干，如工期延长不另行计取其他监理服务费，第三章合同条款及合同文件格式第三部分专用条件第39条第（2）也约定附加工作报酬为"不计取"。甲公司在投标承诺书中则承诺监理服务期包括工程施工阶段和保修阶段的监理，以承诺的报价承包全部施工阶段和保修阶段的监理任务。质检中心在《中标通知书》中再次通知中标工期为：从监理合同签订之日起至施工合同约定的缺陷责任期满之日止。然而，在双方订立的《建设工程委托监理合同》约定，监理服务期限：监理工期270天日历天，开工日期以发包人书面通知开工的日期为准。减少了保修阶段或缺陷责任期的监理任务。合同第三部分专用条件第39条最后一款则将延误工期的附加工作报酬的"不计取"变更为"附加工作报酬＝附加工作日数 × 合同报酬监理服务日。"这些变更内容违背了招标文件和投标文件的意思表示，系对合同价款、履行期限的变更，为实质性变更，违反了法律效力性的强制性规定，为无效条款。甲公司以无效合同条款为依据主张延误工期的监理费，应不予支持，另需说明的是，合同第三部分专用条件第39条第2点（2）项约定：若因非监理人员原因造成工期延误，委托人将按照国家规定支付监理人附加工作报酬（附加工作报酬＝附加工作日数 × 合同报酬监理服务日），此内容虽与招标文件中的合同条款内容一致，但与招标文件中的合同该条最后一款的约定冲突，也与招标文件的其他内容不符。从合同条款内容、排列逻辑以及当事人的真实意思表示分析，应以最后一款的规定为准。此外，合同约定项目监理部实行每天签到签退登记制，并于每周一上午将登记表送交委托人委派的工程师。甲公司未提供此类证据证明其在延误工期期间提供了监理服务，应当承担举证不能的法律后果。

裁判结果：

驳回甲公司的诉讼请求。

【二审情况】

争议焦点：

甲公司要求质检中心支付超出合同约定工期的监理费用能否成立的问题。

法院认为：

关于甲公司要求质检中心支付超出合同约定工期的监理费用能否成立的问题。二审法院认为，不成立。理由如下：

首先，《中华人民共和国招标投标法》第四十六条规定，招标人与中标人应根据招标文件和中标人的投标文件订立书面合同，不得另行订立背离合同实质性内容的其他协议。该规定旨在防止招标人与中标人恶意串通，保证公平竞争，维护市场秩序和招标投标活动参与人的合法权益。故该规定应属于效力性强制性规定，相关行政处罚规定并不影响该条款的性质。而甲公司提及的《最高人民法院关于审理建设工程施工合同纠纷案件适用法律问题的解释（二）》尚未颁布实施，相关条款规定的情形与本案亦不相符，故甲公司的该上诉理由，本院不予采纳。

其次，合同价款属招标投标文件的实质性内容，招标人与中标人订立的书面合同不得对合同价款进行变更，否则构成实质性变更，相关约定条款属无效条款。本案中，双方在招标投标文件中明确约定工期若有延长，不计取监理费，故甲公司中标后，双方订立的合同不得与该约定相背离，否则即便订立的书面合同经过备案，相关约定亦属无效约定。

因此，双方在《建设工程委托监理合同》中关于"若因非监理人原因造成工期延误，委托人将按国家规定支付监理人附加工作报酬"的约定条款无效。双方监理费用应按照招标投标文件的约定计算，即工期延长不另行计取监理费。甲公司的该上诉理由，本院亦不予采纳。

裁判结果：

驳回上诉，维持原判。

一百三十六、

招标文件对标的物描述错误导致流拍，招标人承担过错责任

——甲公司与一二三队仓库招标投标纠纷案

【裁判要旨】

招标文件中对标的物描述错误导致投标人投标误解而流标的，招标人应当承担过错责任。而投标人应当对标的物进行现场踏勘而未进行的，亦应当承担其相应的过错责任。

【法院及案号】

一审：广州市海珠区人民法院，〔2015〕穗海法民三初字第190号。
二审：广州市中级人民法院，〔2015〕穗中法民五终字第4747号。

【当事人】

一审原告、二审被上诉人：甲公司。
一审被告、二审上诉人：一二三队仓库。

【案情介绍】

一二三队仓库作为招标人委托广州市海珠区农村集体经济组织"三资"交易监管中心（以下简称"三资"监管中心）于2014年11月24日对海珠区凤岗脚24号商铺（原冠海布场）租赁使用权发出商铺招标公告公开进行招标投标。

2014年11月，"三资"监管中心在交易平台发出《竞价文件》载明，项目名称：凤某甲脚24号（原冠海布场）商铺；项目编号：五凤LX-20140101；交易编号：区集资竞20140273；标的物权属人：广州市海珠区五凤村一二三队仓库。该文件第一章竞价邀请函主要内容为，一、竞投租赁标的物基本情况，资产名称：凤某甲脚24号（原冠海布场）商铺；资产类型：店铺；占地交易面积：4846.80m²、建筑交易面积：5213.00m²；标的物所在位置：凤某甲脚24号；租赁年限：6年；交易底价：10000000.00元/宗*年；交易保证金：15000000元；竞投方式：现场竞价。……四、有意参加竞投的可于2014年12月01日前到凤某甲脚24号（原冠海布场）商铺实地勘

察场地,了解实际情况,并于2014年11月24日至2014年11月30日上午9:00-11:30,下午14:30-17:00内携带相关资料到区交易中心咨询及报名。五、竞投时间为2014年12月1日。……八、……(二)符合竞投资格的竞投人有两个或以上,因下列行为导致本次交易失败的,由上述竞投人支付一份竞投保证金数额的款项,以补偿标的物权属人因竞投人的行为导致标的物闲置而造成的损失。上述款项由上述竞投人按比例平均分摊:(1)竞投人虽到场但没有参与竞投的;(2)竞投人的报价无效的。……十一、注意事项:1.竞投意向人须全面阅读有关竞投租赁文件,竞投意向人可到现场踏勘竞投标的物。申请一经受理确认后,即视为竞投人对竞投文件及竞投标的物现状无异议并全部接受,并对有关承诺承担法律责任。第二章竞投人须知,……9.2竞投人应向本中心提交交易保证金,未按规定提交交易保证金或未签署《承诺书》的,将被视为未取得竞标资格……9.7条规定与上述八、(二)条的一致。……

2014年11月28日,甲公司就上述租赁项目填写了《农村集体"三资"交易竞投报名表》,并确认收到竞标文件、告知书、承诺书、竞标资格确认书、合同样板等资料,承诺自愿参加本次竞价,已清楚了解并接受竞价文件关于资格条件、竞价内容、要求和相关违约责任的规定,同时向一二三队仓库支付保证金1500万元。"三资"监管中心向某公司出具《竞投资格确认书》。

2014年12月1日,甲公司及广州市某边市场经营管理有限公司、广州某豪市场经营管理有限公司(均另案提起诉讼)三家公司到场参加竞投。最后由于竞投人无人举牌竞价竞投而流拍。

2014年12月3日,一二三队仓库在海珠区农村集体资产资源管理交易平台发出《关于凤岗脚24号(原冠海布场)(项目编号:五凤LX-20140101)流拍的通告》,大致内容是在竞投过程中,由于3名竞投人无人举牌竞价竞投,按照约定3名竞投人按比例平均分摊一份竞投保证金以补偿标的物权属人因竞投人的行为导致标的物闲置而造成的损失。

2014年12月9日,甲公司向"三资"监管中心发出《异议书》,对一二三队仓库扣取500万元投标保证金的行为提出异议,要求该中心协调一二三队仓库退回全部保证金。

2014年12月11日,一二三队仓库委托本案律师向某公司发出《告知函》,一二三队仓库认为造成本次竞投流拍是甲公司及其他两个公司违反《竞标文件》规定所致,故甲公司必须分担500万元的保证金以补偿一二三队仓库的损失。

2014年12月23日,一二三队仓库向甲公司开出交易失败违约金500万元的《广州市农村财务专用收据》。同日,甲公司向一二三队仓库等单位发函,要求一二三队仓库全额退还竞投保证金。

另查明,甲公司及广州某豪市场经营管理有限公司、广州市某边市场经营管理有限公司在本次招标投标中各向一二三队仓库支付保证金1500万元。

甲公司遂于2014年12月30日提起本案诉讼，请求判令：1.一二三队仓库立即返还甲公司500万元投标保证金；2.一二三队仓库支付因迟延返还甲公司500万元投标保证金所产生的利息损失（以银行同期贷款利率计算，从2014年12月5日起计至实际返还之日止）；3.本案的诉讼费用由一二三队仓库承担。

【一审情况】

争议焦点：

涉案标的物流拍责任承担主体的问题。

法院观点：

关于涉案标的物流拍责任承担主体的问题。一审法院认为，原被告均应承担流拍责任。理由如下：

一二三队仓库就凤某甲脚24号（原冠海布场）商铺项目租赁使用权公开进行招标，甲公司报名参加竞投并交纳了保证金。因此，根据《中华人民共和国招标投标法》第二条规定，在中华人民共和国境内进行招标投标活动，适用本法。

凤岗脚24号早在1994年就以新滘镇五凤村委（现广州市海珠区凤阳街五凤五村第三经济合作社）名义办理用地批准及建设规划手续，建设项目为厂房、仓库及社员住宅，后建成布匹交易市场用作租赁经营。经查，本次招标标的物是鸿源布行、志达布行、大新布业三个布行所在的场地。从一二三队仓库委托"三资"监管中心发出的《竞价文件》内容看，对招标标的物名称表述为"凤某甲脚24号（原冠海布场）商铺"，对具体招标标的物及位置没有说明及附图，根据公安派出所核查，鸿源布行、志达布行、大新布业三个布行所在"凤某甲脚24号"范围是五凤某乙第三经济合作社自编的地名；而从现场勘查情况看，"冠海"所在的中大五凤布匹市场编号混乱，没有"冠海"一期、二期的明显标识，而现在"凤某甲脚24号"门牌为居民楼房，与涉案标的物位置相距甚远。故对于不是非常熟悉布匹市场经营环境的人，是无法对招标标的物位置作出清晰判断。一二三队仓库在招标时明知布匹市场编号混乱的情况，应当对招标标的物的具体名称及位置予以明示，并作出图标；而甲公司作为竞投人在报名前对标的物应当实地勘查并了解清楚情况，只要当时甲公司认真了解情况，就不难发现"凤某甲脚24号"门牌编号的问题，从而可以避免此次纠纷发生，对此甲公司也存在疏忽之处。因此，甲公司、一二三队仓库对造成本次涉案标的物流拍均负有责任。

甲公司收到一二三队仓库发出的《竞标文件》等资料后并缴纳保证金，故可认定甲公司对《竞标文件》内容予以确认。《竞标文件》中关于"符合竞投资格的竞投人有两个或以上，因下列行为导致本次交易失败的，由上述竞投人支付一份竞投保证金数额的款项，以补偿标的物权属人因竞投人的行为导致标的物闲置而造成的损失。上述款项由上述竞投人按比例平均分摊：（1）竞投人虽到场但没有参与竞投的；（2）竞投人的报价无效的"的内容，并无违反法律法规的强制性规定。从上述内容看，竞投人支付一份竞投保证金数额的款项主要是以补偿标的物权属人因竞投人的行为导致标的物闲置而造成的损失。本案中，涉案标的物流拍后，由原承租人拍得，且一二三队仓库也确认涉案标的物由原承租人一直使用，故不存在由于涉案标的物流拍而造成闲置的事实，一二三队仓库以此为由要求甲公司分摊支付保证金款项500万元缺乏事实依据。而且如前所述甲公司、一二三队仓库对造成本次涉案标的物流拍均负有责任，鉴于此，甲公司要求一二三队仓库返还投标保证金500万元的请求，原审法院予以支持，但甲公司要求一二三队仓库支付迟延返还该款的利息请求，依据不足，原审法院予以驳回。

裁判结果：
一、一二三队仓库在本判决生效之日起10日内返还保证金500万元给甲公司。
二、驳回甲公司的其他诉讼请求。

【二审情况】

争议焦点：

一二三队仓库是否返还保证金的问题。

法院认为：

关于一二三队仓库是否返还保证金的问题。二审法院认为，一二三队仓库应返还保证金。理由如下：

①一方面，关于招标投标的效力问题。

一二三队仓库确认涉案招标标的物无产权证，且至本案二审法庭辩论终结前仍未能向法院提交该房屋的建设工程规划许可证或经主管部门批准建设的证明材料。根据《中华人民共和国城乡规划法》第四十条、第四十一条规定：在城市、镇规划区内进行建筑物、构筑物、道路、管线和其他工程建设的，建设单位或者个人应当向城市、县人民政府城乡规划主管部门或者省、自治区、直辖市人民政府确定的镇人民政府申请办理建设工程规划许可证。在乡、村庄规划区内进行乡镇企业、乡村公共设施和公益事业建设的，建设单位或者个人应当向乡、镇人民政府提出申请，由乡、镇人民政府报城市、县人民政府城乡规划主管部门核发乡村建设规划许可证。《最高人民法院关于审理城镇房屋租赁合同纠纷案件具体应用法律若干问题的解释》第二条规定：出租人就未取得建设工程规划许可证或者未按照建设工程规划许可证的规定建设的房屋，与承租人订立的租赁合同无效。但在一审法庭辩论终结前取得建设工程规划许可证或者经主管部门批准建设的，人民法院应当认定有效。《广州市农村集体"三资"交易管理办法》第五条规定：本办法所指的农村集体"三资"交易范围包括农村集体经济组织投资投劳兴建的依法可交易的建筑物、构筑物。该办法第十六条规定：产权关系不清、法律法规和规章明文禁止交易的农村集体"三资"禁止交易。上述规定表明，违法建筑直接损害国家和社会公共利益，违反了相关法律规定，不能成为合法的租赁标的物。根据《中华人民共和国民法通则》第五十八条规定，违反法律或者社会公共利益的民事行为无效。因此，一二三队仓库就涉案房屋进行竞价招标的行为无效，其因该招标投标活动向某公司取得的保证金，应当予以返还。

②另一方面，从招标投标的实际过程来看。

首先，一二三队仓库委托"三资"监管中心发出的《竞价文件》对涉案招标标的物名称表述为"凤某甲脚24号（原冠海布场）商铺"，而对具体招标标的物及位置没有说明及附图。根据一二三队仓库原审提交的《证明》反映，经公安部门核查，招标标的物鸿源布行、志达布行、大新布业三个布行所在的位置"凤岗脚24号"范围是五凤村委和五村三社自编的地名；从甲公司提交的照片及工商企业登记资料亦反映"凤某甲脚24号"地址存在其他的实际位置。另从原审法院现场勘查情况看，挂有"冠海"字号的布场与涉案房屋所在位置并非同一，且"冠海"所在的中大五凤布匹市场编号混乱，没有"冠海"一期、二期的明显标识。故对于甲公司关于涉案《竞价文件》对招标标的物名称的描述易导致误解的陈述，本院予以采纳。原审认定甲公司、一二三队仓库对造成本次涉案标的物流拍均负有责任，理由充分，本院予以认可。

其次，《竞价文件》内容显示，保证金用以补偿标的物权属人遭受的损失具体为因竞投人的行为导致标的物闲置而造成的损失。本案中，涉案标的物流拍后由原承租人拍得，且一二三队仓库在原审中也确认涉案标的物在原租赁合同到期后仍一直由原承租人使用，因不存在由于涉案标的物流拍而造成闲置的事实，故一二三队仓库以此为由要求甲公司分摊支付保证金款项500万元缺乏事实依据。至于一二三队仓库在二审中称招标标的物有过半面积至今仍在闲置的主张，因与其在原审中的陈述不符，且缺乏确切证据证实，本院对此不予采纳。

裁判结果：

驳回上诉，维持原判。

一百三十七、

超额收取的投标保证金应予退还

—— 甲公司与吾悦公司、万博公司合同纠纷案

【裁判要旨】

招标人在招标文件中要求投标人提交投标保证金的,投标保证金不得超过招标项目估算价的2%。招标人超额收取的投标保证金应予退还。

【法院及案号】

一审:海口市龙华区人民法院,〔2018〕琼0106民初10843号。

【当事人】

一审原告、二审被上诉人:甲公司。

一审被告、二审上诉人:吾悦公司、万博公司。

【案情介绍】

甲公司与吾悦公司、万博公司之间系投标人与招标人的关系。吾悦公司、万博公司决定对"新城吾悦广场亮化设计、制作及安装"工程对外招标,并定于2017年11月20日进行招标,招标文件上规定:"第5"拦标价500000元(投标方案设计、制作及安装等全部费用不得超过上述拦标价);"第10"投标有效期:自投标截止时间起计90个日历天;"第11"投标保证金20000元;"第12"投标截止时间:2017年11月15日16时0分;"第13"开标时间和地点:2017年11月20日15时0分,评标地点:海南省海口市某区"新城吾悦广场"五楼商管公司;"第14"评标时间:2017年11月20日15时0分。甲公司于2017年11月15日将招标保证金20000元付给了万博公司,万博公司也向甲公司出具了《收据》。2017年11月19日,甲公司询问吾悦公司、万博公司是否今天应该提交投标文件,吾悦公司、万博公司回复:因流程问题,递交投标文件往后延几天,具体时间再通知。到了2017年11月20日,甲公司向吾悦公司、万博公司询问今天应该是开标时间,但吾悦公司、万博公司在微信聊天告知甲公司今天只是开标前事项说明,并不是开标。至2017年12月6日,吾悦公司、万博公司在

微信上通知甲公司将在12月12日进行开标,并要求甲公司于2017年12月6日或者7日早上前往新城吾悦销售物业部领取招标文件纸质版。吾悦公司、万博公司重新制作的新的招标文件规定:"第12"投标截止时间2017年12月12日14时00分;"第13"开标时间:2017年12月12日14时00分;"第14"评标时间:2017年12月12日14时00分。甲公司因招标人随意修改招标文件内容,完全不按照法律规定的程序来修改招标文件,确定开标时间不符合程序,有急事未参与开标,并要求吾悦公司、万博公司退还20000元保证金。甲公司多次催讨,吾悦公司、万博公司均以种种理由拒不退还保证金。甲公司多次催收未果即向一审法院起诉,遂成讼。

二审查明,2018年8月6日,海口市龙华区人民法院书记员陈某燕作为交寄人,以法院专递的方式向收件人为海口新城吾悦商业管理有限公司,地址海口市某区某号,邮寄了"应诉通知书(参加诉讼通知书)、起诉状(反诉状)副本、举证通知书、诉讼权利义务告知书、合议庭组成人员通知书、廉政监督卡、传票、证据材料、回证"等诉讼材料。

另查明,吾悦公司与万博公司均为一个集团下的子公司,都在同一地址办公,办公地址都在新城吾悦广场。吾悦公司及万博公司营业执照上登记的住所均为海南省海口市某区。

甲公司向人民法院起诉请求:1.判令吾悦公司、万博公司共同返还甲公司的投标保证金人民币20000元;2.本案的诉讼费用、公告费780元由吾悦公司、万博公司承担。

【一审情况】

争议焦点:

一、关于确认吾悦公司与万博公司是否是共同招标人的问题。

二、关于甲公司诉请吾悦公司、万博公司向其返还保证金的问题。

法院观点:

一、关于确认吾悦公司与万博公司是否是共同招标人的问题。一审法院认为,可以认定为共同招标人。理由如下:

招标文件上的招标人是吾悦公司的人,招标文件的递交地点以及开标地点都在海口市某区新城吾悦广场,但投标保证金是付给万博公司,以及纸质版的招标文件也是万博公司盖章,可以认定吾悦公司与万博公司共同招标人。

二、关于甲公司诉请吾悦公司、万博公司向其返还保证金的问题。一审法院认为,应退回多收取的保证金。理由如下:

根据《中华人民共和国招标投标法实施条例》第二十四条规定:"招标人应当确定投标人编制投标文件所需要的合理时间,但是,依法必须进行的项目,自招标文件开始发出之日起至投标人提交投标文件截止之日止,最短不得少于二十日。"故吾悦公司、万博公司在2017年12月6日收到通知投标时间改为2017年12月12日不符合上述法律规定。甲公司向吾悦公司、万博公司支付20000元投标保证金，根据《中华人民共和国招标投标法实施条例》第二十六条规定："招标人在招标文件中要求投标人提交投标保证金的，投标保证金不得超过招标项目估算价的2%，投标保证金有效期应当与投标期一致。"本案招标项目的估算价不能超过500000元，故投标金不能超过10000元，因此吾悦公司、万博公司收取20000元的保证金没有法律依据。《中华人民共和国招标投标法实施条例》第五十七条第二款规定："招标人最迟应当在书面合同签订后5日内向中标人和未中标的投标人退还投标保证金及银行同期存款利息。"因此，甲公司诉请吾悦公司、万博公司返还20000元保证金是有法律及事实依据的，一审法院依法予以支持。

裁判结果：

限吾悦公司、万博公司于本判决生效之日起十日内向甲公司返还投标保证金人民币20000元。

【二审情况】

争议焦点：

一、关于一审送达程序是否违法的问题。

二、关于吾悦公司与万博公司是否应返还甲公司投标保证金2万元的问题。

法院认为：

一、关于一审送达程序是否违法的问题。二审法院认为，一审法院送达程序未违法。理由如下：

经审理查明，一审法院向吾悦公司及万博公司住所地邮寄了相关应诉材料。在未收到相关回复的情况下采用邮寄送达的方式，根据《最高人民法院关于以法院专递方式邮寄送达民事诉讼文书的若干规定》第二条规定："以法院专递方式邮寄送达民事诉讼文书的，其送达与人民法院送达具有同等法律效力"可知，一审法院在法院专递无法送达的情况下，采用公告送达的方式送达并不违反法律规定，因此吾悦公司及万博公司的该项上诉理由缺乏事实和法律依据，二审法院不予支持。

二、关于吾悦公司与万博公司是否应返还甲公司投标保证金2万元的问题。二审法院认为，应退还保证金2万元。理由如下：

《中华人民共和国招标投标法》第二十三条规定："招标人对已发出的招标文件进行必要的澄清或者修改的，应当在招标文件要求提交投标文件截止时间至少十五日前，以书面形式通知所有招标文件收受人。该澄清或者修改的内容为招标文件的组成部分。"第二十四条规定："招标人应当确定投标人编制投标文件所需要的合理时间；但是，依法必须进行招标的项目，自招标文件开始发出之日起至投标人提交投标文件截止之日止，最短不得少于二十日。"一审法院将上述第二十四条规定内容写作《中华人民共和国招标投标法实施条例》第二十四条规定显属不妥，二审法院予以纠正。但吾悦公司于2017年12月6日通过微信告知甲公司，投标截止时间改为2017年12月12日14时00分，开标时间改为2017年12月12日14时00分，评标时间改为2017年12月12日14时00分，显然不符合上述法律规定。并且依据《中华人民共和国招标投标法实施条例》第二十六条第一款规定："招标人在招标文件中要求投标人提交投标保证金的，投标保证金不得超过招标项目估算价的2%。投标保证金有效期应当与投标有效期一致。"吾悦公司招标项目估算价不超过500000元，投标保证金不应超过10000元，吾悦公司收取保证金20000元缺乏法律依据。依据《中华人民共和国招标投标法实施条例》第五十七条第款规定："招标人最迟应当在书面合同签订后5日内向中标人和未中标的投标人退还投标保证金及银行同期存款利息。"可知，一审法院支持甲公司诉请吾悦公司退还20000元保证金的主张有法律依据，二审法院予以维持。同时，根据招标文件上的招标人、招标文件递交地点，投标保证金支付对象以及纸质版招标文件上的公章可知，吾悦公司与万博公司为共同招标人。一审法院认定有事实依据，二审法院予以维持。因此，吾悦公司与万博公司的该项上诉请求缺乏事实和法律依据，二审法院不予支持。

裁判结果：

驳回上诉，维持原判。

一百三十八、

招标文件与投标文件不一致的地方,以投标文件为准

——甲公司与乙公司建设工程施工合同纠纷案

【裁判要旨】

在招标人的招标文件与投标人的投标文件不一致,且投标人中标的,二文件不一致的地方应以投标文件为准。

【法院及案号】

一审:湖南省常德市中级人民法院,〔2013〕常民一重字第1号。

二审:湖南省高级人民法院,〔2014〕湘高法民一终字第42号。

再审:最高人民法院,〔2016〕最高法民再123号。

【当事人】

一审原告、反诉被告、二审被上诉人、再审申请人:甲公司。

一审被告、反诉原告、二审上诉人、再审被申请人:乙公司。

【案情介绍】

2007年4月27日,甲公司与乙公司签订《建设工程施工合同》,双方约定:由甲公司承建乙公司发包的"常德珍珠城加工观光厂房"土建、水、电、装饰等工程,设计图纸内的全部工程内容均为合同工程内容,乙公司另有说明的除外;工期从签订合同、规划部门现场放线定位之日起六个月内竣工;承包合同总价款为6875000元,其中包括消防施工配套费60000元,该价格包括完成合同规定的全部工程需要的一切费用,拟获得利润和税金、保险及其他费用。价格不受国家的政策调价及市场价格的影响,即为固定不变价,实际施工时与签订合同时的工程量发生变化,由此引起的费用,可按实际发生额相应增加或减少;若报建需要文本合同,则甲公司承诺该文本合同只能作资料合同,不作本工程结算依据。该合同还对其他相关事项进行了约定。

2007年5月,乙公司对"常德洞庭珍珠城加工参观厂房建设工程施工项目"启动了邀请招标投标程序,并编制了相应的招标文件。甲公司按照招标文件的要求编制了

投标文件,于2007年7月2日以投标总价6864000元的价格进行了投标。甲公司在投标文件中根据乙公司提供的图纸,在将该图纸的部分工程项目抽出之后,就其余工程编制了工程人工、材料、机械数量(价格)汇总表、工程预(结)算表、工程造价表、主要材料汇总及价差调整表,并在编制说明中声明:1.本工程根据要求按照湘价〔2002〕578号文件定额计价99建定额计价方式计算,2000年版《全国统一建筑安装工程定额》计算;2.本工程未计算在内的分部工程项目有:土方开挖、所有图纸所设计的保温工程、所有附属工程。

2007年7月12日,乙公司委托的招标代理机构湖南某邦工程建设咨询有限公司向甲公司发出中标通知书,通知由甲公司中标"常德洞庭珍珠城加工参观厂房建设工程",中标价格为6864000元,并要求甲公司收到中标通知书后三十日内与乙公司签订承包合同。

2007年7月17日,乙公司与甲公司再次签订了一份《建设工程施工合同》,该合同分为协议书、通用条款及专用条款三部分。第一部分,协议书。一、工程概况:工程名称为常德珍珠城加工观光厂房,工程地点位于常德市柳叶湖旅游度假区天主教堂对面;二、工程承包范围:土建、水电安装、装饰工程按图纸内的全部内容(室内涂料、消防不在内);三、合同工期:开工时间为2007年7月,竣工日期为2008年1月,合同工期总日历天数为168天;四、质量标准:合格;五、合同价款:6864000元;六、组成合同的文件:包括本合同的协议书、中标通知书、投标书及其附件、本合同的专用条款、通用条款、标准、规范及有关技术文件、图纸、工程量清单、工程报价单或预算书以及双方有关工程的洽商、变更等书面协议或文件视为本合同的组成部分;七、本协议书中有关词语含义与本合同第二部分"通用条款"中分别赋予它们的定义相同;八、承包人向发包人承诺按照合同约定进行施工、竣工并在保修期内承担工程质量保修责任;九、发包人向承包人承诺按照合同约定的期限和方式支付合同价款及其他应当支付的款项。第二部分,通用条款。主要内容有:2.1合同文件应能相互解释,互为说明。除专用条款另有约定外,组成本合同的文件及优先解释顺序如下:(1)本合同协议书;(2)中标通知书;(3)投标书及其附件;(4)本合同专用条款;(5)本合同通用条款;(6)标准、规范及有关技术文件;(7)图纸;(8)工程量清单;(9)工程报价单或预算书。……13.1因以下原因造成工期延误,经工程师确认,工期相应顺延:(1)发包人未能按专用条款的约定提供图纸及开工条件;(2)发包人未能按约定日期支付工程预付款、进度款,致使施工不能正常进行;(3)工程师未按合同约定提供所需指令、批准等,致使施工不能正常进行;(4)设计变更和工程量增加;(5)一周内非承包人原因停水、停电、停气造成停工累计超过8小时;(6)不可抗力;(7)专用条款中约定或工程师同意工期顺延的其他情况。13.2承包人在13.1款情况发生后14天内,就延误的工期以书面形式向工程师提出报告。工程师在收到报告后14天内予以确认,逾期不予确认也不提出修改意见,视为同意顺延工期。14.1承包人必须按照协议书约定的竣工日期或工程师同意顺延的工期竣工。14.2因承包人原因不能按照协议书约定的竣工日期或工程师同意顺延的工期竣工的,承包人承担违约责任。26.2本通用条款第23条确定调整的合同价款,第31条工程变更调整的合同价款及其他条款中约定的追加合同价款,应与工程款(进度款)同期调整支付。26.4发包人不按合同约定支付工程款(进度款),双方又未达成延期付款协议,导致施工无法进行,承包人可停止施工,由发包人承担违约责任。32.1工程具备竣工验收条件,承包人按国家工程竣工验收有关规定,向发包人提供完整竣工资料及竣工验收报告。双方约定由承包人提供竣工图的,应当在专用条款内约定提供的日期和份数。32.2发包人收到竣工验收报告后28天内组织有关单位验收,并在验收后14天内给予认可或提出修改意见。承包人按要求修改,并承担由自身原因造成修改的费用。32.3发包人收到承包人送交的竣工验收报告后28天内不组织验收,或验收后14天内不提出修改意见,视为竣工验收报告已被认可。32.4工程竣工验收通过,承包人送交竣工验收报告的日期为实际竣工日期。工程按发包人要求修改后通过竣工验收的,实际竣工日期为承包人修改后提请发包人验收日期。32.5发包人收到承包人竣工验收报告后28天内不组织验收,从第29天起承担工程保管及一切意外责任。33.1工程竣工验收报告经发包人认可后28天内,承包人向发包人递交竣工结算报告及完整的结算资料,双方按照协议书约定的合同价款及专用条款约定的合同价款调整内容,进行工程竣工结算。33.2发包人收到承包人递交的竣工结算报告及结算资料后28天内进行核实,给予确认或者提出修改意见。发包人确认竣工结算报告后通知经办银行向承包人支付工程竣工结算价款。承包人收到竣工结算价款后14天内将竣工工程交付发包人。33.3发包人收到竣工结算报告及结算资料后28天内无正当理由不支付工程竣工结算价款,从第29天起按承包人同期向银行贷款利率支付拖欠工程价款的利息,并承担违约责任。33.4发包人收到竣工结算报告及结算资料后28天内不支付工程竣工结算价款,承包人可以催告发包人支付结算价款。发包人在收到竣工结算报告及结算资料后56天内仍不支付的,承包人可以与发包人协议将该工程折价,也可以由承包人申请人民法院将该工程依法拍卖,承包人就该工程折价或者拍卖的价款优先受偿。35.1发包人违约。当发生下列情况时:(1)本通用条款第24条提到的发包人不按时支付工程预付款;(2)本通用条款第26.4条款提到的发包人不按合同约定支付工程款,导致施工无法进行;(3)本通用条款第33.3款提到的发包人无正当理由不支付工程竣工结算价款;(4)发包人不履行合同义务或不按合同约定履行义务的其他情况。发包人承担违约责任,赔偿因其违约给承包人造成的经济损失,顺延延误的工期。双方在专用条款内约定发包人赔偿承包人损失的计算方法或者发包人应当支付违约金的数额或计算方法。35.2承包人违约。当发生下列情况时:(1)本通用条款第14.2款提到的因承包人原因不能按照协议书约定的竣工日期或工程师同意顺延的工期竣工;(2)本通用条款第15.1款提到的因承包人原因工程质量达不到协议书约定的质量标准;(3)承包人不履行合同义务或不按合同约定履行义务的其他情况。承包人承担违约责任，赔偿因其违约行为给发包人造成的损失。双方在专用条款内约定承包人赔偿发包人损失的计算方法或者承包人应当支付违约金的数额或计算方法。第三部分，专用条款。主要内容有：一、合同文件组成及解释顺序。(1)《建筑工程施工合同》；(2)《工程施工图纸》；(3)补充协议。六、23.2本合同价款采用固定价格合同，合同价款中包括的风险范围。本合同价格包括完成合同规定的工程内容，价格不受国家的政策调价及材料上涨，工资上涨与市场价格影响。因甲方的原因造成延误工期，工程款不到位而导致材料上涨时可以调整（15天外等因素造成的情况）。如工程量发生增加或减少，其价格按定额相应增加或减少价格。26双方约定的工程款（进度款）支付的方式和时间，基础完工时付至合同总价款的5%，一层结顶付总工程款的20%，二层结顶付总工程款的10%，三层结顶付总工程款的10%，四层结顶付总工程款的10%，另在门窗、幕墙柜全部安装完，内外墙完工后付工程款90万元。八、发生的增、减工程量按实结算，增减相应造价并有相关有效手续，并签字认可。九、工程全部验收后办理结算审核，建设方付至双方认可的工程总价款的95%。十、……35.1发包人不按合同约定支付工程款，导致施工无法进行，延误的工期每逾期一天按结算工期价款的1%赔偿给承包人，工期延误违约金的支付限额为工程价款的20%以内。35.2承包人未能按合同工期完工，每误工期一天按结算工期价款的1%赔偿给发包人，工期延误赔偿限额为工程价款的20%以内，从工程结算款中扣除。

2007年7月18日，甲公司与乙公司签订《建设工程施工合同补充协议》，该协议第二条第7点约定：设计图纸内的全部工程内容均为本合同工程内容，甲公司需严格按照设计图纸施工，乙公司另有说明的除外。第四条约定：承包方式采用总价承包方式，该价格包括完成合同规定的全部工程需用的一切费用，拟获得利润和税金、保险以及其他费用。价格不受国家的政策调价及材料上涨、工资上涨等市场价格的影响，实际施工时与签订合同时的工程量发生变化，由此引起的费用，可按实际发生额相应增加或减少。但因乙公司的原因，造成延误工期，工程款不到位而导致材料上涨等因素可以调整。承包合同总价款为6875000元，其中包括消防施工配套费6万元。

2008年7月15日，甲公司向乙公司出具《后期工程承诺书》，第六条约定工程未计算增加的实际工程量另行计算；第七条约定工程建筑材料等因素上调价格补贴另行协商。甲公司与乙公司均在该承诺书上签字盖章进行确认。

合同签订后，甲公司于2007年7月17日进场开工。2010年4月10日向乙公司提交"洞庭珍珠城加工参观厂房工程施工质量验收申请报告"申请竣工验收，该申请书由湖南某邦工程建设有限公司现场监理曹某旺代为签收。甲公司施工期间共计983天，除合同工期168天和顺延工期125天外（地基重新勘探顺延工期20天，钢管货源短缺顺延工期60天，冰雪灾害影响顺延工期45天），竣工工期超出合同工期690天。

2010年10月20日，甲公司制作《竣工结算书》及竣工结算资料，确认工程竣工结算总造价为13741753.74元,但乙公司主张其迟至2011年6—8月期间才收到该《竣工结算书》及竣工结算资料。2011年8月8日,乙公司对甲公司报送的《乙公司加工参观厂房工程竣工结算书》作出回复,认为该结算书与双方签订的建设工程施工合同及实际发生的工程量不相符合,要求甲公司按照原建设工程施工合同、原投标报价书等为依据重新办理决算,对原投标报价书中漏项项目作为增补项目、已报价未施工的项目作为扣减项目,其他事宜按原建设工程施工合同及相关法律规定执行。2011年9月20日,甲公司根据乙公司的回复,重新编制了送审工程造价为14615675.8元的《竣工结算书》及竣工结算资料,但乙公司拒绝签收。

2011年6月1日,乙公司组织施工单位、设计单位、监理单位、建设单位四方主体对本案诉争工程的工程质量进行竣工验收,综合验收结论为"符合设计和规范要求,质量验收合格"。因甲公司与乙公司对本案诉争工程的工程款结算事宜发生争议,本案诉争工程至今仍由甲公司控制并派有人员看守,未交付给乙公司。乙公司在2007年8月25日至2011年9月22日期间共向甲公司支付工程款7075000元。在本案所涉工程的施工过程中,乙公司未严格按照双方所签合同的约定向甲公司支付工程进度款,有迟延支付工程进度款的行为,并且甲公司与乙公司因材料、工资上涨及雪灾、地基基础等因素导致的工期延长、工程价款等问题发生过多次纠纷,致使工程工期不断延长。

在原一审期间,根据甲公司的申请,法院委托常德某欣工程造价咨询有限公司(以下简称某欣造价公司)对本案诉争工程造价及建筑物延期交付的经济损失进行了司法鉴定。某欣造价公司作出的常德欣造鉴字(2012)15号司法鉴定报告(以下简称鉴定报告)确认本案所涉工程竣工结算工程总造价为12144337.25元,其中合同内工程量价款6217918.77元(从合同签约的固定价格6864000元中调减价款646081.23元)、合同外工程量价款4606032.50元、签证单价款319069.77元、土建安装材料价差人工工资调整款919198.93元、冰灾补偿82117.28元;至鉴定时止,建筑物延期交付的经济损失为571095元,其中工程款欠款利息493095元、留守人员看护工资78000元(3000元/月)。因拖欠工程款等因素造成工期延误赔偿金和停工损失问题,未列入本次鉴定内容。

二审中,某欣造价公司应甲公司申请,于2014年7月3日向二审法院邮寄《关于对常德珍珠城加工观光厂房工程竣工结算造价鉴定的有关说明》(以下简称《鉴定说明》),对合同外工程量价款表述如下:合同外工程量价款4606032.50元(见序号7+8+9+11附件见后详见鉴定报告),即2675978.86+1928125.02+0+1928.62=4606032.50元。(合同外工程量价款指投标报价书中漏项项目而施工中做了的作为增加的工程量内容,根据2007年7月18日签订的补充协议第七条第四小点,以及2008年7月15日双方签订的承诺书第六、七条,以及2011年8月8日,关于《乙公司加工参观厂房工程竣工结算书》的回复函载明的内容"请按照原《建设工程施工合同》,原投标报价书等为依据重新办理决算，对原投标报价书中漏项项目作为增补项目"附件见后、详见鉴定明细及附后的《关于常德珍珠城加工参观厂房结算审计漏项增加工程量的说明》)。

乙公司对鉴定说明的意见为：鉴定报告将设计图纸内的项目人为划分为合同内、合同外没有依据，合同外部分既无变更工程量签证，也没有监理等单位签字证明，甲公司与鉴定机构也未提交合同外漏项的依据，鉴定结论及鉴定说明均不能否定合同外项目仍然包括在设计图纸内的基本事实，且甲公司的报价系其自愿，并未偏低，不能变更。

二审法院另查明：《建设工程施工合同》及《建设工程施工合同补充协议》第二条第7点约定：设计图纸内的全部工程内容均为本合同工程内容，甲方另有说明的除外。再查明，招标文件、投标文件及中标通知书中关于建设规模部分均注明，总建筑面积约10421m^2，为四层框架结构。甲公司在投标函中称：根据招标文件，我单位经考察现场和研究上述工程招标文件和投标须知、合同条件、技术规范、图纸和有关文件后，我方愿意以工程总报价6864000的报价，按上述合同条件、技术规范、图纸、工程量清单的条件承包上述工程的材料供应、工程施工、安装、测试直到竣工，并承担任何质量缺陷保修责任。……(3)投标人已详细审查招标文件，包括修改文件以及全部参考资料和有关附件。我们完全理解并同意放弃对这方面不明及误解的权利。

甲公司向一审法院起诉请求：(一)清偿工程欠款5069337.25元；(二)支付从2010年12月1日起至工程欠款清偿之日止的银行利息，并按竣工结算总价款的10%支付违约金和赔偿金；(三)支付从2010年5月1日起至工程移交之日止的工程保管费(按每月3000元计算)；(四)由乙公司负担本案的诉讼费用。

乙公司反诉请求：(一)甲公司赔偿工期延误违约金或工期违约损失1415000元；(二)甲公司限期将本案所涉工程"常德洞庭珍珠城加工参观厂房工程"交付；(三)甲公司赔偿因不及时交付本案所涉工程造成的损失200万元(计算至2013年8月8日)，其中项目管理费用120万元(管理人员工资支出约70万元，已经支付工程款的利息损失50万元)、在外租赁厂房损失737225.3元。

【一审情况】

争议焦点：

关于案涉工程结算的依据的问题。

法院观点：

关于案涉工程结算的依据的问题。一审法院认为，应以投标文件为准。理由如下：

甲公司与乙公司签订的《建设工程施工合同》《建设工程施工合同补充协议》及《后期工程承诺书》，均合法有效，以上合同对甲公司与乙公司均具有法律约束力，双方应按照合同的相关约定对本案所涉工程的工程价款进行结算。按照已查明的案件事实，甲公司是按照乙公司编制的招标文件和本案诉争工程图纸，将图纸中的部分工程项目抽出之后对其余的工程项目编制了工程预算价格再进行的投标，该预算价格中，甲公司将每一项工程项目的面积、工程数量、单价及工程价格以工程人工、材料、机械数量（价格）汇总表、工程预（结）算表、工程造价表、主要材料汇总及价差调整表的形式详细清楚的予以了体现，并在编制说明中声明本工程未计算在内的部分工程项目有土方开挖、所有图纸所设计的保温工程、所有附属工程。评标委员会根据甲公司的投标文件，依据有关法律法规的规定确定由甲公司中标，并由招标代理机构向甲公司发出中标通知书。此后，甲公司与乙公司签订了《建设工程施工合同》及《建设工程施工合同补充协议》，并且按照《建设工程施工合同》的约定，投标书及其附件、图纸、工程报价单或预算书以及双方有关工程的洽商、变更等书面协议或文件均是合同的组成部分。依照住房和城乡建设部发布的《建设工程工程量清单计价规范》4.4.2"实行招标的工程，合同约定不得违背招、投标文件中关于工期、造价、质量等方面的实质内容。招标文件与中标人投标文件不一致的地方，以投标文件为准"之规定，在签订建设工程施工合同时，如果招标文件与投标文件存在不一致的地方，则应当以投标文件为准。

本案中，乙公司招标文件确定的6864000元招标标底上限并没有按照全部施工图纸编制预算，甲公司编制投标文件时所确定的6864000元投标总价也是参照乙公司招标标底的上限值而作出，该投标总价只是对施工图纸部分工程量编制的投标报价预算价款，对于其余项目则未编制工程预算价格也未进行报价，乙公司对于这一情况是明知的，并且双方还在《建设工程施工合同》专用条款第6条23.2款约定了"如工程（量）发生增加或减少，其价格按定额相应增加或减少价格"，应视为乙公司对甲公司投标报价工程量价款的肯定与承诺。此后，双方在《建设工程施工合同补充协议》中约定"实际施工时与签订合同时的工程量发生变化，由此引起的费用，可按实际发生额相应增加或减少"，并且双方在《后期工程承诺书》中再次约定"工程未计算增加的实际工程量另行计算"，乙公司还在2011年8月8日对甲公司的回复函中要求"甲公司按照原建设工程施工合同、原投标报价书等为依据重新办理决算，对原投标报价书中漏项项目作为增补项目、已报价未施工的项目作为扣减项目"办理竣工结算。以上事实均进一步证明甲公司与乙公司在《建设工程施工合同》中所约定的6864000元工程价款只是施工图纸中部分工程量的固定价格，未包含投标报价之外施工图纸中的其他工程量的工程价款。

综上，本案所涉工程的工程款结算应按照双方约定的合同价款6864000元，加上施工图纸之外施工量即签证单部分工程价款以及甲公司按照图纸施工的合同固定价之外的工程量价款，再扣减甲公司对投标报价工程量未施工部分项目的工程价款的方法并结合双方的后期补充协议及相关政策予以确定。乙公司认为双方签订的《建设工程施工合同》中约定的固定价格6864000元为全部施工图纸的工程量价款的观点不予采纳。

裁判结果：

一、乙公司于判决生效之日起十日内向甲公司支付工程欠款5069337.25元，并按中国人民银行同期贷款利率支付从2011年10月19日起至清偿之日止的工程欠款利息损失。

二、驳回甲公司的其他诉讼请求。

三、驳回乙公司的反诉请求。

【二审情况】

争议焦点：

一、关于涉案《建设工程施工合同》是否为固定总价合同的问题。

二、关于本案合同外工程量应当如何认定的问题。

法院认为：

一、关于涉案《建设工程施工合同》为固定总价合同的问题。二审法院认为，涉案《建设工程施工合同》为固定总价合同。理由如下：

首先，对组成合同的文件如何进行解释？《建设工程施工合同》协议书第六条约定：组成合同的文件有：1.本合同协议书；2.中标通知书；3.投标书及其附件；4.本合同专用条款；5.本合同通用条款；6.标准、规范及有关技术文件；7.图纸；8.工程量清单；9.工程报价单或预算书。双方有关工程的洽商、变更等书面协议或文件视为本合同的组成部分。同时，合同专用条款第一条第2项约定，合同文件组成及解释顺序：1.《建设工程施工合同》；2.本工程施工图纸；3.补充协议。合同通用条款第一条第2项"合同文件及解释顺序"，除专用条款另有约定外，组成本合同的文件及优先解释顺序如下：1.本合同协议书；2.中标通知书；3.投标书及其附件；4.本合同专用条款；5.本合同通用条款；6.标准、规范及有关技术文件；7.图纸；8.工程量清单；9.工程报价单或预算书。双方有关工程的洽商、变更等书面协议或文件视为本合同的组成部分。综上，对于组成合同的文件，合同协议书排第一位，解释顺序优先。

第二，根据对组成合同的文件的解释顺序，如何确定合同内工程量？甲公司称，2011年8月8日乙公司给其的回复函称甲公司报送的《乙公司加工参观厂房竣工结算书》与原双方签订的《建设工程施工合同》及实际发生工程量不相符合，请甲公司按照原建设工程施工合同、原投标报价书等为依据重新办理决算，对原投标报价书中漏报项目作为增补项目，已报价未施工的项目作为扣减项目，其他事宜按原建设工程施工合同及相关法律规定执行，所以应按该公司投标报价认定图纸部分工程为合同内工程。

从合同约定内容看，双方在合同协议书第二条约定：工程承包范围包括土建、水电安装、装饰工程，按图纸内的全部内容（室内涂料、消防不在内）。

甲公司在投标文件中有如下内容：1.投标范围，根据招标文件和《施工图答疑解释》及补充说明，以及招标文件的有关规定⋯投标文件与招标文件中所有条款相同，没有变化；2.投标人将按招标文件的规定履行合同责任和义务；3.投标人接受招标文件的全部条款及内容。

合同专用条款第六条第23.2款约定：本合同价款采用固定价格合同，包括完成合同规定的工程内容，价格不受国家的政策调价及材料上涨，工资上涨与市场价格影响，如工程量发生增加或减少，其价格按定额相应增加或减少价格。

补充协议第二条工程承包范围、第四条承包方式及合同价款、第七条第4项、第十三条合同争议解决等条款均明确约定合同承包范围是图纸的全部工程，价格采用固定总包价为6864000元。

根据上述约定，应当认定涉案《建设工程施工合同》为固定总价合同，工程承包范围即图纸内的全部内容，包括土建、水电安装、装饰工程。至于回复函及合同专用条款第六条第23.2款、补充协议相关条款关于"如工程量发生增加或减少，其价格按定额相应增加或减少价格"的约定应认定为在合同固定总包价基础上，如图纸发生改变或者增加图纸外工程量，其价格按定额另行计算，合同内即图纸内工程应当按照双方约定的6864000元固定总包价计算应付工程款。甲公司所主张的合同外工程量因缺乏合同依据，二审法院不予认定。

二、关于对于本案合同外工程量应当如何认定的问题。二审法院认为，鉴定报告单独认定的签证量部分工程款为本案合同外工程量所对应价款，理由如下：

甲公司虽然在投标报价书的编制说明中列明"本工程未计算在内的分部工程项目有：土方开挖、所有图纸所设计的保温工程、所有附属工程"的内容，但甲公司在中标后与乙公司签订的《建设工程施工合同》中再次约定工程承包范围为土建、水电安装、装饰工程，按图纸内的全部内容（室内涂料、消防不在内），现甲公司未另行提交土方开挖、所有图纸所设计的保温工程、所有附属工程的结算资料，故对编制说明中列明的部分仍然应当确定在工程固定总价范围内。另，鉴定报告单独认定的签证量部分工程款为319069.77元，乙公司对此也予以认可，二审法院予以确认。故乙公司应付工程款总额为7183069.77元，已付工程款为7075000元，尚欠工程款108069.77元。该工程欠款依据《建设工程施工合同》的约定应当按照银行同期贷款利率支付利息，利息计算时间自竣工验收一年后（2012年6月2日）起至付清之日止。

裁判结果：

一、撤销一审法院〔2013〕常民一重字第1号民事判决。

二、乙公司于判决生效之日起15日内向甲公司支付工程欠款108069.77元及利息（利息按中国人民银行规定的同期贷款利率自2012年6月2日起计算至付清之日止）。

三、甲公司于判决生效后30日内将常德洞庭珍珠城加工参观厂房工程交付给乙公司。

四、驳回甲公司的其他诉讼请求。

五、驳回乙公司的其他反诉请求。

【再审情况】

争议焦点：

一、关于案涉合同效力的问题。

二、关于工程价款结算依据的问题。

法院认为：

一、关于案涉合同效力问题。再审法院认为，合同应认定无效。理由如下：

根据查明事实，在招标投标之前，2007年4月27日，甲公司与乙公司即签订《建设工程施工合同》，双方对于工程内容、工期、合同总价款等进行了明确约定。2007年5月，乙公司启动邀请招标投标程序，并编制了相应的招标文件。甲公司按照招标文件的要求编制投标文件，于2007年7月2日以投标总价6864000元的价格进行了投标。2007年7月12日，乙公司委托的招标代理机构湖南某邦工程建设咨询有限公司向甲公司发出中标通知书，通知由甲公司中标"常德洞庭珍珠城加工参观厂房建设工程"，中标价格为6864000元，并要求甲公司收到中标通知书后十日内与乙公司签订承包合同。

2007年7月17日，乙公司与甲公司再次签订了《建设工程施工合同》。2007年7月18日，甲公司与乙公司签订《建设工程施工合同补充协议》。

再审法院认为，根据《中华人民共和国招标投标法》（以下简称《招标投标法》），乙公司在确定中标人前，就施工合同实质性内容与甲公司进行谈判磋商。即本应通过法定招标投标程序选定中标人承包讼争工程，启动招标程序前，已经确定讼争工程中标人（承包人）并就工程的施工范围、工期、价款、质量标准、结算方式、违约责任等施工合同应当具备的实质性内容达成共识并直接订立合同。合同当事人旨在通过"明招暗定"形式规避《招标投标法》等法律、行政法规规定，排斥和损害其他潜在投标人通过竞标方式中标后取得讼争工程承包建设的合法权益，客观上扰乱建筑市场经济秩序。《招标投标法》四十三条规定：在确定中标人前，招标人不得与投标人就投标价格、投标方案等实质性内容进行谈判。第五十五条规定：依法必须进行招标的项目，招标人违反本法规定，与投标人就投标价格、投标方案等实质性内容进行谈判，给予警告，对单位直接负责的主管人员和其他直接责任人员依法给予处分。前款所列行为影响中标结果的，中标无效。最高人民法院《关于审理建设工程施工合同纠纷案件适用法律问题的解释》第一条亦规定，建设工程施工合同具有下列情形之一的，应当根据《中华人民共和国合同法》第五十二条第（五）项的规定，认定无效……（三）建设工程必须进行招标而未招标或者中标无效的。

建设工程事关公众安全和社会公共利益，是百年大计，当事人契约自由的私权原则不得违背和对抗保障公众安全和社会公共利益的立法宗旨和立法目的，不得损害其他潜在投标人通过竞标取得讼争工程项目的建设权益，不得扰乱建筑市场公平竞争的经济秩序。在本案讼争工程项目启动招标投标程序前，双方已就以后应当通过招标投标程序确定的施工范围、工期、结算方式等实质性内容进行谈判并出具体约定，违反了《招标投标法》第四十三条、第五十五条以及最高人民法院《关于审理建设工程施工合同纠纷案件适用法律问题的解释》第一条规定，中标无效，以此签订的建设工程施工合同亦无效。一审、二审法院认定系列合同有效属适用法律不当，再审法院予以纠正。

二、关于工程价款结算依据的问题。再审法院认为，工程款结算应按照双方约定的合同价款，加上施工图纸之外施工量即签证单部分工程价款以及甲公司按照图纸施工的合同固定价之外的工程量价款，再扣减甲公司对投标报价工程量未施工部分项目的工程价款。理由如下：

根据最高人民法院《关于审理建设工程施工合同纠纷案件适用法律问题的解释》第二条规定，建设工程施工合同无效，但建设工程竣工验收合格，承包人请求参照合同约定支付工程价款的，应予支持。建设施工合同特殊之处在于合同履行过程中，承包人将劳动及建筑材料物化到建设工程的过程。在合同确认无效后，发包人取得的财产形式是承包人建设的工程，实际是对承包人在建设工程投入的劳务及建筑材料予以折价补偿。

首先，案涉工程2011年6月1日，乙公司组织施工单位、设计单位、监理单位、建设单位四方主体对本案诉争工程的工程质量进行竣工验收，综合验收结论为"符合设计和规范要求，质量验收合格"。

其次，关于本案实际履行的合同分析。乙公司与甲公司针对案涉建设工程于2007年4月27日签订《建设工程施工合同》，约定承包合同总价款为6875000元，其中包括消防施工配套费60000元，该价格为固定价，实际施工时与签订合同时的工程量发生变化，由此引起的费用，可按实际发生额相应增加或减少；若报建需要文本合同，则甲公司承诺该文本合同只能作资料合同，不作本工程结算依据。

2007年7月2日甲公司以投标总价6864000元的价格进行了投标。编制说明中声明，本工程未计算在内的分部工程项目有土方开挖、所有图纸所设计的保温工程、所有附属工程。2007年7月17日签订了《建设工程施工合同》，约定合同价款6864000元。通用条款六、23.2本合同价款采用固定价格合同，合同价款中包括的风险范围：本合同价格包括完成合同规定的工程内容，价格不受国家的政策调价及材料上涨，工资上涨与市场价格影响。如工程另发生增加或减少，其价格按定额相应增加或减少价格。2007年7月18日签订《建设工程施工合同补充协议》约定承包合同总价款为6875000元，其中包括消防施工配套费6万元。

再审法院认为，本案存在多份无效合同，且当事人对于固定价款下实际施工范围、工程量存有争议。《中华人民共和国合同法》第十三条规定，当事人订立合同，采取要约、承诺方式。投标人响应招标、参加竞争投标为要约,招标人发出中标通知书为承诺。根据《招标投标法》的规定,招标人和中标人应当自中标通知书发出之日起三十日内,按照招标文件和中标人的投标文件订立书面合同,招标人和中标人不得再行订立背离合同实质性内容的其他协议。就本案而言,甲公司按照乙公司编制的招标文件和本案诉争工程图纸,将图纸中的部分工程项目抽出之后对其余的工程项目编制了工程预算价格再进行的投标,该预算价格中,甲公司将每一项工程项目的面积、工程数量、单价及工程价格以工程人工、材料、机械数量(价格)汇总表、工程预(结)算表、工程造价表、主要材料汇总及价差调整表的形式详细清楚的予以了体现,并在编制说明中声明本工程未计算在内的部分工程项目有土方开挖、所有图纸所设计的保温工程、所有附属工程。评标委员会根据甲公司的投标文件,依据有关法律法规的规定确定由甲公司中标,并由招标代理机构向甲公司发出中标通知书。此后,甲公司与乙公司签订了《建设工程施工合同》及《建设工程施工合同补充协议》,并且按照《建设工程施工合同》的约定,投标书及其附件、图纸、工程报价单或预算书以及双方有关工程的洽商、变更等书面协议或文件均是合同的组成部分。招标文件与中标人投标文件不一致的地方,以投标文件为准。

本案中,乙公司招标文件确定的6864000元招标标底上限并没有按照全部施工图纸编制预算,甲公司编制投标文件时所确定的6864000元投标总价也是参照乙公司招标标底的上限值而作出,该投标总价只是对施工图纸部分工程量编制的投标报价预算价款,对于其余项目则未编制工程预算价格也未进行报价,乙公司对于这一情况是明知的,并且双方还在《建设工程施工合同》专用条款第6条23.2款约定了"如工程(量)发生增加或减少,其价格按定额相应增加或减少价格",应视为乙公司对甲公司投标报价工程量价款的肯定与承诺。此后,双方在《建设工程施工合同补充协议》中约定"实际施工时与签订合同时的工程量发生变化,由此引起的费用,可按实际发生额相应增加或减少",并且双方在《后期工程承诺书》中再次约定"工程未计算增加的实际工程量另行计算",乙公司还在2011年8月8日对甲公司的回复函中要求"甲公司按照原建设工程施工合同、原投标报价书等为依据重新办理决算,对原投标报价书中漏项项目作为增补项目、已报价未施工的项目作为扣减项目"办理竣工结算。以上事实均进一步证明甲公司与乙公司在《建设工程施工合同》中所约定的6864000元工程价款只是施工图纸中部分工程量的固定价格,未包含投标报价之外施工图纸中的其他工程量的工程价款。

综上,本案所涉工程的工程款结算应按照双方约定的合同价款6864000元,加上施工图纸之外施工量即签证单部分工程价款以及甲公司按照图纸施工的合同固定价之外的工程量价款,再扣减甲公司对投标报价工程量未施工部分项目的工程价款的方法并结合双方的后期补充协议及相关政策予以确定。

根据鉴定结论,本案诉争工程总造价为12144337.25元,其中合同内工程量价款

6217918.77元（从合同签约的固定价格6864000元中调减价款646081.23元）、合同外工程量价款4606032.50元、签证单价款319069.77元、土建安装材料价差、人工工资调整款919198.93元、冰灾补偿82117.28元。乙公司在2007年8月25日至2011年9月22日期间已向甲公司支付工程款7075000元，还欠付工程款5069337.25元。

裁判结果：

一、撤销湖南省高级人民法院〔2014〕湘高法民一终字第42号民事判决、湖南省常德市中级人民法院〔2013〕常民一重字第1号民事判决。

二、乙公司于本判决生效之日起15日内向甲公司支付价款5069337.25元。

三、甲公司于本判决生效后30日内将常德洞庭珍珠城加工参观厂房工程交付给乙公司。

四、驳回甲公司其他诉讼请求。

五、驳回乙公司其他反诉请求。

一百三十九、

联合投标各方应具备邀标文件规定的资质要求，并在共同投标协议中明确约定各方拟承担的工作和责任

——乙公司与丙冶金公司、甲冶公司建设工程施工合同纠纷案

【裁判要旨】

联合投标单位均需具备招标公告及投标文件所要求的参加联合投标体的建设施工资质，且需要在共同投标协议中明确约定各方拟承担的工作和责任，若权利义务仅为提供资质配合进行投标，而该情形非联合投标。

【法院及案号】

一审：云南省昆明市中级人民法院，〔2015〕昆民一初字第36号。

二审：云南省高级人民法院，〔2016〕云民终84号。

【当事人】

一审原告、二审上诉人：乙公司。

一审被告、二审被上诉人：丙冶金公司、甲冶公司。

【案情介绍】

2013年12月，中化某龙有限公司委托中化国际招标有限责任公司发布招标公告和招标文件，就其建设的以则村磷石膏渣库工程第一阶段一期工程进行EPC总承包公开招标，其中要求"防渗专业分包或者联合体施工必须具备特种工程专业防渗资质"。2014年1月7日，甲冶公司作为甲方与乙公司作为乙方，就"中化某龙有限公司以则村磷石膏渣库工程设计采购施工（EPC）总承包招标项目合作投标事宜"订立《协议书》，其中第1条约定，"乙方（特种防渗资质）配合甲方进行该联合体项目投标，此项目乙方不收取任何费用……"；第2条约定"在整个投标过程中，乙方要全面配合甲方工作，并确保提供资料符合招标文件……中关于涉及乙方公司的其他要求……"；第3条约定"该项目中标，在同等条件、同等价格的基础上，甲方优先考虑同意乙方对该项目的防渗工程进行施工，管理费的缴纳比例到时由双方另行签订协

议确定"。2014年1月13日，丙冶金公司及甲冶公司向中化某龙有限公司提交了EPC总承包投标文件进行了投标，其中第五章分包方案中明确，根据本工程的实际情况及本公司的资质情况，仅对防渗系统施工进行专业分包，选择的分包单位是具备特种作业防渗施工资质的乙防水工程有限公司。同时丙冶金公司及甲冶公司在投标商务文件中明确，该工程中的防渗工程预算总价为46661151.08元，投标报价为在预算或估算总价的基础上优惠11%，即该工程中的防渗工程投标报价为41528423.5元。2014年2月20日，丙冶金公司及甲冶公司与中化某龙有限公司签订了《以则村磷石膏渣库工程第一阶段一期工程设计采购施工EPC总承包合同文件》（以下简称《总承包合同》），约定该工程EPC总承包工作交由丙冶金公司及甲冶公司完成，工程固定总价为106881100元，其中包括约定由乙公司负责分包完成施工的防渗工程41528423.5元。《总承包合同》同时约定该工程中的防渗工程的分包单位为乙公司，工程数量为22.7万 m^2，分包工程合同额为4100万元等内容。2014年11月5日，甲冶公司对涉案中标工程中的"防渗系统工程"进行了邀请招标，中标单位为：某祥新材料股份有限公司（投标总价为9279932.92元）和山东某阳新型工程材料股份有限公司（投标总价为21080537.88元），并签订《防渗工程专业分包合同》。乙公司因未中标，于2014年11月11日向甲冶公司申请退回投标保证金20万元。

因乙公司认为丙冶金公司及甲冶公司未与其签订《中化云龙以则村磷石膏渣库工程第一阶段一期防渗工程分包合同》，给乙公司造成了经济损失。乙公司遂向原审法院提起诉讼，请求：一、判令丙冶金公司及甲冶公司按与中化某龙有限公司签订的《总承包合同》及招标、投标文件约定的内容，履行与乙公司签订《中化某龙有限公司以则村磷石膏渣库工程第一阶段一期工程的防渗工程分包合同》的义务；二、判令丙冶金公司及甲冶公司连带赔偿因其违约而给乙公司造成的经济损失人民币415万元；三、本案诉讼费用由丙冶金公司及甲冶公司承担。

【一审情况】

争议焦点：

一、关于丙冶金公司及甲冶公司应否与乙公司签订防渗工程施工合同的问题。

二、关于甲冶公司未与乙公司签订该防渗工程施工合同，是否构成违约、应否承担违约责任的问题。

法院观点：

一、关于丙冶金公司及甲冶公司应否与乙公司签订防渗工程施工合同的问题。一审法院认为，丙冶金公司及甲冶公司没有义务应与乙公司签订防渗工程施工合同。理由如下：

根据中化某龙有限公司委托中化国际招标有限责任公司所发布招标公告和招标文件的要求，参与联合投标体要有国家一级建设施工资质，而乙公司不具备招标公告及投标文件所要求的参加联合投标体的建设施工资质。乙公司所称其是《总承包合同》的联合投标体的主张不成立，原审法院不予支持。根据乙公司与甲冶公司签订的《协议书》的约定，乙公司仅是配合甲冶公司对涉案《总承包合同》中的"防渗系统工程"提供资质配合进行投标的关系，按双方的协议，在甲冶公司中标后，"在同等条件、同等价格的基础上"，甲冶公司负有优先同乙公司签订涉案《总承包合同》中"防渗系统工程"施工合同的义务，而在甲冶公司中标后，就"防渗系统工程"组织的招标投标过程中，乙公司投标价格过高未中标，故甲冶公司没有义务与乙公司就涉案《总承包合同》中的"防渗系统工程"签订施工合同。

二、关于甲冶公司未与乙公司签订该防渗工程施工合同，是否构成违约、应否承担违约责任的问题。一审法院认为，甲冶公司未与乙公司不应承担违约责任。理由如下：

依据双方《协议书》的约定，甲冶公司中标后，仅"在同等条件、同等价格的基础上"，考虑将防渗工程交由乙公司施工，在防渗工程招标投标过程中，因乙公司自身的报价过高而未中标，故甲冶公司未与乙公司签订防渗工程施工合同的行为不构成违约。乙公司要求甲冶公司承担违约责任无事实依据，原审法院不予支持。

裁判结果：
驳回原告乙公司的诉讼请求。

【二审情况】

争议焦点：

一、关于乙公司是否为联合投标单位的问题。

二、关于乙公司是否为《总承包合同》中防渗工程指定分包人的问题。

三、关于丙冶金公司及甲冶公司应否向乙公司赔偿因违约造成的损失415万元的问题。

法院认为：

一、关于乙公司是否为联合投标单位的问题。二审法院认为，乙公司并非为联合投标单位。理由如下：

《中华人民共和国招标投标法》第三十一条规定："两个以上法人或者其他组织可以组成一个联合体，以一个投标人的身份共同投标。……联合体各方应当签订共同投标协议，明确约定各方拟承担的工作和责任，并将共同投标协议连同投标文件一并提交给招标人。联合体中标的，联合体各方应当共同与招标人签订合同，就中标项目向招标人承担连带责任。"本案中，首先，从2014年1月7日乙公司与甲冶公司签订的《协议书》来看，乙公司的合同义务是配合甲冶公司进行涉案项目的投标，而非联合投标。其次，2014年1月22日，丙冶金公司与甲冶公司签订《联合体协议书》，乙公司并未作为联合投标单位参与该协议的签订。最后，在中化某龙有限公司与丙冶金公司、甲冶公司签订的《总承包合同》中，乙公司也不是合同当事人。综上，乙公司认为其属于联合投标单位的诉讼主张不能成立。

二、关于乙公司是否为《总承包合同》中防渗工程指定分包人的问题。二审法院认为，乙公司并非防渗工程的指定分包人。理由如下：

《总承包合同》中，对于防渗工程拟选择的分包人为乙公司，根据涉案项目业主中化某龙有限公司出具的《总承包合同》所涉及相关问题的回复表明：拟选择的分包人属于分包候选人，并不能成为当然的分包人，确定分包人必须经承包人考察是否具有履行能力，并通过招标投标程序最终中标，签订分包合同后才能成为分包人。故乙公司主张其为《总承包合同》中防渗工程的指定分包人的主张无相应依据。

三、关于丙冶金公司及甲冶公司应否向乙公司赔偿因违约造成的损失415万元的问题。二审法院认为，丙冶金公司及甲冶公司不应承担415万元。理由如下：

《中华人民共和国招标投标法》第三十一条规定："两个以上法人或者其他组织可以组成一个联合体，以一个投标人的身份共同投标。……联合体各方应当签订共同投标协议，明确约定各方拟承担的工作和责任，并将共同投标协议连同投标文件一并提交给招标人。联合体中标的，联合体各方应当共同与招标人签订合同，就中标项目向招标人承担连带责任。"本案中，首先，从2014年1月7日乙公司与甲冶公司签订的《协议书》来看，乙公司的合同义务是配合甲冶公司进行涉案项目的投标，而非联合投标。其次，2014年1月22日，丙冶金公司与甲冶公司签订《联合体协议书》，乙公司并未作为联合投标单位参与该协议的签订。最后，在中化某龙有限公司与丙冶金公司、甲冶公司签订的《总承包合同》中，乙公司也不是合同当事人。综上，乙公司认为其属于联合投标单位的诉讼主张不能成立。

裁判结果：

驳回上诉，维持原判。

一百四十、

投诉人就在招标投标过程中存在串通招标投标事实承担证明责任

——某程景颐公司与北京某代公司等串通投标不正当竞争纠纷案

【裁判要旨】

招标投标活动中，禁止招标者和投标者违反法律法规的规定，实施以不合理的条件限制或者排斥潜在投标者，或者对其他投标者实行歧视待遇的违法行为。若投诉人主张在招标投标过程中存在串通招标投标事实，投诉人应承担证明责任，直接或间接证明招标者和被诉投标者存在串通招标投标。

【法院及案号】

一审：北京市东城区人民法院，〔2013〕东民初字第14132号。

【当事人】

一审原告：某程景颐公司。
一审被告：北京某代公司、国际招标公司、某景科技公司。

【案情介绍】

一、被告北京某代公司与被告国际招标公司签订《代理招标委托协议书》的相关情况

2012年12月14日，被告北京某代公司（甲方）与被告国际招标公司（乙方）签订了《代理招标委托协议书》。该协议书约定：甲方委托乙方作为涉案项目招标代理；甲方负责按乙方要求向乙方提供招标所必需的相关资料，包括但不限于委托设备清单、设备的技术要求等；甲方有权参加整个招标过程，并选派代表进入评标委员会参加评标工作，负责评标过程中有关技术问题的澄清，并参加开标工作；甲方负责确定进口项目的有关技术问题，并审查投标商制作的技术标书；乙方负责在甲方委托的范围和期限内，统一对外进行招标采购工作；乙方负责编制招标文件的商务部分并协助甲方编写招标文件的技术部分；乙方负责在网上和招标周刊上刊登招标公

告,并最终出具中标通知书;乙方负责组织开标大会及评标工作。

二、涉案项目发布招标公告的情况

2013年1月14日,被告国际招标公司在中国国际招标网发布国际公开竞争性招标公告。公告内容为:招标编号为x-1340BJIH1018;招标产品的名称为"虚拟现实评审系统",数量为1套;投标截止时间和开标时间为2013年2月5日上午10点;中标情况将在中国国际招标网公示;招标人名称为北京某代汽车有限公司;项目性质为机电产品,招标类型为公开招标。

2013年2月4日,被告国际招标公司在中国国际招标网发布招标变更公告,将开标时间延期至2013年2月6日上午10点。

三、涉案项目《招标文件》的主要内容

涉案项目《招标文件》共八章,分为两册。第一册内容包括第一章投标人须知、第二章合同通用条款、第三章合同格式、第四章投标文件格式;第二册内容包括第五章投标邀请、第六章投标资料表、第七章合同专用条款、第八章货物需求一览表及技术规格。

第一章5.3规定:"投标人没有按照招标文件要求提交全部资料,或者投标没有对招标文件在各方面都作出实质性响应是投标人的风险,并可能导致其投标被拒绝。"

第一章6.1及6.2规定:"任何要求对招标文件进行澄清的潜在投标人,均应以书面形式通知招标机构和招标人。招标机构对其在投标资料表中所述投标截止期10日以前收到的对招标文件的澄清要求均以书面形式予以答复。投标人认为招标文件存在歧视性条款或不合理要求,应在规定时间内一次性全部提出。"

第一章13.3.1规定:"投标人提交的证明其中标后能履行合同的资格证明文件应包括下列文件:1.如果投标人按照合同提供的货物不是投标人自己制造的,投标人应得到货物制造商同意其在本次投标中提供该货物的正式授权书(见格式IV-9-4)。"(第四章"格式IV-9-4"规定了《制造商出具的授权函》的具体格式,根据该格式要求,制造商应填写制造商的名称、签字人的职务、签字人的姓名及签字人的签名;第六章投标资料表*13.3.3规定:1.为保证产品的正规供货渠道及售后服务,投标人需提供显示系统原厂商关于整个显示系统而非投影机产品的专项授权函,分销商授权无效。)

第一章13.3.3规定:"投标人提交的证明其中标后能履行合同的资格证明文件应包括下列文件:……3.证明投标人满足投标资料表中列出的业绩要求的文件。"(第六章投标资料表*13.3.3规定:……3.投标人需在近三年内国内做过不少于3套本项目中所投显示系统厂家的全原装立体显示系统,其中包括至少一套全原装背投玻璃硬幕立体虚拟汽车设计评审系统,且这些系统目前均运行状态良好。投标人须充分了解汽车虚拟设计评审用户的使用习惯及需求。)

第一章14.3.3规定:"证明货物和服务与招标文件的要求相一致的文件,可以是文字资料、图纸和数据。它包括：……3.对照招标文件技术规格，逐条说明所提供货物和服务已对招标文件的技术规格做出了实质性的响应，并申明与技术规格条文的偏差和例外。"14.4规定："投标人在阐述上述第14.3.3时应注意招标文件的技术规格中指出的工艺、材料和设备的标准以及参照的品牌或型号仅起说明作用，并没有任何限制性。投标人在投标中可以选用替代标准、品牌或型号，但这些替代要实质上满足或超过招标文件的要求。"

第一章16.1规定："投标应自投标资料表中规定的开标日起，并在投标资料表中所述期限内保持有效。投标有效期不足的投标将被视为非实质性响应，并予以拒绝。"（第六章投标资料表16.1规定投标有效期为90天。）

第一章23.1规定："评标委员会对投标文件的评审，分为符合性检查、商务评议、技术评议和价格评议/综合评议。"

第一章31.3规定："已成功注册的投标人可以在招标网上查看评标结果公示和公示结果公告。在评标结果公示期内，投标人对评标结果有异议的，可以先向招标机构提出书面异议意见，招标机构将协助招标人自收到异议之日起3日内作出答复，作出答复前，应当暂停招标投标活动。"

第八章8规定："供货范围：8-1显示系统厂商全套原装三折平面背投显示系统，主要部件包括：4K分辨率立体投影机、屏幕、支撑结构、立体发射器、立体眼镜、光纤电缆、调试工具；8-2信号处理及传输系统；8-3中央控制系统；8-4工作站及网络系统；8-5音响系统、视频会议系统、稳压电源；8-6系统集成。"

第八章14-2规定："制造商资格要求：显示系统原厂商在国内汽车行业及其他行业需要有全原装基于4K立体投影机及背投玻璃屏幕显示系统的成功案例，在北京有对整个显示系统服务和支持的资源及能力。"

第八章16-3规定："技术规格：*1.1.7基于投影机内部全光谱亮度传感器技术的CLO技术，保持亮度输出一致性控制；*2.1-2.5Dyna Color动态色彩一致性校正技术。"

四、涉案项目的开标过程

原告某程景颐公司、被告某景科技公司、北京某坐标科技有限公司、北京某迪锋科技有限公司均作为集成商对涉案项目进行了投标。2013年2月6日，在被告国际招标公司处进行了涉案项目开标。原告某程景颐公司投标制造商为"科视、RGB、快思聪"等，被告某景科技公司投标制造商为"巴可公司Barco、美国快思聪、中国HP"等，北京某坐标科技有限公司投标制造商为"巴可公司Barco、JBL、腾博"等，北京某迪锋科技有限公司投标制造商为"巴可公司Barco、美国Jupiter、美国Dell"等。

五、原告律师向被告国际招标公司发送律师函的情况

2013年2月6日，原告律师张某申通过快递向被告国际招标公司发送了《关于修改招标文件的律师函》。该函内容为："某程景颐公司发现虚拟现实评审系统项目招标文件存在北京某代公司以不合理条件限制或排斥潜在投标人的情形，已构成违法。体

现在：指定使用CLO技术而排斥具有相同效果的其他技术；指定使用Barco公司的注册商标Dyna Color而排斥使用其他品牌的商标；对投标人的业绩要求过于严格，而且要求特定的生产厂家。要求被告国际招标公司在收到律师函之日起五日内暂停开标，通知北京某代公司修改招标文件并重新招标。"同日，原告律师张某申通过快递向被告北京某代公司亦发送了律师函，内容与前述律师函一致。

六、原告某程景颐公司《投标文件》的相关内容

原告某程景颐公司《投标文件》中，"4货物一览表"写明："货物名称：投影机及系统优化；主要规格：科视Christie D4K35投影机，物理分辨率4096×2160，三片DLP，基于投影机内部全光谱亮度传感器技术的CLO技术，保持亮度输出一致性控制。货物名称：科视原厂4K分辨率投影机信号处理器；主要规格：Dyna Color动态色彩一致性校正技术。招标规格：基于投影机内部全光谱亮度传感器技术的CLO技术，保持亮度输出一致性控制；投标规格：D4K35拥有亮度自动控制技术（LiteLOC），LiteLOC技术允许亮度随着时间自动保持恒定，从而使多个投影机之间的亮度保持一致性；响应。招标规格：Dyna Color动态色彩一致性校正技术，支持立体非立体切换技术；投标规格：数字色彩管理（Digital Color Management）技术（即动态色朦胧一致性校正技术），进行多个投影机之间的自动多通道色彩调节；响应。"

原告某程景颐公司《投标文件》中，"制造商授权函"的格式与《招标文件》第四章"格式IV-9-4"不符，授权单位为科视数字投影系统（上海）有限公司且无签名。该授权函写明："美国科视数字系统公司，是根据美国法律成立的一家专业投影设备生产制造商及专业的投影系统解决方案提供商，主要营业地点设在美国。美国科视数字系统公司在中国设有上海独资子公司科视数字投影系统（上海）有限公司及其北京代表处。授权起始日期为2013年1月28日，有效期限为即日起两个月。"

七、被告某景科技公司《投标文件》的相关内容

被告某景科技公司《投标文件》中，"制造商授权函"的格式与《招标文件》第四章"格式IV-9-4"相符，授权单位为巴可公司，并有签字人签名。

八、涉案项目评标报告的相关内容

在涉案项目的评标报告中，"商务评议表"注明：原告某程景颐公司在"投标有效期90天"、"制造商授权书"两项不合格。商务评议结论为："某程景颐公司的投标文件有关键商务条款不满足招标文件要求：①制造商授权函的有效期为即日起两个月，不满足招标文件对投标有效期90天的要求；②制造商授权函不符合招标文件要求，该授权函未按招标文件第四章格式IV-9-4中提供的格式填写，且其制造商为美国科视数字系统公司，授权函中的授权单位和公章为科视数字投影系统（上海）有限公司，该授权函中无任何有效签名，授权函无效。商务评议不合格，不进入后续评议。其他3家厂商的投标文件商务部分均符合招标文件要求，商务评议合格，进入技术评议。"技术评议结论为："商务评议合格的3家厂商，各项技术条款均满足招标文件要

求，技术评议合格，进入价格评议。"

九、涉案项目的评标结果公示情况及中标结果

评标结束后涉案项目进行了评标结果公示，公示内容为："建议中标人：某景科技公司。不中标人：北京某坐标科技有限公司、北京某迪锋科技有限公司、某程景颐公司。某程景颐公司不被接受的原因：①招标文件要求投标有效期90天，而某程景颐公司提供的制造商授权函的有效期为'即日起两个月'，其投标有效期不足90天；②提供的制造商授权函无效，该授权函未按照招标文件要求格式填写；其制造商为美国科视数字系统公司，而授权函中的授权单位和公章为科视数字投影系统（上海）有限公司；该授权函中无任何有效签名"。

2013年8月1日，涉案项目公示结果公告内容为："最终中标人：某景科技公司；公示期间无投诉。"

2013年8月7日，被告国际招标公司向被告某景科技公司发出了《机电产品国际招标中标通知》。同日，北京市机电产品进出口办公室向被告北京某代公司发出了《国际招标评标结果通知》，认为提交的涉案项目评标报告符合评标报告备案要求。

十、被告北京某代公司对"Dyna Color"的网上搜索过程及结果进行证据保全公证的情况

2013年11月15日，在北京市某圆公证处公证人员的监督下，被告北京某代公司的代理人王某清通过互联网对"Dyna Color"的网上搜索过程及结果进行了如下证据保全：在电脑IE浏览器地址栏输入www.google.cn并打开，进入Google搜索引擎界面，输入"Dyna Color"并点击搜索，得到若干搜索结果；点击搜索结果中的"彩富电子（Dyna Color，Inc.）｜台湾｜公司概况"链接，进入www.securities.com网站，显示网页主要内容为"彩富电子（Dynacolor，Inc.），上市有限公司，1991年登记设立，主营业务计算机与电子产品制造业，主要产品为数位监视器、显示控制器、摄影机等，总部台北市"。返回搜索结果页面，点击搜索结果中的"Dyna Color什么意思_英语Dyna Color在线翻译_有道词典"链接，进入dict.youdao.com网站，显示网页主要内容为"Dyna Color网络释义，彩富电子推出网络摄像机产品等"。返回搜索结果页面，点击搜索结果中的"提供DYNACOLOR高端硬盘录像机"链接，进入forum.eet-cn.com网站，显示网页主要内容为"提供DYNACOLOR高端硬盘录像机"。

十一、巴可公司网站上关于CLO及Dyna Color的相关内容

巴可公司网站（www.barco.com）关于Galaxy 4K-32型号投影机的介绍中，在规格部分标明"标准功能：CLO（恒定光输出）"。该网站关于Dyna Color的介绍中，含有"Dyna Color™"字样。

原告因此诉至法院，请求法院依法判令：1.被告北京某代公司"虚拟现实评审系统"的采购招标项目中标无效；2.三被告连带赔偿原告经济损失50000元；3.三被告连带赔偿原告律师费10000元；4.诉讼费由三被告承担。

【一审情况】

争议焦点：

关于涉案项目的招标投标过程中是否存在违法行为，以及如存在违法行为，是否可以认定三被告构成串通招标投标的问题。

法院观点：

关于涉案项目的招标投标过程中是否存在违法行为，以及如存在违法行为，是否可以认定三被告构成串通招标投标的问题。一审法院认为，涉案项目的招标投标过程中不存在违法行为，三被告不构成串通招标投标。理由如下：

一审法院将从串通招标投标不正当竞争行为民事责任的构成要件、串通招标投标的证明标准、本案三被告是否实施了排挤竞争对手公平竞争的违法行为三方面分别进行阐述：

第一、串通招标投标不正当竞争行为民事责任的构成要件

不正当竞争行为的民事责任，系指经营者在市场竞争关系中违法实施不正当竞争行为，损害其他经营者、消费者的合法权益而应承担的民事法律后果。串通招标投标不正当竞争行为民事责任的构成要件包括：

1. 被诉投标人和招标人的违法行为。即被诉投标人和招标人违反了《中华人民共和国反不正当竞争法》（以下简称《反不正当竞争法》）、《中华人民共和国招标投标法》、《中华人民共和国招标投标法实施条例》（以下简称《招标投标法实施条例》）的规定，实施了以不合理的条件限制或者排斥潜在投标人，或者对投标人实行歧视待遇的违法行为。

2. 损害后果。即原告的合法权益受到损害，主要为预期利益的丧失，即丧失与招标人订立合同的机会。

3. 被诉投标人和招标人的违法行为与原告损害后果之间的因果关系。

4. 被诉投标人和招标人的主观过错。即被诉投标人和招标人通过意思联络形成的排挤该投标人竞争对手公平竞争的共同主观故意。

第二、串通招标投标的证明标准

《反不正当竞争法》第十五条第二款规定："投标者和招标者不得相互勾结，以排挤竞争对手的公平竞争。""串通招标投标"指在招标投标过程中投标人和招标人通过意思联络达成了排挤该投标人竞争对手公平竞争的共同意图，并实施了以不正当手段排挤该投标人竞争对手公平竞争的违法行为。"勾结"和"串通"必须以投标人和招标人之间的"意思联络"为前提，这一前提条件的生成必须以一定的客观行为方式加以实现。从哲学上讲，串通招标投标是一个"客观（与对方进行意思联络）—主观（形成排挤该投标人竞争对手的共同意图）—客观（实施以不正当手段排挤该投标人竞争对手公平竞争的违法行为）"的过程。

考虑到意思联络一般具有隐秘性以及主观意图较难证明，一审法院认为，串通招

标投标的证明标准应为高度盖然性标准，即综合案件的全部证据，法官对涉案招标投标过程中被诉投标人和招标人存在串通招标投标行为是否能够达到内心确信。在无直接证据证明被诉投标人和招标人通过意思联络形成了排挤该投标人竞争对手公平竞争的共同意图时，如果原告提供的间接证据能够形成连贯一致、合乎逻辑、真实完整的证据链条，同时被诉投标人和招标人无法作出合理解释的，仍可认定被诉投标人和招标人之间串通招标投标。

具体到本案，综合在案全部证据，并无直接证据证明三被告之间通过意思联络形成了排挤原告公平竞争的共同意图，一审法院将审查三被告是否实施了排挤原告公平竞争的违法行为，进而判断在案证据是否能间接证明三被告串通招标投标。

第三、本案三被告是否实施了排挤原告公平竞争的违法行为

原告诉称，涉案项目进行招标时，指定使用CLO技术而排斥具有相同效果的其他技术，指定使用Barco公司的注册商标而排斥其他品牌的产品，该行为已经构成违法。《招标投标法实施条例》第三十二条规定："招标人不得以不合理的条件限制、排斥潜在投标人或者投标人。招标人有下列行为之一的，属于以不合理条件限制、排斥潜在投标人或者投标人：……（五）限定或者指定特定的专利、商标、品牌、原产地或者供应商。"涉案项目《招标文件》第八章技术规格部分规定了基于投影机内部全光谱亮度传感器技术的CLO技术以及Dyna Color动态色彩一致性校正技术。但原告未提供充分证据证明CLO技术为Barco公司独有的专利技术。Barco公司的网站上有Dyna Color™字样，但原告并未提供证据证明Dyna Color为Barco公司的注册商标，亦未提供证据证明国家商标局已经受理了该商标注册的申请。且《招标文件》第一章规定："招标文件的技术规格中指出的工艺、材料和设备的标准以及参照的品牌或型号仅起说明作用，并没有任何限制性。投标人在投标中可以选用替代标准、品牌或型号，但这些替代要实质上满足或超过招标文件的要求"。因此《招标文件》在技术规格中规定CLO及Dyna Color技术不具有限制性和排斥性。故原告关于《招标文件》中规定CLO及Dyna Color技术构成以不合理条件限制、排斥投标人的主张，一审法院不予采信。

原告诉称，《招标文件》第八章规定："投标人需提供显示系统原厂商（分销商授权无效）关于整个显示系统而非投影机产品的专项授权函"，被告北京某代公司及被告国际招标公司以此作为评标条件，却又不严格遵守，最终确定未满足要求的被告某景科技公司作为中标人。但是根据已查明的事实，被告某景科技公司提交的《制造商授权函》的格式与《招标文件》要求相符，授权单位为巴可公司，并有签字人签名，该函形式上并无瑕疵，故对于原告的该项主张，一审法院不予采信。

原告诉称，《招标文件》规定了"投标人需在近三年内国内做过不少于3套本项目中所投显示系统厂家的全原装立体显示系统，其中包括至少一套全原装背投玻璃硬幕立体虚拟汽车设计评审系统，且这些系统目前均运行状态良好"的业绩条件，除原告

和中标人之外，没有其他人满足此条款的规定，而招标人没有以此为由对其他投标人作废标处理。但是根据已查明的事实，《评标报告》中评标委员会认定，除原告外的其他投标人的投标文件商务部分均符合招标文件要求，故对于原告的该项主张，一审法院不予采信。

原告诉称，《招标文件》系由本案中标人代替招标机构进行编写，但并未提供证据予以证明，故对于原告的该项主张，一审法院不予采信。

原告诉称，被告某景科技公司与除原告外的其他投标人存在串通行为。一审法院认为，本案原告指称招标人、招标机构及中标人构成串通招标投标，并未起诉其他投标人，故原告的该项诉称不属于本案的审理范围，原告可另案主张。

原告诉称，除原告外的其他投标人使用的产品都是同一厂家生产，其他投标人应按照一家投标人计算，这样实际投标人不足三人，按照法律规定应重新组织招标。但《机电产品国际招标投标实施办法》（商务部令2004年第13号）第三十一条第二款规定："对两家以上集成商使用同一家制造商产品作为其集成产品一部分的，按不同集成商计算。"根据已查明的事实，涉案项目为集成项目，包括背投显示系统、信号处理及传输系统、中央控制系统、工作站及网络系统、其他设备等众多部分，除原告外的其他投标人作为集成商使用Barco公司产品作为其集成产品一部分的，应按不同集成商计算。故对于原告的该项主张，一审法院不予采信。

原告诉称，《招标文件》中技术规格部分规定，"虚拟现实评审系统"应具备DLP技术、CLO技术和4K分辨率，这三项技术的组合唯一确定了Barco公司的产品，从而排斥了原告的投标。但是根据原告在其投标文件中的表述，原告投标的科视Christie D4K35投影机，其物理分辨率为4K，具备三片DLP，具备基于投影机内部全光谱亮度传感器技术的CLO技术，并由原告在"技术偏离表"中注明"响应"，且原告自认科视公司拥有的LiteLOC技术能达到与CLO技术相同的效果。因此一审法院认定DLP技术、CLO技术和4K分辨率并不能唯一指向Barco公司的产品，并未排斥原告的投标。故对于原告的该项主张，一审法院不予采信。

综上所述，一审法院认为，原告某程景颐公司未中标系其自身原因导致，本案无充分证据证明各被告通过意思联络达成了排挤原告公平竞争的共同意图，亦无充分证据证明各被告实施了以不正当手段排挤原告公平竞争的违法行为，即在案证据均不能直接或间接证明三被告串通招标投标。故对于原告关于确认北京某代公司"虚拟现实评审系统"的采购招标项目中标无效，三被告连带赔偿原告经济损失及律师费的诉讼请求，一审法院不予支持。

裁判结果：

驳回原告某程景颐公司的全部诉讼请求。

一百四十一、

投诉人就在招标投标过程中存在串通招标投标事实承担证明责任

——甲物业公司与山水龙城业委会等因串通投标不正当竞争纠纷案

【裁判要旨】

投诉人需要对招标者和被诉投标者之间在涉案招标投标中存在串通招标投标行为承担举证责任，若投诉人无法证明这一待证事实，应当承担举证不能的不利后果。

【法院及案号】

一审：安徽省淮南市中级人民法院，〔2017〕皖04民初122号。
二审：安徽省高级人民法院，〔2017〕皖民终652号。

【当事人】

一审原告、二审上诉人：甲物业公司。
一审被告、二审被上诉人：山水龙城业委会、某发物业公司、某翔物业公司。

【案情介绍】

2017年2月-3月，山水龙城业委会为更换小区物业服务企业委托安徽某咨询造价有限公司对外进行招标，并就山水龙城水云庭物业服务项目发布招标公告及招标文件。某发物业公司、甲物业公司下属分公司及某翔物业公司接受山水龙城业委会的投标邀请，参与投标，并递交了投标文件。随后，在2017年3月18日开标当天，某发物业公司及某翔物业公司被宣布为入围中标单位，甲物业公司下属分公司落选。甲物业公司认为山水龙城业委会、某发物业公司及某翔物业公司在涉案招标投标过程中存在串通招标投标行为，并侵害了其合法权益，遂提起本案诉讼。

甲物业公司向一审法院提出诉讼请求：1.依法判决2017年3月18日山水龙城业主委员会宣布某发物业公司、某翔物业公司为山水龙城水云庭物业服务项目推荐候选中标单位的中标结果无效；2.山水龙城业主委员会、某发物业公司、某翔物业公司赔偿甲物业公司经济损失5000元；3.诉讼费由山水龙城业主委员会、某发物业公司、某翔物业公司承担。

【一审情况】

争议焦点：

关于山水龙城业委会与某发物业公司及某翔物业公司之间在涉案招标投标过程中是否存在串通招标投标行为的问题。

法院观点：

关于山水龙城业委会与某发物业公司及某翔物业公司之间在涉案招标投标过程中是否存在串通招标投标行为的问题。一审法院认为，三被告之间不存在串通招标投标行为。理由如下：

根据《最高人民法院关于适用〈中华人民共和国民事诉讼法〉的解释》第九十条的规定，甲物业公司应对其主张的山水龙城业委会与某发物业公司及某翔物业公司之间在涉案招标投标过程中存在串通招标投标行为承担举证责任。但甲物业公司提交的证据却无法证明这一待证事实，故应当承担举证不能的不利法律后果。另外，山水龙城业委会虽然在招标投标过程中曾公告过关于成立田区山水龙城水云庭小区物业选聘招标评标小组的通知，但所采取的方式是张贴公告等公开向小区业主告知的方式，并不存在直接或间接向投标人泄露的情形。因此，甲物业公司认为山水龙城业委会存在《中华人民共和国招标投标法实施条例》第四十一条第二款第二项所规定的串通投标行为这一理由不能成立，应不予采信。

裁判结果：

驳回甲物业公司的诉讼请求。

【二审情况】

争议焦点：

关于山水龙城业委会与某发物业公司及某翔物业公司之间在涉案招标投标中是否存在串通招标投标行为，进而判定甲物业公司的诉讼请求是否成立的问题。

法院认为：

关于山水龙城业委会与某发物业公司及某翔物业公司之间在涉案招标投标中是否存在串通招标投标行为，进而判定甲物业公司的诉讼请求是否成立的问题。二审法院认为，原告无法证明三被告之间存在串标投标情形，故诉讼请求不能成立。理由如下：

根据《中华人民共和国民事诉讼法》第六十四条第一款及《最高人民法院关于适用〈中华人民共和国民事诉讼法〉的解释》第九十条的规定，甲物业公司应当对其主张的山水龙城业委会与某发物业公司及某翔物业公司之间在涉案招标投标中存在串通招标投标行为承担举证责任，但甲物业公司在本案中所举证据无法证明这一待证事实，应当承担举证不能的不利后果。本案中，山水龙城业委会虽然在招标投标中曾公布了关于成立田区山水龙城水云庭小区物业选聘招标评标小组的通知，但系采取张贴公告向小区业主公开告知的方式，并不存在直接或间接向投标人泄露的情形，故不是招标投标法实施条例所规定的串通投标行为，一审判决对此事实认定并无不当，甲物业公司的相关上诉理由不能成立。至于甲物业公司所称涉案项目评标专家组建违法的上诉理由，因无法律依据，也非串通投标行为，故亦不能成立。

裁判结果：

驳回甲物业公司的上诉请求，维持原判。

一百四十二、

招标文件中约定投标人向第三人履行债务不违反法律规定

——甲商贸与慈利县自然资源局、杨某成拍卖合同纠纷案

【裁判要旨】

招标文件中约定投标人向第三人履行债务，不属于以不合理条件限制、排斥潜在投标人或者投标人，在内容不违反法律、法规的强制性规定，应认定合法、有效。

【法院及案号】

一审：湖南省慈利县人民法院，〔2019〕湘0821民初1388号。

二审：湖南省张家界市中级人民法院，〔2019〕湘08民终921号。

【当事人】

一审原告、二审被上诉人：慈利县自然资源局、杨某成。

一审被告、二审上诉人：甲商贸。

【案情介绍】

2017年5月10日，张家界市公共资源交易中心受原告慈利县自然资源局委托，通过湖南省国土资源网上交易系统（www.hngtjy.org），以网上交易方式组织实施位于慈利县的牛栏坪建筑用岩矿（编号GTJY（K）-2018-01）采矿权的公开挂牌出让工作，并作出张家界市公共资源交易中心张公交易矿挂告字〔2018〕01号张家界市采矿权网上挂牌出让公告，该公告对出让采矿权基本情况、竞买人资格要求、网上挂牌出让文件获取及竞买申请、风险提示（竞买人应当承担下列可能存在的风险）、相关时间的规定、异议提示等方面作出了规定。其中风险提示（竞买人应当承担下列可能存在的风险）第1点注明："……申请人提交申请并参加竞买，即视为对出让的采矿权现状和出让文件已完全认可并自愿承担全部的风险责任。"该公告附有名为《张家界市采矿权网上挂牌出让竞买须知》（GTJY（K）-2018-01号）的附件，附件内容主要有："……七、答疑及现场踏勘。……竞买人对网上挂牌出让文件和采矿权现在有疑问的，可以向我中心咨询。申请一经受理并经资格确认后，我中心即视为竞买人对该采矿权

现状及其网上挂牌出让文件无疑问并全部接受，竞买人对其申请和承诺承担法律责任。……十一、签订成交确认书。竞得人应当从成交之日起2个工作日内与我中心签订《采矿权网上挂牌出让成交确认书》。十二、竞得人应当从成交结果公示期满之日起30日内持经我中心签字盖章的《采矿权网上挂牌出让成交确认书》和相关资料、有关费用缴纳凭证与慈利县国土资源局签订《采矿权出让合同》，成交价款必须在签订合同之日起10个工作日内全部缴清。……十六、注意事项1.该宗采矿权挂牌出让的是建筑用岩矿资源，其矿区范围内涉及与当地村民的民事、行政关系的处理，关于土地（包括临时用地手续）、矿区公路、林权及其他附着物的补偿等事宜，由竞得人与当地村民、土地承包人、林权证使用人自行协调处理，并办理相关审批手续，本次挂牌出让的采矿权系县政府金属非金属矿山安全生产攻坚克难工作确定的"关一开一"矿业权，为确保"关一开一"工作落到实处，竞得人需负责将应关闭的慈利县岩门石料有限公司岩门采石厂关闭到位，并支付该厂房屋建筑物、构筑物及其他辅助设施、机械设备等资产评估净值人民币301万元。"

2018年6月2日，被告甲商贸报名参加此次竞拍。

2018年6月15日，被告甲商贸竞得了该案挂牌出让的采矿权。同日，被告甲商贸与张家界市公共资源交易中心签订了《采矿权网上挂牌出让成交确认书》，该确认书主要内容有："……竞得人（即甲商贸）经认真审查GTJY(K)-2018-01采矿权现状及其出让文件，对张公交易矿挂告字〔2018〕01号GTJY(K)-2018-01采矿权现状、出让文件全面接受，无异议。现将有关情况确认如下：在本次网上挂牌出让中，竞得人以陆拾叁万元（￥630000元）的报价竞得张公交易矿挂告字〔2018〕01号GTJY(K)-2018-01采矿权。该采矿权位于慈利县……"。双方还就缴纳交易服务费、《采矿权出让合同》签订时间、违约责任进行了约定。

2018年7月26日，原告慈利县自然资源局与被告甲商贸签订了《采矿权出让合同》，合同约定："……第三条甲方（即慈利县自然资源局）将慈利县溪口镇牛栏坪建筑用岩矿的采矿权出让给乙方（即甲商贸）。……第四条慈利县溪口镇牛栏坪建筑用岩矿的采矿权出让收益总额为人民币大写陆拾叁万元（小写：￥630000元）……第五条乙方按照挂牌公告要求，将县政府确定的'关一开一'矿山慈利县岩门石料有限公司岩门采石厂在规定的时间内关闭……"。合同签订后，被告甲商贸支付了竞得价款，并按照《张家界市采矿权网上挂牌出让竞买须知》的要求向第三人支付了191万元，现下欠110万元未支付。

2019年3月21日，原告慈利县自然资源局给被告甲商贸作出催告书，该催告书主要内容有："根据《张家界市采矿权网上挂牌出让公告》（张公交易矿挂告字〔2018〕01号）竞买须知'竞得人需负责将应关闭的慈利县岩门石料有限公司岩门采石厂关闭到位，并支付该厂房屋建筑物、构筑物及其他辅助设施、机械设备等资产评估净值人民币301万元'的规定，你公司已支付慈利县岩门石料有限公司191万元资产补偿费用,还下欠110万元未支付。为此,现告知你公司在收到本催告书之日起10个工作日内将下欠的110万元支付给慈利县岩门石料有限公司,逾期未付款的法律责任由你公司自负。"但被告甲商贸至今仍未支付下欠款项。另查明,慈利县岩门石料有限公司注销前工商登记信息为:法定代表人杨某成,企业类型为有限责任公司(自然人独资)。

2018年1月30日,慈利县市场监督管理局经审查慈利县岩门石料有限公司提交的简易注销登记申请,决定准予其简易注销登记。

2019年3月6日,根据中共慈利县委办公司、慈利县人民政府办公室关于印发《慈利县机构改革实施方案》的通知,慈利县国土资源局改组为慈利县自然资源局。

慈利县自然资源局向一审法院起诉请求:请求被告甲商贸向第三人杨某成支付下欠的补偿款110万元及迟延履行利息。

【一审情况】

争议焦点:

一、关于第三人主体的问题。

二、关于《张家界市采矿权网上挂牌出让竞买须知》中要求采矿权竞得人支付慈利县岩门石料有限公司房屋建筑物、构筑物及其他辅助设施、机械设备等资产评估净值人民币301万元的法律效力问题。

法院观点:

一、关于第三人主体的问题。一审法院认为,杨某成为本案的第三人并无不当。理由如下:

根据《中华人民共和国民事诉讼法》第五十六条及《最高人民法院关于适用的解释》第八十一条之规定,第三人可以分为有独立请求权第三人与无独立请求权第三人,有独立请求权第三人有权向人民法院提出诉讼请求和事实、理由而成为本案当事人,无独立请求权第三人则是因与案件处理结果同他有法律上的利害关系,可以申请参加诉讼或由人民法院通知他参加诉讼。本案第三人未单独提出诉讼请求和事实、理由,且是因人民法院的通知而参加诉讼,故其为无独立请求权第三人无争议。慈利县岩门石料有限公司经慈利县市场监督管理局准予简易注销登记完毕,该公司的法人资格已终止,诉讼主体资格也随之终止,不能再成为民事诉讼的当事人。又慈利县岩门石料有限公司系由杨某成个人独资的有限责任公司,在慈利县岩门石料有限公司依法注销后,该公司债权债务当然由出资人杨某成承受。

二、关于《张家界市采矿权网上挂牌出让竞买须知》中要求采矿权竞得人支付慈利县岩门石料有限公司房屋建筑物、构筑物及其他辅助设施、机械设备等资产评估净值人民币301万元的法律效力问题。一审法院认为,该条款不违反法律规定,合法有效,应按照该条款执行。理由如下:

招标分为公开招标和邀请招标。公开招标，是指招标人以招标公告的方式邀请不特定的法人或者其他组织投标，招标人采用公开招标方式的，应当发布招标公告。本案张公交易矿挂告字〔2018〕01号张家界市采矿权网上挂牌出让公告附件《张家界市采矿权网上挂牌出让竞买须知》(GTJY(K)-2018-01号)第十六条注意事项写明："竞得人需负责将应关闭的慈利县岩门石料有限公司岩门采石厂关闭到位，并支付该厂房屋建筑物、构筑物及其他辅助设施、机械设备等资产评估净值人民币301万元。"原告在诉讼请求中并未诉请被告关闭慈利县岩门石料有限公司岩门采石厂，故对是否应由被告关闭采石厂的问题不予评价。对竞得人即本案被告，是否应支付慈利县岩门石料有限公司即本案第三人房屋建筑物、构筑物及其他辅助设施、机械设备等资产评估净值人民币301万元的法律效力问题，属本案的阐述重点，主要从以下几点分析：

第一，该条款是否出于当事人双方真实的意思表示？该条款约定于《张家界市采矿权网上挂牌出让竞买须知》第十六条注意事项，经当事人自认，被告已就301万元向第三人支付了191万元。原告作出该条款，被告作为经依法登记成立的法人，对在参与民商事活动中的各项合同条款具有完全的阅读、理解能力，且通过其已部分履行的事实，可推断出被告对该条款已完全理解并接受。因此，原、被告对该条款达成了意思一致，已在原、被告之间成立。

第二，该条款是否能在原、被告之间产生法律效力？合同（条款）的生效与合同（条款）的成立不同，合同的成立属当事人意思自治范畴，合同的生效属于国家对合同的效力进行价值判断和效力评价的范畴，体现了国家干预原则。根据《中华人民共和国民法总则》第一百四十三条之规定，"具备下列条件的民事法律行为有效：（一）行为人具有相应的民事行为能力；（二）意思表示真实；（三）不违反法律、行政法规的强制性规定，不违背公序良俗"，对该条款是否有效的判断主要在于该条款是否违反法律、行政法规的强制性规定。被告辩称该条款不符合《中华人民共和国招标投标法》及《中华人民共和国招标投标法实施条例》关于招标人不得以不合理的条件限制、排斥潜在的投标人或者投标人的规定，根据《中华人民共和国招标投标法实施条例》第三十二条第二款"招标人有下列行为之一的，属于以不合理条件限制、排斥潜在投标人或者投标人：（一）就同一招标项目向潜在投标人或者投标人提供有差别的项目信息；（二）设定的资格、技术、商务条件与招标项目的具体特点和实际需要不相适应或者与合同履行无关；（三）依法必须进行招标的项目以特定行政区域或者特定行业的业绩、奖项作为加分条件或者中标条件；（四）对潜在投标人或者投标人采取不同的资格审查或者评标标准；（五）限定或者指定特定的专利、商标、品牌、原产地或者供应商；（六）依法必须进行招标的项目非法限定潜在投标人或者投标人的所有制形式或者组织形式；（七）以其他不合理条件限制、排斥潜在投标人或者投标人"之规定，原告设置竞得人需支付房屋建筑物、构筑物及其他辅助设施、机械设备等资产评估净值人民币301万元的条件，是基于县政府金属非金属矿山安全生产攻坚克难"关一开一"的工作要求，且该条件是公开面向所有潜在投标人或投标人所设置。不能仅仅因本案第三人在此次拍卖中竞得该采矿权可以将301万元抵销，而认为该条件的设置属于以不合理条件限制、排斥潜在投标人或者投标人的范畴：其一在于存在上述特殊情况的仅仅是本案第三人特定一人，并不涉及其他大多数潜在投标人；其二在于第三人在获得这301万元时也付出了成本，而至于其中"价值"与"价格"是否能够达到平衡，则是在参与民事活动时双方当事人所应考虑的预期风险。当然，法律并非对民事活动中所有的风险置若罔闻，倘若存在合同成立以后因客观情况发生了当事人在订立合同时无法预见的、非不可抗力造成的不属于商业风险的重大变化，继续履行合同对于一方当事人明显不公平或者不能实现合同目的，当事人可请求人民法院变更或者解除合同。显然，本案被告并未提出相关要求及证据。故对被告辩称301万元条件的设置违反法律、行政法规的强制性规定的辩护意见，不予支持。对被告辩称支付301万元的依据即资产评估报告的内容和方式均违法，被告并未向一审法院提交相关证据予以证明，不予支持。对被告辩称其是行使不安抗辩权的辩护意见，根据《中华人民共和国合同法》对不安抗辩权的规定，不安抗辩权的行使需要有确切证据证明对方具有届时不能或不会做出对待给付的情形，且不安抗辩权人具有及时通知对方的义务，但被告并未向一审法院提交相关证据证明本案存在不安事由及已履行了通知义务，对该意见不予支持。本案系拍卖合同纠纷，拍卖合同双方当事人系本案原告与被告，法院审理该案的主要依据也在于原、被告之间达成的合同，且本案第三人是以无独立请求权第三人的身份参加本次诉讼，对原告与第三人达成了何种协议不予处理。综上，根据《中华人民共和国合同法》第六十四条"当事人约定由债务人向第三人履行债务的，债务人未向第三人履行债务或者履行债务不符合约定，应当向债权人承担违约责任"之规定，原告慈利县自然资源局要求被告甲商贸向第三人杨某成支付下欠款项110万元的诉讼请求，予以支持。

裁判结果：

一、被告甲商贸在本判决生效后十日内向第三人杨某成支付下欠原慈利县岩门石料有限公司岩门采石厂房屋建筑物、构筑物及其他辅助设施、机械设备等资产评估净值人民币110万元。

二、驳回原告慈利县自然资源局其他诉讼请求。

【二审情况】

争议焦点：

关于上诉人是否应支付杨某成房屋建筑物、构筑物及其他辅助设施、机械设备等资产评估净值人民币301万元的问题。

法院认为：

关于上诉人是否应支付杨某成房屋建筑物、构筑物及其他辅助设施、机械设备等资产评估净值人民币301万元的问题。二审法院认为，上诉人应当支付。理由如下：

张家界公共资源交易中心受被上诉人慈利县国土资源局的委托，通过网上交易系统挂牌出让慈利县溪口镇牛栏坪建筑用岩矿采矿权，并发布张公交易矿挂告字〔2018〕01号《张家界市采矿权网上挂牌出让公告》及附件《张家界市采矿权网上挂牌出让竞买须知》。《张家界市采矿权网上挂牌出让竞买须知》第十六条注意事项载明："竞得人需负责将应关闭的慈利县岩门石料有限公司岩门采石厂关闭到位，并支付该厂房屋建筑物、构筑物及其他辅助设施、机械设备等资产评估净值人民币301万元。"该条款是涉案拍卖合同对竞得人的附条件款项。其中对竞得人需负责将应关闭的慈利县岩门石料有限公司岩门采石厂关闭到位的条件，被上诉人慈利县自然资源局在一审明确表示将慈利县岩门石料有限公司岩门采石厂关闭到位是其责任，且在本案诉讼中没有提出，对此二审法院不予审理。上诉人通过网上竞价竞得该采矿权，并与被上诉人慈利县国土资源局签订了《采矿权出让合同》。上诉人甲商贸在竞得涉案采矿权后，依约支付了慈利县岩门石料有限公司岩门采石厂房屋建筑物、构筑物及其他辅助设施、机械设备等资产评估净值人民币191万元，尚欠110万元未支付，由此可见，上诉人对该条款是理解并接受的。慈利县自然资源局依据合同约定的竞得人"支付该厂房屋建筑物、构筑物及其他辅助设施、机械设备等资产评估净值人民币301万元"条款提出诉讼请求，该条款不违反法律、法规的强制性规定，应认定合法、有效，当事人应当依约履行，上诉人甲商贸应当支付下欠款项110万元，慈利县自然资源局要求甲商贸向杨某成支付下欠款项110万元合法有据，应予支持。上诉人提出至今被上诉人既未为其办理采矿权许可证、也未交付相应机器设备、生产设施的事实，因不是涉案拍卖合同约定的事项，故不是本案的审理范围，如当事人之间就此另有约定，当事人可依约另行主张权利。综上，原判决认定事实清楚，适用法律正确。上诉人的上诉请求没有事实依据和法律依据，应不予支持。

裁判结果：

驳回上诉，维持原判。

一百四十三、

招标人没有按照招标文件要求按时开标、评标，应当向投标人承担缔约过失责任，但投标人要求招标人继续履行开标、评标义务没有法律依据

——甲沙厂与乙公司招标投标买卖合同纠纷案

【裁判要旨】

在招标投标法律关系中，依我国现行合同法有关规定，招标公告性质属要约邀请，投标属要约，而中标通知书才属承诺。要约邀请是希望他人向自己发出要约的意思表示，其本身不是意思表示，而是事实行为，要约邀请并无任何法律意义，不发生法律上的效果，故投标人要求招标人继续履行开标、评标义务没有法律依据。

【法院及案号】

一审：重庆市开州区人民法院，〔2020〕渝0154民初4855号。
二审：重庆市第二中级人民法院，〔2020〕渝02民终3007号。

【当事人】

一审原告、二审上诉人：甲沙厂。
一审被告、二审被上诉人：乙公司。

【案情介绍】

2018年11月28日，乙公司作为招标人，某大公司作为招标代理机构对外发布《招标文件》，就红花电站大坝库容清淤合作方项目进行招标。《招标文件》中载明：本次招标要求投标人须具备砂石加工生产资质及弃渣堆放场地（须提供有效的资质证书复印件加盖投标人单位鲜章，场地需提供相关证明复印件加盖投标人单位鲜章），还要求投标人每年的开挖能力须达到30万 m^3 及以上（投标人须提供相关证明），投标人须具备有效的营业执照（须提供有效的营业执照复印件加盖投标人单位鲜章）；凡有意参加投标者于2018年12月28日9时至2019年1月4日17时，持法人授权委托书、本人有效身份证、营业执照复印件加盖鲜章，在某大公司报名并购买招标文件，

招标文件每套售价500元，售后不退；投标截止和开标时间为2019年1月17日15时；投标人的澄清、说明和补正（但不得该表投标文件的实质性内容）构成投标文件的其他材料；招标有效期为60日历天（从招标截止之日算起）。

2019年1月2日，某大公司向甲沙厂出具《收据》一张，主要内容为"收据凭证号码No0311579出具日期：2019年1月2日今收到某县甲沙厂文本费￥500.00附注：红花电站大坝库容清淤合作方项目"。

2019年1月17日，乙公司发出《关于红花电站大坝库容清淤合作方项目延期开标的通知》，主要内容为"各潜在投标人：因相关政策需要进一步核实，本项目暂缓开标，具体开标时间另行通知"。

甲沙厂向一审法院起诉请求：1.判令乙公司在判决之日起十五日内组织开标；2.判令乙公司赔偿甲沙厂经济损失25万元；3.诉讼费用由乙公司承担。

【一审情况】

争议焦点：

一、关于缔约过失责任范围的问题。

二、关于投标人要求招标人继续履行开标、评标义务是否可以得到支持的问题。

法院观点：

一、关于缔约过失责任范围的问题。一审法院认为，缔约过失责任仅限于赔偿实际利益损失而不包括基于合同成立后的可得利益损失，理由如下：

招标投标其程序可分为招标、投标、开标、评标、定标。根据《中华人民共和国招标投标法》第二十三条规定，招标人对已发出的招标文件进行必要的澄清或者修改的，应当在招标文件要求提交投标文件截止时间至少十五日前，以书面形式通知所有招标文件收受人。该澄清或者修改的内容为招标文件的组成部分。本案中，乙公司于开标当日才书面通知投标人延期开标，违反了先合同义务，侵害了甲沙厂基于信赖关系产生的信赖利益，造成了甲沙厂的经济损失，应当承担缔约过失责任。缔约过失责任仅限于赔偿实际利益损失而不包括基于合同成立后的可得利益损失。具体到本案来讲，甲沙厂主张其经济损失为25万元，该院经审查认为，甲沙厂因投标报名购买招标文件而支出了500元，该院予以支持；对于甲沙厂主张的制作标书费7500元，其未提供实际支出7500元的证据，但其参与投标必然要提交标书，其制作标书也必然要耗费一定成本，故该院酌情支持其标书制作费用为5000元；对于甲沙厂主张的为投标支出的交通费、差旅费2000元，因其未提供相关证据予以佐证，该院不予支持；对于甲沙厂主张的场地租赁及购置设备支出的24万元，其并未提供发票等证据证明实际支出该费用，且该费用也并非其必须负担的费用，故对该项费用，该院不予支持。综上，乙公司应该承担赔偿甲沙厂经济损失5500元的缔约过失责任。

二、关于投标人要求招标人继续履行开标、评标义务是否可以得到支持的问题。

一审法院认为，不应得到支持，理由如下：

对于甲沙厂主张乙公司组织开标的问题，《中华人民共和国招标投标法》及《中华人民共和国招标投标法实施条例》虽然对招标文件进行澄清或修改的时间进行了限制，但对招标人超过上述时间限制进行的澄清或修改所导致的法律后果并无明确规定，该院认定乙公司承担缔约过失责任的依据之一就在于乙公司系开标当天才做出延期开标的通知，侵犯了甲沙厂的信赖利益，但并不能由此得出乙公司所作出的《关于红花电站大坝库容清淤合作方项目延期开标的通知》无效的结论。在招标投标法律关系中，依我国现行合同法有关规定，招标公告性质属要约邀请，投标属要约，而中标通知书才属承诺。要约邀请是希望他人向自己发出要约的意思表示，其本身不是意思表示，而是事实行为，要约邀请并无任何法律意义，不发生法律上的效果，甲沙厂要求乙公司组织开标无法律依据，该院对其该项诉讼请求不予支持。

裁判结果：

一、乙公司于判决生效后十日内赔偿甲沙厂经济损失5500元。

二、驳回甲沙厂的其他诉讼请求。

【二审情况】

争议焦点：

一、关于缔约过失责任范围的问题。

二、关于投标人要求招标人继续履行开标、评标义务是否可以得到支持的问题。

法院认为：

一、关于缔约过失责任范围的问题。二审法院认为，缔约过失责任仅限于赔偿实际利益损失而不包括基于合同成立后的可得利益损失，理由如下：

因乙公司未按照招标公告上载明的时间、地点开标，基于以上理由，甲沙厂有权要求乙公司就其因信赖公告内容所付出的标书费、招标代理服务费、交通差旅费等费用承担赔偿责任，并对上述费用的支出事实承担举证责任。本案中，甲沙厂提供了购买《招标文件》的文本费500元的收据，一审法院已做认定。而对于其他损失费用部分，甲沙厂未能提供确实、充分的证据，应承担举证不能的不利后果，但是，一审法院考虑到甲沙厂在参与招、投标过程中所必需支出的实际情况，酌情认定其损失为5000元，也并无不当。

至于甲沙厂为竞标所投入的人力、物力和管理成本等支出，该费用为甲沙厂参与竞标必须具备的条件，不属于在缔约过程中信赖利益损失的责任范围，故原审对其提出的要求乙公司承担上述费用的诉讼请求不予支持正确。

二、关于投标人要求招标人继续履行开标、评标义务是否可以得到支持的问题。二审法院认为，不应得到支持，理由如下：

招标投标其程序分为招标、投标、开标、评标、定标的不同阶段，在甲沙厂投标后，乙公司于开标当日才书面通知投标人延期开标，导致后续的开标、评标、定标均未能如期进行，主观上具有过错，其行为违反了订立合同之前的先合同义务，根据《中华人民共和国合同法》第四十二的规定，应承担缔约过失责任。而缔约过失的责任形式仅限于赔偿信赖利益的损失，并不包括违约责任中所规定的继续履行方式，因此甲沙厂要求乙公司继续履行开标义务，缺乏法律依据，其此项上诉请求不能成立。

裁判结果：

驳回上诉，维持原判。

一百四十四、

中标后投标人拒绝签订中标合同，应当赔偿招标人两次中标价的差价

——甲开发公司与乙公司建设工程合同纠纷案

【裁判要旨】

招标人中标后，招标人与投标人双方应当遵守招标文件的约定。

【法院及案号】

一审：莆田市秀屿区人民法院，〔2016〕闽0305民初2602号。

【当事人】

一审原告：甲开发公司。

一审被告：乙公司。

【案情介绍】

原告系山乐屿岛整体搬迁安置项目——高层2号地块工程的建设业主。2015年11月，原告委托招标代理机构某诚博远公司对本案工程进行公开招标，招标文件规定本案工程采用合理低价方式评标确定中标人；中标人在中标通知书发出后20天内与招标人签订合同，否则每延误一天应向发包人支付逾期违约金5000元，30天内无理由不签订合同的，招标人可无条件向市行政监督部门报告作为废标并重新招标，造成的损失由中标人全部承担；中标人在签订施工合同前，中标人不能按照规定提交履约担保和低价风险担保的，视为放弃中标，其投标保证金不予退还，给招标人造成的损失超过投标保证金金额的，中标人还应当对超过部分予以赔偿；本次招标和重新招标所发生的费用及中标差价等损失由放弃中标的中标人负责赔偿。

被告参与了本案工程的投标，并按规定缴纳了投标保证金60万元。2015年12月14日，根据资格评查小组评审结果，确定被告为本案工程中标人，中标价为41339933元。同年12月28日，原告及招标代理机构共同向被告送达了《中标通知书》，但至2016年1月27日，被告仍未向原告提交履约保证金、低价风险金并洽谈施工合同签订

事宜。当日原告向被告发函取消了被告的中标资格，并再次委托招标代理机构对本案工程进行重新招标，并于2016年3月3日确定了案外人某富建设公司为中标人，中标价为43455633元，现双方已经签订《建设工程施工合同》。原告两次招标共产生招标代理费590048元。因被告未赔偿原告的上述损失，原告遂诉至一审法院，请求判令：1.确认被告投标保证金60万元归原告所有；2.被告支付原告因被告放弃中标造成的经济损失2105748元；3.被告支付原告逾期签订施工合同的违约金5万元。另查明，原告向招标代理机构支付了招标代理费297986元，剩余招标代理费292062元原告尚未支付。

【一审情况】

争议焦点：

关于赔偿责任范围的问题。

法院观点：

关于赔偿责任范围的问题。一审法院认为，招标人除承担违约责任以外还需要承担招标人重新招标与第一次招标的差价，理由如下：

招标具有要约邀请的法律性质、投标具有要约的法律性质、中标则具有承诺的法律性质。2015年12月29日，被告乙公司收到了原告甲开发公司及招标代理机构某诚博远公司发出的中标通知书，时承诺生效。被告也在投标文件中载明"我方将接受并遵守招标文件所规定的各项条款"。原、被告双方应当遵守招标文件的约定。被告中标后，未能按照招标文件的要求缴纳履约保证金和低价风险金，系违约行为，应当承担违约责任。原告重新招标后，因重新招标的中标价较高，产生的中标差价损失43455633元-41339933元=2115700元应由被告承担。招标文件规定中标通知书发出后，中标人放弃中标的，本次招标和重新招标所发生的费用由放弃中标的中标人负责赔偿。原告虽然提供了某诚博远公司的收费函两份欲证明两次招标产生招标代理费590048元，但因原告仅支付了招标代理费297986元，该部分损失应当由被告负担。对于原告尚未支付的招标代理费292062元，因该费用尚未发生，不予支持。招标文件规定中标人应当在中标通知书发出后20天内与招标人签订合同，否则每延误一天应支付违约金5000元，30天内无理由未签订合同的，招标人可重新招标，故原告请求被告支付违约金5万元，符合招标文件规定，应予支持。因被告缴纳的投标保证金不足以赔偿原告的上述损失，根据招标文件的规定，该投标保证金应先抵扣原告的损失，不足部分2115700元+297986元+50000元-600000元=1863686元，被告应当承担赔偿责任。

裁判结果：

一、被告乙公司应在本判决生效之日起五日内支付给原告甲开发公司各项经济损失一百八十六万三千六百八十六元。

二、驳回原告甲开发公司的其他诉讼请求。

一百四十五、

投标人拒绝签订中标合同，招标文件没有明确约定投标人应当赔偿两次中标价之间差价的，其主张不予支持

——甲投资公司与乙公司合同纠纷案

【裁判要旨】

在招标文件中并没有对保证金外其他的违约金额或违约责任进行约定的情况下，招标人无法证明存在其他经济损失的时候，招标人需承担证明再次招标与第一次招标中标价之间的经济损失，也需要证明中标的价款增高与中标人弃标之间存在唯一直接的因果关系，否则两次中标价之间差价的主张不予支持。

【法院及案号】

一审：茌平县人民法院，〔2018〕鲁1523民初1133号。

【当事人】

一审原告：甲投资公司。
一审被告：乙公司。

【案情介绍】

2017年2月，河北省沙河市体育公园材料和设备三标段三次工程公开进行招标，招标文件显示：1.该工程建设单位为甲投资公司、邢台某工集团公司，招标代理单位为河北某基建设招标有限公司；2.合同估算价约为3459000元，工期为60天，银行保函金额为69100元。2017年4月17日，中国建设银行股份有限公司衡水和平支行（以下简称"建设银行"）向原告甲投资公司提交投标保函一份，保函显示，建设银行为被告乙公司的投标向原告甲投资公司提供69100元的担保。2017年4月20日，被告乙公司向原告提交了投标文件，投标金额为3242300元。2017年5月5日，原告甲投资公司告知被告乙公司投标成功，要求被告乙公司与原告签订合同。此后，被告乙公司因各种主客观原因未能到原告处签订合同并向原告告知将拒绝签订合同。2017年7月1日，在多方参与的就乙公司拒不签订合同的问题处理会议记录中显示：1.乙公

司拒不签订合同的原因包括资金紧张、环保压力大政府停电限产及更改付款方式等；2.乙公司就该事表示道歉；3.因乙公司单方违约影响了工期，投标保证金必须扣除，并保留法律范围内追责的权利。2017年7月7日，被告乙公司向原告甲投资公司发送道歉信，因环保问题未能签署合同，表示道歉。2017年7月27日，涉案河北省沙河市体育公园材料和设备三标段三次工程再次招标并由北京某风广行建材有限公司中标，中标价格为3360380元。此后，邢台某工集团有限公司与北京某风广行建材有限公司签署了沙河体育公园铝单板采购合同，合同显示：1.合同总金额为3360380元；2.双方根据招标文件、订货清单、铝单板加工图及供货清单等进行结算。此后，原告甲投资公司诉至法院，请求判如所请。

甲投资公司向一审法院提出诉讼请求：1.依法判令被告乙公司赔偿损失410000元[其中包括中标差价48980元（扣除乙投标保证金69100元后），施工脚手架费用282480元，延期费用83562元]；2.判令被告承担诉讼费用。

【一审情况】

争议焦点：

一、关于被告乙公司是否存在违约行为的问题。

二、关于原告甲投资公司要求被告乙公司赔偿损失410000元是否应当予以支持的问题。

法院观点：

一、关于被告乙公司是否存在违约行为的问题。一审法院认为，被告乙公司存在违约行为，理由如下：

结合原、被告双方所提交的证据可以看出，被告乙公司中标后因环保限产、政府控制等原因不能与原告签署合同并及时向原告进行了告知，虽然被告乙公司并非恶意违约、故意拒绝签订合同，但其违约的事实依然存在，依法应当予以认定。被告乙公司所持"因郑某龙和范某辉索要过高中介费而无法签署合同"的辩称缺乏相关证据佐证，如其所述属实，其依法有权向相关监管部门进行权利主张。

二、关于原告甲投资公司要求被告乙公司赔偿损失410000元是否应当予以支持的问题。一审法院认为，不应支持，理由如下：

被告乙公司在收到中标通知后，因各种原因无法签订合同，被告乙公司在第一时间将拒绝签订合同的主张向原告进行了告知，被告乙公司并无主观故意违约的故意。本案招标文件中明确约定了69100元的投标保证金，被告乙公司在告知不能签订合同后也认可上述保证金由原告扣没的事实，依照招标文件的约定，该保证金即为对投标违约行为所造成损失的补偿。对于原告甲投资公司所主张的损失410000元，首先，招标文件中并没有对保证金外其他的违约金额或违约责任进行约定，原告甲投资公司也没有对其要求该部分损失的法律依据进行明确的说明；其次，原告甲投资公司再次招标中标的金额与第一次招标中标的金额基本一致，并且原告甲投资公司与北京某风广行建材有限公司签订合同的金额也并非最终结算金额，另外，再次中标的价款增高与被告乙公司的弃标之间也没有唯一直接的因果关系；最后，原告甲投资公司要求被告赔偿脚手架费用及延期人工水电费用等，但其仅提交了一份自拟的费用产生明细，并没有提交相关证据予以佐证，没有对相关费用计算的标准进行说明，也没有提交证据证明其实际已经支付了该部分费用，因此，原告甲投资公司依法应当承担举证不能的法律后果。综上，原告甲投资公司要求被告乙公司赔偿损失410000元的诉讼请求缺乏事实及法律依据，一审法院依法不予支持。

裁判结果：

驳回原告诉讼请求。

一百四十六、

投标人拒绝签订中标合同，招标人主张赔偿除投标保证金之外的其他损失，没有举证证明的，人民法院不予支持

——甲包装公司与乙公司招标投标合同纠纷案

【裁判要旨】

投标人未能举证证实其没收保证金之后还存在其他损失，且损失金额已超过了其没收的保证金金额的，招标人其在没收保证金同时还要求中标人支付款项弥补招标人损失，人民法院不予支持。

【法院及案号】

一审：广东省广州市番禺区人民法院，〔2016〕粤0113民初545号。

二审：广东省广州市中级人民法院，〔2018〕粤01民终9552号。

【当事人】

一审原告、二审上诉人：甲包装公司。

一审被告、二审被上诉人：乙公司。

【案情介绍】

甲包装公司建设厂房。2013年10月30日，甲包装公司就厂房施工总承包项目进行招标投标，发布招标公告，制定招标文件和招标控制价等。2013年11月7日，甲包装公司委托了广东某发工程管理有限公司将工程交给了广州公共资源交易中心番禺交易部进行招标，递交招标文件的截止时间为2013年12月2日，投标有效期60日。涉案工程招标的金额由广州市番禺区财政投资评审中心评审定价，投标前，甲包装公司进行过网上答疑。乙公司参与了该标的投标，分别于2013年11月27日和29日向广州建设工程交易中心支付保证金38万元和3.2万元，共41.2万元。

2013年12月5日，甲包装公司公示中标候选人，某昌公司为第一中标候选人，乙公司为第二中标候选人。2013年12月12日，广州公共资源交易中心番禺交易部对中标候选人进行公示。公示时间2013年12月13日至2013年12月17日24：00止。

2013年12月18日,甲包装公司递交"广州市番禺区甲包装公司厂房—施工总承包中标单位的中标价确认函"给广州市番禺区建设工程招标管理办公室和广州公共资源交易中心番禺交易部,确定本工程项目由某昌公司中标,并确定以人民币19872820.37元为本工程的中标价格。

2013年12月18日,某昌公司向广州市番禺区建设工程招标管理办公室和甲包装公司发出中标放弃函,申请放弃该项目的中标资格。2014年1月16日,甲包装公司向广州市番禺区建设工程招标管理办公室(以下简称"招标办")、广州公共资源交易中心番禺交易部汇报了第一中标候选人放弃中标,由第二中标候选人顶上,经招标办同意,确定乙公司为第一中标候选人,并于2014年2月10日进行公示,公示时间从2014年2月11日至2014年2月13日23:59止。2014年2月21日,乙公司缴纳了中标交易服务费18076.5元。2014年2月26日,甲包装公司与广东建发工程管理有限公司、广州建设工程交易中心三方签署了《中标通知书》[广州建交(公)中字〔2014〕第(1142)号],确定乙公司为中标人,中标价为2008.500526万元。甲包装公司于2014年3月5日,向乙公司发出《关于领取中标通知书的函件》,声明在2014年3月10日前到甲包装公司领取中标通知书,逾期视为自动放弃中标资格,上报招标管理机构处理,同时将追究违约责任。

2014年3月7日,乙公司向广州市番禺区建设工程招标管理办公室和甲包装公司提交《中标放弃函》,以项目经理离职,无法承担该项目的正常施工为由,申请放弃该项目的中标资格。2014年4月17日,甲包装公司向广州公共资源交易中心番禺交易部递交"关于没收某昌公司和乙公司投标保证金的申请"以两公司依次放弃中标资格,根据建设工程招标投标相关法律法规和《广州市番禺区甲包装公司厂房—施工总承包招标文件》内相关内容,请依法将两公司投标违约保证金各82.4万元划入甲包装公司银行账户。广州公共资源交易中心于2014年4月15日将乙公司41.2万元保证金划入甲包装公司银行账户。甲包装公司于2014年4月21日,申请重新招标。2014年6月6日,甲包装公司与广东某发工程管理有限公司、广州公共资源交易中心三方签署了《中标通知书》,确定汕头市某濠建筑总公司中标,中标价为20169610.46元。

甲包装公司向一审法院起诉请求:1.甲包装公司没收乙公司的投标保证金41.2万元;2.乙公司赔偿甲包装公司损失84605.2元;3.本案诉讼费用由乙公司承担。

【一审情况】

争议焦点:

关于《中标通知书》是否发生法律效力的问题。

法院观点:

关于《中标通知书》是否发生法律效力的问题。一审法院认为,《中标通知书》并未发生法律效力,理由如下:

1.投标有效期的问题。《中华人民共和国招标投标法实施条例》第二十五条规定：招标人应当在招标文件中载明投标有效期，投标有效期从提交投标文件的截止之日起算。招标文件中明确规定了投标有效期为60日，本案递交投标文件截止时间为2013年12月2日，即投标有效期2013年12月2日至2014年1月30日。2014年2月26日，甲包装公司与广东某发工程管理有限公司、广州建设工程交易中心三方签署的《中标通知书》，确定乙公司为中标人，已经超过投标有效期，招标文件第15.2条规定：在特殊情况下，招标人在原定投标有效期内，可以根据需要以书面形式向投标人提出延长投标有效期的要求，对此要求投标人须以书面形式予以答复。投标人可以拒绝招标人这种要求，而且投标担保应当予以退还等。甲包装公司并无以书面形式向投标人提出延长投标有效期的要求，因此，甲包装公司是逾期作出《中标通知书》。

2.乙公司缴纳了中标交易服务费的问题。根据招标文件的规定招标人在原定投标有效期内，可以根据需要以书面形式向投标人提出延长投标有效期的要求，投标人须以书面形式予以答复，强调的是书面提出要约和书面承诺，延长投标有效期才对双方产生约束力，甲包装公司认为乙公司缴纳了中标交易服务费的行为表示其同意延长有效期，并受投标书的约束没有法律依据。

综上所述，甲包装公司在投标有效期届满前未以书面形式向投标人提出延长投标有效期的要求，投标有效期届满后作出的《中标通知书》，乙公司不同意延长投标有效期放弃中标资格，中标通知书对乙公司不具有法律效力。

裁判结果：

驳回原告诉讼请求。

【二审情况】

争议焦点：

关于甲包装公司能否没收乙公司的保证金并要求赔偿的问题。

法院认为：

关于甲包装公司能否没收乙公司的保证金并要求赔偿的问题。二审法院甲包装公司可以没收乙公司的保证金，但无权要求赔偿，理由如下：

涉案招标文件第15.2条规定"在特殊情况下，招标人在原定投标有效期内，可以根据需要以书面形式向投标人提出延长投标有效期的要求，对此要求投标人须以书面形式予以答复。投标人可以拒绝招标人这种要求，而且投标担保应当予以退还等"。甲包装公司作为招标人，本应以书面形式向投标人即乙公司提出延长招标有效期的要求，但甲包装公司采取的是直接对确定乙公司为第一中标人的结果进行了公示的形式。乙公司作为投标人，在此情况下，本可以拒绝甲包装公司在延长招标有效期后作出的公示结果，并要求退还保证金。但事实上，乙公司不仅在公示期内没有提出异议，并且在公示期满后自愿交纳了中标交易服务费。乙公司的上述行为表明在甲包装公司未能以书面形式向乙公司提出延长招标有效期的要求的情况下，乙公司仍然自愿接受中标的结果，放弃了拒绝中标结果并要求甲包装公司退还保证金的权利。乙公司交纳了中标交易服务费后，甲包装公司也向乙公司发出了领取中标通知书的函件，表明双方当事人对于中标一事已达成了合意。虽然乙公司提出其交纳中标交易服务费是受到了甲包装公司的误导，但没有提交证据加以证明。另，乙公司其后提交的中标放弃函中主张的弃标理由仅仅是项目经理离职，完全没有提到招标有效期的问题，故二审法院认定乙公司并非是因为甲包装公司未能以书面形式向其提出延长招标有效期要求的原因而放弃中标。故乙公司在交纳了中标交易服务费，认可了中标结果之后又以项目经理离职的理由放弃中标资格的行为，属于弃标行为，依约应承担相应的违约责任。甲包装公司要求没收乙公司的保证金符合约定，二审法院予以支持。乙公司抗辩称因甲包装公司超过招标有效期而导致其弃标，与事实不符，二审法院不予采纳。至于甲包装公司上诉称乙公司需赔偿工程款差额84605.2元。对此，二审法院认为，由于甲包装公司未能举证证实其没收保证金之后还存在其他损失，且损失金额已超过了其没收的保证金金额。故甲包装公司上诉要求其在没收保证金同时还要求乙公司支付工程款差额弥补其损失，证据不足，理据不充分，二审法院不予支持。

裁判结果：

一、撤销广东省广州市番禺区人民法院〔2016〕粤0113民初545号民事判决。

二、乙公司向甲包装公司支付的投标保证金41.2万元归甲包装公司所有。

三、驳回甲包装公司的其他诉讼请求。

一百四十七、

招标文件约定中标人弃标，招标人依次选择第二中标候选人的，两者之间的中标差额由弃标人承担的，人民法院予以支持

——甲工程公司与乙公司合同纠纷案

【裁判要旨】

招标文件中明确约定到中标人弃标后责任承担的相关内容，尽管招标投标双方尚未订立书面合同，但招标文件中该规定应对于双方当事人均具有法律效力。

【法院及案号】

一审：福建省漳州市中级人民法院，〔2013〕漳民初字第283号。

二审：福建省高级人民法院，〔2014〕闽民终字第758号。

【当事人】

一审原告、二审被上诉人：乙公司。

一审被告、二审上诉人：甲工程公司。

【案情介绍】

乙公司就长泰枋洋水利枢纽工程溪口大桥及其连接线复建工程的施工进行公开招标，招标文件所列评标办法为经评审的最低投标价法。该文件第3.4.1规定，评标委员会按照投标报价由低到高的顺序推荐中标候选人。3.4.1条规定评标委员会应确定排名第一的中标候选人为中标人。当排序第一的中标候选人放弃中标或者因不可抗力提出不能履行合同的，招标人可依排名顺序确定中标人，由于中标人非因不可抗力原因放弃中标、未按照招标文件要求在规定期限内提交履约保证金或低价风险保证金的，没收投标保证金；导致招标人从其他中标候选人中重新确定中标人的，应当向招标人赔偿中标差价及工期延误等损失（直接损失=中标人的中标价与评标推荐排序次中标候选人投标报价差额；间接损失按实计算，如工期延误等）超过投标保证金数额的还应当对超过部分予以赔偿。招标人按评标结果的排序顺序另选中标人。

2012年4月13日,甲工程公司向乙公司提交投标函等材料,表示其已仔细研究了长泰枋洋水利枢纽工程溪口大桥及其连接线复建工程施工招标文件的全部内容,投标总报价为27240947.36元。并表示,如中标,(1)我方承诺在收到中标通知书后,在中标通知书规定的期限内与你方签订合同;(2)随同本投标函提交的投标函附录属于合同文件的组成部分;(3)我方承诺按照文件规定向你方递交履约担保;(4)我方承诺在合同约定的期限内完成并移交全部合同工程。

2012年4月16日,经评标委员会评标并出具评标报告,其中:5.投资规模:工程概算建安总投资约4263万元。9.本工程的最高控制价为3250万元(不含暂列金)。评标报告推荐的中标候选单位为第一中标候选单位甲工程公司,中标价为27240947.36元;第二中标候选单位某公路工程处,中标价为30017393.03元;第三中标候选单位某交通工程建设集团有限公司,中标价为33467722.07元。三家中标候选人在"长泰枋洋水利枢纽工程溪口大桥及其连接线复建工程开标记录表"上签名确认,开标时间为2012年4月16日上午9时。中标通知书领用表没有原件。

2012年4月27日建设项目单位即乙公司与招标(代理)单位共同出具了"漳州市建设工程项目交易成交中标通知书"。该通知书要求中标单位收到中标通知书后5日内到乙公司与建设单位签订承发包合同。

2012年5月30日,乙公司发布第二次中标结果公示,取消"甲工程公司"的中标资格,依照开标结果顺序由第二中标候选人为本工程项目的中标人,中标价为30017393.03元。

2012年5月8日,乙公司向甲工程公司发函,告知甲工程公司应于2012年5月15日前派代表与其联系,商讨签订合同事宜,并提交履约保证金和低价风险金,若拒不提交履约保证金和低价风险金,请给予合理解释,否则将采取以下措施:"1.依法取消贵方的中标资格,并没收你方的投标保证金70万元;2.依法要求你方赔偿因此给我公司带来的经济损失,即第一中标人与第二中标人的差价2776445.67元。"甲工程公司于2012年5月15日复函,表示收到乙公司的函件,复函如下"我司参与了贵方上述项目的招标投标活动,该项目于2012年4月16日在漳州市工程交易中心开标,由于投标定标期间经营部门主要领导出差,电话沟通出现失误,误以为投标报价是工程直接费,不含暂定金的报价,结果是投标报价严重低于成本价,导致项目会出现严重亏损,无法履约。"

2012年12月24日,乙公司向长泰县人民政府出具《关于长泰枋洋水利枢纽工程相关事宜的情况汇报》,表示"公司绝无主观故意,……故从轻处罚,我司愿意承担没收70万元投标保证金及30万元罚款"。

【一审情况】

争议焦点:

关于超过投标保证金部分的损失予以赔偿的问题。

法院观点：

关于超过投标保证金部分的损失予以赔偿的问题。一审法院认为，应当赔偿，理由如下：

已取得中标资格的投标人因其投标意思表示已得到招标人的承诺，其与招标人之间的合同关系已经成立，根据《中华人民共和国招标投标法》第四十六条的规定，双方应按招标文件和中标人的投标文件订立书面合同。甲工程公司的投标文件也完全响应了招标文件的内容，并未对招标文件包括违约责任等条款做出任何变更。招标文件作为招、投标活动中的重要法律文件，是招标投标活动依据，依法对已取得中标资格的投标人产生法律约束力。乙公司在排序第一的中标人即甲工程公司复函告知不能履约情况下，依排名顺序重新确定第二顺序的某公路工程处为中标单位符合招标文件3.4.1的规定，甲工程公司作为第一中标人也未能举证证明其放弃中标是因为不可抗力原因。因此，甲工程公司应就其放弃中标项目，依法承担相应的法律责任。甲工程公司关于"乙公司在取消甲工程公司中标资格后，完全可以进行二次招标来减少损失并防止损失扩大"的辩解理由与招标文件规定的招标程序不符，不能成立。根据《中华人民共和国招标投标法》第六十条的规定及招标文件的约定，除没收投标保证金外，甲工程公司还应对超过投标保证金部分的损失予以赔偿。因此，乙公司主张没收投标保证金70万元的诉讼请求有法律依据，一审法院予以支持。根据评标结果，第一中标人与第二中标人的差价为2776445.67元，扣除投标保证金70万元，乙公司因甲工程公司未能履约造成的损失为2076445.67元，乙公司据此要求甲工程公司赔偿该损失的理由可以成立，一审法院予以支持，但在没收投标保证金外，乙公司的诉讼请求重复计算了70万元的损失，该主张违反了招标投标法第60条的规定，一审法院不予支持。

综上所述，一审法院认为，从法律性质看，招标文件属于要约邀请，投标文件属于要约，中标通知书属于承诺，根据《中华人民共和国合同法》第二十五条规定，承诺生效时合同成立。本案中，甲工程公司已领取中标通知书，甲工程公司虽未与乙公司订立书面合同，但双方的合同关系已经建立，即由招标文件、投标文件和中标通知书形成的合同，甲工程公司作为第一中标人也未能举证证明其放弃中标是因为不可抗力原因。因此，甲工程公司应就其放弃中标项目，依法承担相应的法律责任，根据《中华人民共和国招标投标法》第六十条的规定及招标文件的约定，除没收投标保证金外，甲工程公司还应对超过投标保证金部分的损失予以赔偿，扣除投标保证金70万元，乙公司因甲工程公司未能履约造成的损失为2076445.67元，乙公司因此要求没收投标保证金70万元及要求甲工程公司赔偿损失2076445.67元的理由可以成立。

裁判结果：

驳回原告诉讼请求。

【二审情况】

争议焦点：

一、关于招标文件中中标人弃标的违约责任规定是否对上诉人甲工程公司适用的问题。

二、关于被上诉人乙公司直接经济损失能否按第一中标价与第二中标价之间的差价（即2776445.67元）来认定的问题。

法院认为：

一、关于招标文件中中标人弃标的违约责任规定是否对上诉人甲工程公司适用的问题。二审法院认为该规定对原中标人有效，理由如下：

二审法院认为，招标文件第三章评标办法中已经明确将"投标人对合同纠纷、事故处理办法未提出异议"作为评审标准之一，而上诉人自愿参加投标并在投标函中明确表示其已仔细研究了施工招标文件的全部内容，且通过了评审，即说明其投标时未对招标文件中的合同纠纷、事故处理办法提出异议，并认可了有关合同纠纷、事故处理办法对其适用。同时，上诉人已经收到了中标通知书，故双方合同关系成立。而根据《中华人民共和国招标投标法》第四十六条的规定，双方应严格按照招标文件和中标人的投标文件订立书面合同。故尽管双方尚未订立书面合同，但招标文件中有关合同纠纷、事故处理办法（包括违约责任）的规定应对于双方当事人均具有法律效力。

二、关于被上诉人乙公司直接经济损失能否按第一中标价与第二中标价之间的差价（即2776445.67元）来认定的问题。二审法院认为直接经济损失按第一中标价与第二中标价之间的差价（即2776445.67元）来认定，并无不当，理由如下：

二审法院认为，上诉人仅以其中标价低于工程概算造价和工程最高控制价（不含暂列金）为由，认为其中标价低于成本价的主张缺乏依据，依法不予认定，且中标价格低亦不能构成导致其无法履约的不可抗力原因。因此，上诉人应对其中标后拒绝履约的行为承担违约责任。由于招标文件已经对当第一中标候选人放弃中标时，招标人可直接依排名顺序确定中标人，以及中标人非因不可抗力原因放弃中标导致招标人从其他中标候选人中重新确定中标人的情况下，招标人直接损失的计算方法进行了明确规定，即"直接损失＝中标人的中标价与评标推荐排序次中标候选人投标报价差额"。故被上诉人以第一中标价格与第二中标价格之间的差价2776445.67元作为其直接经济损失的主张并无不当。

裁判结果：

驳回上诉，维持原判。

一百四十八、

以围标串标方式撮合招标人和投标人签订中标合同的居间合同，违反招标投标法强制性规定，应认定为无效

——姜某与甲公司居间合同纠纷案

【裁判要旨】

依法确定为必须通过招标的方式确定承建方的项目，以围标串标方式撮合招标人和投标人签订中标合同的居间合同，居间合同内容本身就违反了《中华人民共和国招标投标法》（以下简称《招标投标法》）关于对依法必须招标项目的强制性规定，应认定无效。

【法院及案号】

一审：江苏省常州市中级人民法院，〔2014〕常商初字第171号。

二审：江苏省高级人民法院，〔2015〕苏商终字第00276号。

再审：最高人民法院，〔2017〕最高法行申362号。

【当事人】

一审原告、二审上诉人、再审申请人：姜某。

一审被告、二审被上诉人、再审被申请人：甲公司。

【案情介绍】

2008年2月18日，甲公司的代理人陈某钧与姜某签订《居间合同书》一份，约定甲公司委托姜某协调"亚泰中心项目"相关事宜，甲公司一经中标，则按工程承包总价的3%向姜某支付居间报酬。其后，上述项目的发包方某泰公司以邀请招标的方式，分别邀请甲公司、乙建工、丙建工参与投标。在投标过程中，甲公司委托马某飞、乙建工委托姜某、丙建工委托张某心参加"亚泰中心项目"的投标活动。乙建工和丙建工在递交的授权委托书中注明，姜某和张某心分别系两公司的工程处副处长。2008年10月14日，按评审的最低投标价法，甲公司中标。经一审法院查明，张某心并非丙建工员工，而是甲公司陈某钧安排其以丙建工名义参与"陪标"，所有的投标

材料均为陈某钧事先准备；姜某陈述："对于招标投标的事情，陈某钧说要找两个单位陪标的，其就找到乙建工去陪标，甲公司的张某心代表丙建工去陪标"；发包方某泰公司法定代表人季某成亦证实："因姜某与其是多年老友，故其介绍甲公司进行工程对接。'亚泰中心项目'不是政府工程，所以不需要公开招标，但程序要走，所以姜某就找了乙建工、丙建工及甲公司，确实是姜某在运作的，且最终确定由甲公司中标"。

【一审情况】

争议焦点：

关于居间合同是否有效的问题。

法院观点：

关于居间合同是否有效的问题。一审法院认为，居间合同无效，理由如下：

根据常州市武进区发展和改革局的发文，"亚泰中心项目"属于大型工程项目建设，依法必须进行招标，故某泰公司委托常州某宇投资咨询有限公司以邀请招标方式选择施工单位符合法律规定。鉴于招标投标的行为系《招标投标法》规定的一种通过特殊的要约和承诺选拔中标人的过程，故必须严格遵循公开、公平、公正和诚实信用原则，于此才能有效防止弄虚作假和权力寻租，以达到净化建筑市场的良好愿景。

然纵观本案，在招标投标之前，姜某已经与时任甲公司员工的陈某钧接洽过，并授意只有开具《委托代理证》才能便于甲公司承接案涉工程，故结合《委托代理证》授权的内容，应当将陈某钧签字确认的《居间合同书》视为甲公司的真实意思表示。虽然《居间合同书》仅载明甲公司委托姜某协调项目相关事宜，但鉴于协议中已经明确案涉项目是招标投标项目，否则也不会提及中标后的报酬问题。既然通过招标投标程序，各方主体就应当遵循前已提及的公开、公平、公正和诚实信用原则，故所谓的信息、成交机会的获取及以中标为条件收取费用就是有悖于该原则，协议本身的合法性应受质疑，据此也更易于理解为何在该合同中对姜某如何协调的内容讳莫如深。此外，居间合同签订后，姜某为了获取居间费用，在招标投标的过程中亦采用了弄虚作假的手段，这从投标人委托的代理人实际身份可窥见一斑。除马某飞系甲公司员工，并被授权参加涉案工程投标活动外，张某心及丙建工均确认张某心并非丙建工员工，所谓参与投标，也只是应陈某钧的要求在文件上履行签字手续而已。至于姜某的身份，虽然授权委托书上载明系乙建工的工程处副处长，但其并未提供当时与该公司的劳动关系证明。而且从姜某本人的陈述来看，其也是借用乙建工的名义参与投标活动。因此，乙建工和丙建工在本案投标程序中，仅是出借资质，以配合姜某和陈某钧完成邀请招标的资格审查。故从某种程度上而言，虽然名义上有三家投标人，委托不同的代理人，但实际上均是由姜某来运作，这种方式无异于不同投标人委托同一人办理投标事宜，违反了招标投标法的规定，严重扰乱了建筑市场的正常秩序。综上，案涉居间合同的内容因违反法律法规的强制性规定应属无效，况且姜某为了实现合同目的，采用的手段也属于违法。因合同被确认无效，故关于合同有效后的付款条件成就及付款数额问题自无讨论的前提和必要。据此，姜某主张甲公司支付居间报酬的诉请缺乏法律依据，不予支持。

裁判结果：

驳回原告诉讼请求。

【二审情况】

争议焦点：

一、关于案涉居间合同的效力如何认定的问题。

二、关于案涉居间合同如果有效，姜某主张的居间报酬之支付条件有无成就，金额应如何计算的问题。

法院认为：

一、关于案涉居间合同的效力如何认定的问题。二审法院认为居间合同无效，理由如下：

1.姜某关于案涉工程采用邀请招标程序，而非公开招标程序，故不存在串标可能的上诉理由，不能成立。《招标投标法》第十条规定，招标分为公开招标和邀请招标。公开招标，是指招标人以招标公告的方式邀请不特定的法人或者其他组织投标。邀请招标，是指招标人以投标邀请书的方式邀请特定的法人或者其他组织投标。根据该法条，公开招标、邀请招标均属于《招标投标法》调整的范围，均应当根据该法第五条的规定，遵循公开、公平、公正和诚实信用的原则。姜某认为案涉项目系邀请招标则不可能存串标可能的上诉理由，缺乏依据。

2.姜某与甲公司之间的居间合同违反《中华人民共和国合同法》第五十二条的规定，应属无效。根据本案已查明的事实及当事人陈述可见，姜某与甲公司在《居间合同书》中虽未明确所谓委托姜某协调案涉工程相关事宜的具体内容，但在该合同中明确约定居间服务有无完成以案涉项目有无中标为依据，居间报酬的支付亦以中标时间为时点。而姜某认为其已完成居间合同义务的理由包括，甲公司系通过姜某的协调才承接案涉工程，在进行招标投标程序之前即已获得实际施工人的身份，并实际开始施工。案涉工程邀请招标程序中共有三位投标人。其中，乙建工由姜某联系并作为委托代理人参与投标，而姜某并非乙建工工作人员，系借用乙建工的名义参与投标活动。此外，丙建工以及张某心均确认，在案涉工程招标过程中，投标人之一丙建工的经办人张某心并非丙建工工作人员，所谓参与投标系应陈某钧的要求在文件上履行签字手续。据此，姜某以及甲公司之间居间合同内容实质上违反了《招标投标法》的强制性规定，严重扰乱建筑市场秩序，一审判决据此认定案涉居间合同无效，有相应的法律依据。

3.甲公司是否在邀请招标程序启动前即已与某泰公司签订《亚泰中心工程施工前

置协议》并实际开始施工,并不影响案涉居间合同效力的认定,故姜某在二审中提交的《亚泰中心工程项目桩基检测合同》《亚泰中心预拌混凝土购销合同》、甲公司与某泰公司于2008年10月20日签订的《建筑工程施工合同》以及确认函等证据与本案的处理无关联性,二审法院不予采信。

二、关于案涉居间合同如果有效,姜某主张的居间报酬之支付条件有无成就,金额应如何计算的问题。二审法院认为合同无效,金额无需计算,理由如下:

因案涉居间合同无效,故姜某依据该合同要求甲公司支付居间报酬的主张,二审法院不予支持。

裁判结果:

驳回上诉,维持原判决。

【再审情况】

争议焦点:

关于案涉《居间合同书》是否有效的问题。

法院认为:

关于关于案涉《居间合同书》是否有效的问题。再审法院认为,合同无效,理由如下:

案涉工程的三家投标单位,均为甲公司及其居间人姜某所控制,所用投标文件均由甲公司陈某钧提供。上述投标行为严重破坏了建筑市场秩序和招标投标活动的公正性,属《招标投标法》第三十二条所禁止的串通投标行为。因此,再审法院对姜某所提一审认定案涉工程存在串标行为属认定事实错误的申请理由,依法予以驳回。

关于姜某所提案涉《居间合同书》应为有效的申请理由,经查,案涉建设工程依法属必须通过招标的方式确定承建方的项目,而《居间合同书》系姜某为甲公司与发包方订立合同提供撮合服务的媒介居间,其居间合同内容本身就违反了《招标投标法》关于对依法必须招标项目的强制性规定。从之后的居间合同履行行为看,姜某作为居间人,其促成案涉《工程承包合同》订立的主要方式,系通过参与、实施串通投标违法活动行为得以实现,严重扰乱了建设市场秩序。因此,一审判决以违反法律的禁止性规定为由认定案涉《居间合同书》无效,适用法律正确。

裁判结果:

驳回姜某的再审申请。

一百四十九、

居间人为投标人报告招标信息及撮合招标投标双方相关负责人相识为内容的居间合同，具有法律效力，但居间费用过分高于其付出的劳动报酬的，人民法院可以予以调减

——胡某明与某港总公司、某港总公司华东分公司居间合同纠纷案

【裁判要旨】

居间人为投标人报告招标信息及撮合招标投标双方相关负责人相识为内容的居间合同，不违反法律法规的强制性规定，具有法律效力，但居间费用过分高于其付出的劳动报酬的，人民法院可以予以调减。

【法院及案号】

一审：安徽省池州市中级人民法院，〔2010〕池民一初字第1号。

二审：安徽省高级人民法院，〔2012〕皖民二终字第126号。

再审：最高人民法院，〔2014〕民提字第74号。

【当事人】

一审原告、二审上诉人、再审申请人：胡某明。

一审被告、二审被上诉人、再审被申请人：某港总公司、某港总公司华东分公司。

【案情介绍】

2003年6月25日，原某港建设总公司上海分公司（甲方）与莫某林（乙方）签订内部承包经营合同约定：甲方同意乙方实行承包，自主经营、独立核算、自负盈亏；承包期限自2003年6月25日至2008年6月24日；甲方配合乙方办理并提供相应的经营手续；甲方有权要求乙方按规定的时间和金额缴纳税金和管理费用。2003年9月3日，某港总公司向安徽省高等级公路工程指挥部出具一份〔2003〕港介字第088号介绍信，介绍胡某明、莫某林前往联系高速公司工程招标投标事宜。2003年10月27日，某港总公司授权委托莫某林负责安徽省沿江高速公路毛竹园至大渡口段路基工程购买资审文件事宜。

2004年5月14日，胡某明（甲方）与原某港建设总公司上海分公司（乙方）签订一份居间合同，甲方受乙方委托在安徽省黄山市黟县联系陶渊明温泉宾馆等项目工程，就工程中介费、奖金等居间报酬，双方协商约定：如经甲方努力，促成乙方中标，乙方愿意按签订工程合同（包括以后三年内续签的第二、三期工程合同金额在内）的总金额提取百分之五的金额，作为偿付甲方信息费。中介费、劳务费、开销费、奖金等项居间报酬；付款方式：乙方在收到工程预付款达20%时，应付甲方本协议规定款项总额的50%，余下50%款额乙方在收到工程款达90%时应全部付清给甲方。如乙方未中标，乙方不承担甲方任何费用（包括甲方已花费的）；为有利于甲、乙双方长期友好合作，对乙方在今后三至四年内在安徽省境内承接的其他所有工程，乙方同意均按本合同规定执行；……此合同经甲乙双方签字之日起生效。甲方签字处有胡某明签名，乙方签字处有莫某林签名，该合同左下方载有：芜湖某国际商业广场项目工程，只要我公司中标，同意不另签居间合同，仍按此居间合同之约定，付给居间报酬。下方有莫某林署名并注明2007年1月27日于上海。2004年6月14日，原某港建设总公司上海分公司变更为某港总公司华东分公司。同年6月28日，尹某雷、莫某林等人会谈内容载明，报销由莫某林一支笔负全责；利润分配：公司按不低于总产值1.2%的比例收取，与划拨工程款同步进行。2006年11月20日至21日，胡某明联络安排芜湖某置业发展有限公司的魏某明一行来池住宿及上九华山。2007年1月期间，胡某明向莫某林提供了芜湖某国际商业广场项目信息，该项目总投资约六亿多元。2007年1月26日，魏某明发给胡某明手机短信称"按安徽省和芜湖市规定，我们工程记取安徽的2000定额，总造价是要下浮的但下浮多少还没有确定。取费标准按二级执行。"并相约上海见面。2007年1月27日下午两点左右，胡某明约莫某林在上海的一家咖啡厅与魏某明见面。2007年3月22日，胡某明发给魏某明手机短信："你公司寄给我的请柬已收到，我本月25日过来，26日上午将如期参加贵公司举行的工程奠基典礼剪彩仪式。"同年3月26日，胡某明参加了芜湖某国际商业广场奠基典礼。2007年5月1日，胡某明短信告知莫某林："这次韦某宏一行来考察十分重要，他们要形成对十二家公司考察的第一手资料供领导层决策，望你高度重视，热情接待，能否考虑让他们来考察的都能满意？这是最为关键的一次。"2007年5月10日，胡某明再次短信联系莫某林："此次你叫我芜湖之行，我总结，该说的我说了，该做的我做了，也起到了一定作用，我已尽力至此。剩下的能否总包就靠你了，……，望你在这关键时刻不能错失良机，应发挥你尽有的智慧和才能，以确保总包成功。"2007年8月1日，甲方芜湖某置业发展有限公司与乙方某港总公司签署备忘录，双方就芜湖某国际商业广场地下室工程项目达成协议，约定此备忘录于双方签字两周内有效，于双方签订正式施工合同后失效。甲方法定代表人处签有吴某超，乙方法定代表人处签有莫某林。2007年8月24日，合工大建设监理有限责任公司芜湖某国际商业广场监理部、芜湖某置业发展有限公司向某港总公司发出开工令，要求该公司于2007年8

月28日正式开工。该开工令由莫某林于2007年8月24日签收。2007年9月10日，招标人芜湖某置业发展有限公司、招标代理机构安徽华瑞造价工程师事务所有限责任公司向某港总公司发出安徽省建设工程施工招标投标中标通知书，内容为：我单位芜湖某国际商业广场地下室工程，于2007年9月7日在芜湖市招标采购交易中心公开招标后，已完成评标工作和向建设行政主管部门及其招标标投标监管机构提交该施工招标投标情况的书面报告，现确认你单位为中标人，中标价为八千五百八十万零八千八百八十一元。请你单位收到中标通知书后，于2007年9月12日到芜湖某置业发展有限公司与招标人签订合同。该通知书上招标人法定代表人或委托代理人处有魏某明签名。2007年9月10日，合工大建设监理有限责任公司芜湖某国际商业广场监理部及总监理师向某港总公司发出开工令，确定2007年9月10日为联盛工地地下室工程开工日期，工期从2007年9月10日起算。该开工令由莫某林于发出当日签收。2007年9月28日，某港总公司制发《关于成立芜湖某国际商业广场工程项目部的通知》(港建字〔2007〕59号)，同意成立芜湖某国际商业广场工程项目部，张某喜任该项目部经理。2007年9月6日，承包人某港总公司与发包人芜湖某置业发展有限公司签订《建设工程施工合同》约定，某港总公司承包芜湖某国际商业广场地下室工程土建及所有安装，开工日期2007年9月10日，竣工日期2008年2月10日，合同价款85808881元。2007年12月17日，芜湖市住房和城乡建设委员会颁发的建设工程施工许可证载明，建设单位芜湖某置业发展有限公司，工程名称某商业广场地下室，建设地址褚山中路，合同价格8580.88万元，施工单位某港总公司，监理单位合工大建设监理有限责任公司，开工日期2007年9月10日，竣工日期2008年2月1日。

  2008年1月24日，发包方(甲方)芜湖某置业发展有限公司与承包方(乙方)某港总公司签订芜湖某国际商业广场基坑围护、桩基处理工程、地下室工程补充协议书，约定双方变更芜湖某国际商业广场地下室工程项目(以下简称"本项目")施工内容为地下室土建工程、地下室所有预埋工程、基坑围护工程以及桩基处理工程协议。该补充协议甲方代表处盖有吴某超印鉴，乙方代表处盖有尹某雷印鉴，并加盖有芜湖某置业发展有限公司和某港建设总公司合同专用章。

  2008年3月11日，芜湖某置业发展有限公司向某港总公司芜湖项目部发出未中标通知书，告知该公司未被确定为某国际商业广场地下室基坑围护工程项目中标单位，某港总公司开工后因地质情况复杂，挖槽、打桩遇到困难，造成工期延误。2008年4月11日，芜湖某置业发展有限公司与某港总公司就芜湖某国际商业广场项目工程达成一致意见并形成会议纪要，吴某缠与莫某林参加会议。

  2008年6月1日，发包方(甲方)芜湖某置业发展有限公司与承包方(乙方)某港总公司签订《芜湖某国际商业广场工程补充协议书》约定：工程内容为该广场地下室和上部土建，地下室和上部安装工程，计价方式为本工程按二类工程取中间值，具体取费按照本协议约定的费率执行。双方此前签订的任何协议以及将来走政府招标程序和到政府备案的合同若与本协议有冲突的，以本协议为准。该补充协议甲方委托代理人处由武某军签名，乙方代理人处由尹某雷签名。

2008年8月18日，发包方（甲方）芜湖某置业发展有限公司与承包方（乙方）某港总公司签订建设工程施工合同约定，工程名称芜湖某国际商业广场，工程内容为某国际商业广场a、b、c区及1号、2号楼，承包范围为施工图纸内所有土建及安装工程（图纸及招标文件规定的所有内容），合同价款暂定148715620.59元。该合同落款处发包人法定代表人处盖有吴某超印鉴。2008年8月25日，甲方芜湖某置业发展有限公司与乙方某港总公司签订补充协议约定，乙方于2008年7月1日参加甲方组织的某国际商业广场（a、b、c区及1号、2号楼）工程招标投标，并经专家评标，最后乙方有幸中标，双方于2008年8月18日签订的芜湖某国际商业广场施工合同，并向住房和城乡建设委员会备案。现甲乙双方经过协商，一致同意仍执行双方6月1日签订的补充协议。补充协议未尽事项另行协商。芜湖市建设工程项目报建表载明，芜湖某置业发展有限公司法定代表人吴某超，工程项目名称为芜湖某国际商业广场地下室工程，经办人系潭某南。

一审法院另查明，胡某明（乙方）与杨某峰（甲方）代理人曹某签订房屋租赁协议书约定，乙方租赁甲方位于镜湖区润翔花园某室，每月租金1500元，租赁期限为一年，即自2007年8月15日至2008年8月14日止。该协议书注明为某港总公司芜湖某工地租用。胡某明提供的报销单据及所附发票等材料，反映其开支61806.64元。其中莫某林同意报销的单据金额合计50648.64元；另两张单据莫某林未签字确认报销，但其中一张单据系房租款，且附曹某收取2008年2月15日至8月14日房租9000元的收据，故确认胡某明垫付款为59648.64元。2011年11月29日，国家工商行政管理总局（国）登记内变字（2010）第1088号准予变更登记通知书载明，某港建设总公司变更为某港建设有限公司。2011年1月31日，国家工商行政管理总局（国）登记内变字（2010）第83号准予变更登记通知书载明，某港建设有限公司变更为某港建设集团有限公司。

【一审情况】

争议焦点：

关于是否应支付居间报酬的问题。

法院观点：

关于是否应支付居间报酬的问题。一审法院认为，应当支付居间报酬，理由如下：

居间合同是居间人向委托人报告订立合同的机会或者提供订立合同的媒介服务，委托人支付报酬的合同。《中华人民共和国合同法》（以下简称《合同法》）确立了居间合同法律制度，我国法律没有禁止建设工程承包合同的居间。居间招标公告虽为公开事项，但并非公开事项即众所周知。因此，公开招标的事项也存在向他人报告招标投标和订立合同机会的情形，投标人也可以将自己在投标活动中所办理的投标事项委托他人代理或者协助进行。招标投标活动遵循公开、公正、公平和诚实信用原则，但并非有居间行为就违反了招标投标活动原则，只是招标投标活动中的居间事项与其他合同居间事项有所差别。《中华人民共和国招标投标法》（以下简称《招标投标法》）等相关法律规定，发包人与承包人不得以不正当手段签订建设工程承包合同，本案双方当事人均未提供发包人与承包人以及居间人之间有违反《招标投标法》等相关法律规定的事实，因此2004年5月14日胡某明与某港总公司（沪）所签订的居间合同并不违反法律规定。后莫某林于2007年1月27日备注"芜湖某国际商业广场项目工程，只要我公司中标，同意不另签居间合同，仍按此居间合同之约定，付给居间报酬"，应视为双方就芜湖某国际商业广场项目工程达成居间协议，构成居间合同法律关系。胡某明积极与芜湖某置业发展有限公司人员魏某明联系，并将芜湖某国际商业广场工程项目的信息告知莫某林，促成魏某明与莫某林约谈合作事宜，期间胡某明短信联络双方沟通，对合同的最终订立起到了一定作用，某港总公司应当支付相应的居间报酬。某港总公司主张莫某林与某港总公司之间系内部承包关系，否认其对芜湖某国际商业广场项目工程有代理权，并对其与胡某明之间居间合同效力持有异议，缺乏事实和法律依据，一审法院不予支持。莫某林以某港总公司名义与胡某明所签居间合同产生的权利义务，应由某港总公司向胡某明承担法律责任。

2007年9月10日，安徽省建设工程招标投标中标通知书招标人法定代表人或委托代理人处有魏某明签名，显然，魏某明是代表芜湖某置业发展有限公司的职务行为，某港总公司抗辩芜湖某国际商业广场项目的建设单位法定代表人系吴某超，魏某明作用甚微，缺乏法律依据，故一审法院不予采信。

2004年5月14日双方签订的居间合同第五条明确约定"为有利于甲、乙双方长期友好合作，对乙方在今后三至四年内在安徽省境内承接的其他所有工程，乙方同意均按本合同第二、三款执行"，故某港总公司称"莫某林在居间合同上签署承诺时间是2007年，而该居间合同在2004年成立，已超过诉讼时效"的理由不能成立，一审法院不予支持。

本案一审审理期间，胡某明申请调取某港总公司承包芜湖某国际商业广场工程量及价款，但芜湖某置业发展有限公司未提供施工合同，从现有证据分析，双方均提供了2008年8月18日芜湖某置业发展有限公司与某港总公司签订的建设工程施工合同，且当事人双方对该合同的真实性不持异议，故一审法院确认该合同所约定价款148715620.59元为计算居间报酬的依据。当事人双方约定按签订工程合同总金额提取5%的金额作为居间报酬标准，我国法律虽未对居间报酬作出明确规定，但居间人的居间报酬应按照公平合理的原则确定。鉴于当事人双方约定标准在本案所涉建设工程承包合同标的的收益中所占的比例过高的实际情况，一审法院对居间费用适当酌减为工程合同总金额的1%计算居间报酬。胡某明提供了相应的证据证明在某港总公司承包芜湖某国际商业广场工程期间垫付了59648.64元，一审法院对胡某明要求某港总公司返还垫资款的请求予以支持。某港总公司华东分公司是某港总公司在上海设立的分公司，经营范围系代理总公司在上海有关业务，其民事责任应由某港总公司承担。

裁判结果：

1.某港总公司于判决生效之日起15日内支付胡某明居间报酬1487156.21元及垫付费用59648.64元。

2.驳回胡某明的其他诉讼请求。

【二审情况】

争议焦点：

一、关于某港总公司中标的案涉工程项目，与胡某明有无关联的问题。

二、关于胡某明与某港总公司之间是否形成居间合同关系的问题。

三、关于某港总公司提出重新鉴定的要求是否有依据的问题。

四、关于胡某明的居间介绍行为是否违反法律法规的规定的问题。

五、关于一审判决将居间报酬收取比例由5%调减为1%，是否有事实和法律依据的问题。

法院认为：

一、关于某港总公司中标的案涉工程项目，与胡某明有无关联的问题。二审法院认为有关联，理由如下：

根据已经查明的事实，案涉芜湖某国际商业广场项目信息是胡某明告知某港总公司华东分公司莫某林的，且胡某明不仅安排了某港总公司华东分公司莫某林与建设单位芜湖某置业发展有限公司总经理魏某明见面，商谈工程承包事宜，还参加了芜湖某国际商业广场奠基典礼；同时在投标前的准备工作中，胡某明也将其了解到建设单位的有关情况和要求，告知了某港总公司华东分公司。因此，胡某明为某港总公司华东分公司最终以某港总公司名义中标，做了大量居间协调即联络工作，某港总公司上诉称中标的案涉工程项目与胡某明无关的理由，不符合客观事实。

二、关于胡某明与某港总公司之间是否形成居间合同关系的问题。二审法院认为，二者存在居间合同关系，理由如下：

胡某明早在2004年5月14日，即与某港总公司华东分公司签订了一份居间合同，约定胡某明在安徽省境内为某港总公司华东分公司介绍工程，提供媒介服务；该合同虽然是为安徽省黄山市黟县联系陶渊明温泉宾馆等项目工程签订，但合同同时约定在今后三至四年内在安徽省境内承接的其他所有工程，同意均按该合同执行。且在胡某明提供给法院的居间合同左下方著有莫某林署名：芜湖某国际商业广场项目工程，只要我公司中标，同意不另签居间合同，仍按此合同之约定，付给居间报酬。因此，胡某明与某港总公司华东分公司之间存在居间合同法律关系。某港总公司上诉认为双方之间不存在居间合同关系的理由没有事实依据,二审法院未予采信。

三、关于某港总公司提出重新鉴定的要求是否有依据的问题。二审法院认为,重新鉴定无依据,理由如下:

一审法院依法委托西南政法大学司法鉴定中心鉴定,鉴定结论已确认《居间合同》公章印文真实;不能确定左下方有莫某林手写字迹的《居间合同》原件上手写字迹的形成时间。某港总公司对该鉴定结论质证意见是:对鉴定合法性予以认可,但认为该鉴定结论无证明力,故申请对两枚公章检材和莫某林笔迹形成时间再次鉴定。一审法院征询双方当事人意见,决定对莫某林笔迹形成时间进行重新鉴定,后由于某港总公司提出将本案移送至安徽高院委托鉴定,因该要求不符合司法鉴定程序相关规定而未被采纳,该公司一审中再未派人参加选择重新鉴定机构,故一审法院视为某港总公司放弃重新申请鉴定权并无不当。

四、关于胡某明的居间介绍行为是否违反法律法规的规定的问题。二审法院认为,不违反法律规定,理由如下:

某港公司上诉主张胡某明的居间行为违反了法律法规的规定,但其提供的证据材料不属于法律和行政法规的范畴,本案应适用《合同法》有关居间合同的规定,一审法院适用法律并无不当。

五、关于一审判决将居间报酬收取比例由5%调减为1%,是否有事实和法律依据的问题。二审法院认为,调低有法律依据,理由如下:

根据《合同法》有关居间合同的规定,居间人促成合同成立的,委托人应当按照约定支付报酬。本案当事人双方约定按签订工程合同总金额提取5%的金额作为居间报酬标准,我国法律虽未对居间报酬的标准作出明确规定,但居间人的居间报酬应按照公平合理的原则确定,鉴于当事人双方约定标准在本案所涉建设工程承包合同标的收益中所占的比例过高的实际情况,一审法院对居间费用适当酌减为工程合同总金额的1%计算居间报酬。胡某明上诉主张,一审法院调减幅度过大。结合本案已经查明的事实,综合考虑居间人胡某明付出的劳动和承担的风险,一审法院将当事人约定工程合同总金额5%的居间报酬减为1%,符合公平原则,并无明显不当。

裁判结果:

驳回双方当事人的上诉,维持一审判决。

【再审情况】

争议焦点:

关于一、二审判决将《居间合同》中约定的居间报酬从工程款总金额的5%调整到1%是否属于适用法律错误的问题。

法院认为:

关于一、二审判决将《居间合同》中约定的居间报酬从工程款总金额的5%调整

到1%是否属于适用法律错误的问题。再审法院认为调低居间报酬,并无不当,理由如下:

胡某明与某港总公司于2004年5月14日签订的《居间合同》可以证明,双方当事人之间存在居间的民事法律关系。该合同第二条中明确约定了居间报酬为施工合同总金额的5%,并约定此后3-4年内,某港总公司在安徽省境内承接的其他所有工程,均按该合同的第二、三条执行。该《居间合同》符合《合同法》第四百二十四条有关居间合同的规定。依照法律规定必须进行招标投标的建设工程项目,建设方所发布的招标信息因受发布时间、地点、方式的制约而并非众所周知,因此向从事建设工程施工的企业或个人报告招标信息并撮合建设方与施工方通过洽商签订《建设工程施工合同》是现实中客观存在的现象,且不属于法律禁止的行为。故一、二审判决认定案涉《居间合同》有效是正确的。

本案一、二审法院行使自由裁量权,将当事人约定的工程总金额5%的居间报酬调整为1%,并无不当。首先,根据《招标投标法》的规定,"大型基础设施、公用事业等关系社会公共利益公众安全的项目"必须进行招标投标。案涉芜湖某国际商业广场项目属于必须招标投标的范围,从一、二审法院查明的情况看,某港总公司对该项目的承包权也正是通过招标投标活动最终中标取得。由于案涉工程的招标投标活动必须遵守《招标投标法》第四十三条的规定,即"在确定中标人前,招标人不得与投标人就投标价格、投标方案等实质性内容进行谈判。"故胡某明在某港总公司在芜湖某国际商业广场项目中标一事中居间的作用也仅仅限于报告招标信息及撮合招标投标双方相关负责人相识,所取得的居间报酬应当与其从事居间活动所付出的劳动相符。如果胡某明认为其在促成某港总公司在案涉工程项目中标一事上存在除报告招标信息、撮合招标投标双方负责人相识以外的其他居间活动,一是必须提出证据证明其付出,二是应当证明其居间活动不违反《招标投标法》第四十三条的规定。但胡某明在本案一、二审期间所举证据,并未证明其尚有其他合法的居间活动及付出。其次,近年来我国建筑工程施工行业属于微利行业。双方当事人在居间合同中对居间报酬的过高约定,存在利益失衡的可能。本案一、二审法院行使自由裁量权,将当事人在居间合同中约定的居间报酬从工程总金额5%调整为1%的做法,既符合建筑施工行业系微利行业的基本情况,也与胡某明实际在居间活动中的付出相符,较好地平衡了双方当事人之间的利益,故这一调整并非滥用自由裁量权。

裁判结果:

维持安徽省高级人民法院〔2012〕皖民二终字第126号民事判决。

一百五十、

投标人工作人员以招标人身份作为评标委员会成员的，属于串通投标

——甲公司与乙公司建设工程施工合同纠纷案

【裁判要旨】

投标人工作人员以招标人代表的身份成为评标委员会成员参与评标，属于《中华人民共和国招标投标法实施条例》第四十一条第二款第六项规定的情形，属于招标人与投标人串通投标。依据《中华人民共和国招标投标法》第五十三条的规定，甲公司的中标无效。

【法院及案号】

一审：山西省太原市中级人民法院，〔2017〕晋01民初759号。

二审：山西省高级人民法院，〔2019〕晋民终176号。

再审：最高人民法院，〔2019〕最高法民申5242号。

【当事人】

一审原告、二审被上诉人、再审被申请人：甲公司。

一审被告、二审上诉人、再审申请人：乙公司。

【案情介绍】

原告甲公司、被告乙公司于2015年6月5日就被告以招标投标方式发包的属于依法必须招标的"新建乙食品产业一体化项目"三标段工程签订了《建设工程施工合同》（新版）。双方在合同中明确约定：工程内容为总建筑面积约为86368m^2，框架结构，包含锅炉房/配电房/氨机房/待宰圈/办公楼/冷库/调理车间/食堂/宰猪车间/宰鸡车间；工程承包范围为本项目工程施工图中所包含的建筑、结构、基础、水电安装、门窗工程、保温工程、装修工程等施工蓝图内的全部工作内容；工期总日历天数为730天；签约合同价为179407602.85元；双方还对其他权利义务进行了约定。合同签订后，2015年7月30日原告取得诉争项目的《建设工程施工许可证》（阳建施字

2015010号),诉争项目计划于2015年6月8日开工,原告按约履行了施工义务。原告在涉案诉争项目的基础、主体施工完毕后,经第三方检测单位鉴定出具了基础、主体验收记录及主体结构鉴定报告,鉴定结果为合格。目前经原告施工的办公楼和配电房已由被告在未组织竣工验收的情况下即实际投入使用,为此,阳曲县住房和城乡建设管理局于2016年10月11日向被告下达了《关于尽快组织工程竣工验收的函》(阳住建函字〔2016〕26号)。关于涉案诉争项目的施工工程部分,被告将双方所签订的《建设工程施工合同》承包范围内的部分分项工程进行了擅自甩项,交由原告以外的第三人进行了施工。截至2017年8月22日,被告就涉案诉争项目已经向原告支付工程款54486228元。原告因被告违反合同约定拖欠大量工程款向一审法院提起诉讼。另查明,2014年7月15日,原、被告曾就原告承包建设的山西乙食品工业园车间及附属工程建设工程签订了《建设工程施工合同》(旧版)。合同约定:工程内容为发包人提供的全套施工图纸中的所有内容(以蓝图为准),合同同时约定了具体的施工内容;合同价款采取固定单价方式,合同总价为1.19亿元。原、被告就双方按哪份合同实际执行发生争议,各执一词。为此,依原告申请,委托山西某渊工程造价咨询服务有限公司对涉案工程原告已完工程量造价进行鉴定,山西某渊工程造价咨询服务有限公司于2018年7月17日出具了《"新建宝迪食品产业一体化项目三标段工程造价"鉴定报告》(晋智造鉴〔2018〕04号),鉴定结论为:新建乙食品产业一体化项目三标段工程确认造价为109493823.80元。就该鉴定报告组织原、被告双方进行了质证。

【一审情况】

争议焦点:

关于涉案工程项目价款结算的合同依据的问题。

法院观点:

关于涉案工程项目价款结算的合同依据的问题。一审法院认为,应以时间较新的合同即2015年6月5日签订的经备案的中标《建设工程施工合同》(新版)为工程款结算依据,理由如下:

首先,本案涉案诉争工程项目是依法必须经过公开招标投标程序的工程项目,对此最高人民法院《关于审理建设工程施工合同纠纷案件适用法律问题的解释》第二十一条规定:"当事人就同一建设工程另行订立的建设工程施工合同与经过备案的中标合同实质性内容不一致的,应当以备案的中标合同作为结算工程价款的根据。"原、被告双方于2015年6月5日签订的《建设工程施工合同》(新版)系经过公开招标投标程序,依法签订的且经备案的中标合同。

其次,两份合同约定的内容不尽相同,从合同订立的时间顺序上及日常经验判断看,应根据时间较新的合同确定双方权利义务,且本案的实际是时间较新的合同已备案。故本案应当以双方于2015年6月5日签订的经备案的中标《建设工程施工合同》(新版)作为涉案工程的价款结算依据。该《建设工程施工合同》(新版)系双方当事人真实意思表示,合法有效,双方应按约定全面履行自己的义务。关于涉案工程价款如何确定的问题,在"涉案工程项目价款结算的合同依据"确定后的基础上,一审法院依法委托山西某渊工程造价咨询服务有限公司对涉案工程原告已完工程量造价进行鉴定,山西某渊工程造价咨询服务有限公司于2018年7月17日出具了《"新建乙食品产业一体化项目三标段工程造价"鉴定报告》(晋智造鉴〔2018〕04号),最终鉴定结论为:新建乙食品产业一体化项目三标段工程确认造价为109493823.80元。一审法院就该鉴定报告组织原、被告双方进行了质证。该鉴定报告程序合法、依据充分,应作为本案定案依据。在原告就涉案诉争项目的基础、主体施工完毕后,经第三方检测单位鉴定出具了基础、主体验收记录及主体结构为合格的鉴定报告且被告在未组织竣工验收的情况下即实际投入使用,并将双方所签订的《建设工程施工合同》承包范围内的部分分项工程进行了擅自甩项的情况下,被告应当承担支付剩余工程价款及给付迟延付款的利息的民事责任。被告就涉案诉争项目已经向原告支付工程款54486228元,故尚欠原告工程款本金55007595.8元事实清楚。关于被告抗辩所称,原告不仅未能按期完成工程进度,同时工程存在严重的质量问题、双方所进行的招标投标行为是虚假的,有串标情形,所签订的《建设工程施工合同》(新版)并非双方真实的意思表示,系虚假的无效合同,不应作为确认双方权利义务内容及解决争议的依据的理由,未提供充分有效的证据,且有悖于案件事实及法律规定,故一审法院不予支持。原告在本案诉讼中主张的因被告违约给原告造成的合理利润损失3638426.175元和材料损失199000元,未提供相应证据,一审法院不予支持。综上,原告甲公司诉讼请求中正当合理的部分,一审法院予以支持。

裁判结果:

一、被告乙公司自本判决生效之日起十五日内支付原告甲公司工程款55007595.8元及利息(利息损失按拖欠工程款本金55007595.8元为基数,按同期银行贷款利率计算,从起诉之日2017年9月4日起计至实际付清之日止)。

二、原告甲公司在被告乙公司欠付的工程款及利息范围内,对坐落于太原市某县内的"新建乙食品产业一体化项目"工程依法拍卖或折价后所得价款享有优先受偿权。

三、驳回原告甲公司的其他诉讼请求。

【二审情况】

争议焦点:

一、关于案涉合同的效力如何认定的问题。

二、关于鉴定结论能否作为认定涉案工程造价的依据的问题。

三、关于乙公司应否向甲公司支付欠付工程款的问题。

法院认为:

一、关于案涉合同的效力如何认定的问题。二审法院认为,中标备案的建设工程施工合同合法有效，理由如下：

乙公司和甲公司就签订《建设工程施工合同》(新、旧版)、《建设工程施工合同协议》的真实性不持异议，对案涉工程项目属于依法必须经过公开招标投标程序的工程项目也均无异议，2014年7月15日签订的《建设工程施工合同》(旧版)，未经公开招标投标程序，根据《最高人民法院关于审理建设工程施工合同纠纷案件适用法律问题的解释》第一条第三项的规定，该份建设工程施工合同应认定为无效合同。《建设工程施工合同协议》的合同目的在于规避工程项目必须进行招标投标和确认未经招标投标所签合同的效力，依法也属于无效合同。关于中标备案的《建设工程施工合同》(新版)，乙公司认为甲公司的项目经理谌某以招标人工作人员的身份代表招标人进入评标委员会参与评标活动，双方构成串通招标投标，但其提供的证据不能证明谌某在参与评标活动中对甲公司中标的影响程度。甲公司提供的证据能够证明工程项目经理为宿某材，不认可双方有串通行为。乙公司提供的证据不足以证明其主张，在中标人甲公司提起支付欠付工程款的诉讼中，其作为招标人认为因双方串通行为主张中标无效，二审法院依法不予支持。案涉两份建设工程施工合同约定的面积、价款、范围等内容均不相同，一审判决在本案中认定中标备案的《建设工程施工合同》(新版)合法有效符合法律规定，依法应作为涉案工程结算的依据。乙公司据此提出本案应发回重审的理由不符合《中华人民共和国民事诉讼法》第一百七十条第一款第二项和第三项规定，二审法院依法不予支持。

二、关于鉴定结论能否作为认定涉案工程造价的依据的问题。二审法院认为，鉴定结论应作为涉案工程造价的依据，理由如下：

一审法院依据甲公司的申请委托山西某渊工程造价咨询服务有限公司对涉案工程已完工程量造价进行鉴定，鉴定中双方对已完工程量进行了确认，鉴定机构采用定额标准对工程造进行了计算，于2018年7月17日出具了《"新建乙食品产业一体化项目三标段工程造价"鉴定报告》(晋智造鉴〔2018〕04号)，最终鉴定结论为：新建乙食品产业一体化项目三标段工程确认造价为109493823.80元。一审法院就该鉴定报告组织双方进行了质证，该鉴定报告程序合法、依据充分，应作为本案认定工程造价的依据。乙公司据此提出本案应发回重审的理由不符合《中华人民共和国民事诉讼法》第一百七十条第一款第二项和第三项规定，二审法院依法不予支持。

三、关于乙公司应否向甲公司支付欠付工程款的问题。二审法院认为，应支付欠付工程款，理由如下：

甲公司在案涉工程基础、主体等分项工程项目施工完毕后，经第三方检测单位鉴定出具了基础、主体验收记录及主体结构为合格的鉴定报告，乙公司在未组织竣工验收的情况下已将部分工程实际投入使用，一审判决认定其应当承担支付剩余工程价款及给付迟延付款利息的民事责任符合法律规定。乙公司上诉认为不具备付款条件的理由不能成立，据此提出本案应发回重审的理由不符合《中华人民共和国民事诉讼法》

第一百七十条第一款第二项和第三项规定，二审法院依法不予支持。

裁判结果：

驳回上诉，维持原判。

【再审情况】

争议焦点：

一、关于《建设工程施工合同》（新版）的效力如何的问题。

二、关于《建设工程施工合同》（旧版）是否为双方当事人实际履行的合同的问题。

三、关于二审判决依据《鉴定报告》确定案涉工程价款是否妥当的问题。

法院认为：

一、关于《建设工程施工合同》（新版）的效力如何的问题。再审法院认为《建设工程施工合同》（新版）应为无效，理由如下：

首先，根据乙公司一审中出示的《评标报告》《开标、评标阶段记录文件》《建设工程施工合同》（新版）的记载内容，谌某作为甲公司的工作人员，却以乙公司代表的身份成为评标委员会成员参与评标，依据《中华人民共和国招标投标法》第三十七条第三款关于"与投标人有利害关系的人不得进入相关项目的评标委员会；已经进入的应当更换"的规定，谌某进入评标委员会确属不当。《建设工程施工合同》（新版）的签订表明，乙公司作为招标人在招标投标程序开始前与投标人甲公司就工程范围、建设工期、工程价款等实质性内容达成一致意见，而谌某进入评标委员会、甲公司中标，上述行为符合《中华人民共和国招标投标法实施条例》第四十一条第二款第六项规定的"招标人与投标人为谋求特定投标人中标而采取的其他串通行为"情形，属于招标人与投标人串通投标。依据《中华人民共和国招标投标法》第五十三条的规定，甲公司的中标无效。根据《最高人民法院关于审理建设工程施工合同纠纷案件适用法律问题的解释》第一条第三项"建设工程施工合同具有下列情形之一的，应当根据合同法第五十二条第（五）项的规定，认定无效：……（三）建设工程必须进行招标而未招标或者中标无效的"规定，因甲公司的中标无效，故乙公司与其签订的《建设工程施工合同》（新版）应为无效，故二审判决对该合同的效力认定不当。

二、关于《建设工程施工合同》（旧版）是否为双方当事人实际履行的合同的问题。再审法院认为，《建设工程施工合同》（旧版）并非双方当事人实际履行合同，理由如下：

根据本案查明事实，乙公司一审中出示的《工程款支付申请表》《报验申请表》《工程款签收表》《工程支付申请统计》记载的各项单体工程的各个部分的开工时间、完成时间以及整个单体工程的总完成天数，均与《建设工程施工合同》（旧版）第一章合同协议书第3.1条约定的合同总工期不一致。乙公司一审中出示的《工程款支付凭证》《工程款报付申请与实际付款对比表》记载的甲公司申请付款时间、乙公司实际付款时间，亦与《建设工程施工合同》（旧版）第二章合同条件第21.1条约定的工程款支付时间、支付比例不一致。乙公司将部分分项工程进行了擅自甩项，交由甲公司以外的第三人进行了施工。上述事实表明，双方当事人并未按《建设工程施工合同》（旧版）履行主要合同义务。故乙公司主张双方实际履行的是《建设工程施工合同》（旧版）的申请理由不能成立。

三、关于二审判决依据《鉴定报告》确定案涉工程价款是否妥当的问题。再审法院认为依据《鉴定报告》确定案涉工程价款妥当，理由如下：

《最高人民法院关于审理建设工程施工合同纠纷案件适用法律问题的解释（二）》第十一条规定："当事人就同一建设工程订立的数份建设工程施工合同均无效，但建设工程质量合格，一方当事人请求参照实际履行的合同结算建设工程价款的，人民法院应予支持。实际履行的合同难以确定，当事人请求参照最后签订的合同结算建设工程价款的，人民法院应予支持。"案涉《建设工程施工合同》（旧版）《建设工程施工合同协议》《建设工程施工合同》（新版）均无效，双方当事人在履行主要合同义务时，既未按《建设工程施工合同》（旧版）履行，也未按《建设工程施工合同》（新版）履行，依据现有证据不能认定双方实际履行的是哪份合同，在双方对甲公司的施工工程部分有争议、而甲公司亦未完成全部承包工程项目的情况下，需要对项目甲公司已完工部分的工程造价进行鉴定。根据本案查明事实，《建设工程施工合同》（新版）是双方当事人最后签订的合同。《鉴定报告》参照《建设工程施工合同》（新版），得出工程价款为109493823.80元的鉴定结论，比《建设工程施工合同》（旧版）约定的119053590元低了9558766.2元，符合实际，亦较好地平衡了双方当事人的利益。第二，虽然某渊公司是甲公司投标总价文件的编制人，但其与项目没有利害关系。乙公司在选任鉴定机构时与某渊公司接受鉴定委托后，均未对此提出异议，且某渊公司在接受鉴定项目委托时，指定了不同的鉴定人进行鉴定，故乙公司主张某渊公司作为鉴定主体违法的申请理由不能成立。第三，《鉴定报告》载明的鉴定材料包括施工图纸、现场勘查和调研勘验笔录、修改通知单、工作联系单、图纸会审纪要、甲公司和乙公司分别签字盖章现场完成情况明细，一审法院就该报告已组织双方进行了质证，故乙公司主张鉴定材料未经质证、鉴定程序违法的申请理由不能成立。第四，在双方对甲公司的施工工程部分及其造价有争议的情况下，《鉴定报告》是对甲公司所建工程项目的造价进行鉴定，并不存在工程造价重复鉴定的问题。甲公司一审中出示的工程质量验收记录和工程结构实体检测鉴定报告均载明工程质量符合要求，并不存在质量问题。乙公司出示的工程建设整改通知单不足以推翻工程质量验收记录和工程结构实体检测鉴定报告对工程质量的认定。故乙公司主张存在鉴定程序违法、重复鉴定的申请理由不能成立。

裁判结果：

驳回乙公司的再审申请。

一百五十一、

中标人与招标人协议约定，中标人弃标由第二候选人中标的，属于"招标人与投标人为谋求特定投标人中标而采取的其他串通行为"

——乙公司与甲港房产公司建设工程施工合同纠纷案

【裁判要旨】

招标人与中标人签订协议书，约定中标人弃标，由第二候选人中标，该约定实质系招标人与投标人故意串通，以达到特定投标人中标之目的，明显违反《中华人民共和国招标投标法》第三十二条第二款、《中华人民共和国招标投标法实施条例》第四十一条第六款的规定，该协议应当认定为无效协议。

【法院及案号】

一审：日照市东港区人民法院，〔2016〕鲁1102民初3892号
二审：山东省日照市中级人民法院，〔2016〕鲁11民终1942号。

【当事人】

一审原告、二审上诉人：甲港房产公司。
一审被告、二审上诉人：乙公司。

【案情介绍】

2010年甲港房产公司开发建设日照城市风景小区4号、5号、7号、8号、10号住宅楼工程，对该项目进行招标。2010年3月2日经开标，评标委员会推荐得分最高的前三名投标单位为中标候选人，其中乙公司取得第一名，某港建筑安装工程有限公司取得第二名。2010年3月26日，乙公司与甲港房产公司签订协议书一份，该协议书主要内容约定：甲方：甲港房产公司，乙方：乙公司。事宜：乙方经公开竞标已取得甲方城市风景小区4号、5号、7号、8号、10号住宅楼的中标资格（暂未公示），应甲方要求，因协调与业主的工作关系，请求乙方退出中标资格，由某港建筑安装工程有限公司承建，甲方向乙方承诺将市直第三生活区沿街楼（不低于15000m²）议标给

乙方施工，同时甲乙双方协商如下："1.乙方在市直机关第三生活区的投标费用全部由甲方承担。2.该工程招标条件同城市风景小区4号、5号、7号、8号、10号住宅楼的条件一致。3.如甲方违约应赔偿给乙方城市风景小区4号、5号、7号、8号、10号住宅楼中标价的10%。甲乙双方在协议上加盖公章"。该协议签订后，乙公司退出中标资格。2010年5月1日，甲港房产公司向某港建筑安装工程有限公司发出中标通知书，主要内容载明为："某港建筑安装工程有限公司：某港房地产开发有限公司的城市风景小区4号、5号、7号、8号、10号住宅楼施工工程，规模：均为框架结构、4层、面积4号、7号住宅楼分别为1592.9m^2，5号、8号住宅楼分别为2382.5m^2，10号住宅楼为4674.9m^2，于2010年4月27日开标后，已完成评标工作和向建设行政主管部分提交该施工招标投标情况的书面报告工作，现确定你单位为中标单位，中标价10222810.48元，总工期211天。工程质量要求符合工程施工质量验收规范合格标准，项目负责人：贺某。你单位收到中标通知书后，须在2010年6月1日前到甲港房产公司与招标人签订合同"。后某港建筑安装工程有限公司取得涉案工程的中标资格并组织施工。

同时查明：日照市直机关第三生活区招标投标工作未由甲港房产公司参与，甲港房产公司没有按照合同约定将日照市直机关第三生活区沿街楼（不低于15000m^2）议标给乙公司施工建设，故乙公司要求甲港房产公司按照协议书约定支付中标价10%的违约金即1022281.048元。

【一审情况】

争议焦点：

关于案涉协议是否有效的问题。

法院观点：

关于案涉协议是否有效的问题。一审法院认为案涉协议无效，理由如下：

乙公司与甲港房产公司之间签订的协议书存在违规行为，破坏招标投标秩序，违反《中华人民共和国招标投标法》等相关法律规定，应当认定为无效协议。因乙公司与甲港房产公司对于该协议书无效均存在过错，应当各自承担相应的责任，结合本案双方之间的过错程度，酌定由乙公司与甲港房产公司各自承担50%的责任。乙公司因该协议书无效导致其未能承揽相应建设工程项目而存在一定的损失，其损失的数额一审法院酌定参照协议书约定的违约金的数额来认定，故应由甲港房产公司赔偿乙公司违约金511140.5元（10222810.48元×10%×50%）以承担本案乙公司因协议书无效而产生的损失。

裁判结果：

一、甲港房产公司于判决生效之日起七日内赔偿乙公司违约金511140.5元。

二、驳回乙公司本案其他诉讼请求。

【二审情况】

争议焦点：

关于案涉协议是否有效的问题。

法院认为：

关于案涉协议是否有效的问题。二审法院认为，案涉协议无效，理由如下：

招标投标活动应当遵循公开、公平、公正和诚实信用的原则。《中华人民共和国招标投标法》第三十二条第二款规定："投标人不得与招标人串通投标，损害国家利益、社会公共利益或者他人的合法权益"。《中华人民共和国招标投标法实施条例》第四十一条规定："禁止招标人与投标人串通投标。有下列情形之一的，属于招标人与投标人串通投标：（六）招标人与投标人为谋求特定投标人中标而采取的其他串通行为"。乙公司与甲港房产公司签订协议书，约定乙公司退出已取得的城市风景小区4号、5号、7号、8号、10号住宅楼的中标资格，招标工程由某港建筑安装工程有限公司承建，该约定实质系作为招标人的甲港房产公司与投标人乙公司故意串通，以达到特定投标人某港建筑安装工程有限公司中标之目的，明显违反上述招标投标禁止性法律规定，该协议应当认定为无效协议。合同无效，双方均有过错的，应当各自承担相应的责任。一审在综合考虑乙公司与甲港房产公司过错程度的基础上，酌定由甲港房产公司按50%的责任比例赔偿乙公司因协议无效未能承揽相应建设工程而造成的损失，并参照双方约定的违约金数额计算损失数额，无明显不当之处，本院予以维持。综上所述，乙公司与甲港房产公司的上诉请求均不能成立，应予驳回；一审判决认定事实清楚，适用法律正确，应予维持。

裁判结果：

驳回上诉，维持原判。

一百五十二、

必须招标项目未向行政监管部门备案，应受到行政处罚，但不影响合同效力

——北京乙公司香河甲公司建设工程施工合同纠纷案

【裁判要旨】

《中华人民共和国招标投标法》(以下简称《招标投标法》)第十二条第三款关于"依法必须进行招标的项目，招标人自行办理招标事宜的，应当向有关行政监督部门备案"的规定，属于行政管理性规定，备案的目的是为了保证招标投标程序接受监管，防止和惩罚违反《招标投标法》的行为，未经备案可以由相关部门给予行政处罚，但并不影响承发包双方通过合法的招标投标程序达成的民事合同的效力。

【法院及案号】

一审：河北省高级人民法院，〔2018〕冀民初116号。
二审：最高人民法院，〔2019〕最高法民终1085号。

【当事人】

一审原告、二审上诉人：北京乙公司。
一审被告、二审被上诉人：香河甲公司。

【案情介绍】

2014年11月6日，香河甲公司向北京乙公司发出《投标邀请书》进行邀请招标选定承包人。2015年1月16日，香河甲公司作为甲方、北京乙公司作为乙方签订《总承包施工补充合同》，载明工程名称香河万润运河湾项目施工总承包工程。2015年11月11日，香河甲公司、北京乙公司签订万润·运河湾项目一期A区项目《建设工程施工合同》并备案。载明工程名称万润·运河湾项目一期A区项目，工程承包范围包括土建、装修、水、暖、电等图纸全部内容。2017年11月8日，香河甲公司、北京乙公司签订万润·运河湾一期A区地下车库1-1《建设工程施工合同》并备案。2016年4月28日，香河甲公司、北京乙公司签订万润·运河湾项目一期B区项目《建设工程施

工合同》并备案。载明工程名称万润·运河湾项目一期B区项目,工程承包范围包括土建、装修、水、暖、电等图纸及工程量清单中全部内容。2017年12月11日,香河甲公司、北京乙公司签订《关于香河万润运河湾项目A区主体结构工程结算事宜》,载明:关于A区总承包单位北京乙公司主体结构结算,工程结算施工范围包含A区地库及地上主体结构工程量。2018年5月10日,香河甲公司向北京乙公司通过EMS邮寄《合同解除通知书》,告知:贵我双方于2015年1月16日签订的《总承包施工补充合同》、2015年11月11日签订的一期A区项目《建设工程施工合同》、2017年11月8日签订的-期A区《地下车(地下车库)地下车库l&mdash设工程施工合同》等贵我双方就万润运河湾项目所签订的所有建设工程施工合同、协议、意向书等均在本通知发出之日起解除。北京乙公司于2018年5月11日回函不同意解除。香河甲公司向北京乙公司已付工程款52001080元。2018年8月27日,香河甲公司向廊坊市中级人民法院起诉请求解除香河甲公司与北京乙公司2015年11月11日签订的万润运河湾项目一期A区项目《建设工程施工合同》及2017年11月8日签订的万润·运河湾一期A区地下车库1-1《建设工程施工合同》。

本院二审另查明:案涉《总承包施工补充合同》载明的香河万润运河湾项目总建筑面积26.3万m^2,分为一期和二期工程,一期工程包括A区和B区,取得了土地使用权证和建设工程规划许可证,但二期土地香河甲公司尚未完成征地和规划,未取得土地使用权证和建设工程规划许可证,《总承包施工补充合同》也未进行备案。

又查明,另案中,香河甲公司以北京乙公司为被告,向廊坊市中级人民法院起诉请求:解除双方就香河万润运河湾项目一期A区项目《建设工程施工合同》及A区地下车库《建设工程施工合同》。河北省高级人民法院于2019年4月15日作出〔2019〕冀民终473号民事判决,认定香河甲公司与北京乙公司虽进行了招标投标,但未在招标投标前向当地建设行政主管部门进行申请备案,故项目招标投标程序不符合《房屋建筑和市政基础设施工程施工招标投标管理办法》的相关规定,应认定为没有进行公开招标投标。香河甲公司与北京乙公司所签订的系列合同违反了法律、行政法规的强制性规定,应认定无效。在一期A区项目《建设工程施工合同》及A区地下车库《建设工程施工合同》被确认无效的情形下,香河甲公司起诉请求解除上述两份合同,没有法律依据,该院不予支持。据此,该案二审判决:撤销一审判决,驳回香河甲公司的诉讼请求。

【一审情况】

争议焦点:

关于香河甲公司、北京乙公司间《总承包施工补充合同》是否有效的问题。

法院观点:

关于香河甲公司、北京乙公司间《总承包施工补充合同》是否有效的问题。根据

《招标投标法》第三条规定，关系社会公共利益、公众安全的项目必须进行招标。香河甲公司、北京乙公司依据《总承包施工补充合同》签订并备案A区、B区《建设工程施工合同》时，诉争工程施工图纸仍不完整齐全，香河甲公司、北京乙公司间《总承包施工补充合同》的签订违反法律、行政法规的强制性规定，应认定无效，北京乙公司主张继续履行双方《总承包施工补充合同》，一审法院不予支持。

北京乙公司、香河甲公司对双方于2017年12月11日签订《关于香河万润运河湾项目A区主体结构工程结算事宜》，确认A区地上主体结构及车库结算价款8400万元均无异议。北京乙公司主张其完成的B区临建、围挡、洗轮机等前期基础工作亦应予以计价，但提交的北京乙公司、香河甲公司、监理单位三方签字的证明，载明B区施工现场不再单独修建生活区及办公区，共用A区已修建完成的临建生活区及办公区。北京乙公司提交的施工围挡、洗轮机等施工证据亦不显示系用于B区施工，一审法院对北京乙公司B区已完工程价款主张不予支持。香河甲公司、北京乙公司双方对A区已完工程量已予结算，北京乙公司对香河甲公司已付工程款52001080元无异议。据此，香河甲公司欠付北京乙公司工程款31998920元（84000000元-52001080元）。利息从应付工程价款之日计付，香河甲公司应自2017年12月11日（结算之日）按中国人民银行同期同类贷款利率计付工程款利息。

裁判结果：

一、香河甲公司于判决生效后十五日内给付北京乙公司工程款31998920元及利息（利息自2017年12月11日起至付清之日止按中国人民银行同期同类贷款利率计算）。

二、驳回北京乙公司其他诉讼请求。

【二审情况】

争议焦点：

关于《总承包施工补充合同》的效力如何认定的问题。

法院认为：

一、关于案涉工程是否违反招标投标程序而无效的问题。依据《招标投标法》第三条关于"大型基础设施、公用事业等关系社会公共利益、公众安全的项目"必须进行招标的规定，本院认为，招标可以采用公开招标和邀请招标的方式进行，邀请招标是指招标人以投标邀请书的方式邀请特定的法人或者其他组织投标。案涉工程项目由香河甲公司委托具有资质的招标代理人香河县某信建设工程咨询有限公司（以下简称某信公司）进行邀请招标。2015年1月6日的中标通知书载明，经邀请招标、投标、评标答疑、招标人及乙方（北京乙公司）对投标文件的再次确认等程序，确认乙方（北京乙公司）中标承建案涉项目的总承包工程。据此，应认定案涉工程项目以邀请招标的方式进行了招标投标。

二、关于《总承包施工补充合同》未经备案的问题。《招标投标法》第十二条第三款关于"依法必须进行招标的项目,招标人自行办理招标事宜的,应当向有关行政监督部门备案"的规定,属于行政管理性规定,备案的目的是为了保证招标投标程序接受监管,防止和惩罚违反《招标投标法》的行为,未经备案可以由相关部门给予行政处罚,但并不影响承发包双方通过合法的招标投标程序达成的民事合同的效力。

三、关于施工图纸不完整对合同效力的影响。合同双方仅是将完整施工图纸约定为确定最终报价的依据,并未将其约定为影响合同效力的特别条件。一审判决以案涉工程的施工图纸不完整齐全为由认定《总承包施工补充合同》无效,理据不当,本院予以纠正。

四、关于案涉工程项目未取得二期规划许可证对合同效力的影响。依据《最高人民法院关于审理建设工程施工合同纠纷案件适用法律问题的解释(二)》第二条第一款"当事人以发包人未取得建设工程规划许可证等规划审批手续为由,请求确认建设工程施工合同无效的,人民法院应予支持"的规定,应认定案涉《总承包施工补充合同》中关于二期工程项目的约定无效,但合同中涉及一期工程项目的约定应认定为有效。

综上,案涉《总承包施工补充合同》属于部分有效部分无效的合同,即涉及一期工程项目部分的约定有效,涉及二期工程项目部分的约定无效。一审判决关于案涉《总承包施工补充合同》整体无效的认定,理据不当,本院予以纠正。综上,北京乙公司的上诉请求不能成立,应予驳回;一审判决虽适用法律存在部分不当,但处理结果并无不当,应予维持。

裁判结果:

驳回上诉,维持原判。

一百五十三、

投标人中标后，招标人无正当理由不与中标人签订合同，中标人有权要求招标人返还投标保证金

——甲公司与乙公司等招标投标买卖纠合同纠纷案

【裁判要旨】

丙公司与甲公司就本案所涉招标投标已达成合意，双方理应签订书面合同，促成合同成立。但对此丙公司未能向法院提供足够充分的证据证明，由于甲公司的原因导致双方最后无法签约，且招标人与投标人之间并未约定投标保证金具有定金的性质，故甲公司要求乙公司双倍返还投标保证金的诉讼请求于法无据，法院不予支持。

【法院及案号】

一审：北京市宣武区人民法院，〔2010〕宣民初字第03547号。

【当事人】

一审原告：甲公司。

一审被告：乙公司、丙公司。

【案情介绍】

2008年12月10日，丙公司委托乙公司对丙公司一期2500吨/年多晶硅项目的国内采购进行招标代理，并在招标文件中指定将投标保证金汇入乙公司账户。2009年8月20日，乙公司代理丙公司公开发出招标公告，甲公司于2009年9月22日将DCS系统和ESD系统两个项目的投标保证金共计12万元汇入乙公司的账户。2009年9月28日，甲公司的员工李某在招标澄清文件上签字。2009年10月29日，乙公司向甲公司发出两份《预中标通知书》，确定甲公司为DCS系统设备和ESD系统设备的预中标单位。2009年12月4日，乙公司向甲公司发函，告知因甲公司在合同谈判时不遵循投标时的技术方案提供产品，招标人决定没收其投标保证金，不予退还。《商务招标文件》6.2.4.4约定了投标保证金予以没收的情形，其中与本案有关的有：投标人被通知中标后，拒绝按中标状态签订合同（即不按中标时规定的技术方案、供货范围和价

格等签订合同，但招标人提出的变化除外）；11.1"中标通知"约定，根据定标结果，招标人将向中标人发出《预中标通知书》；11.2.1约定，中标人在接到《中标通知书》后，必须在规定的时间内，准时派授权代表到指定地点按招标文件规定的合同条款和格式与招标人签订合同。……中标人不得对合同价格、合同条款、技术要求和供货范围等内容与中标状态有任何改变，如果上述内容发生重大变动，而不符合招标人的要求时，招标人有权终止与中标人签约；《合同条款》第16章约定了合同争议可以提交宁夏石嘴山市仲裁委员会。

另查，丙公司一期2500吨/年多晶硅项目为货物招标，属于国有资金投资的项目。2009年11月13日，丙公司与ESD系统的第二中标候选人上海某安全自动化系统有限公司签订了合同。2009年11月25日，丙公司与DCS系统的第二中标候选人某默生过程控制有限公司签订了合同。2010年3月29日，北京国电某深控制技术有限公司对丙公司与甲公司未能签约的情况做出了情况说明。

上述事实，有甲公司提交的招标公告、商务招标文件、预中标通知书、兴业银行汇款单、差旅交通费票据，乙公司提交的委托书、丙公司向乙公司的发函、《关于DCS系统与EDS投标人甲公司违背投标承诺的有关情况》、甲公司做出的技术澄清文件，丙公司提交的北京国电某深控制技术有限公司做出的情况说明，当事人的陈述以及庭审笔录在案佐证。

【一审情况】

争议焦点：

一、关于乙公司是否双倍支付投标保证金24万元的问题。

二、关于乙公司是否向甲公司赔偿损失的问题。

法院观点：

一、关于乙公司是否双倍支付投标保证金24万元的问题。本院认为，丙公司委托乙公司进行公开招标的行为未违反相关法律、政策的规定，应属有效。乙公司作为丙公司的代理人，在丙公司委托的范围内办理招标事宜，有权按照丙公司的指示代收投标保证金。甲公司并未提供证据证明乙公司存在知道其所代理的事项违法的情形，故甲公司要求乙公司承担代理责任的诉讼请求于法无据，本院不予支持。

根据法律规定，评标委员会可以要求投标人对投标文件中含义不明确的内容作必要的澄清，但澄清不得改变投标文件的实质性内容，应当认为甲公司的澄清文件与投标文件构成其向丙公司订立合同的要约，丙公司向甲公司发出中标通知的行为属于承诺。虽然在《商务招标文件》中，既出现了"招标人将向中标人发出《预中标通知书》"的约定，又出现了"中标人在接到《中标通知书》后……"的表述，但丙公司与甲公司均认可《预中标通知书》具有承诺的效力，故应当认定《预中标通知书》具有《中华人民共和国招标投标法》规定的"中标通知书"的效力，丙公司与甲公司针对本案所涉招标投标已达成合意，双方理应按照招标文件和中标人的投标文件签订书面合同，促成合同成立。丙公司认为甲公司拒绝按中标状态签订合同，故双方无法完成最后签约，应没收甲公司的投标保证金，但对此丙公司未能向本院提供足够充分的证据，故本院对丙公司没收甲公司投标保证金的抗辩理由，不予采信。本案中，招标人与投标人之间并未约定投标保证金具有定金的性质，故甲公司要求乙公司双倍返还投标保证金的诉讼请求于法无据，本院不予支持。

二、关于乙公司是否向甲公司赔偿损失的问题。鉴于丙公司已与第二中标候选人签订了合同，本案所涉及的招标投标已经结束，甲公司要求与丙公司继续签订合同已缺乏事实基础，故本院不予支持。根据法律规定，当事人在订立合同过程中有违背诚实信用原则的行为，给对方造成损失的，应当承担损害赔偿责任。甲公司有责任提供丙公司对其造成损失的充分证据，但甲公司提供的交通、住宿费用等票据不足以证明是其在本案涉及的投标及签约过程中发生的实际损失，故甲公司要求丙公司支付交通费、住宿费等费用10000元的诉讼请求，本院不予支持。

裁判结果：

一、丙公司于本判决生效之日起十日内返还甲公司投标保证金十二万元。

二、驳回甲公司的其他诉讼请求。

一百五十四、

联合体成员之一不符合招标文件资格要求的，其投标和中标行为无效

——乙公司、丙设计院与被上诉人某乐公司、某铁公司、甲公司建设工程分包合同纠纷案

【裁判要旨】

甲公司、乙公司、丙设计院组成的联合体属于不具有案涉工程项目联合投标资格的"联合体"，本案招标投标行为也不符合《中华人民共和国招标投标法》的规定，故本案联合体的投标、中标行为当属无效。尽管本案投标、中标行为无效，由甲公司单方与招标人某铁公司签订的《总承包合同》无效，但依据《联合体协议书》的约定，《总承包合同》的承包方应当是甲公司、丙设计院、乙公司三方当事人，故《总承包合同》无效的法律后果应当由甲公司、丙设计院、乙公司三方承担。

【法院及案号】

一审：四川省成都市中级人民法院，〔2013〕成民初字第1804号。
二审：四川省高级人民法院，〔2018〕川民终579号。

【当事人】

一审原告、二审被上诉人：某乐公司。
一审被告、二审上诉人：甲公司、丙设计院。
一审被告、二审被上诉人：乙公司、某铁公司。

【案情介绍】

2011年1月23日，甲公司、乙公司与丙设计院共同签订《联合体协议书》，主要约定：1.甲公司为某铁公司搬迁项目总承包联合体（联合体名称）牵头人。2.联合体牵头人合法代表联合体各成员负责本招标投标项目投标文件编制和合同谈判活动，并代表联合体提交和接受相关的资料、信息及指示，并处理与之有关的一切事务，负责合同实施阶段的主办、组织和协调工作。3.联合体将严格按照招标文件的各项要求，

递交投标文件,履行合同,并对外承担连带责任。4.联合体各成员单位内部约定了各自的职责分工。

2011年1月25日,甲公司与某铁公司签订《总承包合同》。主要约定,承包形式,2.1本工程采用设计、采购、施工(EPC)/交钥匙工程总承包方式。设计、施工及施工管理方采用联合体的方式投标,联合体的权利、义务、分工和组织形式在联合体协议中约定,但不论怎样约定,联合体成员之一或全部必须按照国家法律对发包人承担连带责任。第4条双方义务。4.1.16承包人不得将本工程向投标联合体以外的第三人分包或转包(含肢解后的转包)。外委制造加工项目除外。

2011年4月8日,甲公司与某舰钢构签订《某铁钢结构工程劳务分包合同书》(以下简称《分包合同》)。主要约定,第二条:工程概况。1.工程名称:某铁工程9000kAV主厂房。2.工程地点:德昌。第四条:工作内容。1.钢结构厂房制作安装运输、机械、卷帘门六樘(不含窗,楼梯,10.2标高花纹钢板楼面,防火涂料,液压站室)。2.钢构件表面处理要求:抛丸、除锈(Sa2.5),涂普通灰色防锈漆两道。

2011年5月3日,甲公司与某舰钢构签订《某铁钢结构工程劳务分包合同书》。主要约定,第二条:工程概况。1.工程名称:某铁工程12500kAV主厂房。2.工程地点:德昌。第四条:工作内容。1.钢结构厂房制作安装运输、机械、卷帘门六樘(不含窗,楼梯,10.2标高花纹钢板楼面,防火涂料,液压站室)。2.钢构件表面处理要求:抛丸、除锈(Sa2.5),涂普通灰色防锈漆两道。

2011年7月21日,2011年8月23日,2011年11月14日,某舰钢构分别向甲公司送达三份《竣工验收申请报告》,请甲公司协调建设单位、监理单位、设计单位、质监站对9000kVA主厂房、12500kVA主厂房进行验收,甲公司在该申请报告处备注"我公司将向建设单位上报",并盖章。2012年6月甲公司向某铁公司出具的报告,该报告载明"关于某铁环保、技改、搬迁工程、新建2×12500kVA工业硅炉已经通过水试、电力交接试验等测试,现已达到可点火条件,贵公司可随时进行点火生产。我公司认为贵公司点火前需进行各部验收,验收后按总合同比例支付工程尾款,我公司得以向各项目部及设备供应商支付相应的尾款"。

另查明,1.2016年12月14日,〔2016〕川01民终4144号生效民事判决书认定:1.乙公司、甲公司以及丙研究院签订的《联合体协议书》系其各方真实意思表示,内容不违反法律法规的强制性规定,合法有效,对各方均具有约束力。2.本案审理中,各方当事人一致确认,某乐公司施工完成的案涉工程(某铁工程9000kAV主厂房、某铁工程12500kAV主厂房)总造价为12317300元,甲公司已支付某乐公司工程款8300000元,欠款金额为4013800元。3.2014年10月21日,某舰钢构办理了工商注销登记手续。某乐公司承接了某舰钢构的全部权利义务。4.案涉工程于2012年8月投入使用。

二审法院经查阅一审证据交换笔录查明,本案中各方当事人确认的欠款金额应当是4013700元，一审判决书载明金额系笔误，某乐公司异议成立。对各方无争议的事实，本院予以确认。

【一审情况】

争议焦点：

一、关于案涉合同效力问题。

二、关于本金的确认及利息的认定的问题。

三、关于责任的承担问题。

法院观点：

一、关于案涉合同效力问题。一审法院认为，甲公司与某铁公司签订的总承包合同，系基于联合体的约定由甲公司代表联合体与某铁公司签订，某铁公司亦明确予以认可，符合招标投标的规定，故该合同为有效合同。2011年1月23日，甲公司、乙公司与丙设计院共同签订的《联合体协议书》已经由〔2016〕川01民终4144号生效民事判决书认定为有效。甲公司与某舰钢构签订的劳务合同，因某舰钢构不具备劳务资质，且在甲公司与某铁公司的合同中明确约定甲公司不能转分包工程且事后亦未得到某铁公司追认，该合同应为无效。

二、关于本金的确认及利息的认定的问题。因本案审理中，各方当事人一致确认，某舰钢构施工完成的案涉工程总造价为12317300元，甲公司已支付某乐公司工程款8300000元，欠款金额为4013800元。对于该欠款金额予以确认。因某舰钢构与甲公司签订的合同无效，故某舰钢构主张的违约金不成立。但按照《最高人民法院关于审理建设工程施工合同纠纷案件适用法律问题的解释》第十七条"当事人对欠付工程价款利息计付标准有约定的，按照约定处理；没有约定的，按照中国人民银行发布的同期同类贷款利率计息"以及第十八条"利息从应付工程价款之日计付。当事人对付款时间没有约定或者约定不明的，下列时间视为应付款时间：（一）建设工程已实际交付的，为交付之日；（二）建设工程没有交付的，为提交竣工结算文件之日；（三）建设工程未交付，工程价款也未结算的，为当事人起诉之日"的规定，因案涉工程已于2012年8月实际投入使用，故欠付工程款的利息应从2012年9月1日起，按照中国人民银行发布的同期同类贷款利率计算。

三、关于责任的承担问题。因案涉工程已经实际交付使用，按照《最高人民法院关于审理建设工程施工合同纠纷案件适用法律问题的解释》第二条"建设工程施工合同无效，但建设工程经竣工验收合格，承包人请求参照合同约定支付工程价款的，应予支持"以及第十四条"当事人对建设工程实际竣工日期有争议的，按照以下情形分别处理：（一）建设工程经竣工验收合格的，以竣工验收合格之日为竣工日期；（二）承包人已经提交竣工验收报告，发包人拖延验收的，以承包人提交验收报告之日为竣工日期；（三）建设工程未经竣工验收，发包人擅自使用的，以转移占有建设工程之日为竣工日期"的规定。同时按照《联合体协议书》的约定，甲公司、乙公司与丙设计院对外承担连带责任，故对于欠付工程款4013800元，甲公司、乙公司、丙设计院应向某乐公司承担连带责任。而因甲公司与某铁公司的合同有效，故某乐公司在本案中要求某铁公司承担责任，不符合《最高人民法院关于审理建设工程施工合同纠纷案件适用法律问题的解释》第二十六条的规定，故一审法院不予支持。

裁判结果：

一、甲公司于判决生效之日起十日内向某乐公司支付工程款4013800元。

二、甲公司于判决生效之日起十日内向某乐公司支付工程款利息（以4013800元为基数，按中国人民银行发布的同期同类贷款利率为标准，从2012年9月1日起，计算至本判决确定的本金给付之日止，若未按本判决确定的给付之日给付本金，上述利息计算至本金付清之日止）。

三、乙公司、丙设计院对上述第一、二项甲公司的给付义务承担连带责任。

四、驳回某乐公司其他诉讼请求。

【二审情况】

争议焦点：

案涉的总包合同和分包合同的效力应当如何认定以及乙公司、丙设计院是否应当就本案应付工程款及其利息承担连带责任。

法院认为：

本案诉讼期间，乙公司向四川省成都市武侯区人民法院提起确认本案所涉2011年1月23日甲公司、乙公司、丙设计院三方签订的《联合体协议书》无效的民事诉讼，该案经四川省成都市武侯区人民法院审理确认《联合体协议书》有效，四川省成都市中级人民法院对乙公司提起的上诉作出了〔2016〕川01民终4144号终审判决，裁判结果为驳回上诉，维持原判。故发生法律效力的裁判已经确认甲公司、乙公司、丙设计院三方签订的《联合体协议书》有效。而该协议明确载明："1.甲公司为某铁公司环保技改搬迁项目总承包联合体的牵头人。2.联合体牵头人合法代表联合体各成员负责本招标项目投标文件编制和合同谈判活动，并代表联合体提交和接收相关资料、信息及指示，并处理与之有关的一切事务，负责合同实施阶段的主办、组织和协调工作。3.联合体将严格按照招标文件的各项要求，递交投标文件，履行合同，并对外承担连带责任。4.联合体各成员单位内部职责分工如下：1）甲公司总体负责项目的合同签订、工程实施、工程管理及投产试生产等所有总承包工作。2）丙设计院负责项目的施工图设计及现场技术服务工作。3）乙公司负责项目的建筑、结构施工及机电设备安装调试工作。5.本协议自签署之日起生效，合同履行完毕后自动失效。"

对于总包合同和分包合同的效力问题，根据本案已查明事实以及另案生效判决认定事实，甲公司、乙公司、丙设计院组成的联合体属于不具有案涉工程项目联合投标资格的"联合体",本案招标投标行为也不符合《中华人民共和国招标投标法》的规定,故本案联合体的投标、中标行为当属无效。但,即使案涉工程投标、中标无效,甲公司根据《联合投标协议书》的授权与某铁公司签订的《总承包合同》,其代表的是联合体的共同意思表示,甲公司通过招标投标程序与某铁公司签订《总承包合同》,是代表联合体进行投标、缔约的行为。同时,结合某铁公司于2011年1月24日向"甲公司(牵头人)、丙设计院(成员单位)、乙公司(成员单位)组成的联合体"出具《中标通知书》的事实,表明作为合同相对方的某铁公司对甲公司投标、缔约系代表联合体的事实也是知晓的。乙公司、丙设计院作为参与联合体的主体单位,在向某铁公司提交投标文件及《联合体协议书》后,即表示接受对甲公司因案涉工程对外签订合同等履行投标内容的行为承担法律责任。因此,尽管本案投标、中标行为无效,由甲公司单方与招标人某铁公司签订的《总承包合同》无效,但依据《联合体协议书》的约定,《总承包合同》的承包方应当是甲公司、丙设计院、乙公司三方当事人,故《总承包合同》无效的法律后果应当由甲公司、丙设计院、乙公司三方承担。关于甲公司与某舰钢构签订的《劳务分包合同》是否约束乙公司、丙设计院的问题,同样基于《联合体协议书》的约定,甲公司与某舰钢构签订的《劳务分包合同》,因某舰钢构不具备劳务资质,且在甲公司与某铁公司的合同中明确约定甲公司不能转分包工程且事后亦未得到某铁公司追认,该合同也是无效合同,但合同无效的后果仍然是由甲公司、丙设计院、乙公司所组成的联合体承担。基于对上述焦点的分析,甲公司、乙公司、丙设计院作为联合体的组成单位,按照《联合体协议书》的约定,应当就《总承包合同》《劳务分包合同》两个合同无效的后果对外承担连带责任。

裁判结果:

驳回上诉,维持原判。

一百五十五、

非法定必须招标项目，招标人可自由选择订立合同的方式

——大连甲公司与华北乙公司、内蒙古某矿业公司招标投标纠纷案

【裁判要旨】

根据《中华人民共和国招标投标法》(以下简称《招标投标法》)第二十八条的规定，投标人少于三个的，招标人应当依照本法重新招标。本案中，投标截止日和开标当日共计有两个潜在投标人提交了投标文件，此情形下，华北乙公司作为招标人未依照法律的规定重新招标，仍旧继续唱标、定标等招标投标的程序，显系违反法律强制性规定的行为。

【法院及案号】

一审：北京市丰台区人民法院，〔2008〕丰民初字第06491号。

【当事人】

一审原告：甲公司。
一审被告：华北乙公司、内蒙古某矿业公司。

【案情介绍】

2007年12月13日，华北乙公司受内蒙古某矿业公司的委托，在中国采购与招标网上，对胜利东二号露天煤矿机修车间设备轮辋拆装机设备进行公开招标。要求合格招标人应具备有权威机构颁发的ISO 9000系列的认证书或等同的质量保证体系认证证书，具有履行合同所需的技术和主要设备等生产能力，有能力履行合同设备维护保养、修理及其他服务能力，具有完善的安全、质量保证体系，代理进口设备的公司必须持有外商总部针对本项目的直接授权委托书；投标有效期180天；资格审查的时间为2007年12月14日至18日；购标时间为2007年12月19日至20日；购标地点为华北乙公司412室。

2007年12月17日，大连甲公司通过深圳发展银行大连星海支行向华北乙公司在建设银行北京木樨园支行电汇标书费人民币1000元整。当日，华北乙公司向各投

标厂致函,将开标时间由2007年12月29日改为2007年12月28日,开标地点不变;2007年12月19日,华北乙公司再次向各投标厂致函,将开标时间由2007年12月28日改为2007年12月27日,开标地点不变。2007年12月26日,交通银行股份有限公司大连高新园区支行向华北乙公司致《投标保函》,载明:本保函编号2007D01019,鉴于大连甲公司(以下简称"申请人")参加了贵方关于胜利东二号楼天煤矿机修车间设备轮辋拆装机项目的投标,根据招标书的要求,应申请人之请求,我行兹开立以贵方为受益人、最大担保金额不超过人民币36000元整的投标保函。2008年1月16日,大连甲公司向华北乙公司致函《轮辋拆装机的采购招标项目的质疑》,载明:我司对你司在2007年12月27日开标的招标号为2007SB-8-26胜利东二露天煤矿机修车间设备轮辋拆装机的采购招标项目的公平公正性表示极大的质疑。在我司多次催问之下,2008年1月15日,你司王先生告知,该项目可能是大连某姆工矿设备有限公司(以下简称"大连某姆")中标,我司作为采标方,对此现象非常震惊。1.我司参标的澳洲EDMO品牌的轮辋拆装机,是一个具有37年历史的厂家,它在海内外的各大矿山都享有极高的声誉,20多年前就进入了中国矿山市场,安太堡、安家岭、准格尔一直在使用EDMO品牌的轮辋拆装机。2.关于设备质量,EDMO的250吨轮辋拆装机是16吨,据我司调查,EDMO拆装机性能优异,比大连某姆经营的拆装机设备的重量高出30%以上,并且我司的开标价为人民币148万元,大连某姆的开标价为169万元,比我公司的价格高出14%以上。3.在答疑阶段,对我司的技术和服务条款没有提出任何异议。4.如果招标结果不符合约定和法律规定,导致招标结果的不公正,我司将向有关部门投诉,保留依法追究你司的缔约过失责任,承担赔偿损失的责任,这样将给你司在声誉、财力、人力等方面带来不利的影响,请谨慎考虑,并合理合法处理,请给我司合理的解释及书面答复。

2008年1月30日,华北乙公司电源项目部向大连甲公司致函《轮辋拆装机采购招标项目质疑答复》,载明:贵公司于2008年1月26日发来的关于招标号2007SB-8-26胜利东二露天煤矿机修车间设备轮辋拆装机的采购招标项目质疑的传真我已收到。我公司受内蒙古某矿业公司委托对该项目的轮辋拆装机进行了国内公开招标,招标公告于2007年12月13日在中国采购与招标网发出,2007年12月27日在北京广安宾馆对该项目进行了公开开标,参与投标的厂家分别是贵司(EDMO代理公司)与大连某姆(瑞德威代理公司)。本次招标本着"公平、公正、公开"的原则进行,各项程序均按照我国招标投标法及相关法律法规有序进行,参与评标的专家也是根据评标原则从各大露天矿邀请的资深专家,评标分为商务打分和技术打分两部分,最终按照综合分进行比较来确定中标厂家。

诉讼中,华北乙公司提出其于2008年1月12日,向大连甲公司致函《未中标通知》,载明:根据评审委员会的评标结果,内蒙古胜利东二露天煤矿工程设备招标领导小组研究决定,贵公司未中标,特此通知,请贵公司尽快与我处联系退取保证金事宜。大连甲公司予以否认。2008年2月1日，大连甲公司收到华北乙公司退还的36000元的投标保证金。大连甲公司提供内蒙古某林河露天煤业股份有限公司2008年4月11日出具的《用户证明》，载明：我公司在2005年5月2台轮辋拆装机的国际招标投标中，参与投标设备品牌共两种，即澳大利亚EDMO和加拿大瑞德威。华北乙公司、内蒙古某矿业公司庭审中提供了2008年5月12日甲方（承租方）内蒙古某矿业公司与乙方（出租方）大连某姆签订的《胜利东二号露天煤矿项目轮辋拆装机租赁合同》，约定：甲方向乙方承租加拿大瑞德威有限公司生产的SP200轮辋拆装机一台，该设备仅限于在内蒙古胜利东二号露天煤矿，用于100吨自卸卡车、40吨洒水车、工程设备等轮胎检修工作中拆、装轮辋；乙方拥有对租赁设备的所有权，甲方在租赁期内在本合同规定的范围内拥有该租赁设备的使用权；租赁期限自2008年8月1日至2010年7月31日止，每年租金70万元。同日，双方又签订了《廉政保证合同》。大连甲公司对此不予认可。

大连甲公司提交了交通银行大连分行2007年12月26日向大连甲公司发出《付款通知书》：载明收取费用108元整。称该108元是向银行支付的保函手续费用，除此还应包括由此产生的150元的利息。被告对该证据不予以认可。庭审中，大连甲公司根据己方现有证据变更诉讼请求，请求法院依法判令：1.确认被告招标行为违反了法律的强制性规定；2.请求判令被告依法重新招标；3.请求被告承担违法招标和缔约过失给原告造成的损失人民币27783.24元；4.诉讼费用由被告承担。

【一审情况】

争议焦点：

关于华北乙公司代理的"胜利东二号露天煤矿机修车间设备轮辋拆装机"招标投标程序是否有效的问题。

法院观点：

本院认为，招标投标是以订立招标采购合同为目的的民事活动，属于订立合同的预备阶段，《招标投标法》是对这种缔约方式所涉及的程序性问题予以专门调整的法律。根据《招标投标法》第六十五条的规定，投标人和其他利害关系人认为招标投标活动不符合本法有关规定的，有权向招标人提出异议或者依法向有关行政监督部门投诉；这是法律赋予投标人可以进行自我救济和寻求行政救济的权利，但并未剥夺投标人向人民法院寻求司法救济的权利，也未规定投标人向有关行政监督部门投诉是其寻求司法救济的前置程序；因此，被告关于招标投标法对于解决招标投标活动产生地纠纷规定了行政前置程序，在没有穷尽上述救济途径之前，投标人不得寻求司法救济的答辩，本院不予采信。根据《招标投标法》第四十五条及《评标委员会和评标方法暂行规定》第四十九条的规定，中标人确定后，招标人应当向中标人发出中标通知书，并同时将中标结果通知所有未中标的投标人。本案中，被告并未能提供充分有效的证据，证明其已履行了法律规定的上述通知义务。因此，被告关于其已经按照法律规定向原告发出未中标通知书的辩称，本院不予采信，其未通知未中标人结果的行为，是对法律及部门规章相关规定的违反。根据《评标委员会和评标方法暂行规定》第二十九条的规定，评标方法包括经评审的最低投标价法、综合评估法或者法律、行政法规允许的其他评标方法；第三十五条的规定，根据综合评估法，最大限度地满足招标文件中规定的各项综合评价标准的投标，应当推荐为中标候选人；衡量投标文件是否最大限度地满足招标文件中规定的各项评价标准，可以采取折算为货币的方法、打分的方法或者其他方法；需要量化的因素及其权重应在招标文件中明确规定。第三十六条规定，评标委员会对各个评审元素进行量化时，应当将量化指标建立在同一基础或者同一标准上，使各投标文件具有可比性；对技术部分或商务部分进行量化后，评标委员会应当对这两部分的量化结果进行加权，计算出每一投标的综合评估价或者综合评估分。本案中，内蒙古某矿业公司的招标文件虽然载明详评包括技术评标和商务评标，技术评分和商务评分均采用打分办法，为百分制，评标委员会根据技术、商务和价格情况进行综合评定、排序；但其并未按照上述规定，对技术部分和商务部分进行量化，并对这两部分的量化结果进行加权，显然构成对上述规定的违反。根据《招标投标法》第二十八条的规定，投标人少于三个的，招标人应当依照本法重新招标。本案中，投标截止日和开标当日共计有两个潜在投标人提交了投标文件，此情形下，华北乙公司作为招标人未依照法律的规定重新招标，仍旧继续唱标、定标等招标投标的程序，显系违反法律强制性规定的行为。

根据《中华人民共和国民法通则》第六十七条的规定，代理人知道被委托代理的事项违法仍然进行代理活动的，或者被代理人知道代理人的代理行为是违法不表示反对的，由被代理人和代理人负连带责任。本案中，原告并未提供充分有效的证据证明被代理人内蒙古某矿业公司知道代理人华北乙公司的代理行为存在上述不法行为，并且未表示反对，因此，原告要求被告华北乙公司与内蒙古某矿业公司承担连带赔偿责任的诉讼请求，本院不予支持。

根据《招标投标法》第二十八条、第四十二条第二款的规定，投标人少于三人或依法必须进行招标的项目所有投标被否决的，招标人应当依照本法重新招标。与此同时，招标投标是以订立招标采购合同为目的的民事活动，是民事主体之间订立合同的一种特殊方式，除了法律规定必须采用招标投标的方式订立合同的项目外，民事主体可以自由选择是否采招标投标的方式订立合同。本案中，尽管被告华北乙公司应当在仅有两个潜在投标人的情形下，按照《招标投标法》的规定重新招标，但其招标项目不属于依法必须进行招标的项目，实质上也不存在重新招标的可能，因为目前仅存在两个潜在的"投标人"，且根据合同自由原则，被告内蒙古某矿业公司享有自由选择合同订立方式的自由。因此，原告要求判令被告重新招标的诉讼请求，本院不予支持。原告大连甲公司的其他诉称，被告华北乙公司、内蒙古某矿业公司的其他辩称，缺乏相应的事实与法律依据，本院不予采信。

裁判结果：

一、华北乙公司代理的"胜利东二号露天煤矿机修车间设备轮辋拆装机"招标投标程序无效。

二、华北乙公司于本判决生效之日起十日内赔偿大连甲公司损失费一千四百九十七元。

三、驳回原告大连甲公司的其他诉讼请求。

一百五十六、

第一次招标存在瑕疵而进行第二次招标，两次招标相互独立无相互约束力

——海南某航公司、海南某通公司与东莞某港洪公司不正当竞争纠纷案

【裁判要旨】

海南某航公司的第一次招标活动的确存在诸多瑕疵，但海南某航公司发现上述瑕疵后，及时终止了第一次招标活动，并对招标文件进行完善，形成了新的《邀请函》并向各投标人发布，各投标人也以自身的实际行动响应第二次招标活动，故人民法院认为第二次招标活动已经完全取代了第一次招标活动，是一次新的招标活动，二次招标活动是各自独立存在的，第二次招标活动的结果不受第一次招标活动的影响。

【法院及案号】

一审：海口市中级人民法院，〔2014〕海中法民三初字第110号。

【当事人】

一审原告：东莞某港洪公司。
一审被告：海南某航公司。
第三人：海南某通公司。

【案情介绍】

2014年2月25日，海南某航公司发布《2万吨级码头散装物料中转库建设及装卸作业项目邀标通知书》(以下简称《邀标通知书》)，《邀标通知书》显示："九、开标时间为2014年3月6日下午3点30分，开标地点为海口市滨海大路海港大厦14楼会议室。"在上述投标截止时间内，共有东莞某港洪公司、海南某通公司、海南某林环境技术开发有限公司、海南某益混凝土有限公司、某润水泥(昌江)有限公司五家公司向海南某航公司递交了投标文件。2014年3月6日，海南某航公司通知各投标人，因《邀标通知书》并未设定评标标准，故当日并未在规定时间内开标。2014年3月28日，海南某航公司发布《2万吨级泊位散装物料中转库建设及装卸仓储作业项目竞争

性谈判业务邀请函》(以下简称《邀请函》),《邀请函》显示,2014年4月2日,东莞某港洪公司、海南某通公司、某润水泥(昌江)有限公司、海南某林环境技术开发有限公司参与了上述《邀请函》项目的竞标,各投标人现场填写和提交标书,海南某航公司当场开标、评标,并于开标结束后制作了《2万吨级泊位散装物料中转库建设及装卸仓储作业项目选取承包方的评分结果》(以下简称《评分结果》),《评分结果》显示,海南某通公司总得分87.33分、东莞某港洪公司总得分83分、某润水泥(昌江)有限公司总得分48分、海南某林环境技术开发有限公司总得分47.07分,《评分结果》由各投标人的投标代表及其海南某航公司评分人员和监督人员共同签名确认。总得分第一名的海南某通公司于开标当日签署意见,同意按此条件签订合同。

另查明,第一次竞标时,东莞某港洪公司提交的《2万吨级泊位散装物料中转库建设及装卸仓储作业计划实施方案》显示,"我公司的矿粉、水泥、煤灰全面经营每月刚开业最少不低于3万吨/月,每年农历前后1个月因工人无法开工不能计,全年10个月保底第一年64万吨。"海南某通公司提交的《矿粉中转库卸船输送及仓储系统设计方案》显示,"4.与港口的合作展望在马村港的仓储库建成后,我公司的业务量可以提高到60万~80万吨,我公司承诺中转库建成后5年内,与港口以每年40万吨保底业务来结算费用,超出部分按实际发生额结算。"第二次竞标时,东莞某港洪提交的《竞标明细》显示,"吞吐量保底吨位:80.5万吨/年,码头操作单价:23元/吨,保证金:400万元,建库方案:3个,2万吨中转库6个"。海南某通公司提交的《评分项目指标》显示,"1.年业务保底量:111万吨/年;2.起步单价:16元/吨;3.履约保证金:200万元"。东莞某港洪公司在庭审中陈述其第一次竞标时向海南某航公司提交的《2万吨级散装物料中转库建设及装卸作业计划实施方案》已经密封,但终止第一次招标时,其投标文件已被海南某航公司拆封,认为海南某航公司将其标底泄露给海南某通公司。海南某通公司在庭审中陈述其第一次竞标时向海南某航公司提交的《矿粉中转库卸船输送及仓储系统设计方案》并未密封,海南某航公司庭审陈述称其收到的各投标人的投标文件均未密封。

再查明,东莞某港洪公司认为海南某航公司泄露其第一次竞标的标底信息,存在与本案第三人海南某通公司串通投标行为,致使其在第二次竞标时未能中标,已构成不正当竞争,故于2014年4月24日诉至海口市秀英区人民法院,要求确认海南某航公司关于2万吨级泊位散装物料中转库建设及装卸仓储作业项目竞争性谈判程序违法,结果无效并赔偿其经济损失1480元。2014年5月4日,海南某航公司认为海南某通公司与本案存在利害关系,向海口市秀英区人民法院提出申请,要求追加海南某通公司作为本案第三人参加诉讼,同年5月19日,海口市秀英区人民法院通知海南某通公司作为本案第三人参加诉讼。2014年8月1日,海口市秀英区人民法院经审查认为本案应由本院管辖,并将案件移送本院审理。

【一审情况】

争议焦点：

一、关于本案的法律适用问题。

二、关于海南某航公司与海南某通公司在本案中是否存在串通投标不正当竞争行为的问题。

法院观点：

一、关于本案的法律适用问题。本院认为，招标投标作为一种特殊的签订合同的方式，根据我国《中华人民共和国合同法》的相关规定，招标公告应属要约邀请，而投标是要约，招标人选定中标人，应为承诺，承诺通知到达要约人时生效，承诺生效时合同成立。海南某航公司认为2万吨级泊位散装物料中转库建设及装卸仓储作业项目不属于《中华人民共和国招标投标法》（以下简称《招标投标法》）第三条规定的必须招标的范围，不适用《招标投标法》，本院认为该项目的确不属于《招标投标法》第三条规定的必须进行招标的建设工程项目，但海南某航公司发布《邀请通知书》、《邀请函》并于2014年4月2日进行现场投标、开标等一系列行为，符合《招标投标法》规定的招标、投标、开标的相关程序，且各方当事人属于《招标投标法》规定的"投标人"和"招标人"，根据《招标投标法》第二条"在中华人民共和国境内进行招标投标活动，适用本法"的规定，本案纠纷应受《招标投标法》的规制与调整，海南某航公司辩称本案纠纷不适用《招标投标法》的理由不能成立。同时，本案各方当事人均属《中华人民共和国反不正当竞争法》（以下简称《反不正当竞争法》）第二条规定的"经营者"，根据《反不正当竞争法》第十五条第二款"投标者与招标者不得相互勾结，以排挤竞争对手的公平竞争"的规定，本案纠纷可以适用《反不正当竞争法》审理。

二、关于海南某航公司与海南某通公司在本案中是否存在串通投标不正当竞争行为的问题。东莞某港洪公司主张海南某航公司与海南某通公司在本案中存在如下串通投标不正当竞争行为：其一为海南某航公司将一个招标投标活动违法演变为两个阶段。对此，本院认为海南某航公司因无评标标准而终止第一次招标活动系其在发现招标活动存在瑕疵时，自身纠正、完善招标活动的举措，不能认为是海南某航公司将一个招标投标活动演变为两个阶段。理由是根据《招标投标法》第十九条第一款"招标人应当根据招标项目的特点和需要编制招标文件。招标文件应当包括招标项目的技术要求、对投标人资格审查的标准、投标报价要求和评标标准等所有实质性要求和条件以及拟签订合同的主要条款"的规定，"评标标准"作为招标文件的实质性要求，是招标文件的重要组成部分，在招标活动中是不可或缺的。若招标文件并无评标标准，则无法通过可操作性的方式评选出中标候选人，无法达到招标的目的。其二为海南某航公司在终止第一次招标活动后未退还东莞某港洪公司投标材料，反而将其密封的投标材料拆封，将其标底泄露给海南某通公司，从而使海南某通公司中标。对此，本院认为海南某航公司的第一次招标活动的确存在诸多瑕疵，如缺乏详细的评标标准，未能组成评标委员会，但海南某航公司在发现上述瑕疵后，已经及时终止了第一次招标活动。在此之后，海南某航公司对招标文件进行了完善，形成了新的《邀请函》并向各投标人发布，各投标人也以自身的实际行动响应第二次招标活动，故本院认为第二次招标活动已经完全取代了第一次招标活动，是一次新的招标活动，二次招标活动是各自独立存在的。

三、本案中，东莞某港洪公司提供的证据不足以证明海南某航公司与海南某通公司存在串通投标不正当竞争行为，则其应承担举证不能的不利后果，故对东莞某港洪公司要求确认海南某航公司关于2万吨级泊位散装物料中转库建设及装卸仓储作业项目竞争性谈判程序违法、结果无效的诉讼请求，本院不予支持。东莞某港洪公司的代表在招标投标活动中产生的交通费用1480元，属于竞标过程中产生的正常商业成本，并非是海南某航公司造成的经济损失，故对东莞某港洪公司要求海南某航公司赔偿经济损失1480元的诉讼请求，本院一并不予支持。应当指出的是，虽然海南某航公司二次招标活动均是独立的招标投标，其第一次招标活动过程中存在的瑕疵不能影响第二次招标的结果，但从规范整个招标、投标市场的角度出发，本院认为包括海南某航公司在内的招标人、投标人，应本着诚实信用的原则，尊重公认的商业道德，不断规范自身行为，以真正构建起公平健康的市场竞争秩序。

裁判结果：

驳回原告的诉讼请求。

一百五十七、

投标人与招标人双方解除建设工程施工合同关系，招标人应当退还投标人已缴的保证金

——医药公司与建设公司建设工程合同纠纷案

【裁判要旨】

投标人未按期提供履约担保的后果问题应当以招标文件中投标人须知的约定为准。而招标文件中投标人须知前附表中只约定投标人未按时提供履约保函时的后果是：招标人可以取消投标人第一中标人资格，但并未约定可以不退还投标人已缴的投标保证金，故招标人取消投标人的第一中标人资格理由正当，但是不退还原告投标保证金80万元的理由不充分，因此，招标人应当退还投标人已缴的80万投标保证金。

【法院及案号】

一审：重庆市合川区人民法院，〔2020〕渝0117民初9739号。

二审：重庆市第一中级人民法院，〔2021〕渝01民终4263号。

【当事人】

一审原告、二审被上诉人：医药公司。

一审被告、二审上诉人：建设公司。

【案情介绍】

医药公司于2009年12月24日成立，其股东为工业投资（集团）有限公司（持股20%）和区国有资产监督管理委员会（持股80%）。2020年4月，医药公司就"冀东水泥爆破安全区拆迁还房续建"项目作为招标人委托招标代理机构某仪国际招标有限公司对外进行招标。《招标文件》上第二章投标人须知中"投标人须知前附表"第3.4条"投标保证金"约定：投标保证金80万元的缴纳由投标人选择以下两种方式之一：（一）投标人提供投标保函；（二）投标人从其基本账户通过网上银行直接划转到招标人指定账户。《招标文件》上第二章投标人须知中"投标人须知前附表"第7.3.1条"履约担保"约定：1.担保形式：现金和履约保函；2.担保金额：中标合同金额的

10%,其中8%采用银行保函作为履约担保,2%作为民工工资保证金缴纳到业主指定账户;3.《招标文件》上第二章投标人须知中正文包括总则、招标文件、投标文件、投标、开标、评标、合同授予、重新招标、纪律和监督、需要补充的其他内容。正文中第3.4.1条约定:投标人在递交投标文件的同时,应按投标人须知前附表规定的金额、担保形式和第八章"投标文件格式"规定的投标保证金格式递交投标保证金,并作为其投标文件的组成部分。正文中第3.4.2条约定:投标人不按本章第3.4.1项要求提交保证金,其投标文件作否决投标处理。正文中第3.4.3条约定:投标保证金退还见投标人须知前附表。正文中第3.4.4条约定:有下列情形之一的,投标保证金将不予退还:(1)投标人在规定的投标有效期内撤销或修改其投标文件;(2)中标人在收到中标通知书后,无正当理由拒签合同协议书或未按招标文件规定提交履约担保;(3)违反本章9.2条对投标人的纪律要求的;(4)法律法规和本招标文件规定的其他情形。正文中第7.3.1条约定:在签订合同前,中标人应当按投标人须知前附表规定的金额、担保形式和招标文件第四章"合同条款及格式"规定的履约担保格式向招标人提交履约担保。正文中第7.3.2条约定:中标人不能按本章7.3.1项要求提交履约担保的,视为放弃中标,其投标保证金不予退还,给招标人造成的损失超过投标保证金数额的,中标人还应当对超过部分予以赔偿。

  后建设公司进行投标并于2020年4月8日向医药公司指定的收款人缴纳投标保证金80万元。而后建设公司中标。2020年4月17日,建设公司领取了中标通知书并于2020年4月22日向财政局缴纳农民工保证金958375.8元。2020年4月29日,某银行为建设公司就涉案项目开具了《履约保函》(该保函纸质件于2020年5月8日送达给医药公司),为建设公司与医药公司订立的合同向医药公司提供一般保证的担保。2020年5月6日,医药公司作出《董事会决议》:因建设公司未按照招标文件要求按时缴纳履约保证金,根据招标文件投标人须知表7.3.1条要求"签订合同前,若未按时缴纳,招标人有权取消其中标资格",故取消建设公司第一中标人的资格。2020年5月9日,医药公司向建设公司出具《关于取消你司冀东水泥爆破安全区拆迁还房续建项目第一中标候选人资格的函》,该函载明:"你司于2020年4月17日领取中标通知书,根据招标文件投标人须知前附表7.3.1条规定,中标人应在领取通知书后10日内,签订合同前提交银行履约保函。你单位本应于2020年4月27日前向我司提交银行出具的履约保函,但你司缴纳保函时间为2020年4月29日。根据《中华人民共和国招标投标法实施条例》第五十五条规定以及招标文件第二章总则7.1和7.3.2条规定,我司决定取消你司的中标资格,并保留追究相关损失的权利"等内容。2020年5月11日,原告向被告作出了《回复函》(关于取消建设公司冀东水泥爆破安全区拆迁还房续建项目第一中标候选人资格的函),对被告取消该公司第一中标候选人资格提出异议。2020年5月11日,被告又向原告作出了《关于取消建设公司冀东水泥爆破安全区拆迁还房续建项目第一中标候选人资格的函之异议的复函》,对原告提出的异议未采纳。

现建设公司对医药公司取消建设公司第一候选人资格并无异议，但认为应当退还投标保证金80万元，故于2020年12月3日起诉到法院，其诉请如前。

【一审情况】

争议焦点：

一、关于被告是否应当退还原告已缴的80万元投标保证金的问题。

二、关于被告是否应当向原告支付因占用投标保证金80万元人民币而产生的利息的问题。

法院观点：

一、关于被告是否应当退还原告已缴的80万元投标保证金的问题。一审法院认为，未按期提供履约担保的后果问题应当以招标文件中投标人须知前附表的约定为准。而招标文件中投标人须知前附表7.3.1条只约定投标人未按时提供履约保函时的后果是：招标人可以取消投标人第一中标人资格，但并未约定可以不退还投标人已缴的投标保证金，故本案中被告取消原告的第一中标人资格理由正当，但是不退还原告投标保证金80万元的理由不充分，因此，对于原告要求被告退还投标保证金80万元的诉讼请求，本院依法予以支持。

二、关于被告是否应当向原告支付因占用投标保证金80万元人民币而产生的利息的问题。一审法院认为，关于利息的诉讼请求，被告应当退还原告投标保证金80万元而未还，占用了原告的资金，给原告造成了资金占用的利息损失。原告于2020年12月3日起诉起诉到法院，故对于利息，本院以80万元为基数，按照全国银行间同业拆借中心公布的贷款市场报价利率的标准，从2020年12月3日起计算至付清时止予以主张。

裁判结果：

一、由被告在本判决生效后十日内返还原告投标保证金80万元并支付利息，利息以80万元为基数，按照全国银行间同业拆借中心公布的贷款市场报价利率的标准，从2020年12月3日起计算至付清时止。

二、驳回原告的其他诉讼请求。

【二审情况】

争议焦点：

关于医药公司是否应当退还建设公司投标保证金的问题。

法院认为：

根据查明的事实，招标文件第二章投标人须知中前附表及招标文件第二章投标人须知正文中分别对履约保证金交纳及未缴纳的后果进行了明确，但同时在前附表第10.6条明确了前附表与投标人须知正文不一致的以前附表为准，由于前附表第7.3.1

履约担保与正文第7.3.2条，对未按时交纳履约担保的后果分别进行了记载，但内容存在一定差异，故根据前附表第10.6条记载的内容，建设公司未按期提交履约担保的后果，应当按照前附表7.3.1条记载的内容为准，而该条仅记载内医药公司有权取消中标资格，并未记载不退还投标保证金。何况，建设公司在收到中标通知书后，在招标文件规定的期限内缴纳了农民工保证金，虽然银行出具《履约保函》及将该保函提交医药公司存在一定迟延，但迟延的时间仅有10天左右，也说明了建设公司有积极履行招标文件的义务，并不存在故意不交纳履约保证金的行为，故一审法院对于投标保证金的处理并无不当。对于医药公司上诉提出正文第7.3.1条和第7.3.2条是对前附表第7.3.1条内容的细化和补充，但并未举示相应证据证明自己的主张，且也与前附表第10.6条记载的内容不符，本院对其该理由不予采纳。其他认定同一审。

裁判结果：

驳回上诉，维持原判。

一百五十八、

招标人与投标人签订的"标前协议"以及事后签订的中标协议均无效,双方结算以实际履行的合同为依据

——湖南甲建与某城公司建设工程施工合同纠纷案

【裁判要旨】

《中华人民共和国招标投标法》第四十三条规定:"在确定中标人前,招标人不得与投标人就投标价格、投标方案等实质性内容进行谈判。"在湖南甲建中标前,双方已就涉案工程进行了实质性谈判并订立了《施工总承包合同书》,确定湖南甲建承包涉案工程。可见,涉案工程并没有进行实质意义的招标投标活动。《施工总承包合同书》违反了法律强制性规定,应当认定为无效合同;《建设工程施工合同》实为双方当事人恶意串通,为应付政府部门的监督和检查而订立的虚假意思表示的合同,亦应认定为无效合同。最终应以双方当事人实际履行的合同作为结算依据。

【法院及案号】

一审:浙江省嘉兴市中级人民法院,〔2014〕浙嘉民初字第3号。
二审:浙江省高级人民法院,〔2016〕浙民终00364号。
再审:最高人民法院,〔2017〕最高法民申2541号。

【当事人】

一审原告、反诉被告、二审上诉人、再审申请人:湖南甲建。
一审被告、反诉原告、二审被上诉人、再审被申请人:某城公司。

【案情介绍】

2011年9月28日,某城公司就御珑湾一期建设工程项目公开招标,招标形式为邀请招标,开标时间为2011年10月25日下午14:00,湖南甲建参与投标。

2011年10月25日,某城公司(作为发包方甲方)与湖南甲建(作为承包方乙方)签订《施工总承包合同书》。其中第一部分"合同协议书"约定,某城公司开发的平湖万城·御珑湾小区一期工程(A号地块及会所)由湖南甲建承建。2011年10月30

日,经评标委员会评议,确定湖南甲建为中标单位,中标价为422867131元。2011年11月1日,双方当事人签订《建设工程施工合同》。合同约定,某城公司开发的平湖万城御珑湾一期项目由湖南甲建承建。开工日期为2011年12月1日(实际以办妥施工手续,发出开工令为准),竣工日期为2013年11月30日,合同工期总日历天数为720个日历天。合同价款为422867131元,采用可调价格,2012年6月24日,某城公司发布平湖万城·御珑湾一期项目工程(A号地块)开工令。

2012年8月21日会议纪要载明,某城公司工程部与湖南甲建宋某生等就前期积压的有关问题及目前施工现场有关事项洽谈、商讨如下:……3.甲方独立分包的项目,按照合同湖南甲建仅收取2%的配套费不收取管理费(不在文件规定配套费工作内容范围之内,分包单位使用湖南甲建的人材机部分,分包单位应与湖南甲建另行协商处理),湖南甲建应依据合同约定积极配合甲方及分包单位的施工,但甲方独立分包的项目上湖南甲建不承担法律与经济上的责任。

2012年9月23日,双方当事人订立了《〈总承包合同〉相关问题备忘录》,其中第八条载明,甲方直接独立分包或指定分包项目总承包服务费按最终结算额2%计取,分包单位的水电费按接入表实际发生额计取,桩基工程不计取任何总包服务费,土方工程按2%计取总包服务费(该费用已包含所有土方清理、修边等各项费用)。总包服务费由甲方直接支付给乙方,乙方不得向分包单位收取除水电费以外任何费用。

2013年7月23日,涉案工程A地块地基与基础结构工程验收完毕。

2013年11月3日,湖南甲建向某城公司发送《停工告知函》一份,其中载明,由于某城公司严重违反施工合同,恶意克扣工程进度款,经湖南甲建与项目部共同努力未能挽救工程停工的噩运,明天下午将召集各供应商、各施工班组及项目部相关人员大会,告知停工理由、停工事项待处理办法,会后将组织有关人员对出入口实行封闭、各条道路实行封道、各栋号大型机械设备停电拉闸、施工现场进出限制等措施,以确保人员财产安全和项目部稳定。2014年3月25日,某城公司、湖南甲建与监理单位浙江某宇工程管理有限公司(以下简称"某宇公司")三方对御珑湾A地块主体工程未完工程量进行了确认。2014年3月28日,该三方对御珑湾A地块工地库存材料进行了确认,明确湖南甲建的现场库存材料全部用于以后主体工程未完部分,如表中所列材料外,所有主体未完部分的钢筋、模板、架管、扣件等等全部由湖南甲建提供。

2014年5月12日,某城公司向湖南甲建送达《解除合同通知书》。某城公司以湖南甲建延误工期、多次明确表示无力继续施工,致使某城公司的合同目的无法实现为由,解除《施工总承包合同书》及相关协议、协议性文件。

又就付款情况查明,工程款审批流程:施工单位书面报告——监理单位审核——工程部工程师复核——造价咨询公司核算——成本控制部核算——生产技术经理复核——总工程师复核——项目副总裁审核——成本控制部负责人审核——执行总裁审批——财务发放。工程施工过程中，湖南甲建均依据2003版定额，按照工程形象进度工程量报送《工程款支付申请表》，某城公司随之签发《工程款审核会签表》。双方当事人确认某城公司已付工程款情况为：诉前支付172918143.86元+诉讼中支付4000000元+房屋折抵款9000000元，共计185918143.86元。再查明，双方当事人一致确认打桩、土方、基坑维护由某城公司单独分包。宋某生系涉案工程项目经理。

【一审情况】

争议焦点：

一、关于涉案工程应以《施工总承包合同书》还是《建设工程施工合同》作为结算依据的问题。

二、关于本案工程款如何确定的问题。

三、关于湖南甲建主张的各项损失是否存在、如何确定以及应否由某城公司承担的问题。

法院观点：

一、关于涉案工程应以《施工总承包合同书》还是《建设工程施工合同》作为结算依据问题。《中华人民共和国招标投标法》第四十三条规定："在确定中标人前，招标人不得与投标人就投标价格、投标方案等实质性内容进行谈判。"在湖南甲建中标前，双方已就涉案工程进行了实质性谈判并订立了《施工总承包合同书》，确定湖南甲建承包涉案工程。可见，涉案工程并没有进行实质意义的招标投标活动。《施工总承包合同书》违反了法律强制性规定，应当认定为无效合同；《建设工程施工合同》实为双方当事人恶意串通，为应付政府部门的监督和检查而订立的虚假意思表示的合同，亦应认定为无效合同。本案应以双方当事人实际履行的合同作为结算依据。在施工期间，双方当事人于2012年9月23日对《施工总承包合同书》部分争议条款重新约定并形成了备忘录。湖南甲建于2013年11月20日依据《施工总承包合同书》约定向某城公司报送工程结算书。故纵观当事人施工合同履行过程，可确定当事人实际履行的是《施工总承包合同书》，本案应以反映当事人真实意思表示的《施工总承包合同书》作为结算价款的依据。

二、关于本案工程款如何确定的问题。就已完工程部分的造价，依据浙博鉴〔2015〕1号鉴定意见及补充意见，以2011年10月25日签订的《施工总承包合同书》约定作为结算依据，本院确定已完工程造价为176555619元（176556859元-多计算的1240元沉降观测点费用）。双方当事人于2014年3月28日签订的《库存材料确认（一）（二）》中涉及的材料费本不属于工程造价范围内，但在湖南甲建对鉴定机构未鉴定该部分材料提出异议后，鉴定机构分别依据两份合同的约定对该部分材料费用进行了鉴定，并出具了鉴定意见。鉴于双方当事人对该鉴定意见无异议，本院依照工程造价结算依据，即《施工总承包合同书》约定内容，认定库存材料费用为147791元。

三、关于湖南甲建主张的各项损失是否存在、如何确定以及应否由某城公司承担的问题。1.关于湖南甲建主张的遗留在施工现场的设备、设施、材料费用问题。某城公司、湖南甲建与某宇公司三方已分别于2014年3月25日、2014年3月28日对未完工程量、库存材料进行了确认。湖南甲建虽主张尚有其余材料未进行交接、遗留在施工现场，但未提供充分证据加以证明，故其请求某城公司赔偿其14316600元无事实依据，本院不予支持。2.关于某城公司未及时付款的利息及导致湖南甲建对第三人支付的赔偿款问题。因《建设工程施工合同》属无效合同，湖南甲建按该合同约定的付款节点主张延期付款违约金无法律依据，不予支持。湖南甲建自认在此期间其正进行降水工程施工，可见该期间也不存在停、窝工的事实。湖南甲建提供的有关损失数额的证据，因缺乏停、窝工的事实基础，亦难以证明损失的直接发生及造成损失的数额，故湖南甲建请求某城公司赔偿其停、窝工损失，缺乏事实依据，不予支持。

裁判结果：

一、驳回湖南甲建本诉请求。

二、湖南甲建于本判决生效之日起十五日内返还某城公司工程款9214733.86元。

三、驳回某城公司其余反诉请求。

【二审情况】

争议焦点：

一、关于2011年10月25日《施工总承包合同书》、2011年11月1日《建设工程施工合同》的合同效力、案涉工程应以哪份合同作为结算依据的问题。

二、关于案涉工程的造价如何确定，原审认定的已付工程款是否正确的问题。

三、关于原审是否存在程序违法问题。

法院认为：

一、关于2011年10月25日《施工总承包合同书》、2011年11月1日《建设工程施工合同》的合同效力、案涉工程应以哪份合同作为结算依据的问题。首先，本案双方当事人实际履行的是2011年10月25日《施工总承包合同书》，其次，湖南甲建主张《施工总承包合同书》系在《建设工程施工合同》之后签订，但《施工总承包合同书》实际所署的时间是2011年10月25日，湖南甲建在前案合同解除诉讼中，并未否认这一签署时间，而其在本案上诉中提交的几份证据均系一方内部形成，真实性不能确认，故也不能证实其待证事实。第三，《中华人民共和国招标投标法》第四十六条规定，"招标人和中标人应当自中标通知书发出之日起三十日内，按照招标文件和中标人的投标文件订立书面合同。招标人和中标人不得再行订立背离合同实质性内容的其他协议。"本案2011年10月25日《施工总承包合同书》虽为实际履行的合同，但并非依据招标投标的结果而签订，也未经备案，违反了上述法律效力性强制性规定，应当认定为无效合同。因此，依据最高人民法院《关于审理建设工程施工合同纠纷案件适用法律问题的解释》第二条的规定，案涉工程的工程款应当参照体现当事人真实意思表示的《施工总承包合同书》进行结算。

二、关于案涉工程的造价如何确定，原审认定的已付工程款是否正确的问题。湖南甲建对于工程造价的其他上诉请求，主要建立在认为应当按照2011年11月1日《建设工程施工合同》进行结算的主张的基础上，而这一前提是不能成立的。湖南甲建关于工程造价的其他几项异议，即其对鉴定报告中遗漏和不当之处的异议，在原审鉴定及审理过程中已经提出过，鉴定机构及原审法院均已经据实审查并作了回应，本院认为原审所作审查认定是正确的，予以确认。综上，本院认定案涉工程的造价为177239275元（已完工程造价176555619元＋库存材料费用147791元＋535865元）。原审认定诉讼中已付工程款为1300万元，并无不当。综上，原审认定已付工程款为185918143.86元，并无错误，本院予以确认。

三、关于原审是否存在程序违法问题。湖南甲建主张原审判决超出了某城公司的反诉请求。经审查，原审中某城公司最初的反诉请求是要求湖南甲建返还多收取的工程款3000000元（暂定），这个返还款项属暂定额。庭审后，某城公司根据鉴定结论及庭审情况，最终在2016年3月15日的补充代理词中明确，反诉要求返还的多收工程款额为16081775.86元，而一审判决湖南甲建返还多收工程款额为9214733.86元，没有超出某城公司的反诉请求。因此，湖南甲建此点诉讼主张不能成立，原审程序并不存在违法。

裁判结果：

一、变更浙江省嘉兴市中级人民法院〔2014〕浙嘉民初字第3号民事判决第二项为"湖南甲建于本判决生效之日起十五日内返还某城公司工程款8678868.86元"。

二、维持浙江省嘉兴市中级人民法院〔2014〕浙嘉民初字第3号民事判决第一项、第三项。

【再审情况】

争议焦点：

关于本案诉争《施工总承包合同书》《建设工程施工合同》的效力如何认定的问题。

法院认为：

关于本案诉争《施工总承包合同书》《建设工程施工合同》的效力如何认定的问题。《中华人民共和国招标投标法》第43条规定：在确定中标人前，招标人不得与投标人就投标价格、投标方案等实质性内容进行谈判。湖南甲建与某城公司在进行招标投标前已经就诉争工程的价格、工程施工等实质性内容签订了合同，双方对于合同价格、具体施工等实质性内容进行了直接约定，在进行招标投标之前就在实质上先行确定了工程承包人，直接导致湖南甲建中标。因此，湖南甲建与某城公司的行为属于相互串通进行投标,直接影响到中标结果,损害了其他投标人的利益,中标应属无效。根据《最高人民法院关于审理建设工程施工合同纠纷案件适用法律问题的解释》第一条第3款规定,中标无效的建设工程施工合同无效,故某城公司与湖南甲建于2011年11月1日签订的《建设工程施工合同》亦无效。

裁判结果:

驳回申请人再审申请。

一百五十九、

非法定必须招标工程，即使签订标前协议，该备案的中标合同亦有效

——岳乙公司与鸿甲公司建设工程施工合同纠纷案

【裁判要旨】

本案工程项目资金来源为自筹，建设内容为住宅区。该项目工程不属于法定必须招标工程。基于标前协议是双方真实意思表示，未违反相关法律规定，人民法院认定其效力有效。

【法院及案号】

一审：湖南省高级人民法院，〔2018〕湘民初73号。
二审：最高人民法院，〔2020〕最高法民终534号。

【当事人】

一审原告、二审被上诉人：岳乙公司。
一审被告、二审上诉人：鸿甲公司。

【案情介绍】

2012年8月9日，岳乙公司与鸿甲公司、丙公司签订《总承包施工合同》，丙公司为担保人。主要包括：鸿甲公司将福鑫南郡项目一期发包给岳乙公司承建，工程规模为：C地块全部住宅及E地块南侧一排安置房，共8个单元，约13万多平方米（按实际施工面积计算）。承包工程内容为：土建、房屋内外普通装饰工程、房屋给排水、门窗、保温、栏杆、防水、照明、防雷接地等工程，其中包括水电和工作内容的相关配套协作事项，隐蔽、预留、预埋管网线路等作业，包括施工中所有的技术工艺措施和安全文明生产措施，以及发包人和驻场地工程师派定的相关工程指令工作内容，不包括土方大开挖、基础工程、弱电、通风、消防、人防、电梯、市政给排水、高低压配电、园建绿化、其他设备等专项工程等，上述专项分包工程由发包人直接分包，总承包人可推荐专项分包人参与投标，若总承包人自身参与投标时，发包人在同

等条件下可优先考虑。《总承包施工合同》约定了工程量、工程款计价、工程款计价、担保事项、竣工结算、解除合同等具体事项。

2012年8月24日岳乙公司即进场组织施工。12月3日，岳乙公司、岳乙公司副总经理杨某德与江某签订了《工程项目管理承包合同书》，约定由杨某德与江某进行项目管理承包。12月24日，14-17栋岳乙公司中标，在中标后岳乙公司和鸿甲公司签订《湖南省建设工程施工合同》并办理了备案登记。12月29日，岳乙公司与鸿甲公司、丙公司又签订《总承包补充协议》，丙公司为担保人。该协议与《总承包施工合同》内容基本一致。2013年9月6日，26栋岳乙公司中标，在中标后双方签订了《湖南省建设工程施工合同》并办理了备案登记。2014年3月10日，鸿甲公司（甲方）与岳乙公司（乙方）签订《补充协议》。2014年7月16日，鸿甲公司（甲方）、岳乙公司（乙方）与担保方丙公司签订《补充协议二》，约定了主体工程结算、工资代付、履约保证金退还等具体事宜。

【一审情况】

争议焦点：

一、案涉系列合同的效力应如何认定。

二、江某及岳乙公司是否有权向鸿甲公司主张工程款。

三、工程款应如何认定。

四、本案各方当事人主张的损失及鸿甲公司其他反诉请求应如何认定。

五、鸿甲公司应否将可售房产按2800元/m^2抵扣工程款及其主张的违约金。

六、江某、岳乙公司是否应当开具相应工程款发票及提供工程竣工验收、备案资料。

七、丙公司的保证责任应如何认定及承担。

法院观点：

一、关于案涉系列合同的效力。一审法院认为，1.关于案涉《总承包施工合同》《总承包补充协议》《补充协议》及《补充协议二》的效力。江某、岳乙公司认为案涉合同均系有效合同，主张该楼盘原系烂尾楼，岳乙公司因招商引资而承建，经过了招标投标补正，手续完善。鸿甲公司、丙公司认为上述合同均系无效合同，投标人岳乙公司在讼争工程招标前和招标人鸿甲公司就投标价格等实质性内容进行谈判，并签订招标前合同，违反招标投标法规定，中标无效。一审法院认为，案涉工程属于非必须招标工程。上述系列合同均系双方真实意思表示，并无《中华人民共和国合同法》第五十二条规定的情形，也没有《最高人民法院关于审理建设工程施工合同纠纷案件适用法律问题的解释》第一条规定的合同无效的情形，故双方签订并实际履行的《总承包施工合同》《总承包补充协议》《补充协议》及《补充协议二》，应认定为有效。2.关于保证合同的效力。2014年7月16日，丙公司作为担保人，与鸿甲公司、岳乙公司在《总承包施工合同》中约定：担保人对合同中发包人的责任予以担保。丙公司在《总承包施工合同》《总承包补充协议》《补充协议》及《补充协议二》中均在合同担保人一栏加盖了公章，其担保意思表示明确具体，不违反法律的强制性规定，应当认定为保证合同有效。3.关于江某与岳乙公司转包合同的效力。2012年12月3日，岳乙公司、岳乙公司副总经理杨某德与江某签订了《工程项目管理承包合同书》，约定由杨某德与江某进行项目管理承包。根据《最高人民法院关于审理建设工程施工合同纠纷案件适用法律问题的解释》第四条的规定："承包人非法转包、违法分包建设工程或者没有资质的实际施工人借用有资质的建筑施工企业名义与他人签订建设工程施工合同的行为无效……"，本案中，根据《工程项目管理承包合同书》内容及实际组织施工情况，岳乙公司实质是将案涉项目转包给江某，该转包行为无效。

二、关于江某及岳乙公司是否有权向鸿甲公司主张工程款。1.对于江某的诉请。江某以原告身份起诉承包人和发包人，根据《最高人民法院关于审理建设工程施工合同纠纷案件适用法律问题的解释》第二十六条之规定，应当追加承包人为当事人，发包人只在欠付的工程款范围内承担责任。在诉讼过程中，江某对发包人鸿甲公司的主张也未提供相关证据支持其主张。根据《最高法关于适用〈中华人民共和国民事诉讼法〉的解释》第九十条的规定："当事人对自己提出的诉讼请求所依据的事实或者反驳对方诉讼请求所依据的事实，应当提供证据加以证明，但法律另有规定的除外。在作出判决前，当事人未能提供证据或者证据不足以证明其事实主张的，由负有举证证明责任的当事人承担不利的后果"。本案中，江某对其提出的诉讼请求所依据的事实未提供证据加以证明，故驳回江某的诉讼请求。2.对岳乙公司的诉请。江某放弃对岳乙公司的主张，岳乙公司申请作为第三人参加诉讼，并提出了独立诉讼请求，案涉合同均由岳乙公司与鸿甲公司签订，根据合同约定，鸿甲公司应与岳乙公司结算，工程又已实际交付给鸿甲公司使用，故岳乙公司有权向鸿甲公司主张工程欠款。

三、关于工程款应如何认定。对于应付工程款的认定。根据工程造价鉴定意见之修正报告，案涉工程可确认部分工程造价为151693289.18元，该部分工程造价应当予以认定。另外，根据双方当事人的庭审质证，最终江某、岳乙公司在鸿甲公司"福鑫南郡"一期实际完成的工程总造价为153062400.9元（可确认部分151693289.18元+争议部分中确认的1369111.68元），一审法院予以确认。根据双方提交的有证据，一审法院将已付工程款确定为106448415元。对于工程款应否全额支付。岳乙公司主张结清工程款。鸿甲公司、丙公司主张应按照合同约定支付70%的工程款。本案系列工程施工合同虽系无效合同，但福鑫南郡一期项目主体已经分部验收合格并销售，考虑现在双方已无法继续履行合同，故应当进行结算并支付。结合前述，鸿甲公司应当全额支付欠付工程款46613985.9元（153062400.9元-106448415元）。

四、关于双方主张的损失及鸿甲公司其他反诉请求的认定。1.关于欠付款的利息。一审法院认为，岳乙公司主张欠付工程款按银行同期同类贷款利率4倍计算应当支持。2.关于鸿甲公司主张的违约金。因工期延误系鸿甲公司延期支付工程款所致，故其主张违约金不予支持。鸿甲公司反诉主张的工程整改费，因案涉主体工程已验收，且也实际使用，不予支持。鸿甲公司反诉主张逾期交房、退房、逾期监理费，因合同履行过程中鸿甲公司自身存在违约事实，对鸿甲公司的上述请求也不予支持。鸿甲公司还主张罚款269200元，因该部分费用由江某、岳乙公司支付没有合同依据，亦不予支持。

五、关于岳乙公司主张鸿甲公司应将可售房产按2800元/m²抵扣工程款及违约金不予支持。鸿甲公司认为合同该条款与结算无关。经查，双方虽然有类似约定，但双方对延期付款约定了利息计算方式，该违约条款不再适用。故对岳乙公司的该项诉讼主张，不予支持。

六、关于岳乙公司应当开具相应工程款发票及提供工程竣工备案资料。因本案已无法继续履行合同，且案涉房屋影响到福鑫南郡一期众多买房人合法利益。故岳乙公司应当开具相应工程款发票及提供工程竣工备案资料。

七、关于丙公司的保证责任。因保证合同合法有效，双方在合同中并未约定是一般保证还是连带保证，根据《中华人民共和国担保法》第十九条的规定："当事人对保证方式没有约定或约定不明确的，按照连带责任保证承担保证责任"。故岳乙公司主张丙公司应对鸿甲公司的债务承担连带清偿责任，应予支持。

裁判结果：

一、驳回江某的诉讼请求。

二、鸿甲公司自一审判决生效之日起三十日内向岳乙公司支付工程款46613985.9元及利息（利息自2014年10月30日起按照中国人民银行同期同类贷款利率之4倍计付至工程款付清之日止）。

三、鸿甲公司自一审判决生效之日起三十日内向岳乙公司返还履约保证金2200000元及利息（利息自2014年10月30日起按照中国人民银行同期同类贷款基准利率计付至保证金付清之日止）。

四、丙公司对鸿甲公司上述应付款项承担连带清偿责任。

五、岳乙公司自一审判决生效之日起四十五日内向鸿甲公司开具结算工程款发票及交付竣工验收、备案相关资料。

六、驳回岳乙公司的其他诉讼请求。

七、驳回鸿甲公司的其他反诉请求。

【二审情况】

争议焦点：

一、原审法院关于案涉协议效力的认定是否正确。

二、原审法院认定鸿甲公司应支付的案涉工程款数额及利息是否正确。

三、原审法院未支持鸿甲公司主张的应扣除工程质量缺陷或瑕疵产生的整改费用是否正确。

法院认为：

一、关于原审法院认定案涉协议的效力是否正确的问题。《最高人民法院关于审理建设工程施工合同纠纷案件适用法律问题的解释》第四条规定，承包人非法转包、违法分包建设工程或者没有资质的实际施工人借用有资质的建筑施工企业名义与他人签订建设工程施工合同的行为无效。根据本案协议内容以及案涉工程的实际组织施工情况，岳乙公司实际上将案涉全部建设工程转包给杨某德、江某，一审法院认定岳乙公司的该行为属于违法转包，并认定为无效，并无不当。本案中，鸿甲公司主张，岳乙公司与鸿甲公司在正式招标之前已经签订标前合同，违反了《中华人民共和国招标投标法》的相关规定，因此备案的中标合同应认定为无效。本案工程项目资金来源为自筹，建设内容为住宅区。该项目工程不属于法定必须招标工程。基于标前协议是双方真实意思表示，未违反相关法律规定，一审法院认定其效力为有效，并无不当。鸿甲公司该主张缺乏法律依据，本院不予支持。

二、关于原审法院认定鸿甲公司应支付的案涉工程款数额及利息是否正确的问题。《最高人民法院关于审理建设工程施工合同纠纷案件适用法律问题的解释》第十九条规定，当事人对工程量有争议的，按照施工过程中形成的签证等书面文件确认。岳乙公司在本案进入鉴定程序后提供的签证单，并无鸿甲公司的签章认可，监理机构也否认在该批签证资料上进行签章认可。同时，鉴定机构经修改调整后也未对该部分3502797.26元进行确认。岳乙公司也未能提供其他证据证实工程量实际发生，原审法院对该部分造价未予支持，并无不当。关于鸿甲公司主张基于案涉合同无效，岳乙公司请求欠付工程款按4倍利息计算应不予支持的问题，对此，本院认为，案涉岳乙公司与鸿甲公司所订立协议合法有效，有关4倍利息的约定体现在双方订立的《总承包施工合同》中第三部分第41.3（4）条款，一审法院依照双方约定，亦结合本案项目工程由承包方垫资建设、鸿甲公司未依约及时支付款项等实际情况，判决鸿甲公司对欠付工程款利息按银行同期同类贷款利率的4倍计算，并无不当。

三、关于原审法院未支持鸿甲公司主张的应扣除工程质量缺陷或瑕疵产生的整改费用是否正确的问题。本院认为，案涉岳乙公司所完成的工程已交付，且经验收结论为合格，在没有相反证据否定验收合格结论的情况下，案涉工程经验收合格应当认定为工程符合现行工程质量合格标准。对于鸿甲公司的主张，二审法院不予采纳。

裁判结果：

驳回上诉，维持原判。

一百六十、

不同投标人的投标文件异常一致或投标报价呈规律性差异的，应视为投标人相互串通投标

——某景公司与某侨城公司合同纠纷案

【裁判要旨】

《中华人民共和国招标投标法》第三十二条规定："投标人不得相互串通报价，不得排挤其他投标人的公平竞争，损害招标人或者其他投标人的合法权益。"由于"串通投标"的意思表示一般具有隐秘性且主观意图较难证明，因此，串通投标的证明标准应为高度盖然性标准。本案中，被告在招标文件中明确载明开标顺序为陆公园一标段、陆公园二标段、水公园一标段、水公园二标段，而原告与深圳市某派主题装饰设计工程有限公司、深圳某波绿建集团股份有限公司同时选择并非第一顺序开标标段的陆公园二标段作为首标段制作投标文件，又在后续其他标段的编制过程中均出现相同复制错误的概率极小，某景公司关于其与深圳市某派主题装饰设计工程有限公司、深圳某波绿建集团股份有限公司招标文件中出现相同的错误未能作出充分、合理的解释。故一审法院认定某景公司存在与深圳市某派主题装饰设计工程有限公司、深圳某波绿建集团股份有限公司相互串标的情形。

【法院及案号】

一审：重庆市渝北区人民法院，〔2018〕渝0112民初8486号。
二审：重庆市第一中级人民法院，〔2018〕渝01民终6308号。

【当事人】

一审原告、二审上诉人：某景公司。
一审被告、二审被上诉人：某侨城公司。

【案情介绍】

被告拟对重庆某侨城生态公园配套设施陆公园地面铺装一标段、陆公园地面铺装二标段、水公园地面铺装一标段、水公园地面铺装二标段四个标段进行招标。2017

年3月,被告向包括原告和深圳市某派主题装饰设计工程有限公司、深圳某波绿建集团股份有限公司等在内的公司发出了招标邀请及四个标段的招标文件。该招标文件第二章第9.4条特别说明处载明:"本项目包含四个标段(投标人须同时参与四个标段的投标),开标顺序依次为陆公园一标段、陆公园二标段、水公园一标段、水公园二标段;投标采取重复投不重复中原则……"。招标文件总则3.4.2条载明:"有下列情形之一的,投标保证金将不予退还:……(3)凡在签发中标通知书前,投标人被招标人及监督部门查实具有弄虚作假及围标串标行为的"。总则9.2条载明:"投标人不得相互串通投标或者与招标人串通投标……有下列情形之一的,属于投标人相互串通投标,其投标保证金不予退还:(1)投标人之间协商投标报价等投标文件的实质性内容;(2)投标人之间约定中标人;(3)投标人之间约定部分投标人放弃投标或者中标;(4)属于同一集团、协会、商会等组织成员的投标人按照该组织要求协同投标;(5)投标人之间为谋取中标或者排斥特定投标人而采取的其他联合行动。有下列情形之一的,视为投标人相互串通投标,其投标保证金不予退还:……(4)不同投标人的投标文件异常一致或者投标报价呈规律性差异……"。该招标文件另附有投标文件格式,格式显示投标文件(投标函部分)正文的表格中的"项目名称"一栏及报价等系空白,需要投标人自行填写。2017年3月17日,原告制作了四个标段的投标文件,投标函封面及投标文件(投标函部分)的首页分别载明了四个标段的不同名称,即"重庆某侨城生态公园配套设施(陆公园地面铺装一标段)建设工程""重庆某侨城生态公园配套设施(陆公园地面铺装二标段)建设工程""重庆某侨城生态公园配套设施(水公园地面铺装一标段)建设工程""重庆某侨城生态公园配套设施(水公园地面铺装二标段)建设工程",但四份投标文件(投标函部分)正文的表格中的"项目名称"一栏均载明为"重庆某侨城生态公园配套设施(陆公园地面铺装二标段)建设工程"。2017年3月20日,原告分四次向被告支付了投标保证金,每次支付50000元,共计支付20万元,银行付款回单上摘要部分载明了四个标段的具体名称。

深圳市某派主题装饰设计工程有限公司、深圳某波绿建集团股份有限公司亦分别向被告提交了四个标段的投标文件,投标函封面及投标文件(投标函部分)的首页分别载明了四个标段的不同名称,但投标文件(投标函部分)正文的表格中的"项目名称"一栏均载明为"重庆某侨城生态公园配套设施(陆公园地面铺装二标段)建设工程"。2017年3月23日14:30,被告进行了现场开标。在所有参与投标的6家单位中,陆公园一标段、陆公园二标段原告报价最低,水公园一标段深圳市某派主题装饰设计工程有限公司报价最低,水公园二标段深圳某波绿建集团股份有限公司报价最低。被告在初步评审过程中发现并指出了原告、深圳市某派主题装饰设计工程有限公司、深圳某波绿建集团股份有限公司的投标文件的上述错误。被告现场没有宣布初步中标单位。

二审期间,某景公司围绕上诉请求依法提交举示《重庆某侨城生态配套设施(水公园地面铺装一、二标段，陆公园地面铺装一、二标段）建设工程开标疑问函》一份，拟证明相关案件事实。某侨城公司质证认为：函件系某景公司单方制作，某景公司无送达我方的证据。经审查：某景公司所举示证据系其于2017年4月10日制作的函件。

【一审情况】

争议焦点：

关于原告与深圳市某派主题装饰设计工程有限公司、深圳某波绿建集团股份有限公司是否构成串通投标的问题。

法院观点：

关于原告与深圳市某派主题装饰设计工程有限公司、深圳某波绿建集团股份有限公司是否构成串通投标的问题。本院认为，《中华人民共和国招标投标法》第三十二条规定："投标人不得相互串通报价，不得排挤其他投标人的公平竞争，损害招标人或者其他投标人的合法权益"。被告向投标人发出的招标文件中亦载明"投标人不得相互串通投标或者与招标人串通投标"。由于"串通投标"的意思表示一般具有隐秘性且主观意图较难证明，因此，串通投标的证明标准应为高度盖然性标准。本案中，被告在招标文件中明确载明开标顺序为陆公园一标段、陆公园二标段、水公园一标段、水公园二标段，而原告与深圳市某派主题装饰设计工程有限公司、深圳某波绿建集团股份有限公司同时选择并非第一顺序开标标段的陆公园二标段作为首标段制作投标文件，又在后续其他标段的编制过程中均出现相同复制错误的概率极小，原告关于其与深圳市某派主题装饰设计工程有限公司、深圳某波绿建集团股份有限公司招标文件中出现相同的错误未能作出充分、合理的解释。被告的招标文件中亦载明不同投标人的投标文件异常一致的，应视为投标人相互串通投标，故本院认定原告存在与深圳市某派主题装饰设计工程有限公司、深圳某波绿建集团股份有限公司相互串标的情形。根据被告的招标文件，投标人相互串通投标的，投标保证金不予退还，故被告不退还原告已缴纳的保证金20万元具有事实及法律依据，本院对原告要求被告退还投标保证金的诉讼请求不予支持，对于原告要求被告赔偿逾期退还投标保证金利息的诉讼请求亦不予支持。

裁判结果：

驳回原告某景公司的诉讼请求。

【二审情况】

争议焦点：

关于某景公司是否存在串标行为的问题。

法院认为：

关于某景公司是否存在串标行为的问题。某景公司围绕上诉请求依法提交举示《重庆某侨城生态配套设施（水公园地面铺装一、二标段，陆公园地面铺装一、二标段）建设工程开标疑问函》一份，经审查：某景公司所举示证据系其于2017年4月10日制作的函件。二审法院认为，某景公司举示证据因系其制作的函件，在其未举示向某侨城公司有效送达证据的情况下，该证据内容属于某景公司陈述，因无相关证据印证，本院对该证据不予采信。

本院查明的事实与前述一审审理查明的事实相同。本院认为，某侨城公司就其拟建工程向某景公司等发出招标邀请及招标文件，某景公司向某侨城公司提交投标文件后，某侨城公司与某景公司之间即形成受招标文件、投标文件、《中华人民共和国招标投标法》约束的关系，且接受该约束是双方当事人的真实意思表示。某景公司上诉理由的实质是原判认定其投标中串标错误。某景公司是否存在串标行为，原判对此已详细评述并作出了明确的处理意见。本院认可一审法院的评述处理意见，在此不再赘述。

《最高人民法院关于适用〈中华人民共和国民事诉讼法〉的解释》第九十条规定，当事人对自己提出的诉讼请求所依据的事实或者反驳对方诉讼请求所依据的事实，应当提供证据加以证明，但法律另有规定的除外。在作出判决前，当事人未能提供证据或者证据不足以证明其事实主张的，由负有举证证明责任的当事人承担不利的后果。某景公司起诉请求判决某侨城公司向其返还投标保证金20万元及利息，应当首先举证证明其符合退还投标保证金条件。原判依据某侨城公司的抗辩，认定某景公司存在串标事实，并依据合同约定判决驳回某景公司的诉讼请求正确。

裁判结果：

驳回上诉，维持原判。

一百六十一、

联合体牵头人为履行中标合同对外以牵头人自己的名义签订合同所产生的债务，由联合体成员共同负担

——南京甲公司与江苏丙公司与某油田分公司等建设工程施工合同纠纷案

【裁判要旨】

《中华人民共和国招标投标法》第31条第1款、3款规定："两个以上法人或者其他组织可以组成一个联合体，以一个投标人的身份共同投标。""联合体中标的，联合体各方应当共同与招标人签订合同，就中标项目向招标人承担连带责任。"

南京甲公司与南京乙公司签订《联合体协议书》，并约定对其组成联合体后中标并具体施工工程中产生的债务，由联合体成员各方共同承担。本案中，南京乙公司系联合体的牵头人，《工程合同》的实际权利义务主体应为联合体及江苏丙公司，故对江苏丙公司主张的工程款，应当由南京甲公司与南京乙公司共同偿付。

【法院及案号】

一审：酒泉市肃州区人民法院，〔2015〕酒肃民二初字第513号。

二审：甘肃省酒泉市中级人民法院，〔2016〕甘09民终917号。

再审：甘肃省高级人民法院，〔2017〕甘民申597号。

【当事人】

一审原告、二审被上诉人、再审被申请人：江苏丙公司。

一审被告、二审上诉人、再审申请人：南京甲公司。

一审被告：某油田分公司。

【案情介绍】

2013年5月16日，被告某油田分公司与被告南京乙公司、南京甲公司签订了建设工程分包合同，合同约定酒东产能建设地面工程（联合站采出水处理工程）由二被告施工。2013年7月30日，被告南京乙公司因工程需要，与原告签订了工程合同，约定原告向被告供应并安装采出水处理设备，所供设备按照《水处理设备制造技术

条件》JB2932-86执行，并严格按照江南设计院的图纸进行施工，质保期为验收合格后一年；合同生效后45天内所有设备到现场，供方负责合同内设备运输至某油田工地现场并负责卸货，运输方式为汽车运输，运输费用由供方承担，并负责运输过程中设备保护及保险。合同签订后，原告按约定供应设备，并进行了工程施工。施工过程中，经被告南京乙公司刘某刚签字确认，原告增加了气浮机和反应池PVC盖板、PVC引气管材料及施工，双方对增加工程的工程款未明确约定。原告就增加的工程支出材料款53010元。被告南京乙公司于2013年8月6日、同年12月13日各支付原告工程款537000元，共计1074000元，余款至今未付引发纠纷。

二审期间，上诉人南京甲公司围绕上诉请求依法提交了《关于某油田分公司酒东油田联合站采出水处理工程合作分工协议》，试证实上诉人仅负责工程项目的技术服务和技术支持，除此以外本工程项目的其他内容均由南京乙公司完成，对南京乙公司与江苏丙公司签订的《工程合同》不承担责任。

经二审查明，2013年3月20日，上诉人南京甲公司与原审被告南京乙公司签订《联合体协议书》，该协议书约定：双方自愿组成联合体，共同参加某油田分公司酒东油田地面建设EPC项目部区酒东油田联合站采出水处理工程标段的施工投标并争取赢得本工程施工承包合同。南京乙公司为牵头人。联合体中标后，联合体牵头人负责合同订立和合同实施阶段的主办、组织和协调工作。联合体将严格按照招标文件的各项要求，递交投标文件，履行投标义务和中标后的合同，共同承担合同规定的一切义务和责任，联合体各成员单位按照内部职责的部分，承担各自所负的责任和风险，并向招标人承担连带责任。该协议书同时约定：本协议书自签署之日起生效，联合体未中标或者中标时合同履行完毕后自动失效。

【一审情况】

争议焦点：

一、关于原告要求被告南京乙公司支付剩余工程款的请求是否依法有据的问题。

二、关于被告某油田分公司是否应在其欠付被告南京乙公司、南京甲公司工程款的范围内对原告江苏丙公司承担责任的问题。

法院观点：

一、关于原告要求被告南京乙公司支付剩余工程款的请求是否依法有据的问题。一审法院认为，当事人应当按照约定全面履行自己的义务。原告与被告南京乙公司签订工程合同后，原告已按照约定进行了施工，现工程已验收完毕，整体验收结果为质量合格，虽有部分需整改问题，但并未影响工程整体验收，故被告南京乙公司应按照合同约定支付工程款，原告要求被告南京乙公司支付剩余工程款的请求依法有据，应予支持。

二、关于被告某油田分公司是否应在其欠付被告南京乙公司、南京甲公司工程款的范围内对原告江苏丙公司承担责任的问题。被告南京乙公司对合同约定的工程款数额无异议，但对增加的工程量有异议，对增加的工程量，因有被告南京乙公司员工刘某刚签字确认，予以认定。被告南京乙公司认为该部分工程属于合同内工程，但未提交反驳证据，故对被告南京乙公司的该答辩意见不予采信。原告针对增加的工程量提交了相应的材料购买发票予以证实，对材料款53010元予以认定，对工资和运费，因原告提交的收据无收款人签字或盖章，故不予认定。对于欠付工程款的利息，按照《最高人民法院关于审理建设工程施工合同纠纷案件适用法律问题的解释》第十七条、第十八条的规定及双方约定的付款时间进行计算，结合原、被告提交的证据可以认定工程最终验收合格的时间为2015年4月30日，故逾期利息应从2015年4月30日计算至原告起诉之日，即2015年7月20日，因起诉时，一年的质保期并未届满，故对质保金89500元不再计息，逾期利息计算为9047.72元［（358000元+268500元+53010元）×6%÷365天×81天］。被告南京乙公司与被告南京甲公司组成联合体，共同投标被告某油田分公司酒东产能建设地面工程并中标，双方均应享有并承担合同约定的权利和义务，被告南京甲公司不放弃向被告某油田分公司主张工程款的权利，按照权责一致的原则，其应对被告南京乙公司签订的工程合同亦承担相应的责任，故对被告南京甲公司不承担责任的答辩意见不予采信。被告某油田分公司应在欠付被告南京甲公司、南京乙公司的工程款之范围内对原告承担责任。

裁判结果：

一、被告南京甲公司、南京乙公司于本判决书生效后十日内共同支付原告江苏丙公司工程款769010元。

二、被告南京甲公司、南京乙公司于本判决书生效后十日内共同支付原告江苏丙公司利息9047.72元。

三、被告某油田分公司在其欠付被告南京甲公司、南京乙公司工程款的范围内对原告江苏丙公司承担责任。

四、驳回原告江苏丙公司的其他诉讼请求。

【二审情况】

争议焦点：

关于上诉人南京甲公司与原审被告南京乙公司之间是否组成联合体进行投标，是否应共同支付被上诉人江苏丙公司工程款的问题。

法院认为：

《中华人民共和国招标投标法》第31条第1款、3款规定："两个以上法人或者其他组织可以组成一个联合体，以一个投标人的身份共同投标。""联合体各方应当签订共同投标协议，明确约定各方拟承担的工作和责任，并将共同投标协议连同投标文件一并提交招标人。联合体中标的，联合体各方应当共同与招标人签订合同，就中标项目向招标人承担连带责任"。《中华人民共和国建筑法》第27条第1款规定："大型建筑工程或者结构复杂的建筑工程，可以由两个以上的承包单位联合共同承包。共同承包的各方对承包合同的履行承担连带责任"。本案中，上诉人南京甲公司与原审被告南京乙公司2013年3月20日签订《联合体协议书》，约定：双方自愿组成联合体，南京乙公司为联合体牵头人，共同参加某油田分公司酒东油田地面建设EPC项目部酒东油田联合站采出水处理工程标段的施工投标并争取赢得本工程施工承包合同，共同承担合同规定的一切义务和责任，联合体各成员单位按照内部职责的部分，承担各自所负的责任和风险，并向招标人承担连带责任。2013年5月16日，原审被告某油田分公司与上诉人南京甲公司、原审被告南京乙公司共同签订了《建设工程分包合同》，合同约定酒东产能建设地面工程（联合站采出水处理工程）由南京甲公司、南京乙公司施工。南京甲公司与南京乙公司共同投标、共同签订联合承包合同、就招标项目共同向招标人承担带责任，双方之间组成联合体投标的事实客观存在。双方组成的联合体，是一个临时性组织，不具有法人资格，《中华人民共和国民法通则》第五十二条规定："企业之间或者企业、事业单位之间联营，共同经营、不具备法人条件的，由联营各方按照出资比例或者协议的约定，以各自所有的或者经营管理的财产承担民事责任。依照法律的规定或者协议的约定负连带责任的，承担连带责任"。同时，双方签订的《联合体协议书》中约定：联合体中标后，联合体牵头人负责合同订立和合同实施阶段的主办、组织和协调工作，故双方均应享有并承担合同约定的权利和义务。原审被告南京乙公司与被上诉人江苏丙公司所签订的《工程合同》是为了完成联合体的中标项目，同时，经一、二审庭审询问，上诉人南京甲公司不放弃向原审被告某油田分公司主张工程款的权利，故南京甲公司作为联合体成员之一，应与南京乙公司共同向江苏丙公司承担付款义务。关于上诉人南京甲公司庭审中提出的涉案工程质量有问题，应扣除质保金20万元的主张，因其未在法定期限内提出，本院不予审查。

裁判结果：

驳回上诉，维持原判。

【再审情况】

争议焦点：

关于南京甲公司是否应当对联合体牵头人南京乙公司施工中欠付被申请人江苏丙公司的工程款承担赔偿责任的问题。

法院认为：

关于南京甲公司是否应当对联合体牵头人南京乙公司施工中欠付被申请人江苏丙公司的工程款承担赔偿责任的问题。本院认为，南京甲公司与南京乙公司组成的联合体中标后，南京乙公司作为联合体牵头人进行具体施工，南京甲公司负责工程项目的技术服务和技术支持。为了完成施工工程，南京乙公司与江苏丙公司签订《工程合同》，由江苏丙公司为工程所需供应并安装水处理设备，并约定江苏丙公司严格按照设计图纸进行施工。《工程合同》签订后，江苏丙公司依据双方约定供应设备，并进行了工程施工，但其部分工程款，南京乙公司未予支付。依据合同相对性原则，《工程合同》约束的是合同的双方，即南京乙公司与江苏丙公司。但是，虽然南京甲公司与南京乙公司在其他民事活动中，主体地位独立，而在其共同组成的联合体工程施工行为中，主体难以绝对独立。南京乙公司系联合体的牵头人、具体施工人，南京乙公司因中标施工工程产生的债务承担主体为联合体，但联合体并不具备法人的主体身份，其没有独立承担民事责任的行为能力。依据《中华人民共和国民法通则》第五十二条规定："企业之间或者企业、事业单位之间联营，共同经营、不具备法人条件的，由联营各方按照出资比例或者协议的约定，以各自所有的或者经营管理的财产承担民事责任。依照法律的规定或者协议的约定负连带责任的，承担连带责任"的规定，并参照南京甲公司与南京乙公司签订《联合体协议书》中对招标人承担连带责任的约定，南京甲公司与南京乙公司对其组成联合体后中标并具体施工工程中产生的债务，应当由联合体组成成员各方共同承担。也就是说，虽然涉案《工程合同》的当事人双方为南京乙公司与江苏丙公司，但由于南京乙公司系联合体的牵头人，《工程合同》的实际权利义务主体为联合体及江苏丙公司。由于联合体成员为南京甲公司与南京乙公司，故对江苏丙公司主张的工程款，应当由南京甲公司与南京乙公司共同偿付。

同时，经一、二审庭审询问，申请人南京甲公司不放弃向原审被告某油田分公司主张工程款的权利，申请人南京甲公司与原审被告南京乙公司共同支付被申请人江苏丙公司工程款后，该工程款应当划入联合体施工工程的工程成本，最终会从某油田分公司支付的工程款中核减，南京甲公司的实体权利并未受到侵害。原审法院判决南京甲公司与南京乙公司共同支付江苏丙公司工程款及利息，并不存在违反合同相对性及适用法律错误的情形。

裁判结果：
驳回南京甲公司的再审申请。

一百六十二、

"先定后招"的招标备案合同无效

——江苏甲建与某隆公司建设工程施工合同纠纷案

【裁判要旨】

当事人就同一建设工程另行订立的建设工程施工合同与经过备案的招标合同实质性内容不一致的,应当以备案的招标合同作为结算工程价款的依据,其适用前提应为备案的中标合同合法有效,无效的备案合同并非当然具有比其他无效合同更优先参照适用的效力。

【法院及案号】

一审:河北省高级人民法院,〔2013〕冀民一初字第17号。
二审:最高人民法院,〔2017〕最高法民终175号。

【当事人】

一审原告、反诉被告、二审上诉人:江苏甲建。
一审被告、反诉原告、二审被上诉人:某隆公司。

【案情介绍】

某隆公司与江苏甲建在签订施工合同之前,某隆公司与江苏甲建签订了《金色和园基坑支护合同》,将金色和园项目基坑支护工程委托江苏甲建施工。合同上未载明签约时间。2009年9月28日,江苏甲建、某隆公司、设计单位及监理单位对案涉工程结构和电气施工图纸进行了四方会审。在履行招标投标程序之前,江苏甲建已经完成了案涉工程部分楼栋的定位测量等施工内容。

2009年12月1日,经履行招标投标程序,某隆公司确定江苏甲建为其工程项目的中标人,并向江苏甲建发出《中标通知书》,某隆公司招标文件载明合同价款采用固定总价方式。2009年12月8日,双方当事人签订《备案合同》,约定由江苏甲建承包某隆公司的项目工程,约定了建筑面积、合同价款承包范围、开工日期、竣工日期、工期总天数等事项。2009年12月28日,双方当事人签订《补充协议》,约定该补充协议是对工程施工合同的有关补充条款进行的明确，作为主合同附件，与主合同具有同等法律效力。该协议约定了合同开竣工日期、结算方式、工程款支付、违约责任等内容。2011年11月30日，江苏甲建所承建的工程全部竣工验收合格。2012年8月底，江苏甲建向某隆公司上报了完整的结算报告，某隆公司已签收。

双方当事人均认可在施工过程中，除基坑支护部分工程款外，某隆公司已向江苏甲建支付工程款124939155元；基坑支护部分工程款数额为700963.84元，已全部付清，但因基坑支护工程为单独合同，并不在本案造价审计范围内，因此该700963.84元亦不计入本案已付款中。

在审理过程中，一审法院委托鉴定机构按照双方主张分别以两份合同为依据进行审计。某诚祥公司最终审计结果为：按照备案合同即固定总价合同，鉴定工程总造价为117323856.47元；按照补充协议即可调价合同，鉴定工程总造价为150465810.58元。该鉴定结论经过双方当事人多次质询、修正，符合法律规定，可以作为认定事实的依据。

2011年7月20日，江苏甲建向某隆公司及案涉工程监理单位唐山某方工程建设监理有限公司发出工程联系单，主要内容为请求某隆公司及监理单位确认因某隆公司原因导致工程窝工81天，应给予顺延工期81天及合理补偿。监理单位卢某芳签认"情况属实，请甲方与施工单位协商合理解决"，并盖有监理部印章。

【一审情况】

争议焦点：

一、某隆公司欠付工程款数额和利息应如何计算。

二、江苏甲建主张的停工窝工损失应如何处理。

三、某隆公司提出的反诉请求是否成立。

法院观点：

一、关于某隆公司欠付工程款及利息的数额应如何计算问题。一审法院认为，首先，双方当事人先后签订的两份施工合同均无效：双方2009年12月8日签订的《备案合同》虽系经过招标投标程序签订，并在建设行政主管部门进行备案，但在履行招标投标程序确定江苏甲建为施工单位之前，江苏甲建、某隆公司、设计单位及监理单位已经对案涉工程结构和电气施工图纸进行了四方会审，且江苏甲建已完成部分楼栋的定位测量等施工内容，即存在未招先定等违反《中华人民共和国招标投标法》（以下简称《招标投标法》）禁止性规定的行为，因此该备案合同应认定为无效。而双方2009年12月28日签订的《补充协议》系未通过招标投标程序签订，且对备案合同中约定的工程价款进行了实质性变更，属于法律所规定的黑合同，依法也应认定为无效。其次，本案中的两份施工合同签署时间仅间隔二十天，从时间上无法判断实际履行的是哪份合同，双方当事人对于实际履行哪份合同也无明确约定，因此综合考虑本案情况，可按照简称《中华人民共和国合同法》（以下简称《合同法》）第五十八条的规定，由各方当事人按过错程度分担因合同无效所造成的损失。本案中该损失即为两份合同之间的差价33141954.11元。某隆公司作为发包人对于未依法招标投标应负有主要责任，江苏甲建也具有过错，综合分析本案情况以按6：4分担损失较为恰当，因此总工程款数额应认定为137209028.94元（117323856.47元+33141954.11元×60%）。按此扣减已付工程款124939155元后，尚欠工程款12269873.94元。至于利息问题，某隆公司在施工过程中并无拖欠工程进度款情形，故欠付工程款利息以自江苏甲建起诉之日起算为宜，按中国人民银行同期同类贷款利率计息。

二、关于江苏甲建主张的停窝工损失问题。一审法院认为，在2011年7月20日的工程联系单中监理单位已经签章确认确实存在因某隆公司原因导致江苏甲建窝工81天的事实，但签证单中并未确定损失数额，也没有涉及停工损失的计算方法。江苏甲建虽就该损失数额也申请进行鉴定，但因其提供的停窝工损失证据相当一部分是其自己记载，某隆公司对此不予认可，一审法院对上述证据的客观真实性难以确定，以此为依据得出的鉴定结论能否采信也存疑，故未对此委托鉴定。鉴于此前双方在施工过程中也曾发生过8天停窝工，双方协商的补偿数额为7万元，基本可以反映出停窝工给江苏甲建造成的损失程度，在此基础之上，可以酌定该81天停窝工损失为70万元。

三、关于某隆公司反诉的楼梯间保温质量问题。一审法院认为，经过鉴定后，由于江苏甲建的原因导致楼梯间保温质量的问题，故某隆公司要求江苏甲建对存在质量问题部分进行整改的诉请符合《合同法》第二百八十一条之规定，应予支持，本案中对该部分工程款1972553.25元暂不处理，待江苏甲建整改合格之后双方另行结算，故本案中欠付工程款数额暂认定为10297320.69元。至于某隆公司反诉主张的因其他工程质量问题造成的损失，未能提供证据证明其主张，因此对其该项主张不予支持。关于某隆公司主张因江苏甲建迟延交付施工资料致其损失问题，一审法院认为，支付工程款是发包人的主要合同义务，在某隆公司未足额支付工程款的情况下，江苏甲建行使抗辩权符合《合同法》第六十七条规定，不构成违约，故对于某隆公司的该项反诉请求不予支持。但提交竣工验收资料是施工单位的法定义务，故对某隆公司的该项诉请予以支持。至于某隆公司提出的超付工程款利息问题，本案并不存在超付工程款情形，因此也不发生利息损失问题，故对该项反诉请求亦不予支持。

裁判结果：

一、某隆公司于判决生效之日起十五日内给付江苏甲建欠付的工程款10297320.69元，并自2013年10月9日起按照中国人民银行同期同类贷款利率支付利息至付清之日止。

二、某隆公司于判决生效之日起十五日内给付江苏甲建停工窝工损失70万元。

三、江苏甲建于判决生效之日起十五日内向某隆公司交付全部施工资料。

四、驳回江苏甲建其他诉讼请求。

五、驳回某隆公司其他反诉请求。

【二审情况】

争议焦点：

一、原判认定某隆公司支付江苏甲建工程欠款数额及利息是否正确。

二、原判某隆公司支付江苏甲建停窝工损失是否正确。

法院认为：

一、原判认定某隆公司支付江苏甲建工程欠款数额及利息是否正确。本院认为，第一，《招标投标法》《建设工程项目招标范围和规模标准规定》明确规定应当进行招标的范围，案涉工程建设属于必须进行招标的项目，当事人双方2009年12月8日签订的《备案合同》虽系经过招标投标程序签订，并在建设行政主管部门进行备案，但在履行招标投标程序确定江苏甲建为施工单位之前，一审法院认定案涉工程招标存在未招先定等违反《招标投标法》禁止性规定的行为，《备案合同》无效并无不当。

第二，当事人双方2009年12月28日签订的《补充协议》系未通过招标投标程序签订，且对备案合同中约定的工程价款等实质性内容进行变更，一审法院根据《建设工程施工合同司法解释》第二十一条规定，认为《补充协议》属于另行订立的与经过备案中标合同实质性内容不一致的无效合同并无不当。

第三，《建设工程施工合同司法解释》第二条规定，建设工程施工合同无效，但建设工程经竣工验收合格，承包人请求参照合同约定支付工程价款的，应予支持。《建设工程施工合同司法解释》第二十一条规定，当事人就同一建设工程另行订立的建设工程施工合同与经过备案的中标合同实质性内容不一致的，应当以备案的中标合同作为结算工程价款的根据。就本案而言，虽经过招标投标程序并在建设行政主管部门备案的《备案合同》因违反法律、行政法规的强制性规定而无效，并不存在适用《建设工程施工合同司法解释》第二十一条规定的前提，也并不存在较因规避招标投标制度、违反备案中标合同实质性内容的《补充协议》具有优先适用效力。

《合同法》第五十八条规定，合同无效或者被撤销后，因该合同取得的财产，应当予以返还；不能返还或者没有必要的，应当折价补偿。有过错的一方应当赔偿对方因此所受到的损失，双方都有过错的，应当各自承担相应的责任。本案当事人主张根据《建设工程施工合同司法解释》第二条规定参照合同约定支付工程价款，案涉《备案合同》与《补充协议》分别约定不同结算方式，应首先确定当事人真实合意并实际履行的合同。

本案中，当事人提交的证据难以证明其主张所依据的事实，一审判决认为当事人对于实际履行合同并无明确约定，两份合同内容比如甲方分包、材料认质认价在合同履行过程中均有所体现，无法判断实际履行合同并无不当。

在无法确定双方当事人真实合意并实际履行的合同时，应当结合缔约过错等因素，根据《合同法》第五十八条规定由各方当事人按过错程度分担因合同无效造成的损失。一审法院认定本案中无法确定真实合意履行的两份合同之间的差价作为损失，基于某隆公司作为依法组织进行招标投标的发包方，江苏甲建作为施工单位的也要过错，结合本案工程竣工验收合格的事实，由某隆公司与江苏甲建按6∶4比例分担损失并无不当。江苏甲建上诉主张应依《补充协议》结算工程价款，事实依据和法律依据不足，本院不予支持。关于案涉工程价款利息，江苏甲建上诉主张应自2012年1月30日起按照中国人民银行同期贷款利率支付工程款利息。本院认为，从工程竣工验收合格交付计付工程价款利息符合当事人利益平衡。江苏甲建公司主张从2012年1月30日起按照中国人民银行同期贷款利率支付工程款利息，本院予以支持。

二、原判某隆公司支付江苏甲建停窝工损失是否正确。江苏甲建上诉主张应根据其实际发生的人工费、机械台班费损失支付窝工损失。本院认为，案涉工程2011年7月20日的工程联系单中，监理单位已经签章确认确实存在因某隆公司原因导致江苏甲建窝工81天的事实，但签证单中并未确定损失数额，也没有涉及停工损失的计算方法。江苏甲建提供的停窝工损失证据相当一部分是其自己记载、单方提供的工人数量、名单、工资数额、现场机械数量等，某隆公司对此不予认可，一审法院鉴于此前双方在施工过程中也曾发生过8天停窝工，双方协商的补偿数额为7万元，基本可以反映出停窝工给江苏甲建造成的损失程度，酌定81天停窝工损失为70万元并无明显不当。

裁判结果：

一、维持河北省高级人民法院〔2013〕冀民一初字第17号民事判决第二项、第三项、第五项。

二、撤销河北省高级人民法院〔2013〕冀民一初字第17号民事判决第四项。

三、变更河北省高级人民法院〔2013〕冀民一初字第17号民事判决第一项为：某隆公司于本判决生效之日起十五日内给付江苏甲建欠付的工程款10297320.69元，并自2012年1月30日起按照中国人民银行同期同类贷款利率支付利息至付清之日止。

四、驳回江苏甲建的其他诉讼请求。

一百六十三、

联合体成员对承包合同的履行承担连带责任

——深圳市某飞实验室与沈阳市市场监管事务服务与行政执法中心检验合同纠纷案

【裁判要旨】

《中华人民共和国建筑法》第二十七条第一款规定:"大型建筑工程或者结构复杂的建筑工程,可以由两个以上的承包单位联合共同承包。共同承包的各方对承包合同的履行承担连带责任。"该条中已明确规定"共同承包的各方对承包合同的履行承担连带责任",因此,在规范的联合体承包模式下,如因承包合同产生纠纷,联合体各方应当共同作为原告或被告。

【法院及案号】

一审:沈阳市沈北新区人民法院,〔2019〕辽0113民初887号。
二审:辽宁省沈阳市中级人民法院,〔2019〕辽01民终8456号。

【当事人】

一审原告、二审上诉人:深圳市某飞实验室。
一审被告、二审被上诉人:沈阳市市场监管事务服务与行政执法中心。

【案情介绍】

原告与辽宁某宇建设(集团)有限公司组成联合体,2015年11月13日,联合体中标发包方为被告,工程名称为"沈阳市食品药品检验所新建工程"的项目。原告作为联合体的牵头人与联合体成员辽宁某宇建设(集团)有限公司及被告签订了合同协议书,三方均签字盖章。后因工程款及利息支付产生纠纷,深圳市某飞实验室作为原告,单独向被告主张权利,要求被告支付工程款及利息。

【一审情况】

争议焦点：

原告是否主体适格。

法院观点：

现深圳市某飞实验室单独向被告主张权利，要求被告支付工程款及利息，深圳市某飞实验室主体不适格，裁定驳回深圳市某飞实验室的起诉。

裁判结果：

驳回原告深圳市某飞实验室的起诉。

【二审情况】

争议焦点：

深圳市某飞实验室是否有诉讼主体资格。

法院认为：

本院认为，我国《中华人民共和国建筑法》第二十七条第一款规定："大型建筑工程或者结构复杂的建筑工程，可以由两个以上的承包单位联合共同承包。共同承包的各方对承包合同的履行承担连带责任。"该条中已明确规定"共同承包的各方对承包合同的履行承担连带责任"，因此，在规范的联合体承包模式下，如因承包合同产生纠纷，联合体各方应当共同作为原告或被告。依照《最高人民法院关于适用〈中华人民共和国民事诉讼法〉的解释》第七十三条规定"必须共同进行诉讼的当事人没有参加诉讼的，人民法院应当依照民事诉讼法第一百三十二条的规定，通知其参加；当事人也可以向人民法院申请追加"，故本案应撤销原裁定，指令原审法院审理本案，追加辽宁某宇建设（集团）有限公司为本案的当事人。

裁判结果：

一、撤销沈阳市沈北新区人民法院〔2019〕辽0113民初887号民事裁定。

二、本案指令沈阳市沈北新区人民法院审理。

一百六十四、

不同投标人的投标代表均为同一人办理投标事宜的,构成串通投标

——南通乙建与甲顺公司建设工程施工合同纠纷案

【裁判要旨】

关于01、03幢合同,由于01幢属于经济适用房,系必须强制招标投标的项目,在招标投标程序中,南通乙建工作人员邹某举、陈某锦分别以通州某建总集团有限公司、江苏盐城某建集团有限公司的名义向甲顺公司投送招标文件,其二人分别为上述两家单位的开标联系人,而01、03幢招标投标过程中两家投标单位全部是南通乙建一家在操作,故南通乙建与甲顺公司的行为构成串通投标的,双方合同均无效,应当以实际履行的合同作为结算工程价款的依据。而本案中实际履行的合同无法判断,可以根据两份争议合同之间的差价,结合工程质量、当事人过错、诚实信用原则等予以合理分配。因此,本案对于01、03幢工程2010年5月26日合同与2010年12月28日合同的差价,按照5:5的比例进行分担更为公平。

【法院及案号】

一审:江苏省南京市中级人民法院,〔2013〕宁民初字第24号。
二审:江苏省高级人民法院,〔2018〕苏民终23号。

【当事人】

一审原告、二审被上诉人、再审被申请人:南通乙建。
一审被告、二审上诉人、再审申请人:甲顺公司。

【案情介绍】

2009年5月8日,南通乙建与甲顺公司签订05幢《建设工程施工合同》(已备案)约定,工程名称为中山北路645号项目05幢,工程地点位于中山北路645号,工程内容为建筑土建及水电安装,建筑面积18500m²。合同工期总日历天数730天。工程质量标准应符合国家建筑工程施工质量验收统一标准。合同价款为1856.22万元。双方

还约定了合同订立时间等内容。

2009年5月18日，南通乙建与甲顺公司签订《中山北路645号住宅05幢工程施工合同》（未备案），2010年5月26日，南通乙建与甲顺公司就01、03幢签订《建设工程施工合同》（已备案）、2010年12月28日，南通乙建与甲顺公司就01、03幢签订《建设工程施工合同》（未备案）、2009年4月29日，双方就05幢住宅楼工程签订《补充协议》载明，南通乙建认可甲顺公司制订的05幢住宅楼施工合同的各项条款，并按合同内容执行。南通乙建在投标总价22894523.25元作为双方清标后确定的最终造价，南通乙建让利幅度为扣除甲供材后9.5%，让利后投标总价即作为项目的结算造价，不作任何调整。2011年11月10日，甲顺公司用强制手段拆除了南通乙建工地的12间办公用房和施工设施，强行将南通乙建清出工地现场，现上述工程，甲顺公司已全部实际使用，但应付的工程款至今未付，南通乙建向法院提起诉讼。

另查明，关于01、03栋合同串通招标投标问题。甲顺公司称南通乙建在01、03幢合同中存在恶意串标行为，甲顺公司提交开标记录、公证书、评审意见、收据一套，证明01、03幢招标投标过程中三家投标单位全部是南通乙建一家在操作，串通投标。投标记录上，南通乙建投标人黄某青，通州某建总集团有限公司的投标人邹某举也是南通乙建的工作人员，江苏盐城某建集团有限公司的投标人陈某锦也是南通乙建的工作人员，三家单位投标保证金均是南通乙建一家交纳并退回。按照招标投标法规定，符合串通投标的情形。南通乙建称，邹某举不是我单位正式员工，开标时是我方临时聘用来参与05幢工程的施工。邹某举、陈某锦系在我方中标后，组建项目部聘请相关专业人员参与施工的，但只是与项目部建立劳动关系，没有和南通乙建形成正式劳动关系，南通乙建不为对方交纳社保。

【一审情况】

争议焦点：

一、关于应以哪份合同作为双方结算工程价款的依据的问题。

二、关于甲顺公司已付款数额，垫付的劳动保险费及升降机租金应否在工程款中扣除的问题。

三、关于甲顺公司垫付的甲供材数额，垫付的水电费应否在工程款中扣除的问题。

四、关于甲顺公司欠付南通乙建工程款数额及应否承担逾期付款利息的问题。

法院观点：

一、关于应以哪份合同作为双方结算工程价款的依据的问题。一审法院认为，由于01、03幢的两份合同中约定的工程名称、地点、内容等一致，但工程价款、工程期限不同，双方于2010年5月26日就01、03幢虽经招标程序签订了《建设工程施工合同》，但因南通乙建以其员工邹某举、陈某锦分别以通州某建总集团有限公司、江苏盐城某建集团有限公司的名义向甲顺公司投送了投标文件，并分别作为通州某建总集团有限公司、江苏盐城某建集团有限公司的开标联系人。双方对此均是明知的，故根据《中华人民共和国招标投标法》的相关规定，双方的行为系违反招标投标法的行为，双方签订的《建设工程施工合同》应为无效。据此，应将符合双方当事人的真实意思，并在施工中具体履行的那份合同，作为工程价款的结算依据。2010年12月28日，南通乙建与甲顺公司就01、03幢签订了《建设工程施工合同》，虽未经相关部门备案，但系双方当事人真实意思表示，双方已经实际履行，故应当作为双方工程价款结算的依据。关于05幢两份合同应以哪份合同作为结算依据问题。一审法院认为，根据《最高人民法院关于审理建设工程施工合同纠纷案件适用法律问题的解释》第二十一条规定，当事人就同一建设工程另行订立的建设工程施工合同与经过备案的中标合同实质性内容不一致的，应当以备案的中标合同作为结算工程价款的根据。本案中，南通乙建与甲顺公司于2009年5月8日签订05幢已备案的《建设工程施工合同》，之后于2009年5月18日又签订未备案的《中山北路645号住宅05幢工程施工合同》，前后两份合同虽约定的工程名称、地点等一致，但工程价款不一，双方于2009年5月18日又签订未备案的《中山北路645号住宅05幢工程施工合同》的行为系违反招标投标行为，故应以双方于2009年5月8日签订05幢已备案的《建设工程施工合同》作为双方结算工程价款的依据。

二、关于甲顺公司已付款数额，垫付的劳动保险费及升降机租金应否在工程款中扣除问题。一审法院认为，因甲顺公司提供了南通乙建与案外人南京某雨建筑设备租赁有限公司于2010年9月27日签订的《机械设备租赁合同》、南通乙建向甲顺公司申请支付该设备租金的书面《申请》及甲顺公司已经垫付的升降机租金汇款凭证等证据，故南通乙建理当向甲顺公司支付该费用，故垫付的升降机租金116987.06元应在工程款中扣除。

关于甲顺公司垫付的甲供材数额，垫付的水电费应否在工程款中扣除问题。一审法院认为，南通乙建作为用水施工单位，理当支付该费用，故该142120.84元水费应在应付工程款中扣除。

关于甲顺公司欠付南通乙建工程款数额及应否承担逾期付款利息问题。甲顺公司应向南通乙建支付的到期工程款为：5804361.3264元。关于逾期付款利息问题。一审法院认为，因甲顺公司支付给南通乙建的工程款及垫付的甲供材、水电费等已超过05幢工程款数额，故甲顺公司不应再向南通乙建公司支付05幢工程款逾期付款利息。关于01、03幢工程款逾期利息问题。一审法院认为，甲顺公司应以5143426.011元为基数，自2013年7月12日起至2014年6月17日止，按照中国人民银行同期同类贷款利率计算利息。自2014年6月18日起质保期满一年，甲顺公司应向南通乙建支付01、03幢工程款的3%质保金，故甲顺公司应向南通乙建支付自2014年6月18日起算至实际给付之日止，应以5804361.3264元为基数，按照中国人民银行同期同类贷款利率计算利息。

裁判结果：

一、甲顺公司于判决生效之日起十日内向支付南通乙建工程款：5804361.3264元，并支付逾期利息（以5143426.011元为基数，自2013年7月12日起至2014年6月17日止，以5804361.3264元为基数，自2014年6月18日起算至实际给付之日止，均按照中国人民银行同期同类贷款利率计算利息）。

二、驳回南通乙建的其他诉讼请求。

【二审情况】

争议焦点：

一、关于应当以哪份合同作为结算本案工程价款的依据的问题。

二、关于本案工程款如何确定的问题。

三、关于已付款、垫付款和甲顺公司供材金额如何认定的问题。

四、关于质保金应否全部返还、工程款利息的数额如何确定的问题。

法院认为：

一、关于应当以哪份合同作为结算本案工程价款的依据的问题。根据《最高人民法院关于审理建设工程施工合同纠纷案件适用法律问题的解释》第二十一条的规定，当事人就同一建设工程另行订立的建设工程施工合同与经过备案的中标合同实质性内容不一致的，应当以备案的中标合同作为结算工程价款的根据。故应以2009年5月8日签订05幢已备案合同作为双方结算工程价款的依据。关于01、03幢合同，由于01幢属于经济适用房，系必须强制招标投标的项目，在招标投标程序中，南通乙建工作人员邹某举、陈某锦分别以通州某建总集团有限公司、江苏盐城某建集团有限公司的名义向甲顺公司投送招标文件，其二人分别为上述两家单位的开标联系人。故南通乙建与甲顺公司的行为符合《中华人民共和国招标投标法》第三十二条关于串通投标的界定，双方当事人签订的2010年5月26日的合同和2010年12月28日的合同均无效，此时应当以实际履行的合同作为结算工程价款的依据。实际履行的合同无法判断时，可以根据两份争议合同之间的差价，结合工程质量、当事人过错、诚实信用原则等予以合理分配。本案中2010年12月28日的合同系在开工后较长一段时间后签订，无法确认在后的此份合同为实际履行的合同。因此，本案对于01、03幢工程2010年5月26日合同与2010年12月28日合同的差价，按照5:5的比例进行分担更为公平。一审法院以2010年12月28日的合同作为01、03幢工程款的结算依据不符合双方实际履行的真实情况，也不公平，本院予以纠正。

二、关于第二个争议焦点，本案工程款数额问题。一审法院根据当事人的申请，依法委托江苏某达建设投资管理有限公司就涉案工程价款进行鉴定。鉴于南通乙建施工的涉案工程并未完工，其所提交的决算资料亦将未施工的项目予以扣除，鉴定机构依据双方签订的四份施工合同，结合原告提供的决算资料、竣工图等材料，核定无争议项目、增减争议项目款项的方式对已完工工程造价分别出具了四份鉴定报告书，并未超出合同约定的鉴定范围，鉴定程序合法，鉴定结论可以作为法院认定工程款的参考，南通乙建对此上诉理由不能成立。

三、关于第三个争议焦点，已付款、垫付款和甲供材数额问题。甲顺公司就涉案工程欠付南通乙建工程款数额为：05幢的工程款22342648.71元+01、03幢的工程款24976627.18元－已付款、垫付款21875642.51元－甲供材16253198.51元=9190434.87元。

四、关于第四个争议焦点，质保金返还及逾期付款利息问题。关于质保金的返还问题。根据双方合同约定，涉案工程05幢的质保金和01、03幢的质保金截至本案二审裁判之日均已到期，甲顺公司应全部返还给南通乙建，不再在工程款中扣除，本院对此予以改判。故甲顺公司应向南通乙建支付的逾期付款利息为：以7941603.51元（欠付工程款9190434.87元－01、03幢质保金1248831.36元）为基数，自2013年7月12日起至2014年6月17日止的利息；以8690902.33元（欠付工程款9190434.87元－01、03幢2%质保金499532.54元）为基数，自2014年6月18日起至2018年6月17日止的利息；以9190434.87元为基数，自2018年6月18日起至实际给付之日止的利息，以上利息均按照中国人民银行同期同类贷款利率计算。

裁判结果：

一、撤销江苏省南京市中级人民法院〔2013〕宁民初字第24号民事判决第一项。

二、改判甲顺公司于判决生效之日起十日内向南通乙建支付工程款9190434.87元及逾期付款利息（以7941603.51元为基数，自2013年7月12日起至2014年6月17日止的利息；以8690902.33元为基数，自2014年6月18日起至2018年6月17日止的利息；以9190434.87元为基数，自2018年6月18日起至实际给付之日止的利息，均按照中国人民银行同期同类贷款利率计算）。

三、维持江苏省南京市中级人民法院〔2013〕宁民初字第24号民事判决第二项。

【再审情况】

争议焦点：

关于涉案01、03幢实际履行以哪份合同为由，判决按照5:5的比例分担两份合同差价的结论是否正确的问题。

法院认为：

二审法院以涉案工程01幢系经济适用房属于强制招标投标的项目、南通乙建和甲顺公司之间存在串标为由，认定南通乙建和甲顺公司在2010年5月26日签订的备案合同和在2010年12月28日签订的合同均无效，有事实和法律依据。《最高人民法院关于审理建设工程施工合同纠纷案件适用法律问题的解释》第二条规定，建设工程施工合同无效，但建设工程经竣工验收合格，承包人请求参照合同约定支付工程价款的，应予支持。南通乙建和甲顺公司在2010年5月26日签订的备案合同和在2010年

12月28日签订的合同均无效的前提下,应当参照双方实际履行的合同结算工程价款。二审法院认为南通乙建和甲顺公司签订的两份合同间隔时间较长,无法确认实际履行的是哪份合同,根据两份合同之间的差价,结合工程质量、当事人过错等实际情况,以2010年12月28日签订的合同为基础,将两份合同之间的差价按5∶5的比例进行分担,最终确定01、03幢的工程造价,处理并无不当。

裁判结果:

驳回甲顺公司的再审申请。

一百六十五、

必须招标项目，第二次招标是在第一次招标基础上分拆进行招标的，第二次招标不属于"重新招标"

——南通丙建与甲科公司建设工程合同纠纷案

【裁判要旨】

根据招标投标法，只有在中标后，招标人和投标人才能有实质性接触。如在中标之前，双方就已经实际建立施工合同法律关系，建设工程必须进行招标而未招标的，违反了法律的强制性规定，建设施工合同无效。

对于项目工程整体进行招标后，再将项目工程按照独立建筑物拆分后再行招标，两次招标的范围并不一致，第二次招标不能认定为法律法规所规范的"重新招标"。

【法院及案号】

一审：陕西省咸阳市中级人民法院，〔2018〕陕04民初141号。

二审：陕西省高级人民法院，〔2021〕陕民终66号。

【当事人】

一审原告、反诉被告、二审被上诉人：南通丙建。

一审被告、反诉原告、二审上诉人：甲科公司。

【案情介绍】

一审查明，2011年9月21日，杨凌博学嘉苑3号、4号楼工程竞争性谈判会议在城投公司召开，经谈判领导小组及评标专家研究决定，南通丙建最终以3号楼19913807.50元，4号楼20192824.71元的价格作为项目中标人。2011年11月3日，杨凌博学嘉苑1号、2号、6号、7号、8号、10号、12号楼工程竞争性谈判会议在城投公司召开，经谈判领导小组及评标专家评议，同意南通丙建最终报价为6号（10号）楼总价21114773.83元（单栋），7号（11号）楼总价24043719.41元（单栋），8号（12号）楼总价22194744.41元（单栋），1号楼总价26105062元，2号楼总价25123044元。2011年12月8日，南通丙建中标杨凌示范区博学嘉苑1号、2号、3号、4号、6

号、7号、8号、10号、12号楼工程。2011年9月15日，南通丙建与甲科公司签订杨凌示范区博学嘉苑3号、4号楼《BT融资建设合同》。2011年11月10日，南通丙建与甲科公司签订杨凌示范区博学嘉苑1号、2号、6号、7号、8号、10号、12号楼《BT融资建设合同》。合同主要内容如下：南通丙建与甲科公司合作杨凌博学嘉苑小区上述九栋楼工程的投资、建设、移交和收购；甲科公司按照合同全面收购本项目，并按本合同约定期限支付本项目回购金；南通丙建按照本合同的要求投资建设本项目；本项目结算价款=合同价±调整价款，本工程措施项目费一次性包死，不做任何调整，保险费按实际参保项目办理结算；设计图纸及清单中工程量约定范围内的量价一次包死，即中标价包死，结算时不做调整；设计图纸及工程量清单范围外设计变更及各类签证按实调整；本工程质量保修金为施工合同价款的5%，甲科公司在竣工验收合格次日起两年后，30天内将剩余保修金返还南通丙建；甲科公司以最终审核（计）后的工程决算价款收购南建丙建投资并建设的本项目设计文件所包含的全部工程内容；合同工期为515日历天，开工日期以开工报告为准。九栋楼的中标总价共计201997494.1元。甲科公司已支付南通丙建工程款176071857.43元（176165537.66元-93680.23元）。南通丙建未对桩基工程进行施工、存在甩项工程、变更签证核减等共计6549938.02元。2014年，南通丙建先后给甲科公司出具承诺书及承诺申请书，称由于资金周转困难，外欠人工费、材料费较多，造成项目进度缓慢、工期拖延，请求甲科公司支付部分工程款。

二审另查明，甲科公司于2011年4月7日在《三秦都市报》就案涉项目对外发布《杨凌博学嘉苑小区一期工程招标公告》；甲科公司于2011年7月4日和5日在《三秦都市报》就案涉项目3号、4号楼对外发布招标公告；甲科公司于2011年9月7日在《三秦都市报》就案涉项目5号、6号、8号、9号、12号、13号、16号、17号楼对外发布招标公告；甲科公司于2011年9月23日在《三秦都市报》就案涉项目1号、2号楼对外发布招标公告。2021年1月18日，甲科公司向杨凌示范区住房和城乡建设局缴纳案涉项目劳保费用6646884元。

【一审情况】

争议焦点：

一、双方签订的九份《BT融资建设合同》是否有效。

二、甲科公司欠付南通丙建工程款金额及付款条件是否成就。

三、南通丙建是否存在延期交工的违约行为及应否支付甲科公司违约金。

法院观点：

一、关于双方签订的九份《BT融资建设合同》效力问题。一审法院认为，《中华人民共和国招标投标法》第三条规定："在中华人民共和国境内进行下列工程建设项目包括项目的勘察、设计、施工、监理以及与工程建设有关的重要设备、材料等的采购,必须进行招标:(一)大型基础设施、公用事业等关系社会公共利益、公众安全的项目;(二)全部或者部分使用国有资金投资或者国家融资的项目;……"。涉案工程系商品住宅,且使用的是国有资金融资建设,属于必须进行招标的工程。依据《最高人民法院关于审理建设工程施工合同纠纷案件适用法律问题的解释》第一条规定,建设工程必须进行招标而未招标的,应认定合同无效。涉案工程采取竞争性谈判的方式确定南通丙建为工程的施工方,未进行招标,且在南通丙建中标之前,双方已签订合同,由南通丙建开始施工,因此,双方签订的九份《BT融资建设合同》违反了法律的效力性强制性规定,为无效合同。

二、关于欠款金额及付款条件是否成就问题。一审法院认为,关于欠款的金额问题。双方合同约定,中标价为包死价,结算时不做调整,九份合同的中标总价为201997494.10元,扣除甲科公司已付款176071857.43元及南通丙建未施工部分、变更签证核减等共计6549938.02元,欠款金额为19375698.65元。甲科公司认为还应扣除劳保统筹费6668019.013元,因其并未向有关部门缴纳该项费用,故其该项答辩理由不能成立。《最高人民法院关于审理建设工程施工合同纠纷案件适用法律问题的解释》第二条规定:"建设工程施工合同无效,但建设工程经竣工验收合格,承包人请求参照合同约定支付工程价款的,应予支持"。涉案工程已进行竣工验收,涉案工程的付款条件已经成就,甲科公司应当予以支付。

三、关于利息问题。南通丙建请求甲科公司从2016年7月7日起支付利息,依据《最高人民法院关于审理建设工程施工合同纠纷案件适用法律问题的解释》第十七条、第十八条的规定,南通丙建请求从最后一栋楼竣工验收合格之日起支付利息,依法应予支持。按照双方约定,工程质量保修金为施工合同价款的5%即9772377.80元[(201997494.1元-6549938.02元)×5%],甲科公司在竣工验收合格次日起两年后,30天内将剩余保修金返还南通丙建,因此,工程质量保修金的利息应从2018年8月6日起算。关于南通丙建是否存在延期交工的违约行为及应否支付甲科公司违约金问题。双方之间的合同无效,合同约定的违约金条款无效。

裁判结果:

一、南通丙建与甲科公司签订的九份《BT融资建设合同》为无效合同。

二、甲科公司于本判决生效之日起十日内支付南通丙建19375698.65元及利息(利息以19375698.65元-9772377.80元=9603320.85元为基数,自2016年7月7日计算至2018年8月5日按照中国人民银行同期同类贷款利率计算。利息以19375698.65元为基数,自2018年8月6日起计算至2019年8月19日按照中国人民银行同期同类贷款利率计算,自2019年8月20日起至判决生效之日止按照同期全国银行间同业拆借中心公布的贷款市场报价利率计算。)

三、驳回南通丙建的其他诉讼请求。

四、驳回甲科公司的反诉请求。

【二审情况】

争议焦点：

一、关于案涉合同的效力问题。

二、甲科公司对南通丙建应承担的责任问题。

法院认为：

一、关于案涉合同的效力和南通丙建对甲科公司应承担的责任问题。

首先，甲科公司上诉主张其采用竞争性谈判方式确定中标人符合法律规定，双方合同应属有效。首先，根据案涉合同的约定，南通丙建通过公开招标投标的方式中标案涉项目，与甲科公司签订案涉合同，负责该工程项目的施工和竣工验收，并承担全部建设资金，待项目建成后由业主回购。由此可见，南通丙建的合同义务是带资承建涉案工程，故案涉九份合同属于建设工程施工合同。案涉工程使用的是国有资金融资建设，属于必须进行招标的工程。

其次，《中华人民共和国招标投标法》第二十八条第一款规定，投标人应当在招标文件要求提交投标文件的截止时间前，将投标文件送达投标地点。招标人收到投标文件后，应当签收保存，不得开启。投标人少于三个的，招标人应当依照本法重新招标。2003年5月1日施行的《工程建设项目施工招标投标办法》第三十八条第三款规定，提交投标文件的投标人少于三个的，招标人应当依法重新招标。重新招标后投标人仍少于三个的，属于必须审批的工程建设项目，报经审批部门批准后可以不再进行招标；其他工程建设项目，招标人可自行决定不再进行招标。二审期间，甲科公司虽然补充提交其进行招标的相关证据，但一方面，甲科公司所提交的证据只能证明其先就案涉项目一期工程整体进行招标，后将案涉项目一期工程按照独立建筑物拆分后再行招标，故两次招标的范围并不一致，不能认定为前述法律法规所规范的"重新招标"。另一方面，即便认定甲科公司所主张的"重新招标"事实成立，根据《中华人民共和国招标投标法》第二十八条、第四十二条第二款，《中华人民共和国招标投标法实施条例》第十九条、第二十三条、第四十四条、第五十五条、第八十一条等规定，不仅甲科公司上诉所主张的"投标人少于三个"的情形应当重新招标，招标投标活动违反《中华人民共和国招标投标法》和《中华人民共和国招标投标法实施条例》的其他情形也应当重新招标，而甲科公司未提交其他证据证明其所主张"重新招标"的原因为"投标人少于三个"。而且，案涉工程虽然属于代建工程，但回购使用的是国有资金，根据《工程建设项目施工招标投标办法》第三十八条第三款规定，重新招标后投标人仍少于三个的，需报经审批部门批准后方可不再进行招标，而甲科公司未提交审批部门的批准或核准文件。因此甲科公司未能证明其不再招标行为符合法律规定。

据此，甲科公司关于合同有效的上诉请求不能成立，其关于违约金的上诉请求亦在合同无效的基础上不能成立。

二、甲科公司对南通丙建应承担的责任问题。

关于劳保统筹费用是否应予扣减的问题。案涉合同第3.1条第三款约定，保险费按实际参保项目办理结算。甲科公司主张案涉工程总价款中包含劳保统筹费用，南通丙建则予以否认。原建设部1996年《建筑安装工程劳动保险费用管理办法》规定建设工程应当计取劳保费，2004年和2013年施行的《建筑安装工程费用项目组成》均将社会保险费列为建设工程费用项目中的间接费用，属于建设工程成本，是行政管理部门规定必须缴纳的规费，包含在工程总造价范围内，属于工程价款的组成部分。因此，在建设工程领域，在双方未有明确约定或约定不明的情况下，社会保险费用应当属于工程造价组成部分。甲科公司二审期间补充提交了其缴纳劳保费用的证据，故其关于劳保统筹费用应予扣减的上诉理由应予支持。

劳保费用由统筹机构按工程项目统一向建设单位收取，按一定比例返还施工单位，用于施工单位缴纳在职职工养老保险等。甲科公司迟至2021年1月18日才缴纳案涉工程劳保费用，甲科公司迟延缴纳行为实际使南通丙建不能及时获取相应的返还。据此，基于公平原则，劳保费用扣减工程款所对应的利息不应向前追溯。因此，本案甲科公司欠付的工程款应为12728814.65元（一审认定的19375698.65元－劳保费用6646884元），甲科公司应当支付工程款12728814.65元并支付以9603320.85元为基数，2016年7月7日至2018年8月5日按照中国人民银行同期同类贷款利率计算的利息；以19375698.65元为基数，2018年8月6日至2019年8月19日按照中国人民银行同期同类贷款利率计算的利息，2019年8月20日至2021年1月17日按照同期全国银行间同业拆借中心公布的贷款市场报价利率计算的利息；以12728814.65元为基数，2021年1月18日至判决生效日按照同期全国银行间同业拆借中心公布的贷款市场报价利率计算的利息。

关于甲科公司主张案涉工程价款应扣除南通丙建未施工、甩项工程、未缴纳费用、未支付费用3796080.23元和维修费用324905.74元的问题。因超出一审审理范围，且南通丙建不同意本院在二审中就此进行审理，故本院不予论处。

裁判结果：

一、维持咸阳市中级人民法院〔2018〕陕04民初141号第一项、第四项。

二、撤销咸阳市中级人民法院〔2018〕陕04民初141号第三项。

三、变更咸阳市中级人民法院〔2018〕陕04民初141号第二项为：甲科公司于本判决生效之日起十日内支付江苏南通丙建12728814.65元，并支付以9603320.85元为基数2016年7月7日至2018年8月5日按照中国人民银行同期同类贷款利率计算的利息；支付以19375698.65元为基数2018年8月6日至2019年8月19日按照中国人民银行同期同类贷款利率计算的利息，2019年8月20日至2021年1月17日按照同期全国银行间同业拆借中心公布的贷款市场报价利率计算的利息；支付以12728814.65元为基数，2021年1月18日至判决生效日按照同期全国银行间同业拆借中心公布的贷款市场报价利率计算的利息。

四、驳回南通丙建的其他诉讼请求。

一百六十六、

电子投标文件中投标报价清单的加密锁序列信息相同，视为投标人相互串通投标

——某山自来水公司与某安保险公司、某冠建设公司财产保险合同纠纷案

【裁判要旨】

经某泰软件公司确认，某冠建设公司和某泰园林公司的电子投标文件中投标报价清单的加密锁序列信息相同，根据《中华人民共和国招标投标法实施条例》第四十条第一项规定，不同投标人的投标文件由同一单位或者个人编制，视为投标人相互串通投标；福建省住房和城乡建设厅发布的《关于施工招标项目电子投标文件雷同认定与处理的指导意见》第一条第二项规定，不同投标人的已标价工程量清单XML电子文档记录的计价软件加密锁序列号信息有一条及以上相同……应认定为《中华人民共和国招标投标法实施条例》第四十条第一项"不同投标人的投标文件由同一单位或者个人编制"的情形。可见，本案某冠建设公司和某泰园林公司相互串通投标，违反相关法律、法规，且属于保险条款中约定的保险人应承担损失赔偿责任的情形，故某安保险公司作为保险人应向被保险人某山自来水公司支付投标保险金。

【法院及案号】

一审：莆田市荔城区人民法院，〔2019〕闽0304民初1403号。

二审：福建省莆田市中级人民法院，〔2019〕闽03民终2186号。

【当事人】

一审原告、二审被上诉人：某山自来水公司。

一审被告、二审上诉人：某安保险公司。

一审被告：某冠建设公司。

【案情介绍】

2018年9月30日，某山自来水公司就市第三水厂建设工程（配套管网-第二标段）的项目发布《招标文件》，该《招标文件》载明：投标保证金20万元，投标保证金形

式包括保险公司出具的投标保证保险形式；投标人在本次投标中，不得以他人名义投标、串通投标，以行贿手段谋取中标或者以其他弄虚作假方式投标；投标人存在法律法规规定的其他情形的，其投标保证金将不予退还；招标代理机构为福建省某咨询公司；投标文件编制工具软件供应商为某泰软件公司。

某冠建设公司为参加涉案工程施工的招标向某安保险公司投保投标保证保险，保险期限自2018年11月7日至2019年5月6日，《某安责任建设工程投标保证保险条款》第五条第二项约定：投保人与其他投标人相互串通投标，保险人在保险金额内承担损失赔偿责任。同年11月6日，某安保险公司为某冠建设公司出具《投标保证保险（凭证）》一份，该《投标保证保险（凭证）》主要载明：某安保险公司愿意无条件地、不可撤销地就投保人某冠建设公司参加市第三水厂建设工程（配套管网-第二标段）施工的投标，向被保险人某山自来水公司提供投标保证保险，并承诺若某冠建设公司存在法律、法规规定的其他没收投标保证金的情形，某安保险公司保证无条件地给付某山自来水公司金额不超过20万元的款项。同年11月22日，某山自来水公司对涉案工程的项目进行公开招标，同日，招标代理机构福建省某咨询公司向某山自来水公司发出《关于市第三水厂工程（配套管网-第二标段）发现投标单位采用电子投标文件雷同的函》，提示经由交易平台系统自动化比对所有投标人的电子投标文件雷同特征，发现某冠建设公司和某泰园林公司的加密锁序列信息相同。同年11月27日，监管部门市水利局发出《关于请求协查确认市第三水厂建设工程（配套管网-第二标段）电子投标文件雷同情况的函》，请求市行政服务中心、某泰软件公司予以协查某冠建设公司和某泰园林公司的加密锁序列信息是否相同。经协查，某泰软件公司确认某冠建设公司和某泰园林公司的电子投标文件中投标报价清单的加密锁序列信息相同。同年11月28日，某山自来水公司告知某安保险公司将保单中的投标保证赔偿款转到其公司账上。同年11月29日，某山自来水公司告知某冠建设公司配合通知某安保险公司提供保单正本，并将保单中的投标保证赔偿款转到其公司账上。但是，某安保险公司、某冠建设公司均未支付投标保证赔偿款，致诉讼。

二审中，各方均未向本院提交新的证据。对一审查明的事实，某安保险公司及某泰园林公司主张原审法院遗漏查明："2018年12月4日，某安保险公司向某山自来水公司对告知函进行回复，告知某山自来水公司并未符合向其支付投标保证金的条件，并告知指导意见于2018年10月实施，不适用于本案"，对其他部分没有异议；某山自来水公司均无异议。对各方当事人均无异议的部分，本院予以确认。对某安保险公司及某泰园林公司有异议的部分，本院经审查认为，上述主张确有莆壶水〔2018〕88号《告知函》及某安保险公司的《回复函》可以证实，但某安保险公司是否予以答复，不影响人民法院对是否应当支付保险金的判断。

【一审情况】

争议焦点：

关于某冠建设公司和某泰园林公司的电子投标文件中投标报价清单的加密锁序列信息相同，是否属于投标人相互串通投标的情形的问题。

法院观点：

关于某冠建设公司和某泰园林公司的电子投标文件中投标报价清单的加密锁序列信息相同是否属于投标人相互串通投标的情形的问题。一审法院认为，经某泰软件公司确认，某冠建设公司和某泰园林公司的电子投标文件中投标报价清单的加密锁序列信息相同，根据《中华人民共和国招标投标法实施条例》第四十条第一项规定，不同投标人的投标文件由同一单位或者个人编制，视为投标人相互串通投标；福建省住房和城乡建设厅发布的《关于施工招标项目电子投标文件雷同认定与处理的指导意见》第一条第二项规定，不同投标人的已标价工程量清单XML电子文档记录的计价软件加密锁序列号信息有一条及以上相同……应认定为《中华人民共和国招标投标法实施条例》第四十条第一项"不同投标人的投标文件由同一单位或者个人编制"的情形；某安保险公司虽对某泰软件公司的认定资质有异议，但《招标文件》中载明投标文件编制工具软件供应商为某泰软件公司，且经本院庭审释明，某安保险公司不申请重新鉴定，视为其认可某泰软件公司的认定资质和鉴定意见，故某冠建设公司和某泰园林公司的电子投标文件中投标报价清单的加密锁序列信息相同属于投标人相互串通投标的情形，本院予以认定。涉案的《招标文件》约定，投标人存在法律、法规规定的其他情形的，其投标保证金将不予退还，《某安责任建设工程投标保证保险条款》第五条约定，投保人与其他投标人相互串通投标，保险人在保险金额内承担损失赔偿责任，而本案某冠建设公司和某泰园林公司相互串通投标，违反相关法律、法规，事实清楚，证据充分，且属于保险条款中约定的保险人应承担损失赔偿责任的情形，故某安保险公司作为保险人应向被保险人某山自来水公司支付投标保险金，某山自来水公司对某安保险公司的诉求有事实和法律依据，本院予以支持。某山自来水公司另主张某冠建设公司应与某安保险公司共同支付投标保证金，因《招标文件》中约定投标保证金可以以保险公司出具投标保证保险的形式，而某冠建设公司已向某安保险公司购买投标保证保险，故某山自来水公司的该诉求没有事实与法律依据，本院不予支持。

裁判结果：

一、某安保险公司应在本判决生效之日起十日内支付某山自来水公司投保保证金20万元。

二、驳回某山自来水公司对某冠建设公司的诉讼请求。

【二审情况】

争议焦点：

一、关于某泰园林公司的行为是否构成串标的问题。

二、关于本案是否符合保险合同约定理赔条件的问题。

三、关于某山自来水公司能否径直向某安保险公司索赔的问题。

法院认为：

一、关于某泰园林公司的行为是否构成串标的问题。各方当事人对"某泰园林公司和某冠建设公司的电子投标文件中投标报价清单的加密锁序列信息相同"的事实并无异议。某安保险公司、某泰园林公司与某山自来水公司的争议，实质上可归纳为"加密锁序列信息相同能否认定为串标"。双方当事人对指导意见第一条第二项的文本内容均无异议，但某安保险公司、某泰园林公司主张招标文件发布在先，指导意见制定在后，故本案不能适用指导意见。某山自来水公司主张指导意见制定在先；某泰园林公司投标在后，故本案应当适用指导意见。本院认为，本案为民事诉讼案件，人民法院认定案件事实，应根据法律、法规的相关规定，并适用民事证据规则进行。不同招标人制作的投标报价清单，其电子文件的加密锁序列信息相同，因加密锁序列为16位符号组成，根据日常经验和生活常识，可以排除偶同的概然性，进而形成投标报价清单为同一单位或者个人编制并经复制的内心确信。因投标报价清单属于电子投标文件的组成部分，而《中华人民共和国招标投标法实施条例》第四十条第一项规定"不同投标人的投标文件由同一单位或者个人编制，视为投标人相互串通投标"。结合以上证据、常识、规定，无论指导意见是否适用，任何理性自然人均会得到"加密锁序列信息相同"→"同一单位或者个人编制"→"视为串通投标"的逻辑结论，故应认定某泰园林公司的行为构成串标。

二、关于本案是否符合保险合同约定理赔条件的问题。本院认为，涉案的《招标文件》约定，"投标人在本次投标中，不得以他人名义投标、串通投标，以行贿手段谋取中标或者以其他弄虚作假方式投标；投标人存在法律法规规定的其他情形的，其投标保证金将不予退还"，即投标人存在上述情形之一的，招标人均有权没收保证金。如前所述，加密锁序列信息相同应视为串通投标。招标文件约定的没收保证金的情形已经具备。在招标投标过程中，某泰园林公司并未实际交纳20万元的投标保证金，而是以向某安保险公司投保投标保证保险，某安保险公司作为保险人，根据保险合同享有并实现收取保费的权利，同样，亦在出理赔事由时负有代某泰园林公司支付保证金的义务，这亦是《某安责任建设工程投标保证保险条款》第五条："投保人与其他投标人相互串通投标，保险人在保险金额内承担损失赔偿责任"的应有之义。

三、关于某山自来水公司能否径直向某安保险公司索赔的问题。本院认为，根据财产保险合同的约定及投标保证保险的特性，本案各方当事人一致同意，以保险合同的财产价值作为支付保证金的代替或者担保。换言之，某山自来水公司未收取某泰园林公司保证金，其信赖基础与期待利益在于某安保险公司出具的保单。对某山自来水公司而言，在约定事由出现后，其理应直接没收保证金，现因投标保证保险的存在，其无法没收某泰园林公司的20万保证金,即为其损失,对某安保险公司而言,其支付20万保证金,即是赔偿损失。故某山自来水公司求偿的赔偿款,与某安保险公司应支付的保证金,如一枚硬币之两面,虽因行为主体不同,而表述名称不同,但为理赔行为的同一款项,一审判决书并无不当。

裁判结果:

驳回上诉,维持原判。

一百六十七、

招标人对已发出的招标文件可依法进行必要的澄清或者修改，并以书面形式通知所有招标文件收受人

——甲隅公司、乙正公司、丙铜公司缔约过失责任纠纷案

【裁判要旨】

《中华人民共和国招标投标法》第二十三条规定，招标人对已发出的招标文件有权进行必要的澄清或者修改，但应在招标文件要求提交投标文件截止时间至少十五日前，以书面形式通知所有招标文件收受人。《中华人民共和国招标投标法实施条例》第二十一条规定，招标人可以对已发出的资格预审文件或者招标文件进行必要的澄清或者修改。澄清或者修改的内容可能影响资格预审申请文件或者投标文件编制的，招标人应当在提交资格预审申请文件截止时间至少3日前，或者投标截止时间至少15日前，以书面形式通知所有获取资格预审文件或者招标文件的潜在投标人；不足3日或者15日的，招标人应当顺延提交资格预审申请文件或者投标文件的截止时间。本案乙正公司接受丙铜公司委托在原定开标日即2012年11月20日开标前通知甲隅公司将开标时间延期至2012年12月11日，并且在原定开标日后第2日书面通知投标人对招标文件内容作出调整，符合上述法律和法规规定，并无不当。

【法院及案号】

一审：深圳市福田区人民法院，〔2013〕深福法民二初字第650号。
二审：广东省深圳市中级人民法院，〔2013〕深中法商终字第1297号。
再审：广东省高级人民法院，〔2014〕粤高法民二申字第449号。

【当事人】

一审原告、二审上诉人、再审申请人：甲隅公司。
一审被告、二审被上诉人、再审被申请人：乙正公司、丙铜公司。

【案情介绍】

2012年11月，乙正公司受丙铜公司委托，就丙铜公司家具采购项目进行公开招

标，并根据丙铜公司的委托指示，于2012年11月12日向包括甲隅公司和某江家具公司在内的七家供货商发出投标邀请。投标邀请书载明：投标截止及开标时间为2012年11月20日上午9时30分，投递标书及开标地点为乙正公司第一会议室。甲隅公司接受招标邀请和招标文件后，为投标作了相关准备工作，并于2012年11月16日向乙正公司支付投标保证金人民币8万元（以下币种均为人民币）。2012年11月20日上午，开标开始前，甲隅公司工作人员及其他投标单位的人员陆续到达开标地点，准备投递标书。此时，乙正公司通知包括甲隅公司在内的到场投标方投标截止及开标时间已变更，并按照丙铜公司的通知内容向在场投标方发出《丙铜公司家具采购项目补充通知（一）》，补充通知称：投标截止及开标时间变更为2012年12月11日9时30分；售卖标书时间延至2012年11月30日17时；投标保证金递交截止时间延至2012年12月7日17时。2012年11月22日，乙正公司按照丙铜公司的通知内容向包括甲隅公司在内的投标单位发出《丙铜公司家具采购项目补充通知（二）》，就家具采购项目的招标文件做出如下调整：摆样日期截至2012年12月9日17时；投标报价下限由450万元调整为380万元，上限价格不变，为480万元；以书面形式召开招标答疑，各投标人将对招标文件的疑点或需采购方澄清的问题以书面形式通知到招标代理机构，递交截止时间为2012年11月23日17时，过期招标代理人和采购人不再受理任何质疑，招标代理人和采购人汇总所有疑点或问题，以书面形式统一、逐一进行澄清或说明，在2012年11月26日17时前答复所有投标人；对标书中第一部分《投标人须知及前附表》中的"开标与评标"中的"26评标方法与详细评审"进行调整，并详列调整后的评分内容。2012年11月23日，甲隅公司就其收到的上述《丙铜公司家具采购项目补充通知（二）》向乙正公司发函称："坚持维持第一次招标的合法性，坚决反对补充通知（一）及补充通知（二）所有内容"。

2012年11月26日，乙正公司向各投标单位发出答疑函，就涉案家具采购项目做出澄清，其中澄清："关于补充通知（一）和补充通知（二）的合法性，请查阅招标文件的投标人须知的8.2条"。2012年11月28日，甲隅公司分别向乙正公司、丙铜公司发出律师函，认为乙正公司临时变更投标截止时间及其他相关事宜的行为违背了法律及招标文件的规定，属于违法违约行为，且乙正公司对招标文件中相关产品下降技术规格要求不合理，有徇私舞弊的嫌疑，故要求乙正公司及时纠正上述行为，否则将依法追究其相关法律责任。2012年12月6日，甲隅公司再次向乙正公司发出律师函，告知如果撤回之前的两份通知，维持原来的招标要求，则甲隅公司将继续参与该项目的投标，否则要求退还投标保证金，并保留追究相关责任的权利。之后，乙正公司向甲隅公司退还了投标保证金。涉案投标活动失败后，丙铜公司再次委托乙正公司进行家具采购项目邀请招标活动，此次招标活动并未邀请甲隅公司投标。该次招标最后中标人为某江家具公司。

二审法院另查明，根据甲隅公司对原招标文件和修改后招标文件中办公家具摆样样品技术说明以及家具采购项目的评分标准的对比,修改后《办公家具摆样样品一览表》"技术说明"部分较之前减少了比如拉手和门柜材质、框架型材及尺寸、滑轨承重量、文件柜上下滑动玻璃门等要求。"评标方法与详细评查"部分减少了对产品功能完备性的具体评分标准,对全部家具只进行综合性评价,评分档次将原来的"完全满足技术规范70%～100%"变更为"满足或优于技术说明70%～100%"。

【一审情况】

　　争议焦点:

　　一、关于要约邀请人的行为是否收到要约内容的约束的问题。

　　二、关于乙正公司、丙铜公司是否存在违反招标文件约定的行为。

　　法院观点:

　　一、关于要约邀请人的行为是否收到要约内容的约束的问题。一方发出要约邀请后对方最终没有发出要约,这一阶段一般情况下并不能适用缔约过失责任的法律规定而要求要约邀请人承担责任。但在招标投标过程中,招标文件所载明的要约邀请的内容相对具体详尽,该内容足以使相对人产生一定的信赖,并严格按照招标文件的具体要求来为发出要约做准备,在此阶段要约邀请人与相对人之间的信赖关系要比一般情况下更为合理稳定,据此应要求要约邀请人承担更高程度的诚信义务,即若因招标人(采购人)的过失行为导致相对人损失,亦应承担一定的责任。

　　二、关于乙正公司、丙铜公司是否存在违反招标文件约定的行为。本案中,乙正公司受丙铜公司委托在接到投标单位的质疑函后在原定开标当日开标前通知变更投标截止时间及开标时间并在之后2日内书面通知投标人修改后的招标文件内容,书面通知文件修改内容的时间至变更后的投标截止时间及开标时间超过15日,符合《中华人民共和国招标投标法实施条例》第二十一条关于"招标人可以对已发出的资格预审文件或者招标文件进行必要的澄清或者修改。澄清或者修改的内容可能影响资格预审申请文件或者投标文件编制的,招标人应当在提交资格预审申请文件截止时间至少3日前,或者投标截止时间至少15日前,以书面形式通知所有获取资格预审文件或者招标文件的潜在投标人;不足3日或者15日的,招标人应当顺延提交资格预审申请文件或者投标文件的截止时间"的规定及其他相关法律规定,也符合招标文件的相应约定,没有证据显示乙正公司、丙铜公司的行为存在违法情形以及修改后的招标文件内容必然会对潜在投标人的投标和公平竞争产生不良影响。因此,丙铜公司在发出家具采购要约邀请过程中并不存在违背诚信原则的过失行为,亦无证据显示乙正公司作为招标代理人存在导致招标人应承担责任的行为,乙正公司、丙铜公司在招标投标活动中也不存在违反招标文件约定的行为,甲隅公司要求乙正公司、丙铜公司承担其为准备投标而导致的支出损失赔偿责任,缺乏依据,该院不予支持。

裁判结果：

驳回原告的诉讼请求。

【二审情况】

争议焦点：

关于丙铜公司、乙正公司在涉案家具项目招标过程有违背诚信义务、违反招标投标法律规定以及招标文件约定的问题。

法院认为：

本院分析如下：第一，关于招标文件开标时间的变更，乙正公司、丙铜公司在开标当日开标前才通知开标延期，且在两日后通知变更招标文件内容，该行为其实是为修改招标文件内容而顺延提交投标文件的截止时间。从乙正公司和丙铜公司修改后的开标时间看，变更后的开标时间距乙正公司通知招标文件内容修改的时间不少于十五日，符合《中华人民共和国招标投标法》及《中华人民共和国招标投标法实施条例》规定，也符合招标文件的约定。第二，关于修改招标文件内容的原因，乙正公司、丙铜公司提交了某江家具公司2012年11月16日就招标文件中评审因素表要求和评分标准发出的质疑函，证明乙正公司、丙铜公司因此对某江家具公司提出的质疑做出了澄清和修改。虽然乙正公司、丙铜公司在发出修改招标文件补充通知的当日未对修改原因作出解释，但是在收到甲隅公司书面异议后，乙正公司、丙铜公司在第三日即作出了书面答复，亦符合《中华人民共和国招标投标法实施条例》第二十二条招标人应当自收到投标人对招标文件异议之日起三日内作出答复的规定。而且，乙正公司、丙铜公司解释未在招标过程中告之投标人具体的修改原因是因为根据招标投标行业的惯例，不宜将投标人的情况及质疑情况告之其他投标人。依据《中华人民共和国招标投标法》第二十二条的规定，"招标人不得向他人透露已获取招标文件的潜在投标人的名称、数量以及可能影响公平竞争的有关招标投标的其他情况"。乙正公司、丙铜公司的上述解释具有一定合理性，应予采纳。第三，关于招标文件内容的修改，丙铜公司主要对原招标文件中家具样品的评分标准和技术说明进行了修改，从修改的具体内容来看，并不足以证明存在丙铜公司对投标人采取不同评标标准等其他以不合理的条件限制、排斥投标人的情形，也不能证明丙铜公司与某江家具公司存在串通投标的情形。故甲隅公司提交的证据不足以证明丙铜公司、乙正公司在涉案家具项目招标过程有违背诚信义务、违反招标投标法律规定以及招标文件约定的行为，甲隅公司的上诉理由不成立，本院不予采纳。原审判决认定事实清楚，适用法律正确，应予维持。

裁判结果：

驳回上诉，维持原判。

【再审情况】

争议焦点：

关于丙铜公司、乙正公司在涉案家具项目招标过程有违背诚信义务、违反招标投标法律规定的问题。

法院认为：

本院经审查认为，本案系缔约过失责任纠纷。甲隅公司主张丙铜公司修改招标文件违反诚实信用原则并违法招标投标有关法律规定。经查，《中华人民共和国招标投标法》第二十三条规定，招标人对已发出的招标文件有权进行必要的澄清或者修改，但应在招标文件要求提交投标文件截止时间至少十五日前，以书面形式通知所有招标文件收受人。《中华人民共和国招标投标法实施条例》第二十一条规定，招标人可以对已发出的资格预审文件或者招标文件进行必要的澄清或者修改。澄清或者修改的内容可能影响资格预审申请文件或者投标文件编制的，招标人应当在提交资格预审申请文件截止时间至少3日前，或者投标截止时间至少15日前，以书面形式通知所有获取资格预审文件或者招标文件的潜在投标人；不足3日或者15日的，招标人应当顺延提交资格预审申请文件或者投标文件的截止时间。本案乙正公司接受丙铜公司委托在原定开标日即2012年11月20日开标前通知甲隅公司将开标时间延期至2012年12月11日，并且在原定开标日后第2日书面通知投标人对招标文件内容作出调整，符合上述法律和法规规定，并无不当。

尽管乙正公司、丙铜公司在发出修改招标文件补充通知的当日未向甲隅公司解释修改招标文件的原因，但乙正公司、丙铜公司在收到甲隅公司书面异议后，已在第三日即作出书面答复，告知修改招标文件是因为某江家具公司在2012年11月16日就招标文件中评审因素表要求和评分标准提出书面质疑而做了澄清和修改，乙正公司、丙铜公司的行为亦符合《中华人民共和国招标投标法实施条例》第二十二条招标人应当自收到投标人对招标文件异议之日起三日内作出答复的规定。且乙正公司、丙铜公司解释未在招标过程中告之投标人具体的修改原因是因为根据招标投标行业的惯例，不宜将投标人的情况及质疑情况告之其他投标人，也符合《中华人民共和国招标投标法》第二十二条"招标人不得向他人透露已获取招标文件的潜在投标人的名称、数量以及可能影响公平竞争的有关招标投标的其他情况"的规定。而且修改的内容主要是针对原招标文件中家具样品的评分标准和技术说明，并不足以证明修改后的招标文件存在丙铜公司故意设定不同评标标准以限制、排斥投标人的情形，也没有证据证明丙铜公司与某江家具公司存在串通投标的情形。因此，二审法院驳回甲隅公司的诉讼请求，并无不当。

裁判结果：

驳回申请人再审申请。

一百六十八、

"低于成本":指不低于自身个别成本

—— 甲信公司与中建乙局建设工程施工合同纠纷案

【裁判要旨】

《中华人民共和国招标投标法》第三十三条所称的"低于成本",是指低于投标人的为完成投标项目所需支出的个别成本。实行招标投标的目的,正是为了通过投标人之间的竞争,特别在投标报价方面的竞争,择优选择中标者,因此,只要投标人的报价不低于自身的个别成本,即使是低于行业平均成本,也是完全可以的。

对于市场主体基于对其自身业务的正常商业判断所作出的商业行为,在不存在法律规定的无效或者可撤销的情形下,应充分尊重市场竞争的结果。本案中,依照合同约定的特定交易价格而非采用工程定额或市场平均价格作为结算支付工程价款的依据,也符合市场经济的一般规则,是市场经济条件下维护公正与效率所应遵循的原则,故中建乙局认为合同约定的工程款计算方式低于成本价,依法不应得到支持。

【法院及案号】

一审:广东省佛山市顺德区人民法院,〔2009〕佛中法民五初字第19号。
二审:广东省佛山市中级人民法院,〔2017〕粤民终208号。

【当事人】

一审原告、二审被上诉人:中建乙局。
一审被告、二审上诉人:甲信公司。

【案情介绍】

2005年12月3日,甲信公司向中建乙局发出《中标通知书》,确定中建乙局为某花园一期商住楼工程1、2、3、4、13、14、15、16、17、18、19梯,地下车库、综合楼工程(以下简称"涉案工程")的中标单位。2005年12月12日,甲信公司与中建乙局签订了《某花园商住楼一期工程施工合同》,其中合同约定了工程名称、工程内容、承包范围等事项。2008年1月21日,甲信公司与中建乙局签订了《某花园一期商住楼工程施工合同补充协议》，双方就上述工程的竣工结算及工程款支付达成了如下补充协议：约定了乙方（中建乙局）已于2008年1月9日向甲方（甲信公司）提交某花园一期商住楼工程的竣工资料。甲乙双方约定，乙方于春节（2008年2月15日）后一个月内安排人员到甲方进行工程结算对数工作，并于春节（2008年2月15日）后一个季度内完成结算等内容。

2008年11月6日，甲信公司认为中建乙局没有按照约定的工期完工，构成违约，遂向顺德法院提起诉讼，要求中建乙局支付工程延误的违约金1460000元及赔偿损失8200000元。2009年3月5日，顺德法院作出〔2008〕顺法民一初字第05234号民事判决（本案以下简称"5234号案"），判决中建乙局应向甲信公司支付建设工程施工延期竣工违约损失1460000元，该款直接在甲信公司应支付给中建乙局的工程结算款中抵减，中建乙局须承担该案诉讼费17940元。该判决已发生法律效力。

2008年12月19日，甲信公司认为其多付了工程款给中建乙局，遂向顺德法院提起诉讼，要求中建乙局返还多付的工程款3328294.01元及利息。在该案审理过程中，根据甲信公司的申请，顺德法院依法委托某公司对涉案工程的工程造价进行鉴定。经鉴定，2009年8月24日，某公司作出《报告书》，认定案涉工程土建部分的造价为56847525.46元，涉案工程装修部分的造价为22172411.613元（包括：某花园一期已确认装修工程、某花园铝合金门窗工程），有争议部分造价为84167.98元。2009年11月28日，顺德法院作出〔2009〕顺法民一初字第000692号民事判决书，判决中建乙局应向甲信公司返还工程款941821.82元。中建乙局不服，向广东省佛山市中级人民法院（该案中简称"佛山中院"）提起上诉。佛山中院二审经审理认为，甲信公司主张多付工程款的依据不足，遂于2012年3月31日作出〔2010〕佛中法民一房终字第92号民事判决书，判决驳回甲信公司的诉讼请求；同时该判决认为中建乙局已另案（即本案）提起诉讼要求甲信公司向其支付工程款，故该案暂不对案涉工程的结算依据、工程款数额进行实质审查。该判决已发生法律效力。

在〔2009〕顺法民一初字第000692号案（以下简称"692号案"）审理过程中，中建乙局认为甲信公司尚欠其工程款53757078.37元，遂于2009年8月17日提起本案诉讼。在本案审理过程中，中建乙局认为2005年12月13日《某花园商住楼一期工程施工合同》约定的参考价低于成本价，涉案工程无法于合同约定的单价范围内完成，故该合同约定的参考价不能作为认定案件事实的依据，遂申请一审法院委托相关评估机构对案涉工程项目的成本造价进行司法鉴定。在该案审理过程中，中建乙局与甲信公司一致确认：1.涉案工程中地下车库出入口部分的工程款，双方已另行解决，该部分不需要纳入本案审理范围；2.排水工程部分的工程款按2200000元结算；3.装修工程部分的工程款按22172411.60元结算。

二审另查明，双方于2005年12月13日签订的施工合同中第九条约定"发包人向承包人承诺按本协议书约定的期限和方式支付价款及其他应当支付的款"；《合同专用条款》中第53条"竣工结算"部分约定：分部分项实体项目若与《某花园（一号楼）土建工程量清单报价书》（附件一）内清单项目相同的，按该清单综合单价结算，与该报价书不同的另行计算；第54条"物价和后继法律法规引起的调整"约定"本工程的合同价格按合同的第53条确认后不因劳务、材料或影响工程成本的任何其他事项的价格涨落而进行调整"。

【一审情况】

争议焦点：

一、关于中建乙局提起本案诉讼有否违反"一事不再理"原则的问题。

二、关于双方在2005年12月12日、2005年12月13日签订的两份施工合同的效力应如何认定的问题。

三、关于甲信公司应向中建乙局支付多少工程款的问题。

法院观点：

一、关于中建乙局提起本案诉讼有否违反"一事不再理"原则的问题。本院认为，在692号案中，甲信公司认为其多付了工程款给中建乙局，遂起诉要求中建乙局返还多付的工程款3328294.01元及利息；而本案中，中建乙局则认为甲信公司拖欠其工程款未付，遂起诉要求甲信公司支付尚欠工程款53757078.37元及利息；由此可见，本案的原告、诉讼请求与前案的并不一致。而且，在692号案中，佛山中院基于中建乙局已提起本案诉讼，故在终审判决中明确说明该案暂不对案涉工程的结算依据、工程款数额进行实质审查。因此，综合上述情况，本案并不属于重复诉讼，中建乙局提起诉讼并没有违反"一事不再理"原则，甲信公司在该方面的抗辩理由不成立，不予支持。

二、关于双方在2005年12月12日、2005年12月13日签订的两份施工合同的效力应如何认定的问题。本案中，中建乙局与甲信公司在2005年12月12日、2005年12月13日先后签订了两份施工合同，中建乙局认为2005年12月13日的施工合同违反了有关法律规定，应属无效；甲信公司则认为两份合同合法有效。经审查，在上述两份合同签订后，因双方之间产生纠纷，甲信公司先后起诉两件案，分别是5234号案、692号案（二审〔2010〕佛中法民一房终字第92号案），在该两件案中，法院的生效判决已确认上述合同有效，故对其合同效力予以确认，对中建乙局该方面的主张不予采纳。

三、甲信公司应向中建乙局支付多少工程款的问题。案涉工程的结算价为92861402.94元，根据已查明的事实可知，甲信公司已付工程款为78567986.87元，而在甲信公司起诉中建乙局逾期完工的案件中，法院生效判决已确定中建乙局应向甲信公司支付的延期竣工违约损失1460000元直接在甲信公司应支付给中建乙局的工程结算款中抵减，同时中建乙局承担的该案诉讼费17940元亦应予抵减，因此，本案中甲信公司应向中建乙局支付尚欠工程款12815476.07元（92861402.94元-78567986.87元-1460000元-17940元）。

裁判结果：

一、甲信公司应于本判决发生法律效力之日起十五日内向中建乙局支付尚欠的工程款12815476.07元。

二、驳回中建乙局的其他诉讼请求。

【二审情况】

争议焦点：

一、关于涉案工程的土建部分应按什么标准进行结算的问题。

二、关于本案是否存在显失公平情形的问题。

三、关于甲信公司应向中建乙局支付多少工程款的问题。

法院认为：

一、关于涉案工程的土建部分应按什么标准进行结算的问题。首先，根据查明的事实，中建乙局与甲信公司就涉案工程在2005年12月12日、2005年12月13日先后签订了两份施工合同。在上述两份合同签订后，因双方之间产生纠纷，甲信公司先后起诉两件案，分别是5234号案、692号案（二审〔2010〕佛中法民一房终字第92号案），在上述两起案件中，法院的生效判决已确认上述合同有效，故上述两份施工合同均应作为认定涉案工程造价的结算依据，一审法院对此认定正确，本院予以确认。其次，由于涉案工程存在有效的合同，且涉案合同及其附件对工程款的计算方式作出了详细约定，根据《最高人民法院关于审理建设工程施工合同纠纷案件适用法律问题的解释》第十六条规定："当事人对建设工程的计价标准或者计价方法有约定的，按照约定结算工程价款"。故本案应按照合同的约定进行结算，即根据2005年12月13日《某花园商住楼一期工程施工合同》及其附件中关于工程分部分项价款的约定来计算工程款的数额。再次，根据上述施工合同及附件中关于涉案工程市场参考价的约定，在692号案中顺德法院委托某公司进行鉴定的《报告书》中认定涉案工程土建部分的造价为56847525.46元。在本案中，甲信公司提交上述某公司的《报告书》作为工程造价的依据，中建乙局对此不予认可并申请重新鉴定，一审法院委托某信公司进行鉴定并作出结论。对此，本院认为，对于涉案工程的造价，某公司于2009年8月24日作出的《报告书》程序合法、鉴定依据充分，另案692号案中法院已将《报告书》作为认定事实的依据，且在本案一审审理过程中，双方对某公司作出的《报告书》进行了质证，因此，在没有相反证据予以推翻的情况下，应该作为认定工程造价的依据。在合同对工程造价的计算方式有明确约定的情况下，一审法院仅以工程造价的计价依据有违公平原则进行重新鉴定，缺乏事实和法律依据，应予纠正。因此，涉案工程土建部分的造价应以某公司以合同约定的计价标准为依据鉴定的56847525.46元为准。

二、关于本案是否存在显失公平情形的问题。《中华人民共和国招标投标法》第三十三条所称的"低于成本",是指低于投标人的为完成投标项目所需支出的个别成本。由于每个投标人的管理水平、技术能力与条件不同,即使完成同样的招标项目,其个别成本也不可能完全相同,管理水平高、技术先进的投标人,生产、经营成本低,有条件以较低的报价参加投标竞争,这是其竞争实力强的表现。实行招标投标的目的,正是为了通过投标人之间的竞争,特别在投标报价方面的竞争,择优选择中标者,因此,只要投标人的报价不低于自身的个别成本,即使是低于行业平均成本,也是完全可以的。因此,该条规定的主要目的有两个:第一,为了避免出现投标人在以低于成本的报价中标后,再以粗制滥造、偷工减料等违法手段不正当地降低成本,挽回其低价中标的损失,给工程质量造成危害。第二,为了维护正常的投标竞争秩序,防止产生投标人以低于其成本的报价进行不正当竞争,损害其他以合理报价进行竞争的投标人的利益。基于该条规定所体现的精神,不同的承包人因其施工的工艺水平、租赁使用有关机械设备的成本、企业的经营管理成本等条件的不同,在工程成本上存在或大或小的差异。而基于对自身条件的认识,通过公开市场竞争,不同的市场主体以自己认为合理的价格承揽工程,有时报价可能存在较大差异,这也是建设工程市场的正常现象。对于市场主体基于对其自身业务的正常商业判断所作出的商业行为,在不存在法律规定的无效或者可撤销的情形下,应充分尊重市场竞争的结果。本案中,依照合同约定的特定交易价格而非采用工程定额或市场平均价格作为结算支付工程价款的依据,也符合市场经济的一般规则,是市场经济条件下维护公正与效率所应遵循的原则,故中建乙局认为合同约定的工程款计算方式低于成本价,依法不应得到支持,一审判决认定有误,本院予以纠正。

三、关于甲信公司应向中建乙局支付多少工程款的问题。因中建乙局与甲信公司在诉讼过程中已一致确认排水工程部分的结算价为2200000元、装修工程部分的结算价为22172411.60元,这是双方的真实意思表示,没有违反法律规定,本院予以确认。如前所述,涉案工程土建部分结算价为56847525.46元,故涉案工程结算价共计81219937.06元。根据查明的事实,甲信公司已付工程款为78567986.87元,因此在本案中,甲信公司还应向中建乙局支付工程款2651950.19元。一审法院在本案裁判中对甲信公司应支付的工程款中直接抵减中建乙局应向甲信公司支付的延期竣工违约损失1460000元和中建乙局承担的诉讼费17940元处理不当,本院予以纠正。上述款项可由当事人在执行相关案件的判决时予以抵扣。

裁判结果:

一、撤销广东省佛山市中级人民法院〔2009〕佛中法民五初字第19号民事判决。

二、甲信公司应于本判决发生法律效力之日起十五日内向中建乙局支付工程款2651950.19元。

一百六十九、

投标人提供虚假材料，招标单位有权按照招标文件之规定取消其中标资格，没收其投标保证金

——甲建设公司与乙新投资公司缔约过失责任纠纷案

【裁判要旨】

乙新投资公司向不特定的对象所发出的招标文件中明确载明，投标人需接受招标文件所规定的内容，应该确保投标文件的真实性，如果存在弄虚作假、伪造、隐瞒等违反投标文件真实性的行为，则取消中标资格并不予退还投标保证金。甲建设公司理应根据该约定对变更卢某剑项目技术负责人的事项到行政监督部门履行备案登记，否则产生不变更项目技术负责人的法律后果。进而，甲建设公司违反了其保证投标文件真实性的约定，故乙新投资公司有权按照招标文件及诚信承诺的约定，取消其中标候选人第一名的资格，并不予退还其所缴纳的60万元投标保证金。

【法院及案号】

一审：四川省中江县人民法院，〔2018〕川0623民初2293号。

二审：四川省德阳市中级人民法院，〔2018〕川06民终1259号。

再审：四川省高级人民法院，〔2019〕川民申2813号。

【当事人】

一审原告、二审上诉人、再审申请人：甲建设公司。

一审被告、二审被上诉人、再审被申请人：乙新投资公司。

【案情介绍】

"中江县南华镇棚户区改造项目老坪片区b区项目"系国家开发银行四川省分行危旧房棚户区改造专项贷款及县财政配套资金出资建修项目，项目业主为乙新投资公司。该项目经中江县发展和改革局核准采用委托招标形式对外进行招标，招标人再委托某胜精诚工程项目管理有限公司（以下简称"某胜工程管理公司"）作为该项目的招标代理机构全权处理招标事宜。

2018年1月，某胜工程管理公司编制案涉项目施工招标（第二次）的招标文件对外开展招标工作。该份招标文件中对招标项目的概况、投标人须知等作出具体要求。其中招标文件第一卷第二章"投标人须知"3.4.1条约定，投标保证金的金额为60万元；第3.4.4条约定，投标人资质条件、能力和信誉等情况弄虚作假、伪造（包括隐瞒）的或有其他违背投标文件真实性要求的，投标保证金不予退还；第10.15条约定，投标人所递交的投标文件（包括有关资料、澄清）应真实可信，不存在虚假（包括隐瞒）。投标人声明不存在限制投标情形但被发现存在限制投标情形的，构成隐瞒，属于虚假投标行为。如投标文件存在虚假，在评标阶段，评标委员会应将该投标文件作废标处理；中标候选人确定后发现的，招标人和招标行政监督部门可以取消中标候选人或中标资格。

甲建设公司获取案涉项目的招标公告信息后，便根据招标文件的要求编制投标文件就该项目进行投标，并按投标文件的约定缴纳投标保证金60万元。投标文件载明，甲建设公司委托卢某剑为其代理人，以甲建设公司的名义签署、澄清、说明、补正、递交、撤回、修改案涉项目施工投标文件、签订合同和处理有关事宜，相应法律后果由甲建设公司承担。投标文件中的《投标文件真实性和不存在限制招标情形的声明及遵纪守法诚信承诺》载明，甲建设公司保证投标文件拟派项目管理班子的所有人员没有在建项目，若评标过程中查出虚假或中标之后查出有虚假，投标人同意对投标文件作废标处理，取消中标资格接受招标人不予退还保证金并接受相关行政部门的行政处罚。同时，甲建设公司编制的投标函载明拟派任案涉项目的项目经理为卢某剑。

2018年2月8日，乙新投资公司在德阳市公共资源交易中心举行"中江县南华镇棚户区改造项目老坪片区b区项目施工招标（第二次）"招标投标活动，卢某剑以拟任该项目经理的身份参与该次活动。经专家评审后，确定甲建设公司为中标候选人第一名，并对此予以公示。在公示期间，因有其他投标单位对甲建设公司拟任项目经理有在建项目一事提出质疑。经调查核实后，乙新投资公司于2018年3月2日向甲建设公司发出《告知函》，载明因甲建设公司拟任案涉项目的项目经理卢某剑在泸州市纳溪区九川安置房以技术负责人身份任职，且变更程序未经行政监督部门备案，故认定甲建设公司存在隐瞒现象获取第一中标人的情形，决定取消其第一中标候选人资格，并不予退还投标保证金。

2018年3月5日，甲建设公司向乙新投资公司发出《告知函回复》，载明投标文件中拟派任的项目经理卢某剑已于2017年10月19日因工作原因调离泸州市纳溪区九川安置房项目，公司已办理建设单位书面确认资料，变更备案工作正在进行。2018年3月7日，甲建设公司向乙新投资公司发出《回复函》，载明甲建设公司的变更未经行政监督部门审核备案，其提出异议的理由不成立，乙新投资公司坚持取消其中标候选人资格并不予退还投标保证金，并告知甲建设公司可向相关部门提出投诉。事后，甲建设公司认为乙新投资公司取消其中标候选人资格并不予退还保证金不符合法律规定，为维护其合法权益，特向原审法院起诉并提出前述诉讼请求。

【一审情况】

争议焦点：

关于甲建设公司在案涉项目投标过程中是否存在隐瞒真实情况的情形从而导致其投标文件不真实的问题。

法院观点：

关于甲建设公司在案涉项目投标过程中是否存在隐瞒真实情况的情形从而导致其投标文件不真实的问题。原审法院认为，乙新投资公司向不特定的对象所发出的招标文件中明确载明，投标人需接受招标文件所规定的内容，应该确保投标文件的真实性，如果存在弄虚作假、伪造、隐瞒等违反投标文件真实性的行为，则取消中标资格并不予退还投标保证金。甲建设公司在获取招标信息后，根据招标文件的规定向乙新投资公司发出投标文件，并在投标文件中表示接受乙新投资公司招标文件所提出的要求，同时还在诚信承诺中保证其拟派项目管理班子的所有人员没有在建项目。该项承诺系甲建设公司真实意思表示，亦不违反法律规定，因此甲建设公司应该根据该项承诺确保其派任的项目管理班子的所有人员没有在建项目，否则便违反了保证投标文件真实性的义务。

根据本案现有证据来看，甲建设公司拟派任的项目经理卢某剑在"泸州市纳溪区九川安置房"项目担任项目技术负责人，且该项目属在建项目，截止法庭辩论终结前，甲建设公司仅仅提供了经该项目建设和监理单位同意对技术负责人进行变更的函件，未能提供就该项变更到行政主管部门进行备案登记的相关证据。对此，原审法院认为，《四川省人民政府关于进一步规范国家投资工程建设项目招标投标工作的意见》第二条第八项的规定："项目负责人、项目总监、主要技术负责人不得更换。因特殊情况确需要换的，应征得项目业主同意，并报有关行政监督部门备案。更换后的人员应为本单位人员，且不得低于原投标承诺人员所具有的资格和条件。实行项目负责人、项目总监、主要技术负责人压证施工制度。投标文件承诺的上述人员的执业资格证书原件，须在签订合同前由中标人，合同标的的主体工程完工后方予退还"。该项规定旨在规范建设施工领域施工单位压证施工的问题，严格要求施工单位按照程序就项目主要成员的变更履行备案手续，以此通过行政监管的形式防止项目主要成员同时担任多处在建工程管理人员的问题，从制度上确保建筑工程质量符合要求。因此，甲建设公司理应根据该规定对变更卢某剑项目技术负责人的事项到行政监督部门履行备案登记，否则产生不变更项目技术负责人的法律后果。进而，甲建设公司在案涉项目的投标文件中所承诺的"拟派项目班子所有人员无其他在建项目"与事实不符，违反了其保证投标文件真实性的约定，故乙新投资公司以此为由取消其中标候选人第一名的资格，并不予退还甲建设公司所缴纳的60万元投标保证金符合招标文件和投标文件及诚信承诺的约定，予以支持。反之，甲建设公司的主张不成立，不予支持。

裁判结果：

驳回甲建设公司的诉讼请求。

【二审情况】

争议焦点：

关于投标人未按照相关规定及时对工程技术负责人的变更进行备案登记，是否应当退还投标保证金的问题。

法院认为：

关于投标人未按照相关规定及时对工程技术负责人的变更进行备案登记，是否应当退还投标保证金的问题。综合全案证据，应判定投标人未按照相关规定及时对工程技术负责人的变更进行备案登记应依据双方合同约定不予退还投标保证金为宜。

首先，投标文件亦是施工合同的重要组成部分，不能仅以招标文件来确定合同条款的内涵。尽管招标文件对项目经理的要求为"参加本项目投标时没有在其他未完工项目担任项目经理"，可是招标和投标是签订案涉项目施工合同必经步骤，施工合同内容并非仅指招标文件，投标文件亦是施工合同的重要组成部分，投标文件的内容理应得到遵守。甲建设公司提交的投标文件明确承诺，保证投标文件拟派项目管理班子的所有人员没有在建项目，若评标过程中查出虚假或中标之后查出有虚假，投标人同意对投标文件作废标处理，取消中标资格接受招标人不予退还保证金。该承诺虽然对限制没有在建项目人员的范围作了扩大，但是属于甲建设公司自行作出的真实意思表示，其内容是对招标文件的补充与说明，相应内容理应得到遵守。甲建设公司还提出招标文件明确约定"招标文件中其他地方与投标人须知前附表和评标办法前附表不一致的，以投标人须知前附表和评标办法前附表为准"。投标文件的承诺对限制没有在建项目人员的范围与招标文件不一致时，应当以招标文件确定的范围为准。本院认为，招标文件尽管约定了"招标文件中其他地方与投标人须知前附表和评标办法前附表不一致的，以投标人须知前附表和评标办法前附表为准"。可是根据文义解释，该约定仅仅是针对招标文件中条款冲突的处理规则，并非针对招标文件和投标文件条款冲突的处理规则。

其次，甲建设公司未及时对技术负责人的变更进行登记对合同的履行具有实质性影响。从行政监管机关泸州市纳溪区住房和城乡建设局出具《证明》看，截至2018年2月23日投标文件中的项目经理卢某剑一直属于其他在建项目的技术负责人，且证件处于锁定状态。基于投标文件中卢某剑的项目经理身份和招标文件关于"实行项目负责人、项目主要技术负责人压证施工制度。项目业主须在中标人提供投标文件承诺的上述人员的执业资格证书原件后才能签订合同，至合同标的的主体工程完工后才能退还"的约定，卢某剑的证件被锁将对招标投标后施工合同的正常按期履行会形成影响。

最后，因招标投标程序关涉多方参与主体利益，通过事后补正难以消除影响。尽管甲建设公司认为卢某剑的身份变更已经得到业主方和监理方的同意，且事后于2018年3月22日进行了变更备案登记，但是招标工作并非仅仅涉及甲建设公司与乙新投资公司两方主体，还关涉甲建设公司以外的其他参与投标的投标人的利益和监管主体的履责，《四川省人民政府关于进一步规范国家投资工程建设项目招标投标工作的意见》将项目负责人、项目总监、主要技术负责人的变更设定须向行政监督部门备案的程序，目的在于保障招标投标相关信息的及时性与公示性，达到相互监督来规范招标投标程序。甲建设公司未按照法定流程进行工程技术负责人变更的备案登记的过失行为在未提前告知招标人的情况下，不仅影响了招标人前期的评标判断，也会增加重新确定中标人的时间、组织等成本。因此，从规范关涉多方关系利益招标投标行为的角度，甲建设公司未依照法定程序及时对工程技术负责人的变更进行备案登记的过失行为，对参与招标投标行为的各方主体具有实质影响，会带来额外的交易成本，故被上诉人依照招标文件不予退还保证金具有事实和法律依据，应予支持。

裁判结果：

驳回上诉，维持原判。

【再审情况】

争议焦点：

关于投标人未按照相关规定及时对工程技术负责人的变更进行备案登记，是否应当退还投标保证金的问题。

法院认为：

根据本案现有证据来看，甲建设公司拟派任的项目经理卢某剑在"泸州市纳溪区九川安置房"项目担任项目技术负责人，且该项目属在建项目，截至一审法庭辩论终结前，甲建设公司仅仅提供了经该项目建设和监理单位同意对技术负责人进行变更的函件，未能提供就该项变更到行政主管部门进行备案登记的相关证据。甲建设公司在未提前告知招标人的情况下，不仅影响了招标人前期的评标判断，也会增加重新确定中标人的时间、组织等成本，故乙新投资公司依照招标文件不予退还保证金具有事实和法律依据。最终认定乙新投资公司以此为由取消其中标候选人第一名的资格，并不予退还甲建设公司所缴纳的60万元投标保证金符合招标文件和投标文件及诚信承诺的约定，有理有据，并无不当。

裁判结果：

驳回申请人再审申请。

一百七十、

联合体成员之一不符合招标文件资格要求的，其投标和中标行为无效，无效的法律责任应由联合体成员对外承担连带责任

——甲冶公司与乙冶设计院建设工程施工合同纠纷案

【裁判要旨】

根据《中华人民共和国招标投标法》第三十一条第三款规定："联合体中标的，联合体各方应当共同与招标人签订合同，就中标项目向招标人承担连带责任。"本案中，丙硅公司既不具有建筑施工资质，也不具有参与本案工程组成联合体的主体资格。故本案"联合体"投标、中标均违反了招标投标法的规定，其投标、中标行为当属无效，《总承包合同》也应无效。但依据《联合体协议书》的约定，《总承包合同》的承包方应当是丙硅公司、乙冶设计院、甲冶公司三方当事人，故《总承包合同》的法律后果应当由丙硅公司、乙冶设计院、甲冶公司三方承担。

【法院及案号】

一审：四川省凉山彝族自治州中级人民法院，〔2014〕川凉中民初字第156号。

二审：四川省高级人民法院，〔2015〕川民终字第664号。

再审：最高人民法院，〔2018〕最高法民申2076号。

【当事人】

一审原告、二审被上诉人：唐某、王某池。

一审被告、二审上诉人：甲冶公司、乙冶设计院。

一审被告、二审被上诉人：丙硅公司。

再审申请人：乙冶设计院、甲冶公司。

再审被申请人：唐某、王某池、丙硅公司。

【案情介绍】

2008年3月3日，某铁公司与乙冶设计院签订《建设工程设计合同（二）》，约定：

发包人某铁公司委托设计人乙冶设计院承担某铁公司环保技改搬迁工程设计。2010年12月9日,丙硅公司、甲冶公司、乙冶设计院签订《联合体协议书》,约定:甲冶公司与丙硅公司自愿组成某铁公司环保技改搬迁项目一标段施工投标,丙硅公司为某铁公司环保技改搬迁项目(一期标段)的牵头人,合法代表联合体各成员负责本招标项目投标文件编制和合同谈判活动。联合体将严格按照招标文件的各项要求,递交投标文件,履行合同,并对外承担连带责任。丙硅公司在协议书"牵头人"处加盖公章,甲冶公司在"成员一名称"处加盖公章,乙冶设计院在"成员二名称"处加盖公章。2011年1月23日,丙硅公司、乙冶设计院、甲冶公司三方又签订《联合体协议书》,约定:丙硅公司、乙冶设计院、甲冶公司自愿组成某铁公司环保技改搬迁项目总承包联合体,共同参加某铁公司环保技改搬迁一期工程标段施工投标。丙硅公司为某铁公司环保技改搬迁项目(一期标段)投标联合体的牵头人,合法代表联合体各成员负责本招标项目投标文件编制和合同谈判活动,代表联合体提交和接受相关的资料、信息及指导,并处理与之有关的一切事务,负责合同实施阶段的主办、组织和协调工作。联合体将严格按照招标文件的各项要求,递交投标文件,履行合同,并对外承担连带责任。

2011年1月25日,某铁公司与丙硅公司签订案涉《总承包合同》约定:本工程采用设计、采购、施工(EPC)/交钥匙工程总承包方式。设计、施工及施工管理方采用联合体的方式投标,联合体的权利、义务、分工和组织形式在联合体协议中约定,但无论怎样约定,联合体成员之一或全部必须按照国家法律对发包人承担连带责任。承包人不得将本工程向投标联合体以外的第三人分包或转包(含肢解后的转包),外委制造加工项目除外。合同总价为54348100元。

2011年3月10日,丙硅公司(甲方)与唐某、王某池(乙方)签订《土建工程施工承包合同》,就某铁公司项目技改、搬迁一期工程内容进行了约定。案涉《土建工程施工承包合同》签订后,唐某、王某池进场施工,并于2011年11月完成工程施工。2012年8月29日,唐某、王某池与丙硅公司进行结算,形成了《竣工结算确认书》,结算金额为14200000元(已按合同下浮及扣减管理费8%)。双方确认该结算金额扣除税金511200元后,应付工程款为13688800元,已付工程款为10563863元,欠付工程款为3124937元,暂扣质保金426000元(3%),本次应付2698937元。唐某、王某池施工工程已于2012年12月交付投产使用。

本院二审另查明:2010年12月9日的《联合体协议书》中载明:甲冶公司与丙硅公司自愿组成某铁公司环保技改搬迁项目(一期标段)联合体,共同参加某铁公司环保技改搬迁项目一期标段施工投标。2010年12月25日,甲冶公司与丙硅公司联合向某铁公司投标,投标人:甲冶公司。牵头人:丙硅公司。2014年4月3日,某铁公司(甲方)、丙硅公司(乙方)、乙冶设计院(丙方)、初某英(丁方)签订《某铁公司环保技改搬迁工程竣工结算进程安排》。该协议载明:鉴于2014年1月15日,就环保技改工程施工合同纠纷案，甲方已向凉山彝族自治州中级人民法院提起诉讼，案号〔2014〕川凉中民初字第59号。在本案诉讼期间，某铁公司撤回了要求丙硅公司、乙冶设计院、甲冶公司返还超付工程款的另案诉讼。2015年12月28日，四川省成都市武侯区人民法院作出〔2015〕武侯民初字第7351号民事判决，确认丙硅公司、乙冶设计院、甲冶公司于2011年1月23日签订的《联合体协议书》有效。甲冶公司不服，向四川省成都市中级人民法院提起上诉，四川省成都市中级人民法院作出〔2016〕01民终4144号民事判决，驳回上诉，维持原判。

【一审情况】

争议焦点：

关于丙硅公司、乙冶设计院、甲冶公司是否应当连带给付唐某、王某池工程款及相应利息的问题。

法院认为：

唐某、王某池与丙硅公司签订的《土建工程施工承包合同》约定了唐某、王某池施工的工程承包的范围。合同签订后，唐某、王某池完成了该合同约定承建的上述工程。一审诉讼中，丙硅公司对唐某、王某池主张其保质保量完成了《土建工程施工承包合同》全部施工的诉称无异议，故唐某、王某池系上述工程的实际施工人。某铁公司主张该合同系劳务分包合同的答辩，与本案事实不符。因唐某、王某池系自然人，无承包建筑工程的资质证书，依据《中华人民共和国建筑法》第二十六条"承包建筑工程的单位应当持有依法取得的资质证书，并在其资质等级许可的业务范围内承揽工程"、《最高人民法院关于审理建设工程施工合同纠纷案件适用法律问题的解释》第一条关于承包人未取得建筑施工企业资质或者超越资质等级的合同无效的规定，唐某、王某池与丙硅公司签订的《土建工程施工承包合同》为无效合同。

乙冶设计院对2010年12月9日的《联合体协议书》真实性有异议，但对2011年1月23日的《联合体协议书》真实性无异议。虽然其辩称上述协议因违反相关法律规定，为无效合同。但因该协议中载明"丙硅公司、乙冶设计院、甲冶公司自愿组成某铁公司环保技改搬迁项目总承包联合体，共同参加某铁公司环保技改搬迁一期工程标段施工投标。联合体将严格按照招标文件的各项要求，递交投标文件，履行合同，并对外承担连带责任。故丙硅公司与某铁公司签订合同的行为系代表联营体的行为，乙冶设计院、甲冶公司应对丙硅公司负责工程施工、工程管理工作范围内的行为承担连带责任。因该协议并未约定对外承担连带责任的范围，故乙冶设计院、甲冶公司"该约定仅限于协议各方当事人"的抗辩不能成立。依据《中华人民共和国民法通则》第五十三条"企业之间或者企业、事业单位之间联营，按照合同的约定各自独立经营的，它的权利和义务由合同约定，各自承担民事责任"的规定，唐某、王某池要求丙硅公司、乙冶设计院、甲冶公司依据约定连带承担支付尚欠工程款3124937元及利息给付责任的诉请，予以支持。

裁判结果：

一、由丙硅公司、乙冶设计院、甲冶公司连带给付唐某、王某池工程款3124937元及相应利息（利息按照中国人民银行同期同类贷款基准利率从2012年8月29日起计算至判决确定的给付之日），该款限判决生效后十日内履行完毕。

二、驳回唐某、王某池的其他诉讼请求。

【二审情况】

争议焦点：

一、关于《联合体协议书》是否有效的问题。

二、关于"联合体"投标、中标是否有效的问题。

三、关于案涉《总承包合同》对"联合体"三方当事人是否具有约束力的问题。

法院观点：

一、关于《联合体协议书》效力问题。鉴于甲冶公司在本案诉讼期间，向四川省成都市武侯区人民法院提起确认本案所涉2011年1月23日的《联合体协议书》无效的民事诉讼，该案经四川省成都市武侯区人民法院审理确认《联合体协议书》有效。四川省成都市中级人民法院对甲冶公司提起的上诉作出了〔2016〕川01民终4144号终审判决，驳回上诉，维持原判。故发生法律效力的裁判已经确认丙硅公司、甲冶公司、乙冶设计院三方签订的《联合体协议书》有效，因此对甲冶公司、乙冶设计院上诉主张该《联合体协议书》无效，本院不予支持。

二、关于"联合体"投标、中标是否有效的问题。从本案招标投标过程看，本案招标投标行为也不符合《中华人民共和国招标投标法》的规定，根据《中华人民共和国招标投标法》第三十一条第三款规定："联合体各方应当签订共同投标协议，明确约定各方拟承担的工作和责任，并将共同投标协议连同投标文件一并提交招标人。联合体中标的，联合体各方应当共同与招标人签订合同，就中标项目向招标人承担连带责任"。而本案招标人某铁公司在已经与乙冶设计院签订案涉工程设计合同，并已履行了部分设计义务后，要求采用联合招标方式再将设计工作纳入联合招标内容，并且要求乙冶设计院加入"联合体"。同时，在某铁公司认可"联合体"主体资格的情况下，确认"联合体"中标，但仅与"联合体"的牵头人丙硅公司签订《总承包合同》。而丙硅公司既不具有建筑施工资质，也不具有参与本案工程组成联合体的主体资格。对于丙硅公司的主体资质，以及招标投标法对联合体投标方式的具体规定，作为招标人某铁公司应当是明知的。故甲冶公司、乙冶设计院上诉主张案涉工程的投标、中标违反《中华人民共和国招标投标法》第三十一条的规定的理由成立，本案"联合体"投标、中标均违反了《中华人民共和国招标投标法》的规定，其投标、中标行为当属无效。

三、关于案涉《总承包合同》对"联合体"三方当事人是否具有约束力问题。尽管本案投标、中标行为无效,由丙硅公司单方与招标人某铁公司签订的《总承包合同》无效,但依据《联合体协议书》的约定,《总承包合同》的承包方应当是丙硅公司、乙冶设计院、甲冶公司三方当事人。故《总承包合同》的法律后果应当由丙硅公司、乙冶设计院、甲冶公司三方承担。

裁判结果:

驳回上诉,维持原判。

【再审情况】

争议焦点:

一、关于原判认定的基本事实是否缺乏证据证明的问题。

二、关于原判是否适用法律错误的问题。

法院观点:

一、关于原判认定的基本事实是否缺乏证据证明的问题。乙冶设计院和甲冶公司申请再审主张《联合体协议书》并未实际履行。丙硅公司代表"联合体"投标、与某铁公司签订《联合体协议书》并实际实施工程,以及在工程建设过程中与唐某、王某池签订的《土建工程施工承包合同》等行为均系其履行协议的行为,也是根据协议约定代表"联合体"实施的行为。而甲冶公司在2010年12月9日签订《联合体协议书》后,于2010年12月25日与丙硅公司向某铁公司提交《投标函》、《投标保证金》函,结合某铁公司于2011年1月24日向"丙硅公司(牵头人)、乙冶设计院(成员单位)、甲冶公司(成员单位)组成的联合体"出具《中标通知书》等事实,可以认定甲冶公司也是实际参与了涉案工程的招标投标程序的,其对《联合体协议书》也有实际的履行行为。因此,乙冶设计院和甲冶公司主张《联合体协议书》并未实际履行的理由不成立;其申请再审主张原判认定的基本事实缺乏证据证明,理由不成立。

二、关于原判是否适用法律错误的问题。乙冶设计院和甲冶公司申请再审主张丙硅公司无权代表"联合体"对外签订合同,原判适用法律错误。但依据《联合体协议书》第2条、第4条的约定,丙硅公司有权在招标投标程序以及工程具体施工过程中代表"联合体"对外签订合同,丙硅公司的代理具备合同依据,不属于无权代理。虽然《工程总承包合同》以及《土建工程施工承包合同》均属无效,但不影响乙冶设计院和甲冶公司依据《联合体协议书》就"联合体"的对外行为承担责任。结合《联合体协议书》第4条对"联合体"成员在工程具体实施过程中职责分工的约定,可见,《联合体协议书》并非仅是对招标投标程序的约定。乙冶设计院和甲冶公司主张《联合体协议书》效力仅及于招标投标法律关系,缺乏事实依据,理由不成立。

裁判结果:

驳回乙冶设计院、甲冶公司的再审申请。

一百七十一、

中标人无正当理由不与招标人订立合同，则中标人的投标保证金不予退还

——乙目建设公司与甲方锅炉公司招标投标买卖合同纠纷案

【裁判要旨】

《中华人民共和国招标投标法实施条例》第七十四条规定："中标人无正当理由不与招标人订立合同，在签订合同时向招标人提出附加条件，或者不按照招标文件要求提交履约保证金的，取消其中标资格，投标保证金不予退还"。乙目建设公司在收到甲方锅炉公司的中标通知后，应按招标文件规定履行合同内容，而乙目建设公司不但不按招标文件规定履行合同内容，反而向甲方锅炉公司要求增加中标报价，这是对招标文件实质内容的重大修改。在甲方锅炉公司明确拒绝其调价要求，并再次限期其书面回复未果的情况下，甲方锅炉公司决定取消的乙目建设公司中标资格，并不予退还投标保证金50万元，符合法律规定。

【法院及案号】

一审：自贡市自流井区人民法院，〔2014〕自流民初字第529号。

二审：四川省自贡市中级人民法院，〔2014〕自民三终字第68号。

【当事人】

一审原告、二审上诉人：乙目建设公司。

一审被告、二审被上诉人：甲方锅炉公司。

【案情介绍】

2012年3月28日，甲方锅炉公司向乙目建设公司发出《关于常熟机组脱硝土建、安装工程投标邀请》，同年4月9日，乙目建设公司向甲方锅炉公司交纳了50万元投标保证金，4月10日，乙目建设公司在甲方锅炉公司组织的招标投标现场向甲方锅炉公司提交了投标文件，报价1228万元。4月14日，甲方锅炉公司电话告知乙目建设公司取得预中标资格。4月16日，乙目建设公司通过电子邮件通知甲方锅炉公司，因

其失误导致投标时报价过低,请求修改价格。4月19日,甲方锅炉公司以电子邮件形式向乙目建设公司发送《关于预中标事宜》,告知乙目建设公司在当日18时前书面回复确认。同日,乙目建设公司以电子邮件形式向甲方锅炉公司发送《乙目—常熟项目事宜》,并提供新的报价单,报价变更为14845321.00元。4月20日,乙目建设公司通过电子邮件向甲方锅炉公司发送《关于工程造价调整请求》,要求将报价变更为1450万元。甲方锅炉公司于当天通过电子邮件向乙目建设公司发送《关于预中标事宜》,通知乙目建设公司不同意对投标报价进行调整,要求乙目建设公司签订合同并积极履行,否则将取消乙目建设公司的中标资格,没收乙目建设公司投标保证金,并要求乙目建设公司在当天16时前书面回复。同日,甲方锅炉公司再次通过电子邮件向乙目建设公司发送《关于预中标事宜》,告知乙目建设公司截至17时30分,未收到乙目建设公司的任何书面回复信息,决定取消乙目建设公司的中标资格,没收其投标保证金。

另查明,甲方锅炉公司在发布的招标文件第七章第6.1条明确规定投标方收到预中标通知后,按规定的时间、地点携带履约保函,派代表与招标方进行合同谈判,若此时投标方提出招标人不能接受的或合同条件以外的要求,或拒绝提交履约保函,招标人可以取消该单位的中标资格,并没收投标保证金。

二审另查明,乙目建设公司在致甲方锅炉公司的"投标书"承诺"1.3我们如果中标,我们保证在接到招标人开工通知后准时开工,并在投标书附录中规定的时间内完成合同规定的全部工程。1.4我们同意从确定的接收投标之日起90天内遵守本投标书,在此期间期满之前的任何时间,本投标书一直对我们具有约束力,并随时被接受。1.5在制定和执行一份正式合同协议书之前,本投标书还连同你方书面的中标通知书,应构成我们双方之间有约束力的合同"。

【一审情况】

争议焦点:

关于甲方锅炉公司是否应当退还乙目建设公司投标保证金及利息的问题。

法院观点:

本院认为,被告因常熟机组脱硝土建、安装工程进行公开招标,原告接受被告提供的招标文件,按招标文件规定缴纳了投标保证金,并且在整个招标投标过程中未对招标文件提出异议,所以招标文件应认定为双方当事人的真实意思表示、不违反国家法律法规的强制性规定,合法有效,双方当事人应严格遵守。被告发出的《关于常熟机组脱硝土建、安装工程投标邀请》是要约邀请,原告进行投标是要约,被告确定原告中标并向原告发出预中标通知是承诺,整个招标投标过程合法有效。原告认为原告仅取得预中标资格而未正式中标,根据被告2012年4月19日以电子邮件向原告发送的《关于预中标事宜》正文第五行"我公司在相关手续完成后,尽快向贵公司补发预中标通知书和补签合同。为确保项目执行进度，请贵公司在收到本传真后立即执行合同内容"，被告的本意是要求与原告签订合同，并要求被告收到传真后立即执行合同内容，该邮件内容实质是中标通知书，故原告的主张不能成立。

原告收到中标通知后，应按招标文件规定履行合同内容，而原告未与被告签订书面合同，亦未按合同内容履行相关义务，而是在取得中标资格后，要求增加中标报价，系对招标文件实质内容的修改，被告在明确拒绝其调价要求，并一再限期其书面回复未果的情况下，决定取消原告的中标资格并没收投标保证金的行为，符合招标文件及《中华人民共和国招标投标法实施条例》的规定。对原告要求退还投标保证金及利息的主张，本院不予支持。

裁判结果：

驳回原告乙目建设公司的诉讼请求。

【二审情况】

争议焦点：

关于被上诉人是否应当退还上诉人投标保证金及利息的问题。

法院认为：

关于被上诉人是否应当退还上诉人投标保证金及利息的问题。二审法院认为，被上诉人甲方锅炉公司因常熟机组脱硝土建、安装工程进行招标，被上诉人甲方锅炉公司向上诉人乙目建设公司等几家单位发出了《关于常熟机组脱硝土建、安装工程投标邀请》，根据《中华人民共和国招标投标法》第十条"招标分为公开招标和邀请招标。公开招标，是指招标人以招标公告的方式邀请不特定的法人或者其他组织投标。邀请招标，是指招标人以投标邀请书的方式邀请特定的法人或者其他组织投标"的规定，本案所涉招标应属邀请招标。上诉人乙目建设公司接受被上诉人甲方锅炉公司提供的招标文件，并按招标文件规定缴纳了竞标保证金50万元，且参与了该工程的投标活动，并且在整个招标投标过程中并未对招标文件提出异议。根据《中华人民共和国合同法》第十五条"要约邀请是希望他人向自己发出要约的意思表示。寄送的价目表、拍卖公告、招标公告、招股说明书、商业广告等为要约邀请"、第十九条"有下列情形之一的，要约不得撤销：一、要约人确定了承诺期限或者以其他形式明示要约不可撤销；二、受要约人有理由认为要约是不可撤销的，并已经为履行合同作了准备工作"、第二十一条"承诺是受要约人同意要约的意思表示"、第二十五条"承诺生效时合同成立"的规定，被上诉人甲方锅炉公司向上诉人乙目建设公司发出的《关于常熟机组脱硝土建、安装工程投标邀请》是要约邀请，上诉人乙目建设公司对该工程进行投标是要约。被上诉人甲方锅炉公司对该工程的招标投标进行评标后，确定上诉人乙目建设公司以投标总价1228万元作为该工程的中标单位，并在2012年4月19日以电子邮件的形式向上诉人乙目建设公司发出了《关于预中标事宜》。该《关于预中标事宜》的意思表示就是通知上诉人乙目建设公司已经中标，并要求上诉人乙目建设公司收到该电子邮件后立即执行合同内容，因此该《关于预中标事宜》的实质就是中标通知。因此被上诉人甲方锅炉公司确定上诉人乙目建设公司中标并向上诉人乙目建设公司发出中标通知是承诺，且上诉人乙目建设公司作为要约人在致被上诉人甲方锅炉公司的"投标书"中承诺该要约是不可撤销的，所以招标投标文件应认定为双方当事人的真实意思表示，不违反国家法律法规的强制性规定，因此双方的合同关系成立，应合法有效，双方均应按招标投标文件的内容履行各自的权利义务。根据《中华人民共和国招标投标法》第四十五条"中标人确定后，招标人应当向中标人发出中标通知书，并同时将中标结果通知所有未中标的投标人。中标通知书对招标人和中标人具有法律效力。中标通知书发出后，招标人改变中标结果的，或者中标人放弃中标项目的，应当依法承担法律责任"、《中华人民共和国招标投标法实施条例》第七十四条"中标人无正当理由不与招标人订立合同，在签订合同时向招标人提出附加条件，或者不按照招标文件要求提交履约保证金的，取消其中标资格，投标保证金不予退还。对依法必须进行招标的项目的中标人，由有关行政监督部门责令改正，可以处中标项目金额10‰以下的罚款"的规定，上诉人乙目建设公司在收到被上诉人甲方锅炉公司的中标通知后，应按招标文件规定履行合同内容，而上诉人乙目建设公司不但不按招标文件规定履行合同内容，反而向被上诉人甲方锅炉公司要求增加中标报价，上诉人乙目建设公司的行为是对招标文件实质内容的重大修改。在被上诉人甲方锅炉公司明确拒绝其调价要求，并再次限期其书面回复未果的情况下，被上诉人甲方锅炉公司决定取消上诉人乙目建设公司的中标资格，并不予退还投标保证金50万元，符合法律规定，本院予以支持。上诉人乙目建设公司要求被上诉人甲方锅炉公司退还投标保证金50万元及利息的上诉请求不能成立，本院不予支持。

裁判结果：

驳回上诉，维持原判。

一百七十二、

建设工程必须进行招标而未招标或者中标的，建设工程施工合同无效

——乙阳公司与甲福公司建设工程施工合同纠纷案

【裁判要旨】

根据《中华人民共和国招标投标法》《最高人民法院关于审理建设工程施工合同纠纷案件适用法律问题的解释》的相关规定："建设工程必须进行招标而未招标或者中标的无效"。本案工程项目属必须进行招标的建设工程项目，且政府主管部门也要求案涉工程进行招标，而双方当事人于2003年签订的《建设工程施工合同》及《修改合同》等未经招标投标；2005年签订的《建设工程施工合同》是为了规避法律和政府主管部门的要求，经串通签订并备案，并非双方真实意思表示，且与工程实际情况不符。因此，案涉工程属于必须招标而未招标，依照我国《中华人民共和国招标投标法》及《最高人民法院关于审理建设工程施工合同纠纷案件适用法律问题的解释》规定，双方签订的两份《建设工程施工合同》均无效。

【法院及案号】

一审：陕西省高级人民法院，〔2013〕陕民一初字第3号。

二审：最高人民法院，〔2014〕民一终字第108号。

【当事人】

一审原告、二审上诉人：乙阳公司。

一审被告、二审被上诉人：甲福公司。

【案情介绍】

2003年9月8日，甲福公司与乙阳公司协商签订了〔2003〕第18号《建设工程施工合同》，约定：由乙阳公司（乙方）对甲福公司（甲方）开发的位于西安市东新街486号"新城国际大厦"项目土建、安装进行建设施工。该合同约定了工期、合同价款、结算依据、工程质量及其验收、争议解决方式、违约和索赔等具体事项。2004

年8月31日,乙阳公司与甲福公司签订《修改合同》,将乙阳公司垫资金额由2000万元调为1900万元,甲福公司同意提供地下车库及临街平房给乙阳公司作临设使用四个月,不收取地下车库及临街平房租金,并对取费标准等事项进行了修改和补充约定。2004年11月17日至2007年9月4日,西安市规划局因案涉工程违反《中华人民共和国城市规划法》等法律法规,多次向甲福公司下发《关于停止违法建设的通知》。并因甲福公司拖欠工程款,直接导致乙阳公司无法兑现农民工工资及材料款,造成巨大损失,且该工程开开停停历经四年尚未封顶,导致乙阳公司合同目的不能实现,根据双方签订建设工程施工合同及补充协议等,乙阳公司就工程停工损失、拖欠工程款及违约金等要求。2008年6月12日,西安仲裁委受理了乙阳公司的申请,于2009年4月2日作出西仲裁字〔2008〕第422号裁决书,裁决甲福公司给付乙阳公司工程垫资款500万元,停工、窝工损失111万元,逾期按中国人民银行同期贷款双倍利率承担迟延给付责任,仲裁费217207元乙阳公司已经预交,甲福公司承担57330元。

2010年9月27日,甲福公司作为甲方与作为乙方的乙阳公司签订了《谅解协议》,约定:甲方一周内向乙方支付工程款50万元,乙方在施工场地遗留的钢筋等材料由甲方按3300元/吨收购,售房后甲方给乙方支付相应款项,共同审核计算工程价款并予以确认,完成以上工作后乙方同意并确认施工现场已移交甲方3日内共同申请仲裁。2010年10月15日,甲福公司向乙阳公司支付工程款50万元,累计共支付工程款400万元。2011年12月16日,西安仲裁委作出西仲裁字〔2009〕第2581号裁决书裁决。2011年8月1日,陕西省西安市中级人民法院(以下简称西安中院)裁定对422号仲裁裁决书中止执行。2012年4月12日,西安中院裁定驳回甲福公司关于撤销2581号仲裁裁决书的申请。2012年10月12日,西安中院裁定对2581号仲裁裁决书不予执行,2012年10月17日裁定终结该仲裁裁决书的执行。乙阳公司遂诉至陕西高院,请求维护其合法权益。

2004年8月双方约定甲福公司免费为乙阳公司提供四个月地下车库及临街平房467.24平方米,作为工人临时住宿房屋至2004年12月30日止。甲福公司称乙阳公司占用房屋直至2009年7月,期间长达55个月,此间甲福公司称其租给他人租金标准为每平方米22元,租金暂以每平方米15元计算,乙阳公司应付租金为385473元。2005年9月6日,因乙阳公司在施工中出现部分钢筋漏绑的质量事故,双方商定对乙阳公司处罚6万元,同时约定如果乙阳公司在工程交工前不再发生质量事故,甲福公司愿意再退还3万元。2006年11月,甲福公司代乙阳公司交纳排污费7万元,办理了《施工噪声申报登记注册证》。2011年1月3日甲福公司雇请其他公司代其清理工地遗留建筑和生活垃圾,花费7万元。乙阳公司移交工地前,有部分电费未交纳,甲福公司称其代为交纳电费265862.65元。为配合对乙阳公司已完工程进行质量检测,甲福公司租赁器材,雇佣工人进行混凝土打磨,配合完成质量检测,花费56321元。

本院二审查明:将该判决主文第六项中的"工程保证金2000000万元"更正为

"工程保证金2000000元"。

本院二审查明的其他事实与一审判决查明事实相同。

【一审情况】

争议焦点：

一、双方签订的《建设工程施工合同》是否有效。

二、甲福公司是否应当支付乙阳公司工程款及其利息。

三、关于多垫资款700万元及其利息计算问题。

四、关于停、窝工损失、违约金和预期利益损失、工程保证金及其利息、相关费用应否扣除、工程款优先权的问题。

法院观点：

一、关于双方签订的《建设工程施工合同》的效力问题。《最高人民法院关于审理建设工程施工合同纠纷案件适用法律问题的解释》（以下简称《解释》）第一条第三项规定："建设工程必须进行招标而未招标或者中标的无效"，相关建设工程施工合同应根据《中华人民共和国合同法》（以下简称《合同法》）第五十二条第五项规定，认定无效。本案项目工程依照《中华人民共和国招标投标法》（以下简称《招标投标法》）、《解释》的相关规定，属必须进行招标的建设工程项目。且政府主管部门也要求案涉工程进行招标。而双方当事人于2003年签订的《建设工程施工合同》（以下简称"03合同"）及《修改合同》等未经招标投标，2005年签订的《建设工程施工合同》（以下简称"05合同"）是为了规避法律和政府主管部门的要求，经串通签订并备案，并非双方真实意思表示，且与工程实际情况不符。综上，案涉工程属于必须招标而未招标，依照我国《招标投标法》及《解释》规定，双方签订的两份《建设工程施工合同》无效。

二、关于甲福公司是否应当支付乙阳公司工程款及其利息。双方当事人于2010年12月14日作出《工程总决算书》，确定决算造价为23204207.36元，诉讼中双方对此均无异议。《解释》第二条规定："建设工程施工合同无效，但建设工程经竣工验收合格，承包人请求参照合同约定支付工程价款的，应予支持"。03合同虽无效，但双方均同意按照该合同结算并共同签署了总决算书，确定了工程价款，一审法院予以确认。利息部分，除了乙阳公司多垫资的部分之外，其余自2010年12月10日交付工程之日，按照中国人民银行发布的同期同类贷款利率计算至甲福公司实际给付之日止。

三、关于多垫资款700万元及其利息计算问题。《解释》第六条规定，当事人对垫资和垫资利息有约定，承包人请求按照约定返还垫资款及其利息的，应予支持，但是约定的利息计算标准高于中国人民银行发布的同期同类贷款利率的部分除外。依照上述规定，对乙阳公司主张的利率中未超出国家规定利率的部分予以支持。

四、关于违约金和预期利益损失等问题。由于案涉两份《建设工程施工合同》均属无效，本案除应依法判决甲福公司支付相应工程款等，不涉及合同有效前提下的违约金以及预期利益损失问题。对乙阳公司该两项诉请不予支持。关于工程保证金及其利息问题。鉴于双方已实际终止了工程承包关系，乙阳公司完成的工程主体经验收合格并已交付，其交纳的200万元保证金应由甲福公司返还。因双方03合同约定甲福公司不承担乙阳公司保证金利息，对保证金双方履约期间不再支付利息，但交付工程后该款应由甲福公司按照同期银行贷款利率支付相应利息。根据查明的事实，在此之前乙阳公司已申请仲裁并主张工程款优先权，故其关于工程款优先权的主张未超过法定期限。建设工程价款优先权的范围，依照《最高人民法院关于建设工程价款优先受偿权问题的批复》，包括承包人为建设工程应当支付的工作人员报酬、材料款等实际支出的费用，不包括承包人因发包人违约所造成的损失。关于二次仲裁费的问题。鉴于仲裁费并非双方建设工程施工合同纠纷的损失，乙阳公司该项诉请缺乏法律依据，一审法院不予支持。对甲福公司所提乙阳公司应向其移交施工资料的问题。甲福公司关于乙阳公司应向其交付工程相关施工资料的理由成立，但所称交付工程施工资料应作为支付工程款、工程保证金的前置条件，因缺乏法律依据，一审法院不予支持。

裁判结果：

一、乙阳公司与甲福公司签订的两份《建设工程施工合同》无效。

二、甲福公司向乙阳公司支付工程款14204207.36元，并按照中国人民银行公布的同期同类贷款利率支付其中7000000元（多垫资款）的利息，从2006年2月1日起，计算至实际给付之日，其余款项按照相同利率支付从2010年12月10日起至实际给付之日的利息。

三、甲福公司向乙阳公司支付钢材款527802元。

甲福公司向乙阳公司支付停窝工损失500000元。

乙阳公司向甲福公司支付以下费用：（1）排污费70000元；（2）工地遗留垃圾清运费70000元；（3）事故罚款30000元；（4）地下车库和临街平房使用费385473元；（5）电费100000元。

甲福公司向乙阳公司返还工程保证金2000000元，并按照中国人民银行公布的同期同类贷款利率，支付从2010年12月10日起至实际给付之日的利息。

乙阳公司对甲福公司开发建设的"新城国际大厦"项目在14076536.36元工程款范围内，依法享有《合同法》第二百八十六条规定的工程款优先权。

乙阳公司向甲福公司交付相关工程施工资料，以备甲福公司办理工程综合竣工验收和备案所需，具体范围以国家规定为准。

驳回乙阳公司的其他诉讼请求。

【二审情况】

争议焦点：

一、双方当事人所签订的两份《建设工程施工合同》及其补充协议等的效力如何；如合同有效，是否应当解除。

二、甲福公司返还乙阳公司垫资700万元是否应当给付利息，如何计息，如何确定起息日。工程款中其余部分是否应当给付利息，如何确定起息日。

三、甲福公司是否应向乙阳公司支付2007年12月3日之后的停工、窝工损失、排污费、电费、车库使用费、混凝土打磨费用、保证金、工程款优先受偿权、仲裁费问题。

法院认为：

一、关于双方所签订的两份《建设工程施工合同》及其补充协议等的效力，如果合同有效，是否应当解除的问题。二审法院认为，一审判决认定两份《建设工程施工合同》及其补充协议无效是正确的。对于上述两个合同无效，建设单位甲福公司应负主要责任。乙阳公司作为建筑施工企业，明知案涉新城国际大厦项目属于应当招标投标的项目，未经招标投标程序即与甲福公司协商签订03合同，对于该合同无效亦有过错。乙阳公司上诉主张03合同、05合同均为有效合同，请求改判解除双方当事人之间两份《建设工程施工合同》的诉讼请求，缺乏法律依据，本院不予支持。

二、关于甲福公司返还乙阳公司垫资款700万元是否应当给付利息，如计息，如何确定起息日。工程款中其余部分是否应当给付利息，如何确定起息日的问题。本院认为，在案涉两份《建设工程施工合同》均无效的情况下，确认当事人之间有关工程款给付的标准时，应当以《解释》第二条"建设工程施工合同无效，但建设工程经竣工验收合格，承包人请求参照合同约定支付工程款的，应予支持"的规定为据。一审法院已经查明，在2005年5月29日《有关新城国际科技大厦工程复工协商纪要》中，双方当事人确认乙阳公司多垫资700万元，甲福公司以《建设工程施工合同》无效后，相关的补充合同亦应无效为由，否认其曾经确认过乙阳公司多垫资700万元的事实的主张，不符合诚信原则，本院不予支持。对于乙阳公司提出的一审判决认定14204207.76元工程款中扣除700万元（多垫资款）外，其余款项利息的起算时间确定为2010年12月10日属于错判的观点，本院亦不予采信。

三、关于甲福公司是否应当向乙阳公司支付2007年12月3日之后的停工、窝工损失，如果应当支付，数额是多少的问题。本院认为，一审法院是在双方当事人就2007年12月3日开始的最后一次停工的时间和停工损失额未能形成合意且证据不足的情况下，行使裁量权酌定由甲福公司向乙阳公司赔偿停工损失50万元。一审法院的上述裁量并无不当，双方当事人就此项判决提出的上诉请求均不能成立，本院不予支持。对于乙阳公司让甲福公司承担25万元仲裁费得上诉请求是否成立的问题。对于仲裁费用的负担，本院认为，应当由受理仲裁案件的仲裁委作出裁决。即使案涉仲裁裁决被人民法院裁定不予执行，仲裁费用也不属于人民法院应当在本案中判决的内容。对于乙阳公司的此项上诉请求，本院不予支持。其他事项同一审法院认同一致。

裁判结果：

驳回上诉，维持原判。

一百七十三、

评标委员会的重新评审行为不是具体行政行为，属于民法法律关系调整

—— 甲平人力公司与市立医院、乙林咨询公司、第三人丙业人力公司合同纠纷案

【裁判要旨】

招标投标活动是平等主体之间的民事法律关系，本案中的重新评审行为系招标人市立医院及其代理人乙林咨询公司在对涉案项目进行招标投标活动过程中的行为之一，是民事法律行为，不是具体行政行为，应受民事法律关系调整。

【法院及案号】

一审：福建省建瓯市人民法院，〔2018〕闽0783民初2588号。

【当事人】

一审原告：甲平人力公司。

一审被告：市立医院、乙林咨询公司。

第三人：丙业人力公司。

【案情介绍】

2018年7月，乙林咨询公司接受市立医院委托，对"市立医院人力资源服务外包代理项目"组织招标投标，并发布招标文件，载明：投标文件递交的截止时间（投标截止时间）2018年8月9日9时。评标办法为"综合评估法"。第24.1条规定"中标人确定后，采购代理机构将在市立医院公告栏上发布中标公告，并以书面形式向中标人发出中标通知书，但该中标结果的有效性不依赖于未中标的投标人是否知道中标结果。中标通知书对投标人和中标人具有同等法律效力……"。第29.4条规定"投标人认为其投标未获公平评审或采购过程和中标结果使自己的合法权益受到损害的，应当在知道或者应当知其权益受到损害之日起7个工作日内提出质疑"。第三部分评标标准和评标方法的技术部分第5条规定"投标单位具有有效质量管理体系认证、环境管理体系认证、职业健康管理体系认证的，有其中具备一项得（3分），不具有的不得此

分"。招标文件还规定其他事项。文件发布后，共有三家单位，即甲平人力公司、丙业人力公司及案外人某达人力公司参加投标。截至2018年8月9日，甲平人力公司的投标文件有其全资投资人福建省人力资源服务有限公司质量管理体系认证书及方圆标志认证集团福建有限公司出具的《证明》，该证明内容为：甲平人力公司已于2018年8月3-4日通过了方圆标志认证集团福建有限公司依据的ISO 9001：2015（GB/T 19001-2016）标准进行的质量管理体系现场审核。当日，经评标委员会评审，甲平人力公司得分91.86分，丙业人力公司得分91.66分，某达人力公司得分76.64分，并推荐甲平人力公司为第一中标候选人。随即，市立医院进行公示，相关内容为：中标单位为甲平人力公司，投标报价20元，综合评分91.86分。如投标人对中标结果有异议，请于公示期2018年8月9至8月12日内以书面形式向有关部门反映……。在该期间内，丙业人力公司向乙林咨询公司提出质疑书，认为：第三部分评标标准和评标方法的技术部分第5条规定"投标单位具有有效质量管理体系认证、环境管理体系认证、职业健康管理体系认证的，有其中具备一项得3分"的项目，在评审评估过程中投标主体不匹配，造成评分结果错误，导致最终中标单位与事实不符。2018年11月8日，经评标委员会重新评审，确认甲平人力公司得分90.86分，丙业人力公司得分93.66分，某达人力公司得分76.64分，并推荐丙业人力公司为第一中标候选人。随即，乙林公司进行重新评审公示，相关内容为：第一中标候选人为丙业人力公司，第二中标候选人为甲平人力公司，第三中标候选人为某达人力公司。如投标人对中标结果有异议，请于公示期2018年11月12至11月14日内以书面形式向有关部门反映……。11月16日，乙林咨询公司向丙业人力公司发出中标通知书。

甲平人力公司认为：市立医院、乙林咨询公司已违反《福建省招标投标条例》第48条关于"招标人应当在收到评标报告后十五日内，根据评标委员会提出的书面评标报告和推荐的中标候选人，确定中标人，并向中标人发出中标通知书"以及《中华人民共和国招标投标法》第45条关于"招标人和中标人应当自中标通知书发出之日起三十日内，按照招标文件和中标人的投标文件订立书面合同"的规定，其拒不按时向甲平人力公司发出《中标通知书》并签订《市立医院人力资源外包代理合同》已明显构成违法。而且，市立医院、乙林咨询公司组织本案项目的第二次定标评审更是直接违反法律、法规的强制性规定，不具有合法性，其根据违法的第二次定标评审结果向丙业人力公司发出的《中标通知书》亦归无效。

【一审情况】

争议焦点：

一、重新评审行为是否属于民事法律关系调整的问题。

二、重新评审行为是否具有合法性、有效性。

法院观点：

对于争议焦点一，本院认为：招标投标活动是平等主体之间的民事法律关系，本案中的重新评审行为系招标人市立医院及其代理人乙林咨询公司在对涉案项目进行招标投标活动过程中的行为之一，是民事法律行为，不是具体行政行为，应受民事法律关系调整。

对于争议焦点二，本院认为：1.招标人对不属于依法必须进行招标的项目进行公示，是招标投标活动的惯例，更不属于法律、法规禁止性规定。招标文件第29.4条亦规定"投标人认为其投标未获公平评审或采购过程和中标结果使自己的合法权益受到损害的，应当在知道或者应当知其权益受到损害之日起7个工作日内提出质疑"。因此，市立医院对第一次评审结果确定2018年8月9日至12日为公示期并不违法。甲平人力公司主张法律和招标文件没有规定公示期间就不应当公示没有事实依据和法律依据。丙业人力公司在公示期间提出质疑不违反法律和约定；2.《招标文件》要求"投标单位具有有效质量管理体系认证"，而甲平人力公司提供的是方圆标志认证集团福建有限公司出具"甲平人力公司已于2018年8月3-4日通过了质量管理体系现场审核"。引起丙业人力公司在公示期间对此提出质疑，进而乙林咨询公司组织评标委员会进行重新评审。该重新评审行为并未违反法律强制性、禁止性规定。重新评审结果系评标委员会的成员根据其专业认知所作出的结论，在没有证据证明评标委员会的成员存在《中华人民共和国招标投标法实施条例》第七十一条规定行为之一："1.应当回避而不回避；2.擅离职守；3.不按照招标文件规定的评标标准和方法评标；4.私下接触投标人；5.向招标人征询确定中标人的意向或者接受任何单位或者个人明示或者暗示提出的倾向或者排斥特定投标人的要求；6.对依法应当否决的投标不提出否定意见；7.暗示或者诱导投标人作出澄清、说明或者接受投标人主动提出的澄清、说明；8.其他不客观、不公正履行职务的行为"的情况下，重新评审结果应当予以采信。因此，评标委员会的重新评审行为及其结果合法、有效。甲平人力公司主张评标委员会的重新评审行为及其结果不合法、无效，并基于该主张提出本案一系列的诉讼请求，该主张及诉讼请求均不能成立，本院不予支持。

裁判结果：

驳回甲平人力公司的诉讼请求。

一百七十四、

"投标人不得低于成本报价"指投标人为完成投标项目所需支出的企业个别成本

——甲公司与南海某建建设工程施工合同纠纷案

【裁判要旨】

法律禁止投标人以低于成本的报价竞标,主要目的是为了规范招标投标活动,避免不正当竞争,保证项目质量,维护社会公共利益,如果确实存在低于成本价投标的,应当依法确认中标无效,并相应认定建设工程施工合同无效。

但是,对何为"成本价"应作正确理解,所谓"投标人不得以低于成本的报价竞标"应指投标人投标报价不得低于其为完成投标项目所需支出的企业个别成本。《招标投标法》并不妨碍企业通过提高管理水平和经济效益降低个别成本以提升其市场竞争力。根据定额标准所作鉴定结论为基础据以推定投标价低于成本价,依据不充分。承包人未能提供证据证明对案涉项目的投标报价低于其企业的个别成本,其以此为由主张《建设工程施工合同》无效,无事实依据。

【法院及案号】

一审:广东省佛山市中级人民法院,〔2007〕佛中法民五初字第20号。

二审:广东省高级人民法院,〔2013〕粤高法民终字第21号。

再审:最高人民法院,〔2015〕民提字第142号。

【当事人】

一审原告、反诉被告,二审被上诉人,再审被申请人:南海某建。

一审被告、反诉原告,二审上诉人,再审申请人:甲公司。

【案情介绍】

甲公司位于佛山市普君北路的旧厂区地块为佛山市政府规划的广佛地铁普君北路站区域内,依照规划应拆迁搬离。甲公司决定在佛山市南海区西樵镇河岗百西"西樵科技工业园"兴建新厂区,2006年4月12日通过佛山市南海区发展和改革局核准,可通过直接发包方式将所需兴建厂房发包出去。

对此甲公司就西樵山新厂区（第一标段）印花类成品加工车间、后整理印花车间、织造修补车间、五车间、漂染化工车间及空压机电房、综合楼、宿舍楼共七个工程项目的建筑、装饰、市政、安装及配套工程向多家施工单位邀请招标。上述项目工程用地、规划、报建已取得国有土地使用权证、建设工程规划许可证、建筑工程施工许可证。针对上述工程规格、招标投标等要求，甲公司于2006年3月17日作出《施工总承包招标方案》。

2006年4月13日，甲公司确定第一标段即案涉工程投标报价最高限价为2915万元，第二标段投标报价最高限价为1820万元。2006年4月14日，南海某建对案涉工程投标编制《工程量清单报价表》，确定对案涉工程投标总价为29134105.62元，并于同日预交了80万元投标保证金。南海某建在该报价表中将各项工程的夜间施工费、脚手架、环境保护费等措施项目费调整为零。同年4月15日，南海某建在编制《甲公司西樵新厂区（第一标段）投标文件之一》其中的投标函中表示，愿意以29134105.62元投标报价并按甲公司对涉案工程施工总承包方案提出的要求承包，承担工程施工、竣工、任何质量缺陷保险责任。

2006年4月20日，甲公司向南海某建出具《中标通知书》，确认将案涉工程发包给南海某建。

2006年5月23日，甲公司与南海某建签订《建设工程施工合同》，双方确认合同协议书、招标文件及补充文件、中标通知书、招标书及附件、合同专用条款、通用条款、标准及规范与有关技术文件、图纸、工程量清单（仅供参考）、工程报价单或预算书，以及双方有关工程的洽商、变更等书面补充协议或文件为《建设工程施工合同》组成部分。

2006年7月15日，南海某建正式开工。

开工后，双方对进度款及工期延误等发生争议。南海某建以甲公司低于成本价招标，承诺以后工程结算、保证南海某建应有5%利润引诱其中标，后中标施工中，拖欠工程进度款且未履行上述承诺，拒绝对工程款作出调整等，向人民法院起诉，请求确认案涉《建设工程施工合同》无效。

【一审情况】

争议焦点：

关于案涉《建设工程施工合同》效力的认定问题。

法院观点：

一审法院依申请，依法委托造价鉴定机构某辉造价公司，针对讼争工程造价共出具四个方案的《工程造价鉴定书》。《工程造价鉴定书》是基于南海某建与甲公司双方签订的《建设工程施工合同》，甲公司出具的《施工总承包招标方案》，南海某建的投标文件、涉案工程的施工图及设计修改通知单、桩基础施工工程记录书、现场工程签证单、南海某建与甲公司及监理公司三方确认的已完成《分部分项工程量清单计价表》、施工现场勘察情况，以及在与南海某建、甲公司工作人员经过不断对数确定具体项目、工程量基础上作出的，鉴定机构主体适格，鉴定对象明确、程序合法，所鉴定项目与客观事实相符，所采用的鉴定方法为《广东省建筑工程综合定额》（2003年）、《广东省装饰装修工程综合定额》（2003年）、《广东省安装工程综合定额》（2003年）、《广东省市政工程综合定额》（2003年）、《佛山工程造价信息》（2006年第1季度）及省市造价主管部门颁发的相关计价文件，适用标准合理，甲公司虽有异议，但未能予以推翻，依据《最高人民法院关于民事诉讼证据的若干规定》第七十一条"人民法院委托鉴定部门作出的鉴定结论，当事人没有足以反驳的相反证据和理由的，可以认定其证明力"，据此，对某辉造价公司针对涉案工程所作的四个方案《工程造价鉴定书》效力予以确认，并依法将其作为认定双方签订的《建设工程施工合同》效力依据。基于某辉造价公司对涉案工程出具的不含利润《工程造价鉴定书》（方案一）分析，即使不考虑南海某建应获得的人工利润，该工程造价成本亦需37886958.71元，相对双方签订的《建设工程施工合同》约定的29134105.62元，差额比例超过20%。对于工程的招标投标，《中华人民共和国招标投标法》第四十一条第二款规定"中标人的投标应当能够满足招标文件的实质性要求，并且经评审的投标价格最低；但是投标价格低于成本的除外"，甲公司将自身需建造的工程发包亦受此强制性规定约束。因《工程造价鉴定书》效力已予以确认，而南海某建与甲公司签订的《建设工程施工合同》约定的中标价远低于《工程造价鉴定书》认定的造价，违反了上述法律规定。依照《中华人民共和国合同法》第五十二条第五项规定的"违反法律、行政法规的强制性规定的合同无效"，据此南海某建请求确认与甲公司就涉案工程所签订的《建设工程施工合同》无效正当合法，予以支持。

裁判结果：

确认南海某建与甲公司于2006年5月23日签订的《建设工程施工合同》无效。

【二审情况】

争议焦点：

关于案涉《建设工程施工合同》效力的认定问题。

法院观点：

根据《中华人民共和国招标投标法》第四十一条的规定，中标人的投标应当符合下列条件之一：（一）能够最大限度地满足招标文件中规定的各项综合评价标准；（二）能够满足招标文件的实质性要求，并且经评审的投标价格最低；但是投标价格低于成本的除外。故衡量甲公司与南海某建签订的《建设工程施工合同》是否有效的关键在于涉案工程的投标价是否低于成本价。南海某建在一审时向法院提出申请，请求委托司法鉴定机构对涉案整体工程的造价成本、已完成工程项目造价进行鉴定。一审法院准许后，依法委托某辉造价公司进行了相应的鉴定。某辉造价公司依据《建设工程施工合同》《施工总承包招标方案》、南海某建的投标文件、涉案工程的施工图及设计修改通知单、桩基础施工工程记录书、现场工程签证单、《分部分项工程量清单计价表》、施工现场勘察情况等相关材料，对涉案工程造价共出具了四个方案的《工程造价鉴定书》，鉴定机构主体适格，鉴定对象明确、程序合法，所鉴定项目与客观事实相符。根据《最高人民法院关于民事诉讼证据的若干规定》第七十一条的规定，某辉造价公司作出的四个方案的《工程造价鉴定书》具有证明力。

根据某辉造价公司对涉案工程出具的不含利润的《工程造价鉴定书》(方案一)的分析，即使不考虑南海某建应获得的人工利润，该工程造价成本亦需37886958.71元，相对双方签订的《建设工程施工合同》约定的29134105.62元，差额比例超过20%，即涉案工程的投标价远低于成本价，不符合《中华人民共和国招标投标法》第四十一条第二款的规定。鉴于南海某建与甲公司签订的《建设工程施工合同》约定的中标价远低于《工程造价鉴定书》认定的造价，违反了上述法律规定，依照《中华人民共和国合同法》第五十二条第(五)项规定的"违反法律、行政法规的强制性规定的合同无效"，南海某建与甲公司就涉案工程所签订的《建设工程施工合同》应属无效，一审法院依法予以确认并无不当。甲公司认为《建设工程施工合同》合法有效的上诉理由不能成立，不予采纳。

裁判结果：

驳回上诉，维持原判。

【再审情况】

争议焦点：

关于案涉施工合同效力应如何认定的问题。

法院观点：

根据已经查明的案件事实，甲公司系采用邀请招标的方式发包案涉工程，虽然在具体实施中不符合邀请招标的相关程序规定，但考虑到佛山市南海区发展和改革局对工程发包方式已予核准，可以认定案涉工程履行了招标投标程序，应当适用《中华人民共和国招标投标法》的相关规定。对于本案是否存在《中华人民共和国招标投标法》第三十三条规定的以低于成本价竞标的问题。最高人民法院认为，法律禁止投标人以低于成本的报价竞标，主要目的是为了规范招标投标活动，避免不正当竞争，保证项目质量，维护社会公共利益，如果确实存在低于成本价投标的，应当依法确认中标无效，并相应认定建设工程施工合同无效。但是，对何为"成本价"应作正确理解，所谓"投标人不得以低于成本的报价竞标"应指投标人投标报价不得低于其为完成投标项目所需支出的企业个别成本。招标投标法并不妨碍企业通过提高管理水平和经济效益降低个别成本以提升其市场竞争力。原判决根据定额标准所作鉴定结论为基础据以推定投标价低于成本价，依据不充分。南海某建未能提供证据证明对案涉项目的投标报价低于其企业的个别成本，其以此为由主张《建设工程施工合同》无效，无事实依据。案涉《建设工程施工合同》是双方当事人真实意思表示，不违反法律和行政法规的强制性规定，合法有效。原判决认定合同无效，事实和法律依据不充分，本院予以纠正。

裁判结果：

一、撤销广东省高级人民法院〔2013〕粤高法民终字第21号民事判决和广东省佛山市中级人民法院（2007）佛中法民五初字第20号民事判决。

二、佛山市南海某建与甲公司于2006年5月23日签订的《建设工程施工合同》有效。

一百七十五、

在招标开始之前许诺他人一定中标并收取报酬的行为应认定无效

——甲公司与乙公司合同纠纷案

【裁判要旨】

《中华人民共和国招标投标法》第5条规定,"招标投标活动应当遵循公开、公平、公正和诚实信用的原则",但是在发包人公开招标、投标人投标行为开始之前,投标人与保证人签订的联合协议约定"保证人保证投标人中标",该约定明显违反了招标投标活动中要求遵循的公开、公平、公正和诚实信用原则,属于以合法形式掩盖非法目的,其扰乱了建筑市场的正常秩序,损害了其他参与招标投标活动当事人的合法权益。虽然投标人中标并承包该项目工程,但对于这种以"保证中标"为条件收取费用,明显违反招标投标活动应遵循的"三公原则"、扰乱市场正常秩序的行为,法院不应予以支持。

【法院及案号】

一审:北京市第一中级人民法院,〔2003〕一中民初字第12473号。
二审:北京市高级人民法院,〔2004〕高民终字第00408号。

【当事人】

一审原告,二审被上诉人:甲公司。
一审被告,二审上诉人:乙公司。

【案情介绍】

2000年12月,乙公司与甲公司签订联合协议,协议约定:甲公司保证乙公司获得华腾园二期两个楼座(一个公建、一个住宅楼)约35000平方米左右的总承包施工;支付甲公司费用应以中标价为基础,乙公司承诺支付工程合同总额的10%给甲公司;乙公司在工程预付款到位时一次付给甲公司应得上述款项(预付款数额不低于甲公司所得的二倍。如不足二倍,相差多少按倍数少付甲公司多少,在第二次拨款时补齐）。双方还约定了变更洽商等条款。协议签订后，2001年7月30日，乙公司与北京某化房地产开发有限公司（以下简称"某化公司"）签订了北京市建设工程施工协议条款，协议约定：某化公司为发包方，乙公司为承包方；乙公司承建华腾园小区7号楼的土建、给排水、采暖、电气工程；合同工程承包造价为47788600元等条款。2002年9月26日，乙公司与某化公司签订协议书，协议约定：某化公司为发包方，乙公司为承包方；乙公司承建华腾园小区乙7号住宅楼裙房工程；合同价款为10989998元。上述两份协议签订后，乙公司通过招标投标取得上述两份协议所涉工程的施工。2001年9月25日某化公司向乙公司支付第一笔工程款50万元。截止至案件起诉之日，乙公司已收到工程款三千余万元。乙公司一直未向甲公司给付联合协议约定的居间的报酬。后甲公司向一审法院起诉，请求乙公司向其支付居间服务费。

【一审情况】

争议焦点：

关于案涉《联合协议》的效力问题。

法院观点：

一审法院认为：居间合同是居间人向委托人报告订立合同的机会或者提供订立合同的媒介服务，委托人支付报酬的合同。本案中甲公司向乙公司提供了华腾园小区工程建筑施工的信息，而乙公司也通过招标投标取得了联合协议中约定的华腾园小区的建筑工程。联合协议中确定的居间指向的标的物已经在其后的两个建筑工程施工合同中得到实现。所以，乙公司与甲公司签订的联合协议符合居间合同的基本特征，其性质属于居间合同，甲公司亦按照联合协议的约定履行了居间的义务。联合协议系双方当事人的真实意思表示，应属有效。某化公司已经向乙公司支付了工程款。乙公司在某化公司已经支付工程款的条件下，应按照其在联合协议中的承诺，向甲公司支付居间的报酬。在乙公司逾期未能给付甲公司居间报酬的情况下，乙公司还应当按照逾期付款的有关规定并依联合协议的约定，自某化公司支付第一笔工程款的第二日起赔偿甲公司的损失。

裁判结果：

乙公司支付甲公司居间服务费。

【二审情况】

争议焦点：

关于案涉《联合协议》的效力问题。

法院观点：

二审法院认为，本案所涉及的工程项目施工，是某化公司根据法律规定以招标投标方式进行发包的。《中华人民共和国招标投标法》第5条规定，"招标投标活动应当遵循公开、公平、公正和诚实信用的原则"，但是在某化公司公开招标、乙公司投标行为开始之前，联合协议约定"甲公司保证乙公司获得华腾园二期二个楼座约35000平方米左右的工程总承包施工"，该约定明显违反了招标投标活动中要求遵循的公开、公平、公正和诚实信用原则，属于以合法形式掩盖非法目的，其扰乱了建筑市场的正常秩序，损害了其他参与招标投标活动当事人的合法权益。虽然乙公司中标并承包该项目工程，但对于这种以"保证中标"为条件收取费用，明显违反招标投标活动应遵循的"三公原则"、扰乱市场正常秩序的行为，法院不应予以支持。故法院认定联合协议无效，双方当事人对协议的无效均有过错。综上，乙公司关于联合协议属于无效协议的上诉理由成立。原审法院判决认定的事实清楚，但适用法律错误，应予改判。

裁判结果：

撤销一审判决，改判驳回一审原告诉讼请求。

一百七十六、

低于成本价中标的，其中标应认定为无效

——甲公司与某投公司建设工程合同纠纷案

【裁判要旨】

案涉工程系政府投资工程，属于必须要进行招标投标的工程，某投公司虽然按照法律规定进行了招标投标，但甲公司在投标时商务标与技术标载明的工程量不一致，甲公司在技术标中明确载明案涉工程缺土约26万m^3，缺土外运，而在商务标中载明投标的工程量仅为15.5万m^3，在张某华就案涉工程起诉本案甲公司、某投公司的案件中，具有专业知识的鉴定机构认为甲公司投标工程量明显低于成本价中标，应为废标。根据招标文件的规定，低于成本价投标应为废标，不得进行评标，而某投公司对甲公司的投标未进行严格审查，致使投标工程量远远低于招标工程量的甲公司中标，且根据法律规定，投标人不得低于成本价竞标，故甲公司的投标违反法律规定，甲公司、某投公司间签订的合同当属无效。

【法院及案号】

一审：巢湖市人民法院，〔2016〕皖0181民初552号。

一审（发回重审）：巢湖市人民法院，〔2017〕皖0181民初5387号。

二审：安徽省合肥市中级人民法院，〔2018〕皖01民终6746号。

再审：安徽省高级人民法院，〔2020〕皖民申124号。

【当事人】

一审原告、上诉人、被申请人：甲公司。

一审被告、上诉人、再审申请人：某投公司。

【案情介绍】

2006年11月9日，某投公司发出巢湖市职业技术学院新校区土方回填施工招标文件，载明工程名称为"新校区场地土方回填"，建设规模为回填土方约26万m^3，承包方式为包工包料（土方来源、土方价格、土方运输距离、采用的运输方式及相关风

险因素由投标人自行考虑,招标人不承担中标人数量和价的风险),招标范围为以提供的填方范围和控制高程(高程为黄海高程)为依据,投标人必须对照控制高程自行测量工程量,自主报价。招标文件第13.3条载明,"注意事项:(1)工程使用的填方土质和回填土压实系数等执行国家施工及验收规范和质量评定标准。填方土质在保证质量的前提下,由投标人自行采购。(2)本工程不预付备料款、进度款等,具体付款办法见本须知前附表第8项。(3)投标报价不得使用降价函。(4)投标人在技术标中载明的计划投入的主要施工机械设备,在合同签订后7日内必须全部进入施工现场,否则将视为自动放弃中标资格,并没收投标保证金,并赔偿由此造成的相关损失。(5)招标人所提供的填、挖土方量等数据仅供投标人参考,按照本须知附表第6项的要求,投标人以自行测量的填、挖土方量等数据为依据自主进行投标报价并体现到投标总报价中,投标风险自行承担。(6)地方关系等由中标人自行协调解决,费用自理。(7)因现场原因造成施工机械多次进退场费用等均体现到投标总报价中。(8)投标人应当自行勘察场地现场,场内影响土方挖、填质量和工期的障碍物清除费用均应包含在投标报价内,以后不再另计"。招标文件第26.1条载明开标时,投标文件出现下列情形之一的,应当作为无效投标文件,不得进入评标,其第26.1.10条内容为"投标报价高于招标人控制价或低于成本价的"。

2006年11月28日,甲公司就本工程向某投公司发出投标函,载明根据某投公司招标工程项目编号为CHZT 2006-001的巢湖市职业技术学院新校区土方工程的招标文件,遵照《中华人民共和国招标投标法》等有关规定,经踏勘项目现场、自行测量和研究上述招标文件的投标须知、合同条款、招标范围、工程建设标准和工程量及其他有关文件后,甲公司愿以2382700.98元的投标报价并按上述合同条款、工程建设标准、招标文件要求和工程量的条件要求承包上述工程的施工、竣工,并承担任何质量缺陷保修责任。投标文件技术部分"第二节土方回填"部分载明根据招标文件提供的图纸计算出土方开挖数量为36946.3m^3,回填数为292960.8m^3,缺土约26万m^3,缺土部分从料场外运,但甲公司投标工程量仅为15.5万m^3。2006年12月11日,某投公司向甲公司发出中标通知书,通知甲公司中标巢湖市职业技术学院新校区土方回填工程,2006年12月28日,甲公司、某投公司签订建设工程施工合同,约定由甲公司承包施工巢湖市职业技术学院新校区土方回填工程,合同价款为238万元,承包人按月报工程进度款,发包人在收到报告后审核完,并载明审核后价款的70%按月支付汇款单,工程完工一个月后验收合格审计结束余款一次付清(无息)。合同约定"本合同价款采用固定价格合同,合同价款中包括的风险范围:依据招标文件所有工作内容"。补充条款约定执行招标义件第13.3条款,工程验收达不到控制高程,调减土方量的土方单价按13元/m^3计算。合同签订后,甲公司将案涉工程实际交付给张某华施工,张某华在组织施工过程中,由于对建筑垃圾处理不当,造成停工,致工程不能如期完工。2007年7月20日由某投公司主持召开了甲公司、某奇建设工程咨询管理有限公司、张某华等共同参加的协调会，达成"自愿中止合同，互不追究对方责任，并组织验收，验收合格后进行结算"的协议。2007年8月13日，某投公司委托某源基础勘察工程有限公司对案涉工程进行测量汇总，张某华实际完成的工程量为200697m^3。2008年7月18日甲公司提交工程决算书，监理工程师郭某跃签字同意按签订的工程量验收。2009年3月，甲公司要求某投公司尽快核实决算案涉工程，并由监理公司提交某投公司报审，2009年6月15日某投公司工作人员在政府性投资项目工程初审意见中签署意见同意报审。在施工期间，某投公司共给付甲公司工程款121万元。后张某华讨要工程款未果，将本案甲公司、某投公司诉至该院〔案号为〔2012〕巢民二初字第00046号〕，在该案审理过程中，某通会计师事务所对案涉工程造价进行了司法鉴定，并得出两份鉴定结论：1.依据发、承包人之间所订立的合同为固定价格合同，结算价等于合同价加签证价，鉴定结果为：巢湖市职业技术学院新校区土方回填工程合同价为238万元，施工单位报审价为3936543.17元，案涉工程总造价为2244407.15元，其中合同内的工程造价为1813151.73元，合同外签证部分的工程造价为431255.42元。2.巢湖市职业技术学院新校区土方回填工程招标工程量为279256m^3，投标工程量为15.5万m^3，中标价为2382700.98元，明显低于成本价中标，应为废标。由于双方自愿终止合同时，某投公司委托有资质的勘察单位测量，案涉工程实际完成的工程量为200697m^3，按施工人实际完成的工程量鉴定，并参照甲公司投标时提供的系数，得出鉴定结论，案涉工程造价为3020208.57元，合同外签证部分的工程造价为431255.42元，该工程总造价为3451463.99元。

在该案一审审理过程中，某通会计师事务所派员出席了庭审，后根据庭审中的问题就工程造价为3451463.99元的鉴定结论所依据的计算参数，书面说明低于《2000年全国统一建筑工程基础定额外安徽省综合估价表》及《安徽省建筑安装工程费用定额》中所确定的标准。该院于2014年12月10日对该案作出一审判决，认为甲公司的投标量与某投公司的招标量不一致，甲公司的投标不符合招标的要求，且违背了《中华人民共和国招标投标法》第三十三条规定，应为废标，故甲公司、某投公司间签订的《建设工程施工合同》属无效。且甲公司、某投公司及张某华之间对已完成的工程量及善后事宜举行过三方会谈，约定终止合同，对已完成的工程量按实结算，并互不追究责任。故某通会计师事务所对涉案工程造价按施工人实际完成的工程量作出鉴定，依据并参照甲公司投标时提供的系数，得出案涉工程造价为3451463.99元，符合双方当事人约定，且不违反公平原则，此外该份鉴定结论所适用的相应标准低于《2000年全国统一建筑工程基础定额外安徽省综合估价表》及《安徽省建筑安装工程费用定额》中所确定的标准，故鉴定造价低于定额价，亦没有损害发包人的利益。遂采信案涉工程总造价为3451463.99元，并据此作出一审判决。

宣判后，本案甲公司、某投公司均不服，提起上诉。某投公司上诉称其与本案甲公司签订的合同应为合法有效，甲公司在该案答辩中同意某投公司关于合同效力问题的上诉意见，但认为工程款应以该案一审鉴定机构作出的工程造价为准。2015年12月4日，安徽省合肥市中级人民法院作出〔2015〕合民一终字第04271号民事判决，该判决对甲公司应当按照案涉工程总造价3451463.99元支付张某华工程款予以采信，但该判决亦确认本案甲公司、某投公司间仍未结算。终审判决送达后，张某华向巢湖市人民法院申请强制执行。2016年1月8日，该院依法划拨甲公司在金融机构存款250万元。2016年2月1日，甲公司诉至该院，请求某投公司给付工程款，在该案审理过程中，该院曾向巢湖市人民政府发函，建议巢湖市人民政府对案涉工程进行工程价款审计。2016年12月10日，受巢湖市审计局委托，安徽某申工程造价咨询有限责任公司作出巢湖职业技术学院新校区土方回填工程项目协审审计报告，载明本工程中标价为2382700.98元，招标控制价为3705583.28元，评标定标办法为经评审的最低投标价法。工程质量情况载明工程未施工完毕，经合同双方同意终止合同（双方同意互不追求对方责任），已完工程量"按实计算"。该工程送审金额为2735778.05元（其中合同造价238万元，合同外变更签证355778.05元），该公司审定金额为1005916.53元（其中合同内项目973361元，合同外项目32555.53元），其中合同内项目核减1406639元，系对未完成回填工程量108203m³部分，按13元/m³从合同价中予以扣减，合同外部分核减323222.52元，系3号签证单业主方明确注明不计入，故审计未计入。另案涉工程已交付使用。

【一审（发回重审）情况】

争议焦点：

一、甲公司、某投公司间签订的建设工程施工合同是否有效。

二、在甲公司未能全部履行完合同且合同无效情况下，能否主张工程款，以及工程价款应当如何确定。

法院观点：

一、甲公司、某投公司间签订的建设工程施工合同是否有效。一审法院认为，甲公司、某投公司间签订的合同违反法律规定，应为无效合同。理由如下：案涉工程系政府投资工程，属于必须要进行招标投标的工程，某投公司虽然按照法律规定进行了招标投标，但甲公司在投标时商务标与技术标载明的工程量不一致，甲公司在技术标中明确载明案涉工程缺土约26万m³，缺土外运，而在商务标中载明投标的工程量仅为15.5万m³，在张某华就案涉工程起诉本案甲公司、某投公司的案件中，具有专业知识的鉴定机构认为甲公司投标工程量明显低于成本价中标，应为废标。根据招标文件的规定，低于成本价投标应为废标，不得进行评标，而某投公司对甲公司的投标未进行严格审查，致使投标工程量远远低于招标工程量的甲公司中标，且根据法律规定，投标人不得低于成本价竞标，故甲公司的投标违反法律规定，甲公司、某投公司间签订的合同当属无效。

二、在甲公司未能全部履行完合同且合同无效情况下，能否主张工程款，以及工程价款应当如何确定。一审法院认为，合同无效，因合同取得的财产应予返还，不能返还或无返还必要时，应折价补偿，有过错方应当赔偿无过错方损失，双方均有过错时，应当各自承担相应责任。本案所涉工程系土方工程，无法返还财产，只能主张与案涉工程相当的工程款，本案中甲公司、某投公司对合同的无效均具有一定过错，且过错相当，故双方互不承担责任，且案涉工程已交付使用，某投公司亦同意与甲公司结算，在张某华诉本案甲公司、某投公司案及本案原审中，两家鉴定机构鉴定意见书中均载明双方均同意终止合同（双方同意互不追究对方责任），已完工程量"按实计算"，故在计算甲公司工程价款时，应当根据双方在终止合同后就达成的一致意见进行结算。另甲公司、某投公司间的合同无效，甲公司投标工程量明显小于招标工程量，若按照合同约定的价款计算工程价款明显对甲公司不公平，同时某投公司亦获得不当利益，在此情况下，应当按照国家规定的相关定额价进行结算。在实际施工人张某华就案涉工程起诉本案甲公司、某投公司时，该院曾委托鉴定机构对案涉工程价款进行鉴定，在本案原审时，巢湖市审计局亦委托鉴定机构对案涉工程价款进行鉴定，共形成三份不同的鉴定结论，一审法院分析如下：（一）总工程价款为3451463.99元（其中合同范围内的工程造价为3020208.57元，合同外签证431255.42元）的鉴定结论，该鉴定结论系在认定案涉承包合同无效的前提下，根据甲公司实际施工的工程量并依据甲公司投标时的系数鉴定得出的结论，在该案审理过程中，鉴定机构出具书面意见，该工程价款的计算低于《2000年全国统一建筑工程基础定额外安徽省综合估价表》及《安徽省建筑安装工程费用定额》中所确定的标准，即若按照国家及本省规定的定额对案涉工程进行造价鉴定，则合同内的工程款要高于3020208.57元，现甲公司按照该数额向某投公司主张工程价款，低于按照相关定额计算的工程价款，并不损害某投公司利益，该院予以支持。合同外签证部分有三份签证单组成，第1号、2号签证单加盖某投公司印章，工程价款为32555.53元，该款应当计算到总工程款中，3号签证单某投公司明确注明该费用由甲公司自行承担，即该签证单未经过某投公司确认，且该签证单内容系临时道路的修建，为方便甲公司施工所建，相关费用应当由甲公司自行承担，故该签证项下工程价款该院不予支持，故甲公司应得总工程款为3052764.1元。甲公司在取得案涉工程后将工程交由张某华实际施工，在张某华案中甲公司同意按照该三份签证单付款，但其与张某华如何结算与本案某投公司无关，且在该案中某投公司亦未表示同意支付3号签证单项下的费用，甲公司与某投公司就合同外签证结算时应当依照经某投公司确认的签证单结算，某投公司未确认的签证单，某投公司无付款义务。（二）总工程价款为2244407.15元（合同内工程造价为1813151.73元，合同外签证部分的工程造价为431255.42元）的鉴定结论，该鉴定结论并未突破甲公司、某投公司间合同约定的总价款，因案涉合同无效，若采信该鉴定意见，则会造成甲公司产生损失，且某投公司亦因此获得不当利益，故该院不予采信。(三)本案原审期间安徽某申工程造价咨询有限责任公司作出的金额为1005916.53元(其中合同内项目973361元,合同外项目32555.53元)的鉴定结论,该鉴定报告载明双方同意互不追究违约责任,按实结算,但该鉴定结论直接按照合同约定,将甲公司未施工的工程量乘以13元/m^3进行扣除,未考虑甲公司实际施工的工程量,从而得出甲公司在施工大部分工程量的情况下,所得工程款少于小部分未施工工程量的工程款,与双方约定的按实结算不符,且该鉴定意见书系在甲公司、某投公司间合同有效前提下作出的,故对该鉴定结论该院不予采信。综上,院认定甲公司施工的案涉工程总工程款为3052764.1元,某投公司已付款121万元,余款1842764.1元应当给付。因合同未履行完毕双方即同意终止,虽然约定审计结束后付清工程款,但双方在履行合同中产生的一系列争议导致工程未能及时审计,而甲公司亦未及时向法院主张权利,故该院确定逾期付款利息应当自甲公司起诉之日起计算,利率应当以中国人民银行同期同类贷款利率计算。

裁判结果:

一、某投公司于判决生效之日起十日内给付甲公司工程款1842764.1元及利息。

二、驳回原告其他诉讼请求。

【二审情况】

争议焦点:

关于一审法院未将甲公司、某投公司间签订的合同作为案涉工程款计价依据是否存在不当以及合同内价款和合同外签证部分如何计入案涉工程价款的问题。

法院观点:

某投公司、甲公司虽经过招标投标就案涉工程订立建设工程施工合同,然在招标投标过程中,甲公司在投标时商务标与技术标载明的工程量不一致,技术标中明确载明案涉工程缺土约26万m^3,缺土外运,而在商务标中载明投标的工程量仅为15.5万m^3,在张某华就案涉工程起诉本案甲公司、某投公司的案件中,具有专业知识的鉴定机构认为甲公司投标工程量明显低于成本价中标,应为废标。根据招标文件的规定,低于成本价投标应为废标,不得进行评标,而某投公司对甲公司的投标未进行严格审查,致使投标工程量远远低于招标工程量的甲公司中标,且根据法律规定,投标人不得低于成本价竞标,故甲公司的投标违反法律规定,原审法院未将甲公司、某投公司间签订的合同作为案涉工程款计价依据并无不当,本院予以维持。

案涉工程价款包括合同内价款和合同外签证部分。甲公司主张的合同内数额系张某华案中根据甲公司实际施工的工程量并依据甲公司投标时的系数鉴定得出的结论。在该案审理过程中,鉴定机构出具书面意见,该合同内工程价款的计算低于依据国家及本省规定的定额对案涉工程进行造价鉴定的数额,现甲公司按照该数额向某投公司主张工程价款,并不损害某投公司利益,原审法院予以支持并无不当,本院予以维持。合同外签证部分，其中加盖某投公司印章部分签证单价款为32555.53元应当计算到总工程款，双方争议的3号签证单因某投公司明确注明该费用由甲公司自行承担，该款未经过某投公司确认，甲公司主张某投公司负担依据不足。在张某华案中甲公司虽认可同意对于该签证单计入其与张某华之间的工程价款，但该意思表示并不能约束某投公司，原审法院依据3号签证内容确认该项款项不计入本案工程款并无不当，本院予以维持。甲公司、某投公司关于工程价款的上诉意见，缺乏依据，本院均不予采信。

案涉工程未履行完毕双方即同意终止，虽然约定审计结束后付清工程款，但双方在履行合同中产生的一系列争议导致工程未能及时审计，而甲公司亦未及时向法院主张权利，原审法院确定逾期付款利息应当自甲公司起诉之日起计算并无不当，本院予以维持。

裁判结果：
驳回上诉，维持原判。

【再审情况】

争议焦点：
甲公司投标工程量明显低于成本价是否导致双方签订的合同无效，以及依据对已完成工程量的鉴定意见计算工程价款是否不当的问题。

法院观点：
案涉工程系政府投资工程，属于必须要进行招标投标的工程，某投公司虽然按照法律规定进行了招标投标，但甲公司在投标时商务标与技术标载明的工程量不一致，甲公司在技术标中明确载明案涉工程缺土约26万m^3，缺土外运，而在商务标中载明投标的工程量仅为15.5万m^3，在张某华就案涉工程起诉本案甲公司、某投公司的案件中，鉴定机构认为甲公司投标工程量明显低于成本价中标，根据招标文件的规定，低于成本价投标应为废标，不得进行评标，而某投公司对甲公司的投标未进行严格审查，致使投标工程量远远低于招标工程量的甲公司中标。一、二审法院据此认定甲公司、某投公司间签订的合同无效并无不当，某投公司认为一审判决认定合同无效缺乏证据支持的理由不能成立。二审虽未在判决中明确表述合同无效，但对一审判决的该项认定予以认可，并予维持，并未回避合同是否有效的裁判任务，某投公司认为二审判决认定投标价低于成本价的事实缺乏证据支持，导致事实认定主要证据不足，继而法律适用错误，且回避了合同是否有效的关键性裁判任务的理由不能成立。

甲公司主张的合同内工程价款数额系张某华案中根据甲公司实际施工的工程量并依据甲公司投标时的系数鉴定得出。该合同内工程价款的计算低于依据国家及本省规定的定额对案涉工程进行造价鉴定的数额，甲公司按照该数额向某投公司主张工程价款，并不损害某投公司利益，一、二审据此认定案涉工程造价并无不当。

本案中，甲公司低于成本价投标，某投公司对甲公司的投标未进行严格审查，致使投标工程量远远低于招标工程量的甲公司中标，双方对合同的无效均具有一定过错，且过错相当，原判认定双方互不承担责任正确，某投公司认为合同无效的过错方是甲公司，应由其承担责任的理由不能成立。合同无效，因合同取得的财产应予返还，不能返还或无返还必要时，应折价补偿。本案所涉工程系土方工程，无法返还财产，只能主张与案涉工程相当的工程款。本案甲公司投标工程量明显低于成本价导致双方签订的合同无效，原判依据对已完成工程量的鉴定意见计算工程价款并无不当。故某投公司要求依据合同约定结算工程价款，以政府审计的结论为准的理由不能成立。

裁判结果：

驳回某投公司的再审申请。

一百七十七、

《中华人民共和国招标投标法实施条例》第三十四条规定的控股关系，应理解为参加同一招标项目投标的一单位为另一单位的控股股东

——再审申请人甲公司因与被申请人乙公司及一审被告丙医附院
第三人撤销之诉案

【裁判要旨】

根据《中华人民共和国招标投标法实施条例》第三十四条第二款、第三款的规定，单位负责人为同一人或者存在控股、管理关系的不同单位，不得参加同一标段投标或者未划分标段的同一招标项目投标，否则相关投标无效。该条中的"控股关系"，应理解为参加同一招标项目投标的一单位为另一单位的控股股东。《中华人民共和国公司法》第二百一十六条第二项规定："控股股东，是指其出资额占有限责任公司资本总额百分之五十以上或者其持有的股份占股份有限公司股本总额百分之五十以上的股东；出资额或者持有股份的比例虽然不足百分之五十，但依其出资额或者持有的股份所享有的表决权已足以对股东会、股东大会的决议产生重大影响的股东。"

【法院及案号】

二审：海南省高级人民法院，〔2019〕琼民终27号
再审：最高人民法院，〔2019〕最高法民申3553号。

【当事人】

一审原告、二审被上诉人、再审申请人：甲公司。
一审被告、二审上诉人、再审被申请人：乙公司。

【案情介绍】

综合丙医附院与乙公司护理服务合同纠纷案（〔2016〕琼0106民初8924号、〔2017〕琼01民终46号）等本案关联案例可知，乙公司通过招标方式经评标委员会评定、媒体公示中标评审结果，于2016年5月9日与发包人丙医附院签订《护理服务合

同》，取代了丙医附院护理服务的前合作方甲公司。甲公司认为乙公司在该次招标投标活动中与其他投标企业有交叉持股关系，丙医附院和乙公司系违法签订《护理服务合同》，而导致甲公司被丙医附院单方解除事实合同关系，造成了其合法利益的损失，故提起第三人撤销之诉。

【再审情况】

争议焦点：

甲公司对二审判决认定事实及适用法律提出的异议进行审查的问题。

法院观点：

法院认为，根据《中华人民共和国招标投标法实施条例》（以下简称《招标投标法实施条例》）第三十四条第二款、第三款的规定，单位负责人为同一人或者存在控股、管理关系的不同单位，不得参加同一标段投标或者未划分标段的同一招标项目投标，否则相关投标无效。该条中的"控股关系"，应理解为参加同一招标项目投标的一单位为另一单位的控股股东。《中华人民共和国公司法》第二百一十六条第二项规定："控股股东，是指其出资额占有限责任公司资本总额百分之五十以上或者其持有的股份占股份有限公司股本总额百分之五十以上的股东；出资额或者持有股份的比例虽然不足百分之五十，但依其出资额或者持有的股份所享有的表决权已足以对股东会、股东大会的决议产生重大影响的股东。"本案中，乙公司与某瑞德公司之间不存在相互持股的情形，不存在《招标投标法实施条例》第三十四条第二款规定的控股关系。二审判决不支持甲公司关于乙公司与某瑞德公司之间存在控股关系并导致投标无效的主张，适用法律并无错误。

根据《招标投标法实施条例》第十四条的规定，招标人应当与被委托的招标代理机构签订书面委托合同。证据显示丙医附院在开始委托代理机构办理招标事务时没有签订书面委托合同，但在招标结果产生后与代理机构签订书面委托合同，该瑕疵已经得到弥补。《招标投标法实施条例》第四十六条第一款明确规定该款适用于"必须依法进行招标投标的项目"，而案涉项目并非《中华人民共和国招标投标法》规定的必须进行招标的项目。招标代理机构在海南省财政厅网站发布了招标公告，法律并未规定招标公告还需在招标人内部进行公示。案涉招标公告要求投标人"有依法缴纳税收和社会保障的良好记录"，某瑞德公司在投标当时成立时间尚短，尚未办理纳税与缴纳社保资金事务并不违反法律规定。即便该公司不符合投标条件，也不属于《中华人民共和国招标投标法》第五十条、第五十二条至第五十五条、第五十七条规定的中标无效的情形，不导致通过招标投标订立的合同无效。二审判决不支持甲公司有关丙医附院与乙公司之间案涉《护理服务合同》无效的主张，并无不当。

裁判结果：

驳回再审申请。

一百七十八、

投标人少于三人属于程序性瑕疵，不构成中标无效的法定事由，所签订的中标合同有效

——甲公司与乙公司、丙公司建设工程施工合同纠纷案

【裁判要旨】

《中华人民共和国招标投标法》规定的中标无效情形并不包括投标人少于三个的招标。故一审判决认定该程序性瑕疵不属于《中华人民共和国招标投标法》规定的会导致合同无效的情形并无不当。

【法院及案号】

一审：福建省高级人民法院，〔2018〕闽民初67号。

二审：最高人民法院，〔2020〕最高法民终165号。

【当事人】

一审原告、二审上诉人：甲公司。

一审被告、二审被上诉人：乙公司、丙公司。

【案情介绍】

2012年10月31日，乙公司针对石狮市环湾大道、水头外线项目对外发布《招商公告》，第一项载明工程概况。1.项目名称：石狮市环湾大道、水头外线项目。2.投资规模：投资费用约5亿元。3.项目地点：石狮市环湾大道。4.招商内容及范围：市政道路、排水管道、雨水管道等，具体详见经审查合格的施工图纸和经审核发布的工程量清单为准。5.质量标准：达到质量检验评定标准合格及以上等级。6.投资期限：从具备施工条件并以招商人下达开工令日期起至2013年9月底完工（以竣工验收报告日期为准），竣工验收2年内回购完毕。

《投资须知前附表》载明合同签署要求：1.投资竞得人（若是联合体投资的，必须是竞得后联合投资的牵头人）应在收到《竞得通知书》后5天内与招商人签订合同。2.投资竞得人（若是联合体投资的，必须是竞得后联合投资的牵头人）应在签订合同

后30个日历天内，在石狮市内注册一家具有独立法人地位的项目公司，由项目公司具体负责本项目的运作和管理。项目公司：项目公司依法成立后，由项目公司负责本项目的运作和管理，以及遵守合同各项约定，并在项目竣工验收合格后，由项目公司收取回购价款。资金监管：投资人（项目公司）的投资资金由招商人、投资人（项目公司）、经办银行三方签订监管合同共同进行资金监管（详见工程资金监管协议）。投资人（项目公司）要根据上述项目投资实施规模，及时注入项目资本金，本项目的资本金占投资总额比例不低于30%，并在项目建设期内保证资金投入。

回购价款：回购价款=建安工程费+投资利息+投资回报。1.建安工程费：按招商人指定的财政评审、审计机构、中介单位审定的工程预算审核造价乘以（1-降幅系数6%）确定。2.投资利息：按建设期投资人（项目公司）的实际投资额计算利息……利息按中国人民银行公布的一至三年银行基准贷款利率上浮20%确定，建设期内，如遇中国人民银行调整贷款利率，则按照实际调整时间和幅度相应调整。利息按季度进行结算支付。3.投资回报：以经招商人指定的财政评审、审计机构、中介单位审核的建安工程费用结算价款乘以（1-降幅系数6%）为基数，乘以投资回报率。投资回报率以投资竞得人的报价为准。投资回报在工程结算造价经招商人指定财政评审、审计机构、中介单位审核确定后的一个月内支付。回购期限：本项目竣工验收合格后按照4:3:3的比例分2年回购完毕，即本项目竣工验收合格后支付降幅后的工程预算审核造价（按招商人指定的财政评审、审计机构、中介单位审核后的造价）的40%，一年内支付至降幅后的结算造价（按招商人指定的财政评审、审计机构、中介单位审定后的结算造价，下同）的70%，两年内支付至降幅后的结算造价的95%，剩余降幅后的结算造价的5%作为工程保修金。工程保修期自工程竣工验收合格之日算起两年整，保修期满30天内，工程保修金无息退还。招商人有权提前支付回购价款，投资利息应当根据实际支付数额和时间相应扣减。回购期间内，招商人延误支付价款的，招商人应按中国人民银行公布的一至三年银行基准利率上浮30%计算支付延误利息。

《投资须知》载明：招商文件的澄清和修改。8.2招商人对投资人提出的问题将视其情况作出必要澄清，并将澄清的内容在提交投资文件截止时间5日前按招商文件规定的方式发送给所有购买招商文件的投资人，但不指明所澄清问题的来源。该澄清内容为补充招商文件，是招商文件的组成部分，具有约束作用。如果澄清招商文件的时间距提交投资文件截止时间不足5天，应相应延长提交投资文件的截止时间。8.3招商文件发出后，在提交投资截止时间5日前，招商人可以书面形式对招商文件进行修改或补充。如果修改或补充招商文件的时间距提交投资文件截止时间不足5天，应相应延长提交投资文件的截止时间。8.4招商文件的澄清、修改、补充等内容均以书面形式明确的内容为准。当招商文件、招商文件的澄清、修改、补充等在内容的表述上不一致时，以最后发出的书面文件为准。22.8通过资格审查的投资人不足二家时，本次招商失败，由招商人另行组织招商。2012年11月8日，乙公司发布《石狮市环湾大道、水头外线项目招商文件的修改、补充通知》，其中第4点载明：招商文件第23页第22.8条修改为"通过资格审查的投资人仅一家时，则该投资人直接指定为投资竞得人"。2012年11月8日，乙公司发布《石狮市环湾大道、水头外线项目招商答疑》，其中第3点载明：招商文件中第10页22.8条规定"通过资格审查的投资人不足两家时，本次招商失败，由招商人另行组织招标"。此条款的表述我公司认为是招标文件的规定，与招商文件规定要求不符。回复：按本招商文件要求。2012年11月26日，乙公司通知甲公司与丙公司组成的联合体中标。

2012年12月，乙公司与甲公司、丙公司签订《BT合同》。该合同第六条回购价款：回购价款＝建安工程费＋投资利息＋投资回报，具体以招商文件（狮永信招字第12105号）中投资须知前附表为准；投资回报：以经招商人指定的财政评审、审计机构、中介单位审核的建安工程费用结算价款乘以（1－降幅系数6%）为基数，乘以投资回报率6%计算。第七条回购价款支付期限：本项目竣工验收合格后按照4∶3∶3的比例分2年回购完毕具体以招商文件（狮永信招字第12105号）中投资须知前附表为准。第八条项目进度安排：开工日期2012年12月16日（具体以甲方和监理书面形式下达开工令为准）；竣工日期2013年9月30日（具体以竣工报告日期为准）。第十条双方权利义务，（一）乙公司权利义务：及时接收本项目的所有权利、所有权和权益的移交；及时、足额地拨付回购价款。（二）甲公司、丙公司权利义务：联合体中的牵头人甲公司承担项目总承包施工责任，丙公司承担项目投融资责任，乙公司的项目回购价款支付给丙公司；甲公司、丙公司指定丙公司为本工程项目公司，甲公司、丙公司全权委托丙公司负责本项目的运作和管理，并在项目竣工验收合格后，由项目公司收取回购价款；在建设期内自行承担费用和风险，负责进行项目的投资、建设和移交。

乙公司与丙公司签订《工程资金监管协议书》约定：丙公司为完成石狮市环湾大道、水头外线项目，在建行石狮分行开设基本结算账户。丙公司应将项目资金专项用于石狮市环湾大道、水头外线项目。建行石狮分行接受乙公司委托对丙公司开设的基本结算账户资金使用情况进行监督。乙公司在发现丙公司将本项目资金挪用、转移时有权责令改正，若丙公司不整改的，乙公司有权解除合同协议及本工程资金监管协议并没收丙公司履约保证金。乙公司有权不定期审查经办银行对丙公司的资金使用监督情况。

2012年12月26日，丙公司与甲公司签订《施工承包合同》，约定：1.工程工期290日历天。2.工程造价：本合同暂定总价37000万元。本工程采用综合单价的方式，按实际工程量结算，目前的合同总价为暂定价。具体以招商文件（狮永信招字第12105号）投标须知前附表为准。3.本工程预付款为工程合同价款的5%。当工程施工至50%后，预付款由甲方分两个批次在工程进度款中扣回。工程进度款按月支付，总包单位每月25日前上报已完工程产值，该产值经确认后，甲方于次月10日前按上月已完产值的80%支付总包方工程进度款。工程实体验收合格后付款至已完工工程产值的90%,与回购方的工程结算完成付至结算价的95%,余款在工程质保期满后一个月内付清。丙公司不按期支付工程款的,按照欠款总额的0.1%每日支付滞纳金。

4.双方在履行本合同时发生争议,可自行协商解决。如协商不成的,可向上海仲裁委员会宝山仲裁中心申请仲裁。丙公司与甲公司签订《施工承包合同补充协议》,约定:原承包合同中(暂定)总价为37000万元;根据现场施工情况,由于该工程的工程量增加。经双方协商一致,同意调整原合同再定总价,在原合同价款基础上(暂定)增加16000万元;即总金额调整为(暂定)53000万元;其他条款仍执行原合同条款不变,双方共同遵守。

石狮市环湾大道、水头外线项目工程于2016年1月19日通过竣工验收。截至起诉时,乙公司向丙公司支付31500万元,丙公司向甲公司支付362228044元。

【一审情况】

争议焦点:

一、本案是否属于人民法院受理范围。

二、案涉《BT合同》《施工承包合同》《施工承包合同补充协议》的效力。

三、乙公司是否负有向甲公司支付工程款及逾期付款利息的责任。

四、甲公司对案涉工程是否有权行使优先受偿权。

法院观点:

一、关于本案是否属于人民法院受理范围

案涉《BT合同》《施工承包合同》《施工承包合同补充协议》系乙公司与丙公司、甲公司之间就投资、开发、建设石狮市环湾大道、水头外线项目签订的平等主体间民事合同。甲公司因履行上述三份合同与乙公司、丙公司产生纠纷,其起诉符合《中华人民共和国民事诉讼法》第一百一十九条的规定。因此,本案属于人民法院的受理范围。

二、关于案涉《BT合同》《施工承包合同》《施工承包合同补充协议》的效力

案涉石狮市环湾大道、水头外线项目的施工内容包括市政道路、排水管道、雨水管道等,属市政工程。根据《中华人民共和国招标投标法》第三条的规定,属于必须进行招标的项目。从乙公司提供的招商公告、招商文件、招标公告确认函、竞得结果公示、竞得通知书、招商情况报告等证据材料看,乙公司作为整个项目的招商人已经依法履行了招标投标的程序。尽管甲公司对于乙公司提交的《招商文件的修改、补充通知》提出异议,认为其没有看到过该份文件,但根据福建招标与采购网的记载,该份《招商文件的修改、补充通知》已于2012年11月8日与《石狮市环湾大道、水头外线项目招商答疑》一并进行了公示,乙公司对招商文件中有关内容的修改,并未超过《投资须知》中规定的对招商文件进行澄清和修改的时限。因此,该份《招商文件的修改、补充通知》是招商文件的组合部分,对各方均具有约束力。尽管招商文件中关

于招商人对招商文件进行澄清和修改的时限以及《招商文件的修改、补充通知》中关于"通过资格审查的投资人仅一家时,则该投资人直接指定为投资竞得人"的内容与《中华人民共和国招标投标法》的规定并不完全相符,但这些程序性的瑕疵并不属于《中华人民共和国招标投标法》规定的会导致合同无效的情形,且没有证据证明这些瑕疵对中标结果造成实质性影响,损害了其他竞标人的合法权益,因此,甲公司以此为由主张案涉石狮市环湾大道、水头外线项目的招标投标程序违法,案涉《BT合同》《施工承包合同》《施工承包合同补充协议》无效,不能成立。对上述三份协议的效力予以确认。

三、关于乙公司是否负有向甲公司支付工程款及逾期付款利息的责任

乙公司与甲公司、丙公司签订《BT合同》后,甲公司与丙公司又另行签订了《施工承包合同》和《施工承包合同补充协议》。根据《BT合同》的约定,甲公司与丙公司指定丙公司为本工程的项目公司,负责项目的运作和管理,甲公司承担项目总承包施工责任,丙公司承担项目融资责任,乙公司的项目回购价款支付给丙公司。乙公司应于工程竣工验收合格后按照4:3:3的比例分2年支付完毕。再根据甲公司与丙公司签订的《施工承包合同》的约定,甲公司已完工程量由丙公司负责确认,丙公司按照合同约定向甲公司付款:工程进度款按月支付,甲公司每月25日前上报已完工程产值,经确认后,丙公司于次月10日前按上月已完产值的80%支付工程进度款,工程实体验收合格后付款至已完产值的90%,与乙公司的工程结算完成付至结算价的95%,余款在工程质保期满后一个月内付清。从上述两份合同的约定可以看出,乙公司作为项目招商人仅负有向丙公司支付回购价款的义务,丙公司作为工程发包方才是向甲公司支付工程款的责任主体。该事实不仅有合同的明确约定,从乙公司与甲公司各自提交的付款凭证、收款明细中亦可得到印证:丙公司于2013年3月26日开始陆续向甲公司支付工程款,截至2015年5月26日,共计支付362228044元,而乙公司则是在2015年7月份才开始陆续向丙公司支付回购价款,截至2017年7月10日共计支付342500000元。由此可见,乙公司与丙公司支付款项的性质、对象、时间均不相同。在上述三份协议均合法有效的情况下,甲公司突破合同的相对性,直接要求乙公司向其支付工程款,缺乏合同和法律依据,不予支持。

至于甲公司主张乙公司未尽资金监管义务,应承担支付工程款责任的问题。首先,根据甲公司提交的《工程资金监管协议书》,其并非协议的签订主体;其次,根据《BT合同》的约定,竞得人在建设期内是自行负责筹资建设,自行承担费用和风险,乙公司、丙公司及经办银行系对丙公司投入的建设资金进行监管,而非对乙公司支付给丙公司的回购价款进行监管;再次,合同也没有约定乙公司没有履行监管义务,则应承担支付工程款的违约责任。因此,甲公司的上述主张亦不能成立,应不予支持。

根据《施工承包合同》的约定,丙公司作为案涉工程项目的发包人,是向甲公司

支付工程款的直接责任主体。乙公司作为《BT合同》的招商人并不负有向甲公司支付工程款的义务。甲公司要求乙公司在丙公司未支付的工程款范围内承担补充赔偿责任，缺乏合同和法律依据，不予支持。

四、关于甲公司对案涉工程是否有权行使优先受偿权

《中华人民共和国合同法》第二百八十六条虽赋予承包人在发包人未按照约定支付工程款的情况下，可就建设工程折价或拍卖的价款享有优先受偿权，但该条同时规定了除外情形，即建设工程的性质不宜折价、拍卖的除外。由于本案中甲公司承包的环湾大道、水头外线工程属市政基础设施工程，事关社会公共利益，依法不宜进行折价或拍卖，因此，甲公司要求对该工程折价、拍卖所得价款享有优先受偿权，不符合法律规定，应不予支持。

综上所述，案涉《BT合同》《施工承包合同》《施工承包合同补充协议》体现了各方当事人的真实意思表示，内容不违反法律、行政法规强制性规定，合法有效。根据合同约定，甲公司应向丙公司要求支付工程价款。甲公司要求乙公司直接向其支付工程款的理由均不能成立，不予支持。因案涉工程属市政基础设施工程，工程性质不宜折价或拍卖，故对甲公司要求对工程价款享有优先受偿权的主张亦不予支持。丙公司经依法传唤，无正常理由拒不到庭参加诉讼，依法缺席判决。

裁判结果：

驳回甲公司的全部诉讼请求。

【二审情况】

争议焦点：

一、本案是否应当发回重审。

二、案涉《BT合同》《施工承包合同》《施工承包合同补充协议》的效力。

三、甲公司能否直接向乙公司主张回购价款。

法院观点：

一、关于本案是否应当发回重审

甲公司以一审法院未向丙公司有效送达应诉材料、传票及判决书为由主张一审法院送达程序违法，本案应当发回重审。首先，《中华人民共和国民事诉讼法》第十三条第一款规定"民事诉讼应当遵循诚实信用原则"。本案中，一审法院向丙公司邮寄送达的地址系甲公司提供，现甲公司以其提供的不是有效送达地址为由主张一审送达程序违法，明显有违诉讼诚信原则。其次，即便一审法院向丙公司的送达存在程序瑕疵，影响的是丙公司诉讼权利行使，而甲公司无权代表丙公司主张权利。最后，本案二审中在对丙公司邮寄送达无果后，采取公告方式向其送达开庭传票等应诉材料，但丙公司在二审对其进行有效送达的情况下，仍然未到庭参加诉讼，应当视为其放弃在本案二审中行使相关诉讼权利。因此，甲公司提出本案应当发回重审的理由不能成立，

其主张本院不予支持。

二、关于案涉《BT合同》《施工承包合同》《施工承包合同补充协议》的效力

1.关于案涉《BT合同》的效力

甲公司认为案涉《BT合同》的签订未经过招标程序，且即使将招商行为视为招标行为，也因招标程序违反强制性规定，影响中标结果导致合同无效。

《中华人民共和国招标投标法》第十条第二款规定"公开招标，是指招标人以招标公告的方式邀请不特定的法人或者其他组织投标"。据此，公开招标本质特征是招标人对外发布公告邀请不特定的法人或其他组织投标。本案中，乙公司虽然发布的是《招商公告》，但该公告发布对象是不特定社会公众，且公告列明的投资人可以是具备一定条件的不特定法人。因此，虽然《招商公告》载明的最低投标人数、投标期限等与《中华人民共和国招标投标法》规定不一致，构成招标程序瑕疵，但该《招商公告》仍然符合上述公开招标的本质特征，案涉《BT合同》仍属通过招标程序签订的合同。故甲公司提出案涉《BT合同》因未履行招标程序而无效的上诉理由不能成立。

《中华人民共和国招标投标法》第二十八条规定："投标人应当在招标文件要求提交投标文件的截止时间前，将投标文件送达投标地点。招标人收到投标文件后，应当签收保存，不得开启。投标人少于三个的，招标人应当依照本法重新招标"。《招商公告》载明的提交投资文件期间内，仅有甲公司与丙公司组成的联合体投标。乙公司通知联合体中标，并与其订立案涉《BT合同》。甲公司主张招标投标活动违反《中华人民共和国招标投标法》第二十八条规定，因而案涉《BT合同》应属无效。《中华人民共和国合同法》第五十二条第（五）项规定，违反法律、行政法规的强制性规定的合同无效。《最高人民法院关于适用〈中华人民共和国合同法〉若干问题的解释（二）》第十四条进一步规定，合同法第五十二条第（五）项规定的"强制性规定"，是指效力性强制性规定。《中华人民共和国招标投标法》规定的中标无效情形并不包括投标人少于三个的招标。故一审判决认定该程序性瑕疵不属于《中华人民共和国招标投标法》规定的会导致合同无效的情形并无不当。《中华人民共和国招标投标法实施条例》第八十一条规定"依法必须进行招标的项目的招标投标活动违反招标投标法和本条例的规定，对中标结果造成实质性影响，且不能采取补救措施予以纠正的，招标、投标、中标无效，应当依法重新招标或者评标"。本案中，没有证据证明招标投标各方采取了不当排除他人投标的情形，亦没有潜在的投标人对招标投标活动提出异议，难以认定仅有甲公司、丙公司组成的联合体投标即构成"对中标结果造成实质性影响"。故甲公司依据上述条文规定主张《BT合同》无效，缺乏事实依据。因此，甲公司提出案涉《BT合同》因违反法律强制性规定而无效的上诉理由不能成立。

2.关于案涉《施工承包合同》《施工承包合同补充协议》的效力

甲公司上诉称案涉《施工承包合同》系以虚假的意思表示实施的民事法律行为，应属无效。案涉《BT合同》约定，甲公司承担项目总承包施工责任，丙公司承担项

目融资责任。丙公司作为承担项目融资责任一方，其负有在施工过程中向甲公司支付工程款的义务。故《BT合同》不仅明确甲公司与丙公司系联合体成员关系，还对联合体成员之间的权利义务作出规定。2012年12月26日，丙公司与甲公司签订《施工承包合同》是联合体双方在《BT合同》约定的基础上，对于其内部关系作出进一步明确约定。丙公司与甲公司又签订《施工承包合同补充协议》约定增加工程量。甲公司与丙公司之间的联合体成员关系并不排斥双方根据需要在联合体内部约定成立施工合同关系。丙公司依据《施工承包合同》《施工承包合同补充协议》约定已向甲公司支付362228044元工程款，也即《施工承包合同》《施工承包合同补充协议》已得到实际履行。甲公司上诉认为案涉《施工承包合同》系以虚假的意思表示实施的民事法律行为缺乏事实和法律依据，其提出《施工承包合同》《施工承包合同补充协议》应属无效的理由不能成立，其主张本院不予支持。

甲公司的一审诉讼请求第一项及第二项即是要求确认案涉《BT合同》《施工承包合同》《施工承包合同补充协议》无效。一审法院经审理认为上述合同均属合法有效，一审法院直接对甲公司的上述诉讼请求不予支持即可，没有向甲公司进行释明的必要。且甲公司上诉时仍然坚持主张上述合同无效。故一审法院未就合同效力的认定向甲公司进行释明并无不当。

三、关于甲公司能否直接向乙公司主张回购价款

根据《BT合同》《施工承包合同》的约定，联合体成员甲公司负责总承包施工责任，丙公司负责项目投融资责任，乙公司在竣工验收合格后开始将项目回购价款支付给丙公司；同时在施工过程中，由丙公司向甲公司支付工程款。故虽然甲公司系联合体一方，但各方在《BT合同》明确了回购价款是由乙公司支付给丙公司，甲公司系通过向丙公司主张工程款方式获取收益。丙公司于2013年3月26日开始陆续向甲公司支付工程款，截至2015年5月26日，共计支付362228044元。案涉工程于2016年1月19日通过竣工验收。乙公司在2015年7月份开始陆续向丙公司支付回购价款，截至2017年7月10日共计支付342500000元。也即各方实际上也是按照上述协议约定的付款方式分别支付工程款、回购价款。

此外，2016年6月22日，丙公司与某宇天泽公司签订《应收账款质押合同》，约定将《BT合同》项下的回购价款质押给某宇天泽公司以获得委托贷款，并办理了应收账款质押登记。北京市第四中级人民法院于2018年7月23日作出〔2017〕京04民初170号民事判决第三项确定，某宇天泽公司有权直接向乙公司收取应由乙公司支付给丙公司的石狮市环湾大道、水头外线项目（BT）回购价款（以欠付的回购价款数额为限），并依据质押登记有权对该回购价款在该判决第一项所确定的债权范围内行使优先受偿权。虽然甲公司针对该判决提起第三人撤销之诉，但尚未有生效判决撤销该判决，该判决仍属于生效状态。上述生效判决明确案涉回购价款应由乙公司支付给丙公司，且某宇天泽公司对该笔回购价款享有优先受偿权。在此情况下，甲公司提起本

案诉讼,提出其可直接向乙公司主张回购价款的诉讼请求明显与该生效判决判项主文相冲突,不能成立。

因此,基于案涉《BT合同》《施工承包合同》的约定以及北京市第四中级人民法院〔2017〕京04民初170号民事判决,甲公司一审提出第三项诉讼请求(由乙公司直接向其支付工程款),不能成立。甲公司提出的要求乙公司支付逾期付款利息、丙公司承担补充赔偿责任、其对案涉工程款享有优先受偿权等诉讼请求均是建立在第三项诉讼请求成立基础上,鉴于甲公司的第三项诉讼请求不能成立,则其上述其他诉讼请求均不能成立。

裁判结果:

驳回上诉,维持原判。

一百七十九、

投标人自行承诺虚假投标的投标保证金不予退还，但招标人没有因投标人的虚假投标行为造成实际损失，故招标人请求不予退还保证金，人民法院不予支持

——淮安某信公司与盱眙某达公司建设工程施工合同纠纷案

【裁判要旨】

原审依据查明的案件事实，认定被上诉人的承诺书虽对资料虚假作出可没收投标保证金的承诺，但被上诉人的行为既不符合没收投标保证金的法定情形，也未对上诉人招标投标的行为造成损失，对上诉人主张没收投标保证金不予支持，并无不当。

【法院及案号】

一审：江苏省淮安市淮安区人民法院，〔2019〕苏0803民初1825号。
二审：江苏省淮安市中级人民法院，〔2019〕苏08民终3508号。

【当事人】

一审原告、二审被上诉人：盱眙某达公司。
一审被告、二审上诉人：淮安某信公司。

【案情介绍】

2017年5月9日，淮安某信公司作为招标方委托江苏某科工程咨询有限公司就《淮安新材料产业园北环路东延建设工程施工HAQ-XC1标段》在淮安市公共资源交易中心面向社会公开招标。盱眙某达公司依法投标并经评标，评标结果盱眙某达公司为第一中标候选人，在候选人公示期间，淮安某信公司以街道匿名举报及盱眙某达公司拟投入的项目经理存在在建项目为由取消盱眙某达公司中标资格并作出没收盱眙某达公司投标保证金40万元的决定。该40万元于2017年6月22日由淮安市公共资源交易中心淮安分中心转入淮安某信公司账户。虽然盱眙某达公司项目经理戴某有在建项目是事实，盱眙某达公司在投标时的承诺书也是真实的，但淮安某信公司并未让盱眙某达公司提供可撤离的证明。原告、淮安某信公司之间系平等的民事主体，淮安某信公司仅凭匿名举报启动调查程序不符合《工程建设项目招标活动投诉处理办法》的规定，淮安某信公司也无权作出没收投标保证金的决定。同时，淮安某信公司招标文件

只构成要约邀请，盱眙某达公司投标只构成要约，淮安某信公司取消盱眙某达公司的中标资格系对盱眙某达公司要约的拒绝。在此情形下，淮安某信公司理应退还盱眙某达公司的投标保证金。

上诉人出具了《淮安新材料产业园北环路东延、腾飞路北延建设工程施工HAQ-XCL-SG1标段约谈记录》，该记录载明：约谈时间2017年6月7日；本标段中标候选人公示期，2017年6月2日至2017年6月7日；约谈原因，候选人公示期间，招标人收到对公示的异议，提出三名候选人项目经理均有在建工程；约谈对象，江苏某沃建设集团有限公司、被上诉人、淮安某纬高速公路养护工程有限公司；约谈人，招标人即上诉人。对于项目经理有在建项目，江苏某沃建设集团有限公司陈述对有在建项目没有异议，但这个工程已经接近尾声，该项目业主可提供可撤离证明；被上诉人陈述没有异议，该项目按照合同已经结束，查因工期拖延，一直没有交工；淮安某纬高速公路养护工程有限公司陈述，有异议，该项目在交通系统中为已建项目，这个项目我单位是中标人，但一直没有实施，业主现已取消该项目的实施。上诉人又出具了于2017年6月30日向淮安某纬高速公路养护工程有限公司中标通知书，该通知书内容为："现确定涉案工程由贵公司为中标人，请收到本中标通知书后于2017年7月30日前与单位洽谈合同，在限期内不来草拟合同协议作放弃中标处理。"

【一审情况】

争议焦点：

一、原告投标时对项目经理戴某是否有在建项目承诺不实，原告对其招标文件是否可以补充提供证明。

二、被告是否可以依据原告的承诺书没收投标保证金。

法院观点：

一、原告投标文件部分材料不实，是否可以补充提供证明。

《中华人民共和国招标投标法》（以下简称《招标投标法》）规定，投标人在招标文件要求提交投标文件的截止时间前，可以补充、修改或者撤回已提交的投标文件，并书面通知招标人。

原告主张依据被告提供的招标文件，要求是项目经理无在建项目（提供承诺函）或有在建项目但提供了发包人出具的可撤离证明原件，原告认为其项目经理戴某虽有在建项目，但被告未让原告提供可撤离的证明。被告对原告主张不认可。

因法律明确对投标文件的补充修改时间做出规定，确定中标候选人后的公示期间，原告已无权对投标文件作出补充或修改，原告该主张无法律依据，一审法院不予认定。

二、被告是否可以依据原告的承诺书没收投标保证金。

《中华人民共和国招标投标法实施条例》（以下简称《招标投标法实施条例》）对投

标保证金不予退还规定了两种情形：其一，中标人无正当理由不与招标人订立合同，在签订合同时向招标人提出附加条件，或者不按照招标文件要求提交履约保证金的，取消其中标资格，投标保证金不予退还；其二，投标截止后投标人撤销投标文件的，招标人可以不退还投标保证金。

《招标投标法》规定，投标人不得以低于成本的报价竞标，也不得以他人名义或者以其他方式弄虚作假，骗取中标。投标人以他人名义投标或者以其他方式弄虚作假，骗取中标的，中标无效。给招标人造成损失的，依法承担赔偿责任；构成犯罪的，依法追究刑事责任。《招标投标法实施条例》规定，投标人有下列情形之一的，属于《招标投标法》第三十三条规定的以其他方式弄虚作假的行为：(一)使用伪造、变造的许可证件；(二)提供虚假的财务状况或者业绩；(三)提供虚假的项目负责人或者主要技术人员简历、劳动关系证明；(四)提供虚假的信用状况；(五)其他弄虚作假的行为。

被告主张原告项目经理戴某有在建项目被查证属实，原告投标资料有虚假，故依据原告承诺书没收原告投标保证金40万元（承诺书载明投标人资料如有虚假，原告愿意接受招标人作出的取消投标、中标资格及没收投标、履约保证金的决定）。原告在投标文件中对项目经理戴某是否有在建项目作了不实承诺，其行为属于法律规定的弄虚作假情形，一审法院予以确认。

相关法律规定了没收投标保证金的两种情形，并对弄虚作假等行为损害后果和违法后果进行规定，旨在保护招标投标各当事人的合法权益，保证招标项目质量。原告承诺书虽对资料虚假作出可没收投标保证金的承诺，但原告已被取消中标候选人资格，被告方的招标活动可以依据程序继续进行，因此原告的行为并未最终影响中标结果，亦未对被告造成损失，且与法律规定的没收投标保证金的情形不相符，被告主张没收投标保证金一审法院不予支持。原告要求被告返还保证金40万元，一审法院予以确认。

裁判结果：

淮安某信公司于本判决生效后十日内返还原告盱眙某达公司投标保证金400000元。

【二审情况】

争议焦点：

是否可以依据原告的承诺书没收投标保证金。

法院观点：

投标保证金是指投标人按照招标文件的要求向招标人出具的，以一定金额表示的投标责任担保。其实质是为了避免因投标人在投标有限期内随意撤回、撤销投标或中标后不能提交履约保证金和签署合同等行为而给招标人造成损失。本案中，被上诉人参与上诉人招标的淮安新材料产业园北环路东延、腾飞路北延建设工程施工HAQ-

XCL-SG1标段的投标,并向上诉人缴纳了40万元的投标保证金。后经上诉人审查,被上诉人项目经理戴某有在建项目,被上诉人投标资料有虚假。该事实有双方当事人的当庭陈述,以及《淮安新材料产业园北环路东延、腾飞路北延建设工程施工HAQ-XCL-SG1标段约谈记录》、中标通知书为证,本院予以采信。

上诉人称因被上诉人提供了虚假材料,依据被上诉人向上诉人出具的承诺书,应没收投标保证金40万元;对此,被上诉人不予认可,认为招标投标是缔结合同的一种方式,保证金是否应返还应按照缔约过失责任来认定。本院认为,依据投标的相关法律规定,明确了没收投标保证金的两种情形。本案被上诉人的项目经理有在建项目,其所提供的资料有虚假行为,但并不属于招标投标法所规定没收投标保证金的情形。同时法律也规定了对弄虚作假等行为损害后果和违法后果进行规定,旨在保护招标投标各当事人的合法权益,保证招标项目质量。且从二审中上诉人所提供的约谈记录、中标通知书来看,被上诉人因提供虚假资料被取消中标候选人资格,依据招标程序由三名候选人中产生中标人,因此被上诉人的行为并未最终影响中标结果,上诉人也未提供因被上诉人的行为造成损失。原审依据查明的案件事实,认定被上诉人的承诺书虽对资料虚假作出可没收投标保证金的承诺,但被上诉人的行为既不符合没收投标保证金的法定情形,也未对上诉人招标投标的行为造成损失,对上诉人主张没收投标保证金不予支持,并无不当。综上所述,上诉人的上诉请求不能成立,应予驳回;原审判决认定事实清楚,适用法律正确,应予维持。

裁判结果:

驳回上诉,维持原判。

一百八十、

虽然投标人提供的项目经理证书已过期，但证书客观真实，不属于弄虚作假的情形

——甲公司与乙公司建设工程施工合同纠纷案

【裁判要旨】

乙公司在投标时提供的项目经理何某伟的二级建造师临时执业证书虽已过有效期，但系真实的，乙公司并不存在伪造、提供虚假项目经理资质证书的情形；甲公司作为招标方亦有审查投标材料的义务，其在诉讼过程中可以通过网上查询确定项目经理的资质，也同样可以在招标投标期间进行相应审查，但其没有，其自身具有一定的审查过失。根据上述规定，乙公司提供失效的项目经理资质证书的行为不属于以弄虚作假方式骗取中标的行为，故甲公司主张中标无效及施工合同无效于法无据，本院不予支持。

【法院及案号】

一审：江苏省宜兴市人民法院，〔2020〕苏0282民初4465号。
二审：江苏省无锡市中级人民法院，〔2021〕苏02民终4103号。

【当事人】

一审原告、二审上诉人：甲公司。
一审被告、二审被上诉人：乙公司。

【案情介绍】

2019年8月20日，甲公司（甲方）与乙公司（乙方）签订江苏宜兴方井紫砂文化航母城项目幕墙、门窗工程施工合同一份，合同约定：……1.3工程内容为江苏宜兴方井紫砂文化航母城项目幕墙、门窗及金属装饰构架等的制作安装；1.4施工范围，本合同范围为一标段，一标段范围为1号楼～9号楼幕墙和门窗及部分金属装饰构架；……2.1.1江苏宜兴方井紫砂文化航母城项目合同标段内图纸所要求的幕墙、门窗及金属装饰构架等的制作和安装；……4.6乙方负责办理与本项目安装施工相关的

手续，甲方予以必要的协助；……5.2本工程由总包单位负责提供现场现有脚手及吊装设备供乙方无偿使用，总包单位履行总包管理和协调的义务，如总包单位现有的脚手架及吊装设备不能满足乙方安装需要而需另行搭设脚手架和增加吊装设备则由乙方自行负责并承担费用；……8.1本合同暂定总价含税为17260000元，招标图纸（含变更）范围内固定综合单价包干；……9.1本工程考虑在合同签订及进场后招标人支付合同金额5%的预付款；乙方提交履约担保的金额为合同金额的5%，履约担保的形式为在第一次月度计量中预留，直至达到合同金额的5%为止；……15.4在实施过程中，如乙方的制作及安装队伍素质、力量、管理人员、制作安装设备、运输等不力，造成质量和进度达不到要求时，甲方有权要求其调整充实制作安装力量，乙方必须接受，如调整措施不力，作违约处理，甲方可自行与乙方终止合同，一切责任由乙方承担；……15.8乙方不得因争议纠纷和其他任何原因擅自停工或阻工或上访，否则按停工天数处罚100000元/天，若造成严重后果应赔偿相应损失。

  2019年12月14日，甲公司向乙公司发出工作联系单，内容为目前1号楼、2号楼已具备条件幕墙、门窗施工，但现场只有2号楼有7人施工，其余楼栋无人施工，劳动力严重不足完全不能满足现场工作需要，严重影响了我方落架节点计划，因此对贵司经济处罚10000元。乙公司赵某明于2019年12月16日签收，同时回复意见"甲方未按合同约定付款，我司不接受处罚"。2019年12月16日，甲公司向乙公司发出工作联系单二份，其中一份关于现场劳动力严重不足事宜，一份关于2号楼工期滞后事宜，该份联系单对乙公司经济处罚10000元。乙公司赵某明于当日签收，同时回复意见"甲方未按合同约定付款，我司不接受处罚，后期产生后果，我司不予承担"。2019年12月18日，甲公司向乙公司发出工作联系单，内容关于年前进度事宜，乙公司赵某明于当日签收，同时回复意见"甲方未按合同约定付款，无法保证进度要求，所产生后果我司不予承担"。2019年12月25日，甲公司向乙公司发出工作联系单，内容关于1号楼门窗、幕墙无人施工事宜，该份联系单以严重影响落架节点计划为由对乙公司经济处罚20000元。乙公司赵某明于当日签收，同时回复意见"甲方未按合同约定付款且因总包停工停电导致我单位无法施工，安装人员被迫退场。现场我单位已重新组织施工人员进场；关于影响落架计划处罚我单位不予接受，产生后果我司不予承担"。2019年12月27日，甲公司向乙公司发出工作联系单，内容关于2号楼进度事宜。乙公司赵某明于2019年12月28日签收，同时回复意见"现场恢复施工后，甲方一直未按合同约定付款，且现场总包因施工保证金事宜采取了断电措施，导致我单位施工无法正常开展，对于进度滞后产生的后果我单位不予承担。"2020年1月9日，甲公司向上海建工某建集团公司、乙公司、某日源建设集团有限公司、江苏某皇装饰工程有限公司共同发出工作联系单，内容为2号楼外架拆除前监理组织各单位对各自施工质量、细部构造、感观效果进行自查自纠，对不符合要求的部位及时整改，后期如有什么问题，均由各参建单位自行搭设外架，我方不承担任何费用。

2020年1月14日，甲公司向乙公司发出工作联系单，内容关于2号楼进度节点事宜，要求2号楼幕墙（石材、玻璃）、门窗玻璃、空调百叶等剩余工程量必须在2月25日之前全部完成，否则一切后果由贵司承担。2020年3月1日，甲公司向乙公司发出工作联系单，内容为2号楼东立面、北立面幕墙（石材、玻璃）、门窗玻璃、空调百叶、铝板等剩余工程量必须在3月20日之前全部完成，保证我方外立面展示效果，如因你方原因造成的进度滞后，所产生的一系列后果由贵司承担。乙公司赵某明于2020年3月2日签收，同时回复意见"因疫情影响，我单位已在积极组织年后复工生产，劳务及材料采购都已在联系安排，受疫情不可抗力影响暂时还未进行施工，且现场至今未按合同约定支付工程进度款，甲方要求按工期节点暂无法产生的后果，我单位不予承担"。2020年3月5日，甲公司向乙公司发出工作联系单，内容为根据相关法律法规分包必须纳入总包管理，贵司需与总包签订三方施工合同，如贵司不同意签订，须自行办理施工许可证，我方予以配合。乙公司赵某明于2020年3月10日签收，同时回复意见"三方合同已在洽谈中，待谈好后予以办理"。2020年3月6日，甲公司向乙公司发出工作联系单，内容为年后正式复工，至今1号楼幕墙龙骨、个别窗附框均无人施工，我司去年多次发工作联系单，约谈贵司领导均未得到有效落实，因你方进度滞后导致1号楼外架延迟拆除，所产生的一系列后果均由贵司承担。乙公司赵某明于2020年3月12日签收，同时回复意见"门窗附框因洞口问题无法安装，幕墙施工人员已进场埋板已开始施工，因疫情导致施工延迟产生的后果我司不予承担"。2020年3月15日，甲公司向乙公司发出工作联系单，内容为关于现场安全施工管理事项。2020年3月14日、4月2日，甲公司向乙公司发出工作联系单，内容为关于1号楼施工进度事宜。2020年4月8日，甲公司向乙公司发出工作联系单，内容为关于外架搭设事宜。乙公司赵某明于同日签收，同时回复意见"根据招标文件要求，幕墙用脚手架不在招标范围由甲方协调总包负责，如要求我单位委托搭设脚手架，费用应由甲方负责承担；根据合同约定要求，至今为止甲方未按合同约定支付工程预付款，一切的影响均由甲方造成，造成的一切后果应由甲方自行承担，我单位不承担一切损失费用"。2020年4月10日，甲公司向乙公司发出工作联系单，内容为："1.按照合同及4月7日约谈纪要，脚手架搭设由贵司负责，最终费用由合法的第三方机构判定；2.贵司脚手架2020年4月11日必须进场施工，请贵司本着合同履约精神，抓紧组织劳动力，积极抢工，否则我方造成的一切损失由贵司承担，若不采取相应措施，我方将按合同第15.4条约定终止合同"。2020年4月11日，甲公司向乙公司发出工作联系单，内容为关于门窗及幕墙材料事宜。2020年4月15日，甲公司向乙公司发出工作联系单，内容为要求贵司于2020年4月17日之前必须进场搭设脚手架；铝材质保资料必须在2020年4月16日之前报监理、甲方；关于总分包合同和注册总包电商平台事宜，贵司应派专人在2020年4月16日之前办理完成，否则我方造成的一切损失均由贵司承担。

2020年4月7日，双方达成会议纪要一份，纪要主要内容为：1.铝型材品牌问题。我方（甲方）同意1号楼、2号楼的铝型材可以使用乙公司的品牌，但是乙公司需提供完整的产品质量资料。其余3-9号楼的铝型材，严格按照合同约定执行。若乙公司在后续施工过程中还有关于铝型材品牌方面的诉求，双方再另行协商处理。2.脚手架搭建及费用承担问题。双方一致同意以项目顺利推进为重，可由乙公司委托支架公司搭设1号楼、2号楼的脚手架，并先进行1号楼、2号楼的门窗、幕墙施工。关于脚手架费用，后期双方可委托合法的第三方机构进行仲裁，根据仲裁结果来确定脚手架的费用由哪一方承担，若任何一方不服仲裁的，可以上诉处理。3.工期。双方一致同意搁置争议，以项目施工进度大局为重，迅速开始施工，并由我工程部与乙公司项目部，根据现场实际情况，迅速共同达成施工工期的方案。

2020年4月24日，甲公司向乙公司发出解除合同通知书，乙公司于2020年4月25日收到。

2020年12月24日，江苏某成工程项目管理有限公司出具江苏宜兴方井紫砂文化航母城项目幕墙、门窗-1号楼、2号楼工程造价鉴定报告一份，鉴定结果为本次鉴定造价为1782697.53元，不含浅色石材及深色石材造价。鉴定说明：①甲公司提出经监理单位现场复核，幕墙玻璃尺寸不符合要求，现按合格计入造价。如按不合格计，则需扣除此部分造价3044.11元。②甲公司提出的玻璃幕墙铝合金附框材料尺寸图纸要求厚度18mm，乙公司送货24mm，导致不能正常使用。本次鉴定按18mm计入鉴定造价，如按不合格计，需要扣除此部分造价69573.68元。③铝合金型材投标文件要求品牌为栋梁铝材，现场为乙铝材，本次鉴定材料价格按乙铝材市场价格计入。④铝单板穿孔铝板的材料价格双方有争议，甲公司提出要按投标单价计算，乙公司提出要按市场价格计算，本次鉴定按市场价格300元/m^2计入，若按投标价235元/m^2计算，则需扣除21169.95元。⑤因双方对浅色石材的品种及深色石材的质量有争议，故将浅色石材及深色石材作为争议部分单列，浅色石材价格为42382.27元，深色石材价格为110810.73元。

铝合金附框有两种规格，一种是18mm，另一种是24mm，18mm附框用于幕墙，24mm附框用于玻璃雨棚。乙公司仅供甲公司24mm附框，没有供18mm附框。幕墙附框是甲公司自行委托另外单位安装。一审法院询问甲公司18mm附框与24mm附框从外观看是否存在区别，甲公司明确告知存在区别，且甲公司明知乙公司自始至终未供应18mm附框。

【一审情况】

争议焦点：

原告的诉讼请求是否应予支持。

法院观点：

甲公司与乙公司签订的工程施工合同系双方真实意思的一致表示，内容不违反法律法规的禁止性规定，合同合法有效。双方均应按照合同约定严格履行各自义务。甲公司未按双方合同约定足额支付工程预付款，且经乙公司多次催要也未履行合同义务。甲公司未按双方合同约定足额支付工程预付款的行为属违约在先，乙公司有权拒绝其相应的履行要求。甲公司单方书面向乙公司提出解除合同，该合同已解除。甲公司的诉讼请求，不符合法律规定，应予驳回。

裁判结果：

判决驳回甲公司的诉讼请求。一审案件受理费减半收取5100元、鉴定费19000元，合计24100元，由甲公司负担。

【二审情况】

争议焦点：

一、双方于2019年8月20日签订的施工合同是否有效。

二、甲公司付款是否符合合同约定。

三、乙公司是否享有后履行抗辩权。

法院观点：

一、双方于2019年8月20日签订的施工合同是否有效。甲公司主张施工合同无效，理由是乙公司提供失效的项目经理资质证书，属于弄虚作假骗取中标的行为，故中标无效，进而合同无效。本院认为：《中华人民共和国招标投标法》（以下简称《招标投标法》）第三十三条规定，投标人不得以低于成本的报价竞标，也不得以他人名义投标或者以其他方式弄虚作假，骗取中标。《中华人民共和国招标投标法实施条例》第四十二条规定，使用通过受让或者租借等方式获取的资格、资质证书投标的，属于《招标投标法》第三十三条规定的以他人名义投标。投标人有下列情形之一的，属于《招标投标法》第三十三条规定的以其他方式弄虚作假的行为：（一）使用伪造、变造的许可证件；（二）提供虚假的财务状况或者业绩；（三）提供虚假的项目负责人或者主要技术人员简历、劳动关系证明；（四）提供虚假的信用状况；（五）其他弄虚作假的行为。本案中，乙公司在投标时提供的项目经理何某伟的二级建造师临时执业证书虽已过有效期，但系真实的，乙公司并不存在伪造、提供虚假项目经理资质证书的情形；甲公司作为招标方亦有审查投标材料的义务，其在诉讼过程中可以通过网上查询确定项目经理的资质，也同样可以在招标投标期间进行相应审查，但其没有，其自身具有一定的审查过失。根据上述规定，乙公司提供失效的项目经理资质证书的行为不属于以弄虚作假方式骗取中标的行为，故甲公司主张中标无效及施工合同无效于法无据，本院不予支持。

二、甲公司付款是否符合合同约定。本院认为：甲公司未足额支付预付款是否违约，取决于对施工合同第9.1条如何理解。施工合同第9.1条约定的是"本工程考虑在合同签订及进场后招标人支付合同金额5%的预付款"，而非甲公司可以视情况决定是否支付预付款，支付的时间是合同签订及进场后，甲公司关于支付预付款附有条件并不能在合同条款中反映出来；该条约定的履约担保金虽然在数额上与预付款相同，但支付时间和形式不同，预付款支付在前，而履约担保金是在第一次月度计量中预留，即乙公司的施工进度影响履约担保金的返还时间，而非影响预付款的支付，预付款与履约担保金是不同性质的款项，甲公司关于预付款转为履约担保金的主张依据不足，本院不予采信。故甲公司未按时足额支付预付款，违反施工合同第9.1条的约定。

三、乙公司是否享有后履行抗辩权。本院认为：当事人互负债务，有先后履行顺序，应当先履行债务一方未履行的，后履行一方有权拒绝其履行请求；先履行一方履行债务不符合约定的，后履行一方有权拒绝其相应的履行请求。在建设工程施工合同中，按约付款系发包方的主要义务，按约施工系承包方的主要义务，两者构成对待给付。本案中，甲公司未按合同约定在合同签订及进场后支付合同金额5%的预付款，直到2019年12月3日才开始付款，至今仍未足额支付，明显违反按约付款的义务；而乙公司的施工义务虽然贯彻整个施工过程，但肯定是发生在进场开工之后，即乙公司履行施工义务在甲公司履行支付预付款义务之后；且根据甲公司提供的工作联系单，最早一份是在2019年12月14日，此时距离实际开工之日已过去两个多月，说明乙公司在此之前是按约履行施工义务的，其因甲公司一直未按约足额支付预付款而拒绝甲公司要求进一步履行施工义务的要求，符合上述后履行抗辩权的规定。

此外，甲公司起诉本案后，乙公司可以基于同一建设工程施工合同法律关系提出反诉，也可以另行起诉，乙公司选择另行起诉，一审法院另案受理并无不当，本案程序合法。

综上所述，甲公司的上诉请求无事实和法律依据，本院不予支持；一审法院认定事实清楚，适用法律正确，程序合法，所作判决应予维持。

裁判结果：

驳回上诉，维持原判。

一百八十一、

招标文件内容经投标人投标且缴纳保证金后对双方均发生法律效力，招标文件的内容在中标合同中没有约定的，也不影响招标文件对投标人的法律约束力

——甲公司与乙公司及开发区财政局建设工程施工合同纠纷案

【裁判要旨】

招标公告系公开文件，甲公司作为投标人在招标投标阶段可选择是否接受招标公告之规定，并自由决定是否选择投标，但一经投标并交纳相应的保证金，招标公告之规定即对投标人甲公司产生约束力。甲公司投标并提交投标保证金时对履约担保及低价风险差额保证金条款亦未提出异议，可依法认定双方当事人已就该条款达成了合意，该项规定之内容不违反法律规定，合法有效。

【法院及案号】

一审：安徽省六安市中级人民法院，〔2014〕六民一初字第00061号。
二审：安徽高级人民法院，〔2016〕皖民终第282号。
再审：最高人民法院，〔2017〕最高法民申3433号。

【当事人】

一审原告、反诉被告、二审上诉人、再审申请人：甲公司。
一审被告、反诉原告、二审上诉人、被申请人：乙公司。
一审第三人、二审被上诉人、被申请人：开发区财政局。

【案情介绍】

2012年3月6日，六安市寿春路安置小区四期工程项目对社会公开招标。《招标公告》载明：乙公司为六安市寿春路安置小区四期工程项目的招标人，以及工程概况、招标资质、招标文件获取方式（网上下载）、投标须知等内容。其中《招标公告》第二章投标须知第25条"中标人履约担保及低价风险保证金部分"规定：低价风险保证金，中标公示结束之日起7个工作日内应将其现金部分提交完毕，并于提交低价风

险差额保证金现金部分之日起2个工作日领取中标通知书，并在领取中标通知书之日起10个工作日内提交银行保函。履约保证金提交期限：领取中标通知书之日起10个工作日内提交完毕。中标人必须按上述要求提交担保并在各项担保提交后15日内与招标人签订合同，超过时限未提交相关担保（其中任何一项）或因中标人原因未签合同的，投标保证金不予退还，其中标资格无效。

2012年3月30日，甲公司参与六安市寿春路安置小区四期工程Ⅰ标段的投标活动，并将投标保证金80万汇入六安市招标投标监督管理局账户。2012年4月5日，甲公司以投标报价42172543.52元被确定为该项目Ⅰ标段第一中标候选人。2012年4月5日，六安市寿春路安置小区四期工程招标投标结果通过六安市招标投标网公示（公示日期：2012年4月6日至4月10日），中标单位为甲公司。中标公示发布后，甲公司未按照《招标公告》要求，于2012年4月19日将该工程履约保证金和低价风险保证金的应交现金部分汇入招标投标监督管理部门指定的账户，也没有领取中标通知书。2012年7月31日，乙公司致函六安市监察局和六安市招标投标监督管理局，告知依法取消甲公司的中标资格及没收其投标保证金。2012年8月10日，乙公司与原预中标备选单位六安市某兴建设工程有限公司（以下简称"某兴建设公司"）签订了建设工程施工合同，约定涉案工程最终合同价为44615572元。

甲公司为投标保证金返还与乙公司协商未果，诉至原审法院，认为乙公司一直未向其发出中标通知书，不与其签订施工合同，直到2012年8月份，其才得知中标人资格已被某兴建设公司所取代。故请求判令：1.乙公司返还投标保证金80万元及银行利息（按2012年8月28日至返还之日同期银行贷款利率计算）；2.本案的诉讼费由乙公司承担。

乙公司提起了反诉，认为甲公司明知自己已中标，却迟迟不提交相应保证金。经再三催促，其仍未履行约定。乙公司不得已与原预中标备选单位某兴建设公司签订了建设工程施工合同，致使价格高出240余万元。另外，由于甲公司一再拖延，致使乙公司原定的工程开工日期延后，因此产生误工等经济损失。请求法院判令甲公司赔偿乙公司支付中标备选单位工程款差额损失2443028.96元，工程延期损失1368540元，共计3811568.96元，并由其承担本案全部诉讼费用。

【一审情况】

争议焦点：

一、关于乙公司是否应当返还甲公司缴纳的投标保证金的问题。

二、关于乙公司反诉所提到的损失是否存在，损失多少，甲公司是否应承担赔偿责任的问题。

三、关于开发区财政局是否为本案适格主体的问题。

法院观点:

一、关于乙公司是否应当返还甲公司缴纳的投标保证金。经查,双方当事人在招标投标过程中,已经约定甲公司在中标公示结束(2012年4月10日)后需缴纳低价风险保证金,并于提交低价风险差额保证金现金部分之日起2个工作日领取中标通知书。本案中,甲公司在中标公示期满后,既没有按照投标文件内容履行相关义务,也没有领取中标通知书,其行为足以表示其已经放弃中标项目。故甲公司要求退还投标保证金的诉讼请求理由不能成立。

二、关于乙公司反诉所提到的损失是否存在,损失多少,甲公司否应承担赔偿责任。经查,乙公司提供的证据只能证明乙公司在甲公司放弃中标项目后,与某兴建设公司签订合同,虽然双方约定涉案工程最终合同价为44615572元,比甲公司作为第一中标人的投标价42172543.53万元出多2443028.96元,但其没有提供证据证实其实际多支付工程款2443028.96元,同时也未提供证据证实其向寿春安置小区业主支付临时安置费1368540元。故其反诉请求判决甲公司赔偿损失的理由不能成立,原审对其反诉请求未支持。

三、关于开发区财政局是否为本案适格主体。经查,开发区财政局是负责管理和监督各项财政收支职能单位,收取的保证金系乙公司依法向其账户交付的专有资金,其不是合同相对人,非本案适格主体,故甲公司要求其退还投标保证金的诉讼请求的理由不能成立。综上,原审法院依据《中华人民共和国民事诉讼法》第六十四条第一款的规定,判决,驳回本诉原告甲公司的诉讼请求和反诉原告乙公司的诉讼请求。本诉案件受理费12100元,由甲公司负担。反诉案件受理费37292.55元,由乙公司负担。

裁判结果:

驳回原告诉讼请求。

【二审情况】

争议焦点:

甲公司要求返还投标保证金和利息及乙公司要求甲公司赔偿损失的诉请应否支持的问题。

法院观点:

二审法院认为:本案中,乙公司发布《招标公告》后,甲公司参与投标,表明其接受了乙公司的招标条件,双方对公告中设立的由中标人领取中标通知书及相关条件已达成合议,故应按招标公告履行。甲公司作为投标人,参与了开标活动,知晓自己是第一中标候选人,但其在招标结果公示结束后,未按招标公告的要求交纳履约保证金和低价风险保证金、领取中标通知书,显已违反了招标公告的规定,应承担相应后果,原审判决不予返还投标保证金,依据充分,应予维持。

至于乙公司请求甲公司赔偿其与预中标备选单位某兴建设公司签订合同所产生的

差价损失及超期安置费损失，因其未能证明该差价确实属其损失并已经发生，也未能证明迟延安置住户与甲公司放弃中标之间存在因果关系，故原审未支持其反诉请求并无不当，本院予以维持。

裁判结果：

驳回上诉，维持原判。

【再审情况】

争议焦点：

甲公司申请再审的理由是否成立的问题。

法院观点：

再审法院认为：甲公司申请再审的理由不成立。《中华人民共和国招标投标法》第十六条规定："招标人采用公开招标方式的，应当发布招标公告。依法必须进行招标的项目的招标公告，应当通过国家指定的报刊、信息网络或者其他媒介发布。招标公告应当载明招标人的名称和地址、招标项目的性质、数量、实施地点和时间以及获取招标文件的办法等事项。"第二十七条规定"投标人应当按照招标文件的要求编制投标文件。投标文件应当对招标文件提出的实质性要求和条件作出响应。"第四十六条规定"招标人和中标人应当自中标通知书发出之日起三十日内，按照招标文件和中标人的投标文件订立书面合同。招标人和中标人不得再行订立背离合同实质性内容的其他协议。招标文件要求中标人提交履约保证金的，中标人应当提交。"据前述法律规定，招标人和中标人订立书面合同时应严格依照招标文件和投标文件。本案中，乙公司在《招标公告》明确告知"案涉招标工程实行投标保证金和低价风险差额保证金制度"。"投标人中标后应缴纳低价风险差额保证金，低价风险差额保证金应于中标公示结束之日起7个工作日内将其现金部分提交完毕，并于提交低价风险差额保证金现金部分之日起2个工作日领取中标通知书""中标人必须按上述要求提交担保并在各项担保提交后15日内与招标人签订合同，超过时限未提交相关担保（其中任何一项）或因中标人原因未签合同的，投标保证金不予退还，其中标资格无效。"该条款系招标方要求投标人在中标后与之签订合同提供担保而提出的条件，并非中标后拟签订的合同条款，故中标后拟签订的合同是否成立及生效对该条款的效力并无影响。招标公告系公开文件，甲公司作为投标人在招标投标阶段可选择是否接受招标公告之规定，并自由决定是否选择投标，但一经投标并交纳相应的保证金，招标公告之规定即对投标人甲公司产生约束力。甲公司投标并提交投标保证金时对履约担保及低价风险差额保证金条款亦未提出异议，可依法认定双方当事人已就该条款达成了合意，该项规定之内容不违反法律规定，合法有效。甲公司在中标公示后未依约提交低价风险差额保证金，原判决认为"双方对公告中设立的由中标人领取中标通知书及相关条件已达成合意，故应按招标公告履行"并无不当。甲公司在中标公示后未依约提交低价风险差额保证金，原判决未支持其要求乙公司退还投标保证金的诉请符合该条约定。原判决未叙明其适用的实体法条文确有不当，但其裁判结果符合《中华人民共和国合同法》第八条、第六十条的规定，结果并无不当。甲公司认为乙公司存在重大过错缺乏证据证明。甲公司亦未提交任何证据证明乙公司利用其股东为开发区财政局的优势地位排斥外地投标企业。其该申请再审理由亦不成立。

裁判结果：

驳回甲公司的再审申请。

一百八十二、

主张中标人与招标人存在利害关系可能影响招标公正性，需举证证明，否则承担举证不能的不利后果

——姜某与某天物业公司物业服务合同纠纷案

【裁判要旨】

《中华人民共和国招标投标法实施条例》第三十四条第一款规定，与招标人存在利害关系可能影响招标公正性的法人、其他组织或者个人，不得参加投标。本条没有一概禁止与招标人存在利害关系法人、其他组织或者个人参与投标，构成本条第一款规定情形需要同时满足"存在利害关系"和"可能影响招标公正性"两个条件。即使投标人与招标人存在某种"利害关系"，但如果招标投标活动依法进行、程序规范，该"利害关系"并不影响其公正性的，就可以参加投标。民事诉讼中当事人参加招标投标中出现了影响招标公正性的事实，需举证证实该事实，否则承担举证不能的不利后果。

【法院及案号】

一审：贵州省贵阳市云岩区人民法院，〔2019〕黔0103民初9692号。
二审：贵州省贵阳市中级人民法院，〔2020〕黔01民终2159号。

【当事人】

一审原告、二审被上诉人：某天物业公司。
一审被告、二审上诉人：姜某。

【案情介绍】

2012年10月15日，原告某天物业公司作为乙方与案外人贵州某通房地产开发公司作为甲方签订《"宇通—雅江园"小区前期物业管理服务协议》一份，主要约定由原告为"宇通—雅江园"（"橙堡"）小区提供物业管理服务，具体收费标准为高层住宅1号楼～3号楼为1.5元/月/m²。被告房屋建筑面积91.62m²。自2016年4月1日至2019年8月30日未支付物业服务费。原告因此诉至一审法院，请求为：一、被告支

付拖欠的物业管理服务费5634.63元；二、被告支付物业管理服务费延期支付违约金15317.19元；三、被告承担本案诉讼费。

庭审中，被告称原告的物业服务存在诸多问题：如被告的车辆被某通房地产开发公司的挡土墙砸到，因为原告是某通房地产开发公司指定的物业机构，所以物业应该赔偿相应款项；业主被困电梯；小区存在违章建筑；原告对业主公共设施擅自更改；原告一直未对公共收益进行结算；原告进入小区是为了侵吞国有资产等。

【一审情况】

争议焦点：

关于被告是否需要支付物业费的问题。

法院观点：

一审法院认为被告需要支付物业费，理由如下：

原告为小区提供物业管理服务，被告作为业主，应当按照协议约定支付物业管理服务费，被告自2016年4月1日至2019年8月31日期间未缴纳物业管理服务费，共计5634.63元（91.62m^2×41个月×1.5元/m^2/月），原告主张于法有据，一审法院予以支持。对原告要求被告支付违约金的诉请，因被告2016年就拖欠物业服务费，原告现主张权利，系怠于行使权利产生的费用，且因双方在物业管理服务中约定的标准不完全明确具体，导致双方对物业服务存在争议，被告并非无故拖欠物业服务费，同时物业服务仍需不断改进提高，物业服务企业应服务业主、满意业主，故对原告的该项诉请，一审法院不予支持。关于被告提出的辩解意见，若被告认为其车辆被某通房地产开发公司的挡土墙砸到，被告可向某通房地产开发公司主张权利。同时，被告主张原告提供的物业服务不达标，但被告没有提供证据证明原告在物业服务过程中存在瑕疵时被告可以不交或少交物业管理费。在原告已经提供物业服务的情况下，对于服务中存在的瑕疵，被告可按相关法律规定行使其相应权利，故对被告的辩解意见，一审法院不予采信。

裁判结果：

一、被告姜某于本判决生效之日起十日内一次性向原告某天物业公司支付物业服务费5634.63元。

二、驳回原告某天物业公司其余诉讼请求。

【二审情况】

争议焦点：

关于被上诉人是否违反招标程序的问题。

法院认为：

二审法院认为，无证据证明被上诉人违反招标程序，理由如下：

上诉人主张被上诉人违反了《中华人民共和国招标投标法实施条例》第三十四条第一款"与招标人存在利害关系可能影响招标公正性的法人、其他组织或者个人，不得参加投标"之规定，虽然被上诉人系小区建设单位贵州某通房地产开发公司持股100%的全资子公司，但上诉人应举证证实被上诉人参加招标投标中出现了影响招标公正性的事实，上诉人未能举证证实该事实，应承担举证不能的不利后果。

裁判结果：

驳回上诉，维持原判。

一百八十三、

投标人认为招标人控制价低于成本价的，应在投标前提出，嗣后提出的，不予支持

——甲公司与乙公司招标投标买卖合同纠纷案

【裁判要旨】

甲公司在投标前并未对招标控制价提交答疑，也未以其他形式提出异议。甲公司在限定日期内自行编制并递交了投标文件，其自行编制的投标价亦低于甲公司发布的招标控制价。而从乙公司一审中提交的《招标投标情况备案表》可见，广州市番禺区建设工程招标管理办公室亦对甲公司中标价19972820.37元加盖印章确认备案事项。招标控制价和投标报价均属于工程投标之重要事项，投标人理应给予高度关注，甲公司对此解释为没有发现招标控制价低于成本价，有悖商业常理。综上，甲公司主张乙公司的招标控制价无效故招标无效缺乏事实和法律依据，本院不予采信。

【法院及案号】

一审：广东省广州市番禺区人民法院，〔2014〕穗番法民三初字第836号。
二审：广东省广州市中级人民法院，〔2018〕粤01民终6371号。

【当事人】

一审原告、二审上诉人：甲公司。
一审被告、二审被上诉人：乙公司。

【案情介绍】

乙公司建设厂房。2013年10月30日，乙公司就厂房施工总承包项目进行招标，发布招标公告，制定招标文件和招标控制价等。2013年11月7日，乙公司委托了广东某发工程管理有限公司将工程交给了广州公共资源交易中心番禺交易部进行招标，递交招标文件的截止时间为2013年12月2日。涉案工程招标的金额由广州市番禺区财政投资评审中心评审定价，投标前，乙公司进行过网上答疑。甲公司参与了该标的投标，并于2013年12月2日向广州建设工程交易中心支付保证金41.2万元。

2013年12月5日,乙公司公示中标候选人,甲公司以19872820.37元的价格中标为第一中标人。2013年12月12日,广州公共资源交易中心番禺交易部对中标候选人进行公示。公示时间2013年12月13日至2013年12月17日24：00止。2013年12月18日,乙公司递交"乙公司厂房—施工总承包中标单位的中标价确认函"给广州市番禺区建设工程招标管理办公室和广州公共资源交易中心番禺交易部,确定本工程项目由甲公司中标,并确定以人民币19872820.37元为本工程的中标价格。

由于甲公司没有交场地费,甲公司中标后,乙公司没有将中标通知书直接送达甲公司。2013年12月18日,甲公司致中标放弃函给广州市番禺区建设工程招标管理办公室和乙公司,以"公司投标时所使用的项目经理在开标后因个人原因突然提出离职,无法承担该项目的工程施工,公司亦无适合的项目经理进行更换,为避免延误该项目的正常施工为由",申请放弃该项目的中标资格。

2014年1月16日,乙公司向广州市番禺区建设工程招标管理办公室(以下简称"招标办")、广州公共资源交易中心番禺交易部汇报了第一中标人甲公司放弃中标,由第二中标候选人顶上,经招标办同意,确定广东某源建设工程有限公司为第一中标候选人,并于2014年2月11日至2014年2月13日进行了公示。2014年4月17日,乙公司向广州公共资源交易中心番禺交易部递交"关于没收广东甲建设工程有限公司和广东某源建设工程有限公司投标保证金的申请"以两公司依次放弃中标资格,根据建设工程招标投标相关法律法规和《乙公司厂房—施工总承包招标文件》内相关内容,请依法将两公司投标违约保证金各82.4万元划入乙公司银行账户。广州公共资源交易中心番禺交易部已将41.2万元保证金划入乙公司银行账户。

涉案工程2013年10月《招标文件》载明:第一章投标须知。一、投标须知前附表:第13项投标有效期为60历天(从递交投标文件截止之日起);第14项投标担保:投标担保额度41.2万元,投标担保相关事宜详见招标文件16款;第20项递交投标文件的时间和地点:递交投标文件的起始时间2013年11月11日0时0份,截止时间2013年12月3日9时30分。三、投标须知通用条款:8.1招标答疑采用网上答疑方式进行,投标人若对招标文件(包括招标图纸、清单、招标控制价)有疑问的,可在规定的时间内通过广州公共资源交易中心网站凭密码进入区域将问题提交给招标人或招标代理人,提交问题时一律不得署名。8.4招标答疑纪要为招标文件的一部分。15.1投标有效期见投标须知前附表第13项所规定的期限,在此期限内,凡符合本招标文件要求的投标文件均保持有效。16.6如有下列情况之一的,投标担保不予退还:16.6.1投标人在投标有效期内撤回投标标书;16.6.2中标人未在规定期限内按要求递交履约担保;16.6.3中标人未在规定期限内签署合同协议。29.4中标单位在中标公示后15日内必须与招标人签署初步的施工协议。不按期签署相关协议的,视为自动放弃中标资格,招标人有权没收其投标保证金或履约保证金,并有权确定排名第二的中标候选人为中标人,排名第二的中标候选人出现前款所列的情形的,招标人可以确定排名第三的中标候选人为中标人，以此类推。第四章投标文件格式。《投标函》第3条载明：我方同意所递交的投标文件在投标须知规定的投标有效期内有效，在此期间内我方的投标有可能中标，我方将受此约束。如果在投标有效期内撤回投标或放弃中标资格，我方的投标担保将不予退还，给贵方造成的损失超过我方投标担保金额的，贵方还有权要求我方对超过部分进行赔偿。第七章工程量清单。三、投标人按招标人提供的工程量清单并结合工程实际情况和自身实力进行报价，并填报综合单价和合价。十五、在本合同专用条款中要求承包人负责的工作，但在工程量清单中没有列明的，承包人应在各综合单价中综合考虑并包含在内，发包人不另外支付。第八章招标控制价。招标控制价公布函中载明招标控制价人民币2060万元。

【一审情况】

争议焦点：

本次招标是否属于无效招标。

法院观点：

乙公司就厂房施工总承包项目进行公开招标，甲公司在招标文件要求提交投标文件的截止时间前参加投标，双方形成招标投标合同关系。甲公司中标后，乙公司虽然没有向甲公司发出中标通知书，但在广州公共资源交易中心番禺交易部已对中标候选人进行公示，2013年12月18日，中标公示期满后，乙公司递交了"乙公司厂房—施工总承包中标单位的中标价确认函"给广州市番禺区建设工程招标管理办公室和广州公共资源交易中心番禺交易部，确定招标工程项目由甲公司中标，中标对乙公司和甲公司具有法律的效力。甲公司在中标公示期满后，放弃中标资格，不履行与招标人乙公司订立合同。根据《中华人民共和国招标投标法》第四十五条和第六十条以及招标文件第29.4条的规定，甲公司应当依法承担法律责任，履约保证金不予退还。甲公司主张乙公司关于"广州市番禺区乙包装集团公司厂房施工总承包"工程的招标为无效招标，并退还投标保证金41.2万元及该款项的同等贷款利息，没有法律依据，一审法院不予支持。甲公司认为乙公司在本次招标过程中，设置的招标控制价远远低于该工程的实际实施成本价，按照《中华人民共和国招标投标法》第三十三条、第四十一条规定及《中华人民共和国招标投标法实施条例》第五十一条的规定：投标人不得以低于成本价的报价承接工程。但乙公司在本次招标过程中，设置的标的物的招标控制价原本就已远远低于该工程的实际实施成本价，故甲公司无论如何报价都是低于该工程的实际实施成本价，若以此低于成本价的投标报价承接工程就违反了招标法的规定，所以该工程的招标应属无效招标。一审法院认为，上述规定是指投标人不得以低于成本价的报价竞标，而乙公司是招标人，其招标控制价不适用《中华人民共和国招标投标法》第三十三条、第四十一条规定及《中华人民共和国招标投标法实施条例》第五十一条的规定，甲公司主张乙公司涉案工程招标无效，并无法律的依据。

裁判结果：

驳回甲公司的诉讼请求。

【二审情况】

争议焦点：

甲公司主张招标无效、请求返还保证金是否成立。

法院观点：

第一，《中华人民共和国招标投标法》第七条第一款、第二款规定，招标投标活动及其当事人应当接受依法实施的监督。有关行政监督部门依法对招标投标活动实施监督，依法查处招标投标活动中的违法行为。乙公司针对涉案工程招标投标项目及招标控制价2060万元已向相关行政部门申请备案，广州市番禺区建设工程招标管理办公室已加盖印章确认包括招标控制价在内的备案事项。甲公司上诉主张乙公司的招标控制价违反了《广东省建设厅关于房屋建筑和市政基础设施工程施工招标投标设立最高报价值办法》的规定，但根据甲公司上诉引述的上述《办法》第十三条规定，对最高报价值作无效处理是建设行政主管部门的行政职权，现亦无证据证实建设行政主管部门已就乙公司设置的招标控制价违反行政规定作出认定。甲公司在本案中列举的个别材料价格，尚不足以认定涉案工程整体招标控制价远低于实际成本价以至于损害公共利益，在有关行政主管部门亦未对此作出认定的情况下，甲公司主张招标控制价低于成本价，缺乏充分事实依据。第二，涉案工程招标文件载明投标人如对招标控制价有疑问的可提交招标答疑。本案中，甲公司在投标前并未对招标控制价提交答疑，也未以其他形式提出异议。甲公司在限定日期内自行编制并递交了投标文件，其自行编制的投标价亦低于甲公司发布的招标控制价。而从乙公司一审中提交的《招标投标情况备案表》可见，广州市番禺区建设工程招标管理办公室亦对甲公司中标价19872820.37元加盖印章确认备案事项。招标控制价和投标报价均属于工程投标之重要事项，投标人理应给予高度关注，甲公司对此解释为没有发现招标控制价低于成本价，有悖商业常理。综上，甲公司主张乙公司的招标控制价无效故招标无效缺乏事实和法律依据，本院不予采信。第三，根据招标文件15.1条、16.6条、29.4条，以及投标函第3条载明的投标人承诺，投标人应保证在投标有效期内其递交的投标文件均保持有效，撤回投标或放弃中标资格的，保证金均不予退还。本案中甲公司在投标有效期内放弃中标资格，其上诉请求返还投标保证金，本院不予支持。

裁判结果：

驳回上诉，维持原判。

一百八十四、

投标人系招标人的全资子公司，且高级管理人员也存在混同，投标人不符合投标人资格，投标无效

——乙公司被江南某发公司、右岸公司、甲公司关联交易损害责任纠纷案

【裁判要旨】

乙公司系甲公司的全资子公司，甲公司系江南某发公司的股东，甲公司的法定代表人彭某节同时担任江南某发公司的副董事长和执行董事，根据公司章程规定，彭某节实际掌控江南某发公司及其全资子公司右岸公司的人事权、财务权及日常经营权。从以上事实来看，江南某发公司的股东甲公司与乙公司系关联公司；另根据江南某发公司招标投标文件约定，投标人不得存在如下情形之一：与招标人或者招标代理机构存在隶属关系或者其他利害关系，乙公司因与甲公司系关联公司，存在利害关系，其不符合投标人资格。综上，因乙公司不具备投标人资格，其投标行为违反了法律的禁止性规定，该投标行为无效，江南某发公司与乙公司依据中标结果而签订的《物业服务合同》应认定为无效合同。

【法院及案号】

一审：湖南省常德市武陵区人民法院，〔2019〕湘0702民初1049号。

二审：湖南省常德市中级人民法院，〔2020〕湘07民终892号。

【当事人】

一审被告、二审上诉人：乙公司。

一审原告、二审被上诉人：江南某发公司，右岸公司。

一审被告：甲公司。

【案情介绍】

2015年6月17日，甲公司认缴1000万元成立了全资子公司即乙公司。2015年12月1日，江南某发公司由全民所有制改制成有限责任公司，甲公司为江南某发公司原股东之一，委派其法定代表人彭某节担任江南某发公司副董事长兼任执行董事，行

使公司内部管理的12项职权如下：1.受董事会委托向股东会报告工作；2.执行董事会的决议；3.制定公司的经营计划和投资方案，提请董事会审议；4.制定公司年度财务预算方案、决算方案，提请董事会审议；5.制定公司的利润分配方案和弥补亏损方案，提请董事会审议；6.制定公司增加或减少注册资金的方案，提请董事会审议；7.制定公司内部常设机构的设置方案，提请董事会审议；8.根据总经理提名，聘任或者解聘公司副总经理、财务负责人，决定其报酬事项，提请董事会审议；9.制定公司的基本管理制度，提请董事会审议；10.拟订公司章程修改方案，提请董事会审议；11.拟定发行公司债券方案，提请董事会审议；12.拟定公司合并、分立、变更公司形式、解散和解散的方案，提请董事会审议。江南某发公司财务实行副董事长审批制或授权总经理审批制，具有财务审批权。

2017年6月，湖南恒丰项目管理有限公司受江南某发公司委托，对临江棚户区改造项目A04地块展示中心（沅水右岸文化艺术中心）物业管理服务项目进行国内公开招标，招标编号为：CDJZW（2017）036。招标项目为常德市江南临江棚户区改造项目A04地块展示中心（沅水右岸文化艺术中心）物业管理服务项目；招标人为江南某发公司；招标控制价为：物业管理服务费每年160万元［招标控制价不包含以下部分费用：清洁费（垃圾清运）、石材护理、外墙清洗、化粪池清理、清洁物料、环境消杀、清洁工具、绿化养护费、行政办公费、保险费、节日装饰费、安全管理消耗品、固定资产折旧费、不可预见费、公共设施维修保养费、能源费、税金、利润］；投标文件对投标人作出如下资格要求，不得存在下列情形之一：与招标人或招标代理机构存在隶属关系或者其他利害关系；对投标报价作出如下约定：投标文件中标明的价格在合同执行过程中是固定不变的，不得以任何理由予以变更。任何包含价格调整要求和条件的投标，在评标时将其视为无效投标。2017年7月3日，乙公司递交投标文件，确定物业管理服务项目投标总价为1557080元/年，包含项目员工薪金、劳保福利、加班费三项。同日，右岸公司由江南某发公司认缴500万出资注册成立。2017年7月6日，乙公司中标常德市江南临江棚户区改造项目A04地块展示中心（沅水右岸文化艺术中心）物业管理服务项目。2017年7月12日，江南某发公司与乙公司就右岸文化艺术中心物业服务事宜签订《物业服务合同》。物业坐落位置为常德市鼎城区临沅路；占地面积为1600m^2，建筑面积为3900m^2，物业类型为文化艺术中心；合同期限为三年，自2017年7月12日至2020年7月11日止；年度物业服务人工费为1557080元；还约定乙公司对物业产权人的房屋自用部位、自用设备的维修养护及其他特约服务，采取成本核算方式，按实际发生费用计收。《物业服务合同》生效后，2017年8月12日，江南某发公司召开专题会议并通过《关于A04右岸文化艺术中心物业服务招标未尽事宜专题会议会议纪要》如下：1.A04文化艺术中心物业管理行政办公费、固定资产折旧费、利润三项费用合计每年200000元（含税），由江南某发公司每年分两次支付给乙公司；2.在A04文化艺术中心物业服务过程中发生的清洁费（垃圾清洁费、石材护理、外墙清洗、化粪池处理、清洁物料、环境消杀、清洁工具）、绿化养护费、保险费、节日装饰费、安全管理消耗品、不可预见费、公共设施维修保养费、能源费由江南某发公司据实支出。2017年10月16日，右岸公司与乙公司签订《保洁服务协议书》，约定由乙公司为右岸文化艺术中心提供室内保洁服务。服务期限为2017年9月9日至2018年9月8日；服务范围为右岸文化艺术中心所有非公共区域的地面、门窗玻璃及家私表面的保洁；服务时间为每日营业后；服务酬金为15000元/月。

另查明，江南某发公司与右岸公司向乙公司共计支付物业服务费1913768.83元。

在诉讼过程中，江南某发公司、右岸公司申请对乙公司物业服务项目合法、合理、正常成本进行司法审计。2019年12月3日，湖南德源联合会计师事务所作出《审计报告》（湘德源审字〔2019〕6022号），审计结论为：右岸文化艺术中心物业服务费按504000元/年为合理的年收费，每平方米的服务费为10.76元/m²/月。

【一审情况】

争议焦点：

一、本案是物业服务合同纠纷还是公司关联交易损害责任纠纷，右岸公司与甲公司是否为本案适格主体。

二、《物业服务合同》是否有效。

三、甲公司是否应承担连带责任。

法院观点：

一、关于本案是物业服务合同纠纷还是公司关联交易损害责任纠纷，右岸公司与甲公司是否为本案适格主体：本案案由是公司关联交易损害责任纠纷，右岸公司与甲公司为适格主体。公司关联交易损害责任纠纷，发生在公司的控股股东、实际控制人、董事、监事、高级管理人员等关联方利用其关联关系损害公司利益之时，根据庭审查明本案案由应定为公司关联交易损害责任纠纷更为恰当，关联交易的各方均为适格主体，故右岸公司与甲公司为适格主体。

二、关于《物业服务合同》是否有效：江南某发公司与乙公司签订的《物业服务合同》无效。《中华人民共和国公司法》第二百一十六条规定，关联关系是指公司控股股东、实际控制人、董事、监事、高级管理人员与其直接或者间接控制的企业之间的关系，以及可能导致公司利益转移的其他关系。2017年7月12日，江南某发公司与乙公司订约时，甲公司同时系江南某发公司的股东、乙公司母公司。根据公司章程规定，甲公司法定代表人彭某节担任江南某发公司副董事长与执行董事，实际掌控江南某发公司及其全资子公司右岸公司人事权、财务权以及江南某发公司日常经营权。据此，江南某发公司与乙公司为关联公司，具有利害关系，乙公司参与本案项目投标，根据《中华人民共和国招标投标法实施条例》第三十四条"单位负责人为同一人或者存在控股、管理关系的不同单位，不得参加同一标段投标或者未划分标段的同一招标项目投标。违反前两款规定的，相关投标均无效"的规定，乙公司的投标行为，违反了法律的禁止性规定，江南某发公司与乙公司签订的《物业服务合同》无效。根据《中华人民共和国合同法》第五十八条的规定："合同无效后，因该合同取得的财产，应当予以返还；不能返还或者没有必要返还的，应当折价补偿。有过错的一方应当赔偿对方因此所受到的损失，双方都有过错的，应当各自承担相应的责任"。江南某发公司与乙公司签订的《物业服务合同》无效，因该合同取得的财产，应当予以返还。江南某发公司股东甲公司与乙公司存在串标行为，导致合同无效，存在过错，虽然该合同无效，但乙公司确实履行了物业服务的义务，对于乙公司提供物业服务的合理成本，应当予以扣除。根据湖南德源联合会计师事务所作出的湘德源审字〔2019〕6022号《审计报告》的结论，右岸文化艺术中心物业服务费504000元/年为合理的收费标准，即每平方米的服务费为10.76元/平方米/月，该《审计报告》的结论符合本案实际，对于江南某发公司与右岸公司第一、二项诉讼请求本院予以支持，故乙公司应返还江南某发公司、右岸公司1409768.83元。

三、关于甲公司是否应承担连带责任：甲公司应当承担连带责任。江南某发公司与乙物业公司属于关联交易，根据2019年12月3日湖南德源联合会计师事务所作出的《审计报告》（湘德源审字〔2019〕6022号），江南某发公司与右岸公司为物业服务项目较市场合理收费标准多支出1409768.83元。根据《公司法》第二十一条规定，公司的控股股东、实际控制人、董事、监事、高级管理人员不得利用其关联关系损害公司利益。违反前款规定，给公司造成损失的，应当承担赔偿责任。本案中，甲公司作为江南某发公司的控股股东，通过关联交易，损害了江南某发公司与右岸公司的利益，应与乙公司承担连带赔偿责任。综上所述，对江南某发公司、右岸公司的诉讼请求该院予以支持，对乙物业公司的抗辩主张该院不予采纳。

裁判结果：

一、江南某发公司与乙公司签订的《物业服务合同》无效；二、乙公司于本判决生效之日起10日内，返还江南某发公司、右岸公司物业服务费1409768.83元；三、甲公司对上述款项承担连带清偿责任。如果未按本判决指定的期间履行给付金钱义务，应当依照《中华人民共和国民事诉讼法》第二百五十三条之规定，加倍支付迟延履行期间的债务利息。案件受理费22023元，由乙公司负担。

【二审情况】

争议焦点：

一、案涉《物业服务合同》是否有效。

二、乙公司是否应返还江南某发公司物业服务费，数额如何确定。

三、甲公司是否应承担连带清偿责任。

法院观点：

一、关于案涉《物业服务合同》是否有效。《中华人民共和国招标投标法实施条例》第三十四条规定："与招标人存在利害关系可能影响招标公正性的法人、其他组织或者个人，不得参加投标。单位负责人为同一人或者存在控股、管理关系的不同单位，不得参加同一标段投标或者未划分标段的同一招标项目投标。违反前两款规定的，相关投标均无效。"本案中，乙公司系甲公司的全资子公司，甲公司系江南某发公司的股东，甲公司的法定代表人彭某节同时担任江南某发公司的副董事长和执行董事，根据公司章程规定，彭某节实际掌控江南某发公司及其全资子公司右岸公司的人事权、财务权及日常经营权。从以上事实来看，江南某发公司的股东甲公司与乙公司系关联公司；另根据江南某发公司招标投标文件约定，投标人不得存在如下情形之一：与招标人或者招标代理机构存在隶属关系或者其他利害关系，乙公司因与甲公司系关联公司，存在利害关系，其不符合投标人资格。综上，因乙公司不具备投标人资格，其投标行为违反了法律的禁止性规定，该投标行为无效，江南某发公司与乙公司依据中标结果而签订的《物业服务合同》应认定为无效合同。

二、关于乙公司是否应返还江南某发公司物业服务费，数额如何确定。因案涉《物业服务合同》无效，依照《中华人民共和国合同法》第五十八条规定，乙公司依据合同所取得的物业服务费应当予以返还，但乙公司确实履行了物业服务义务，对于其提供物业服务的合理成本，应当予以扣除。根据湖南德源联合会计师事务所作出的《审计报告》（湘德源审字〔2019〕6022号）的结论，右岸文化艺术中心物业服务费504000元/年为合理的收费标准，即每平方米的服务费为10.76元/平方米/月。乙公司上诉称鉴定机构没有司法鉴定资格，且价格评估超出了会计师事务所的经营范围，《审计报告》不能作为认定案件事实的依据。经查，湖南德源联合会计师事务所是在一审诉讼中经双方选定，一审法院委托的鉴定机构，其在对乙公司财务资料进行审查后，参考《湖南省物业管理服务收费等级标准》《高层写字楼物业管理人员的定岗定编标准》所作出的案涉物业服务费为504000元每年的标准符合本案实际，也符合常德市物业服务收费的市场行情，可以作为认定本案事实的依据，乙公司的该上诉理由不能成立；乙公司另上诉称，只收到物业服务费1758071.52元，《专题会议会议纪要》规定的行政办公费、固定资产折旧费、利润200000元没有支付。经查，乙公司上诉称的上述200000元确实没有支付，但江南某发公司、右岸公司一审提交证据显示，已支付乙公司的物业服务费为1913768.83元，乙公司的该上诉理由亦不能成立。综上，原判认定乙公司应在扣除合理的物业服务成本后返还江南某发公司、右岸公司1409768.83元并无不当。

三、关于甲公司是否应承担连带清偿责任。因甲公司与乙物业公司的关联交易，导致江南某发公司较市场价多支付了物业服务费1409768.83元，损害了公司利益。根据《中华人民共和国公司法》第二十一条规定，甲公司作为江南某发公司的控股股东,应当与乙公司承担连带赔偿责任。另本案系公司关联交易损害责任纠纷,江南某发公司起诉甲公司承担连带清偿责任,系当事人对自身民事权利的处分,未漏列当事人。乙公司上诉称本案程序违法,漏列当事人的理由不能成立,本院不予支持。

裁判结果:

驳回上诉,维持原判。

一百八十五、

部分投标人串通投标而损害其他投标人利益，应当承担损害赔偿责任

——甲公司与某比雅公司、乙公司串通投标不正当竞争纠纷案

【裁判要旨】

某比雅公司举证乙公司的投标代表叶某与甲公司存在用工关系的可能性，以及甲公司和乙公司的投标书上在过往业绩部分引用相同的案例，甲公司与乙公司都无法作出合理的解释与反驳。法院认定某比雅公司举证充分，主张甲公司与乙公司存在串通投标的事实成立，甲公司与乙公司应当承担损害赔偿责任。

【法院及案号】

一审：江苏省无锡市宜兴市人民法院，〔2014〕宜知民初字第0072号。

二审：江苏省无锡市中级人民法院，〔2015〕锡知民终字第11号。

【当事人】

一审被告、二审上诉人：甲公司。

一审原告、二审被上诉人：某比雅公司。

一审被告：乙公司。

【案情介绍】

2014年4月16日，某能西藏公司委托招标公司发布雅鲁藏布江藏木水电站安全防护型吊物孔盖板设备采购及安装招标公告，包括某比雅公司、甲公司、乙公司在内的四家企业最终入围投标名单。四家入围企业随后制作并递交投标书。5月8日上午，招标公司组织现场开标，开标结果显示某比雅公司、甲公司、乙公司、宁夏某昌钢结构彩板有限公司的投标总报价依次是4776977元、6558531元、6654544元、7174055元。某比雅公司在开标后随即向招标公司举报甲公司与乙公司存在串通投标的嫌疑。某能西藏公司要求四家企业提交投标代表与企业单位之间的劳动关系证明材料，四家企业均提交相应证明材料。最终，某能西藏公司宣布本次招标结果流标，重

新招标。之后，某比雅公司认为甲公司与乙公司存在串通投标，损害其合法权益的行为，提起不正当竞争之诉，请求法院判令：一、甲公司与乙公司承担某比雅公司支出的与投标活动相关之费用20418.17元；二、甲公司与乙公司赔偿某比雅公司因串通投标行为导致的损失287615.88元。

某能西藏公司在本次招标项目中，列出30项固定规格的盖板设备名称，由投标单位在投标标书中对各项盖板设备的出厂价、运杂费、保险费以及安装费进行逐一报价。某比雅公司择取甲公司与乙公司提交的出厂价、运杂费、保险费及安装单价的报价数据，按照两公司的报价数据相除的方式逐一进行比对。比对结果显示，出厂价中第1、3、8项的报价比率是1.1295，第2、4-7项的报价比率是0.9728，第9-30项的报价比率是1.057；运杂费中第1-8项的报价比率是0.9821，第9-30项的报价比率是0.5263；保险费中第1-8项的报价比率是1，第9-30项的报价比率是1.2；安装单价中第1、3、8项的报价比率是0.88，第2、4-7项的报价比率是1.12，第9-30项的报价比率是1.2。同时，某比雅公司用相同的方式将其公司与甲公司的报价数据进行比对，整体上呈现无规律性。

甲公司与乙公司提交的投标标书中有关业绩部分，均出现同一工程洛阳桥沟电站，并且在承揽的项目设备规格、数量上完全一致。

2014年6月13日，某比雅公司一方人员拨通甲公司的固定电话，甲公司一方人员主动向其提供叶某的手机号码。

【一审情况】

争议焦点：

甲公司与乙公司是否存在串通投标的事实。

法院观点：

投标人不得串通投标，抬高标价或者压低标价。不同投标人互相串通投标，给被侵害的其他投标人造成损害的，应当承担损害赔偿责任。本案中，某比雅公司采集甲公司与乙公司的各项盖板设备的投标报价数据，通过一一比对的方式得出全部报价项目的比率数字，从整体上能够反映出甲公司与乙公司的投标报价呈规律性差异，属于《中华人民共和国招标投标法实施条例》规定的可视为投标人相互串通投标的情形。结合以下事实，某比雅公司举证乙公司的投标代表叶某与甲公司存在用工关系的可能性，以及甲公司和乙公司的投标书上在过往业绩部分引用相同的案例，甲公司与乙公司都无法作出合理的解释与反驳。法院认定某比雅公司举证充分，主张甲公司与乙公司存在串通投标的事实成立，甲公司与乙公司应当承担损害赔偿责任。

关于损失的认定。某比雅公司在本案中主张的损失包含直接损失与间接损失两部分，法院认定如下：1.因串通投标遭受的直接经济损失，包括参加投标活动而支付的标书制作费、调查费、差旅费，以及投标保证金利息等各项正常费用，根据某比雅公司的举证与合理性予以确认。2.因串通投标遭受的间接损失。在确定中标人之前,某比雅公司与其他投标人均有中标并与招标人签订合同获得合同经济利益的可能性,但甲公司与乙公司串通投标的行为,破坏了招标投标活动的公开、平等竞争秩序,使得其他正当参与竞争的投标人为之所做的努力与中标的期待落空,择优成交的目的不能实现。从报价层面分析,某比雅公司的投标报价在四个投标人中具有竞争优势,甲公司和乙公司恶意串通投标的行为剥夺其获得中标利益的机会,应当予以赔偿。在如何确认损失赔偿数额上,从以下两个层面予以衡量:(1)甲公司与乙公司实施串通投标行为的主观恶意及其产生的结果,赔偿金额应起到惩罚、警示的效果,有效遏制不正当竞争的行为,促使招标投标活动回归公平竞争的秩序;(2)事实上,某比雅公司虽有竞争优势但又存在中标的不必然性,在第一次招标失败后未积极参与二次投标,也未实际投入履行招标项目。综合上述两方面的因素,在某比雅公司申报的本次招标项目的合理利润范围之内予以酌情认定。

裁判结果:

一、甲公司和乙公司于判决发生法律效力之日起十日内共同赔偿某比雅公司经济损失(包括直接损失与间接损失)共100000元。二、驳回某比雅公司的其他诉讼请求。如果甲公司和乙公司未按判决指定的期间履行给付金钱义务,应当依照《中华人民共和国民事诉讼法》第二百五十三条之规定,加倍支付迟延履行期间的债务利息。案件受理费5921元,由某比雅公司负担2000元,甲公司和乙公司负担3921元。甲公司和乙公司应负担的部分已由某比雅公司垫付,甲公司和乙公司在判决发生法律效力之日起十日内直接向某比雅公司支付。

【二审情况】

争议焦点:

甲公司与乙公司是否存在串通投标的事实。

法院观点:

《中华人民共和国招标投标法实施条例》第四十条第(四)项规定,不同投标人的投标文件异常一致或者投标报价呈规律性差异,视为投标人相互串通投标。本案中,虽然招标人某能西藏公司公布的评标办法中投标价格仅是一个评审因素,招标人也未对流标原因作出具体说明,但根据甲公司与乙公司的投标文件中各项盖板设备的投标报价数据,通过一一比对的方式得出全部报价项目的比率数字,从整体上能够反映出甲公司与乙公司的投标报价呈规律性差异。同时,某比雅公司举证证明了乙公司的投标代表叶某与甲公司其他普通职员十分熟悉,以及甲公司和乙公司的投标书上在过往业绩部分引用相同的案例,表明两公司存在合作关系。甲公司虽辩解称其投标书由乙公司以不正当手段取得,但投标文件系涉及企业商业秘密的重要资料,甲公司称企业内部招标投标管理无规范与常理不符。因甲公司对其投标报价与乙公司的投标报价呈规律性差异不能作出合理的解释，故原审认定甲公司与乙公司存在串通投标的事实并无不当。上诉人甲公司提出的上诉主张，无相应事实和法律依据，本院不予支持。

裁判结果：

驳回上诉，维持原判。

一百八十六、

未经招标人同意的定标行为无效

——甲公司诉乙药业公司招标投标案

【裁判要旨】

招标投标作为一种特殊的签订合同的方式,招标公告或者招标通知应属要约邀请,而投标是要约,招标人选定中标人,应为承诺,承诺通知到达要约人时生效,承诺生效时合同成立。本案中的被告不授权评标委员会直接确定中标人,也不同意在评标委员会推荐的中标候选人中确定原告为中标人,不给原告核发中标通知书,均应是被告的权利;市建设工程招标投标管理办公室给原告出具的中标通知书因未经招标人同意,不应视为承诺通知,而中标是合同是否成立的标志,原告未中标即表明合同尚未成立,故原、被告之间的招标投标活动应属合同订立过程,应按照《中华人民共和国招标投标法》的规定进行。

【法院及案号】

一审:四川省彭州市人民法院,〔2003〕彭州民初字第511号。

【当事人】

一审原告:甲公司。
一审被告:乙药业公司。

【案情介绍】

2001年4月6日,原告参与了被告乙药业公司关于科研质检楼建设工程招标投标活动,原告通过现场竞标后,由彭州市公证处对原告经评标委员会评议被确定为中标单位进行了公证,但没有证据证明招标人要求评标委员会确定中标人的授权;4月9日,彭州市建设工程招标投标管理办公室给原告出具了一份编号为2001—019号的"中标通知书",但被告认为原告没有合法的投标资格条件,不具备履约能力,不同意确定原告为中标人,并拒绝与原告签订书面合同。为此,原告认为被告有违诚实信用,向法院提起诉讼,请求判令被告赔偿因缔约过失给原告造成的损失8000元。

上述事实有下列证据证明：

原告举出的2003年4月3日成都工商经济信息中心查询通知单一份、被告举出的2003年4月18日彭州市建筑业管理办公室出具的"关于彭州市甲公司资质情况的说明"一份。该两份证据均属书证，一份为工商行政管理局出具，一份为彭州市建筑业管理办公室出具，而工商行政管理局是核准企业能否取得法人资格的主管机关，建筑业管理办公室是对建筑企业的资质进行管理的机关。故这两个机关依职权制作的书证证明了原告具备主体资格及原告的企业资质于2002年7月1日起作废的事实。

原告举出的2000年12月31日由四川省住房和城乡建设厅、四川省财政厅、四川省物价局联合给原告颁发的四川省施工企业工程取费证一份；1996年3月8日四川省建设委员会给原告颁发的建筑企业资质证书一份，2000年5月15日原告进行了最后一次资质年检。上述证据证明原告在参加招标投标活动时符合招标文件的规定条件。

原、被告均举出的2001年4月6日彭州市公证处出具的公证书一份，原告举出的2002年11月7日彭州市建设工程招标投标管理办公室出具的证明一份，法院依照原告甲公司申请调查收集的2001年4月9日彭州市建设工程招标投标管理办公室给原告出具的编号为2001—019号的中标通知书一份，原告参加招标投标活动时提供的投标资料，上述证据能相互印证的事实是：原告的"中标通知书"是彭州市建设工程招标投标管理办公室出具的，但被告未在该"中标通知书"上签字盖章；评标委员会确定原告为中标人，但并未证明确定原告为中标人已经招标人同意，也未证明招标人授权评标委员会确定原告为中标人。

原告举出的2001年3月30日四川省彭州市建设工程交易中心给原告出具的收"投标资料费"2400元的发票一份，2001年4月10日彭州市公证处给原告出具的收公证费300元的四川省行政、事业性收费专用收据一份，上述证据证明了原告在招标投标活动中所支出的合法费用为2700元。

被告举出的由被告提供的成都市建设工程施工招标文件一份。该证据证明招标文件中规定：投标单位应承担其编制投标文件与递交投标文件所涉及的一切费用。不管投标结果如何，招标单位对上述费用不负任何责任，即招标单位不应承担投标单位在投标过程中发生的费用。

被告举出的原告在招标投标过程中给被告提供的原告公司的简历、资质证书、取费证书等资料各一份，该证据证明原告在投标时并未按照建设部颁布的《工程建设施工招标投标管理办法》第二十五条的规定，提供有关材料，致使被告对原告的投标资格不能确信。

【一审情况】

争议焦点：

原告甲公司主张被告乙药业公司有违诚实信用，应承担缔约过失责任的问题。

法院观点：

法院认为：原告参与被告于2001年4月对自己的科研质检楼建设工程进行招标投标活动未中标的事实存在。招标投标作为一种特殊的签订合同的方式，招标公告或者招标通知应属要约邀请，而投标是要约，招标人选定中标人，应为承诺，承诺通知到达要约人时生效，承诺生效时合同成立。本案中的中标通知书因未经招标人同意，不应视为承诺通知，而中标是合同是否成立的标志，原告未中标即表明合同尚未成立，故原、被告之间的招标投标活动应属合同订立过程，应按照《中华人民共和国招标投标法》的规定进行。

原告主张被告有违诚实信用，应承担缔约过失责任。根据《中华人民共和国合同法》第四十二条关于对在订立合同过程中的恶意谈判、欺诈和其他违背诚信原则的行为适用缔约过失责任的规定，缔约过失责任采用的是过错责任原则。缔约过失责任应具备三个构成要件，对本案分析如下：（1）被告是否违反先合同义务。《中华人民共和国招标投标法》第七条、第四十条、第四十五条规定：行政监督部门应依法对招标投标活动实施监督并查处违法行为；招标人根据评标委员会提出的书面评标报告和推荐的中标候选人确定中标人，也可以授权评标委员会直接确定中标人；中标人确定后，应由招标人核发中标通知书。但被告不授权评标委员会直接确定中标人，也不同意在评标委员会推荐的中标候选人中确定原告为中标人，不给原告核发中标通知书，均应是被告的权利；原告没有举出证据证明被告有违反先合同义务的情形。（2）被告的主观上并无过错，原告并未举出证据证明被告有仅为自己利益而故意隐瞒与订立合同有关的重要事实或提供虚假情况的过失存在，不能构成缔约过失责任。（3）原告请求赔偿的8000元损失中仅有2700元的费用票据合法，且2700元也不完全属于一种信赖利益的损失，即一方实施某种行为后，另一方对此产生了信赖（如相信其会订立合同），并因此而支付了一定的费用，因一方违反诚信原则使该费用不能得到补偿。本案中原告提出的在招标投标活动中所支出的费用2700元部分，只有公证费300元可认为是一种信赖利益的损失，其余均是原告在招标投标活动中的正常开支，即原告在开支这些费用时并不能相信其定会中标，且都属被告在招标文件中明示不予承担的费用范围。综上所述，原告诉称要求被告承担缔约过失责任因并不同时具备以上三个要件，故原告要求被告承担责任的理由不充分，证据不足，不应支持。

裁判结果：

驳回原告要求被告乙药业公司承担缔约过失责任，并赔偿损失8000元的诉讼请求。

一百八十七、

逾期签订中标合同仍合法有效

—— 甲公司与电影公司建设工程施工合同纠纷案

【裁判要旨】

《中华人民共和国招标投标法》第四十六条"招标人和中标人应当自中标通知书发出之日起三十日内,按照招标文件和中标人的投标文件订立书面合同。招标人和中标人不得再行订立背离合同实质性内容的其他协议"的规定,主要价值取向是规范招标投标活动,保证项目质量,维护国家利益与社会公共利益,就建设工程施工招标投标签订中标备案合同后,当事人变更合同的权利仅限于与合同内容不发生实质性背离的范围。目的也仅仅是限定一定时间约束当事人尽快订立合同,并未规定在限定时间内未签订书面合同而导致合同无效的法律后果。因此,并不能仅因双方当事人根据招标文件和中标人的投标文件内容签订的合同超过了该规定时间即认定无效。

【法院及案号】

一审:台州市中级人民法院,〔2007〕台民一初字第73号。
二审:浙江省高级人民法院,〔2009〕浙民终字第45号。

【当事人】

一审原告、上诉人:甲公司。
一审被告、被上诉人:电影公司。

【案情介绍】

1999年6月3日,浙江省人民政府证券委员会同意设立浙江甲建设股份有限公司,浙江甲建设股份有限公司是在台州某建公司整体改制基础上,由台州某建公司工会和陈某春等10位自然人共同出资,以发起方式设立等。甲公司企业名称先后变更为甲建设股份有限公司、甲建设集团股份有限公司。

1999年7月21日,电影公司就影视城工程发出招标书,1999年7月23日,电影公司向台州某建公司发出招标邀请书,要求后者参加影视城工程招标投标活动。

1999年7月29日,电影公司向台州某建公司借款300万元。1999年8月4日,在温岭市招标管理办公室、财政局、监察局的现场监督下进行了公开招标,甲公司中标,1999年8月5日,电影公司向甲公司发出了《中标通知书》。但双方因故并未签订承包合同。2000年11月8日,甲公司与电影公司在电影公司处举行会议,就影视城建设工程有关问题进行协商,并形成会议纪要,主要内容:由于诸多原因,工程自招标后,电影公司与甲公司未签订工程建设协议,为使该工程早日上马,现双方就工程有关问题,达成如下共识:一、甲公司暂借给电影公司300万元,用于评奖等承诺保证金,到2000年12月31日前电影公司按2‰的利息支付给甲公司。从2001年1月1日起至影视城工程结束并验收合格后,按存入银行的活期利息归还甲公司本息。工程竣工结算后,甲公司同意电影公司欠工程款500万元二年,按1999年7月2日投标承诺书规定的分期付款办法,利息全部按一年期银行贷款利息支付。二、影视城工程除土建外的其他建设项目(包括水、电、消防、暖通等)由建设方选择施工单位,并负责资质审查,承建方负责总体管理,收取配合费、协调费3%(通过承建方开票部分)。三、因影视城是公益设施,建设资金大部分是政府政策优惠解决。在资金不能按协议规定的时间内到位的情况下,甲公司同意延迟支付时间半个月,如半个月内还不能到位,双方可继续协商解决,半个月后所拖欠部分按当时银行贷出利息支付给承建方,若建设方多付部分也按此法支付,不管遇到什么情况,甲公司承诺工程不停工。四、电影公司在影视城工地所建的临时房及围墙给施工队使用,甲公司补贴给电影公司3万元。2001年1月3日,甲公司与电影公司在温岭市建设工程交易中心签订了一份《建设工程施工合同》(以下简称"施工合同"),并经温岭市工商行政管理局鉴证。2001年2月16日,甲公司与电影公司签订一份补充协议。施工合同及补充协议签订后,甲公司于2002年2月10日开始施工,最终于2004年5月15日经勘察单位、设计单位、施工单位、监理单位、建设单位验收合格并报温岭市质量技术监督站备案。工程经电影公司委托相关机构进行审价,审核结论均经建设单位及施工单位确认无异议。双方还同意应由甲公司支付给某元会计师事务所的工程结算审核费70000元由电影公司代付,并从工程款中扣除。另外,根据双方会议纪要约定,电影公司尚应支付影视城南侧道路等17项由建设单位直接分包项目的工程施工配套费480214元。至2003年9月份,电影公司共计向甲公司支付工程款(包括转账和现金支付)26039032元。2003年5月7日,甲公司与电影公司达成一份协议,电影公司将浙JC0799、JC5296两辆汽车折价18万元给甲公司项目部,车款从工程基建款中扣回。

2007年10月12日,甲公司向一审法院起诉,请求判令电影公司支付拖欠的工程款。

另查明,2001年至2003年间,温岭市影视城土建工程承包人为感谢电影公司原法定代表人陈某富在工程承接、施工、工程款的领取等方面的关照和帮助,先后于2001年下半年送给陈某富11万元,于2003年下半年送给陈某富30万元,陈某富均予以收受。后陈某富因受贿罪被法院判处无期徒刑。

【一审情况】

争议焦点：

关于本案施工合同及补充协议的效力问题。

法院观点：

法院认为：本案双方当事人签订的施工合同及补充协议，是当事人双方的真实意思表示，并不违反国家法律法规的强行性规定。电影公司认为无效，主要理由是合同未经招标、投标，且存在丁某福挂靠甲公司的情况。对于电影公司的抗辩，原审法院认为，根据查明的事实，本案工程经政府有关部门立项后，经过招标投标程序，甲公司中标，电影公司也向其发出了中标通知书，但双方因故并未及时签订施工合同，期间于2000年11月8日还召开会议进行协商，直到2001年1月3日双方才签订施工合同。从合同内容看，该合同内容与电影公司向甲公司发出的《中标通知书》的内容如建设面积、工期、质量要求等基本一致，从工程款方面看，施工合同约定为20222594元，甚至低于《中标通知书》所确定的21014813元。因此，无论从是否经过招标投标程序，还是从施工合同内容看，施工合同的签订均体现双方的真实意思，且还经过工商行政管理部门的鉴证。至于补充协议，由于其与影视城属同一整体工程，且结算等均按施工合同有关条款执行，故亦不存在违法之处。关于本案是否存在挂靠的问题，根据施工合同约定，丁某福系影视城工程项目经理，电影公司亦无充分证据证明系丁某福挂靠在甲公司进行施工。综上，本案施工合同及补充协议应为有效，对双方均有法律约束力，双方均应按约定正确、全面地履行自己的义务。甲公司施工的工程，经勘察单位、设计单位、施工单位、监理单位、建设单位验收合格，甲公司方已经履行自己的主要合同义务，电影公司亦应按合同约定履行其支付工程款项的主要义务。

裁判结果：

一、限电影公司于本判决发生法律效力之日起十五日内支付给甲公司工程款4702603元，并支付相应的利息（自2004年5月16日起至实际付清之日止按月5‰计算）。

二、限电影公司于本判决发生法律效力之日起十五日内返还给甲公司履约保证金300万元，并支付相应利息（自2000年11月8日起至2004年5月15日止按银行同期存款利率计算，自2004年5月16日起至实际付清之日止按月5‰计算）。

三、限电影公司于本判决发生法律效力之日起十五日内支付给甲公司工程配合费480214元。

四、驳回甲公司的其他诉讼请求。

【二审情况】

争议焦点：

关于本案施工合同和补充协议的效力问题。

法院观点：

本案工程的施工合同中施工单位栏有甲公司公章及法定代表人签名，实际施工过程中，也均是以甲公司名义施工的，丁某福只是以经办人、项目经理的名义签字。虽然刑事判决书审理查明的事实部分有"证人丁某福证言其挂靠甲公司承接了影视城土建工程"的内容，但只是丁某福以证人身份在刑事诉讼中所作的证言，在本案民事诉讼中，该内容并不能当然对甲公司有既判力的效力，甲公司对此有权提出主张和抗辩。而根据甲公司一、二审中提供的证据，丁某福系甲公司职工、项目经理，甲公司与电影公司签订施工合同后，工程施工期间，丁某福与甲公司签订内部生产经营承包合同，丁某福是以向甲公司交纳管理费等方式，内部承包了本案工程的施工。《中华人民共和国建筑法》第二十六条第二款"禁止建筑施工企业超越本企业资质等级许可的业务范围或者以任何形式用其他建筑施工企业的名义承揽工程。禁止建筑施工企业以任何形式允许其他单位或者个人使用本企业的资质证书、营业执照，以本企业的名义承揽工程"的规定，只是针对其他单位或个人使用企业的资质证书、营业执照，以企业名义承揽工程，并未禁止企业承包工程后，再进行内部承包。因此，丁某福与甲公司的内部承包关系，并不违反法律禁止性规定。《中华人民共和国招标投标法》第四十六条"招标人和中标人应当自中标通知书发出之日起三十日内，按照招标文件和中标人的投标文件订立书面合同。招标人和中标人不得再行订立背离合同实质性内容的其他协议"的规定，主要价值取向是规范招标投标活动，保证项目质量，维护国家利益与社会公共利益，就建设工程施工招标投标签订中标备案合同后，当事人变更合同的权利仅限于与合同内容不发生实质性背离的范围。目的也仅仅是限定一定时间约束当事人尽快订立合同，并未规定在限定时间内未签订书面合同而导致合同无效的法律后果。因此，并不能仅因双方当事人根据招标文件和中标人的投标文件内容签订的合同超过了该规定时间即认定无效。至于双方当事人签订的补充协议，根据招标投标文件，中标通知书中工程项目为温岭影视城工程，建筑面积为29392.39m^2，中标总报价21014813元，以后双方当事人签订的施工合同的工程名称为温岭市影视城，工程编制说明中B区建筑面积为11871.97m^2、C区建筑面积为10216.56m^2，而补充协议中的工程名称为影视城西边裙房工程，建筑面积为7000m^2，因此，甲公司施工的上述工程均为影视城工程，合同总建筑面积为29088.53m^2，与甲公司中标的建筑面积基本一致。且补充协议中的影视城西边裙房工程系甲公司中标影视城工程后，政府部门重新规划和设计，对该工程进行了调整，电影公司亦未提供证据证明补充协议中的工程项目必须进行招标投标，且补充协议约定的结算方式均按之前的施工合同执行，并不存在双方当事人恶意串通将依法必须进行招标的工程化整为零规避招标的行为。

综上，原审判决认定本案双方当事人签订的施工合同及补充协议均为有效并无不当，电影公司上诉提出无效的理由均不能成立，本院不予采纳。

裁判结果：

驳回上诉，维持原判。

一百八十八、

中标人因材料涨价，以投标报价低于成本价投标为由主张中标合同无效的，不予支持

——甲集团与乙公司建设工程施工合同纠纷案

【裁判要旨】

《中华人民共和国招标投标法》第三十三条规定："投标人不得以低于成本的报价竞标，也不得以他人名义投标或者以其他方式弄虚作假，骗取中标。"本案中，乙公司根据自己的经济状况确定了招标的具体条件并公开进行招标，根据甲集团出具的《投标函》可知，其系在"仔细研究了苏高新荣昌节能环保产业园一期接续产业平台建设项目（A区）总承包工程招标文件的全部内容"的情况下，"愿意按招标文件的规定承担本项目的设计、采购、施工总承包交钥匙工程。"现甲集团作为投标人又以《中华人民共和国招标投标法》第三十三条所规定的"投标人不得以低于成本的报价竞标"为由主张双方签订的《建设工程施工合同》无效，明显有违诚实信用原则，且根据甲集团在本案中的主张可知，其提出相应的诉求系由于施工过程中施工材料价格上涨导致施工成本增加，而并非系其以低于成本价竞标。

【法院及案号】

一审：重庆市第五中级人民法院，〔2018〕渝05民初1921号。

二审：重庆市高级人民法院，〔2019〕渝民终492号。

再审：最高人民法院，〔2019〕最高法民申5829号。

【当事人】

一审原告、二审上诉人、再审申请人：甲集团。

一审被告、二审被上诉人、被申请人：乙公司。

【案情介绍】

2016年8月，乙公司就"苏高新荣昌节能环保产业园一期接续产业平台建设项目（A区）总承包工程"对外招标，并发布了《招标文件》。其中，"招标公告"载明：2.项目概况与招标范围。2.3工程规模：苏高新荣昌节能环保产业园一期接续产业平台建设项目（A区）总承包工程包括：(1)孵化中心建筑面积约为16500平方米；

(2)研发中心配套房建筑面积约为57500平方米;(3)研发中心建筑面积约为1400平方米。主要建设内容包括土建工程、土石方工程、安装工程、建筑节能工程、室内外装饰装修、辅助道路及广场硬质铺装、室外综合管网、配电照明及防雷工程、给排水及消防工程、弱电工程、燃气工程、通风及排烟工程、电梯工程等(红线范围内,除绿化及主干道工程以外的所有房屋及配套工程),以招标人认可的施工图为准;(4)苏高新荣昌节能环保产业园一期接续产业平台建设项目(A区)总承包工程须采用BIM建设技术(建筑信息模型)进行设计与施工,应体现节能环保元素,颜色与周围建筑协调。工程控制价15000万元[本项目基础深度平均考虑在20米以内,电梯采购标准暂定控制价为20万元/台,地面装饰材料设计标准暂定控制价100元/平方米,外墙装饰设计标准(含节能)暂定控制价为300元/m^2]。2.4计划工期。(1)勘察设计工期:合同签订之日起30日历天内深化方案设计和完成初步设计文件(含概算),并经招标人和职能部门审核并通过;同时完成现场地质勘察和详勘工作,并经外业见证和地勘审查机构审查通过出具勘察文件。在招标人和相关审核通过的初步设计文件后30日历天内向发包人提交施工图设计文件并经中介审查修改通过(含预算)。(2)施工工期:施工总工期初步确定为270日历天,以项目总监的开工令为准,其中房屋建筑工期5个月(含孵化中心、研发中心及配套房)。2.5苏高新荣昌节能环保产业园一期接续产业平台建设项目(A区)总承包工程(交钥匙工程),包括建设红线范围内勘察、设计、施工直至竣工验收合格及整体移交、工程保修期内的缺陷修复和保修等所有内容。具体如下:(1)勘察部分包括初勘、详勘。(2)设计部分包括方案深化、初步设计(含概算)、施工图设计(含预算),设计除需符合相关的建设内容、功能规模、技术标准等要求外,全程采用BIM设计(本项目BIM技术实施内容详见施工图附件中附表1和附表2的内容)。(3)建安部分包括施工图范围内所示的全部工作内容。(4)总承包管理包括对承包项目的质量、安全、工期、造价全面管控和负责。在"投标人须知"中,1.3.1条"招标范围"与前述2.5条相同;1.3.2"计划工期"与前述2.4条相同。3.2"投标报价"载明:"一、报价范围。投标人的投标报价应是本章投标人须知前附表1.3.1条中的工作内容、踏勘现场的实际情况等及本工程的一切潜在风险,填报完成招标范围内所有工程的全部工作内容的勘察、设计费和施工建安费报价。工程建设其他费用(勘察、设计费除外)不在本次报价范围。二、报价方式。1.勘察费报价原则:该勘察费报价已包含完成本项目初步勘察、详细勘察等所有勘察工作所需费用。投标人按《工程勘察设计收费管理规定》(计价格〔2002〕10号)规定的标准,根据项目规模,依据自身实力及市场行情,由投标人按照限价自行报价,包干使用。2.设计费报价原则:投标人按《工程勘察设计收费管理规定》(计价格〔2002〕10号)规定的标准,根据项目规模,依据自身实力及市场行情,由投标人按照限价自行报价(含概、预算编制),包干使用。3.施工建安费报价:(1)投标人按施工建安费总价的下浮比例进行报价。(2)施工图预算经重庆市荣昌区政府投资评审项目管理中心按以下计价原则进行评审,中标人必须接受重庆市荣昌区政府投资评审项目管理中心评审的施工图预算,作为施工建安费总价。三、计价原则:1.根据经审核后的施工图,按照《建设工程工程量清单计价规范》GB 50500-2013、《重庆市建设工程工程量清单计价规则》CQQDGZ-2013,参考2008年《重庆市建筑工程计价定额》、2008年《混凝土及砂浆配合比表、施工机械台班定额》《重庆市城乡建设委员会关于建筑业营业税改增值税调整建筑工程计价依据的通知》(渝建发〔2016〕35号)及其配套、修改、调整文件进行编制。2.人工价格调整按重庆市建设工程造价管理总站主办的2016年第7期《重庆工程造价信息》公布的荣昌地区指导价计取。3.材料价格调整按2016年《重庆工程造价信息》第8期公布的荣昌地区指导价计取,钢材、钢筋按2016年《重庆工程造价信息》第8期指导价计取。未有的材料价格由招标人和中标人认质认价后进入评审,如果双方达不成一致意见时,由重庆市荣昌区政府投资评审项目管理中心按暂定材料价格进入评审,结算时按实调整。4.安全文明施工费按渝建发〔2014〕25号文和渝建发〔2016〕35号相关规定标准计取。5.本工程招标将设置最高限价,限价如下:(1)勘察费总价最高限价为40万元。(2)设计费(含BIM设计费、概算、预算)总价最高限价为270万元;投标人的投标价均不能超过设置的最高限价。(3)下浮比例:建安费下浮比例不低于8%(含8%,此下浮比例综合考虑现行所有文件规定的安全文明施工费、税金等不能下浮的各种费用),低于8%的报价为无效报价"。……

10.1"结算原则"载明:"结算总原则:1.工程建安费+勘察费+设计费,以上三项费用总和不得超过15000万元(本项目基础深度平均考虑在20米以内,电梯采购标准暂定控制价为20万元/台,地面装饰材料设计标准暂定控制价100元/平方米,外墙装饰设计标准(含节能)暂定控制价为300元/平方米;若因基础平均超出20米的深度,电梯、地板、外墙等应甲方要求可据实调整,其余不得调整)。2.结算总价=中标的勘察费+中标的设计费+经评审的建安工程费×(1-中标下浮比例)±暂定材料价格的据实调整±工程变更费用×(1-中标下浮比例)±合同约定的其他费用。3.工程变更价款结算办法:因设计变更引起的工程量增加或招标范围外新增加工程项目按照相关文件审批程序报批,经批准后实施。设计变更和招标范围以外增加工程量引起的变更项目结算原则:(1)经评审的施工图预算工程量清单中有相同子项时,执行相应子项的单价;(2)经评审的施工图预算工程量清单中有类似子项时,应参照类似子项执行(类似子项由招标人确定);(3)经评审的施工图预算中的工程量清单中无类似子项或相同子项时,按照2008年《重庆市建筑工程计价定额》、2008年《重庆市安装工程计价定额》、2008年《重庆市建筑工程费用定额》、2008年《混凝土及砂浆配合比表、施工机械台班定额》《重庆市城乡建设委员会关于建筑业营业税改增值税调整建筑工程计价依据的通知》(渝建发〔2016〕35号)及相关配套文件并按中标下浮比例执行。其中人工价格、材料价格按照重庆市荣昌区政府投资评审项目管理中心评审时采用的价格调整,未有的材料则由招标人认质核价办理结算。4.暂定材料价格,由招标人认质核价办理结算……6.工程最终结算金额以审计部门审定金额为准"。

2016年8月25日，甲集团向乙公司投标，《投标函》载明，我方已仔细研究了苏高新荣昌节能环保产业园一期接续产业平台建设项目（A区）总承包工程招标文件的全部内容，愿意按招标文件的规定承担本项目的设计、采购、施工总承包交钥匙工程。其中，勘察费按《工程勘察设计收费管理规定》（计价格〔2002〕10号）并依据自身实力及市场行情，愿以369600元的投标报价完成本次勘察范围内的所有工作；设计费按国家计委、建设部《工程勘察设计收费管理规定》（计价格〔2002〕10号）并依据自身实力及市场行情，愿以2601900元的投标报价完成本次设计范围内的所有工作；按建安费总价下浮比例进行报价（此下浮比例综合考虑现行所有文件规定的安全文明施工费、人工费调差等不能下浮的各种费用），建安费总价下浮比例为8.58%；本项目施工图审查完成后，由设计单位编制施工图预算。施工图预算经重庆市荣昌区政府投资评审项目管理中心按招标文件规定的计价原则进行评审，重庆市荣昌区政府投资评审项目管理中心审核通过的施工图预算评审结果中的综合单价是结算的依据，其综合单价固定不变。施工合同总价（暂估价）以重庆市荣昌区政府投资评审项目管理中心审核通过的施工图预算总价作为基数，按我司中标下浮比例确定。我司承诺，接受重庆市荣昌区政府投资评审项目管理中心按招标文件规定的计价原则进行评审的施工图预算，否则视为违约。工期：勘察设计工期，合同签订之后起30日历天内深化方案设计和完成初步设计文件（含概算），并经招标人和职能部门审核并通过；同时完成现场地质勘察和详勘工作，并经外业见证和地勘审查机构审查通过出具勘察文件。在招标人和相关部门审核通过的初步设计文件后30日历天内向发包人提施工图设计文件并经中介审图机构审查修改通过（含预算）。施工工期，270日历天。

2016年9月7日，乙公司向甲集团发出《中标通知书》，载明：我单位拟建的苏高新荣昌节能环保产业园一期接续产业平台建设项目（A区）总承包工程于2016年8月25日开标，经评标委员会评定并报建设工程招标监督管理机构备案，确定你单位为中标人，中标额为勘察费369600元、设计费2601900元、建安费下浮比例8.58%。中标范围：（1）勘察部分包括初勘、详勘。（2）设计部分包括方案设计深化、初步设计（含概算）、施工图设计（含预算），设计除需符合相关的建设内容、功能规模、技术标准等要求外，全程采用BIM设计（本项目BIM技术实施内容详见施工图附件中附表1和附表2的内容）。（3）建安部分包括施工图范围内所示的全部工作内容。（4）总承包管理包括对承包项目的质量、安全、工期、造价全面管控和负责。工程规模：（1）孵化中心建筑面积约为16500平方米（其中地下车库建筑面积约4000平方米，商业裙楼建筑面积约5000平方米）；（2）研发中心配套房建筑面积约为57500平方米；（3）研发中心建筑面积约为1400平方米。中标施工工期270日历天，工程质量达到国家施工验收规范标准。

2016年10月11日，甲集团与乙公司签订《苏高新荣昌节能环保产业园一期接续产业平台建设项目(A区)总承包工程建设工程施工合同》(以下简称《建设工程施工合同》),该合同"合同协议书"载明:1.本协议书与下列文件一起构成合同文件:(1)合同协议书(包括补充协议书);(2)中标通知书;(3)投标函及投标函附录;(4)专用合同条款;(5)通用合同条款;(6)发包人要求;(7)招标文件;(8)技术条款;(9)总承包实施方案;(10)投标文件;(11)图纸;(12)双方确认进入合同的其他文件。2.上述文件互相补充和解释,如有不明确或不一致之处,以合同约定次序在先者为准。3.签约合同价:勘察费按《工程勘察设计收费管理规定》(计价格〔2002〕10号)并依据自身实力及市场行情,以369600元完成本次勘察范围内的所有工作;设计费按《工程勘察设计收费管理规定》(计价格〔2002〕10号)并依据自身实力及市场行情,以2601900元完成本次设计范围内的所有工作;工程建安费暂定金额为14000万元,施工单位中标下浮比例为8.58%,具体结算办法按结算原则执行……8.承包人计划开始工作时间:实际开始工作时间按照监理人开始工作通知中载明的开始工作时间为准。(1)勘察设计工期:合同签订之日起30日历天内深化方案设计和完成初步设计文件(含概算),并经招标人和职能部门审核并通过;同时完成现场地质勘察和详勘工作,并经外业见证和地勘审查机构审查通过出具勘察文件。在招标人和相关审核通过的初步设计文件后30日历天内向发包人提交施工图设计文件并经中介审查修改通过(含预算)。(2)施工工期:总工期为270日历天。"专用合同条款"载明:……5."工程质量"要求为合格。11.价格调整。11.1"市场价格波动引起的调整"。市场价格波动是否调整合同价格的约定:不调整。12.4工程进度款支付……12.4.4进度款审核和支付。①勘察费支付:提供合格地勘报告后支付至中标勘察金额的80%,工程竣工验收合格后付至中标勘察金额100%。②设计费支付方式:签订合同后,初步设计提交后支付至中标设计金额的30%,施工图设计审查合格并提供正式成果后支付至合同中标设计金额的70%,工程竣工经验收合格并将完整资料移交给招标人后支付至合同中标设计金额的100%。③工程款支付方式:本工程无预付款;工程形象进度总体达到基础完工经相关单位验收合格后30个日历天内支付至施工合同签订的暂定建安费[14000万元×(1-中标下浮比例)]的20%;工程形象进度总体达到主体(含孵化中心、研发中心配套房、研发中心)完工经相关单位验收合格后30个日历天内支付至施工合同签订的暂定建安费[14000万元×(1-中标下浮比例)]的50%;该项目所有工程竣工验收合格并提供结算资料给发包人,由相关单位审核后30个日历天内支付至重庆市荣昌区政府投资评审项目管理中心评审的建安造价的80%;工程经审计部门审计完成后30个日历天内支付至审定建安费用价格的95%;中标人在工程竣工验收合格之日起30个日历天内完善该工程的相关手续及竣工结算资料并交付招标人,如未能按期交付,则按具体违约天数相应顺延天数支付工程结算款;剩余5%作为工程质量保证金,待质保期满两年并履行完质保义务后在30日历天内付工程质量保证金的60%,质保期满五年并履行完质保义务后工程质量保证金的剩余部分在30日历天内支付,均不计息。14.竣工结算。"结算原则":14.2.1工程建安费+勘察费+设计费,以上三项费用总和不得超过15000万元(本项目基础深度平均考虑在20米以内,电梯采购标准暂定控制价为20万元/台,地面装饰材料设计标准暂定控制价100元/平方米,外墙装饰设计标准(含节能)暂定控制价为300元/平方米;若因基础平均超出20米的深度,电梯、地板、外墙等应甲方要求可据实调整,其余不得调整)。14.2.2.结算总价=中标的勘察费+中标的设计费+经评审的建安工程费×(1-中标下浮比例)±暂定材料价格的据实调整±工程变更费用×(1-中标下浮比例)±合同约定的其他费用。14.2.3.工程变更价款结算办法:因设计变更引起的工程量增加或招标范围外新增加工程项目按照相关文件审批程序报批,经批准后实施。设计变更和招标范围以外增加工程量引起的变更项目结算原则:(1)经评审的施工图预算工程量清单中有相同子项时,执行相应子项的单价;(2)经评审的施工图预算工程量清单中有类似子项时,应参照类似子项执行(类似子项由招标人确定);(3)经评审的施工图预算中的工程量清单中无类似子项或相同子项时,按照2008年《重庆市建筑工程计价定额》、2008年《重庆市安装工程计价定额》、2008年《重庆市建筑工程费用定额》、2008年《混凝土及砂浆配合比表、施工机械台班定额》《重庆市城乡建设委员会关于建筑业营业税改增值税调整建筑工程计价依据的通知》(渝建发〔2016〕35号)及相关配套文件并按中标下浮比例执行。其中人工价格、材料价格按照重庆市荣昌区政府投资评审项目管理中心评审时采用的价格调整,未有的材料则由招标人认质核价办理结算。4.暂定材料价格,由招标人认质核价办理结算。14.2.6.工程最终结算金额以审计部门审定金额为准。

合同签订后,苏高新荣昌节能环保产业园一期接续产业平台建设项目(A区)建设工程规划设计方案于2017年1月25日通过审批,初步设计方案于2017年3月20日通过审批。

2017年5月9日,乙公司与甲集团又签订《苏高新荣昌节能环保产业园一期接续产业平台建设项目(A区)总承包工程补充协议》(以下简称《补充协议》),约定:经发包人、承包人、监理单位共同咨询市造价总站确认《重庆市建筑工程计价定额(2008)》不适合装配式钢结构,市造价总站建议协商解决。经双方协商达成一致意见:设计图中的焊接H型钢部分(H型钢量:总部办公楼约450t、D1电子厂房约195t、D2电子厂房约195T、DJ1混拼厂房约315T、DJ2混拼厂房约315T、T-1独栋研发约30T、T-2独栋研发约30T、J1机械厂房约145T、J2机械厂房约145T、J3机械厂房约125T、J4机械厂房约120T、J5机械厂房约90T、J6机械厂房约120T、开闭所约5T,合计:约2280T),不执行《重庆市建筑工程计价定额(2008)》中金属结构章节中的H型钢加工制作定额子目、也不执行金属工程计算规则第一条第4款中"实腹柱、吊车梁、H型钢的腹板及翼板宽度按图示尺寸每边增加25毫米计算"。执行钢制动梁和相应的吊车梁、实腹钢材制作安装的计算规则及定额子目。

甲集团于2017年3月开始进场施工，苏高新荣昌节能环保产业园一期接续产业平台建设项目（A区）工程于2017年7月3日正式取得《施工许可证》。在施工工程中，甲集团于2017年3月、6月、7月、8月、9月、2018年3月上报了《工程完成量报审表》，乙公司工作人员在上述《报审表》"建设单位"栏签署的意见为"不作为结算依据"或"不作为付款及结算依据"。甲集团上报的2017年4月、10月、11月、2018年1月的《工程完成量报审表》，乙公司无人在"建设单位"栏批注意见及签字。

钢材、商品混凝土等主要建材价格在施工期间较2016年7月出现较大上涨。2018年3月，甲集团向乙公司发出《关于解决苏高新荣昌节能环保产业园一期接续产业平台建设项目（A区）投资控价和材差的函》，提出因材料上涨潜在亏损近2000万元，建议按照工程施工同期重庆市材料信息价进行如实调整，依此作为本项目结算的依据，据实编制本项目竣工结算。2018年5月，乙公司向甲集团发出《乙公司关于苏高新荣昌节能环保产业园一期接续产业平台建设项目（A区）相关事宜的函》，表示不同意调整预算总控价和材料价差。然后，双方还多次协商，未就"材料价差"和"投资限价"达成一致意见，甲集团遂提起本次诉讼。

在审理中，双方当事人均确认乙公司已累计向甲集团支付工程款项32436761.21元。

二审法院查明：乙公司就案涉工程于2017年6月26日取得《建设工程规划许可证》。

【一审情况】

争议焦点：

一、关于对乙公司是否存在欠付工程款的问题。

二、关于甲集团提出撤销双方于2016年10月11日签订的《建设工程施工合同》专用条款11.1条关于"市场价格波动是否调整合同价格的约定：不调整"的问题。

法院观点：

一、关于对乙公司是否存在欠付工程款的问题。按照合同约定，乙公司应当向甲集团支付的款项包含勘察费、设计费及工程进度款三部分，对勘察费支付的约定为——提供合格地勘报告后支付至中标勘察金额的80%，工程竣工验收合格后付至中标勘察金额100%；对设计费支付的约定为——签订合同后，初步设计提交后支付至中标设计金额的30%，施工图设计审查合格并提供正式成果后支付至合同中标设计金额的70%，工程竣工经验收合格并将完整资料移交给招标人后支付至合同中标设计金额的100%；对工程进度款支付的约定为——工程形象进度总体达到基础完工经相关单位验收合格后30个日历天内支付至施工合同签订的暂定建安费[14000万元×（1-中标下浮比例）]的20%；工程形象进度总体达到主体（含孵化中心、研发中心配套房、研发中心）完工经相关单位验收合格后30个日历天内支付至施工合同签订的暂定建安费[14000万元×（1-中标下浮比例）]的50%；该项目所有工程竣工验收合格并提供结算资料给发包人，由相关单位审核后30个日历天内支付至重庆市荣昌区政府投资评审项目管理中心评审的建安造价的80%；工程经审计部门审计完成后30个日历天内支付至审定建安费用价格的95%等等。现从原告甲集团已完成的工作任务看，已经完成了勘察、设计工作，建安工作已经开展，但尚未达到主体竣工验收合格，故乙公司应当支付的款项有：勘察费应支付至中标金额的80%，即369600元×80%=295680元；设计费应支付至中标金额的70%，即2601900元×70%=1821330元；工程进度款应付至暂定金额的20%，即[14000万元×（1-8.58%）]×20%=25597600元。上述款项共计27714610元（295680元+1821330元+25597600元）。双方当事人均确认乙公司已经支付的工程款项为32436761.21元，已经超过乙公司应当支付的金额，乙公司并不差欠甲集团工程款项。现甲集团提出其已完工程量产值为73690001.69元，乙公司尚欠41255381.19元，请求乙公司支付，并举示了《工程完成量报审表》作为证据，但经审查，其举示的《工程完成量报审表》仅有部分经过乙公司签字收到，而签字的内容并不能证实乙公司同意按照《工程完成量报审表》载明金额进行结算及付款的意思表示，本院认为，《工程完成量报审表》不能作为双方变更了合同约定的工程款支付方式的证据，也不能证实系双方对已完工程造价的结算，不能达到甲集团证明目的，双方关于工程进度款的支付仍应按照合同约定支付，现乙公司已经超过合同约定的应支付金额向甲集团支付工程款项，故对甲集团的这一诉讼请求，本院不予支持。

二、关于甲集团提出撤销双方于2016年10月11日签订的《建设工程施工合同》专用条款11.1条关于"市场价格波动是否调整合同价格的约定：不调整"的问题。甲集团提出撤销该条约定的理由为建材价格上涨，依据《最高人民法院关于适用〈中华人民共和国合同法〉若干问题的解释（二）》第二十六条"合同成立以后客观情况发生了当事人在订立合同时无法预见的、非不可抗力造成的不属于商业风险的重大变化，继续履行合同对于一方当事人明显不公平或者不能实现合同目的，当事人请求人民法院变更或者解除合同的，人民法院应当根据公平原则，并结合案件的实际情况确定是否变更或者解除"的规定，该价格上涨属于"合同成立以后客观情况发生了当事人在订立合同时无法预见的、非不可抗力造成的不属于商业风险的重大变化"，继续履行将导致甲集团明显不公平或者不能实现合同目的。本院认为，本案中，双方当事人对主要建筑材料的价格调整系按照2016年《重庆工程造价信息》第8期公布的荣昌地区指导价计取，双方在签订中标合同时专用条款11.1条约定的"市场价格波动是否调整合同价格的约定：不调整"的含义应为价格上涨的风险由甲集团承担，价格下跌的收益由甲集团享有。在签订合同后，主要建筑材料如钢材、商品砼的价格确实存在上涨的情况，但上涨幅度并未超过历史高价，不属于双方无法预见的情况，且按照《最高人民法院关于适用〈中华人民共和国合同法〉若干问题的解释（二）》第二十六条的规定，即使属于不可预见的重大变化，也仅是变更合同条款，即双方分摊相应风险，并非一味保护施工方利益，将材料价格上涨的风险转由发包方承担，如按照甲集团的请求,将该条款直接撤销,则所有材料价格上涨的风险均由发包方乙公司承担,也与双方在订立中标合同时由甲集团应承担相应建材价格变化的风险和收益的目的不相符合,故本院对甲集团要求撤销《建设工程施工合同》专用条款11.1条"市场价格波动是否调整合同价格的约定:不调整"的请求,不予支持。

裁判结果:

驳回原告诉讼请求。

【二审情况】

争议焦点:

一、乙公司与甲集团签订的《建设工程施工合同》效力如何认定。

二、《建设工程施工合同》专用条款11.1条是否应当予以撤销。

法院观点:

一、乙公司与甲集团签订的《建设工程施工合同》效力如何认定。案涉《建设工程施工合同》系乙公司、甲集团按照公开招标投标的程序签订,系双方真实意思表示,内容不违反法律、行政法规的强制性规定,且甲集团系具有建筑工程总承包特级资质的建筑公司,故该《建设工程施工合同》合法有效。

《最高人民法院关于审理建设工程施工合同纠纷案件适用法律问题的解释(二)》第二条规定:"当事人以发包人未取得建设工程规划许可证等规划审批手续为由,请求确认建设工程施工合同无效的,人民法院应予支持,但发包人在起诉前取得建设工程规划许可证等规划审批手续的除外"。本案中,乙公司虽然于2017年6月26日才取得《建设工程规划许可证》,晚于其发出招标公告以及双方签订《建设工程施工合同》的时间,但乙公司取得《建设工程规划许可证》的时间早于甲集团提起本案诉讼的时间,故甲集团以此为由主张合同无效,理由明显不能成立。

此外,《中华人民共和国招标投标法》第三十三条规定:"投标人不得以低于成本的报价竞标,也不得以他人名义投标或者以其他方式弄虚作假,骗取中标。"本案中,乙公司根据自己的经济状况确定了招标的具体条件并公开进行招标,根据甲集团出具的《投标函》可知,其系在"仔细研究了苏高新荣昌节能环保产业园一期接续产业平台建设项目(A区)总承包工程招标文件的全部内容"的情况下,"愿意按招标文件的规定承担本项目的设计、采购、施工总承包交钥匙工程。"现甲集团作为投标人又以《中华人民共和国招标投标法》第三十三条所规定的"投标人不得以低于成本的报价竞标"为由主张双方签订的《建设工程施工合同》无效,明显有违诚实信用原则,且根据甲集团在本案中的主张可知,其提出相应的诉求系由于施工过程中施工材料价格上涨导致施工成本增加,而并非系其以低于成本价竞标。因此,并不存在甲集团以低于成本价竞标的事实,甲集团的该项理由亦不能成立。

二、《建设工程施工合同》专用条款11.1条是否应当予以撤销。《最高人民法院关于适用〈中华人民共和国合同法〉若干问题的解释（二）》第二十六条规定："合同成立以后客观情况发生了当事人在订立合同时无法预见的、非不可抗力造成的不属于商业风险的重大变化，继续履行合同对于一方当事人明显不公平或者不能实现合同目的，当事人请求人民法院变更或者解除合同的，人民法院应当根据公平原则，并结合案件的实际情况确定是否变更或者解除"。该条系对合同法上情势变更原则所作的规定。根据该条规定可知，适用情势变更原则必须同时符合以下条件：一是客观情况的变化系当事人在订立合同时无法预见的；二是客观情况的变化导致合同成立的基础发生异常变动，继续履行合同对一方当事人明显不公平或者不能实现合同目的；三是客观情况不属于正常的商业风险。

在本案中，乙公司为建设案涉工程，根据自己的经济状况确定了招标的具体条件并公开进行招标，甲集团作为理性的、专业的建筑工程施工企业，理应知道其投标行为的法律后果。也即，在乙公司明确将案涉工程限定在造价1.5亿元的情况下，甲集团在投标时应当综合考虑相应的成本以及正常的商业风险，包括建筑材料上涨带来的商业风险，再决定是否投标以及以何种条件投标。其中，建筑材料的市场价峰值、谷值都应当成为甲集团确定是否投标以及以何种条件投标所应当考虑的因素，这些因素应当归入其进行经营决策所应当考虑的商业风险的范畴。甲集团在对案涉工程施工过程中，建筑材料价格虽有上涨，但上涨幅度并未超过其市场价峰值，甲集团作为专业的建筑工程施工企业在投标时理应对此进行合理的预见，故本案中建筑材料价格的上涨属于甲集团应当承担的商业风险，而不属于当事人在签订合同时无法预见的客观情况，不符合《最高人民法院关于适用〈中华人民共和国合同法〉若干问题的解释（二）》第二十六条规定的情势变更的范畴。甲集团请求撤销《建设工程施工合同》专用条款11.1条关于市场价格波动不调整合同价格的约定，理由不成立，一审未予支持并无不当。

此外，对于甲集团提出的因乙公司超期完成设计方案，建筑材料价格上涨的风险应由乙公司承担的问题，因一方当事人违反合同约定对对方造成损失，属于违约一方当事人应当承担违约责任的问题，不属于情势变更原则的审查范围，故甲集团的该项上诉理由亦不成立。

裁判结果：

驳回上诉，维持原判。

【再审情况】

争议焦点：

一、《建设工程施工合同》专用条款第11.1条是否应当予以变更。

二、乙公司是否欠付甲集团工程款。

三、二审是否遗漏了甲集团的诉讼请求。

法院观点：

一、关于《建设工程施工合同》专用条款第11.1条是否应当予以变更的问题。甲集团认为，本案应根据情势变更原则和主管部门的相关规定，就价格涨幅超过5%的部分应据实调整为由乙公司自行承担。本院认为，案涉《建设工程施工合同》专用条款第11.1条约定，市场价格波动不调整合同价格，即市场价格上涨的风险由甲集团承担。合同签订后，市场价格确实因政策或市场环境的变化存在上涨的情况，但甲集团作为专业、理性的建筑工程施工企业是在仔细研究了招标文件的全部内容并综合考虑相应的商业风险和成本变动后才向乙公司投标，其在明知案涉工程限定造价1.5亿元的前提下理应将建筑材料的市场环境以及价格变化纳为其是否投标以及如何投标应考虑的商业风险因素中。《最高人民法院关于适用〈中华人民共和国合同法〉若干问题的解释（二）》第二十六条系对合同法上情势变更原则所做的规定，该条强调的客观情况是当事人在订立合同时无法预见的、非不可抗力造成的非商业风险，继续履行将会对一方明显不公平或不能实现合同目的，本案中建筑材料价格上涨应属于甲集团在投标和签订合同时应合理预见的商业风险，且上涨幅度并未超过市场价峰值，因此不应适用《最高人民法院关于适用〈中华人民共和国合同法〉若干问题的解释（二）》第二十六条的规定，原审法院适用法律并无不当，甲集团的该项申请再审理由不能成立。

二、关于乙公司是否欠付甲集团工程款的问题。甲集团认为，乙公司应根据《工程完成量报审表》已完工程量产值进行结算，《工程完成量报审表》中的工程量产值为73690001.69元，乙公司尚欠41255381.19元。本院认为，甲集团与乙公司按公开招标投标的程序于2016年10月11日签订《建设工程施工合同》，该合同内容不违反法律及行政法规的强制性规定，系双方真实意思表示，且乙公司于本案诉讼前已取得《建设工程规划许可证》，故该合同合法有效。合同中约定乙公司应当向甲集团支付的款项包括勘察费、设计费及建安费三部分，因甲集团已经完成了勘查、设计工作，建安工作正在开展，但工程主体尚未竣工验收合格，根据合同第12.4.4条款约定的进度款审核和支付方式，乙公司应支付的工程款应当为原审认定的27714610元。甲集团于2017年3月、6月、7月、8月、9月、2018年3月上报了《工程完成量报审表》，但上述审批表乙公司在上面签署的意见为"不作为结算依据"或"不作为付款及结算依据"，甲集团上报的2017年4月、10月、11月、2018年1月的《工程完成量报审表》，乙公司并未在"建设单位"栏批注意见和签字，该《工程完成量报审表》并非双方当事人达成一致的意思表示，不能作为工程结算的依据。现乙公司已向甲集团支付32426761.21元，已超过其应当支付的进度款项金额，故甲集团的该项申请再审理由不能得到支持。

三、关于二审是否遗漏了甲集团的诉讼请求的问题。甲集团认为，本案二审判决只对其第二个诉讼请求进行了审理和评判，对于第一个要求支付41255381.19元工程款的诉讼请求未进行审理,属遗漏了诉讼请求。本院认为,甲集团在起诉时向一审法院提出了要求乙公司支付41255381.19元工程款和撤销双方于2016年10月11日签订的《建设工程施工合同》专用条款第11.1条两个诉讼请求,一审判决在翔实的分析评判基础上判决驳回甲集团的全部诉讼请求。虽甲集团在二审上诉请求中表述为撤销一审判决依法改判或发回重审,但其在事实和理由中的分析论述均是针对《建设工程施工合同》专用条款第11.1条是否应予变更的问题,二审判决已针对甲集团的上诉请求进行了分析认定并判决驳回其上诉。虽二审因甲集团在上诉的事实和理由中未提及工程款数额问题而未进行一定回应有所不周,但对只提上诉请求而不陈述事实和理由的做法亦不应支持,且如前所述乙公司亦不存在欠付进度款的问题,故甲集团关于遗漏上诉请求的申请再审事由亦不能成立。

裁判结果:

驳回再审申请。

一百八十九、

"投标人不得以低于成本的报价竞标"不属于效力性强制规定,其中标合同并不因此无效

——某眼视光公司与某医院、某视眼镜公司合同纠纷案

【裁判要旨】

《中华人民共和国招标投标法》(以下简称《招标投标法》)并未规定投标人以低于成本的报价竞标将导致合同无效。其次,《招标投标法》禁止投标人以低于成本的价格竞标,其目的是保证投标市场的正常秩序,维护公平竞争。在案证据尚不足以证明只要投标人以低于成本的报价竞标行为发生即绝对地损害国家利益或者社会公共利益。故《招标投标法》第三十三条关于"投标人不得以低于成本的报价竞标"的规定,不属于效力性强制性规定,即便投标人以低于成本的报价竞标,其所签订的合同并不因此无效。

【法院及案号】

一审:北京市海淀区人民法院,〔2020〕京0108民初14287号。
二审:北京市第一中级人民法院,〔2020〕京01民终6772号。

【当事人】

一审原告、上诉人:某眼视光公司。
一审被告、被上诉人:某医院、某视眼镜公司。

【案情介绍】

某眼视光公司于2015年12月14日成立,公司类型为有限责任公司(自然人投资或控股),注册资本为500万元,经营范围为销售医疗器械I类、眼镜、日用品等。

某视眼镜公司于2017年2月9日成立,公司类型为有限责任公司(自然人独资),注册资本为50万元,经营范围为销售:眼镜、医疗器械等。

2019年11月,某医院作为招标人发布"某医院眼科视光中心服务商项目"招标公告,招标代理机构为某医院招标采购中心。招标范围及内容:某医院拟对眼科视

光中心服务商进行招标,新服务商需配合该院眼科科室开展辅助配套服务,服务内容包含但不限于各类屈光不正诊治、验配、疑难验光和配镜、硬性角膜接触镜(RGP)、软性隐形眼镜验配、特殊隐形眼镜如圆锥角膜RGP、OK镜、巩膜镜验配、老视和渐变镜的验配等服务。资金来源为自筹;招标方式为公开招标;质量标准为合格;服务合同期至2020年12月31日;报价方式:在基准综合单价(见第二部分服务技术要求《清单报价表及技术标准》)的基础上,由投标人报出1个整体单价固定下浮折扣率(%),该下浮折扣率保留两位小数。中标单位在服务期间需按照[各项产品基准综合单价×(1-所报下浮折扣率)]的价格作为军人及职工购镜单价,为军人及职工提供眼镜产品及配套服务。军人家属购镜价格在军人及职工购镜价格基础上上浮10个百分点,但不得高于基准综合单价,不再另行报价。定标原则:能够完全响应招标文件且单价固定下浮折扣率(保留两位小数)最大的投标人为中标人[注:整体单价固定下浮折扣率指投标人的投标函中标明的下浮折扣率(一轮报价)]。《招标须知》文件的组成"技术部分"包括:1.投标人需按本招标文件第二部分"服务技术要求"中的"房屋资产使用"内容,逐项列出符合性回应或承诺,并承诺按合同约定支付固定资产使用费120万元/年;2.投标人须按本招标文件中第二部分"服务技术要求"中"经营保障"内容逐项列出符合性回应或承诺;3.投标人需承诺保障服务期间所提供保障产品配有国家眼镜玻璃搪瓷制品质量监督检验中心出具的保障产品的检验报告,并符合国家有关生产、销售标准,质量安全可靠;4.投标人需承诺保障服务期间所有技术人员及工作人员都具有合格的健康体检报告,并随时接受院方检查;5.投标人需根据本招标文件第二部分"服务技术要求"中"允许开展业务的范围"内容制定满足本项目要求的服务方案(简明扼要,具有针对性);6.投标人需按照本招标文件第二部分"服务技术要求"中的"设备需求"内容逐项列出符合性回应或承诺。合同授予标准:能够完全响应招标文件且单价固定下浮折扣率(保留两位小数)最大的投标人[注:单价固定下浮折扣率指投标人的投标函中标明的下浮折扣率(一轮报价)]。合同签署:中标通知书发出后,招标人和中标人将在该通知书中规定的时间内,根据招标文件中标人的投标文件,并使用本招标文件规定的合同协议书格式签订合同。合同协议书经招标人、中标人双方法定代表人或其授权委托人签署及加盖公司法人印章后生效。其中,招标须知附件中《评审办法》第三条规定,评审小组成员为5人组成,从医院评审专家库中随机抽选。评标原则:本项目评审小组按下述原则进行评审:1)公平、公正、科学和择优;2)依法评审、严格保密;3)反不正当竞争。定标:本招标项目定标原则为能够完全响应招标文件且整体单价固定下浮折扣率(保留两位小数)最大的投标人为中标人。评审方式主要采用二个阶段评审方式进行[技术部分评审阶段、商务部分评审阶段]。[注:单价固定下浮折扣率指投标人的投标函中标明的下浮折扣率(一轮报价);当整体单价报价下浮折扣率(保留两位小数)最大(数值相同)的投标人为两个(含)以上时,以企业注册时间在前者为先]。该招标文件第二部分为"服务技术要求",列明了"房屋资产使用"为社会化服务的项目服务费;经营保障(主要保障对象为军人、军人家属,在有能力的情况下,也可为来院就诊患者服务);允许开展业务的范围;设备需求与清单及技术标准。该招标文件第三部分为"合同主要条件",该部分附上了《眼科视光中心服务承包合同》空白文本。该投标文件第四部分为附件,包括了投标函格式、法定代表人身份证明书格式、授权委托书格式、投标人承诺函(一)、投标人承诺函(二)、投标人承诺函(三)、投标保证金退还申请函格式、投标报价表。

某眼视光公司及某视眼镜公司等公司参与了涉案招标项目。

2019年12月25日,某医院后勤招标采购中心发布中标公告,确定某视眼镜公司为中标候选人,公示时间为2019年12月25日至2019年12月27日。

2019年12月26日,某眼视光公司委托天津某元律师事务所向某医院后勤招标采购中心发出了《律师函》并提交了《招标异议书》,以某视眼镜公司以明显低于招标文件中技术部分规定的产品成本价中标为由提出异议,要求评标委员会依法否决其投标,取消其中标资格。

2020年1月9日,某医院后勤招标采购中心向某眼视光公司发出《关于〈眼科视光中心服务商项目〉的质疑回复》,表示针对该公司提出的质疑,该中心组织原专家评委进行了复议,专家评委一致认为其报价满足该项目要求,维持原评审结果。

其后,解放军总医院向某视眼镜公司发出了中标通知书,某视眼镜公司亦收到了该通知书。因发生了本案纠纷,双方尚未签订《眼科视光中心服务承包合同》,某眼视光公司亦未撤场。

一审庭审中,某视眼镜公司向一审法院提交了一中心眼科李某辉提交院招标采购中心领导的《情况说明》及部分公司的眼镜片及相关眼镜产品的价格目录表,证明某视眼镜公司在涉案项目中的报价为按招标文件第二部分服务技术要求《清单报价表及技术标准》的价格基础上整体下浮90.20%,即某视眼镜公司的产品价格为《清单报价表及技术标准》中单价的9.80%,该报价明显低于了成本价,违反了我国《招标投标法》关于投标价格不得低于成本的强制性规定,应当认定中标结果无效及合同无效。解放军总院及某视眼镜公司对前述证据的证明目的不予认可,主张某眼视光公司的证据不能证明某视眼镜公司的报价低于成本价。

经询,某眼视光公司对涉案招标投标程序并无异议,该公司亦不能提供涉案招标项目清单产品的成本核算的充分证明,以证明某视眼镜公司的投标报价低于成本。

【一审情况】

争议焦点:

投标人以低于成本的报价竞标是否导致中标无效,进而案涉项目中标结果以及解放军总医院与某视眼镜公司签订的涉案合同是否无效。

法院观点：

本案中某医院依法组成评标委员会，对包括某眼视光公司、某视眼镜公司在内的各投标人提供的单价固定下浮折扣率及相应招标文件的相关投标资料进行审核，按照定标原则规定的能够完全响应招标文件且单价固定下浮折扣率（保留两位小数）最大的投标人为中标人，最终确定中标候选人为某视眼镜公司。在中标结果公示期内某眼视光公司即原告向某医院招标采购中心提出了异议，该中心组织了专家评委进行了复议，专家评委一致认为其报价满足该项目要求，维持原评审结果。鉴于某眼视光公司对前述招标投标程序并无异议，其亦不能提供涉案招标项目清单产品的成本核算的充分证据以证明某视眼镜公司的投标报价确实低于成本。综上，涉案评标程序并未违反相关规定且招标投标并未违反《招标投标法》中关于投标报价不得低于成本的强制性规定，应认定某视眼镜公司中标有效。中标通知书对招标人和中标人具有法律效力。虽然某医院与某视眼镜公司尚未签订正式书面合同，但双方经过招标投标程序完成了合同订立的要约承诺程序，双方已就眼科视光中心服务商项目建立了合同关系。

裁判结果：

驳回原告诉讼请求。

【二审情况】

争议焦点：

投标人以低于成本的报价竞标是否导致中标无效，进而案涉项目中标结果以及解放军总医院与某视眼镜公司签订的涉案合同是否无效。

法院观点：

《招标投标法》第三十三条规定："投标人不得以低于成本的报价竞标，也不得以他人名义投标或者以其他方式弄虚作假，骗取中标。"第四十一条规定："中标人的投标应当符合下列条件之一：……（二）能够满足招标文件的实质性要求，并且经评审的投标价格最低；但是投标价格低于成本的除外。"《中华人民共和国招标投标法实施条例》第五十一条规定："有下列情形之一的，评标委员会应当否决其投标：……（五）投标报价低于成本或者高于招标文件设定的最高投标限价；……"

考察上述法律规范的内容以及相互之间的逻辑关系可知，判断案涉项目中标结果以及涉案合同是否无效，主要审查《招标投标法》第三十三条关于"投标人不得以低于成本的报价竞标"的规定是否属于效力性强制性规定。

虽然《招标投标法》第三十三条有"不得"这一强制性用语，但法律、行政法规中的强制性规定区分为管理性强制性规定和效力性强制性规定，只有后者才影响合同的效力。区分这两种不同性质的条款，主要审查法律及行政法规是否规定违反该类规定将导致合同无效，以及违反该条款的合同行为本身是否只要发生即绝对地损害国家利益或者社会公共利益。

首先,《招标投标法》第三十三条前半部分规定"投标人不得以低于成本的报价竞标",后半部分规定投标人"不得以他人名义或者其他方式弄虚作假,骗取中标"。对这两部分内容,《招标投标法》规定了不同的法律后果。投标人以低于成本的报价竞标的,该法并未规定任何法律责任;但对于后一部分,该法却在第五十四条中明确规定"投标人以他人名义投标或者以其他方式弄虚作假,骗取中标的,中标无效"。因"中标"即表明双方的要约、承诺达成一致,合同便已成立,故如果法律明确指出"中标无效"即可认定是对合同效力的否定性评价。这一差异表明《招标投标法》对该条的两种情形的法律评价存在差异,否则不会对同一条文在法律责任上进行刻意区分。因此《招标投标法》并未规定投标人以低于成本的报价竞标将导致合同无效。其次,《招标投标法》禁止投标人以低于成本的价格竞标,其目的是保证投标市场的正常秩序,维护公平竞争。在案证据尚不足以证明只要投标人以低于成本的报价竞标行为发生即绝对地损害国家利益或者社会公共利益。

综上,《招标投标法》第三十三条关于"投标人不得以低于成本的报价竞标"的规定,不属于效力性强制性规定,即便投标人以低于成本的报价竞标,其所签订的合同并不因此无效。因此,某眼视光公司关于某视眼镜公司的投标价明显严重低于成本价、故案涉项目中标结果和涉案合同无效的诉讼请求,缺乏事实和法律依据,不应得到支持。

裁判结果:

驳回上诉,维持原判。

第四章
刑事诉讼案件

一百九十、

为多个投标人统一制作标书、统一交纳投标保证金、串通投标报价、统一参加开标，属于恶意围标、串通投标行为

——甲安公司、张某明、秦某华串通投标罪案

【裁判要旨】

组织单位员工为多个投标人统一制作标书、统一交纳投标保证金、串通投标报价、统一参加开标等，属于恶意围标、串通投标行为。该行为扰乱招标投标市场秩序，损害招标人或其他投标人利益，构成串通投标罪。

【法院及案号】

一审：山东省济宁市泗水县人民法院，〔2019〕鲁0831刑初159号。
二审：山东省济宁市中级人民法院，〔2019〕鲁08刑终667号。

【当事人】

一审被告人、二审上诉人：张某明。
一审被告人：秦某华。
一审被告单位：甲安公司。

【案情介绍】

甲安公司于2015年10月22日由某盛园林工程公司变更注册成立，2017年7月25日公司法定代表人由王某变更为张某明，张某明任公司经理，负责公司经营管理，秦某华任办公室主任，负责投标报名、标书分配、系统维护、办公室人员管理等工作，公司实际控制人仍为王某。甲安公司主要经营范围为市政公用工程、钢结构、温室大棚等工程设计、生产、施工、工程造价审计、建设项目招标代理和园林绿化、公路、水利水电工程承包等业务。

2018年以来，甲安公司在相关工程项目投标过程中，为提高工程中标率，伙同其实际控制的济宁乙牌公司、济宁丙鼎公司、丁年建设公司以及黄某公司，组织单位员工采取统一制作标书、统一交纳投标保证金、串通投标报价、统一参加开标等方式

与甲安公司相关责任人员串通投标、恶意围标三起，中标金额12942133.731元。具体如下：

1. 2018年2月，在泗水县济河街道办事处2017年度中央财政专项扶贫资金项目（一标段济河街道办事处南尚舒村日光温室大棚；二标段济河街道鲁舒村日光温室大棚）投标过程中，甲安公司伙同济宁乙牌公司、济宁丙鼎公司，由甲安公司实际控制人王某（另案处理）与张某明商议确定投标报价、统一支付投标保证金、统一制作标书后安排甲安公司相关人员参与该项目投标，被告单位最终中标，中标价格为2063592.08元。

2. 2018年8月，在泗水县产业扶贫高效农业示范项目投标过程中，甲安公司伙同济宁乙牌公司、济宁丙鼎公司参与该项目投标，秦某华作为甲安公司办公室主任负责上述三家公司的网上投标报名，待王某与张某明商议确定投标报价、统一支付投标保证金后，秦某华安排办公室人员统一制作标书，组织人员统一参与开标，甲安公司最终中标，中标价格为3865653.021元。

3. 2019年1月，张某委托王某参与泗水县圣水峪镇南仲都村高效农业大棚项目投标，后王某安排甲安公司与丁年建设公司、黄某公司参与该项目投标。秦某华负责上述三家公司的网上投标报名，待张某明与王某商议确定投标报价、统一支付投标保证金后，秦某华安排办公室人员统一制作标书，组织人员统一参与开标，甲安公司最终中标，中标价格为7012888.63元。后张某以标书制作费、管理费等名义支付给被告单位各项费用共计6.5万元。

【一审情况】

法院观点：

甲安公司伙同其他公司恶意围标、串通投标，扰乱招标投标市场秩序，损害招标人或其他投标人利益，情节严重；张某明、秦某华作为甲安公司直接负责的主管人员和其他直接责任人员，其行为均已构成串通投标罪。张某明、秦某华系共同犯罪，在共同犯罪中张某明起主要作用，系主犯，秦某华起次要、辅助作用，系从犯，对秦某华可从轻处罚。二被告人均系被办案民警抓获归案，归案后能够如实供述主要犯罪事实，系坦白，可从轻处罚。被告人秦某华在单位犯罪中的地位、作用和犯罪情节相对较轻，系从犯，对其可从轻处罚。

裁判结果：

以甲安公司犯串通投标罪，判处罚金人民币二十万元；以张某明犯串通投标罪，判处有期徒刑一年六个月，并处罚金人民币三万元；以秦某华犯串通投标罪，判处有期徒刑十个月，并处罚金人民币一万元；甲安公司违法所得人民币65000元，予以追缴没收，上缴国库。

【二审情况】

争议焦点：

一审法院是否量刑过重。

法院观点：

甲安公司伙同其他公司恶意围标、串通投标，扰乱招标投标市场秩序，损害招标人或其他投标人利益，情节严重；张某明、秦某华作为甲安公司直接负责的主管人员和其他直接责任人员，其行为均已构成串通投标罪。张某明、秦某华系共同犯罪，在共同犯罪中张某明起主要作用，系主犯，应对其参与的全部犯罪处罚；秦某华起次要、辅助作用，系从犯，可对其从轻处罚。二被告人均系被办案民警抓获归案，归案后能够如实供述主要犯罪事实，系坦白，可从轻处罚。原审判决对二被告人作出的判罚并无不当。张某明请求对其从轻处罚并适用缓刑的上诉辩解及其辩护人提出的相应辩护意见不能成立，不予采纳。原审判决认定事实清楚，定罪准确，量刑适当。审判程序合法。

裁判结果：

驳回上诉，维持原判。

一百九十一、

为达到法定不低于三家投标单位之要求，未获利的陪标人所实施的陪标行为属于串通投标行为

——张某洋串通投标罪案

【裁判要旨】

伙同他人串通投标，其在串通投标中实施缴纳保证金、签订授权委托书授权他人代为参加竞拍等行为，即便行为人未从中获利的，其行为仍构成串通投标罪。

【法院及案号】

一审：河南省项城市人民法院，〔2019〕豫1681刑初709号。

二审：河南省周口市中级人民法院，〔2020〕豫16刑终88号。

【当事人】

一审被告人、二审上诉人：张某洋。

【案情介绍】

2013年6月，沈丘县国土资源局决定公开竞拍地号为SQ2013-32土地使用权。李某与李某峰得知只有两方竞拍人参与竞拍，但按照拍卖法的规定，低于三家报名该竞拍土地流拍，于是李某、豆某利和李某峰商量让李某峰中标，李某负责找一个陪标人，李某峰中标后，给李某300万元的好处费。后李某找孙某借2350万元的竞拍保证金，孙某又介绍仝某松出资，承诺用完钱后付给仝某松20万元，孙某和仝某松安排张某洋报名参与该地块陪标。2013年6月5日，张某洋将仝某松转给他的2350万元竞拍保证金交至沈丘县财政局报名竞拍该地块，并签订授权委托书授权李某代表本人参加竞拍活动。后王某、李某安排李某替张某洋举牌，安排徐某立替李某举牌，目的就是为了让李某峰中标。2013年6月7日，该地块竞拍李某峰中标，中标后李某峰给李某现金300万元，李某从这300万元中，分配给豆某利17万元、孙某10.5万元、仝某松20万元，剩余归李某本人所有。

【一审情况】

法院观点：

被告人张某洋伙同他人参与串通投标，损害国有建设用地土地使用权出让人的利益，情节严重，其行为构成串通投标罪。本案系共同犯罪，被告人系从犯，依法应从轻或者减轻处罚。

裁判结果：

被告人张某洋犯串通投标罪，判处有期徒刑六个月，并处罚金人民币十万元。

【二审情况】

争议焦点：

原审法院是否量刑过重。

法院观点：

上诉人张某洋伙同他人串通投标，其在串通投标中实施缴纳保证金、签订授权委托书授权他人代为参加竞拍等行为的事实清楚，证据确实充分，其行为已构成串通投标罪。上诉人张某洋系按照他人安排而为，事前不知情、无违法所得，能够证明其在共同犯罪中的作用较小，一审法院已依法认定其为从犯，并对其从轻处罚。张某洋伙同他人相互串通投标报价，损害国有建设用地土地使用权出让人利益，情节严重，其行为已构成串通投标罪。本案系共同犯罪，张某洋在共同犯罪中系从犯。

裁判结果：

驳回上诉，维持原判。

一百九十二、

借用多家其他资质单位，并安排员工代表其他单位投标的，属于串通投标行为

——甲自然公司及陈某然串通投标罪案

【裁判要旨】

联系借用其他公司的资质，并安排其员工代表相应的有资质的公司参与投标的，构成串通投标行为。

【法院及案号】

一审：云南省昭通市中级人民法院，〔2019〕云06刑初77号。
二审：云南省高级人民法院，〔2019〕云刑终1255号。

【当事人】

一审被告人、二审上诉人：陈某然。
一审被告单位：甲自然公司。

【案情介绍】

甲自然公司系按威信县政府招商引资协议的要求，于2014年12月29日在威信县核准登记成立的股份有限责任公司，注册资本为1000万元，主要经营范围为肉牛养殖、屠宰加工等，法定代表人为被告人陈某然。2016年威信县政府实施脱贫攻坚养牛产业发展牛源采购项目（下称"牛源采购项目"），由政府补贴购牛发放给该县贫困户，并由县农业局负责实施。在该项目招标投标过程中，陈某然为使甲自然公司能够中标，联系借用某多农公司、某源公司资质，并安排员工何某代表某多农公司、安排公司股东唐某代表某源公司参与投标，最终甲自然公司中标，中标价为3599万元。2016年8月5日，威信县农业局与甲自然公司签订了牛源采购合同书，合同书中明确质量标准每头牛保证体重在200千克以上，年龄在6个月以上，体质健康，但由甲自然公司提供的牛发到贫困户手中养了数月后部分以四千至五千元不等价格售出。

【一审情况】

法院观点：

被告单位甲自然公司在2016年参加威信县政府牛源采购项目的招标投标过程中，甲自然公司法定代表人陈某然为使甲自然公司中标，联系借用某多农公司、某源公司资质，并安排其员工代表上述两家公司参与投标，其行为构成串通投标罪。

裁判结果：

以串通投标罪分别判处被告（单位）甲自然公司罚金人民币十五万元；被告人陈某然有期徒刑二年零六个月，并处罚金人民币五万元。

【二审情况】

争议焦点：

原审法院是否量刑过重。

法院观点：

一审被告单位甲自然公司及上诉人陈某然在参与投标过程中，组织他人串通投标，其行为已构成串通投标罪，且情节严重，应依法惩处。鉴于陈某然到案后如实供述犯罪事实，认罪、悔罪，态度较好，有坦白情节，依法可对其从轻处罚。

裁判结果：

一、维持云南省昭通市中级人民法院〔2019〕云06刑初77号刑事判决的第一项，即被告甲自然公司犯串通投标罪，判处罚金人民币十五万元；第二项中对被告人陈某然的定罪部分。

二、撤销云南省昭通市中级人民法院〔2019〕云06刑初77号刑事判决第二项中对被告人陈某然的量刑部分。

三、上诉人（原审被告人）陈某然犯串通投标罪，判处有期徒刑一年零六个月，并处罚金人民币五万元。

一百九十三、

明知他人采用威胁、贿赂手段串通投标报价，仍协助他人实施串通投标行为，其行为构成串通投标罪

——赵某毅、赵某豪、赵某培等串通投标罪案

【裁判要旨】

采取威胁、贿赂手段，多次与他人相互串通投标报价，损害招标人以及其他投标人的利益，情节严重，构成串通投标罪。而在明知他人采用威胁、贿赂手段串通投标报价的情况下，仍协助他人实施串通投标行为，其行为亦构成串通投标罪。

【法院及案号】

一审：广东省珠海市斗门区人民法院，〔2019〕粤0403刑初326号。

二审：广东省珠海市中级人民法院，〔2019〕粤04刑终451号。

【当事人】

一审被告人、二审上诉人：赵某亮。

一审被告人：赵某毅、赵某豪、赵某培。

【案情介绍】

2016年12月，赵某某刑满释放后，以其在珠海市斗门区设立的"赵氏投资公司"为据点，网罗社会闲杂人员，并与这些人员经常纠集在一起，逐渐形成了以其本人和赵某毅为首要分子，以赵某培、赵某亮、赵某豪等人为重要成员的恶势力犯罪集团。该犯罪集团以威胁、贿赂等手段，在珠海市斗门区土地发包行业内，多次有组织地实施串通投标、寻衅滋事等惯常的违法犯罪活动，扰乱当地的经济、社会生活秩序，造成较为恶劣的社会影响。

2015年12月，斗门区斗门镇某鱼塘经营权通过三资平台公开招标，总投标金额为人民币111.72万元，共有李某、赵某毅等13人参与投标。同年12月24日9时许，赵某毅在投标现场向其他投标人员承诺每支标支付7000元好处费，收取其他竞标人的标书，最终赵某毅以每亩租金人民币951元的价格投得鱼塘经营权。中标后，赵某

毅将中标的鱼塘转租给王某，并从中获利。

【一审情况】

法院观点：

被告人赵某毅结伙采取威胁、贿赂手段，多次与他人相互串通投标报价，损害招标人以及其他投标人的利益，情节严重，其行为已构成串通投标罪；同时其指使多人随意殴打他人，情节恶劣，其行为又构成寻衅滋事罪。被告人赵某豪、赵某培、赵某亮在明知他人采用威胁、贿赂手段串通投标报价的情况下，仍协助他人实施串通投标行为，其行为均已构成串通投标罪。被告人赵某毅一人犯两罪，依法应当数罪并罚。被告人赵某毅系犯罪集团的首要分子，应按照集团所犯的全部罪行处罚。被告人赵某豪、赵某培、赵俊亮在共同犯罪中起次要、辅助作用，是从犯，依法可以从轻处罚。

裁判结果：

一、被告人赵某毅犯寻衅滋事罪，判处有期徒刑二年；犯串通投标罪，判处有期徒刑二年，并处罚金人民币三万元；决定执行有期徒刑三年六个月，并处罚金人民币三万元。二、被告人赵某豪犯串通投标罪，判处有期徒刑一年三个月，并处罚金人民币一万元。三、被告人赵某培犯串通投标罪，判处有期徒刑一年三个月，并处罚金人民币一万元。四、被告人赵某亮犯串通投标罪，判处有期徒刑一年三个月，并处罚金人民币一万元。

【二审情况】

争议焦点：

一审法院是否量刑过重。

法院观点：

对于上诉人赵某亮是否实施了某耕地承包权投标过程中串通投标的行为，在案证人均证实赵某某和赵某毅带领10名左右的年轻人在投标现场，赵某某和赵某毅的供述中均确认上诉人赵某亮到达投标现场并按照他们的要求做事，该供述与现场的证人的证言相互印证，足以认定上诉人赵某亮参与了该次串通投标过程，其没有自认不影响对该事实的确认。至于对其量刑问题，原判决已经认定了上诉人赵某亮为从犯，并考虑了其犯罪事实、性质和情节、结合其悔罪表现以及在共同犯罪中的地位和作用综合做出评判，量刑适当，不存在上诉人赵某亮所称的量刑不均衡问题，对其辩护人所提的关于从轻的量刑情节亦已经综合考量，故对上诉人赵某亮的上诉请求及其辩护人的辩护意见本院不予采纳。

裁判结果：

驳回上诉，维持原判。

一百九十四、

招标人借由相关信息与他人串通投标的，属于串通投标行为

——包某来、李某等串通投标罪案

【裁判要旨】

在招标公告发布之前，行为人利用负责招标投标工作的便利，将投标人所具备的资质条件、工程概算和投标公司所需要的业绩等重要信息给投标人，投标人借由相关信息与他人实施串标行为的，行为人所实施的行为亦属于串通投标行为。

【法院及案号】

一审：黑龙江省佳木斯市桦南县人民法院，〔2019〕黑0822刑初139号。

二审：黑龙江省佳木斯市中级人民法院，〔2019〕黑08刑终169号。

【当事人】

一审被告人、二审上诉人：包某来、李某。

一审被告人：于某波、屠某友、邱某有、孙某、杨某、王某、刘某、陈某、赵某升、田某。

【案情介绍】

2015年初，王某乙为了承揽"鸡西市朝阳净水厂土建工程施工第一标段"项目，找到时任鸡西市副市长于某才，于某才同意为其提供帮助，在于某才的授意下，包某来利用负责招标投标工作的便利，在该项目招标投标公告发布前，将投标人所具备的资质条件、工程概算和投标公司所需要的业绩等重要信息泄露给王某乙和该公司负责投标工作的被告人屠某友，屠某友联系宋某和被告人于某波，将王某乙的公司挂靠至于某波所属的河北某建设集团有限公司进行投标，于某波又找到某恒建设集团有限公司、江西某联建设集团有限公司、江西某信建设工程集团有限公司进行陪标，投标保证金每个公司80万元，四家公司共计320万元全部由王某乙支付。2015年3月10日在哈尔滨市建设工程交易中心三楼开标，王某乙所挂靠的河北某建设集团有限公司中标，中标金额7661.6万元。

2015年10月,于某与包某来、田某、李某、魏某等人就鸡西市朝阳净水厂厂区内以及三个加压泵站厂区内管道采购及安装项目(四标段)的招标投标活动进行串通投标。于某从包某来处得知该项目招标控制价、标段需要的资质、投标公司近几年的业绩等重要信息后,安排司机田某找到朋友李某,让李某帮忙找挂靠的公司投标,并让李某找其他公司参与投标,三家公司投标保证金30万元由于某统一支付。2015年10月中下旬,李某因病未上班,安排下属工作人员武某办理此事,武某先找到江西省某光道环境建设集团有限公司黑龙江省区域负责人被告人赵某升为其挂靠投标,之后田某又找到黑龙江省某拓市政工程有限公司法人魏某,让其公司陪标,并让魏某帮忙再找一家公司陪标,魏某为其找到了黑龙江某恒建筑工程有限公司法人王某甲进行陪标,于鹏、田某支付江西省某光道环境建设集团有限公司投标好处费6万元人民币,支付黑龙江某拓市政工程有限公司和黑龙江某恒建筑工程有限公司投标好处费各2万元人民币。后于某挂靠的江西省某光道环境建设集团有限公司中标,中标金额达1194万元。

2016年1月,于某、郭某乙为了承揽"鸡西市哈达河水库水资源综合保护工程施工"1-6标段项目,找到时任鸡西市副市长于某才,在于某才的授意下,包某来利用负责招标投标工作的职务之便,在招标公告发布前,向于某、郭某丙透露招标资质、工程概算等重要信息。2016年3月,郭某乙通过包某来介绍找到负责招标的哈尔滨某翔建设工程项目管理有限公司业务员被告人王某,将准备投标公司名单交给王某,与王某等人串通投标。郭某乙找到黑龙江某木市政工程有限公司法人孙某、黑龙江某兴市政工程有限责任公司的刘某、哈尔滨市某达路桥工程有限公司的陈某、黑龙江某源市政工程有限公司的杨某、黑龙江某丰工程建设有限公司的邱某有等人,就鸡西市哈达河水库水资源综合保护工程施工的6个标段工程的投标活动采取"围标"的手段,使黑龙江某木市政工程有限公司、黑龙江某兴市政工程有限责任公司、黑龙江某政道桥工程有限公司、哈尔滨市某达路桥工程有限公司、黑龙江某源市政工程有限公司、黑龙江某丰工程建设有限公司六家中标,中标金额共计3920余万元。

2016年3月至6月期间,蒲某玉为了承揽"鸡西市朝阳净水厂及四区输配水工程朝阳净水厂及加压泵站仪表自动控制及监控设备采购及安装工程"及"鸡西市朝阳净水厂及四区输配水工程鸡西市供水生产调度指挥系统工程"两个标段项目,通过朋友找到时任鸡西市副市长于某才,在于某才的授意下找到包某来,包某来利用负责招标投标工作的职务之便,将上述两个项目的招标方案、可研性报告、工程的拦标价等重要信息提前泄露给蒲某玉,并向招标公司机构哈尔滨某翔建设工程项目管理有限公司的招标投标项目业务员王某打招呼让蒲某玉中标,蒲某玉在包某来的帮助下,通过串通投标手段,使蒲某玉所在的哈尔滨某屏自动化工程有限公司和南通市某诚计算机控制系统有限公司中标,中标金额共计2823.8万元。

【一审情况】

法院观点：

被告人包某来、于某波、屠某友、邱某有、孙某、杨某、王某、刘某、陈某、赵某升、李某、田某相互串通投标，损害国家利益，情节严重，其行为已构成串通投标罪，依法应予惩处。公诉机关指控被告人包某来、于某波、屠某友、邱某有、孙某、杨某、王某、刘某、陈某、赵某升、李某、田某犯串通投标罪，事实清楚，证据确实、充分，罪名成立。本案系共同犯罪，被告人包某来在共同犯罪中起主要作用，系主犯；被告人于某波、屠某友、邱某有、孙某、杨某、王某、刘某、陈某、赵某升、李某、田某在共同犯罪中起辅助作用，系从犯。

裁判结果：

1.被告人包某来犯串通投标罪，判处有期徒刑一年，并处罚金人民币20万元；2.被告人于某波犯串通投标罪，判处有期徒刑六个月，缓刑一年，并处罚金人民币20万元；3.被告人屠某友犯串通投标罪，判处有期徒刑六个月，缓刑一年，并处罚金人民币10万元（限判决生效后十日内一次性缴纳）；4.被告人邱某有犯串通投标罪，单处罚金人民币8万元；5.被告人孙某犯串通投标罪，单处罚金人民币5万元；6.被告人杨某犯串通投标罪，单处罚金人民币5万元；7.被告人王某犯串通投标罪，单处罚金人民币4万元；8.被告人刘某犯串通投标罪，单处罚金人民币4万元；9.被告人陈某犯串通投标罪，单处罚金人民币4万元；10.被告人赵某升犯串通投标罪，单处罚金人民币6万元；11.撤销山东省菏泽市中级人民法院〔2018〕鲁17刑终285号刑事裁定书中对被告人李某的缓刑部分；被告人李某犯串通投标罪，单处罚金人民币3万元。与前罪未执行刑期有期徒刑一年六个月，实行数罪并罚，决定执行有期徒刑一年六个月，罚金人民币3万元；12.被告人田某犯串通投标罪，单处罚金人民币3万元；13.被告人于某波违法所得人民币81.93万元、被告人邱某有违法所得人民币32万元、被告人孙某违法所得人民币10.15万元、被告人杨某违法所得人民币8.5万元、赵某升违法所得人民币23.91万元，予以没收，上缴国库。

【二审情况】

争议焦点：

包某来是否存在泄漏重要招标信息的行为。

法院观点：

上诉人包某来及其辩护人提出的上诉人没有泄漏招标重要信息也没有与投标人串通、一审认定事实错误的上诉理由及辩护意见。经查，上诉人在侦查机关依法所做的笔录与被告人王某乙、于某、田某、屠某友、王某、郭某丙、蒲某玉等人的供述、银行明细等相互印证，能够证实上诉人泄漏信息，与投标人串通投标的事实。故对该上诉理由及辩护意见不予支持。关于其辩护人提出包某来系从犯的辩护意见，经查，包某来作为招标方，与投标人串通投标，在该其犯罪中起主要作用，系主犯，故对该辩护意见不予支持。

关于上诉人李某及其辩护人提出的李某不构成串通投标罪的上诉理由及辩护意见。经查，被告人包某来、于某、田某、武某等人在侦查机关的供述、银行明细等证据与上诉人在侦查机关的供述相互印证，能够证实上诉人参与了串通投标的行为。故对该上诉理由及辩护意见不予支持。

裁判结果：

驳回上诉，维持原判。

一百九十五、

明知他人系借用公司的资质参与围标，仍出卖公司资质并收取公司资质费用的，属于串通投标行为

——刘某辉、赵某串通投标罪案

【裁判要旨】

在明知他人系借用公司资质参与围标行为的，仍将公司资质卖给他人用于串标，处理串标工程，分配卖标利益，损害其他投标人利益，属于串通投标行为。

【法院及案号】

一审：江西省赣州市于都县人民法院，〔2019〕赣0731刑初370号。
二审：江西省赣州市中级人民法院，〔2019〕赣07刑终982号。

【当事人】

一审被告人、二审上诉人：刘某辉、赵某、刘某。

【案情介绍】

2017年1月24日，江西省建筑工程建设监理有限公司在江西省公共资源网发布于都县妇幼保健院土石方工程项目的招标公告，该项目采取电子标的方式面向社会公开招标，以确定工程施工单位。刘某辉看到招标公告后，先后找到江西某顺建筑工程有限公司驻赣州片区负责人的刘某、江西某龙建设工程有限公司负责人曾某妻子方某，在分别给了4000元的"介绍费"后，借两家公司资质用于投标。刘某则提供公司账户给刘某辉打入32万元投标保证金，并安排公司资料员张某配合刘某辉做好招标文书等工作。赵某看到招标公告后，找到江西某盛工程建设有限公司总经理朱某辉，给了5000元"介绍费"后借该公司资质用于投标。之后刘某辉联系赵某商议一起去投标，两人谈好不管谁找的公司中标都平分利益。三家公司按照刘某辉定的投标报价制作好标书后，与刘某辉制作好的新余市渝北建筑工程有限公司投标标书一起去参与投标。2017年2月21日，该项目在于都县公共资源交易中心七楼开标，参加开标的投标单位共94家，采用评审报价承诺法评标，最终决定排序第一名的江西省某顺建

筑工程有限公司为中标人，中标价为14325546.20元。事后，刘某辉和赵某将该标项目按照中标造价六个点共86万元的价格卖给陈某丙，同时收取投标"成本费"20000元，每人从中获利44万元，刘某收取了该项目总工程款1.5%"管理费"，从中获利290510元。

2017年4月份，于都县贡江新区2、3号搬迁安置房建设项目和于都县贡江新村2号搬迁安置房建设项目面向社会公开招标，其中于都县贡江新区2、3号搬迁安置房建设项目建安费约2.86亿元，于都贡江新村2号搬迁安置房建设项目建安费约3.62亿元。刘某和刘某源、钟某甲、钟某丙、钟某戊、陈某甲等人（另案处理）从江西省公共资源交易网上获知后，钟某甲打电话刘某帮忙联系几家公司去投这两个工程项目，刘某在明知钟某甲等人在联系公司围标的情况下，将自己负责的江西某顺建筑工程有限公司赣州分公司的介绍信开给钟某甲去投标，钟某甲支付了20万元给刘某作为借取公司资质费用。

2017年4月24日，刘某和钟某甲、刘某源、钟某戊等人串通在一起，将江西某顺建筑工程有限公司，与之前联系好的云南某建设总承包公司、河南省某成建设工程有限公司、某鑫建设集团有限公司等公司串联在一起，由钟某甲统一设置投标报价，参与于都县贡江新区2、3号搬迁安置房建设项目的投标。同时陈某甲联系组织了江苏省某建设工程集团有限公司、南昌市某建筑工程有限公司等4家公司，由其承担借资质、开具保函、建造师差旅等费用，并由其统一设置投标报价参与于都县贡江新区2、3号搬迁安置房建设项目的投标。结果该标段被钟某戊借取资质、实际控制的云南某建设总承包公司以2.86亿元的报价作为中标的第一排序公司，陈某甲认为云南某建设总承包公司招标资质存疑，扬言要去举报告发，让云南某建设总承包公司废标，从而让她控制的广西建工集团某建筑工程有限责任中标。该项目投标结束后，刘某源、刘某等人于当晚找到陈某甲协商，最后双方约定2017年4月25日开标的于都县贡江新村2号搬迁安置房建设项目串联到一起投标，如中标，则当天中标的于都县贡江新区2、3号搬迁安置房建设项目交由陈某甲负责处理，但陈某甲需先支付300万元给刘某源、刘某、钟某甲等人，于是在2017年4月25日，陈某甲通过自己的中国建设银行账户将300万元转给了刘某源、刘某、钟某甲等人提供的肖某、张某、朱某的账户上。因云南某建设总承包公司实际上是钟某戊联系的，而这个标被钟某甲卖掉了，钟某戊找刘某理论，后来刘某将100万元转给了钟某戊。

2017年4月25日，刘某与刘某源、钟某戊、钟某甲、钟某丙、陈某甲等人串通在一起，将组织联系的某鑫建设集团有限公司、江苏省某建筑工程有限公司等十余家公司串联在一起，由钟某甲统一设置投标报价，参与于都县贡江新村2号搬迁安置房建设项目的投标，最终该标段由江西省某顺建筑工程有限公司以3.62亿元的报价中标。后来刘某找到某巨人公司的周某商谈，该项目由两家公司一起合作，但刘某源、钟某甲、钟某戊等人不同意刘某的做法，一直在闹，于是刘某就叫某巨人公司先支付一部分钱给刘某源、钟某甲等人，后某巨人公司给了刘某800万元现金，刘某作为入股项目资金拿出330万元，刘某作为项目投资拿出160万元，共1290万元。然后按照每家参与串标公司得160万元的分红，先后给了钟某甲3480万元，钟某丙4175万，钟某戊1160万元，刘某源475万元，刘某从中获利20万元。

【一审情况】

法院观点：

被告人刘某、刘某辉、赵某为获取非法利益，相互串通进行围标；被告人刘某明知他人在围标，仍将公司资质卖给他人用于串标，处理串标工程，分配卖标利益，损害其他投标人利益，三被告人的行为均已构成串通投标罪。公诉机关指控的罪名成立。三被告人在共同犯罪中互相配合，所起作用相当，本案不作主从犯区分。

裁判结果：

一、被告人刘某犯串通投标罪，判处有期徒刑一年，并处罚金人民币五万元；二、被告人刘某辉犯串通投标罪，判处有期徒刑十个月，并处罚金人民币五万元；三、被告人赵某犯串通投标罪，判处有期徒刑十个月，并处罚金人民币五万元；四、被告人刘某辉、赵某、刘某分别退缴在于都县公安局的违法所得440000元、440000元、290510元，予以没收，上缴国库；五、追缴被告人刘某的违法所得200000元，上缴国库。

【二审情况】

争议焦点：

一审法院是否量刑过重。

法院观点：

上诉人刘某、刘某辉、赵某为获取非法利益，相互串通进行围标；上诉人刘某明知他人在围标，仍将公司资质卖给他人用于串标，处理串标工程，分配卖标利益，损害其他投标人利益，三上诉人的行为均已构成串通投标罪，依法应予惩处。三上诉人在共同犯罪中互相配合，所起作用相当，不宜主从犯区分。

裁判结果：

驳回上诉，维持原判。

一百九十六、

明知属于必须招标投标的工程，事后制作标书补签招标投标文件的属于串通投标行为

——某尧公司、某浩公司等串通投标罪案

【裁判要旨】

明知属于必须招标投标的工程，采用事后制作标书的方式，意图通过补签的招标投标文件掩盖其违法发包工程的行为，损害国家、集体的合法利益，侵害了其他投标人作为市场主体的公平竞争权，其行为构成串通投标罪。

【法院及案号】

一审：黑龙江省哈尔滨市道里区人民法院，〔2019〕黑0102刑初52号。

二审：哈尔滨市中级人民法院，〔2019〕黑01刑终729号。

【当事人】

一审被告单位、二审上诉单位：某尧公司、某浩公司。

一审被告人、二审上诉人：冯某、张某、何某龙、宋某国。

一审被告单位：某煌公司。

一审被告人：宋某峰、周某成。

【案情介绍】

2017年7月，冯某任某公司法定代表人期间，与市政某公司签订项目委托代建合同，国某乙公司代市政某公司管理"哈西客站北广场区域土方防汛抢险工程—6号地块"项目。2017年9月，冯某擅自让周某成、胡某（另案处理）经营的某煌公司、被告人何某龙经营的某尧公司、被告人宋某国经营的某浩公司、被告人宋某峰借用资质的哈尔滨某威大件运输有限责任公司进场施工。同年10月中旬，冯某授意国某乙公司经营经济部部长被告人张某补办招标投标材料，张某按冯某要求制作了日期与实际不符的招标文件及中标通知书等材料，并串通周某成、宋某峰等人提交了四公司按冯某事先透露标底填写的报价函等投标文件。何某龙还按照张某要求，联系并制作了哈

尔滨某和土方运输有限公司投标文件参与围标。同年11月，经评审及资金保障协议书确定此次工程总价为人民币55297246.57元。

【一审情况】

法院观点：

被告人冯某、张某与被告人宋某峰、被告单位某煌公司、某尧公司、某浩公司，串通投标，损害国家、集体的合法利益，侵害了其他投标人作为市场主体的公平竞争权，其行为分别构成串通投标罪，公诉机关指控罪名成立，应予惩处。被告人周某成、何某龙、宋某国作为单位直接负责的主管人员对此应承担刑事责任。本案系共同犯罪，被告人冯某系主犯。被告人张某、宋某峰、张某、何某龙、宋某国均系从犯，应当从轻处罚。

裁判结果：

认定被告单位某煌公司犯串通投标罪，判处罚金人民币20万元。被告单位某尧公司犯串通投标罪，判处罚金人民币20万元。被告单位某浩公司犯串通投标罪，判处罚金人民币20万元。被告人冯某犯串通投标罪，判处有期徒刑一年六个月，并处罚金人民币10万元。被告人周某成犯串通投标罪，判处有期徒刑一年六个月，并处罚金人民币5万元。被告人宋某峰犯串通投标罪，判处有期徒刑一年二个月，并处罚金人民币3万元。被告人何某龙犯串通投标罪，判处有期徒刑十个月，并处罚金人民币3万元。被告人宋某国犯串通投标罪，判处有期徒刑十个月，并处罚金人民币3万元。被告人张某犯串通投标罪，判处有期徒刑十个月，并处罚金人民币1万元。

【二审情况】

争议焦点：

一、关于上诉人冯某是否构成犯罪的问题。

二、关于上诉单位某尧公司、某浩公司罚金是否适当的问题。

三、关于张某是否具有自首情节的问题。

四、关于何某龙、宋某国量刑是否适当的问题。

法院观点：

一、关于上诉人冯某是否构成犯罪的问题。

本案涉及的工程系拉运残土工程，属政府出资的建设工程，是必须进行招标的工程。且哈尔滨某集团有限公司经过会议研究必须要进行招标，上诉人冯某作为国某乙公司的负责人参与了第一次招标，对于工程需要招标一事是明知的，但仍然采用事后制作标书的方式，意图通过补签的招标投标文件掩盖其违法发包工程的行为，损害国家、集体的合法利益，侵害了其他投标人作为市场主体的公平竞争权，其行为构成串通投标罪。对冯某提出其不构成犯罪的上诉理由及辩护人的辩护意见，不予采纳。

二、关于上诉单位某尧公司、某浩公司罚金是否适当的问题。

根据我国法律规定，在单位犯罪案件中，单位集体决定或者单位负责人决定而自动投案，如实交代单位犯罪事实的，或者单位直接负责的主管人员自动投案，如实交代单位犯罪事实的，应当认定为单位自首。何某龙、宋某国作为某尧公司、某浩公司直接负责的主管人员，犯罪后主动投案，如实供述单位犯罪事实，可认定某尧公司、某浩公司自首，对二审上诉单位可从轻处罚。对二审上诉单位提出罚金过高的上诉理由及诉讼代理人的代理意见，予以支持。

三、关于张某是否具有自首情节的问题。

现有证据可证实张某经公安机关传唤后主动到案，张某到案前，多次向公安机关提交与本案相关的证据，到案后如实供述自己的犯罪事实，且对公诉机关的指控无异议，故可认定张某具有自首情节，对其可从轻处罚。对张某就此提出的上诉理由及辩护人的辩护意见，予以支持。

四、关于何某龙、宋某国量刑是否适当的问题。

上诉人何某龙、宋某国作为单位直接负责的主管人员承担的刑事责任，二人均系从犯，且具有自首情节，因二人受冯某指使参与犯罪，故主观恶性较小，犯罪情节较轻，结合全案及量刑平衡，对二人亦可从轻处罚。对何某龙、宋某国提出量刑过重的上诉理由及辩护人的辩护意见，予以采纳。

裁判结果：

一、维持黑龙江省哈尔滨市道里区人民法院〔2019〕黑0102刑初52号刑事判决第一项、第二项定罪部分、第三项定罪部分、第四项、第五项、第六项、第七项定罪部分及附加刑部分、第八项定罪部分及附加刑部分、第九项定罪部分及附加刑部分。即被告单位某煌公司犯串通投标罪，判处罚金人民币20万元；被告单位某尧公司犯串通投标罪；被告单位某浩公司犯串通投标罪；被告人冯某犯串通投标罪，判处有期徒刑一年六个月，并处罚金人民币10万元；被告人周某成犯串通投标罪，判处有期徒刑一年六个月，并处罚金人民币5万元；被告人宋某峰犯串通投标罪，判处有期徒刑一年二个月，并处罚金人民币3万元；被告人何某龙犯串通投标罪，并处罚金人民币3万元；被告人宋某国犯串通投标罪，并处罚金人民币3万元；被告人张某犯串通投标罪，并处罚金人民币1万元。

二、撤销黑龙江省哈尔滨市道里区人民法院〔2019〕黑0102刑初52号刑事判决第二项量刑部分、第三项量刑部分、第七项主刑部分、第八项主刑部分、第九项主刑部分。即判处被告单位某尧公司罚金人民币20万元；判处被告单位某浩公司罚金人民币20万元；判处被告人何某龙有期徒刑十个月；判处被告人宋某国有期徒刑十个月；判处被告人张某有期徒刑十个月。

三、上诉单位某尧公司犯串通投标罪，判处罚金人民币18万元。

四、上诉单位某浩公司犯串通投标罪，判处罚金人民币18万元。

五、上诉人何某龙犯串通投标罪,判处有期徒刑六个月,并处罚金人民币3万元。

六、上诉人宋某国犯串通投标罪,判处有期徒刑六个月,并处罚金人民币3万元。

七、上诉人张某犯串通投标罪,判处有期徒刑六个月,并处罚金人民币1万元。

一百九十七、

合谋非法设置招标投标限制条件，属于串通投标行为

——蒋某勇、廖某发串通投标罪案

【裁判要旨】

为提高项目中标概率，合谋非法设置招标投标限制条件，通过支付开介绍信的费用、管理费等方式借取他人公司资质参与投标并中标，投标人的行为构成串通投标罪。

【法院及案号】

一审：江西省上饶市铅山县人民法院，〔2019〕赣1124刑初31号。

二审：江西省上饶市中级人民法院，〔2019〕赣11刑终322号。

【当事人】

一审被告人、二审上诉人：蒋某勇。

一审被告人：廖某发。

【案情介绍】

2012年下半年，信州区人民法院审判行政综合楼装修工程准备招标，蒋某勇、廖某发得知该情况后，分别找到时任信州区人民法院院长朱某，希望承建综合楼装修工程，后朱某答应将项目1—7轴标段交由廖某发承建，7—20轴标段交由蒋某勇承建。蒋某勇、廖某发在得到朱某允诺后，由蒋某勇出面联系黄某，二被告人委托黄某找到甲业公司、乙茗公司、丙达公司、丁顺公司四家公司参与投标，每个公司均参与两个标段的投标，投标保证金由蒋某勇、廖某发分别支付，另双方就开介绍信的费用及管理费的收取标准等事项达成合意。其间蒋某勇、廖某发经商议为提高中标概率，向信州区法院提出将投标公司需具有一级装修资质和需与业主方签订承诺书两个限制条件加入到招标投标公告中，经朱某同意后，该两个条件被加入到招标投标公告。后参与信州区法院综合楼装修工程投标报名的所有企业为蒋某勇、廖某发联系的上述四家公司，最终由甲业公司中标7—20轴标段项目（中标项目金额为679.4万元），乙茗公司中标1—7轴标段项目（中标项目金额为475.59万元）。之后，

甲业公司和乙茗公司分别与蒋某勇、廖某发签订项目工程责任协议书，由蒋某勇承建7—20轴标段项目，廖某发承建1—7轴标段项目，甲业公司和乙茗公司分别收取工程款1%的管理费。

【一审情况】

　　法院观点：

　　被告人蒋某勇、廖某发为提高项目中标概率，合谋非法设置招标投标限制条件，通过支付开介绍信的费用、管理费等方式借取他人公司资质参与投标并中标，中标项目金额分别为679.4万元和475.59万元，根据《最高人民检察院、公安部关于公安机关管辖的刑事案件立案追诉标准的规定（二）》第七十六条："投标人相互串通投标报价，或者投标人与招标人串通投标，涉嫌下列情形之一的，应予立案追诉：……（三）中标项目金额在二百万元以上的；……"的规定，属情节严重，其行为已触犯刑律，构成串通投标罪。公诉机关指控二被告人的基本犯罪事实与罪名成立，本院予以支持，对于被告人蒋某勇及其辩护人的无罪辩解和辩护本院不予采纳。鉴于被告人廖某发在本案的具体犯罪行为，不宜认定其为从犯，故对其辩护人的相关辩护意见本院不予采纳。被告人廖某发如实供述自己的罪行，认罪态度较好，系坦白，依法可以从轻处罚。

　　裁判结果：

　　一、被告人蒋某勇犯串通投标罪，单处罚金人民币三十万元。

　　二、被告人廖某发犯串通投标罪，单处罚金人民币二十万元。

【二审情况】

　　争议焦点：

　　蒋某勇是否实施设置一级装修资质和需业主方签订承诺书这两个报名条件的行为。

　　法院观点：

　　上诉人蒋某勇及原审被告人廖某发为提高项目中标概率，合谋非法设置招标投标限制条件，通过支付开介绍信的费用、管理费等方式借取他人公司资质参与投标并中标，中标项目金额分别为679.4万元和475.59万元，根据《最高人民检察院、公安部关于公安机关管辖的刑事案件立案追诉标准的规定（二）》第七十六条："投标人相互串通投标报价，或者投标人与招标人串通投标，涉嫌下列情形之一的，应予立案追诉：……（三）中标项目金额在二百万元以上的；……"的规定，属情节严重，其行为已触犯刑律，构成串通投标罪。

　　关于上诉人蒋某勇提出其没有设置招标报名条件，也没有串通投标，不构成串通投标罪的上诉理由，经查，上诉人蒋某勇通过黄某找到三家一级装修公司，连同黄某的丙达公司，共同参与了信州区法院装修项目的投标，该四家参与投标的公司中，乙茗公司、甲业公司的保证金是由蒋某勇配资的，另有廖某发的供述，黄某、朱某的证言，装修工程一标段综合楼投标保证金走向图等证据，足以证明上诉人蒋某勇构成串通投标罪，故对其上诉理由不予采纳。

裁判结果：

驳回上诉，维持原判。

一百九十八、

为取得中标结果，贿赂评标专家的，属于串通投标行为

——杨某、熊某、张某等串通投标罪案

【裁判要旨】

在建设工程招标投标过程中，相互串通、沟通协调，贿赂评标专家取得中标，扰乱招标投标市场秩序，损害国家、集体、公民的合法利益，情节严重，其行为构成串通投标罪。

【法院及案号】

一审：四川省巴中市巴州区人民法院，〔2018〕川1902刑初277号。
二审：四川省巴中市中级人民法院，〔2019〕川19刑终91号。

【当事人】

一审被告人、二审上诉人：杨某、熊某。
一审被告人：张某、何某成、杨某某、苏某。

【案情介绍】

2012年10月，巴中市公安局经立项批准在巴中市兴文经济开发区修建巴中市公安局业务技术用房。何某成原系巴中市公安局警务保障处民警，负责基建项目工作，具体办理巴中市公安局业务技术用房项目的规划设计、工程招标、施工建设现场监督等工作。

熊某通过时任巴中市副市长、巴中市公安局局长左某军介绍与何某成认识交往。2013年6月，熊某了解到巴中市公安局将修建业务技术用房，杨某某（系熊某侄儿）得知消息后，想与他人承揽该项目建设施工工程，欲通过熊某与左某军、何某成的关系取得该项目建设施工工程。熊某为了方便帮杨某某取得该工程，想首先取得该工程项目的招标代理权。熊某便向左某军提出想取得该工程项目的招标代理权，左某军给何某成打招呼让何某成在办理工程招标代理比选中给予熊某关照。后熊某通过他人介绍与张某认识，将张某引荐给何某成，根据张某的建议何某成在起草的招标代理机构

比选文件（评分法）中，设置拟任项目负责人有注册高级项目管理师资格，评分标准1人1个资格得9分的条件，并成功将该招标管理机构比选文件在有关机关备案。后在招标代理机构比选中，张某联系他人借用多家公司资质进行围标比选，其中借用的中通建设管理有限公司成功中标该项目的招标代理权。

杨某与何某成经他人介绍相识交往，后杨某得知巴中市公安局将建设业务技术用房时，表示想承建该项目。2014年9月，何某成将杨某介绍给熊某、杨某某认识。后杨某与熊某达成协议，由熊某利用关系运作帮助杨某成功中标巴中市公安局业务技术用房工程施工项目，杨某给付好处费80万元。熊某遂介绍杨某与张某认识，并达成协议由杨某出资100万元让张某运作该项目，使杨某成功中标。杨某通过熊某支付给张某现金100万元。2014年10月，张某经他人介绍与蒋某联系如何围标取得巴中市公安局业务技术用房工程项目，蒋某联系苏某后建议在工程项目招标文件中设置要求投标企业具备建设主管部门认可实验室条件，在招标文件上网公告之前，先将四川省具备该实验室条件的企业资质借用取得，后在工程项目招标中进行围标。被告人张某将该意见通过熊某转告何某成后，何某成同意在招标文件中设置该条件帮助杨某中标。随后何某成协调对该招标文件在相关机关进行了审查备案并上网公告。与此同时，张某支付蒋某（另案处理）现金30万元联系符合条件的企业借用资质投标，蒋某与苏某分别联系了自贡市某建筑工程公司、四川某建设集团公司和广西某城建建设集团等三家企业报名参与投标，由杨某出资交纳了投标保证金（其中一家系杨某某借款帮杨某交纳）。招标文件上网公示期间，因有人投诉取消了要求投标企业具备建设主管部门认可实验室条件，杨某仍然决定继续投标，熊某安排杨某某具体与张某及蒋某、苏某等人具体对接联系标书制作等投标工作。在蒋某、苏某安排制作标书时，熊某将何某成先前提供的造价公司编制的工程量及分项记价清单电子资料交给张某及蒋某、苏某用于编制标书。同时熊某、张某商议找人运作评标专家，张某遂通过他人联系专门运作评标专家的人，对方同意去协调运作成功后收取费用。2014年11月20日，巴中市公安局业务技术用房工程项目招标开标，经评标专家计算，杨某所挂靠企业的投标报价被评为"双低"，同时因网络故障所有投标的标书资料不完全，评标专家一致意见本次所有投标企业的标书全部评为废标。经有关机关决定将全部标书封存等待处理。当晚，杨某、熊某、张某协商，由张某退给了杨某先前提供的资金80万元。后经巴中市公安局协调，有关机关决定对原投标企业的标书另行抽选评标专家进行复评。2014年12月5日，当被抽选的评标专家前往评标到达巴中后，有人联系到评标专家当面请求在评标时对杨某所借用资质投标企业给予关照，并承诺中标后将支付好处费。后评标专家在评标中，未按照招标文件中规定的方法进行计算评标，评标结果杨某挂靠的自贡市某建筑工程公司被评为第一名中标。评标结束后，事前联系评标专家的人支付了好处费，事后杨某按照约定支付了熊某好处费70万元（其中40万元为杨某某帮杨某退回的投标保证金），熊某分给杨某某10万元。为感谢何某成的关照，杨某在何某成之女举行婚礼时送礼金1万元。侦查中，杨某某之妻代杨某某退缴赃款10万元；熊某退缴赃款60万元，苏某退缴赃款14.5万元；何某成退缴赃款4万元。

【一审情况】

法院观点：

被告人杨某、熊某、张某、何某成、杨某某、苏某在建设工程招标投标过程中，相互串通、沟通协调，贿赂评标专家取得中标，扰乱招标投标市场秩序，损害国家、集体、公民的合法利益，情节严重，其行为构成串通投标罪。在共同犯罪中，被告人杨某提供资金，指使被告人熊某等人串通投标，被告人熊某安排协调被告人张某等人串通投标，被告人张某积极实施串通投标，起主要作用，系主犯；被告人何某成、杨某某、苏某为串通投标提供帮助，起次要作用，系从犯。对于从犯应当从轻或者减轻处罚。侦查中被告人熊某、何某成、杨某某、苏某退缴了所得赃款，可酌情从轻处罚。审理中，被告人熊某、张某、何某成、杨某某、苏某认罪态度较好，可酌情从轻处罚。被告人张某、何某成、杨某某、苏某犯罪情节较轻，具有悔罪表现，没有再犯罪危险，适用缓刑对所居住社区没有重大不良影响，可对被告人张某、何某成、杨某某、苏某适用缓刑。

裁判结果：

一、被告人杨某犯串通投标罪，判处有期徒刑二年八个月，并处罚金人民币八万元；二、被告人熊某犯串通投标罪，判处有期徒刑二年，并处罚金人民币五万元；三、被告人张某犯串通投标罪，判处有期徒刑一年十个月，缓刑二年六个月，并处罚金人民币四万元；四、被告人何某成犯串通投标罪，判处有期徒刑一年六个月，缓刑二年，并处罚金人民币三万元；五、被告人杨某某犯串通投标罪，判处有期徒刑一年，缓刑二年，并处罚金人民币二万元；六、被告人苏某犯串通投标罪，判处有期徒刑一年，缓刑二年，并处罚金人民币二万元；七、扣押在案的赃款予以没收，上缴国库。

【二审情况】

争议焦点：

一、能否认定杨某的行为构成串通投标罪。

二、熊某是否应被认定为主犯。

法院观点：

上诉人杨某、熊某，原审被告人张某、何某成、杨某某、苏某在建设工程招标投标过程中，相互串通投标报价，损害他人利益，情节严重，其行为均构成串通投标罪。在共同犯罪中，杨某提供资金，熊某安排协调张某等人串通投标，张某积极实施串通投标行为，三人起主要作用，系主犯；何某成、杨某某、苏某为串通投标提供帮助,起次要作用,系从犯,对于从犯应当从轻或者减轻处罚。侦查中熊某、何某成、杨某某、苏某退缴了所得赃款,可酌情从轻处罚。

关于上诉人杨某及其辩护人辩称原判认定杨某实施了何种串通投标行为的事实不清;第二次开标不合法,不能据此认定杨某中标,杨某与熊某之间形成的是买卖合同关系,不能认定杨某的行为构成串通投标罪。经查,杨某为能承建巴中市公安局技术用房建设工程,与熊某达成协议,由杨某提供资金,熊某帮忙运作,后熊某安排张某等人实施串通投标行为,期间,杨某亦实施向多家公司提供保证金等串通投标行为,后杨某中标,并向熊某支付事前约定的财物。该事实有杨某、张某等人供述、相关书证等证据证实,足以认定。本案涉案工程虽两次开标,但杨某串通投标的行为与其中标结果具有法律上的因果关系。杨某虽向熊某支付相应财物,不影响其与熊某等人实施共同串通投标的行为的认定。故该上诉辩护意见依法不予采纳。

关于上诉人熊某及其辩护人上诉、辩护称熊某未参与贿赂评标专家,原判将其认定为主犯不当;熊某具有自首情节,患有严重疾病,不具有再危害社会的能力,请求二审改判并对其适用缓刑。本院认为,熊某安排协调张某等人实施串通投标行为,并中标涉案工程,其在共同犯罪中起主要作用,原判将其认定为主犯准确;熊某到案后,对其作案经过避重就轻,欲推脱其为主犯的责任,不能认定为其到案后具有如实供述的情节。原判综合其犯罪情节及相应量刑情节,对其判处有期徒刑二年,并处罚金人民币五万元并无不当。故该上诉辩护意见依法不予采纳。

关于原审被告人苏某辩称其系蒋某下家,其公司可以制作标书,请求从轻处罚。本院认为,苏某所提出的辩解意见,原判量刑时已充分考虑,原判对其判处刑罚适当。该辩解意见依法不予采纳。

裁判结果:

驳回上诉,维持原判。

一百九十九、

多次串通多家公司参与投标虽然不能控制投标结果，但能提高中标概率，属于串通投标行为

——李某山等串通投标罪案

【裁判要旨】

有数节事实中采用摸乒乓球的方式决定下浮率从而确定中标单位的招标制度，行为人串通多家公司投标虽然不能控制投标结果，但显然可提高中标概率，以致招标人或者其他投标人的合法利益受到损害，其行为构成串通投标罪。

【法院及案号】

一审：浙江省建德市人民法院，〔2017〕浙0182刑初169号。

二审：浙江省杭州市中级人民法院，〔2017〕浙01刑终1105号。

【当事人】

一审被告人、二审上诉人：李某山、汪某洋、章某森、赖某奇、孔某勇、徐某尧。

一审被告人：郑某春、傅某红、徐某锋、朱某土、杨某、缪某峰、吴某伟、王某、汪某华、沈某平、李某阳、陈某东、傅某萍、朱某军、韦某彬、宋某梁、邢某中、陈某民、李某耀、王某东、胡某成、徐某忠、沈某根。

【案情介绍】

2013年10月至11月期间，傅某红得知建德市寿昌江小江溪至童家溪段河道治理工程进行招标的消息后，为取得该工程实际施工权，与徐某锋、徐某忠合谋决定找人串通投标。后傅某红、徐某锋找到时任某龙公司总经理的郑某春商议，双方决定通过串通投标以某龙公司名义中标，再内部承包给傅某红实际施工。随后，徐某锋联系杭州某宏建设集团有限公司要求该公司放弃投标，并以统一控制投标报价的方式让其所代表的浙江省某电建筑安装有限公司以最高限价下降3%的报价进行投标。郑某春联系部分参与投标单位人员要求放弃投标，并以统一控制投标报价的方式联系时任某泽水电公司总经理的赖某奇进行投标，最后安排某龙公司以最低价格进行投标。傅某

红、徐某锋等人以统一控制投标报价的方式联系借用某力建设公司资质投标的王某东进行投标。某力公司经营科长胡某成在明知串通投标的情况下，仍配合王某东投标。傅某红、徐某忠以给予现金好处的方式让借用华某建设公司资质报名的李某山放弃投标，并由徐某忠、沈某根于2013年11月20日送给李某山现金人民币10万元。最终某龙公司以2413.429万元的投标报价中标，并按约定将该工程内部承包给傅某红等人实际施工。

2013年10月至11月期间，郑某春得知建德市李家镇杨家口水库除险加固工程进行招标的信息后，联系时任淳安某电公司总经理的孔某勇、时任桐富春某电公司总经理的李某阳、时任围海某利公司副总经理的徐某尧、时任某泽水电公司总经理的赖某奇、时任某川建设公司副总经理的宋某梁，安排汪某洋联系时任某江水电公司经营科长的汪某华，以先通知配合报名，后统一控制投标报价、组团参与竞标的方式进行串通投标。期间，由章某森负责从某龙公司借取投标保证金并通过个人账户转账给各配合串标人员所在单位。由汪某洋负责工程报名及开标当日各配合串标公司人员的接待、安排食宿，并支付相应的车旅费。最终某龙公司以1151.8万元的投标报价中标。

2015年1月，李某山得知建德市航头镇白岭坑水库除险加固工程进行招标的信息后，联系时任淳安某电公司总经理的孔某勇、时任杭州某电公司总经理的王某、时任某泽水电公司总经理的赖某奇、时任景某建设公司经营科长的杨某、时任通衢某电公司总经理的缪某峰、时任义乌某电公司副总经理的邢某中，安排汪某洋联系时任某大建设公司总经理的朱某军所确定的人员鄢某、时任某电基础公司经营科科长的傅某萍，以先通知配合报名，后统一控制投标报价、组团参与竞标的方式进行串通投标。期间，由章某森负责从某龙公司借取投标保证金并通过个人账户转账给各配合串标人员所在单位，由汪某洋、章某森负责工程报名及开标当日各配合串标公司人员的接待、安排食宿，并支付相应的车旅费。最终某龙公司以891.0872万元的投标报价中标。

2015年4月，李某山得知建德市2014年更楼小流域生态工程进行招标的信息后，联系时任淳安某电公司总经理的孔某勇、时任杭州某电公司总经理的王某，汪某洋联系时任某大建设公司总经理的朱某军所确定的人员鄢某、时任杭州某正公司副总经理的沈某平、时任围海某利公司副总经理的徐某尧、时任文某公司副总经理的朱某土、时任盛平某电公司董事长的陈某民，安排章某森联系时任婺城某电公司经营科职工的李某耀，以先通知配合报名，后统一控制投标报价、组团参与竞标的方式进行串通投标。期间，由章某森负责从某龙公司借取投标保证金并通过个人账户转账给各配合串标人员所在单位，由汪某洋、章某森负责工程报名及开标当日各配合串标公司人员的接待、安排食宿，并支付相应的车旅费。最终该工程Ⅰ标段由浙江某江力天建设工程有限公司中标，Ⅱ标段由杭州某阳建设工程有限公司中标，Ⅲ标段由江山市某龙水利建设有限公司中标，Ⅳ标段由文某公司以147.955万元的投标报价中标，Ⅴ标段由某龙公司以103.6516万元的投标报价中标。文某公司按照组团串标的约定将该工程Ⅳ

标段内部转包给某龙公司承建，并约定收取工程款3%的管理费。

2015年9月，李某山获悉建德市2015年中央财政小型农田水利项目县施工工程进行招标的信息后，联系时任淳安某电公司总经理的孔某勇、时任华某建设公司总经理的陈某东、时任某泽水电公司总经理的赖某奇、时任杭州某电公司总经理的王某，安排汪某洋联系时任景某建设公司经营科长的杨某、时任杭州某正公司副总经理的沈某平、时任围海某利公司副总经理的徐某尧、时任文某公司副总经理的朱某土，安排章某森联系时任通衢某电公司总经理的缪某峰、时任某禹建设公司经营科长的吴某伟，以先通知配合报名，后统一控制投标报价、组团参与竞标的方式进行串通投标。期间，由章某森负责从某龙公司借取投标保证金并通过个人账户转账给各配合串标人员所在单位，同时负责工程报名及开标当日各配合串标公司人员的接待、安排食宿，并支付相应的车旅费。最终该工程Ⅰ标段由淳安某电公司以1344.4538万元的投标报价中标，Ⅱ标段由杭州某电公司以1327.1878万元的投标报价中标。淳安某电公司按照组团串标的约定将该工程Ⅰ标段转包给某龙公司承建，并约定收取工程款2%的管理费。杭州某电公司按照组团串标的约定将该工程Ⅱ标段转包给某龙公司承建，并约定收取工程款2.5%的管理费。

2015年9月，李某山获悉独流入海钱塘江治理工程建德市新安江、兰江治理一期工程莲花溪出口至下塘段工程进行招标的信息后，安排汪某洋联系时任淳安某电公司总经理的孔某勇、时任富春某电公司总经理的李某阳、时任围海某利公司副总经理的徐某尧、时任某泽水电公司总经理的赖某奇、时任巨江某电公司经营科长的汪某华、时任景某建设公司经营科长的杨某、时任文某公司副总经理的朱某土、时任通衢某电公司总经理的缪某峰、时任某电基础公司经营科长的傅某萍、时任某禹建设公司经营科长的吴某伟，以先通知配合报名，后统一控制投标报价、组团参与竞标的方式进行串通投标。期间，由汪某洋负责对上述参加串标公司的开标人员住宿进行统一安排。最终巨江某电公司以1738.9855万元的投标报价中标，后按照组团串标的约定内部转包给某龙公司承建，并约定收取工程款3%的管理费。

2015年12月，李某山得知建德市2016年中央财政小型农田水利项目县施工工程进行招标的信息后，联系时任淳安某电公司总经理的孔某勇、时任杭州某电公司总经理的王某、时任某泽水电公司总经理的赖某奇，安排汪某洋联系时任富春某电公司总经理的李某阳、时任杭州某正公司副总经理的沈某平、时任围海某利公司副总经理的徐某尧、时任文某公司副总经理的朱某土、时任巨江某电公司经营科长的汪某华、时任景某建设公司经营科长的杨某，安排章某森联系时任某禹建设公司经营科长的吴某伟、时任某泰建设公司总经理的韦某彬、时任华某建设公司总经理的陈某东、时任通衢某电公司总经理的缪某峰，以先通知配合报名，后统一控制投标报价、组团参与竞标的方式进行串通投标。期间，由汪某洋、章某森负责从某龙公司借取投标保证金并通过个人账户转账给各配合串标人员所在单位，同时负责工程报名及开标当日各配合串标公司人员的接待、安排食宿，并支付相应的车旅费。最终该工程Ⅰ标段由围海某利公司以1407.0655万元的报价中标，Ⅱ标段由金华市某基有限公司中标。围海某利公司按照组团串标的约定将该工程Ⅰ标段内部转包给某龙公司承建，并约定收取工程款2.5%的管理费。

【一审情况】

　　法院观点：

　　被告人李某山、郑某春、傅某红、徐某锋、汪某洋、章某森、赖某奇、孔某勇、徐某尧、朱某土、杨某、缪某峰、吴某伟、王某、汪某华、沈某平、李某阳、陈某东、傅某萍、朱某军、韦某彬、宋某梁、邢某中、陈某民、李某耀、王某东、胡某成、徐某忠、沈某根相互串通投标报价，损害招标人及其他投标人利益，情节严重，其行为均已构成串通投标罪。公诉机关指控罪名成立。本案系共同犯罪。在起诉书第一起寿昌江河道治理工程串通投标共同犯罪中，被告人傅某红、徐某锋、郑某春起主要作用，是主犯；被告人李某山、徐某忠、沈某根、王某东、胡某成、赖某奇起次要作用，系从犯，应当从轻处罚。在其余六起串通投标共同犯罪中，被告人李某山、郑某春、汪某洋、章某森分别在各自参与的串通投标共同犯罪中起主要作用，是主犯；被告人赖某奇、孔某勇、徐某尧、朱某土、杨某、缪某峰、吴某伟、王某、汪某华、沈某平、李某阳、陈某东、傅某萍、朱某军、韦某彬、宋某梁、邢某中、陈某民、李某耀分别在各自参与的串通投标共同犯罪中起次要作用，系从犯，应当从轻或者免除处罚。

　　裁判结果：

　　一、被告人李某山犯串通投标罪，判处有期徒刑一年三个月，并处罚金人民币23万元。二、被告人汪某洋犯串通投标罪，判处有期徒刑一年二个月，缓刑一年六个月，并处罚金人民币21万元。三、被告人章某森犯串通投标罪，判处有期徒刑一年，缓刑一年六个月，并处罚金人民币18万元。四、被告人赖某奇犯串通投标罪，判处有期徒刑一年，缓刑一年六个月，并处罚金人民币18万元。五、被告人孔某勇犯串通投标罪，判处有期徒刑十个月，缓刑一年，并处罚金人民币15万元……八、被告人徐某尧犯串通投标罪，判处有期徒刑九个月，缓刑一年，并处罚金人民币14万元……三十、被告人李某山退至本院的犯罪所得人民币10万元，予以追缴，上缴国库。

【二审情况】

　　争议焦点：

　　李某山的行为是否构成串通投标罪。

　　法院观点：

　　被告人李某山、汪某洋、章某森、赖某奇、孔某勇、徐某尧、郑某春、傅某红、徐某锋、朱某土、杨某、缪某峰、吴某伟、王某、汪某华、沈某平、李某阳、陈某东、傅某萍、朱某军、韦某彬、宋某梁、邢某中、陈某民、李某耀、王某东、胡某成、徐某忠、沈某根相互串通投标报价，损害招标人及其他投标人利益，情节严重，其行为均已构成串通投标罪。李某山虽然在第一节串通投标犯罪事实中所起作用不尽突出，但其共参与六节串通投标犯罪，涉及8个标段，中标项目累计金额共9373万元，应作整体评价，属于情节严重；本案有数节事实中采用摸乒乓球的方式决定下浮率从而确定中标单位的招标制度，李某山等人串通多家公司投标虽然不能控制投标结果，但显然可提高中标概率，以致招标人或者其他投标人的合法利益受到损害。综上，李某山及其辩护人提出李某山不构成串通投标罪的意见不能成立，不予采纳。李某山、郑某春、汪某洋、章某森、傅某红、徐某锋分别在各自参与的串通投标共同犯罪中起主要作用，系主犯；徐某忠、沈某根、王某东、胡某成、赖某奇、孔某勇、徐某尧、朱某土、杨某、缪某峰、吴某伟、王某、汪某华、沈某平、李某阳、陈某东、傅某萍、朱某军、韦某彬、宋某梁、邢某中、陈某民、李某耀分别在各自参与的串通投标共同犯罪中起次要作用，系从犯，依法予以从轻处罚或者免除处罚。

裁判结果：

驳回上诉人李某山、汪某洋、章某森、赖某奇、孔某勇、徐某尧之上诉，维持原判。

二百、

未公开发布招标公告，私下安排投标人参与报价，属于串通投标行为

——张某俊、刘某串通投标罪案

【裁判要旨】

　　为中标该项目，行为人私下寻找其他公司参与投标。因其他原因，招标项目没有按期开标，向投标人退还保证金。后招标项目重新开标时，招标项目负责人未重新发布招标公告，也没有通知原来有意向参与投标的公司，仅电话通知了行为人，行为人为原有意向参与投标公司提供投标报价表并安排参与投标的行为以及招标项目负责人的行为构成串通投标行为。

【法院及案号】

　　一审：安徽省阜阳市颍上县人民法院，〔2017〕皖1226刑初564号。
　　二审：安徽省阜阳市中级人民法院，〔2018〕皖12刑终12号。

【当事人】

　　一审被告人、二审上诉人：张某俊。
　　一审被告人：刘某。

【案情介绍】

　　2014年6月，颍上县陈桥镇人民政府将扶贫项目——陈桥镇程黄路建设项目委托安徽某隆建设项目管理有限公司代理招标，由张某俊具体负责。刘某为了能够中标该项目，私下找到河南某吉路桥发展有限公司、河南某瑞建筑工程有限公司、许昌某峰路桥发展有限公司三家公司参与投标，并找到张某俊要求承建该项目，张某俊表示支持。同年7月，刘某为上述三家公司提供了投标保证金各18万元（合计54万元）。因其他原因，该项目没有按期开标。张某俊于2014年7月21日、24日将其他参与竞标的三家公司的投标保证金全额退还，而将刘某提供的54万元投标保证金于同年8月9日按照刘某的要求退到刘某指定的账户27万元。同年9月5日重新开标时，张某俊既

没有重新发布招标公告，也没有通知原来有意向参与投标的公司，仅电话通知了刘某，刘某为河南的三家公司提供了投标报价表，安排该三家公司参与投标，最终，河南某吉路桥发展有限公司以337.121483万元中标，该项目实际由刘某承建施工，刘某按约定支付给该公司项目中标价2%的管理费。2017年6月26日，颍上县公安局对本案立案侦查。同年6月28日，刘某通过河南某吉路桥发展有限公司向颍上县会计核算中心退出违法所得22.684215万元。

【一审情况】

法院观点：

被告人刘某与被告人张某俊相互串通投标，损害国家利益，中标项目金额在200万元以上，情节严重，均构成串通投标罪。二被告人到案后均能够如实供述犯罪事实，有坦白情节，依法均可以从轻处罚；刘某积极退出违法所得，可酌情对其从轻处罚。

裁判结果：

一、被告人刘某犯串通投标罪，判处有期徒刑六个月，并处罚金人民币50000元。

二、被告人张某俊犯串通投标罪，判处有期徒刑六个月，并处罚金人民币50000元。

【二审情况】

争议焦点：

张某俊的行为是否构成自首。

法院观点：

上诉人张某俊、原审被告人刘某相互串通投标，损害国家利益，情节严重，二人行为均已构成非法经营罪，依法应予惩处。对于辩护人提出张某俊具有自首情节的辩护意见，经查，张某俊系被侦查人员口头通知后随侦查人员到公安机关接受询问，其人身已被侦查人员实际控制，到案具有一定的强制性，不属自动投案，故不能认定为自首。

裁判结果：

驳回上诉，维持原判。

二百〇一、

招标投标中操控招标投标的行为不仅包括投标报价的串通，对其他事项的串通也属于串通投标行为

——米某兴、袁某志、张某、胡某发犯串通投标罪案

【裁判要旨】

《中华人民共和国刑法》第二百二十三条串通投标罪中的招标人与投标人，应解释为主管、负责、参与招标、投标事项的人。上诉人作为涉案项目的招标事项主管人，符合构成串通投标罪的主体。根据刑法理论，串通投标，不限于对投标报价的串通，还包括就报价以外的其他事项进行串通，上诉人与原审被告人等共谋后，实施了为约定的投标联合体量身定制编制招标文件等行为，属操控招标投标行为，亦即串通投标犯罪的客观行为。

【法院及案号】

一审：广东省珠海市横琴新区人民法院，〔2017〕粤0491刑初4号。
二审：广东省珠海市中级人民法院，〔2017〕粤04刑终378号。

【当事人】

一审被告人、二审上诉人：米某兴。
一审被告人：胡某发、袁某志、张某。

【案情介绍】

2013年5月，时任大横琴某公司总工助理的米某兴，在总经理朱某的授意下，利用分管工程合同管理、招标投标工作的职务便利，同意胡某发、袁某志伙同张某以张某所在的湖南某建与米某兴指定的余某所在的珠海市某建筑设计院组成联合体准备投标房某二标。随后，米某兴在编制招标文件的过程中，多次向胡某发、袁某志等人了解珠海市某建筑设计院和湖南某建在业绩信誉、纳税额、所获奖项等方面的优势，为该对联合体量身定制编制招标文件，并私自将房某二标招标文件草案中的"业绩信誉标书评审细则"内容交由上述人员修改、核对。招标文件通过审核后，为防止废标，

胡某发、袁某志、张某决定联系陪标单位以防废标。胡某发、袁某志、张某分别联系广东某建筑工程集团珠海分公司的张某乙、广东某大学建筑设计研究院的程某、珠海某京国际建筑设计研究院的林某、河南某建集团珠海分公司的刘某、某信建筑设计研究总院有限公司珠海分公司的赵某、江西某盛建工公司的左海等六家单位组成3对联合体参与投标，并分别支付了上述六人1万元至5万元不等的陪标费。此外，张某还另做一份标书供陪标单位投标使用。

项目开标前，米某兴、胡某发、袁某志、张某等人在珠海市骏德汇酒店私聚，商讨技术标书的制作注意事项及投标报价的下浮率等事项。2013年10月16日，在米某兴、胡某发、袁某志、张某等人的操控下，房某二标开标过程只有上述的4家联合体参与，最终由珠海市某建筑设计院与湖南某建组成的联合体顺利中标，中标价为9584万元（建安工程部分）。2013年11月28日该工程开工，于2014年11月26日竣工。

房某二标建安工程项目由被告人胡某发、袁某志、张某与方某腾挂靠湖南某建合伙经营，其中胡某发占股40%，袁某志占股30%，方某腾占股20%，张某占股10%。该工程开工后，因内部管理混乱、施工进度严重滞后等原因，2014年6月26日湖南某建成立珠海横琴口岸指挥部，全面接管该项目的全部工程施工管理工作。

2016年4月8日袁某志被抓获归案，同年4月11日米某兴被抓获归案，同年4月11日侦查人员电话传唤张某到案。胡某发于2017年6月15日自行到公诉机关配合工作。案发后，林某、赵某、刘某、张某乙退出胡某发、袁某志、张某支付的陪标费10万元，其中林某退出2万元，赵某退出1万元，刘某退出5万元，张某乙退出2万元。

【一审情况】

法院观点：

被告人米某兴与被告人胡某发、袁某志、张某串通投标，情节严重，其行为均已构成串通投标罪。在共同犯罪中，各被告人相互配合，积极实施犯罪行为，均为实行主犯。被告人米某兴当庭认罪，酌情从轻处罚。被告人胡某发、张某主动投案且如实供述其犯罪事实，其行为构成自首，可以从轻处罚。被告人袁某志到案后如实供述了犯罪事实，具有坦白情节，可以从轻处罚。被告人胡某发、袁某志、张某犯罪情节较轻、有悔罪表现、没有再犯罪的危险、宣告缓刑对所居住社区没有重大不良影响，可对其宣告缓刑。扣押在案的赃款十万元予以没收。

裁判结果：

一、被告人米某兴犯串通投标罪，判处有期徒刑一年六个月，并处罚金人民币十万元。

二、被告人胡某发犯串通投标罪，判处有期徒刑一年四个月，缓刑二年，并处罚金人民币十万元。

三、被告人袁某志犯串通投标罪，判处有期徒刑一年三个月，缓刑一年六个月，并处罚金人民币八万元。

四、被告人张某犯串通投标罪，判处有期徒刑一年二个月，缓刑一年六个月，并处罚金人民币八万元。

五、扣押在案的赃款人民币十万元依法予以没收，由扣押机关直接上缴国库。

【二审情况】

争议焦点：

一、一审是否违反刑事诉讼程序。

二、一审是否认定事实不清、部分事实认定错误。

三、一审判决是否存在适用法律错误。

法院观点：

一、关于上诉人米某兴所提原审违反刑事诉讼程序的上诉理由。经查，首先，原审法院在审理期限内，依照原公诉机关的延期审理建议延期审理一个月，并从补充侦查完毕之日（即前述一个月期间届满日）起重新计算审理期限。因此，公诉机关补充侦查是否超过一个月，并不影响审理期限的计算，原审法院是在法定审理期限内审结案件。其次，上诉人米某兴于2017年7月12日向原审法院申请变更强制措施，原审法院于7月28日告知不予准许并说明了理由。原审法院根据案件情况作出不变更上诉人米某兴强制措施的决定，并无不当，原审法院在收到申请后超过三日作出决定存在一定瑕疵，但不影响案件的实体审判。原审法院对胡某发等三名原审被告人采取取保候审强制措施亦符合法律规定。再次，上诉人米某兴在一审第一次庭审后对证据提出异议，原审法院于2017年9月8日召开庭前会议，由上诉人米某兴核对包括证人朱某的证言在内的证据，法庭充分听取上诉人米某兴的意见，故原审法院已保障上诉人米某兴的质证权。综上，上诉人米某兴提出的该项上诉理由不能成立，不予采纳。

二、关于上诉人米某兴所提原判决认定事实不清、部分事实认定错误的上诉理由。经查，原判决认定，时任大横琴某公司总工助理的上诉人米某兴，在总经理朱某的授意下，利用分管工程合同管理、招标投标工作的职务便利，同意原审被告人胡某发、袁某志伙同张某以张某所在的湖南某建，与上诉人米某兴指定的余某所在的珠海市某建筑设计院组成联合体投标房建二标；上诉人米某兴为该对联合体量身定制编制招标文件；在项目开标前，上诉人米某兴与胡某发等原审被告人私聚，商讨技术标书的制作注意事项及投标报价的下浮率等事项。本院认为，上述事实有证人余某、朱某、孙某甲等人的证言，原审被告人胡某发、袁某志、张某在侦查阶段的供述及工程招标文件、标书及评审细则草稿等相关书证予以证实。上诉人米某兴和胡某发等三原审被告人在一审庭审中对上述事实亦不持异议。综上，原判决对上述事实的认定理据充分。此外，原判决还认定，涉案中标工程项目由胡某发等三原审被告人与方某腾挂靠湖南某建合伙经营，后因内部管理、施工进度等原因，湖南某建于2014年6月

26日成立珠海横琴口岸指挥部,全面接管该项目工程施工管理工作。该节事实,有工程合股协议书及补充协议书、大横琴某公司会议纪要、项目工地周例会会议纪要、项目进度推进会会议纪要、湖南某建成立珠海横琴口岸指挥部的通知、湖南某建相关复函、原审被告人袁某志、张某的供述等予以证实。原判决对该节事实的认定准确。现上诉人米某兴对上述事实均提出异议,但并未提出新的证据或线索。上诉人米某兴提出的该项上诉理由不能成立,不予采纳。

三、关于上诉人米某兴所提原判决适用法律错误的上诉理由。经查,串通投标罪,是指投标人相互串通投标报价,损害招标人或者其他投标人的利益,情节严重,或者投标人与招标人串通投标,损害国家、集体、公民的合法权益的行为。根据司法实践,《中华人民共和国刑法》第二百二十三条串通投标罪中的招标人与投标人,应解释为主管、负责、参与招标、投标事项的人。据此,上诉人米某兴作为涉案项目的招标事项主管人,符合构成串通投标罪的主体。另,现有证据已证实,涉案中标工程项目系由胡某发等三原审被告人与方某腾挂靠湖南某建合伙经营,因此,本案是自然人犯罪,而非单位犯罪。此外,根据刑法理论,串通投标,不限于对投标报价的串通,还包括就报价以外的其他事项进行串通,上诉人米某兴与原审被告人胡某发等人共谋后,实施了为约定的投标联合体量身定制编制招标文件等行为,属操控招标投标行为,亦即串通投标犯罪的客观行为,因此,上诉人米某兴的行为构成串通投标罪。又,原判决认定原审被告人胡某发自动投案、如实供述自己的罪行,有到案经过、胡某发的供述及庭审笔录证实,故原判决对该情节的认定并无不当。综上,上诉人米某兴就原判决的法律适用提出的上诉理由不能成立,不予采纳。

裁判结果:

驳回上诉,维持原判。

二百○二、

招标代理机构受招标人的指使，帮助投标人完善投标材料的，其行为属于串通投标行为

——某堃公司等串通投标罪案

【裁判要旨】

被告单位作为招标代理机构，违反招标投标法的有关规定，在依法必须进行招标的工程建设项目中，以营利为目的，未能履行招标的相关程序，受招标人的指使，在未公开招标的情况下，帮助招标单位指定的投标人补办和完善招标投标的相关材料。其行为损害国家、集体、公民的合法利益，情节严重，已构成单位串通投标罪。被告人作为该单位招标代理项目的主要负责人和责任人，在明知违法的情况下，仍为单位牟取不正当利益，并直接领导、指使单位员工开展该项目的运作，其行为亦构成单位串通投标罪。

【法院及案号】

一审：黑龙江省绥化市北林区人民法院，〔2016〕黑1202刑初284号。

【当事人】

一审被告单位：某堃公司。

一审被告人：李某甲。

【案情介绍】

李某甲系某堃公司副总经理，王某某系该公司总经理，因妻子生病一直在外地照顾妻子，某堃建设工程公司一直由李某甲负责日常事务及业务办理。2012年至2014年某林业局基建环保科科长段某甲委托李某甲所在公司补办和完善七项招标投标的手续。其中包括：1. 2012年5月17日，某林业局局址供热系统改扩建设工程，中标公司伊春某翔建工公司；2. 2012年9月某林业局2011、2012年保障性安居工程配套供热基础设施工程，中标公司伊春某翔建工公司；3. 2012年10月某林业局棚户区改造配套给水基础设施工程，中标公司嘉荫县某建工公司；4. 2013年8月某林业局马

永顺林场住宅楼工程一标段工程，中标公司伊春某翔建工公司；5. 2012年11月某林业局棚户区供热改造工程，中标公司伊春某翔建工公司；6. 2013年10月某林业局保障性安居工程配套基础设施排水建设项目工程，中标公司伊春某翔建工公司；7.2013年10月铁力林业局保障性安居工程配套基础设施小区道路建设项目工程，中标公司黑龙江某旺建工公司。七项工程中标公司均由某林业局指定，手续均由某堃公司进行补办和完善。该公司职工马某某做相关投标代理文件。某堃公司在没有履行招标投标程序的情况下，出具"某旺建工公司""宇翔建工公司""嘉荫县某建工公司"中标的相关文件。某林业局向某堃公司支付七项招标代理费共计人民币500000.00元。案发后某堃公司将违法所得100000.00元人民币上缴公安机关。

【一审情况】

法院观点：

本院认为被告单位某堃公司作为招标代理机构，违反《中华人民共和国招标投标法》的有关规定，在依法必须进行招标的工程建设项目中，以营利为目的，未能履行招标的相关程序，受招标人的指使，在未公开招标的情况下，帮助招标单位指定的投标人补办和完善招标投标的相关材料。其行为损害国家、集体、公民的合法利益，情节严重，已构成单位串通投标罪。被告人李某甲作为该单位招标代理项目的主要负责人和责任人，在明知违法的情况下，仍为单位牟取不正当利益，并直接领导、指使单位员工开展该项目的运作，其行为亦构成单位串通投标罪。公诉机关起诉认定被告单位某堃公司和被告人李某甲犯串通投标罪的事实清楚，证据确实、充分，罪名成立，应予支持。案发后，被告单位能够主动上缴违法所得，可酌情从轻处罚。被告人李某甲能够主动投案，并如实供述自己的罪行，系自首，同时李某甲的犯罪行为对危害国家利益的结果不具有支配作用，仅起到辅助作用，并且其本人亦未在犯罪行为中直接受益，犯罪较轻，可以免除处罚。

裁判结果：

一、被告单位某堃公司犯串通投标罪，判处罚金人民币50000.00元，追缴违法所得人民币500000.00元，上缴国库。

二、被告人李某甲犯串通投标罪，免予刑事处罚。

二百〇三、

明知他人借用资质为串通投标，仍然为其联系有资质的公司，其行为属于串通投标

——张某某等串通投标罪案

【裁判要旨】

张某某以借用9家建筑公司资质的方式作为某污水收集系统工程对外公开招标活动的投标人，其目的是为了中标该项招标工程，并约定不论哪家公司中标该项目均由其建设，且其一人制作9份标书的商务部分，故在招标投标活动中真正参与投标的串通者并非张某某一人，而是勾结串联，在统一意志下参与投标，此种行为破坏了招标投标的竞争机制，损害了其他投标人合法的竞争利益，也使招标人无法收到节约和择优的预期效果，属于"相互串通投标报价"，张某某的行为符合串通投标罪构成要件。王某明知张某某串通投标的行为会损害招标人或其他投标人的利益，仍在张某某的授意下帮助张某某联系8家有资质的建筑公司参与投标、前往各公司封标、提供各投标代理人的账号，是共同犯罪中的帮助犯。所以二被告人的行为构成串通投标罪。

【法院及案号】

一审：重庆市长寿区人民法院，〔2011〕长法刑初字第00333号。

【当事人】

一审被告人：张某某、王某。

【案情介绍】

2011年1月24日，开发投资集团就桃花新城北部新区污水收集系统工程（古佛立交段污水干管）进行公开招标。同年2月，被告人张某某得到该招标信息后，为得到工程建设权，便授意被告人王某找几家有资质的公司来帮助其投标。后王某找到H金建设公司、江西X宇建设公司、四川T达建设公司、M福建工公司、C业建工公司、四川D友建工公司、湖南B辉建设公司、J新建筑公司参与竞标，张某某也找到E峡建设公司参与竞标，张某某、王某并与9家公司约定无论哪家公司中标，该工程都由

张某某建设。张某某并给予每家公司好处费3000元,并分别向王某提供的各公司代理人账号上汇款保证金42万元。期间,张某某分别制作了9家公司投标文件的商务标部分,工程报价按最高限价下浮5%~8%,以控制9家公司的平均工程报价,后张某某、王某等人携带制作的商务标前往各家公司封标。

2011年2月15日,张某某将9家公司的代理人安排在某家宾馆住宿,次日又将各代理人送至区建设委员会就该工程进行投标,后C业建工公司以20828854.13元中标,张某某并向各代理人支付辛苦费500元。中标后,张某某又以130万元将此工程建设权转卖给韩某等人,并已获款50万元。2011年4月28日、30日,被告人张某某、王某分别被公安机关抓获归案。到案后,二被告人均如实供述了其共同串通投标的犯罪事实。

【一审情况】

法院观点:

被告人张某某、王某为了获取桃花新城北部新区污水收集系统工程(古佛立交段污水干管),串通其他投标人,通过借用投标人资质、由张某某制作9份标书商务部分的方式而获得该工程建设权,其行为既侵犯了其他投标人的合法权益,也侵犯了社会主义市场经济的公平竞争秩序,情节严重,均已构成串通投标罪。公诉机关指控的事实及罪名成立。被告人张某某在本案中授意王某联系其他公司、制作9份标书商务部分、为各公司支付42万元保证金、3000元资料费并向各投标代理人支付500元辛苦费,在共同犯罪中起主要作用,系主犯;被告人王某受张某某的安排联系8家有资质的建筑公司参与投标、前往各公司封标、提供各投标代理人的账号,在共同犯罪中起次要和辅助作用,系从犯。被告人张某某归案后能如实供述其犯罪事实,可从轻处罚。被告人王某归案后能如实供述其犯罪事实,且系从犯,应当从轻处罚。

裁判结果:

一、被告人张某某犯串通投标罪,判处有期徒刑七个月,并处罚金50000元。

二、被告人王某犯串通投标罪,判处有期徒刑六个月,并处罚金20000元。

三、追缴被告人张某某的违法所得50万元;追缴被告人王某的违法所得500元。

二百〇四、

伪造其他公司印章，假冒他人公司名义参加投标，事发后虽退出投标，但仍构成串通投标行为

——上海某甲生物科技有限公司串通投标罪案

【裁判要旨】

招标投标活动的本质在于要求当事人遵循公开、公平、公正以及诚实信用原则，在同等条件下通过市场实现优胜劣汰，最佳配置使用人、财、物力。被告单位某甲公司、某乙公司作为关联企业，在投标报名过程中，为避免竞争，确保某乙公司中标，相互勾结，伪造相关材料，采取欺骗的非法手段进行投标报名；被告人徐某作为某甲公司的法定代表人、某乙公司的实际控制人，在某甲公司、某乙公司投标报名过程中，虚构事实，采用欺骗的非法手段为上述公司获取投标资质，进而使仅有的三个投标公司即某甲公司、某乙公司、某己公司在统一意志下一起投标报名，使得各投标者之间缺失竞争，被告人徐某系某甲公司、某乙公司串通投标行为的直接负责的主管人员。被告单位某甲公司、某乙公司、被告人徐某串通投标的主观故意性强，手段卑劣，对整个招标投标秩序的危害性大，其行为具有明显的违法性与不正当性，属情节严重，已构成串通投标罪。

【法院及案号】

一审：上海市崇明县人民法院，〔2012〕崇刑初字第91号。

【当事人】

一审被告单位：上海某甲生物科技有限公司、上海某乙医疗器械有限公司。

一审被告人：徐某。

【案情介绍】

徐某系上海某甲生物科技有限公司法定代表人、控股股东，其又是上海某乙医疗器械有限公司的控股股东、公司实际控制人。徐某在获知某医院崇明分院将有一个颅内压监测仪的招标项目后，即于2011年3月与某庚公司取得了联系，某庚公司于当月

书面授权委托上海某乙医疗器械有限公司有关某庚公司产品颅内压无创检测分析仪在某医院崇明分院的销售代理，并提供了某庚公司的医疗器械注册证、医疗器械登记表等相关资料。2011年3月24日，某丙公司受某医院崇明分院委托，对该院睡眠呼吸监测仪、肌电图、颅内压监测仪设备采购进行公开招标，并发布了招标公告，明确了如投标人为代理商，则必须要获得相应设备制造厂商出具的针对本项目的唯一授权代理证明文件等条件。徐某为使上海某乙医疗器械有限公司中标，在未取得某丁公司、某戊公司授权的情况下，私自请人刻制了某丁公司、某戊公司的公章，并用伪造的上述公章在某丁公司、某戊公司的《医疗器械注册证》《医疗器械注册登记表》《医疗器械产品生产制造认可表》扫描件及徐某打印的授权委托书上盖印，虚构了某丁公司授权委托上海某甲生物科技有限公司有关颅内压无创检测分析仪、某戊公司授权委托某己公司有关多参数脑科监护仪在崇明分院的销售代理权的事实。嗣后，徐某又邀请某己公司参与投标，并向某己公司提供了虚假的某戊公司授权委托书等文件资料。

2011年4月2日，上海某甲生物科技有限公司、上海某乙医疗器械有限公司、某己公司一起就颅内压监测仪向某丙公司报名投标。同日，某丁公司发现了上海某甲生物科技有限公司冒用其公司授权代理商名义进行投标，即向某丙公司作出书面声明。2011年4月22日，上海某乙医疗器械有限公司、上海某甲生物科技有限公司分别向某丙公司书面声明退出该项目的投标。2011年10月10日，被告人徐某向崇明县公安局自动投案，并如实供述了犯罪事实。

【一审情况】

法院观点：

招标投标活动的本质在于要求当事人遵循公开、公平、公正以及诚实信用原则，在同等条件下通过市场实现优胜劣汰，最佳配置使用人、财、物力。被告单位上海某甲生物科技有限公司、上海某乙医疗器械有限公司作为关联企业，在投标报名过程中，为避免竞争，确保上海某乙医疗器械有限公司中标，相互勾结，伪造相关材料，采取欺骗的非法手段进行投标报名；被告人徐某作为上海某甲生物科技有限公司的法定代表人、上海某乙医疗器械有限公司的实际控制人，在上海某甲生物科技有限公司、上海某乙医疗器械有限公司投标报名过程中，虚构事实，采用欺骗的非法手段为上述公司获取投标资质，进而使仅有的三个投标公司即上海某甲生物科技有限公司、上海某乙医疗器械有限公司、某己公司在统一意志下一起投标报名，使得各投标者之间缺失竞争，被告人徐某系上海某甲生物科技有限公司、上海某乙医疗器械有限公司串通投标行为的直接负责的主管人员。被告单位上海某甲生物科技有限公司、上海某乙医疗器械有限公司、被告人徐某串通投标的主观故意性强，手段卑劣，对整个招标投标秩序的危害性大，其行为具有明显的违法性与不正当性，属情节严重，已构成串通投标罪，依法应予惩处。公诉机关指控的罪名成立，本院依法予以支持。

案发后，被告人徐某能自动投案，并如实供述了主要犯罪事实，系自首，本院依法对其从轻处罚。徐某具有自首情节，亦可视为被告单位自首，依法均可从轻处罚。被告人徐某在被司法机关取保候审期间能遵纪守法，认罪态度较好，依法可对其适用缓刑予以考验。

裁判结果：

一、被告单位上海某甲生物科技有限公司犯串通投标罪，判处罚金人民币二万元。

二、被告单位上海某乙医疗器械有限公司犯串通投标罪，判处罚金人民币二万元。

三、被告人徐某犯串通投标罪，判处有期徒刑一年，宣告缓刑一年，并处罚金人民币一万元。

二百○五、

通过行贿方式串通投标的，行贿罪与串通投标罪数罪并罚

——刘某甲犯行贿罪、串通投标罪案

【裁判要旨】

行为人对主管招标事项的人行贿，又串通其他单位串通投标报价、围标，两行为虽有一定的牵连关系，但行贿不是串通投标罪犯罪构成中的必要手段，能得到受贿人的关照而得以串通投标也不是行贿后的必然结果。行贿行为和为谋取不正当利益的行为，侵犯了两个犯罪客体，单独适用行贿罪或串通投标罪均不能对行为人的行为进行充分评价，故不能作为牵连犯适用从一重罪处罚，而应当数罪并罚。

【法院及案号】

一审：湖南省岳阳市岳阳楼区人民法院，〔2013〕楼刑二初字第117号。
二审：湖南省岳阳市中级人民法院，〔2015〕岳中刑二终字第14号。

【当事人】

一审被告人、二审上诉人：刘某甲。

【案情介绍】

2000年10月至2007年，刘某甲在湖南省某立实业集团总公司下属的湖南省某立路桥有限公司担任副总经理。因该公司资质较低，业绩不好，刘某甲便想找一家拥有一级资质以上的单位以便承接更多的工程项目。2008年1月，刘某甲找到湖南省某建筑工程集团总公司下属的湖南省某路桥分公司董事长孙某，要求到孙某所在公司工作。因近年来湖南高速公路建设发展迅速，孙某考虑到刘某甲在交通系统有很好的人脉资源，为了拓展公司的业务，经该公司党委研究，决定聘任刘某甲（名为聘任、实为挂靠）为该公司副总经理。此后，刘某甲便以湖南省某建筑工程集团总公司某路桥分公司副总经理的身份，使用湖南省某建筑工程集团总公司的资质或借用其所挂靠的其他相关承建单位的资质，对外进行投标和承接工程业务，并实行独立核算、自负盈亏、自担风险的经营模式。刘某甲向湖南省某建筑工程集团总公司或挂靠单位缴纳工

程总额1.5%～2%的管理费。

2008年至2012年5月期间，刘某甲为谋取不正当利益，违规借用相关承建单位的资质，采取串通投标、围标的非法手段，先后承接了汝郴高速第21合同段、郴宁高速第14合同段、洞新高速第15、16、21合同段高速公路建设工程，工程业务总额共计人民币10亿余元。刘某甲在承接上述工程业务过程中，为了感谢湖南省交通运输厅原党组书记、副厅长陈某的推荐和打招呼，送给陈某1万美元（折合人民币6.7万元），为陈某的情妇解某支付上武汉大学读书等费用人民币15万元；被告人刘某甲为感谢郴宁高速公路筹备组组长、洞新高速公路建设开发有限公司经理吴某在高速公路招标上的关照，先后六次共计送给吴某人民币53万元及欧元4万元（折合人民币41.8万）。

2009年7月，洞新高速公路公开招标，刘某甲为了在该高速公路建设中承接到工程，请陈某向时任洞新高速公路筹备组组长的吴某打招呼后，借用浙江某咏公路工程有限公司、湖南省某建筑工程集团总公司、湖南怀化某公路桥梁建设总公司的资质分别参与洞新高速第15、16、21标段的投标。在洞新高速第15标段的投标过程中，刘某甲借用浙江某咏公路工程有限公司的资质投标，串通吉林通化某路桥建设有限公司、上海建设某机场道路工程有限公司等七家帮其围标；在洞新高速第16标段的投标过程中，刘某甲借用湖南省某建筑工程集团总公司的资质，串通浙江某越路桥建设集团有限公司、中铁某局集团第六工程有限公司等六家单位帮其围标；在洞新高速第21标段的投标过程中，刘某甲借用湖南怀化某公路桥梁建设总公司的资质，串通黑龙江某昌路桥建筑有限责任公司、江苏省镇江市某路桥工程总公司等七家单位帮其围标。刘某甲在串通上述单位帮忙围标时约定，由其负责支付投标费用及投标保证金，各围标标段的投标价格均由其确定。上述参与围标单位按刘某甲的授意投标后，在洞新高速建设开发有限公司组织专家对各投标单位进行资格预审时，刘某甲通过相关领导打招呼及行贿等手段，使招标方负责人洞新高速建设开发有限公司经理吴某按刘某甲的要求将其串通的投标单位全部通过资格审查，将其他报名投标单位排除，从而确保了刘某甲借用资质投标单位的中标。刘某甲采用上述非法手段，以浙江某咏公路工程有限公司名义中得洞新高速第15合同段，中标价为2.84亿元；以湖南省某建筑工程集团总公司的名义中得洞新高速第16合同段，中标价为2.29亿元；以湖南怀化某公路桥梁建设总公司的名义中得洞新高速第21合同段，中标价为1.97亿元。刘某甲将其中标的洞新高速第21合同段，非法转卖给个体户邹某承建，非法获利人民币1200万元。邹某将1200万元分批转入被告人刘某甲以其母亲蒋素华的名字开户的银行账户，后刘某甲将其中1170万元转入其前妻杨某飞银行账户。

另外，刘某甲将洞新高速21标段以1200万元的价格转卖给邹某后，自2010年1月30日至2010年3月29日转入杨某飞中国建设银行长沙市展东支行账户1170万元。同时段，上诉人刘某甲从杨某飞账户转出款项1190万元用于工程项目开支。至2011

年11月21日上诉人刘某甲与案外人杨某飞离婚时,杨某飞该账户余额仅为39700元。检察机关冻结的杨某飞账户资金252万元,系杨某飞提供抵押物后,向黄某波出具借据,经由黄某波向株洲市天元区农村信用合作联社河西信用社贷款后,由河西信用社于2012年9月21日转入。侦查期间,侦查机关岳阳市岳阳楼区人民检察院扣押了刘某甲转卖标段非法获利的涉案款人民币470万元,并冻结了刘某甲前妻杨某飞的银行账户存款余额252.201367万元。

【一审情况】

法院观点:

原审法院认为,被告人刘某甲在湖南省高速公路建设汝郴高速第21标段、郴宁高速第14标段、洞新高速第15、16、21标段的招标投标过程中,为谋取不正当利益,给予国家工作人员财物,情节特别严重,其行为已构成行贿罪;被告人刘某甲在高速公路建设招标投标过程中,邀集并串通其他单位串通投标报价,进行围标,得以在多项招标投标中中标,损害了招标人和其他投标人的利益,情节严重,其行为已构成串通投标罪。被告人刘某甲的行贿犯罪行为与串通投标犯罪行为之间存在牵连关系,属牵连犯,应从一重罪处断,以行贿罪定罪量刑。被告人刘某甲在被追诉前主动交代行贿行为,根据《最高人民法院、最高人民检察院关于办理行贿刑事案件具体应用法律若干问题的解释》第七条第一款的规定,可对其减轻处罚;被告人刘某甲在被刑事立案后主动交代检察机关尚未掌握的其向吴某行贿的犯罪事实,属坦白,应从轻处罚;案发后,被告人刘某甲认罪态度较好,可从轻处罚;被告人刘某甲将串通投标中标的洞新高速第21标段转卖给他人,违反了《中华人民共和国招标投标法》的相关规定,其所获得的1200万元属非法所得,应予追缴。

裁判结果:

一、被告人刘某甲犯行贿罪,判处有期徒刑五年。

二、对检察机关已扣押在案的被告人刘某甲的470万元、冻结的杨某飞中国建设银行长沙市展东支行账户的252.201367万元非法所得及孳息予以没收,上缴国库。

三、对被告人刘某甲的非法所得继续追缴。

【二审情况】

争议焦点:

行贿和串通投标两个行为是否属于手段行为与目的行为的牵连关系。

法院观点:

岳阳市岳阳楼区人民检察院抗诉提出:1.刘某甲实施了行贿和串通投标两个完全独立的犯罪行为,这两个行为不具有手段行为与目的行为的牵连关系,应以行贿罪和串通投标罪数罪并罚。2.一审判决以行贿罪对被告人刘某甲判处有期徒刑五年,对串通投标罪以牵连关系为由不作认定，量刑畸轻。经查，本案中，上诉人刘某甲向招标单位相关负责人郑某宪、吴某行贿，是为了利用招标单位工作人员的职权，排挤竞争对手，达到串通投标，最后实现中标获利的目的。其中，中标获利是目的行为，行贿和串通投标都是手段行为，不构成原因行为与结果行为或手段与目的行为的牵连关系。同时根据最高人民法院、最高人民检察院《关于办理行贿刑事案件具体应用法律若干问题的解释》第六条规定：行贿人谋取不正当利益的行为构成犯罪的，应当与行贿罪实行数罪并罚。故本案依法应认定上诉人刘某甲犯行贿罪、串通投标罪，数罪并罚。抗诉提出上诉人刘某甲不构成牵连犯，应以行贿罪和串通投标罪数罪并罚，并依法量刑的意见成立，本院予以采纳。

裁判结果：

一、维持湖南省岳阳市岳阳楼区人民法院〔2013〕楼刑二初字第117号刑事判决第一项对原审被告人刘某甲犯行贿罪，判处有期徒刑五年的定罪量刑。

二、维持湖南省岳阳市岳阳楼区人民法院〔2013〕楼刑二初字第117号刑事判决第二项对检察机关已扣押在案的原审被告人刘某甲的470万元非法所得及其孳息予以没收，上缴国库部分。

三、维持湖南省岳阳市岳阳楼区人民法院〔2013〕楼刑二初字第117号刑事判决第三项，即对原审被告人刘某甲的非法所得继续追缴。

四、撤销湖南省岳阳市岳阳楼区人民法院〔2013〕楼刑二初字第117号刑事判决第二项对检察机关已冻结的杨某飞中国人民建设银行长沙市展东支行账户的252.201367万元非法所得及孳息予以没收，上缴国库部分。

五、上诉人刘某甲犯串通投标罪，判处有期徒刑1年，并处罚金人民币20万元。与前罪犯行贿罪实行并罚，决定执行有期徒刑5年6个月，并处罚金人民币20万元。

二百〇六、

行为人借用多家工作资质，出借单位对串通投标不知情的情况下，单个行为人利用掌控的多个单位参与围标，应认定为串通投标行为

——张某等串通投标罪案

【裁判要旨】

出借单位不知情或者没有证据证明出借单位知情的情况下，单个行为人利用掌控的多个单位参与围标，应认定为串通投标罪。

【法院及案号】

一审：湖北省宜昌市夷陵区人民法院，〔2014〕鄂夷陵刑初字第00121号。

【当事人】

一审被告人：张某、朱某、付某某、吴某某、张某某。

【案情介绍】

2013年期间，被告人朱某、张某、付某某、吴某某分别与李某等人勾结，在"国湾星城1标段"、"国湾星城2标段"、"国湾星城3标段"、宜昌市保障性住房"民佳家园"C区3某-6某楼工程、宜昌市职教园工程、夷陵区太平溪陈坛路工程、夷陵区雾渡河镇养老服务中心宿舍楼工程、夷陵区罗河路菜市场等8个工程招标投标过程中，由其本人借用其他人投标资质和通过李某等人借用其他建筑公司资质，向李某等人支付费用，利用李某经营的经典软件公司销售给公共资源交易中心的评标辅助软件的技术优势，为被告人张某、朱某、付某某、吴某某制作投标文件，排挤其他投标人公平竞标；被告人吴某某还利用李某通过被告人张某某给评标评委打招呼在民佳家园工程中关照参与投标公司，被告人张某某收受李某贿赂，帮助被告人吴某某围标。被告人张某、朱某、付某某、吴某某分别在李某、张某某等人的帮助下，排挤其他投标人的公平竞争，损害招标人利益，且情节严重。具体犯罪事实如下：

1.2013年2月宜昌市夷陵区"国湾星城"1、2、3标段招标投标过程中，被告人朱

某、张某、付某某委托李某帮助围标，朱某借来三家建筑公司资质，张某借来四家建筑公司资质，付某某借来五家建筑公司资质，李某指使他人（另案处理）借来三家建筑公司资质用于围标。李某指使陈某某（另案处理）负责制作1、2、3标段所有的"标书"，徐某某、吴某、许某某（均另案处理）负责打印标书。李某指使吴某在"工程量清单计价软件"中增加记录、检查加密狗号和机器码的软件工具，陈某某在所有标书上传之前，检查标书加密狗号和机器码问题并修改数据，致使其他投标公司被废标，而李某参与的围标公司在"国湾星城"1、2、3标段全部预中标，夷陵区公共资源交易中心发现存在串通投标行为后，对预中标的三个标段作废标处理。

2. 2013年4月，被告人吴某某委托李某在宜昌市"民佳家园"项目中串通投标。吴某某借来三家建筑公司资质，李某指使他人借建筑公司资质用于围标，指使陈某某等人制作打印标书，李某通过贿赂被告人张某某对交易中心评标评委打招呼，使评委在评标时对其围标的公司的技术措施分上予以照顾，对其他投标人严格审查和打分。李某通过贿赂公共资源交易中心多名工作人员，使其在评标前后提供信息和帮助，促成被告人吴某某围标。

3. 2013年1月，被告人付某某委托李某在宜昌市职教院工程中串通投标。李某指使陈某某等人制作打印多份建筑公司标书，该工程开标后，宜昌某高公司成功中标。

4. 2012年10月，被告人张某委托李某在夷陵区太平溪陈坛路工程（两个标段）中串通投标。李某指使他人借建筑公司资质用于围标，指使陈某某等人制作打印多份建筑公司标书，该工程开标后，李某串通投标的某鑫、某宇公司成功中标。

5. 2012年11月，被告人张某委托李某在夷陵区雾渡河镇养老服务中心宿舍楼工程中串通投标。李某指使陈某某制作打印多份建筑公司标书，该工程开标后，借用的某隆公司资质单位成功中标。

6. 2011年7月，被告人朱某委托李某在夷陵区罗河路菜市场工程中串通投标。李某指使他人借建筑公司资质用于围标，指使陈某某等人制作打印多份建筑公司标书，该工程开标后，借用的武汉某华公司资质单位成功中标。

【一审情况】

法院观点：

本院认为，被告人张某、朱某、付某某、吴某某分别与李某等人通过借用他人资质，对同一标的制作多份呈规律性差异标书，并利用李某等人掌握评标计价软件的技术优势，由李某等人分别为被告人张某、朱某、付某某、吴某某提供的工程量造价标书获得较高中标概率，排挤其他投标人，损害招标人利益；被告人张某某接受李某的请托，收受其贿赂，帮助被告人吴某某达到中标目的，谋取其他评标委员的关照。被告人张某、朱某、付某某、吴某某、张某某以围标方式相互串通投标报价，排挤其他投标人的公平竞争，损害招标人或者其他投标人利益，情节严重。其行为均触犯刑律，构成串通投标罪。

裁判结果：

一、被告人张某犯串通投标罪，单处罚金人民币30000元。

二、被告人朱某犯串通投标罪，单处罚金人民币30000元。

三、被告人付某某犯串通投标罪，单处罚金人民币20000元。

四、被告人吴某某犯串通投标罪，单处罚金人民币20000元。

五、被告人张某某犯串通投标罪，单处罚金人民币20000元。

二百〇七、

帮助他人串通围标，虽然没有实际中标，应认定为犯罪既遂，构成串通投标罪

——李某等串通投标罪案

【裁判要旨】

李某等人帮助他人借用资质、制作多份呈规律性差异的标书，利用公司掌握评标计价软件的技术优势地位，修改标书验证机号和加密狗号，致使多份标书直接进入到评标环节，从而排挤其他投标人的公平竞争，损害招标人和其他投标人利益，其犯罪行为已完成串通投标的全过程。帮助他人串通围标虽然没有实际中标，应认定为犯罪既遂，构成串通投标罪。

【法院及案号】

一审：湖北省宜昌市夷陵区人民法院，〔2014〕鄂夷陵刑初字第00027号。

【当事人】

一审被告人：李某、陈某威、李某祥、徐某华、许某伟、吴某。

【案情介绍】

李某系武汉经典软件公司法定代表人，陈某威、徐某华、许某伟、吴某系该公司职员，李某祥系湖北某丹建设工程有限公司法定代表人。2013年1月至4月间，上述六人与朱某、张某、付某权、吴某国先后在宜昌市夷陵区郭家湾居民点国湾星城工程（国湾星城工程）、宜昌市保障性住房民佳家园C区3号楼～6号楼工程（以下简称民佳家园工程）招标投标中，共同采取相互串通投标报价等方式，排挤其他投标人的公平竞争，损害招标人或者其他投标人利益，李某等人从中获利达100多万元。

2013年1月，在国湾星城工程招标投标过程中，朱某、张某、付某权为了能够顺利承接一、二、三标段，经与李某预谋，由李某等人分别向湖北远安某龙建设有限公司等16家公司租借资质投标，由朱某、张某、付某权通过各自账户及李某祥等人账户向上述公司转出投标保证金并支付资质租借费，由李某等人共同编制上述不同投标

公司的投标文件，通过在"工程量清单计价软件"中增加记录、检查加密狗号和机器码的软件工具并将其制作的投标文件的加密狗号和机器码数据进行修改等方式排挤其他投标人的公平竞争，使远安某龙建设有限公司以7029万元的报价成为一标段中标人，宜都市某宜建筑工程有限公司以8689万元的报价成为二标段中标人（实际中标人为张某、朱某），湖北某鑫建设集团有限公司以9924万元的报价成为三标段中标人（实际中标人为付某权）。同年4月7日，宜昌市夷陵区公共资源交易管理办公室通过调查，发现上述公司在投标过程中存在串通投标行为，发文通知国湾星城工程第一中标人候选人无效并决定所有标段依法重新招标。

2013年4月，民佳家园工程由宜昌市发展和改革局批准建设后决定公开招标以选定施工承包人，吴某国为了能够顺利承接该工程，经与李某预谋后，由李某、李某祥、吴某国分别向湖北某星建设集团有限公司等7家公司租借资质投标，由吴某国通过李某祥等人账户向上述公司转出投标保证金并支付资质租借费，由李某等六人共同编制上述不同投标公司的投标文件等方式排挤其他投标人的公平竞争，使湖北某星建设集团有限公司以6722万元的中标价成为中标人（实际中标人为吴某国）。

【一审情况】

法院观点：

法院经审理认为：被告人李某、李某祥受他人之托，为他人借用投标资质，参与围标，并为他人提供投标文件、资金账号，违法流转投标资金，且从中获利；被告人陈某威、徐某华、许某伟、吴某接受被告人李某授意，为他人制作多份呈规律性差异的标书，并通过其掌握评标计价软件的技术优势，对为他人提供的工程量造价标书，修改标书验证机号和加密狗号，以掩盖多份标书系同一主体完成的事实，致使多份标书直接进入到评标环节，并获得较高中标概率，排挤其他投标人的公平竞争，损害招标人、其他投标人利益，为请托投标人获得中标概率而形成行为一致性。李某等六被告人的行为均构成串通投标罪。六被告人在共同犯罪过程中，居于帮助犯地位，依据其性质、作用、地位和社会危害性程度，均可认定为从犯，依法应当从轻、减轻处罚或者免除处罚。各被告人归案后，对指控其犯罪的基本事实均能供认，依法可以对各被告人酌定从轻处罚。

裁判结果：

被告人李某犯串通投标罪，判处有期徒刑10个月，缓刑1年6个月，并处罚金5万元；被告人陈某威犯串通投标罪，判处有期徒刑10个月，缓刑1年，并处罚金3万元；被告人李某祥犯串通投标罪，判处有期徒刑10个月，缓刑1年，并处罚金4万元；被告人徐某华、许某伟、吴某犯串通投标罪，免予刑事处罚。

二百〇八、

国有土地挂牌出让中串通竞买构成串通投标罪

——潘某非国家人员受贿罪案

【裁判要旨】

挂牌出让并未超出招标投标的语义范围，串通竞买具有串通投标的社会危害性与本质属性。应当对刑法上的招标投标作出扩张解释，将国有建设用地使用权挂牌出让过程中的串通竞买行为按照串通投标罪定罪处罚。

【法院及案号】

一审：浙江省杭州市临安市人民法院，〔2011〕杭临刑初字第217号。

【当事人】

一审被告人：潘某。

【案情介绍】

2010年4月15日，浙江省临安市国土资源局经临安市人民政府批准，以挂牌方式出让临安市锦城街道环城北路北侧地块2.1318公顷土地。挂牌起始价为750元每平方米，挂牌时间为2010年5月4日9时至2010年5月17日15时。符合条件的中华人民共和国境内的单位或个人均可申请参加，申请人可以单独申请，也可联合申请。竞买保证金人民币800万元，保证金交纳截止时间为2010年5月14日16时。杭州临安某九建设工程有限公司报名参与该土地竞买，具体竞买事项由该公司法定代表人潘某负责办理。竞买保证金800万元，由潘某向他人借款400万元及叶某华筹集资金400万元组成，以杭州临安某九建设工程有限公司的名义向临安市土地储备中心土地出让保证金专户交纳。

2010年5月14日至5月17日，经临安市国土资源局审核，确定楼某芳、江某（系楼某芳姐夫）、张某、杭州临安某九建设工程有限公司为竞买人。楼某芳等人为低价竞买该块土地，在正式竞买之前，通过应某联系杭州临安某九建设工程有限公司参与竞买的具体负责人潘某，承诺给予潘某好处费，要求潘某放弃该块土地正式竞买的竞价行为。2010年5月17日，潘某通过其继父帅某高收受了楼某芳通过蒋某（系楼某芳妹夫）出具银行本票方式支付的人民币100万元，并在当天的第一轮竞价中放弃竞买。该块土地后由江某伟以800元每平方米的价格成功竞买。被告人潘某所收受楼某芳支付的人民币100万元，用于个人投资等用途，后支付给姚某莲30万元，支付给叶某华28万元。案发后，潘某退出违法所得人民币100万元。

【一审情况】

法院观点：

法院审理认为，被告人潘某以赚取好处费为目的，以杭州临安某九建设工程有限公司的名义，参与竞买挂牌出让的国有建设用地使用权，因收取其他竞买人人民币100万元后放弃竞买，损害国有建设用地使用权出让人的利益，情节严重，其行为符合串通投标罪的构成要件，构成串通投标罪。被告人潘某参与竞买，只是利用了杭州临安某九建设工程有限公司的名义，而非利用公司职务之便收受他人财物，公诉机关指控被告人潘某犯非国家工作人员受贿罪罪名不成立。

裁判结果：

以串通投标罪判处被告人潘某有期徒刑2年，并处罚金人民币5万元，并追缴扣押的被告人潘某违法所得人民币100万元，上缴国库。

二百○九、

招标代理机构帮助买通评标专家,虽遭评标专家拒绝,仍构成串通投标罪的从犯

——陈某彬、陈某荣等串通投标罪案

【裁判要旨】

陈某荣身为招标代理机构的员工,接受陈某彬协助买通评标专家的要求,并已在评标过程中利用评标专家温某上洗手间的契机,向其透露买通意图,据此,其已着手实施串通投标犯罪的行为,非属犯罪预备。但被告人陈某荣在本案中所起的作用只是受被告人陈某彬的招引帮助其买通评标专家,且在遭评标专家拒绝后,被告人陈某荣再无实施其他有关串通投标的行为,在串通投标共同犯罪中起次要、辅助作用,系从犯。

【法院及案号】

一审:广东省汕头市金平区人民法院,〔2017〕粤0511刑初611号。

【当事人】

一审被告人:陈某彬、曾某丹、陈某燕、刘某强、陈某荣、陈某胜。

【案情介绍】

陈某彬系福建某华建工公司广东办事处的负责人,曾某丹、陈某燕、刘某强均系该办事处的员工。

2017年5月初,汕头建筑网发布了《金平区域市属道路及区属道路加铺沥青罩面工程勘察设计施工总承包(第一、三、四、五、七、八、十标段)》工程项目的招标公告,项目招标人汕头市金平区城市综合管理局,项目金额为人民币117418.50万元,项目招标代理机构为广东某迪监理公司。招标公告发布后,陈某彬、陈某丙等人密谋利用上海某础工程集团、江西某二建筑公司、广西某工集团联建公司及中建某林集团四家公司作为投标人进行串通投标。

2017年5月24日晚上,陈某丙、许某丙主持召开会议,参会的人员有陈某胜、

陈某燕、陈某戊、郑某、陈某发等人，会议内容是分配检查及胶装上述四家参与"围标"公司的标书。会上，陈某丙和许某丙说他们找了四家公司来参与2017年5月27日在汕头市公共资源交易中心进行项目投标，这四家公司标书的检查和胶装等工作需由大家负责完成，后对参会人员进行分组，每一组负责一家公司标书的检查及胶装等工作，并安排陈某胜和郑某作为小组负责人，同案人陈某丙、许某丙自己也作为小组负责人。

2017年5月26日，陈某彬指使曾某丹、陈某燕、陈某胜（陈某科的朋友）、庄某彬等人在福建某华建工公司广东办事处，协助将上海某础工程集团、江西某三建筑公司、广西某工集团联建公司及中建某林集团四家公司的投标文件进行校验、打印、扫描、胶装及密封，期间，刘某强由于不懂标书的制作，只负责督促公司员工尽快制作好标书材料以及负责后勤服务工作。制作好的四家公司标书用于2017年5月27日对上述工程进行"围标"。

陈某荣受广东某迪监理公司粤东地区负责人纪某甲委派作为上述招标项目的代理机构经办人，参与招标文件的修订、项目备案、项目公告及开标、评标活动等工作。受被告人陈某彬招引，2017年5月27日凌晨，陈某荣为牟取非法利益，答应陈某彬在2017年5月27日参与开标、评标活动时帮其以每人人民币10万元的报酬买通评标专家，让评标专家评给上海某础工程集团、江西某三建筑公司、广西某工集团联建公司及中建某林集团四家公司高分，以帮助中标。

2017年5月27日上午，上述工程项目在汕头市公共资源交易中心举行开标、评标活动，陈某彬、曾某丹、陈某胜、庄某、陈某4等人携带上述四家公司的投标文件等资料到汕头公共资源交易中心会同上述四家公司的授权委托人及项目负责人敖某、刘某甲、苏某等人在交易中心参加投标。期间，陈某彬带同曾某丹等阻止纪某甲进入"封闭评标区"。陈某荣作为招标代理机构的工作人员参与开标、评标活动，并试图在评标过程中利用可能接触评标专家的机会买通评标专家以帮助上述四家公司中标，但最终未能成功与参与评标的七位专家直接接触商谈帮助事宜。而在上述七位评标专家中，温某、林某丙二位专家在进入封闭评标前即已接受林某乙的请托，承诺为上述四家公司在评标时给予帮助。最终，在温某、林某丙等人的帮助下，陈某彬、同案人陈某丙等人用于"围标"的上海某础工程集团、江西某三建筑公司、广西某工集团联建公司及中建某林集团等四家公司全部被确定为上述项目第一中标候选人及第二中标候选人。2017年5月27日评标结束后，陈某彬指使刘某强、曾某丹、陈某燕、庄某等人删除公司电脑中关于制作标书材料的数据，并安排曾某丹、庄泽彬等人将电脑主机及监控视频主机搬至其朋友陈某宋住处，而后陈某彬指使曾某丹将电脑更换硬盘、重装系统，以便毁灭证据。

《金平区域市属道路及区属道路加铺沥青罩面工程勘察设计施工总承包（第一、三、四、五、七、八、十标段）》工程招标投标项目于2017年5月27日评标完成，上述四家参与"围标"的公司分别被评定为第一、三、五、七标段的第一候选人,根据招标文件的规定,经公示无异议,第一中标候选人即为中标人,每一个投标人只能中标一个标段,故中标项目金额为37590.42万元。在评标结果公布前,项目招标人汕头市金平区城市综合管理局于2017年6月1日向公安机关报案称被有关人员扰乱招标秩序。2017年6月6日,曾某丹、陈某燕、刘某强被公安机关从公司带走接受调查。因发现存在串通投标情况,汕头市金平区发展与改革局和汕头市金平区住房和城乡建设局于2017年6月9日裁定本次招标投标结果无效。2017年6月11日,陈某荣经公安机关电话传唤后,于2017年6月12日自动到公安机关接受调查询问,如实供述自己参与串通投标的犯罪事实。2017年7月19日和2017年9月13日,陈某彬、陈某胜被分别抓获归案。

【一审情况】

法院观点:

被告人陈某彬与同案人合伙招引上海某础工程集团等四家公司以互相串通投标报价、买通评标专家等形式,从而中标金平区域市属及区属部分道路的加铺沥青罩面工程,损害其他投标人的利益,其行为侵犯了社会主义市场经济的自由交易和公平竞争的秩序和其他投标人的合法权益,中标项目金额37590.42万元,情节严重,构成串通投标罪。被告人陈某荣、陈某胜、曾某丹、陈某燕、刘某强明知被告人陈某彬与其同案人的串通投标行为仍为其提供相关帮助,系串通投标罪的共犯。对各被告人,应按其在共同犯罪中所起的作用依法予以惩处。

被告人陈某彬直接参与了串通投标的策划、商议等过程,主动交代其下属在其担任负责人的福建某华建设工程有限公司广东办事处办公场所内协助修改、打印、装订、胶封参与围标的四家公司的投标文件,评标结束后还安排其下属销毁监控视频和电脑硬盘中的监控视频内容及投标文件资料,并企图通过被告人陈某荣买通评标专家提高参与围标的四家公司的中标率,在串通投标共同犯罪中起积极、主要作用,系主犯,应按其所参与的全部犯罪处罚。被告人陈某彬能当庭认罪,依法可以从轻处罚;被告人陈某彬的犯罪行为并未造成被害单位的实际损失,在量刑上可以酌情从轻处罚。辩护人提出招标项目没有宣布中标结果,被害单位并未造成实际损失,社会危害性较小,可以从轻处罚的辩护意见,经查属实,本院予以采纳。

被告人陈某荣身为招标代理机构的员工,接受被告人陈某彬协助买通评标专家的要求,并已在评标过程中利用评标专家温某上洗手间的契机,向其透露买通意图,据此,其已着手实施串通投标犯罪的行为,辩护人提出被告人陈某荣属于犯罪预备,依法可以从轻、减轻处罚或者免除处罚的辩护意见,经查不属实,本院不予采纳;但被告人陈某荣在本案中所起的作用只是受被告人陈某彬的招引帮助其买通评标专家,且在遭评标专家拒绝后,被告人陈某荣再无实施其他有关串通投标的行为,在串通投标共同犯罪中起次要、辅助作用，系从犯，依法应从轻处罚；被告人陈某荣在公安机关电话传唤后，自动到公安机关投案，如实供述自己的罪行，系自首，依法可予从轻处罚。辩护人提出被告人陈某荣系从犯、具有自首情节，可以从轻处罚的辩护意见，经查属实，本院予以采纳。

被告人陈某胜出于朋友情谊，应同案人陈某丙的要求予以协助把关标书质量，而后在得知被告人陈某彬、同案人陈某丙等人在实施串通投标犯罪行为时，仍在同案人陈某丙的安排下参与打印、装订参与围标公司的标书，在串通投标共同犯罪中起次要、辅助作用，系从犯，依法应从轻处罚；被告人陈某胜能如实供述自己的罪行，依法可以从轻处罚。辩护人提出被告人陈某胜系从犯，应从轻处罚的辩护意见，经查属实，本院予以采纳。

被告人曾某丹、陈某燕在被告人陈某彬的指使下，协助核对、打印、装订参与围标公司的标书，事后负责删除监控视频资料、公司电脑主机内的投标文件资料以及更换电脑硬盘，在串通投标共同犯罪中起次要、辅助作用，系从犯，依法应从轻处罚；被告人曾某丹、陈某燕能如实供述自己的罪行，依法可以从轻处罚。辩护人提出被告人曾某丹、陈某燕系从犯，应从轻处罚的辩护意见，经查属实，本院予以采纳。

被告人刘某强受被告人陈某彬的指使，督促公司下属协助做好对四家参与围标公司标书的修改、装订、胶封工作，安排公司下属在评标结束后，删除公司电脑主机内的投标文件资料以及更换电脑硬盘，在串通投标共同犯罪中起次要、辅助作用，系从犯，依法应从轻处罚；被告人刘某强能如实供述自己的罪行，依法可以从轻处罚。辩护人提出被告人刘某强系从犯，应从轻处罚的辩护意见，经查属实，本院予以采纳。

鉴于被告人陈某荣、陈某胜、曾某丹、陈某燕、刘某强在本案串通投标共同犯罪中，只是起到较小辅助作用的从犯，犯罪情节轻微，依法可以免予刑事处罚。

裁判结果：

一、被告人陈某彬犯串通投标罪，判处有期徒刑一年六个月，并处罚金20000元。

二、被告人陈某荣犯串通投标罪，免予刑事处罚。

三、被告人陈某胜犯串通投标罪，免予刑事处罚。

四、被告人曾某丹犯串通投标罪，免予刑事处罚。

五、被告人陈某燕犯串通投标罪，免予刑事处罚。

六、被告人刘某强犯串通投标罪，免予刑事处罚。

二百一十、

帮助他人达到中标的目的，授意招标代理公司劝退其他公司，构成串通投标罪

——游某、崔某某等串通投标罪案

【裁判要旨】

游某作为工程项目招标投标工作负责人，为了帮助崔某某、文某达到中标的目的，与崔某某互相串通，授意招标代理公司负责人吴某劝退其他公司，违背公平竞争原则，损害其他投标人利益，严重扰乱市场秩序，情节严重，其行为已构成串通投标罪。

【法院及案号】

一审：新疆维吾尔自治区阿图什市人民法院，〔2020〕新3001刑初87号。

【当事人】

一审被告人：游某、崔某某、文某。

【案情介绍】

2018年8月15日，经阿图什市水利局局务会研究决定，由游某负责阿湖乡兰干村、托万买里村饮水安全巩固提升工程，阿湖乡阿其克村、阿热买里村饮水安全巩固提升工程项目的招标投标事宜。2018年9月，上述工程公开招标，游某电话告知招标代理公司新疆某远工程项目管理有限公司负责人吴某，阿湖乡两个深度贫困村饮水安全巩固提升项目是先施工后招标的项目，工程已由崔某某施工完工三分之一，让吴某劝退其他前来投标报名的公司，帮崔某某中标。崔某某与吴某联系后安排文某联系克州某建筑安装工程有限责任公司、新疆某河建设工程有限公司、新疆某达世纪建设有限公司、和田地区某宇建设有限责任公司、新疆某昌正大建设工程有限公司、新疆某海恒通建筑工程有限公司，借用上述六家公司对上述两个工程四个标段进行围标。吴某将上述工程已施工30%的情况告知前来询问投标的克州某源建筑安装有限责任公司、克州甲建筑安装工程有限责任公司，了解情况后两公司放弃了投标。2018年9月4日，崔某某、文某以新疆某海恒通建筑工程有限公司名义中标阿湖乡兰干村、托万

买里村饮水安全巩固提升工程第二标段,以新疆某昌正大建设工程有限公司名义中标阿湖乡阿其克村、阿热买里村饮水安全巩固提升工程第一标段,以和田地区某宇建设有限责任公司名义中标阿湖乡阿其克村、阿热买里村饮水安全巩固提升工程第二标段,上述三个标段中标价为10835018.33元。

【一审情况】

法院观点:

被告人游某利用事前掌握的招标项目和信息,与被告人崔某某、文某在投标竞争过程中相互串通投标,被告人崔某某、文某借用多家公司资质串通投标,违背公平竞争原则,损害其他投标人利益,严重扰乱市场秩序,情节严重,其行为已构成串通投标罪,公诉机关指控被告人游某、崔某某、文某犯串通投标罪的罪名成立。被告人游某与崔某某、文某系共同犯罪。被告人崔某某在共同犯罪中具体参与和实施犯罪行为中起主要作用,酌定从重处罚。被告人文某在共同犯罪中起次要作用,是从犯,依法应当减轻处罚。被告人游某、崔某某、文某归案后,能够如实供述自己所犯罪行为,且认罪认罚,并签字具结,可从轻处罚。

裁判结果:

一、被告人游某犯受贿罪,判处有期徒刑四年六个月,并处罚金30万元;犯串通投标罪,判处有期徒刑六个月,并处罚金5万元;决定执行有期徒刑四年六个月,并处罚金35万元。

二、被告人崔某某犯串通投标罪,判处有期徒刑一年,缓刑一年六个月,并处罚金10万元。

三、被告人文某犯串通投标罪,单处罚金6万元。